中国世界贸易组织年鉴

李岚清

主　管：中华人民共和国商务部
主　办：中国世界贸易组织研究会
协　办：武汉大学WTO学院

2010
总第4期

中国商务出版社
CHINA COMMERCE AND TRADE PRESS

图书在版编目（CIP）数据

中国世界贸易组织年鉴.2010/中国世界贸易组织研究会编.—北京：中国商务出版社，2010.12
ISBN 978-7-5103-0368-5

Ⅰ.①中… Ⅱ.中… Ⅲ.①对外贸易组织机构—中国—2010—年鉴 Ⅳ.①F752.3-54

中国版本图书馆 CIP 数据核字（2010）第 234849 号

中国世界贸易组织年鉴 2010

中国世界贸易组织研究会　编

出　版：中国商务出版社
发　行：北京中商图出版物发行有限责任公司
社　址：北京市东城区安定门外大街东后巷 28 号
邮　编：100710
电　话：010—64269744（编辑室）
010—64266119（发行部）
010—64263201（零售、邮购）
网　址：www.cctpress.com
邮　箱：cctp@cctpress.com
照　排：嘉年华文排版公司
印　刷：北京密兴印刷有限公司
开　本：889 毫米×1194 毫米　1/16
彩　插：2.5 印张
正　文：37.5　印张　　**字　数：**1162 千字
版　次：2010 年 12 月第 1 版　　2010 年 12 月第 1 次印刷

书　号：ISBN 978-7-5103-0368-5
定　价：450.00 元

APEC CEO Summit 2009

2009年11月14日，亚太经济合作组织第十七次领导人非正式会议在新加坡召开，中国国家主席胡锦涛出席会议并就支持多边贸易体制专题做引导性发言。胡锦涛强调，在国际社会共同应对国际金融危机的背景下，维护多边贸易体制稳定，推动多哈回合谈判加快进程并取得成功，有利于提升国际贸易开放水平、抑制贸易保护主义、推动世界经济复苏，对所有成员特别是发展中成员应对国际金融危机冲击至关重要，符合各方共同利益。

2009年1月28日，中国国务院总理温家宝在瑞士达沃斯会见了世界贸易组织总干事拉米。温家宝强调，中国一贯支持多边贸易体制健康稳定发展，希望有一个公正、自由、便利的贸易环境。中国坚持奉行互利共赢的开放战略，严格履行入世承诺，不刻意追求贸易顺差。中国坚持开放市场，也希望其他国家更多向中国开放市场。中方愿支持和配合世贸组织为推动多哈回合谈判早日成功所做的努力。

2009年7月27日，首轮中美战略与经济对话在美国华盛顿开幕。中国国务院副总理王岐山在中美战略与经济对话框架下的经济对话做主旨发言时，倡议中美双方在遵守WTO规则的前提下，不出台贸易保护主义的政策措施。他表示，中国愿与国际社会一道，共同推动国际金融体系改革，坚决反对各种形式的贸易保护主义，在锁定已有成果的基础上推动WTO多哈回合谈判早日成功。

2009年12月1日，中国商务部部长陈德铭在瑞士日内瓦WTO第七届部长级会议上发言。陈德铭指出，WTO要不断完善规则，强化自身职能，增强对其他重要国际协调机制的影响力，在全球经济治理中承担更高的责任，发挥更大的作用。要在推进贸易自由化的同时加强“促贸援助”和贸易融资工作，让发展中国家，特别是最不发达国家真正分享全球化的利益。陈德铭表示，中国始终是多边贸易体系的坚定支持者，始终是自由贸易原则的忠实维护者，始终是多哈回合谈判的积极推动者。中国愿与其他成员一道共同努力，不断推进多边贸易体制向更加民主、更加高效和更加公正、更加平衡的方向发展。

《中国世界贸易组织年鉴》编委会组织机构

总　顾　问

李岚清　原中共中央政治局常委、国务院副总理、国务院关贸总协定部际协调委员会主任

高级顾问

（以下按姓氏笔画排序）

丁家祧　中国世界贸易组织研究会顾问、《中国商务》原总编辑、教授
万季飞　第十一届全国政协常委、中国国际贸易促进委员会会长
王洛林　中国社会科学院前常务副院长、研究员
王新奎　上海市政协副主席、上海WTO事务咨询中心总裁
包克辛　中国储备粮管理总公司总经理
厉以宁　北京大学国家高新战略研究院院长、教授
龙永图　二十国集团研究中心秘书长、中国入世首席谈判代表
刘　吉　中国社会科学院前副院长、中欧国际工商学院名誉院长
刘新华　中国证监会副主席
孙振宇　中国常驻世界贸易组织代表团常驻代表、特命全权大使
孙琬钟　原国务院法制局局长、中国法学会WTO法研究会会长
朱晓明　上海市人大副主任、中欧国际工商学院院长
毕井泉　国务院副秘书长
江小涓　国务院研究室副主任
牟新生　全国人大常委、全国人大财经委副主任委员
余永定　中国社会科学院学部委员、世界经济与政治研究所所长
佟志广　原外经贸部副部长、中国复关谈判代表团第二任团长
吴敬琏　国务院发展研究中心研究员
张月姣　世界贸易组织上诉机构成员、教授
张玉台　国务院发展研究中心主任
李　勇　财政部副部长
李　灏　中共深圳市委原书记
李东生　中国广告协会会长、国家工商管理总局原副局长
李若谷　中国进出口银行董事长
李剑阁　中国国际金融公司（中金公司）董事长、研究员
李道豫　全国人大常委会华侨委员会原副主任委员、中国前驻美大使
杨洁篪　外交部部长
沈觉人　原外经贸部副部长、中国复关谈判代表团首任团长
陈　元　国家开发银行股份有限公司董事长
周小川　中国人民银行行长
帕斯卡尔·拉米　世界贸易组织总干事

易　纲　中国人民银行副行长、国家外汇管理局局长
易小准　商务部副部长
林毅夫　世界银行副行长兼首席经济学家、北京大学教授
高虎城　商务部国际贸易谈判代表（正部级）兼副部长
曹建明　最高人民检察院检察长、教授
盛光祖　海关总署署长
章新胜　联合国教科文组织执行委员会主席
谢伏瞻　国务院研究室主任
樊　纲　中国改革基金会国民经济研究所所长、教授

名誉主编

谷永江　中国世界贸易组织研究会会长、中国复关/入世谈判代表团第三任团长

主　　编

廖晓淇　全国政协委员、商务部前副部长、中国国际贸易中心董事长

副主编

俞晓松　中国世界贸易组织研究会副会长、中国贸促会前会长
张志刚　全国政协经济委员会副主任、中国世界贸易组织研究会副会长、中国商业联合会会长、商务部前副部长
徐秉金　中国世界贸易组织研究会副会长、中国欧洲经济技术合作协会会长、原外经贸部部长助理、原国家机电办主任
郑志海　原对外贸易经济合作部研究院院长、中国世界贸易组织研究会副会长
霍建国　商务部国际贸易经济合作研究院院长、中国世界贸易组织研究会副会长
吴家煌　中国入世市场准入谈判代表、中国世界贸易组织研究会副会长、教授
王琴华　商务部产业司原司长、中国世界贸易组织研究会副会长
薛荣久　对外经济贸易大学教授、中国世界贸易组织研究会副会长
刘光溪　中共昆明市委常委、昆明市常务副市长、中国法学会 WTO 法研究会副会长、教授
李圣敬　中华全国律师协会 WTO 专门委员会副主任委员、中国世界贸易组织研究会副会长
谭方峰　山东省塑料工业有限公司董事长、中国世界贸易组织研究会副会长
张力军　中国 APEC 发展理事会理事长、中国世界贸易组织研究会副会长
余敏友　武汉大学 WTO 学院院长、教授

委　员

（按姓氏笔画排序）

于　申　上海海关副关长、教授
马有祥　中国常驻联合国粮农机构代表
尹　力　卫生部副部长
毛金生　国家知识产权局发展研究中心主任
王世春　中国常驻维也纳联合国工发组织代表处公使衔参赞
王令浚　青海省人民政府副省长
王忠明　中华全国工商业联合会副秘书长
王受文　商务部外贸司司长
王振华　国家税务总局货物与劳务税司副司长
王霓霓　国家质检总局标准法规中心主任
邓红国　中国银行业监督管理委员会银行监管四部主任
左常升　农业部农业贸易促进中心副主任
刘　力　中国世界贸易组织研究会副秘书长、经济学博士
刘　欢　商务部产业损害调查局原副局长
刘　佐　国家税务总局税收科学研究所所长
刘玉珠　文化部文化市场司司长
刘亚军　商务部外资司司长
刘海泉　商务部综合司司长
向　欣　商务部市场秩序司司长
孙　杰　香港证监会资深副总裁
孙瑞哲　中国纺织工业协会副会长
朱　洪　商务部国际司副司长
何　宁　商务部美大司司长
吴　浩　国务院法制办公室外事司司长
吴汉洪　中国人民大学经济学院教授、产业经济与竞争政策研究中心主任
陈　林　商务部合作司司长
张　勇　北京大学应用经济学博士后
张　骥　商务部产业司司长
张汉林　对外经济贸易大学WTO研究院院长、教授
张向晨　中国常驻世界贸易组织代表团公使、副代表
张克宁　商务部国际司商务参赞
张坚钟　国家旅游局政策法规司司长
张松涛　中央财经领导小组办公室局长
张冠华　中国社会科学院台湾研究所副所长
李　勇　民政部民间组织管理局局长
李成钢　商务部条法司司长
李志群　国务院国有企业监事会主席
李建昌　国家工商管理总局商标局局长

李欣欣　中共中央政策研究室社会局局长
李罗莎　中国世界贸易组织研究会副秘书长
李荣灿　商务部政研室主任
李恩恒　中国常驻世界贸易组织代表团前副代表
李晋奇　商务部信息化司司长
李晓超　国家统计局湖北调查总队总队长、高级统计师
杨　咏　交通运输部办公厅主任
杨　益　商务部产业损害调查局局长
杨宜勇　国家发改委社会发展研究所所长
汪东虹　海关总署国际合作司副司长
沈四宝　对外经贸大学法学院院长、教授、中国法学会国际经济法研究会会长
沈厚铎　中国政法大学教授、中国法学会 WTO 法研究会秘书长
陈　冲　中国软件行业协会理事长
陈　淮　建设部政策研究中心主任、中国城乡建设经济研究所所长
周子学　工业和信息化部财务司司长、总经济师
周世俭　清华大学中美关系研究中心高级研究员
周冠山　海关总署国际合作司原司长
周晓燕　商务部进出口公平贸易局局长
孟昭亿　中国太平保险集团公司副总经理
尚　明　商务部反垄断局局长
姚　坚　商务部办公厅主任、新闻发言人
柯炳生　中国农业大学校长、教授
胡佐超　国家知识产权局中国专利保护协会副会长兼秘书长
胡景岩　商务部服务贸易司司长
赵晓笛　中国贸促会经济信息部部长
钟传水　中国世界贸易组织研究会常务理事
徐小青　国务院发展研究中心农村经济部副部长
柴小林　商务部世贸司司长
柴海涛　商务部驻广州特派员办事处特派员
栗　丽　河南财经大学 WTO 中心教授、中国世界贸易组织研究会常务理事
郭国荣　国务院国资委监事会工作局巡视员
钱建初　中国商务出版社总编辑
高舜礼　国家旅游局综合协调司副司长
常晓村　商务部市场体系建设司司长
曹晓晞　中石化集团经济技术研究院经济政策研究所所长
盛杰民　中国法学会经济法学研究会常务理事、北京大学经济法研究所所长
隆国强　国务院发展研究中心对外经济研究部部长、研究员
黄胜强　天津海关关长、一级关务监督
傅星国　商务部世界贸易组织司处长
温再兴　商务部市场秩序司副司长
童道弛　中国证监会国际部主任
葛　俊　中欧国际工商学院院长助理

序

受国际金融危机冲击，2009年是世界经济自上世纪“大萧条”以来遭受挑战最为严峻的一年，是新世纪以来我国经济发展最为困难的一年。为应对金融危机，提振经济，国际社会同心协力，共克时艰，各国采取了多种措施刺激经济，取得了初步成效。2010年上半年，世界经济的稳步复苏推动全球贸易增长了27%。

我们注意到，在应对金融危机的过程中，形形色色的贸易保护主义也有所抬头。2009年，世界贸易组织成员通报的非关税措施同比增长了17%。除了传统的贸易保护主义外，还有一些国家打着应对气候变化的旗号，行贸易保护主义之实。全球贸易与投资、金融密切关联，这些贸易保护主义措施，无疑会拖累全球经济的复苏。

金融危机下，世界贸易组织竭力反对贸易保护主义，通过发表调查报告，揭露和抵制贸易保护主义，抑制了贸易保护主义的泛滥，捍卫了多边贸易体制。2009年，虽然全球贸易重挫12%，但并未出现上世纪30年代“大萧条”期间各国“以邻为壑”的局面，这再一次体现了世界贸易组织的重要意义。当前，应该加快推动多哈回合谈判尽早达成公正、平衡的结果，这既是建立合理的国际经济秩序的客观要求，也是促进全球经济平衡发展的根本路径。

2009年，通过实施一揽子经济刺激计划，我国经济率先从危机中复苏，国内生产总值增长9.1%，对外贸易总额同比虽有所下降，但在世界贸易中的份额进一步提升，并首次成为世界第一大货物出口国，第二大货物进口国。这些成绩的取得与我国加入世界贸易组织、融入全球经济贸易体制密不可分。我国将继续坚持和扩大改革开放，逐步完善社会主义市场经济体制，积极做好参与和推动多哈回合谈判的各项工作。

中国世界贸易组织研究会在普及世界贸易组织相关知识，研究世界贸易组织和中国对外开放有关的事务、多哈回合谈判、多双边协议的加入谈判等方面做了大量的工作。该会编辑出版的《中国世界贸易组织年鉴2010》，全面、客观、系统地介绍了当前国际形势下多边贸易体制的新挑战、多哈回合谈判的新进展、中国在世界贸易组织中的新动态、中国学术界的最新研究等情况，内容丰富，资料翔实。希望这部工具书能为社会各界研究世界贸易组织提供有益的参考和借鉴。

中华人民共和国商务部部长 陈德铭

2010年10月

编 辑 说 明

《中国世界贸易组织年鉴2010》（以下简称“本年鉴”）是中华人民共和国商务部主管，由中国世界贸易组织研究会组织国内外权威部门和专家、学者参与编撰出版的大型工具书，集政策性、研究性、实用性、史料性于一体，是国内外追踪研究WTO及相关问题，全面了解加入WTO后中国对外开放新形势和新变化的年度出版物。

本年鉴在前三卷（2007、2008和2009年）基础上对内容框架体系做了进一步完善，正文篇数从五篇增至八篇，除全部保留前三卷的内容外，还特别增加了“中国代表团在主要WTO成员贸易政策审议会议上的声明”、“与WTO主要成员经贸关系”两部分内容，旨在全面反映中国加入WTO以来的国际地位和对外关系变化。

同时，为了进一步反映近年来国内应对WTO的最新情况，本年鉴将原来的“中国地方WTO事务”、“中国WTO最新研究成果”两部分内容进一步充实完善并单独成篇。其中，“中国地方WTO事务”选择了上海、厦门、海南、吉林、湖北、河南、湖南、宁夏8个省市，反映地方WTO事务及对外开放情况；“中国WTO最新研究成果”分为“专著”、“学术论文”两部分，并增加了“作者简介”和“内容摘要”，以便读者更好地了解中国WTO研究成果的进展和现状。

金融危机结束后，全球经济格局正面临新一轮调整，中国对外开放环境也将面临一系列新的变化。本年鉴在专文部分凸显了后危机时代中国对外开放战略这一主题。同时，为了适应当前低碳经济蔚然成风的浪潮，专门邀请国家气候变化专家委员会副主任、清华大学低碳能源实验室主任何建坤教授就应对全球气候变化撰写了一篇专文，探讨我国走低碳发展道路的政策主张和战略选择。

本年鉴所涉及单位名称、作者姓名及职务均以截稿日期为准。本年鉴在编撰过程中，得到了商务部、国务院其他相关经济贸易主管部门以及我国常驻世界贸易组织代表团和广大作者、译者的积极支持和帮助，在此谨表示衷心的感谢！

我们真诚希望社会各界继续对年鉴的编辑和出版工作给予关心和支持，对本年鉴的不足之处，敬请提出批评和改进意见，以使本年鉴日臻完善。

通信地址：北京市安外东后巷28号2121室

邮政编码：100710

电　　话：0086—10—6451 5257

传　　真：0086—10—8425 5122

E-mail：wtoyearbook@gmail. com

《中国世界贸易组织年鉴》编辑部

2010年10月

目　　录

第七篇 与 WTO 有关的法规及政策（2009 年）

第八篇 贸易统计数据

附　录

第一篇　专　　文

多哈回合对中国的机遇与挑战

中华人民共和国商务部副部长　易小准

2001年世界贸易领域发生了两件大事，一件事是启动了多哈回合谈判，另一件事是中国加入了世贸组织。近十年过去了，多哈回合谈判一波三折，步履维艰，至今仍未完成。在全球金融危机背景下，回顾多哈回合谈判历程，特别是中国在谈判中面临的机遇与挑战，有助于我们理清思路，为下一阶段谈判工作做好准备。

多哈回合是世贸组织成立后的第一轮多边贸易谈判，又是多边贸易体制首次将“发展”作为主题，因此，这一轮谈判被称为“多哈发展议程”，简称“多哈回合”。谈判旨在进一步促进世界市场的开放，也是迄今为止参加方最多、议题最广的一轮多边谈判，涉及农业、制造业、服务业、贸易规则、发展等众多议题，涵盖95％的全球贸易。多哈回合成功将有助于创造更加开放、公平的国际贸易环境、推动世界经济的复苏和可持续增长。世贸组织成员均高度重视，全力参与。

加入世贸组织是中国改革开放进程中具有历史意义的一件大事。加入九年来，中国坚定不移地坚持改革开放，主动地抓住经济全球化的历史机遇，积极利用多边贸易体制，与世界各国发展经贸关系，经济社会发展取得了巨大成就，建立起符合规则要求的经济贸易体制，成为全球最开放的市场之一。

中国加入世贸组织后就立即投入多哈回合，与世贸组织其他成员一道，密切合作，为推动谈判取得公正平衡的结果和实现发展目标做出了贡献。

一、多哈回合给中国带来的机遇

（一）多哈回合是重塑世界经贸格局，推动建立更加公平合理多边贸易体制的重要机遇

多哈回合谈判如能取得成功，将从完善国际规则和扩大市场开放两方面积极影响未来10～20年世界经贸格局的走向。目前的国际贸易规则未能有效体现和解决发展中国家的关注，仍有很多方面需要得到改进。多哈回合谈判将进一步完善相关规则，推动建立一个更加公平、公正、合理的多边贸易体制，使包括我国在内的发展中国家能真正从中获益。

多哈回合还将在全球范围内进一步削减农产品和工业品的关税，提高贸易便利化水平并进一步扩大服务业的开放程度，从而有利于我国充分利用国际国内两个市场、两种资源的优势，服务于经济发展大局。

（二）多哈回合是抵制贸易保护主义，为我国营造良好外部环境的重要机遇

多哈回合的宗旨是推动多边贸易体制的进一步开放，它的成功将有效遏制贸易保护主义的抬头。在全球经济逐步企稳回升的背景下，多哈回合如能成功，将作为最大的“经济刺激方案”，在推动世界经济复苏、抵制贸易保护主义方面发挥积极作用。与各种短期救市刺激措施相比，唯有多哈谈判成果才是全球性的、可持续的、最符合世贸组织规则和市场规律的。多哈回合谈判的成功，将为世界经济增加每年1 500亿至5 000亿美元的收益，有效促进贸易的增长，使贸易更大限度地发挥经济增长的引擎作用，保持经济复苏的可持续性。

世贸组织2010年3月发布的报告认为，2009年多边贸易体制的一项重要成果就是在经济危机背景下，

世贸组织成员实施的贸易壁垒并未实质性增加，且近来贸易限制措施正在减少。世贸组织总干事拉米认为，这进一步证明了多边贸易体制的价值，“世贸组织规则和原则帮助各成员政府保持市场开放，并为全球经济复苏提供了平台”。正是由于世贸组织多边贸易体制的保障，包括中国在内的广大发展中国家才未遭受严重贸易保护主义的侵害。

（三）多哈回合是中国行使成员权利，提升话语权和国际影响力的重要机遇

中国加入世贸组织以来，充分行使成员权利，积极参与多哈回合谈判各级别的磋商，提交了100多份提案，主动参与国际规则制定，在各个层面为推动谈判做出了实质性贡献。多边谈判是有给有取的，在确保核心利益的情况下，中国根据自身实际情况和承受能力，在农业、工业和服务业做出了进一步开放市场的承诺。在此过程中，中国在多边经贸舞台上的话语权不断提升，影响力不断扩大。

为推动多哈回合谈判，中国于2005年在大连成功主办了世贸组织小型部长会。同年12月，在香港举行的世贸组织第六届部长会上，中国发挥了重要的桥梁作用。在2008年7月小型部长会上，中国受邀参与“七方”（G7）部长小范围磋商，首次进入多边贸易谈判核心决策圈，改变了谈判的力量对比。中国从大局出发，努力弥合各方分歧，力争推动谈判达成共识。2009年，为打破僵局，推动谈判，中国及时提出“尊重授权，锁定成果，多边谈判为基础”的三项谈判原则，获得大多数成员的支持，并体现在二十国集团领导人峰会宣言中。在2009年底举行的世贸组织第七届部长级会议上，中国呼吁改善和加强以世贸组织为代表的多边贸易体制，推动成员共同向世界发出“开放、前行、改革”的积极信号。中国在多哈谈判中发挥的作用有目共睹，中国的努力也得到成员的广泛认可。

二、多哈回合谈判过程中中国面临的挑战

多哈回合谈判启动九年来，一波三折，进展缓慢，主要是个别成员受国内政治因素掣肘，拒绝在谈判中显示灵活性，反而将谈判拖延的责任推到新兴发展中大国身上。作为多边贸易体制中的新成员，中国在参与多哈回合谈判过程中的确面临一些挑战，需要我们妥善应对。

第一，多哈回合若失败将恶化国际经贸环境，影响各方对多边贸易体制的信心

尽管任何一轮推动贸易自由化的多边谈判都不会是轻而易举的，但多哈回合谈判迄今已拖延了九年。近期，受到美国中期选举等政治因素影响，短期内仍难以取得实质性进展。如果再任其拖延，将打击各方对多边贸易体制的信心，贸易保护主义也可能抬头。而且，随着国际经贸形势的变化，多哈回合将可能面临重开谈判的风险。一旦如此，将对世界经济复苏和我国对外经贸环境产生严重的负面影响。我们需要与其他成员一道努力，避免谈判无果而终，全力推动多哈回合谈判早日达成协议，实现发展目标。

第二，多哈回合参与方利益错综复杂，中国作为贸易大国，面临进一步对外开放的压力

参与多哈回合谈判的利益集团很多，仅在农业领域，就有代表农业保护势力的十国集团——“G10”，有代表进攻利益的“凯恩斯集团”，还有发展中成员农业问题二十国协调组——“G20”。中国在农业等议题上攻防利益兼备，如何实现利益的平衡，如何更有效地参与谈判都是我们面临的挑战。

同时，随着中国加入世贸组织后各项承诺履行完毕，经济实力不断增强，贸易地位快速提升，在谈判中面临的进一步开放市场的压力日益增大。少数成员对我国在农业、工业和服务等领域做出的开放承诺不满意，“狮子大开口”，在自己不做任何让步的情况下，提出不切实际的、超出中国承受能力的要价，在无法实现高要价时，就将谈判陷入僵局的责任推到包括中国在内的新兴发展中国家身上。面对这些挑战，我们需要拿出足够的智慧和经验，妥善处理和应对。一方面，坚决抵制少数成员的无理要价，另一方面，在对我国相关产业进行深度调研的基础上，适度做出进一步开放的承诺，争取以较小的代价保障整体利益，为我国更好地利用国际国内两个市场、两种资源创造条件，实现以开放促改革、促发展、促创新。

中国加入世贸组织以来，有效利用世贸组织的多边舞台，充分抓住经济全球化的历史机遇，成为发展中国家积极融入全球化进程的一个典范。中国负责守信地履行承诺，积极为多边贸易体制做贡献，不仅为自身

的经济社会发展注入了强大的活力，也赢得了世贸组织成员和国际社会的广泛肯定和赞赏。

2009年，在应对金融危机过程中，中国作为贸易大国，一方面采取了以扩大内需为重点的举措，积极应对危机；另一方面，继续保持市场开放，以实际行动反对各种形式的保护主义。2009年，中国进口增长2.8%，是主要经济体中唯一进口实现正增长的国家，支撑了不少受危机困扰的国家的出口，创造了就业，为全球经济复苏做出了重要贡献，也体现了中国对多边贸易体制的承诺。经历此次危机后，我们的综合应对能力得到提高，对全球治理和多边经济外交的参与度不断提升。

目前，多哈回合谈判尽管遇到暂时的困难，但它代表着多边贸易体制的发展方向，代表着历史进步的潮流。作为多边贸易体制中负责任的一员，中国将继续做好多边贸易体制的坚定支持者，自由贸易原则的重要维护者和多哈回合谈判的积极推动者。中国将继续坚持“互利共赢”的基本原则，与其他成员一道，共同努力，反对各种形式的保护主义，不断推动多边贸易体制向更加公平、高效、平衡的方向发展。

中国在世贸组织中的地位与未来

中国常驻WTO特命全权大使 孙振宇

中国加入世界贸易组织（WTO）已近九个年头。九年来，在党中央、国务院的英明领导与全国人民的艰苦奋斗下，中国的经济持续快速发展，对外贸易、吸引外国在华投资与走出去的步伐大大加快。在加入世贸组织之前，中国的国内生产总值约10万亿元，2009年已超过30万亿元，增长两倍以上。中国的外贸总额也从加入前的5 000亿美元左右增长到2009年的2.5万亿美元，增长四倍。在加入之前，中国每年吸引外资的水平不足500亿美元，2009年达到900亿美元。加入之前中国对外投资每年仅几十亿美元，而到2009年则达到430亿美元，增长速度之快，令人振奋。

随着中国经济的快速增长与经济实力的不断增强，中国在国际舞台上的影响与作用不断提高。同样，在世贸组织中，中国的地位与影响也与日俱增，从一个步履蹒跚、注重学习与熟悉世贸规则的新成员逐渐成为能够运用规则维护国家经济利益，并积极参与规则制定的世贸组织中举足轻重的成员。

一、认真学习，熟悉规则，全面履行加入承诺，在世贸组织成员中获得信任与好评

中国加入世贸组织之后，经历了连续八年的过渡审议。每年9月到12月，世贸组织总理事会及其下属的16个理事会和委员会，对中国履行加入承诺的情况进行监督与审议。审议工作将在2011年第十个年头再进行一次审议之后结束。在商务部的统一协调之下，我国政府各个部门对审议工作都十分重视，外交部、发改委、财政部、农业部、海关总署、质检总局等积极配合这项工作，清理国内各项法律法规，严格按我加入承诺关税减让表及时降低进口关税，开放服务贸易市场，认真履行相关通报义务，加大保护知识产权力度，对推动我国进一步改革开放发挥了积极作用，并得到世贸组织多数成员的理解与肯定。

除了过渡审议之外，世贸组织对各成员均有定期的贸易政策审议。迄今为止，对中国已进行了三次贸易政策审议，今后每两年将对中国进行一次审议（对美国、欧盟、日本三个主要贸易成员也是两年审议一次）。在2010年5月底进行的对华贸易政策审议中，商务部易小准副部长率领由各政府部门组成的代表团参加了审议工作。在审议之前及审议过程中，各成员针对中国当前的贸易政策提出了1 508个书面问题，中国代表团在审议中书面回答了其中大部分问题，其余问题将在审议之后提交答卷。

在审议过程中，一些成员对中国在政府采购中有关“购买国货”以及我国有关“自主创新”的相关政策提出质疑，并对我国对某些产品实行的“出口限制和出口税”及某些补贴政策提出批评，对我国知识产权保护、履行通报义务、实施反倾销与反补贴的救济措施、对产品标准的制定及强制认证等问题表达了关注。易小准副部长在审议中对成员关注的各项问题进行了澄清与解释，阐述了中国政府各项相关政策与立场，强调了中国政府坚持改革开放的决心不会动摇，指出今后会进一步加强扩大内需在推动经济发展中的作用，通过扩大内需与增加投资和提高出口产品的质量与档次促进经济和谐增长。易小准副部长指出，中国今后出台的有关贸易和投资的政策与法规都将与世贸组织现有的法律法规相一致。中国在贸易政策审议中的认真积极合作的态度得到成员的普遍认可与赞赏。这对加强成员之间的相互信任、创造富有建设性的和谐的外部贸易环境是十分有益的。

二、以规则为武器，积极参加例会，监督其他成员履行义务的情况，推动解决我贸易关注

九年来，我国注意行使作为世贸组织成员的权利，积极参加对其他成员的贸易政策审议，尤其是对美国、欧盟、日本等主要发达成员的审议，对他们的一些违反世贸组织规则的贸易保护主义措施提出质疑，对在双边经济合作中久拖未决的问题在多边场合表达关注，通过世贸组织多数成员集体的呼声推动问题的改善与解决。

例如在2008年对美国的贸易政策审议中，成员普遍对美国政府关于世贸组织争端案败诉的个别案件长期得不到执行、对美国以安全为借口加大港口查验力度从而影响货物及时通关、对美国反倾销措施中“归零”的做法等问题表示关注。在2009年对欧盟的审议中，成员对欧盟恢复对奶制品的出口补贴、对化工电子等产品严格的检验标准及阻止发展中国家向非洲等贫困地区转口急需的药品等问题提出批评与质疑。严格的卫生检验检疫标准也是日本在贸易政策审议中备受成员关注的问题，日本肯定列表制度受到不少成员的批评。发达国家在非关税壁垒方面采取的措施远比关税壁垒对发展中成员造成更大的负面影响。

国内对这些主要发达成员的贸易政策审议十分重视，事先都做了充分准备，提出书面问题，并派相关部门的代表出席审议。我国驻有关国家商务处的代表也到日内瓦参加审议，多双边结合，收到了较好的效果。

除了贸易政策审议机制以外，各个理事会与委员会的例会也是我们监督其他成员履行义务情况和表达我国贸易关注的重要场所。例如在货物贸易理事会上，成员们关注发达国家农产品及工业品补贴情况，在服务贸易理事会上，成员们关注一些成员在服务贸易领域出台一些贸易保护主义措施的情况，在技术性贸易壁垒（TBT）和卫生与植物卫生措施（SPS）委员会上，成员们对各国出台的一些新的检验检疫标准是否符合世贸有关规则提出关注。在这些理事会与委员会的例会上，中国的参与越来越深入，对其他成员、尤其是发达成员出台的贸易保护主义措施不断地提出质疑与挑战，在维护我国合法权益方面表现十分活跃，通常都得到其他发展中成员的支持与响应。中国代表团的郭雪艳同志曾担任TBT委员会的主席，朱海涛同志担任国有贸易企业工作组的主席，张向晨同志现任老挝加入工作组主席，赵宏同志现任与贸易有关的投资措施委员会主席。他们的出色工作得到各成员的好评。中国在各理事会及其下属机构中发挥的影响与作用不断提升。

三、掌握和运用世贸规则，妥善处理各种贸易摩擦与争端解决案件

加入世贸组织以来，中国在国际贸易中的比重不断提升，2009年已成为世界第一大贸易出口国。一些成员感受到中国出口的竞争压力，在国内产业部门和利益集团的压力下频频对中国发起反倾销、反补贴及贸易保障措施。2009年各成员对中国发起的各类贸易救济措施达116项，涉及我出口商品金额超过120亿美元，这使中国成为当年受反倾销、反补贴等措施调查案件最多的国家。

针对这种情况，国内各部门相互配合，指导和动员国内相关企业积极应对各项反倾销调查，及时提供各种信息与数据，争取反倾销仲裁对我企业相对有利的结果。对成员发起的反补贴调查案件，我国主管部门会同相关协会、商会积极应对，同时对一些明显违反世贸规则对中国发起的反倾销、反补贴措施以及美国对我国发起的轮胎特保措施诉诸世贸争端解决机制。

加入世贸组织以来，我国逐步熟悉并积极参与了世贸争端解决机制。到目前为止，我国起诉美国等其他成员案件共7起，被其他成员起诉案件共9起。从目前案件审理的进展情况看，我国与其他成员共同起诉美国的钢铁保障措施案获得胜诉；我国告美国铜版纸反倾销措施案在成立专家组之前双方协商获得解决；我国起诉美国的轮胎特保案、双反措施案、禽肉案，告欧盟的紧固件反倾销案、鞋类反倾销案已进入专家组审理阶段。

在被其他成员起诉的案件中，美国等起诉我国的集成电路案、补贴案和金融信息案已在双方磋商阶段达成协议而了结；美国等起诉我国的汽车零部件案、知识产权案和出版物案已经专家组裁决；名牌产品鼓励措施案与出口限制案已进入专家组审理阶段；欧盟诉我国紧固件反倾销案仍在双方磋商阶段。

在已经专家组和上诉机构裁决的案件中，我国已按有关的裁决调整了汽车零部件征税的政策，执行了专家组及上诉机构的有关裁决；对出版物裁决的执行中美双方已协商达成一致，将在今后14个月之内执行。

美国诉我知识产权案实际上遭到败绩，在案件最重大的两个问题上——刑事门槛和海关措施——中国几乎所有的法规措施都被专家组认可，这无疑提高了我国通过该机构解决贸易争端的信心。

截至 2010 年 7 月，已有 410 个争端被提到争端解决机制，其中近一半争端通过磋商达成谅解。在已经做出裁决的案件中，败诉方执行了绝大多数裁决。我国法律专家张月娇同志已成为上诉机构七名成员之一，张玉卿同志作为专家组成员参加了“香蕉案”后期仲裁工作，为世贸组织争端解决机制做出了贡献。总的来说，世贸组织争端机制在维护多边体制的稳定和权威，解决争议方面发挥了积极的作用，中国在积极利用争端解决机制维护我国权益、认真应对其他成员对我国起诉及在执行上诉机构和专家组的裁决方面都留下良好的记录。

四、积极参与国际贸易规则制定，在多哈回合谈判中发挥重要作用

中国加入世界贸易组织之日，也是多哈回合谈判正式启动之际。这为中国及时参与国际贸易规则的制定提供了良好的机遇。多哈回合的重点，是解决发达国家长期对农业进行的扭曲贸易的补贴，为今后的补贴行为制定严格的纪律。多哈回合在推动农业、工业产品及服务贸易市场进一步开放的同时，也要对相关的贸易规则，包括非关税壁垒、服务贸易国内规制、反倾销、反补贴、区域贸易安排、渔业补贴、贸易便利措施等进行修改与完善。

中国作为一个世贸组织新成员，从加入的第一天就全力以赴投入谈判当中，在实践中边学边干。商务部、外交部、财政部、发改委、农业部、海关总署、质检总局等各相关部委领导对多哈回合谈判高度重视，派出精干、得力的高素质谈判班子赴第一线参加谈判。在过去九年的艰苦谈判中，每一项重要的进展都有中国付出的一份努力。

2003 年 9 月，商务部吕福源部长率团出席了坎昆贸易部长会。会议因新加坡议题、棉花问题及农业谈判模式分歧难以弥合而失败。但在广大发展中成员的努力之下，欧盟最终放弃了“竞争政策”、“政府采购透明度”和“贸易与投资政策”三个议题。对发展中成员来说这是一个不小的胜利。

2004 年 7 月，易小准副部长率团出席了日内瓦的小型部长会。经过三天艰苦的谈判，每天谈判都进行到深夜，部长们就农业、非农谈判等达成一揽子框架协议。通过中方代表团的努力，“国有贸易企业”、“农业特殊产品”和“新成员待遇”等问题在框架协议中得到较为妥善的处理。

2005 年 7 月，中国主办了世贸大连小型贸易部长会，商务部薄熙来部长与香港曾俊华局长共同主持了会议。会议就“非农产品采用双系数瑞士公式”和“非约束产品增加值”等问题初步达成共识，为年底的贸易部长会打下了良好基础。各参会成员对会议周密的安排和中方的热情好客倍加赞誉。

2005 年 12 月，商务部薄熙来部长与农业部杜青林部长率团出席了第六届世贸组织部长会议。经过五个昼夜的谈判，会议避免了坎昆会议失败的难堪。薄熙来部长为扭转会议可能招致失败的局面发挥了关键作用。部长们最终就“2013 年取消农业出口补贴”，“尽快取消棉花出口补贴”及“对最不发达国家提供免关税、免配额待遇”达成协议。多哈回合谈判取得阶段性成果。香港也因成功举办这一届部长会而载入世贸组织史册。

2008 年 7 月，商务部陈德铭部长率团出席日内瓦世贸小型部长会。尽管长达 10 天的持续谈判为结束多哈回合的一次冲刺没有成功，但陈德铭部长在谈判中表现出的既坚定自信、在原则问题上寸步不让，又与其他部长坦诚交换意见、显示出建设性的灵活态度，得到其他部长和多数国际媒体的好评。

经过世贸组织成员九年的艰苦努力，按世贸总干事拉米的评价，多哈回合 80%的工作已经完成。目前桌面上的成果比起上一轮谈判的雄心水平已经高出 2～3 倍。由于多哈回合是一揽子谈判，只有在所有议题上都达成协议，才能最终完成谈判，因此今后仍有相当艰苦的路程要走。

在 2010 年 3 月进行的对多哈回合谈判进展评估会上，多数成员均表示尽管他们对现有成果并不满意，但他们最终可以接受一揽子结果。只有美国明确表示现有成果远远不够，要结束这一轮谈判，必须在农业、非农和服务贸易领域有更多的市场准入，否则美国无法向其国会推销这轮谈判的结果。美国尤其要求中国、

印度、巴西等新兴经济体进一步向美国开放市场。

美国的强硬态度使整个谈判陷入僵局。多哈回合是发展回合，重点应放在解决发展中国家的要求与关注上面，而不能将发展回合改变为满足某一个发达大国的市场准入要求上面。美国的谈判立场与其错综复杂的国内政治密切相关。面临中期选举的奥巴马政府需处理众多的国内、国际热点问题，对可能削弱民主党内凝聚力的贸易这一敏感问题目前无意触及，因此在谈判桌上漫天要价，以攻为守是其拖延谈判的最佳选择。中国正在与其他发展中成员加强协调，同时争取其他发达国家共同做美方工作，包括做美方企业界与美国国会的工作，争取在美国国内政治出现转机时不放过取得突破的机会。

五、积极参与对世贸组织未来走向的讨论

面对国际金融危机和经济危机给经济全球化与贸易自由化造成的冲击，面对多哈回合谈判一筹莫展的局面，成员们对世贸组织今后的前景难免产生忧虑。作为一个负责协调各成员贸易关系、制定国际贸易规则并监督其有效实施、从而推动全球贸易发展的国际组织，世贸组织应当如何应对当前及今后面临的挑战？如何才能使世贸组织成为更有权威、更有效率的机构？

中国和其他成员一样，积极参与了对世贸组织今后的改革与不断完善的讨论。

世贸组织目前的功能主要集中在三个方面：监督各国的贸易政策以及履行世贸组织框架下承诺的各项义务；妥善处理各成员之间产生的各种贸易纠纷与摩擦；通过谈判修改和制定相关贸易规则并促进成员市场的进一步开放。

在这三个方面目前都存在一些需要解决的问题。在 2009 年 11 月底召开的世贸第七届贸易部长会议上，各国部长都对世贸组织如何得到进一步加强与改革的问题发表了意见。

在评议各国贸易政策和防止贸易保护主义抬头的蔓延方面，世贸组织发挥了重要作用。总干事拉米和秘书处的工作得到成员的普遍认可。由于秘书处与各成员的共同努力，在全球金融危机与经济危机期间，贸易保护主义上升的势头得到遏制，这是来之不易的成果。但是一些成员还是采取了一些以邻为壑的贸易保护主义措施，对全球贸易的发展与经济的复苏产生一定负面影响。如何进一步加强世贸组织在这方面的监督作用，仍然是各成员面临的重要课题。

在处理各成员之间的贸易争端方面，现有的贸易争端解决机制运行情况是正常的。越来越多的成员参与到争端解决机制中来，通过争端解决机制维护自身的经济权益，澄清世贸规则中一些模棱两可的概念与定义。与此同时，成员们也注意到争端解决机制中存在的问题，包括立法进程相对滞后，争端解决填补真空有超越权限之嫌；争端解决进程缓慢，一个案件需要 2～3 年时间，而且胜诉方对其裁决前的损失得不到任何补偿；争端解决成本越来越高，陈述文件动辄几百页、上千页，使许多发展中成员望而却步。这一轮谈判虽然涉及有关条款的修改，但对从根本上解决面临的问题，进一步提高争端解决机制的效率的作用将是有限的。

多哈回合谈判久拖不决，这也使成员反思世贸组织决策机制是否存在问题。一些成员对“协商一致”的原则与“一揽子谈判结果”的做法提出异议。对“协商一致”的原则，世贸组织成员曾进行过多次讨论。一些采用投票方式进行决策的建议受到大多数成员的反对而没有得到采纳。“一揽子谈判结果”是一个值得进一步探讨的问题，许多成员倾向今后的谈判所包括的内容可更灵活一些，如果要一揽子解决的话，其中包括的议题也应尽量少一些。

在第七届贸易部长会上，一些部长对区域贸易安排与加入世贸组织谈判的问题也发表了许多意见。

陈德铭部长在发言中指出：“世贸组织需要通过必要的改革，不断完善规则，强化自身职能，增强对其他重要国际协调机制的影响力，在全球经济治理中承担更高的责任，发挥更大的作用。”

总之，中国在今后将以更加积极的姿态参与到世贸组织的改革与完善的工作中去，为建设一个更为公平、公正、有效促进国际贸易与发展的多边贸易组织做出应有的贡献！

后危机时代我国对外开放战略的若干思考

中国国际贸易中心董事长　廖晓淇
中华人民共和国商务部政研室副主任　王子先

当前的国际金融危机将带来一轮世界经济重大调整，经济全球化受到前所未有的阻碍、贸易投资保护主义空前抬头。但是从长期看，经济全球化的基本趋势不会改变，中国长期发展的战略机遇期依然存在。过去30多年来，中国成为经济全球化的重要获益者，走开放式发展道路取得巨大成功。国际金融危机严重冲击世界经济，中国不可能置身其外；严峻的外部环境和重大冲击容易扰乱人们的正常思维，但是一旦我们将经济发展的视野完全退缩到国内，重新回到封闭半封闭状态，我们就将在危机后新的经济全球化潮流中面临再度被"边缘化"的危险，错失未来世界经济和科技发展的新机遇。因此，后危机时代我国对外开放的战略方向不能改变。

一、国际金融危机会不会改变经济全球化的大趋势

（一）经济全球化是人类经济活动发展的必然趋势

经济全球化是指跨国商品和生产要素流动日益频繁，跨国经济活动日益增加的一种趋势，其结果是各国经济日益相互融合、相互依赖。

历史证明，经济全球化适应了科技革命条件下人类经济活动发展的客观需要，具有深厚的物质基础和制度基础，前所未有地改变了人类经济和社会发展面貌，带来了巨大的红利，成为全球范围内优化配置各种生产要素乃至知识和智力资源、提高效率、推动创新、增进福利的原动力，创造了人类历史上前所未有的发展奇迹，战后世界经济增速特别是20世纪90年代以来发展中国家人均实际收入增长远超过英、美等强国高峰时期的增长速度。

总之，当今时代，经济全球化已经成为不以人的意志为转移的大趋势，成为世界各国共同的选择。

（二）国际金融危机不会改变经济全球化的总体趋势

这场百年一遇的国际金融危机将迎来一轮世界经济的重大调整，世界经济可能将经历3～5年的调整期，在此期间世界经济贸易难以迅速恢复繁荣；如果不发生第二波、第三波金融海啸的话，世界经济贸易可能进入一个较低速增长期。

另一方面也应该看到，经济市场化、全球化的总体趋势没有改变。这与以下几个方面重要原因有关：一是市场经济成为各国的普遍选择，各国发展市场经济的路径和模式可以有所不同，但并无其他道路可供选择。在市场化的目标下，对内实行经济自由化、对外实行开放政策同样成为大趋势，参与经济全球化事实上已经成为各国市场化的内在制度安排；二是第二次世界大战后以发达国家跨国公司为主导，已经形成了全球范围内优化配置资源的产业链，国际分工日益变成部门内分工、产品内分工，要彻底改变这种分工格局将要付出巨大的成本和代价，这是谁也不愿意的，美欧"再制造业化"的努力也同样改变不了大的格局；三是战后形成的国际经济金融体制虽然存在很多不足，但在国际协调上仍发挥了积极作用，特别是多边贸易体制总体上维持了贸易投资自由化便利化的大势，从危机以来的情况看这种势头不会发生根本逆转；四是科技革命

特别是信息及互联网技术确实已经把当今的世界变成地球村，成为提高全球资源配置效率和改善全球福利的源泉，世界各国无论是在危机前还是危机中，都已经形成了“一损俱损，一荣俱荣”的互利共赢关系，大家都是全球化的利益攸关者，终结全球化总的看对谁都没有好处。因此，危机中经济全球化可能会经历一些局部调整和挫折，但长期来看难以发生根本逆转。战后历次世界经济金融危机的历史也充分证明了这一点，一旦危机过去经济全球化进程就将重新启动，世界贸易与投资的一些长期趋势仍将保持下去。据联合国贸发会议 2010 年 7 月 22 日发布的最新世界投资报告显示，危机没能阻挡生产国际化的趋势，全球跨国公司 2009 年销售额及附属企业增加值缩减远低于世界经济衰退幅度，跨国公司国外雇员总数达到8 000万，还略高于上一年；服务贸易和外包相对较好，特别是服务外包业务深度和高度都得到进一步拓展。实践证明，人类不会轻易重犯“大萧条”时大打贸易战和关闭市场的错误，经济全球化大趋势将会持续。

二、后危机时代要不要坚持对外开放的战略方向

外部危机形势下，我们更需要以战略思维和全球视野，统筹国际国内两个大局，毫不动摇地坚持对外开放基本国策，谋划好危机中和危机后时代的开放战略，开创现代化建设新局面。

（一）贸易与投资的开放和发展已成为推动我国工业化现代化的综合性引擎

三十年实践表明，外贸的开放和发展对我国工业化现代化进程发挥了综合性推动作用：通过积极参与国际分工与交换，充分发挥了我国的比较优势，优化了资源配置，促进了技术进步，缓解了资金与资源瓶颈，引入了竞争机制，成为促进我国产业结构升级和经济效率提高的主要动力。出口的贡献已有大量量化测算结论，其实进口的作用也不可忽视，进口是促进我国生产率提高最为重要的因素。据国家统计局课题组测算，进口对我国生产率变化的贡献率约为 46%。特别是作为一个转型经济体，贸易开放和自由化还有助于打破国内产业过度保护的坚冰、在加快市场化改革、建立现代企业制度和推动宏微观经济制度创新等多方面发挥了重要作用。国际实证研究表明①，贸易开放和自由化，可以打破内生的体制和利益壁垒，不仅成为体制转型和制度创新的重要动力，而且还可以推动金融改革的深化，提高资源配置效率，从而成为经济增长的重要驱动力；同时，贸易开放还可以推动金融开放，减轻金融抑制，从而降低货币金融危机的可能性。

同样，FDI 的开放和发展在中国现代化中更是具有突破性的重要驱动力，有力弥补了我国内生能力的不足，大大缓解了一系列要素瓶颈。实证研究表明，FDI 除了成为中国出口的主要动力外，还对产业升级、技术进步、引进人才和管理、理念创新、提升效率、增进福利、拉动内需等方面发挥了重要推动作用，特别是成为推动体制改革和制度创新的重要动力，成为以开放促改革促发展促创新的主渠道之一。进入 21 世纪以来，对外直接投资进入快速增长期成为我国更深入参与全球范围内要素优化配置日益重要的渠道。

中外历史也充分证明，封闭和过度保护导致落后和停滞；只有开放宽容兼蓄并包，才能打破瓶颈和束缚，实现经济起飞和崛起。

（二）无论是危机中还是危机后都必须坚持对外开放基本国策

坚持对外开放是由我国社会主义初级阶段的国情决定的。坚持推进双向贸易与投资的稳定平衡发展，提高参与经济全球化水平，不仅是推动中国现代化建设和经济转型的战略要求，也有利于促进中国与世界的共同发展。无论外部环境发生什么变化，我国发展开放型经济的进程都不能也无法中断。改革开放政策开启了我国经济由封闭、半封闭型经济向开放型经济转变的进程。迄今我国经济的开放程度有了很大提高，这大大焕发了我国经济的活力，加快了我国的现代化建设进程。今后能不能正确处理内需与外需、内资与外资、国内市场与国际市场的关系，也关系到我国能否长期坚持对外开放基本国策。世界金融经济危机总有结束的时候，经过一段或长或短的调整后世界经济必将进入新的发展周期，世界贸易和投资作为世界经济引擎的作用不会改变。

因此，中央关于“四个不变”的判断是非常正确的，我们对外开放的基本国策也决不能动摇。如果我们

① 参见［美］弗雷德里克·米什金著．下一轮伟大的全球化．北京：中信出版社，2007 年 11 月第 1 版。

遇到严峻的外部环境和困难，就将经济发展的视野完全退缩到国内，那么我们在经济全球化的浪潮中有可能面临再度被“边缘化”的危险，未来世界经济和科技发展新的机遇就会与我们失之交臂。

（三）扩大内需与坚持对外开放并不矛盾

面对百年一遇的全球金融危机，我们同样也难以独善其身，必须与世界一道共同应对危机。过去我们的经济增长一直以内需为主导，为了应对全球金融危机在外需方面带来的巨大损失，中央把扩大内需作为应对危机的根本，是十分正确的；作为一个大国经济今后较长时期内，主要依靠自身的市场、资源和资金来发展经济，也是不可动摇和无法改变的。

当然，扩大内需，并不是不要外需，与扩大对外开放、积极发展对外经济贸易并不矛盾。必须正确处理扩内需与稳外需的关系，短期内特别要千方百计稳定外贸，尽力减少损失，为扩内需政策发挥作用赢得时间和空间。实行对外开放，是我们的一项基本国策，必须长期坚持。这意味着，在扩大内需的同时，积极发展对外经济贸易，更好地利用两个市场、两种资源，在今后长时期内我国经济发展的必然选择。实际上，在全球化时代，内外需并不是相互分离、相互孤立，而是相互联系、相互依存、相互促进的。

一方面，国内市场和生产是出口的重要物质基础，一国的产业国际竞争力和宏观需求决定了双向贸易和投资的水平与能力。另一方面，外需对内需也有着同样巨大的拉动作用。这特别突出地表现在以下几方面：一是出口扩张可以大量增加就业、提高收入，并产生巨大的人口红利，有力刺激居民消费需求；二是对发展中国家拉动内需和消费结构升级有特殊效应，通常发展中国家新兴和高端产业发展都会遭遇本地需求不足的严重制约，高成本、高价格瓶颈制约的打破需要充分利用国际市场，我国 ICT 和消费类电子产业就是在庞大外需支撑下迅速实现了规模经济和产业集聚，大幅降低了成本和价格，激活了国内居民的消费需求，我国也因此迅速跃居世界互联网用户和电话用户世界第一；三是我国成为世界工厂，在规模经济、竞争效应、消费引导等综合性外溢效用作用下，我国城乡消费品市场得以迅速成长；四是外需可以有力拉动关联及其上下游产业的即期投资需求；五是外贸通过上下游产业产生乘数效应，拉动国内第一、二、三产业需求的扩大和升级。

实证分析表明，外需与国内投资和消费有较大相关关系。出口变动不仅会在很大程度上影响总需求，而且也会对消费、投资有显著的影响。在不考虑其他因素情况下，我们通过简单的二元回归，对 1978 年至 2006 年间出口与国内最终消费、资本形成的关系进行了分析。结果表明，出口每增长 1%，能够使消费增长 0.68%，国内资本形成增长 0.74%。当然，出口与投资、消费增长是不同步的，可能有一定时滞。同时，外贸出口对经济增长还有乘数效应。有关分析表明，如果出口每增加 1 元，在经历一定滞后期后将通过乘数效应使国民收入增加 2.18 元，外贸的乘数效应体现了从供给到需求的综合性作用，当然更体现在作为最终需求的乘数作用。

从长期看，随着人均收入水平的提高，我国储蓄、投资与消费的关系会逐步发生变化，消费率会不断提升，经济增长动力构成会逐步从过于依靠投资和出口向带动消费、投资出口协调拉动转变，但终不意味着我们要放弃对外开放，限制出口。当前理论界与实际部门在这一问题上存在着不少模糊认识：如有的将扩大内需与拓展外需割裂开来甚至对立起来；有的地方只强调内需而忽视外需；有的人认为在国内资金富余和生产能力过剩情况下利用外资必要性不大；有些地方和企业因出口遇到困难而抱有无所作为的思想；甚至有人提出中国应考虑选择内源发展战略（不用利用外部资源和市场）等。这些想法都是片面的，不利于我们长期坚持对外开放方针。

总之，如果我们能够在防范金融风险、确保经济安全的前提下，坚定不移地坚持对外开放政策，继续积极发展对外经济贸易，以开放促改革促发展促创新，我们就能抓住危机后时代的有利机遇，继续成为经济全球化的受益者，进一步缩短与世界先进水平的差距。

三、世界经济大调整既有挑战也有机遇

百年一遇的国际金融危机重创世界经济，世界经济贸易投资出现了急剧坠落给世界和中国都带来巨大挑

战。一方面，我们既要看到外部环境存在的挑战和不确定性风险，继续加强跟踪预警和防范；另一方面要认识到，危中有机，未来机遇面因素可能将相对上升，不仅有世界经贸复苏好转的机遇，更有后危机时代参与世界产业大重组推动中国和世界经济新一轮繁荣的难得机遇。对此，我们必须有战略性前瞻性思维，及时做好充分准备，全面推进新一轮对外开放，将稳发展与调结构、促转型结合起来，夺取现代化建设事业新胜利。

由于国际金融危机冲击与周期性变化相互叠加，此次危机后世界经济难以迅速恢复新一轮繁荣，可能将经历一个3～5年的调整期。在此期间，世界经济贸易总体维持中低速增长，世界经济年增长在2%～3%，世界贸易额年增长5%～9%。在调整期，经济全球化在经历规范和治理以后再次重新启动，世界贸易继续成为世界经济增长的发动机，并逐步迎来新一轮繁荣周期。

尽管世界经济贸易在复苏强弱方面还存在不确定性，但总体回升势头已确立。我们既要正视美欧消费不振、保护主义升温、国际竞争加剧、大宗资源涨价加大成本压力等新挑战、新困难，更要强化抓机遇的意识，做好充分的准备，尤其要注重抓住参与世界产业大重组的新机遇。

危机往往伴随着世界经济的大调整大变革大重组。由于危机冲击和国际竞争空前加剧，全球生产要素重组和国际产业转移将掀起新的高潮，制造业与服务业既分工又融合的趋势加快推进，绿色经济和新兴战略产业将获得新的突破。由于我国在危机中受冲击相对较小、经济率先复苏，我国参与世界产业大重组的优势和有利条件空前强化，面临一系列历史性机遇：

第一，扩大进口、发挥后发优势的机遇。抓住后危机时代制造业价格下降、交易障碍减少的机遇，着力扩大关键技术、设备和高附加值、高技术含量投资品中间品的进口；趁低价扩大其他资源性产品和消费品的进口，以促进民生和国民福利的改善。要通过努力，更充分发挥进口在提升全要素生产力、转变发展方式、促创新升级的功能性作用。

第二，加快“走出去”、提升核心竞争力的机遇。我们应该把“走出去”作为新一轮对外开放的重点，实现从“商品输出”为主向“资本输出”、“商品输出”并重转型，更加注重获取关键技术、工艺流程和商业模式，全面提升核心竞争力。

第三，提升“引进来”水平、承接新一轮国际产业转移的机遇。本轮危机后将出现新一轮国际产业转移，重点是中高端制造业、高技术产业和现代服务业，给我国“引进来”带来新的历史机遇。

第四，提高与跨国公司战略合作水平、提升我国在全球供应链地位的机遇。利用跨国公司对其全球产业链和供应链体系进行进一步优化调整的时机，全面提升与跨国公司的战略合作水平，使其全球供应链体系调整朝着有利于我的方向演变，包括引入更多的战略投资者、支持国内龙头企业与跨国公司的战略合作、推动更多中小企业进入跨国公司的供应链体系。

第五，参与跨国技术合作、推动技术创新的机遇。全球性危机往往会催生重大技术革命，这次危机后也将孕育新一轮技术革命，在新技术突破和传统产业技术改造方面都会全面加速，跨国技术贸易、技术合作与转移将加速发展。我国可以通过加强跨国技术合作，更充分吸纳全球科技、人才、知识和智力成果，抢占科技制高点，加快建设创新型国家的步伐。

第六，重塑现代化管理体系的机遇。大危机催生大变革，包括从宏观到微观管理方式的全方位变革。当今世界，管理与技术变革日益融合互动，管理变革成为新的生产力。我们可以借鉴韩国在亚洲金融危机期间推动企业治理变革的经验，我们应该通过并购、战略合作、管理咨询等多样化方式，全方位引进国际上先进的经营管理模式、方法与理念，推动我国企业经营管理与国际惯例的接轨，通过借船出海等多种方式重塑我国企业管理现代化国际化体系。

第七，扩大服务业开放、加快服务业发展与升级的机遇。随着新型智能网络的充分应用，未来跨国公司服务链网络必将不断拓展，服务业全球化掀起新高潮，服务业跨国转移与外包空间巨大。我国完全可以吸取过去30多年制造业开放式发展升级的成功经验，通过大规模承接国际服务业转移与外包，以开放促改革促发展促创新，实现服务业的跨越式发展。

第八，开拓新市场、创造新需求的机遇。危机以来，发达国家消费不振，但新兴市场经济率先复苏、内需扩大，周边市场和广大发展国家需求潜力巨大。我开拓新市场、创造新需求面临历史性机遇。我们可以通过一揽子合作措施，在帮助这些国家渡过难关的同时，创造出新的需求，实现互利共赢，助推共同发展。

第九，推进区域经济合作、拓展外部空间的机遇。目前，区域内贸易已接近世界贸易的50%，其中东亚区域内贸易比重超过50%。由于东亚区域合作的一些长期障碍得到缓解，我国全面推进以东亚为重点的区域经济一体化、实施自贸区战略，面临新的历史机遇，将大大拓展我国经济发展的外部空间，为未来对外经济发展打下坚实基础。

第十，优化重组产业链、提升国际分工地位的机遇。目前，从制造业到服务业全球化的推进，逐步形成了全球性生产服务网络。加工制造业只是整体产业链的一个环节，其他6个环节都在交易和服务环节，形成了“6+1”的完整链条。我国在国际产业链中总体处于低端位置，关键在于研发设计、市场营销等高端生产性服务业的落后。危机后，国际竞争将推动全球整体产业链的优化重组，我们应该通过推进全方位开放，搭建聚集全球优势生产要素的平台，推动我国整体产业链的优化重组，重塑我国产业分工合作体系。

抓住后危机时代世界经济大调整大重组的机遇，需要我们进一步强化全球视野与战略思维，适应中国经济与世界经济“大融合、大互动、大竞合”的新趋势，实施新的主动开放战略和积极有所作为的对外关系战略。

四、后危机时代我国对外开放战略重点

面临世界经济格局大调整、世界产业大重组等新形势，我们必须在更好地统筹国际国内两个大局的前提下，全面考虑后危机时代我国开放的战略选择。由于我国要素结构失衡以及长期处于社会主义初级阶段的国情，我国比其他大国更需要对外开放。按照十七大要求最终建成比较成熟的开放型经济，实现商品、服务、要素和人员更加自由的流动，创造新的竞争优势，仍然是我们坚定不移的战略目标。未来对外开放功能必须适应现代化和全球化潮流及时得到新的拓展和升级：一是在2025年我国劳动力供求格局发生根本转变之前仍需充分发挥劳动力的比较优势，为工业化现代化提供最终需求的支撑；二是组合利用全球范围内的资金、知识、技术、信息、人才，集成全球优势要素，提高经济效益和自主创新能力，强化经济发展的内生能力；三是通过加强国际合作在全球新产业新技术革命中占据有利地形，创造新的竞争优势，全面提升我国国际竞争力。从后危机时代的国内外形势看，对外开放未来要抓住以下几个突破口：

（一）抓住世界产业大重组大洗牌机遇，提升我国产业核心竞争力

历史证明，危机往往伴随着产业的大重组、大洗牌。历史上很多国家抓住这种机遇实现了产业振兴，如大萧条期间的苏联通过大量吸纳外部的技术、资金和人才逆势而上；同时很多产业、很多企业在大重组中实现了跨越式发展。

我国应在统筹考虑提升自身产业核心竞争力和参与国际协调合作两方面关系的前提下，以企业和市场为主体，着力组织推动若干重点计划：一是积极支持具备实力的企业开展核心能力型跨国并购，通过更大范围聚集全球优势生产要素，重塑企业核心能力，培育我国自身全球性跨国公司；二是大力加强国际经济金融合作，加大对外援助力度，支持发展中国家的经济复苏，创造新的外部需求，拓展新的对外经贸合作空间；三是大力加强技术引进与跨国合作（特别是新技术领域的合作），充分整合利用全球科技和智力资源，引进中高端人才，全面提升我国技术水平和创新能力；四是适应国际产业转移新趋势，全面重塑产业供应链体系，拓展上海、深圳等沿海城市的贸易中心功能，发展一大批像香港利丰那样有高端供应链体系的龙头企业，提高国际产业转移的承接、组织和辐射能力；五是目前机遇通过并购、战略合作、管理咨询等多样化方式全方位引进国际上先进的企业管理方法与理念，推动我国企业经营管理与国际惯例的接轨，通过借船出海等多种方式重塑我国企业管理现代化国际化体系。

（二）打造集成全球优势生产要素平台，提升整体产业链的竞争力

当前，制约我国总体产业国际竞争力的关键因素主要在以下方面：一是研发设计和市场营销等高端生产

性服务业严重滞后，使中国制造处在国际价值链也就是微笑曲线的低端；二是物流供应链管理水平低下，整合利用国内国际资源要素能力不足，交易成本与费用居高不下；三是金融体系落后，金融服务效率低下，制约企业的自主创新、结构升级；四是在知识产权保护、政府行政管理、公共服务、公用事业和税费等政策安排上，不适应新的形势，与发达国家比差距很大，不利于产业和企业核心竞争力的提升，不利于自主品牌和知名跨国公司的培育；五是科技教育培训和管理咨询等比较落后，在中高端人才上存在严重不足；六是在微观上不适应国际分工不断深化、制造业与服务业既专业化分工又紧密融合的新趋势，业务流程、产业组织、管理和制度创新严重滞后，影响了总体产业竞争力的提升。但是，这些制约因素很大程度上与我国目前阶段的有关体制制度政策环境有关，必须伴随整个现代化的过程有序推进，逐步解决。

后危机时代我们有必要也有条件借助外力，寻求以开放推动整个产业链优化重组的突破口：一是进一步深化市场化改革，特别是政府行政体制、金融和要素价格等几大关键领域的改革，为我国产业链的优化重组消除体制障碍；二是抓紧打破重要服务业的制度性垄断，引入竞争，加快专业化信息化现代化步伐；三是大力发展生产性服务业，特别是研发设计和市场营销等高端服务业，实行鼓励性的产业政策，支持自主创新，加快升级；四是学习借鉴国际上制度和政府规制创新的做法与经验，推动有条件的中心城市和区域先行开放，并进行全方位制度创新，激发地方经济活力，在我国整体产业链重组优化过程中发挥先导示范作用。

（三）抓住服务业国际转移机遇，推动服务业跨越式发展

当前要将积极参与服务业全球化、大力承接国际服务转移外包作为新一轮对外开放的战略重点，纳入国家战略，像当初建设经济特区一样高度重视和支持。当前扩大服务业开放的举措：一是积极有序扩大服务业市场准入，引入竞争，以扩大开放推动服务业体制和管理的创新，全面优化服务业的行政和法律环境；二是不以承接服务业跨国转移和外包为突破口，带动我国有比较优势的一些现代服务业部门的迅速振兴；三是引入外部战略投资者，加快我国服务业的重组，引入国际上的先进技术、组织形式和经营管理方式，全面促进服务业技术进步和现代化；四是将一批有条件的沿海中心城市办成国际化生产性服务的聚集区，显著增强其产业组织、供应链管理、市场营销和国际接单能力，提升在全球生产网络和价值链中的位置，对国内经济和产业发展形成更强大的辐射带动效应；五是在以引进来为重点的同时，不失时机地推动有实力的服务企业“走出去”，增强整合利用全球优势要素的能力；六是大力培育一批具有自主知识产权、自主品牌和高增值服务能力的服务供应商成为外包龙头企业，实现服务外包与服务业升级的良性互动。

（四）积极参与全球绿色经济领域的合作

发展绿色经济已成为危机条件下世界经济新的亮点，并且有可能成为新一轮世界经济的主力引擎，蕴藏着巨大的发展潜力和经济价值，决定着各国在未来国际竞争中的地位。中国和广大发展中国家在绿色经济领域既有机遇，也面临一系列挑战。为此，中国既要顺应潮流，调整发展战略和模式，努力创造绿色经济新优势；也要大力加强国际合作，更好地整合利用全球要素、技术和人才，在激烈的国际竞争中获取“绿赢”。一是大力加强节能环保技术产业领域的国际合作，打造绿色资源和要素聚集的平台，促进我国绿色产业和技术的快速成长，缩短与国际先进水平的差距；二是适应绿色革命新潮流，抓紧建立健全绿色经济领域的法律法规、标准税收、科技、金融政策和公共监管与服务体系，创新体制，完善激励和约束机制，让发展绿色经济成为全社会共同的选择；三是积极参与全球治理，增强我国在全球绿色规则制定方面的话语权，以建设性姿态参与多边活动、维护作为发展中国家应有的权益，努力实现绿色经济领域的互利共赢。

五、积极参与全球经济治理，坚持推进自由贸易的大方向

这次危机使现行国际经济金融体系的深层次问题空前暴露，各方改革压力和共识明显增加，经济全球化亟待加强规范和治理，我国和其他新兴经济体发挥作用的空间增大。因此，作为一个发展中大国，中国首先应当采取多种措施，在稳定自身经济和金融市场的同时，必须更加积极地参与全球经济治理，确定适应当前新形势的参与战略，以务实、积极的态度，按照全面性、均衡性、渐进性、实效性的原则推动国际经济金融体系改革，建立公平、公正、包容、有序的国际经济金融新秩序。具体应包括以下方面：一是加强国际经济

金融监管合作、完善国际监管体系；二是对主要国际金融组织治理结构进行改革，建立合理的全球金融救助机制，增强履行职责的能力；三是增加发展中国家在国际经济金融组织中的发言权和代表性，积极发挥其在维护国际和地区经济金融稳定等方面的作用；四是加强 G20 治理机制的完善，继续推动全球宏观经济管理和危机救助机制的协调，共同推动世界经济的持续复苏和持久繁荣。

推动和维护一个自由开放的多边贸易体系符合我国作为一个贸易大国的长期战略利益。要积极推动多哈回合多边贸易谈判，争取早日达成协议；高举自由贸易的旗帜，反对各种形式的贸易投资保护主义，为实现世界贸易的持续复苏而努力；推动多边贸易体系制度的改革和完善，维护广大发展中国家的共同利益，促进南北不平衡关系的改善。通过努力，推动世界贸易继续发挥世界经济发动机的作用，促进人类福利的改善。

危机后时代中国外贸政策的选择

对外经济贸易大学教授 薛荣久
对外经济贸易大学博士 杨凤鸣

在金融危机下，国际贸易保护主义抬头，中国成为贸易保护主义最大的冲击者和受害者。在这种背景下，中国是支持以世界贸易组织为基础的多边贸易体制，继续执行其主导的自由贸易政策，还是改弦更张，另辟贸易政策？它关系到危机后时代中国整体贸易发展，中国从贸易大国成为贸易强国的大问题。笔者认为，中国应从目前自由贸易政策转向协调管理型的自由贸易政策，把被动的自由贸易政策转变成主动的自由贸易政策，把世界贸易组织主导的自由贸易政策引向有序化，促进世界贸易的健康发展。

世界贸易组织主导的自由贸易政策不会逆转

自由贸易政策是指国家对进出口贸易不加干预，任其自由竞争。从自由程度而言，自由贸易政策有绝对的、节制的、阶段性的几种。从参与程度上，自由贸易政策有单边、双边、诸边和多边多种。从接受程度上，自由贸易政策有自主的、外加的、互惠的几种。从涵容领域而言，自由贸易政策有狭义的和广义的两种。从实施而言，自由贸易政策有自愿性、选择性和约束性几种。自由贸易政策实施表现为关税的降低和应税商品的减少、非关税壁垒等的减少与取消。第二次世界大战以后，自由贸易政策通过贸易自由化进行。

自由贸易政策随资本主义建立而出现，随资本主义发展而演变，时强时弱，没有绝对意义上的自由贸易政策。在国家存在和不平衡规律作用下，自由贸易政策成为主流政策时期短于保护贸易政策时期。但自由贸易政策有利于资本扩张本性的追求。第二次世界大战以来，随着资本国际化和经济全球化的发展，自由贸易政策成为主流，但不稳定。

19 世纪产业革命以后，英国经济竞争力大大增强。为了扩大市场，追求高额利润，形成以英国为中心的国际分工。19 世纪中叶，英国确立单方面、自主的自由贸易政策，并通过各种渠道推行，如通过殖民统治，签署贸易协定，有时甚至通过战争，强加给战败的国家。

在 20 世纪初期，随着英国经济竞争力的下降和大危机的降临，自由贸易政策被超保护贸易政策取代。第二次世界大战以后，美国成为经济强国。为了对外扩张，它从“二战”前的贸易保护主义转向自由贸易政策，并推动关税与贸易总协定的建立，推行贸易自由化，把单边的自由贸易政策演变为多边的自由贸易政策。在资本国际化和经济全球化的推动下，1955 年建立世界贸易组织，取代 1948 年生效的关税与贸易总协定，使多边的自由贸易政策得到加强。

世界贸易组织所主导的自由贸易政策与原 GATT 推行的自由贸易政策相比，有些重大变化。第一，推行自由贸易政策机制从贸易协定变成国际组织，带有永久性和制度性。第二，参加世界贸易组织的成员数远远多于原 GATT 缔约方数。世界贸易组织成员已达到 153 个，占世界贸易额的 90%以上，具有真正的多边性。第三，自由贸易政策囊括的领域从货物扩大到投资和服务业，并就此达成将近 30 个贸易协定与协议，具有广义的性质。第四，自由贸易政策对成员的约束性大大提高。其主要表现是成员要无保留的接受多边贸易协定与协议，且对本国有关法规要予以对应；加强争端解决机制，对违规的成员予以“报复”或“惩罚”；

加强对成员的政策审议等。第五，所主导的自由贸易政策带有阶段性，在一定程度上允许成员存在正当的贸易保护。如发展中国家成员自由化程度可以低于发达国家成员，加强知识产权制度，允许采取救济措施，存在可选择加入的诸边贸易协议。第六，鼓励世界贸易组织成员进行“开放、公平和无扭曲的竞争”。所谓开放是指世界贸易组织成员按照承诺的协定与协议履行义务和享受权利；所谓公平是指贸易对象应在市场经济体制基础上，通过供求正当竞争形成的真实成本进行贸易；所谓无扭曲是指贸易主体不借助垄断和特权等行为进行贸易活动。第七，世界贸易组织成员之间的自由贸易政策实施途径是通过多边谈判，在互惠互利基础上达成各种贸易协议，并付诸实施。第八，在不违背世界贸易组织原则下，允许各种形式的地区贸易集团存在。

总之，世界贸易组织主导的自由贸易政策是以多边互惠为基础、带有广义和阶段性特点、具有一定的约束力，其权威性和影响力远远超过历史上的自由贸易政策。世界贸易组织运行以来，促进了世界范围内的贸易自由化，推动了世界经济贸易的发展。它已成为国际社会一个重要的公共产品，成为主导自由贸易政策不可替代的国际组织。

在世界性的金融危机下，各国为了挽救经济，采取各种救市活动，形形色色的贸易保护主义兴起，冲击了世界贸易组织主导的自由贸易政策。在金融危机冲击下，世界贸易组织竭尽所能反对贸易保护主义，发表调查报告，在各种国际会议上揭露和抵制贸易保护主义，抑制了贸易保护主义的泛滥，捍卫了多边贸易体制，可谓功不可没。但也显出力不从心，作为不大的窘态，使其主导的自由贸易政策出现曲折，甚至蒙羞。

世界贸易组织作为不大源于以下原因：第一，贸易政策根基于经济基础。2008 年金融危机引发经济危机。经济机体的调整导致贸易保护主义，作为疏通交换功能的世界贸易组织只能作为警告者和消防员。第二，世界贸易组织本身存在先天不足。首先，世界贸易组织协调能力不足，协调面过窄，主要通过“绿屋会议”决定谈判进程。其次，管理能力有限。世界贸易组织对运用世界贸易组织负责实施管理贸易协议以外的新形式的贸易保护主义无能为力；对以内的贸易保护主义行为，只能呼吁抵制，如无成员对之诉求，只好听之任之；成员诉求后，需要通过争端机制解决，但程序比较复杂，解决时间过长。第三，世界贸易组织负责实施管理的贸易协定与协议，因其是在贸易利益各方在妥协和折中基础上达成的，在协议语义上存在模糊，标准不很规范，在条款应用上留有空间，为成员滥用留下了漏洞。第四，世界贸易组织是成员管理，总干事的权利和职能由部长级会议授予。

上述情况说明，不是世界贸易组织不作为，而是被授权所限。要想加大作为，世界贸易组织一要更加广泛地协商，在“全体参与”、“代表性”和“透明度”上下工夫，二要通过规范协议实施，改进争端解决机制等加强管理能力。

在原关税贸易总协定/世界贸易组织推行自由贸易政策的同时，以贸易自由化为主的地区经济一体化发展迅速，为数众多的贸易集团建立。其特点是诸边的贸易自由化；名称繁多；层次多样，其中有优惠贸易安排，自由贸易区，关税同盟，共同市场，经济同盟，完全经济一体化；发展不平衡，绝大多数是自贸区，个别达到完全经济一体化，如欧盟；共同市场、经济同盟和完全经济一体化成员内部的贸易自由化程度等于和高于世界贸易组织成员内部的贸易自由化。为不背离世界贸易组织主导的自由贸易政策，根据 1994 年 GATT 第 24 条规定，它们对外贸易自由化程度不能低于在世界贸易组织中承诺的贸易自由化程度，并接受世界贸易组织审查，防止出现保护和排他性的倾向。

当前国际社会共认，金融危机已经过去，世界经济进入复苏，迎接自由贸易政策的回归。实践证明，营造开放自由贸易环境、大力发展对外贸易，都是一个国家经济增长的重要力量。各国利用本国生产要素，提供比较优势的商品和服务，参与国际分工，既能提高经济效益，又能促进经济增长。随着世界经济复苏和经济全球化的继续发展，贸易对经济发展的积极作用将重新展现。自由贸易政策将从低迷中走出，继续成为贸易政策的主流。因此，危机后时代，世界贸易组织主导的自由贸易政策不会逆转。随着世界经济的复苏和多哈回合的结束，自由贸易政策将进一步加强，向更加广泛协调和有序的方向发展。

中国对外贸易政策逐步渐进的使然

迄今为止，中国对外贸易政策整体经历了四个阶段。按照贸易基础，经营管理等基点，笔者把新中国成立后的对外贸易政策分为四个阶段。第一个阶段为坚定内向型的贸易保护政策（1950—1978 年），第二个阶段为一般内向型的贸易保护政策（1978—1994 年），第三个阶段为一般外向型的贸易保护政策（1994—2001 年），第四个阶段为接受世界贸易组织贸易主导的自由贸易政策（2001 年迄今）。

1949 年 9 月通过的《中国人民政治协商会议共同纲领》规定："实行对外贸易的管制，并采用保护贸易政策。"在坚定内向性型保护贸易政策阶段，国家集中垄断和计划管理对外贸易。在一般内向型的贸易保护和一般外向型的贸易保护政策阶段，贸易保护手段开始松动，向双轨制方向发展。在货物贸易上，采用"奖出限入"的贸易保护政策，改变贸易逆差，争取和扩大贸易顺差；在投资上，采取比较自由和鼓励的政策。

中国加入 WTO 后，根据《建立 WTO 协议》，全面接受了多边贸易协定与协议，未参加两个自愿接受的诸边协议。加入 WTO 后，中国有计划地对与贸易有关的 3000 多件法律、行政法规、部门规章等进行了集中清理和调整，并建立起比较完善的与世界贸易组织相对应得对外贸易政策法律体系。2004 年修订和公布实施的《中华人民共和国对外贸易法》第一章总则第四条规定："国家实行统一的对外贸易制度，鼓励发展对外贸易，维护公平、自由的对外贸易秩序。"对外贸易政策转向自由贸易政策。

我国实施世界贸易组织主导的自由贸易政策以来，通过贸易协定与协议中权力的享受，中国比较优势得到释放，促进中国外贸的高速发展；通过义务的履行，中国国内市场环境大大改善，成为世界上最受外资看重的国家之一。外贸的高速发展和巨大外资的进入，大大推动了中国经济的发展和社会福利的提高。此外，它还促进中国的社会主义市场经济体制的完善；激励产业结构的特征；推动各级政府部门和官员思维方式与执政观念的转变，加速了政府职能的转变；企业逐步摆脱"关系"学，学会依法办企业；企业经营和贸易行为逐步法制化，为走出国门进行跨国经营奠定了良好的法律基础；逐步学会利用世界贸易组织争端解决机制，维护中国企业的正当权益；市场经济文化、竞争、学习、法制等观念进入国民意识当中。

中国在世界贸易组织主导的自由贸易政策基础上，确立协调管理型的自由贸易政策是中国对外贸易发展趋势的必然。

第一，作为世界贸易大国，中国更多涉及与众多贸易对象的互动关系。中国作为贸易大国，既是优势，也面临挑战。优势是，贸易利益扩大，对世界贸易影响加重，参与全世界经济贸易规则权和话语权加大。挑战则是，中国的贸易发展要更多考虑与贸易对象之间的互动关系，要承担与之相应的责任与义务。为此，需要从宏观上协调与贸易伙伴贸易的利益，磋商和确定相互的贸易政策，明确权利与义务，再加以管理落实，保证双赢的实现。

第二，中国作为世界经济大国，社会主义市场经济体制的完善和经济全球化的广泛参与，注定中国要从贸易大国走向贸易强国。中国具有较多的比较利益和潜在的后发优势，具备坚定执行自由贸易政策的实力。自由贸易政策会使中国的比较优势和后发优势得到进一步发挥。反过来，它们又加速中国从贸易大国成为贸易强国的进程，为中国深化对外开放奠定可靠的基石，有助于"和谐世界"的构建。

第三，在中国对外贸易强势发展中，中国与世界各国在贸易上合作扩大的同时，竞争将会向全面和复杂化方向发展，中国遇到的贸易摩擦和争端将成为常态化，并向纵深发展。协调管理型自由贸易政策有助于竞争和贸易摩擦的化解，阻止它们进一步激化和强化，寻求有效的应对措施。

第四，在激烈的竞争和贸易摩擦不断加多的情况下，中国不能以贸易摩擦对贸易摩擦，以贸易战对贸易战，相互报复和制裁；只能走协调、谈判、磋商和"平等互利、同舟共济"的道路。因为在"你中有我，我中有你"的相互依存下，和则两利，战则两伤。协商自当成为获取、维护贸易利益，寻求相互贸易利益和妥善处理贸易摩擦的上策。

第五，为真正落实贸易协调谈判的成果，防止只重视权利的享受，忽视义务的履行，导致贸易规则的失衡；改正我国对外经济贸易活动中轻视利益协调，重视协议签署，忽视落实管理的弊病。中国应该加强对贸易协定与协议规则执行的管理，使权利与义务落实，做到真正平衡，推动世界贸易健康地发展。

第六，克服世界贸易组织主导自由贸易政策在协调管理上的弊病。作为世界贸易组织中的重要成员的中国通过本身的协调管理，探索“自主治理”的改革途径，摆脱困境，帮助世界贸易组织强身。

协调管理型自由贸易政策的含义与实施

协调管理型自由贸易政策是指在比较优势和竞争优势基础上，在世界贸易组织多边贸易体制下，通过政府协商确定与贸易对象的权利与义务，通过法规加强管理，保证权利与义务的落实，实现“开放、公平和无扭曲的竞争”，促进与贸易对象相互的经济发展和社会稳定。

协调管理型自由贸易政策的目的是通过协调，维护和加强中国在世界贸易中的地位，平衡各方贸易利益，减少贸易摩擦根源，妥善解决贸易争端，维护和加强以世界贸易组织为基础的多边贸易体制，促进世界贸易的发展。

协调管理型自由贸易政策的基础是中国社会主义市场经济体制的完善，加速中国市场中各种不良现象的去除，形成“开放、公平和无扭曲竞争”的局面，提高和加强综合竞争力。

协调管理的机制应以政府部门为主，贸易经营主体和非政府组织积极参与，坚持协商管理并重，做到平等互利，权利义务平衡，依法处理违规。

协调管理对象包括三个大的层面，即国内、对外和二者之间的三个方面。

当前国内有八个方面需要加强协调管理：第一，政府部门之间的协调管理。国务院涉及对外经济部门很多。它们之间应协调管理，不然政出多门，相互被动，出了问题，又互相推诿，减弱协调管理能力，不能取得最佳的谈判效果。第二，国家法律与行政法规之间的协调与配套。在立法过程中，应以已签署的国际条约和协定为依据，再与本国具体情况协调，切记不要偏废，授人以柄，陷于被动。第三，对外经贸各项领域，如货物、服务、利用外资、对外投资、承包工程、劳务输出、对外援助等，要相互协调配合，不要单打一。第四，政府主管部门与企业关系的协调管理。在不平衡规律作用，中国各种企业竞争力不一，对国内外市场关注点不同。我国对外经贸部门应将相关法规及时向贸易企业通告，进行协调和帮助，助长助力，减少阻力，形成合力。第五，各种行业组织与企业的协调管理。我国行业都有自己的协会和商会等组织。它们在维护企业权益中的作用不断加大，但良莠不一，需要进一步协调管理。第六，中国政府部门与中国国内的非政府组织之间的协调管理。第七，内需与外需，供应与需求、出口与进口、汇率、利率、税率、要素价格、贸易促进等之间的协调管理。第八，地区省市之间外贸发展的协调管理。

当前对外需要协调管理有七个方面：第一，与世界贸易组织的协调管理。中国已成为世界贸易大国，在世界贸易组织中成为重要成员，2008 年 7 月，中国开始进入世界贸易组织谈判的核心圈。中国更加需要借助世界贸易组织发展和维护贸易地位，积极推动多哈回合 2010 年达成协议，提供更多的贸易机遇。在世界贸易组织改革中，积极发挥作用，强化多边贸易体制的作用和权威性。第二，与联合国贸易与发展会议，世界银行，国际货币基金组织的协调管理。它们涉及中国贸易关系、货币体系与中国国际收支问题。第三，与发达国家，特别是美国的贸易关系需要加强协调与管理。随着奥巴马政府对外贸易关系的战略调整，中美贸易在合作的同时，贸易摩擦和争端呈加多趋势，协调管理功能的加强有助于中美贸易关系的正常发展。第四，与新兴的发展中国家，如印度、墨西哥、巴西需要加强协调管理。中国与这些国家都处在相同的经济发展阶段，产品互补和互斥并存，相互合作的同时，竞争将加剧和复杂化。第五，与最不发达国家的经济贸易关系。它们对强势发展的中国寄予很高的期望和期待，中国如何满足它们的需要，同时又量力而行，成为协调的重大问题。第六，与各种地区经济合作组织。现在比较有名气的地区经济贸易组织将近 20 个，中国参与或组成的区域合作组织 9 个。到世界贸易组织备案的自贸协定 190 多个。将出现国家贸易向集团贸易发展的趋势。但因层次不同，成员发展水平和希望不一，内部存在各种矛盾。中国对参与和尚未参与的区域合作组织应加强协调管理。第七，与国际上的非政府组织的协调管理。非政府组织对国际组织和各国政府决策影响加大，中国不能忽视。中国应积极主动与它们接触，进行协调，如环保和绿色组织等。

最后一方面，内部协调管理与对外协调管理之间的协调管理。为此，国务院与各级政府部门应建立相应的组织机构负责此事。

中国转向实施协调管理型自由贸易政策需要处理好四个问题：

第一，提高和加强中国对外贸易产业部门的比较优势和竞争优势。充分利用和发挥已有的比较优势。采取扬长补短战略，努力和加强培育新的竞争优势，发展整体和综合竞争优势。没有竞争优势的支撑，中国的协调管理型自由贸易政策将受制于人，变主动为被动。

第二，建立协调管理的途径和机制。由国务院确定好牵头的政府部门。牵头部门处理好与相关部门、企业、非政府组织之间的关系，进行明确分工和相互配合。要努力掌握综合运用法规、谈判、斡旋、公关、“报复”和惩处的协调管理手段，提高综合运用的艺术。

第三，提高协商管理的意识。中国各级政府、各种贸易主体、非政府组织包括新闻媒体要加强国际规则意识，市场规则意识，负责大国意识，以理服人意识，普及和利用规则意识。当前中国对这些意识有所关注，但存在很大不足。在中国面对国外的贸易摩擦和争端中，政府和社会层面，有时停留在表达“喜、怒、哀、乐”情绪的层面。理性做法欠缺，有失大国的风度。

第四，认真履行参与的国际贸易规则，严格执法。与世界贸易组织成员发生贸易摩擦和争端时，应以世界贸易组织规则和中国加入世界贸易组织文件为准。不能寻求规避和绕开的途径，更不能随意曲解和非议，引起企业和国人误解，激化矛盾，为协调管理型自由贸易政策实行带来困难。

在可持续发展框架下应对全球气候变化

国家气候变化专家委员会副主任
清华大学低碳能源实验室主任 何建坤

自20世纪80年代以来，全球气候变暖日益受到国际社会的关注。联合国政府间气候变化专门委员会(IPCC)发布了四次评估报告，基本上认定了人为活动的温室气体排放是造成全球气候变化的主要原因。全球气候变暖对自然生态和人类社会带来越来越显著的影响，其中以负面影响为主。虽然当前对气候变化科学问题的认识仍存在争议和不确定性，但世界各国通过合作行动，共同应对气候变化的挑战，已成为广泛的共识。但在应对气候变化责任和义务的分担方面，发展中国家和发达国家两大阵营之间也存在尖锐的矛盾和斗争。1992年联合国环境与发展大会通过《联合国气候变化框架公约》，明确了全球应对气候变化的目标和原则，成为全球应对气候变化的基本法律框架。1997年通过《京都议定书》，明确了发达国家2008—2012年第一承诺期内量化的减排指标。2009年底哥本哈根气候大会前后，各主要国家都公布了到2020年的减排目标和行动计划，也将进一步推进全球应对气候变化的进程。我国在哥本哈根大会前提出到2020年单位GDP的CO_2（二氧化碳）强度比2005年下降40%～45%的自主减排目标，是我国统筹国内可持续发展与应对全球气候变化所做的战略抉择，也展现了我国负责任大国的态度和形象。

一、认清形势，积极应对气候变化的挑战

（一）我国基本国情和发展阶段特征，使我国在应对气候变化领域面临比发达国家更严峻的挑战，任务艰巨

我国处于工业化、城市化快速发展阶段，在节约能源、提高能源效率方面已做出了巨大努力，节能减排力度世界最大。但由于GDP较快增长，能源消费和CO_2排放总量大、增长快的趋势仍难以改变。1990—2009年，我国单位GDP的CO_2排放强度下降了55%，下降速度为世界罕见。但同期GDP增长6.6倍，CO_2排放总量也增长了3.0倍，成为世界第一排放大国。人均CO_2排放量1990年约为世界平均水平的一半，目前已经超过世界平均水平。从2005年到2009年，单位GDP能源强度下降了15.32%，但能源消费总量也增长30%，每年CO_2排放增长量占世界增长量的40%以上。控制能源需求和CO_2排放总量上升幅度仍是艰巨任务。

我国能源领域技术进步显著，能效快速提高，主要高能耗产品能源单耗每年以1.5%～2.5%的速度下降，供电煤耗近10年下降50gce/kWh，效率提高14.2%。但近年来重化工业和高能耗产业的快速发展，在国民经济中的比重持续增加或居高不下，抵消或减缓了技术进步导致GDP能耗强度下降的趋势。“十五”期间，GDP能源强度呈上升趋势。“十一五”期间，我国加大了节能降耗的工作力度，2006—2009年淘汰落后炼铁产能8 000万吨，炼钢产能6 000万吨，水泥产能2.1亿吨，淘汰小火电机组6 000多万千瓦。同时努力改变经济发展方式，优先发展高新技术产业和现代服务业，GDP能源强度持续下降，扭转了“十五”期间GDP能源强度上升趋势。但从2009年下半年以来，由于高耗能工业产能扩张，使单位GDP能源强度又出现了反弹上升的趋势，2010年第一季度末比去年同期上升3.2%，到2010年末实现“十一五”期间GDP能源强度下降20%左右目标的任务艰巨。由此可见，在重化工业发展阶段，保持GDP能源强度持续稳定下降

态势是一件相当艰巨的任务，虽然大力度持续加强节能技术的研发和推广，会使能源效率不断提高，但快速工业化发展阶段产业发展的不平衡和结构的不稳定性会导致 GDP 能源强度下降趋势的反复和不确定。

我国可再生能源、核能发展迅速，比重持续增加，但相当长时间内仍不能满足新增能源需求，煤炭等化石能源消费量仍会继续增长。从 2005 年到 2009 年，新能源和可再生能源供应量增长 50%，占一次能源比重由 6.8%上升到 7.8%，可再生能源年均增长速度和增长量均为世界第一，但同期煤炭消费量仍增长了 28%，导致 CO_2 排放量的增加。今后相当长时期内，我国经济仍会以较快速度增长，煤炭等化石能源的消费量仍会持续有所上升。我国以煤炭为主的一次能源构成短期内不会有根本性转变。我国特有的资源禀赋，使单位能源消费的 CO_2 排放因子也比发达国家高出 30%左右。

（二）全球应对气候变化将伴随激烈的国际经济、贸易和技术领域的竞争和争端，我国可持续发展既面临排放空间不足的挑战，也面临新的竞争压力

哥本哈根协议就全球温升不超过 2℃达成共识。实现这一目标将意味着全球未来要大幅度减少温室气体排放，其中主要是能源消费的 CO_2 排放。欧盟等发达国家力推 2050 年全球温室气体排放至少减 50%，其中发达国家减排 80%的目标，实质上也在力图为发展中国家施加长期量化的减排义务。处于工业化、城市化发展阶段的新兴发展中国家，未来随经济社会的可持续发展，能源消费和相应 CO_2 排放量仍将持续有所增长，实现现代化仍需要合理的碳排放空间。《哥本哈根协议》重申了全球应对气候变化要根据“共同但有区别的责任”原则和各自的能力，加强全球长期合作行动要基于公平和可持续发展的理念。发达国家历史、目前和今后相当长时期内的高人均排放，对气候变化应负主要责任。“人均累计排放”反映了一个国家的历史责任，也反映了一个国家利用有限大气空间容量为自身现代化发展中基础设施建设和财富积累所做的累计贡献，是公平原则的一个度量。自 1850—2005 年，发达国家的人均 CO_2 排放为 940 吨，是中国 88.1 吨的 10 倍多，发达国家中近期要大幅度减排，从而为发展中国家的可持续发展腾出必要的排放空间。发展中国家在排放空间被严重挤占的情况下，要协调经济发展、消除贫困与适应和减缓气候变化的关系，走上低碳发展的道路就需要得到资金和技术的支持。发达国家向发展中国家提供资金、转让技术、帮助进行能力建设是《公约》下的义务，也是对其过多挤占发展中国家发展空间的补偿。但另一方面，实现控制全球温升 2℃的目标，也势必严重压缩全球碳排放空间，我国的经济社会可持续发展及现代化进程将面临排放空间严重不足的挑战。我国已不可能再沿袭发达国家以高能源消耗和高 CO_2 排放为支撑的现代化发展模式，必须探索新型的低碳发展之路，这在世界大国的发展史上尚无前例。

全球应对气候变化对低碳技术需求强劲，促进了先进能效技术和新能源技术的创新和快速发展，并且正在成为新的经济增长点。掌握先进能源技术将是一个国家核心竞争力的体现。欧盟等发达国家极力推进紧迫的全球长期减排目标，也旨在凭借其自身在能效和新能源领域的技术领先地位，向发展中国家扩展市场，成为新的经济增长点，增强其经济活力，打造其核心竞争优势。有些发达国家当前正在酝酿采取单边贸易保护主义措施，征收“碳关税”以及制定严格的行业能效和环保标准，在向发展中国家施加减排压力的同时，也存在以此打击新兴发展中国家日益上升的竞争力，锁定或扩大与新兴发展中国家差距的战略意图。而对于其在《公约》下向发展中国家无偿或优惠转让先进环境友好技术的义务，至今没有实质性履行，即使向发展中国家商业性出口高技术也存在很多管制和障碍。

因此，我国当前面临对外争取发展空间，对内实现低碳发展的双重艰巨任务。对外既要积极推进全球应对气候变化进程，体现负责任大国形象，又要努力争取合理的排放空间和公平发展的权益；对内既要努力转变发展方式，探索中国特色的低碳发展之路，又要积极应对新形势下经济、贸易和技术竞争格局的变动，打造低碳竞争优势。

二、认真部署，努力完成我国自主减排目标

我国提出到 2020 年 GDP 的 CO_2 强度比 2005 年下降 40%～45%的目标，有别于发达国家未来碳排放总量下降的绝对减排目标，而是一种比正常基准情景相对减排的目标。该目标就是使 CO_2 排放的增长速度较

大幅度地低于GDP的增长速度，使产出单位GDP所排放的CO_2持续下降。在这种目标下，随GDP的较快增长，CO_2排放总量仍会有所上升。这种目标选择符合我国的国情和发展阶段的特点，也体现了《气候变化框架公约》中"共同但有区别的责任"原则。

我国"十一五"期间GDP能源强度下降20%左右的目标，是我国实现2020年GDP的CO_2强度比2005年下降40%～45%目标的一个重要的阶段性目标，"十二五"和"十三五"期间需比"十一五"期间付出更大的努力。不仅今后节能的难度将进一步加大，而且随国内生产总值增长，实现相同的能源强度下降目标所需要的节能绝对量也要加大，因此，资金和技术的投入量也要增加。据测算，"十一五"期间节能减排的附加投入约为1.5万亿元，"十二五"期间要增大到1.9万～3.4万亿元，且其中依靠项目本身收益不能收回投资的资金投入也要由"十一五"期间的20%上升到"十二五"期间的40%。发达国家的发展历程都表明，在其工业化阶段国内生产总值的能源强度都呈上升趋势，即使完成工业化阶段较晚的日本和韩国也都呈现了相同规律。日本1960—1974年国内生产总值的能源强度上升23%，韩国1971—1998年上升45%。我国在工业化阶段大幅度降低国内生产总值的能源强度和碳强度，体现了我国努力转变发展方式，积极应对气候变化的决心和成效。

从另一方面讲，我国到2020年即使实现GDP的CO_2强度下降45%，届时非化石能源比重达15%的情况下，如果2009—2020年GDP年增长率为8.0%适度较快的水平，2020年一次能源需求量也将达50亿tce（吨标准煤），比2005年增加一倍多。快速增长的一次能源需求将对国内资源供应保障、能源安全、环境保护带来巨大压力。因此，从国内当前节能减排，促进经济社会与资源环境协调和可持续发展的角度，也需要大幅度降低GDP的能源强度和碳强度。当前要把实现自主减排目标与国内节能降耗目标相结合，纳入国家和地方"十二五"及"十三五"国民经济和社会发展规划，建立相应统计、监督和考核体系，并将其作为贯彻落实科学发展观的重要内容，从而确保实现自主减排目标，并且争取做得更好。

三、转变发展方式，建设以低碳排放为特征的产业体系和消费方式

在全球应对气候变化形势推动下，世界范围内正在经历一场经济和社会发展方式的变革，其核心内容是：发展低碳能源技术，提高能源效率，改善能源结构，转变经济增长方式，建立低碳经济发展模式和低碳社会消费模式，并将其作为协调经济发展与保护气候变化之间关系的根本途径。温家宝总理在2010年全国人大政府工作报告中提出，要努力建设以低碳排放为特征的产业体系和消费方式，阐明了我国在可持续发展框架下应对气候变化、减缓碳排放的基本战略思路，其核心内涵就是在保障国民经济又好又快发展的前提下，以低能源消费、低CO_2排放和低环境污染，达到较高的自然资源生产率，实现较高的经济社会发展水平和较高的生活水平和质量，其关键衡量指标就是较大幅度地降低GDP的CO_2强度，所以，这也是我国实现2020年自主减排目标的根本对策。

促进GDP的CO_2强度下降的因素包括节能所导致的GDP能源强度下降和能源结构优化导致能源构成中含碳率下降两方面的因素。其中节能又可分为导致能源效率提高的技术节能和由于产业结构调整和升级以及消费结构变化所引起的结构节能。这是以低碳排放为特征的产业体系和消费方式建设的主要领域，当前应进一步加强的措施主要有以下方面。

（一）努力进行产业结构的战略性调整，促进产业升级，大力发展低碳战略性新兴产业

我国在工业化阶段特有的产业结构，是造成我国单位GDP能源强度远高于发达国家的重要原因。我国近年来第二产业的比重一直占50%左右，第三产业比重仅40%，而发达国家第二产业比重一般小于30%，第三产业比重高达70%以上。单位第二产业增加值能耗是第三产业的3～4倍。而我国第二产业中高耗能产业的比重又居高不下。在"十五"期间，也是由于第二产业比重特别是重工业比重的较快增长，抵消了技术进步节能的效果，使GDP能源强度在此期间呈上升趋势。"十一五"期间，产业结构变化所引起的节能效果也不明显。据测算，第二产业比重每下降一个百分点，引起GDP能源强度的下降可超过一个百分点。因此，要下大力度调整产业结构，优先发展高新技术产业和现代服务业，大力发展信息、新材料、生物医药、节能

环保、新能源和智能电网等低碳战略性新兴产业，限制高耗能产品产能的扩张，限制“两高一资”型产品的出口，降低高耗能产业在国民经济中的比重。进行传统产业的技术升级，促使产品向价值链高端发展，提高产品的增加值率。使结构节能在“十二五”及其以后，逐渐发挥越来越大的作用。

（二）继续大力推进技术节能，提高能源转换和利用效率，实现传统产业的低碳化发展

我国实施节能优先战略，近年来通过上大压小，推广先进节能技术，使高耗能产品的能源单耗持续下降，如2007年与2000年相比，火电发电煤耗下降9.2%，炼钢可比能耗下降14.8%，水泥综合能耗下降12.8%，合成氨综合能耗下降8.6%，建筑、交通部门能源利用效率也都有较大提高。全国节能工作的统计、监督和考核体系以及政策激励机制已基本形成，“十一五”期间，“十大节能工程”、“千家企业节能行动”都已取得显著成效。我国能源转换和利用效率与发达国家的差距正在显著缩小。要继续加大力度，“十一五”期间实现单位GDP能源强度下降20%左右的目标以及实现2020年自主减排目标，以提高能效所带来的技术节能效果将起到主导作用。

（三）大力发展新能源和可再生能源，优化能源结构，降低能源构成中的含碳率

提高核能、水电、风电、太阳能等新能源和可再生能源在一次能源构成中的比重，可在保障能源供应的同时，减少CO_2排放。我国在哥本哈根会前提出的应对气候变化的目标和行动，也包括到2020年非化石能源比重达15%的目标，实现该目标需要有比较完善的新能源产业体系作为支撑。届时新能源和可再生能源供应量将超过7亿tce，约为2005年的4～5倍，年均增长率需10%以上。届时核电装机需超过7 000万千瓦，水电3亿千瓦，风电1.5亿千瓦，太阳能发电和生物质燃料都需要较大发展。对此在“十一五”期间已采取了强有力措施，扶植和激励可再生能源的发展。例如对风电装机和太阳能发电装机分别给予600元/kW和20元/Wp的补贴，实行上网电价优惠等。同时及时修改“可再生能源法”，为新能源企业的发展提供了良好的制度环境、政策环境和市场环境。1990—2005年对促使单位GDP的CO_2强度下降的因素中，能源结构优化的贡献率约6%。而2009年新增电力装机容量中，水电和风电占32%，在建核电装机2 067万千瓦，占世界在建装机组的30%，新能源和可再生能源将发挥越来越重要的作用。2005—2020年期间，能源结构优化对实现GDP的CO_2强度下降40%～45%目标的贡献率将达20%左右。因此，以新能源和可再生能源逐渐替代煤炭等化石能源，是我国减缓CO_2排放的长期战略选择。

（四）引导公众消费行为，转变消费观念，建立低碳社会消费方式

公众消费理念和消费方式是对企业生产行为的导向，也是实现向低碳发展方式转变的社会基础。因此，要把低碳型消费作为一种社会公德，引导、规范和制约社会公众的消费行为。倡导健康文明和适度的消费方式，提倡企、事业单位和个人积极参与，自觉行动。低碳是由工业文明向生态文明过度的重要特征，是协调物质文明和生态文明的关键结合点，是统筹经济社会可持续发展、人民生活水平和质量不断提高与减缓碳排放、保护全球气候之间关系的根本战略选择。与低碳产业体系一样，低碳消费方式也将是未来构建低碳社会的重要组成部分。

以低碳排放为特征的产业体系和消费方式的建设，是一项十分迫切而又需要长期坚持的艰巨任务，需要以观念创新、制度创新和技术创新为支撑，从而实现我国发展方式的根本性转变。

四、全面统筹，在可持续发展框架下应对气候变化

走低碳发展的道路，是我国统筹可持续发展与限控CO_2排放的根本途径和战略选择。由于发展阶段不同，我国与发达国家在应对气候变化、减缓碳排放方面所承担的义务、减排目标和重点领域也有根本性差异。

当前我国经济发展水平仍然较低，且地域间很不平衡，在中西部广大农村地区，农民生活用能尚主要来自生物质直接燃烧，生活质量低下，而且破坏生态环境，迫切需要增加优质商品能源的供应，改善其基本生存状况。就全国而言，我国能源消费的CO_2排放70%以上发生在工业生产领域，而发达国家2/3左右是发生在建筑、交通等公共和私人消费领域，而且我国出口产品生产过程中所消费能源的CO_2排放约占全国总

排放量的1/4，承担了大量发达国家的“转移排放”。而发达国家进口产品隐含的CO_2排放则大于其出口产品，将其所消费的CO_2排放转移到发展中国家。就国内基于生产的CO_2排放而言，我国与美国相当，而按基于消费的CO_2排放计算，2005年中国因产品进出口的净CO_2转移排放约8亿吨，而美国净进口约7亿吨，美国则高出中国15亿吨左右，因此当前按国内消费的CO_2排放计算，美国比中国高出约30%。进一步而言，国内基于消费的CO_2排放中，可再分为用于固定资产投资产品和最终使用消费产品两部分的排放，中国用于固定资产投资产品的CO_2排放占其中一半以上，而美国则80%用于最终使用消费，因此，就国内最终使用消费产品和服务的CO_2排放而言，从总量上美国也是中国的2倍左右，按人均则达8倍以上。所以，发达国家减排的重点领域是降低当前过高的消费排放，减少奢侈排放。而我国当前CO_2排放增长主要是适应发展需求，且其中主要是工业化和城市化大规模基础设施建设投资品生产所产生的排放。同时还面临改善广大人民群众生活水平和生活质量的需求。所以，我国应对气候变化要全面统筹，既要改善和提高贫穷地区的生存排放，同时还要引导和规范富裕地区和群体的消费排放，更重要的是要积极引导和调控现代化进程中的发展排放，并且控制和减少对外贸易中的转移排放。

我国当前经济发展也受到国内资源保障和环境容量的瓶颈性制约，建设以低碳排放为特征的产业体系和消费方式，符合我国节约资源、保护环境的基本国策和资源节约型、环境友好型社会建设的要求，既是应对全球气候变化的根本对策，也是国内可持续发展的内在需求。当前要把应对气候变化战略与国内可持续发展战略相结合，实现保护全球气候与国内可持续发展的双赢。要做好三方面的统筹工作。统筹国内与国际：国内自身需求方面，做到保护生态环境，人与自然和谐，促进经济、社会与资源、环境的协调和可持续发展；在全球环境方面，保护全球气候，减缓碳排放，实现低碳发展的路径。统筹近期与长远：中近期目标为常规污染物排放绝对下降，碳排放强度下降；远期目标为逐步建立并形成以新能源和可再生能源为主体的可持续能源体系，碳排放达峰值并逐渐绝对减排，实现经济社会的持续发展与碳排放脱钩。统筹局部与全局：国内环境保护与减缓碳排放既具有协同效应，也有不同的侧重点，要统筹规划。把发展低碳经济与国内已开展的“循环经济”、“生态经济”、“绿色经济”的理念、政策和试点相结合，突出以低碳为特征的产业体系和消费方式的建设，在建设资源节约型和环境友好型社会过程中突出煤炭、石油、天然气等化石能源的节约和清洁利用，同时把环境友好型社会的内涵从单纯国内环境保护扩展到全球环境友好或全球气候友好。在全球应对气候变化趋势下，顺应世界经济社会发展以低碳为特征的变革潮流，打造长期低碳竞争优势，探索中国特色的低碳发展之路。

第二篇　WTO 事务

● WTO运行总体情况（2009年）

一、WTO秘书处人员与预算（2009年）

（一）WTO秘书处人员

WTO秘书处总部设在日内瓦，拥有621名日常工作人员，统一接受总干事的领导。WTO一切决策权归属WTO成员，秘书处没有任何决策权。秘书处的主要职责是为各理事会和委员会提供技术和专业支持，为发展中成员提供技术援助，监督和分析全球贸易的发展动态，为公众和媒体提供信息以及组织召开部长级大会。此外，秘书处还在争端解决程序中提供各种形式的法律支持服务以及为申请加入WTO的政府提供咨询服务。

WTO秘书处工作人员来自于70个国家和地区，男女人数基本对等。其中，专业人员大多由经济学家、法学家和其他国际贸易政策方面的专家组成。此外，还有大量负责提供支持性服务的员工，包括信息技术人员、财务人员、人力资源及语言服务人员。WTO工作语言是英语、法语和西班牙语。

WTO招聘员工的原则是对所有提供平等的机会，以此尽可能地保证WTO秘书处人员的多样性。其中，招聘时最看重的是品质、资历和经验。

根据《关于争端解决规则与程序的谅解》，WTO秘书处专门特别设立上诉机构，负责处理争端解决专家组裁决的上诉事宜。上诉机构设有独立秘书处，由7名在法学和国际贸易领域拥有特别威望的专家组成，每位专家的每届任期4年，且可连任一届。

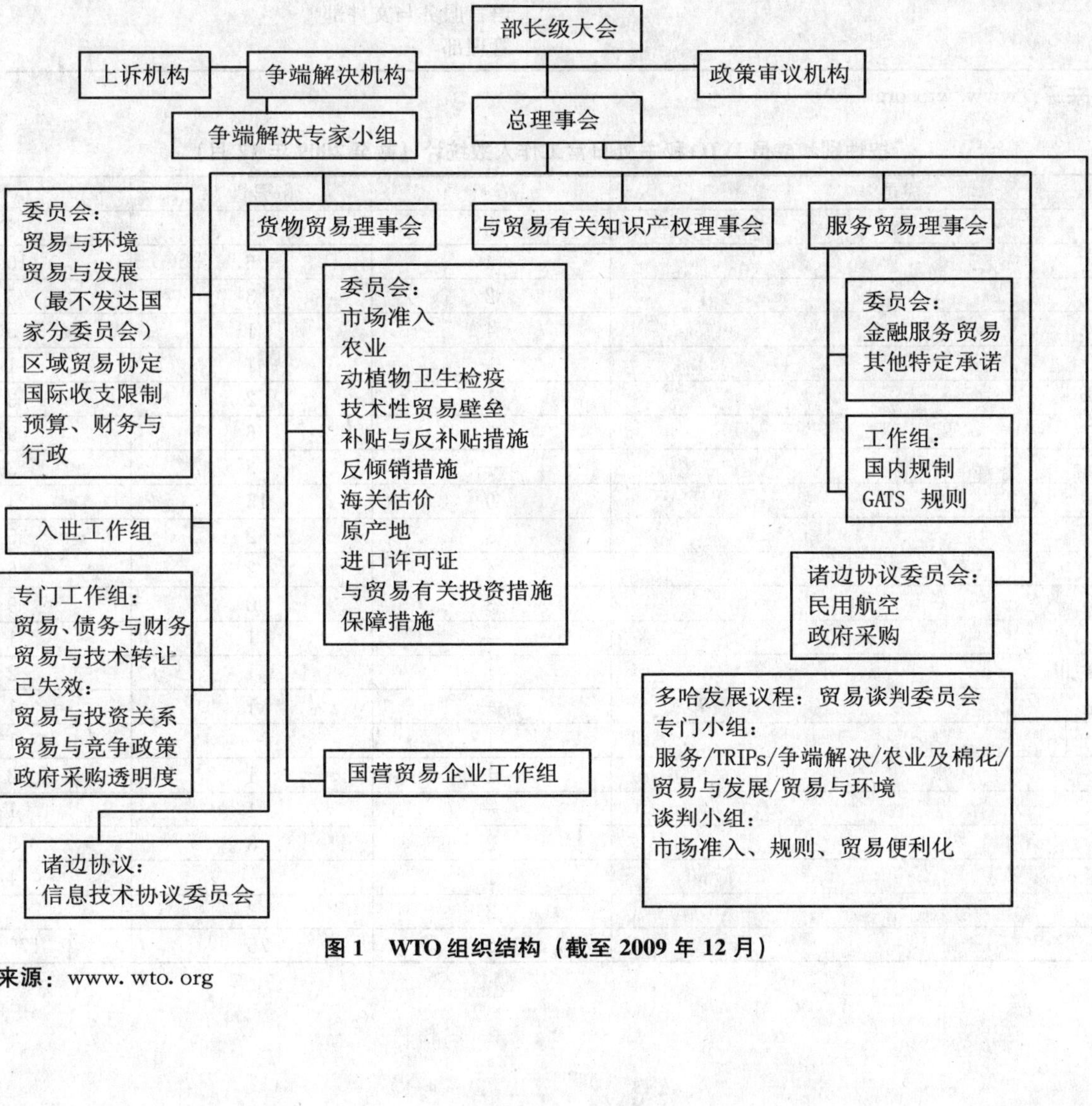

图1 WTO组织结构（截至2009年12月）

资料来源： www. wto. org

表 1 WTO秘书处组织机构（截至2009年12月）

总干事 帕斯卡尔·拉米（Pascal Lamy）	总干事办公室 理事会与贸易谈判委员会部 人力资源部 信息与媒体联系部 内部审计部
副总干事 亚雷汉德罗·捷瑞（Alejandro Jara）	加入部 经济研究与统计部 法律事务部 规则部
副总干事 鲁格瓦比萨（Valentine Rugwabiza）	发展部 技术援助审计部 贸易政策审议部 培训与技术援助研究所
副总干事 伐尔檀那（Harsha Vardhana Singh）	农业与货物贸易部 贸易与环境部 服务贸易部
副总干事 鲁佛斯（Rufus Yerxa）	行政与综合服务部 市场准入部 信息部 知识产权部 语言服务与文件部 管理部

资料来源：www. wto. org

表 2 按性别和成员WTO秘书处日常工作人数统计（截至2009年12月）

成员	女性	男性	总计
阿根廷	3	5	8
澳大利亚	4	6	10
奥地利	2	3	5
比利时	4	1	5
贝宁	—	1	1
玻利维亚	1	2	3
巴西	3	6	9
保加利亚	—	3	3
加拿大	9	15	24
智利	3	2	5
中国	4	2	6
哥伦比亚	3	6	9
刚果（布）	—	1	1
哥斯达黎加	1	1	2
科特迪瓦	—	1	1
古巴	1	—	1
丹麦	1	1	2
厄瓜多尔	—	1	1
埃及	2	3	5
爱沙尼亚	1	—	1
芬兰	2	3	5
法国	100	75	175

续 表

成员	女性	男性	总计
德国	5	13	18
加纳	—	1	1
希腊	3	2	5
危地马拉	1	—	1
洪都拉斯	1	—	1
中国香港	1	—	1
匈牙利	—	1	1
印度	3	11	14
爱尔兰	9	2	11
意大利	7	8	15
日本	1	2	3
韩国	3	1	4
莱索托	—	1	1
马拉维	—	1	1
马来西亚	1	2	3
毛里求斯	—	2	2
墨西哥	1	4	5
摩洛哥	1	1	2
荷兰	2	4	6
新西兰	2	3	5
尼日利亚	—	1	1
挪威	—	2	2
巴基斯坦	—	1	1
秘鲁	1	—	1
菲律宾	3	4	7
波兰	4	5	9
罗马尼亚	2	2	4
卢旺达	—	1	1
圣卢西亚	2	—	2
塞内加尔	1	1	2
南非	1	—	1
西班牙	—	1	1
斯里兰卡	—	1	1
瑞典	31	15	46
瑞士	1	2	3
坦桑尼亚	2	2	4
泰国	19	15	34
特立尼达和多巴哥	1	—	1
突尼斯	—	1	1
土耳其	1	—	1
乌干达	2	4	6
英国	2	1	3
美国	2	—	2
乌拉圭	48	17	65
委内瑞拉	20	9	29
津巴布韦	1	5	6
合计	329	287	616

资料来源：www. wto. org

表 3　　WTO 秘书处各部门职位分布（截至 2009 年 12 月）

部门	日常工作人数	高级主管和主任	总计
总干事	0	1	1
总干事办公室	12	1	13
副总干事办公室	8	4	12
加入部	7.8	1	8.8
行政与综合服务部	78.5	1	79.5
农业与货物贸易部	14.6	1	15.6
理事会与贸易谈判委员会部	17.8	1	18.8
发展部	13	1	14
经济研究与统计部	41.8	2	43.8
人力资源部	22.4	1	23.4
信息部	38.3	1	39.3
信息与媒体联系部	25.6	1	26.6
培训与技术援助研究所	32.5	1	33.5
知识产权部	12.1	1	13.1
语言服务与文件部	157.2	1	158.2
法律事务部	13	2	15
市场准入部	10.6	1	11.6
内部审计部	1	1	2
规则部	20	1	21
技术援助审计部	2.8	0	2.8
贸易与环境部	7.8	1	8.8
服务贸易部	15.8	1	16.8
贸易政策审议部	41.9	2	43.9
上诉机构	14	1	15
总计	608.5	29	637.5

资料来源：www.wto.org

（二）WTO 秘书处经费

WTO 秘书处年度经费绝大部分来自于 153 个成员所承担的会费。每个成员会费多少取决于其在国际贸易中所占的份额。此外，WTO 秘书处年度经费还来源于其他收入，主要包括观察员的会费及出版物销售收入等。2009 年，WTO 总经费预算如下：

- WTO 秘书处经费预算：183 744 100 瑞士法郎
- 上诉机构及其秘书处经费预算：5 513 500 瑞士法郎
- WTO 总经费预算：189 257 600 瑞士法郎

表 4　　2009 年度 WTO 秘书处经费预算

项目	预算金额（瑞士法郎）
项目 1：工作费用（包括工资和养老金）	121 437 200
项目 2：临时助理费	14 975 500
项目 3：通信费	1 811 500
项目 4：建设设施费	3 696 000
项目 5：设备费	2 198 000
项目 6：耗材费	1 305 000
项目 7：合同服务费	9 250 000
项目 8：员工间接费	4 633 500

续 表

项目	预算金额（瑞士法郎）
项目 9：代表团费	2 939 000
项目 10：贸易政策课程	3 823 600
项目 11：其他	6 228 400
项目 12：不可预见费	100 000
项目 13：国际贸易中心	16 859 900
合计	189 257 600

资料来源：www. wto. org

表 5　2009 年度 WTO 成员承担的会费

成员	2009 年会费	
	瑞士法郎	%
阿尔巴尼亚	41 294	0.022
安哥拉	251 518	0.134
安提瓜和巴布达	28 155	0.015
阿根廷	591 255	0.315
亚美尼亚	28 155	0.015
澳大利亚	2 149 165	1.145
奥地利	2 563 982	1.366
巴林	152 037	0.081
孟加拉国	189 577	0.101
巴巴多斯	28 155	0.015
比利时	4 810 751	2.563
伯利兹	28 155	0.015
贝宁	28 155	0.015
玻利维亚	45 048	0.024
博茨瓦纳	63 818	0.034
巴西	1 683 669	0.897
文莱	73 203	0.039
保加利亚	266 534	0.142
布基纳法索	28 155	0.015
布隆迪	28 155	0.015
柬埔寨	63 818	0.034
喀麦隆	52 556	0.028
加拿大	6 308 597	3.361
佛得角	28 155	0.015
中非	28 155	0.015
乍得	28 155	0.015
智利	625 041	0.333
中国	11 070 546	5.898
中国台北	3 386 108	1.804
哥伦比亚	364 138	0.194
刚果（布）	45 048	0.024
哥斯达黎加	161 422	0.086
科特迪瓦	116 374	0.062
克罗地亚	313 459	0.167

续 表

成员	2009 年会费	
	瑞士法郎	%
古巴	116 374	0.062
塞浦路斯	123 882	0.066
捷克	1 304 515	0.695
刚果（金）	28 155	0.015
丹麦	1 846 968	0.984
吉布提	28 155	0.015
多米尼克	28 155	0.015
多米尼加共和国	174 561	0.093
厄瓜多尔	170 807	0.091
埃及	465 496	0.248
萨尔瓦多	101 358	0.054
爱沙尼亚	165 176	0.088
欧洲共同体	—	0.000
斐济	28 155	0.015
芬兰	1 199 403	0.639
马其顿	45 048	0.024
法国	8 851 932	4.716
加蓬	45 048	0.024
冈比亚	28 155	0.015
格鲁吉亚	37 540	0.020
德国	16 521 354	8.802
加纳	78 834	0.042
希腊	906 591	0.483
格林纳达	28 155	0.015
危地马拉	125 759	0.067
几内亚	28 155	0.015
几内亚比绍	28 155	0.015
圭亚那	28 155	0.015
海地	28 155	0.015
洪都拉斯	65 695	0.035
中国香港	5 341 942	2.846
匈牙利	1 139 339	0.607
冰岛	86 342	0.046
印度	2 333 111	1.243
印度尼西亚	1 392 734	0.742
爱尔兰	2 351 881	1.253
以色列	897 206	0.478
意大利	7 256 482	3.866
牙买加	82 588	0.044
日本	9 946 223	5.299
约旦	133 267	0.071
肯尼亚	84 465	0.045
韩国	4 859 553	2.589
科威特	486 143	0.259
吉尔吉斯斯坦	28 155	0.015

续 表

成员	2009年会费	
	瑞士法郎	%
拉脱维亚	127 636	0.068
莱索托	28 155	0.015
列支敦士登	45 048	0.024
立陶宛	228 994	0.122
卢森堡	733 907	0.391
中国澳门	140 775	0.075
马达加斯加	28 155	0.015
马拉维	28 155	0.015
马来西亚	2 256 154	1.202
马尔代夫	28 155	0.015
马里	28 155	0.015
马耳他	78 834	0.042
毛里塔尼亚	28 155	0.015
毛里求斯	61 941	0.033
墨西哥	3 767 139	2.007
摩尔多瓦	30 032	0.016
蒙古	28 155	0.015
摩洛哥	305 951	0.163
莫桑比克	37 540	0.020
缅甸	52 556	0.028
纳米比亚	39 417	0.021
尼泊尔	30 032	0.016
荷兰	6 167 822	3.286
新西兰	469 250	0.250
尼加拉瓜	39 417	0.021
尼日尔	28 155	0.015
尼日利亚	442 972	0.236
挪威	1 623 605	0.865
阿曼	228 994	0.122
巴基斯坦	330 352	0.176
巴拿马	163 299	0.087
巴布亚新几内亚	39 417	0.021
巴拉圭	63 818	0.034
秘鲁	255 272	0.136
菲律宾	824 003	0.439
波兰	1 698 685	0.905
葡萄牙	972 286	0.518
卡塔尔	294 689	0.157
罗马尼亚	534 945	0.285
卢旺达	28 155	0.015
圣基茨和尼维斯	28 155	0.015
圣卢西亚	28 155	0.015
圣文森特和格林纳丁斯	28 155	0.015
沙特	1 739 979	0.927
塞内加尔	33 786	0.018

续 表

成员	2009 年会费	
	瑞士法郎	%
塞拉利昂	28 155	0.015
新加坡	4 048 689	2.157
斯洛伐克	563 100	0.300
斯洛文尼亚	335 983	0.179
所罗门群岛	28 155	0.015
南非	992 933	0.529
西班牙	4 917 740	2.620
斯里兰卡	142 652	0.076
苏里南	28 155	0.015
斯威士兰	33 786	0.018
瑞典	2 485 148	1.324
瑞士	2 588 383	1.379
坦桑尼亚	52 556	0.028
泰国	1 944 572	1.036
多哥	28 155	0.015
汤加	28 155	0.015
特立尼达和多巴哥	99 481	0.053
突尼斯	227 117	0.121
土耳其	1 578 557	0.841
乌干达	30 032	0.016
乌克兰	640 057	0.341
阿联酋	1 522 247	0.811
英国	9 933 084	5.292
美国	25 313 222	13.486
乌拉圭	69 449	0.037
委内瑞拉	593 132	0.316
越南	463 619	0.247
赞比亚	37 540	0.020
津巴布韦	31 909	0.017
合计	187 700 000	100

资料来源：www.wto.org

二、WTO 主要活动（2009 年）

（一）技术援助和培训

WTO 与贸易有关的技术援助计划旨在提高成员方对 WTO 活动的了解程度，各项培训都尽可能地满足成员方的实际要求。WTO 成员任何时候都可以向秘书处提出技术援助的相关请求，这可以确保技术援助能及时集中反映成员方的要求，特别是发展中成员和最不发达成员的诉求。2009 年，WTO 在日内瓦以及全球其他地区共计举行了 459 次技术援助和培训活动。每次活动的期限为 1 天至 12 周不等，参与人员有时仅为 1 人。对于培训周期较长的课程项目，参与人员有时达到数十人。培训形式各异，包括实习、博士生学习或合作课题研究等。其中，绝大多数培训活动由 WTO 与其他国际组织联合举办，重点支持非洲及其他最不发达国家融入多边贸易体制。

表 6 2009 年按地区统计的与贸易有关的技术援助活动分布

地区	国别层次		地区层次		全球层次		其他（会议等）		合计	
非洲	67	36%	36	32%	1	2%	27	28%	131	29%
阿拉伯和中东地区	10	5%	13	12%	0	0%	3	3%	26	6%
亚太地区	58	31%	28	25%	0	0%	17	18%	103	22%
中东欧、中亚及高加索地区	18	10%	9	8%	0	0%	3	3%	30	7%
加勒比地区	9	5%	12	11%	0	0%	2	2%	23	5%
拉丁美洲地区	23	12%	13	12%	0	0%	9	9%	45	10%
区域性合计	185	100%	111	100%	1	2%	61	63%	358	78%
全球性活动	0	0%	0	0%	65	98%	36	37%	101	22%
合计	185	100%	111	100%	66	100%	97	100%	459	100%

资料来源：www.wto.org

（二）WTO 各理事会活动

1. 总理事会

2009 年，WTO 总理事会继续受理各国政府加入 WTO 的申请。3 月，阿富汗达成备忘录。4 月，巴哈马达成备忘录。7 月，阿塞拜疆举行工作组最后一次会议，并开始起草工作组报告。同月，老挝举行工作组最后一次会议，并开始起草工作组报告。3 月，波黑举行工作组最后一次会议，12 月开始起草工作组报告。11 月，伊朗达成备忘录。12 月，也门开始起草工作组报告。

表 7 正在申请加入 WTO 国家的谈判进展情况（截至 2010 年 1 月）

	申请日期	工作组成立日期	达成备忘录日期	首次/最后一次（工作组会议）	工作组会议次数	货物贸易承诺		服务贸易承诺		起草工作组报告日期
						初始	最终	初始	最终	
阿富汗	2004 年 11 月	2004 年 12 月	2009 年 3 月							
阿尔及利亚	1987 年 6 月	1987 年 6 月	1996 年 7 月	1998 年 4 月/2008 年 1 月	10	2002 年 2 月	2007 年 11 月	2002 年 3 月	2007 年 11 月	2006 年 6 月
安道尔	1997 年 7 月	1997 年 10 月	1999 年 3 月	1999 年 10 月	1	1999 年 9 月		1999 年 9 月		
阿塞拜疆	1997 年 6 月	1997 年 7 月	1999 年 4 月	2002 年 6 月/2009 年 7 月	7	2005 年 5 月	2009 年 4 月	2005 年 5 月	2007 年 3 月	2009 年 7 月
巴哈马	2001 年 5 月	2001 年 7 月	2009 年 4 月							
白俄罗斯	1993 年 9 月	1993 年 10 月	1996 年 1 月	1997 年 6 月/2005 年 5 月	7	1998 年 3 月	2006 年 5 月	2000 年 2 月	2006 年 9 月	2007 年 6 月
不丹	1999 年 9 月	1999 年 10 月	2003 年 2 月	2004 年 11 月/2008 年 1 月	4	2005 年 8 月	2007 年 11 月	2005 年 8 月	2007 年 11 月	2007 年 12 月
波黑	1999 年 5 月	1999 年 7 月	2002 年 10 月	2003 年 11 月/2009 年 3 月	6	2004 年 10 月	2007 年 2 月	2004 年 10 月	2007 年 2 月	2009 年 12 月
科摩罗	2007 年 2 月	2007 年 10 月								
赤道几内亚	2007 年 2 月	2008 年 2 月								
埃塞俄比亚	2003 年 1 月	2003 年 2 月	2007 年 1 月	2008 年 5 月	1					
伊朗	1996 年 7 月	2005 年 5 月	2009 年 11 月							

续 表

	申请日期	工作组成立日期	达成备忘录日期	首次/最后一次（工作组会议）	工作组会议次数	货物贸易承诺		服务贸易承诺		起草工作组报告日期
						初始	最终	初始	最终	
伊拉克	2004年9月	2004年12月	2005年9月	2007年5月/2008年4月	2					
哈萨克斯坦	1996年1月	1996年2月	1996年9月	1997年3月/2008年7月	10	1997年6月	2004年12月	1997年9月	2004年6月	2008年6月
老挝	1997年7月	1998年2月	2001年3月	2004年10月/2009年7月	5	2006年11月	2009年6月	2007年10月	2009年6月	2009年6月
黎巴嫩	1999年1月	1999年4月	2001年6月	2002年10月/2009年10月	7	2003年11月	2004年6月	2003年11月	2004年6月	2009年10月
利比里亚	2007年6月	2007年12月								
利比亚	2004年6月	2004年7月								
黑山共和国	2004年12月	2005年2月	2005年3月	2005年10月/2008年11月	7	草案 2008年12月		草案 2008年12月		2009年1月
俄罗斯	1993年6月	1993年6月	1994年3月	1995年7月/2006年3月	30	1998年2月	2001年2月	1999年10月	2002年6月	2004年10月
萨摩亚	1998年4月	1998年7月	2000年2月	2002年3月	1	2001年8月		2001年8月	2006年2月	2009年5月
圣多美和普林西比	2005年1月	2005年5月								
塞尔维亚	2004年12月	2005年2月	2005年3月	2005年10月/2009年7月	7	2006年4月	2008年11月	2006年10月	2008年11月	2009年7月
塞舌尔	1995年5月	1995年7月	1996年8月/2009年5月	1997年2月	1	1997年6月		1997年5月		1997年6月
苏丹	1994年10月	1994年10月	1999年1月	2003年7月/2004年3月	2	2004年7月	2006年10月	2004年6月	2006年10月	2004年9月
塔吉克斯坦	2001年5月	2001年7月	2003年2月	2004年3月/2009年9月	4	2004年2月	2009年3月	2004年2月	2009年3月	2009年5月
乌兹别克斯坦	1994年12月	1994年12月	1998年10月	2002年7月/2005年10月	3	2005年9月		2005年9月		
瓦努阿图	1995年7月	1995年7月	1995年11月	1996年7月/1999年10月	2	加入一揽子文件 2001年10月				
也门	2000年4月	2000年7月	2002年11月	2004年11月/2009年7月	6	2005年9月	2008年8月	2005年8月	2008年8月	2009年12月

资料来源：www.wto.org

2. 货物贸易理事会

（1）进口许可程序委员会

2009年，进口许可程序委员会分别于4月30日和10月19日举行了两次会议。在4月30日会议上，委员会选举了坦桑尼亚 Marco J. Kassaja 先生为委员会主席，同时还选举了塞浦路斯 Anna Ashikali 女士为副主席。

2009年，根据《进口许可程序协议》第1.4（a）条和第8.2（b）条，进口许可程序委员会共从10个成员收到10次通报。根据《进口许可程序协议》第5.1～5.4条，进口许可程序委员会共从10个成员收到26次通报。根据《进口许可程序协议》第7.3条，进口许可程序委员会共从39个成员收到50次通报。

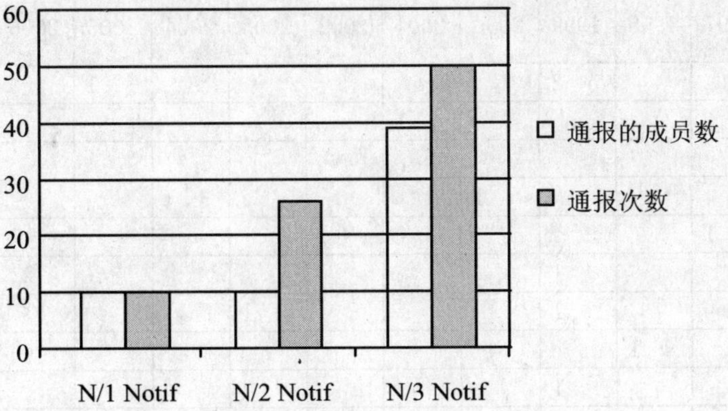

图 2 通报的成员数和通报次数（2008—2009 年）

资料来源：www. wto. org

（2）补贴与反补贴措施委员会

截至 2009 年 10 月 20 日，共有 11 个 WTO 成员向委员会通报了其所发起的反补贴调查措施，有 26 个成员做了无反补贴调查措施通报，另有 90 个成员尚未履行通报义务。

表 8　　全球反补贴措施案件数（按被调查成员，1995—2009 年）

年份 / 被调查成员	1995	1996	1997	1998	1999	2000	2001	2002	2003	2004	2005	2006	2007	2008	2009	合计
阿根廷						3	1					1	1		1	7
澳大利亚					1											1
奥地利								1								1
比利时				1												1
巴西			1	1	1	1	2					1				7
加拿大		1	1	1			2	2		1						8
智利			1		1		1									3
中国										3		2	8	11	13	37
哥伦比亚									1							1
捷克					1											1
丹麦				1												1
欧盟	3	1	1	1	1			1	2						1	11
马其顿					1											1
法国				2	2		2					1				7
德国			1				2									3
希腊			1						1							2
匈牙利							1									1
印度	1		3	6	5	7	8	2	8	1	1	1	1	2	1	47
印度尼西亚				1	5	1	2				1	1			1	12
伊朗															1	1
以色列						1										1
意大利	3	2	1	3	1		1	1	1							13
韩国				5	4	1	1	2		1	1	1			1	17

续 表

年份 / 被调查成员	1995	1996	1997	1998	1999	2000	2001	2002	2003	2004	2005	2006	2007	2008	2009	合计
马来西亚					2						1			1	1	5
荷兰							1									1
挪威		1														1
巴基斯坦						1									1	2
秘鲁			1													1
菲律宾					1											1
波兰					1				1							2
沙特阿拉伯				1												1
新加坡					1											1
南非		2	1	1	1	1										6
西班牙			1	1					1							3
中国台北			1		5					1						7
泰国	1				5	1				1	1				1	10
特立尼达和多巴哥			1				1									2
土耳其	1						1									2
阿联酋															1	1
英国							1									1
美国	1				1	1					1		1	2	4	11
委内瑞拉			1		1											2
越南															1	1
合计	10	7	16	25	41	18	27	9	15	8	6	8	11	16	28	245

资料来源：www. wto. org

表 9　　全球反补贴调查案件数（按调查成员，1995—2009 年）

年份 / 调查成员	1995	1996	1997	1998	1999	2000	2001	2002	2003	2004	2005	2006	2007	2008	2009	合计
阿根廷	1	1	1													3
澳大利亚			1		1			1	3			1		2	1	10
巴西							1		1				1			3
加拿大	3				3	4	1		1	4	1	2	1	3	1	24
智利					4							1	1			6
中国															3	3
哥斯达黎加									1							1
埃及				4												4
欧盟		1	4	8	19		6	3	1		3	1		2	6	54
印度															1	1
以色列	2															2
日本										1						1
拉脱维亚									1							1
墨西哥			1						1							2
新西兰	1	4	1													6
秘鲁			1			1		1					1		2	6
南非			1	1	2	6	1							2		13
土耳其														1		1

续 表

调查成员＼年份	1995	1996	1997	1998	1999	2000	2001	2002	2003	2004	2005	2006	2007	2008	2009	合计
美国	3	1	6	12	11	7	18	4	5	3	2	3	7	6	14	102
委内瑞拉					1				1							2
合计	10	7	16	25	41	18	27	9	15	8	6	8	11	16	28	245

表 10　　全球最终采取反补贴措施案件数（按调查成员，1995—2009 年）

调查成员＼年份	1995	1996	1997	1998	1999	2000	2001	2002	2003	2004	2005	2006	2007	2008	2009	合计
阿根廷		2		2												4
澳大利亚						1							1			2
巴西	5									1				1		7
加拿大	1					5	1			1	2		1	3	1	15
智利						2										2
哥斯达黎加										1						1
欧盟			1	2	3	10		2	3	2	1				1	25
日本												1				1
墨西哥	7										1					8
新西兰		1	2	1												4
秘鲁	1						1		1							3
南非						1	2	2								5
土耳其															1	1
美国	5	2		1	11	2	10	10	2	2		2		7	6	60
委内瑞拉										1						1
合计	19	5	3	6	14	21	14	14	6	8	4	3	2	11	9	139

资料来源：www. wto. org

表 11　　全球最终采取反补贴措施案件数（按被调查成员，1995—2009 年）

被调查成员＼年份	1995	1996	1997	1998	1999	2000	2001	2002	2003	2004	2005	2006	2007	2008	2009	合计
阿根廷	1						3									4
澳大利亚						1										1
奥地利	1															1
比利时					1											1
巴西	4					2		2								8
加拿大								2	1							3
中国											2		1	10	6	19
哥伦比亚										1						1
科特迪瓦	1															1
欧盟	1	2		2		1			1	1	1					9
法国					2	1	1	1					1			6
德国							1	1								2
匈牙利								1								1
印度	1			2	4	4	3	5	1	6		1		1	2	30
印度尼西亚	1				1	2	1		1			1				7
以色列	1															1
意大利	2	2		1	3			1								9

续 表

被调查成员 \ 年份	1995	1996	1997	1998	1999	2000	2001	2002	2003	2004	2005	2006	2007	2008	2009	合计
韩国					2	1		1	2		1	1				8
马来西亚	1					2										3
荷兰							1									1
挪威			1													1
巴基斯坦							1									1
菲律宾	1					1										2
南非			2		1		1									4
西班牙				1												1
斯里兰卡	1															1
中国台北						3										3
泰国						2	1									3
土耳其		1														1
英国							1									1
美国						1									1	2
委内瑞拉	3															3
合计	19	5	3	6	14	21	14	14	6	8	4	3	2	11	9	139

资料来源：www. wto. org

（3）反倾销措施委员会

截至 2009 年 10 月 21 日，共有 101 个成员向委员会通报了国内反倾销措施。其中，有 29 个成员向委员会做了无反倾销措施的通报。此外，还有 25 个成员没有履行反倾销通报义务。

表 12　　全球反倾销措施调查案件数（按被调查成员，1995—2009 年）

被调查成员 \ 年份	1995	1996	1997	1998	1999	2000	2001	2002	2003	2004	2005	2006	2007	2008	2009	合计
阿尔及利亚					1			1								2
阿根廷	1			1	4	2	5	3	1	3	4	3	1	2	1	31
亚美尼亚														1		1
澳大利亚	1		2	2	3	4	1	3	2			1	2	2		23
奥地利		2	3		3	3		1		1		1		2		16
巴林					1											1
孟加拉国							1						1			2
白俄罗斯					3	4	3	2	1	2			1	2		18
比利时	1	2	3	3	1		5	1	3	2					3	24
波黑	1												1			2
巴西	8	10	5	6	13	9	13	4	3	10	4	7	2	3	11	108
保加利亚		3	2	1	1	1	2		1		1	1		1		14
加拿大	2	1	3	4		1	7	5	4	2	1	1	2	2	1	36
智利	2	2	2	2	1	6	4	4			1	1		1	1	27
中国	20	43	33	28	42	44	55	51	53	49	56	72	62	76	77	761
哥伦比亚		1		2			1	1								5
哥斯达黎加				2												2
克罗地亚	1			1	1	1					2					6
古巴		1			1											2
捷克	1	1		2	7	3	2	1	1				1			19
丹麦	1	1		2	2							1				7

续 表

被调查成员 \ 年份	1995	1996	1997	1998	1999	2000	2001	2002	2003	2004	2005	2006	2007	2008	2009	合计
多米尼加							1						1			2
厄瓜多尔								1		1				1		3
埃及	1	2	1	2		1	3					2				12
萨尔瓦多															2	2
爱沙尼亚			1			1	1	1								4
欧盟		1	2	4	7	9	9	10	10	3	5	3	2	4	3	72
斐济								2								2
芬兰			1	1	2		1	2	2	2	1		1			13
马其顿	1		1	1	1		2	1				1				8
法国		4	4	10	7	2	3	2	3	1	1	1	1	1	1	41
格鲁吉亚								1								1
德国	7	9	13	8	11	6	9	7	3	2	2	2	4	1	3	87
希腊			3			1	1		1					1		7
危地马拉		1					1				1				1	4
洪都拉斯				1												1
中国香港	1	4	2	3	2	1	3	3			2	1	3	2	1	28
匈牙利	2		2	2	4		4	1								15
印度	3	11	8	13	13	10	12	16	14	8	14	6	4	6	7	145
印度尼西亚	7	7	9	5	20	13	18	12	8	8	14	9	5	11	10	156
伊朗		1	2		2	3	2	2	1	2			1	3	1	20
爱尔兰			2	1					1	2						6
以色列		1	2	1		1	2						1	1	1	10
意大利	6	5	5	5	2	5	8	3	4	1	1			2	1	48
日本	5	6	14	14	22	12	14	13	16	9	7	11	4	3	5	155
约旦							1									1
哈萨克斯坦	3	1	2	4		3	3	6				2		1		25
朝鲜							1									1
韩国	14	11	15	27	35	23	23	23	17	24	12	11	13	9	7	264
科威特														1		1
拉脱维亚			2	1	1	3										7
利比亚						1	1									2
列支敦士登			1													1
立陶宛			1		4	1	1	3								10
卢森堡							2			1						3
澳门	1							1								2
马拉维					1											1
马来西亚	2	3	5	4	7	9	6	4	8	6	14	6	7	10	6	97
墨西哥	3	5	2	9	4	1	4	2	4	3	1	2	2		5	47
摩尔多瓦						2	1							1		4
莫桑比克			1													1
尼泊尔							2									2
荷兰	6	1	5	3	2	3	4	1		2					1	28
新西兰	1	1			2		3	1					1	1	1	11
尼加拉瓜		1														1
尼日利亚									1							1

续表

年份 被调查成员	1995	1996	1997	1998	1999	2000	2001	2002	2003	2004	2005	2006	2007	2008	2009	合计
挪威		1				1	1	1		1				1		6
阿曼							1								1	2
巴基斯坦		2	1		1		1	2	2		1				1	11
巴拉圭			1												1	2
秘鲁	1					1								2		4
菲律宾	2					1	1	1	1	2		2		1		11
波兰	2	3	3	5	3	5	1	4	1	2						29
葡萄牙		2		2		1	1									6
卡塔尔							1									1
罗马尼亚	1	2	1	5	4	4	5	8	2		2			2		36
俄罗斯	2	7	7	13	18	12	9	20	2	8	4	5	6	2	4	119
沙特		1		3	2	3	1	1	2		1	1		4	2	21
塞尔维亚和黑山					1		1				1					3
新加坡	2		4		5		12	9	1	1	1	7	2		1	45
斯洛伐克		1	1	1	3	1	2	1		1						11
斯洛文尼亚	1			1												2
南非	2	6	4	5	4	6	9	10	4		2	2	1	3		58
西班牙	2	4	7	7	5	6	4	2	4	1			1	1		44
斯里兰卡										1			1	2		4
瑞典	1	2	5		1		2	1		1	1	1		1		16
瑞士		2	1		1				1			1			1	7
中国台北	4	9	16	11	22	15	19	16	13	21	13	12	6	10	11	198
泰国	8	9	5	2	19	12	16	12	7	9	13	8	9	13	8	150
特立尼达和多巴哥			2				1									3
土耳其	2	3	1	2	6	7	5	4	4	1		2	3	4	1	45
乌克兰	2	3	4	9	9	7	6	8	3	1	3	4		2	2	63
阿联酋			1			2	2		3	2			3		1	14
英国	6	4	6	4	2	9	6	2		1	1			3		44
美国	12	21	15	16	14	13	15	12	21	14	12	11	7	8	14	205
乌拉圭	1				1					1			1			4
乌兹别克斯坦	2									1						3
委内瑞拉		1	1	4	2	2	4	3	1							18
越南			1		1	1		3		7	3	2	2	3	3	26
南斯拉夫	1	1			1											3
津巴布韦	1			1												2
合计	157	226	246	266	358	298	371	315	234	220	202	203	165	213	201	3675

资料来源：www. wto. org

表 13　　全球反倾销措施调查案件数（按调查成员，1995—2009 年）

年份 调查成员	1995	1996	1997	1998	1999	2000	2001	2002	2003	2004	2005	2006	2007	2008	2009	合计
阿根廷	27	22	14	8	23	43	28	14	1	12	12	11	8	19	28	270
澳大利亚	5	17	44	13	24	15	23	16	8	9	7	10	2	6	9	208

续表

年份 / 调查成员	1995	1996	1997	1998	1999	2000	2001	2002	2003	2004	2005	2006	2007	2008	2009	合计
巴西	5	18	11	18	16	11	17	8	4	8	6	12	13	23	9	179
保加利亚								1								1
加拿大	11	5	14	8	18	21	25	5	15	11	1	7	1	3	6	151
智利	4	3		2		5						1	1	1		17
中国				3	2	11	14	30	22	27	24	10	4	14	17	178
哥伦比亚	4	1	1	6	2	3	6			2	2	9	1	6	5	48
哥斯达黎加		4	1	1							1	1			2	10
捷克				2	1											3
厄瓜多尔				1												1
埃及			7	14	7	3	7	3	1		12	9	2		2	67
欧盟	33	25	41	22	65	32	28	20	7	30	25	35	9	19	15	406
危地马拉		1														1
印度	6	21	13	28	64	41	79	81	46	21	28	35	47	55	31	596
印度尼西亚		11	5	8	8	3	4	4	12	5		5	1	7	6	79
以色列	5	6	3	7		1	4			1	4			1		32
牙买加						1	1	1	1						1	5
日本							2						4			6
约旦												1				1
韩国	4	13	15	3	6	2	4	9	18	3	4	7	15	5		108
拉脱维亚							1	6								7
立陶宛					1	6										7
马来西亚	3	2	8	1	2		1	5	6	3	4	8				43
墨西哥	4	4	6	12	11	6	6	10	14	6	6	6	3	1	2	97
新西兰	10	4	5	1	4	9	1	2	5	5		1	6			53
尼加拉瓜				2												2
巴基斯坦								1	3	3	13	4		3	26	53
巴拿马				2											4	6
巴拉圭					1					1						2
秘鲁	2	8	2	3	8	1	8	13	4	7	4	3	2		4	69
菲律宾	1	1	2	3	6	2		1	1						1	18
波兰			1		7			3	1							12
斯洛文尼亚					1											1
南非	16	34	23	41	16	21	6	4	8	6	23	3	5	3	3	212
中国台北			1	6		4	3		2			5			1	22
泰国		1	3				3	21	3	3		3	2	1	1	41
特立尼达和多巴哥		1		4	3	1	1		2							12
土耳其			4	1	8	7	15	18	11	25	12	8	6	23	6	144
乌克兰							2	3	2	6	2	1	5	7	2	30
美国	14	22	15	36	47	47	77	35	37	26	12	8	28	16	20	440
乌拉圭			1			1	4									6
委内瑞拉	3	2	6	10	7	1	1	1								31
合计	157	226	246	266	358	298	371	315	234	220	202	203	165	213	201	3675

资料来源：www.wto.org

表 14　　全球最终采取反倾销措施案件数（按被调查成员，1995—2009 年）

被调查成员＼年份	1995	1996	1997	1998	1999	2000	2001	2002	2003	2004	2005	2006	2007	2008	2009	合计
阿尔及利亚						1			1							2
阿根廷	3				1	1	3	1	1		2	1	2		1	16
亚美尼亚															1	1
澳大利亚			1	1	2	2			1	2				2		11
奥地利	1			3		2							1		2	9
孟加拉国							1							1		2
白俄罗斯		1				3	4	3	1	1	1			1	1	16
比利时		1		4	5			2	2		1				1	16
波黑		1														1
巴西	9	10	7	6	5	8	2	6	4	3	5	5	2	2	4	78
保加利亚	2		1		2	1	1	2		1		1	1			12
加拿大	1			2	1			4	4	1			1	2	1	17
智利		1	1	3			4	4	1	1		1	1			17
中国	26	16	33	24	21	30	32	36	41	44	41	38	48	53	55	538
哥伦比亚	1				1											2
克罗地亚		2				1		1			2					6
古巴						1										1
捷克	1	1	1		1	4	1	3	1	1					1	15
丹麦	1			1		1	1									4
多米尼加								1								1
厄瓜多尔	1								1		1					3
埃及			2		2									1		5
爱沙尼亚					1			1	1							3
欧盟			1	1	4	4	8	6	7	6	3	3	1	3	1	48
斐济										1						1
芬兰				1	1	2			1	2	2			1	1	11
马其顿		1			1		1		1					1		5
法国	1	1	2	5	7	3	4	1	1		2				2	29
格鲁吉亚									1							1
德国	4	2	2	6	5	7	1	6	4			1		3	2	43
希腊				2				1	1						1	5
危地马拉									1							1
洪都拉斯					1											1
中国香港		3	1	1	1	1	1	2	2				1		2	15
匈牙利		1			2	2		2	1							8
印度	4	1	5	7	9	7	6	6	7	10	2	12	3	6	4	89
印度尼西亚		2	4	7	4	11	5	9	12	2	7	10	3	6	7	89
伊朗						1	2		1	2	1				1	8
爱尔兰					2							1				3
以色列	1				1		1	1	1							5
意大利	2	2	1	7	5	1	2	4	2		1				1	28
日本	5	6	5	9	11	22	9	5	11	6	7	8	4	4		112
约旦								1								1
哈萨克斯坦			2	2	4		1	2	7				1	1		20
韩国	4	6	3	14	15	23	12	13	22	13	8	10	6	8	7	164

续表

被调查成员＼年份	1995	1996	1997	1998	1999	2000	2001	2002	2003	2004	2005	2006	2007	2008	2009	合计
拉脱维亚				1	1		4		1							7
利比亚								1								1
列支敦士登			1													1
立陶宛					1	1		1								3
马拉维							1									1
马来西亚	3	3	3	4	3	4	1	4	3	6	3	6	5	2	7	57
墨西哥		3	4	1	3	4	1	4		3	2	1	2	1	2	31
摩尔多瓦	1						2	1								4
尼泊尔								2								2
荷兰	2		1	2	1	3	1	2	2		1				1	16
新西兰				1			1		1							3
尼日利亚										1						1
挪威			1							1		1				3
阿曼								1								1
巴基斯坦	1		1				1		1	2						6
巴拉圭	1				1											2
秘鲁															1	1
菲律宾			1			1		1	1			2				6
波兰	1	1	3	2	4	2	4	1	1	1	1					21
葡萄牙			1	1	1			1								4
卡塔尔								1								1
罗马尼亚	2	1	1	2	2	4	1	4	5	2	1	1			1	27
俄罗斯	8	3	9	5	16	8	8	4	13	5	6	3	1	6		95
沙特				1	1	1	1	1			1		1		1	8
塞黑						1	1					1				3
新加坡				3		3		7	7	1		2	5	3		31
斯洛伐克			1		2	1		2	1		1					8
斯洛文尼亚		1														1
南非	2	3	2	2	3	4	3	7	8					4		38
西班牙	3			4	4	3	3	3		1	1			1		23
斯里兰卡										1					1	2
瑞典				4	1	1			1		1	1		1	1	11
瑞士				1						1			1			3
中国台北	2	2	7	12	8	17	9	13	11	10	8	7	7	8	7	128
泰国	5	8	2	5	1	12	7	8	8	6	6	8	4	4	9	93
特立尼达和多巴哥			1					1								2
土耳其	1	1	1	2	4	3	3	3	2	2				3		25
乌克兰	5	1	3	5	7	8	7	5	6		1	2	1			51
阿联酋							1	1		1	1	1		1	1	7
英国	3	1	2	3	3	1	2	5	1			1			1	23
美国	8	4	9	12	8	13	4	10	6	10	13	9	4	7	5	122
乌拉圭							1				1			1		3
乌兹别克斯坦										1						1
委内瑞拉	4	1		1		2		1	2	1						12

续 表

年份 / 被调查成员	1995	1996	1997	1998	1999	2000	2001	2002	2003	2004	2005	2006	2007	2008	2009	合计
越南				1		1	1		1	2	4	2	2	2	4	20
南斯拉夫		1														1
津巴布韦			1													1
合计	119	92	127	181	190	237	170	218	224	154	138	139	108	139	138	2374

资料来源：www. wto. org

表 15　全球最终采取反倾销措施案件数（按调查成员，1995—2009 年）

年份 / 调查成员	1995	1996	1997	1998	1999	2000	2001	2002	2003	2004	2005	2006	2007	2008	2009	合计
阿根廷	13	20	11	12	9	15	16	22	20	1	8	5	10	6	15	183
澳大利亚	1	1	1	20	6	5	10	9	10	4	3	4	1	3	1	79
巴西	2	6	2	14	5	9	13	5	2	5	3		9	11	16	102
加拿大	7		7	10	10	14	19		5	8	4		3	3	2	92
智利	2		2	2									1		1	8
中国				3	2	5		5	33	14	16	24	12	4	12	130
哥伦比亚	1	1	1		6	2				1	1	1	7		5	26
哥斯达黎加									1				2			3
捷克						1										1
埃及				5	14	1	2	7	4	1		12	2	3		51
欧盟	15	23	23	28	18	41	13	25	2	10	21	12	12	15	9	267
危地马拉			1													1
印度	7	2	8	22	23	55	38	64	52	29	17	16	25	31	30	419
印度尼西亚			4	2	7		1		1	8	4	2		5		34
以色列	1			6	4		1	2		1		3	1			19
牙买加							1	2		1						4
日本	1							2						4		7
韩国		5	10	8		5		1	4	10	3	8		12	4	70
拉脱维亚								1	1							2
立陶宛							7									7
马来西亚		2	2	4	1	1		1	7		7					25
墨西哥	16	4	7	7	7	6	3	4	7	7	8	5			1	82
新西兰	3	4		1			2	1		2	4	2	3			22
尼加拉瓜					1											1
巴基斯坦								1	2	4	1	5	4		7	24
巴拉圭					1					1						2
秘鲁	2	2	3		3	4	1	7	7	8	3	4	1		2	47
菲律宾		2	1	1	3	4										11
波兰				1		6			2							9
新加坡	2															2
南非		8	18	13	36	13	5	15	1	4		7	1	3	3	127
中国台北			1	5	1	1		2				1	1			12
泰国			1	2				1	20	1	2		1		3	31
特立尼达和多巴哥				2		1	2		1	1						7
土耳其	11				1	8	2	11	28	16	9	21	6	11	9	133

续 表

年份 调查成员	1995	1996	1997	1998	1999	2000	2001	2002	2003	2004	2005	2006	2007	2008	2009	合计
乌克兰							1	2	2	2	6	2	1	5	3	24
美国	33	12	20	12	24	31	33	27	12	14	18	5	5	23	15	284
乌拉圭				1												1
委内瑞拉	2		4		8	9		1		1						25
合计	119	92	127	181	190	237	170	218	224	154	138	139	108	139	138	2374

资料来源：www. wto. org

（4）保障措施委员会

截至2009年10月19日，共有94个成员向委员会通报了国内保障措施法规。此外还有32个成员没有履行保障措施通报义务。2009年，WTO成员向委员会通报了27起由其所发起的保障措施调查案件，包括启动调查案件、采取最终措施案件和终止调查案件。

表16　全球保障措施调查案件数（1995—2009年）

年份 调查成员	1995	1996	1997	1998	1999	2000	2001	2002	2003	2004	2005	2006	2007	2008	2009	合计
阿根廷	0	0	1	1	0	1	1	0	0	1	0	1	0	0	0	6
澳大利亚	0	0	0	1	0	0	0	0	0	0	0	0	1	0	0	2
巴西	0	1	0	0	0	0	1	0	0	0	0	0	0	1	0	3
保加利亚	0	0	0	0	0	1	1	3	1	0	0	0	0	0	0	6
加拿大	0	0	0	0	0	0	0	1	0	0	2	0	0	0	0	3
智利	0	0	0	0	2	3	2	2	0	1	0	1	0	0	1	12
中国	0	0	0	0	0	0	0	1	0	0	0	0	0	0	0	1
哥伦比亚	0	0	0	0	1	0	0	0	0	2	0	0	0	0	0	3
哥斯达黎加	0	0	0	0	0	0	0	1	0	0	0	0	0	0	0	1
克罗地亚	0	0	0	0	0	0	0	0	0	0	0	0	0	0	1	1
捷克	0	0	0	0	1	2	1	5	0	0	0	0	0	0	0	9
多美尼加	0	0	0	0	0	0	0	0	0	0	0	0	0	0	3	3
厄瓜多尔	0	0	0	0	2	0	0	1	4	0	0	0	0	0	0	7
埃及	0	0	0	1	1	1	0	0	0	0	0	0	0	1	0	4
萨尔瓦多	0	0	0	0	0	3	0	0	0	0	0	0	0	0	0	3
爱沙尼亚	0	0	0	0	0	0	0	0	1	0	0	0	0	0	0	1
欧盟	0	0	0	0	0	0	0	1	1	1	1	0	0	0	0	4
匈牙利	0	0	0	0	0	0	0	1	2	0	0	0	0	0	0	3
印度	0	0	1	5	3	2	0	2	1	1	0	0	0	1	10	26
印度尼西亚	0	0	0	0	0	0	0	0	0	1	1	1	0	2	0	5
以色列	0	0	0	0	0	0	0	0	0	0	0	0	0	0	1	1
牙买加	0	0	0	0	0	0	0	0	1	0	0	0	0	0	0	1
日本	0	0	0	0	0	1	0	0	0	0	0	0	0	0	0	1
约旦	0	0	0	0	0	1	0	8	0	0	1	1	1	2	0	14
韩国	1	2	0	0	1	0	0	0	0	0	0	0	0	0	0	4
吉尔吉斯斯坦	0	0	0	0	0	0	0	0	0	0	0	0	0	0	2	2
拉脱维亚	0	0	0	0	1	0	0	1	0	0	0	0	0	0	0	2
立陶宛	0	0	0	0	0	0	1	0	0	0	0	0	0	0	0	1
墨西哥	0	0	0	0	0	0	0	1	0	0	0	0	0	0	0	1
摩尔多瓦	0	0	0	0	0	0	0	0	1	1	0	0	0	0	0	2

续 表

调查成员 \ 年份	1995	1996	1997	1998	1999	2000	2001	2002	2003	2004	2005	2006	2007	2008	2009	合计
摩洛哥	0	0	0	0	0	2	0	0	0	0	1	0	0	0	1	4
巴基斯坦	0	0	0	0	0	0	0	0	0	0	1	0	0	0	0	1
巴拿马	0	0	0	0	0	0	0	0	0	0	0	1	0	0	0	1
秘鲁	0	0	0	0	0	0	0	0	0	1	0	0	0	0	1	2
菲律宾	0	0	0	0	0	0	3	0	3	0	0	1	0	1	1	9
波兰	0	0	0	0	0	1	0	4	0	0	0	0	0	0	0	5
斯洛伐克	0	0	0	0	1	1	0	1	0	0	0	0	0	0	0	3
斯洛文尼亚	0	0	0	1	0	0	0	0	0	0	0	0	0	0	0	1
南非	0	0	0	0	0	0	0	0	0	0	0	0	1	0	0	1
突尼斯	0	0	0	0	0	0	0	0	0	0	0	2	0	0	0	2
土耳其	0	0	0	0	0	0	0	0	0	5	0	5	3	1	1	15
乌克兰	0	0	0	0	0	0	0	0	0	0	0	0	2	1	2	5
美国	1	2	1	1	2	2	1	0	0	0	0	0	0	0	0	10
委内瑞拉	0	0	0	0	0	4	1	1	0	0	0	0	0	0	0	6
越南	0	0	0	0	0	0	0	0	0	0	0	0	0	0	1	1
合计	2	5	3	10	15	25	12	34	15	14	7	13	8	10	25	198

资料来源：www. wto. org

表 17　全球保障调查采取最终措施案件数（1995—2009 年）

调查成员 \ 年份	1996	1997	1998	1999	2000	2001	2002	2003	2004	2005	2006	2007	2008	2009	合计
阿根廷	0	1	0	0	0	2	0	0	0	0	0	1	0	0	4
巴西	0	1	0	0	0	0	1	0	0	0	0	0	0	0	2
保加利亚	0	0	0	0	0	0	2	0	0	0	0	0	0	0	2
智利	0	0	0	0	2	1	2	0	0	1	1	0	0	0	7
中国	0	0	0	0	0	0	1	0	0	0	0	0	0	0	1
克罗地亚	0	0	0	0	0	0	0	0	0	0	0	0	0	1	1
捷克	0	0	0	1	0	1	1	2	0	0	0	0	0	0	5
厄瓜多尔	0	0	0	0	0	1	0	1	1	0	0	0	0	0	3
埃及	0	0	0	1	1	1	0	0	0	0	0	0	1	0	4
欧盟	0	0	0	0	0	0	1	0	1	1	0	0	0	0	3
匈牙利	0	0	0	0	0	0	0	3	0	0	0	0	0	0	3
印度	0	0	4	1	1	0	2	0	0	1	0	0	0	3	12
印度尼西亚	0	0	0	0	0	0	0	0	0	0	1	0	0	2	3
约旦	0	0	0	0	0	1	1	2	0	1	0	1	0	0	6
韩国	0	1	0	0	1	0	0	0	0	0	0	0	0	0	2
吉尔吉斯斯坦	0	0	0	0	0	0	0	0	0	0	0	0	0	1	1
拉脱维亚	0	0	0	1	0	0	0	1	0	0	0	0	0	0	2
立陶宛	0	0	0	0	0	0	1	0	0	0	0	0	0	0	1
摩尔多瓦	0	0	0	0	0	0	0	0	1	0	0	0	0	0	1
摩洛哥	0	0	0	0	0	1	0	0	0	0	1	0	0	0	2
巴拿马	0	0	0	0	0	0	0	0	0	0	0	1	0	0	1
菲律宾	0	0	0	0	0	0	1	1	3	0	0	0	0	1	6
波兰	0	0	0	0	0	0	0	4	0	0	0	0	0	0	4
斯洛伐克	0	0	0	0	0	1	0	1	0	0	0	0	0	0	2

续 表

年份 / 调查成员	1996	1997	1998	1999	2000	2001	2002	2003	2004	2005	2006	2007	2008	2009	合计
南非	0	0	0	0	0	0	0	0	0	0	0	1	0	0	1
土耳其	0	0	0	0	0	0	0	0	0	2	4	1	4	1	12
乌克兰	0	0	0	0	0	0	0	0	0	0	0	0	1	1	2
美国	1	0	1	1	2	0	1	0	0	0	0	0	0	0	6
合计	1	3	5	5	7	9	14	15	6	6	7	5	6	10	89

资料来源：www. wto. org

3. 服务贸易理事会

2008年12月5日、2009年4月2日和6月23日，服务贸易理事会举行了三次正式会议，重点审议和解决了下列四方面问题：第一，审议成员方根据GATS第3条第3款和第5条第7款所通报的服务贸易措施；第二，审议成员方根据GATS第21条所通报的服务贸易措施；第三，根据中国入世议定书第18节对中国履行服务贸易承诺进行过渡性审议；第四，贸易贸易理事会的未来工作；第五，履行GATS的通报义务。

服务贸易理事会下属委员会和工作组活动如下：

（1）金融服务贸易委员会

2008年12月1日、2009年3月31日和6月24日，金融服务贸易委员会举行了两次正式会议。委员会讨论了下列议题：加入GATS第5议定书、推动谈判取得进展的技术性问题、金融服务贸易的最新发展、对中国进行过渡期审议。

（2）特定承诺委员会

2008年12月3日、2009年4月2日和6月24日，特定承诺委员会举行了三次正式会议，讨论了三方面议题：划分等级问题、减让表问题及新老承诺之间的关系。委员会主席还谈及未来工作的计划，指出仍有大量问题需要解决。

（3）国内规制工作组

2009年，国内规制工作组举行了三次正式会议和数次非正式会议。4月1日，工作组发布了第二次修订后的国内规制协议文本草稿供成员方讨论。在6月26日会议上，工作组主席就未来的工作与成员方进行磋商。

（4）GATS规则工作组

2008年12月2日、2009年3月30日和2009年6月22日，GATS规则工作组举行三次正式会议，讨论议题包括紧急保障措施、政府采购和补贴三个问题。在3月30日会议上，WTO各成员方代表讨论了文莱、柬埔寨、印度尼西亚、马来西亚、缅甸、菲律宾、泰国和越南关于紧急保障措施的提案。在6月22日会议上，WTO各成员方代表讨论了欧盟关于服务贸易政府采购的法律文本草案。

4. 知识产权理事会

2009年，知识产权理事会共举行三次正式会议，分别为3月8～9日、6月8～9日和10月27～28日。其中，3月份会议由特立尼达和多巴哥Dennis Francis大使主持；其他会议由新加坡Karen Tan大使主持。

2009年，理事会审议了乌克兰和汤加的知识产权法规。在10月份会议上，理事会对中国履行加入WTO承诺进行了第8次过渡期审议。

2009年，理事会继续讨论了对最不发达国家的技术援助和能力建设。在10月份会议上，理事会继续讨论了巴西提出的题为“技术援助和能力建设：发展议程的集群A模式”的倡议。

多哈回合谈判进展（2009 年）

一、1 月，拉米呼吁阿拉伯地区应优先考虑重启多哈回合谈判

WTO 总干事拉米在致电阿拉伯经济和社会发展首脑会议（阿拉伯经济峰会）时表示，国际贸易体系对于阿拉伯地区的经济发展至关重要，而阿拉伯的经济发展对于世贸组织也同样重要。拉米强调了世贸组织作为“防止贸易保护主义”的政策手段的关键作用，并且希望阿拉伯国家能够在重启多哈回合谈判上发挥重要角色。拉米说，如今已有 12 个阿拉伯国家成为了 WTO 的成员，这些国家在建立多边贸易体系中都发挥了重要作用。还有另外 6 个阿拉伯国家正在入世谈判的过程中，包括阿尔及利亚、利比亚、黎巴嫩、叙利亚、也门和伊拉克。它们都在为了能够加入世贸组织进行着积极努力，并且已经取得了关键性成果。值得一提的是，作为 WTO 的成员，沙特阿拉伯正在积极帮助其他阿拉伯国家的入世进程，为它们更加深入地了解世贸组织的相关规则做出了重要贡献。拉米指出，国际贸易体系对于阿拉伯地区的经济发展作用不可小觑。在阿拉伯经济体中最依赖进口的是阿拉伯联合酋长国，其进口的货物和其他服务高达其国民生产总值的 86%。其他还有约旦、毛里塔尼亚、巴林等国家，它们的进口额也达到其国民生产总值的近 70%。但必须值得注意的是，大量的进口已然威胁到这些国家的粮食安全。而阿拉伯国家的出口对于其 GDP 的贡献以及高比率更加证明了它们已深度融入世界经济一体化的进程中。同样，在阿拉伯国家中最依赖出口的仍然是阿拉伯联合酋长国，其货物和服务出口总额达到国民生产总值的 99%。其次是巴林、卡塔尔、科威特和阿曼，其出口额占国内生产总值的比率约为 65%～90%。这些数字已充分说明阿拉伯国家和地区与世界经济的密切联系。即使在 6 个正在进行入世谈判的阿拉伯国家中，以阿尔及利亚和利比亚为例，它们的出口额占国内生产总值的比率约为 50%，进口所占比率也有约 30%。拉米最后表示，如今蔓延全球的经济危机已经威胁到多个国家的经济体系，但这并不能成为实行贸易保护主义的借口，世贸组织已经成为反对贸易保护主义的强有力的政策手段，而时下重启多哈回合谈判已经刻不容缓。

二、1 月，WTO 小型部长级会议为多哈回合谈判鼓劲

世贸组织在世界经济论坛（达沃斯论坛）年会的会场外举行小型部长级会议，与会者承诺继续努力，推动多哈回合谈判在 2009 年取得突破。这次会议的东道主、瑞士经济部长洛伊特哈德在会后举行的记者招待会上说，所有与会者都认为贸易是一种经济刺激手段，是解决当前经济危机方案的一部分，因此“我们必须完成多哈回合谈判”。世贸组织总干事拉米也表示，所有与会部长都认为完成多哈回合谈判的任务非常紧迫。他还强调，达成一项多哈回合协议有助于抵制保护主义压力和恢复经济，同时也能给私营企业带来信心。来自 18 个世贸组织成员的贸易部长或部长级官员参加了这次非正式会议，包括美国代理贸易代表奥尔盖耶、欧盟贸易委员阿什顿、印度工商部长纳特、巴西外长阿莫林、中国商务部副部长易小准以及澳大利亚、日本等成员的官员。

三、2 月，拉米呼吁各方将多哈回合谈判的达成放在首要位置

世贸组织总干事拉米提交给总理事会的一份报告中称，上周在达沃斯论坛年会的会场外所举行 WTO 小型部长级会议，已经使部长们“认识到 2008 年所取得的重大进展就是提供了争取早日解决分歧的良好基础”。拉米在报告中表示，在危机中，世贸组织的各项规则必须超越其作为安全网所发挥的作用。正如他在 2008 年 12 月所提出的，世贸组织已经开始进行多方面的评估，努力寻求能够帮助解决当前危机的各种方法。其中就包括贸易融资，在 2008 年 11 月世贸组织所召集的银行高管会议，就是共商为全球商品与服务贸易提供融资的新途径。拉米表示，在信贷吃紧的拖累下，全球商品

和服务贸易正面临放缓的压力，并且由于金融危机侵蚀贸易融资市场，一些贸易融资协议的成本已上涨超过5倍。为此，世贸组织将设法解决贸易融资问题，尤其改善发展中国家的贸易能力。此外，还将加强贸易援助，世贸组织将在7月6日、7日启动第二次全球贸易援助审查。关于多哈回合谈判，拉米强调，在2008年12月的世贸组织部长级会议上，许多成员都呼吁应尽早结束多哈回合谈判，如今这一愿望显得尤为迫切。当前金融危机蔓延，制定一个新的全球性的贸易一揽子协议显得尤为重要。它将成为一种经济刺激手段，是解决当前经济危机方案不可或缺的一部分，为此各方应加强合作与协调。摆在眼前的首要目标就是就农业和非农产品市场准入问题达成一致，从而实现成功结束多哈回合谈判的承诺。拉米表示，上周在达沃斯世界经济论坛2009年年会间隙所举行的WTO小型部长级会议上，与会者均承诺将继续努力，消除彼此分歧，推动多哈回合谈判在2009年取得突破。与此同时，拉米希望4月份在伦敦召开的20国集团首脑会议也能够成为这一进程的巨大推动力。

四、4月，多哈回合谈判重启在即

世贸组织总干事拉米表示，多哈回合全球贸易谈判有望在8个月内就有关工业品关税以及农业补贴达成初步协议。拉米称，在美国充分表明立场以及印度大选之后，在4月或5月世贸组织贸易部长级会议将进行新一轮谈判。拉米表示，在全面开放的全球贸易协议达成之前，2009年底有望达成所谓的“模式”协议，尽管他并没有宣布最后达成协议的期限，但拉米指出，如果模式协议达成，那么最终的协议将有望在那之后的6～8个月达成。拉米表示，目前全球所出现的信贷紧缩，已导致了全球贸易短期信贷资金的枯竭以及供应与需求的持续萎缩。他说，蔓延全球的经济危机已使全球贸易遭受重创。根据世贸组织的预测，2009年全球贸易恐将下降近10%，这与此前5年间全球贸易增长25%的数字相比，已是巨大的下滑。拉米称，全球贸易的下滑源于经济的收缩，这是不可避免的，但同时也使全球贸易面临保护主义的危险。在4月2日伦敦二十国集团首脑峰会上，美国曾表示希望中国、印度和巴西等国能够向美国企业进一步开放其市场，而印度则表示，它希望在进口激增的情况下保护本国的贫苦农民。拉米表示，由于世贸组织的相关规则以及框架体系，各国的贸易政策将不会出现如20世纪30年代那种将关税大幅提升50%的状况，但任何形式的贸易保护主义都将影响全球贸易。每次危机出现时，各国都有可能加入实行保护主义政策的“竞争”之中。因此，二十国集团所做出的承诺为推动全球贸易带来了积极信号。拉米还敦促非洲国家能够出台更多的贸易促进措施以及统一的海关条例和细则，以吸引更多的投资。他说，在这场危机中，非洲国家所面临的贸易形势尤其严峻，因为其中有90%的贸易是与非洲以外的国家进行的，非洲国家之间并没有更多的贸易往来。非洲各国自身缺乏成熟且足够庞大的市场，因此应努力促进能够吸引投资者关注的非洲“大市场”的实现。

五、4月，拉米称中国是多哈谈判“最积极的”成员之一

世贸组织总干事拉米参加“世界银行与国际货币基金组织春季会议”时表示，中国是多哈谈判的最积极成员国之一，并有很强的动力推进世界贸易开放升至“下一个高度”，多哈谈判停滞更加不利于美欧发达国家。拉米指出，通常来看，谈判持续五年到十年是正常的，多哈回合至今还不到八年。拉米称，世界经济复苏有赖于维持贸易和投资开放，而唯一途径是达成多哈回合的全面协议。“在当前的经济形势中，停滞不前根本不是个选择，多哈回合不进即退。”拉米说，多哈回合谈判虽然艰难，但任何多边贸易谈判均无法迅速完成，比如目前多哈谈判中的部分议题，仍是乌拉圭回合中未达成协议的内容。对于一些发达国家称中国在谈判中没有显示诚意的指责，拉米说：“那是完全不懂国际贸易谈判的说法，发达国家主流媒体在没有任何根据的情况下肆意指责中国，除了显示东西方文化的差异，还显示他们的无知。”拉米描述中国的策略是“安静”地谈判，他表示中国的谈判方式不同于美国、欧洲，甚至也与其他亚洲伙伴不同。拉米还以2001年中国加入世贸组织的承诺为例，指出当时中国做出了巨大让步：目前中国平均关税不仅低于大多数发展中国家，还低于欧盟的平均水平，在部分细分行业也低于一些发达国家。拉米表示，中国、印度等国家所面临的障碍，主要来自发达国

家国内的政治阻力，其中包括来自劳工组织的压力，以及在知识产权方面的担忧等。拉米还提醒说，发达国家具有优势的服务业，将会由于多哈回合停滞而无法在发展中国家市场“施展拳脚”。发展中国家仍有较大空间刺激和培育内需，而对美国、欧洲、日本等经济体来说，本国财政刺激的空间已经非常有限，而国际贸易和投资是经济增长的一条途径。因此，对于发达国家来说，多哈回合停滞的损失，“远大于”发展中国家。

六、5月，拉米称多边贸易体制将面临“压力测试”，多哈回合谈判“需获突破”

世贸组织总干事拉米在世贸组织总理事会会议上表示，全球性经济危机给多边贸易体制带来多重压力，因此目前至关重要的就是要加强监测系统的运作，提高警觉，各成员应当表现出更强的意愿来推动多哈谈判取得突破。拉米指出，自从2009年2月份的总理事会会议以来，全球的经济形势继续恶化，所有的世贸组织成员都受到考验，全球贸易也成了这场危机的牺牲品。据世贸组织的预测，2009年全球贸易将萎缩9%。贸易融资的短缺以及急剧萎缩的全球需求尤其使发展中国家的经济备受打击，甚至会给全球带来种种社会危机。在这种情况下，贸易对于全球经济复苏的重要性再次凸显，而尽快结束多哈回合谈判成为促进全球贸易发展的当务之急。拉米表示，从2009年初以来，已有多个成员发出积极信号，表示会尽快结束多哈回合谈判。美国新的贸易代表柯克也明确表示会积极推谈判取得突破。拉米在会议上再次表示要增强双边及多边贸易体系的建立，并且呼吁各成员必须要保持贸易开放、打击贸易保护主义。强调积极开展贸易融资，履行对一些贫穷国家的贸易援助承诺。拉米重点指出了经济危机对于政治以及社会安定所构成的威胁，他说，“在此前召开的国际货币基金组织以及世界银行春季年会上，与会者也纷纷指出危机对于国家政治环境的影响在近几周已经有所显现。”劳工组织的报告也反映出此次经济危机对于社会以及多边贸易体制的负面影响。

七、6月，新任美国贸易代表与多哈回合主要参与者会晤

美国贸易代表荣·柯克与多哈回合贸易谈判主要参与者举行了会晤，以缓解其他成员对美国贸易保护措施的担忧。柯克先与世贸组织总干事拉米举行会晤，最近又在印尼巴厘岛与新任印度贸易部长阿南·夏马及19个农产品出口国（凯恩斯集团）的代表举行会谈。柯克还与中国代表团的成员举行了会晤。对于美印之间会晤，夏马表示对话非常积极，双方重申完成世贸组织多哈回合谈判、达成全球贸易协议的承诺。巴西驻世贸组织大使阿兹维多（Roberto Azevedo）也参加了柯克与夏马的会谈，并表示这是美国和印度就准备消除分歧传递的明确政治信号，“我们有两个新的参与者，荣·柯克与阿南·夏马，所以有理由认真听取他们的关于重新谈判的建议。”这些美国的贸易伙伴还对美国经济刺激计划中的“购买美国货”条款进行了指责。印尼财政部长英拉瓦蒂（Sri Mulyani Indrawati）表示全球经济危机给各国保护自身经济带来了压力，而同时也增加了对贸易更大自由化的需求。“各国领导人应展示其承诺。美国和印度是确定谈判基调的主要参与者，两国新一届政府应展示其解决全球问题的能力。”

八、7月，APEC推动2010年完成多哈回合谈判

APEC经济部长会议在新加坡拉开帷幕，该组织21个成员的经济部长及官员表示，将努力推动多哈回合谈判在2010年完成。新加坡贸易和工业部长林勋强在当天会议结束后举行的新闻发布会上说，与会部长们明确认为有必要重申在2010年完成多哈回合谈判的政治决心和愿望。大家认为应将这一决心转化成具体措施，并在过去几年多哈回合谈判所得成果的基础上，进一步明确谈判分歧和解决办法。林勋强引述世界贸易组织总干事拉米的话说，目前多哈回合谈判进程已完成80%，但剩下20%的任务将更加艰巨。他说：“为了实现多哈回合谈判成功，当前任务是进一步明确谈判的分歧在哪里，及下一步应往哪个方向走。”此次亚太经合组织经济部长会议为期两天，会议将就如何应对全球经济危机、恢复经济增长、支持多边贸易体制、加速区域经济融合以及加强亚太经合组织功能等问题进行讨论。中国商务部长陈德铭率团参加会议，并可望与相关国家及地区的经济官员或代表举行双边会晤，就共同关注的议题交换意见。

九、9月，世贸组织重启多哈回合谈判

在经历了将近14个月的“休眠期”后，多哈回合贸易谈判终于走出僵局。继WTO 9月初在印度首都新德里举行小型部长会议后，9月14日，各方谈判代表和高官齐聚瑞士日内瓦，开始了新一轮的谈判。根据新德里会议结果，新一轮谈判将以2008年12月达成的农业和非农业市场准入草案为基础，以多边谈判机制为主，加强会谈的透明度和包容性。农业和非农业市场准入谈判组主席，将按议题制订出工作计划，以便加快与各方代表和高官的谈判，早日达成协议。而舆论普遍认为，本轮谈判一开始便会遇到较大的阻力。尤其在农产品特殊保障机制这一关键问题上，参与谈判的主要贸易集团之间分歧仍难以弥合。与此同时，对于很多国家而言，作为主要谈判方的美国，缺乏足够诚意，也是谈判难以推动的原因。此外，虽然WTO和多数国家有意愿促成谈判，但低迷的国际经济大环境，也令各国政府在国内承受了更大的压力，缩小了其调整立场的空间。

十、10月，拉米呼吁应“立即”加快多哈回合谈判进程

世贸组织总干事拉米在递交给世贸组织总理事会的报告中指出，如果现在不“立即”加快步伐，那么2010年达成多哈回合谈判的目标将无法实现。拉米呼吁“我们需要看到真正的谈判出现，而不仅仅是非正式的磋商和讨论”。他表示将在本周内会见高级贸易官员，以就关键问题进行磋商。拉米在报告中称，自7月份向总理事会递交报告以来，重启多哈回合贸易谈判的工作正在积极推进。9月22日，贸易谈判委员会（TNC）举行了一次非正式会议，审议了接下来几个月有关多哈发展议程的相关问题，制订了未来3个月的全面且系统的工作方案，其中包括世贸组织的高级官员定于每月（10月19～23日、11月23～27日和12月14～16日）召开会议。此外，二十国集团领导人举行的匹兹堡会议，拉奎拉领导人会议，以及在新德里召开的部长非正式会议，都就重启多哈回合谈判达成了一致。二十国集团领导人匹兹堡会议更是重申了他们对于重启多哈回合谈判，并最终达成协议的决心，并承诺在下次会议上继续就谈判的进展情况进行商议和审查。拉米将其在日前召开的国际货币基金组织（IMF）和世界银行年会上的报告再次提交给了理事会，称多哈回合谈判不仅能够促进全球贸易的复苏，成为全球经济刺激方案的一个重要组成部分，而且还能够成为一个结构性的改革方案。从而有效地减小贸易保护主义对于经济增长的负面影响。与此同时，还应加强贸易融资，充分发挥区域开发银行在融资中的关键作用，帮助穷国度过危机。拉米强调，如果不“立即”加快步伐，那么此前所提出的力争使多哈回合贸易谈判在2010年最终达成的目标将会难以实现。因此，各成员需切实加快正式磋商，实现“真正的交流，并且言行一致”，而不仅仅限于非正式的讨论。

十一、11月，WTO召开非正式会议推动多哈回合谈判

WTO主要成员召开非正式会议，就推动多哈回合谈判取得进展的工作计划达成了一致。常驻日内瓦世贸组织总部的贸易官员们普遍认为，这项协议虽然表现出成员各方对结束多哈回合谈判的较强政治意愿，但是成员各方在诸如“农业和非农产品市场准入”等主要谈判议题上仍然分歧严重，主要成员的谈判立场亦无松动迹象，因此多哈回合谈判在2009年底前能否有所突破依然难以预测。此次非正式会议取得的成果主要有两个：一是就一项旨在推进多哈回合谈判取得进展的工作计划达成了一致；二是确定了即将正式恢复的多哈回合谈判，将以2008年12月世贸组织成员达成的协议草案文本为基础，以多边谈判机制为主体，加强会谈的透明度和包容性，重申了谈判应在2010年内结束的原则。此外，非正式会议还一致同意，世贸组织成员负责经济贸易的部长级以上政府高官将每月在日内瓦聚会一次，集中讨论磋商多哈回合谈判的具体议题，并给予各自谈判代表更多具体授权，旨在推进谈判取得进展。

十二、12月，世贸组织第七届部长级会议难破多哈回合僵局

为期3天的世贸组织第七届部长级会议将于2009年11月30日～12月2日在瑞士日内瓦拉开序幕。这是继2005年香港会议之后世贸组织所有153个成员的最高贸易官员4年来首次聚首。面对

外界的期待，世贸组织总干事拉米却在会前泼了一瓢冷水。他在写给媒体记者的一封公开信中说，这次的部长级会议将与以往略有不同，它将不是一次多哈回合谈判的会议，而是为与会部长们提供一个回顾、审议世贸组织工作的平台，包括回顾、审议多哈回合的进展情况。拉米承认，之所以做出这样的安排是因为目前谈判仍未出现明显转机，时机尚不成熟，与其“硬上”导致无果而终，还不如稳妥一点。拉米表示，他希望这次能是一次“正常”的会议，不要变成在烟味呛人的屋子里熬夜谈判。在避谈多哈回合的同时，这次的世贸组织部长级会议将重点放在了审视自身。在金融和经济危机的大背景下，这次会议的主题被选定为“世贸组织、多边贸易体系和当前全球经济形势”，意在继续推动世贸组织和多边贸易体系的发展，探讨如何在逆境中扩大全球贸易，帮助世界经济走出困境。拉米表示，尽管多哈回合谈判是世贸组织一项至关重要的工作，但世贸组织的工作绝不只是谈判，与会部长们将讨论如何让世贸组织更加有活力和有效。作为多边贸易体系的“守护者”，世贸组织为促进全球经济繁荣和地缘政治稳定做出了重要贡献，而当前的经济危机进一步证明了这套规则体系的重要性。尽管涉及议题很多，但此次部长级会议多少带着点务虚的色彩，因为除了要决定下届部长级会议的时间和地点外，其余议题基本停留在讨论的层面，并不会出台实质性举措。会议结束后，世贸组织也只会以“主席声明”的形式对会议结果进行总结。

● 向争端解决机构请求磋商的案件（2009年）

一、欧盟——影响自美国进口的禽肉及禽肉产品的措施：美国请求磋商

此文件自2009年1月16日，在美国代表团和欧盟代表团及争端解决机构主席间进行沟通，现根据DSU第4条第4款的规定予以散发。

受我方政府授权，根据《关于争端解决规则与程序的谅解》（简称“DSU”）第4条，《植物与植物卫生措施协议》（简称“SPS协议”）第11条，《农业协议》第19条，《技术性贸易壁垒协议》（简称“TBT协议”）第14条，以及GATT 1994第22条，就欧盟影响自美国进口的禽肉和禽肉产品的措施，我方代表团请求与欧盟进行磋商。

欧盟规定在其市场内的禽肉，除以水或其他经欧盟核准的物质清洗外，禁止以其他物质清洗。因此，旨在减少肉类的微生物数量而使用化学品处理（“降低病原体的方式”或“PRTs”）的禽肉属于被禁止之列。这实质上几乎杜绝了所有美国向欧盟出口的禽肉。欧盟从未核准任何清洗禽肉的物质，也没有公布或提供任何相关核准程序。另外，欧盟在有关禽肉市场标准中，将“禽肉”定义为“除低温处理外未经过其他加工，而适合人类食用”。

2002年，美国曾请求欧盟委员会核准对使用以下四种物质的PRTs禽肉以放开进口：二氧化氯、酸化亚氯酸钠、磷酸三钠以及过氧酸。然而，经过6年多时间，包括未解释的延迟，欧盟拒绝核准这四种物质，并禁止它们的使用。

许多欧盟主管机关已针对美国请求核准的四种物质发表科学报告，虽然各界看法不同，却均未能提出禁止使用PRTs的科学根据。相反，报告结论显示，以PRTs清洗的禽肉不会对人体造成危害。

尤其在2008年5月，欧盟委员会曾经就是否进口含有PRTs禽肉一事，向欧盟食物链及动物健康常设委员会（简称“SCoFCAH”）提交议案。该议案除英国弃权外，于2008年6月2日遭到SCoFCAH其他会员国全体否决。同年12月18日，同一议案遭欧盟农渔委员会驳回。

美国认为上述情况反映在欧盟的措施中，其中包括：

（1）第853/2004条例，含第3条和第6条；

（2）第1234/2007条例，包括附件14（B）（Ⅱ）（2）；

（3）2008年6月2日SCoFCAH对委员会就去除禽肉表面污染提案的否决；

（4）2008年12月18日欧盟农渔委员会对委员会就清除禽肉表面污染提案的否决；以及

（5）任何与前述措施相关的或修订的措施，或具体执行措施。

欧盟的措施显然与其在WTO中的承诺不相符，包括但不限于以下条款：

（ⅰ）《SPS协议》第2.2条，第5条，第8条，以及附件C（1）；

（ⅱ）GATT 1994第10条第1款以及第11条第1款；

（ⅲ）《农业协议》第4.2条；以及

（ⅳ）《TBT协议》第2条。

欧盟的措施显然剥夺或减损了美国依据引述的协议所能直接或间接获得的利益。

我们期待贵方对此请求做出的回复，并确定一个彼此可以接受的日期进行磋商。

二、中国——赠款、贷款和其他奖励措施：危地马拉请求磋商

此文件自2009年1月19日起在危地马拉代表团和中国代表团及争端解决机构主席间进行沟通，现根据DSU第4.4条规定予以散发。

根据DSU第1条和第4条，GATT 1994第

22条第1款，《补贴与反补贴协议》（简称“SCM协议”）第4条和第30条，以及《农业协议》第19条的规定，就中国向其国内企业提供赠款，贷款和其他奖励的特定措施，危地马拉政府在此请求与中国政府进行磋商。根据《SCM协议》第4.2条规定，磋商请求附带一份现有证据声明。

A. 这些赠款、贷款以及其他奖励体现在下列措施中，以及对这些措施的任何修订、与其相关的措施或具体执行措施。

Ⅰ. 关于中国世界名牌计划的措施如下：

CWTB—1.《关于开展中国世界名牌产品评价工作的通知》

CWTB—2.《关于申报2006年中国世界名牌产品的通知》

CWTB—3.《关于申报2008年中国世界名牌产品的通知》

CWTB—4.《中国名牌产品管理办法》

CWTB—5.《关于推进名牌带动战略的实施意见及其奖励办法》

CWTB—6.《关于印发〈深圳市福田区经济发展资金扶持产业技术进步实施细则〉的通知》

CWTB—7.《甘肃省人民政府关于印发〈甘肃省获得名牌产品企业奖励办法〉的通知》

CWTB—8.《关于印发〈广西壮族自治区工业企业品牌表彰奖励实施办法的〉通知》

CWTB—9.《实施〈贵阳市“十一五”科学与技术发展规划（2006—2010年）〉的若干配套政策》

CWTB—10.《中共金华市委金华市人民政府关于推进“品牌金华”建设的实施意见》

CWTB—11.《九江市人民政府关于调整和加大创建品牌城市奖励政策的通知》

CWTB—12.《关于印发〈佛山市南海区实施自主创新品牌带动及企业上市扶持奖励办法〉的通知》

CWTB—13.《南平市人民政府关于扶持重点工业企业发展的若干意见》

CWTB—14.《关于实施“工业提升”工程推进特色制造业又好又快发展的若干意见》

CWTB—15.《四川省人民政府关于印发〈四川省强力推进工业品牌战略实施意见〉的通知》

CWTB—16.《关于转发苏州市名牌带动战略奖励细则的通知》

CWTB—17.《转发关于推进名牌带动战略的政策措施的通知》

CWTB—18.《温州市人民政府办公室关于印发温州市质量与品牌奖励管理办法的通知》

CWTB—19.《中共武义县委武义县人民政府关于鼓励和促进中小企业发展的若干政策意见》

CWTB—20.《厦门市财政局厦门市经济发展局关于印发厦门市扶持名优产品生产发展实施细则的通知》

CWTB—21.《盐城市盐都区人民政府关于扶持重点工业企业做大做强的实施意见》

CWTB—22.《镇江市人民政府关于加快推进品牌战略的实施意见》

CWTB—23.《关于做好广东省品牌发展专项资金使用管理工作的通知》

CWTB—24.《关于印发〈关于扶持出口名牌发展的指导意见〉的通知》

Ⅱ. 与中国名牌相关的措施如下：

FXB—1.《关于印发〈中国名牌产品评价管理办法（试行）〉的通知》

FXB—2.《商务部办公厅关于请推荐“中国出口名牌”备选名单的通知》

FXB—3.《关于印发〈关于扶持出口名牌发展的指导意见〉的通知》

FXB—4.《长兴县人民政府关于进一步促进外贸发展工作的通知》

FXB—5.《德清县人民政府关于进一步加快先进制造业基地建设的若干意见》

FXB—6.《关于印发加快工业经济创新发展若干政策意见的通知》

FXB—7.《佛山市印发关于推进名牌带动战略的实施意见及其奖励办法的通知》

FXB—8.《关于印发〈福建省出口品牌发展资金使用管理暂行办法〉的通知》

FXB—9.《关于推荐2008—2009年度“重点培育和发展的出口名牌”候选企业的通知》

FXB—10.《关于印发认定“广东省外经贸厅重点培育和发展的出口名牌”意见的通知》

FXB—11.《关于认定“广东省外经贸厅重点培育和发展的出口名牌”的意见（修订版）》

FXB—12.《关于补充推荐广东省外经贸厅重

点培育和发展的出口名牌备选名单的通知》

FXB—13.《关于做好广东省品牌发展专项资金使用管理工作的通知》

FXB—14.《关于2005年度促进我市外经贸发展扶持政策的通知》

FXB—15.《杭州市人民政府办公厅关于授予2007年度杭州市外贸出口先进企业金龙奖并予以表彰奖励的通报》

FXB—16.《杭州市人民政府办公厅关于促进自主出口品牌发展的指导意见》

FXB—17.《省商务厅、发改委、经委、财政厅、科技厅、国税局、工商局、质量技术监督局、黑龙江出入境检验检疫局、哈尔滨海关关于印发〈黑龙江省关于扶持出口名牌发展的指导意见〉的通知》

FXB—18.《河南省商务厅关于印发新修订的〈“河南出口名牌”评选办法〉的通知》

FXB—19.《关于印发〈河南省“十一五”期间关于扶持出口品牌（名牌）发展的指导意见〉的通知》

FXB—20.《关于评选2007—2008年度“江苏省重点培育和发展的出口名牌”的通知》

FXB—21.《关于推进民营经济又好又快发展的若干意见》

FXB—22.《中共金华市委金华市人民政府关于推进“品牌金华”建设的实施意见》

FXB—23.《中共金华市金东区委金华市金东区人民政府关于加快工业及外向型经济发展的若干意见》

FXB—24.《九江市人民政府关于调整和加大创建品牌城市奖励政策的通知》

FXB—25.《关于印发〈佛山市南海区实施自主创新品牌带动及企业上市扶持奖励办法〉的通知》

FXB—26.《宁夏商务厅 财政厅关于印发〈宁夏品牌出口商品奖励和促进办法〉的通知》

FXB—27.《泉州市丰泽区人民政府关于印发扶持重点企业发展的若干规定的通知》

FXB—28.《关于实施“工业提升”工程推进特色制造业又好又快发展的若干意见》

FXB—29.《山东省2006年度财政鼓励外经贸发展的政策》

FXB—30.《绍兴市人民政府关于进一步鼓励市区开放型经济发展的意见》

FXB—31.《四川省人民政府关于印发〈四川省强力推进工业品牌战略实施意见〉的通知》

FXB—32.《关于转发苏州市名牌带动战略奖励细则的通知》

FXB—33.《转发关于推进名牌带动战略的政策措施的通知》

FXB—34.《批转市外贸办关于加快我市自主出口品牌发展意见的通知》

FXB—35.《湖州市吴兴区人民政府关于进一步鼓励外经贸发展的通知》

FXB—36.《中共武义县委武义县人民政府关于鼓励和促进中小企业发展的若干政策意见》

FXB—37.《厦门市重点出口企业扶持资金管理办法实施方案》

FXB—38.《厦门市贸易发展局、厦门市财政局关于印发〈厦门市重点出口企业扶持资金管理办法实施方案〉的通知》

FXB—39.《中共宁波市鄞州区委、宁波市鄞州区人民政府关于推进鄞州区经济发展的若干意见》

FXB—40.《关于印发浙江省出口品牌发展资金使用管理暂行办法的通知》

FXB—41.《关于2005年促进外经贸发展若干政策问题的通知》

FXB—42.《关于加快推进品牌战略的实施意见》

FXB—43.《温州市人民政府办公室关于印发温州市质量与品牌奖励管理办法的通知》

FXB—44.《丽水市人民政府关于加快发展市直开放型经济的若干意见》

FXB—45.《南平市人民政府关于扶持重点工业企业发展的若干意见》

FXB—46. 关于印发《扬州市出口名牌产品专项奖励资金管理暂行办法》的通知

FXB—47.《闸北区促进服务外包专利品牌扶持政策实施细则》

FXB—48.《关于开展2008—2009年度“黑龙江省重点培育和发展的出口名牌”评定和奖励活动的通知》

FXB—49.《广东省名牌产品（工业类）管理

办法》

FXB—50.《广东省名牌产品（农业类）管理办法》

FXB—51.《商务部、中国出口信用保险公司关于利用出口信用保险扶持出口名牌发展的通知》

Ⅲ.措施如下：

L—1.《关于2005年度促进我市外经贸发展扶持政策的通知》

L—2.《中共金华市金东区委金华市金东区人民政府关于加快工业及外向型经济发展的若干意见》

L—3.《绍兴市人民政府关于进一步鼓励市区开放型经济发展的意见》

L—4.《关于2005年促进外经贸发展若干政策问题的通知》

L—5.《省商务厅、发改委、经委、财政厅、科技厅、国税局、工商局、质量技术监督局、黑龙江出入境检验检疫局、哈尔滨海关关于印发〈黑龙江省关于扶持出口名牌发展的指导意见〉的通知》

L—6.《丽水市人民政府关于加快发展市直开放型经济的若干意见》

L—7.《南昌市人民政府关于印发南昌市外贸发展资金管理暂行办法的通知》

L—8.《宁波市江东区促进外经贸稳步发展的试行意见》

L—9.《宁波市江东区关于促进外经贸稳步发展若干意见》

L—10.《山东省2005年度鼓励外经贸发展的政策》

L—11.《山东省2006年度财政鼓励外经贸发展的政策》

L—12.《关于印发〈2003年度山东省鼓励扩大外贸出口的政策〉的通知》

L—13.《关于印发〈山东省2004年度鼓励外经贸发展的政策〉的通知》

L—14.《湖州市吴兴区人民政府关于进一步鼓励外经贸发展的通知》

L—15.《厦门市重点出口企业扶持资金管理办法实施方案》

L—16.《厦门市贸易发展局、厦门市财政局关于印发〈厦门市重点出口企业扶持资金管理办法实施方案〉的通知》

L—17.《象山县人民政府关于进一步加快发展开放型经济的若干意见》

L—18.《中共宁波市鄞州区委、宁波市鄞州区人民政府关于推进鄞州区经济发展的若干意见》

L—19.《关于印发浙江省出口品牌发展资金使用管理暂行办法的通知》

L—20.《长兴县人民政府关于进一步促进外贸发展工作的通知》

L—21.《关于印发〈深圳市福田区经济发展资金扶持产业技术进步实施细则〉的通知》

L—22.《温州市人民政府办公室关于印发温州市质量与品牌奖励管理办法的通知》

L—23.《杭州市人民政府办公厅关于修订杭州市外贸出口“金龙奖”评选条件及奖励办法的通知》

L—24.《杭州市人民政府办公厅关于促进自主出口品牌发展的指导意见》

L—25.《泉州市丰泽区人民政府关于印发扶持重点企业发展的若干规定的通知》

L—26.《关于推荐2005—2006年度“上海出口名牌商品”备选名单有关事项的通知》

L—27.《闸北区促进服务外包专利品牌扶持政策实施细则》

L—28.《上海市外经贸委关于开展2007—2008年度“上海市出口名牌”认定工作的通知》

L—29.《2006年进一步促进开放型经济发展的若干意见》

L—30.《关于开展2008—2009年度“黑龙江省重点培育和发展的出口名牌”评定和奖励活动的通知》

L—31.《关于2005年度促进我市外经贸发展扶持政策的通知》

L—32.《关于评选2007—2008年度“江苏省重点培育和发展的出口名牌”的通知》

B. A部分所提到的措施显然给满足一定出口业绩标准的中国企业提供了赠款、贷款以及其他奖励措施。因此，这些措施显然与SCM协议第3条的规定不相符。此外，这些措施在一定程度上为农产品提供了补贴，显然与《农业协议》第3条、第9条和第10条的规定不相符。这些措施也显然与中国根据《中国入世议定书》第一部分第12条第

1款和第1条第2款（一定程度上也包括《中国入世工作组报告书》第234段）所承诺的义务不相符，而这些条款是中国和WTO达成的入世承诺的一部分，也是《马拉喀什建立世界贸易组织协定》不可分割的一部分。最后，赠款、贷款和其他奖励措施显然与GATT 1994第3条第4款不相符，这些措施使中国产品获得了一定程度的利益，而进口产品则没有享受到这一利益。

危地马拉希望能够尽快收到中国对此请求的回复。我方建议双方的代表团就磋商日期及地点达成一致。

现有证据声明

1.《关于印发〈中国名牌产品评价管理办法（试行）〉的通知》

2.《关于开展中国世界名牌产品评价工作的通知》

3.《关于申报2006年中国世界名牌产品的通知》

4.《关于申报2008年中国世界名牌产品的通知》

5.《中国名牌产品管理办法》

6.《中华人民共和国产品质量法》

7.《国务院关于进一步加强产品质量工作若干问题的决定》

8.《关于推进名牌带动战略的实施意见及其奖励办法》

9.《关于印发〈深圳市福田区经济发展资金扶持产业技术进步实施细则〉的通知》

10.《甘肃省人民政府关于印发〈甘肃省获得名牌产品企业奖励办法〉的通知》

11.《关于印发〈广西壮族自治区工业企业品牌表彰奖励实施办法〉的通知》

12.《实施〈贵阳市"十一五"科学与技术发展规划（2006—2010年）〉的若干配套政策》

13.《中共金华市委金华市人民政府关于推进"品牌金华"建设的实施意见》

14.《九江市人民政府关于调整和加大创建品牌城市奖励政策的通知》

15.《关于印发〈佛山市南海区实施自主创新品牌带动及企业上市扶持奖励办法〉的通知》

16.《南平市人民政府关于扶持重点工业企业发展的若干意见》

17.《关于实施"工业提升"工程推进特色制造业又好又快发展的若干意见》

18.《四川省人民政府关于印发〈四川省强力推进工业品牌战略实施意见〉的通知》

19.《关于转发苏州市名牌带动战略奖励细则的通知》

20.《转发关于推进名牌带动战略的政策措施的通知》

21.《温州市人民政府办公室关于印发温州市质量与品牌奖励管理办法的通知》

22.《厦门市财政局厦门市经济发展局关于印发厦门市扶持名优产品生产发展实施细则的通知》

23.《中共武义县委武义县人民政府关于鼓励和促进中小企业发展的若干政策意见》

24.《盐城市盐都区人民政府关于扶持重点工业企业做大做强的实施意见》

25.《镇江市人民政府关于加快推进品牌战略的实施意见》

26.《关于做好广东省品牌发展专项资金使用管理工作的通知》

27.《关于印发〈关于扶持出口名牌发展的指导意见〉的通知》

28.《商务部办公厅关于请推荐"中国出口名牌"备选名单的通知》

29.《长兴县人民政府关于进一步促进外贸发展工作的通知》

30.《德清县人民政府关于进一步加快先进制造业基地建设的若干意见》

31.《关于印发加快工业经济创新发展若干政策意见的通知》

32.《关于印发〈福建省出口品牌发展资金使用管理暂行办法〉的通知》

33.《福建省外经贸厅关于推荐2008—2009年度"福建省外经贸厅重点培育和发展的出口名牌"候选企业的通知》

34.《关于印发认定"广东省外经贸厅重点培育和发展的出口名牌"意见的通知》

35.《关于认定"广东省外经贸厅重点培育和发展的出口名牌"的意见（修订版）》

36.《关于补充推荐广东省外经贸厅重点培育和发展的出口名牌备选名单的通知》

37.《关于2005年度促进我市外经贸发展扶持

政策的通知》

38.《杭州市人民政府办公厅关于授予2007年度杭州市外贸出口先进企业金龙奖并予以表彰奖励的通报》

39.《杭州市人民政府办公厅关于促进自主出口品牌发展的指导意见》

40.《省商务厅、发改委、经委、财政厅、科技厅、国税局、工商局、质量技术监督局、黑龙江出入境检验检疫局、哈尔滨海关关于印发〈黑龙江省关于扶持出口名牌发展的指导意见〉的通知》

41.《河南省商务厅关于印发〈新修订的“河南出口名牌”评选办法〉的通知》

42.《关于印发〈河南省“十一五”期间关于扶持出口品牌（名牌）发展的指导意见〉的通知》

43.《关于开展省出口名牌企业品牌建设情况调查的通知》

44.《关于评选2007—2008年度“江苏省重点培育和发展的出口名牌”的通知》

45.《关于推进民营经济又好又快发展的若干意见》

46.《中共金华市金东区委金华市金东区人民政府关于加快工业及外向型经济发展的若干意见》

47.《江西省资助和培育出口品牌现状》

48.《宁夏商务厅 财政厅关于印发〈宁夏品牌出口商品奖励和促进办法〉的通知》

49.《泉州市丰泽区人民政府关于印发扶持重点企业发展的若干规定的通知》

50.《山东省2006年度财政鼓励外经贸发展的政策》

51.《绍兴市人民政府关于进一步鼓励市区开放型经济发展的意见》

52.《批转市外贸办关于加快我市自主出口品牌发展意见的通知》

53.《湖州市吴兴区人民政府关于进一步鼓励外经贸发展的通知》

54.《厦门市重点出口企业扶持资金管理办法实施方案》

55.《厦门市贸易发展局、厦门市财政局关于印发〈厦门市重点出口企业扶持资金管理办法实施方案〉的通知》

56.《中共宁波市鄞州区委、宁波市鄞州区人民政府关于推进鄞州区经济发展的若干意见》

57.《关于印发浙江省出口品牌发展资金使用管理暂行办法的通知》

58.《关于2005年促进外经贸发展若干政策问题的通知》

59.《丽水市人民政府关于加快发展市直开放型经济的若干意见》

60.《南昌市人民政府关于印发南昌市外贸发展资金管理暂行办法的通知》

61.《宁波市江东区促进外经贸稳步发展的试行意见》

62.《宁波市江东区关于促进外经贸稳步发展若干意见》

63.《山东省2005年度鼓励外经贸发展的政策》

64.《关于印发〈山东省2003年度鼓励对外出口的政策〉的通知》

65.《关于印发〈山东省2004年度鼓励外经贸发展的政策〉的通知》

66.《象山县人民政府关于进一步加快发展开放型经济的若干意见》

67.《长兴县人民政府关于进一步促进外贸发展工作的通知》

68.《关于印发〈扬州市出口名牌产品专项奖励资金管理暂行办法〉的通知》

69.《关于推荐2005—2006年度“上海出口名牌商品”备选名单有关事项的通知》

70.《闸北区促进服务外包专利品牌扶持政策实施细则》

71.《广东省名牌产品（工业类）管理办法》

72.《广东省名牌产品（农业类）管理办法》

73.《上海市外经贸委关于开展2007—2008年度“上海市出口名牌”认定工作的通知》

74.《2006年进一步促进开放型经济发展的若干意见》

75.《上海2005—2006度出口品牌获奖名单》

76.《“十一五”规划纲要》

77.《关于开展2008—2009年度“黑龙江省重点培育和发展的出口名牌”评定和奖励活动的通知》

78.《商务部、中国出口信用保险公司关于利用出口信用保险扶持出口名牌发展的通知》

三、韩国——影响自加拿大牛肉和肉制品进口的措施：加拿大请求磋商

此文件自2009年4月9日起在加拿大代表团和韩国代表团及争端解决机构主席间进行沟通，现根据DSU第4.4条规定予以散发。

根据DSU第1条和第4条，GATT 1994第22条，《实施卫生与植物卫生措施协议》（又称“SPS协议”）第11条的规定，加拿大政府在此请求与韩国政府就影响自加拿大进口牛肉及肉制品进口的措施进行磋商。

所争议的措施包括，但不限于以下内容：

——2003年5月21日生效的第51584—476号行政令；

——韩国《对传染性动物疾病预防法》第9130号法令修订案（又称《家畜传染病预防法》），2008年9月11日生效。

该请求也包括上述措施的任何修订措施、替代措施、扩展措施、补充措施或其他相关措施。

这些措施限制了来自加拿大牛肉和肉制品的进口。第51584—476号行政令禁止韩国进口加拿大的牛肉和肉制品，据称以防止牛海绵状脑病（即“疯牛病”）引起的风险。韩国《对传染性动物疾病预防法》第9130号法令修订案则设定了一系列新的严厉的条件以提高进口限制，包括要求自加拿大进口的牛肉和肉制品满足经韩国国会批准的进口品的卫生要求。

加拿大认为这些措施与韩国在《SPS协议》和GATT 1994下所应承担的义务不相符。这些措施显然与下列协议条款不相符：

●《SPS协议》第2.2条，第2.3条，第3.1条，第5.1条，第5.6条，第5.7条，第6.1条，第8条和附件C；和

● GATT 1994第1条第1款，第3条第4款和第11条第1款。

加拿大保留在磋商期间就争议措施进一步举证事实以及提起法律申诉的权利。

加拿大期待韩国对此请求的回复，并欢迎就磋商日期及磋商地点所提出的任何建议。

四、美国——影响自中国进口禽肉的措施：中国请求磋商

此文件自2009年4月17日，在中国代表团和美国代表团及争端解决机构主席间进行沟通，现根据DSU第4条第4款的规定予以散发。

受我方政府授权，根据DSU第4条，GATT 1994第22条，《农业协议》第19条的规定，就美国采取的影响自中国进口的禽肉产品的措施，请求与美国进行磋商。

1. 根据已签署的公法111—8《美国2009年综合拨款法案》第727节（简称“727条款”），美国有效禁止了制定或执行任何允许美国进口中国禽肉产品的措施。尤其是“727条款”禁止美国农业部（简称“USDA”）采取措施，包括提供拨款，用于：（1）制定或执行允许美国进口中国禽肉产品的措施，包括根据现行美国法USDA已经确定有资格进口的措施；以及（2）制定或执行扩大自中国进口的禽肉产品的范围。中国认为“727条款”，以及美国禽肉产品进口的综合管理体制，对自中国禽肉产品的进口施加了限制，与美国在WTO中所承担的义务不相符。

2. 例如，《美国联邦法规》第381部分第9篇（简称“9 CER”），包括第381.196节，规定了有资格向美国出口禽肉产品的国家名单。美国农业部对中国进行审查后，确定中国有资格向美国出口部分禽肉产品。然而，美国农业部还没有根据这一资格决议采取必要的措施允许自中国进口禽肉产品。“727条款”现在已经禁止USDA采取任何制定或执行允许美国进口禽肉产品的措施，虽然根据“9CER”第381.196节的明确条款，这些措施是合法的。因此，“9 CER”第381.196节是“727条款”实施后，无法执行的几个美国有关中国进口产品的法规之一。

3. 此外，中国认为“727条款”有效禁止了美国农业部采取措施以扩大美国进口自中国的合法禽肉产品种类。

4. 中国认为美国通过“727条款”所实施的其他任何紧密相关的措施，以及任何对该措施的修订及替代措施，或其他后续紧密相关措施，违反了美国在GATT 1994和《农业协议》中所应承担的义务，包括但不限于以下条款：GATT 1994第1条第1款和第11条第1款；以及《农业协议》第4.2条。

5. 一般来说，通过禁止使自中国进口禽肉产品的资金使用，显然使美国提起或维持数量限制，

这违反了 GATT 1994 第 11 条第 1 款以及《农业协议》第 4.2 条的规定。另外，仅对自中国进口产品施加限制，却不禁止其他成员同类产品的进口，中国担心美国就进口规则和手续给予其他成员的利益、优待、特权或豁免权，并没有立即无条件地给予中国。

6. 此外，虽然中国并不认为所争议的美国限制自中国禽肉产品进口的措施构成了《实施卫生与植物卫生措施协议》（简称“SPS 协议”）含义下的卫生与植物卫生措施（简称“SPS 措施”），但如果证明任何此类措施为 SPS 措施，中国也将根据《SPS 协议》第 11 条的规定请求与美国进行磋商。尤其，此类措施在某种程度上被证明为 SPS 措施，中国认为这些措施违反了美国在《SPS 协议》下所应承担的义务，包括但不限于其中的第 2.1～2.3 条，第 3.1 条，第 3.3 条，第 5.1～5.7 条以及第 8 条。

7. 一般来说，任何此类措施被证明为 SPS 措施，中国担心美国的措施将可能违反 SPS 协议第 2.1 条，第 2.2 条，第 5.1～5.4 条以及第 5.6 条的规定，因为没有充分科学的证据证明任何 SPS 措施是否基于特殊的风险的合理的评估。中国也担心任何此类措施没有适用于其他成员同类产品的进口，这将违反 SPS 协议第 2.3 条和第 5.5 条的规定。此外，中国担心任何 SPS 措施未能遵守 SPS 协议附件 C 有关控制、检查和批准的程序，这将违反 SPS 协议第 8 条的规定。另外，中国不清楚有何依据可以证明美国此类措施是根据国际标准、指南或建议制定的，或此类措施满足 SPS 协议第 3.1 条和第 3.3 条的规定。最后，中国不清楚有何依据可以证明美国此类措施符合 SPS 协议第 5.7 条的规定。

8. 中国保留在磋商期间进一步举证事实以及提起法律申诉的权利，以及提请设立专家组的权利。

我方期待贵方对此请求的回复，以便确定双方均可接受的磋商时间。

五、智利——对自阿根廷的进口小麦面粉采取反倾销措施：阿根廷请求磋商

此文件自 2009 年 5 月 14 日，在阿根廷代表团和智利代表团及争端解决机构主席间进行沟通，现根据 DSU 第 4 条第 4 款的规定予以散发。

受我方政府指示，根据 DSU 第 4 条，GATT 1994 第 23 条第 1 段，《关于实施〈1994 年关税与贸易总协定〉第 6 条的协议》（简称“反倾销协议”）第 17 条的规定，就以下措施请求与智利进行磋商：智利对自阿根廷进口的小麦面粉采取反倾销措施，以及任何对此措施进行的修订或对其进行的扩展以及任何其他相关措施；第 18.525 号法律中的某些条款（该法律文本融合了 2005 年第 31 号法令从而更加协调与合理），以及财政部第 575 号最高法令。

背景

2008 年 4 月 11 日 *Molineros del CentroA. G.* 协会请求对自阿根廷进口的小麦面粉启动反倾销调查并采取临时反倾销措施。2008 年 4 月 18 日，在第 302 次会议上，负责调查进口货物价格是否扭曲的全国委员会（简称“委员会”）决定对自阿根廷进口的小麦面粉启动反倾销调查。

2008 年 7 月 3 日，通过总统令、第 737 号豁免令和委员会第 303 号纪要，财政部决定对自阿根廷进口的海关税则号为 1 101.0000 的小麦面粉课征 30.3%的临时反倾销税。

2009 年 1 月 2 日，通过总统令、第 1 号豁免令和委员会第 307 号纪要，财政部决定终止调查，裁定对自阿根廷进口的海关税则号为 1 101.0000 的小麦面粉课征 30.3%的最终反倾销税。

法律背景

1. 进行调查，做出裁决和征收关税

阿根廷认为智利当局进行的调查、做出的裁决以及征收的关税，违反了智利在《反倾销协议》和 GATT 1994 下所承担的义务。阿根廷认为智利对自其进口的小麦面粉实施的反倾销措施，尤其违反了以下条款的规定：《反倾销协议》第 1 条，第 2 条，第 3 条，第 5 条，第 6 条，第 7 条，第 9 条，第 12 条，第 13 条和第 18 条；《马拉喀什建立世界贸易组织协定》第 16 条和附件 2；GATT 1994 第 6 条。理由如下：

《反倾销协议》第 1 条：

- 因为反倾销措施没有适用于 GATT 1994 第 6 条所规定的情况，也没有根据符合《反倾销协议》的条款规定发起和进行调查。

《反倾销协议》第2条；尤其但不完全：

●《反倾销协议》第2.1条，因为智利当局确定倾销是否存在时并没有将出口到智利的小麦面粉的出口价格与在阿根廷国内消费的同类产品的正常价值相比较；

●《反倾销协议》第2.2条，因为智利当局认定在阿根廷小麦面粉的国内销售并没有发生在国内市场的正常贸易过程中，此时在对事实进行公正、客观评价的基础上，智利当局并没有得出合理的结论；

●《反倾销协议》第2.2.1条，因为智利当局认定在阿根廷小麦面粉的国内销售并没有发生在国内市场的正常贸易过程中，因此确定正常价值时应忽视此类销售，而之前并没有考虑以下因素：(a) 此类销售属在一段持续时间内；(b) 以实质数量；且 (c) 以不能在一段合理时间内收回成本的价格进行时；

●《反倾销协议》第2.2.2条，因为在确定正常价值时所需要考虑管理、销售和一般费用及利润的数额，而智利当局确定此类金额时并没有依据被调查的出口商或生产商在正常贸易过程中生产和销售同类产品的实际数据；而且甚至可以假定，调查机关认定此类金额的确定没有以正常贸易过程为基础时，正常价值的确定也没有依据该条款所列的方法；且

●《反倾销协议》第2.4条，因为出口价格和正常价值并没有进行公平比较；这一比较也没有在相同贸易水平上进行，且没有尽可能在相同时间进行的销售。智利当局没有考虑影响价格可比性的差异，因此也没有根据该条款所列的指示性清单结合不同情况做出应有的减免。

GATT 1994第6条和《反倾销协议》第3条；尤其但不完全：

●《反倾销协议》第3.1条，因为智利当局对实质性损害威胁的确定没有依据肯定性证据，也没有依据下述内容的客观审查：(a) 倾销进口产品的数量和倾销进口产品对国内市场同类产品价格的影响；且 (b) 这些进口产品随之对此类产品国内生产者产生的影响；

●《反倾销协议》第3.2条，因为智利当局没有考虑调查期间来自阿根廷的倾销进口产品的绝对数量是否增加，绝对数量或者相对于智利生产或消费的数量是否大幅增加；他们没有考虑倾销进口产品是否大幅削低产品价格，或此类进口产品的影响是否是大幅压低价格，或是否是在很大程度上抑制在其他情况下本应发生的价格增加；

●《反倾销协议》第3.4条，因为智利当局审查自阿根廷的小麦面粉对其国内产业的影响时，没有包括对影响产业状况的所有有关经济因素和指标的评估，也没有包括第3.4条所列出的其他因素；

●《反倾销协议》第3.1条和第3.5条，以及GATT第6条的第1段，因为智利当局没有表明倾销进口产品与对国内产业损害或产业损害威胁之间存在因果关系；智利当局也没有表明这一因果关系以审查主管机关得到的所有相关证据为依据；智利当局也没有审查除自阿根廷倾销进口产品外的、同时损害国内产业的任何已知因素，且因为智利将这些其他因素造成的损害归因于自阿根廷倾销进口产品；

●《反倾销协议》第3.7条，因为智利当局对实质损害威胁的确定没有应依据事实，而是仅仅依据指控、推测或极小的可能性；智利当局证据表明倾销将造成损害发生的情形变化必须是能够明显预见且迫近的；而且因为智利当局在做出有关损害威胁的确定时，没有考虑第3.7条所列出的因素或其他已知的因素；且

●《反倾销协议》第3.8条，因为对于倾销进口产品造成损害威胁的情况，智利当局考虑和决定实施反倾销措施时没有特别慎重。

《反倾销协议》第5条，尤其但不完全：

●《反倾销协议》第5.2条，因为适用第5.1条时智利当局的申请没有包括以下证据：(a) 倾销；(b) 属由本协定解释的GATT 1994第6条范围内的损害；以及 (c) 倾销进口产品与被指控的损害之间的一种因果关系；缺乏有关证据的简单断言不能被视为足以满足本款的要求；而且，最后，因为申请没有包括申请人可合理获得的信息，所需信息第5.2条列出了指示性清单；

●《反倾销协议》第5.3条，因为智利当局没有审查申请中提供的证据的准确性和充分性，以确定是否有足够的证据证明发起调查是正当的；

●《反倾销协议》第5.3条和第5.4条，因为智利当局，在确定申请是否由国内产业或代表国内产业提出时，没有审查所提供证据的准确性和充分

性，而且也没有审查国内同类产品生产者对申请表示的支持或反对程度；且

●《反倾销协议》第 5.8 条，因为智利当局搞清楚不存在有关倾销或损害的足够证据以证明继续进行该案是正当的，因而也没有拒绝根据第 5.1 条提出的申请，也没有迅速终止调查。

《反倾销协议》第 6 条和附件 2，尤其但不完全：

●《反倾销协议》第 6.1 条，第 6.1.3 条和第 6.2 条，因为智利当局没有将要求的信息通知反倾销调查中的所有利害关系方，也没有给予他们充分的机会以书面形式提出其认为与所涉调查有关的所有证据；智利当局没有将收到的书面申请全文向已知出口商提供；也没有给予所有利害关系方充分的机会以保护他们的利益；

●《反倾销协议》第 6.6 条，因为智利当局没有设法使自己确信利害关系方提供的、其调查结果所依据的信息的准确性；

●《反倾销协议》第 6 条和附件 2，因为智利当局没有给予阿根廷的所有小麦面粉出口商或生产商充分的机会以提供必要的信息，或没有给予其提供必要信息的合理时间，在此情况下智利所做出的初步和最终裁定并没有依据可获得的事实；而且因为，当解释《反倾销协议》第 6 条第 8 段的规定时，看不到附件 2 所规定的内容；且

●《反倾销协议》第 6.10 条，因为智利当局没有对被调查的每一已知的小麦面粉出口商确定各自的倾销幅度；在出口商、生产商的数量特别多而使做出此种裁定不实际的情况下，主管机关没有将审查限制在合理数量的利害关系方。

《反倾销协议》第 7 条，尤其但不完全：

●《反倾销协议》第 7.1 条，因为当对自阿根廷进口的小麦面粉适用临时措施时：(i) 没有依照第 5 条的规定发起调查，没有向所有利害关系方发出公告，而且没有给予利害关系方提交信息和提出意见的充分机会；(ii) 依据肯定性证据以及客观、公正的所有相关证据，没有做出关于倾销和由此产生的对国内产业的损害的初步肯定裁定；且 (iii) 错误地判断适用此类临时措施可以对防止在调查时期所造成的损害是必要的；且

●《反倾销协议》第 7.5 条，因为智利当局没有依照该条款的要求，使其临时措施遵循第 9 条的规定。

《反倾销协议》第 9 条，尤其但不完全：

●《反倾销协议》第 9.2 条，因为智利当局对自阿根廷进口的小麦面粉所征收的反倾销税金额并不适当；而且智利列出了产品供应国——阿根廷，即使其无法列出供应商或所有涉及的供应商的名称；且

●《反倾销协议》第 9.3 条，因为智利当局所确定的倾销幅度超过了根据第 2 条所确定的倾销幅度。

《反倾销协议》第 12 条，尤其但不完全：

●《反倾销协议》第 12.1 条，因为智利当局没有使自己确信有充分证据证明根据第 5 条所发起的反倾销调查是正当的；而且因为智利没有通知所有利害关系方；

●《反倾销协议》第 12.1.1 条，因为发起调查的公告没有包括，也没有通过单独报告列出，有关本条所列清单的充分信息；

●《反倾销协议》第 12.2 条，因为对于初步或最终裁定所做的公告都没有详细列出，或通过单独报告详细列出，智利调查机关认为重要的所有事实问题和法律问题所得出的调查结果和结论；且

●《反倾销协议》第 12.2.1 条，因为实施临时措施的公告没有列出，或没有通过单独报告提供关于倾销和损害的初步裁定的详细说明；而且因为这些通告或报告没有包括该条款所列清单中的信息。

《反倾销协议》第 18 条：

●《反倾销协议》第 18.1 条，因为智利当局采取了特定行动对自阿根廷的小麦面粉被指控进口倾销，该做法与 GATT 1994 和《反倾销协议》的规定不相符；且

●《反倾销协议》第 18.3 条，因为在此调查中没有适用《反倾销协议》的条款，该调查是在《WTO 协议》对智利生效之日之后发起的。

2. 智利法律适用的反倾销程序

除了上述调查和具体措施，阿根廷希望将磋商扩展到以下条款：第 18.525 号法律中的某些条款（该法律文本融合了 2005 年第 31 号法令从而更加协调与合理），以及财政部第 575 号最高法令（1993 年 8 月 20 日于智利官方公报中颁布）。这些条款显然与智利依据《反倾销协议》，GATT 1994

和《马拉喀什建立世界贸易组织协定》（简称《WTO协定》）所应承担的义务不相符。

(i) 智利当局征收反倾销税的权限

以下结论显然出自第18.525号法律第8条和第9条，以及第575号法令第1条和第16条的规定：(a) 就反倾销措施的适用，智利法律没有对最终裁定制定任何时间限制，在调查期间将利害关系方置于不确定的境地；且 (b) 适用反倾销措施的最终裁定中，智利当局显然没有使其结论建立在事实或法律基础上。

尤其但不完全，这些条款显然与以下条款不相符：

●《反倾销协议》第1条，规定任一成员的反倾销措施仅应适用于GATT 1994第6条所规定的情况，并应根据符合本协定规定发起和进行调查；

●《反倾销协议》第6.14条，规定任一成员主管机关依照本协定的有关规定，迅速发起调查，做出无论是肯定还是否定的初步或最终裁定，以及实施临时或最终措施。

●《反倾销协议》第5.10条，规定调查应自发起后1年内结束，且决不能超过18个月；

●《反倾销协议》第18.1条，规定除依照由本协定解释的GATT 1994的条款外，不得针对来自另一成员的倾销出口产品采取特定行动；

●《反倾销协议》第18.3条，列明本协定的规定应适用于根据在《WTO协定》对一成员生效之日或之后提出的申请而发起的调查和对现有措施的审查。

●《反倾销协议》第18.4条，规定每一成员应采取所有必要的一般或特殊步骤，以保证在不迟于《WTO协定》对其生效之日，使其法律、法规和行政程序符合可能对所涉成员适用的本协定的规定。

●《WTO协定》第16条第4段，规定每一成员应保证其法律、法规和行政程序与所附各协定对其规定的义务相一致。

(ii) 倾销定义和征收反倾销税的依据

由第18.525号法律第8条和第575号法令第2段和第3段可以得出以下结论：(a) 智利法律所给出的倾销定义与《反倾销协议》和GATT 1994中给出的定义不相符，而且征收反倾销税的依据包括极宽泛和不准确的可能性的范围，远远超过了《反倾销协议》和GATT 1994所列出的范围。

尤其但不完全，这些条款显然与以下条款不相符：

●《反倾销协议》第1条，规定任一成员的反倾销措施仅应适用于GATT 1994第6条所规定的情况，并应根据符合本协定规定发起和进行调查；

●《反倾销协议》第2.1条，规定如一产品自一国出口至另一国的出口价格低于在正常贸易过程中出口国供消费的同类产品的可比价格，即以低于正常价值的价格进入另一国的商业，则该产品被视为倾销。

●《反倾销协议》第18.1条，列明除依照由本协定解释的GATT 1994的条款外，不得针对来自另一成员的倾销出口产品采取特定行动；

●《反倾销协议》第18.3条，规定本协定的规定应适用于根据在《WTO协定》对一成员生效之日或之后提出的申请而发起的调查和对现有措施的审查。

●《反倾销协议》第18.4条，规定每一成员应采取所有必要的一般或特殊步骤，以保证在不迟于《WTO协定》对其生效之日，使其法律、法规和行政程序符合可能对所涉成员适用的本协定的规定。

●《WTO协定》第16条第4段，规定每一成员应保证其法律、法规和行政程序与所附各协定对其规定的义务相一致。

(iii) 谁可以启动反倾销程序

由第575号法令第10条明显得出：(a) 除了经《反倾销协议》授权确定任何被指控的倾销的存在、程度和影响的调查应在收到由国内产业或代表国内产业提出的书面申请后发起，主管机关根据对国内同类产品生产者对申请表示的支持或反对程度的审查确定申请是由国内产业或代表国内产业提出的；且 (b) 第575号法令第10条的有关受理启动倾销申请的规定与《反倾销协议》第5.2条的规定不相符。

尤其但不完全，这一条款显然与以下条款不相符：

●《反倾销协议》第1条，规定任一成员的反倾销措施仅应适用于GATT 1994第6条所规定的情况，并应根据符合本协定规定发起和进行调查；

●《反倾销协议》第5.1条，规定除第5条第

6 款的规定外，确定任何被指控的倾销的存在、程度和影响的调查应在收到由国内产业或代表国内产业提出的书面申请后发起；

●《反倾销协议》第 5.2 条，规定申请应包括申请人可合理获得的本条款列出的指示性清单中的信息；

●《反倾销协议》第 5.4 条，规定主管机关根据对国内同类产品生产者对申请表示的支持或反对程度的审查确定申请是由国内产业或代表国内产业提出的；

●《反倾销协议》第 18.1 条，列明除依照由本协定解释的 GATT 1994 的条款外，不得针对来自另一成员的倾销出口产品采取特定行动；

●《反倾销协议》第 18.3 条，规定本协定的规定应适用于根据在《WTO 协定》对一成员生效之日或之后提出的申请而发起的调查和对现有措施的审查。

●《反倾销协议》第 18.4 条，规定每一成员应采取所有必要的一般或特殊步骤，以保证在不迟于《WTO 协定》对其生效之日，使其法律、法规和行政程序符合可能对所涉成员适用的本协定的规定。

●《WTO 协定》第 16 条第 4 段，规定每一成员应保证其法律、法规和行政程序与所附各协定对其规定的义务相一致。

(iv) 临时措施

(1) 由第 575 号法令第 22 条显然可以得出：(a) 如果委员会确定所调查的产品价格不存在倾销，或者对于国内产业未造成损害或损害威胁，委员会没有义务请求总统撤销临时性措施；(b) 没有任何规定责成总统应委员会请求，在前述情况下撤销临时措施；(c) 没有任何规定责成总统在 (a) 所描述的情况下立即撤销临时措施。

尤其但不完全，这一条款显然与以下条款不相符：

●《反倾销协议》第 1 条，规定任一成员的反倾销措施仅应适用于 GATT 1994 第 6 条所规定的情况，并应根据符合本协定规定发起和进行调查；

●《反倾销协议》第 7.1 (ii) 条，规定临时措施只有在已做出关于倾销和由此产生的对国内产业的损害的初步肯定裁定的情况下才能适用；

●《反倾销协议》第 18.1 条，列明除依照由本协定解释的 GATT 1994 的条款外，不得针对来自另一成员的倾销出口产品采取特定行动；

●《反倾销协议》第 18.3 条，规定本协定的规定应适用于根据在《WTO 协定》对一成员生效之日或之后提出的申请而发起的调查和对现有措施的审查。

●《反倾销协议》第 18.4 条，规定每一成员应采取所有必要的一般或特殊步骤，以保证在不迟于《WTO 协定》对其生效之日，使其法律、法规和行政程序符合可能对所涉成员适用的本协定的规定。

●《WTO 协定》第 16 条第 4 段，规定每一成员应保证其法律、法规和行政程序与所附各协定对其规定的义务相一致。

(2) 由第 575 号法令第 16 条，第 18 条和第 20 条显然可以得出：(a) 智利具体执行机关有权自调查启动日开始时甚至在 60 天届满后实施临时措施；且 (b) 临时反倾销税的适用日期超过了《反倾销协议》第 7.4 条列出的时间，甚至临时措施的实施时间持续到做出最终裁定，而且调查当局没有对其采取行动做出任何时间限制。

尤其但不完全，这些条款显然与以下条款不相符：

●《反倾销协议》第 1 条，规定任一成员的反倾销措施仅应适用于 GATT 1994 第 6 条所规定的情况，并应根据符合本协定规定发起和进行调查；

●《反倾销协议》第 7.3 条，规定临时措施不得早于发起调查之日起 60 天实施；

●《反倾销协议》第 7.4 条，规定临时措施的实施应限制在尽可能短的时间内，不超过 4 个月，或经有关主管机关决定，并应在所涉及的贸易中占很大百分比的出口商请求，可不超过 6 个月。在调查过程中，如主管机关审查低于倾销幅度的反倾销税是否足以消除损害，则这些时间可分别为 6 个月和 9 个月；

●《反倾销协议》第 18.1 条，列明除依照由本协定解释的 GATT 1994 的条款外，不得针对来自另一成员的倾销出口产品采取特定行动；

●《反倾销协议》第 18.3 条，规定本协定的规定应适用于根据在《WTO 协定》对一成员生效之日或之后提出的申请而发起的调查和对现有措施的审查。

●《反倾销协议》第18.4条，规定每一成员应采取所有必要的一般或特殊步骤，以保证在不迟于《WTO协定》对其生效之日，使其法律、法规和行政程序符合可能对所涉成员适用的本协定的规定。

●《WTO协定》第16条第4段，规定每一成员应保证其法律、法规和行政程序与所附各协定对其规定的义务相一致。

(3) 由第575号法令第19条和第21条可得出，没有依据《反倾销协议》第5条的规定启动反倾销调查，也没有给予所有利害关系方提交信息和提出意见的充分机会的情况下，智利具体执行机关仍有权实施临时措施。

尤其但不完全，这些条款显然与以下条款不相符：

●《反倾销协议》第1条，规定任一成员的反倾销措施仅应适用于GATT 1994第6条所规定的情况，并应根据符合本协定规定发起和进行调查；

●《反倾销协议》第7.1 (i) 条，规定临时措施只有在已依照第5条的规定发起调查，已为此发出公告，且已给予利害关系方提交信息和提出意见的充分机会的情况下才可适用；

●《反倾销协议》第18.1条，列明除依照由本协定解释的GATT 1994的条款外，不得针对来自另一成员的倾销出口产品采取特定行动；

●《反倾销协议》第18.3条，规定本协定的规定应适用于根据在《WTO协定》对一成员生效之日或之后提出的申请而发起的调查和对现有措施的审查。

●《反倾销协议》第18.4条，规定每一成员应采取所有必要的一般或特殊步骤，以保证在不迟于《WTO协定》对其生效之日，使其法律、法规和行政程序符合可能对所涉成员适用的本协定的规定。

●《WTO协定》第16条第4段，规定每一成员应保证其法律、法规和行政程序与所附各协定对其规定的义务相一致。

(v) 司法审查机制的缺失

审查第18.525号法律和第575号法令可得出结论，没有任何有关内部机制的条款，用以审查通过司法，仲裁或者行政机构做出的针对反倾销的行政裁决或行政审查，而这些机构是独立于做出此裁决或实施此审查的机关的。

如上所描述的独立审查机构的缺失，尤其但不完全与以下条款不相符：

●《反倾销协议》第1条，规定任一成员的反倾销措施仅应适用于GATT 1994第6条所规定的情况，并应根据符合本协定规定发起和进行调查；

●《反倾销协议》第13条，规定国内立法包含反倾销措施规定的每一成员均应设有司法、仲裁或行政庭或程序，其目的特别包括迅速审查与最终裁定的行政行为有关、且属第11条范围内的对裁定的审查。此类法庭或程序应独立于负责所涉裁定或审查的主管机关；

●《反倾销协议》第18.1条，列明除依照由本协定解释的GATT 1994的条款外，不得针对来自另一成员的倾销出口产品采取特定行动；

●《反倾销协议》第18.3条，规定本协定的规定应适用于根据在《WTO协定》对一成员生效之日或之后提出的申请而发起的调查和对现有措施的审查。

●《反倾销协议》第18.4条，规定每一成员应采取所有必要的一般或特殊步骤，以保证在不迟于《WTO协定》对其生效之日，使其法律、法规和行政程序符合可能对所涉成员适用的本协定的规定。

●《WTO协定》第16条第4段，规定每一成员应保证其法律、法规和行政程序与所附各协定对其规定的义务相一致。

(vi)《WTO协定》的生效日后智利未适用反倾销规则

对以上所描述的智利规则不符点以及《WTO协定》生效之日前智利1993年的第575号法令进行分析，可以得出以下结论：(a) 智利没有采取必要的措施以确保其反倾销规则符合GATT 1994和《反倾销协议》的规定；且，因此，(b) 总的来说，反倾销调查及已有措施的审查均没有适用《反倾销协议》的规定。

尤其但不完全，这些条款显然与以下条款不相符：

●《反倾销协议》第1条，规定任一成员的反倾销措施仅应适用于GATT 1994第6条所规定的情况，并应根据符合本协定规定发起和进行调查；

●《反倾销协议》第18.1条，列明除依照由本协定解释的 GATT 1994 的条款外，不得针对来自另一成员的倾销出口产品采取特定行动；

●《反倾销协议》第 18.3 条，规定本协定的规定应适用于根据在《WTO 协定》对一成员生效之日或之后提出的申请而发起的调查和对现有措施的审查。

●《反倾销协议》第 18.4 条，规定每一成员应采取所有必要的一般或特殊步骤，以保证在不迟于《WTO 协定》对其生效之日，使其法律、法规和行政程序符合可能对所涉成员适用的本协定的规定。

●《WTO 协定》第 16 条第 4 段，规定每一成员应保证其法律、法规和行政程序与所附各协定对其规定的义务相一致。

该请求已经证明智利的措施显然直接或间接剥夺或减损了阿根廷在上述协议下所能获得的利益。

对上述提到的任一措施，该请求同时涵盖任何修订措施、替代措施、扩展措施、具体执行措施或其他相关措施。

阿根廷政府保留在磋商期间进一步举证事实问题和法律问题的权利。我方期待收到贵方对此请求的回复，并确定双方均方便的磋商日期和地点。

六、中国——原材料出口限制措施：美国请求磋商

此文件自 2009 年 6 月 23 日，在美国代表团和中国代表团及争端解决机构主席间进行沟通，现根据 DSU 第 4 条第 4 款的规定予以散发。

受我方政府授权，根据 DSU 第 1 条和第 4 条，GATT 1994 第 22 条的规定，就中国对其铝土矿、焦炭、萤石、镁、锰、碳化硅、金属硅、黄磷及锌等原材料的出口限制措施，我代表团请求与中国进行磋商。

中国就铝土矿、焦炭、萤石、碳化硅和锌的出口实施出口数量限制。

中国对铝土矿、焦炭、萤石、镁、锰、金属硅、黄磷和锌征收出口关税。

中国施加的额外的关于原材料出口的行政要求和程序，包括但不限于，依据以往的出口经验限制出口权；设立不同于国内企业之外资企业出口标准及收取费用。中国通过其国务院下属的各部委及其他机构以及商会来管理这些行政要求及程序。

中国维持对这些原材料的最低价格系统，规定出口合同及出口价格需经检查、核准。中国通过其国务院下属的各部委及其他机构以及商会来管理这些行政要求及程序。

中国所实施的出口限制措施包括但不限于：

●《中华人民共和国对外贸易法》（已由中华人民共和国第十届全国人民代表大会常务委员会第八次会议于 2004 年 4 月 6 日修订通过，2004 年 7 月 1 日起施行）

●《中华人民共和国海关法》（由第六届全国人民代表大会常务委员会第 19 次会议于 1987 年 1 月 22 日通过，于 2000 年 7 月 8 日修订）

●《中华人民共和国货物进出口管理条例》（已于 2001 年 10 月 31 日国务院第 46 次常务会议通过，自 2002 年 1 月 1 日施行）

●《货物出口许可证管理办法》（商务部令 2008 年第 11 号，2008 年 7 月 11 日）

●《出口商品配额管理办法》（对外贸易经济合作部 2001 年第 12 号令，2001 年 12 月 20 日通过，2002 年 1 月 1 日施行）

●《出口商品配额招标办法》（对外贸易经济合作部 2001 年第 11 号令，2001 年 12 月 20 日通过，2002 年 1 月 1 日施行）

●《进出口商品许可证发证机构管理办法》（对外贸易经济合作部，外经贸配管函字〔1999〕第 68 号，1999 年 9 月 21 日）

●《中华人民共和国进出口关税条例》（国务院〔2003〕第 392 号令，已于 2003 年 10 月 29 日国务院第 26 次常务会议上通过，于 2004 年 1 月 1 日施行）

●《中华人民共和国海关对出口商品审价暂行办法》（海关总署〔1995〕第 51 号令，1995 年 2 月 1 日）

●《中华人民共和国海关对出口商品审价办法的实施细则》（海关总署，1995 年 2 月 1 日）

●《对外经济贸易社会团体管理办法》（对外贸易与经济合作部，1991 年 2 月 26 日）

●《外经贸部关于处罚低价出口行为的暂行规定》（对外贸易与经济合作部，1991 年 2 月 26 日）

●《出口许可证签发工作规范》（商务部，商配发〔2008〕第 398 号，2008 年 10 月 9 日）

●《进出口许可证证书管理规定》（对外贸易

与经济合作部，外经贸配字〔1999〕第87号，1999年12月6日）

●《工业品出口配额招标实施细则》（对外贸易与经济合作部，2001年11月8日）

● 中国五矿化工进出口商会章程

●《关于2009年农产品和工业品出口配额总量的公告》（商务部公告〔2008〕第83号，2009年1月1日）

●《关于2009年第一批一般贸易焦炭出口配额的通知》（商务部，商贸函〔2008〕第140号，2009年1月1日）

●《2009年焦炭出口配额申报条件及程序》（商务部〔2008〕第76号公告，2008年10月13日）

●《2009年出口许可证管理货物目录》（商务部及海关总署〔2008〕第100号公告，2009年1月1日）

● 商务部发布《2009年出口许可证管理货物分级发证目录》（商务部〔2008〕第124号公告，2009年1月1日）

● 商务部发布通知印发《出口许可证签发工作规范》（商务部，商配发〔2008〕第398号，2008年10月9日）

●《2009年度部分工业品第一次招标资质及初审公告》（商务部，公告〔2008〕第85号，2008年10月30日）

●《2009年度部分工业品第二次招标资质及初审公告》（商务部，公告〔2009〕第42号，2009年7月9日）

●《对外贸易与经济合作部关于印发〈工业品出口配额招标实施细则〉的通知》（对外经贸与经济合作部2001年11月8日发布）

●《关于2009年关税实施方案的通知》（国务院关税税则委员会，税委会〔2008〕第40号，2009年1月1日）

●《关于对柠檬酸等36种商品试行出口预核签章管理》（商务部、海关总署〔2003〕第36号公告，2003年11月29日）

●《关于印发〈关于进出口商会人事管理的若干规定〉》（对外贸易与经济合作部，1994年9月23日）

●《关于调整出口商品海关审价目录的通知》（对外贸易与经济合作部、海关总署，外经贸发〔2002〕第187号，2002年5月1日）

●《2009年萤石块（粉）出口配额》（出口商品配额招标委员会，2008年12月11日）

●《2009年铝土矿出口配额》（出口商品配额招标委员会，2008年12月10日）

●《2009年碳化硅出口配额》（出口商品配额招标委员会，2008年12月11日）

以及任何与前述措施相关的措施、修订措施、替代措施，或者具体执行措施。

中国实施的措施显然与以下条款不符：

● GATT 1994第8条、第10条和第11条；以及

●《中国入世议定书》（简称“加入议定书”）第一部分第5.1段、第5.2段、第8.2段和第11.3段内容，以及《入世议定书》第一部分第1.2段所的承诺（也包括《中国入世工作组报告书》第83段、第84段、第162段和第165段下的承诺）。

中国实施的措施显然也剥夺或减损了美国根据上述协议所直接或间接获得的利益。

我们期待贵方对此请求做出的回复，并确定一个彼此方便的日期进行磋商。

七、中国——原材料出口限制措施：欧盟请求磋商

此文件自2009年6月23日，在欧盟代表团和中国代表团及争端解决机构主席间进行沟通，现根据DSU第4条第4款的规定予以散发。

受我方政府授权，根据DSU第1条和第4条，GATT 1994第22条的规定，就中国对其铝土矿、焦炭、萤石、镁、锰、碳化硅、金属硅、黄磷及锌等原材料的出口限制措施，我方代表团请求与中国进行磋商。

中国就铝土矿、焦炭、萤石、碳化硅和锌的出口实施出口数量限制。

中国对铝土矿、焦炭、萤石、镁、锰、金属硅、黄磷和锌收取出口关税。

中国施加的额外的关于原材料出口的行政要求和程序，包括但不限于，依据以往的出口经验限制出口权；设立不同于国内企业之外资企业出口标准及收取费用。中国通过其国务院下属的各部委及其他机构以及商会来管理这些行政要求及程序。

中国维持对这些原材料的最低价格系统，规定出口合同及出口价格需经检查、核准。中国通过其国务院下属的各部委及其他机构以及商会来管理这些行政要求及程序。

中国所实施的出口限制措施包括但不限于：

●《中华人民共和国对外贸易法》（已由中华人民共和国第十届全国人民代表大会常务委员会第八次会议于2004年4月6日修订通过，2004年7月1日起施行）

●《中华人民共和国海关法》（由第六届全国人民代表大会常务委员会第19次会议于1987年1月22日通过，于2000年7月8日修订）

●《中华人民共和国货物进出口管理条例》（已于2001年10月31日国务院第46次常务会议通过，自2002年1月1日施行）

●《货物出口许可证管理办法》（商务部令2008年第11号，2008年7月11日）

●《出口商品配额管理办法》（对外贸易经济合作部2001年第12号令，2001年12月20日通过，2002年1月1日施行）

●《出口商品配额招标办法》（对外贸易经济合作部2001年第11号令，2001年12月20日通过，2002年1月1日施行）

●《进出口商品许可证发证机构管理办法》（对外贸易经济合作部，外经贸配管函字〔1999〕第68号，1999年9月21日）

●《中华人民共和国进出口关税条例》（国务院〔2003〕第392号令，已于2003年10月29日国务院第26次常务会议上通过，于2004年1月1日施行）

●《中华人民共和国海关对出口商品审价暂行办法》（海关总署〔1995〕第51号令，1995年2月1日）

●《中华人民共和国海关对出口商品审价办法的实施细则》（海关总署，1995年2月1日）

●《对外经济贸易社会团体管理办法》（对外贸易与经济合作部，1991年2月26日）

●《外经贸部关于处罚低价出口行为的暂行规定》（对外贸易与经济合作部，1991年2月26日）

●《出口许可证签发工作规范》（商务部，商配发〔2008〕第398号，2008年10月9日）

●《进出口许可证证书管理规定》（对外贸易与经济合作部，外经贸配字〔1999〕第87号，1999年12月6日）

●《工业品出口配额招标实施细则》（对外贸易与经济合作部，2001年11月8日）

● 中国五矿化工进出口商会章程

●《关于2009年农产品和工业品出口配额总量的公告》（商务部公告〔2008〕第83号，2009年1月1日）

●《关于2009年第一批一般贸易焦炭出口配额的通知》（商务部，商贸函〔2008〕第140号，2009年1月1日）

●《2009年焦炭出口配额申报条件及程序》（商务部〔2008〕第76号公告，2008年10月13日）

●《2009年出口许可证管理货物目录》（商务部及海关总署〔2008〕第100号公告，2009年1月1日）

● 商务部发布《2009年出口许可证管理货物分级发证目录》（商务部〔2008〕第124号公告，2009年1月1日）

● 商务部发布通知印发《出口许可证签发工作规范》（商务部，商配发〔2008〕第398号，2008年10月9日）

●《2009年度部分工业品第一次招标资质及初审公告》（商务部，公告〔2008〕第85号，2008年10月30日）

●《2009年度部分工业品第二次招标资质及初审公告》（商务部，公告〔2009〕第42号，2009年7月9日）

●《对外贸易与经济合作部关于印发〈工业品出口配额招标实施细则〉的通知》（对外经贸与经济合作部2001年11月8日发布）

●《关于2009年关税实施方案的通知》（国务院关税税则委员会，税委会〔2008〕第40号，2009年1月1日）

●《关于对柠檬酸等36种商品试行出口预核签章管理》（商务部、海关总署〔2003〕第36号公告，2003年11月29日）

●《关于印发〈关于进出口商会人事管理的若干规定〉》（对外贸易与经济合作部，1994年9月23日）

●《关于调整出口商品海关审价目录的通知》

（对外贸易与经济合作部、海关总署，外经贸发〔2002〕第187号，2002年5月1日）

●《2009年萤石块（粉）出口配额》（出口商品配额招标委员会，2008年12月11日）

●《2009年铝土矿出口配额》（出口商品配额招标委员会，2008年12月10日）

●《2009年碳化硅出口配额》（出口商品配额招标委员会，2008年12月11日）

以及任何与前述措施相关的措施、修订措施、替代措施，或者具体执行措施。

中国实施的措施显然与以下条款不符：

● GATT 1994第8条、第10条和第11条；以及

●《中国入世议定书》（简称"加入议定书"）第一部分第5.1段、第5.2段、第8.2段和第11.3段内容，以及《入世议定书》第一部分第1.2段所做的承诺（也包括《中国入世工作组报告书》第83段、第84段、第162段和第165段下的承诺）。

中国实施的措施显然也剥夺或减损了欧盟根据上述协议所直接或间接获得的利益。

欧盟保留进一步举证相关措施以及在磋商过程中就上述措施申诉的权利。

欧盟期待能够在适当的时候收到中国政府对此请求的回复。欧盟准备与中国确定双方均方便的在日内瓦磋商的日期。

八、菲律宾——课征白酒税：欧盟请求磋商

此文件自2009年7月29日，在欧盟代表团和菲律宾代表团及争端解决机构主席间进行沟通，现根据DSU第4条第4款的规定予以散发。

受我方政府授权，根据DUS第1条和第4条，GATT 1994第22条，就菲律宾对于进口酒类产品课征歧视性关税的做法，我方代表团请求与欧盟进行磋商。这导致欧盟出口到菲律宾的烈酒产品（HS税号为22.08）受到严重影响。

根据现行的白酒的消费税制度，该制度自1997年以来一直施行，菲律宾对于国产烈酒课征较低的税率，而对外国进口的烈酒则课征较高税率。所争议的措施为《1997年菲律宾内地税法》第141节（第8424号法案，内地税法的修正案，1998年6月正式公报），第9334号修正案，该修正案调高了原内地税法对于酒精和烟草产品的消费税率，修正了《1997年菲律宾内地税法》第131节，第141节，第142节，第143节，第144节，第145节和第288节；以及其他与上述措施的修正措施、替代措施、相关措施或具体执行措施。

欧盟认为这些措施与菲律宾在GATT 1994所作承诺不符。尤其与GATT 1994第3条第2款不相符。

欧盟保留在磋商期间进一步举证相关措施，以及依据WTO协定其他条款就上述事项申诉的权利。

欧盟期待在适当的时候收到菲律宾对此请求的回复。欧盟希望与菲律宾确定双方均方便的在日内瓦磋商的日期。

九、欧盟——对来自中国的铁或钢紧固件实施最终反倾销措施：中国请求磋商

此文件自2009年7月31日，在中国代表团和欧盟代表团及争端解决机构主席间进行沟通，现根据DSU第4条第4款的规定予以散发。

受我方政府授权，根据DSU第1条和第4条，GATT 1994第23条第1款，《关于实施〈1994年关税与贸易总协定〉第6条的协议》（又称"反倾销协议"）第17.3条的规定，请求与欧盟就以下措施（但不仅限于）进行磋商。

（1）欧盟1995年12月22日制定的反倾销规则第384/96号第9（5）条，经修正的抵制非欧洲共同体成员国倾销进口（简称"基本反倾销规则"）；

（2）欧盟2009年1月26日颁布的委员会条例第91/2009号文件，对中国进口的钢铁坚固件课征最终反倾销税；

这些措施显然与欧盟在协议中所应承担的义务不相符：GATT 1994，《反倾销协议》，以及《中国入世议定书》（作为《马拉喀什建立世界贸易组织协定》不可分割的部分）。

1.《基本反倾销规则》第9（5）条规定：进口产品若来自非市场经济国家，反倾销税应适用于该国生产该产品的全体厂商，而非针对个别厂商分别计算。若个别厂商可证明其符合该条所列各项要件，则不在此限。中国主张《反倾销规则》第9

(5) 条违反了欧盟在以下条款中所应承担的义务：《马拉喀什建立世界贸易组织协定》第16条第4款；GATT 1994 第6条第1款和第10条第3 (a) 款；《反倾销协议》第6.10条，第9.2条，第9.3条，第9.4条，第12.2.2条和第18.4条。因为这些条款规定反倾销差额和反倾销税就根据不同的出口商和生产商来确定。此外，第9 (5) 条所规定的反倾销的程序不符合公正、合理的要求。而且，欧盟仅对非市场经济国家施加这些要件，该措施是歧视性的，违反了GATT 1994 第1条第1款。

2. 中国认为欧盟对产自中国的钢制或铁制坚固件实施反倾销税违反了欧盟在以下条款中所应承担的义务：GATT 1994 第6条和第10条第3 (a) 款；《反倾销协议》第1条，第2.1条，第2.2条，第2.4条，第2.6条，第3.1条，第3.2条，第3.4条，第3.5条，第4.1条，第5.4条，第6.1条，第6.2条，第6.4条，第6.5条，第6.19条，第9.2条，第9.4条和第17.6 (i) 条；以及《中国入世议定书》第1部分第15段。

(i) 欧盟仅以中国为非市场经济国家为理由，对其整体厂商课征反倾销税，除非个别厂商证明自己符合特定要件才得例外适用个别计算反倾销税的做法，明显违反了《反倾销协议》第2条，第6.10条，第9.2条，第9.3条，第9.4条和第12.2.2条的规定。

(ii) 欧盟仅给予中国个别厂商在15天的期限内就是否市场经济条件及个别计算的问卷提交局面答复，这违反了《反倾销协议》第6.1.1条以及《中国入世议定书》第1部分第15段的内容；

(iii) 欧盟申请反倾销调查的生产商仅占其国内生产总量的27%，则上述调查违反了《反倾销协议》第5.4条的规定；

(iv) 欧盟错误地将外观与用途明显不同的标准坚固件与特殊坚固件视为“同类”产品，因此正如《反倾销协议》第2.6条所解释的，该作法违反了第2.1条的规定；

(v) 欧盟在比较出口价格与正常价格时，未考虑依据物理特性等因素调整价格，尤其未依据所有产品代码进行价格比较，因此影响了价格比较因素，与《反倾销协议》第2.4条以及GATT 1994 第6条第1款的规定不相符；

(vi) 欧盟认定损害的样本仅占2006年所估计的生产同类产品产量27%的数据，与《反倾销协议》第3条和第4.1条的规定不相符；

(vii) 欧盟在整个调查期间损害认定时，未能确定所涉及的生产者占其国内生产总量的比例，因此违反了《反倾销协议》第3条和第4.1条的规定；

(viii) 欧盟认定损害的样本仅占2006年发布的生产同类产品产量17.5%的数据，与《反倾销协议》第3条和第4.1条的规定不相符；

(ix) 欧盟未将申请进行反倾销调查的厂商，排除在国内产业之外，也未将与出口商有关的进、出口商排除于国内产业之外，因此违反了《反倾销协议》第3条和第4.1条的规定；

(x) 欧盟在损害认定时未排除非倾销产品的进口量，因此该做法违反了《反倾销协议》第3.1条和3.2条，以及GATT 1994 第6条第1款的规定；

(xi) 欧盟在损害认定分析经济因素和指标时，既没有依据肯定的事实，也没有进行客观审查，欧盟忽视了多数事实所显示的多重积极趋势及数据，而仅仅依赖于显示消极趋势的唯一事实，即市场份额，因此该做法违反了《反倾销协议》第3.1条和3.2条，以及GATT 1994 第6条第1款的规定；

(xii) 欧盟在损害及因果调查中，未能正当及合理地对除所宣称的倾销进口量以外的其他因素进行评估，尤其是第三国的进口量，原材料成本的增加以及欧盟的出口绩效，因此这一做法违反了《反倾销协议》第3.5条的规定；

(xiii) 欧盟发布的“对九个中国生产商的市场经济待遇请求的评估”(DGTRADE/H3/D [2008])，载有涉及其他中国生产商的相关机密信息，该做法违反了《反倾销协议》第6.5条的规定；

(xiv) 欧盟未向相关利益方提供机会以查看所有相关信息，包括但不限于，申请者的身份，对欧盟生产商问卷回复的非机密性总结，有关替代国家正常价值的数据以及对影响价格比较的不同因素进行调查的信息，这些做法违反了《反倾销协议》第6.2条，第6.4条和第6.5条，以及《中国入世议定书》第1部分第15段的规定。

3. 欧盟的措施显然直接或间接地剥夺或减损了中国依据上述协定协议所应获得的利益。

4. 中国保留在磋商期间进一步举证事实以及

提起法律申诉的权利。

5. 中国期待贵方对此请求的回复，以便确定双方均可接受的磋商时间及地点。

十、中国——原材料出口限制措施：墨西哥请求磋商

此文件自2009年8月21日，在墨西哥代表团和中国代表团及争端解决机构主席间进行沟通，现根据DSU第4条第4款的规定予以散发。

根据DSU第1条和第4条，GATT 1994第22条的规定，就中国对其铝土矿、焦炭、萤石、镁、锰、碳化硅、金属硅、黄磷及锌等原材料的出口限制措施，墨西哥政府请求与中国政府进行磋商。

中国就铝土矿、焦炭、萤石、碳化硅和锌的出口实施出口数量限制。

中国对铝土矿、焦炭、萤石、镁、锰、金属硅、黄磷和锌收取出口关税。

中国施加的额外的关于原材料出口的行政要求和程序，包括但不限于，依据以往的出口经验限制出口权；设立不同于国内企业之外资企业出口标准及收取费用。中国通过其国务院下属的各部委及其他机构以及商会来管理这些行政要求及程序。

中国维持对这些原材料的最低价格系统，规定出口合同及出口价格需经检查、核准。中国通过其国务院下属的各部委及其他机构以及商会来管理这些行政要求及程序。

中国所实施的出口限制措施包括但不限于：

●《中华人民共和国对外贸易法》（已由中华人民共和国第十届全国人民代表大会常务委员会第八次会议于2004年4月6日修订通过，2004年7月1日起施行）

●《中华人民共和国海关法》（由第六届全国人民代表大会常务委员会第19次会议于1987年1月22日通过，于2000年7月8日修订）

●《中华人民共和国货物进出口管理条例》（已于2001年10月31日国务院第46次常务会议通过，自2002年1月1日施行）

●《货物出口许可证管理办法》（商务部令2008年第11号，2008年7月11日）

●《出口商品配额管理办法》（对外贸易经济合作部2001年第12号令，2001年12月20日通过，2002年1月1日施行）

●《出口商品配额招标办法》（对外贸易经济合作部2001年第11号令，2001年12月20日通过，2002年1月1日施行）

●《进出口商品许可证发证机构管理办法》（对外贸易经济合作部，外经贸配管函字〔1999〕第68号，1999年9月21日）

●《中华人民共和国进出口关税条例》（国务院〔2003〕第392号令，已于2003年10月29日国务院第26次常务会议上通过，于2004年1月1日施行）

●《中华人民共和国海关对出口商品审价暂行办法》（海关总署〔1995〕第51号令，1995年2月1日）

●《中华人民共和国海关对出口商品审价办法的实施细则》（海关总署，1995年2月1日）

●《对外经济贸易社会团体管理办法》（对外贸易与经济合作部，1991年2月26日）

●《外经贸部关于处罚低价出口行为的暂行规定》（对外贸易与经济合作部，1991年2月26日）

●《出口许可证签发工作规范》（商务部，商配发〔2008〕第398号，2008年10月9日）

●《进出口许可证证书管理规定》（对外贸易与经济合作部，外经贸配字〔1999〕第87号，1999年12月6日）

●《工业品出口配额招标实施细则》（对外贸易与经济合作部，2001年11月8日）

● 中国五矿化工进出口商会章程

●《关于2009年农产品和工业品出口配额总量的公告》（商务部公告〔2008〕第83号，2009年1月1日）

●《关于2009年第一批一般贸易焦炭出口配额的通知》（商务部，商贸函〔2008〕第140号，2009年1月1日）

●《2009年焦炭出口配额申报条件及程序》（商务部〔2008〕第76号公告，2008年10月13日）

●《2009年出口许可证管理货物目录》（商务部及海关总署〔2008〕第100号公告，2009年1月1日）

● 商务部发布《2009年出口许可证管理货物分级发证目录》（商务部〔2008〕第124号公告，

2009 年 1 月 1 日）

● 商务部发布通知印发《出口许可证签发工作规范》（商务部，商配发〔2008〕第 398 号，2008 年 10 月 9 日）

●《2009 年度部分工业品第一次招标资质及初审公告》（商务部，公告〔2008〕第 85 号，2008 年 10 月 30 日）

●《2009 年度部分工业品第二次招标资质及初审公告》（商务部，公告〔2009〕第 42 号，2009 年 7 月 9 日）

●《对外贸易与经济合作部关于印发〈工业品出口配额招标实施细则〉的通知》（对外经贸与经济合作部 2001 年 11 月 8 日发布）

●《关于 2009 年关税实施方案的通知》（国务院关税税则委员会，税委会〔2008〕第 40 号，2009 年 1 月 1 日）

●《关于对柠檬酸等 36 种商品试行出口预核签章管理》（商务部、海关总署〔2003〕第 36 号公告，2003 年 11 月 29 日）

●《关于印发〈关于进出口商会人事管理的若干规定〉》（对外贸易与经济合作部，1994 年 9 月 23 日）

●《关于调整出口商品海关审价目录的通知》（对外贸易与经济合作部、海关总署，外经贸发〔2002〕第 187 号，2002 年 5 月 1 日）

●《2009 年萤石块（粉）出口配额》（出口商品配额招标委员会，2008 年 12 月 11 日）

●《2009 年铝土矿出口配额》（出口商品配额招标委员会，2008 年 12 月 10 日）

●《2009 年碳化硅出口配额》（出口商品配额招标委员会，2008 年 12 月 11 日）

以及任何与前述措施相关的措施、修订措施、替代措施，或者具体执行措施。

中国实施的措施显然与以下条款不符：

● GATT 1994 第 8 条、第 10 条和第 11 条；以及

●《中国入世议定书》（简称“加入议定书”）第一部分第 5.1 段、第 5.2 段、第 8.2 段和第 11.3 段内容，以及《入世议定书》第一部分第 1.2 段所做的承诺（也包括《中国入世工作组报告书》第 83 段、第 84 段、第 162 段和第 165 段下的承诺）。

中国实施的措施显然也剥夺或减损了墨西哥根据上述协议所直接或间接获得的利益。

墨西哥保留进一步举证相关措施以及在磋商过程中就上述措施申诉的权利。

墨西哥期待中国对此请求做出回复，并确定一个彼此方便的日期进行磋商。

十一、美国——影响中国乘用车和轻卡车轮胎进口的措施：中国请求磋商

此文件自 2009 年 9 月 14 日，在中国代表团和美国代表团及争端解决机构主席间进行沟通，现根据 DSU 第 4 条第 4 款的规定予以散发。

受我方政府授权，根据 DSU 第 1 条和第 4 条，GATT 1994 第 23 条第 1 款，《保障措施协议》第 14 条的规定，就美国采取的影响中国乘用车和轻卡车轮胎进口的措施，请求与美国政府进行磋商。

该磋商请求针对美国最近宣布对从中国进口的某些乘用车和轻型卡车轮胎实施限制措施。这些限制措施，以为期 3 年，加征高关税的形式实施，其关税税率远高于美国向中国承诺的国际义务水平。根据《1974 年贸易法》第 421 条款，19U. S. C. 2451 et seq 进行调查后，美国政府 2009 年 9 月 11 日宣布了这些限制措施。由美国国际贸易委员会公布报告，见《来自中国的乘用车和轻型卡车轮胎》，Inv. No. TA—421—7，USITC，No. 4085（2009 年 7 月）。2009 年 9 月 11 日，美国总统奥巴马签署总统令。根据总统令，这些限制措施将于 2009 年 9 月 26 日生效。该请求不仅涉及已经宣布的高关税措施，还包括任何其他美国所宣布的具体执行措施。

中国认为这些高关税措施，作为 WTO 规则允许的紧急措施并不合理，也与 GATT 1994 第 1 条第 1 款的规定不相符。因为美国并没有给予产自其他国家的乘用车和轻卡车轮胎同样的待遇。

美国也不能证明这些措施适用于 WTO 基本原则的例外。根据 GATT 1994 第 19 条以及《保障措施协议》，这些措施也是不合理的。根据《中国入世议定书》，这些措施也无法被证实为中国特殊措施。美国的法规及适用法规的方式均有问题。

美国认为这些中国的特殊保障措施与其《入世议定书》第 16 条不符，而美国所定义的“实质原因”比一般定义更狭窄，《入世议定书》中的第 16 条第 4 款。

每一项措施均与美国在《中国入世议定书》下的义务不相符，而且美国也不能证实其所使用的以下条款：

《入世议定书》第16条第1款和第4款，因为自中国的进口并未“数量增加”，也没有“快速增长”。

《入世议定书》第16条第1款和第4款，因为中国并没有造成实质损害或实质损害威胁的“重要原因”。

《入世议定书》第16条第1款和第4款，因为其国内轮胎生产商并没有出现经受“市场扰乱”或“实质损害”，事实上他们反对这些调查及措施，声明这些救济并不会改变他们的计划。

《入世议定书》第16条第3款，因为这些限制措施不可能也没有“防止或补救”任何指控的市场扰乱。

《入世议定书》第16条第6款，这些限制措施的实施年限超过了“防止或补救”所指控的市场扰乱的“必需时限”。

中国保留在磋商期间进一步举证事实以及提起法律申诉的权利，以及提请设立专家组的权利。

我方期待贵方对此请求的回复，以便确定双方均可接受的磋商时间及地点。

十二、欧盟——禁止海豹产品进口和销售的措施：加拿大请求磋商

此文件自2009年11月2日在加拿大代表团和欧盟代表团及争端解决机构主席间进行沟通，现根据DSU第4条第4款规定予以散发。

根据《关于争端解决规则与程序的谅解》第4条，GATT 1994第22条，《技术性贸易壁垒协议》（简称“TBT协议”）第14.1条，加拿大就欧盟采取的影响海豹产品进口和销售的措施请求与欧盟进行磋商。所争议的措施包括：

● 欧盟议会和理事会2009年9月16日颁布了海豹产品贸易法规（EC）第1007/2009号（简称“法规”），以及后续修订措施、替代措施、扩展措施、具体执行措施或其他相关措施（简称“法规”）。

法规禁止欧盟关税领土内所有海豹产品的进口及投放市场。法规定义“海豹”包括鳍足亚目的所有物种（海豹科，海狮科和海象科）。法规定义“海豹产品”为“所有的产品，无论是加工或未经加工的，从海豹中产生或获得的，包括肉类、油、脂肪、器官、皮毛皮革和毛皮原料皮，鞣制或处理，包括组装板材、十字架和类似的形式中的毛皮，从毛皮提出的物品”。法规对自传统狩猎方式获得的海豹产品的进口及投放市场做出了规定，狩猎主要是因纽特人和其他原著社区的居民进行，这些海豹产品有助于他们的生计。

这些措施显然与欧盟在GATT 1994和《TBT协议》下所应承担的义务不相符。这些措施与以下条款不相符：

(i)《TBT协议》第2.1条和第2.2条；

(ii) GATT 1994第1条第1款和第11条第1款；

(iii)《农业协议》第4.2条。

这些不符点显然直接或间接地剥夺或减损了加拿大根据上述协议所应获得的利益。另外，这些措施显然直接地剥夺或减损了加拿大根据GATT 1994第23条第1(b)款所获得的利益。

加拿大保留在磋商期间就所争议措施提起额外申诉及其他法律问题的权利。

加拿大期待收到欧盟对此请求的回复，并欢迎任何就磋商日期及磋商地点所给出的任何建议。

十三、欧盟——禁止海豹产品进口和销售的措施：挪威请求磋商

此文件自2009年11月5日在挪威代表团和欧盟代表团及争端解决机构主席间进行沟通，现根据DSU第4条第4款规定予以散发。

根据《关于争端解决规则与程序的谅解》第4条，GATT 1994第22条，《农业协议》第19条，《技术性贸易壁垒协议》（简称“TBT协议”）第14条，挪威就欧盟采取的影响海豹产品贸易的措施请求与欧盟进行磋商。所争议的措施，统称为“欧盟海豹体制”，包括：

——欧盟议会和理事会2009年9月16日颁布了海豹产品贸易法规（EC）第1007/2009号（简称“法规”），建立了统一的欧盟海豹产品进口和销售机制；和

——由欧盟或其成员国采取的对法规中规定的措施所作的任何指导、修订、补充、替代，和/或具体执行的任何相关措施，不管是否依据法规而

采用。

欧盟海豹机制全面禁止在欧盟进口及销售加工和未加工的海豹产品，因此剥夺了挪威的出口产品进入重要市场的机会。法规载有的例外情况，显然给予原产于欧盟以及某些第三国的海豹产品以优惠的市场准入机会，但第三国并不包括挪威。

欧盟海豹机制显然与欧盟在《农业协议》《TBT 协议》和 GATT 1994 下所应承担的义务不相符，尤其是：

(i)《农业协议》第 4.2 条；

(ii)《TBT 协议》第 2.1 条和第 2.2 条；和

(iii) GATT 1994 第 1 条第 1 款，第 3 条第 4 款和第 11 条第 1 款。

这些不符点显然直接或间接地剥夺或减损了挪威根据上述协议所应获得的 GATT 1994 第 23 条第 1 (a) 款含义内的利益。

此外，欧盟海豹机制显然直接或间接地剥夺或减损了挪威根据上述协议所应获得的 GATT 1994 第 23 条第 1 (b) 款含义内的利益。

挪威保留在磋商期间举证更多事实，以及未来诉诸专家组程序的权利。

挪威期待收到欧盟对此请求的回复，并确定双方均同意的磋商日期。

十四、美国——对来自韩国的产品实施反倾销措施中使用归零法：韩国请求磋商

此文件自 2009 年 11 月 24 日，在韩国代表团和美国代表团及争端解决机构主席间进行沟通，现根据 DSU 第 4 条第 4 款的规定予以散发。

受我方政府指示，根据 DSU 第 4 条，GATT 1994 第 22 条第 1 款，《关于实施〈1994 年关税与贸易总协定〉第 6 条的协议》（简称“反倾销协议”）第 17 条的规定，就美国商务部（简称“USDOC”）适用“归零法”，即在反倾销调查中加权平均确定倾销差额时，将负的倾销差额归为零，韩国代表团请求与美国政府进行磋商。

在下述三个涉及韩国产品的案件中，美国商务部在反倾销调查中的最终裁定和修订最终裁定计算总的加权平均倾销差额时，将负的倾销差额归为零，韩国政府请求与美国就此进行磋商：

（1）来自韩国的不锈钢板卷（第 A－580－831 号案件）；

（2）来自韩国的不锈钢薄板和带钢线圈（第 A－580－834号案件）；和

（3）来自韩国的金刚石锯片及其零件（第 A－580－855 号案件）

上述三个案件中美国商务部归零法的适用，要么在无反倾销的情况下人为地制造出了倾销幅度，要么虚抬了倾销幅度。

美国商务部在这些案件进行反倾销调查中使用的归零法与下面两个案件中所使用的方法完全一致，欧盟—对印度棉质床单课征反倾销税（WT/DS141/R 和 WT/DS141/AB/R），美国—对自加拿大的软木材的反倾销终裁（WT/DS264/R 和 WT/DS264/AB/R）。这两个案件被判定违反了《反倾销协议》。美国宣称在新的反倾销调查中改变其倾销幅度的计算方法，因此直到 2007 年 2 月 22 日，美国都未在反倾销调查中使用归零法。

韩国政府认为美国商务部在上述三个案件的最终裁定，最终裁定修订以及征收反倾销税命令中使用归零法，与美国在 GATT 1994 第 6 条和《反倾销协议》第 1 条，第 2.1 条，第 2.4 条，第 2.4.2 条及第 5.8 条下所应承担的义务不相符。

韩国试图说明美国在上述案件中所适用的方法是否与《反倾销协议》和 GATT 1994 的前述条款相一致。就此方面，我方附上了美国在三个案件的反倾销调查中发布的一系列最终裁定和反倾销命令，这些是该请求的主题。

韩国政府保留在磋商期间进一步举证法律事实及其他问题的权利，同时保留请求设立专家组的权利。

我方期待收到美国的回复，并确定双方均方便的磋商日期及地点。

（杨风鸣译　陈泰锋校）

附录 1：1995—2009 年争端解决机构受理的案件①

第一部分
请求磋商；成立专家组；达成解决方案

序号	案件	请求磋商	收到磋商请求（日-月-年）	加入磋商请求	请求成立专家组（日-月-年）	专家组成立（日-月-年）	双边达成解决方案（日-月-年）
1	马来西亚—聚乙烯和聚丙烯进口禁令	新加坡 WT/DS1/1	10-01-1995		17-03-1995 新加坡 WT/DS1/2		19-07-1995 WT/DSB/M/6（请求撤回）
2	美国—精炼汽油及传统汽油标准	委内瑞拉 WT/DS2/1	24-01-1995		27-03-1995 委内瑞拉 WT/DS2/2	10-04-1995 WT/DSB/M/3	
3	韩国—对于农业产品检测及检验措施	美国 WT/DS3/1	04-04-1995	日本 WT/DS3/2			
4	美国—精炼汽油及传统汽油标准	巴西 WT/DS4/1	10-04-1995		22-05-1995 巴西 WT/DS4/2	31-05-1995 WT/DSB/M/5	
5	韩国—韩国产品保质期措施	美国 WT/DS5/1	03-05-1995	加拿大 WT/DS5/2 日本 WT/DS5/4			31-07-1995 WT/DS5/5 和 Corr—1 24-11-1995 Add—1 22-04-1996 Add—1/Rev—1 22-04-1996 Add—2 22-04-1996 Add—3 19-07-1996 Add—4 20-09-1996 Add—5
6	美国—在 1974 年贸易法第 301 节及第 304 节中来自日本汽车征收进口税	日本 WT/DS6/1	17-05-1995	欧盟 WT/DS6/2 澳大利亚 WT/DS6/3			19-07-1995 WT/DSB/M/6

① 此统计截至 2009 年 9 月 30 日。案件可分为四个部分：第一部分包括从最初提出磋商请求到成立专家组，再到争议各方形成双方满意的解决方法的案件；第二部分包括从成立专家组到通过专家组报告，再到提起上诉和通过上诉机构报告的案件；第三部分包括从通过专家组＼上诉机构报告到执行争端解决机构建议和裁决的案件；第四部分包括援引《关于争端解决规则与程序的谅解》第 21.5 条和第 22 条再次提请申诉的案件。

续 表

序号	案件	请求磋商	收到磋商请求（日-月-年）	加入磋商请求	请求成立专家组（日-月-年）	专家组成立（日-月-年）	双边达成解决方案（日-月-年）
7	欧盟—鲑鱼的贸易描述	加拿大 WT/DS7/1	19-05-1995	智利 WT/DS7/2 爱尔兰 WT/DS7/3 日本 WT/DS7/4 秘鲁 WT/DS7/5	10-07-1995 加拿大 WT/DS7/7 和 Corr—1	19-07-1995 WT/DSB/M/6	19-07-1996 WT/DS7/12
8	日本—对酒精饮料征税	欧盟 WT/DS8/1	21-06-1995	美国 WT/DS8/2 加拿大 WT/DS8/3	15-09-1995 欧盟 WT/DS8/5	27-09-1995 WT/DSB/M/7	
9	欧盟—谷类进口税	加拿大 WT/DS9/1	30-06-1995		15-09-1995 加拿大 WT/DS9/2	11-10-1995 WT/DSB/M/8	
10	日本—对酒精饮料征税	加拿大 WT/DS10/1	07-07-1995	美国 WT/DS10/2 欧盟 WT/DS10/3	15-09-1995 加拿大 WT/DS10/5	27-09-1995 WT/DSB/M/7	
11	日本—对酒精饮料征税	美国 WT/DS11/1	07-07-1995		15-09-1995 美国 A WT/DS11/2 和 Corr—1	27-09-1995 WT/DSB/M/7	
12	欧盟—鲑鱼的贸易描述	秘鲁 WT/DS12/1	18-07-1995	加拿大 WT/DS12/3 智利 WT/DS12/2 和 Rev—1 日本 WT/DS12/5	15-09-1995 秘鲁 WT/DS12/6 附录 22-09-1995 秘鲁 WT/DS12/7	11-10-1995 WT/DSB/M/8	19-07-1996 WT/DS12/12
13	欧盟—对谷物征收进口税	美国 WT/DS13/1	19-07-1995		29-09-1995 美国 WT/DS13/2 22-11-1996 WT/DS13/2/Add—1 13-02-1997 WT/DS13/5 27-03-1997 WT/DS13/6		02-05-1997 WTDS13/8 （请求撤回）
14	欧盟—鲑鱼的贸易描述	智利 WT/DS14/1	24-07-1995	加拿大 WT/DS14/2 秘鲁 WT/DS14/3 日本 WT/DS14/4	15-09-1995 智利 WT/DS14/5 附录 27-09-1995 智利 WT/DS14/6 附录	11-10-1995 WT/DSB/M/8	19-07-1996 WT/DS14/11

续 表

序号	案件	请求磋商	收到磋商请求（日-月-年）	加入磋商请求	请求成立专家组（日-月-年）	专家组成立（日-月-年）	双边达成解决方案（日-月-年）
15	日本—影响电信设备购买措施	欧盟 WT/DS15/1	18-08-1995	美国 WT/DS15/2			
16	欧盟—对于香蕉进口、销售及分销的规定	危地马拉 洪都拉斯 墨西哥 美国 WT/DS16/1	28-09-1995	圣卢西亚 WT/DS16/2 哥伦比亚 WT/DS16/3 多米尼加共和国 WT/DS16/4 委内瑞拉 WT/DS16/5 尼加拉瓜 WT/DS16/6 哥斯达黎加 WT/DS16/7			
17	欧盟—稻米进口征税	泰国 WT/DS17/1	05-10-1995				
18	澳大利亚—影响鲑鱼进口措施	加拿大 WT/DS18/1	05-10-1995		10-03-1997 WT/DS18/2	10-04-1997 WT/DSB/M/31	
19	波兰—汽车进口区域	印度 WT/DS19/1	28-09-1995				11-09-1996 WT/DS19/2
20	韩国—罐装水措施	加拿大 WT/DS20/1	08-11-1995	美国 WT/DS20/2 欧盟 WT/DS20/4			24-04-1996 WT/DS20/6
21	澳大利亚—影响鲑鱼进口措施	美国 WT/DS21/1	20-11-1995	加拿大 WT/DS21/2	11-05-1999 美国 WT/DS21/4	16-06-1999 WT/DSB/M/64	27-08-2000 WT/DS21/10
22	巴西—影响可可粉措施	菲律宾 WT/DS22/1	30-11-1995		08-02-1996 菲律宾 WT/DS22/5	05-03-1996 WT/DSB/M/12	
23	委内瑞拉—对工业用管材的反倾销调查	墨西哥 WT/DS23/1	05-12-1995				26-05-1997 WT/DS23/3 （调查终止）
24	美国—对棉质及人造纤维质内衣进口的限制	哥斯达黎加 WT/DS24/1	22-12-1995		27-02-1996 哥斯达黎加 WT/DS24/2	05-03-1996 WT/DSB/M/12	
25	欧盟—乌拉圭回合稻米协议实施	乌拉圭 WT/DS25/1	14-12-1995				
26	欧盟—与肉及肉类制品相关措施	美国 WT/DS26/1	26-01-1996	新西兰 WT/DS26/2 澳大利亚 WT/DS26/3 加拿大 WT/DS26/4	25-04-1996 美国 WT/DS26/6	20-05-1996 WT/DSB/M/17	

续 表

序号	案件	请求磋商	收到磋商请求（日-月-年）	加入磋商请求	请求成立专家组（日-月-年）	专家组成立（日-月-年）	双边达成解决方案（日-月-年）
27	欧盟—对于香蕉进口、销售及分销的规定（Ⅰ）	厄瓜多尔 危地马拉 洪都拉斯 墨西哥 美国 WT/DS27/1	05-02-1996	多米尼加共和国 WT/DS27/2 圣卢西亚 WT/DS27/3 尼加拉瓜 WT/DS27/4 牙买加 WT/DS/27/5	12-04-1996 厄瓜多尔 危地马拉 洪都拉斯 墨西哥 美国 WT/DS27/6	08-05-1996 WT/DSB/M/16	
28	欧盟—对于香蕉进口、销售及分销区域的规定（Ⅱ）	厄瓜多尔 危地马拉 洪都拉斯 墨西哥 美国 WT/DS27/18		巴拿马 WT/DS27/19 多米尼加共和国 WT/DS27/20 牙买加 WT/DS27/22 哥斯达黎加 WT/DS27/23 哥伦比亚 WT/DS27/24 巴西 WT/DS27/25 圣卢西亚 WT/DS27/26 多米尼克 WT/DS27/27 科特迪瓦 WT/DS27/28 喀麦隆 WT/DS27/29			
29	日本—关于音像制品措施	美国 WT/DS28/1	09-02-1996	欧盟 WT/DS28/2			24-01-1997 WT/DS28/4
30	土耳其—对于纺织品和服装限制措施	中国香港 WT/DS29/1	12-02-1996	欧盟 WT/DS29/2 马来西亚 菲律宾 泰国 WT/DS29/3 秘鲁 WT/DS29/4 印度 WT/DS29/5 巴西 WT/DS29/7 加拿大 WT/DS29/8			
31	巴西—对来自斯里兰卡的可可粉和可可奶进口征收补贴税	斯里兰卡 WT/DS30/1	23-02-1996				

续 表

序号	案件	请求磋商	收到磋商请求（日-月-年）	加入磋商请求	请求成立专家组（日-月-年）	专家组成立（日-月-年）	双边达成解决方案（日-月-年）
32	加拿大—关于杂志的特定措施	美国 WT/DS31/1	11-03-1996		24-05-1996 美国 WT/DS31/2	19-06-1996 WT/DSB/M/19	
33	美国—影响女士及女童羊毛外套进口措施				15-03-1996 印度 WT/DS32/1	17-04-1996 WT/DSB/M/14	30-04-1996 WT/DS32/2 （根据争端解决机构1996年4月17日决定终止进一步行动）
34	美国—影响羊毛恤衫及衬衫进口的措施				15-03-1996 印度 WT/DS33/1 和Corr—1	17-04-1996 WT/DSB/M/14	
35	土耳其—对于纺织品及服装进口的限制	印度 WT/DS34/1	21-03-1996		02-02-1998 WT/DS34/2	13-03-1998 WT/DSB/M/43	06-07-2001 WT/DS34/14
36	匈牙利—对于农产品出口补贴	阿根廷 澳大利亚 加拿大 新西兰 泰国 美国 WT/DS35/1	27-03-1996	日本 WT/DS35/2	10-01-1997 澳大利亚 WT/DS35/4 10-01-1997 新西兰 WT/DS/35/5 10-01-1997 美国 WT/DS35/6 10-01-1997 阿根廷 WT/DS35/7	25-02-1997 WT/DSB/M/29	30-07-1997 WT/DSB/M/36
37	巴基斯坦—制药及农业化学产品的专利保护	美国 WT/DS36/1	30-04-1996	欧盟 WT/DS36/2	04-07-1996 美国 WT/DS36/3		07-03-1997 WT/DS36/4
38	葡萄牙—工业产权法案专利权保护	美国 WT/DS37/1	30-04-1996				15-10-1996 WT/DS37/2和Corr—1
39	美国—古巴自由民主团结法	欧盟 WT/DS38/1	03-05-1996		08-10-1996 欧盟 WT/DS38/2 14-10-1996 Corr—1	20-11-1996 WT/DSB/M/26 根据《关于争端解决规则与程序的谅解》第12.12条1998年4月22日专家组解散	
40	美国—对来自欧盟产品提高关税	欧盟 WT/DS39/1	18-04-1996		24-06-1996 欧盟 WT/DS39/2		
41	韩国—电信采购部门的法律、法规及实践	欧盟 WT/DS40/1	09-05-1996				29-10-1997 WT/DS40/2

续 表

序号	案件	请求磋商	收到磋商请求（日-月-年）	加入磋商请求	请求成立专家组（日-月-年）	专家组成立（日-月-年）	双边达成解决方案（日-月-年）
42	韩国—关于农产品检验措施	美国 WT/DS41/1	24-05-1996				
43	日本—音像制品相关措施	欧盟 WT/DS42/1	28-05-1996	美国 WT/DS42/2			7-11-1997 WT/DS42/4
44	土耳其—对外国电影收入征税	美国 WT/DS43/1	12-06-1996		10-01-1997 美国 WT/DS43/2	25-02-1997 WT/DSB/M/29	24-07-1997 WT/DS43/3
45	日本—影响消费者照相软片及相纸的措施	美国 WT/DS44/1	13-06-1996		20-09-1996 美国 WT/DS44/2	16-10-1996 WT/DSB/M/24	
46	日本—影响分销服务的措施	美国 WT/DS45/1 和 Add—1	13-06-1996				
47	巴西—航空器出口融资计划	加拿大 WT/DS46/1	19-06-1996		17-09-1996 加拿大 WT/DS46/2 04-10-1996 WT/DS46/4 13-07-1998 WT/DS46/5	23-07-1998 WT/DSB/M/47	
48	土耳其—对于纺织品及服装进口的限制	泰国 WT/DS47/1	20-06-1996				
49	欧盟—影响家畜及肉类措施（激素）	加拿大 WT/DS48/1	28-06-1996	澳大利亚 WT/DS48/2 美国 WT/DS48/3 新西兰 WT/DS48/4	17-09-1996 加拿大 WT/DS48/5	16-10-1996 WT/DSB/M/24	
50	美国—对来自墨西哥的新鲜西红柿和冷藏西红柿的反倾销调查	墨西哥 WT/DS49/1	01-07-1996				
51	印度—对于药物及农业化学产品专利权保护	美国 WT/DS50/1 美国 WT/DS50/11	02-07-1996	欧盟 WT/DS50/2 欧盟 WT/DS50/12	08-11-1996 美国 WT/DS50/4	20-11-1996 WT/DSB/M/26	
52	巴西—特定汽车投资措施	日本 WT/DS51/1	30-07-1996	韩国 WT/DS51/2 欧盟 WT/DS51/3 美国 WT/DS51/4 加拿大 WT/DS51/6			

续　表

序号	案件	请求磋商	收到磋商请求（日-月-年）	加入磋商请求	请求成立专家组（日-月-年）	专家组成立（日-月-年）	双边达成解决方案（日-月-年）
53	巴西—影响汽车部门贸易及投资措施	美国 WT/DS52/1	09-08-1996	加拿大 WT/DS52/2 日本 WT/DS52/3 韩国 WT/DS52/4 欧盟 WT/DS52/5			
54	墨西哥—进口海关估价	欧盟 WT/DS53/1	27-08-1996	挪威 WT/DS53/2 瑞士 WT/DS53/3			
55	印度尼西亚—影响汽车工业特定措施	欧盟 WT/DS54/1	03-10-1996	美国 WT/DS54/2 日本 WT/DS54/3 韩国 WT/DS54/4 加拿大 WT/DS54/5	12-05-1997 欧盟 WT/DS54/6	12-06-1997 欧盟 WT/DSB/M/34	
56	印度尼西亚—影响汽车工业特定措施	日本 WT/DS55/1	04-10-1996	美国 WT/DS55/2 欧盟 WT/DS55/3 韩国 WT/DS55/4 加拿大 WT/DS55/5	18-04-1997 日本 WT/DS55/6 WT/DS64/4	12-06-1997 WT/DSB/M/34	
57	阿根廷—影响鞋类、纺织品、服装和其他项目进口的措施	美国 WT/DS56/1	04-10-1996	匈牙利 WT/DS56/2 欧盟 WT/DS56/3	10-01-1997 美国 WT/DS56/5	25-02-1997 WT/DSB/M/29	
58	澳大利亚—纺织品、服装及鞋类进口信贷计划	美国 WT/DS57/1	07-10-1996				
59	美国—对特定虾类及虾类产品进口限制	印度 马来西亚 巴基斯坦 泰国 WT/DS58/1	08-10-1996	中国香港 WT/DS58/2 欧盟 WT/DS58/3 日本 WT/DS58/4 澳大利亚 WT/DS58/5	10-01-1997 马来西亚 泰国 WT/DS58/6 07-02-1997 巴基斯坦 WT/DS58/7 04-03-1997 印度 WT/DS58/8	25-02-1997 WT/DSB/M/29（马来西亚 泰国 巴基斯坦）10-04-1997 WT/DSB/M/31 印度	

续 表

序号	案件	请求磋商	收到磋商请求（日-月-年）	加入磋商请求	请求成立专家组（日-月-年）	专家组成立（日-月-年）	双边达成解决方案（日-月-年）
60	印度尼西亚—影响汽车工业的特定措施	美国 WT/DS59/1	08-10-1996	日本 WT/DS59/2 欧盟 WT/DS59/3 韩国 WT/DS59/4 加拿大 WT/DS59/5	13-06-1997 美国 WT/DS59/6	30-07-1997 WT/DSB/M/36	
61	危地马拉—对来自墨西哥的波兰特水泥的反倾销调查	墨西哥 WT/DS60/1	17-10-1996		13-02-1997 墨西哥 WT/DS60/2	20-03-1997 WT/DSB/M/30	
62	美国—对特定虾类及虾类产品进口限制	菲律宾 WT/DS61/1	25-10-1996	澳大利亚 WT/DS61/2 日本 WT/DS61/3			
63	欧盟—对某些计算机设备的海关分类	美国 WT/DS62/1	08-11-1996	韩国 WT/DS62/2 加拿大 WT/DS62/3	13-02-1997 美国 WT/DS62/4	25-02-1997 WT/DSB/M/29	
64	美国—对于德国民主共和国的尿素进口采取反倾销措施	欧盟 WT/DS63/1	28-11-1996				
65	印度尼西亚—影响汽车工业的特定措施	日本 WT/DS64/1	29-11-1996	美国 WT/DS64/2 欧盟 WT/DS64/3	18-04-1997 日本 WT/DS55/6 WT/DS64/4	12-06-1997 WT/DSB/M/34	
66	巴西—影响汽车部门贸易及投资措施	美国 WT/DS65/1	10-01-1997				
67	日本—影响猪肉进口措施	欧盟 WT/DS66/1	15-01-1997	加拿大 WT/DS66/2			
68	英国—对某些计算机设备的海关分类	美国 WT/DS67/1	14-02-1997	韩国 WT/DS67/2	10-03-1997 美国 WT/DS67/3	20-03-1997 争端解决机构决定此问题交由 1997 年 2 月 25 日成立的专家组决定 WT/DSB/M/30	
69	爱尔兰—对某些计算机设备的海关分类	美国 WT/DS68/1	14-02-1997		10-03-1997 美国 WT/DS68/2	20-03-1997 争端解决机构决定此问题交由 1997 年 2 月 25 日成立的专家组决定 WT/DSB/M/30	

续 表

序号	案件	请求磋商	收到磋商请求（日-月-年）	加入磋商请求	请求成立专家组（日-月-年）	专家组成立（日-月-年）	双边达成解决方案（日-月-年）
70	欧盟—影响特定家禽产品进口的措施	巴西 WT/DS69/1	24-02-1997		12-06-1997 巴西 WT/DS69/2	30-07-1997 WT/DSB/M/36	
71	加拿大—影响民用航空器的措施	巴西 WT/DS70/1	10-03-1997		13-07-1998 巴西 WT/DS70/2	23-07-1998 WT/DSB/M/47	
72	加拿大—影响民用航空器的措施	巴西 WT/DS71/1	10-03-1997				
73	欧盟—影响黄油产品的措施	新西兰 WT/DS72/1	24-03-1997		7-11-1997 新西兰 WT/DS72/2	18-11-1997 WT/DSB/M/39	11-11-1999 WT/DS72/7
74	日本—导航卫星政府采购	欧盟 WT/DS73/1	26-03-1997	美国 WT/DS73/2			19-02-1998 WT/DS73/5
75	菲律宾—影响猪肉及家禽措施	美国 WT/DS74/1	01-04-1997	欧盟 WT/DS74/2 加拿大 WT/DS74/3			13-03-1998 WT/DS74/5 WT/DS102/6
76	韩国—对酒精类饮料征税	欧盟 WT/DS75/1	02-04-1997	美国 WT/DS75/2 加拿大 WT/DS75/3	15-09-1997 欧盟 WT/DS75/6	16-10-1997 WT/DSB/M/38	
77	日本—影响农产品措施	美国 WT/DS76/1	07-04-1997		06-10-1997 美国 WT/DS76/2	18-11-1997 WT/DSB/M/39	23-08-2001 WT/DS76/12
78	阿根廷—影响纺织品及服装措施	欧盟 WT/DS77/1	21-04-1997	美国 WT/DS77/2	15-09-1997 欧盟 WT/DS77/3 06-10-1997 Rev—1 16-10-1997 Rev—1/Corr—1	16-10-1997 WT/DSB/M/38 29-07-1998 WT/DS77/5 专家组暂停其程序	
79	美国—扫帚进口的保障措施	哥伦比亚 WT/DS78/1	28-04-1997				
80	印度—对于药物及农业化学产品专利权保护	欧盟 WT/DS79/1	28-04-1997		15-09-1997 欧盟 WT/DS79/2	16-10-1997 WT/DSB/M/38	
81	比利时—影响商业电话目录服务的措施	美国 WT/DS80/1	02-05-1997				
82	巴西—影响汽车部门贸易及投资措施	欧盟 WT/DS81/1	07-05-1997				
83	爱尔兰—影响版权及类似权利的措施	美国 WT/DS82/1	14-05-1997		12-01-1998 美国 WT/DS82/2		06-11-2000 WT/DS82/3

续 表

序号	案件	请求磋商	收到磋商请求（日-月-年）	加入磋商请求	请求成立专家组（日-月-年）	专家组成立（日-月-年）	双边达成解决方案（日-月-年）
84	丹麦—影响知识产权实施的措施	美国 WT/DS83/1	14-05-1997				07-06-2001 WT/DS83/2
85	韩国—对酒精饮料征税	美国 WT/DS84/1	23-05-1997	加拿大 WT/DS/84/2 欧盟 WT/DS84/3	15-09-1997 美国 WT/DS84/4	16-10-1997 WT/DSB/M/38	
86	美国—影响纺织品及服装产品的措施	欧盟 WT/DS85/1	22-05-1997	瑞士 WT/DS85/2 洪都拉斯 WT/DS85/3 中国香港 WT/DS85/4 巴基斯坦 WT/DS85/5 印度 WT/DS85/6 日本 WT/DS85/7 多米尼加共和国 WT/DS85/8			11-02-1998 WT/DS85/9
87	瑞典—影响知识产权实施的措施	美国 WT/DS86/1	28-05-1997				02-12-1998 WT/DS86/2
88	智利—对酒精饮料征税	欧盟 WT/DS87/1	04-06-1997	秘鲁 WT/DS87/2 美国 WT/DS87/3 墨西哥 WT/DS87/4	06-10-1997 欧盟 WT/DS87/5	18-11-1997 WT/DSB/M/39	
89	美国—影响政府采购措施	欧盟 WT/DS88/1	20-06-1997	日本 WT/DS88/2	09-09-1998 欧盟 WT/DS88/3	21-10-1998 WT/DSB/M/49 14-02-2000 WT/DS88/6 专家组建立的授权取消	
90	美国—对于来自韩国彩色电视接收机进口征收反倾销税	韩国 WT/DS89/1 和 Corr—1	10-07-1997	墨西哥 WT/DS89/2 泰国 WT/DS89/3 日本 WT/DS89/4 中国香港 WT/DS89/5 欧盟 WT/DS89/6	07-11-1997 韩国 WT/DS89/7 28-11-1997 WT/DS89/7/Corr—1	05-01-1998 WT/DS89/8 18-09-1998 WT/DS89/9 （请求撤回）	

续 表

序号	案件	请求磋商	收到磋商请求(日-月-年)	加入磋商请求	请求成立专家组(日-月-年)	专家组成立(日-月-年)	双边达成解决方案(日-月-年)
91	印度—对于农业品，纺织品及工业品的数量限制	美国 WT/DS90/1	15-07-1997	日本 WT/DS90/2 欧盟 WT/DS90/3 加拿大 WT/DS90/4 澳大利亚 WT/DS90/5 瑞士 WT/DS90/6 新西兰 WT/DS90/7	06-10-1997 美国 WT/DS90/8 07-11-1997 WT/DS90/8/Corr—1	18-11-1997 WT/DSB/M/39	
92	印度—对于农业品、纺织品及工业品的数量限制	澳大利亚 WT/DS91/1	16-07-1997	日本 WT/DS91/2 美国 WT/DS91/3 欧盟 WT/DS91/4 加拿大 WT/DS91/5 瑞士 WT/DS91/6 新西兰 WT/DS91/7			17-03-1998 WT/DS91/8 17-08-1998 WT/DS91/8 Corr—1
93	印度—对于农业品、纺织品及工业品的数量限制	加拿大 WT/DS92/1	16-07-1997	日本 WT/DS92/2 美国 WT/DS92/3 欧盟 WT/DS92/4 澳大利亚 WT/DS92/5 瑞士 WT/DS92/6 新西兰 WT/DS92/7			18-03-1998 WT/DS92/8 25-09-1998 WT/DS92/8/Corr—1
94	印度—对于农业品、纺织品及工业品的数量限制	新西兰 WT/DS93/1	16-07-1997	日本 WT/DS93/2 美国 WT/DS93/3 欧盟 WT/DS93/4 加拿大 WT/DS93/5 澳大利亚 WT/DS93/6 瑞士 WT/DS93/7			01-12-1998 WT/DS93/8

续 表

序号	案件	请求磋商	收到磋商请求（日-月-年）	加入磋商请求	请求成立专家组（日-月-年）	专家组成立（日-月-年）	双边达成解决方案（日-月-年）
95	印度—对于农业品、纺织品及工业品的数量限制	瑞士 WT/DS94/1 和 Corr—1	17-07-1997	日本 WT/DS94/2 美国 WT/DS94/3 欧盟 WT/DS94/4 加拿大 WT/DS94/5 澳大利亚 WT/DS94/6 新西兰 WT/DS94/7			23-02-1998 WT/DS94/9 18-09-1998 WT/DS94/9/Corr—1
96	美国—影响政府采购措施	日本 WT/DS95/1	18-07-1997	欧盟 WT/DS95/2	09-09-1998 日本 WT/DS95/3	21-10-1998 WT/DSB/M/49 14-02-2000 WT/DS95/6 专家组建立的授权取消	
97	印度—对于农业品、纺织品及工业品的数量限制	欧盟 WT/DS96/1	18-07-1997	日本 WT/DS96/2 美国 WT/DS96/3 加拿大 WT/DS96/4 澳大利亚 WT/DS96/5 瑞士 WT/DS96/6 新西兰 WT/DS96/7			07-04-1998 WT/DS96/8 28-09-1998 WT/DS96/8/Corr—1
98	美国—对来自智利的鳟鱼进口实施反补贴税调查	智利 WT/DS97/1	05-08-1997				
99	韩国—对于特定奶制品进口保障措施	欧盟 WT/DS/98/1	12-08-1997	澳大利亚 WT/DS98/2	12-01-1998 欧盟 WT/DS98/4	23-07-1998 WT/DSB/M/47	
100	美国—对来自韩国1兆或以上的计算机动态随机存取存储器芯片征收反倾销税	韩国 WT/DS99/1 和 Corr—1 to Corr—2	14-08-1997		07-11-1997 韩国 WT/DS99/2	16-01-1998 WT/DSB/M/40	25-10-2000 WT/DS99/12
101	美国—影响家禽产品进口措施	欧盟 WT/DS100/1	18-08-1997				
102	墨西哥—对来自美国的高果糖玉米糖浆开展反倾销调查	美国 WT/DS101/1	04-09-1997				

续 表

序号	案件	请求磋商	收到磋商请求（日-月-年）	加入磋商请求	请求成立专家组（日-月-年）	专家组成立（日-月-年）	双边达成解决方案（日-月-年）
103	菲律宾—影响猪肉及家禽产品措施	美国 WT/DS102/1	07-10-1997	加拿大 WT/DS102/3 欧盟 WT/DS102/4			13-03-1998 WT/DS74/5 WT/DS102/6
104	加拿大—影响牛奶进口及奶制品出口的措施	美国 WT/DS103/1	08-10-1997	日本 WT/DS103/2 澳大利亚 WT/DS103/3	03-02-1998 WT/DS103/4	25-03-1998 WT/DSB/M/44	09-05-2003 WT/DS103/33
105	欧盟—影响融化奶酪措施	美国 WT/DS104/1	08-10-1997	日本 WT/DS104/2 澳大利亚 WT/DS104/3 加拿大 WT/DS104/4			
106	欧盟—对于香蕉进口、销售及分销区域的规定	巴拿马 WT/DS105/1 和 Add—1 to Add—2	24-10-1997	哥伦比亚 WT/DS105/2 和 Add—1 危地马拉 WT/DS105/3 多米尼加共和国 WT/DS105/4 墨西哥 WT/DS105/5 哥斯达黎加 WT/DS105/6 洪都拉斯 WT/DS105/7 和 Add—1 厄瓜多尔 WT/DS105/8 美国 WT/DS105/9 科特迪瓦 WT/DS105/10			
107	澳大利亚—对汽车皮革生产和采购补助	美国 WT/DS106/1	10-11-1997		12-01-1998 美国 WT/DS106/2	22-01-1998 WT/DSB/M/41	11-06-1998 WT/DS126/2 （专家组要求撤销）
108	巴基斯坦—影响皮革出口措施	欧盟 WT/DS107/1	07-11-1997				
109	美国—“海外销售公司”的税收	欧盟 WT/DS108/1 和 Add—1	18-11-1997		09-07-1998 欧盟 WT/DS108/2	22-09-1998 WT/DSB/M/48	
110	智利—对酒精饮料征税	美国 WT/DS109/1 和 Corr—1	11-12-1997	秘鲁 WT/DS109/2 墨西哥 WT/DS/109/3			

续 表

序号	案件	请求磋商	收到磋商请求（日-月-年）	加入磋商请求	请求成立专家组（日-月-年）	专家组成立（日-月-年）	双边达成解决方案（日-月-年）
111	智利—对酒精饮料征税	欧盟 WT/DS110/1	15-12-1997	美国 WT/DS110/2 墨西哥 WT/DS110/3	13-03-1998 WT/DS110/4	25-03-1998 WT/DSB/M/44	
112	美国—落花生进口关税率配额	阿根廷 WT/DS111/1	19-12-1997	加拿大 WT/DS111/2 日本 WT/DS111/3			
113	秘鲁—对来自巴西的公交车进口的反补贴税调查	巴西 WT/DS112/1	23-12-1997				
114	加拿大—影响奶制品出口措施	新西兰 WT/DS113/1	29-12-1997	美国 WT/DS113/2 日本 WT/DS113/3	12-03-1998 WT/DS113/4	25-03-1998 WT/DSB/M/44	09-05-2003 WT/DS113/33
115	加拿大—药物产品专利权保护	欧盟 WT/DS114/1	19-12-1997	美国 WT/DS114/2 澳大利亚 WT/DS114/3 瑞士 WT/DS114/4	12-11-1998 WT/DS114/5	01-02-1999 WT/DSB/M/54	
116	欧盟—影响版权及类似权利的措施	美国 WT/DS115/1	06-01-1998		12-01-1998 美国 WT/DS115/2		06-11-2000 WT/DS115/3
117	巴西—影响进口付款条件的措施	欧盟 WT/DS116/1	08-01-1998	瑞士 WT/DS116/2 日本 WT/DS116/3 澳大利亚 WT/DS116/4 美国 WT/DS116/5 韩国 WT/DS116/6			
118	加拿大—影响企业分销服务的措施	欧盟 WT/DS117/1	20-01-1998				
119	美国—港口维护税	欧盟 WT/DS118/1	06-02-1998	加拿大 WT/DS118/2 日本 WT/DS118/3 挪威 WT/DS118/4			
120	澳大利亚—涂层非木纸反倾销措施	瑞士 WT/DS119/1	20-02-1998	日本 WT/DS119/2 欧盟 WT/DS119/3			13-05-1998 WT/DS119/4

续 表

序号	案件	请求磋商	收到磋商请求（日-月-年）	加入磋商请求	请求成立专家组（日-月-年）	专家组成立（日-月-年）	双边达成解决方案（日-月-年）
121	印度—影响特定商品出口措施	欧盟 WT/DS120/1	11-03-1998		13-10-2000 欧盟 WT/DS120/2		
122	阿根廷—鞋类产品进口保障措施	欧盟 WT/DS121/1	06-04-1998	美国 WT/DS121/2	11-06-1998 欧盟 WT/DS121/3	23-07-1998 WT/DSB/M/47	
123	泰国—对波兰出口的铁或非合金钢的角铁、型材、轧材及工字梁的反倾销税案	波兰 WT/DS122/1	06-04-1998		15-10-1999 波兰 WT/DS122/2	19-11-1999 WT/DSB/M/71	
124	阿根廷—鞋类产品进口保障措施	印度尼西亚 WT/DS123/1	22-04-1998	美国 WT/DS123/2	16-04-1999 WT/DS123/3 10-05-1999，印度尼西亚要求从争端解决机构议程中撤回上诉，并保留其在以后的争端解决机构会议上做出上诉的权力（WT/DS123/4）		
125	欧盟—动画片及电视节目知识产权保护的实施	美国 WT/DS124/1	30-04-1998				20-03-2001 WT/DS124/2
126	希腊—动画片及电视节目知识产权保护的实施	美国 WT/DS125/1	04-05-1998				20-03-2001 WT/DS125/2
127	澳大利亚—汽车皮革生产和出口的补贴	美国 WT/DS126/1	04-05-1998		11-04-1998 美国 WT/DS126/2	22-06-1998 WT/DSB/M/46	24-07-2000 WT/DS126/11
128	比利时—构成补贴的特定进口税	美国 WT/DS127/1	05-05-1998				
129	荷兰—构成补贴的特定进口税	美国 WT/DS128/1	05-05-1998				
130	希腊—构成补贴的特定进口税	美国 WT/DS129/1	05-05-1998				
131	爱尔兰—构成补贴的特定进口税	美国 WT/DS130/1	05-05-1998				
132	法国—构成补贴的特定进口税	美国 WT/DS131/1	05-05-1998				

续 表

序号	案件	请求磋商	收到磋商请求（日-月-年）	加入磋商请求	请求成立专家组（日-月-年）	专家组成立（日-月-年）	双边达成解决方案（日-月-年）
133	墨西哥—对来自美国的高果糖玉米糖浆开展反倾销调查	美国 WT/DS132/1	08-05-1998		14-10-1998 美国 WT/DS132/2	25-11-1998 WT/DSB/M/51	
134	斯洛伐克共和国—关于牛的运输及奶制品进口的措施	瑞士 WT/DS133/1	07-05-1998	美国 WT/DS133/2			
135	欧盟—对于稻米的特定进口税的限制	印度 WT/DS134/1 和 Corr—1	27-05-1998				
136	欧盟—影响石棉及石棉产品的措施	加拿大 WT/DS135/1	28-05-1998	巴西 WT/DS135/2	09-10-1998 加拿大 WT/DS135/3	25-11-1998 WT/DSB/M/51	
137	美国—1916 年反倾销法案	欧盟 WT/DS136/1	04-06-1998		12-11-1998 欧盟 WT/DS136/2	01-02-1999 WT/DSB/M/54	
138	欧盟—影响从加拿大进口松木的措施	加拿大 WT/DS137/1	17-06-1998				
139	美国—对来自英国的加热压光辊及铋碳钢产品征收反补贴税	欧盟 WT/DS138/1	12-06-1998	加拿大 WT/DS138/2	14-01-1999 WT/DS138/3 25-01-1999 WT/DS138/3 和 Corr—1	17-02-1999 WT/DSB/M/55 和 Corr—1	
140	加拿大—特定汽车工业措施	日本 WT/DS139/1	03-07-1998		13-11-1998 WT/DS139/2	01-02-1999 WT/DSB/M/54	
141	欧盟—对来自印度未漂平纹棉布进行反倾销调查	印度 WT/DS140/1	03-08-1998	巴基斯坦 WT/DS140/2			
142	欧盟—对来自印度棉布床单进口征收反倾销税	印度 WT/DS141/1	03-08-1998	巴基斯坦 WT/DS141/2	08-09-1999 印度 WT/DS141/3	27-10-1999 WT/DSB/M/70	
143	加拿大—特定汽车工业措施	欧盟 WT/DS142/1	17-08-1998		14-01-1999 WT/DS142/2	01-02-1999 WT/DSB/M/54	
144	斯洛伐克共和国—影响从匈牙利小麦进口关税的措施	匈牙利 WT/DS143/1	18-09-1998（20 天）		09-10-1998 匈牙利 WT/DS143/2		
145	美国—影响从加拿大进口牛、羊和谷物的特定措施	加拿大 WT/DS144/1	25-09-1998				
146	阿根廷—对来自欧盟的面筋征收反补贴税	欧盟 WT/DS145/1 和 Rev—1	23-09-1998				

续 表

序号	案件	请求磋商	收到磋商请求（日-月-年）	加入磋商请求	请求成立专家组（日-月-年）	专家组成立（日-月-年）	双边达成解决方案（日-月-年）
147	印度—影响汽车部门的措施	欧盟 WT/DS146/1 和 Corr－1	06-10-1998	日本 WT/DS146/2 美国 WT/DS146/3	13-10-2000 欧盟 WT/DS146/4	17-11-2000 WT/DSB/M/92	
148	日本—影响皮革的关税配额及补贴	欧盟 WT/DS147/1	08-10-1998				
149	捷克—影响从匈牙利小麦进口关税的措施	匈牙利 WT/DS148/1	12-10-1998 （20 天）				
150	印度—进口限制	欧盟 WT/DS149/1	28-10-1998	美国 WT/DS149/2 日本 WT/DS149/3 瑞士 WT/DS149/4 澳大利亚 WT/DS149/5			
151	印度—影响关税措施	欧盟 WT/DS150/1	31-10-1998	美国 WT/DS150/2 加拿大 WT/DS150/3 日本 WT/DS150/4 瑞士 WT/DS150/5 澳大利亚 WT/DS150/6			
152	美国—影响纺织品及服装产品的措施（Ⅱ）	欧盟 WT/DS151/1	19-11-1998	多米尼加共和国 WT/DS151/2 中国香港 WT/DS151/3 巴基斯坦 WT/DS151/4 洪都拉斯 WT/DS151/5 日本 WT/DS151/6 瑞士 WT/DS151/7 萨瓦尔多 WT/DS151/8 印度 WT/DS151/9			24-07-2000 WT/DS151/10

续 表

序号	案件	请求磋商	收到磋商请求（日-月-年）	加入磋商请求	请求成立专家组（日-月-年）	专家组成立（日-月-年）	双边达成解决方案（日-月-年）
153	美国—1974 年贸易法案第 301-310 部分	欧盟 WT/DS152/1	25-11-1998	多米尼加共和国 WT/DS152/2 巴拿马 WT/DS152/3 危地马拉 WT/DS152/4 墨西哥 WT/DS152/5 牙买加 WT/DS152/6 洪都拉斯 WT/DS152/7 日本 WT/DS152/8 哥伦比亚 WT/DS152/9 厄瓜多尔 WT/DS152/10	02-02-1999 欧盟 WT/DS152/11	02-03-1999 WT/DSB/M/56	
154	欧盟—制药及农业化学产品的专利保护	加拿大 WT/DS153/1	02-12-1998	美国 WT/DS153/2 澳大利亚 WT/DS153/3 瑞士 WT/DS153/4			
155	欧盟—影响咖啡差别及优惠待遇的措施	巴西 WT/DS154/1	07-12-1998	哥伦比亚 WT/DS154/2 秘鲁 WT/DS154/3 哥斯达黎加 WT/DS154/4 玻利维亚 WT/DS154/5			
156	阿根廷—影响牛皮出口及成皮进口的措施	欧盟 WT/DS155/1	23-12-1998		04-06-1999 欧盟 WT/DS155/2	26-07-1999 WT/DSB/M/65	
157	危地马拉—对来自墨西哥的波兰特水泥的反倾销措施	墨西哥 WT/DS156/1 和 Corr—1 to Corr—2	05-01-1999		15-07-1999 墨西哥 WT/DS156/2 05-08-1999 WT/DS156/2 和 Corr—1	22-09-1999 WT/DSB/M/68	
158	阿根廷—从意大利进口钻头的采取反倾销措施	欧盟 WT/DS157/1	14-01-1999				

续 表

序号	案件	请求磋商	收到磋商请求（日-月-年）	加入磋商请求	请求成立专家组（日-月-年）	专家组成立（日-月-年）	双边达成解决方案（日-月-年）
159	欧盟—对于香蕉进口、销售及分销的规定	危地马拉 洪都拉斯 墨西哥 巴拿马 美国 WT/DS158/1	20-01-1999	厄瓜多尔 WT/DS158/2 伯利兹 WT/DS158/3			
160	匈牙利—对来自捷克的钢铁产品进口的保障措施	捷克 WT/DS159/1	21-01-1999				
161	美国—美国版权法第110（5）节	欧盟 WT/DS160/1	26-01-1999	澳大利亚 WT/DS160/2 加拿大 WT/DS160/3 瑞士 WT/DS160/4	16-04-1999 欧盟 WT/DS160/5	26-05-1999 WT/DSB/M/62	
162	韩国—影响新鲜、冷藏、冷冻牛肉进口措施	美国 WT/DS161/1	01-02-1999	新西兰 WT/DS161/2 澳大利亚 WT/DS161/3 加拿大 WT/DS161/4	16-04-1999 美国 WT/DS161/5	26-05-1999 WT/DSB/M/62	
163	美国—1916反倾销法案	日本 WT/DS162/1	10-02-1999	欧盟 WT/DS162/2	04-06-1999 日本 WT/DS162/3	26-07-1999 WT/DSB/M/65	
164	韩国—影响政府采购措施	美国 WT/DS163/1	16-02-1999	欧盟 WT/DS163/2 日本 WT/DS163/3	11-05-1999 美国 WT/DS163/4	16-06-1999 WT/DSB/M/64	
165	阿根廷—影响鞋类进口措施	美国 WT/DS164/1	01-03-1999	欧盟 WT/DS164/2	20-05-1999 美国 WT/DS164/3 15-07-1999 WT/DS164/4	26-07-1999 WT/DSB/M/65	
166	美国—对来自欧盟特定产品的进口措施	欧盟 WT/DS165/1	04-03-1999	多米尼加共和国 WT/DS165/2 日本 WT/DS165/3 洪都拉斯 WT/DS165/4 危地马拉 WT/DS165/5 厄瓜多尔 WT/DS165/6 巴拿马 WT/DS165/7 和Corr—1	11-05-1999 欧盟 WT/DS165/8	16-06-1999 WT/DSB/M/64	

续 表

序号	案件	请求磋商	收到磋商请求 (日-月-年)	加入磋商请求	请求成立专家组 (日-月-年)	专家组成立 (日-月-年)	双边达成解决方案 (日-月-年)
167	美国—对来自欧盟面筋进口的保障措施	欧盟 WT/DS166/1	17-03-1999	澳大利亚 WT/DS166/2	04-06-1999 欧盟 WT/DS166/3	26-07-1999 WT/DSB/M/65	
168	美国—对来自加拿大活牛的反补贴税调查	加拿大 WT/DS167/1	19-03-1999	墨西哥 WT/DS167/2			
169	南非—对来自印度某些药品征收反倾销税	印度 WT/DS168/1	01-04-1999				
170	韩国—影响新鲜、冷藏及冷冻牛肉进口的措施	澳大利亚 WT/DS169/1	13-04-1999	新西兰 WT/DS169/2 美国 WT/DS169/3 加拿大 WT/DS169/4 和 Corr—1	15-07-1999 澳大利亚 WT/DS169/5	26-07-1999 WT/DSB/M/65	
171	加拿大—专利保护条款	美国 WT/DS170/1	06-05-1999		15-07-1999 美国 WT/DS170/2	22-09-1999 WT/DSB/M/68	
172	阿根廷—对药品的专利权保护及对农业化学品测试数据保护	美国 WT/DS171/1	06-05-1999	瑞士 WT/DS171/2			31-05-2002 WT/DS171/3
173	欧盟—航班管理系统开发有关措施	美国 WT/DS172/1	21-05-1999				
174	法国—航班管理系统开发有关措施	美国 WT/DS173/1	21-05-1999				
175	欧盟—农产品和食品的商标及地理标识保护	美国 WT/DS174/1 和 Add—1	01-06-1999 04-04-2003	加拿大 WT/DS174/3 澳大利亚 WT/DS174/4 墨西哥 WT/DS174/5 新西兰 WT/DS174/6 斯里兰卡 WT/DS174/7 印度 WT/DS174/8 阿根廷 WT/DS174/9 匈牙利 WT/DS174/10 马耳他 WT/DS174/11 保加利亚 WT/DS174/12	18-08-2003 美国 WT/DS174/20	02-10-2003 WT/DSB/M/156	

续 表

序号	案件	请求磋商	收到磋商请求（日-月-年）	加入磋商请求	请求成立专家组（日-月-年）	专家组成立（日-月-年）	双边达成解决方案（日-月-年）
				捷克共和国 WT/DS174/13 塞浦路斯 WT/DS174/14 斯洛文尼亚 WT/DS174/15 土耳其 WT/DS174/16 罗马尼亚 WT/DS174/17 斯洛伐克共和国 WT/DS174/18			
176	印度—影响汽车部门投资和贸易的措施	美国 WT/DS175/1	02-06-1999	日本 WT/DS175/2 欧盟 WT/DS175/3	18-05-2000 美国 WT/DS175/4	27-07-2000 WT/DSB/M/86	
177	美国—1998 年全面拨款法第 211 部分	欧盟 WT/DS176/1	08-07-1999		07-07-2000 欧盟 WT/DS176/2	26-09-2000 WT/DSB/M/89	
178	美国—对来自新西兰的新鲜、冷藏及冷冻羔羊肉采取保障措施	新西兰 WT/DS177/1	16-07-1999	澳大利亚 WT/DS177/2 加拿大 WT/DS177/3	15-10-1999 新西兰 WT/DS177/4	19-11-1999 WT/DSB/M/71	
179	美国—对来自澳大利亚羔羊肉进口的保障措施	澳大利亚 WT/DS178/1 和 Corr—1	23-07-1999	新西兰 WT/DS178/2 和 Corr—1 欧盟 WT/DS178/3 加拿大 WT/DS178/4	15-10-1999 澳大利亚 WT/DS178/5 和 Corr—1	19-11-1999 WT/DSB/M/71	
180	美国—来自韩国的不锈钢卷板和不锈钢条的反倾销措	韩国 WT/DS179/1	30-07-1999		15-10-1999 韩国 WT/DS179/2	19-11-1999 WT/DSB/M/71	
181	美国—特定糖浆税则归类	加拿大 WT/DS180/1	06-09-1999				
182	哥伦比亚—对来自泰国的纯聚酯长丝布进口的保障措施				08-09-1999 泰国 WT/DS181/1 请求撤回 27-10-1999 WT/DSB/M/70		
183	厄瓜多尔—对来自墨西哥的灰水泥的反倾销措施	墨西哥 WT/DS182/1 和 Corr—1	05-10-1999				

续 表

序号	案件	请求磋商	收到磋商请求（日-月-年）	加入磋商请求	请求成立专家组（日-月-年）	专家组成立（日-月-年）	双边达成解决方案（日-月-年）
184	巴西—对于进口许可证及最低进口价格的措施	欧盟 WT/DS183/1	14-10-1999	美国 WT/DS183/2			
185	美国—对来自日本的热轧薄板卷产品征收反倾销税	日本 WT/DS184/1	18-11-1999		11-02-2000 日本 WT/DS184/2	20-03-2000 WT/DSB/M/77	
186	特立尼达和多巴哥—影响从哥斯达黎加进口的意大利面的措施	哥斯达黎加 WT/DS185/1	18-11-1999				
187	美国—1930 关税法及修正 第 337 部分	欧盟 WT/DS186/1	12-01-2000	加拿大 WT/DS186/2 日本 WT/DS186/3			
188	特立尼达和多巴哥—对来自哥斯达黎加的通心粉和意大利面进口的临时反倾销措施	哥斯达黎加 WT/DS187/1	17-01-2000				
189	尼加拉瓜—洪都拉斯和哥伦比亚进口措施	哥伦比亚 WT/DS188/1	17-01-2000		28-03-2000 哥伦比亚 WT/DS188/1 和 Corr—1	18-05-2000 WT/DSB/M/80	
190	阿根廷—对从德国进口动画板和意大利进口的瓷砖采取明确反倾销措施	欧盟 WT/DS189/1	26-01-2000		15-09-2000 欧盟 WT/DS189/2 07-11-2000 WT/DS189/3	17-11-2000 WT/DSB/M/92	
191	阿根廷—对于原产巴西的特定机织棉布的过渡期保障措施				11-02-2000 巴西 WT/DS190/1	20-03-2000 WT/DSB/M/77	27-06-2000 WT/DS190/2
192	厄瓜多尔—来自墨西哥水泥的明确反倾销措施	墨西哥 WT/DS191/1	15-03-2000				
193	美国—对来自巴基斯坦精梳棉纱线的过渡期保障措施	N. A.	N. A.	N. A.	03-04-2000 巴基斯坦 WT/DS192/1	19-06-2000 WT/DSB/M/84	
194	智利—影响剑鱼的运输及进口措施	欧盟 WT/DS193/1	19-04-2000		06-11-2000 欧盟 WT/DS193/2	12-12-2000 WT/DSB/M/94 23-03-2001 WT/DS193/3 终止成立	
195	美国—作为出口限制的补贴	加拿大 WT/DS194/1	19-05-2000		24-07-2000 加拿大 WT/DS194/2	11-09-2000 WT/DSB/M/88	
196	菲律宾—影响汽车部门投资和贸易的措施	美国 WT/DS195/1	23-05-2000		13-10-2000 美国 WT/DS195/3	17-11-2000 WT/DSB/M/92	

续 表

序号	案件	请求磋商	收到磋商请求（日-月-年）	加入磋商请求	请求成立专家组（日-月-年）	专家组成立（日-月-年）	双边达成解决方案（日-月-年）
197	阿根廷—对于专利及测试数据的特定保护措施	美国 WT/DS196/1	30-05-2000	欧盟 WT/DS196/2 瑞士 WT/DS196/3			31-05-2002 WT/DS196/4
198	巴西—最低进口价格措施	美国 WT/DS197/1	30-05-2000	欧盟 WT/DS197/2			
199	罗马尼亚—最低进口价格措施	美国 WT/DS198/1	30-05-2000				26-09-2001 WT/DS198/2
200	巴西—影响专利保护措施	美国 WT/DS199/1	30-05-2000	欧盟 WT/DS/199/2	08-01-2001 美国 WT/DS199/3	01-02-2001 WT/DSB/M/98	05-07-2001 WT/DS199/4
201	美国—1974 贸易法案及修正案第 306 节	欧盟 WT/DS200/1	05-06-2000	厄瓜多尔 W/DS200/2 牙买加 WT/DS200/3 日本 WT/DS200/4 多米尼加共和国 WT/DS200/5 洪都拉斯 WT/DS200/6 危地马拉 WT/DS200/7 加拿大 WT/DS200/8 巴拿马 WT/DS200/9 澳大利亚 WT/DS200/10 圣卢西亚 WT/DS200/11			
202	尼加拉瓜—影响从洪都拉斯和哥伦比亚进口的措施	洪都拉斯 WT/DS201/1	06-06-2000	欧盟 WT/DS201/2			
203	美国—自韩国进口的圆焊碳质条形管的保障措施	韩国 WT/DS202/1	13-06-2000	欧盟 WT/DS202/2 日本 WT/DS202/3	15-09-2000 韩国 WT/DS202/4	23-10-2000 WT/DSB/M/91	
204	墨西哥—影响活猪贸易的措施	美国 WT/DS203/1	10-07-2000				
205	墨西哥—影响电信服务的措施	美国 WT/DS204/1 和 Add—1	17-08-2000		10-11-2000 美国 WT/DS204/2 18-02-2002 WT/DS204/3	17-04-2002 WT/DSB/M/123	
206	埃及—豆油罐装金枪鱼进口限令	泰国 WT/DS205/1	22-09-2000				

续　表

序号	案件	请求磋商	收到磋商请求（日-月-年）	加入磋商请求	请求成立专家组（日-月-年）	专家组成立（日-月-年）	双边达成解决方案（日-月-年）
207	美国—对来自印度钢板的反倾销及反补贴措施	印度 WT/DS206/1	04-10-2000		07-06-2001 印度 WT/DS206/2	24-07-2001 WT/DSB/M/107	
208	智利—对特定农产品的综合价格制度及保障措施	阿根廷 WT/DS207/1	05-10-2000		19-01-2001 阿根廷 WT/DS207/2	12-03-2001 WT/DSB/M/101	
209	土耳其—对于钢铁管配件征收反倾销税	巴西 WT/DS208/1	09-10-2000				
210	欧盟—影响速溶咖啡措施	巴西 WT/DS209/1	12-10-2000	厄瓜多尔 WT/DS209/2			
211	比利时—建立稻米海关税的管理办法	美国 WT/DS210/1	12-10-2000		19-01-2001 美国 WT/DS210/2 01-03-2001 WT/DS201/2/Rev—1	12-03-2001 WT/DSB/M/101	18-12-2001 WT/DS210/6
212	埃及—对来自土耳其钢筋采取反倾销措施	土耳其 WT/DS211/1	06-11-2000		04-05-2001 土耳其 WT/DS211/2 11-05-2001 WT/DS/211/2/Corr—1	20-06-2001 WT/DSB/M/106	
213	美国—对于特定来自欧盟产品的反补贴措施	欧盟 WT/DS212/1 和 Add—1	10-11-2000	巴西 WT/DS212/2 和 Add—1 以色列 WT/DS212/3	10-08-2001 欧盟 WT/DS212/4	10-09-2001 WT/DSB/M/109	
214	美国—对特定来自德国的耐腐蚀扁钢征收反补贴税	欧盟 WT/DS213/1 和 Add—1	10-11-2000	印度 WT/DS213/2	10-08-2001 欧盟 WT/DS213/3	10-09-2001 WT/DSB/M/109	
215	美国—对钢盘条和圆缝碳质钢管的保障措施	欧盟 WT/DS214/1	01-12-2000	加拿大 WT/DS214/2 印度 WT/DS214/3	10-08-2001 WT/DS214/4	10-09-2001 WT/DSB/M/109	
216	菲律宾—对来自韩国的聚乙烯树脂采取反倾销措施	韩国 WT/DS215/1	15-12-2000				
217	墨西哥-对电力传输器采取临时反倾销措施	巴西 WT/DS216/1	20-12-2000	欧盟 WT/DS216/2 美国 WT/DS216/3			

续 表

序号	案件	请求磋商	收到磋商请求（日-月-年）	加入磋商请求	请求成立专家组（日-月-年）	专家组成立（日-月-年）	双边达成解决方案（日-月-年）
218	美国—2000 年持续性倾销及补贴补偿法	澳大利亚 巴西 智利 欧盟 印度 印度尼西亚 日本 韩国 泰国 WT/DS217/1	21-12-2000	阿根廷 WT/DS217/2 加拿大 WT/DS217/3 墨西哥 WT/DS217/4 和 Add—1	13-07-2001 澳大利亚 巴西 智利 欧盟 印度 印度尼西亚 日本 韩国 泰国 WT/DS217/5	23-08-2001 WT/DSB/M/108	
219	美国—对来自巴西的特定碳钢制品的反补贴税	巴西 WT/DS218/1	21-12-2000	欧盟 WT/DS218/2			
220	欧盟—对来自巴西的可锻铸铁管接头征收反倾销税	巴西 WT/DS219/1	21-12-2000		08-06-2001 巴西 WT/DS219/2	24-07-2001 WT/DSB/M/107	
221	智利—对特定农产品相关的综合价格制度及保障措施	危地马拉 WT/DS220/1	05-01-2001				
222	美国—乌拉圭回合协议第129（C）（1）节	加拿大 WT/DS221/1	17-01-2001	印度 WT/DS221/2 欧盟 WT/DS221/3	13-07-2001 加拿大 WT/DS221/4	23-08-2001 WT/DSB/M/108	
223	加拿大—地区航空器的出口信贷保证	巴西 WT/DS222/1	22-01-2001		01-03-2001 巴西 WT/DS222/2	12-03-2001 WT/DSB/M/101	
224	欧盟—来自美国的玉米黄浆饲料的关税率配额	美国 WT/DS223/1	25-01-2001				
225	美国—美国专利权	巴西 WT/DS224/1	31-01-2001	印度 WT/DS224/2			
226	美国—对从意大利进口无缝管征收反倾销税	欧盟 WT/DS225/1	05-02-2001	日本 WT/DS225/2			
227	智利—对食用油混合物的临时保障措施	阿根廷 WT/DS226/1	19-02-2002				
228	秘鲁—对香烟征税	智利 WT/DS227/1 和 Corr—1 to Corr—2	01-03-2001		03-05-2001 智利 WT/DS227/2 此上诉于 2001 年 7 月 12 日被正式撤回 WT/DS227/3	20-06-2001 WT/DSB/M/106	

续 表

序号	案件	请求磋商	收到磋商请求（日-月-年）	加入磋商请求	请求成立专家组（日-月-年）	专家组成立（日-月-年）	双边达成解决方案（日-月-年）
229	智利—对糖类的保障措施	哥伦比亚 WT/DS228/1	15-03-2001	古巴 WT/DS228/2 危地马拉 WT/DS228/3 尼加拉瓜 WT/DS228/4 哥斯达黎加 WT/DS228/5 萨瓦尔多 WT/DS228/6			
230	巴西—对来自印度的麻袋征收反倾销税	印度 WT/DS229/1	09-04-2001				
231	智利—关于糖类的保障措施和程序修改	哥伦比亚 WT/DS230/1	17-04-2001	危地马拉 WT/DS230/2 哥斯达黎加 WT/DS230/3 古巴 WT/DS230/4 尼加拉瓜 WT/DS230/5			
232	欧盟—沙丁鱼贸易描述	秘鲁 WT/DS231/1	20-03-2001	委内瑞拉 WT/DS231/2 智利 WT/DS231/3 美国 WT/DS231/4 厄瓜多尔 WT/DS231/5	07-06-2001 秘鲁 WT/DS231/6	24-07-2001 WT/DSB/M/107	25-07-2003 WT/DS231/18
233	墨西哥—影响火柴的进口措施	智利 WT/DS232/1 要求磋商的申请撤回 WT/DS232/3 (02-02-2004)	17-05-2001	欧盟 WT/DS232/2			
234	阿根廷—影响药类产品进口的措施	印度 WT/DS233/1	25-05-2001				
235	美国—2000 年持续性倾销及补贴补偿法案	加拿大和墨西哥 WT/DS234/1	21-05-2001	日本 WT/DS234/2 欧盟 WT/DS234/3 巴西 WT/DS234/4 印度尼西亚 WT/DS234/5 韩国 WT/DS234/6 印度 WT/DS234/7	10-08-2001 加拿大 WT/DS234/12 10-08-2001 墨西哥 WT/DS234/13	10-09-2001 争端解决机构决定于 2001 年 8 月 23 日成立专家组，应澳大利亚、巴西、智利、欧盟、印度、印度尼西亚、日本、韩国和泰国的要求。	

续 表

序号	案件	请求磋商	收到磋商请求（日-月-年）	加入磋商请求	请求成立专家组（日-月-年）	专家组成立（日-月-年）	双边达成解决方案（日-月-年）
				危地马拉 WT/DS234/8 泰国 WT/DS234/9 澳大利亚 WT/DS234/10 智利 WT/DS234/11		此案件也可参见加拿大和墨西哥申请 WT/DSB/M/109	
236	斯洛伐克—糖类进口的保障措施	波兰 WT/DS235/1	11-07-2001				11-01-2002 WT/DS235/2
237	美国—对来自加拿大的特定软木的初步判决	加拿大 WT/DS236/1	21-08-2001		26-10-2001 加拿大 WT/DS236/2	05-12-2001 WT/DSB/M/114	12-10-2006 WT/DS236/5
238	土耳其—新鲜水果的特定进口程序	厄瓜多尔 WT/DS237/1	31-08-2001	欧盟 WT/DS237/2	14-06-2002 厄瓜多尔 WT/DS237/3	29-07-2002 WT/DSB/M/130	22-11-2002 WT/DS237/4
239	阿根廷—桃脯进口的保障措施	智利 WT/DS238/1	14-09-2001		06-12-2002 智利 WT/DS238/2	18-01-2002 WT/DSB/M/117	
240	美国—对从巴西进口硅金属征收反倾销税	巴西 WT/DS239/1 和 Rev—1	18-09-2001 01-11-2001	泰国 WT/DS239/2 欧盟 WT/DS239/3			
241	罗马尼亚—小麦及小麦粉进口禁令	匈牙利 WT/DS240/1 和 WT/DS240/1 Add—1	18-10-2001 30-10-2001		28-11-2001 匈牙利 WT/DS240/2 2001年12月20日撤销建立专家组请求 WT/DS240/3		
242	阿根廷—对来自巴西家禽征收反倾销税	巴西 WT/DS241/1	07-11-2001	欧盟 WT/DS241/2	26-02-2002 巴西 WT/DS241/3	17-04-2002 WT/DSB/M/123	
243	欧盟—普惠制	泰国 WT/DS242/1	07-12-2001	哥斯达黎加 WT/DS242/2 危地马拉 WT/DS242/3 尼加拉瓜 WT/DS242/4 洪都拉斯 WT/DS242/5 哥伦比亚 WT/DS242/6			

续 表

序号	案件	请求磋商	收到磋商请求（日-月-年）	加入磋商请求	请求成立专家组（日-月-年）	专家组成立（日-月-年）	双边达成解决方案（日-月-年）
244	美国—纺织品及服装原产地证明	印度 WT/DS243/1	11-01-2002	孟加拉 WT/DS243/2 欧盟 WT/DS243/3	08-05-2002 印度 WT/DS243/5 07-06-2002 WT/DS243/5/Rev—1	24-06-2002 WT/DSB/M/128	
245	美国—对来自日本的耐腐蚀钢板反倾销税日落复审	日本 WT/DS244/1	30-01-2002	欧盟 WT/DS244/2 印度 WT/DS244/3	05-04-2002 日本 WT/DS244/4	22-05-2002 WT/DSB/M/124 和 Corr—1	
246	日本—影响苹果进口措施	美国 WT/DS245/1	01-03-2002		08-05-2002 美国 WT/DS245/2	03-06-2002 WT/DSB/M/125	30-08-2005 WT/DS245/21
247	欧盟—给予发展中国家的优惠关税条件	印度 WT/DS246/1	05-03-2002	委内瑞拉 WT/DS246/2 哥伦比亚 WT/DS246/3	06-12-2002 印度 WT/DS246/4	27-01-2003 WT/DSB/M/142	
248	美国—对来自加拿大的软木进口的临时反倾销措施	加拿大 WT/DS247/1	06-03-2002				12-10-2006 WT/DS247/2
249	美国—对于特定钢铁制品进口的保障措施	欧盟 WT/DS248/1	07-03-2002	日本 WT/DS248/2 瑞士 WT/DS248/3 韩国 WT/DS248/4 挪威 WT/DS248/5 委内瑞拉 WT/DS248/6 加拿大 WT/DS248/7 墨西哥 WT/DS248/8 中国 WT/DS248/9 新西兰 WT/DS248/10	08-05-2002 欧盟 WT/DS248/12	03-06-2002 WT/DSB/M/125	
250	美国—对于特定钢铁产品的保障措施	日本 WT/DS249/1	20-03-2002	挪威 WT/DS249/2 新西兰 WT/DS249/3 墨西哥 WT/DS249/4	24-05-2002 日本 WT/DS249/6	14-06-2002 争端解决机构同意在 2002 年 6 月 3 日成立专家组来调查欧盟提请的上诉，同时也就日本提请的类似案件上诉做相应调查 WT/DSB/M/127	

续 表

序号	案件	请求磋商	收到磋商请求（日-月-年）	加入磋商请求	请求成立专家组（日-月-年）	专家组成立（日-月-年）	双边达成解决方案（日-月-年）
251	美国—美国佛罗里达州对橙、柚加工产品的补贴性特许权税	巴西 WT/DS250/1	20-03-2002		19-08-2002 巴西 WT/DS250/2	01-10-2002 WT/DSB/M/133	28-05-2004 WT/DS250/3
252	美国—对于特定钢铁产品进口的保障措施	韩国 WT/DS251/1	20-03-2002	挪威 WT/DS251/2 日本 WT/DS251/3 新西兰 WT/DS251/4 墨西哥 WT/DS251/5	24-05-2002 韩国 WT/DS251/7	14-06-2002 争端解决机构同意在2002年6月3日成立专家组来调查欧盟提请的上诉，同时也就韩国提请的类似案件上诉做相应调查 WT/DSB/M/127	
253	美国—对于特定钢铁产品进口的保障措施	中国 WT/DS252/1	26-03-2002	日本 WT/DS252/2 新西兰 WT/DS252/3	27-05-2002 中国 WT/DS252/5	24-06-2002 争端解决机构同意在2002年6月3日成立专家组来调查欧盟提请的上诉，同时也就中国提请的类似案件上诉做相应调查 WT/DSB/M/128	
254	美国—对于特定钢铁产品进口的保障措施	瑞士 WT/DS253/1	03-04-2002	新西兰 WT/DS253/2 日本 WT/DS253/3	04-06-2002 瑞士 WT/DS253/5	24-06-2002 争端解决机构同意在2002年6月3日成立专家组来调查欧盟提请的上诉，同时也就瑞士提请的类似案件上诉做相应调查 WT/DSB/M/128	
255	美国—对于特定钢铁产品进口的保障措施	挪威 WT/DS254/1	04-04-2002	新西兰 WT/DS254/2 日本 WT/DS254/3	04-06-2002 挪威 WT/DS254/5	24-06-2002 争端解决机构同意在2002年6月3日成立专家组来调查欧盟提请的上诉，同时也就挪威提请的类似案件上诉做相应调查 WT/DSB/M/128	

续 表

序号	案件	请求磋商	收到磋商请求（日-月-年）	加入磋商请求	请求成立专家组（日-月-年）	专家组成立（日-月-年）	双边达成解决方案（日-月-年）
256	秘鲁—对特定进口产品的税收措施	智利 WT/DS255/1	22-04-2002	美国 WT/DS255/2	14-06-2002 智利 WT/DS255/3 25-09-2002 WT/DS255/5 （此事件撤回）		
257	土耳其—对来自匈牙利的宠物食品进口禁令	匈牙利 WT/DS256/1	03-05-2002				
258	对来自加拿大的特定软木的最终反补贴税决定	加拿大 WT/DS257/1	03-05-2002		19-07-2002 加拿大 WT/DS257/2 19-08-2002 WT/DS257/3	01-10-2002 WT/DSB/M/133	12-10-2006 WT/DS257/26
259	美国—对于特定钢铁产品进口的保障措施	新西兰 WT/DS258/1	14-05-2002	欧盟 WT/DS258/2 日本 WT/DS258/3 韩国 WT/DS258/4 挪威 WT/DS258/5 中国 WT/DS258/6 墨西哥 WT/DS258/7	28-06-2002 新西兰 WT/DS258/9	08-07-2002 争端解决机构同意在2002年6月3日成立专家组来调查欧盟提请的上诉，同时也就新西兰提请的类似案件上诉做相应调查 WT/DSB/M/129	
260	美国—对特定钢铁产品进口采取保障措施	巴西 WT/DS259/1	21-05-2002	欧盟 WT/DS259/2 日本 WT/DS259/3 韩国 WT/DS259/4 挪威 WT/DS259/5 中国 WT/DS259/6 墨西哥 WT/DS259/7	22-07-2002 巴西 WT/DS259/10	29-07-2002 争端解决机构同意在2002年6月3日成立专家组来调查欧盟提请的上诉，同时也就巴西提请的类似案件上诉做相应调查 WT/DSB/M/130	
261	欧盟—对于特定钢铁产品进口的临时保障措施	美国 WT/DS260/1	30-05-2002	日本 WT/DS260/2	19-08-2002 美国 WT/DS260/4	16-09-2002 WT/DSB/M/132	
262	乌拉圭—特定产品的税收待遇	智利 WT/DS261/1	18-06-2002	欧盟 WT/DS261/2 墨西哥 WT/DS261/3	03-04-2003 智利 WT/DS261/4	19-05-2003 WT/DSB/M/150	08-01-2004 WT/DS261/7

续 表

序号	案件	请求磋商	收到磋商请求（日-月-年）	加入磋商请求	请求成立专家组（日-月-年）	专家组成立（日-月-年）	双边达成解决方案（日-月-年）
263	美国—对来自德国和法国的特定钢铁产品的反倾销和反补贴税的日落复审	欧盟 WT/DS262/1	25-07-2002	加拿大 WT/DS262/2 日本 WT/DS262/3			
264	欧盟—影响酒类进口的措施	阿根廷 WT/DS263/1	04-09-2002				
265	美国—对来自加拿大的木材的最终倾销决定	加拿大 WT/DS264/1	13-09-2002		06-12-2002 加拿大 WT/DS264/2	08-01-2003 WT/DSB/M/140	12-10-2006 WT/DS264/29
266	欧盟—糖类出口补贴	澳大利亚 WT/DS265/1	27-09-2002	毛里求斯 WT/DS265/2 巴西 WT/DS265/3 瑞士 WT/DS265/4 斐济 WT/DS265/5 圭亚那 WT/DS265/6 伯利兹 WT/DS265/7 牙买加 WT/DS265/8 印度 WT/DS265/9 津巴布韦 WT/DS265/10 马拉维 WT/DS265/11 加拿大 WT/DS265/12 肯尼亚 WT/DS265/13 巴巴多斯 WT/DS265/14 科特迪瓦 WT/DS265/15 刚果 WT/DS265/16 马达加斯加 WT/DS265/17 哥伦比亚 WT/DS265/18 圣基茨和尼维斯 WT/DS265/19	09-07-2003 澳大利亚 WT/DS265/21	29-08-2003 WT/DSB/M/155	

续 表

序号	案件	请求磋商	收到磋商请求（日-月-年）	加入磋商请求	请求成立专家组（日-月-年）	专家组成立（日-月-年）	双边达成解决方案（日-月-年）
267	欧盟—糖类出口补贴	巴西 WT/DS266/1	27-09-2002	澳大利亚 WT/DS266/2 毛里求斯 WT/DS266/3 印度 WT/DS266/4 瑞士 WT/DS266/5 斐济 WT/DS266/6 圭亚那 WT/DS266/7 伯利兹 WT/DS266/8 牙买加 WT/DS266/9 津巴布韦 WT/DS266/10 马拉维 WT/DS266/11 加拿大 WT/DS266/12 肯尼亚 WT/DS266/13 巴巴多斯 WT/DS266/14 科特迪瓦 WT/DS266/15 刚果 WT/DS266/16 马达加斯加 WT/DS266/17 哥伦比亚 WT/DS266/18 圣基茨和尼维斯 WT/DS266/19	09-07-2003 巴西 WT/DS266/21	29-08-2003 WT/DSB/M/155	
268	美国—陆地棉补贴	巴西 WT/DS267/1	27-09-2002	津巴布韦 WT/DS267/2 印度 WT/DS267/3 阿根廷 WT/DS267/4 加拿大 WT/DS267/5	06-02-2003 巴西 WT/DS267/7	18-03-2003 WT/DSB/M/145	
269	美国—对来自阿根廷的石油管材的反倾销措施日落复审	阿根廷 WT/DS268/1	07-10-2002		03-04-2003 阿根廷 WT/DS268/2	19-05-2003 WT/DSB/M/150	

续 表

序号	案件	请求磋商	收到磋商请求（日-月-年）	加入磋商请求	请求成立专家组（日-月-年）	专家组成立（日-月-年）	双边达成解决方案（日-月-年）
270	欧盟—对冷冻无骨鸡块的关税分类	巴西 WT/DS269/1	11-10-2002	美国 WT/DS269/2	19-09-2003 巴西 WT/DS269/3	07-11-2003 WT/DSB/M/157	
271	澳大利亚—影响新鲜水果和蔬菜进口的特定措施	菲律宾 WT/DS270/1	18-10-2002	欧盟 WT/DS270/2 泰国 WT/DS270/3	07-07-2003 菲律宾 WT/DS270/5/Rev—1	29-08-2003 WT/DSB/M/155	
272	澳大利亚—影响菠萝进口的措施	菲律宾 WT/DS271/1	18-10-2002	欧盟 WT/DS271/2 泰国 WT/DS271/3			
273	秘鲁—对来自阿根廷的植物油征收临时税	阿根廷 WT/DS272/1	21-10-2002				
274	韩国—影响商船贸易的措施	欧盟 WT/DS273/1	21-10-2002		11-06-2003 欧盟 WT/DS273/2	21-07-2003 WT/DSB/M/153	
275	美国—对于特定钢铁产品进口的保障措施	单独关税区包括台湾、澎湖、金门和马祖 WT/DS274/1	01-11-2002	日本 WT/DS274/2			
276	委内瑞拉—对特定农产品进口许可证措施	美国 WT/DS275/1	07-11-2002	欧盟 WT/DS275/2 加拿大 WT/DS275/3 新西兰 WT/DS275/4 阿根廷 WT/DS275/5 哥伦比亚 WT/DS275/6 智利 WT/DS275/7			
277	加拿大—对于小麦出口措施和谷物进口待遇	美国 WT/DS276/1	17-12-2002	日本 WT/DS276/2 墨西哥 WT/DS276/3 欧盟 WT/DS276/4 澳大利亚 WT/DS276/5	06-03-2003 美国 WT/DS276/6 30-06-2003 美国 WT/DS276/9	31-03-2003 WT/DSB/M/146 11-07-2003 WT/DSB/M/152	
278	美国—对来自加拿大的软木的国际贸易商会调查	加拿大 WT/DS277/1	20-12-2002		03-04-2003 加拿大 WT/DS277/2	07-05-2003 WT/DSB/M/149	12-10-2006 WT/DS277/20
279	智利—果糖进口的保障措施	阿根廷 WT/DS278/1	20-12-2002				

续 表

序号	案件	请求磋商	收到磋商请求（日-月-年）	加入磋商请求	请求成立专家组（日-月-年）	专家组成立（日-月-年）	双边达成解决方案（日-月-年）
280	印度—2002年至2007年进出口政策中进口限制的持续	欧盟 WT/DS279/1	23-12-2002	美国 WT/DS279/2			
281	美国—对来自墨西哥的钢板的反补贴税	墨西哥 WT/DS280/1	21-01-2003		04-08-2003 墨西哥 WT/DS280/2	29-08-2003 WT/DSB/M/155	
282	美国—对来自墨西哥的水泥的反倾销措施	墨西哥 WT/DS281/1	31-01-2003		29-07-2003 墨西哥 WT/DS281/2	29-08-2003 WT/DSB/M/155	
283	美国—对来自墨西哥的石油工业用管材的反倾销措施	墨西哥 WT/DS282/1	18-02-2003		29-07-2003 墨西哥 WT/DS282/2	29-08-2003 WT/DSB/M/155	
284	欧盟—糖类出口补贴	泰国 WT/DS283/1	14-03-2003		09-07-2003 泰国 WT/DS283/2	29-08-2003 WT/DSB/M/155	
285	墨西哥—阻碍来自尼加拉瓜黑豆进口的特定措施	尼加拉瓜 WT/DS284/1	17-03-2003	美国 WT/DS284/2 加拿大 WT/DS284/3			
286	美国—影响博彩业跨境提供的措施	安提瓜和巴布达 WT/DS285/1 和 WT/DS285/1/Add—1	13-03-2003 01-04-2003		12-06-2003 安提瓜和巴布达 WT/DS285/2	21-07-2003 WT/DSB/M/153	
287	欧盟—冷冻无骨鸡的关税分类	泰国 WT/DS286/1	25-03-2003	巴西 WT/DS286/2 美国 WT/DS286/3	27-10-2003 泰国 WT/DS286/5	21-11-2003 争端解决机构同意在11月7日成立专家组对巴西（WT/DS269/3）做出的上诉进行调查，同时也调查泰国（WT/DSB/M/15）就同一事件提出的投诉	
288	澳大利亚—进口检疫制度	欧盟 WT/DS287/1	03-04-2003	智利 WT/DS287/2 加拿大 WT/DS287/3 印度 WT/DS287/4 菲律宾 WT/DS287/5	29-08-2003 欧盟 WT/DS287/7 和 14-10-2003 WT/DS287/7/Rev—1		

续 表

序号	案件	请求磋商	收到磋商请求（日-月-年）	加入磋商请求	请求成立专家组（日-月-年）	专家组成立（日-月-年）	双边达成解决方案（日-月-年）
289	南非—对来自土耳其毛毯的反倾销措施	土耳其 WT/DS288/1	09-04-2003				
290	捷克共和国—对来自波兰的猪肉进口的格外关税	波兰 WT/DS289/1	16-04-2003				
291	欧盟—农产品和食品的商标及地理标识保护	澳大利亚 WT/DS290/1	17-04-2003	马耳他 WT/DS290/2 保加利亚 WT/DS290/3 捷克共和国 WT/DS290/4 塞浦路斯 WT/DS290/5 美国 WT/DS290/6 斯洛文尼亚 WT/DS290/7 新西兰 WT/DS290/8 土耳其 WT/DS290/9 墨西哥 WT/DS290/10 阿根廷 WT/DS290/11 匈牙利 WT/DS290/12 哥伦比亚 WT/DS290/13 罗马尼亚 WT/DS290/14 斯洛伐克共和国 WT/DS290/15 单独关税区包括台湾、澎湖、金门和马祖 WT/DS290/16	18-08-2003 澳大利亚 WT/DS290/18	02-10-2003 WT/DSB/M/156	
292	欧盟—影响生物科技产品审批及营销的措施	美国 WT/DS291/1	13-05-2003	秘鲁 WT/DS291/2 哥伦比亚 WT/DS291/3 墨西哥 WT/DS291/4 澳大利亚 WT/DS291/5 新西兰 WT/DS291/6 阿根廷 WT/DS291/7	07-08-2003 WT/DS291/23	29-08-2003 WT/DSB/M/155	

续 表

序号	案件	请求磋商	收到磋商请求（日-月-年）	加入磋商请求	请求成立专家组（日-月-年）	专家组成立（日-月-年）	双边达成解决方案（日-月-年）
				巴西 WT/DS291/8 加拿大 WT/DS291/9 印度 WT/DS291/10 智利 WT/DS291 11			
293	欧盟—影响生物科技产品审批及营销的措施	加拿大 WT/DS292/1	13-05-2003	墨西哥 WT/DS292/2 美国 WT/DS292/3 澳大利亚 WT/DS292/4 阿根廷 WT/DS292/5 巴西 WT/DS292/6 印度 WT/DS292/7 新西兰 WT/DS292/8	07-08-2003 WT/DS292/17	29-08-2003 WT/DSB/M/155	15-07-2009 WT/DS292/40
294	欧盟—影响生物科技产品批准及营销的措施	阿根廷 WT/DS293/1	14-05-2003	墨西哥 WT/DS293/2 美国 WT/DS293/3 澳大利亚 WT/DS293/4 巴西 WT/DS293/5 加拿大 WT/DS293/6 印度 WT/DS293/7 新西兰 WT/DS293/8	07-08-2003 阿根廷 WT/DS293/17	29-08-2003 WT/DSB/M/155	
295	美国—计算倾销差额（归零法）的法律、规则及方法	欧盟 WT/DS294/1 和 WT/DS294/1/Add—1	12-06-2003 08-09-2003	印度 WT/DS294/2 韩国 WT/DS294/3 日本 WT/DS294/4 墨西哥 WT/DS294/5 和 WT/DS294/6	05-02-2004 欧盟 WT/DS294/7	19-03-2004 WT/DSB/M/166	

续 表

序号	案件	请求磋商	收到磋商请求（日-月-年）	加入磋商请求	请求成立专家组（日-月-年）	专家组成立（日-月-年）	双边达成解决方案（日-月-年）
296	墨西哥—对于牛肉及稻米反倾销措施	美国 WT/DS295/1	16-06-2003		19-09-2003 美国 WT/DS295/2		
297	美国—对于来自韩国的可计算机动态随机存取存储器芯片（DRAMS）征收反补贴税调查	韩国 WT/DS296/1 和 WT/DS296/1/Add—1	30-06-2003 18-08-2003		19-11-2003 韩国 WT/DS296/2	23-01-2004 WT/DSB/M/163	
298	克罗地亚—影响活体动物及肉产品进口的措施	匈牙利 WT/DS297/1	09-07-2003				30-01-2009 WT/DS297/2
299	墨西哥—对于海关估价及其他特定用途的定价方法	危地马拉 WT/DS298/1 撤销要求磋商的请求 WT/DS298/2（29-08-2005）	22-07-2003				
300	欧盟—对来自韩国的计算机动态随机存取存储器芯片采取反补贴措施	韩国 WT/DS299/1 和 WT/DS299/1/Rev—1/Add—1	25-07-2003 25-08-2003		19-11-2003 韩国 WT/DS299/2	23-01-2004 WT/DSB/M/163	
301	多米尼加共和国—影响香烟进口的措施	洪都拉斯 WT/DS300/1	28-08-2003				
302	欧盟—影响商船贸易的措施	韩国 WT/DS301/1	03-09-2003	中国 WT/DS301/2	05-02-2004 韩国 WT/DS301/3	19-03-2004 WT/DSB/M/163	
303	多米尼加共和国—影响香烟进口和国内销售的措施	洪都拉斯 WT/DS302/1	08-10-2003	危地马拉 WT/DS302/2 尼加拉瓜 WT/DS302/3	08-12-2003 洪都拉斯 WT/DS302/5	09-01-2004 WT/DSB/M/162	
304	厄瓜多尔—对中密度板进口的保障措施	智利 WT/DS303/1	24-11-2003				
305	印度—对来自欧盟的特定产品进口的反倾销措施	欧盟 WT/DS304/1 和 Corr—1	08-12-2003	土耳其 WT/DS304/2 单独关税区包括台湾、澎湖、金门和马祖 WT/DS304/3			
306	埃及—影响纺织品及服装进口措施	美国 WT/DS305/1	23-12-2003	欧盟 WT/DS305/2			20-05-2005 WT/DS305/4

续 表

序号	案件	请求磋商	收到磋商请求（日-月-年）	加入磋商请求	请求成立专家组（日-月-年）	专家组成立（日-月-年）	双边达成解决方案（日-月-年）
307	印度—对来自孟加拉的电池采取反倾销措施	孟加拉 WT/DS306/1	28-01-2004	欧盟 WT/DS306/2			20-02-2006 WT/DS306/3
308	欧盟—对商船的补贴	韩国 WT/DS307/1	13-02-2004				
309	墨西哥—对于非酒精饮料及其他饮料征税	美国 WT/DS308/1	16-03-2004	加拿大 WT/DS308/2	10-06-2004 美国 WT/DS308/4	06-07-2004 WT/DSB/M/172	
310	中国—对集成电路的增值税	美国 WT/DS309/1	18-03-2004	欧盟 WT/DS309/2 日本 WT/DS309/3 墨西哥 WT/DS309/4 单独关税区包括台湾、澎湖、金门和马祖 WT/DS309/5			05-10-2005 WT/DS309/8
311	美国—国际贸易委员会对来自加拿大的硬粒赤春小麦的决定	加拿大 WT/DS310/1	08-04-2004		10-06-2004 加拿大 WT/DS310/2 20-07-2004 加拿大请求将成立专家组的要求从争端解决机构议程中撤出，保留其在未来会议中对该项请求的权力（WT/DSB/M/173）		
312	美国—对来自加拿大软木的反补贴税复审	加拿大 WT/DS311/1	14-04-2004				12-10-2006 WT/DS311/2
313	韩国—对来自印度尼西亚特定纸张征收反倾销税	印度尼西亚 WT/DS312/1	04-06-2004		16-08-2004 印度尼西亚 WT/DS312/2	27-09-2004 WT/DSB/M/176	
314	欧盟—对来自印度的扁钢和非合金钢产品采取反倾销措施	印度 WT/DS313/1	05-07-2004				22-10-2004 WT/DS313/2
315	墨西哥—对来自欧盟的橄榄油采取临时反补贴措施	欧盟 WT/DS314/1	18-08-2004				

续 表

序号	案件	请求磋商	收到磋商请求（日-月-年）	加入磋商请求	请求成立专家组（日-月-年）	专家组成立（日-月-年）	双边达成解决方案（日-月-年）
316	欧盟—特定海关措施	美国 WT/DS315/1	21-09-2004	澳大利亚 WT/DS315/2 日本 WT/DS315/3 巴西 WT/DS315/4 阿根廷 WT/DS315/5 单独关税区包括台湾、澎湖、金门和马祖 WT/DS315/6 印度 WT/DS315/7	13-01-2005 美国 WT/DS315/8	21-03-2005 WT/DSB/M/186	
317	欧盟及其某些成员国—影响大型民用航空器贸易的措施	美国 WT/DS316/1 和 WT/DS316/1/Add－1	06-10-2004 31-01-2006		31-05-2005 美国 WT/DS316/2 11-04-2006 美国 WT/DS316/6	20-07-2005 WT/DSB/M/194 09-05-2006 WT/DSB/M/211 和 Corr－1	
318	美国—影响大型民用航空器贸易的措施	欧盟 WT/DS317/1 和 WT/DS317/1/Add－1	06-10-2004 27-06-2005		31-05-2005 欧盟 WT/DS317/2 20-01-2006 欧盟 WT/DS317/5	20-07-2005 WT/DSB/M/194 17-02-2006 WT/DSB/M/205	
319	印度—对来自单独关税区包括台湾、澎湖、金门和马祖特定产品的反倾销措施	单独关税区包括台湾、澎湖、金门和马祖 WT/DS318/1	28-10-2004				
320	美国—1930 年关税法案第 776 节	欧盟 WT/DS319/1	05-11-2004				
321	美国—继续中止在荷尔蒙案件中的义务	欧盟 WT/DS320/1	08-11-2004	加拿大 WT/DS320/2 澳大利亚 WT/DS320/3 墨西哥 WT/DS320/4	13-01-2005 欧盟 WT/DS320/6	17-02-2005 WT/DSB/M/183	
322	加拿大—欧盟继续中止在荷尔蒙案件中的义务	欧盟 WT/DS321/1	08-11-2004	澳大利亚 WT/DS321/2 墨西哥 WT/DS321/3 美国 WT/DS321/4	13-01-2005 欧盟 WT/DS321/6	17-02-2005 WT/DSB/M/183	

续 表

序号	案件	请求磋商	收到磋商请求（日-月-年）	加入磋商请求	请求成立专家组（日-月-年）	专家组成立（日-月-年）	双边达成解决方案（日-月-年）
323	美国—与归零法及日落复审相关的措施	日本 WT/DS322/1	24-11-2004	印度 WT/DS322/2 挪威 WT/DS322/3 阿根廷 WT/DS322/4 单独关税区包括台湾、澎湖、金门和马祖 WT/DS322/5 欧盟 WT/DS322/6 墨西哥 WT/DS322/7	04-02-2005 日本 WT/DS322/8	28-02-2005 WT/DSB/M/185	
324	日本—干紫菜和风化紫菜进口配额	韩国 WT/DS323/1	01-12-2004		04-02-2005 韩国 WT/DS323/2	21-03-2005 WT/DSB/M/186	23-01-2006 WT/DS323/5
325	美国—对来自泰国虾的临时反倾销措施	泰国 WT/DS324/1	09-12-2004	日本 WT/DS324/2 巴西 WT/DS324/3 欧盟 WT/DS324/4 中国 WT/DS324/5 印度 WT/DS324/6 厄瓜多尔 WT/DS324/7			
326	美国—对来自墨西哥的不锈钢的反倾销措施	墨西哥 WT/DS325/1	05-01-2005	日本 WT/DS325/2 欧盟 WT/DS325/3			
327	欧盟—对于鲑鱼的保障措施	智利 WT/DS326/1 撤回磋商请求 WT/DS326/4（12-05-2005）	08-02-2005	挪威 WT/DS326/2			
328	埃及—对来自巴基斯坦的火柴的反倾销措施	巴基斯坦 WT/DS327/1	21-02-2005		09-06-2005 巴基斯坦 WT/DS327/2	20-07-2005 WT/DSB/M/194	27-03-2006 WT/DS327/3
329	欧盟—对于鲑鱼的保障措施	挪威 WT/DS328/1	01-03-2005	智利 WT/DS328/2			
330	巴拿马—对于特定奶类产品的关税分类	墨西哥 WT/DS329/1	16-03-2005				20-09-2005 WT/DS329/2

续 表

序号	案件	请求磋商	收到磋商请求（日-月-年）	加入磋商请求	请求成立专家组（日-月-年）	专家组成立（日-月-年）	双边达成解决方案（日-月-年）
331	阿根廷—对于橄榄油、面筋及桃子的反补贴税	欧盟 WT/DS330/1	29-04-2005				
332	墨西哥—对来自危地马拉的钢管征收反倾销税	危地马拉 WT/DS331/1	17-06-2005		06-02-2006 危地马拉 WT/DS331/2	17-03-2006 WT/DSB/M/207	
333	巴西—影响翻新轮胎进口的措施	欧盟 WT/DS332/1	20-06-2005	阿根廷 WT/DS332/2	17-11-2005 欧盟 WT/DS332/4	20-01-2006 WT/DSB/M/203	
334	多米尼加共和国—影响自哥斯达黎加进口的外汇费用	哥斯达黎加 WT/DS333/1	12-09-2005	危地马拉 WT/DS333/2 萨瓦尔多 WT/DS333/3			
335	土耳其—影响稻米进口的措施	美国 WT/DS334/1	02-11-2005	澳大利亚 WT/DS334/2 泰国 WT/DS334/3	06-02-2006 美国 WT/DS334/4	17-03-2006 WT/DSB/M/207	
336	美国—对来自厄瓜多尔的虾的反倾销措施	厄瓜多尔 WT/DS335/1	17-11-2005	欧盟 WT/DS335/2 印度 WT/DS335/3 巴西 WT/DS335/4 泰国 WT/DS335/5	08-06-2006 厄瓜多尔 WT/DS335/6	19-07-2006 WT/DSB/M/217	
337	日本—对来自韩国的计算机动态随机存取存储器芯片的反补贴措施	韩国 WT/DS336/1	14-03-2006	美国 WT/DS336/2 欧盟 WT/DS336/3	18-05-2006 韩国 WT/DS336/5	19-06-2006 WT/DSB/M/215	
338	欧盟—对来自挪威的养殖鲑鱼的反倾销措施	挪威 WT/DS337/1 和 WT/DS337/1/Add—1	17-03-2006 27-03-2006		29-05-2006 挪威 WT/DS337/2	22-06-2006 WT/DSB/M/216	
339	加拿大—对来自美国谷物玉米征收临时的反倾销税和反补贴税	美国 WT/DS338/1	17-03-2006				
340	中国—影响汽车零部件进口的措施	欧盟 WT/DS339/1	30-03-2006	美国 WT/DS339/2 日本 WT/DS339/3 澳大利亚 WT/DS339/4 墨西哥 WT/DS339/5 加拿大 WT/DS339/6	15-09-2006 欧盟 WT/DS339/8	26-10-2006 WT/DSB/M/221	

续 表

序号	案件	请求磋商	收到磋商请求（日-月-年）	加入磋商请求	请求成立专家组（日-月-年）	专家组成立（日-月-年）	双边达成解决方案（日-月-年）
341	中国—影响汽车零部件进口的措施	美国 WT/DS340/1	30-03-2006	日本 WT/DS340/2 欧盟 WT/DS340/3 澳大利亚 WT/DS340/4 墨西哥 WT/DS340/5 加拿大 WT/DS340/6	15-09-2006 美国 WT/DS340/8	26-10-2006 WT/DSB/M/221	
342	墨西哥—对来自欧盟的橄榄油采取反补贴措施	欧盟 WT/DS341/1	31-03-2006				
343	中国—影响汽车零部件进口的措施	加拿大 WT/DS342/1	13-04-2006	美国 WT/DS342/2 澳大利亚 WT/DS342/3 日本 WT/DS342/4 欧盟 WT/DS342/5 墨西哥 WT/DS342/6	15-09-2006 加拿大 WT/DS342/8	26-10-2006 WT/DSB/M/221	
344	美国—影响来自泰国虾的措施	泰国 WT/DS343/1 和 Corr－2	24-04-2006	印度 WT/DS343/2 日本 WT/DS343/3 巴西 WT/DS343/4 中国 WT/DS343/5	15-09-2006 泰国 WT/DS343/7	26-10-2006 WT/DSB/M/221	
345	美国—对来自墨西哥不锈钢的反倾销措施	墨西哥 WT/DS344/1	26-05-2006	日本 WT/DS344/2	12-10-2006 墨西哥 WT/DS344/4	26-10-2006 WT/DSB/M/221	
346	美国—涉及反倾销及反补贴税的商品海关保证金	印度 WT/DS345/1	06-06-2006	泰国 WT/DS345/2 中国 WT/DS345/3 巴西 WT/DS345/4	13-10-2006 印度 WT/DS345/6		
347	美国—对来自阿根廷的工业用管材的反倾销行政复审	阿根廷 WT/DS346/1	20-06-2006				

续 表

序号	案件	请求磋商	收到磋商请求（日-月-年）	加入磋商请求	请求成立专家组（日-月-年）	专家组成立（日-月-年）	双边达成解决方案（日-月-年）
348	欧盟及其某些成员国—影响大型民用航空器贸易的措施（二诉）	美国 WT/DS347/1	31-01-2006		11-04-2006 美国 WT/DS347/3	09-05-2006 WT/DSB/M/211 和 Corr—1 根据《关于争端解决规则与程序的谅解》第12.12条 2007年10月7日专家组解散	
349	哥伦比亚—来自巴拿马特定产品进口的海关措施	巴拿马 WT/DS348/1	20-07-2006	危地马拉 WT/DS348/2 中国 WT/DS348/3 菲律宾 WT/DS348/4 中国香港 WT/DS348/5 巴基斯坦 WT/DS348/6 单独关税区包括台湾、澎湖、金门和马祖 WT/DS348/7 泰国 WT/DS348/8			01-12-2006 WT/DS348/10
350	欧盟—影响新鲜及冷藏大蒜的关税配额措施	阿根廷 WT/DS349/1	06-09-2006				
351	美国—继续使用归零法	欧盟 WT/DS350/1 和 WT/DS350/1/Add—1	02-10-2006 09-10-2006	日本 WT/DS350/2 泰国 WT/DS350/3 巴西 WT/DS350/4 印度 WT/DS350/5	10-05-2007 欧盟 WT/DS350/6	04-06-2007 WT/DSB/M/233	
352	智利—对于特定奶制品的临时保障措施	阿根廷 WT/DS351/1	25-10-2006		8-03-2007 阿根廷 WT/DS351/2 WT/DS356/2	24-04-2007 WT/DSB/M/230	
353	印度—影响来自欧盟葡萄酒和烈性酒进口和销售的措施	欧盟 WT/DS352/1	20-11-2006	美国 WT/DS352/2 澳大利亚 WT/DS352/3	23-03-2007 欧盟 WT/DS352/4	24-04-2007 WT/DSB/M/230 17-07-2008 建立专家组的授权取消（WT/DS352/7）	

续 表

序号	案件	请求磋商	收到磋商请求（日-月-年）	加入磋商请求	请求成立专家组（日-月-年）	专家组成立（日-月-年）	双边达成解决方案（日-月-年）
354	美国—影响大型民用航空器贸易的措施（二诉）	欧盟 WT/DS353/1 WT/DS317/1/Add－2			欧盟 WT/DS353/2/Corr－1 WT/DS317/5/Add－1/Corr－1		
355	加拿大—对葡萄酒和啤酒的税收减免措施	欧盟 WT/DS354/1	29-11-2006				
356	巴西—对产自阿根廷特定树脂征收反倾销税措施	阿根廷 WT/DS355/1	26-12-2006		07-06-2007 阿根廷 WT/DS355/2	24-07-2007 WT/DSB/M/236 05-02-2009 建立专家组的授权取消 WT/DS355/6	
357	智利—对特定奶制品实施保障措施	阿根廷 WT/DS356/1	28-12-2006		8-03-2007 阿根廷 WT/DS351/2 WT/DS356/2	24-04-2007 WT/DSB/M/230	
358	美国—对玉米和其他农产品的补贴和国内支持	加拿大 WT/DS357/1	08-01-2007	澳大利亚 WT/DS357/2 危地马拉 WT/DS357/3 巴西 WT/DS357/4 阿根廷 WT/DS357/5 欧盟 WT/DS357/6 乌拉圭 WT/DS357/7 尼加拉瓜 WT/DS357/8 泰国 WT/DS357/9	07-06-2007 加拿大 WT/DS357/11 15-11-2007 撤回请求 WT/DS357/13 08-11-2007 加拿大 WT/DS357/12 和 Corr－1	17-12-2007 WT/DSB/M/243	
359	中国—国内税收和其他支付的退还、抵免、减免措施	美国 WT/DS358/1	02-02-2007	欧盟 WT/DS358/2 澳大利亚 WT/DS358/3 日本 WT/DS358/4 墨西哥 WT/DS358/5	12-07-2007 美国 WT/DS358/13	31-08-2007 WT/DSB/M/238	
		WT/DS358/1/Add－1	27-04-2007	墨西哥 WT/DS358/7 欧盟 WT/DS358/8 澳大利亚 WT/DS358/9			

续 表

序号	案件	请求磋商	收到磋商请求(日-月-年)	加入磋商请求	请求成立专家组(日-月-年)	专家组成立(日-月-年)	双边达成解决方案(日-月-年)
				日本 WT/DS358/10 加拿大 WT/DS358/11			
360	中国—国内税收和其他支付的退还、抵免、减免措施	墨西哥 WT/DS359/1	26-02-2007	欧盟 WT/DS359/2 澳大利亚 WT/DS359/3 日本 WT/DS359/4 美国 WT/DS359/5	12-07-2007 墨西哥 WT/DS359/13	31-08-2007 WT/DSB/M/238	
		WT/DS359/1/Add—1	04-05-2007	澳大利亚 WT/DS359/7 欧盟 WT/DS359/8 加拿大 WT/DS359/9 日本 WT/DS359/10 美国 WT/DS359/11			
361	印度—对来自美国的进口产品征收"附加税"和"超额附加税"	美国 WT/DS360/1	06-03-2007	欧盟 WT/DS360/2 澳大利亚 WT/DS360/3	24-05-2007 美国 WT/DS360/5	20-06-2007 WT/DSB/M/234	
362	欧盟—香蕉进口制度	哥伦比亚 WT/DS361/1	21-03-2007				
363	中国—影响知识产权保护和执法的措施	美国 WT/DS362/1	10-04-2007	日本 WT/DS362/2 欧盟 WT/DS362/3 加拿大 WT/DS362/4 墨西哥 WT/DS362/5	21-08-2007 美国 WT/DS362/7	25-09-2007 WT/DSB/M/239	
364	中国—影响某些出版物和视听娱乐产品贸易权和分销权的措施	美国 WT/DS363/1	10-04-2007	欧盟 WT/DS363/2	10-10-2007 美国 WT/DS363/5	27-11-2007 WT/DSB/M/242	
		WT/DS363/1/Add—1	10-07-2007	欧盟 WT/DS363/4			
365	欧盟—香蕉进口制度	巴拿马 WT/DS364/1	22-06-2007				

续 表

序号	案件	请求磋商	收到磋商请求（日-月-年）	加入磋商请求	请求成立专家组（日-月-年）	专家组成立（日-月-年）	双边达成解决方案（日-月-年）
366	美国—对农产品的国内支持和出口信贷担保	巴西 WT/DS365/1	11-07-2007	加拿大 WT/DS365/2 危地马拉 WT/DS365/3 哥斯达黎加 WT/DS365/4 欧盟 WT/DS365/5 墨西哥 WT/DS365/6 澳大利亚 WT/DS365/7 阿根廷 WT/DS365/8 泰国 WT/DS365/9 印度 WT/DS365/10 尼加拉瓜 WT/DS365/11	08-11-2007 巴西 WT/DS365/13	17-12-2007 WT/DSB/M/243	
367	哥伦比亚—指示性价格和入境港口的限制	巴拿马 WT/DS366/1	12-07-2007	危地马拉 WT/DS366/2 洪都拉斯 WT/DS366/3 中国台北 WT/DS366/4	14-09-2007 巴拿马 WT/DS366/6	22-10-2007 WT/DSB/M/241	
368	澳大利亚—影响来自新西兰苹果进口的措施	新西兰 WT/DS367/1	31-08-2007	欧盟 WT/DS367/2 美国 WT/DS367/3	06-12-2007 新西兰 WT/DS367/5	21-01-2008 WT/DSB/M/245	
369	美国—对来自中国的铜版纸征收临时反倾销和反补贴税	中国 WT/DS368/1	14-09-2007				
370	欧盟—禁止海豹产品进口和销售的措施	加拿大 WT/DS369/1	25-09-2007				
371	泰国—对来自欧盟特定商品的海关估价制度	欧盟 WT/DS370/1	25-01-2008	菲律宾 WT/DS370/2 美国 WT/DS370/3			
372	泰国—对来自菲律宾烟草所采取的海关和财政措施	菲律宾 WT/DS371/1	07-02-2008	欧盟 WT/DS371/2	29-09-2008 菲律宾 WT/DS371/3		
373	中国—影响金融信息服务和外资金融信息服务提供商的措施	欧盟 WT/DS372/1	03-03-2008	美国 WT/DS372/2			

续 表

序号	案件	请求磋商	收到磋商请求（日-月-年）	加入磋商请求	请求成立专家组（日-月-年）	专家组成立（日-月-年）	双边达成解决方案（日-月-年）
374	中国—影响金融信息服务和外资金融信息服务提供商的措施	美国 WT/DS373/1	03-03-2008	欧盟 WT/DS373/2			
375	南非—对未涂层纸采取反倾销措施	印度尼西亚 WT/DS374/1	09-05-2008				
376	欧盟及其成员国—对特定信息技术产品的关税措施	美国 WT/DS375/1	28-05-2008	泰国 WT/DS375/2 日本 WT/DS375/3 新加坡 WT/DS375/4 菲律宾 WT/DS375/5 中国台北 WT/DS375/6 中国 WT/DS375/7	18-08-2008 美国 WT/DS375/8 WT/DS376/8 WT/DS377/6	23-09-2008 WT/DSB/M/256	
377	欧盟及其成员国—对特定信息技术产品的关税措施	日本 WT/DS376/1	28-05-2008	泰国 WT/DS376/2 中国台北 WT/DS376/3 新加坡 WT/DS376/4 菲律宾 WT/DS376/5 美国 WT/DS376/6 中国 WT/DS376/7	18-08-2008 日本 WT/D376/8 WT/DS375/8 WT/DS377/6	23-09-2008 WT/DSB/M/256	
378	欧盟及其成员国—对特定信息技术产品的关税措施	中国台北 WT/DS377/1	12-06-2008	美国 WT/DS377/2 中国 WT/DS377/3 日本 WT/DS377/4	18-08-2008 中国台北 WT/DS377/6 WT/DS375/8 WT/DS376/8	23-09-2008 WT/DSB/M/256	
379	中国—影响金融信息服务和外资金融信息服务提供商的措施	加拿大 WT/DS378/1	20-06-2008	美国 WT/DS378/2			
380	美国—对来自中国的特定产品征收反倾销税和反补贴税	中国 WT/DS379/1	19-09-2008		09-12-2008 中国 WT/DS379/2	20-01-2009 WT/DSB/M/263	

续 表

序号	案件	请求磋商	收到磋商请求（日-月-年）	加入磋商请求	请求成立专家组（日-月-年）	专家组成立（日-月-年）	双边达成解决方案（日-月-年）
381	印度—对进口葡萄酒与烈酒采取的某些税收和其他措施	欧盟 WT/DS380/1 WT/DS380/1/Add. 1 WT/DS380/1/Add. 2	22-09-2008 15-12-2008 04-05-2009	澳大利亚 WT/DS380/2 美国 WT/DS380/3 美国 WT/DS380/4 美国 WT/DS380/5			
382	美国—对金枪鱼和金枪鱼产品的进口，营销和销售采取的措施	墨西哥 WT/DS381/1	24-10-2008	欧盟 WT/DS381/2 澳大利亚 WT/DS381/3	09-03-2009 墨西哥 WT/DS381/4	20-04-2009 WT/DSB/M/267	
383	美国—对从巴西进口的特定橙汁采取的反倾销行政复审和其他措施	巴西 WT/DS382/1 WT/DS382/1/Add. 1	27-11-2008 22-05-2009	日本 WT/DS382/2 日本 WT/DS382/3	20-08-2009 巴西 WT/DS382/4	25-09-2009 WT/DSB/M/274	
384	美国—对从泰国进口的聚乙烯包装袋采取的反倾销措施	泰国 WT/DS383/1	26-11-2008		09-03-2009 泰国 WT/DS383/2	20-03-2009 WT/DSB/M/266	
385	美国—对特定国家原产地标签要求	加拿大 WT/DS384/1 WT/DS384/1/Add. 1	01-12-2008 07-05-2009	尼加拉瓜 WT/DS384/2 墨西哥 WT/DS384/3 墨西哥 WT/DS384/5 秘鲁 WT/DS384/6			
386	欧盟—对从印度进口的聚对苯二甲酸乙二醇酯（PET）征收反倾销和反补贴税的期终复审	印度 WT/DS385/1	04-12-2008				
387	美国—对特定国家原产地标签要求	墨西哥 WT/DS386/1 WT/DS386/1/Add. 1	17-12-2008 07-05-2009	加拿大 WT/DS386/2 加拿大 WT/DS386/4 秘鲁 WT/DS386/5			

续 表

序号	案件	请求磋商	收到磋商请求（日-月-年）	加入磋商请求	请求成立专家组（日-月-年）	专家组成立（日-月-年）	双边达成解决方案（日-月-年）
388	中国—援助、贷款和其他鼓励措施	美国 WT/DS387/1	19-12-2008	墨西哥 WT/DS387/2 欧盟 WT/DS387/3 加拿大 WT/DS387/4 澳大利亚 WT/DS387/5 土耳其 WT/DS387/6 哥伦比亚 WT/DS387/7 危地马拉 WT/DS387/8 厄瓜多尔 WT/DS387/9 新西兰 WT/DS387/10			
389	中国—援助、贷款和其他鼓励措施	墨西哥 WT/DS388/1	19-12-2008	欧盟 WT/DS388/2 加拿大 WT/DS388/3 澳大利亚 WT/DS388/4 土耳其 WT/DS388/5 美国 WT/DS388/6 哥伦比亚 WT/DS388/7 危地马拉 WT/DS388/8 厄瓜多尔 WT/DS388/9 新西兰 WT/DS388/10			
390	欧盟—对从美国进口的鸡肉及其产品采取的特定措施	美国 WT/DS389/1	16-01-2009	澳大利亚 WT/DS389/2			

续 表

序号	案件	请求磋商	收到磋商请求（日-月-年）	加入磋商请求	请求成立专家组（日-月-年）	专家组成立（日-月-年）	双边达成解决方案（日-月-年）
391	中国—援助、贷款和其他鼓励措施	危地马拉 WT/DS390/1	19-01-2009	欧盟 WT/DS390/2 澳大利亚 WT/DS390/3 墨西哥 WT/DS390/4 美国 WT/DS390/5 土耳其 WT/DS390/6 厄瓜多尔 WT/DS390/7 哥伦比亚 WT/DS390/8 加拿大 WT/DS390/9 新西兰 WT/DS390/10			
392	韩国—对从加拿大进口牛肉及其产品采取的措施	加拿大 WT/DS391/1	09-04-2009	欧盟 WT/DS391/2			
393	美国—对从中国进口的鸡肉采取的特定措施	中国 WT/DS392/1	17-04-2009				
394	智利—对从阿根廷进口面粉采取的反倾销措施	阿根廷 WT/DS393/1	14-05-2009				
395	中国—与限制原材料出口有关的措施	美国 WT/DS394/1	23-06-2009	欧盟 WT/DS394/2 土耳其 WT/DS394/3 加拿大 WT/DS394/4 墨西哥 WT/DS394/5			
396	中国—与限制原材料出口有关的措施	欧盟 WT/DS395/1	23-06-2009	土耳其 WT/DS395/2 美国 WT/DS395/3 加拿大 WT/DS395/4 墨西哥 WT/DS395/5			
397	菲律宾—对蒸馏酒征收国内税	欧盟 WT/DS396/1	29-07-2009	美国 WT/DS396/2			
398	欧盟—对从中国进口的钢铁紧固件采取最终反倾销措施	中国 WT/DS397/1	31-07-2009				

续 表

序号	案件	请求磋商	收到磋商请求（日-月-年）	加入磋商请求	请求成立专家组（日-月-年）	专家组成立（日-月-年）	双边达成解决方案（日-月-年）
399	中国—与限制原材料出口有关的措施	墨西哥 WT/DS398/1	21-08-2009	欧盟 WT/DS398/2 美国 WT/DS398/3 哥伦比亚 WT/DS398/4 加拿大 WT/DS398/5			
400	美国—对从中国进口汽车轮胎采取的限制措施	中国 WT/DS399/1	14-09-2009				

第二部分
散发及通过专家组及上诉机构报告

序号	案件	专家组成立（日-月-年）	散发专家组报告（日-月-年）	通知上诉（日-月-年）	通过专家组报告（日-月-年）	散发上诉机构报告（日-月-年）	通过上诉机构报告（日-月-年）
1	美国—精炼及传统汽油标准	10-04-1995 委内瑞拉 WT/DS2 31-05-1995 巴西 WT/DS4	29-01-1996 WT/DS2/R	21-02-1996 美国 WT/DS2/6	20-05-1996 WT/DS2/9	29-04-1996 WT/DS2/AB/R	20-05-1996 WT/DS2/9
2	日本—对酒精饮料征税	27-09-1995 欧盟 WT/DS8 加拿大 WT/DS10 美国 WT/DS11	11-07-1996 WT/DS8/R WT/DS10/R WT/DS11/R	08-08-1996 日本 WT/DS8/9 WT/DS10/9 WT/DS11/6	01-11-1996 WT/DS8/11 WT/DS10/11 WT/DS11/8	04-10-1996 WT/DS8/AB/R WT/DS10/AB/R WT/DS11/AB/R	01-11-1996 WT/DS8/11 WT/DS10/11 WT/DS11/8
3	欧盟—扇贝的贸易描述	19-07-1995 加拿大 WT/DS7	05-08-1996 WT/DS7/R	N. A.	N. A.	N. A.	N. A.
4	欧盟—扇贝的贸易描述	11-10-1995 秘鲁 WT/DS12 智利 WT/DS14	05-08-1996 WT/DS12/R WT/DS14/R	N. A.	N. A.	N. A.	N. A.
5	巴西—影响可可粉的措施	05-03-1996 菲律宾 WT/DS22	17-10-1996 WT/DS22/R	16-12-1996 菲律宾 WT/DS22/8	20-03-1997 WT/DS22/11/Rev－2	21-02-1997 WT/DS22/AB/R	20-03-1997 WT/DS22/11/Rev－2
6	美国—对于棉质及人造纤维内衣的进口限制	05-03-1996 哥斯达黎加 WT/DS24	08-11-1996 WT/DS24/R	11-11-1996 哥斯达黎加 WT/DS24/5	25-02-1997 WT/DS24/8	10-02-1997 WT/DS24/AB/R	25-02-1997 WT/DS24/8
7	美国—影响从印度进口羊毛恤衫及衬衫进口的措施	17-04-1996 印度 WT/DS33	06-01-1997 WT/DS33/R	24-02-1997 印度 WT/DS33/3	23-05-1997 WT/DS33/5	25-04-1997 WT/DS33/AB/R 和 Corr－1	23-05-1997 WT/DS33/5
8	加拿大—关于杂志的特定措施	19-06-1996 美国 WT/DS31	14-03-1997 WT/DS31/R 和 Corr－1	29-04-1997 加拿大 WT/DS31/5	30-07-1997 WT/DS31/7	30-06-1997 WT/DS31/AB/R	30-07-1997 WT/DS31/7
9	欧盟—香蕉进口、销售和分销	08-05-1996 厄瓜多尔 危地马拉 洪都拉斯 墨西哥 美国 WT/DS27	22-05-1997 WT/DS27/R/ECU WT/DS27/R/GTM WT/DS27/R/HND WT/DS27/R/MEX WT/DS27/R/美国 A	11-06-1997 欧盟 WT/DS27/9	25-09-1997 WT/DS27/12	09-09-1997 WT/DS27/AB/R	25-09-1997 WT/DS27/12

续 表

序号	案件	专家组成立（日-月-年）	散发专家组报告（日-月-年）	通知上诉（日-月-年）	通过专家组报告（日-月-年）	散发上诉机构报告（日-月-年）	通过上诉机构报告（日-月-年）
10	欧盟—关于肉类及肉制品措施（荷尔蒙）	20-05-1996 美国 WT/DS26 16-10-1996 加拿大 WT/DS48	18-08-1997 WT/DS26/R/ 美国 A WT/DS48/R/ CAN	24-09-1997 欧盟 WT/DS26/9 WT/DS48/7	13-02-1998 WT/DS26/13 WT/DS48/11	16-01-1998 WT/DS26/AB/R WT/DS48/AB/R	13-02-1998 WT/DS26/13 WT/DS48/11
11	印度—对于药品及农业化学品的专利权保护	20-11-1996 美国 WT/DS50	05-09-1997 WT/DS50/R	15-10-1997 印度 WT/DS50/6	16-01-1998 WT/DS50/9	19-12-1997 WT/DS50/AB/R	16-01-1998 WT/DS50/9
12	阿根廷—影响鞋类，纺织品，服装和其他项目的进口措施	25-02-1997 美国 WT/DS56	25-11-1997 WT/DS56/R	21-01-1998 阿根廷 WT/DS56/8	22-04-1998 WT/DS56/11	27-03-1998 WT/DS56/AB/R 20-04-1998 WT/DS56/AB/R/ Corr—1	22-04-1998 WT/DS56/11
13	欧盟—特定计算机设备的海关分类	25-02-1997 美国 WT/DS62 30-03-1997 WT/DS67 WT/DS68	05-02-1998 WT/DS62/R WT/DS67/R WT/DS68/R	24-03-1998 欧盟 WT/DS62/8 WT/DS67/6 WT/DS68/5	22-06-1998 WT/DS62/11 WT/DS64/9 WT/DS68/8	05-06-1998 WT/DS62/AB/R WT/DS67/AB/R WT/DS68/AB/R	22-06-1998 WT/DS62/11 WT/DS67/9 WT/DS68/10
14	欧盟—影响特定家禽产品进口的措施	30-07-1997 巴西 WT/DS69	12-03-1998 WT/DS69/R	29-04-1998 巴西 WT/DS69/4	23-07-1998 WT/DS69/7	13-07-1998 WT/DS69/AB/R	23-07-1998 WT/DS69/7
15	日本—对进口胶卷相纸的限制	16-10-1996 美国 WT/DS44	31-03-1998 WT/DS44/R	N. A.	22-04-1998 WT/DS44/5	N. A.	N. A.
16	美国—对特定虾及虾类产品进口限制	25-02-1997 马来西亚 泰国 巴基斯坦 10-04-1997 印度 WT/DS58	15-05-1998 WT/DS58/R 09-11-1998 WT/DS58/R/ Corr—1	13-07-1998 美国 WT/DS58/11	06-11-1998 WT/DS58/14	12-10-1998 WT/DS58/AB/R	06-11-1998 WT/DS58/14
17	澳大利亚—影响鲑鱼进口的措施	10-04-1997 加拿大 WT/DS18	12-06-1998 WT/DS18/R 13-07-1998 WT/DS18/R/ Corr—1	22-07-1998 澳大利亚 WT/DS18/5	06-11-1998 WT/DS18/11	20-10-1998 WT/DS18/AB/R	06-11-1998 WT/DS18/11
18	危地马拉—对来自墨西哥的波兰特水泥的反倾销调查	20-09-1997 墨西哥 WT/DS60	19-06-1998 WT/DS60/R	04-08-1998 危地马拉 WT/DS60/9	25-11-1998 WT/DS60/12	02-11-1998 WT/DS60/AB/R	25-11-1998 WT/DS60/12

续 表

序号	案件	专家组成立（日-月-年）	散发专家组报告（日-月-年）	通知上诉（日-月-年）	通过专家组报告（日-月-年）	散发上诉机构报告（日-月-年）	通过上诉机构报告（日-月-年）
19	印度尼西亚—影响汽车工业的特定措施	12-06-1998 日本 WT/DS55 WT/DS64 欧盟 WT/DS54 30-06-1997 美国 WT/DS59	02-07-1998 WT/DS54/R WT/DS55/R WT/DS59/R WT/DS64/R 和 Corr—2	N. A.	23-07-1998 WT/DS54/10 WT/DS55/10 WT/DS59/9 WT/DS64/8	N. A.	N. A.
20	印度—对于药品及农业化学品的专利权保护	16-10-1997 欧盟 WT/DS79	24-08-1998 WT/DS79/R	N. A.	22-09-1998 WT/DS79/5 和 Corr—1	N. A.	N. A.
21	韩国—对酒精饮料征税	16-10-1997 欧盟 WT/DS75 美国 WT/DS84	17-09-1998 WT/DS75/R WT/DS84/R	20-10-1998 韩国 WT/DS75/9 WT/DS84/7	17-02-1999 WT/DS75/12 WT/DS84/10	18-01-1999 WT/DS75/AB/R WT/DS84/AB/R	17-02-1999 WT/DS75/12 WT/DS84/10
22	日本—影响农产品的措施	18-11-1997 美国 WT/DS76	27-10-1998 WT/DS76/R	24-11-1998 日本 WT/DS76/5	19-03-1999 WT/DS76/8	22-02-1999 WT/DS76/AB/R	19-03-1999 WT/DS76/8
23	美国—对来自韩国的 1 兆或以上的计算机动态随机存取存储器芯片征收反倾销税	16-01-1998 韩国 WT/DS99	29-01-1999 WT/DS99/R	N. A.	19-03-1999 WT/DS99/5	N. A.	N. A.
24	印度—对于农产品、纺织品和工业产品进口的数量限制	18-11-1997 美国 WT/DS90	06-04-1999 WT/DS90/R	25-05-1999 印度 WT/DS90/11	22-09-1999 WT/DS90/14	23-08-1999 WT/DS90/AB/R	22-09-1999 WT/DS90/14
25	巴西—对于航行器出口融资	23-07-1998 加拿大 WT/DS46	14-04-1999 WT/DS46/R	03-05-1999 巴西 WT/DS46/8	20-08-1999 WT/DS46/10	02-08-1999 WT/DS46/AB/R	20-08-1999 WT/DS46/10
26	加拿大—影响民用航行器措施	23-07-1998 巴西 WT/DS70	14-04-1999 WT/DS70/R	03-05-1999 加拿大 WT/DS70/4	20-08-1999 WT/DS70/6	02-08-1999 WT/DS70/AB/R	20-08-1999 WT/DS70/6
27	加拿大—影响牛奶进口及奶制品出口的措施	25-03-1998 美国 WT/DS103 新西兰 WT/DS113	17-05-1999 WT/DS103/R WT/DS113/R	15-07-1999 加拿大 WT/DS103/6 WT/DS113/6	27-10-1999 WT/DS103/11 WT/DS113/11	13-10-1999 WT/DS103/AB/R WT/DS113/AB/R	27-10-1999 WT/DS103/11 WT/DS113/11
28	澳大利亚—对于汽车皮革制造商和生产商提供的补贴	22-06-1998 美国 WT/DS126	25-05-1999 WT/DS126/R	N. A.	16-06-1999 WT/DS126/5	N. A.	N. A.

续 表

序号	案件	专家组成立（日-月-年）	散发专家组报告（日-月-年）	通知上诉（日-月-年）	通过专家组报告（日-月-年）	散发上诉机构报告（日-月-年）	通过上诉机构报告（日-月-年）
29	土耳其—对于纺织品和服装进口的限制	13-03-1998 印度 WT/DS34	31-05-1999 WT/DS34/R	26-07-1999 土耳其 WT/DS34/6	19-11-1999 WT/DS34/11	22-10-1999 WT/DS34/AB/R	19-11-1999 WT/DS34/11
30	智利—对酒精饮料征税	18-11-1997 欧盟 WT/DS87 25-03-1998 欧盟 WT/DS110	15-06-1999 WT/DS87/R WT/DS110/R	13-09-1999 智利 WT/DS87/8 WT/DS110/7	12-01-2000 WT/DS87/12 WT/DS110/11	13-12-1999 WT/DS87/AB/R WT/DS110/AB/R	12-01-2000 WT/DS87/12 WT/DS110/11
31	韩国—对于特定奶制品进口的保障措施	22-07-1998 欧盟 WT/DS98	21-06-1999 WT/DS98/R	15-09-1999 韩国 WT/DS98/7	12-01-2000 WT/DS98/10	14-12-1999 WT/DS98/AB/R	12-01-2000 WT/DS98/10
32	阿根廷—对鞋类产品进口的保障措施	23-07-1998 欧盟 WT/DS121	25-06-1999 WT/DS121/R	15-09-1999 阿根廷 WT/DS121/6 和 Corr—1	12-01-2000 WT/DS121/9	14-12-1999 WT/DS121/AB/R	12-01-2000 WT/DS121/9
33	欧盟—影响黄油产品的措施	18-11-1997 新西兰 WT/DS72	24-11-1999 WT/DS72/R	N. A.	N. A.	N. A.	N. A.
34	美国—“海外销售公司”税收待遇	22-09-1998 欧盟 WT/DS108	08-10-1999 WT/DS108/R	26-11-1999 美国 WT/DS108/7	20-03-2000 WT/DS108/10	24-02-2000 WT/DS108/AB/R	20-03-2000 WT/DS108/10
35	美国—1974 年贸易法第 301-310 节	02-03-1999 欧盟 WT/DS152	22-12-1999 WT/DS152/R	N. A.	27-01-2000 WT/DS152/14	N. A.	N. A.
36	美国—对来自英国的加热压光棍及铋碳钢产品征收反补贴税	17-02-1999 欧盟 WT/DS138	23-12-1999 WT/DS138/R	27-01-2000 美国 WT/DS138/5	07-06-2000 WT/DS138/9 和 Corr—1	10-05-2000 WT/DS138/AB/R	07-06-2000 WT/DS138/9 和 Corr—1
37	墨西哥—对来自美国的高果糖玉米浆进行反倾销调查	25-11-1998 美国 WT/DS132 和 Corr—1	28-01-2000 WT/DS132/R	N. A.	24-02-2000 WT/DS132/4 和 Corr—1	N. A.	N. A.
38	加拿大—影响汽车工业的特定措施	01-02-1999 日本 WT/DS139 01-02-1999 欧盟 WT/DS142	11-02-2000 WT/DS139/R WT/DS142/R	02-03-2000 加拿大 WT/DS139/5 WT/DS142/5	19-06-2000 WT/DS139/8 WT/DS142/8	31-05-2000 WT/DS139/R WT/DS142/R	19-06-2000 WT/DS139/8 WT/DS142/8
39	加拿大—药品的专利权保护	04-02-1999 欧盟 WT/DS114	17-03-2000 WT/DS114/R	N. A.	07-04-2000 WT/DS114/9	N. A.	N. A.
40	美国—1916 年反倾销法	01-02-1999 欧盟 WT/DS136	31-03-2000 WT/DS136/R 和 Corr—1	29-05-2000 美国 WT/DS136/5	26-09-2000 WT/DS136/8	28-08-2000 WT/DS136/AB/R	26-09-2000 WT/DS136/8

续 表

序号	案件	专家组成立（日-月-年）	散发专家组报告（日-月-年）	通知上诉（日-月-年）	通过专家组报告（日-月-年）	散发上诉机构报告（日-月-年）	通过上诉机构报告（日-月-年）
41	韩国—影响政府采购措施	16-06-1999 美国 WT/DS163	01-05-2000 WT/DS163/R	N. A.	19-06-2000 WT/DS163/7	N. A.	N. A.
42	加拿大—专利保护条款	22-09-1999 美国 WT/DS170	05-05-2000 WT/DS170/R	19-06-2000 加拿大 WT/DS170/4	12-10-2000 WT/DS170/7	18-09-2000 WT/DS170/AB/R	12-10-2000 WT/DS170/7
43	美国—1916 年反倾销法	26-07-1999 日本 WT/DS162	29-05-2000 WT/DS162/R 和 25-09-2000 Add—1	29-05-2000 美国 WT/DS162/6	26-09-2000 WT/DS162/11	28-08-2000 WT/DS162/AB/R	26-09-2000 WT/DS162/11
44	美国—美国版权法第110（5）节	26-05-1999 欧盟 WT/DS160	15-06-2000 WT/DS160/R	N. A.	27-07-2000 WT/DS160/8	N. A.	N. A.
45	美国—对来自欧盟特定产品的进口措施	16-06-1999 欧盟 WT/DS165	17-07-2000 WT/DS165/R 和 Add—1	12-09-2000 欧盟 WT/DS165/10	10-01-2001 WT/DS165/13	11-12-2000 WT/DS165/AB/R	10-01-2001 WT/DS165/13
46	韩 国—影 响 新鲜、冷藏及冷冻牛肉进口的措施	26-05-1999 美国 WT/DS161 26-07-1999 澳大利亚 WT/DS169	31-07-2000 WT/DS161/R WT/DS169/R	11-09-2000 韩国 WT/DS161/8 WT/DS169/8	10-01-2001 WT/DS161/11 WT/DS169/11	11-12-2000 WT/DS161/AB/R WT/DS169/AB/R	10-01-2001 WT/DS161/11 WT/DS169/11
47	美国—对来自欧盟面筋进口的保障措施	26-07-1999 欧盟 WT/DS166	31-07-2000 WT/DS166/R	26-09-2000 美国 WT/DS166/7	19-01-2001 WT/DS166/10	22-12-2000 WT/DS166/AB/R	19-01-2001 WT/DS166/10
48	欧盟—影响石棉及含石棉产品的措施	25-11-1998 加拿大 WT/DS135	18-09-2000 WT/DS135/R 和 Add—1	23-10-2000 加拿大 WT/DS135/8	05-04-2001 WT/DS135/12	12-03-2001 WT/DS135/AB/R	05-04-2001 WT/DS135/12
49	危地马拉—对来自墨西哥的灰波兰特水泥采取反倾销措施	22-09-1999 墨西哥 WT/DS156	24-10-2000 WT/DS156/R	N. A.	17-11-2000 WT/DS156/4	N. A.	N. A.
50	美国—对来自韩国的不锈钢卷板和不锈钢条采取反倾销措施	19-11-1999 韩国 WT/DS179	22-12-2000 WT/DS179/R	N. A.	01-02-2001 WT/DS179/4	N. A.	N. A.
51	阿根廷—影响牛皮出口和成皮进口的措施	26-07-1999 欧盟 WT/DS155	19-12-2000 WT/DS155/R 和 Corr—1	N. A.	16-02-2001 WT/DS155/5	N. A.	N. A.
52	欧盟—对于来自印度棉质床单进口征收反倾销税	27-10-1999 印度 WT/DS141	30-10-2000 WT/DS141/R	01-12-2000 欧盟 WT/DS141/6	12-03-2001 WT/DS141/9	01-03-2001 WT/DS141/AB/R	12-03-2001 WT/DS141/9

续 表

序号	案件	专家组成立（日-月-年）	散发专家组报告（日-月-年）	通知上诉（日-月-年）	通过专家组报告（日-月-年）	散发上诉机构报告（日-月-年）	通过上诉机构报告（日-月-年）
53	泰国—对波兰出口的铁或非合金钢的角铁、型材、轧材及工字梁的反倾销税案	19-11-1999 波兰 WT/DS122	28-09-2000 WT/DS122/R	23-10-2000 泰国 WT/DS122/4	05-04-2001 WT/DS122/7	12-03-2001 WT/DS122/AB/R	05-04-2001 WT/DS122/7
54	美国—对来自新西兰和澳大利亚的新鲜、冷藏和冷冻羔羊肉进口采取保障措施	19-11-1999 新西兰 WT/DS177 澳大利亚 WT/DS178	21-12-2000 WT/DS177/R WT/DS178/R	31-01-2001 美国 WT/DS177/7 WT/DS178/8	16-05-2001 WT/DS177/10 WT/DS178/11	01-05-2001 WT/DS177/AB/R WT/DS178/AB/R	16-05-2001 WT/DS177/10 WT/DS178/11
55	美国—对来自日本的某些加热压光辊采取反倾销措施	20-03-2000 日本 WT/DS184	28-02-2001 WT/DS184/R	25-04-2001 美国 WT/DS184/5	23-08-2001 WT/DS184/8	24-07-2001 WT/DS184/AB/R	23-08-2001 WT/DS184/8
56	美国—对来自巴基斯坦棉纱采取过渡性保障措施	19-06-2000 巴基斯坦 WT/DS192	31-05-2001 WT/DS192/R	09-07-2001 美国 WT/DS192/4	05-11-2001 WT/DS192/7	08-10-2001 WT/DS192/AB/R	05-11-2001 WT/DS192/7
57	美国—对于作为出口限制的补贴措施	11-09-2000 加拿大 WT/DS194	29-06-2001 WT/DS194/R	N. A.	23-08-2001 WT/DS194/4	N. A.	N. A.
58	美国—1998年全面拨款法第211节	26-09-2000 欧盟 WT/DS176	06-08-2001 WT/DS176/R	04-10-2001 欧盟 WT/DS176/5	01-02-2002 WT/DS176/9	02-01-2002 WT/DS176/AB/R	01-02-2002 WT/DS176/9
59	阿根廷—影响从意大利进口地板砖的措施	17-11-2000 欧盟 WT/DS189	28-09-2001 WT/DS189/R	N. A.	05-11-2001 WT/DS189/6	N. A.	N. A.
60	美国—自韩国进口的圆焊碳质条形管的保障措施	23-10-2000 韩国 WT/DS202	29-10-2001 WT/DS202/R	19-11-2001 美国 WT/DS202/9	08-03-2002 WT/DS202/13	15-02-2002 WT/DS202/AB/R	08-03-2002 WT/DS202/13
61	印度—影响汽车部门的措施	27-07-2000 美国 WT/DS175 17-11-2000 欧盟 WT/DS146	21-12-2001 WT/DS146/R 和 Corr－1 WT/DS175/R 和 Corr－1	31-01-2002 印度 WT/DS146/8 WT/DS175/8	05-04-2002 WT/DS146/11 WT/DS175/11	19-03-2002 WT/DS146/AB/R WT/DS175/AB/R	05-04-2002 WT/DS146/11 WT/DS175/11
62	加拿大—地区性航空器的出口信贷保证	12-03-2001 巴西 WT/DS222	28-01-2002 WT/DS222/R 和 Corr－1	N. A.	19-02-2002 WT/DS222/6	N. A.	N. A.
63	智利—对特定农产品相关的综合价格制度及保障措施	12-03-2001 阿根廷 WT/DS207	03-05-2002 WT/DS207/R	24-06-2002 智利 WT/DS207/5	23-10-2002 WT/DS207/8	23-09-2002 WT/DS207/AB/R	23-10-2002 WT/DS207/8

续 表

序号	案件	专家组成立（日-月-年）	散发专家组报告（日-月-年）	通知上诉（日-月-年）	通过专家组报告（日-月-年）	散发上诉机构报告（日-月-年）	通过上诉机构报告（日-月-年）
64	欧盟—沙丁鱼贸易描述	24-07-2001 秘鲁 WT/DS231	29-05-2002 WT/DS231/R 和 Corr—1	28-06-2002 欧盟 WT/DS231/11	23-10-2002 WT/DS231/15	26-09-2002	23-10-2002 WT/DS231/15
65	美国—对来自印度的钢板采取反倾销及反补贴措施	24-07-2001 印度 WT/DS206	28-06-2002 WT/DS206/R 和 Corr—1	N. A.	29-07-2002 WT/DS206/5	N. A.	N. A.
66	美国—对于来自德国的某些耐腐蚀碳钢板产品征收反补贴税	10-09-2001 欧盟 WT/DS213	03-07-2002 WT/DS213/R 和 Corr—1	30-08-2002 美国 WT/DS213/6	19-12-2002 WT/DS213/9	28-11-2002 WT/DS213/AB/R 和 Corr—1	19-12-2002 WT/DS213/9
67	美国—乌拉圭回合协议法案第 129（C）（1）节	23-08-2001 加拿大 WT/DS221	15-07-2002 WT/DS221/R 和 Corr—1	N. A.	30-08-2002 WT/DS221/7	N. A.	N. A.
68	美国—对来自欧盟某些产品采取反补贴措施	10-09-2001 欧盟 WT/DS212	31-07-2002 WT/DS212/R	09-09-2002 美国 WT/DS212/7	08-01-2003 WT/DS212/11	09-12-2002 WT/DS212/AB/R	08-01-2003 WT/DS212/11
69	埃及—对来自土耳其钢筋采取反倾销措施	20-06-2001 土耳其 WT/DS211	08-08-2002 WT/DS211/R	N. A.	01-10-2002 WT/DS211/5	N. A.	N. A.
70	美国—2000 年持续性倾销及补贴补偿法案	23-08-2001 澳大利亚 巴西 智利 欧盟 印度 印度尼西亚 日本 韩国 泰国 WT/DS217 10-09-2001 加拿大 墨西哥 WT/DS234	16-09-2002 WT/DS217/R WT/DS234/R	18-10-2002 美国 WT/DS217/8 WT/DS234/16	27-01-2003 WT/DS217/11 WT/DS234/19	16-01-2003	27-01-2003 WT/DS217/11 WT/DS234/19
71	美国—对来自加拿大特定软木的初步决定	05-12-2001 加拿大 WT/DS236	27-09-2002 WT/DS236/R	N. A.	01-11-2002 WT/DS236/4	N. A.	N. A.

续 表

序号	案件	专家组成立（日-月-年）	散发专家组报告（日-月-年）	通知上诉（日-月-年）	通过专家组报告（日-月-年）	散发上诉机构报告（日-月-年）	通过上诉机构报告（日-月-年）
72	阿根廷—对于桃脯进口的保障措施	18-01-2002 智利 WT/DS238	14-02-2003 WT/DS238/R	N. A.	15-04-2003 WT/DS238/5	N. A.	N. A.
73	欧盟—对来自巴西的可锻铸铁管接头征收反倾销税	24-07-2001 巴西 WT/DS219	07-03-2003 WT/DS219/R	23-04-2003 巴西 WT/DS219/7	18-08-2003 WT/DS219/10	22-07-2003 WT/DS219/AB/R	18-08-2003 WT/DS219/10
74	阿根廷—对来自巴西的家禽征收反倾销税	17-04-2002 巴西 WT/DS241	22-04-2003 WT/DS241/R	N. A.	19-05-2003 WT/DS241/6	N. A.	N. A.
75	美国—纺织品及服装原产地证明	24-06-2002 印度 WT/DS243	20-06-2003 WT/DS243/R 和 Corr—1	N. A.	21-07-2003 WT/DS243/8	N. A.	N. A.
76	美国—对特定钢铁产品进口采取保障措施	03-06-2002 欧盟 WT/DS248 14-06-2002 日本 WT/DS249 14-06-2002 韩国 WT/DS251 24-06-2002 中国 WT/DS252 24-06-2002 瑞士 WT/DS253 24-06-2002 挪威 WT/DS254 08-07-2002 新西兰 WT/DS258 29-07-2002 巴西 WT/DS259	11-07-2003 WT/DS248/R 和 Corr—1 WT/DS249/R 和 Corr—1 WT/DS251 和 Corr—1 WT/DS252 和 Corr—1 WT/DS253 和 Corr—1 WT/DS254 和 Corr—1 WT/DS254 和 Corr—1 WT/DS258 和 Corr—1 WT/DS259 和 Corr—1	11-08-2003 美国 WT/DS248/17 WT/DS249/11 WT/DS251/12 WT/DS252/10 WT/DS253/10 WT/DS254/10 WT/DS258/14 WT/DS259/13	10-12-2003 WT/DS248/20 WT/DS249/14 WT/DS251/15 WT/DS252/13 WT/DS253/13 WT/DS254/13 WT/DS258/17 WT/DS259/16	10-11-2003 WT/DS248/AB/R WT/DS249/AB/R WT/DS251/AB/R WT/DS252/AB/R WT/DS253/AB/R WT/DS254/AB/R WT/DS258/AB/R WT/DS259/AB/R	10-12-2003 WT/DS248/20 WT/DS249/14 WT/DS251/15 WT/DS252/13 WT/DS253/13 WT/DS254/13 WT/DS258/17 WT/DS259/16
77	日本—影响苹果进口的措施	03-06-2002 美国 WT/DS245	15-07-2003 WT/DS245/R	28-08-2003 日本 WT/DS245/5	10-12-2003 WT/DS245/8	26-11-2003 WT/DS245/AB/R	10-12-2003 WT/DS245/8
78	美国—对来自日本的耐腐蚀碳钢板产品的反倾销税日落复审	22-05-2002 日本 WT/DS244	14-08-2003 WT/DS244/R	15-09-2003 日本 WT/DS244/7	09-01-2004 WT/DS244/10	15-12-2003 WT/DS244/AB/R	09-01-2004 WT/DS244/10

续 表

序号	案件	专家组成立（日-月-年）	散发专家组报告（日-月-年）	通知上诉（日-月-年）	通过专家组报告（日-月-年）	散发上诉机构报告（日-月-年）	通过上诉机构报告（日-月-年）
79	美国—对来自加拿大的软木最终反补贴税决定	01-10-2002 加拿大 WT/DS257	29-08-2003 WT/DS257/R 和 Corr—1	21-10-2003 美国 WT/DS257/8	17-02-2004 WT/DS257/11	19-01-2004 WT/DS257/AB/R	17-02-2004 WT/DS257/11
80	欧盟—发展中国家优惠关税授予条件	27-01-2003 印度 WT/DS246	01-12-2003 WT/DS246/R	08-01-2004 欧盟 WT/DS246/7	20-04-2004 WT/DS246/10	07-04-2004 WT/DS246/AB/R	20-04-2004 WT/DS246/10
81	美国—对加拿大软木的国际贸易委员会调查	07-05-2003 加拿大 WT/DS277	22-03-2004 WT/DS277/R	N. A.	26-04-2004 WT/DS277/5	N. A.	N. A.
82	墨西哥—影响电信服务的措施	17-04-2002 美国 WT/DS204	02-04-2004 WT/DS204/R	N. A.	01-06-2004 WT/DS204/8	N. A.	N. A.
83	美国—对加拿大软木的最终倾销决定	08-01-2003 加拿大 WT/DS264	13-04-2004 WT/DS264/R	13-05-2004 美国 WT/DS264/6	31-08-2004 WT/DS264/9	11-08-2004 WT/DS264/AB/R	31-08-2004 WT/DS264/9
84	加拿大—关于小麦出口和谷物进口的措施	31-03-2003 美国 WT/DS276	06-04-2004 WT/DS276/R	01-06-2004 美国 WT/DS276/15	27-09-2004 WT/DS276/18	30-08-2004 WT/DS276/AB/R	27-09-2004 WT/DS276/18
85	美国—对来自阿根廷石油工业用管材的反倾销措施日落复审	19-05-2003 阿根廷 WT/DS268	16-07-2004 WT/DS268/R	31-08-2004 美国 WT/DS268/5	17-12-2004 WT/DS268/8	29-11-2004 WT/DS268/AB/R	17-12-2004 WT/DS268/8
86	美国—陆地棉补贴	18-03-2003 巴西 WT/DS267	08-09-2004 WT/DS267/R 和 Corr—1	18-10-2004 美国 WT/DS267/17	21-03-2005 WT/DS267/20	03-03-2005 WT/DS267/AB/R	21-03-2005 WT/DS267/20
87	韩国—影响商船贸易的措施	21-07-2003 欧盟 WT/DS273	07-03-2005 WT/DS273/R	N. A.	11-04-2005 WT/DS273/8	N. A.	N. A.
88	欧盟—农产品和食品的商标及地理标识保护	02-10-2003 美国 WT/DS174 澳大利亚 WT/DS290	15-03-2005 WT/DS174/R 和 Add—1，2&3 WT/DS290/R 和 Add—1，2&3	N. A.	20-04-2005 WT/DS174/23 WT/DS290/21	N. A.	N. A.
89	美国—影响博彩业跨境交付的措施	21-07-2003 安提瓜 巴布达 WT/DS285	10-11-2004 WT/DS285/R	07-01-2005 美国 WT/DS285/6	20-04-2005 WT/DS285/10	07-04-2005 WT/DS285/AB/R	20-04-2005 WT/DS285/10

续　表

序号	案件	专家组成立（日-月-年）	散发专家组报告（日-月-年）	通知上诉（日-月-年）	通过专家组报告（日-月-年）	散发上诉机构报告（日-月-年）	通过上诉机构报告（日-月-年）
90	欧盟—糖类出口补贴	29-08-2003 澳大利亚 WT/DS265 巴西 WT/DS266 泰国 WT/DS283	15-10-2004 WT/DS265/R WT/DS266/R WT/DS283/R	13-01-2005 欧盟 WT/DS265/25 WT/DS266/25 WT/DS283/6	19-05-2005 WT/DS265/29 WT/DS266/29 WT/DS283/10	28-04-2005 WT/DS265/AB/R WT/DS266/AB/R WT/DS283/AB/R	19-05-2005 WT/DS265/29 WT/DS266/29 WT/DS283/10
91	多米尼加共和国—影响香烟进口和国内销售的措施	09-01-2004 洪都拉斯 WT/DS302	26-11-2004 WT/DS302/R	24-01-2004 多米尼加共和国 WT/DS302/8	19-05-2005 WT/DS302/12	25-04-2005 WT/DS302/AB/R	19-05-2005 WT/DS302/12
92	欧盟—影响商船贸易的措施	19-03-2004 韩国 WT/DS301	22-04-2005 WT/DS301/R	N. A.	20-06-2005 WT/DS301/6	N. A.	N. A.
93	美国—对来自韩国的计算机动态随机存取存储器芯片进行反补贴税调查	19-11-2003 韩国 WT/DS296	21-02-2005 WT/DS296/R	29-03-2005 美国 WT/DS296/5	20-07-2005 WT/DS296/10	27-06-2005 WT/DS296/AB/R	20-07-2005 WT/DS296/10
94	欧盟—对于来自韩国的计算机动态随机存取存储器芯片采取补贴措施	23-01-2004 韩国 WT/DS299	17-06-2005 WT/DS299/R	N. A.	03-08-2005 WT/DS299/6	N. A.	N. A.
95	欧盟—冷冻无骨鸡的关税分类	07-11-2003 巴西 WT/DS269 21-11-2003 泰国 WT/DS286	30-05-2005 WT/DS269/R WT/DS286/R	13-06-2005 欧盟 WT/DS269/6 WT/DS286/8	27-09-2005 WT/DS269/10 WT/DS286/12	12-09-2005 WT/DS269/AB/R WT/DS286/AB/R	27-09-2005 WT/DS269/10 WT/DS286/12
96	墨西哥—对于牛肉和稻米的反倾销措施：针对稻米的上诉	07-11-2003 美国 WT/DS295	06-06-2005 WT/DS295/R	20-07-2005 墨西哥 WT/DS295/6	20-12-2005 WT/DS295/9	29-11-2005 WT/DS295/AB/R	20-12-2005 WT/DS295/9
97	美国—对来自墨西哥的石油工业用管材反倾销措施	29-08-2003 墨西哥 WT/DS282	20-06-2005 WT/DS282/R	04-08-2005 墨西哥 WT/DS282/6	28-11-2005 WT/DS282/10	02-11-2005 WT/DS282/AB/R	28-11-2005 WT/DS282/10
98	韩国—对来自印度尼西亚特定纸张进口征收反倾销税	27-09-2004 印度尼西亚 WT/DS312	28-10-2005 WT/DS312/R	N. A.	28-11-2005 WT/DS312/5	N. A.	N. A.
99	墨西哥—对非酒精饮料及其他饮料征税	06-07-2004 美国 WT/DS308	07-10-2005 WT/DS308/R	06-12-2005 墨西哥 WT/DS308/10	24-03-2006 WT/DS308/13	06-03-2006 WT/DS308/AB/R	24-03-2006 WT/DS308/13

续 表

序号	案件	专家组成立（日-月-年）	散发专家组报告（日-月-年）	通知上诉（日-月-年）	通过专家组报告（日-月-年）	散发上诉机构报告（日-月-年）	通过上诉机构报告（日-月-年）
100	美国—计算倾销差额（归零法）的法律、规则及方法	19-03-2004 欧盟 WT/DS294	31-10-2005 WT/DS294/R	17-01-2006 欧盟 WT/DS294/12	09-05-2006 WT/DS294/17	18-04-2006 WT/DS294/AB/R	09-05-2006 WT/DS294/17
101	日本—干紫菜和味付紫菜进口配额	21-03-2005 韩国 WT/DS323	01-02-2006 WT/DS323/R	N. A.	N. A.	N. A.	N. A.
102	欧盟—特定海关措施	21-03-2005 美国 WT/DS315	16-06-2006 WT/DS315/R	14-08-2006 美国 WT/DS315/11	11-12-2006 WT/DS315/15	13-11-2006 WT/DS315/AB/R	11-12-2006 WT/DS315/15
103	美国—关于归零法及日落复审措施	28-02-2005 日本 WT/DS322	20-09-2006 WT/DS322/R	11-10-2006 日本 WT/DS322/12	23-01-2007 WT/DS322/15	09-01-2007 WT/DS322/AB/R	23-01-2007 WT/DS322/15
104	欧盟—影响生物科技产品审批及营销的措施	29-08-2003 美国 WT/DS291 加拿大 WT/DS292 阿根廷 WT/DS293	29/09-2006 WT/DS291/R WT/DS292/R WT/DS293/R		21-11-2006 WT/DS291/33 WT/DS292/27 WT/DS293/27	N. A.	N. A.
105	美国—对来自厄瓜多尔的虾的反倾销措施	19-07-2006 厄瓜多尔 WT/DS335	30-01-2007 WT/DS335/R	N. A.	20-02-2007 WT/DS335/9	N. A.	N. A.
106	墨西哥—对来自危地马拉的钢管征收反倾销税	17-03-2006 危地马拉 WT/DS331	08-06-2007 WT/DS331/R	N. A.	24-07-2007 WT/DS331/5	N. A.	N. A.
107	巴西—影响翻新轮胎进口的措施	20-01-2006 欧盟 WT/DS332	12-06-2007 WT/DS332/R	03-09-2007 欧盟 WT/DS332/9	17-12-2007 WT/DS332/12	03-12-2007 WT/DS332/AB/R	17-12-2007 WT/DS332/12
108	日本—对来自韩国的计算机动态随机存取存储器芯片的反补贴措施	19-06-2006 韩国 WT/DS336	13-07-2007 WT/DS336/R	30-08-2007 日本 WT/DS336/8	17-12-2007 WT/DS336/12	28-11-2007 WT/DS336/AB/R 和 Corr—1	17-12-2007 WT/DS336/12
109	土耳其—影响稻米进口的措施	17-03-2006 美国 WT/DS334/4	21-09-2007 WT/DS334/R	N. A.	22-10-2007 WT/DS334/8	N. A.	N. A.
110	欧盟—对产自挪威的养殖鲑鱼采取反倾销措施	22-06-2006 挪威 WT/DS337	16-11-2007 WT/DS337/R	N. A.	15-01-2008 WT/DS337/6	N. A.	N. A.
111	美国—对来自墨西哥的不锈钢采取最终反倾销措施	21-10-2006 墨西哥 WT/DS344	20-12-2007 WT/DS344/R	31-01-2008 墨西哥 WT/DS344/7	20-05-2008 WT/DS344/10	30-04-2008 WT/DS344/AB/R	20-05-2008 WT/DS344/10

续 表

序号	案件	专家组成立（日-月-年）	散发专家组报告（日-月-年）	通知上诉（日-月-年）	通过专家组报告（日-月-年）	散发上诉机构报告（日-月-年）	通过上诉机构报告（日-月-年）
112	美国—对来自泰国的虾采取的措施	26-10-2006 泰国 WT/DS343	29-02-2008 WT/DS343/R	17-04-2008 泰国 WT/DS343/10	01-08-2008 WT/DS343/14	16-07-2008 WT/DS343/AB/R	01-08-2008 WT/DS343/14
113	美国—海关保税指令	21-11-2006 印度 WT/DS345	29-02-2008 WT/DS345/R	17-04-2008 印度 WT/DS345/9	01-08-2008 WT/DS345/13	16-07-2008 WT/DS345/AB/R	01-08-2008 WT/DS345/13
114	美国—欧盟要求取消报复措施：荷尔蒙争端	17-02-2005 欧盟 WT/DS320	31-03-2008 WT/DS320/R	29-05-2008 欧盟 WT/DS320/12		16-10-2008 WT/DS320/AB/R	
115	加拿大—欧盟要求取消报复措施：荷尔蒙争端	17-02-2005 欧盟 WT/DS321	31-03-2008 WT/DS321/R	29-05-2008 欧盟 WT/DS321/12		16-10-2008 WT/DS321/AB/R	
116	印度—对来自美国的进口产品征收“附加税”和“超额附加税”	20-06-2007 美国 WT/DS360	09-06-2008 WT/DS360/R	01-08-2008 美国 WT/DS360/8		30-10-2008 WT/DS360/AB/R	
117	中国—影响汽车零部件进口的措施	26-10-2006 欧盟 WT/DS339 美国 WT/DS340 加拿大 WT/DS342	18-07-2008 WT/DS339/R WT/DS340/R WT/DS342/R 和 Add－1 & 2	15-09-2008 中国 WT/DS339/12 WT/DS340/12 WT/DS342/12	12-01-2009 WT/DS339/14 WT/DS340/14 WT/DS342/14	15-12-2008 WT/DS339/AB/R WT/DS340/AB/R WT/DS342/AB/R	12-01-2009 WT/DS339/14 WT/DS340/14 WT/DS342/14
118	墨西哥—对来自欧盟的橄榄油采取反补贴措施	23-01-2007 欧盟 WT/DS341	04-09-2008 WT/DS341/R	N. A.	21-10-2008 WT/DS341/5	N. A.	N. A.
119	美国—与归零法和日落复审相关的措施	04-06-2007 欧盟 WT/DS350	01-10-2008 WT/DS350/R	06-11-2008 欧盟 WT/DS350/11	19-02-2009 WT/DS350/15	04-02-2009 WT/DS350/AB/R	19-02-2009 WT/DS350/15
120	中国—影响知识产权保护和执法的措施	25-09-2007 美国 WT/DS362	26-01-2009 WT/DS362/R	N. A.	20-03-2009 WT/DS362/10	N. A.	N. A.
121	哥伦比亚—对港口入境的价格限制要求	22-10-2007 巴拿马 WT/DS366	27-04-2009 WT/DS366/R 和 Corr－1	N. A.	20-05-2009 WT/DS366/9	N. A.	N. A.
122	中国—影响知识产权保护和执法的措施	27-11-2007 美国 WT/DS363	12-08-2009 WT/DS363/R 和 Corr－1	22-09-2009 WT/DS363/10			

第三部分
执行争端解决机构建议

序号	案件	通过专家组及上诉机构报告（日-月-年）	通知执行争端解决机构建议的意向（日-月-年）	确定合理时限（日-月-年）	根据 DSU 第 21.3 条确定的合理期限	根据 DSU 第 21.6 条争端解决机构对执行的监督
1	美国—精炼及传统汽油标准	20-05-1996 WT/DS2/9	19-06-1996 WT/DSB/M/19	03-12-1996 WT/DSB/M/27	20-05-1996 至 20-08-1997 （15 个月）	WT/DS2/10 和 Add. 1 至 Add. 7
2	日本—对酒精饮料征税	01-11-1996 WT/DS8/11 WT/DS10/11 WT/DS11/8	20-11-1996 WT/DSB/M/26	14-02-1997 WT/DS8/15 WT/DS10/15 WT/DS11/13 （通过仲裁）	14-02-1997 至 14-05-1998 （15 个月）	WT/DS8/18 WT/DS10/18 WT/DS11/16 和 Add. 1 至 Add. 2
3	美国—对于棉质及人造纤维内衣的进口限制	25-02-1997 WT/DS24/8	20-03-1997 WT/DSB/M/30	N. A.	N. A.	此措施于 1997 年 3 月 28 日到期 WT/DSB/M/31
4	巴西—影响可可粉的措施	20-03-1997 WT/DS22/11/ Rev－2	N. A.	N. A.	N. A.	N. A.
5	美国—影响从印度进口羊毛恤衫及衬衫进口的措施	23-05-1997 WT/DS33/5	N. A.	N. A.	N. A.	该限制于 1996 年 12 月 3 日废除 WT/DSB/M/33
6	加拿大—关于杂志的特定措施	30-07-1997 WT/DS31/7	29-08-1997 WT/DS31/8	15-09-1997	30-07-1997 至 30-10-1998 （15 个月）	WT/DS31/9 和 Add. 1 至 Add. 5
7	欧盟—香蕉进口、销售和分销	25-09-1997 WT/DS27/12	16-10-1997 WT/DSB/M/38	07-01-1998 WT/DS27/15 （通过仲裁）	25-09-1997 至 01-01-1999 （15 个月零 1 个星期）	WT/DS27/17 和 Add. 1 至 Add. 3 WT/DS27/51 和 Add. 1 至 Add. 25
8	印度—对于药品及农业化学品的专利权保护	16-01-1998 WT/DS50/9	13-02-1998 WT/DSB/M/42	21-04-1998 WT/DSB/M/45	16-01-1998 至 19-04-1999 （15 个月）	WT/DS50/10 和 Add. 1 至 Add. 4
9	欧盟—关于肉及肉制品措施（激素）	13-02-1998 WT/DS26/13 WT/DS48/11	13-03-1998 WT/DSB/M/43	29-05-1998 WT/DS26/15 WT/DS48/13 （通过仲裁）	13-02-1998 至 13-05-1999 （15 个月）	WT/DS26/17 WT/DS48/15 和 Add. 1 至 Add. 4
10	阿根廷—影响鞋类、纺织品、服装和其他项目的进口措施	22-04-1998 WT/DS56/11	08-05-1998 WT/DS56/12	15-06-1998 WT/DSB/M/46	22-04-1998 至 19-10-1998 （有 180 天的调查期限来决定纺织品和服装的特殊税） 22-04-1998 至 01-01-1999 （有 242 天的调查期限决定统计税）	WT/DS56/15 和 Add. 1 至 Add. 4

续　表

序号	案件	通过专家组及上诉机构报告（日-月-年）	通知执行争端解决机构建议的意向（日-月-年）	确定合理时限（日-月-年）	根据DSU第21.3条确定的合理期限	根据DSU第21.6条争端解决机构对执行的监督
11	日本—对进口胶卷相纸的限制	22-04-1998 WT/DS44/5	N. A.	N. A.	N. A.	N. A.
12	欧盟—特定计算机设备的海关分类	22-06-1998 WT/DS62/11 WT/DS67/9 WT/DS68/8	N. A.	N. A.	N. A.	N. A.
13	欧盟—影响特定家禽产品进口的措施	23-07-1998 WT/DS69/7	27-08-1998 WT/DS69/8	20-10-1998 WT/DS69/9	直至 31-03-1999	
14	印度尼西亚—影响汽车工业的特定措施	23-07-1998 WT/DS54/10 WT/DS55/10 WT/DS59/9 WT/DS64/8	21-08-1998 WT/DS54/12 WT/DS55/11 WT/DS59/10 WT/DS64/9	07-12-1998 WT/DS54/15 WT/DS55/14 WT/DS59/13 WT/DS64/12 （通过仲裁）	23-07-1998至 23-07-1999 （12个月）	WT/DS54/17 WT/DS55/16 WT/DS59/15 WT/DS64/14 和Add. 1
15	印度—对于药品及农业化学品的专利权保护	22-09-1998 WT/DS79/5和 Corr—1	21-10-1998 WT/DSB/M/49	24-11-1998 WT/DSB/M/51	直至 19-04-1999	WT/DS79/6
16	美国—对特定虾及虾类产品进口限制	06-11-1998 WT/DS58/14	25-11-1998 WT/DSB/M/51	21-01-1999 WT/DSB/M/54	06-11-1998 至06-12-1999 （13个月）	WT/DS58/15
17	澳大利亚—影响鲑鱼进口的措施	06-11-1998 WT/DS18/11	25-11-1998 WT/DSB/M/51	23-02-1999 WT/DS18/9 （通过仲裁）	06-11-1998至 06-07-1999 （8个月）	（见第四部分）
18	危地马拉—对来自墨西哥的波兰特水泥的反倾销调查	25-11-1998 WT/DS60/12	N. A.	N. A.	N. A.	N. A.
19	韩国—对酒精饮料征税	17-02-1999 WT/DS75/12 WT/DS84/10	19-03-1999 WT/DSB/M/57	04-06-1999 WT/DS75/16 WT/DS84/14 （通过仲裁）	17-02-1999至 31-01-2000 （11个月零2个星期）	WT/DS75/18 WT/DS84/16
20	日本—影响农产品的措施	19-03-1999 WT/DS76/8	15-04-1999 WT/DSB/M/58	15-06-1999 WT/DS76/9	19-03-1999至 31-12-1999 （9个月零12天）	WT/DS76/11和 Add. 1至 Add. 16 日本和美国已通知争端解决机构，他们已达成双方满意的解决方案 WT/DS76/12
21	美国—对来自韩国的1兆或以上的计算机动态随机存取存储器芯片征收反倾销税	19-03-1999 WT/DS99/5	15-04-1999 WT/DSB/M/58	19-05-1999 WT/DSB/M/65	19-03-1999至 19-11-1999 （8个月）	WT/DS99/6

续 表

序号	案件	通过专家组及上诉机构报告（日-月-年）	通知执行争端解决机构建议的意向（日-月-年）	确定合理时限（日-月-年）	根据DSU第21.3条确定的合理期限	根据DSU第21.6条争端解决机构对执行的监督
22	澳大利亚—对于汽车皮革制造商和生产商提供的补贴	16-06-1999 WT/DS126/5	06-07-1999 WT/DS126/6		根据《补贴与反补贴协议》第4.7条，专家组建议于报告批准日起90天内撤销此措施	WT/DS126/7 （见第四部分）
23	巴西—对于航行器出口资金融通	20-08-1999 WT/DS46/10	13-09-1999 WT/DS46/11		根据《补贴与反补贴协议》第4.7条，专家组建议于报告批准日起90天内撤销此措施	WT/DS46/12 （见第四部分）
24	加拿大—影响民用航行器措施	20-08-1999 WT/DS70/6	06-09-1999 WT/DS70/1		根据《补贴与反补贴协议》第4.7条，专家组建议于报告批准日起90天内撤销此措施	WT/DS70/8 （见第四部分）
25	印度—对于农产品、纺织品和工业产品进口的数量限制	22-09-1999 WT/DS90/14	14-10-1999 WT/DSB/M/69	28-12-1999 WT/DS90/15	直至 01-04-2000及 01-04-2001	WT/DS90/16和Add.1至Add.7
26	加拿大—影响牛奶进口及奶制品出口的措施	27-10-1999 WT/DS103/11 WT/DS113/11	19-11-1999 WT/DSB/M/71	22-12-1999 WT/DS103/10 WT/DS113/10	此实施阶段最迟不迟于2000年12月31日	WT/DS103/12—WT/DS113/12和Add.1至Add.6 （见第四部分）
27	土耳其—对于纺织品和服装进口的限制	19-11-1999 WT/DS34/11	15-12-1999 WT/DS34/9	07-01-2000 WT/DS34/10	19-02-2001	WT/DS34/12和Add.1至Add.8相互商定之解决方案的通知WT/DS34/14
28	智利—对酒精饮料征税	12-01-2000 WT/DS87/12 WT/DS110/11	11-02-2000 WT/DSB/M/75	23-05-2000 WT/DS87/15 WT/DS110/4 （通过仲裁）	12-01-2000至 21-03-2001 （14个月零9天）	WT/DS87/17和Add.1至Add.2
29	韩国—对于特定奶制品进口的保障措施	12-01-2000 WT/DS98/10	11-02-2000 WT/DSB/M/75	21-03-2000 WT/DS98/11	直至 20-05-2000	WT/DS98/12
30	阿根廷—对鞋类产品进口的保障措施	12-01-2000 WT/DS121/9	11-02-2000 WT/DSB/M/75	N. A.	N. A.	N. A.
31	美国—1974年贸易法第301—310部分	27-01-2000 WT/DS152/14	N. A.	N. A.	N. A.	N. A.

续 表

序号	案件	通过专家组及上诉机构报告（日-月-年）	通知执行争端解决机构建议的意向（日-月-年）	确定合理时限（日-月-年）	根据DSU第21.3条确定的合理期限	根据DSU第21.6条争端解决机构对执行的监督
32	墨西哥—对来自美国的高果糖玉米浆进行反倾销调查	24-02-2000 WT/DS132/4 和Corr—1	20-03-2000 WT/DSB/M/77	10-04-2000 WT/DS132/5	24-02-2000至 22-09-2000 （6个月零29天）	（见第四部分）
33	美国—"海外销售公司"税收待遇	20-03-2000 WT/DS108/10	07-04-2000 WT/DSB/M/78	20-03-2000 （报告批准）	直至 01-10-2000 相应时间延至 01-11-2000	（见第四部分）
34	加拿大—药品的专利权保护	07-04-2000 WT/DS114/9	25-04-2000 WT/DSB/M/79	18-08-2000 WT/DS114/13 （通过仲裁）	直至 07-10-2000	相关规定于 07-10-2000公布
35	美国—对来自英国的加热压光辊及铋碳钢产品征收反补贴税	07-06-2000 WT/DS138/9 和Corr—1	05-07-2000 WT/DSB/M/85	N. A.	N. A.	N. A.
36	加拿大—影响汽车工业的特定措施	19-06-2000 WT/DS139/8 WT/DS142/8	27-07-2000 WT/DSB/M/86	04-10-2000 WT/DS139/12 WT/DS142/12 （通过仲裁）	直至 19-02-2001	此措施于 18-02-2001废止 WT/DSB/M/101
37	韩国—影响政府采购措施	19-06-2000 WT/DS163/7	N. A.	N. A.	N. A.	N. A.
38	美国—美国版权法第110（5）节	27-07-2000 WT/DS160/8	24-08-2000 WT/DS160/9	15-01-2001 WT/DS160/12 （通过仲裁）	直至 27-07-2001 相应时间顺延直至 美国国会结束或 31-12-2001 （WT/DS160/14）	WT/DS160/18和 Add. 1至Add. 16 （见第四部分） 在23-06-2003各方达成了相互满意的临时性协议 （WT/DS160/23） 相应地现状报告重新开始 WT/DS160/24和 Add. 1至Add. 22
39	美国—1916年反倾销法	26-09-2000 WT/DS136/8 WT/DS162/11	23-10-2000 WT/DSB/M/91	28-02-2001 WT/DS136/11 WT/DS162/14 （通过仲裁）	直至26-07-2001 相应时间顺延直至美国国会结束或 31-12-2001 （WT/DS136/13 WT/DS162/16）	WT/DS136/14 WT/DS162/17 和Add. 1至Add. 31 （见第四部分）
40	加拿大—专利保护条款	12-10-2000 WT/DS170/7	23-10-2000 WT/DSB/M/91	28-02-2001 WT/DS170/10 （通过仲裁）	直至12-08-2001	加拿大宣布执行建议至 12-08-2001止 WT/DSB/M/107
41	危地马拉—对来自墨西哥的波兰特灰水泥采取反倾销措施	17-11-2000 WT/DS156/4	12-12-2000 WT/DSB/M/94	N. A.	N. A.	反倾销税至 02-10-2000止 WT/DSB/M/94

续　表

序号	案件	通过专家组及上诉机构报告（日-月-年）	通知执行争端解决机构建议的意向（日-月-年）	确定合理时限（日-月-年）	根据 DSU 第 21.3 条确定的合理期限	根据 DSU 第 21.6 条争端解决机构对执行的监督
42	韩国—影响新鲜、冷藏及冷冻牛肉进口的措施	10-01-2001 WT/DS161/11 WT/DS169/11	01-02-2001 WT/DSB/M/98	19-04-2001 WT/DS161/12 WT/DS169/12	直至 10-09-2001	韩国宣布执行建议至 10-09-01 止 WT/DSB/M/110
43	美国—对来自欧盟面筋进口的保障措施	19-01-2001 WT/DS166/10	03-04-2001 WT/DSB/M/99	04-04-2001 WT/DS166/12	直至 02-06-2001	
44	美国—来自韩国的不锈钢卷板和不锈钢条的反倾销措施	01-02-2001 WT/DS179/4	01-03-2001 WT/DSB/M/100	26-04-2001 WT/DS179/5	直至 01-09-2001	美国宣布执行建议至 01-09-2001 止 WT/DSB/M/109
45	阿根廷—影响牛皮出口和成皮进口的措施	16-02-2001 WT/DS155/5	12-03-2001 WT/DSB/M/101	31-08-2001 WT/DS155/10 （通过仲裁）	直至 28-02-2002	WT/DS155/12 争端解决机构注意到欧盟和阿根廷之间根据《关于争端解决规则与程序的谅解》第 21 条和第 22 条达成的协议 WT/DSB/M/121
46	欧盟—对来自印度的棉质床单进口征收反倾销税	12-03-2001 WT/DS141/9	05-04-2001 WT/DSB/M/103	26-04-2001 WT/DS141/10	直至 14-08-2001	见第四部分
47	泰国—对波兰出口的铁或非合金钢的角铁、型材、轧材及工字梁的反倾销税案	05-04-2001 WT/DS122/7	26-04-2001 WT/DSB/M/104	25-05-2001 WT/DS122/8	直至 20-10-2001	WT/DS122/9 WT/DS122/11 （双方达成协议，此项不再出现在争端解决机构的日程中）
48	欧盟—影响石棉及含石棉产品的措施	05-04-2001 WT/DS135/12	N. A.	N. A.	N. A.	N. A.
49	美国—对来自新西兰和澳大利亚的新鲜、冷藏和冷冻羔羊肉进口采取保障措施	16-05-2001 WT/DS177/10 WT/DS178/11	20-06-2001 WT/DS177/11 WT/DS178/12	31-08-2001 决定于 15-11-2001 停止该措施 WT/DS177/12 WT/DS178/13	直至 15-11-2001	14-11-2001 美国宣布其已完成必要的法律步骤来实施 8 月 31 日的决定 WT/DSB/M/113
50	美国—对来自日本的某些加热压光辊采取反倾销措施	23-08-2001 WT/DS184/8	10-09-2001 WT/DSB/M/109	19-02-2002 WT/DS184/13 （通过仲裁）	23-08-2001 至 23-11-2002 （15 个月） 相应地，时间顺延至 31-12-2003 或者直至美国国会休会日，选两者较前者	WT/DS184/15 和 Add. 1 至 Add. 47

续 表

序号	案件	通过专家组及上诉机构报告（日-月-年）	通知执行争端解决机构建议的意向（日-月-年）	确定合理时限（日-月-年）	根据DSU第21.3条确定的合理期限	根据DSU第21.6条争端解决机构对执行的监督
					(WT/DS184/16)相应地，时间被修改于31-07-2004到期(WT/DS184/17)相应地，时间被修改于31-07-2005到期(WT/DS184/18)	
51	美国—对于作为出口限制的补贴措施	23-08-2001 WT/DS194/4	N. A.	N. A.	N. A.	N. A.
52	美国—对来自巴基斯坦棉纱采取过渡性保障措施	05-11-2001 WT/DS192/7	21-11-2001 WT/DSB/M/113	N. A.	N. A.	美国宣布此措施于01-11-2001被废除 WT/DSB/M/113
53	阿根廷—对来自意大利的地板砖进口的反倾销措施	05-11-2001 WT/DS189/6	05-12-2001 WT/DSB/M/114	18-12-2001 WT/DS189/7	05-11-2001至05-04-2002 /WT/DS189/7	WT/DS189/8
54	美国—1998年全面拨款法第211节	01-02-2002 WT/DS176/9	19-02-2002 WT/DSB/M/120	28-03-2002 WT/DS176/10	直至31-12-2002或美国国会休会日，不迟于03-01-2003相应地，时间被修改于30-06-2003到期(WT/DS176/12)时间再次被修改为于31-12-2003到期(WT/DS176/13)相应地，时间被修改于31-12-2004到期(WT/DS176/14)相应地，时间被修改于30-06-2005到期(WT/DS176/15)	WT/DS176/11和Add. 1至Add. 47
55	加拿大—地区性航空器的出口信贷保证	19-02-2002 WT/DS222/6	08-03-2002 WT/DSB/M/121		专家组建议从报告通过后的90天内撤销此措施(截至20-05-2002)	(见第四部分)
56	美国—对产自韩国的环状焊接碳素钢管实施保障措施	08-03-2002 WT/DS202/13	05-04-2002 WT/DSB/M/122	29-07-2002 WT/DS202/18	直至01-09-2002	在18-03-2003争端解决机构会议上，美国宣布此措施已于01-03-2003终止 WT/DSB/M/145

续 表

序号	案件	通过专家组及上诉机构报告（日-月-年）	通知执行争端解决机构建议的意向（日-月-年）	确定合理时限（日-月-年）	根据 DSU 第 21.3 条确定的合理期限	根据 DSU 第 21.6 条争端解决机构对执行的监督
57	印度—影响汽车部门的措施	05-04-2002 WT/DS146/11 WT/DS175/11	02-05-2002 WT/DS146/12 WT/DS175/12	18-07-2002 WT/DS146/13 WT/DS175/13	05-04-2002 至 05-09-2002 （5 个月）	在 11-11-2002 争端解决机构会议上，印度宣布其已执行了争端解决机构的建议 WT/DSB/M/136
58	美国—对来自印度的钢板采取反倾销及反补贴措施	29-07-2002 WT/DS206/5	27-08-2002 WT/DS206/6	01-10-2002 WT/DS206/7	20-07-2002 至 29-12-2002 （5 个月） 相应地，时间被修改于 31-01-2003 到期 （WT/DS206/8）	在 19-02-2003 争端解决机构会议上，美国宣布已按争端解决机构建议来执行 WT/DSB/M/143
59	美国—乌拉圭回合协议第 129（c）（1）节	30-08-2002 WT/DS221/7	N. A.	N. A.	N. A.	N. A.
60	埃及—对来自土耳其钢筋采取反倾销措施	01-10-2002 WT/DS211/5	23-10-2002 WT/DSB/M/134	14-11-2002 WT/DS211/6	01-10-2002 至 31-07-2003 （9 个月）	WT/DS211/7 和 Add. 1 至 Add. 3 在 29-08-2003 争端解决机构会议上，埃及宣布已按争端解决机构建议执行
61	智利—对特定农产品相关的综合价格制度及保障措施	23-10-2002 WT/DS207/8	11-11-2002 WT/DSB/M/136	17-03-2003 WT/DS207/13 （通过仲裁）	23-10-2002 至 23-12-2003 （14 个月）	WT/DS207/15 和 Add. 7 （见第四部分）
62	欧盟—沙丁鱼贸易描述	23-10-2002 WT/DS231/15	11-11-2002 WT/DSB/M/136	19-12-2002 WT/DS231/16	23-10-2002 至 23-04-2003 相应地，时间被修改于 01-07-2003 到期 （WT/DS231/17）	WT/DS231/18 （双方同意的解决方案）
63	美国—对来自加拿大特定软木的初步决定	01-11-2002 WT/DS236/4	28-11-2002 WT/DSB/M/137	N. A.	N. A.	N. A.
64	美国—对来自德国的特定耐腐蚀碳钢板征收反补贴税	19-12-2002 WT/DS213/9	17-01-2003 WT/DSB/M/141	N. A.	N. A.	在 20-04-2004 争端解决机构会议上，美国宣布已按争端解决机构建议执行 （WT/DSB/M/167）

续 表

序号	案件	通过专家组及上诉机构报告（日-月-年）	通知执行争端解决机构建议的意向（日-月-年）	确定合理时限（日-月-年）	根据DSU第21.3条确定的合理期限	根据DSU第21.6条争端解决机构对执行的监督
65	美国—对于特定来自欧盟产品的反补贴措施	08-01-2003 WT/DS212/11	27-01-2003 WT/DSB/M/142	10-04-2003 WT/DS212/12	08-01-2003至 08-11-2003 （10个月）	WT/DS212/13 WT/DS212/19 （见第四部分）
66	美国—2000年持续性倾销及补贴补偿法案	27-01-2003 WT/DS217/11 WT/DS234/19	27-01-2003 WT/DSB/M/142 19-02-2003 WT/DSB/M/143 26-02-2003 WT/DSB/M/144	13-06-2003 WT/DS217/14 WT/DS234/22 （通过仲裁）	27-01-2003至 27-12-2003 （11个月） 在与澳大利亚、印度尼西亚和泰国有关的争议中，实施期间案被修改于27-12-2004到期（WT/DS217/17，18，19） 相应地，美国就此事项分别与下列国家达成程序谅解： 澳大利亚（WT/DS217/44） 泰国（WT/DS217/45） 印度尼西亚（WT/DS217/46）	WT/DS217/16 WT/DS234/24 和Add.1至Add.24 （见第四部分）
67	阿根廷—对于桃脯进口的保障措施	15-04-2003 WT/DS238/5	14-05-2003 WT/DS238/6 19-05-2003 WT/DSB/M/150	30-05-2003 WT/DS238/7	直至 31-12-2003	在23-01-2004争端解决机构会议上，阿根廷宣布已按争端解决机构建议执行（WT/DSB/M/163）
68	阿根廷—对来自巴西的家禽征收反倾销税	19-05-2003 WT/DS241/6	N. A.	N. A.	N. A.	N. A.
69	美国—纺织品及服装原产地证明	21-07-2003 WT/DS243/8	N. A.	N. A.	N. A.	N. A.
70	欧盟-对来自巴西的可锻铸铁管接头征收反倾销税	18-08-2003 WT/DS219/10	15-09-2003 WT/DS219/11 02-10-2003 WT/DSB/M/156	01-10-2003 WT/DS219/12	18-08-2003至 19-03-2004 （7个月）	17-03-2004，欧盟就其执行争端解决机构建议提供信息（WT/DS219/13）
71	日本—影响苹果进口的措施	10-12-2003 WT/DS245/8	09-01-2004 WT/DSB/M/162	30-01-2004 WT/DS245/9	10-12-2003至 30-06-2004 （6个月零20天）	（见第四部分）

续 表

序号	案件	通过专家组及上诉机构报告（日-月-年）	通知执行争端解决机构建议的意向（日-月-年）	确定合理时限（日-月-年）	根据 DSU 第 21.3 条确定的合理期限	根据 DSU 第 21.6 条争端解决机构对执行的监督
72	美国—对特定钢铁产品进口采取保障措施	10-12-2003 WT/DS248/20 WT/DS249/14 WT/DS251/15 WT/DS252/13 WT/DS253/13 WT/DS254/13 WT/DS258/17 WT/DS259/16	N. A.	N. A.	N. A.	在 10-12-2003 的争端解决机构会议上，美国宣布其总统已经下令停止与此争议相关的 10 项保障措施（WT/DSB/M/160）
73	美国—对来自日本的耐腐蚀碳钢板产品的反倾销税日落复审	09-01-2004 WT/DS244/10	N. A.	N. A.	N. A.	N. A.
74	美国—对来自加拿大的软木最终反补贴税决定	17-02-2004 WT/DS257/11	05-03-2004 WT/DS257/12	28-04-2004 WT/DS257/13	17-02-2004 至 17-12-2004（10 个月）	WT/DS257/14 和 Add. 1（见第四部分）
75	欧盟—发展中国家优惠关税授予条件	20-04-2004 WT/DS246/10	19-05-2004 WT/DSB/M/169	20-09-2004 WT/DS246/14 （通过仲裁）	20-04-2004 至 01-07-2005（14 个月零 11 天）	WT/DS246/16 和 Add. 1 至 Add. 3
76	美国—国际贸易委员会对加拿大软木的调查	26-04-2004 WT/DS277/R	19-05-2004 WT/DSB/M/169	01-10-2004 WT/DS277/7	26-04-2004 至 26-01-2005（9 个月）	在 25-01-2005 的争端解决机构会议上，美国说明其已按争端解决机构在此争端中的建议执行（见第四部分）
77	墨西哥—影响电信服务的措施	01-06-2004 WT/DS204/8	01-06-2004 WT/DS204/7	01-06-2004 WT/DS204/7	从报告通过之日起的 13 个月内；也就是说在 2005 年 7 月底前	WT/DS204/9 和 Add. 1 至 Add. 8
78	美国—对加拿大软木的最终倾销决定	31-08-2004 WT/DS264/9	27-09-2004 WT/DSB/M/176	06-12-2004 WT/DS264/12	31-08-2004 至 15-04-2005 相应地，时间被修改于 02-05-2005 到期（WT/DS264/15）	在 19-05-2005 的争端解决机构会议上，美国说明其已按争端解决机构的建议和规则执行（WT/DSB/M/189）（见第四部分）
79	加拿大—关于小麦出口和谷物进口的措施	27-09-2004 WT/DS276/18	18-10-2004 WT/DSB/M/177	15-11-2004 WT/DS276/19	27-09-2004 至 01-08-2005（10 个月零 5 天）	WT/DS276/20 和 Add. 1 至 Add. 3

续 表

序号	案件	通过专家组及上诉机构报告（日-月-年）	通知执行争端解决机构建议的意向（日-月-年）	确定合理时限（日-月-年）	根据DSU第21.3条确定的合理期限	根据DSU第21.6条争端解决机构对执行的监督
80	美国—对来自阿根廷石油工业用管材的反倾销措施日落复审	17-12-2004 WT/DS268/8	14-01-2005 WT/DSB/M/181	07-06-2005 WT/DS268/12（通过仲裁）	17-12-2004至17-12-2005（12个月）	在20-12-2005的争端解决机构会议上美国说明其已按争端解决机构的建议和规则执行（见第四部分）
81	美国—陆地棉补贴	21-03-2005 WT/DS/267/20	20-04-2005 WT/DSB/M/188		根据《补贴与反补贴协议》第4.7条，专家组建议此措施自报告被批准后的6个月内或在2005年7月1日之前撤销（以较早的为准）	（见第四部分）
82	韩国—影响商船贸易的措施	11-04-2005 WT/DS273/8			根据《补贴与反补贴协议》第4.7条，专家组建议此措施自报告被批准后的90天内撤销	
83	欧盟—农产品和食品的商标及地理标识保护	20-04-2005 WT/DS174/23 WT/DS290/21	19-05-2005 WT/DSB/M/189	09-06-2005 WT/DS174/24 WT/DS290/22	实施时间至03-04-2006为止（11个月零2个星期）	WT/DS174/25-WT/DS290/23和Add.1至Add.3
84	美国—影响博彩业跨境交付的措施	20-04-2005 WT/DS285/10	19-05-2005 WT/DSB/M/189	19-08-2005 WT/DS285/13（通过仲裁）	20-04-2005至03-04-2006（11个月零2个星期）	WT/DS285/15和Add.1（见第四部分）
85	欧盟—糖类出口补贴	19-05-2005 WT/DS265/29 WT/DS266/29 WT/DS283/10	13-06-2005 WT/DSB/M/191	28-10-2005 WT/DS265/33 WT/DS266/33 WT/DS283/14（通过仲裁）	19-05-2005至22-05-2006（12个月零3天）	WT/DS265/35-WT/DS266/35-WT/DS283/16和Add.1
86	多米尼加共和国—影响香烟进口和国内销售的措施	19-05-2005 WT/DS302/12	13-06-2005 WT/DSB/M/191	16-08-2005 WT/DS302/17	19-05-2005之后的24个月，也就是在19-05-2007之前	
87	欧盟—影响商船贸易的措施	20-06-2005 WT/DS301/6	20-07-2005 WT/DSB/M/194			

续 表

序号	案件	通过专家组及上诉机构报告（日-月-年）	通知执行争端解决机构建议的意向（日-月-年）	确定合理时限（日-月-年）	根据DSU第21.3条确定的合理期限	根据DSU第21.6条争端解决机构对执行的监督
88	美国—对来自韩国的计算机动态随机存取存储器芯片的反补贴税调查	20-07-2005 WT/DS296/10	03-08-2005 WT/DSB/M/195	07-11-2005 WT/DS296/11	20-07-2005至08-03-2006（7个月零16天）	在14-03-2006的争端解决机构会议上美国说明其已按争端解决机构的建议和规则执行（WT/DSB/M/206）
89	欧盟—对来自韩国的计算机动态随机存取存储器芯片的反补贴措施	03-08-2005 WT/DS299/6	31-08-2005 WT/DSB/M/196	12-10-2005 WT/DS299/7	03-08-2005至03-04-2006（8个月）	WT/DS299/8 WT/DS299/9
90	欧盟—冷冻无骨鸡的关税分类	27-09-2005 WT/DS269/10 WT/DS286/12	18-10-2005 WT/DSB/M/199	20-02-2006 WT/DS269/13 WT/DS286/15（通过仲裁）	27-09-2005至27-06-2006（9个月）	WT/DS269/15-WT/DS286/17和Add. 1
91	美国—对来自墨西哥的石油工业用管材反倾销措施	28-11-2005 WT/DS282/10	20-12-2005 WT/DSB/M/202	15-02-2006 WT/DS282/11	28-11-2005至28-05-2006（6个月）	（见第四部分）
92	韩国—对来自印度尼西亚特定纸张进口征收反倾销税	28-11-2005 WT/DS312/5	20-12-2005 WT/DSB/M/202	10-02-2006 WT/DS312/6	28-11-2005至28-07-2006（8个月）	（见第四部分）
93	墨西哥—对于牛肉和稻米的反倾销措施：对于稻米的上诉	20-12-2005 WT/DS295/9	19-01-2006 WT/DS295/10	18-05-2006 WT/DS295/12	20-12-2005至20-08-2006［8个月，考虑到专家组报告第8.1和8.3段和上诉机构报告第350（b）和（c）段］20-12-2005至20-12-2006［12个月，考虑到专家组报告第8.5段和上诉机构报告第350（d）段］	WT/DS295/13和Add－1
94	墨西哥— 对于非酒精饮料及其他饮料征税	24-03-2006 WT/DS308/13	21-04-2006 WT/DSB/M/210	03-07-2006 WT/DS308/15	24-03-2006至01-01-2007（9个月零8天）或者如果墨西哥国会在2006年12月1日-31日间制定法律停止此措施24-03-2006至31-01-2007（10个月零7天）	WT/DS308/16

续 表

序号	案件	通过专家组及上诉机构报告（日-月-年）	通知执行争端解决机构建议的意向（日-月-年）	确定合理时限（日-月-年）	根据DSU第21.3条确定的合理期限	根据DSU第21.6条争端解决机构对执行的监督
95	美国—计算倾销差额（归零法）的法律、规则及方法	09-05-2006 WT/DS294/17	30-05-2006 WT/DSB/M/213	28-07-2006 WT/DS294/19	09-05-2006至 09-04-2007 （11个月）	WT/DS294/20 和Add—1 至Add—6
96	欧盟—影响生物科技产品审批及营销的措施	21-11-2006 WT/DS291/33 WT/DS292/27 WT/DS293/27	19-12-2006 WT/DSB/M/224	21-06-2007 WT/DS291/35	21-11-2006至 21-11-2007 （12个月）	
97	欧盟—特定海关措施	11-12-2006 WT/DS315/15	19-12-2006 WT/DSB/M/224			
98	美国—关于归零法及日落复审措施	23-01-2007 WT/DS322/15	20-02-2007 WT/DSB/M/226	04-05-2007 WT/DS322/20	23-01-2007至 24-12-2007 （11个月）	WT/DS322/22 和Add.1至Add.2
99	美国—对来自厄瓜多尔虾征收反倾销税	20-02-2007 WT/DS335/9	20-03-2007 WT/DSB/M/228	26-03-2007 WT/DS335/10	20-02-2007至 20-08-2007 （6个月）	2007年8月，美国宣布已按争端解决机构建议和裁决执行 WT/DSB/M/238
100	墨西哥—对来自危地马拉的钢管征收反倾销税	24-07-2007 WT/DS331/5	23-08-2007 WT/DS331/6	25-09-2007 WT/DS331/7	24-07-2007至 24-01-2008 （6个月）	2008年1月24日，墨西哥宣布已按争端解决机构建议和裁决执行 WT/DSB/M/248
101	土耳其—影响大米进口的措施	22-10-2007 WT/DS334/8	20-11-2007 WT/DS334/10	09-04-2008 WT/DS334/12	22-10-2007至 22-04-2008 （6个月）	WT/DS334/14
102	巴西—影响翻新轮胎进口的措施	17-12-2007 WT/DS332/12	15-01-2008 WT/DSB/M/244	29-08-2008 WT/DS332/16 （通过仲裁）	17-12-2007至 11-12-2008 （12个月）	
103	日本—对来自韩国的动态随机存储器征收反补贴税	17-12-2007 WT/DS336/12	15-01-2008 WT/DSB/M/244	05-05-2008 WT/DS336/16 （通过仲裁）	17-12-2007至 01-09-2008 （8个月零2星期）	（见第四部分）
104	欧盟—对产自挪威人工养殖的鲑鱼采取反倾销措施	15-01-2008 WT/DS337/6	08-02-2008 WT/DSB/M/246	06-05-2008 WT/DS337/8	15-01-2008至 15-11-2008 （10个月）	争端解决机构于2008年8月1日开会宣布撤销该措施，于2008年7月20日生效 WT/DSB/M/254
105	美国—对产自墨西哥的不锈钢采取最终反倾销措施	20-05-2008 WT/DS344/10	02-06-2008 WT/DSB/M/251	31-10-2008 WT/DS344/15 （通过仲裁）	20-05-2008至 30-04-2009 （11个零10天）	

续 表

序号	案件	通过专家组及上诉机构报告（日-月-年）	通知执行争端解决机构建议的意向（日-月-年）	确定合理时限（日-月-年）	根据 DSU 第 21.3 条确定的合理期限	根据 DSU 第 21.6 条争端解决机构对执行的监督
106	美国—与来自泰国虾有关的措施	01-08-2008 WT/DS343/14	29-08-2008 WT/DSB/M/255	31-10-2008 WT/DS343/16	01-08-2008 至 01-04-2009 （8 个月）	在 2009 年 4 月 20 日争端解决机构会议上，美国说明其已按争端解决机构的建议和规则执行 WT/DSB/M/267
107	美国—海关保税指令	01-08-2008 WT/DS345/13	29-08-2008 WT/DSB/M/255	31-10-2008 WT/DS345/15	01-08-2008 至 01-04-2009 （8 个月）	在 2009 年 4 月 20 日争端解决机构会议上，美国说明其已按争端解决机构的建议和规则执行 WT/DSB/M/267
108	墨西哥—对从欧盟进口的橄榄油采取最终反补贴措施	21-10-2008 WT/DS341/5	17-11-2008 WT/DSB/M/259			在 2008 年 12 月 11 日争端解决机构会议上，墨西哥说明其已按争端解决机构的建议和规则执行 WT/DSB/M/260
109	美国—欧盟继续要求中止在荷尔蒙案件中的义务	14-11-2008 WT/DS320/18	11-12-2008 WT/DSB/M/260			
110	加拿大—欧盟继续要求中止在荷尔蒙案件中的义务	14-11-2008 WT/DS321/16	11-12-2008 WT/DSB/M/260			
111	中国—影响汽车零部件进口的措施	12-01-2009 WT/DS339/14 WT/DS340/14 WT/DS342/14	11-02-2009 WT/DSB/M/264	27-02-2009 WT/DS339/15 WT/DS340/15 WT/DS342/15	12-01-2009 至 01-09-2009 （7 个月 零 20 天）	在 2009 年 8 月 31 日争端解决机构会议上，中国说明其已使其措施与争端解决机构的建议和裁决一致 WT/DSB/M/273
112	美国—继续存在和运用归零法	19-02-2009 WT/DS350/15	20-03-2009 WT/DSB/M/266	02-06-2009 WT/DS350/17	19-02-2009 至 19-12-2009 （10 个月）	
113	中国—影响知识产权保护和执法的措施	20-03-2009 WT/DS362/10	20-04-2009 WT/DSB/M/267	29-06-2009 WT/DS362/13	20-03-2009 至 20-03-2010 （12 个月）	
114	哥伦比亚—对港口入境的价格限制要求	20-05-2009 WT/DS366/9	19-06-2009 WT/DSB/M/270			

第四部分
援引《关于争端解决规则与程序的谅解》第21.5条

序号	案件	援引第21.5条(日-月-年)	提交原专家组(日-月-年)	散发专家组报告(日-月-年)	通知上诉(日-月-年)	散发上诉机构报告(日-月-年)	通过专家组和/或上诉机构报告(日-月-年)
1	欧盟—香蕉进口、销售和分销	15-12-1998 欧盟 WT/DS27/40 18-12-1998 厄瓜多尔 WT/DS27/41	12-01-1999 WT/DSB/M/53 欧盟、厄瓜多尔	12-04-1999 WT/DS27/RW/ECU WT/DS27/RW/EEC和Corr—1	N. A.	N. A.	06-05-1999 WT/DSB/M/61 (WT/DS27/RW/ECU)
2	澳大利亚—影响鲑鱼进口的措施	28-07-1999 加拿大 WT/DS18/14	28-07-1999 WT/DSB/M/66	18-02-2000 WT/DS18/RW	N. A.	N. A.	20-03-2000 WT/DSB/M/77
3	澳大利亚—对于汽车皮革制造商和生产商提供的补贴	04-10-1999 美国 WT/DS126/8	14-10-1999 WT/DSB/M/69	21-01-2000 WT/DS126/RW和Corr—1	N. A.	N. A.	11-02-2000 WT/DSB/M/75
4	巴西—对于航行器出口融资	26-11-1999 加拿大 WT/DS46/13	09-12-1999 WT/DSB/M/72	09-05-2000 WT/DS46/RW	22-05-2000 巴西 WT/DS46/17	21-07-2000 WT/DS46/AB/RW	04-08-2000 WT/DSB/M/87
5	加拿大—影响民用航行器措施	23-11-1999 巴西 WT/DS70/9	09-12-1999 WT/DSB/M/72	09-05-2000 WT/DS70/RW	22-05-2000 巴西 WT/DS70/12	21-07-2000 WT/DS70/AB/RW	04-08-2000 WT/DSB/M/87
6	美国—对来自韩国的计算机动态随机存取存储器芯片征收反倾销税	07-04-2000 韩国 WT/DS99/8	25-04-2000 WT/DSB/M/79	07-11-2000 WT/DS99/RW (双方达成协议)	N. A.	N. A.	N. A.
7	美国—对特定虾及虾类产品进口限制	13-10-2000 马来西亚 WT/DS58/17	23-10-2000 WT/DSB/M/91	15-06-2001 WT/DS58/RW	23-07-2001 马来西亚 WT/DS58/20	22-10-2001 WT/DS58/AB/RW	21-11-2001 WT/DSB/M/113
8	墨西哥—对来自美国的高果糖玉米浆开展反倾销调查	13-10-2000 美国 WT/DS132/6	23-10-2000 WT/DSB/M/91	22-06-2001 WT/DS132/RW	24-07-2001 墨西哥 WT/DS132/10	22-10-2001 WT/DS132/AB/RW	21-11-2001 WT/DSB/M/113
9	美国—“海外销售公司”税收待遇	07-12-2000 欧盟 WT/DS108/16	20-12-2000 WT/DSB/M/95	20-08-2001 WT/DS108/RW	15-10-2001 美国 WT/DS108/21	14-01-2002 WT/DS108/AB/RW	29-01-2002 WT/DSB/M/118
10	巴西—对于航行器出口资金融通：加拿大再次援引《关于争端解决规则与程序的谅解》第21.5条	19-01-2001 加拿大 WT/DS46/26	16-02-2001 WT/DSB/M/99	26-07-2001 WT/DS46/RW/2	N. A.	N. A.	23-08-2001 WT/DSB/M/108

续 表

序号	案件	援引第21.5条（日-月-年）	提交原专家组（日-月-年）	散发专家组报告（日-月-年）	通知上诉（日-月-年）	散发上诉机构报告（日-月-年）	通过专家组和/或上诉机构报告（日-月-年）
11	加拿大—影响牛奶进口及奶制品出口的措施	16-02-2001 美国 WT/DS103/16 16-02-2001 新西兰 WT/DS113/16	01-03-2001 WT/DSB/M/100	11-07-2001 WT/DS103/RW WT/DS113/RW	04-09-2001 加拿大 WT/DS103/20 WT/DS113/20	03-12-2001 WT/DS103/AB/RW WT/DS113/AB/RW	18-12-2001 WT/DSB/M/116
12	加拿大—影响牛奶进口及奶制品出口的措施：美国和新西兰再次引用第21.5条	06-12-2001 美国 WT/DS103/23 06-12-2001 新西兰 WT/DS113/23	18-12-2001 WT/DSB/M/116	26-07-2002 WT/DS103/RW/2 WT/DS113/RW/2	23-09-2002 加拿大 WT/DS103/28 WT/DS113/28	20-12-2002 WT/DS103/AB/RW2 WT/DS113/AB/RW2	17-01-2003 WT/DSB/M/141
13	欧盟—对于来自印度棉质床单进口征收反倾销税	07-05-2002 印度 WT/DS141/13/Rev—1	22-05-2002 WT/DSB/M/124 和 Corr—1	29-11-2002 WT/DS141/RW	08-01-2003 印度 WT/DS141/16	08-04-2003 WT/DS141/AB/RW	24-04-2003 WT/DSB/M/148
14	美国—对来自欧盟特定产品反补贴措施	17-03-2004 欧盟 WT/DS212/14	27-09-2004 WT/DS212/15 WT/DSB/M/176	17-08-2005 WT/DS212/RW	N. A.	N. A.	27-09-2005 WT/DSB/M/198
15	智利—对特定农产品相关的综合价格制度及保障措施	19-05-2004 阿根廷 WT/DS207/17	20-01-2006 WT/DS207/18 WT/DSB/M/203				
16	日本—影响苹果进口的措施	19-07-2004 美国 WT/DS245/11	30-07-2004 WT/DSB/M/174	23-06-2005 WT/DS245/RW	N. A.	N. A.	20-07-2005 WT/DSB/M/194
17	美国—对来自加拿大的软木最终反补贴税决定	04-01-2005 加拿大 WT/DS257/15	14-01-2005 WT/DSB/M/181	01-08-2005 WT/DS257/RW	06-09-2005 美国 WT/DS257/22	05-12-2005 WT/DS257/AB/RW	20-12-2005 WT/DSB/M/202
18	美国—"海外销售公司"税收待遇：欧盟再次援引第21.5条	14-01-2005 欧盟 WT/DS108/29	17-02-2005 WT/DSB/M/183	30-09-2005 WT/DS108/RW2	14-11-2005 美国 WT/DS108/32	13-02-2006 WT/DS108/AB/RW2	14-03-2006 WT/DS108/36
19	美国—国际贸易委员会对加拿大软木的调查	15-02-2005 加拿大 WT/DS277/8	25-02-2005 WT/DSB/M/184	15-11-2005 WT/DS277/RW	13-01-2006 加拿大 WT/DS277/16	13-04-2006 WT/DS277/AB/RW	09-05-2006 WT/DS277/19
20	美国—对加拿大软木的最终倾销决定	19-05-2005 加拿大 WT/DS264/16	01-06-2005 WT/DSB/M/190	03-04-2006 WT/DS264/RW	17-05-2006 加拿大 WT/DS264/25	15-08-2006 WT/DS264/AB/RW	01-09-2006 WT/DS264/28

续 表

序号	案件	援引第21.5条（日-月-年）	提交原专家组（日-月-年）	散发专家组报告（日-月-年）	通知上诉（日-月-年）	散发上诉机构报告（日-月-年）	通过专家组和/或上诉机构报告（日-月-年）
21	欧盟—香蕉进口制度及ACP-EC合作伙伴协定	30-11-2005 洪都拉斯 WT/DS27/62 30-11-2005 巴拿马 WT/DS27/63 30-11-2005 尼加拉瓜 WT/DS27/64					
22	美国—对来自阿根廷石油工业用管材的反倾销措施日落复审	26-01-2006 阿根廷 WT/DS268/15	17-03-2006 WT/DS268/16 WT/DSB/M/207	30-11-2006 WT/DS268/RW	12-01-2007 美国 WT/DS268/19	12-04-2007 WT/DS268/AB/RW	11-05-2007 WT/DSB/M/231
23	美国—影响博彩业跨境交付的措施	08-06-2006 安提瓜和巴布达 WT/DS285/17	19-07-2006 WT/DS285/18 WT/DSB/M/217	30-03-2007 WT/DS285/RW	N. A.	N. A.	22-05-2007 WT/DSB/M/232
24	美国—陆地棉补贴	18-08-2006 巴西 WT/DS267/30	28-09-2006 WT/DSB/M/220	18-12-2007 WT/DS267/RW和Corr—1	12-02-2008 美国 WT/DS267/33	02-06-2008 WT/DS267/AB/RW	20-06-2008 WT/DSB/M/252
25	美国—对来自墨西哥的石油工业用管材反倾销措施	21-08-2006 墨西哥 WT/DS282/13					
26	韩国—对来自印度尼西亚特定纸张进口征收反倾销税	26-10-2006 印度尼西亚 WT/DS312/8		28-09-2007 WT/DS312/RW	N. A.	N. A.	22-10-2007 WT/DS312/12
27	欧盟—关于香蕉进口、销售和分销的制度	16-11-2006 厄瓜多尔 WT/DS27/65	20-03-2007 WT/DS27/80 WT/DSB/M/228	07-04-2008 WT/DS27/RW2/ECU	28-08-2008 欧盟 WT/DS27/89		
28	欧盟—关于香蕉进口、销售和分销的制度	29-06-2007 美国 WT/DS27/83	12-07-2007 WT/DSB/M/235	19-05-2008 WT/DS27/RW/USA和Corr—1	28-08-2008 欧盟 WT/DS27/90		
29	美国—计算倾销幅度的法律、法规和方法（“归零法”）	09-07-2007 欧盟 WT/DS294/22	25-09-2007 WT/DS294/25 WT/DSB/M/239	17-12-2008 WT/DS294/RW	13-02-2009 欧盟 WT/DS294/28	14-05-2009 WT/DS294/AB/RW和Corr—1	11-06-2009 WT/DSB/M/269

续 表

序号	案件	援引第21.5条（日-月-年）	提交原专家组（日-月-年）	散发专家组报告（日-月-年）	通知上诉（日-月-年）	散发上诉机构报告（日-月-年）	通过专家组和/或上诉机构报告（日-月-年）
30	美国—与归零法和日落复审相关的措施	07-04-2008 日本 WT/DS322/27	18-04-2008 WT/DSB/M/249	24-04-2009 WT/DS322/RW	20-05-2009 美国 WT/DS322/32	18-08-2009 WT/DS322/AB/RW	31-08-2009 WT/DSB/M/273
31	日本—对来自韩国的动态随机存储器征收反补贴税	09-09-2008 韩国 WT/DS336/19	23-09-2008 WT/DSB/M/256 23-09-2008 WT/DSB/M/256 2009年3月4日，韩国要求专家组中止工作 WT/DS336/22				
32	欧盟—与肉及肉制品有关的措施（荷尔蒙）	22-12-2008 欧盟 WT/DS26/23					
33	欧盟—与肉及肉制品有关的措施（荷尔蒙）	22-12-2008 欧盟 WT/DS48/21					
34	美国—对从墨西哥进口的不锈钢采取最终反倾销措施	19-08-2009 墨西哥 WT/DS344/18					

第五部分
援引《关于争端解决规则与程序的谅解》第22条

序号	案件	援引第22条	在第22.6下进行仲裁	仲裁人报告	由争端解决机构授权中止减让
1	欧盟—香蕉进口、销售和分销	14-01-1999 美国 WT/DS27/43	29-01-1999 欧盟 WT/DS27/46	09-04-1999 WT/DS27/ARB	根据美国要求 （WT/DS27/49）于 19-04-1999争端 解决机构会议上授权 （WT/DSB/M/59）
2	欧盟—香蕉进口、销售和分销	08-11-1999 厄瓜多尔 WT/DS27/52	19-11-1999 欧盟 WT/DS27/53	24-03-2000 WT/DS27/ ARB/ECU	根据厄瓜多尔要求 （WT/DS27/54）于 18-05-2000争端 解决机构会议上授权 （WT/DSB/M/80）
3	欧盟—关于肉及肉制品措施（激素）	17-05-1999 美国 WT/DS26/19 20-05-1999 加拿大 WT/DS48/17	02-06-1999 欧盟 WT/DS26/20 WT/DS48/18	12-07-1999 WT/DS26/ARB WT/DS48/ARB	根据美国要求 （WT/DS26/21） 和加拿大要求 （WT/DS48/19） 于26-07-1999争端 解决机构会议上授权 （WT/DSB/M/65）
4	澳大利亚—影响鲑鱼进口的措施	15-07-1999 加拿大 WT/DS18/12	27-07-1999 澳大利亚 WT/DS18/13	N. A.	N. A.
5	巴西—对于航行器出口融资	10-05-2000 加拿大 WT/DS46/16	22-05-2000 巴西 WT/DS46/18	28-08-2000 WT/DS46/ARB	根据加拿大要求 （WT/DS46/25） 于12-12-2000争端 解决机构会议上授权 （WT/DSB/M/94）
6	美国—“海外销售公司”税收待遇	17-11-2000 欧盟 WT/DS108/13	28-11-2000 美国 WT/DS108/17	30-08-2002 WT/DS108/ARB	根据欧盟要求 （WT/DS108/26） 于07-05-2003 的争端解决机构 会议上授权 （WT/DSB/M/149）
7	加拿大—影响牛奶进口及奶制品出口的措施	16-02-2001 美国 WT/DS103/17 16-02-2001 新西兰 WT/DS113/17	28-02-2001 加拿大 WT/DS103/18 WT/DS113/18		
8	美国—1916年反倾销法	07-01-2002 欧盟 WT/DS136/15 07-01-2002 日本 WT/DS162/18	17-01-2002 美国 WT/DS136/16 WT/DS162/19	24-02-2004 WT/DS136/ARB	

续 表

序号	案件	援引第 22 条	在第 22.6 下进行仲裁	仲裁人报告	由争端解决机构授权中止减让
9	美国—美国版权法第 110(5) 节	07-01-2002 欧盟 WT/DS160/19	17-01-2002 美国 WT/DS160/20		
10	加拿大—地区性航空器的出口信贷保证	23-05-2002 巴西 WT/DS222/7 和 Corr—1	21-06-2002 加拿大 WT/DS222/8	17-02-2003 WT/DS222/ARB	根据巴西要求(WT/DS222/10) 于 18-03-2003 争端解决机构会议上授权(WT/DSB/M/145)
11	美国—2000 年持续性倾销及补贴补偿法案	15-01-2004 巴西 WT/DS217/20 智利 WT/DS217/21 欧盟 WT/DS217/22 印度 WT/DS217/23 日本 WT/DS217/24 韩国 WT/DS217/25 加拿大 WT/DS234/25 墨西哥 WT/DS234/26 和 Corr—1	23-01-2004 美国 WT/DS217/26 WT/DS217/27 WT/DS217/28 WT/DS217/29 WT/DS217/30 WT/DS217/31 WT/DS234/27 WT/DS234/28	31-08-2004 WT/DS217/ARB/BRA WT/DS217/ARB/CHL WT/DS217/ARB/EEC WT/DS217/ARB/IND WT/DS217/ARB/JPN WT/DS217/ARB/KOR WT/DS234/ARB/CAN WT/DS234/ARB/MEX	根据巴西要求(WT/DS217/38) 欧盟 (WT/DS217/39) 印度 (WT/DS217/40) 日本 (WT/DS217/41) 韩国 (WT/DS217/42) 加拿大 (WT/DS234/31) 墨西哥 (WT/DS234/32) 于 26-11-2004 在争端解决机构会议上授权(WT/DSB/M/178) 根据智利 (WT/DS217/43) 要求，于 17-12-2004 在争端解决机构会议上授权(WT/DSB/M/180)
12	日本—影响苹果进口的措施	19-07-2004 美国 WT/DS245/12	29-07-2004 日本 WT/DS245/13		
13	美国—对来自加拿大的软木最终反补贴税决定	04-01-2005 加拿大 WT/DS257/16	13-01-2005 美国 WT/DS257/17		
14	美国—国际贸易委员会对加拿大软木的调查	15-02-2005 加拿大 WT/DS277/9	23-02-2005 美国 WT/DS277/10		
15	美国—对加拿大软木的最终倾销决定	19-05-2005 加拿大 WT/DS264/17	31-05-2005 美国 WT/DS264/19		
16	美国—陆地棉补贴（Ⅰ）	05-07-2005 巴西 WT/DS267/21	14-07-2005 美国 WT/DS267/23	31-08-2009 WT/DS267/ARB/1	
17	美国—陆地棉补贴（Ⅱ）	06-10-2005 巴西 WT/DS267/26	17-10-2005 美国 WT/DS267/27	31-08-2009 WT/DS267/ARB/2 和 Corr—1	
18	美国—对来自阿根廷石油工业用管材的反倾销措施日落复审	21-05-2007 阿根廷 WT/DS268/24	01-06-2007 美国 WT/DS268/25		

续表

序号	案件	援引第22条	在第22.6下进行仲裁	仲裁人报告	由争端解决机构授权中止减让
19	美国—影响博彩业跨境交付的措施	21-06-2007 安提瓜和巴布达 WT/DS285/22	23-07-2007 美国 WT/DS285/23	21-12-2007 WT/DS285/ARB	
20	美国—与归零法和日落复审相关的措施	10-01-2008 日本 WT/DS322/23 10-01-2008 日本 WT/DS322/24	18-01-2008 美国 WT/DS322/25		
21	欧盟—影响生物科技产品审批和营销的措施	17-01-2008 美国 WT/DS291/39	06-02-2008 欧盟 WT/DS291/40		

附录 2：1995—2009 年上诉机构受理的案件

1. 上诉案件数量（1995—2009 年）

年份	数量	最初上诉程序	第 21.5 条上诉程序
1995	0	0	0
1996	4	4	0
1997	6	6	0
1998	8	8	0
1999	9	9	0
2000	13	11	2
2001	9	5	4
2002	7	6	1
2003	6	5	1
2004	5	5	0
2005	10	8	2
2006	5	3	2
2007	4	2	2
2008	13	10	3
2009	3	1	2
总数	102	83	19

2. 被上诉的专家组报告比率（1995—2009 年）

批准年份	所有专家组报告			非第 21.5 条专家组报告			第 21.5 条专家组报告		
	批准的专家组报告	被上诉的专家组报告	被上诉比率	批准的专家组报告	被上诉的专家组报告	被上诉比率	批准的专家组报告	被上诉的专家组报告	被上诉比率
1996	2	2	100%	2	2	100%	0	0	—
1997	5	5	100%	5	5	100%	0	0	—
1998	12	9	75%	12	9	75%	0	0	—
1999	10	7	70%	9	7	78%	1	0	—
2000	19	11	58%	15	9	60%	4	2	50%
2001	17	12	71%	13	9	69%	4	3	75%
2002	12	6	50%	11	5	45%	1	1	100%
2003	10	7	70%	8	5	63%	2	2	100%
2004	8	6	75%	8	6	75%	0	0	—
2005	20	12	60%	17	11	65%	3	1	33%
2006	7	6	86%	4	3	75%	3	3	100%
2007	10	5	50%	6	3	50%	4	2	50%
2008	11	9	82%	8	6	75%	3	3	100%
2009	8	6	75%	6	4	67%	2	2	100%
合计	151	103	68%	124	84	68%	27	19	70%

3. 上诉机构报告所涉及的WTO协议（1996—2009年）

年份	DSU	WTO协议	GATT 1994	农业	SPS	ATC	TBT	TRIMs	反倾销	进口许可证	SCM	安全保障	服务贸易总协定	TRIPs
1996	0	0	2	0	0	0	0	0	0	0	0	0	0	0
1997	4	1	5	1	0	2	0	0	0	1	1	0	1	1
1998	7	1	4	1	2	0	0	0	1	1	0	0	0	0
1999	7	1	6	1	1	0	0	0	0	0	2	1	0	0
2000	8	1	7	2	0	0	0	0	2	0	5	2	1	1
2001	7	1	3	1	0	1	1	0	4	0	1	2	0	0
2002	8	2	4	3	0	0	1	0	1	0	3	1	1	1
2003	4	2	3	0	1	0	0	0	4	0	1	1	0	0
2004	2	0	5	0	0	0	0	0	2	0	1	0	0	0
2005	9	0	5	2	0	0	0	0	2	0	4	0	1	0
2006	5	0	3	0	0	0	0	0	3	0	2	0	0	0
2007	5	0	2	1	0	0	0	0	2	0	1	0	0	0
2008	8	1	9	1	2	0	0	0	3	0	3	0	0	0
2009	3	0	4	0	0	0	0	0	3	0	0	0	1	0
合计	77	10	62	13	6	3	2	0	27	2	24	7	5	3

4. 上诉案件中的参与方及第三方（1995—2009年）

（1）统计概况

WTO成员方	上诉方	其他上诉方	被上诉方	第三方	总　数
安提瓜和巴布达	1	0	1	0	2
阿根廷	2	3	5	12	22
澳大利亚	2	1	5	23	31
巴巴多斯	0	0	0	1	1
伯利兹	0	0	0	4	4
贝宁	0	0	0	1	1
玻利维亚	0	0	0	1	1
巴西	8	4	12	23	47
喀麦隆	0	0	0	3	3
加拿大	10	7	16	15	48
乍得	0	0	0	2	2
智利	3	0	2	7	12
中国	4	1	2	26	33
哥伦比亚	0	0	0	7	7
哥斯达黎加	1	0	0	3	4
科特迪瓦	0	0	0	4	4
古巴	0	0	0	4	4
多米尼克	0	0	0	4	4
多米尼加共和国	1	0	1	3	5
厄瓜多尔	0	2	2	6	10
埃及	0	0	0	2	2
萨瓦尔多	0	0	0	2	2
欧盟	18	13	35	47	113
斐济	0	0	0	1	1

续 表

WTO成员方	上诉方	其他上诉方	被上诉方	第三方	总 数
加纳	0	0	0	2	2
格林纳达	0	0	0	1	1
危地马拉	1	1	1	4	7
圭亚那	0	0	0	1	1
洪都拉斯	1	1	2	1	5
中国香港	0	0	0	8	8
印度	6	2	7	23	38
印度尼西亚	0	0	1	1	2
以色列	0	0	0	1	1
牙买加	0	0	0	5	5
日本	6	4	11	38	59
肯尼亚	0	0	0	1	1
韩国	4	3	6	16	29
马达加斯加	0	0	0	1	1
马来西亚	1	0	1	0	2
毛里求斯	0	0	0	1	1
马拉维	0	0	0	2	2
墨西哥	5	1	4	27	37
新西兰	0	2	5	11	18
尼加拉瓜	0	0	0	4	4
尼日利亚	0	0	0	1	1
挪威	0	1	1	13	15
巴基斯坦	0	0	2	2	4
巴拿马	0	0	0	3	3
巴拉圭	0	0	0	5	5
秘鲁	0	0	1	2	3
菲律宾	1	0	1	1	3
波兰	0	0	1	0	1
塞内加尔	0	0	0	1	1
圣卢西亚	0	0	0	4	4
圣基茨和尼维斯	0	0	0	1	1
圣文森特和格林纳丁斯	0	0	0	3	3
苏里南	0	0	0	3	3
斯威士兰	0	0	0	1	1
瑞士	0	1	1	0	2
中国台北	0	0	0	19	19
坦桑尼亚	0	0	0	1	1
泰国	4	0	5	16	25
特立尼达和多巴哥	0	0	0	1	1
土耳其	1	0	0	1	2
美国	29	16	60	27	132
委内瑞拉	0	0	1	6	7
越南	0	0	0	2	2
总数	109	63	192	462	826

（2）年度详细信息

1996年

案　件	上诉方	其他上诉方	被上诉方	第三方
美国—汽油 WT/DS2/AB/R	美国	—	巴西 委内瑞拉	欧盟 挪威
日本—含酒精饮料Ⅱ WT/DS8/AB/R WT/DS10/AB/R WT/DS11/AB/R	日本	美国	加拿大 欧盟 日本 美国	—

1997年

案　件	上诉方	其他上诉方	被上诉方	第三方
美国—内衣裤 WT/DS24/AB/R	哥斯达黎加	—	美国	印度
巴西—可可粉 WT/DS22/AB/R	菲律宾	巴西	巴西 菲律宾	欧盟 美国
美国—羊毛衬衫及罩衫 WT/DS33/AB/R	印度	—	美国	—
加拿大—期刊 WT/DS31/AB/R	加拿大	美国	加拿大 美国	—
欧盟—香蕉Ⅲ WT/DS27/AB/R	欧盟	厄瓜多尔 危地马拉 洪都拉斯 墨西哥 美国	厄瓜多尔 欧盟 危地马拉 洪都拉斯 墨西哥 美国	伯利兹 喀麦隆 哥伦比亚 哥斯达黎加 科特迪瓦 多米尼克 多米尼加共和国 加纳 格林纳达 牙买加 日本 尼加拉瓜 圣卢西亚 圣文森特和格林纳丁斯 塞内加尔 苏里南 委内瑞拉
印度—专利权（美国） WT/DS50/AB/R	印度	—	美国	欧盟

1998 年

案　件	上诉方	其他上诉方	被上诉方	第三方
欧盟—激素 WT/DS26/AB/R WT/DS48/AB/R	欧盟	加拿大 美国	加拿大 欧盟 美国	澳大利亚 新西兰 挪威
阿根廷—纺织品及服装 WT/DS56/AB/R	阿根廷	—	美国	欧盟
欧盟—计算机设备 WT/DS62/AB/R WT/DS67/AB/R WT/DS68/AB/R	欧盟	—	美国	日本
欧盟—家禽 WT/DS69/AB/R	巴西	欧盟	巴西 欧盟	泰国 美国
美国—虾 WT/DS58/AB/R	美国	—	印度 马来西亚 巴基斯坦 泰国	澳大利亚 厄瓜多尔 欧盟 中国香港 墨西哥 尼日利亚
澳大利亚—鲑鱼 WT/DS18/AB/R	澳大利亚	加拿大	澳大利亚 加拿大	欧盟 印度 挪威 美国
危地马拉—水泥Ⅰ WT/DS60/AB/R	危地马拉	—	墨西哥	美国

1999 年

案　件	上诉方	其他上诉方	被上诉方	第三方
韩国—含酒精饮料 WT/DS75/AB/R WT/DS84/AB/R	韩国	—	欧盟 美国	墨西哥
日本—农产品Ⅱ WT/DS76/AB/R	日本	美国	日本 美国	巴西 欧盟
巴西—航行器 WT/DS46/AB/R	巴西	加拿大	巴西 加拿大	欧盟 美国
加拿大—航行器 WT/DS70/AB/R	加拿大	巴西	巴西 加拿大	欧盟 美国
印度—数量限制 WT/DS90/AB/R	印度	—	美国	—
加拿大—奶制品 WT/DS103/AB/R WT/DS113/AB/R	加拿大	—	新西兰 美国	—
土耳其—纺织品 WT/DS34/AB/R	土耳其	—	印度	中国香港 日本 菲律宾
智利—含酒精饮料 WT/DS87/AB/R WT/DS110/AB/R	智利	—	欧盟	墨西哥 美国
阿根廷—鞋类（欧盟） WT/DS121/AB/R	阿根廷	欧盟	阿根廷 欧盟	印度尼西亚 美国
韩国—奶制品 WT/DS98/AB/R	韩国	欧盟	韩国 欧盟	美国

2000 年

案　件	上诉人	其他上诉人	被上诉人	第三方
美国—海外销售公司 WT/DS108/AB/R	美国	欧盟	欧盟 美国	加拿大 日本
美国—热轧铅铋碳钢制品案Ⅱ WT/DS138/AB/R	美国	—	欧盟	巴西 墨西哥
加拿大—汽车 WT/DS139/AB/R	加拿大	欧盟 日本	加拿大 欧盟 日本	韩国 美国
巴西—航空器 (第 21.5 条—加拿大) WT/DS46/AB/RW	巴西	—	加拿大	欧盟 美国
加拿大—航空器 (第 21.5 条—巴西) WT/DS70/AB/RW	巴西	—	加拿大	欧盟 美国
美国—1916 年法案 WT/DS136/AB/R WT/DS162/AB/R	美国	欧盟 日本	欧盟 日本 美国	欧盟 印度 日本 墨西哥
加拿大—专利权保护 WT/DS170/AB/R	加拿大	—	美国	—
韩国—对牛肉的多种标准 WT/DS161/AB/R WT/DS169/AB/R	韩国	—	澳大利亚 美国	加拿大 新西兰
美国—特定欧盟产品 WT/DS165/AB/R	欧盟	美国	欧盟 美国	多米尼克 厄瓜多尔 印度 牙买加 日本 圣卢西亚
美国—麦麸 WT/DS166/AB/R	美国	欧盟	欧盟 美国	澳大利亚 加拿大 新西兰

2001 年

案　件	上诉方	其他上诉方	被上诉方	第三方
欧盟—棉质床单 WT/DS141/AB/R	欧盟	印度	欧盟 印度	埃及 日本 美国
欧盟—石棉 WT/DS135/AB/R	加拿大	欧盟	加拿大 欧盟	巴西 美国
泰国—工字梁 WT/DS122/AB/R	泰国	—	波兰	欧盟 日本 美国
美国—羔羊 WT/DS177/AB/R WT/DS178/AB/R	美国	澳大利亚 新西兰	澳大利亚 新西兰 美国	欧盟
美国—加热压光辊钢 WT/DS184/AB/R	美国	日本	日本 美国	巴西 加拿大 智利 欧盟 韩国

续 表

案 件	上诉方	其他上诉方	被上诉方	第三方
美国—棉纱 WT/DS192/AB/R	美国	—	巴基斯坦	欧盟 印度
美国—虾 (第 21.5 条—马来西亚) WT/DS58/AB/RW	马来西亚	—	美国	澳大利亚 欧盟 中国香港 印度 日本 墨西哥 泰国
墨西哥—玉米浆 (第 21.5 条—美国) WT/DS132/AB/RW	墨西哥	—	美国	欧盟
加拿大—奶制品 (第 21.5 条—新西兰和美国) WT/DS103/AB/RW WT/DS113/AB/RW	加拿大	—	新西兰 美国	欧盟

2002 年

案 件	上诉方	其他上诉方	被上诉方	第三方
美国—211 拨款法 WT/DS176/AB/R	欧盟	美国	欧盟 美国	—
美国—海外销售公司 (第 21.5 条—欧盟) WT/DS108/AB/RW	美国	欧盟	欧盟 美国	澳大利亚 加拿大 印度 日本
美国—直线管 WT/DS202/AB/R	美国	韩国	韩国 美国	澳大利亚 加拿大 欧盟 日本 墨西哥
印度—汽车Ⅱ WT/DS146/AB/R WT/DS175/AB/R	印度	—	欧盟 美国	韩国
智利—综合价格制度 WT/DS207/AB/R	智利	—	阿根廷	澳大利亚 巴西 哥伦比亚 厄瓜多尔 欧盟 巴拉圭 美国 委内瑞拉
欧盟—沙丁鱼 WT/DS231/AB/R	欧盟	—	秘鲁	加拿大 智利 厄瓜多尔 美国 委内瑞拉

续 表

案 件	上诉方	其他上诉方	被上诉方	第三方
美国—碳钢 WT/DS213/AB/R	美国	欧盟	欧盟 美国	日本 挪威
美国—特定欧盟产品补偿措施 WT/DS212/AB/R	美国	—	欧盟	巴西 印度 墨西哥
加拿大—奶制品 (第21.5条—新西兰和美国Ⅱ) WT/DS103/AB/RW2 WT/DS113/AB/RW2	加拿大	—	新西兰 美国	阿根廷 澳大利亚 欧盟

2003年

案 件	上诉方	其他上诉方	被上诉方	第三方
美国—抵消法案 (伯德修正案) WT/DS217/AB/R WT/DS234/AB/R	美国	—	澳大利亚 巴西 加拿大 智利 欧盟 印度 印度尼西亚 日本 韩国 墨西哥 泰国	阿根廷 哥斯达黎加 中国香港 以色列 挪威
欧盟—棉质床单 (第21.5条—印度) WT/DS141/AB/RW	印度	—	欧盟	日本 韩国 美国
欧盟—管道配件 WT/DS219/AB/R	巴西	—	欧盟	智利 日本 墨西哥 美国
美国—钢铁安全装置 WT/DS248/AB/R WT/DS249/AB/R WT/DS251/AB/R WT/DS252/AB/R WT/DS253/AB/R WT/DS254/AB/R WT/DS258/AB/R WT/DS259/AB/R	美国	巴西 中国 欧盟 日本 韩国 新西兰 挪威 瑞士	巴西 中国 欧盟 日本 韩国 新西兰 挪威 瑞士 美国	加拿大 古巴 墨西哥 中国台北 泰国 土耳其 委内瑞拉
日本—苹果 WT/DS245/AB/R	日本	美国	日本 美国	澳大利亚 巴西 欧盟 新西兰 中国台北
美国—不锈钢日落复审 WT/DS244/AB/R	日本	—	美国	巴西 智利 欧盟 印度 韩国 挪威

2004 年

案　件	上诉方	其他上诉方	被上诉方	第三方
美国—软木Ⅳ WT/DS257/AB/R	美国	加拿大	加拿大 美国	欧盟 印度 日本
欧盟—歧视性关税 WT/DS246/AB/R	欧盟	—	印度	玻利维亚 巴西 哥伦比亚 哥斯达黎加 古巴 厄瓜多尔 萨尔瓦多 危地马拉 洪都拉斯 毛里求斯 尼加拉瓜 巴基斯坦 巴拿马 巴拉圭 秘鲁 美国 委内瑞拉
美国—软木Ⅴ WT/DS264/AB/R	美国	加拿大	加拿大 美国	欧盟 印度 日本
加拿大—小麦出口和谷物进口 WT/DS276/AB/R	美国	加拿大	加拿大 美国	澳大利亚 中国 欧盟 墨西哥 中国台北
美国—石油国家工业用管材日落复审 WT/DS268/AB/R	美国	阿根廷	阿根廷 美国	欧盟 日本 韩国 墨西哥 中国台北

2005 年

案　件	上诉方	其他上诉方	被上诉方	第三方
美国—细绒棉 WT/DS267/AB/R	美国	巴西	巴西 美国	阿根廷 澳大利亚 贝宁 加拿大 乍得 中国 欧盟 印度 新西兰 巴基斯坦 巴拉圭 中国台北 委内瑞拉

续 表

案 件	上诉方	其他上诉方	被上诉方	第三方
美国—博彩业 WT/DS285/AB/R	美国	安提瓜和巴布达	安提瓜和巴布达 美国	加拿大 欧盟 日本 墨西哥 中国台北
欧盟—糖类出口补贴 WT/DS265/AB/R WT/DS266/AB/R WT/DS283/AB/R	欧盟	澳大利亚 巴西 泰国	澳大利亚 巴西 欧盟 泰国	巴巴多斯 伯利兹 加拿大 中国 哥伦比亚 科特迪瓦 古巴 斐济 圭亚纳 印度 牙买加 肯尼亚 马达加斯加 马拉维 毛里求斯 新西兰 巴拉圭 圣基茨和尼维斯 瑞士 坦桑尼亚 特立尼达和多巴哥 美国
多米尼加共和国—烟草进口和销售 WT/DS302/AB/R	多米尼加共和国	洪都拉斯	多米尼加共和国 洪都拉斯	中国 萨尔瓦多 欧盟 危地马拉 美国
美国—对计算机动态随机存取存储器芯片反补贴税调查案 WT/DS296/AB/R	美国	韩国	韩国 美国	中国 欧盟 日本 中国台北
欧盟—鸡块 WT/DS269/AB/R WT/DS286/AB/R	欧盟	巴西 泰国	巴西 欧盟 泰国	中国 美国
墨西哥—稻米反倾销措施 WT/DS295/AB/R	墨西哥	—	美国	中国 欧盟
美国—石油工业用管材反倾销措施 WT/DS282/AB/R	墨西哥	美国	墨西哥 美国	阿根廷 加拿大 中国 欧盟 日本 中国台北
美国—软木Ⅳ （第 21.5 条—加拿大） WT/DS257/AB/RW	美国	加拿大	加拿大 美国	中国 欧盟

2006 年

案　件	上诉方	其他上诉方	被上诉方	第三方
美国—海外销售公司（第 21.5 条—欧盟Ⅱ）WT/DS108/AB/RW2	美国	欧盟	欧盟 美国	澳大利亚 巴西 中国
墨西哥—不含酒精饮料税 WT/DS308/AB/R	墨西哥	—	美国	加拿大 中国 欧盟 危地马拉 日本
美国—软木Ⅵ（第 21.5 条—加拿大）WT/DS277/AB/RW	加拿大	—	美国	中国 欧盟
美国—归零法（欧盟）WT/DS294/AB/R	欧盟	美国	美国 欧盟	阿根廷 巴西 中国 中国香港 印度 日本 韩国 墨西哥 挪威 中国台北
美国—软木Ⅴ（第 21.5 条—加拿大）WT/DS264/AB/RW	加拿大	—	美国	中国 欧盟 印度 日本 新西兰 泰国
欧盟—特定海关事项案 WT/DS315/AB/R	美国	欧盟	欧盟 美国	阿根廷 澳大利亚 巴西 中国 中国香港 印度 日本 韩国 中国台北

2007 年

案　件	上诉方	其他上诉方	被上诉方	第三方
美国—归零法（日本）WT/DS322/AB/R	日本	美国	美国 日本	阿根廷 中国 欧盟 中国香港 印度 韩国 墨西哥 新西兰 挪威 泰国

续 表

案 件	上诉方	其他上诉方	被上诉方	第三方
美国—石油工业用管材日落复审（第 21.5 条—阿根廷）WT/DS268/AB/RW	美国	阿根廷	阿根廷 美国	中国 欧盟 日本 韩国 墨西哥
智利—价格综合制度（第 21.5 条—阿根廷）WT/DS207/AB/RW	智利	阿根廷	阿根廷 智利	澳大利亚 巴西 加拿大 中国 哥伦比亚 欧盟 秘鲁 泰国 美国
日本—计算机动态随机存取存储器芯片（韩国）WT/DS336/AB/R	日本	韩国	韩国 日本	欧盟 美国
巴西—翻新轮胎 WT/DS332/AB/R	欧盟	—	巴西	阿根廷 澳大利亚 中国 古巴 危地马拉 日本 韩国 墨西哥 巴拉圭 中国台北 泰国 美国

2008 年

案 件	上诉方	其他上诉方	被上诉方	第三方
美国—不锈钢（墨西哥）WT/DS344/AB/R	墨西哥	—	美国	智利 欧盟 日本 泰国 中国
美国—高地棉（第 21.5 条—巴西）WT/DS267/AB/RW	美国	巴西	巴西 美国	阿根廷 澳大利亚 加拿大 欧盟 日本 新西兰 乍得 中国 印度 泰国

续 表

案 件	上诉方	其他上诉方	被上诉方	第三方
美国—虾（泰国） WT/DS343/AB/R	泰国	美国	美国 泰国	巴西 智利 欧盟 日本 印度 韩国 越南 中国 墨西哥
美国—海关保税指令 WT/DS345/AB/R	印度	美国	美国 印度	巴西 欧盟 日本 泰国 中国
美国—要求取消报复措施 WT/DS320/AB/R	欧盟	美国	美国 欧盟	澳大利亚 巴西 新西兰 挪威 中国 印度 墨西哥 中国台北
加拿大—要求取消报复措施 WT/DS321/AB/R	欧盟	加拿大	加拿大 欧盟	澳大利亚 巴西 新西兰 挪威 中国 印度 墨西哥 中国台北
印度—进口附加税 WT/DS360/AB/R	美国	印度	印度 美国	澳大利亚 欧盟 日本 智利 越南
欧盟—香蕉Ⅲ （第 21.5 条—厄瓜多尔Ⅱ） WT/DS27/AB/RW2/ECU 和 Corr—1	欧盟	厄瓜多尔	厄瓜多尔 欧盟	伯利兹 喀麦隆 哥伦比亚 科特迪瓦 多米尼克 多米尼加共和国 加纳 牙买加 日本 尼加拉瓜 巴拿马 圣卢西亚 圣文森特和格林纳丁斯 苏里南 美国 巴西

续 表

案件	上诉方	其他上诉方	被上诉方	第三方
欧盟—香蕉Ⅲ （第21.5条—美国） WT/DS27/AB/RW/USA 和Corr—1	欧盟	—	美国	伯利兹 喀麦隆 哥伦比亚 科特迪瓦 多米尼克 多米尼加共和国 厄瓜多尔 牙买加 日本 尼加拉瓜 巴拿马 圣卢西亚 圣文森特和格林纳丁斯 苏里南 巴西 墨西哥
中国—汽车零部件（欧盟） WT/DS339/AB/R	中国	—	欧盟	阿根廷 澳大利亚 日本 巴西 墨西哥 中国台北 泰国
中国—汽车零部件（美国） WT/DS340/AB/R	中国	—	美国	阿根廷 澳大利亚 日本 巴西 墨西哥 中国台北 泰国
中国—汽车零部件（加拿大） WT/DS342/AB/R	中国	—	加拿大	阿根廷 澳大利亚 日本 巴西 墨西哥 中国台北 泰国

2009年

案件	上诉方	其他上诉方	被上诉方	第三方
美国—归零法 WT/DS350/AB/R	欧盟	美国	欧盟 美国	巴西 中国 埃及 印度 日本 韩国 墨西哥 挪威 中国台北 泰国

续 表

案 件	上诉方	其他上诉方	被上诉方	第三方
美国—归零法（欧盟）（第 21.5 条—欧盟）WT/DS294/AB/RW 和 Corr—1	欧盟	美国	欧盟 美国	印度 日本 韩国 墨西哥 挪威 中国台北 泰国
美国—归零法（日本）（第 21.5 条—日本）WT/DS322/AB/RW	美国	—	日本	中国 欧盟 中国香港 韩国 墨西哥 挪威 中国台北 泰国
中国—出版物和视听产品 WT/DS363/AB/R	中国	美国	中国 美国	澳大利亚 欧盟 日本 韩国 中国台北

5. WTO 争端解决报告及裁决（1995—2009 年）

简要标题	案件标题全称及出处
阿根廷—陶瓷	专家组报告，阿根廷—对于从意大利进口地板瓷砖的明确反倾销措施，WT/DS189/R，2001 年 11 月 15 日通过，DSR 2001：Ⅻ，6241
阿根廷—鞋类（欧盟）	上诉机构报告，阿根廷—鞋类进口安全标准措施，WT/DS121/AB/R，2000 年 1 月 12 日通过，DSR 2000：Ⅰ，515
阿根廷—鞋类（欧盟）	专家组报告，阿根廷—鞋类进口安全标准措施，WT/DS121/R，2000 年 1 月 12 日通过，上诉机构报告修改，WT/DS121/AB/R，DSR 2000：Ⅱ，575
阿根廷—皮革	专家组报告，阿根廷—影响牛皮出口及成皮进口措施，WT/DS155/R 和 Corr. 1，2001 年 2 月 16 日通过，DSR 2001：Ⅴ，1779
阿根廷—皮革	仲裁决议，阿根廷—影响牛皮出口及成皮进口措施—在 DSU 第 21.3（c）条下的仲裁，WT/DS155/10，2001 年 8 月 31 日，DSR 2001：Ⅻ，6013
阿根廷—家禽反倾销税	专家组报告，阿根廷—对来自巴西家禽的明确反倾销措施，WT/DS241/R，2003 年 5 月 19 日通过 DSR 2003：Ⅴ，1727
阿根廷—桃脯	专家组报告，阿根廷—对进口桃脯的明确保障措施，WT/DS238/R，2003 年 4 月 15 日通过，DSR 2003：Ⅲ，1037
阿根廷—纺织品及服装	上诉机构报告，阿根廷—影响鞋类、纺织品、服装和其他项目的进口措施，WT/DS56/AB/R 和 Corr. 1，1998 年 4 月 22 日通过，DSR 1998：Ⅲ，1003

续 表

简要标题	案件标题全称及出处
阿根廷—纺织品及服装	专家组报告，阿根廷—影响鞋类、纺织品、服装和其他项目的进口措施，WT/DS56/R，1998年4月22日通过，上诉机构报告修改，WT/DS56/AB/R，DSR 1998：Ⅲ，1033
澳大利亚—汽车皮革Ⅱ	专家组报告，澳大利亚—对汽车皮革生产商及出口商的补贴，WT/DS126/R，1999年6月16日，DSR 1999：Ⅲ，951
澳大利亚—汽车皮革Ⅱ（第21.5条—美国）	专家组报告，澳大利亚—对汽车皮革生产商及出口商的补贴—根据DSU第21.5条，WT/DS126/RW和Corr.1，通过2000年2月11日通过，DSR 2000：Ⅲ，1189
澳大利亚—鲑鱼	上诉机构报告，澳大利亚—影响鲑鱼进口措施，WT/DS18/AB/R，1998年11月6日通过，DSR 1998：Ⅷ，3327
澳大利亚—鲑鱼	专家组报告，澳大利亚—影响鲑鱼进口措施，WT/DS18/R和Corr.1，1998年11月6日通过，上诉机构报告修改，WT/DS18/AB/R，DSR 1998：Ⅷ，3407
澳大利亚—鲑鱼	仲裁决议，影响鲑鱼进口措施—第21.3条下的仲裁，WT/DS18/9，1999年2月23日，DSR 1999：Ⅰ，267
澳大利亚—鲑鱼（第21.5条—加拿大）	专家组报告，澳大利亚—影响鲑鱼进口措施—根据加拿大DSU第21.5条，WT/DS18/RW，2000年3月20日通过，DSR 2000：Ⅳ，2031
巴西—民用航空器	上诉机构报告，巴西—民用航空器出口资助计划，WT/DS46/AB/R，1999年8月20日通过，DSR 1999：Ⅲ，1161
巴西—民用航空器	专家组报告，巴西—民用航空器出口补贴计划，1999年8月20日通过，上诉机构报告修改，WT/DS46/AB/R，DSR 1999：Ⅲ，1221
巴西—民用航空器（第21.5条—加拿大）	上诉机构报告，巴西—民用航空器出口补贴计划—加拿大引用DSU第21.5条，WT/DS46/AB/RW，2000年8月4日通过，DSR 2000：Ⅷ，4067
巴西—民用航空器（第21.5条—加拿大）	专家组报告，巴西—民用航空器出口补贴计划—加拿大引用DSU第21.5条，WT/DS46/RW，2000年8月4日，上诉机构报告修改，WT/DS46/AB/RW，DSR 2000：Ⅸ，4093
巴西—民用航空器（第21.5条—加拿大Ⅱ）	专家组报告，巴西—民用航空器出口补贴计划—加拿大再次引用DSU第21.5条，WT/DS46/RW/2，2001年8月23日通过，DSR 2001：Ⅹ，5481
巴西—民用航空器（第22.6条—巴西）	仲裁决定，巴西—民用航空器出口补贴计划—巴西根据DSU第22.6条及SCM协议第4.11条提出仲裁，WT/DS46/ARB，2000年8月28日，DSR 2002：Ⅰ，19
巴西—可可粉	上诉机构报告，巴西—影响可可粉措施，WT/DS22/AB/R，1997年3月20日通过，DSR 1997：Ⅰ，167
巴西—可可粉	专家组报告，巴西—影响可可粉措施，WT/DS22/R，1997年3月20日通过，得到上诉机构报告支持，WT/DS22/AB/R，DSR 1997：Ⅰ，189
巴西—翻新轮胎	上诉机构报告，巴西—影响翻新轮胎进口的措施，WT/DS332/AB/R，2007年12月17日通过
巴西—翻新轮胎	专家组报告，巴西—影响翻新轮胎进口的措施，WT/DS332/R，2007年12月17日通过，上诉机构报告修改，WT/DS332/AB/R

续 表

简要标题	案件标题全称及出处
巴西—翻新轮胎（第 21.3（c）条）	仲裁决定，巴西—影响翻新轮胎进口的措施，—DSU 第 21.3（c）条下的仲裁，WT/DS332/16，2008 年 8 月 29 日
加拿大—民用航空器	上诉机构报告，加拿大—影响民用航空器出口措施，WT/DS70/AB/R，1999 年 8 月 20 日通过，DSR 1999：Ⅲ，1377
加拿大—民用航空器	专家组报告，加拿大—影响民用航空器出口措施，WT/DS70/R，1999 年 8 月 20 日通过，得到上诉机构报告支持，WT/DS70/AB/R，DSR 1999：Ⅳ，1443
加拿大—民用航空器（第 21.5 条—巴西）	上诉机构报告，加拿大—影响民用航空器出口措施—巴西引用 DSU 第 21.5 条，WT/DS70/AB/RW，2000 年 8 月 4 日通过，DSR 2000：Ⅸ，4299
加拿大—民用航空器（第 21.5 条—巴西）	专家组报告，加拿大—影响民用航空器出口措施—巴西引用 DSU 第 21.5 条，WT/DS70/RW，2000 年 8 月 4 日通过，上诉机构报告修改，WT/DS70/AB/RW，DSR 2000：Ⅸ，4315
加拿大—民用航空器信贷保证	专家组报告，加拿大—地区民用航空器出口信贷保证，WT/DS222/R 和 Corr. 1，2002 年 2 月 19 日，DSR 2002：Ⅲ，849
加拿大—民用航空器信贷保证（第 22.6 条—加拿大）	仲裁决定，加拿大—地区民用航空器出口信贷保证—加拿大引用 DSU 第 22.6 条 SCM 协议第 4.11 条，WT/DS222/ARB，2003 年 2 月 17 日，DSR 2003：Ⅲ，1187
加拿大—汽车	上诉机构报告，加拿大—影响汽车工业特定措施，WT/DS139/AB/R，WT/DS142/AB/R，2000 年 6 月 19 日通过，DSR 2000：Ⅳ，2985
加拿大—汽车	专家组报告，加拿大—影响汽车工业特定措施，WT/DS139/R，WT/DS142/R，2000 年 6 月 19 日，上诉机构报告修改，WT/DS139/AB/R，WT/DS142/AB/R，DSR 2000：Ⅶ，3043
加拿大—汽车（第 21.3（c）条）	仲裁决定，加拿大—影响汽车工业特定措施—DSU 第 21.3（c）条下的仲裁 WT/DS139/12，WT/DS142/12，2000 年 10 月 4 日，DSR 2000：Ⅹ，5079
加拿大—要求取消报复措施	上诉机构报告，加拿大—欧盟要求取消报复措施—荷尔蒙争端，WT/DS321/AB/R，2008 年 11 月 14 日通过
加拿大—要求取消报复措施	专家组报告，加拿大—欧盟要求取消报复措施—荷尔蒙争端，WT/DS321/AB/R，2008 年 11 月 14 日通过，上诉机构报告修改，WT/DS321/AB/R
加拿大—奶制品	上诉机构报告，加拿大—影响牛奶进口及奶制品出口的措施，WT/DS103/AB/R，WT/DS113/AB/R 及 Corr. 1，引自 1999 年 10 月 27 日 DSR 1999：Ⅴ，2057
加拿大—奶制品	专家组报告，加拿大—影响牛奶进口及奶制品出口的措施，WT/DS103/R，WT/DS113/R，1999 年 10 月 27 日通过，上诉机构报告修改，WT/DS103/AB/R，WT/DS113/AB/R，DSR 1999：Ⅳ，2097
加拿大—奶制品（第 21.5 条—新西兰和美国）	上诉机构报告，加拿大—影响牛奶进口及奶制品出口的措施—新西兰和美国引用 DSU 第 21.5 条，WT/DS103/AB/RW，WT/DS113/AB/RW，2001 年 12 月 18 日通过，DSR 2001：ⅩⅢ，6829
加拿大—奶制品（第 21.5 条—新西兰和美国）	专家组报告，加拿大—影响牛奶进口及奶制品出口的措施—新西兰和美国引用 DSU 第 21.5 条，WT/DS103/RW，WT/DS113/RW，2001 年 12 月 18 日通过，上诉机构报告驳回，WT/DS103/AB/RW，WT/DS113/AB/RW，DSR 2001：ⅩⅢ，6865

续 表

简要标题	案件标题全称及出处
加拿大—奶制品（第21.5条—新西兰和美国Ⅱ）	上诉机构报告，加拿大—影响牛奶进口及奶制品出口的措施—新西兰和美国引用DSU第21.5条，WT/DS103/AB/RW2，WT/DS113/AB/RW2，2003年1月17日通过，DSR 2003：Ⅰ，213
加拿大—奶制品（第21.5条—新西兰和美国Ⅱ）	专家组报告，加拿大—影响牛奶进口及奶制品出口的措施—新西兰和美国引用DSU第21.5条，WT/DS103/RW2，WT/DS113/RW2，2003年1月17日通过，上诉机构报告修改，WT/DS103/AB/RW2，WT/DS113/AB/RW2，DSR 2003：Ⅰ，255
加拿大—专利条款	上诉机构报告，加拿大—专利保护条款，WT/DS170/AB/R，2000年10月12日通过，DSR 2000：Ⅹ，5093
加拿大—专利条款	专家组报告，加拿大—专利保护条款，WT/DS170/R，2000年10月12日通过，得到上诉机构报告支持，WT/DS170/AB/R，DSR 2000：Ⅺ，5121
加拿大—专利条款	仲裁决定，加拿大—专利保护条款—DSU第21.3（c）条下仲裁，WT/DS170/10，2001年2月28日，DSR 2001：Ⅴ，2031
加拿大—杂志	上诉机构报告，加拿大—相关杂志特定措施，WT/DS31/AB/R，1997年7月30日通过，DSR 1997：Ⅰ，449
加拿大—期刊	专家组报告，加拿大—相关杂志特定措施，WT/DS31/R和Corr.1，1997年7月30日通过，上诉机构报告修改，WT/DS31/AB/R，DSR 1997：Ⅰ，481
加拿大—药品专利	专家组报告，加拿大—药品专利保护，WT/DS114/R，2000年4月7日通过，DSR 2000：Ⅴ，2289
加拿大—药品专利	仲裁决定，加拿大—药品专利保护—根据DSU第21.3（c）进行的仲裁，WT/DS114/13，2000年8月18日，DSR 2002：Ⅰ，3
加拿大—小麦出口和谷物进口	上诉机构报告，加拿大—小麦出口和谷物进口措施，WT/DS276/AB/R，2004年9月27日通过，DSR 2004：Ⅳ，2739
加拿大—小麦出口和谷物进口	专家组报告，加拿大—小麦出口和谷物进口措施，WT/DS276/R，2004年9月27日通过，得到上诉机构报告支持，WT/DS276/AB/R，DSR 2004：Ⅳ，2817
智利—酒精饮料	上诉机构报告，智利—酒精饮料税 WT/DS87/AB/R，WT/DS110/AB/R，2000年1月12日通过，DSR 2000：Ⅰ，281
智利—酒精饮料	专家组报告，智利—酒精饮料税，WT/DS87/R，WT/DS110/R，2000年1月12日通过，上诉机构报告修改，WT/DS87/AB/R，WT/DS110/AB/R，DSR 2000：Ⅰ，303
智利—酒精饮料	仲裁决定，智利—酒精饮料税—在DSU第21.3（c）条下仲裁，WT/DS87/15，WT/DS110/14，2000年5月23日，DSR 2000：Ⅴ，2583
智利—综合价格制度	上诉机构报告，智利—与特定农产品有关的综合价格制度和保障措施 WT/DS207/AB/R，2002年10月23日通过，DSR 2002：Ⅷ，3045
智利—综合价格制度	专家组报告，智利—与特定农产品有关的综合价格制度和保障措施，WT/DS207/R，2002年10月23日通过，上诉机构报告修改，WT/DS207AB/R，DSR 2002：Ⅷ，3127
智利—综合价格制度	仲裁决定，智利—与特定农产品有关的综合价格制度和保障措施—在DSU第21.3（c）条下仲裁，WT/DS207/13，2003年3月17日，DSR 2003：Ⅲ，1237

续 表

简要标题	案件标题全称及出处
智利—综合价格制度（第21.5条—阿根廷）	专家组报告，智利—与特定农产品有关的综合价格制度和保障措施—阿根廷引自DSU第21.5条，WT/DS207/RW和Corr.1，2006年12月8日转发给WTO成员
智利—综合价格制度（第21.5条—阿根廷）	专家组报告，智利—与特定农产品有关的综合价格制度和保障措施—阿根廷引自DSU第21.5条，WT/DS207/RW和Corr.1，2007年5月22日通过，得到上诉机构报告的支持，WT/DS207/AB/RW
中国—汽车零部件	上诉机构报告，中国—影响汽车零部件进口的措施，T/DS339/AB/R，WT/DS340/AB/R，WT/DS342/AB/R，2009年1月12日通过
中国—汽车零部件	专家组报告，中国—影响汽车零部件进口的措施，WT/DS339/R，WT/DS340/R，WT/DS342/R和Add.1和Add.2，2009年1月12日通过，得到上诉机构报告的支持，WT/DS339/AB/R，WT/DS340/AB/R，WT/DS342/AB/R
中国—知识产权	专家组报告，中国—影响知识产权保护和执法的措施，WT/DS362/R，2009年3月20日通过
中国—出版物和视听产品	上诉机构报告，中国—影响特定出版物和视听产品贸易和分销权的措施，WT/DS363/AB/R，2010年1月19日通过
中国—出版物和视听产品	专家组报告，中国—影响特定出版物和视听产品贸易和分销权的措施，WT/DS363/R和Corr.1，2010年1月19日通过，上诉机构报告修改，WT/DS363/AB/R
哥伦比亚—港口入境	专家组报告，哥伦比亚—对港口入境的价格限制要求，WT/DS366/R和Corr.1，2009年5月20日通过
哥伦比亚—港口入境（第21.3（c）条）	仲裁报告，哥伦比亚—对港口入境的价格限制要求，—在DSU第21.3（c）条下的仲裁，WT/DS366/13，2009年10月2日
多米尼加共和国—香烟的进口和销售	上诉机构报告，多米尼加共和国—影响香烟进口及国内销售的措施，WT/DS302/AB/R，2005年5月19日通过
多米尼加共和国—香烟的进口和销售	专家组报告，多米尼加共和国—影响香烟进口及国内销售的措施，WT/DS302/R，2005年5月19日通过，上诉机构报告修改，WT/DS302/AB/R
多米尼加共和国—香烟的进口和销售	仲裁报告，多米尼加共和国—影响香烟进口及国内销售的措施—在DSU第21.3（c）条下的仲裁WT/DS302/17，2005年8月29日
欧盟—科托努协议	仲裁决定，欧盟—科托努协议—根据2001年11月14日决定提请仲裁，WT/L/616，2005年8月1日
欧盟—科托努协议Ⅱ	仲裁决定，欧盟—科托努协议—根据2001年11月14日决定提请仲裁，WT/L/625，2005年10月27日
欧盟—生物科技产品批准及营销	专家组报告，欧盟—影响生物科技产品批准及营销的措施，WT/DS291/R，WT/DS292/R，WT/DS293/R，Corr.1和Add.1，2，3，4，5，6，7，8和9，2006年11月21日通过
欧盟—石棉	上诉机构报告，欧盟—影响石棉及含石棉产品的措施，WT/DS135/AB/R，2001年4月5日通过，DSR 2001：Ⅶ，3243
欧盟—石棉	专家组报告，欧盟—影响石棉及含石棉产品的措施，WT/DS135/R和Add.1，2001年4月5日通过，上诉机构报告修改，WT/DS135/AB/R，DSR 2001：Ⅷ，3305

续 表

简要标题	案件标题全称及出处
欧盟—香蕉Ⅲ	上诉机构报告，欧盟—香蕉进口、销售及分销区域，WT/DS27/AB/R，1997 年 9 月 25 日通过，DSR 1997：Ⅱ，591
欧盟—香蕉Ⅲ（厄瓜多尔）	专家组报告，欧盟—香蕉进口、销售及分销区域，厄瓜多尔提出上诉，WT/DS27/R/ECU，1997 年 9 月 25 日通过，上诉机构报告修改，WT/DS27/AB/R，DSR 1997：Ⅲ，1085
欧盟—香蕉Ⅲ（危地马拉和洪都拉斯）	专家组报告，欧盟—香蕉进口、销售及分销区域，危地马拉和洪都拉斯上诉，WT/DS27/R/GTM，WT/DS27/R/HND，1997 年 9 月 25 日通过，上诉机构报告修改，WT/DS27/AB/R，DSR 1997：Ⅱ，695
欧盟—香蕉Ⅲ（墨西哥）	专家组报告，欧盟—香蕉进口、销售及分销区域，墨西哥上诉，WT/DS27/R/MEX，1997 年 9 月 25 日通过，上诉机构报告修改，WT/DS27/AB/R，DSR 1997：Ⅱ，803
欧盟—香蕉Ⅲ（美国）	专家组报告，欧盟——香蕉进口、销售及分销区域，美国上诉，WT/DS27/R/USA，1997 年 9 月 25 日通过，上诉机构报告修改，WT/DS27/AB/R，DSR 1997：Ⅱ，943
欧盟—香蕉Ⅲ（第 21.3（c）条）	仲裁决定，欧盟—香蕉进口、销售及分销区域—在 DSU 第 21.3（c）条下仲裁，WT/DS27/15，1998 年 1 月 7 日，DSR 1998：Ⅰ，3
欧盟—香蕉Ⅲ（第 21.5 条—欧盟）	专家组报告，欧盟—香蕉进口、销售及分销区域，墨西哥上诉—欧盟根据 DSU 第 21.5 条提出，WT/DS27/RW/EEC 和 Corr.1，1999 年 4 月 12 日，未通过，DSR 1999：Ⅱ，783
欧盟—香蕉Ⅲ（第 21.5 条—厄瓜多尔）	专家组报告，欧盟—香蕉进口、销售及分销区域—厄瓜多尔根据 DSU 第 21.5 条提出，WT/DS27/RW/ECU，1999 年 5 月 6 日通过，DSR 1999：Ⅱ，803
欧盟—香蕉Ⅲ（第 21.5 条—厄瓜多尔）/欧盟—香蕉Ⅲ（第 21.5 条—美国）	上诉机构报告，欧盟—香蕉进口、销售及分销区域—厄瓜多尔根据 DSU 第 21.5 条第二次提出上诉，WT/DS27/AB/RW2/ECU，2008 年 12 月 11 日通过。欧盟—香蕉进口、销售及分销区域—美国根据 DSU 第 21.5 条提出上诉，WT/DS27/AB/RW/USA 和 Corr.1，2008 年 12 月 22 日通过
欧盟—香蕉Ⅲ（第 21.5 条—厄瓜多尔Ⅱ）	专家组报告，欧盟—香蕉进口、销售及分销区域—厄瓜多尔根据 DSU 第 21.5 条第二次提出上诉，WT/DS27/RW2/ECU，2008 年 12 月 11 日通过。上诉机构报告修改，WT/DS27/AB/RW2/ECU
欧盟—香蕉Ⅲ（第 21.5 条—美国）	专家组报告，欧盟—香蕉进口、销售及分销区域—美国根据 DSU 第 21.5 条提出上诉，WT/DS27/RW/USA 和 Corr.1，2008 年 12 月 22 日通过，得到上诉机构报告的支持，WT/DS27/AB/RW/USA
欧盟—香蕉Ⅲ（厄瓜多尔）（第 22.6 条—欧盟）	仲裁判决，欧盟—香蕉进口、销售及分销区域—欧盟根据 DSU 第 22.6 条提出仲裁，WT/DS27/ARB/ECU，2000 年 3 月 24 日，DSR 2000 年：Ⅴ，2237
欧盟—香蕉Ⅲ（美国）（第 22.6 条—欧盟）	仲裁判决，欧盟—香蕉进口、销售及分销区域—欧盟根据 DSU 第 22.6 条提出仲裁，WT/DS27/ARB，1999 年 4 月 9 日，DSR 1999：Ⅱ，725
欧盟—棉质床单	上诉机构报告，欧盟—对来自印度的进口棉质床单征收反倾销税，WT/DS141/AB/R，2001 年 3 月 12 日通过，DSR 2001：Ⅴ，2049
欧盟—棉质床单	专家组报告，欧盟—对来自印度的进口棉质床单征收反倾销税，WT/DS141/R，2001 年 3 月 12 日通过，上诉机构报告修改，WT/DS141/AB/R，DSR 2001：Ⅳ，2077
欧盟—棉质床单（第 21.5 条—印度）	上诉机构报告，欧盟—对来自印度的进口棉质床单征收反倾销税—由印度根据 DSU 第 21.5 条提出，WT/DS141/AB/RW，2003 年 4 月 24 日通过，DSR 2003：Ⅲ，965
欧盟—棉质床单（第 21.5 条—印度）	专家组报告，欧盟—对来自印度的进口棉质床单征收反倾销税—印度根据 DSU 第 21.5 条提出，WT/DS141/RW，2003 年 4 月 24 日通过，上诉机构报告修改，WT/DS141/AB/RW，DSR 2003：Ⅳ，1269

续 表

简要标题	案件标题全称及出处
欧盟—黄油	专家组报告，欧盟—影响黄油产品的措施，WT/DS72/R，1999 年 11 月 24 日
欧盟—鸡块	上诉机构报告，欧盟—冷冻无骨鸡块海关分类，WT/DS269/AB/R，WT/DS286/AB/R，和 Corr. 1，引自 2005 年 9 月 27 日
欧盟—鸡块（巴西）	专家组报告，欧盟—冷冻无骨鸡块海关分类，巴西上诉，WT/DS269/R，引自 2005 年 9 月 27 日，上诉机构报告修改，WT/DS269/AB/R，WT/DS286/AB/R
欧盟—鸡块（泰国）	专家组报告，欧盟—冷冻无骨鸡块海关分类，泰国，WT/DS286/R，2005 年 9 月 27 日通过，上诉机构报告修改，WT/DS269/AB/R，WT/DS286/AB/R
欧盟—鸡块	仲裁决定，欧盟—冷冻无骨鸡块海关分类—在 DSU 第 21.3（c）条下仲裁，WT/DS269/13，WT/DS286/15，2006 年 2 月 20 日
欧盟—商船	专家组报告，欧盟—影响商船贸易的措施，WT/DS301/R，2005 年 6 月 20 日通过
欧盟—计算机设备	上诉机构报告，欧盟—特定计算机设备海关分类，WT/DS62/AB/R，WT/DS67/AB/R，WT/DS68/AB/R，1998 年 6 月 22 日通过，DSR 1998 年：Ⅴ，1851
欧盟—计算机设备	专家组报告，欧盟—特定计算机设备海关分类，WT/DS62/R，WT/DS67/R，WT/DS68/R，1998 年 6 月 22 日通过，上诉机构报告修改，WT/DS62/AB/R，WT/DS67/AB/R，WT/DS68/AB/R，DSR 1998：Ⅴ，1891
欧盟—芯片的反补贴措施	专家组报告，欧盟—对来自韩国的芯片的反补贴措施，WT/DS299/R，2005 年 8 月 3 日通过
欧盟—糖类出口补贴	上诉机构报告，欧盟—糖类出口补贴，WT/DS265/AB/R，WT/DS266/AB/R，WT/DS283/AB/R，2005 年 5 月 19 日通过
欧盟—糖类出口补贴（澳大利亚）	专家组报告，欧盟—糖类出口补贴，由澳大利亚上诉 WT/DS265/R，2005 年 5 月 19 日通过，上诉机构报告修改，WT/DS265/AB/R，WT/DS266/AB/R，WT/DS283/AB/R
欧盟—糖类出口补贴（巴西）	专家组报告，欧盟—糖类出口补贴，由巴西上诉，WT/DS266/R，2005 年 5 月 19 日通过，上诉机构报告修改，WT/DS265/AB/R，WT/DS266/AB/R，WT/DS283/AB/R
欧盟—糖类出口补贴（泰国）	专家组报告，欧盟—糖类出口补贴，由泰国上诉，WT/DS283/R，2005 年 5 月 19 日通过，上诉机构报告修改，WT/DS265/AB/R，WT/DS266/AB/R，WT/DS283/AB/R
欧盟—糖类出口补贴	仲裁决定，欧盟—糖类出口补贴—在 DSU 第 21.3（c）条下仲裁，WT/DS265/33，WT/DS266/33，WT/DS283/14，2005 年 10 月 28 日
欧盟—激素	上诉机构报告，欧盟—对于肉及肉制品相关措施（激素），WT/DS26/AB/R，WT/DS48/AB/R，1998 年 2 月 13 日通过，DSR 1998：Ⅰ，135
欧盟—激素（加拿大）	专家组报告，欧盟—对于肉及肉制品相关措施（激素），由加拿大上诉，WT/DS48/R/CAN，1998 年 2 月 13 日通过，上诉机构报告修改，WT/DS26/AB/R，WT/DS48/AB/R，DSR 1998：Ⅱ，235
欧盟—激素（美国）	专家组报告，欧盟—对于肉及肉制品相关措施（激素），由美国上诉，WT/DS26/R/USA，1998 年 2 月 13 日通过，上诉机构报告修改，WT/DS26/AB/R，WT/DS48/AB/R，DSR 1998：Ⅲ，699
欧盟—激素	仲裁决定，欧盟—对于肉及肉制品相关措施（激素）—在 DSU 第 21.3（c）条下仲裁，WT/DS26/15，WT/DS48/13，1998 年 5 月 29 日，DSR 1998：Ⅴ，1833

简要标题	案件标题全称及出处
欧盟—激素（加拿大）（第22.6条—欧盟）	仲裁判决，欧盟—对于肉及肉制品相关措施（激素），最初由加拿大上诉—由欧盟根据DSU第22.6条提出，WT/DS48/ARB，1999年7月12日，DSR 1999：Ⅲ，1135
欧盟—激素（美国）（第22.6条—欧盟）	仲裁判决，欧盟—对于肉及肉制品相关措施（激素），最初由美国上诉—溯及欧盟根据DSU第22.6条的仲裁，WT/DS26/ARB，1999年7月12日，DSR 1999：Ⅲ，1105
欧盟—家禽	上诉机构报告，欧盟—影响特定家禽产品进口的措施，WT/DS69/AB/R，1998年7月23日通过，DSR 1998：Ⅴ，2031
欧盟—家禽	专家组报告，欧盟—影响特定家禽产品进口的措施，WT/DS69/R，1998年7月23日通过，上诉机构报告修改，WT/DS69/AB/R，DSR 1998：Ⅴ，2089
欧盟—鲑鱼（挪威）	专家组报告，欧盟—对产自挪威养殖鲑鱼采取反倾销措施，WT/DS337/R，2008年1月15日通过
欧盟—沙丁鱼	上诉机构报告，欧盟—沙丁鱼贸易描述，WT/DS231/AB/R，2002年10月23日通过，DSR 2002：Ⅷ，3359
欧盟—沙丁鱼	专家组报告，欧盟—沙丁鱼贸易描述，WT/DS231/R和Corr.1，2002年10月23日通过，上诉机构报告修改，WT/DS231/AB/R，DSR 2002：Ⅷ，3451
欧盟—扇贝（加拿大）	专家组报告，欧盟—沙丁鱼贸易描述—由加拿大请求，WT/DS7/R，1996年8月，未通过，DSR 1996：Ⅰ，89
欧盟—扇贝（秘鲁和智利）	专家组报告，欧盟—对于扇贝的贸易描述—由秘鲁和智利申请，WT/DS12/R，WT/DS14/R，1996年8月5日，未通过，DSR 1996：Ⅰ，93
欧盟—特定海关事项案	上诉机构报告，欧盟—客户对特殊规格要求案，WT/DS315/AB/R，2006年12月11日
欧盟—特定海关事项案	专家组报告，欧盟—客户对特殊规格要求案，WT/DS315/R，2006年12月11日，上诉机构报告修改，WT/DS315/AB/R
欧盟—关税优惠	上诉机构报告，欧盟—给予发展中国家关税优惠的条件，WT/DS246/AB/R，2004年4月20日通过，DSR 2004：Ⅲ，925
欧盟—关税优惠	专家组报告，欧盟—给予发展中国家关税优惠的条件，WT/DS246/R，引自2004年4月20日，上诉机构报告修改，WT/DS/246/AB/R，DSR 2004：Ⅲ，1009
欧盟—关税优惠	仲裁决定，欧盟—给予发展中国家关税优惠的条件—在DSU第21.3（c）条下仲裁，WT/DS246/14，2004年9月20日，DSR 2004：Ⅸ，4313
欧盟—商标和地理标识（澳大利亚）	专家组报告，欧盟—对于农产品及粮食商标和地理标识的保护，由澳大利亚上诉，WT/DS290/R，2005年4月20日通过
欧盟—商标和地理标识（美国）	专家组报告，欧盟—对于农产品及粮食商标和地理标识的保护，由美国上诉，WT/DS174/R，2005年4月20日通过
欧盟—管材配件	上诉机构报告，欧盟—对来自巴西的可锻铸铁管路连接件反倾销税，WT/DS219/AB/R，2003年8月18日通过，DSR 2003：Ⅳ，2613
欧盟—管材配件	专家组报告，欧盟—对来自巴西的可锻铸铁管路连接件反倾销税，WT/DS219/R，2003年8月18日通过，上诉机构报告修改，WT/DS219/AB/R，DSR 2003：Ⅶ，2701

续 表

简要标题	案件标题全称及出处
埃及—钢筋	专家组报告，埃及—对于来自土耳其的钢筋的明确反倾销措施，WT/DS211/R，2002 年 10 月 1 日通过，DSR 2002：Ⅶ，2667
危地马拉—水泥Ⅰ	上诉机构报告，危地马拉—对来自墨西哥的水泥进行反倾销调查，WT/DS60/AB/R，1998 年 11 月 25 日通过，DSR 1998：Ⅸ，3767
危地马拉—水泥Ⅰ	专家组报告，危地马拉—对来自墨西哥的水泥进行反倾销调查，WT/DS60/R，1998 年 11 月 25 日通过，上诉机构报告修改，WT/DS60/AB/R，DSR 1998：Ⅸ，3797
危地马拉—水泥Ⅱ	专家组报告，危地马拉—对来自墨西哥的水泥采取反倾销措施，WT/DS156/R，2000 年 11 月 17 日通过，DSR 2000：Ⅺ，5295
印度—进口附加税	上诉机构报告，印度—对来自美国的商品征收进口附加税，WT/DS360/AB/R，2008 年 11 月 17 日通过
印度—进口附加税	专家组报告，印度—对来自美国的商品征收进口附加税，WT/DS360/R，2008 年 11 月 17 日通过，上诉机构报告驳回，WT/DS360/AB/R
印度—汽车	上诉机构报告，印度—影响汽车部门措施，WT/DS146/AB/R，WT/DS175/AB/R，2002 年 4 月 5 日通过，DSR 2002：Ⅴ，1821
印度—汽车	专家组报告，印度—影响汽车部门措施，WT/DS146/R，WT/DS175/R 和 Corr. 1，2002 年 4 月 5 日通过，DSR 2002：Ⅴ，1827
印度—专利权（欧盟）	专家组报告，印度—对于药品及农业化学产品的专利保护，由欧盟上诉，WT/DS79/R，1998 年 9 月 22 日通过，DSR 1998：Ⅵ，2661
印度—专利权（美国）	上诉机构报告，印度—对于药品及农业化学产品的专利保护，WT/DS50/AB/R，1998 年 1 月 16 日通过，DSR 1998：Ⅰ，9
印度—专利权（美国）	专家组报告，印度—对于药品及农业化学产品的专利保护，由美国上诉，WT/DS50/R，1998 年 1 月 16 日通过，上诉机构报告修改，WT/DS50/AB/R，DSR 1998：Ⅰ，41
印度—数量限制	上诉机构报告，印度—对于农产品、纺织品及工业产品进口的数量限制，WT/DS90/AB/R，1999 年 9 月 22 日通过，DSR 1999：Ⅳ，1763
印度—数量限制	专家组报告，印度—对于农产品、纺织品及工业产品进口的数量限制，WT/DS90/R，1999 年 9 月 22 日通过，得到上诉机构报告支持，WT/DS90/AB/R，DSR 1999：Ⅴ，1799
印度尼西亚—汽车	专家组报告，印度尼西亚—影响汽车工业的特定措施，WT/DS54/R，WT/DS55/R，WT/DS59/R，WT/DS64/R 和 Corr. 1，2，3 和 4，1998 年 7 月 23 日通过，DSR 1998：Ⅵ，2201
印度尼西亚—汽车	仲裁决定，印度尼西亚—影响汽车工业的特定措施—在 DSU 第 21.3（c）条下仲裁，WT/DS54/15，WT/DS55/14，WT/DS59/13，WT/DS64/12，1998 年 12 月 7 日，DSR 1998：Ⅸ，4029
日本—农产品Ⅱ	上诉机构报告，日本—影响农产品措施，WT/DS76/AB/R，1999 年 3 月 19 日通过，DSR 1999：Ⅰ，277
日本—农产品Ⅱ	专家组报告，日本—影响农产品措施，WT/DS76/R，1999 年 3 月 19 日通过，上诉机构报告修改，WT/DS76/AB/R，DSR 1999：Ⅰ，315

续 表

简要标题	案件标题全称及出处
日本—酒精饮料Ⅱ	上诉机构报告，日本—对酒精饮料征税 WT/DS8/AB/R，WT/DS10/AB/R，WT/DS11/AB/R，1996年11月1日通过，DSR 1996：Ⅰ，97
日本—酒精饮料Ⅱ	专家组报告，日本—对酒精饮料征税，WT/DS8/R，WT/DS10/R，WT/DS11/R，1996年11月1日通过，上诉机构报告修改，WT/DS8/AB/R，WT/DS10/AB/R，WT/DS11/AB/R，DSR 1996：Ⅰ，125
日本—酒精饮料Ⅱ	仲裁决定，日本——对酒精饮料征税—在DSU第21.3（c）条下仲裁，WT/DS8/15，WT/DS10/15，WT/DS11/13，1997年2月14日，DSR 1997：Ⅰ，3
日本—苹果	上诉机构报告，日本—影响苹果进口措施，WT/DS245/AB/R，2003年12月10日通过，DSR 2003：Ⅸ，4391
日本—苹果	专家组报告，日本—影响苹果进口措施，WT/DS245/R，2003年12月10日通过，得到上诉机构报告支持，WT/DS245/AB/R，DSR 2003：Ⅸ，4481
日本—苹果（第21.5条—美国）	专家组报告，日本—影响苹果进口措施—由美国根据DSU第21.5条提出，WT/DS245/RW，2005年7月20日通过
日本—动态存储器（韩国）	上诉机构报告，日本—对产自韩国动态存储器征收反补贴税，WT/DS336/AB/R和Corr.1，2007年12月17日通过
日本—动态存储器（韩国）	专家组报告，日本—对产自韩国动态存储器征收反补贴税，WT/DS336/R，2007年12月17日通过，上诉机构报告修改，WT/DS336/AB/R
日本—动态存储器（韩国）（第21.3（c）条）	仲裁决定，日本—对产自韩国动态存储器征收反补贴税—DSU第21.3（c）条下的仲裁，WT/DS336/16，2008年5月5日
日本—胶卷	专家组报告，日本—影响消费冲印胶卷和纸张的措施，WT/DS44/R，1998年4月22日通过，DSR 1998：Ⅳ，1179
日本—紫菜配额	专家组报告，日本—干紫菜和味付紫菜进口配额 WT/DS323/R，2006年2月1日，未通过
韩国—酒精饮料	上诉机构报告，韩国—酒精饮料征税，WT/DS75/AB/R，WT/DS84/AB/R，1999年2月17日通过，DSR 1999：Ⅰ，3
韩国—酒精饮料	专家组报告，韩国—酒精饮料征税，WT/DS75/R，WT/DS84/R，1999年2月17日通过，上诉机构报告修改，WT/DS75/AB/R，WT/DS84/AB/R，DSR 1999：Ⅰ，44
韩国—酒精饮料	仲裁决定，韩国—酒精饮料征税—在DSU第21.3（c）条下仲裁，WT/DS75/16，WT/DS84/14，1999年6月4日，DSR 1999：Ⅱ，937
韩国—特定纸张	专家组报告，韩国—对特定来自印度尼西亚进口产品征收反倾销税，WT/DS312/R，2005年11月28日通过
韩国—特定纸张（第21.5条—印度尼西亚）	专家组报告，韩国—对特定来自印度尼西亚进口产品征收反倾销税—由印度尼西亚根据DSU第21.5条提出，WT/DS312/RW，2007年10月22日通过
韩国—商船	专家组报告，韩国—影响商船贸易的措施，WT/DS273/R，2005年4月11日通过
韩国—奶制品	上诉机构报告，韩国—进口特定奶制品的明确保障措施，WT/DS98/AB/R，2000年1月12日通过，DSR 2000：Ⅰ，3

续 表

简要标题	案件标题全称及出处
韩国—奶制品	专家组报告，韩国—进口特定奶制品的明确保障措施 WT/DS98/R 和 Corr. 1，2000 年 1 月 12 日通过，上诉机构报告修改，WT/DS98/AB/R，DSR 2000：Ⅰ，49
韩国—采购	专家组报告，韩国—影响政府采购措施，WT/DS163/R，2000 年 6 月 19 日通过，DSR 2000：Ⅷ，3541
韩国—牛肉多种措施	上诉机构报告，韩国—影响鲜肉，冷藏肉和冷冻肉的措施，WT/DS161/AB/R，WT/DS169/AB/R，2001 年 1 月 10 日通过，DSR 2001：Ⅰ，5
韩国—牛肉多种措施	专家组报告，韩国—影响鲜肉，冷藏肉和冷冻肉的措施，WT/DS161/R，WT/DS169/R，2001 年 1 月 10 日通过，上诉机构报告修改，WT/DS161/AB/R，WT/DS169/AB/R，DSR 2001：Ⅰ，59
墨西哥—稻米反倾销措施	上诉机构报告，墨西哥—对于牛肉和稻米的明确反倾销措施，对于稻米的上诉，WT/DS295/AB/R，2005 年 12 月 20 日通过
墨西哥—稻米反倾销措施	专家组报告，墨西哥—对于牛肉和稻米的明确反倾销措施，对于稻米的上诉，WT/DS295/R，2005 年 12 月 20 日通过，上诉机构报告修改，WT/DS295/AB/R
墨西哥—玉米糖浆	专家组报告，墨西哥—对于来自美国的高果糖玉米糖浆的反倾销调查 WT/DS132/R 和 Corr. 1，2000 年 2 月 24 日通过，DSR 2000：Ⅲ，1345
墨西哥—玉米糖浆（第 21.5 条—美国）	上诉机构报告，墨西哥—对于来自美国的高果糖玉米糖浆的反倾销调查—由美国根据 DSU 第 21.5 条提请，WT/DS132/AB/RW，2001 年 11 月 21 日通过，DSR 2001：Ⅻ，6675
墨西哥—玉米糖浆（第 21.5 条—美国）	专家组报告，墨西哥—对于来自美国的高果糖玉米糖浆的反倾销调查—由美国根据 DSU 第 21.5 条提请，WT/DS132/RW，2001 年 11 月 21 日通过，得到上诉机构报告支持，WT/DS132/AB/RW，DSR 2001：Ⅻ，6717
墨西哥—橄榄油	专家组报告，墨西哥—对来自欧盟的橄榄油征收最终反补贴税，WT/DS341/R，2008 年 10 月 21 日通过
墨西哥—钢管	专家组报告，墨西哥—对产自危地马拉钢管征收反倾销税，WT/DS331/R，2007 年 7 月 24 日通过
墨西哥—非酒精饮料征税	上诉机构报告，墨西哥—对于非酒精饮料及其他饮料的征税措施，WT/DS308/AB/R，2006 年 3 月 24 日通过
墨西哥—非酒精饮料征税	专家组报告，墨西哥—对于非酒精饮料及其他饮料的征税措施，WT/DS308/R，2006 年 3 月 24 日通过，上诉机构报告修改，WT/DS308/AB/R
墨西哥—电信	专家组报告，墨西哥—影响电信服务的措施，WT/DS204/R，2004 年 6 月 1 日通过，DSR 2004：Ⅳ，1537
泰国—H 型钢	上诉机构报告，泰国—对波兰出口的铁或非合金钢的角铁、型材、轧材及 H 型钢的反倾销税案，WT/DS122/AB/R，2001 年 4 月 5 日通过，DSR 2001：Ⅶ，2701
泰国—H 型钢	专家组报告，泰国—对波兰出口的铁或非合金钢的角铁、型材、轧材及 H 型钢的反倾销税案，WT/DS122/R，2001 年 4 月 5 日通过，上诉机构报告修改，WT/DS122/AB/R，DSR 2001：Ⅶ，2741
土耳其—大米	专家组报告，土耳其—影响大米进口的措施，WT/DS334/R，2007 年 10 月 22 日通过
土耳其—纺织品	上诉机构报告，土耳其—对于纺织品及服装出口的限制，WT/DS34/AB/R，1999 年 11 月 19 日通过，DSR 1999 年：Ⅳ，2345

续表

简要标题	案件标题全称及出处
土耳其—纺织品	专家组报告，土耳其—对于纺织品和服装进口的限制，WT/DS34/R，1999年11月19日通过，上诉机构报告修改，WT/DS34/AB/R，DSR 1999：Ⅵ，2363
美国—1916年法案	上诉机构报告，美国—1916年反倾销法案，WT/DS136/AB/R，WT/DS162/AB/R，2000年9月26日通过，DSR 2000：Ⅹ，4793
美国—1916年法案（欧盟）	专家组报告，美国—1916年反倾销法案，由欧盟上诉，WT/DS136/R和Corr.1，2000年9月26日通过，得到上诉机构报告支持，WT/DS136/AB/R，WT/DS162/AB/R，DSR 2000年：Ⅹ，4593
美国—1916年法案（日本）	专家组报告，美国—1916年反倾销法案，由日本上诉，WT/DS162/R和Add.1，2000年9月26日通过，得到上诉机构报告支持，WT/DS136/AB/R，WT/DS162/AB/R，DSR 2000：Ⅹ，4831
美国—1916年法案	仲裁决定，美国—1916年反倾销法案—在DSU第21.3（c）条下仲裁，WT/DS136/11，WT/DS162/14，2001年2月28日，DSR 2001：Ⅴ，2017
美国—1916年法案（欧盟） （第22.6条—美国）	仲裁判决，美国—1916年反倾销法案，最初由欧盟上诉—由美国根据DSU第22.6条的仲裁，WT/DS136/ARB，2004年2月24日，DSR 2004：Ⅸ，4269
美国—石油国家工业用管的反倾销措施	上诉机构报告，美国—对来自墨西哥石油国家工业用管的反倾销措施，WT/DS282/AB/R，2005年11月28日通过
美国—石油国家工业用管的反倾销措施	专家组报告，美国—对来自墨西哥石油国家工业用管的反倾销措施，WT/DS282/R，2005年11月28日通过，上诉机构报告修改，WT/DS282/AB/R
美国—碳钢	上诉机构报告，美国—对于来自德国的特殊耐腐蚀碳钢板的反补贴税，WT/DS213/AB/R和Corr.1，2002年12月19日通过，DSR 2002：Ⅸ，3779
美国—碳钢	专家组报告，美国—对于来自德国的特殊耐腐蚀碳钢板的反补贴税，WT/DS213/R和Corr.1，2002年12月19日通过，上诉机构报告修改，WT/DS213/AB/R和Corr.1，DSR 2002：Ⅸ，3833
美国—特定欧盟产品	上诉机构报告，美国—特定从欧盟产品的进口措施WT/DS165/AB/R，2001年1月10日通过，DSR 2001：Ⅰ，373
美国—特定欧盟产品	专家组报告，美国—特定从欧盟产品的进口措施，WT/DS165/R和Add.1，2001年1月10通过，上诉机构报告修改，WT/DS165/AB/R，DSR 2001：Ⅱ，413
美国—要求取消报复措施	上诉机构报告，美国—欧盟要求取消报复措施—激素争端，WT/DS320/AB/R，2008年11月14日通过
美国—要求取消报复措施	专家组报告，美国—欧盟要求取消报复措施—激素争端，WT/DS320/R，2008年11月14日通过，上诉机构报告修改，WT/DS320/AB/R
美国—归零法	上诉机构报告，美国—继续采用归零法则，WT/DS350/AB/R，2009年2月19日通过
美国—归零法	专家组报告，美国—继续采用归零法则，WT/DS350/R，2009年2月19日通过，上诉机构报告修改，WT/DS350/AB/R
美国—不锈钢日落复审	上诉机构报告，美国—对于来自日本的特殊耐腐蚀碳钢板反倾销税的日落复审，WT/DS244/AB/R，2004年1月9日通过，DSR 2004：Ⅰ，3
美国—不锈钢日落复审	专家组报告，美国—对于来自日本的特殊耐腐蚀碳钢板反倾销税的日落复审，WT/DS244/R，2004年1月9日通过，上诉机构报告修改，WTDS244/AB/R，DSR 2004：Ⅰ，85

续 表

简要标题	案件标题全称及出处
美国—棉纱	上诉机构报告，美国—对来自巴基斯坦棉纱的过渡期保障措施 WT/DS192/AB/R，2001 年 11 月 5 日通过，DSR 2001：Ⅻ，6027
美国—棉纱	专家组报告，美国—对来自巴基斯坦棉纱的过渡期保障措施，WT/DS192/R，2001 年 11 月 5 日通过，上诉机构报告修改，WT/DS192/AB/R，DSR 2001：Ⅻ，6067
美国—对计算机动态随机存取存储器芯片进行反补贴税调查	上诉机构报告，美国—对来自韩国的计算机动态随机存取存储器芯片进行反补贴税调查，WT/DS296/AB/R，2005 年 7 月 20 日通过
美国—对计算机动态随机存取存储器芯片进行反补贴税调查	专家组报告，美国—对来自韩国的计算机动态随机存取存储器芯片进行反补贴税调查，WT/DS296/R，2005 年 7 月 20 日通过，上诉机构报告修改，WT/DS296/AB/R
美国—对特定欧盟产品贴税措施	上诉机构报告，美国—对特定欧盟产品贴税措施，WT/DS212/AB/R，2003 年 1 月 8 日通过，DSR 2003：Ⅰ，5
美国—对特定欧盟产品贴税措施	专家组报告，美国—对特定欧盟产品贴税措施，WT/DS212/R，2003 年 1 月 8 日通过，上诉机构报告修改，WT/DS212/AB/R，DSR 2003：Ⅰ，73
美国—对特定欧盟产品贴税措施（第 21.5 条—欧盟）	专家组报告，美国—对特定欧盟产品贴税措施—由欧盟根据 DSU 第 21.5 条提出，WT/DS212/RW，2005 年 9 月 27 日通过
美国—海关保税指令	专家组报告，美国—对征收反倾销和反补贴产品实行海关保税，WT/DS345/R，2008 年 8 月 1 日通过，上诉机构报告修改，WT/DS343/AB/R，WT/DS345/AB/R
美国—计算机动态随机存取存储器芯片	专家组报告，美国—对来自韩国 1 兆或以上的计算机动态随机存取存储器芯片征收反倾销税，WT/DS99/R，1999 年 3 月 19 日通过，DSR 1999：Ⅱ，521
美国—计算机动态随机存取存储器芯片（第 21.5 条—韩国）	专家组报告，美国—对来自韩国 1 兆或以上的计算机动态随机存取存储器芯片征收反倾销税—韩国根据 DSU 第 21.5 条，W 提出 T/DS99/RW，2000 年 11 月 7 日，未通过
美国—出口限制	专家组报告，美国—作为补贴的出口限制措施 WT/DS194/R 和 Corr. 2，2001 年 8 月 23 日通过，DSR 2001：Ⅺ，5767
美国—海外销售公司	上诉机构报告，美国—“海外销售公司”税收待遇，WT/DS108/AB/R，2000 年 3 月 20 日通过，DSR 2000：Ⅲ，1619
美国—海外销售公司	专家组报告，美国—“海外销售公司”税收待遇，WT/DS108/R，2000 年 3 月 20 日，上诉机构报告修改，WT/DS108/AB/R，DSR 2000：Ⅳ，1675
美国—海外销售公司（第 21.5 条—欧盟）	上诉机构报告，美国—“海外销售公司”税收待遇—由欧盟根据 DSU 第 21.5 条提出，WT/DS108/AB/RW，2002 年 1 月 29 日通过，DSR 2002：Ⅰ，55
美国—海外销售公司（第 21.5 条—欧盟）	专家组报告，美国—“海外销售公司”税收待遇—由欧盟根据 DSU 第 21.5 条提出，WT/DS108/RW，2002 年 1 月 29 日通过，上诉机构报告修改，WT/DS108/AB/RW，DSR 2002：Ⅰ，119
美国—海外销售公司（第 21.5 条—欧盟Ⅱ）	上诉机构报告，美国—“海外销售公司”税收待遇—由欧盟根据 DSU 第 21.5 条提出，WT/DS108/AB/RW2，2006 年 3 月 14 日通过
美国—海外销售公司（第 21.5 条—欧盟Ⅱ）	专家组报告，美国—“海外销售公司”税收待遇—由欧盟根据 DSU 第 21.5 条提出，WT/DS108/RW2，2006 年 3 月 14 日通过，得到上诉机构报告支持，WT/DS108/AB/RW2

续 表

简要标题	案件标题全称及出处
美国—海外销售公司（第22.6条—美国）	仲裁结论，美国—“海外销售公司”税收待遇—美国根据DSU第22.6条和SCM协议第4.11条做出的仲裁，WT/DS108/ARB，2002年8月30日，DSR 2002：Ⅳ，2517
美国—博彩业	上诉机构报告，美国—影响博彩业跨境提供服务的措施，WT/DS285/AB/R，2005年4月20日通过
美国—博彩业	专家组报告，美国—影响博彩业跨境提供服务的措施，WT/DS285/R，2005年4月20日通过，上诉机构报告修改，WT/DS285/AB/R
美国—博彩业	仲裁决定，美国—影响博彩业跨境提供服务的措施—在DSU第21.3（c）条下仲裁，WT/DS285/13，2005年8月19日
美国—博彩业（第21.5条—安提瓜和巴布达）	专家组报告，美国—影响博彩业跨境提供服务的措施—由安提瓜和巴布达根据第21.5条提出，WT/DS285/RW，2007年5月22日通过
美国—博彩业（第22.6条—美国）	仲裁决定，美国—影响博彩业跨境提供服务的措施—由美国根据DSU第22.6条提交仲裁，WT/DS285/ARB，2007年12月21日
美国—汽油	上诉机构报告，美国—精炼汽油及传统汽油标准WT/DS2/AB/R，1996年5月20日通过，DSR 1996：Ⅰ，3
美国—汽油	专家组报告，美国—精炼汽油及传统汽油标准，WT/DS2/R，1996年5月20日通过，上诉机构报告修改，WT/DS2/AB/R，DSR 1996：Ⅰ，29
美国—加热压光辊钢	上诉机构报告，美国—对来自日本的热轧薄板卷产品征收反倾销税，WT/DS184/AB/R，2001年8月23日通过，DSR 2001：Ⅹ，4697
美国—加热压光辊钢	专家组报告，美国—对来自日本的热轧薄板卷产品征收反倾销税，WT/DS184/R，2001年8月23日通过，上诉机构报告修改，WT/DS184/AB/R，DSR 2001：Ⅹ，4769
美国—加热压光辊钢	仲裁决定，美国—对来自日本的热轧薄板卷产品征收反倾销税—在DSU第21.3（c）条下仲裁，WT/DS184/13，2002年2月19日，DSR 2002：Ⅳ，1389
美国—羔羊	上诉机构报告，美国—对来自新西兰和澳大利亚的新鲜、冷藏和冷冻羔羊肉进口保障措施，WT/DS177/AB/R，WT/DS178/AB/R，2001年5月16日通过，DSR 2001：Ⅸ，4051
美国—羔羊	专家组报告，美国—对来自新西兰和澳大利亚的新鲜、冷藏和冷冻羔羊肉进口保障措施，WT/DS177/R，WT/DS178/R，2001年5月16日通过，上诉机构报告修改，WT/DS177/AB/R，WT/DS178/AB/R，DSR 2001：Ⅸ，4107
美国—热轧铅铋碳钢制品案Ⅱ	上诉机构报告，美国—对于原产英国的某些热轧铅铋碳钢制品进行反补贴税，WT/DS138/AB/R，2000年6月7日通过，DSR 2000：Ⅴ，2595
美国—热轧铅铋碳钢制品案Ⅱ	专家组报告，美国—对于原产英国的某些热轧铅铋碳钢制品进行反补贴税，WT/DS138/R和Corr. 2，2000年6月7日通过，得到上诉机构报告支持，WT/DS138/AB/R，DSR 2000：Ⅳ，2623
美国—直线管	上诉机构报告，美国—对来自韩国的圆焊碳质条形管进口的保障措施，WT/DS202/AB/R，2002年3月8日通过，DSR 2002：Ⅳ，1403
美国—直线管	专家组报告，美国—对来自韩国的圆焊碳质条形管进口的保障措施，WT/DS202/R，2002年3月8日通过，上诉机构报告修改，WT/DS202/AB/，DSR 2002：Ⅳ，1473
美国—直线管	仲裁员报告，美国—对来自韩国的圆焊碳质条形管进口的保障措施—在DSU第21.3（c）条下仲裁，WT/DS202/17，2002年7月26日，DSR 2002：Ⅴ，2061

续 表

简要标题	案件标题全称及出处
美国—补偿法案（勃德修正案）	上诉机构报告，美国—2000 年对持续倾销和补贴的补偿法案，WT/DS217/AB/R，WT/DS234/AB/R，2003 年 1 月 27 日通过，DSR 2003：Ⅰ，375
美国—补偿法案（勃德修正案）	专家组报告，美国—2000 年对持续倾销和补贴的补偿法案，WT/DS217/R，WT/DS234/R，2003 年 1 月 27 日通过，上诉机构报告修改，WT/DS217/AB/R，WT/DS234/AB/R，DSR 2003：Ⅱ，489
美国—补偿法案（勃德修正案）	仲裁决定，美国—2000 年对持续倾销和补贴的补偿法案—在 DSU 第 21.3（c）条下仲裁，WT/DS217/14，WT/DS234/22，2003 年 6 月 13 日，DSR 2003：Ⅲ，1163
美国—补偿法案（伯德修正案）（巴西）（第 22.6 条—美国）	仲裁决定，美国—2000 年对持续倾销和补贴的补偿法案，最初由巴西上诉—溯及美国根据 DSU 第 22.6 条仲裁，WT/DS217/ARB/BRA，2004 年 8 月 31 日，DSR 2004：Ⅸ，4341
美国—补偿法案（伯德修正案）（加拿大）（第 22.6 条—美国）	仲裁决定，美国—2000 年对持续倾销和补贴的补偿法案，由加拿大上诉—溯及美国根据 DSU 第 22.6 条仲裁，WT/DS234/ARB/CAN，2004 年 8 月 31 日，DSR 2004：Ⅸ，4425
美国—补偿法案（伯德修正案）（智利）（第 22.6 条—美国）	仲裁决定，美国—2000 年对持续倾销和补贴的补偿法案，由智利上诉—溯及美国根据 DSU 第 22.6 条仲裁，WT/DS217/ARB/CHL，2004 年 8 月 31 日，DSR 2004 年：Ⅸ，4511
美国—补偿法案（伯德修正案）（欧盟）（第 22.6 条—美国）	仲裁决定，美国—2000 年对持续倾销和补贴的补偿法案，由欧盟上诉—溯及美国根据 DSU 第 22.6 条仲裁，WT/DS217/ARB/EEC，2004 年 8 月 31 日，DSR 2004：Ⅸ，4591
美国—补偿法案（伯德修正案）（印度）（第 22.6 条—美国）	仲裁决定，美国—2000 年对持续倾销和补贴的补偿法案最初由印度上诉—溯及美国根据 DSU 第 22.6 条仲裁 WT/DS217/ARB/IND，2004 年 8 月 31 日，DSR 2004：Ⅹ，4691
美国—补偿法案（伯德修正案）（日本）（第 22.6 条—美国）	仲裁决定，美国—2000 年对持续倾销和补贴的补偿法案最初由日本上诉—溯及美国根据 DSU 第 22.6 条仲裁 WT/DS217/ARB/JPN，2004 年 8 月 31 日，DSR 2004：Ⅹ，4771
美国—补偿法案（伯德修正案）（韩国）（第 22.6 条—美国）	仲裁决定，美国—2000 年对持续倾销和补贴的补偿法案最初由韩国上诉—溯及美国根据 DSU 第 22.6 条仲裁，WT/DS217/ARB/KOR，2004 年 8 月 31 日，DSR 2004：Ⅹ，4851
美国—补偿法案（伯德修正案）（墨西哥）（第 22.6 条—美国）	仲裁决定，美国—2000 年对持续倾销和补贴的补偿法案最初由墨西哥上诉—溯及美国根据 DSU 第 22.6 条仲裁，WT/DS234/ARB/MEX，2004 年 8 月 31 日，DSR 2004：Ⅹ，4931
美国—石油工业用管材日落复审	上诉机构报告，美国—对来自阿根廷石油工业用管材反倾销措施日落复审，WT/DS268/AB/R，2004 年 12 月 17 日通过，DSR 2004：Ⅶ，3257
美国—石油工业用管材日落复审	专家组报告，美国—对来自阿根廷石油工业用管材反倾销措施日落复审 WT/DS268/R 和 Corr. 1，2004 年 12 月 17 日通过，上诉机构报告修改，W/DS/268/AB/R，DSR 2004：Ⅷ，3421
美国—石油工业用管材日落复审	仲裁决定，美国—对来自阿根廷石油工业用管材反倾销措施日落复审—在 DSU 第 21.3（c）条下仲裁，WT/DS268/12，2005 年 6 月 7 日
美国—石油工业用管材日落复审（第 21.5 条—阿根廷）	专家组报告，美国—对来自阿根廷石油工业用管材反倾销措施日落复审—由阿根廷根据 DSU 第 21.5 条提出，WT/DS268/RW，2006 年 11 月 30 日转发给 WTO 成员［2007 年 1 月 12 日上诉］
美国—石油工业用管材日落复审（第 21.5 条—阿根廷）	专家组报告，美国—对来自阿根廷石油工业用管材反倾销措施日落复审—由阿根廷根据 DSU 第 21.5 条提出，WT/DS268/RW，2007 年 5 月 11 日通过，上诉机构报告修改，WT/DS268/AB/RW
美国—美国版权法第 110 节第 5 段	专家组报告，美国版权法第 110 节第 5 段，WT/DS160/R，2000 年 7 月 27 日通过，DSR 2000：Ⅷ，3769

续 表

简要标题	案件标题全称及出处
美国—美国版权法第110节第5段	仲裁决定，美国—美国版权法第110节第5段—在DSU第21.3（c）条下仲裁，WT/DS160/12，2001年1月15日DSR 2001：Ⅱ，657
美国—美国版权法第110节第5段（第25.3条）	仲裁决定，美国—美国版权法第110节第5段—在DSU第25条下仲裁，WT/DS160/ARB25/1，2001年11月9日，DSR 2001：Ⅱ，667
美国—乌拉圭回合农业协议第129（c）节（1）段	专家组报告，美国—乌拉圭回合农业协议第129（c）节（1）段，WT/DS221/R，引自2002年8月30日，DSR 2002：Ⅶ，2581
美国—综合拨款法第211节	上诉机构报告，美国—1998年综合拨款法第211节，WT/DS176/AB/R，2002年2月1日通过，DSR 2002：Ⅱ，589
美国—综合拨款法第211节	专家组报告，美国—1998年综合拨款法第211节，WT/DS176/R，2002年2月1日通过，上诉机构报告修改，WT/DS176/AB/R，DSR 2002：Ⅱ，683
美国—综合拨款法第211节	专家组报告，美国—1974年综合拨款法第211节，WT/DS152/R，2000年1月27日通过，DSR 2000：Ⅱ，815
美国—虾	上诉机构报告，美国—特定虾、及虾类产品进口限制，WT/DS58/AB/R，1998年11月6日通过，DSR 1998年：Ⅶ，2755
美国—虾	专家组报告，美国—特定虾、及虾类产品进口限制，WT/DS58/R和Corr.1，1998年11月6日通过，上诉机构报告修改，WT/DS58/AB/R，DSR 1998：Ⅶ，2821
美国—虾（第21.5条—马来西亚）	上诉机构报告，美国—特定虾、及虾类产品进口限制—由马来西亚根据DSU第21.5条提出，WT/DS58/AB/RW，2001年11月21日通过，DSR 2001：ⅩⅢ，6481
美国—虾（第21.5条—马来西亚）	专家组报告，美国—特定虾、及虾类产品进口限制—由马来西亚根据DSU第21.5条提出，WT/DS58/RW，2001年11月21日通过，得到上诉机构报告支持，WT/DS58/AB/RW，DSR 2001：ⅩⅢ，6529
美国—虾（厄瓜多尔）	专家组报告，美国—对产自厄瓜多尔虾采取反倾销，WT/DS335/R，2007年2月20日通过
美国—虾（泰国）/美国—海关保税指令	上诉机构报告，美国—与从泰国进口虾有关的措施/美国—对征收反倾销和反补贴的商品实行海关保税指令，WT/DS343/AB/R，WT/DS345/AB/R，2008年8月1日通过
美国—虾（泰国）	专家组报告，美国—与从泰国进口虾有关的措施，WT/DS343/R，2008年8月1日通过，上诉机构报告修改，WT/DS343/AB/R，WT/DS345/AB/R
美国—软木Ⅲ	专家组报告，美国—对来自加拿大的特定软木产品的初步裁定，WT/DS236/R，2002年11月1日通过，DSR 2002：Ⅸ，3597
美国—软木Ⅳ	上诉机构报告，美国—对来自加拿大的特定软木的最后反补贴税决定，WT/DS257/AB/R，2004年2月17日通过，DSR 2004年：Ⅱ，571
美国—软木Ⅳ	专家组报告，美国—对来自加拿大的特定软木的最后反补贴税决定，WT/DS257/R和Corr.1，2004年2月17日通过，上诉机构报告修改，WT/DS257/AB/R，DSR 2004：Ⅱ，641
美国—软木Ⅳ（第21.5条—加拿大）	上诉机构报告，美国—对来自加拿大的特定软木的最后反补贴税决定—由加拿大根据DSU第21.5条提出，WT/DS257/AB/RW，2005年12月20日通过

续 表

简要标题	案件标题全称及出处
美国—软木Ⅳ（第21.5条—加拿大）	专家组报告，美国—对来自加拿大的特定软木的最后反补贴税决定—由加拿大根据DSU第21.5条提出，WT/DS257/RW，2005年12月20日通过，上诉机构报告驳回，WT/DS257/AB/RW
美国—软木Ⅴ	上诉机构报告，美国—对来自加拿大软木的最终倾销判决，WT/DS264/AB/R，2004年8月31日通过，DSR 2004：Ⅴ，1875
美国—软木Ⅴ	专家组报告，美国—对来自加拿大软木的最终倾销判决，WT/DS264/R，2004年8月31日通过，上诉机构报告修改，WT/DS264/AB/R，DSR 2004：Ⅴ，1937
美国—软木Ⅴ	仲裁员报告，美国—对来自加拿大软木的最终倾销判决—在DSU第21.3（c）条下仲裁，WT/DS264/13，2004年12月13日，DSR 2004：Ⅹ，5011
美国—软木Ⅴ（第21.5条—加拿大）	上诉机构报告，美国—对来自加拿大软木的最终倾销判决—由加拿大根据DSU第21.5条提出，WT/DS264/AB/RW，2006年9月1日通过
美国—软木Ⅴ（第21.5条—加拿大）	专家组报告，美国—对来自加拿大软木的最终倾销判决—由加拿大根据DSU第21.5条提出，WT/DS264/RW，2006年9月1日通过，得到上诉机构报告支持，WT/DS264/AB/RW
美国—软木Ⅵ	专家组报告，美国—国际贸易委员会对来自加拿大软木的调查，WT/DS277/R，2004年4月26日通过，DSR 2004：Ⅵ，2485
美国—软木Ⅵ（第21.5条—加拿大）	上诉机构报告，美国—国际贸易委员会对来自加拿大软木的调查—由加拿大根据DSU第21.5条提出，WT/DS277/AB/RW，2006年5月9日通过
美国—软木Ⅵ（第21.5条—加拿大）	专家组报告，美国—国际贸易委员会对来自加拿大软木的调查—由加拿大根据DSU第21.5条提出，WT/DS277/RW，2006年5月9日通过，上诉机构报告修改，WT/DS277/AB/RW
美国—不锈钢（韩国）	专家组报告，美国—来自韩国的不锈钢卷板和不锈钢条的反倾销措，WT/DS179/R，2001年2月1日通过，DSR 2001：Ⅳ，1295
美国—不锈钢（墨西哥）	上诉机构报告，美国—来自墨西哥的不锈钢采取最终反倾销措施，WT/DS344/AB/R，2008年5月20日通过
美国—不锈钢（墨西哥）	专家组报告，美国—来自墨西哥的不锈钢采取最终反倾销措施，WT/DS344/R，2008年5月20日通过，上诉机构报告修改，WT/DS344/AB/R
美国—不锈钢（墨西哥）（第21.3（c）条）	仲裁决定，美国—来自墨西哥的不锈钢采取最终反倾销措施—第DSU21.3（c）条下的仲裁，WT/DS344/15，2008年10月31日
美国—钢板	专家组报告，美国—对来自印度钢板的反倾销及反补贴措施，WT/DS206/R和Corr.1，2002年7月29日通过，DSR 2002：Ⅵ，2073
美国—钢铁保障措施	上诉机构报告，美国—对于特定钢制品进口的保障措施，WT/DS248/AB/R，WT/DS249/AB/R，WT/DS251/AB/R，WT/DS252/AB/R，WT/DS253/AB/R，WT/DS254/AB/R，WT/DS258/AB/R，WT/DS259/AB/R，2003年12月10日通过，DSR 2003：Ⅶ，3117
美国—钢铁保障措施	专家组报告，美国—对于特定钢制品进口的保障措施，WT/DS248/R，WT/DS249/R，WT/DS251/R，WT/DS252/R，WT/DS253/R，WT/DS254/R，WT/DS258/R，WT/DS259/R，和Corr.1，2003年12月10日通过，上诉机构报告修改，WT/DS248/AB/R，WT/DS249/AB/R，WT/DS251/AB/R，WT/DS252/AB/R，WT/DS253/AB/R，WT/DS254/AB/R，WT/DS258/AB/R，WT/DS259/AB/R，DSR 2003：Ⅷ，3273

续 表

简要标题	案件标题全称及出处
美国—纺织品原产地规则	专家组报告，美国—纺织品及服装产品原产地规则，WT/DS243/R 和 Corr. 1，2003 年 7 月 23 日通过，DSR 2003：Ⅵ，2309
美国—内衣	上诉机构报告，美国—对于棉质及人造纤维内衣进口的限制，WT/DS24/AB/R，1997 年 2 月 25 日通过，DSR 1997：Ⅰ，11
美国—内衣	专家组报告，美国—对于棉质及人造纤维内衣进口的限制，WT/DS24/R，1997 年 2 月 25 日通过，上诉机构报告修改，WT/DS24/AB/R，DSR 1997：Ⅰ，31
美国—棉花	上诉机构报告，美国—对于棉花的补贴，WT/DS267/AB/R，2005 年 3 月 21 日通过
美国—棉花	专家组报告，美国—对于棉花的补贴，WT/DS267/R，和 Corr. 1，2005 年 3 月 21 日通过，上诉机构报告修改，WT/DS267/AB/R
美国—棉花（第 21.5 条—巴西）	专家组报告，美国—对于棉花的补贴—由巴西根据 DSU 第 21.5 条提出，WT/DS267/RW 和 Corr. 1，2008 年 6 月 20 日通过，上诉机构报告修改，WT/DS267/AB/RW
美国—棉花（第 21.5 条—巴西）	上诉机构报告，美国—对于棉花的补贴—由巴西根据 DSU 第 21.5 条提出，WT/DS267/AB/RW，2008 年 6 月 20 日通过
美国—棉花（第 22.6 条—美国Ⅰ）	仲裁决定，美国—对于棉花的补贴—由美国根据 DSU 第 22.6 条和《补贴和反补贴协议》第 4.11 条提出，WT/DS267/ARB/1，2009 年 8 月 31 日通过
美国—棉花（第 22.6 条—美国Ⅱ）	仲裁决定，美国—对于棉花的补贴—由美国根据 DSU 第 22.6 条和《补贴和反补贴协议》第 7.10 条提交仲裁，WT/DS267/ARB/2 和 Corr. 1，2009 年 8 月 31 日通过
美国—面筋粉	上诉机构报告，美国—对来自欧盟的面筋粉进口的明确保障措施，WT/DS166/AB/R，2001 年 1 月 19 日通过，DSR 2001：Ⅱ，717
美国—面筋粉	专家组报告，美国—对来自欧盟的面筋粉进口的明确保障措施，WT/DS166/R，2001 年 1 月 19 日通过，上诉机构报告修改，WT/DS166/AB/R，DSR 2001：Ⅲ，779
美国—羊毛恤衫及衬衣	上诉机构报告，美国—影响从印度进口的羊毛恤衫及衬衫措施，WT/DS33/AB/R 和 Corr. 1，1997 年 5 月 23 日通过，DSR 1997：Ⅰ，323
美国—羊毛恤衫及衬衣	专家组报告，美国—影响从印度进口的羊毛恤衫及衬衫措施，WT/DS33/R，1997 年 5 月 23 日通过，得到上诉机构报告支持，WT/DS33/AB/R，DSR 1997：Ⅰ，343
美国—归零法（欧盟）	上诉机构报告，美国—计算倾销差额（归零法）的法律、规则及方法，WT/DS294/AB/R，2006 年 5 月 9 日
美国—归零法（欧盟）	专家组报告，美国—计算倾销差额（归零法）的法律、规则及方法，WT/DS294/R，引自 2006 年 5 月 9 日，上诉机构报告修改，WT/DS294/AB/R
美国—归零法（欧盟）（第 21.5 条—欧盟）	上诉机构报告，美国—计算倾销差额（归零法）的法律、规则及方法—由欧盟根据第 21.5 条提出上诉，WT/DS294/AB/RW 和 Corr. 1，2009 年 6 月 11 日通过
美国—归零法（欧盟）（第 21.5 条—欧盟）	专家组报告，美国—计算倾销差额（归零法）的法律、规则及方法—由欧盟根据第 21.5 条提出上诉，WT/DS294/RW，2009 年 6 月 11 日通过，上诉机构报告修改，WT/DS294/AB/RW
美国—归零法（日本）	上诉机构报告，美国—与归零法有关的措施及日落复审，WT/DS322/AB/R，2007 年 1 月 23 日通过

续 表

简要标题	案件标题全称及出处
美国—归零法（日本）	专家组报告，美国—与归零法有关的措施及日落复审，WT/DS322/R，2007 年 1 月 23 日通过，上诉机构报告修改，WT/DS322/AB/R
美国—归零法（日本）（第 21.3（c）条）	仲裁报告，美国—与归零法有关的措施及日落复审，WT/DS322/21，2007 年 5 月 11 日
美国—归零法（日本）（第 21.5 条—日本）	上诉机构报告，美国—与归零法和日落复审有关的措施—由日本根据第 21.5 条提出上诉，WT/DS322/AB/RW，2009 年 8 月 31 日通过
美国—归零法（日本）（第 21.5 条—日本）	专家组报告，美国—与归零法和日落复审有关的措施—由日本根据第 21.5 条提出上诉，WT/DS322/RW，2009 年 8 月 31 日通过，得到上诉机构报告支持，WT/DS322/AB/RW

● 贸易政策审议（2009年）

巴西贸易政策审议

1. 从2004年贸易政策审议以来，巴西继续进行现代化建设，并简化贸易制度，同时还逐渐提升平均保护关税。巴西在完善的宏观经济政策和先前的、近来的改革基础上，能够利用有利的国际经济环境，实现稳定的经济增长，但是当前世界经济的衰退对巴西经济构成了新的挑战。为了应对这些挑战，巴西需要强化对贸易和投资的激励措施，包括降低有效关税保护、减少使用进口禁止令、提高外商投资制度的可预测性。解决国内长期存在的高利差问题，将有助于促进贸易和投资，以及提高产出率。这些及其他促进竞争的措施和资源的有效分配将有助于巴西维持经济增长，并继续促进其居民生活水平的提高。

一、经济环境

2. 巴西在2003年增长仅仅1.1%后，在2004年到2007年期间，年均增长率为4.5%，反映了国内需求的强势和有利的外部环境。2008年的前半年，年化增长率达到6%，然而，由于国际环境的影响，预期在其后的速度将会下降。巴西的宏观经济政策继续以实现基本的财政结余和通货膨胀目标为中心。尽管宣告基本结余和降低了利息支出，公共部门总体上是赤字的（2008年的前半年赤字是GDP的2.1%）。直到2007年通货膨胀率一直在下降，但是2008年又开始上升，10月份之前的12个月达到6.4%。巴西继续采取浮动汇率制，在2003年到2008年期间，汇率上下大幅波动。外汇管制的自由化并没有带来巴西雷亚尔的全面可兑换。

3. 在贸易政策审议期间，巴西宣布服务业和国际收支的赤字。巴西的进口商品主要是制成品。巴西也是制成品和初级产品的重要出口国，并由于强势的国际需求和商品的高价格获益。巴西在政策审议期间，出口非常强势，从2003年到2007年，用美元计价的年均名义增长率达到22%。进口增长更快，在同一期间达到26%。然而，巴西的商品和服务贸易占GDP的比重在同一期间有轻微的下滑，2008年下降到26%。

4. 巴西是一个真正的国际贸易国，其进出口的地理分布很广泛。在政策审议期间，表现与欧共体和美国双向贸易的比重下降，而同时对阿根廷、中国的出口，从中国和某些非洲国家的进口在上升。

二、贸易政策和投资框架

5. 巴西把多边贸易体制作为贸易制度的核心。表现是WTO的创始国之一，也是一个积极的参与国。正因如此巴西向WTO的不同机构递交了许多建议，并参加了服务贸易总协定关于通讯及金融服务业的协商。然而，直到2008年9月，巴西并没有批准关于通讯的第四议定书，而正在关于金融业第五议定书的批准过程中。巴西向WTO发出很多通告，但是直到2008年年底，一些通告还没有提交，例如与农业协定有关的通告。从上次政策审议以来，巴西有一次作为原告、两次作为被告求助WTO争端解决机构解决贸易争端。巴西还一直积极参加援助贸易进程的活动，起着受益人和捐助者的双向作用。

6. 巴西认为优惠贸易协定是多变贸易体系的有价值的组成部分。它也是南方共同市场（MER-

COSUR）的正式成员。尽管用贸易价值来衡量，这是巴西最重要的优惠协定，但它与南方共同体的贸易只占全部对外贸易的大约10%。

7. 作为南方共同体的组成成员，巴西与玻利维亚、智利、哥伦比亚、古巴、厄瓜多尔、墨西哥、秘鲁和委内瑞拉签订有优惠贸易协定。巴西还与拉丁美洲一体化协会（LAIA）一些成员国签订了双边贸易协定。作为南方共同体的成员国，巴西还与其他的国家或联盟如埃及、欧盟、海湾合作委员会、印度、约旦、伊朗、摩洛哥、南非关税同盟和土耳其或正处在协商阶段，或正在审批优惠贸易协定。

8. 在贸易组成审议期间，巴西的外国投资制度没有引入大的改变。外国或巴西本地的投资者基本上可以获得同等的待遇，但是具体的法律对外国投资有一定的限制。在农村房地产、卫生、大众传媒以及航海和航空运输等领域，则限制外国投资的参与。

9. 巴西与数个国家签订了双边投资协定，包括在南方共同体内部。然而，由于议会对这些协定的合法性提出异议，还没有一个协定生效。基于国家立法对外国投资限制的领域，和巴西在这些领域的国际责任受到限制，接受新的服务贸易总协定的承诺将使巴西投资制度的可预测性得到提升。

三、货物的市场准入

10. 巴西继续渐进地对自己的关税制度进行简化和现代化。例如，它为经常性的进口商引入了一个快速进口申报系统，还简化了检查程序。

11. 巴西提高了所有的关税保护。适用的最惠国关税税率的简单平均值从2004年1月的10.4%上升到2008年1月的11.5%。其主要原因是非农产品的平均关税上升1.1个百分点，达到11.6%，农产品（WTO定义）的平均关税没有改变，仍然是10.1%。有4%的税目享受35%的最高税率，包括轮胎、纺织品、服装、汽车。巴西的关税结构仍然表现出低分散度，但是关税的峰值和逐步升级增加了关税保护的有效税率。巴西的所有保护关税都采用从价税。

12. 巴西的全部关税安排的平均限制税率为30.2%。降低限制税率，缩小它们与适用税率的差额将有助于提升巴西关税制度的可预测性。

13. 巴西继续是反倾销措施的积极采用者。在2008年10月底，巴西有63个有效的反倾销措施，影响着23个贸易伙伴国的出口。这些措施中的大部分是以个别税为形式，反倾销措施的平均有效期是6.4年。从2004年以来，反倾销调查的次数和反倾销临时性措施的数量与政策审议前相比已经增加，但是新确定的反倾销税的数量却增加不多。巴西有两个有效的抵消措施。从2002年以来，巴西仅就加工椰子肉案件执行了一次安全措施。这一安全措施不适用于南方共同体成员国，也不适用于绝大部分发展中国家。

14. 巴西几乎对所有二手消费品执行禁止进口令，其中包括汽车、一些用于生产葡萄酒的葡萄和葡萄汁、由大于5升的容器装载运送到的葡萄酒。巴西采用自动的和非自动的许可证，后一种影响了略高于三分之一的税目。除了南方共同市场国家，对其他国家不批准翻新轮胎的进口许可证。一个WTO专家组认为这一例外不符合多边规则。

15. 从巴西上次政策审议以来，管理技术法规和卫生检验检疫措施的立法和制度框架只有较少的变化。"技术法规实施指南"和"基因修改的有机体"的新规则的发布是诸变化之一二。政府指出，他们正在采取措施确保技术法规和卫生检验检疫措施的通告在多边建议期间内提出。

四、影响出口的措施

16. 从上次贸易政策审议以来，巴西出口程序没有重大改变，例外的是废除了要求出口商必须签订以外汇计价的销售合同的法规。巴西立法允许申请30%的出口税，出口税可以下降，也可以提高（最高达150%）。所有出口基本上都得征税，但是在实践中，仅对皮革、武器和弹药、烟草出口征税。双用途商品的出口需要获得许可证。

17. 巴西通过退税制度和对出口不收间接税的设计，实现出口税收的中立性。

18. 巴西为了促进出口，还实施了许多金融、保险和担保计划。"出口融资计划"是巴西支持出口的主要工具。该计划的目的是对那些在国内市场难以获得贷款、或者只能获得高利率贷款的企业给予资金支持。根据该计划获得贷款的飞机出口企业在WTO遇到挑战。在WTO的贸易争端解决机构（DSB）认为该贷款是出口补助后，该贷款程序在政策审议期间先后修改两次。在一些例子中，巴西政府在“国家社会经济发展银行”（BNDES）下设立“进出口银行”（BNDES-EXIM）的计划对含国内生产成分的出口产品提供了优惠贷款。

五、其他影响贸易的措施

19. 对生产和投资的援助一般是通过提供信贷的方式。2008年30%的贷款用来支持专门项目，其中一半以上由国家发展银行管理。这些信贷的利率远低于国内市场利率，在一些情况下，官方信贷与产品的国内生产成分相联系。

20. 巴西已经通知WTO，许多地区支持项目为特定地区的发展、研究和开发提供援助。政府还把自由贸易制度作为地区发展的激励措施。

21. 在支持审议期间，巴西还加强竞争政策体系，但是在执行过程中仍然面临挑战。政府正在考虑新的法律，目的是促进竞争管理部门的权威，包括进行公司合并前的检查。因为数量庞大的税种、激励计划和程序，生产和投资的法律框架有些复杂。减少关税复杂性、消除扭曲和财政竞争等关税措施，可以带来较大的经济发展。

22. 国家控制大量的涉及不同行业的企业。国家所有权反映了政策的判定，即政府控制而不是私有化更适于达成战略目标。

23. 巴西已经采取措施提高政府采购制度的透明性。当采取投标方法时，采购是建立在最优价格标准基础上。针对完全相同的要约做出决定时，国民待遇一般给予依法设立的、或在巴西有代表机构的外国供应商。2006年，给予微型和小企业最高10%的优惠政策引入。巴西不是《政府采购协议(GPA)》的参与国，但参与则会提高贸易制度的可预测性，并能通过降低程序成本而有益于纳税人，也有益于那些能在国际市场上竞争获得合同的国内生产商。

24. 巴西的法律包含了《与贸易有关的知识产权协议（TRIPS)》所有重要的方面。2007年，巴西通过了关于集成电路流程设计的新法律。《工业产权法》中规定的含知识产权的商品的平行进口是不允许的，而《著作权法》内规定，关于平行进口的决定以个别案例为基础。巴西颁布了抗艾滋药物的强制性许可证，该许可证允许进口通用版本的药品，或在政府实验室的国内版本药品的生产。

六、行业政策

25. 农产品的关税保护水平比较低，但是也得到数项国内援助计划的支持，多数计划的目的在于提高低成本贷款，特别是对小规模农户。许多产品的担保价格也被用来支持农业。尽管巴西对农业的援助价值低于经合组织（OECD）国家的平均值，但对信贷和国内农产品市场的干预扭曲了支持模式。而且，这些援助还会影响全球的农产品市场，因为巴西在农产品出口方面是世界大国。

26. 在巴西设立的私人公司经过许可，允许参与石油和天然气行业。实际上，国家控制的巴西国家石油公司（PETROBRAS）在该行业占据垄断地位，拥有巴西全部炼油能力，也是国内石油产品市场上的关键定价人。石油的勘查和采掘许可权的授予和巴西国家石油公司新的石油平台的建设由产品的国内成分决定。政府根据近来新石油的发现，正在考虑改变该行业的管理框架。国家在电力行业也处于垄断地位。

27. 巴西制造业的发展有历史赋予的优先权。为这一目的，政府给予优惠的长期贷款条件和通过边界措施给予援助，例如最高关税和关税的逐渐升级，国内措施则如税收减让等。重要的是确保工业政策没有使其他行业处于更困难的境地，从而阻碍其发展。而且，降低有效关税保护的水平，将有助于降低消费价格，并有助于提高劳动生产率，特别是巴西那些已经处于世界水平的行业。

28. 服务业大约占巴西GDP的三分之二。巴西在服务业上是一个净进口国，历史上服务贸易一直是赤字。巴西在《服务贸易总协定》下的具体承诺仅包括160个服务项目下的38项，或者说是12个服务领域（《服务业分类目录》定义）下的7个。

29. 如前所述，巴西没有批准《第五议定书》，但在2007年对保险业立法的修订可能会使批准成为可能。其中，该修订允许在某些情况下跨边界保险服务的提供，在过去这一业务是被禁止的。尽管在事实上允许建立新的外国金融机构，但必须经过总统的批准。

30. 巴西的金融中介业务在政策审议期间得到发展。利差降低，但是在2008年11月利差大约28个百分点，仍然很高。巴西的中长期融资只有国家银行提供，且利率远低于自由市场。确定和矫正巴西融资成本过高的原因是非常重要，不可取代的。

31. 巴西在《服务贸易总协定》中对通信业没有做出具体的承诺。尽管行政部门有权限制新的外国投资者加入通信业，在实践中，所有企业接受来自国内外的投资。有线电视对外国人的有表决权的股份限制在49%。巴西的通讯管理结构遵循国际最优做法，在政策审议期间，当局通过引入几项改革对管理结构进行改善。强化管理主体将加强该项改革的进程。

32. 巴西的航空运输在贸易政策审议期间，仍然面临各种问题。市场集中度仍然很高，这一现象部分地反映了国内航空服务主要由巴西人控制的航空公司提供，这些公司有投票权的股份80%在巴西人的手中。所有的机场都由国家所有和经营。而且，尽管对它们进行了调整以提高它们的灵活性，巴西航空业的双边协定设立了相对严格的服务提供条件。消费者可以获益于政府提高竞争和服务质量的措施，其中包括放松对外国投资的限制。

33. 总之，只有巴西旗舰可以进行沿海运输活动，或运输：公共单位的货物、从国家财政或信贷计划获益的商品、原油和其衍生产品的进出口。巴西要求国际海上运输服务利益互惠。巴西对海上运费征税（海运费附加税 AFRMM），国际航道的适用税率是25%，沿海运输的10%，而出口则不纳税。该税种也不适用于那些与巴西在这方面签订有协议的国家的企业。海运费附加税收入用于为国内造船业提供资金，资金提供情况受产品的国内成分影响。巴西还对外国旗舰专门征收温室效应费。

（侯迎春译　陈泰锋校）

斐济贸易政策审议

一、经济环境

1. 对于斐济较小的国内市场、有限的自然资源和不可避免的缺乏经济多样化而言，其国际贸易和投资都很活跃。斐济基础狭隘的经济面临难以对付的挑战，这些挑战最初来自国内，但是近来加上世界经济衰退，可能会导致减缓出口和外国资本流入的增长。从1998年以来，斐济先后发生两次政变，最近一次发生在2006年12月，2007年1月建立了当前的临时军事政权，增加了政治上的不稳定，对已经脆弱的经济带来负面的影响。原定2009年3月举行的选举，已经无限期地推迟，主要等待临时军事政府的改革。政府是否会兑现自己的诺言在2010年6月举行选举，还有待观察。

2. 斐济的经济增长不稳定，通常是停滞的，从2003年以来，年均增长速度低于1%。在2004年斐济的GDP增长达到顶峰5.5%。2007年由于政变对经济的打击，尤其是旅游业和投资，斐济的经济收缩6.6%。通货膨胀率则由2007年的4.8%上升到2008年的10月的8.5%（尽管2008年9月的9.8%后有所缓和），主要由于世界石油价格的逆转和对国内交通成本的第二轮影响。通货膨胀仍然是个问题，尽管预计2008年年底会下降到7.5%。2008年温和的经济复苏强度会继续向下改变，从2008年4月的2.2%到11月的1.2%。财政赤字从2007年的1.8%下降到2008年的1.5%，预计在2009年会上升到3%。政府的总债务仍然高企，尽管在2008年有所下降，占GDP的47.9%（2007年是50.3%）。外债在2008年是2.754亿美元（从2007年GDP的7.3%下降到约6.9%），占比较小，且大部分得到减让，偿债比率也较低（2008年低于3%），所以是可以控制的。

3. 国内投资于国内储蓄之间存在巨大和宽泛的距离，导致贸易和经常账户赤字的上升，2007年分别为GDP的25.9%和17.3%，2008年分别为GDP的30.0%和21.0%。货币政策的主要目的是遏制外部赤字和压缩外汇储备。外汇储备从2007年底的9.587亿美元下降到2008年10月底的8.608亿美元。从政变之后，采用了自主决定的非市场工具，特别是商业银行个人贷款最高限24.26亿斐济元，抑制了消费，全面的外汇控制限制了投机性外流。2008年9月以来，某些管制有所放松。斐济仍然采取盯住五个重要贸易伙伴国的一篮子货币的汇率制度，但未披露各种货币的权重。直到2008年，斐济元基本上在升值，削弱了斐济的国际竞争力。

4. 面对经济困境，斐济在联合国人类发展指数中作为发展中国家的排名，从2003年的第83位下滑到第92位（在邻国汤加和萨摩亚之后）。2005年斐济在联合国人类贫困指数中作为发展中国家的排名为第50位。大约35%的总人口生活贫困。2008年人均名义GDP估计约为5 000斐济元（3 300美元），比2003年上升13%。

5. 服务业是斐济对GDP贡献最大的行业，2006年占GDP比重72.1%，尤其是社区、社会、个人和家庭服务、批发和零售服务、交通和通讯、金融、保险、房地产和商业服务。制造业主要包括饮料、烟草、糖、服装业，其份额已经下降到GDP的14.1%，但2006年是上升的。尽管农业对GDP的贡献仅占9.8%，主要包括农作物，该行业对居民生活很关键，特别是在农村，那里生活着50%的斐济人。

6. 斐济几乎所有的原材料（包括燃料）、中间产品和资本品都依赖进口。进口占GDP的份额从2003年开始上升，到2008年达到58.9%（2007年是53.2%），出口占GDP的份额却下降到24.1%（2007年是22.3%），国内的基本因素（例如劳动生产率低且下降和因此国际竞争力差）导致出口的衰减。这点也反映了出口机会的减少，特别是出口美国的服装，这是由于强化了非洲欠发达国家进入美国的优惠措施，并从2005年1月始取消了全球的服装配额。对欧共体的糖出口也受到糖业改革和准入优惠的影响。此外，斐济还经历了多边和单边自由化的侵蚀，包括主要对澳大利亚等国家的服装出口，该出口目前占比80%。

7. 斐济出口市场现在更加多元化。新加坡代替了澳大利亚、美国和欧共体成为斐济的主要出口国，2007年占商品出口的18.6%。进口几乎全部来自亚太地区国家。新加坡取代了澳大利亚和新西兰，成为2007年的主要来源，占商品进口的34.2%。出口主要集中在初级产品上（2007年占总出口的74.1%），农产品的份额上升到50.2%，主要源于瓶装矿泉水，弥补了糖的份额下降的空间。燃料的再出口给来访的船只、飞机和其他南太平洋岛屿的份额上升巨大，达到2007年的23.9%。制成品出口的份额大幅下降到2007年的16.6%，主要由于2005年服装出口下降几乎50%，并在2007年总的出口额继续下降8%。2007年初级产品的进口份额大幅上升，达到50%，主要原因是燃料进口的份额上升33.2%。制成品进口份额大幅下降到47.7%。斐济传统上服务贸易盈余，主要原因是旅游业的过剩。

二、制度框架

8. 当局坚持新宪法，该宪法在1998年7月生效，它仍然是斐济的最高法律。根据当局的看法，2008年10月最高法院的决定使其合法化，根据总统特权批准了已经选举出还未上任的政府官员的解雇，和任命临时代理的总理。总理解决议会悬而未决的新选出人员。高院的决定允许上诉，因为在临时政府的情况下，一些人怀疑宪法的地位。在议会解散期间，考虑到与议会法有相同的地位，法律授权总统颁布。建设更好的斐济国家委员会草拟了《改变、和平和进步人民宪章》作为宪法的补充。

9. 斐济的立法过程工作缓慢，对过时的与贸易相关的法律正在进行的改革，大部分是逐个进行，由于政治局势不稳定和技术能力有限阻碍了改革工作的进程。最近的部门重组是在2008年9月。对外事务、国际合作和民航部（正式叫为对外事务和对外贸易部）仍然负责对外贸易政策。在制定政策的过程中，广泛征求各方意见，主要是通过内阁领导的部委间贸易和负责委员会的半正式会议。没有独立的机构对政府的贸易政策或行业援助进行公开评估和提出建议，避免损害公共责任和决策过程。

10. 临时政府在2007年11月采用“2008—2010可持续的经济和授权战略计划”取代了先前的“政府2007—2011战略发展计划”。该计划还吸收了“联合国千年期发展目标”，和在社会经济发展中平等参与所有种族群体，包括采用更有效的、确定的行动计划处理斐济本土人面临的不平等问题，还有一个强化管理、提高收入和促进社会和社区发展的中短期战略。

11. 贸易改革是斐济发展有效率的、有竞争力的、开放的经济前提下，优先发展的、不可分割的一部分，其目的是促进出口导向的经济增长。政府相信从消费导向的经济转向出口导向需要取消已经建立的政府干预，如关税和其他形式的保护、国内税和关税的减免以及各种激励政策。然而，由于收入问题，实现贸易自由化是渐进的过程，由国内税收体系调整（目的是弥补关税收入的损失）和结构改革情况决定，从而使非竞争性行业有能力应对国际竞争。2006年12月斐济推迟实施“2006年国家出口战略”，其核心团队在2008年9月再次召开会议，且选出六个小组（农业综合企业、林业、海产品、矿泉水、信息和通信技术和视听服务）作为改善斐济的经济状况的重点。

12. 尽管斐济致力于多边贸易，从上次贸易政策审议以来，它还扩展自己双边和地区协定。这些协定增加的风险是会形成一个更复杂、可能更不透明和贸易体制，这可能会增加经营活动的成本。使贸易（和投资）转向他国的多于我们创造的。这些安排主要包括“南太平洋地区贸易和经济合作协定”、“美拉尼西亚先锋组织贸易协定”和“太平洋岛国贸易协定”。

13. 巨大的经验事实对斐济歧视性贸易安排的经济效益提出疑问。与澳大利亚和新西兰的协定（太平洋更紧密贸易关系协定）看起来似乎给予了更多的经济承诺，其实可能比单边非歧视性自由化提供更少的经济效益。在斐济现有的经济发展和缺乏技术能力的情况下，“太平洋更紧密贸易关系协定”对斐济还更有雄心和更具挑战性，且对斐济经济收入有负面影响。

14. 当局表明斐济签署“经济伙伴国协定”面临来自欧共体的巨大压力。它在2007年11月发布一个“临时经济伙伴国协定”。斐济与欧共体之间的贸易根据《科托努协定》，受一个临时市场准入扩展规则的约束。否则，斐济的入欧共体市场将恢复更不利的普惠制待遇。《经济伙伴国协定》的协商，包括那些太平洋岛国，在2008年9月重新开始会谈。他们同意一个“约会地点条款”，该条款要求欧共体在继续会谈之前，承诺劳动力流动性建议。斐济担忧《经济伙伴国协定》中自己的关税下降，将为即将到来的“太平洋更紧密贸易关系协定”的会谈建立一个先例，这可能导致更高的关税损失。

15. 斐济给予所有的贸易伙伴国（包括非WTO成员方）至少最惠国待遇。它没有打算加入《WTO关于政府采购的双边贸易协定》或《关于民航贸易协定》。它也不是《关于政府采购透明性工作组》参与国。还不是《关于贸易和信息技术产品行政声明》的参与国。作为一个发展中岛国，斐济支持弱小经济组织和意向相近国家的利益。尽管政府支持农业自由化，但它认为它们的贡献大小反映了能力的约束和脆弱性，以及政策目标和发展的需要。一个农业协定应当推进重要工作（如“支持规则和纪律”，以及通过更公平和预见性更强的规则避免“走后门”和保护）的进程。斐济还认为弱小经济体和其他发展中国家将能够保护幼稚工业，不必为战略性产品和敏感性产品限制关税。它认为开放的国际贸易体系对减少贫穷很关键，农产品贸易是实现更高收入和可持续发展的关键因素。

16. 斐济自由化和合理化自己的外国投资制度。然而，一些经济活动要么完全留给斐济人经营，或斐济人100%拥有的企业经营，或受一些限制规定的约束（特别是对最低投资水平的要求）。最近的外国投资规定在2008年7月生效，取消了所有关于外国股权的限制，只有渔业还有最高限为30%。例如，农业40%的外国投资最高限已经取消，代之以最低现金投资额为25万斐济元。对所有的经济活动的外国直接投资最低金额都规定为25万斐济元，除非要求的最低金额更高。一些行业的外国直接投资的最低金额限制已经提高，特别是服务业。斐济没有双边投资协议。它达成几个双重税金协定，其中2005年与新加坡达成协议。斐济正在与印度和美国协商相似的双边贸易协定。

17. 从上次贸易政策审议以来，斐济从与贸易相关的技术中获益。它的资源和能力的限制影响了它的多边协商活动，包括从依赖于优惠向一个开放的、因此更具竞争性的经济体转变。斐济在贸易政策的制定、实施许多领域都需要技术援助，包括单边的、多边的和地区的经济活动。

三、贸易政策工具

18. 从上次政策审议以来，斐济进行了一些与贸易相关的改革。关税仍然是主要的贸易政策工具，也是重要的税收来源。政府相信关税政策应当避免采取单一的低税率结构，导致“喷泻”式税率，因此关税和国内税收的结构重新安排是一个长期的工作，这将有助于提高经济效率和竞争力，比扭曲市场的行政干预更有助于经济的发展。否则，关税就仍然仅仅用来保护国内产业。

19. 尽管关税结构已经简单化，适用最惠国关税税率继续上升，从2003年的简单平均值7.9%上升到2008年的10.4%，在2009年将达到11.3%。2008年，农产品和工业产品的平均值分别为12.0%和10.1%（2009年是12.7%和11.1%）。上升的趋势似乎与政府声称的逐渐降低关税的目标相矛盾，政府的目的是实现一个更低、更一致的税率结构。

20. 斐济的关税税率结构包括四个税率带：0、5%、15%和27%，在2009年最高税率已经是32%而不是27%。最常见的税率是5%，2008年（和2009年）约30%的关税税目税率在15%或大于15%。关税差异逐渐变小，特别是在2008年，而2009年将会变大（标准差上升8.8达到10.6%）。关税升级数额很大，2009年还将上升。几乎所有税目都是从价税，有助于提升关税的透明度。非从价税率主要是代替2008年（2009年上升为32%）的最低从价税率27%，该税率主要适用于二手汽车、服装、酒精饮料、烟草和钢铁产品。该税率常常隐蔽相对较高的从价税等值。

21. 在事实上附加的关税，被称做“进口消费税”从2006年开始征收，2008年只有对进口（与消费税不同，消费税适用于进口和国内生产的产品）征收关税的商品收取9.8%。包括最惠国关税税率的简单平均值在2008年上升到11.4%（2009年12.4%），税率的差量也增加了。

22. 斐济对几乎50%的关税税目设置了限制税率，主要是针对农产品。平均适用最惠国关税税率远低于限制税率（平均为40.2%）。这个差量产生了不确定性，也提供了税率变化的范围，在政策审议期间，斐济利用它在WTO承诺范围内提高了关税税率。某些税目的适用税率超出限制税率，可能是由于“进口消费税”。

23. 斐济还改善了自己的关税征收工作，采用了交易价值。斐济当局不认同进口仍然存在障碍的说法。这些宣称的障碍包括：法律法规的运用以及法庭的判决缺乏公正；没有有效的、正式的、私人部门的咨询机制或有效的、先进的制度体系；过度的和浪费时间的文件要求；不合理的收费；贿赂和其他腐败习惯，包括支付加快进口清关。斐济不是《东京议定书》的成员国，但是在考虑加入世界海关组织的哥伦布计划，并计划到2012年全面采取国际关税标准。

24. 扩展的不透明的关税减让包括免税和为支持生产者的最终使用安排。对出口商的关税退还和暂停支付计划据说复杂且难以使用。需要这样不完整的计划的目的是，阻止由于惩罚给出口商造成的负担，即对其投入的原材料和中间产品征收高关税。歧视性消费税用于进口烟草产品，最近引入一个国内成分50%的计划，该计划鼓励使用国内产品。增值税（在代替先前的关税税率下降带来的收入损失相当有效）对进口产品似乎无差别性。

25. 由于卫生、安全和道德等的考虑，因此有许多进口禁令、限制和许可证要求。进口已经使用4年以上的二手汽车（2009年上升为8年）和塑料袋在2007年后期是禁止的。在贸易造成审议期间，斐济没有采取反倾销措施或补偿行动，也没有安全立法。

26. 斐济尽管努力改善政府采购，新立法在2006年12月暂缓决定。条例仍然浪费时间，并存在合谋问题。

27. 斐济的少数标准和技术规定大部分遵从澳大利亚和新西兰的法规。已修改的食品安全规定在2003年已经执行。斐济没有药品管理程序，药物进口商必须是有许可证的批发商。药品必须满足英国或美国的标准。

28. 出口由扩展的出口许可证制度约束。为了促进国内下游加工业，并以此增加价值，从2009年开始，糖、糖浆、黄金、白银等的出口税率为3%。在出口产品的增值税退还的条款中，也存在管理困难，包括延误。出口激励措施，包括50%的所得税减免，已经提供两年了。

29. 其他税收激励措施，作为优劣不确定的经济工具，用来激励投资，常常把目标指向优先发展的行业（例如旅游业和视听传媒业），有时受最低国内成分或出口要求的约束。这些措施最近已经提供，包括广泛采用的税收假期。还一个新的旅游一揽子计划将取代2008年年底到期的计划。储备银行对有特许权的出口商提供出口融资。

30. 斐济对基本商品（药物、燃料、钢铁、水泥和烟）和服务（例如租金、教育费和电信费）提供价格控制。斐济的消费者保护和竞争法，1992年公平贸易法在1998年得到广泛修订。商业委员会实施法律的竞争条款，而公平贸易和消费事务部处理消费者保护问题。根据斐济2004年颁布的竞争法，政府的意图是通过提高市场的竞争性，达到提高效率的目的。

31. 斐济有数个法定的农产品营销安排。糖保护和营销是调整对象。政府从对国有企业的支持中，积累了相当大的或有债务，例如，通过贷款和长期的债务担保。政府对债务担保收取最高2%的费用。私有化进程已经放缓，因为，私有化似乎意味着较低的政府所有权是主要的收入来源，而不是依靠改善经济效率的措施来增加收入。

32. 从1998年以后，尽管斐济没有加入任何世界知识产权组织协定，它修改了自己的著作权法和专利权法。著作权法的实施似乎较弱，平行进口尽管是允许的，但其合法性含糊不清。

四、行业贸易政策

33. 从上次政策审议以来，由于重大的障碍（如政府干预、国家所有、政府和私人垄断以及基本缺乏竞争）仍然不利于资源的有效分配和提高国际竞争能力，斐济进行了行业改革。在关键行业进一步开放市场和放松管制，将会便利经济调整，使经济更具多样化和更有效率。

34. 政府发现农业是经济复苏和用“自给自足”（如大米和牛奶）来促进食品安全的根本基础。进口替代政策包含相对缓和食品的高关税。由于相当高的最惠国关税税率27%（2009年32%）以及绝大多数是国家垄断生产者（斐济糖业公司，唯一有许可证的进口商）加工，种植和生产糖都没有效率。该公司尽管获得补助（例如补助金和担保贷款），当享受配额出口欧共体时，还受担保的高价格，但仍然亏损。面临欧共体糖优惠的逐步取消和较低的出口价格，斐济试图提升行业的竞争力，并通过改善种植、加工、营销、运输以及提升磨粉技术，更好地赢得各个可能出现的新市场。国家间接地参与大米、食品加工和牛奶业。

35. 为了增加本土斐济人的机会，渔业和林业是政府确定行动计划的重要组成部分。渔业政策，尤其是针对金枪鱼，通过设立可持续产出的捕获配额，而不是仅仅依赖船舶数量的限制，目的是促进工业的本土化和可持续管理。目前的捕获量远远低于可持续发展水平。在斐济领海捕鱼必须在斐济上岸（除非依据美国协定捕捞）。渔业许可证的优先分配依据斐济人所有权、陆上设施的投资数量、出口潜力和国内成分。本土斐济人有优先权。斐济登记的外国船只必须是斐济人所有（与斐济人合资的公司国内权益必须达到30%）。

36. 鱼出口到欧共体有严格的原产地规则，该规则已经严重地限制出口机会，尽管根据环境保护协定已经放松该规则，由于欧共体决定根据动植物检验检疫措施，在2008年5月禁止斐济所有的鱼出口，使它丧失了这些收益。国家拥有的斐济松木有限公司种植和营销松木，同时国家所有的垄断公司，斐济硬木公司经营种植硬木的种植园。两个行业可能面临过度开采，还享受税收和其他激励政策。这些方面渔业在2009年已经得到改善。

37. 斐济制造业政策的目的是通过发展竞争性、增值高的行业，包括为了提高竞争力，放弃公共企业和每年重新检查关税，实现该行业的多样化和发展。除关税外，斐济采用扩展税等激励措施帮助制造业，目的在于鼓励投资以及制成品的出口，特别是在农村地区。大部分由外国拥有的服装业已经大幅度地萎缩。至少有一个重要的斐济公司（只有斐济人销往美国）已经落户在非洲，最大的公司是新加坡人所有，该公司服装出口占斐济的一半，在2005年在国际配额规则发布后，很快关闭。

38. 国家参与服务业（尤其是在交通和电信业）。经营陆路交通业必须经过许可。对公共汽车和运货车的许可期是5年。2006年7月对新许可证无限期的冻结，在2008年1月取消。近来，对公交车运营者给予10%的补助。沿海和海岛之间的经营许可证需要经过一个经济需求测试，而且禁止沿海贸易。2008年引入了沿海运输的授权系统，该系统已经推迟采用，因为可能引入后会进一步降低竞争力。通过招标的方式，并通过提供融资，政府全面补助无利润的交通路线。巨大的港口改革由主要港口，即国营斐济港口有限公司来管理，并由商业委员会审查其费用。在逐渐的引入竞争后，国营的装卸垄断公司，即港口总站有限公司已经私有化。政府正在为国家拥有少量股份的斐济船运和重工业寻求战略伙伴。斐济没有参加《太平洋岛国航空服务协定》，该协定设计的目的是形成一个单一的太平洋航空市场。一个内阁工作组正在检查国家的航空公司，即太平洋航空公司（国家占51%的所有权）。国营的斐济机场有限公司管理着国际机场，51%由国家所有的斐济航空终点有限公司是在南迪国际机场，唯一的地面服务提供者。

39. 斐济的银行业与保险业相对开放，斐济允许外国人开设分支机构和附属机构。保险业没有国家参与，2006年早期商业银行也终止了国家股份。根据国际最优的惯例（在国际金融市场上的国际结算和开发监管指南），银行业和保险业的监督和管理框架已经得到加强。资本市场发展部门监管斐济的欠发达的资本市场。

40. 斐济电信市场在2008年1月完全解除管制，从而结束了电信市场的垄断，先前根据一个截至2014年的25年的垄断经营权，国内、国际电信市场和移动服务垄断受到保护。国家权益仍然很高，国家拥有斐济电信有限公司49%的股份（51%由斐济国家节约基金所有），还拥有斐济国际电信有限公司51%的股份，还有沃达丰飞机分公司51%的股份。新的移动电话2008年10月开始商业运营。还建立了一个新的独立监管者，即斐济电信监管局。它将监管一个开放的许可证系统，该系统建立在不限制许可数量，且若满足要求自动签发许可证（移动电话除外）基础上。商业委员会管理非移动电话的零售价格，可以通过过高的国际和国内费用交叉补助国内电话，以及其他事务（例如准入和互相连接、市场力量和消费者保护的滥用）。信息技术和视听业受到大量的税收退还，并从2009年开始有所增加。斐济电视有限公司提供自由频道和以管辖权为基础付费的垄断权2004年终止，4个新许可证则通过招标，授权国内成分更高（2015年前50%）的公司经营。传媒业的交叉拥有则受到限制（例如在许可证、外国控制和所有权上）。

41. 当结构独立的公司以巨大的成本合并到国有的斐济电力管理局后，当局一直亏损，在1999

年已经开始改革。它既是管理者也是重要的授权者。尽管由商业委员会检查价格、设定低于成本恢复价和交叉补助，但它受政府的影响。在 2006 年，内阁认可设立独立的大监管者系统，包含电力、通讯和水。旅游业受政治的影响，获得大额退税包括投资折扣和税收假期。从 2009 年开始，一个新的激励机制将代替当前的计划。

五、贸易政策和贸易伙伴国

42. 斐济经济面临无数宏观经济和经济结构的挑战。宏观经济的稳定性以持续的财政管理和审慎的货币政策为中心，目的是控制通货膨胀和应对外部不平衡，这也是外汇储备压力的来源。吸引更多的外国直接投资对经济繁荣是重要的。经济恢复的速度将依靠政府的能力来应对这些挑战，包括调整经济结构、改善劳动生产率。由此，国际竞争力，特别是在服装业、旅游业和糖出口面临的压力下，才能随着国内和外部经济的发展而提升。要使宏观经济和以上行业好转，通常需要激发海外对政府的信心，即政府承诺对贸易和投资进行改革，承诺更为稳定的政治环境。

43. 斐济的经济恢复速度可能会低，还将依靠国际经济的发展而发展，而众所周知的是，近来金融危机引发了国际经济衰退。在国际经济衰退的条件下，斐济 2009 年财政预算预计的增长速度似乎雄心勃勃（2009 年 2.4%，2010 年 1.9%，2011 年 1.5%），而且，世界经济危机在斐济并没有完全反映出来，仍然有很大的下降风险。2009 年和 2010 年的年通货膨胀率是 4.5%，经常账户赤字占 GDP 的比重分别为 21.3%和 18.4%，2011 年将下降为 15.3%。

44. 通过进一步、非歧视性地自由化自己的市场，包括取消过分严格的、影响出口的非关税壁垒（例如卫生、动植物检验检疫措施），WTO 成员方可以帮助斐济的经济发展。成员方还可能希望考虑如何采取措施，将对斐济贸易模式负面影响最小化。斐济贸易模式给予欠发达国家出口的优惠较高。这些优惠安排意图是鼓励与欠发达国家的贸易往来，改善其贸易机会。当然，它们也可能无意识地将贸易和外国投资从斐济的重要行业（如服装业和糖业）转移到其他行业。给予这些优惠，将有助于出口这些产品的欠发达国家获得巨大的发展。

（侯迎春译　陈泰锋校）

格鲁吉亚贸易政策审议

一、经济环境

1. 格鲁吉亚是一个小国，地处重要的战略位置，在高加索山脉的南部，人口450万。格鲁吉亚是一个中等收入国家，据估计2008年人均收入2 900美元，是2003年政策审议期间人均收入的三倍，从那时起持续的经济增长在许多年的经济衰退后又开始了。1991年独立后，由于国内战争以及进入前苏联市场优惠的丧失，格鲁吉亚的经济陷入崩溃，产出下降70%，出口下降90%。它是所有过渡经济体中最糟糕的。

2. 从2003年以后，经济政策的方向是在自由化的贸易、投资和商业环境下，依赖私人部门，并获得相当大的成功。世界银行承认格鲁吉亚是世界上经济改革最快的国家。在2008年8月与俄罗斯发生武装冲突之前，经济强势增长，年均GDP实际增长近10%。在经济增长的背后是税收占GDP比值的大幅上升、快速改善的商业环境和外国直接投资流入的增加。税收占GDP的比值从2003年的8.4%上升到2007年的17.2%。由于石油和天然气管道的建设，外国直接投资流入首先强势增长。从2005年开始，外资流入的行业有基础设施、建筑业、零售服务和房地产，引起国内对建筑材料、食品和消费品的需求。尽管这些投入品的生产步伐还不快，但由此也得到加强。

3. 从2003年以来的经济快速增长，并没有引起出口占GDP比值的增长。出口所占的份额仍然相对较低，大约20%，不及进口比值（占GDP49%）的一半。这一现象部分地反映了对出口导向的农产品加工业和制造业投资的不足。尽管存在一些多样化，格鲁吉亚的出口结构仍然相当集中在传统产品上，如贱金属、速食品、矿产品、化工产品、机械和水泥。而且，按净额计算，近来经济的大部分增长并不增加就业，由于私人部门提供了高质量的就业岗位正好弥补了公共部门由于改革而缩减的岗位。失业率从2002年的12.6%上升到2008年的16.5%。贫困仍然很普遍，2008年估计为22.1%，这些穷人中的大部分在农村地区，这里的生活仍然依赖于劳动生产率很低的农业生产。

4. 在2008年，格鲁吉亚经济遭遇双重冲击：8月与俄罗斯之间爆发的短暂和灾难性的武装冲突，以及9月爆发的全球金融危机。这些冲击给格鲁吉亚经济带来出口需求的暴跌、外国直接投资和职工汇入款的锐减以及银行贷款的大幅萎缩。随着资本流入的突然下滑以及银行存款的严重不足开始，经济在下半年收缩，全年GDP的增长率仅为2.1%。2009年的第一季度，经济下滑还在继续，增长率为负5.9%。来自基础设施的问题造成的损害和几个行业活动的崩溃，包括建筑、贸易和旅游行业，严重地抑制了经济的增长。

5. 造成审议的大部分时间，通货膨胀依然维持在一位数，但是，2007年后期爬升到两位数，大部分是由于能源和食品价格的上升。通货膨胀在2008年大幅减缓，因为全球商品价格下降，且国内需求萎缩，还因为2008年前半年，中央银行为了控制通货膨胀，实施以紧缩为核心的货币政策。根据政府统计，2008年末通货膨胀率是5.5%，到2009年6月底，6个月的通货膨胀率仅为2.3%。

6. 格鲁吉亚的经常账户赤字，反映了国内投资高于国内储蓄，从2004年占GDP的6.9%扩展到2008年的22.8%。这一赤字被资本和金融账户的盈余弥补，主要来自于大额外国直接投资的流入。经常账户主要决定于国内需求增长导致的进口增长、与外国直接投资相关的进口增长以及能源和商品价格的上升。在政策审议期间，商品贸易赤字几乎上升两倍，从2003年占GDP的16%到2008年的30%。2009年前半年国际收支平衡数据显示商品的出口和进口下降分别为35%和38%（与2008年的前六个月相比），反映了商品价格和国内需求的下降。

二、贸易和投资政策框架

7. 2000年进入WTO后，格鲁吉亚通过自由化的贸易和投资制度、放松价格管制、废止某些经济主体的垄断权力、取消对竞争的限制、对国有企业私有化以及缩减对国有企业的补助额，为竞争市场建立了法律基础。在政策审议期间执行的政策是建立在这些成就基础上的，尤其是在贸易领域的成就：关税改革、与关税腐败的斗争、商业许可证行业的改革、金融行业监管的改革，以及继续采取与欧洲和国际标准一致的与贸易相关的立法，包括在食品标准和技术规定、食品安全和竞争领域的立法。这些与《投资活动促进和担保法》以及《国际投资促进法》一起，有助于经济的开放和创造一个有利于外国投资的商业环境。

8. 贸易政策的制定和评估完全由总理领导的政府委员会负责。总理的办公室还负责谈判和与WTO相关和与《欧共体与格鲁吉亚自由贸易协定》进程有关的事务。欧共体是格鲁吉亚主要的双边贸易关系地区。对外贸易和相关的事务大部分由经济发展部负责管理。其他部委和机构如农业部、财政部（包括关税）也对贸易政策的制定和执行起着重要的作用。

9. 格鲁吉亚与所有的 WTO 成员都有最惠国贸易关系，与日本、加拿大、挪威、美国和瑞士都有普惠制安排。2008 年，土耳其给予的普惠制特权由《格鲁吉亚—土耳其自由贸易安排》取代。根据该安排，工业产品的关税已经完全取消，尽管许多农产品被双方排除在安排外。在 2007 年，格鲁吉亚和美国签署《贸易和投资框架安排》，该安排也更新了双边投资协定，使格鲁吉亚进入普惠制，并且探索自由贸易协定的可能性。

10. 格鲁吉亚与独立国家联合体的成员国（其他 11 个）有自由贸易协定，它们是传统上是格鲁吉亚最大的贸易伙伴国。尽管它们与格鲁吉亚贸易的份额下降，在 2008 年仍然占格鲁吉亚出口的36%和进口的 33%。2009 年 9 月，格鲁吉亚终止了在独联体组织的成员国地位，但是维持了自己在独联体自由贸易区安排和与独联体成员国的双边协定的权利。在 2005 年和 2006 年，俄罗斯禁止从格鲁吉亚进口农产品、矿泉水和葡萄酒，而俄罗斯是格鲁吉亚最大的市场。2006 年 9 月，俄罗斯切断了与格鲁吉亚所有直接的交通联系，并且将供应的天然气价格加倍。从 2008 年 8 月武装冲突开始，俄罗斯巩固了自己在南奥塞梯和阿布哈兹的地位，事实上除去了格鲁吉亚大约五分之一关税区域。

11. 格鲁吉亚享有欧共体的普惠制地位，使自己能以 0 关税出口约 7 200 种货物到欧共体市场。以前格鲁吉亚仅允许 0 关税出口3 300种产品和6 900种享有各种关税优惠的产品。在 2008 年 12 月，欧共体宣布计划加强与格鲁吉亚（以及亚美尼亚、阿塞拜疆、摩尔多瓦和乌克兰）的关系，作为新的东方伙伴关系，这些国家如果愿意和有能力深度参与，将逐渐结合到欧共体经济中。新关系建立于欧洲邻国政策框架，从 2006 年以来已经深深影响了格鲁吉亚的贸易政策，并设想与欧共体大部分重要的与贸易相关的规则和政策相一致的贸易政策，并且商谈深入的和综合的自由贸易协定。在许多领域，格鲁吉亚的立法已经与欧共体接近。

三、贸易政策和实践

12. 关于影响进口的措施，格鲁吉亚简化和自由化自己的税收、关税和关税制度。2007 年新关税法生效，目的是简化关税程序，并且使关税立法和程序与欧共体关税法和修订的东京议定书协调一致。当前适用最惠国关税税率的平均值为 1.5%，从 2005 年的 7.2%开始下降，成为世界上最低税率国家之一。关税带的数量从 16 个减少到 3 个（0、5%和 12%），最高税率为 12%。接近 86%的进口货物关税为 0，而 2005 年是 26%。农产品和建筑材料是享受最高税率产品中的主要项目。98%以上的关税税目是从价税，183 个税目是从量税主要包括除啤酒外的酒精饮料。格鲁吉亚的所有关税都有限制税率。平均限制最惠国税率是 7.5%，它仅提供税率提升的最高限，政府认为在政策审议期间，在现存的税率限制内没有提高最惠国适用税率。关税税目的绝大部分的适用税率是 12%，限制税率也是 12%（尽管烟草的限制税率是 30%）。没有有效的关税升级，也没有明显的关税峰值。

13. 除关税外，格鲁吉亚当局对进口产品征收18%增值税和消费税，对国内产品和进口产品征收的税率基本一致。尽管政府声明，打算平等化对烟草征收的税率，但进口烟草征收较高的消费税是一个例外。

14. 关税在全部税收中所占的比重在下降，按相对价值计算，与有效进口关税税率下降相一致，该比重从 1998 年的 32%下降到 2008 年的 3%。然而，对进口产品征收的消费税和增值税应当确保维持他们本来较大的份额，大约占三分之一的税收收入。对进口产品征收的消费税一致维持相当大的份额，大约 22%，而增值税所占份额最大。对进口还征收一个固定的关税费。

15. 进口关税评估根据已经修订的关税法进行管理，该关税法按照货物的到岸价计算。当局声明所有商品（只有小轿车采用固定税率清算）的90%以上采用交易价清算。商品的产地可能没有优惠（格鲁吉亚根据WTO规则，即与确定原产国相关的规则），有的也有优惠（格鲁吉亚与独联体成员国的普惠制优惠与《土耳其自由贸易区》的原产地规则不同）。根据修订的关税规则，已经取消装船前检查的规则。

16. 格鲁吉亚不采用应急措施，且还没有设计类似措施的法律基础。格鲁吉亚对贸易没有数量限制。由于进出口要求的许可证数量从14个主要组别下降到8个，进口许可证体系在2005年进行了简化。许可证的目的是保护公共卫生、环境和国家安全。

17. 格鲁吉亚是《WTO政府采购协定》的观察员，基本上是一个受欢迎的成员国。2005年的《国家采购法》适用于采购一切产品、劳动力和服务，包括资金来源于国家或地方财政的3 500个机构。格鲁吉亚的政府采购占GDP的六分之一。根据该法律，政府采购已经实现自由化，废除了对国内投标者的优惠，该优惠的目的是促进国内承包和制造业的发展。目前的立法修订时在议会关注下进行的，通过引入电子采购，目的是提高透明度（这样可以减少过度谨慎和腐败）。

18. 采矿业的采矿限制依据采矿税或许可证，没有采矿补助、也没有任何给予出口商的政府融资，只按市场利率提供贷款。

19. 加入WTO后，格鲁吉亚承诺采取新的标准体系，包括自发的标准和强制的国际技术标准，目的是取代苏维埃体系的强制标准。2005年改革的目的是满足WTO的要求，使自己的体系与国际标准一致。此外，立法改革的目的还是便利从强制性标准体系向自发性标准体系转换，以及引入技术规定和设立管理标准的机构。采用新的国家标准，该标准以国际和欧洲标准为基础，在过去两年已经取得重大进展。在从中央计划经济向市场经济转变过程中，格鲁吉亚还对与卫生检验检疫的要求有关的、重要的立法和制度进行了改革。尽管格鲁吉亚采取了许多新法律，包括食品安全、兽医、植物保护问题，但是食物的国际安全最低标准还没有达到，且缺乏资金确保全国范围内充分的食品安全架构。例如，2005年的《食品安全和质量法》已经修改两次，导致法律的核心条款的暂停发布，原因是制度能力的不充分，以及害怕资金不能满足法律要求导致食品业工厂的关闭。

20. 商业环境近年来已经经历了很大的改变。商业经营活动在数量上受到许可证的限制，从2005年以来许可证的批准下降80%以上。此外，国际金融企业、在自由工业区生产经营的外国企业以及免费的仓储公司享受特殊的税收制度，但利润税和财产税例外。国有企业的大量私有化近年来已经出现，在2005年到2008年政府在电信、能源、卫生行业以及房地产业财政收入为14亿美元。尽管2005年对《竞争法》进行了全面检查，检查核心是禁止国家补助。根据某些观测者的看法，该法律并没有充分应用到限制竞争的协定、协调一致的惯例、在市场中滥用垄断地位、收购和合并以及国有企业。

21. 知识产权法包括数个领域：专利权、商标、著作权和地理标志，但是连续的资源和能力限制将是法律有效履行的障碍。一个普遍的认识是司法机构和司法体系对违反知识产权法缺乏执法能力，对过去的苏联国家来说，这是普遍现象。也没有专门的知识产权机构，而且不同的司法机构间缺乏协调。当前，除关税登记局列举的与知识产权相关的产品之外，格鲁吉亚当局没有依据自己的权威对知识产权实施保护。尽管政府在联合国开发计划署的帮助下，研究如何更好地估计流通中盗版和伪造产品的数量，由于缺乏数据，使格鲁吉亚评估盗版和伪造产品变得很困难。

四、行业政策

22. 从独立以来，格鲁吉亚的经济已经经历了重大的结构改变，当时农业、工业和服务业占GDP的份额或多或少地存在着差距。尽管农业对经济仍然关键，2008年农业的份额大幅下滑为GDP的10.3%，53%的劳动力仍然依赖农业，农产品占出口的18%，但是农产品的贸易收支净额为负值。农业的劳动生产率仅为其他经济部门的十分之一，收入产出低，因此农村贫困占全国穷人的59%，占极贫困人数的62%。农业下滑的理由之一是缺乏资金，这阻碍了农民购买高质量的种子和化肥以及一小块土地，并阻碍了规模经济和不利于机械化。

23. 近年来执行的重要农业政策，包括土地改革、私有化农场和农产品加工业、便利资金的获得、吸引投资和采用公开贸易政策。进口农产品受关税（0、5%或12%）和卫生检验检疫措施的约束。农产品的关税限制是100%，格鲁吉亚许多农产品的关税很低，只有糖、糖果、饮料和烟草例外。对农产品没有专门的出口制度，除商业银行外没有其他部门给予贷款，也没有出口贷款担保系统或政府安排的出口保险。格鲁吉亚加入WTO后，农业出口补助限定为0，也没有其他出口补助。

24. 格鲁吉亚采取许多法律，包括食品安全、兽医和植物保护事务。当局对食品安全坚持出口最低标准，在法律层面上已经达到，政府正在进行一个食品综合战略的设计，并依据欧共体的标准草拟。需要面临的挑战包括检查和检验的质量与国际标准要求的距离，检查机构和化验室的组织和责任，由于食品引起消费者疾病的风险，缺乏屠宰场，这些都阻碍食品的安全和肉类的生产。

25. 工业包括采矿业、制造业、公共事业和建筑业，在2008年对GDP的贡献为21.7%，2007年提供就业机会占总就业劳动力的10.5%，其劳动生产率是其他行业的两倍。农产品加工业和能源行业占据整个工业最大的份额。在政策审议的大部分时间，制造业达到两位数的增长率，主要是由于外部对某些产品（主要是金属、水泥和化肥）需求和国内对加工食品、软饮料、建筑材料和木材不断增长的需求双重驱动。政府的工业政策没有确定优先发展的分支行业，总的政策是将政府对市场的干预最小化，通过对经济和制度的改革提供一个有利于工商业发展的环境，同时也是一个有利于投资的环境。为了促进劳动生产率和竞争能力的提升，政府对数个行业前沿实施结构改革，包括贸易自由化、私有化、企业和商业制度和规定改革、标准化领域和劳动力规则。

26. 在政策审议期间，格鲁吉亚作为一个净能源和燃料进口国，在能源行业的改革上取的很大的进步，改革的目的是解决长期的能源短缺问题，以及电力和天然气公司资金短缺的问题。工业使用的电力和天然气市场分别在2006年和2008年完成自由化。政府还在电力生产和分配上完成了私有化。能源政策的主要目的是供给来源的多样化（包括控制国内水力资源的全部潜力），自由化和放松市场管制，从而吸引竞争性的私人投资，并使格鲁吉亚作为一个能源传输通道实现利益最大化。在贸易政策审议期间，主要是石油和天然气的能源进口每年占全部进口的几乎五分之一，是国家巨额贸易赤字的主要原因。在这种情况下，向能源自由化方向发展非常关键。

27. 服务业占2008年格鲁吉亚GDP的比值大约为69%，该比值在1998年是32%，2002年是56%。服务业的就业大约是总就业人口的37%，在政策审议期间，基本没有大的变化，表明劳动生产率的显著改善。格鲁吉亚的服务贸易盈余较小，主要收益与石油和天然气的传输有关。在多哈会谈上，关于服务业协商问题格鲁吉亚已经单边自由化自己的服务业，因此它没有做出承诺。

28. 金融业迅速增长，但是在欧洲和亚洲中部地区，该行业是占GDP的份额最小的行业之一。事实上，所有的金融中介业务由银行系统办理，意思是金融资源向投资目标流动和转移的业务活动由银行机构运作，而不是通过欠发达的资本市场。格鲁吉亚在1995年完成银行业的商业化，从那时起，对外国投资银行业没有施加任何限制。外国投资在银行业占据巨大的份额，从2005年占银行资本比重的36%上升到2009年的75%。银行业有效的谨慎规则极大地促进了银行的发展。在过去的十年多，格鲁吉亚采取简单化的银行许可证制度，在该制度下，只有一类银行许可证存在，允许有许可证的银行经营所有银行业务活动，并制止该行业的过度分割，如果银行许可证种类太多有可能发生这种情况。格鲁吉亚银行允许以一般的模式经营，其主要的银行通过收购的方式，还从事保险业、经纪人和交易人活动、健康管理、养老金、信用卡业务以及其他相关业务。

29.2008年3月，议会批准了《金融业国际竞争力法案》，目的是实现现代化金融业。内容包括设立单一的金融监管机构负责监管银行业和非银行业，该项内容目前正在审议；并强化中央银行的独立性，使它把通货膨胀作为核心目标；独立经营股票市场；为吸引外国投资建设国际金融中心。吸引外国投资的措施是对大型国际金融公司减免税收，还要求这些公司在格鲁吉亚的金融服务营业额不得超过总营业额的10%。

30. 在电信行业，所有的局部市场已经正式地自由化，具体包括：当地业务、国内长距离业务、国际长距离业务、移动电话、数据和网络。然而，显而易见竞争很少，固定电话服务由现任的运作者垄断着。移动电话业增长迅速，2002年移动电话的顾客为43万，2008年三个移动电话运营商给大约270万顾客提供服务。这些运营商之间的竞争激发了该行业巨大的增长，政府当局表示进入该市场没有立法和金融准入障碍。格鲁吉亚的通讯业现在由格鲁吉亚国家通讯委员会监管，并受《电讯法》约束。该法律在2005年颁布，根据当局声明，与5个欧共体的通讯指南一致。

31. 作为里海的石油和天然气通向世界市场管道运输的战略通道，在俄罗斯联邦和伊朗地域之外，在石油和天然气沿高加索山脉南部运输体系现有的和计划的项目中，格鲁吉亚起着重要的作用。尽管运输仅仅产生不太多的收入，它的主要作用在于帮助格鲁吉亚把自己建设成为西方能源安全的担保者。格鲁吉亚的非石油运输潜力大部分没有得到利用。它只占中亚国家、亚美尼亚和阿塞拜疆非石油运输的小部分业务。改善公路基础设施是政府优先发展的对象，政府与几个捐赠人和国际机构一道已经开始建设数个项目。

32. 在前苏联期间，大规模的旅游业成为格鲁吉亚的重要产业，每年旅游人数达到500万，绝大部分来自前苏联的全国各地。现在的旅游人数只有过去的很少部分，但是从2000年的38.7万上升到2008年的130万。格鲁吉亚大约60%的外国游客仍然来自独联体国家，来自土耳其的游客大约占全部游客的四分之一。来自经合组织国家的高消费游客的份额已经下降到很少的水平。近年来，与旅游相关的投资获得显著增长，2008年达到10亿美元。在鼓励和发展旅游业的方面，对游客护照的发行程序已经简化，还调整了税法，因此四个旅游公司的增值税在2006年初就已经免除。然而，近来对旅游政策、制度和基础设施进行了范围广泛的检查，发现旅游业巨大的潜力，但是从旅馆和基础设施方面看，进入景点、旅游区又存在严重的障碍。

五、展望

33. 正在肆虐的国际经济危机继续威胁着格鲁吉亚的增长前景，较低的商品价格（特别是化肥和金属），对格鲁吉亚出口需求的下降，以及外国私人资本流入的锐减，曾经驱动格鲁吉亚经济增长的因素，现在都对经济形成负面影响。格鲁吉亚政府预测2009年经济萎缩至少1.5%，国际货币基金组织调整了2009年对格鲁吉亚的增长预测，预计该年GDP实际下降为4%，考虑到私人资本流入、出口和汇入的下降，以及官方补助的减少和地区可能的、长期性的政治局势不稳定。

34. 商品与服务的进出口预计分别下降20%和27%，反映了同样的进口量、较低的世界石油价格带动石油进口额的下降。此外，货币贬值可能不利于消费品的进口；另一方面，贸易伙伴国经济的衰退，可能在2009年缓和出口的增长。总之，低汇率对经济的增长起中性化的作用。尤其是，世界对重要商品出口需求较少，例如铜和其他金属，将会影响出口收入。外国直接投资流入是经常账户赤字的主要资金来源和经济增长的主要驱动因素，预计2009年只有9亿美元，比2008年低40%。职工汇款也降低，因为俄罗斯（绝大部分格鲁吉亚人国外工作的国家）也经历着经济衰退。

35. 假定某些地区稳定恢复，格鲁吉亚经济将从2010年开始加快增长速度，因为预期出口将会增长，且外国直接投资流入会增加。国际货币基金组织预测2010年GDP的实际增长会达到2%；从中期来看，潜在的增长水平仍然不确定，因为银行业贷款的下降和世界商品价格的下降。在武装冲突后给予格鲁吉亚的大额外部援助可能会激发更高的消费和投资比率，带动更高的GDP增长。然而，如果政治不确定期间延长，在一段较长的时期内，外国投资者可能会避走格鲁吉亚。

36. 继续结构改革可以提高格鲁吉亚抗拒冲击的能力、维持经济增长、吸引对出口企业的投资、改善劳动生产率，总之，可以发展一个对出口多样化（从构成和方向来看）有益的环境。

（侯迎春译 陈泰锋校）

圭亚那贸易政策审议

1. 从2003年贸易政策审议以来，圭亚那的经济得到改善，但同时主要出口产品的价格也在上升，还在各个领域做出重大的改革，包括税收和投资制度、竞争政策和政府采购。然而，按照地区标准计算，圭亚那的人均收入仍然很低，需要继续继续改革来促进投资并得到发展。这样的改革应该包括国家经济基础设施的扩展，尤其是在运输和能源行业，以及进一步强化管理和监管环境。后者需要改善关税程序、卫生检验检疫措施、财政激励政策和知识产权保护等。技术援助将继续作为有效实施这些改革的工具，并允许圭亚那更全面地参加多边贸易体系。

一、经济环境

2. 在2003年到2008年间，圭亚那经济扩展年均实际增长率是2.8%。然而，人均GDP仍然刚刚低于1 600美元，生活水平是加勒比共同体国家的倒数第二。糖和大米的生产，以及矿业继续为圭亚那主要的经济活动，产出几乎四分之一的GDP。公共财政得到改善，但是总的预算仍然构成巨大的赤字。因此，对圭亚那长期债务的稳定性非常关键。谨慎型货币政策使危地马拉的通货膨胀得到控制。

3. 圭亚那与世界经济的一体化近年来得到加深，贸易占GDP的比值2007年达到170%。出口仍然集中在一些初级产品上，特别是黄金、糖、铝土矿和大米。进口对国内生产的供给很重要，大约与GDP等值。商品贸易持续逆差，国际收支的经常账户表明国内经济高度依赖于国外转移，这是圭亚那对于当前的世界金融危机显得更加脆弱。在政策审议期间，尽管美国与圭亚那贸易的份额大幅下降，它仍然是圭亚那主要的贸易伙伴国，其次是特立尼达和多巴哥。

二、贸易和投资政策框架

4. 从圭亚那的贸易政策审议以来，与贸易政策的制定和执行有关的各种机构没有发生重大变化。圭亚那参加WTO仍然面临巨大的挑战，由于它的非居民地位，向WTO递交的许多通告还未解决。圭亚那从没有违反《关税及贸易总协定》或WTO贸易争端条款，也没有作为原告涉及该类纠纷。优惠、特殊和不同的待遇等是圭亚那在多哈发展议程承诺的重要的需要优先处理的问题。支持圭亚那基础设施的发展，尤其是交通设施，被认为是贸易支持的主要对象和目标。

5. 圭亚那作为第三世界国家，其贸易政策大部分内容是在加勒比共同体成员国前提下，并与第三世界国家签订三个自由贸易协定。在贸易政策审议期间，最重要的发展是创立了加勒比共同体单一市场和经济，以及签约《欧共体与加勒比海论坛经济伙伴关系协定》。经济伙伴关系协定是一个涉及领域广泛的、非对称的、互惠的协定，取代了先前由欧共体给予的非相互的优惠计划。

6. 圭亚那认为，外国投资对于经济的发展和多样化很关键。因此，圭亚那在2004年颁布了一个《投资法》，增加了投资制度的透明性和可预见性。该法律给予所有行业的投资者最惠国和国民待遇，预示着财政部将根据国家议会的决定，退出私人投资行业。然而，实际上这一点并没有实现。除采矿业外，其他行业都享受国民待遇。

三、商品的市场准入

7. 关税清算仍然涉及很多步骤，一般需要5到7天，这表明关税程序的改善还有很大的空间。对于70%的进口交易而言，交易价值是关税估价的基础。

8. 圭亚那采用加勒比共同体的对外统一关税，但有少数例外。圭亚那只采用从价税，不采用关税配额。2008年最惠国关税平均适用税率是12.0%，比2003年有大幅下降。农产品的平均关税税率（22.5%）高于非农产品（10%）。圭亚那愿意通过降低自己的限制税率（平均58.2%），增加自己关税体系的可预测性。

9. 在政策审议期间，圭亚那税收系统的重大改革是该国最重要的发展之一。2007年采用增值税，一般税率是16%，代替了以前的6个税收。

一些当地生产的商品不同于进口产品，采用0增值税，某些用于生产出口产品的进口原材料也采用0增值税。同时，对一些产品还征收消费税。圭亚那对不可回收的饮料容器继续征收环境税，这种容器仅用于进口。

10. 进口许可证要求应用于很多加勒比共同体外进口的产品，对大米和糖采用非自动许可证方式。圭亚那在反倾销和针对安全的抵消措施方面没有国内法律。圭亚那也没有采用任何应急措施。

11. 在圭亚那显然只有少数几个技术规定有效。在上次政策审议期间，圭亚那没有向WTO提交任何通告，但是从那时起，圭亚那提交20个有关技术规定的通告。

12. 提高圭亚那动植物检疫检疫措施的透明度，将有益于圭亚那和它的贸易伙伴国。圭亚那没有向WTO提交任何有关于动植物检疫检疫措施的通告。大部分动植物检疫检疫措施受大部分难以达到的规定的约束，而且，许多规定早于WTO的产生，且没有被修改。圭亚那正在经济法律改革，政府表明在人类资源条件的约束下，经济法律的改革需要提高对技术的支持。

四、出口措施

13. 当局担忧出口程序太过累赘。出口大范围的商品必须获得许可证，而且所有的出口在装船前都得进行检查，目的是阻止毒品走私。圭亚那还采用一个出口税，其一般税率为1.5%，由于大范围的免税形成该税种收入的有限性，征收它的目的就令人疑惑了。

14. 圭亚那为了支持出口，采取多样化的财政措施，包括允许降低对非贸易产品征收的所得税。在圭亚那没有政府机构提供出口融资、保险服务或出口担保。

五、其他影响贸易的措施

15. 从2005年以来，圭亚那采取措施改善商业环境，并减少开办一个企业不需要的程序，但是仍然存在挑战。

16. 在2006年，圭亚那采用一个竞争法，该法律代表一个有益于促进竞争的潜在的和重要的步骤，特别是经济中某些行业还处于寡头垄断的条件下。然而，法律的全面执行仍然是一个挑战，包括使竞争委员会运行。

17. 两个国有公司分别对进出口糖和黄金有垄断权。圭亚那没有提交任何与国有贸易企业有关的通告，这些通告在1994年服务贸易总协定第17条款的含义内。

18. 圭亚那政府很少通过特许的贷款和补助金对工商业提供支持。支持的形式主要是财政激励的方式，这些激励措施依据各种法律的，其约束对象是相当大范围的经济活动。执行者根据法律的具体规定，谨慎地给予大范围的公司所得税假期。由于这些原因和圭亚那脆弱的财政状况，预先估计这些收入并出版这些数据将是重要的。

19. 圭亚那已经采纳一个新的采购法和实施规则。该法律包括在国家、部委、政府机构各层次的采购，但是不包括国有公司和其他国有实体。该法律包括在采购过程中的命令式开标和各种透明度和可预测性的条款，它表明了对旧法律的改善。对国内商品和供应产品以及小企业给予优惠条件。

20. 2003年在对圭亚那政策审议时，为了采用知识产权保护法的规定，WTO成员方急切要求圭亚那修改自己的知识产权法，它们中的大部分可以追溯到殖民时期。到今天唯一的发展是采用了有关地理标志的新法律。当局指出，圭亚那努力实现自己有关知识产权的国际承诺。环境保护机构的承诺可能会进一步激励法律的改革工作。

六、行业政策

21. 农业在圭亚那的经济和社会中起着重要的作用，是圭亚那商品出口的一半左右。主要的农产品和出口是糖，且几乎全部出口到欧共体，其次是大米。鉴于欧共体糖进口制度的重大变化，圭亚那糖工业努力降低生产成本和尽力多样化糖产品。政府支持农业的方式是对农民提供服务和各种税收减免。圭亚那还致力于扩展非传统农业产品的出口，包括水果、蔬菜和牛肉。

22. 圭亚那的其他主要出口工业包括：采矿业（主要是黄金和铝矾土）占圭亚那商品出口的三分之一；鱼和加工鱼类占7.3%；木材占4.9%。圭亚那还通过分别发展水产养殖业和木材加工业，致力于多样化渔业和林业。

23. 一个国有公司在圭亚那电力传输和分配上有垄断权，也是最大的电力生产商。电力产品在圭亚那是昂贵和不依赖的，而主要依赖于进口燃料。在圭亚那没有石油商品。然而，圭亚那有潜力发展水力发电，并在可以预测的未来开始生产原油。

24. 尽管对制造业的支持显然在绝对值上受到限制，由于对原材料进口税的减免可能会产生有效的保护，尽管如此，制造业仍然较小，而且大部分集中在初级产品的加工上。

25. 在贸易支持审议期间，服务业对GDP的贡献增长巨大在2008年达到57%。电信业、金融业、海运业和航空运输服务业的法律和制度框架没有重大改变。在《服务贸易总协定》下，圭亚那的具体承诺仅仅包括160个服务类别中的18类，在大部分情况下，这些承诺很少受到限制。

26. 希望在圭亚那设立公司的外国金融机构享受国民待遇。所有的保险公司必须在保险当局登记，而银行和其他金融机构必须从圭亚那银行获得许可证。银行体系健全，银行当局则致力于进一步强化监管和改善金融中介业务活动。在全球金融危机的背景下，新银行许可证的授予被临时取消。圭亚那关于《服务贸易总协定》的承诺，在银行和保险方面都是很广泛的。

27. 圭亚那的电信业的特征表现为：垄断固定电话、双头垄断移动电话。在市场结构内，外国投资者享受国民待遇。管理该行业的制度框架仍然不完善，阻碍了该行业的发展和相关行业的发展。由于这些问题，政府正在采取措施准备在2009年底以前，颁布新的法律。

28. 在航空业方面，国内运营商目前仅为国内航线提供服务，而外国航空公司提供国际运输服务。然而，圭亚那的航空协定数量很少，性质上相对严格，最近与加拿大的协定是一个例外。圭亚那仅有的国际航空由政府拥有，并由一个法定的公司管理。所有的地面服务都由私人运营商提供。

29. 关于海上运输，沿海运输严格地由圭亚那登记的船只提供。港口能力是充足的，但投资的不充分可能会对圭亚那的贸易有不利影响。

30. 管理专业服务的、包罗万象的法律还没有，仅仅有一些职业有法律约束，包括律师、资格会计师，但是建筑师和工程师没有相应的法律。为了外国律师在圭亚那执业，圭亚那律师要求给予对等的待遇。

（侯迎春译　陈泰锋校）

马尔代夫贸易政策审议

一、经济环境

1. 马尔代夫面积和经济规模上都很小，是一个易受冲击的发展中国家，主要依赖于国际贸易的繁荣，在2009年占GDP的150%，其高额的进口关税是国家税收的主要构成部分。尽管2004年海啸的负面影响，2003年到2008年GDP的实际增长率平均值为7.4%。然而，预计2009年会下降1.3%。在政策审议期间，经济增长主要由旅游业的复苏驱动，旅游业是马尔代夫的主要出口行业，其次是建筑业。由此，人均GDP从2003年的2 429美元上升到2008年的4 072美元，预计2009年达到4 214美元。尽管经济增长强势，失业率在2006年上升到14%以上，并仍然高企，同时通货膨胀（用消费者物价指数衡量）2009年2月上升到接近12%。

2. 为了能够稳定增长，马尔代夫需要使自己的经济多样化，尤其是要按照自己从欠发达国家开始逐渐的发展的现实情况。多样化要求大量的私人部门的参与，这需要创造一个有益于企业发展的环境。增长的其他严重限制是财政的大额赤字和因此产生的公共债务。税收体系需要创造充足的收入（以尽可能中性的方式），为马尔代夫经济发展提供资金（教育、卫生和环境等方面）。因此首先需要一个广泛的税基和改变对关税的过分依赖，其次需要土地租金。这将尤其需要引入一个广泛的针对消费的税基，并加快商业利润税的征收。

3. 马尔代夫面临的其他挑战包括：经常账户赤字的大幅增加，它反映了财政赤字的上升。向欧共体出口优惠的下降，原因是预期2011年将发展成为发展中国家。且国家降低对经济中大部分行业的参与，在那些行业政府显然已经挤出私人部门。从长期来看，全球变暖和海平面上升的风险也威胁着马尔代夫。政府还为自己建立了环境目标，即2019年达成碳释放中性化的目标。

二、贸易政策框架

4. 在贸易政策审议阶段，马尔代夫已经进行相当多的政治、宪法和司法改革。然而，贸易和投资的法律框架似乎改变很少，直到最近才以特殊的方式制定和协调这一框架，该框架在各部委间或与私人部门间很不协调。2009年贸易政策协调委员会的设立，将使贸易政策的制定在将来更协调一致和更具兼容性。

5. 作为WTO的成员国，马尔代夫给予所有的成员国最惠国待遇。作为一个欠发达国家，马尔代夫从进入欧共体和日本市场无配额和免税政策中获益，这两个市场是马尔代夫鱼和鱼产品的主要出口国。然而，只要马尔代夫成为发展中国家，这些优惠就会停止。马尔代夫是《南亚自由贸易协定》的成员国，并正在与斯里兰卡和卡塔尔进行双边自由贸易协定的会谈工作。外国投资制度是自由的，允许外国人100%地参与任何行业。

三、贸易政策发展

6. 关税继续成为马尔代夫主要的税收的主要来源，大约占税收总收入的三分之二，也是一个重要的贸易政策工具。在贸易政策审议期间，最惠国关税平均适用税率（2008年21.4%）变化很少，原因在于改变的仅仅是命名而不是税率。考虑到关税是税收的主要来源，关税仍然过分复杂（因此也不透明），涉及11种不同的税率（10种从价税和1种特别税）还有许多种减免。尽管2006年取消了大量减免，关税减免继续采用。由于关税减免和其他优惠，2006年大约少收四分之一的关税收入。几乎所有（96.3%）的税目是限制税率，限制税率和适用税率之间的差距是15.7个百分点，使关税制度的可预测性大大降低，因此也为当局在限制税率的界限内，提高适用税率留下很大的空间（在政策审议期间，并没有调整税率）。而且，218个关税税目的适用税率超出了限制税率。

7. 这样关税的水平和结构对资源分配和国内经济效率构成重大的扭曲，对经济竞争能力的形成重大障碍。因此，降低和使关税更一致将有助于国内资源的有效分配。就为生产出口产品而进口的原料的征税问题而言，应征收的关税也构成一种对出口征收的税种。然而，只要可供选择的内部税种在某种程度上是不可行的，关税大幅下降的空间可能会受到关税在税收收入中的重要性的限制。

8. 少数税目（酒精饮料、猪肉、二手车和摩托车、武器和弹药）是禁止的或受到宗教、环境、安全等理由的限制。马尔代夫没有反倾销措施、反补贴税或补助法，也没有任何应急措施。

9. 在政策审议期间，出口制度没有变化，仍然相对开放，尽管某些海上物种被禁止，木材出口受到控制，以及龙涎香出口要课税。

10. 国家贸易组织从事贸易活动的目的是确保国内供应。国家贸易组织进口大约 70％的主要食物（大米、糖和小麦面粉），这些产品受价格控制措施的约束。政府采购制度已经较透明。而且，政府最近从事一个私有化计划，该计划将使企业更有效率。

11. 当前，马尔代夫贸易知识产权方面的法律。关于著作权、商标、专利权和地理标志的法律有的正在草拟，而有的正在等待政府批准。

四、行业发展

12. 马尔代夫经济高度依赖于渔业和旅游业。渔业占几乎所有的商品出口，国有马尔代夫工业渔业公司垄断着该行业。捕鱼和鱼加工活动的特征是缺乏产品的多样化，也是低增加值产品。如果提高增值的加工过程，如灌装等是被鼓励的，出口收入将会被大幅提高。农业受仅有 30 平方公里的可耕种土地的约束，这些土地通常用来种植水果和蔬菜。虽然，对进口原料采用关税减免和其他的减免，制造业仍然萎缩。

13. 国有电力公司垄断着电力行业。尽管世界石油价格上升，2002 年以来，电力价格并没有变化，石油远低于市场价格。因此，国有电力公司接受国家的补助，使该公司成为政府资源的一个重大的排水设备。然而，近来政府正在实施一个计划，使国有电力公司更有效率，对私人投资更具吸引力。

14. 旅游业和相关的业务活动，如运输和通讯，在服务业中占支配地位，对 GDP 的贡献大约为 70％。政府很少直接参与旅游业，而且很显然旅游业的劳动生产率远高于其他行业。相对照，尽管政府继续自由化电信业、金融业和运输业，国家对这些行业的参与程度相当大，目的在于使这些行业更具竞争力。

（侯迎春译　陈泰锋校）

摩洛哥贸易政策审议

一、经济环境

1. 从2003年贸易政策审议以来，摩洛哥进行的宏观经济和结构改革，还包括贸易改革，已经对其经济的多样化和增长做出了贡献，2002年到2007年GDP的实际年均增长率是4.5%，2008年是5.4%。摩洛哥的人均GDP增长近两倍，从2002年的1 386美元上升到2007年的2 426美元，也同样受到美元贬值的影响。摩洛哥的经济增长尤其得到了强势的国内需求和不断增长的投资的支撑。然而，由于国际经济和金融危机，摩洛哥的经济开始受到国外需求下降的影响。失业仍然是一个重要的问题，尽管已经从2002年的11%下降到2007年的9.8%。在城市这个数据仍然很高，达到14.5%。

2. 持续的财政改革和财政支出的控制是财政赤字从2005年占GDP的3.9%下降到2006年的1.5%的重要原因。2007年出现一个小的财政盈余，占GDP的0.7%，2008年估计盈余是GDP的0.4%。总的财政债务从2002年占GDP的64%下降到2007年的54%。摩洛哥对外债务已经下降，现在大约是GDP的20%。对外债务与出口额的比值从2002年的128.7%下降到2007年的62.6%，主要是由于对外债务转变为对政府或个人的投资、对高昂的债务的重新融资、提前还款以及改善外汇结构。货币政策与财政政策相互配合有助于稳定货币价值（摩洛哥货币迪拉姆），并控制通货膨胀（用消费者物价指数衡量）下降到1.2%～3.3%，到2008年又上升到3.9%。从2006年改革以来，货币政策以前是摩洛哥中央银行——马格利布银行与经济和财政部的共同责任，现在已经由马格利布银行单独负责。

3. 摩洛哥的经济比较多样化，然而，服务业对GDP的贡献相当大，并且不断增长，约占GDP的三分之二。用对GDP的贡献来衡量，制造业处于第二位，第三位是农业（包括畜牧业、林业和渔业），农业的份额正在下滑。采矿业和能源行业仅占GDP不太多的份额。总的来说，旅游业是摩洛哥外汇的主要来源，其次是在国外的摩洛哥居民的汇入款，再次是磷酸盐产品。所以，摩洛哥是一个服务业净出口国。在2002年到2006年服务业出口收入是进口的两倍还多，主要来源于旅游业，大约等值于出口商品的80%。摩洛哥的进口商品，与出口相同，主要由制造业产品构成（若用价值衡量，大约占进口商品的63.7%，出口商品的65.3%）。机械与运输设备、服装业和化工产品是主要的进口产品，而磷酸盐、服装、机械和交通设备是主要的出口产品。贸易结构构成结构性贸易赤字，大部分由国外汇款和服务业的盈余来平衡。在2002年到2006年，经常账户盈余，2007年则是轻微的赤字。

4. 欧共体仍然是摩洛哥最重要的贸易伙伴，分别占总进口的51.4%和总出口的71.9%。按照国别来看，法国是对摩洛哥主要的商品供应国，其次是西班牙。法国也是摩洛哥产品的主要进口国，其次是西班牙。然而，从2003年以后，摩洛哥的伙伴国开始向多元化发展。

5. 外国直接投资在贸易政策审议期间，有明显的增长，在2007年达到历史顶点376亿迪拉姆。外国直接投资主要投向旅游业，但还有房地产、电信、交通运输和工业。持续的改革带来了投资的大幅增长，改革的目的是改善商业环境和降低要素成本、实施基础设施项目建设和执行新的行业政策。法国仍然是主要的投资者，其次是西班牙、阿拉伯联合酋长国、英国和德国。

二、贸易和投资制度

6. 摩洛哥王国是一个实行君主立宪制的国家。摩洛哥法律的基本原则是国际法律工具（包括WTO协定）地位最高，即在国内法之上。根据国内制度的等级，宪法第一，其次是法律、法规、命令和内部措施（如旅行支票）。对外贸易部制定贸易政策，并根据实际情况与相关部委一道协调政策。关税制度的改变受法律的约束，也可以根据法规执行，根据政府建议；但是根据金融法，在法律被采纳之后次年，若进行改变还必须经过批准。

7. 对外贸易部可以得到进口咨询委员会的帮

助，该委员会的基本职责是，针对所有与关税变化有关的事务或应急措施的采用提出建议。同时，1996年7月设立的国家对外贸易委员会，由政府和经济部门的代表组成，负责提供与对外贸易有关的任何建议，建议的目的是改善摩洛哥产品和服务的竞争力。该委员会根据政府和私人部门的要求提出建议。摩洛哥还通过联合委员会向伙伴国咨询，该联合委员会是在双边、地区和代表协定下设立的。摩洛哥出口促进中心负责促进和发展出口工业产品、农业产品和服务业。

8.2009年2月，摩洛哥投资发展局代替了投资理事会，并隶属于工业、贸易和信息技术部。摩洛哥投资发展局负责投资促进工作。16个地区投资中心向投资者提供他们在当地需要的帮助。摩洛哥投资发展局相当于投资委员会的秘书处，而投资委员会负责采取措施改善投资环境。

9.摩洛哥是WTO的创始成员国，并给予自己的所有贸易伙伴国至少是最惠国待遇。它不是由WTO主办而达成的任何一个双边贸易协定的参与国。摩洛哥积极参加多边贸易协商，特别是对《与贸易有关的知识产权协定》和《公共健康协定》的达成贡献很大，在此之后还是非洲组织的协调员。然而，摩洛哥对不同领域（特别是农业）的通告提出较少。

10.摩洛哥是马格里布联盟和泛阿拉伯自由贸易区的成员国。从2003年以来，它与伙伴国如美国和土耳其达成双边协定，现在正与伙伴如南方共同市场和西非经济货币联盟进行协商。摩洛哥与埃及、约旦和突尼斯达成《阿拉伯与地中海地区自由贸易协定》，并在2007年3月生效。摩洛哥与欧洲自由贸易联盟有一个自由贸易协定，与欧共体有一个联合协定。它签订了《关于发展中国家之间的全球贸易优惠体系协议》，以及《关于伊斯兰国家贸易优惠体系的框架协议》，并从2003年开始生效，摩洛哥在2006年7月25日批准。

11.总之，投资制度是自由的，大部分行业对私人投资开放，包括对外国投资开放。然而，对于国家垄断的行业（磷酸盐、有害垃圾管理、水果和蔬菜的批发业、鱼塘和屠宰场、某些邮政服务、水和电力供应）或私人垄断行业（进口产品批发业、烟草产品的销售），没有私人或外国投资参与。其他部门则通过放松管制或特许权，向私人资本开放。水和电力分销、公共海港的管理、铁路机车设施管理、铁路运输服务运营、废物管理都向私人资本（来自国内或国外）开放。某些垄断权根据经营许可证，被临时转让给私人部门，例如纯乙醇营销的垄断权。外国人不允许购买农业用地。

三、贸易政策工具

12.从2003年以来，摩洛哥继续采取便利贸易的措施。例如，简化关税程序，特别是电脑在线关税数据库，该数据库2009年1月开始运营，它将关税程序电脑化的水平提高到了90%。进口许可证或允许要求的主要原因是安全、卫生、环境，或国际协定包括的货物。

13.摩洛哥降低自己的关税税率，从2002年以来，其简单算术平均值下降了13.2%到当前的20.2%。农产品（WTO定义）的关税（平均45.5%）仍然高于非农产品（除石油外，16.3%）。而且，可变税率仍然适用于某些农产品。总之，关税表现为混合升级，第一加工阶段的税率高于第二阶段，主要是由于基本农产品的关税税率较高。

14.摩洛哥的所有关税税目都有限制税率，仅采用从价税，税率从0到380%不等，简单算术平均值为42%（农产品是56.9%，非农产品是39.6%）。其他税的限制税率为7.5%或15%。摩洛哥通过采取关税配额，限制某些产品进入自己的市场。由于配额外的关税低于配额内的关税，所以在实践中，并没有采取关税配额的措施。

15.摩洛哥共有1373项关税税目（2002年是5 887项），适用关税税率仍然高于限制税率。不论是有关关税限制税率，还是根据WTO关税评估协定，可变税率不能保证摩洛哥会遵守自己的承诺，因为门槛价（政府设定）与进口价之间的差额存在负相关关系。

16.进口商品还征收许多种税费，包括副财政进口税0.25%、增值税最高20%和国内消费税。然而，两个增值税制度（内部的和进口的）并不保证遵守国民待遇的原则。新的安全措施以附加税的形式，已经对进口瓷砖征收。

17.对于投资或特殊的行业，政府给予许多激励措施。在行业层次上，经济和社会发展的哈山Ⅱ基金设立于2000年，通过提供融资（以金融控股、可偿还的预付款或贷款、不可偿还的财务出资的形式）给各部门，如纺织业、服装业、汽车行业、电子组配或局部装配、为航空业生产设备、纳米技术、微型电子和生物技术，促进对这些行业的投资。从该基金的设立开始，到2005年12月底，111个项目获得基金提供的45亿迪拉姆，主要是纺织业（51%），其次是汽车业分包（31%）。大部分的基金资金来源于私有化收入。

18. 对农产品仍然给予财政激励政策。对采矿业、能源行业以及部分服务业（如旅游业和交通运输业）也给予了激励政策。为了促进出口，摩洛哥通过关税制度给予许多优惠。企业还可以利用自由贸易区制度给予的许多机会。国家还通过资助的方式，促进通过航空运输出口某些农产品。其余的出口税已经完全取消，即2005年对玉米和植物纤维征收的税种，以及2008年对磷酸盐开采征收的税种。此外，汽车装配行业要求60%到70%的国内成分的规定在2004年取消。

19. 摩洛哥还继续减少实施价格控制的商品和服务的种类。目前，国家仍然控制其自主的产品（国内生产的小麦面粉、糖和能源产品）价格、基本服务（包括保健品和保健服务）价格、垄断控制的产品和服务的价格（烟草制品、邮局服务）和一些法定行为。摩洛哥在经济结构改革方面已经取得进步，包括私有化，私有化可以使摩洛哥吸引大量外国直接投资。然而，国家对进口烟草制品批发业务的垄断权已经转让给私人部门，在2010年废除之前依然有效。

20. 2007年，摩洛哥引入一个全新的政府采购框架，其控制和管理决定了签订政府采购合同的摩洛哥企业可以获得的优惠。摩洛哥还通过引入新的关于工业产权（代替1916年法律）、著作权和相关权利、原产地特殊标志、食品、农产品和渔业产品的质量等方面的法律，对知识产权保护法进行了大量重要的修改。摩洛哥关于保护新物种国际协定在2006年10月8日的生效，强化对新物种的保护工作。关于标准和卫生与动植物检验检疫措施的新法律正在草拟。

四、行业政策

21. 从2003年以来，摩洛哥继续改革行业政策，在服务业取得显著进步。摩洛哥的服务贸易是净出口，其中旅游业是外汇收入的重要来源，其次是国外汇款。旅游业的上升趋势是政府对该行业的激励政策和航空运输自由化政策共同作用的结果。电信业已经获得迅速的扩展，主要原因是竞争的加强。银行业的管理环境已经得到改革，其范围已经扩展到相关的机构如离岸银行和小型信贷机构。马格利布银行与货币政策有关的自主权已经得到强化。2006年修订了2002年的保险法。计划安排路线的海上运输已经实现自由化。然而，国家在一些部门的垄断如铁路和邮政范围仍然存在。1994年，摩洛哥在《范围贸易总协定》下对旅游业、电信业和一些金融服务业做出大量的承诺，但是他们在一些领域也做出了限制，尤其是保险业和国际公路运输。

22. 农业在摩洛哥经济中起着重要的作用，特别是用就业来衡量。农业仍然是最受保护的行业，其从价税率达到304%，尽管从价税率的平均值已经从2003年的40%下降到2009年的29%。粮谷和糖采用可变税率。小麦市场有一个特殊而复杂的制度，在每个季节的开始确定其细节。农业政策继续受一再发生的干旱的影响。除了公共投资，该行业还得到融资支持（补助和优惠）、降低关税和特许贷款。渔业政策的目的是保护资源，尤其是引入有选择地捕鱼和降低随意捕鱼活动的水平。2005年，与欧共体的一个新的渔业协定达成，标志着与伙伴国之间渔业关系的重新开始。

23. 制造业主要集中在出口产品上，其中外包行业（尤其是纺织业和服装业、交通设备业）占据主要地位。行业的平均进口关税是19.9%（2003年是33%）。最受保护的行业是食品加工业。没有激励措施，混合关税升级不可能鼓励某些行业的投资，尤其是半成品行业。该行业有各种关税激励措施，主要目的是鼓励出口。用出口和就业来衡量，服装业和纺织业是最重要的加工业。目前的政策的目的是便利从分包向合包、再向完工产品转变。

24. 摩洛哥是世界磷酸盐最主要的出口国和第三级生产者，也是该国主要的矿产资源。磷酸盐的开采继续由国家垄断，由摩洛哥磷酸盐委员会行使垄断权。2008年，摩洛哥磷酸盐委员会转制为公共有限公司，目的是提高其竞争能力。摩洛哥磷酸盐委员会正在执行新的战略，目的是使外国人能够投资摩洛哥境内的化肥生产。摩洛哥进口大约97%的能源设备，特别是它在石油生产的所有对设备的需求，国内电力生产中的需求。采矿业的关税保护最低，平均关税为9.1%。

五、贸易政策和贸易伙伴国

25. 摩洛哥积极参加多边贸易体系，但也是各种地区和双边优惠协定的参与国。这些协定给摩洛哥和它的伙伴国带来了巨大的贸易自由化，尤其是欧共体。然而，由于属于数个贸易协定的签约国，其地理范围、自由化计划和产地规则都不同，因此不仅难于管理，而且也使摩洛哥的贸易制度更复杂，也降低了它的可预测性。

26. 在限制关税和关税评估承诺方面，摩洛哥仍然存在困难，原因在于自己的关税保护政策，尤其是对农业的保护政策。除了关税结构和采纳可变关税，该问题首先来自执行关税税率高于限制税率。因此，关税改革包括简化关税结构（尤其是取消可变税率）和降低关税的层次和水平，尤其是农产品的税率，这将有助于摩洛哥实现自己的承诺，并且进一步简化自己的关税制度。摩洛哥国内关税制度的改革（包括增值税）将有助于这个方面的改革。摩洛哥根据《服务贸易总协定》改进自己的承诺，就能够在旅游业和电信业等领域巩固自己的改革，而这些领域的自由化承诺已经实现。关税改革以及整个税收制度的改革还将有助于提升摩洛哥贸易制度的透明度、可预测性和可信度。

（侯迎春译　陈泰锋校）

莫桑比克贸易政策审议

一、经济环境

1. 莫桑比克从2001年贸易政策审议以来，一直进行的改革对经济发展有重要的作用，从2001年到2007年年均增长8.7%，主要驱动力来自由外国直接投资融资的大型投资项目以及外国援助融资的财政支出。莫桑比克仍然致力于谨慎的财政政策和货币政策。它通过改善财政支出管理、税收管理和征收工作，努力降低财政赤字（在清理旧欠之后，以现收现付为记账基础），财政赤字从2001年占GDP的6.17%下降到2007年的3.9%。从2006年的改革以来，莫桑比克采用新梅蒂尔卡作为国家货币。莫桑比克银行一直采取限制性货币政策，从2007年以来将货币稳定作为主要目标。然而，国际市场上，石油和粮谷价格的上升对莫桑比克的经济起到负面的影响，其通货膨胀率在6%到6.5%，莫桑比克首都马普托在2007年12月，年消费者物价指数10.2%。

2. 尽管持续增长，莫桑比克仍然是最穷的欠发达国家，2007年人均GDP398.2美元。莫桑比克的经济潜力大部分仍然没有得到开发，主要原因在于供给约束，包括不能进入世界市场和公共服务的高成本，如水、电力、运输、电信和金融服务。而且，管理障碍抑制商业环境。正在进行的改革目的就在于处理这些改革。为了促进私人行业的发展，对公共部门的功能和商业环境进行了改善。"减少绝对贫困的政府行动计划"在2006年采用，目的是把贫困指数从2003年的54%降低到2009年的45%。

3. 服务业仍然是经济的主要行业，2007年占GDP的份额是55%，其次农业，包括渔业、畜牧业、林业（23%）和制造业（13%）。然而，农业雇佣了四分之三的就业人口，大部分以非正规的方式，从事基本生活品的种植。因此农业在达成降低贫困的目标中（根据"减少绝对贫困的政府行动计划"）起着关键的作用。莫桑比克有相当丰富的矿产资源，但还没有得到开采。因此，采矿业对GDP的贡献仍然很低，2007年占1.3%。新采矿业项目计划在不久的将来开始。莫桑比克预料外国直接投资还会继续增加对采矿业的重大投资项目的投资。中央政府的目的就是改善对自然资源的管理和增加这些项目对国家经济的贡献。

4. 从2001年贸易政策审议以来，贸易对莫桑比克的经济更加重要。商品贸易和非要素服务占GDP的份额从2001年的54.1%上升到2007年的64.4%。大型投资项目受益于工业自由园区制度的激励措施，并促进了2001年到2007年出口和进口的迅速增长。大型投资项目的出口结构从2001年以来没有改变。其主要出口品是铝，几乎占2007年总出口的三分之二。而铝是从澳大利亚进口的铝土生产，然后出口到欧共体国家，这样可以从进口优惠中获益。莫桑比克还向南非出口电力，南非是莫桑比克在该地区最主要的出口国。用对出口总价值的贡献来衡量，尽管腰果、棉花、精炼糖、烟草、鱼产品的出口较少，但从对当地农业的贡献考虑则非常重要。除铝土外，其他重要的进口是石油（2007年占10%），其次是食品和化工产品。进口品的原产地主要是澳大利亚和南非。莫桑比克的服务贸易是净进口。

二、贸易和投资制度

5. 莫桑比克的宪法是在2004年修改的，目的是分散决策权和改善司法系统的功能。莫桑比克的国家议会草拟法律和批准协定。部长委员会制定和执行公共政策，并负责贸易和投资事务。该委员会隶属于工业和商业部，并由部长委员会协助工作。公共、私人部门的对话主要通过经济联合协会，该部门一直积极改善商业和投资环境。

6. 投资法在2001年已经生效，一直没有修改，但是通过新商业法、综合的财政收益法（从2007年以来，采矿业和石油业已经各自单独立法）、新劳动法（目的是提高劳动力市场的灵活性）的采纳，投资制度已经改进。然而，投资制度中仍然存在两个重要的官僚障碍：综合许可证制度和房屋商检。尽管存在这样或那样的供给约束，从第一次贸易政策审议以来，莫桑比克还是吸引了巨额外国直接投资，部分原因是在工业自由园区制度下的税收激励政策。激励措施在2002年被消减，而当前则正在被审议。

7. 莫桑比克是WTO的初始成员国，并给予自己所有的贸易伙伴国至少最惠国待遇。它通常支持欠发达国家、非洲组织、非洲、太平洋和加勒比国家和77个发展中国家的立场，即对待与多边责任和技术援助相关事务的立场。棉花和糖补助以及食品安全是莫桑比克特别关注的问题。从第一次贸易政策审议以来，莫桑比克在执行WTO规则方面取得一些进步，尤其是关税评估和知识产权保护。尽管贸易在经济中的重要性已经提高，报告书仍然是一个困难，而且莫桑比克参与多边贸易体系仍然不多。莫桑比克受益于许多WTO活动，这些活动的目的是支持国际贸易发展，包括综合框架和综合技术援助第二计划，但是还需要进一步的能力建设。

8. 莫桑比克是南部非洲发展共同体的成员国。从第一次贸易政策审议以来，莫桑比克达成了与马拉维和津巴布韦的优惠贸易协定，目的是代替原来的贸易协定。2007年年底，莫桑比克发起一个与欧共体的临时协定，最终在2008年年底达成经济伙伴协定，并取代欧共体根据《科托努协定》给予的长期性准入优惠。莫桑比克还与美国一道受益于根据《非洲增长与机遇法案》给予的准入优惠，还在2005年签订一个贸易和投资框架协定，并正在进行协商“千年挑战账户”。其他的WTO贸易伙伴还根据《普惠制》或其他协定给予莫桑比克准入优惠安排。

三、贸易政策工具

9. 在政策审议期间，莫桑比克有两个降低关税税率实例。它在2002年将最高关税从30%降低到25%，在2007年又从25%降低到20%。它在2008年最惠国适用关税税率包括0、2.5%、5%、7.5%和20%，所有关税都仍然是从价税。降低的结果是，最惠国适用关税税率的简单平均值从2001年的13.8%下降到2008年的10.1%。然而关税结构没有发生改变，农产品的保护（13.5%）高于非农产品（9.5%，按照WTO定义，不包括石油产品）。适用关税税率的下降增加了适用税率和限制税率之间的差距。根据莫桑比克在乌拉圭回合的承诺，它对所有农产品的限制税率最高为100%，同时对非农产品的限制很有限，只包括19个关税税号（1996年HS8-数字水平），其限制税率是5%或15%。关于非农产品限制税率范围的扩展将会增长制度的可预测性。对所有限制税目的其他的税费都限制在100%。莫桑比克继续对糖、水泥和镀锌的钢产品征收附加税，该税种是从第一次贸易政策审议时开始征收的。莫桑比克还征收增值税17%以及消费税。作为减轻贫困的措施之一，某些生活必需品不征收增值税。

10. 在2002年，莫桑比克实施WTO关税评估协定。要求关税必须预先申报和预先付款，2003年要求被取消。装船前检查适用于准许进口的货单上的产品，该货单已经被缩小，其费用由政府承担。关税范围的全部运作在2005年又归还国内来控制。然而，关税的适度管理仍然是一个挑战。计算机刚刚开始采用。根据外汇制度，所有进出口业务都要求登记和授权。进出口许可证制度从2001年以来，显然没有大的变化，为变化消费者、动植物卫生和环境，还有一些限制措施。从2001年贸易政策审议以来，莫桑比克的标准制度和它的鉴定和证明程序并没有改变。莫桑比克一般采用国际标准，并只有在需要适应国内环境时才对其进行修改。莫桑比克的卫生和动植物检验检疫制度从2001年以来也没有大的改变。对进口产品的动植物检验检疫措施以国际标准为基础。某些进口产品（植物和植物产品，以及养蜂业产品）要求一个进口的动植物检验检疫许可证，并受检查和控制。进口动物和动物产品的原产地必须获得一个进口卫生许可证。出口税仍然用来鼓励加工业，例如对腰果要征收18%的税。莫桑比克没有关于应急贸易措施的法律。

11. 2007年，莫桑比克发布一个关于竞争的基本政策，并采用一个鼓励框架。政府仍然是主要的经济活动者。固定电话、电力、水服务仍然由国有企业提供，构成莫桑比克供应方限制。新的政府采购法律在2005年实施，目的是改善合同和他们授予程序的透明度，并将有助于改善公共资源的使用。

12. 从第一次政策审议以来，莫桑比克修改了自己的知识产权保护制度，还颁布新法律使其与WTO的规则尽可能一致。获得知识产权的程序已经简化。努力确保尊重知识产权，尤其是与盗版和伪造的斗争仍然在继续。2006 年，莫桑比克第一次引入罚款来阻止侵犯工业产权（包括伪造）。

四、行业贸易政策

13. 农业是莫桑比克重要的雇主，吸收了大约四分之三的劳动力，大部分以非正规的方式，从事基本生活品的种植，劳动生产率仍然很低。因此，一个关键的政策目标就是提高该行业的劳动生产率，这将有助于减轻贫困和保证食品安全。农业仍然得到最高保护，平均关税为 12.4%，而总的最惠国平均关税是 10.1%。莫桑比克的重要农业出口包括：腰果、棉花、糖、烟草、鱼和林业产品，政府仍然干预这些行业。

14. 莫桑比克的制造业活动是有限的，只包括进口竞争的农产品加工业和出口导向的大型投资项目。外国直接投资用来支持：生产铝，矿砂、煤、天然气的开采和电力的生产。这些投资受到税收支持的激励，并对铝生产征收较低的电力税。进口竞争企业通过相对高的关税，在一些情况下通过免除增值税，得到进口保护。尤其是，糖业公司在有担保的国内最低价格体系下运作，并通过一个可变的附加税和在零售层面上分销的控制，得到强化。莫桑比克还在优惠配额的条件下，向欧共体和美国市场出口糖。

15. 莫桑比克是石油净进口国。石油的零售层面已经自由化，但是石油产品的进口仍然由国有企业莫桑比克石油进口公司运作。国内石油价格受到管制，石油价格根据国际市场价格的变化，按月进行调整。

16. 伴随着服务业的改进和供给效率的提高，服务业得到进一步发展，服务业是莫桑比克解决供给约束的必要因素。银行服务仍然欠发达，且有很多限制因素，而保险业已经相对自由化。由于移动电话的迅速渗透，通话密度已经大幅上升，但是网络的使用还较少。现任的固定电话经营企业的私有化已经无限期的延期。莫桑比克通过修复港口、公路和铁路，并允许与重要的贸易伙伴合并，尤其是与南非和其他内陆邻国的合并（对于这些国家来说，莫桑比克港口是一个重要的通道），开发一个多模型的运输基础设施。修复基础设施和运输服务还是发展莫桑比克旅游业的重要工具。然而，由于航空运输不足而且昂贵，阻碍了旅游业的发展，所以莫桑比克的运输业还需要进一步发展。莫桑比克对《服务贸易总协定》做出有限的承诺，扩展这些承诺的范围将有助于解决现存的瓶颈问题，并有助于吸引国内和国外的投资。

五、贸易政策和贸易伙伴

17. 从 2001 年政策审议以来，莫桑比克已经在单边的基础上，采取措施自由化自己的贸易制度。它还降低自己的最高关税税率，并完善投资制度。然而，结构问题包括高价格和国有企业经营垄断的公共事业的无效供给，以及行政障碍，仍然抑制商业环境和竞争能力。因此，改革的继续进行仍然必要。

18. 莫桑比克还需要履行通知书的义务。它对商品和范围的多边承诺没有反映实际的制度。因此，继续改革、通过扩大承诺的范围完善多边承诺、降低限制税率以及努力实现通知书的要求将有助于提高莫桑比克贸易制度的透明度和可预测性。通过确保自己的市场对所有的商品和服务开放，以及提供更多的技术援助，贸易伙伴可以使莫桑比克获益。

（侯迎春译　陈泰锋校）

南非关税联盟国家政策审议

一、经济环境

1. 南非关税联盟（SACU）有五个成员国：博茨瓦纳、莱索托王国、纳米比亚、南非和斯威士兰，它们的经济发展水平差距比较大。博茨瓦纳和南非属于中高收入国家，纳米比亚和斯威士兰则属于中低收入国家，莱索托王国是欠发达国家。然而，南非关税联盟国家却面临同样的挑战，最显著的问题包括失业、收入不平等、贫穷和艾滋病。

2. 从2003年以来，南非关税联盟国家的经济总体上是发展的，按实值计算，年均增长率大约为4%。其中一些国家的经济增长表现并不稳定，主要由于基础设施的限制、能源供给不足、矿业产出的周期性、发展速度的调整和国际金融危机的影响。

3. 南非关税联盟内部的货币政策在很大程度上由南非领导。莱索托王国、纳米比亚和斯威士兰与南非构成一个货币共同体，它们将本国货币盯住南非兰特平价。博茨瓦纳则采取爬行盯住一篮子货币的汇率制度，一篮子货币主要由兰特和特别提款权构成。南非关税联盟国际没有正式协和的财政政策。博茨瓦纳、莱索托王国、纳米比亚和斯威士兰分别缩小征税对象，关税和消费税构成公共收入的主要部分，但却是南非财政收入的很小部分。

二、制度框架

4. 从2004年7月15日起，一个新的南非关税联盟协定开始生效。该协议在许多方面进一步协调各国政策，包括立法程序、标准和技术规定、卫生和动植物检验检疫措施、竞争和不公平的贸易惯例，但是在这些方面达到完全一致还不可能。目前为止，南非关税联盟国家贸易政策已经协调一致的，只有适用关税、消费税、税收减免、退税，以及海关估价、非优惠原产地规则和紧急贸易救济。

5. 2002年南非关税联盟建立了一个在“共同收入资金”下的收入共享计划。这一计划有助于博茨瓦纳、莱索托王国、纳米比亚和斯威士兰公共收入的增长。南非继续管理该“共同收入资金”。

6. 在国际贸易组织中，南非关税联盟国家追求的共同目标是，确保发展中国家和欠发达国家的发展问题纳入多哈会议协商的结果中。他们还寻求WTO成员中的发达国家大额降低或取消所有的关税壁垒或非关税壁垒，尤其是针对那些有益于发展中国家和欠发达国家的产品。

7. 南非关税联盟国家在满足WTO通知义务方面通常存在困难，尤其是有关农业的通知义务。许多通知仍然没有完成。

8. 南非关税联盟国家是南非发展共同体的成员国，还与欧洲自由贸易联盟和南方共同市场达成了优惠贸易协定。斯威士兰还是东南非洲共同市场的成员国。南非关税联盟国家还在普遍优惠制下和在美国与非洲增长和机会法案下，享受非互惠性优惠待遇。一些南非关税联盟国家订立了双边贸易协定。为了进一步协调他们的贸易政策，南非关税联盟成员国同意作为一个组织，共同协商新的优惠贸易协定。他们还完成了与欧洲共同体的经济伙伴国协定。

9. 南非关税联盟的投资制度是不协调的，只有某些税金减让、汽车业发展计划和纺织与服装业发展计划是例外的。其他的激励计划各国间都不同，最发达的国家其激励计划也最丰富。南非关税联盟对外国投资普遍开放，但某些成员国的小规模产业和服务业仍然限制外国投资。

三、贸易政策工具

10. 南非继续通过与南非关税联盟伙伴国的协商，建立了共同的适用最惠国关税。在一些例子中，很显然，适用最惠国关税的结构并没有充分反映其他南非关税联盟成员国各自经济体的需要。

11. 南非关税联盟的适用最惠国关税的简单平均税率从2002年的11.4%下降到2009年的8.1%。这一保护模式已经向有利于农产品进行转变，农产品（WTO定义）的平均税率从2002年的11.6%下降到2009年10.1%，而非农产品2009年的平均税率是7.8%。采用第二次修订的国际标准产业分类方法，制造业的平均保护税率最高，为8.5%，农产品是3.7%，采矿业是0.8%。

12. 关税结构已经比较简单。在2009年，适用所有关税税目的96.8%采用从价税率，而2002年仅占75%。采用混合关税的税目数量从2002年的1 774个下降到2009年的98个。采用从量关税的税目数量则从195个下降到109个。混合关税适用于农产品（有94个税目）、煤和一些纺织品。它们的从价税率等值从0到60%不等。南非关税联盟不再适用混合税率，但是仍然有5个税目采用这种税率形式。

13. 南非关税联盟的所有成员国的关税限制都采用从价税率。对某些税目采用非从价税率使南非关税联盟国家产生不遵守本国关税限制的风险，以参考价格为基础的公式税的应用不能确保符合WTO关税估价协定的条款规定。

14. 南非在纺织品和纺织业以及一些农产品方面与WTO有关税配额承诺。由于配额外适用关税税率等于或低于相关配额内关税的限制税率，一些农产品关税配额还没有放开。

15. 非关税壁垒如进口配额和进口禁止令，或者对从所有国家（包括南非关税联盟成员国）进口的某些农产品征收的附加税，目的在于鼓励由国内生产某些农产品。

16. 博茨瓦纳、莱索托王国、纳米比亚和斯威士兰采取由南非确定的反倾销、抵消和安全措施，南非是WTO成员方中反倾销的主要发起国之一。博茨瓦纳、莱索托王国、纳米比亚和斯威士兰正在建立它们自己的法律和制度框架，使自己能够开始实施贸易措施。在标准、技术规定和卫生与植物检疫（SPS）措施领域，一些南非关税联盟国家采用了南非的制度框架。

17. 激励措施的目的在于刺激出口导向产业、服务业和中小企业，这些激励措施包括税金减免措施。税金减免措施受国内成分要求限制或随出口情况而定。汽车业发展计划、纺织业和服装业发展计划就是所有南非关税联盟国家都采取的出口激励计划。纳米比亚和南非还对指定的出口加工和工业开发区给予激励政策。

18. 一些南非关税联盟国家采用出口税（纳米比亚和南非针对天然钻石征收）。博茨瓦纳仍然依法垄断牛肉出口。

19. 在国家层次上，竞争政策的执行已经取得进步。南非已经强化竞争立法，同时斯威士兰还成立了竞争委员会以促进新竞争法的执行。纳米比亚近来也已经采用竞争立法。总体上，南非关税联盟国家在重组公共企业方面几乎没有进展。

20. 某些南非关税联盟国家已经采取措施强化知识产权立法，尤其是在著作权方面。

21. 所有南非关税联盟国家都不是政府采购WTO双边协定的参与国。博茨瓦纳、纳米比亚和南非为了支持本国居民的经济授权，它们在政府采购计划中给予本国居民价格优惠或采取预定计划。

四、行业政策

22. 2002年的南非关税联盟协定要求统一的农业和工商业政策，目的是强化经济一体化，在关税区实现更平衡的发展，但是在这一方面几乎没有进展。

23. 南非关税联盟国家出口基础狭窄，但南非除外。主要的政策规则有别于他们重要的出口产品（博茨瓦纳和纳米比亚的钻石和其他矿产品，莱索托王国的纺织品，以及斯威士兰的糖）。某些劳动密集型制造业活动，特别是纺织品和服装，已经受到外国市场上竞争激烈的影响。

24. 服务业对南非关税联盟国家经济的多样化起着重要的作用。然而，南非关税联盟国家的大部分出口机会并没有得到利用。例如，在旅游业，由于基础设施、市场营销和促销、金融服务的限制，以及劳动力的缺乏，已经阻碍了该行业的发展。对服务业的进一步自由化和增加投资，尤其是降低通讯、交通和能源的成本，将会全面改善其他经济行业的效率，也会改善南非关税联盟出口产品的国际竞争力。

25. 博茨瓦纳面临的挑战在于降低对钻石采矿业的高度依赖，而钻石采矿业是该国经济增长和发展的主要驱动力。同时也需要加速结构改革，实现改善经济的劳动生产率和竞争能力的目的。农业政策的目的主要是实现食品的安全和多样化，而不是只有牛肉的生产。该国通过税收保护、进口配额（针对某些产品）和投入补助的方式，使相对规模较小的农业得到政府巨大的支持。为了促进跨国金融服务，博茨瓦纳还建立了国际金融服务中心。为了促进通讯服务业的竞争，该行业的许可证制度已经改革。交通设施已经得到进一步发展，但是限制交通的规则对内陆经济构成相当大的障碍。

26. 莱索托王国处在执行“2007 年到 2017 年国家食品安全行动计划”的进程中，该计划的目的是通过集约化、多样化和商业化农业体系，改善农业的劳动生产率，促进农产品的销售，减少农村地区的贫困现象。私人部门是“2007 年到 2010 年工业化重要计划”框架下经济增长的主要引擎，莱索托政府正在创造一个授权环境。服务业的发展已经得到促进，一些国有企业已经私有化。

27. 纳米比亚的“第三个国家发展计划”和“2003 年纳米比亚前景”设想了雄心勃勃的经济和社会发展目标。工业发展的主要政策之一是强化税收激励工具，鼓励对制造业、尤其是出口加工区投资。农业、捕鱼业和萃取矿物的工业则没有该激励措施。纳米比亚为了鼓励某些基础产品的国内生产，对农产品实行进口限制。但它的金融业发达且监管良好，纳米比亚的旅游业则由于其自然景观和野生动物而逐渐增长。

28. 南非的经济相对多样化。从上一次对南非关税联盟的贸易政策审议以来，南非经济中农业的重要性已经下降，但是，该行业对吸收非熟练劳动力仍然非常关键。政府对农业市场的干预显然已经减少，但是政府对制造业、采矿业、能源和服务业的参与仍然很重要。制造业从一系列的激励措施中受益，这些激励措施依据出口业绩而定。数个国有企业经营采矿业和能源产业。这些政策降低了制造业的劳动生产率，由于对电力生产投资的不足造成的电力缺乏，以及关键服务业的无效率和高成本。南非电力的短缺对其依赖于电力进口的伙伴国还有负面的挤出效应。

29. 斯威士兰通过多样化和商业化活动、确保社区参与和自然资源的可持续发展，提高了食品业和农业的劳动生产率。制造业则主要建立在糖和相关产品上（糖果和软饮料），这些产品受益于欧共体市场和美国市场准入的优惠政策。一些食品加工业主要得益于投入的低成本，已经受南非关税联盟的关税结构的影响。尽管斯威士兰享受“非洲增长和机会法案”（AGOA）的优惠待遇，但它对美国的服装出口近年来已经有所下降。斯威士兰的金融服务立法已经现代化，其移动电话市场也已经向竞争开放。

（侯迎春译　陈泰锋校）

尼日尔和塞内加尔贸易政策审议

一、经济环境

1. 从2003年贸易政策审议以来，尼日尔和塞内加尔的经济状况相似，在2003年到2008年年均增长率塞内加尔是5.1%，尼日尔是5.0%。塞内加尔经济增长的主要原因是移动通讯和运输服务业的发展，还有建筑业。并受到较大金额的政府和私人资金的支持。尼日尔的经济的重点是农业和畜牧业，所以经济情况由农业的收成决定，而农业的收成又取决于撒哈拉沙漠严酷的气候条件。尼日尔和塞内加尔仍然是欠发达国家，2007年人均GDP的估计值分别是276美元和883美元。根据联合国开发计划署的人类发展指数，2008年尼日尔排名第174位（共179个国家），而塞内加尔是第156位。

2. 2001年以来，这两个国家采取一个战略，目的是实现为2015年设立的“千年发展目标”，尤其是降低50%的贫困人口，目前该数字在尼日尔是人口总数的62%，在塞内加尔是46%。2008年，这两个国家的人口总数分别是1 400万和1 200万。它们的战略计划获得了发展伙伴国的官方支持（尼日尔占三分之一的政府年度总支出，塞内加尔占四分之一），外国政府和多边债务的大幅下降。在这两个国家，财政预算面临相当大的结构问题，主要因为非正式经济规模小导致的税基狭小，和对批准的投资项目获得国内税收和关税减免的一般惯例。在尼日尔，82%的人口生活在农村，并为解决生计问题，从事非正式的农业、林业和畜牧业活动；塞内加尔的这个数字是56%，且城市人口正在逐渐增长。

3. 作为西非经济和货币联盟的创始国，尼日尔和塞内加尔与其他六个成员国一样，在法郎区域框架内，使用非洲金融共同体法郎，法郎与欧元固定平价。共同货币政策由西非国家中央银行执行，并受到《集中、稳定、增长和团结公约》和一个多边监管体系的支持。2008年12月，尼日尔满足五项基本集中标准中的四项，而塞内加尔满足其中的两项。

4. 尼日尔贸易结构几乎没有改变，铀仍然是主要出口品（向法国），活家畜的出口（尼日利亚）则比较少。塞内加尔已经变成一个重要的石油产品出口国（向马里出口），还出口渔业产品、其他农产品（向欧共体出口）和磷酸盐（向印度出口）。尼日尔和塞内加尔是服务业的净进口国。尽管如此，旅游业的收入在塞内加尔经济起着重要的作用，2008年旅游人数大约70万。尼日尔和塞内加尔不仅进口燃料、机械和设备、交通工具和药品，还进口食物如大米、小麦、糖、食用油、奶粉和奶油，这些食物的进口主要是满足城市人口需要。国际市场上，燃料和谷物价格的突然上升直到2008年早期，已经成为两个国家出现通货膨胀紧张局势的主要因素。

二、贸易和投资制度

5. 尼日尔和塞内加尔的贸易制度大部分受西非经济和货币同盟的条款管理。该同盟创办于1994年，在2000年采取对外统一关税，协调某些关税和税收事务，并取消共同体内部贸易的关税。从上次贸易政策审议以来，西非经济和货币同盟原产地给予未加工的共同体产品（当地生产或手工产品），不需要原产地证明；或给予那些已经充分加工过的产品。2007年底，总数3 205种产品批准原产地资格。

6. 西非经济和货币同盟的成员国，包括尼日尔和塞内加尔在一个更宽泛的领域内，继续经济一体化进程，即西非国家经济共同体（ECOWAS）。该共同体由15个国家组成，目的与西非经济和货币同盟（WAEMU）相似。然而，在西非经济和货币同盟和西非国家经济共同体的其他成员国之间创造一个货币联盟，证明是不容易实现的。与欧共体协商的《经济伙伴协定》已经给予西非国家经济共同体一个新的促动，而且有关该关税联盟创设的一些问题已经得到解决，其中包括西非经济和货币同盟的所有成员国采用该同盟规定的统一对外关税。然而，高于西非经济和货币同盟统一对外关税20%的第五次确定的税率35%，以及其他伴随的措施正在进行协商。从2004年以来，西非国家经济共同体的原产地规则已经与西非经济和货币同盟的规则协调。西非国家经济共同体是地区经济共同体之一，它是非洲经济联盟一体化计划的基础。

7. 尼日尔与塞内加尔（还有其他六个西非经济和货币同盟的成员国，即贝宁、布基纳法索、科特迪瓦、几内亚比绍、马里和多哥）都是WTO的成员国，每个国家都有自己对关税和服务的承诺计划。从2003年对它们的贸易政策联合审议以来，这些承诺计划仍然没有变化。两个国家给予它们的贸易伙伴至少最惠国待遇。尼日尔和塞内加尔通过它们各自在日内瓦的任务参与WTO的活动。然而，人力和资金资源的缺乏阻碍它们有效参加这些活动。在多哈回合框架内，尼日尔和塞内加尔与西非经济和货币同盟和西非国家经济共同体的成员国协调统一立场，通常还与欠发达国家、非洲组织、非加太国家和发展中国家的立场进行协调统一。尼日尔和塞内加尔的通告分别仅包含它们贸易政策工具的一部分，在大部分案例中都不是最新的政策工具。两个国家都有资格受到贸易政策方面的援助，且已经获得WTO给予的数次其他形式的技术援助。然而，这些技术援助需要强化，从而使这两个国家能因参与多边贸易体系而更好地获益。

8. 尼日尔和塞内加尔在“除了武器的一切”倡议下进入欧共体市场，没有互惠承诺，并正在继续就《经济伙伴关系协定》进行协商。它们还有资格参与美国在“非洲增长和机遇法案”下设立的计划。尽管在两个国家的企业非常少地使用或不用各种优惠，但它们根据普惠制而获得优惠。

9. 尼日尔和塞内加尔的投资制度还没有协调一致。尼日尔从2003年以来，投资制度没有改变，根据世界银行的观点，投资环境总体也不太好。在尼日尔，和在塞内加尔一样，工商业企业很难获得资金和投入原料。这种情况在尼日尔变得更糟，原因是它是一个内陆国家，而且目前的社会政治危机使它更加恶化。对于塞内加尔来说，它的商业环境已经得到相当的改善，使它可以在设立一个企业和商品清关时简化程序，并缩短时间。塞内加尔的投资制度对农业、采矿业（尤其是大规模的采矿业）、石油项目、中小企业、自由出口企业，或根据投资法，提供广泛的激励工具。

三、贸易政策工具

10. 尼日尔和塞内加尔作为西非经济和货币同盟的成员国，从2003年以来采纳的适用平均关税税率包括四种：0、5%、10%和20%。该平均税率现在的基础是2007年版的《调和关税制度(HS)》，所有税目都采用从价税。从2003年联合审议两国的贸易政策以来，简单平均关税税率一直没有变化，为12.1%，其中农产品（WTO定义）是14.6%，非农产品是11.7%（不包括石油产品）。如果采用《国际标准产业分类（修订2)》，农业仍然是最受保护的产品（13.1%），其次是制造业产品（12.2%）和采矿业产品（5%）。

11. 尼日尔96.9%的关税税目（一些非农产品例外）都有限制税率，农产品的最高税率为50%或200%，非农产品是50%。其他的税费的限制税率最高为50%。塞内加尔所有的关税税目都有限制税率，绝大部分是30%，少数为15%。其他税费的限制税率为150%。对于5种农业税目（10数字的HS)，适用15%和20%税率。如果采用西非国家经济共同体框架内协商第五个35%税率，这种情况可能会恶化，因为塞内加尔的最高税率是30%。

12. 所有西非经济与货币同盟的成员国还征收1%的共同体团结税，该税收是西非经济与货币同盟自己的收入（2009年大约590亿非洲金融共同体法郎），尼日尔是1%（暂时的，因为其支付延期），塞内加尔是0.5%。后者还对进口洋葱、香蕉、土豆、烟和小米征收附加税。此外，塞内加尔对糖、水果汁和西红柿酱还征收一个特殊的进口税。递减的保护税率2006年取消。一般关税规定的内容包括组织框架、关税程序和制度，而相关文件仍然在国家范围内。消费税和增值税制度已经协调，并与国民待遇原则相一致，只有税率例外。尼日尔标准增值税税率是19%，塞内加尔是18%。

13. 西非经济与货币同盟的关税评价制度全部模仿WTO关税评估协定。然而，共同体的规定之一，即建立共同体参考价值体系却不同。依照这一规定，尼日尔和塞内加尔分别列出一系列受最低价值或参考价值限制的进口产品。此外，每个国家对进口品都有一个重要的验证方案。对塞内加尔来说经过验证的进口至少300万法郎，关税交易的进口优先申报（免费）数量达100万法郎。对尼日尔来说，采用验证方案的进口额至少100万法郎，且对所有交易要求进口申报，不管是否需要通过验证。

尼日尔征收1%的进口验证税，该税全部按照离岸价计算。为了简化关税程序，两个国家都采纳自动风险分析系统。

14. 尽管在西非经济和货币同盟层次，采取新的计划协调进口禁令，这些行动一般来讲仍然应当由政府当局负责。大多数情况下，这些行动也没有通知WTO。在尼日尔，在标准化方面已经取得相当大的进步，还采纳了大量的技术规定。塞内加尔在标准化方面，也同样取得进步，并采纳23个技术规定，其中一些与执行国际食品法典标准（如食用油）有关，其他采纳当地农产品方法，如西红柿酱。卫生和动植物检验检疫制度没有改变。尼日尔在禽流感爆发后，从2006年12月开始，禁止进口世界动物卫生组织确认已受感染的家禽和家禽产品。塞内加尔2007年11月禁止来自任何地方的家禽及其产品的进口。而且，出于人类社会的考虑，锁定了碳氢化合物、药物、住院治疗（在两个国家）的价格。在尼日尔，电力价格需要经过批准，而塞内加尔需要批准价格的商品包括：大米、面包、水、电力和公共交通。在收获季节，为了有利于国内产品的销售，市场监管委员会限制某些食物进口塞内加尔（土豆、大米、西红柿和洋葱等）。

15. 塞内加尔在政府退出经济活动方面取得了巨大进步。另一方面，尼日尔在这方面几乎没有进步。从2003年贸易政策审议以来，尼日尔和塞内加尔为了对共同体的制度要求（尤其是共同体优惠取代了国家优惠）做出反应，修改了它们的政府采购制度。无论尼日尔拥有还是塞内加尔，就保护工业产权制度方面都没有发生重大变化，该制度仍然受1999年的班吉协定约束。在尼日尔，关于著作权和相关权利的国内法仍然没有与《知识产权保护协定》的条款协调一致；而塞内加尔关于著作权和相关权利的新的国内立法在2008年生效，将著作权的保护期限从作者死后50年延长到70年。

四、行业政策

16. 西非经济和货币同盟与西非国家共同体有一个共同体农业政策，该政策被认为是一个国际框架下形成的，属于成员国的国内农业政策。这些政策的目的包括食品安全、能动的农业对经济发展做出巨大的贡献、降低食物依赖实现食物自主权。为了这个目的，采用平均关税和西非经济和货币同盟税，在西非国家共同体下，将可能会变成限制性更强的措施。这些措施包括第五关税最高税率35%和其他伴随措施。正在计划行业（如棉花、糖、油菜籽和家畜产品）的“差别保护”。尽管如此，对农村发展的补助的最大部分仍然由政府当局和它们的发展伙伴负责。

17. 除了西非经济和伙伴同盟边界的保护措施，政府当局仍然负责其他农业政策工具的制定和执行。从2003年贸易政策审议以来，塞内加尔采取措施促进谷物的生产，即通过补助为生产谷物所需投入品的购买提供资金。塞内加尔现在大部分谷物依靠进口。这些补助措施是在2004—2005谷物生产季节采纳的。在2008—2009季节，采取“为食品安全的重要农业行动”后，该行动的目的是实现食物的自给自足，随后补助得到大幅增加。对“为食品安全的重要农业行动”的投资有资格获得国内税和关税的减免。此外，塞内加尔仍然给予当地农业食品（小麦面粉、西红柿酱、炼乳和水果汁）保护，和给予当地生产的产品（洋葱、大米、小米和土豆等）保护。在尼日尔，在这样辽阔的土地上存在着政府资源稀缺和组织困难，分散化只是在第一阶段，导致了补助的困难。国家也没有金融资源进一步扩展服务业，只在首都周围地区之外的地方向生产者和牧民提供服务。而且，在这两个国家，强烈的人口压力和获得生产要素的困难，尤其是在现存的产权制度下，不利于农业向大规模经营发展。总之，有限的水资源对于尼日尔和塞内加尔的农业都是一个重要的挑战。

18. 与塞内加尔不同，尼日尔拥有已知大量的矿产资源，但是它的大部分能源需求仍然依赖进口。尼日尔的油田将在2009～2010年开始开采。尼日尔石油与天然气公司和尼日尔电力公司在它们各自的行业有垄断权。尼日尔计划开发当地的铀加工业，铀的出口是尼日尔主要的外汇收入来源。在塞内加尔，非洲炼油公司进口原油，在石油产品的生产上有实际垄断权。塞内加尔电力公司生产电力，它是一个国有企业，在电力的传输和分销方面有垄断权。独立的生产商必须将剩余的电力出售给塞内加尔电力公司。

19. 尼日尔的制造业规模小，主要包括农业食品加工业、PVC管制造业和皮革业。在塞内加尔，制造业取得一些进步，该行业主要包括当地农产品和矿产资源的加工业，以及进口原油的提炼。在2009年，塞内加尔在采纳共同体层次前获得了升级，它执行第二阶段的“西非经济和货币同盟结构改革和升级计划”。该计划是政府采取的其他措施的补充，其目的是通过税收减免支持中小企业，鼓励非正式行业向正式行业转变，并使中小企业参与部分政府采购。由于一些国家层次决定的激励措施的取消，主要的行业贸易政策仍然在共同体层次，其中包括平均关税税率，制造业产品的平均关税相对较高12.2%，且是混合升级，并不能提高他们的竞争力。

20. 服务业占主导地位的是贸易，主要包括非正式结构，且仍然是尼日尔GDP增长的重要促成因素。运输服务业的主要部分是公路或河运，因为尼日尔没有铁路，航空服务很少。由于尼日尔是一个内陆国家，尽管这些服务的价格已经自由化，非法活动（包括警察）和贸易同盟轮流的计划安排增加了公路运输的成本，也不利于在该行业引入真正的竞争。所有这些问题，以及电信业的问题和获得饮用水的困难共同阻碍了旅游业的发展，而旅游业本来有着相当大的潜力。2009年，尼日尔采取一个框架法律，目的是完全且永远开放运输市场，并将旅游业包含到“加速发展和减少贫困战略（2008—2012年）”中。在塞内加尔，近年来由于运输业和电信业的强劲发展，服务业成为经济增长的引擎。尽管铁路和航空运输遇到一些问题，Transrail铁路公司和塞内加尔航空公司是国际化公司，服务业已经大大地自由化了。这些积极的成就有益于旅游业的发展，而旅游业是塞内加尔第二大出口项目。

21. 在尼日尔和塞内加尔，银行业和保险业分别由西非经济和货币同盟的共同银行和非洲保险市场会议管理。尼日尔银行业的特别的特征就是它的集中度。2008年年底，四个主要银行的贷款占全部贷款的80%，基本上都是短期贷款。尼日尔银行系统的特殊问题产生的原因，主要是由于成本的昂贵和缺少地区分支机构。在2004年到2009年之间，塞内加尔银行网络的密度提高。国家拥有数个银行、金融机构和保险公司。根据《服务贸易总协定》，尼日尔具体承诺的时间表包括旅游业和旅行相关的服务，以及运输服务。根据《服务贸易总协定》，塞内加尔具体承诺的时间表则包括医疗、牙科、建筑、金融、旅游、电信和运输服务。

（侯迎春译　陈泰锋校）

欧共体贸易政策审议

一、经济环境

1. 2006年到2007年间，欧共体GDP的年均实际增长3%，但是2008年下降到估计为1%，部分原因是2008年后半年出现的世界金融危机（和随后的经济衰退）。尽管温和增长的基础广泛，成员国的经济情况仍然相距甚远。在政府收入增长和支出下降（支出下降的原因与如一些成员国的养老金计划等因素有关）之后，欧共体的财政出现赤字，占GDP的比重从2006年的1.4%下降到2007年的0.9%（这是许多年来最好的财政状况），但是2008年又上升为2%。政府进一步致力于解决影响财政状况长期稳定的问题仍然是必需的，特别是由于应对世界经济衰退而设计的那些措施的高额成本。

2. 截至2009年1月，16个成员用欧元作为自己的货币。罗马尼亚决定在2014年使用欧元。丹麦和英国选择使用本国货币，而保加利亚、捷克、爱沙尼亚、匈牙利、拉脱维亚、立陶宛、波兰、瑞典没有安排使用欧元的目标时间。由于受不断增长的能源和商品价格的影响，欧共体的通货膨胀率从2006年2.3%，2007年的2.4%，2008年估计达到3.7%。欧元区的关键利率在2004年和2005年的大部分时间创历史低点为2%，2008年7月则超过4%。然而在2009年早期，由于金融危机利率又回落到2%。

3. 服务业是欧共体经济的支柱行业，分别占总增加值和就业人数的70%。制造业对总增加值的贡献大约为四分之一，但是在最近几年所占份额有所下降，反映了国际加工业的地理转移。结果是从2005年以来，欧共体为了提高竞争力，正在实施一个新工业政策。欧共体的农业（其中包括家畜、狩猎、林业和渔业）占总增加值的比重相当低（大约2%），但是对于新成员国如保加利亚和罗马尼亚，所占比重仍然很大。

4. 欧共体占世界商品贸易的17%。它的贸易账户一直是赤字，但也是可持续的赤字，2006年的总值是1 418亿欧元，2007年是1 534亿欧元。欧共体经常账户赤字占总增加值的比重在2006年是0.8%，2007年是0.7%，而2008年是1%（估计值）。欧共体仍然是世界上最大的服务贸易地区，也是世界上最大的外国直接投资的提供者和接受者，约占国际流入资本的40%，占国际流出资本的比重则超过50%。它也是对世界其他地区的净投资者。

二、制度框架

5. 从2007年2月的贸易政策审议以来，欧共体的制度框架并没有发生重大改革。2007年12月欧共体各国政府的首脑签署了《里斯本协定》，该协定将会改变欧共体的制度结构，但是该协定还没有完成批准过程。保加利亚和罗马尼亚在2007年1月加入了欧共体，同时与克罗地亚和土耳其的加盟协商正在进行。

6. 根据2001年的《尼斯条约》，欧共体的贸易政策的目的是有助于逐渐消除国际贸易的限制措施，降低关税壁垒。欧共体为了达成这些目的，采用了多边的、双边的和单边的协议方式。欧共体强调多哈发展议程在多边层次上的重要性，该议程是在当前经济衰退的情况下，制止贸易保护的最好措施。欧共体仍然是WTO贸易争端解决机制中最积极的成员国。在政策审议期间，欧共体发起6个新的贸易争端，它是这6个案子中的被告，还是13个贸易争端案的第三方。欧共体也是贸易支持框架内，一个重要的与贸易相关的技术支持计划的发起人。

7. 欧共体继续建设《特惠贸易协定》的扩展网络，作为促进多边贸易的更广泛的政策的一部分。这些《特惠贸易协定》到目前为止，给非农产品带来了自由贸易，也限制了农产品的自由贸易。在一些例子中，这些协定还包含了服务贸易。大量的协商是与地区组织进行，或鼓励创造地区组织。与地区机构的协商，包括与安地斯组织、东南亚国家联盟、中美洲、海湾国家、南方共同市场、地中海国家、与非洲的经济伙伴协议、加勒比海国家和太平洋地区。与加勒比海国家的经济伙伴协议的协商已经完成，与其他太平洋地区的贸易关系由临时协定协调。此外，欧共体还发起了与印度、韩国和乌克兰关于经济伙伴协议的双边会谈。

8. 欧共体通过自己的普惠制，给予所有 WTO 成员至少最惠国待遇，普惠制有三个协定。首先，所有有资格的国家都从“普惠制”获益；其次，对执行“国际可持续发展和政府善治标准”的国家，由“持续的发展和政府善治的特殊激励计划”（GSP＋）提供了附加的利益；最后，在“除武器外的一切”倡议下，欠发达国家从进入欧共体市场免税和无配额的政策中受益。2009 年将引入大米和糖的免税和无配额政策。

9. 特惠协定和普惠制计划带来的结果是，欧共体的最惠国关税仅针对 WTO 的 9 个成员（澳大利亚、加拿大、台、澎、金、马单独关税区、中国香港、中国、日本、韩国、新西兰、新加坡和美国）。在 2007 年，这 9 个 WTO 成员占欧共体商品进口总额的 27.5%，2005 年则大约 30%。

三、贸易政策工具

10. 从上次贸易政策审议以来，欧共体的贸易制度没有发生大的变化。某些领域，关税程序、国内税收、激励措施和贸易的技术障碍还没有得到完全的协调。欧共体对外统一的最惠国关税的结构在过去几年大体上没有改变，仍然结构复杂。它由从价税和非从价税构成。非从价税（所有税目都是 10.1%）是特定的（6.5%）、复合的和混合的，或每个进价级别都是不同的。非从价税率主要适用于农产品（WTO 定义），很多农产品还受关税配额的约束。平均最惠国适用关税税率轻微下降，从 2006 年的 6.9%下降到 6.7%，税率在最低税率 0 和最高 604.3%（一个从价税等值）之间各不相同。农产品仍然税率最高。

11. 由于多种简单化措施（例如排除没有进口数据的非从价税税目和某些税目经计算包含非从价税成分），农产品关税保护的实际水平可能高于从价税等值的估计值。因此，关税保护的总水平也可能低估。欧共体特惠贸易安排广泛的网络，与它的单边特惠体制一起，增加了关税体系的复杂性。适用于进口和国内产品（增值税也适用于服务业）的增值税和消费税是相等的，这些税率由成员国确定，在欧共体内部还没有进行协调。

12. 由于安全、技术、卫生、植物检疫和环境的原因，根据协定和国际公约，仍然实施进口禁令和管制。受数量、关税配额、安全措施或进口检查和监管约束的产品要求有进口许可证。在政策审议期间，一些非农产品包括某些纺织品受数量约束。欧共体关于贸易措施的立法没有变化。欧共体仍然仍然是贸易应急措施的使用者。然而，从 2005 年以来，欧共体通知 WTO 的应急措施的数量已经下降。欧共体成员国之间协调技术要求（包括技术规定、标准、卫生和动植物检验检疫措施）仍然正在进行。

13. 从上次贸易政策审议以来，欧共体的出口禁止出口令、出口限制和出口许可证制度没有发生重大改变。出口文化产品、某些农产品和双用途的货物和技术要求出口授权和许可证。欧共体仍然补助许多出口农产品。已经通知 WTO 的支持和援助计划（在社区层次上，由成员国组织）可以分为 4 个主要类别：结构行动、统一农业政策、工业计划和其他的计划，其他计划包括对中小企业、合资企业、渔业和水产业的支持。

14. 欧共体关于公共采购的立法基本没有改变，该立法是 2004 年颁布的，目的是使法律框架更简单化、更有弹性和更适应于电子时代。欧共体的竞争制度也大部分没有改变；强化的焦点是消除垄断和消除支配地位的滥用。知识产权制度继续由社区范围内立法和成员国立法来指导。关于知识产权保护，一个新的关于专利权保护的法律框架有望简化寻求保护的进程。商标和植物种类规则已经得到修订，而与著作权和其相关权利、出租和出借权利保护有关的立法已经合并为在一个法规下。保护葡萄酒和烈酒的地理标志的规则已经颁布。

四、行业政策

15. 到 2009 年为止，至于创造一个真正的内部市场，通过取消成员国之间剩余的规则和行政管理障碍，服务业仍然处于优先地位。从上次政策审议以来，欧共体在 2007 年实施电信改革一揽子计划，邮政规章的目的是到 2010 年至 2012 年，完成邮政服务业的内部市场。而且，欧共体正在实施 2006—2010 金融服务战略和 2002—2010 的交通行动计划。然而，许多其他的服务活动并不受综合内部市场的约束，这些服务包括旅游业和就业机构。某些服务，如电信由欧共体层次监管，而其他（如教育和卫生）主要由各个成员国负责。

16.2003年“统一农业政策（CAP）”的改革结果是，以单一的支付计划为行动的中心，该计划下的支持占全部支持的份额从2004年的估计值1%（14亿欧元）上升到2007年的33%（324亿欧元）。同时，与生产和，或价格相关的产品特别支持仍然存在，尽管支持水平在下降。从欧共体上次贸易政策审议以来，统一农业政策（CAP）的改革继续促进了糖、水果和蔬菜、葡萄酒的市场导向和竞争性。国内对香蕉和棉花的支持已经得到进一步的改革。在2006年，统一农业政策（CAP）支出总额占舍弃总支出的46%。采用国际标准产业分类标准，农业、狩猎业、林业和渔业的最惠国关税税率的简单平均值从2006年的10.9%下降到9.3%。然而，所有关税税率在100%以上的产品都仍然是农产品（WTO定义）。此外，农产品仍然受到复杂的关税结构、关税配额和动植物检验检疫措施的保护，并且仍然得到出口补助。对渔业产品，一些关税配额受一个参考价格机制的约束，因此，如果进口价格低于参考价格，就不能获得配额内关税的益处。

17.制造业（根据国际标准产业分类）仍然是国家援助的主要受益者。由于劳动生产率下降，从2005年以来，已经执行一个新的工业政策。该政策与成员国层次的措施的共同目的是培养该行业的竞争能力。制成品进口的最惠国关税税率平均为6.7%（2006年是6.8%）。总的来说，需要农产品做原材料的行业，而这些农产品是欧共体生产的，这些行业的关税税率表现出复杂的逐步升级。部分由于加工这些农产品的行业享有较高的关税保护，出口这些产品还有补助，因此这些行业缺乏竞争性。那些原料（特别是某些农产品和矿产品）产地不是欧共体的产品，关税税率表现出正向升级，表示保护税率具有高效率。

18.欧共体是世界上最大的能源进口地区和第二大消费地区。面临无法预见的能源挑战，欧共体正在执行关于能源效率的行动计划，通过改变消费者行为习惯和能源增效技术，这样到2020年，就可以节约大约20%的能源消费量。它还设立一个再生能源消费目标，即增加20%的消费量，并到2020年减少温室气体排放的20%。一些最近的能源政策的改进包括采用第三个一揽子立法建议，目的是解决能源市场的结构性缺点，明显的问题是缺乏竞争性。电力进口是免税的。

五、贸易政策和贸易伙伴国

19.支持多边贸易体系是欧共体贸易政策的核心。欧共体是多哈会议会谈的一个重要的驱动者，对广泛的领域有大量的建议。欧共体与其他成员国一起，在多哈会议议程下，致力于多哈会议全球信托基金和融资或联合融资的特别活动。它们共同为2007年WTO公共论坛提供资金。然而，欧共体继续建设自己普惠制的广泛网络，包括与发达国家和发展中国家之间。对欧共体而言，重要的是考虑现行的和新的普惠制的歧视因素，以及在最惠国基础上开放市场的更高的潜在优势。

20.由于欧共体是世界上最大的出口者和第二大进口者，它期望继续使贸易起到的关键作用，为控制当前世界经济衰退做出贡献。为了这一目的，欧共体进一步加强内部市场的全面建设，以及通过简单化农产品的关税结构、降低其高税率和激励其生产，使农产品贸易体系进一步自由化。这些改革还有益于改善欧共体的资源分配。

（侯迎春译　陈泰锋校）

日本贸易政策审议

一、经济环境

1. 与世界经济一样，日本经济从2007年贸易政策审议以来已经下滑，同时GDP实际增长率为2.4%。尽管2008年第一季度经济继续增长，在第二和第三季度经济萎缩。日本2007年的经济增长主要由外部需求带动，其次是国内需求，尤其是家庭消费和私人非住房投资。日本的失业一直是下降的趋势，2007年达到3.9%。2007年仍然存在对价格的向下的压力，这种压力在2008年早期显然停止了，10月份通货膨胀下降，主要是由于能源价格的下滑。这是否预示在不久的将来通货紧缩又将开始还有待观察。

2. 日本经济的劳动生产率低于其他重要工业国。当局提供的数据表明，非制造业的劳动生产率低于制造业，其原因在于非制造业全要素劳动生产率的降低，然而，日本的出口竞争力显然得到改善，反映了由于工资下滑引起的单位劳动成本的持续下降。

3. 贸易和与贸易相关的政策继续成为日本经济结构改革的不可分割组成部分，特别是因为贸易在经济中的重要性在不断上升。2007年商品和服务进出口占GDP的份额分别大约为16%和11%，2006年是15%和11%。近年来，出口增长快于进口增长，反映了外部需求对日本经济的积极贡献，部分是由于多边贸易系统的开放性。2007年日本经常账户盈余上升，这反映国内总储蓄和总投资差距的扩大。2008年8月底，日本的外汇储备上升到9 970亿美元（2006年8月时为8 790亿美元），大约等于日本21个月的进口价值。

4. 从2006年3月以来，日本银行继续是实施鼓励政策（例如采取开放市场运作的方式），鼓励短期通知利率仍然在指定的利率上下波动。2008年12月19日，短期通知利率下降到0.1%（2008年10月31日从0.5%下降到0.3%之后）。显然近来日元的升值部分原因是平仓的套利外汇交易，即借入日元再投资到国外高收益的资产上。这产生大额的日元流出，导致日元名义价值的大幅下降。

5. 在日本的2007财政年度，财政赤字大约占GDP的3.4%（2006财政年度是2.9%），因此公共债务继续上升，大约达到GDP的170%。政府2006年7月公布的统一财政的中期目标是，2011财政年度，在中央和地方财政合并的主要账户实现盈余，从而在2010年早期到2010年中期，逐渐减少公共债务占GDP的比值。

二、贸易政策体系：框架和目标

6. 贸易政策审议以来，日本政府负责制定、实施和评估贸易政策的部委和机构唯一重要的改变是，在从2007年12月28日取消了内阁层次的日本投资委员会，以及在内阁办公。

7. 日本贸易政策优先发展内容包括强化多边贸易体制，这也是WTO包含的内容。然而，日本认为，地区和双边自由贸易协定对多边层次上的自由贸易是重要的补充。在政策审议期间，四个附加协定开始生效（与智利、泰国、印度尼西亚和文莱），并与东南亚国家联盟签约。与那些重要的农产品出口国的协定常常不包括这些产品。它们还把某些工业产品排除在外，如皮革产品、鞋，当局认为这些产品敏感度很高。

8. 日本是WTO活动的重要参与国，包括在多哈发展进程下的协商。从2007年以来，它是三个贸易争端案例的参与国，一次作为被告，两次作为原告。

9. 日本继续采取措施提高自己贸易和与贸易相关的政策、管理和措施的透明度，由此促进政府提高对公众负责任的程度。从2007年3月以来，要求管理部门在采取措施前，对制度进行评估。在使用前，对制度进行影响分析的程序从2007年10月1日已经采用。根据2001年的《政府政策评估法》，要求对政策进行使用后的评估。

10. 日本根据普惠制计划，给予某些发展中国家和欠发达国家的产品优惠待遇。2007年4月1日，日本扩展了优惠待遇（如免关税和无配额限制）的范围，共49个欠发达国家的86%到98%的关税税目。日本普惠制的主要受益国家和地区包括：中国、泰国、印度尼西亚、菲律宾和越南。普惠制计划将许多农产品和一些工业品排除在外。

11. 日本外国直接投资的流入比流出仍然相当低，也低于国际经合组织的成员国。在这种背景下，日本继续采取措施提高自己吸引外资的能力。另一方面，根据现行的《外汇和外国贸易法》日本政府第一次针对外国直接投资提议（针对公共电力）提出了一个建议，理由是“公共秩序、公众安全和国家安全”。

三、贸易政策和实践

12. 贸易和与贸易相关的政策继续成为日本经济结构改革的关键因素，在这方面进步的程度将决定日本能否成功实现其经济和社会目标。从上次贸易政策审议以来，日本采取措施进一步自由化自己的贸易和投资制度。当局继续促进制度改革和强化竞争政策，这些可以有助于开放日本经济、提高其竞争力，由此为国内和外国企业创造更多的机会。很显然，从2008年9月全球金融危机以来，日本并没有采用新的贸易措施来保护自己的市场。

13. 关税是日本的主要政策工具。然而，许多进入日本的进口产品免税或征收较低的关税。2008财政年度（当年4月到次年3月），最惠国适用税率简单平均值是6.1%，2006财政年度是6.5%，反映了非从价税的从价税等值的下降。近99%的关税税目有限制税率。大多数适用最惠国税率与其限制税率相等，因此使日本的关税计划的可预测度很高。同时，非从价税是日本关税的重要特征，尤其是对农产品，这些关税占所有税目的6.7%，其从价税等值往往较高。日本根据普惠制，给予141个发展中国家和14个地区优惠关税税率，还包括对49个欠发达国家的附加优惠。普惠制下的关税简单平均税率是4.9%，对欠发达国家是0.5%（2006财政年度3.3%）。日本对来自新加坡、墨西哥、马来西亚、智利、泰国、印度尼西亚和文莱的进口产品，在双边自由贸易相等下给予优惠待遇。在这些协定下的简单平均税率从3.3%（马来西亚）到3.9%（文莱）不等。

14. 日本的非关税壁垒措施很少。当前正在采用的那些进口禁令和进口数量限制（例如对一些鱼）也很少。此外，某些商品的进口有许可证要求，目的是确保国家安全，保护消费者的健康和福利，或保护国内动植物的生命和环境。根据联合国安全委员会决议，日本还采用了一些进口禁令。

15. 从上次政策审议以来，日本采取两个反倾销措施。它采用两个反补贴措施。该措施被起诉到争端解决机构，根据争端解决机构的决定，反补贴率从27.2%下降到2008年9月1日的9.1%。日本没有实施任何保障措施。

16. 日本出于安全和公众安全的理由，以及确保国内某些农产品和初级产品的充分供应，继续对某些产品的出口进行控制。另一方面，为了不阻碍出口，采用一个退税计划，即对生产出口产品所需的进口原料，退回已经征收的关税。日本还提供出口融资、保险和担保。政府最近通过提供海外消费者的信息的方式，促进农业产品的出口。

17. 在政府采购协定下，对国内供应商没有任何优惠。然而，外国供应商占政府采购总价值的份额在2006年是3.1%（这是可以获得的最近的数据），2004年是3.7%。海外商品和服务所占的份额，包括国内和国外供应商提供的，用价值来衡量从2004年的9.7%下降到2006年的8.7%。公开招标占2006年政府采购总价值的65.9%，2005年是60.6%。2007年3月，政府采用了政府采购信息系统基本政策，它的主要目标是提高透明度。

18. 在2008年，大约96%的日本工业标准与国际标准一致，2005年是93%。

19. 尽管日本的公司和个人所得税有相当高的法定税率，收取的税收金额占GDP的份额与其他经合组织的国家相比很低。这表明需要拓宽所得税税基，税率可以降低，这样使所得税制度更中性。

20. 从日本上次贸易政策审议以来，为了加强保护（例如对侵权增加罚金），各种知识产权保护法已经得到修订。当局继续致力于减少专利权注册的时间。在多边和地区关于促进国际保护知识产权制度协调性的讨论中，日本仍然是一个积极的参与国。

21. 2007年6月，日本采用一个促进制度改革的新三年计划，该计划在2008年3月得到进一步修订。该计划的目的主要是加强日本的国际竞争力，并因此而提升经济增长率。日本还根据结构改革特别区计划，在选定的地区继续实施制度改革。

22. 当局打算继续强化竞争政策。在这个方面，修订反垄断法议案已经提交到国会。该议案尤其针对与私人垄断有关的实践活动，寻求引入一个附加费用，并对在企业联合中担任领导者的企业的附加费用提高 50%。

23. 目的是改善公司管理的某些措施在 2008 年 4 月 1 日生效，例如，报告系统和年度报告确认的内部控制的执行。

四、行业贸易政策

24. 从上次贸易政策审议以来，日本继续促进结构改革，特别是那些与农业、能源、金融服务和航空运输有关的行业。

25. 在农业方面，日本采取措施进一步取消价格支持。然而，该行业仍然受到保护。在 2008 财政年度，农产品（WTO 定义）的最惠国关税平均适用税率从 2006 财政年度的 18.8%下降到 2008 财政年度的 17.1%，反映非从价税的从价税等值的下降。2007 年，日本政府对农业的转移支出为 GDP 的 0.9%，2006 年农业产值占 GDP 份额为 1.2%。结果是，政府对农业补助的总水平（例如从生产者和消费者补助的估计值衡量）远高于经合组织成员国的平均水平。尽管（或可能由于）有这些援助，农业的劳动生产率仍然低于国家平均值的四分之一。在 2006 财政年度食物自给自足程度，按照热量计算大约 39%，比 2005 财政年度下降 1 个百分点。因此，日本是世界上最大的食物进口国之一。

26. 在政策审议期间，当局强调促进选择的行业的发展：例如，给予飞机生产附加的补助。然而，总的来说，日本制造业比农业和某些服务业更无保护地暴露在国际竞争环境中。工业品的关税通常较低（2008 财政年度 3.6%），非关税壁垒（如进口许可证要求）很少，平均来讲，该行业很少得到政府的资金支持。在过去 60 年，制造业是日本经济迅速发展背后的驱动力。该行业对 GDP 的贡献从 2005 年的 21.5%，轻微地下降到 2006 年的 21.3%（这是可获得的最近的数据）。2006 年，制造业就业人数占日本劳动力总数从 2004 年的 17.3%上升到 2006 年的 17.4%，这意味着该行业的劳动生产率远高于经济中的其他行业。

27. 日本能源政策的主要目标是稳定能源的供应，反映了对进口能源的高度依赖。2005 财政年度（最近数据）约 82.5%的初级能源来自进口。日本的电力价格已经下降，也不必比其他发达国家高。相比较，国内消费者购买天然气价格仍然高于国际标准。从上次贸易政策审议依赖，日本进一步自由化天然气行业以促进竞争。2008 年，政府提出针对公共电力企业的外国直接投资计划，其理由是“国家安全、公共秩序和公众安全”。

28. 日本继续在服务业进行制度改革，该行业的劳动生产率远低于制造业。这是一个重要的行业，不只是对消费者，而是对于所有类型企业，对这些企业来讲服务是其基本的投入要素，因此，也是决定国际竞争力的重要因素。改革取得了一定的进步，特别是在金融业，该行业的重要性在于将储蓄资金引入各行各业有益的投资渠道。除不良贷款的大幅降低和政府参与机构的重组外，政府把改善金融体系的透明度作为目标。日本邮局私有化在 2007 年 10 月开始，日本邮政银行和日本邮政保险开始运营。在政策审议期间，政府关于电信的政策框架大部分仍然没有改变。在运输行业，在与日本的一些贸易伙伴国之间的平行航空运输方面，已经采取自由化措施。

五、展望

29. 根据政府在 2008 年 1 月公布的官方预测，预计 2008 财政年度经济增长 2.0%，消费者物价指数预计上升 0.3%，失业率大约 3.8%。然而，最近一个季度 GDP 的估计值表明，GDP 比上一季度实际下降 1.8%。在世界经济衰退和下降趋势风险的背景下，日本银行修改了自己 2008 财政年度的增长预测值，从 2007 年 10 月的 2.1%到 2008 年 4 月的 1.5%，到 2008 年 10 月的 0.1%。银行对 2009 财政年度的预测值也进行了修改，从 2008 年 4 月的 1.7%到 2008 年 10 月的 0.6%。

30. 在中期内日本经济是否维持复苏取决于内部和外部的因素。外部因素包括世界经济增长的速度（尤其是如美国、欧共体、中国、日本的主要出口市场），以及能源和原材料的价格。由于日本今年来经济的增长主要依赖于外部需求，近来国际经济的下滑可能会降低日本的经济增长率。国际经济下滑对日本出口以及经济增长的负面影响可能会由于近来日元的升值而加剧，日元升值的部分原因是由于日元套利交易的平仓。另一方面，日元的升值将会抵消能源价格和原材料价格的上升，包括那些用于出口产品的能源和原材料。

31. 在国内方面，日本的中长期增长预期将依赖于自己在结构改革中平衡货币和财政政策的能力。后者包括目的是降低经营成本、由此提高日本吸引外国直接投资流入的改革，这将带来竞争性的提高，最终提高劳动生产率。由于日本迅速老年化的人口带来的下降风险和劳动力数量的下降，改善劳动生产率是特别重要的。政府相信需要加强结构改革，因为改革将有助于降低对竞争的扭曲，而扭曲有损于经济效率。在一个低利率的环境中，由于较低的资本成本还可能会使公司资本分配的无效率。

32. 当完成该报告时，日本经济显然正处于衰退的边缘。例如，国际货币经济组织和经合组织分别预期日本经济下降 0.2%和 0.1%。这次隐约呈现的经济衰退的深度和时间还有待于观察。

（侯迎春译　陈泰锋校）

所罗门群岛贸易政策审议

1. 从2003年市民冲突结束以来，所罗门群岛经济强劲增长，但是增长的主要原因是林业资源的过度开采。因此，迫切需要的是长期的、资源平衡的经济增长。所罗门群岛通过降低关税的水平和分散程度、简化关税程序、合理化财政激励措施、关于投资、国有企业和民航采用新的法律，在长期的、资源平衡的经济增长方向上取得了一定的进步。为了巩固已经取得的进步，所罗门群岛将强化自己机构的能力，即贸易和经济政策的制定和执行能力。经济增长还受益于透明度、可预测性的提高，以及经济制度的一致性。经济制度的一致性主要来自于所罗门群岛将自己的贸易和投资制度，根据多边贸易制度调整，尽可能使其保持一致。多边制度包括的领域如税收、关税评估、卫生和其他规定、知识产权保护。

一、经济环境

2. 所罗门群岛是一个欠发达国家，人均收入大约880美元。从世纪初开始的市民冲突期间，经济大幅下滑。从2003年开始，经济开始恢复，在2007年尤其繁荣增长率达到10.3%，2008年估计增长率7.3%。经济增长的主要驱动力来自旺盛的国内需求，尤其是政府支出和原木出口。然而，由于过度砍伐导致原木砍伐业即将衰落，从中期来看，所罗门群岛将面临巨大的经济挑战，因为砍伐业占其GDP的18%，占其总出口的75%。

3. 所罗门群岛需要直接的措施，实现理性地开采自然资源和建设自己的基础设施。这就要求所罗门群岛加速贸易和其他政策改革的步伐，解决诸多问题，如不充足的基础设施、昂贵又不可靠的服务业以及土地所有权的模糊不清。

4. 政府融资主要依赖于出口原木的税收和外国援助的流入，然而这些收入在不久的将来预期会下降。尽管近来有所增长，需要进一步采取措施强化政府的财政地位，包括拓宽税基、改善税收管理以及财政支出合理化。从2007年以来，中央银行通过回笼过剩的流动性和维持所罗门群岛元盯住美元制度，寻求控制通货膨胀上升压力。

5. 对所罗门群岛来说，贸易的重要性日渐增长。商品进出口几乎占GDP的70%，2003年是47%（国民账户数据）。事实上，出口全部由初级产品构成，尤其是原木和棕榈油，而进口却是多样化的。在贸易政策审议期间，中国成为主要的出口市场，占全部出口的55%，绝大部分是原木和其他初级产品。新加坡和澳大利亚是主要的进口来源，占总进口的大约三分之二。

二、贸易和投资政策框架

6. 政治的不稳定和机构软弱，对所罗门群岛贸易和投资政策框架的破坏极大。1999—2002所罗门群岛经历了严重的国内动乱，使当局在2003年要求区域援所团帮助恢复法律和秩序。这一行动对近来贸易和其他政策的改善起着重要的促进因素。一旦针对所罗门群岛的区域援所团放松管理，这一行动还将确保改革的努力继续有益于所罗门群岛的利益相关者。所罗门群岛还正在考虑宪法和其他改变，从而促进管理制度能在该问题上起重要的作用。

7. 所罗门群岛从1996年以来是WTO的成员国，还是太平洋组织中非居民成员国，也是唯一的欠发达国家成员国。多边贸易体系对当局的利益有限。而且，在参加多边贸易协商和WTO的日常工作时，所罗门群岛面临重大资源和能力的局限。它受益于WTO与贸易相关的技术援助，以及来自多边机构和双边捐赠者对该国贸易能力建设的援助。它还是“加强型整合框架”受益人。所罗门群岛仍然缺乏一个形成贸易政策的架构，该架构已经在一个特别的基础上建立。

8. 所罗门群岛是数个太平洋地区贸易和经济合作安排的参与国。通过普惠制和其他针对欠发达国家的方案，WTO的一些发达国家给予所罗门群岛单边市场准入优惠待遇。它正在参与“欧盟—非加太经济伙伴协定”的会谈。

9. 从1998年贸易政策审议以来，所罗门群岛将自己的投资制度自由化。在2005年采纳了一个新的投资法，简化了外来投资的登记程序。留给国内投资者的活动数量从54下降到14。留给国内投资者的经济活动绝大部分是在国内市场的小规模商品和服务提供者。然而，产权界限划分不清以及政治不稳定，再加上烦琐的地方经营许可证要求，仍然成为吸引外国直接投资的障碍。

三、货物的市场准入

10. 从上次贸易政策审议以来，所罗门群岛政府提高了关税程序的自动化，还对风险进行评测，促进关税的控制和收取。但在2003年审计时发现，风险评测还不充分。所罗门群岛没有采纳关于关税评估协定执行的法律。关税价值依据“布鲁塞尔估价定义”评估。

11. 适用最惠国关税税率的简单平均值在政策审议期间，大幅下滑，从1998年的23%下降到大约9%。关税的分散度已经大幅下降，绝大部分的关税税目税率为10%。这有助于改善资源的分配和税收的收取，并便利关税管理。然而，立法和无条件的进口税减免损害了这些目标，以及关税制度的透明性。所罗门群岛所有的税目都有限制关税税率，大部分限制税率为80%。一些适用税率超出其限制税率。为矫正这一问题，政府应当降低限制税率，这一行动还可以巩固近来关税的改革，并极大地提升贸易制度的可预测性。

12. 国内税的采纳既是无条件的，也是不一致。进口商品的货物税率是15%，但国内产品仅10%，而进口的啤酒、烟草和香烟与国内同类产品不同，不征收消费税。

13. 财政和国库部在禁止进口方面有较大的决定权，但是该权利使用的程度还不清楚。各种法令由于保护健康、安全和环境有许可证要求。从上次政策使用以来，所罗门群岛没有安全、反倾销和反补贴税法，也没有采用任何应急措施。

14. 尽管所罗门群岛采纳和执行技术规定、遵从评估程序、卫生和动植物检验检疫措施等法律和制度能力仍然很小，它在卫生和动植物检验检疫措施方面做出了相当大的努力，具体反映在动物和植物进口规格、进行食品检验的机构的开放性。向WTO提交关于卫生和动植物检验检疫措施和技术性贸易壁垒的通告将有助于提高交易者的透明度。更一般地说，对卫生和动植物检验检疫措施和技术性贸易壁垒活动给予更多的优先权，将强化对消费者的保护，并加强当地生产者应对国际市场竞争的能力。

四、出口措施

15. 所罗门群岛对鱼、矿产品、木材征收出口税，目的是从自然资源的生产中获得财政收入，鼓励国内的下游产品，并保护环境。除了矿产品，这些税收的评估以政府决定的价格为基础。在所罗门群岛政府制度能力有限的条件下，出口税提供了一个从自然资源出口中获取经济租金的短期工具。然而，由于欺诈和当局低估了木材的价值，这一目的遭到部分的损害。

16. 根据认可的法律，当局在从所得税中扣除出口利润方面有较大的决定权，但是，2006年中期采纳的《指南》寻求减少这种决定权。要获得最长期限的所得税免除期（5～6年）资格，公司必须出口自己的全部产出或满足国内增加值50%的标准。公司还可以为了所得税的原因，申请一个150%的扣除（出口促进和营销费用）。

17. 除了税收减免，没有其他以促进出口为目的的官方激励计划。出口商优先获得中央银行提供的贷款担保。这是以促进出口为目的的初期制度框架。

五、其他影响贸易的措施

18. 在所罗门群岛开办企业必须注册，并从相关的地方政府获得许可证，这个过程复杂而冗长，成为进入正式经济的主要障碍。因此，正在进行的企业注册制度审查有着重要的意义。

19. 抑制反竞争企业活动的法律规定没有得到积极的实施。从上次贸易政策审议以来，尽管政府正在考虑引入新法律，但是并没有具体的措施来强化竞争政策的法律框架。各种主要商品都规定有限制价格。

20. 政府给予企业一系列的免税政策。根据认可的法律，当局在给予税金减免方面有较大的决定权。但是2006年中期颁布的指南要求政府在考虑成本效益的基础上决定是否批准。同时还有其他针对具体活动的法律规定，包括旅馆、农业和渔业公司。通过财政和国库部定期出版税金减免报告，该领域的透明度已经得到相当大的提升。根据这些报告，税收的减免是相当大的。通过在认可的法律下缩小决定权，继续合理化这项权利将有助于对付脆弱的财政状况，最小化经济扭曲。

21. 国家积极参与各个行业。但他们的业绩却不佳，导致服务缺乏和价格高企。国有企业法在2007年8月实施，目的就是解决这些问题，但是该法律的全面执行要求重构国有企业的财务账户，还需要制度的发展。

22. 所罗门群岛不是WTO政府采购协定的参与国或观察员。一般来说，中央政府机构采购商品和服务，或建设公共工程，必须遵循财政和国库部的指示。然而，数次官方审计已经揭示与这些指示不符合事例的广泛性。需要做更多的工作来确保政府能在最好的条件下购买到这些商品和服务。

23. 群岛没有采用任何立法来执行知识产权保护协定。现存的法律框架包括一些关于著作权保护条款，根据国家独立前的法律，在英国注册的专利权和商标有资格在所罗门群岛注册。

六、行业政策

24. 农业是所罗门群岛经济体中最大的行业之一，是大部分人口赖以生存的行业。该行业包括基本生活用品和经济作物的小规模生产，和一些大规模农场。现有的资料表明，对农业的补助有限，目前的政策寻求促进农业的发展和研究活动。政府的资金已经推出主要的油棕种植园和加工企业。在各种商品出口营销方面，尽管立法机构有宽泛的权利，从2002年以来，该机构被主要限制在出口椰子干和可可的质量标准的履行上。

25. 所罗门群岛有巨大的鱼资源。然而，行业管理的脆弱和捕捞数据收集的不充分对持续发展构成挑战。主要的鱼加工企业绝大部分股权属于国家所有，面临严重的财务困难。外国旗舰是最主要的商业捕鱼船。根据所罗门群岛双边或多边渔业协定，它们必须获得许可证，或参加合资企业，或参与国内加工活动。鱼产品出口税率在5%和30%之间。

26. 原木砍伐主要由外国企业经营，是近来经济增长的关键驱动者，对出口和财政收入做出了重大贡献。然而，原木采伐量超出可持续采伐量的比率为三分之一。因此迫切需要保证原木长期生产可行性的措施，该措施困难要求提高国际间的合作，从而抑制一些组织的砍伐压力，保证林业政策和实践能有效反映国家的利益。

27. 实际上，所有采矿业在2000年国内动乱和土地所有权冲突期间都停止了生产。然而，在数年内，采矿业预期仍然是经济中最重要的行业之一，而且勘探正在进行。外国人对采矿业的所有权没有法律限制，只有砂矿例外，需要得到许可，只有所罗门群岛居民才允许经营。

28. 电力市场事实上由国家垄断。该系统是不可靠的，首都外的覆盖区域较小。当局采取措施减轻国有电力企业的财务困境，目的是改善其业务活动。尽管法律框架没有限制私人参与电力市场，关于申请项目和条件缺乏清晰度。

29. 制造业只局限在少数经济活动上。尽管行业补助在绝对值上显然较少，由于生产所需原材料进口税减免，一些经济活动获得相当大的有效保护。根据保护行业法，政府出于国家利益有权阻止新公司进入特殊行业，但缺乏该措施对行业的影响情况的资料。

30. 服务业占GDP的40%，从2000年开始下降8个百分点。在政策审议期间，服务贸易赤字一般源于运输、旅游和金融服务。所罗门群岛承诺的时间表中，承诺的服务行业仅为《服务贸易总协定》下160个分行业的29个。在后乌拉圭回合关于基本电信业或金融服务业方面没有做出承诺。所罗门群岛有一个宽裕的空间来增加对《服务贸易总协定》承诺的数量，从而提高其法律框架的可预测性，并有助于解决影响经济发展的不稳定因素。

31. 大的外资参与。银行谨慎指标显然是稳健的，并已经采取措施强化谨慎框架和扩大贷款获得的可能性。某些影响国外消费的法律限制和国际间银行和保险服务的提供显然与所罗门群岛在《服务贸易总协定》的承诺不同。对于通过那两种模式提供的金融服务，完全限制市场的准入和国民待遇。

32. 网络服务由垄断者提供，导致了不必要的高价格和低覆盖率。而且，法律框架已经过时，并缺乏管理这些行业的机构能力。为了解决这些问题，政府试图与在位者重新协商垄断许可证协定，并引入一个由外国援助开发的、新的法律框架。

33. 海上运输是所罗门群岛国际和国内贸易的关键因素，因为该国由数百个岛屿组成。所罗门群岛向国际海上运输提供商开放，但是它不允许外国旗舰从事货物和旅客的沿海运输。考虑到不能以商业基础运行，而主要出于社会和经济的原因，所罗门群岛对某些国内海运线给予补助。一个法定的机构在两个国际港口，管理和提供所有的港口运输。外国旗舰的港口费高于国内旗舰。

34. 所罗门群岛在2008年11月采用新的民航法，是培养一个竞争的和开放的航空运输市场的重要努力之一。它有六个双边航空服务工具，并已经签订，但是还没有批准；一个在太平洋地区建立单一航空市场协定。国家拥有唯一的航空公司，它的财务状况不好，部分原因是它继续服务在不可行的国内路线上。国家唯一的国际机场由国家所有。

35. 在所罗门群岛对专业服务几乎没有规定。外国专业人员只要获得工作和定居许可，就可以提供法律、会计、建筑师和工程师服务。

（侯迎春译　陈泰锋校）

危地马拉贸易政策审议

1. 从2002年贸易政策审议以来，危地马拉继续以贸易自由化为发展战略的核心。它通过同时进行的诸边、地区和单边的主动行动，采取自由化措施。具体采取的措施包括简化关税程序、进一步降低关税税率以及采用新的政府采购和知识产权立法。部分的由于该原因，贸易和投资扩展迅速，加上汇款增加，对经济继续起着巨大的促进作用。

2. 在贸易政策审议的全过程，危地马拉维持了宏观经济的稳定和增长，尽管预计2008年经济将会下滑。经济扩张需要持续和增长，才能实现改善危地马拉人的生活水平的目标，反过来，这一点意味着继续努力实施已有的计划，将会提升国内市场的效率。这些计划包括强化竞争政策、行业的制度框架如电信业、金融服务业和海上运输。通过更好地使用经济政策，只要这些经济政策没有扭曲效应，也不会有利于一个群体而有害另一个群体，危地马拉的效率和财政状况还能得到改善。

一、经济环境

3. 危地马拉是中美洲最大的经济体，占中美洲共同市场GDP的四分之一。2007年，人均GDP是2 532美元。在2001年到2006年之间，GDP实际增长速度为3.4%，在2007年增长到5.7%。然而，预计2008年增长速度将会下降，主要是因为美国增长的下滑。美国是危地马拉主要的贸易伙伴国和职工海外汇款的最主要来源。从长期来看，危地马拉在实现收入的持续增长和减少贫困方面，仍然面临重大挑战。

4. 关于通货膨胀的问题，危地马拉有一个通货膨胀目标计划，该计划构成货币政策的锚。在2005年到2006年期间，通货膨胀下跌但是2007年反弹，原因是内部和外部的因素，超出通货膨胀目标区的最高限（2008年是4%到7%）。通货膨胀的上升部分原因是石油和食品价格的上升。危地马拉采取浮动汇率政策，但是其中央银行有权在外汇市场上进行有限的干预。在某种程度上，这些干预会危害货币政策的有效性。为了解决这些问题，在2008年中期，干预得到进一步限制，只集中在利率差异的干预，目的是实现通货膨胀目标。

5. 在危地马拉，中央政府维持一个基本的盈余，但总的来说公共部门存在小额赤字。从2005年以来，财政总赤字接近于GDP的1%的目标。降低赤字的障碍主要是宪法要求缺乏灵活性和低税率。

6. 历史上，危地马拉国际收支的经常账户是赤字，主要由于商品贸易的大额逆差和投资收益账户的逆差。2007年，经常账户的逆差仅高于GDP的5%。2002年到2007年，加工业出口大约等于商品总出口的三分之一，增长大约40%，而其他出口上升大约三分之二。主要出口（加工业和其他行业）的重要性正在下降，包括服装、咖啡、糖和香蕉。总进口增长大约70%，制造业是主要的进口行业。美国仍然是危地马拉主要的贸易伙伴国，其次是中美洲国家和欧盟国家。

二、贸易政策和投资框架

7. 贸易自由化在危地马拉的贸易政策和发展战略中起着重要的作用，其目的在于提高在国际市场的竞争力。危地马拉通过双边、地区和多边层次的协商，并给予三个层次同样的重视，实现自己的贸易目标。政府致力于改善危地马拉出口进入国际市场的方式，同时促进法律的确定性和经济稳定性的提高。

8. 1995年，危地马拉成为WTO的成员国。它积极参与多哈发展圆桌会议，并希望通过自己的主动行动获得切实的利益，尤其是改善农产品和服务进入国际市场的现状，以及促进贸易的发展。在政策审议期间，危地马拉向WTO提交数个通告，尽管有一些通告被延迟，如对国内农业的支持、关税评估以及对贸易的技术障碍。在贸易政策审议期间，危地马拉是WTO贸易争端解决机制处理的两个案件的原告，六个案件的第三方。在该期间没有作为任何案件被告。

9. 近年来，地区一体化已经特别重要。中美洲共同市场为危地马拉的贸易政策提供了框架。危地马拉与多米尼加共和国、中美洲国家和美国的自由贸易协定（DR—CAFTA）2006年6月生效。执行这些协定要求危地马拉对自己的贸易体系进行大规模的改革。DR—CAFTA对危地马拉特别重要，因为四分之三的贸易方式在该协定下。此外，危地马拉与台、澎、金、马独立关税区、古巴、多米尼加共和国、墨西哥和委内瑞拉签订了自由贸易协定。2008年10月，危地马拉还与智利、哥伦比亚、巴拿马签订了自由贸易协定，与欧盟、加勒比共同体和加拿大正在协商阶段。

10. 危地马拉的外国投资制度允许外国居民对本国的大部分行业进行投资。一般给予外国投资者国民待遇。其例外包括那些法律具体规定的领域，如保险业和一些受管制的职业范围。危地马拉已经签订了数个关于促进和保护投资的国际协定。

三、货物的市场准入

11. 危地马拉的贸易制度基本是开放的，在政策审议期间，市场准入得到了改善。最惠国适用关税平均税率从2001年的7%下降到2008年的5.9%。农产品（9.9%）的平均关税仍然比其他产品（5.3%）高。危地马拉所有的限制关税税率是42.7%。在这方面，危地马拉通过降低限制税率，收缩限制税率与适用税率的差距，其贸易制度的可预测性可以得到改善。危地马拉根据签订的自由贸易协定，对优惠伙伴国降低了关税保护。根据这些协定危地马拉的适用关税税率范围是1.0%到3.9%。

12. 进口品和国内产品的国内税收包括增值税12%，以及对某些产品征收的消费税。在政策审议期间，危地马拉取消了对国内和进口酒精饮料的税收差异。

13. 危地马拉对非关税壁垒使用非常少。尽管进口某些与健康、安全或环境保护相关的产品要求事先获得进口许可，进口许可证却不需要。在政策审议期间，危地马拉没有实施任何反倾销、反倾销税或安全措施。

14. 危地马拉继续关税改革进程，采用中美洲关税程序和评价规则，并采取措施改善关税服务的功能。在政策审议期间，当WTO同意的弃权证书到期，危地马拉停止使用最低关税价值。

15. 危地马拉继续提高执行技术规定和卫生和动植物检验检疫措施的能力。在该方向的一个重要步伐就是建立国家质量体系。然而，即使危地马拉向WTO通知数个技术规定以及卫生和动植物检验检疫措施，很显然这些措施在草拟中、实施中和通知中没有制度缺陷。

四、影响出口的措施

16. 危地马拉对每100公斤的咖啡出口征收0.10格查尔税金。某些木材的出口由于环境理由而禁止。这一措施还有益于地方加工业。

17. 危地马拉已经通知WTO三个财政特许制度，包括出口补助。这些制度涉及加工业、自由区和自由贸易与工业区。危地马拉准备在2015年底取消这些补助。它认为通知的计划对国家有积极的作用，这些计划生产的产品占出口产品的40%。然而，危地马拉没有成本效益分析，而该分析考虑财政负担和这些项目可能产生的扭曲。因此，采取这样的分析是有用的，因为分析的目的是开发一个具体的战略使向无补助制度体系转化的成本最小。

18. 除出口激励政策，危地马拉还给予微型、小型和中型企业以及研究和开发的激励政策。

五、影响贸易的措施

19. 尽管宪法和部门法律处理与竞争政策有关的问题，危地马拉仍然没有关于竞争政策的一般法。从上次审议以来，已经致力于采用这样的法律，但是到2008年中期，立法草稿仍然没有得到立法机构的批准。政府当局指出经济存在垄断、寡头和卡特尔，因为它们的规模小以及无数规定在起作用。

20. 危地马拉既不是WTO关于政府采购的签约国，也不是观察员。在2006年，它修改了相关法律。新法律并没有歧视外国供应商出售的产品和服务。

21. 在政策审议期间，危地马拉批准四个世界知识产权组织议定书，并对自己的知识产权法律进行了数次修订。有些要求目的是执行《多美自由贸易协定》。危地马拉关于著作权和工业产权立法超出的知识产权保护协定承诺的责任范围。然而，国内没有具体的集成电路布图设计保护法或地理标志保护法。在涉及专利权和商标而不是著作权时，允许平行进口。

六、行业政策

22. 农业对危地马拉的就业和生产有着重要的贡献。政府通过各种措施如提高平均关税税率、对化肥和延伸的服务提供补助，给予该行业有限的补助。危地马拉对WTO承诺22种农产品的关税配额，但是只用于大米、小麦面粉、玉米和苹果。如果国内生产方式短缺，配额才会发挥作用。

23. 制造业占危地马拉出口商品的绝大部分，服装是最大的出口项目。该行业和其他外国市场导向的工业主要在加工业和自由区制度下，绝大部分产品销往美国。近年来，由于美国服装市场竞争的加剧，这些行业变得缺乏活力。在这点上，政府给予出口制造业财政激励措施，由于电力成本和船运成本的高昂，这些措施似乎不是最有效的解决内部竞争问题的方式。

24. 尽管采矿业在增长，采矿和矿产品行业对经济的贡献不太大。到2008年中期，制定一个新的法律草案以取代现行的矿业法，一个专门委员会认为这一改革是必需的。电力业在1990年进行了重组和私有化。然而，在满足国内需求上存在一些问题，电力的平均销售价格已经上升，成为了美洲最高。

25. 服务业占GDP的大约60%，就业却占全部就业人口的三分之二。危地马拉在乌拉圭回合对《服务贸易总协定》做出有限的草拟，仅包括12个服务类别的5个。它没有参加金融服务的会谈，也没有批准第四议定书，尽管它采用了基本电信服务业大多数承诺。危地马拉在《服务贸易总协定》下的许多承诺有限制政策，这些政策在乌拉圭回合协商时已经存在，所以并没有考虑以后才发生的自发的自由化。因此，危地马拉通过扩展多边会谈，以及扩充自己在多米尼加—中美洲自由贸易协定框架的承诺，使自己的法律更具可预测性。

26. 在2006年到2007年贸易政策审议期间，银行业存在一些严重的问题，随后是2008年一个阶段的稳定。危地马拉通过颁布新的法律和法规，强化金融业的法律和制度框架，但是很显然需要进一步的措施。国内货币借入利率和借出利率的平均利差已经下降，但是仍然很高（在2008年后期8%以上），这反过来表明该行业仍然没有效率。另一方面，外国保险公司必须在危地马拉建立子公司，以便在当地提供保险服务，但是不允许开设分支机构或外国公司的代理处。所有的保单和保费必须被管理当局批准。一个新保险法在2008年中期由议会进行审议，它也许会解决一些限制性问题。

27. 从电信业私有化以来，移动电话的数量大幅增加。外国投资该行业没有任何限制。但在固定电话服务方面，传统的运营商仍然占据垄断地位，且是移动电话服务的第二大供应商。加入多米尼加—中美洲自由贸易协定后，制度体系的一些方面已经得到修改。然而，电信业会因一个强势的监管机构而受益，且该市场的某些部分竞争性更高。

28. 在政策审议期间，危地马拉进一步开放航空运输业。从2004年以来，提供国内航空服务的公司可以被外国完全所有，尽管他们必须在危地马拉有最重要的居住地。危地马拉有11个双边航空运输协定，其中三个是开放领空的协定。

29. 危地马拉对海运没有特殊的立法。国际海运服务专门由外国船舶提供，它们也被授权提供国内沿海运输服务。政府对外国经营港口或提供辅助的服务没有任何限制。然而，实际上，所有的沿海港口都属于国家，只有一个由私人拥有。当局正在开放一个战略，目的是进行便利私人参与和降低港口服务成本的改革。

30. 在危地马拉提供职业服务，要求在职业资格部门登记。来自外国大学的危地马拉居民和有专业资格的外国人必须由危地马拉大学重新验证其有效性。危地马拉公民被要求担任公证人。为了从事建筑师职业，危地马拉专家必须向建筑师专业协会支付1%的费用，而外国人需要支付2%。

（侯迎春译　陈泰锋校）

新西兰贸易政策审议

一、经济环境

1. 从2003年贸易政策审议以来，新西兰仍然是世界上最开放的国家之一。谨慎的宏观经济政策、自由化和结构调整促成经济的稳定增长和失业率的下降（3.7%）。在2003年4月到2007年8月之间平均增长率为3.2%，主要原因是国内消费的增长。然而，GDP增长预期2008年9月会大幅下降，原因是当前财政年度前三季度经济的衰退。而且，新西兰劳动生产率增长速度下降束缚了经济增长潜力以及提高人们生活水平的能力，也损害了自己的公司的国际竞争力。宏观经济的不平衡，如经常账户赤字和外债水平，也影响了经济增长。

2. 在2004年到2007年，新西兰坚持紧缩货币政策，从而控制国内消费的增长和由此带来的通货膨胀。通货膨胀率最后被控制在新西兰储备银行的中期目标范围内，1%到3%。最近，由于经济的下滑，货币政策得到相当程度的放松。尽管如此，在贸易政策审议期间，显然产生了房地产价格泡沫，该行业的资本主要源于外国投资。在当前经济下滑和国际金融危机的背景下，该行业似乎尤其脆弱。在贸易政策审议期间的每一年，新西兰的财政都是盈余。近来的预算改革焦点在增加对基础设施瓶颈的财政支出以及减税。税收改革的目的是通过改善商业和投资环境以及确保增长利益的公平分配，促进经济增长。

3. 新西兰的经常账户赤字在2007年8月上升到GDP的8%。赤字的上升反映了国内总投资与总储蓄的差距扩大了，储蓄的相对减少是由于国内消费的增长。由于相当多的外资流入，资本和金融账户仍然是盈余。结果，外汇储备上升到190亿新西兰元，大约与4个月的进口额等值和新西兰16%的短期外债（包括政府和私人）。

4. 新西兰的商品与服务贸易从2003年4月GDP的57.8%上升到2007年8月的大约58.6%。2008年初级产品占出口总额的69.7%。在贸易政策审议期间，它们的份额增长的主要原因是商品价格的提升（尽管近来已经大幅下降）。澳大利亚、欧共体、美国和日本仍然是新西兰的主要出口地区。

5. 外国直接投资的流入对新西兰在处理一些问题上很关键，如经济规模较小、获得外国技术和知识的需要以及建设更具国际竞争力的公司。外国直接投资的流入从2003年4月的41亿新西兰元迅速增长到2007年8月的42新西兰元。这一增长大部分是由于兼并与收购行为和资本结构重组的驱动。外国投资法在2005年得到修订。新西兰继续对一些涉及关键利益的领域的投资进行筛选，即一些敏感性项目如土地、在敏感性地域的战略设施项目、除土地外的重要商业资产和渔业配额。2008年3月对海外投资法进行了修改，导致2008年4月外国投资购买奥克兰机场的失败。

二、贸易政策框架

6. 新西兰是WTO的原始成员国。它给予自己所有的贸易伙伴国至少最惠国待遇。从上次贸易政策审议以来，新西兰贸易政策框架的制定、执行和评估仍然大部分没有改变。

7. 新西兰继续支持，并致力于多边贸易制度的加强和自由化和多哈回合协定的成功缔结。然而，新西兰认为通过在较短期间内创造新的贸易机会和改进出口商品和服务进入关键市场，自己的优惠贸易协定的海外网络与自己的广泛的贸易战略会起互补作用。最终，新西兰与重要贸易伙伴（主要有泰国、中国和东盟国家）积极追求双边和多边自由贸易协定，并正在和继续与其他重要的贸易伙伴（如海湾合作委员会、印度、日本、韩国、马来西亚）协商签订双边和多边自由贸易协定。大部分这些协定已经提交WTO或在WTO审查，具体内容包括货物、服务和投资。从2001年7月1日以来，所有欠发达国家生产的商品进入新西兰市场免税，对欠发达国家的单边关税优惠已经取消，或被最惠国关税的降低或其他发展取代（包括受益人地位）。

8. 新西兰把法律的透明度和易于获得性摆在优先解决的地位，许多法律可以通过网络得到。新西兰长期以来认为，自己在竞争制度的改革方面处于尖端地位，且在国内制度体系和机构的质量方面，始终在世界领先经济体的行列中。目前的工作焦点是关于对经济可能有重大影响的提议，和一个新的制度检查计划。改计划的目的是确认和取消无效率的和不必要的制度规定。新西兰在多边层次上，采取措施来实现透明度的承诺。通过提交关于关税和贸易数据满足 TWO 通告中的要求。从 2004 年以来，国家贸易活动的信息还没有向 WTO 通知。

9. 新西兰提供与贸易相关的活动补助，这些活动包括：与贸易有关的能力建设和贸易便利、供给方面约束问题、贸易政策的支持和制度能力建设。新西兰认为，贸易政策审议机制将被更多地用来评估经合组织成员国，关于贸易政策对发展中国家的经济前景的影响，和执行贸易援助计划对经济进步的影响。

三、贸易政策发展

10. 关税仍然是新西兰重要的贸易政策工具和税收收入的主要（不断增长）来源，2007 年 8 月占税收总收入的 1.5%。根据一个单边降低关税计划，新西兰的最惠国平均适用关税税率从 2002 年的 4.1%下降到 2008 年的 2.5%，预期 2009 年 7 月进一步下降到 2.4%。新西兰的关税结构得到相当大的简化，主要由三种从价税率（0.5%和 12.5%）组成和六种从量税。可选择的从量关税税率在 2005 年取消了。从价税的最高值 2002 年是 19%，到 2009 年已经大幅减少到 10%。农业产品（WTO 定义）与非农业相比，面临相对低的关税。尽管 99.6%的关税税目有限制税率，适用税率与限制税率的率差平均为 9.1%（农产品是 9.7%），这将影响关税制度的可预测性，也给政府提供了一个提高适用税率的空间。然而，在贸易政策审议期间，新西兰并没有利用该税率差。关税减让只有部分税目才能获得，国内制造业产品和当地成分不足工厂成本 25%的产品则不能得到关税减让。

11. 新西兰继续采用一些最先进的关税和贸易便利程序，有助于自由和开放的贸易。在贸易政策审议期间，新西兰根据双边和多边协定，改变了自己的原产地标准的优惠规则。该方法的基础是当地价值成分，并根据它改变关税的分级。

12. 从 1992 年以来，新西兰没有基于商业原因的进口限制或禁令，没有许可证要求。然而，动植物产品进口要受到相对严格的卫生和动植物检验检疫法的约束。在食品安全方面，已经继续制度改革，并对条款进行检查。一些产品，尤其是未经高温消毒的乳酪、活家禽、新鲜鸡蛋，可能不允许进口，除非它们对人类和动植物健康的风险得到评估。大部分标准是自主决定的，与国际标准不一致的份额已经下降。

13. 许多反倾销调查针对来源于亚洲的进口产品，17 个案例中，导致采取最终措施的 11 个。长期采用的反倾销措施和反补贴措施影响国际投资。《新西兰和澳大利亚更紧密经济关系协定》包含的商品不能采取反倾销行动。此外，根据每个国家的竞争法，滥用市场权利的禁止令可以扩展到其他市场。安全制度的改变正在进行。

14. 除了那些由于卫生和安全的理由或必须履行国际责任而设置的贸易障碍外，新西兰的出口没有障碍。出口商受益于出口贷款保险和由国有机构提供的促进活动。政府基金完全来自于接受者。出口商可以享受进出口退税和对进口产品征收的内部税收（关税、消费税、商品和服务税）的退还，以审计的结果为基础计算这些退税。在政策审议期间，总的退税已经三倍多，达到按离岸价出口价值的平均比率 5.94%。

15. 国内支持发明和公共选择引导的研究和发明项目，目的是促进经济转向和出口发展。新西兰采取直接基金和所得税激励措施（包括从 2007 年 8 月到 2009 年 4 月给予研究和发明资金）。新西兰显然对任何具体部门的活动提供直接补助。根据《WTO 关补贴和反补贴协定》的第 25 条款，在 2007 年的通告中，新西兰表明 13 个支持项目，包括商业用油的消费税退税。根据其双边和多边协定中，新西兰是《WTO 政府采购协定》的观察员，从 2008 年 12 月以来承诺不歧视商品和服务的供应。然而，政府部门命令对所有进口要求提供所有原产地和国内生产成分的信息。直到近年来，新西兰坚持政府采购分散化制度，一套采购命令规则在 2006 年已经颁布，并正在逐渐执行一个计划，该计划适用于国内所有的行业。援助已经提供给国内的企业，政府部门和机构通过当地供应的竞争，确定重要的采购机会。私有化已经停止，重新国有化已经开始。

16. 在贸易政策审议期间，立法的修订已经加强了知识产权保护，包括商标和著作权。地理标志的执行已经延迟。新西兰仍然没有参与大部分世界知识产权组织的协定，但是到2010年，在新的国内立法通过后，逐渐签订与商标保护有关的协定已经可以预期。

17. 新西兰一般竞争立法的实质性条款改变很少。新西兰的竞争法已经进行综合修订，尤其是制度控制条款，包括个别行业竞争立法。从2004年11月开始，宽恕政策和新的合作政策已经证明有效，尤其是关于消除垄断行为。

四、行业政策发展

18. 在贸易政策审议期间，农业的全要素劳动生产率增长超出整个经济的增长，而且该行业仍然具有国际竞争力。2008年，农业占新西兰商品出口大约59%。该行业只收到政府有限的支持，生产者支持估计占比仅为0.7%。农业的最惠国关税平均适用税率已经下降，在贸易政策审议期间，法定营销委员会被解散。近年来，国营贸易企业的改革实际消除了它们对重要农产品出口的影响，猕猴桃是个例外。有一个国营贸易企业几乎垄断猕猴桃的出口。2007年，修订的法律获得通过，该法律规定了如何在不同乳制品生产商之间分配进入权，而不是恒天然集团，即进入某些限制乳制品的海外市场。由于恒天然集团垄断乳制品市场，人们开始考虑竞争政策。

19. 电力行业的特征是，主要由国家经营，大约60%的电力供应是国有企业提供的。唯一的电力传输公司也是国家所有。尽管电力贸易在批发和零售层次都已经自由化，某些传输和分销服务还有可调整的最高限价。在贸易政策审议期间，设立了天然气行业监管机构，并引入了传输贸易计划。

20. 制造业在经济中的重要性继续下滑，占GDP的份额、就业比例和出口都在下降。政府增加了对熟练工人和市场发展的预算分配，这是支持制造业的一个措施。

21. 总之，服务业仍然相对自由和富有竞争力，进入障碍很低。新西兰对《服务贸易总协定》下的155个行业的90个行业做出了承诺，且只有胶片合作生产协定不享受最惠国关税待遇。然而，国家仍然参与航空业，在新西兰最大的航空公司，政府是绝大部分股权的所有者。航空业对外国投资有最高限制。尽管电信业放松管制，解除了地方限制，关税仍然很高。金融业的持续改革，如执行资本充足率框架的巴塞尔第二协议，银行的平衡表也已经得到改善。尽管如此，由于绝大部分银行资金来自国外，金融业仍然脆弱，并受世界经济和金融制度变化的影响。使银行脆弱性增加的另一个因素是，银行暴露在巨大的房地产市场风险下。住房市场情况的恶化可能会增加违约率，因此不良贷款就会上升。为了确保对银行系统的信心，新西兰历史上第一次引入存款（大于200万新西兰元）担保制度。

五、展望

22. 总的来说，新西兰的经济基础仍然健全。然而，持续的增长依赖于政府解决宏观经济的不平衡，如过度依赖外国资金和促进劳动生产率的增长。另外的挑战是，政策措施如何既解决经济下滑而又不会损害经济的效率，或长期宏观经济政策的可信度。尽管新西兰强调以优惠贸易协定为重点，一个正在WTO协商的成功，通过提供在海外市场的准入机会，将改善一个小型开放性经济的前景。

（侯迎春译　陈泰锋校）

赞比亚贸易政策审议

一、经济环境

1. 采矿业在赞比亚的经济中起着重要的作用，对经济增长、就业、降低贫困和国际收支账户的影响非常大。从2008年中期，世界铜价跌去60%还多，赞比亚的铜生产下降。使自己适应于外部冲击，赞比亚政府面临一个重大经济政策挑战。

2. 从2003年到2008年中期，赞比亚的经济从停滞走向稳定增长、更加繁荣和更好地获得外国投资。GDP年均实际增长率为5%～6%，主要是采矿业、建筑业和服务业的贡献。外国直接投资流入增长近六倍，2007年达到13亿美元，其中采矿业吸引外资占一半还多。铜生产因此上升，世界铜价增长五倍，债务的减轻使赞比亚的国际收支账户发生相当大的改善。经常账户赤字从2002年的占GDP的17.4%下降到2008年的7.4%，政府外债从2002年GDP的179%下降到2007年底的10%。这些是国际储备上升的结果，2008年的国际储备高于10亿美元，约等于三个月的进口额，而2003年仅等于一个月的进口额。

3. 赞比亚历史上通货膨胀较高，长期平均在20%以上，有时会大幅超出这个数字（1996年是50%），主要是由于宽松的财政政策、货币贬值和多样化的食物供应。由于货币和财政政策的完善和国内食物供应的增长，通货膨胀率从2002年的26.7%下降到2006年的8.2%，是三年来的最低水平。从2006年开始，通货膨胀率又开始上升，到2008年超出12%，主要由于食物和燃料价格的上升，但是货币政策继续以将通货膨胀率降低到一位数为中期目标。

4. 尽管如此，即使经济在数年的稳健增长后，由于经济的增长主要依赖于采矿业，大部分人口并没有能够分享经济增长的利益。人均收入934美元比较低，使该国成为世界上最穷的国家之一。最终使几乎三分之二的赞比亚人（大约750万人口）仍然生活在贫困中，用不同方法衡量，农村人的社会福利远低于城市居民。例如，大约仅3%的农村人口使用电力，仅仅0.3%的赞比亚农村居民（占总人口的65%）拥有电话。劳动生产率低和因此带来的贫困是严重的，农村的贫困现象很集中。

5. 在2003年到2008年期间，商品出口额波动很大，占GDP的比值在25%到40%之间，商品进口则占GDP的25%到32%之间。铜是赞比亚居首要地位的出口，从2002年占总出口的三分之二上升到现在的四分之三。然而，一定程度的出口多样化已经出现，非传统出口产品包括电缆、电线、水泥、废金属、宝石、高价庄稼如红辣椒和菜花。从2003年以来，鲜花出口的年均增长率是20%，但是占总出口额的比重从2002年的38%下降到2008年的21%。农产品出口增长在非矿产品出口中最强劲，棉花、烟草、香料、园艺产品，以及最近的蜂蜜出口急剧增长。

6. 将单一的铜生产业发展成为包括农业、旅游业、服务业的多样化经济是赞比亚政府数年内经济发展的目标，也是当前的国家发展计划的目标。政府正在多个行业进行必要的改革，正在进行的计划如金融业发展计划和私人部门发展倡议，并正在致力于清理昂贵的化肥补助制度、增加对农业的投资、改善国有能源企业的效率以及重新构造电信行业。尽管进行了这些改革，基础设施服务的低质量和有限的可获得性、相关价格较高、烦琐的许可证和制度框架、融资可获得性有限等，依然使企业的经营成本较高，降低了劳动生产率，损害的竞争力，也限制了经济的多样化。

二、贸易协定

7. 考虑到赞比亚国内市场较小，政府寻求通过积极参与多边、地区、和双边贸易，促进市场的多样化。在WTO多哈进程的协商中，赞比亚协调了由50个国家构成的欠发达国家组织。首要考虑的问题是如何使本国产品进入国外市场，包括发达国家和发展中国家市场，将当前降低出口优惠的影响最小化。

8. 从地域性考虑，赞比亚是南非发展共同体和东部和南部非洲共同体的成员国，但是，尽管有这些地区贸易协定，赞比亚出口中非洲的份额从2002年的38%下降到2008年28%。赞比亚正在计划进一步的整合：南非发展共同体、东部和南部非洲共同体和东非共同体已经同意迅速完成一个共同的自由贸易区的建设，其目的是建立一个单一的关税联盟，并协调成员国的贸易安排。在双边层次上，赞比亚当前正在协商关于实现一个与欧共体的经济伙伴协定，在该协定下，赞比亚将逐渐地向欧洲产品开放国内市场，从而获得免税进入欧洲市场的回报。

三、贸易政策和实践

9. 在政策审议期间，贸易政策仍然没有重大改变。赞比亚从20世纪90年代就开始实施一个综合改革计划，包括取消汇率的控制、减少进口税、取消进出口许可证要求、放弃出口禁令和引入许多出口激励措施、取消补助以及取消对价格的控制。

10. 最惠国适用税率的简单平均值和2002年一样为13.4%。平均适用税率13.4%与限制税率105.7%的率差很大，83%以上的关税税目没有限制税率，使交易者产生很大的不可预测性，因为政府提升税率的空间很大。然而，除一个明显的例外（移动电话），在没有政策审议期间，适用税率并没有改变。赞比亚直到目前没有承诺降低最高限制税率。从价税关税占所有关税税目的97.8%，使关税具有较高的透明度，尽管其余2.2%（2002年是1.3%）从价税等值不可用，但可能会掩盖相对高的税率。

11.0.7的差异系数表明关税税率的分散度比较温和。最常见的税率是15%，适用于超过32%的关税税目。近三分之二的税目税率要么是15%，要么是25%，22%的税目税率为0。事实上，所有的原材料和大部分工业或生产用机械的税率在0和5%。仅70%的采矿业和采石业相关的关税税目的税率是5%。农业仍然是最受保护的行业，最惠国适用税率平均值是19.1%。总的来看，赞比亚的关税结构表现为负向升级，从第一阶段加工产品15.8%到半完工产品的9%，然后是正向升级到完工产品的16.1%。正向升级目前主要是纸和纸制产品，其平均最惠国适用税率从第一阶段加工产品50%到半完工产品的9.4%，然后到完工产品的16.8%。

12. 关于其他影响进口的税费，对进口品征收的消费税和16%的增值税在边界上收取，这两种税无论国内生产品和进口产品税率都一样。对商品进口按6%的退还先前税金，还有一个措施，通过捕捉未注册的商品进口商，意图是扩大税基。

13. 赞比亚对原产地有优惠和非优惠规则。关于优惠规则，东部和南部非洲共同体提供四种可选择的标准来确定原产地，南非发展共同体的原产地规则正在协商，在许多情况下，是根据产品对产品基础，使该规则更复杂，且不同的产品规则不同。

14. 政府采购由2008年的公共采购法12号和相关的招标规定，适用于政府部委和部门、司法部门和当地委员会。该法律对国际投标人没有门槛限制，因为直到今天，政府相信，他们可以获得所有必需的产品和服务。这些产品和服务主要来自于国内提供者。赞比亚不是WTO政府采购协定的参与国。

15. 为了便利贸易，赞比亚重点加强标准化、资格证和赞比亚标准局等检查机构，这样他们可以给进出口活动提供更有效率的服务，从而有助于确保国内、国际标准和技术要求的一致性。然而，似乎赞比亚没有能力适当地检验所有的进口产品（例如对电子产品只有最低检验），这等于向国外出口商们提供了一个非常大的市场空间。像其他欠发达国家一样，由于有限的技术、人力和金融资源，赞比亚面临无数有关于符合贸易伙伴提出的标准的挑战。此外，有效地执行WTO的动植物检验检疫措施和技术性贸易壁垒协定仍然是一个挑战。赞比亚在改革自己的制度框架方面，需要技术援助，还需要有效地执行这些协定。

16. 关于出口措施，2008年的预算通过引入一个针对出口精铜砂和棉花籽（后者的税率为20%）征收的、税率为15%的税种，政府认识到国内有加工这些产品的能力，该税种的目的在于鼓励国内价值的增加。对废金属也征出口税，废金属被认为是制造业的重要原材料。根据国际协定，出口禁令适用于某些原木产品，偶然也针对谷物（在干旱季节）。赞比亚一般没有许可证要求。

17. 一个退税计划和一个临时进入许可制度意味着向出口商提供已交进口税的退还。在2002年，政府通过了出口加工区法案，该法案向在出口加工区的投资者提供激励措施。然而，该法案的执行在2004年被暂停，原因是担忧它对收入的影响，现在政府已经放弃建设出口加工区的努力。取而代之的是，他们把工作焦点放在多功能经济区，并提供更宽泛的激励措施。该措施以税收假期为基础，激励对象包括出口企业和非出口企业，内容包括从获得利润的第一年起五年内免税。

18. 在政策审议期间，赞比亚没有修订自己的知识产权保护法。然而，政府当局正在草拟一个关于知识产权的国家政策，在外国的帮助下，采取措施与盗版和伪造商品作斗争。尽管许多警察、税务员、移居官员和其他官员缺乏关于知识产权的必要知识来充分地执行法律。赞比亚的竞争法包含在1994年的竞争和公平贸易法案中。该法案由赞比亚竞争委员会强制执行，该委员会的作用是阻止支配地位的滥用、掠夺性行为、歧视价格、分配限制和合谋。

四、行业政策发展

19. 从十年前的私人化计划实施以来，私人部门在国民经济中的地位提高了。在私有化前，国家据说控制80%的工业和与服务相关的行业，从大量政府所有的采矿业公司私有化后，根据政府当局的数据，该比例限制已经下降到10%到15%。然而，剩余的问题是电力、电信和运输服务的提供者，他们的股权大部分国家所有，经营业绩不佳，使它们很难与那些邻国企业进行竞争。

20. 采矿业的政策有重大改变，过去该行业通常由1995年的矿山和矿产品法案来约束。2008年的矿山和矿产品发展法案的目的，部分是确保赞比亚能够在规模较大的矿业公司拥有股份。同时，一个新的采矿业税收制度在2008年生效，该制度考虑到铜价上升很快的国际环境，并与私有化时期进行了对比分析。最后，一个修改过的采矿业法律开始实施，目的是利用开采业的巨额利润。然而，2008年后半年国际金融环境的恶化，产生某些不确定性和严重的信用挤出，采矿业公司的业绩表明新税收引发一些经济问题。结果，2009年赞比亚税收当局被迫重新审议税收措施，取消了前几年引入的意外收获税。仍然有待于观察的是，修改后的税收制度是否能够确保国家作为一个整体对国家的自然资源获得一个公平的租金，并且继续成为全球竞争性采矿业。

21. 农业占GDP的份额不足五分之一，远低于撒哈拉以南非洲地区的平均值32%，但是仅仅占GDP的份额不足以表达该行业在经济中的重要性。该行业吸引大约三分之二的劳动力人口，是绝大部分赞比亚人最主要的收入来源和就业行业。而且，农产品加工业构成60%的赞比亚制造业增长，然而其劳动生产率仍然很低，通过降低依靠下雨的农业的发展，提高小规模农场主的劳动生产率和降低农村贫困人口仍然是一个很关键的问题。

22. 国家发展计划为农业设立了雄心勃勃的发展目标：保证至少90%的人口食物的充分供应；提高农业对外汇收入的贡献，从目前的3%～5%提升到10%～20%；增加农业对GDP的贡献，从18%～20%提升到25%；并提高农业就业人员的收入。该计划把私人部门作为经济中的中枢，其中最重要的是私人主导的市场体系的发展。在政策审议期间，化肥供应者、购买玉米的食物储备局获得了对农业补助的最大份额。与此同时，对研究和扩展服务的资金供应并不充分，意味着改善劳动生产率和促进农业的多样化进步很少。

23. 由于赞比亚的服务业是经济中的最大行业，对于经济增长和降低贫困的意义就非常大。服务业中份额最大的是建筑业，占GDP的63%，该数字在贸易政策审议期间一直没有大的改变。除服务业对GDP的直接贡献外，服务业——尤其是基础设施服务，如运输、金融、通讯——对许多行业的劳动生产率都是关键的因素。赞比亚的服务出口主要包括旅游业和运输业，2007年二者共占服务出口的80%。在多哈回合的服务贸易协商中，赞比亚并没有做出任何承诺，《服务贸易总协定》的承诺是在后来做出的，那时赞比亚限制某些商业服务、建筑和相关工程服务、医疗保健和社会服务、旅游业和与旅游相关的事物进入市场。

24. 政府开始2004—2009金融业发展计划，目的是创造一个健全的、功能良好的金融体系，从而支持经济的多元化和可持续的经济增长。外国银行享受国民待遇。贸易政策审议的大部分时间内，在赞比亚外国所有的银行占据银行业的支配地位，并表现出健全和盈利能力，对私人企业主要提供的短期贷款而不是长期贷款。只有少数大公司和一些中小企业可以获得贷款，赞比亚成年人中只有15%在银行开有账户。

25. 从2002年以来，尽管移动电话和网络服务存在竞争，从居民和企业电信服务的获得性方面看，赞比亚继续低于地区标准。赞比亚的固定电话密度仍然仅是撒哈拉以南非洲地区平均密度的一半，每100人中只有3人拥有电话。为了提高赞比亚的国际竞争能力，政府通过降低国际入口许可费方式，消除行业的进入障碍。固定电话的供应者目前主要是国有企业赞比亚电信公司，国家拥有该公司100%的股权。尽管该行业没有外资投入，私人和外国所有权是允许的，原则上国内拥有的股权至少应为30%。相对比，自由化的移动电话行业在政策审议期间暴涨，三个供应商的竞争使覆盖率和服务质量得到重大改善，服务价格也大幅降低。电话用户总数增长迅猛，从2006年的240万上升到2008年的350万。

26. 旅游业在换回外汇方面重要性逐渐上升，政府认为它在使赞比亚经济多元化方面很有潜力，并将有助于实现基础深厚的经济增长。然而，在政策审议期间，到达的旅游者人数仅增长33%，从2003年的57.7万上升到2008年的76.9万，同时，旅游业收入从1.488亿美元上升到3亿美元。认识到开办和运作一个旅游企业，需要不可预知的和烦琐的许可证和行政要求，结果阻止了对旅游业的投资。因此政府开始简化和合理化许可证制度。政府还考虑如何使国内税收制度合理化，并抑制与本地区其他国家之间进行的有害的税收竞争。公司税是35%，高于竞争国家的水平，如博茨瓦纳（15%）、南非、坦桑尼亚、津巴布韦（30%）。同样，增值税16%也高于竞争国家（博茨瓦纳10%），旅游业投入的关税和消费税也一样（赞比亚的汽油价格是南非的三倍还多，葡萄酒是四倍还多）。激励措施一般给予非传统商品出口，旅游业一般不享受激励措施。这些激励措施如降低公司税（15%）、在旅游业的发展过程中突出地区的不平等发展。

五、对贸易的援助

27. 赞比亚一直积极参与“贸易援助”讨论，并依据香港部长声明出现在欠发达国家在“贸易援助专门小组”。赞比亚确定自己优先干预的领域，目的是改善自己从贸易扩展和与世界经济一体化中获益的能力。网络基础设施（能源、水、通讯）、出口多元化和跨境基础设施。关于后者，赞比亚的技术帮助需求包括：降低运输的高成本、改善关税的行政管理、减少清关程序、公路和铁路网络升级、降低运输成本以及合并边境机构和培训官员。

28. 促进贸易是一个重大挑战。运输成本高的部分原因是：赞比亚是一个内陆国际，且运输网络不充分和结构缺陷，大约75%的农村公路网的条件很差。高成本和高于平均的运输延误率导致生产下降和贸易水平下降，这又限制了GDP增长的潜力。为了有助于应对这些问题，近来实施一个重大的贸易援助倡议“南北通道计划”，目的是减少改善运输的时间，降低公路和铁路的成本，最终带给赞比亚更大的利益。

29. 赞比亚继续受益于自己的发展伙伴给予的发展援助。2007年流入赞比亚的援助资金总额是5.56亿美元，等于GDP的4.9%。赞比亚还收到巨额的、不断增长的贸易援助资金，从2002年到2005年年均增长1.68亿美元。WTO与贸易有关的技术帮助在促进赞比亚加入多边贸易体系中仍然很重要，并通过能力建设计划帮助赞比亚在各个领域履行自己的义务。

六、前景

30. 该国继续依赖铜业收入意味着，经济增长将从过去六年的水平下降。过去六年，赞比亚从世界高铜价中获益。如果国际下滑是短期的，且世界对铜的需求上升，赞比亚经济前景就会更好。前提是赞比亚宏观经济继续稳定，结构改革继续使经济多元化，并降低对自然资源的依赖。另一方面，价格的强势下滑，将使投资者谨慎对待再投资或新开始的投资。出口价值会下滑，导致经常账户赤字增加，因此也会对克瓦查产生向下压力。如果来自采矿业的税收下降，政府财政可能会受到负面影响。

（侯迎春译　陈泰锋校）

智利贸易政策审议

1. 智利的贸易和投资制度的基本特征仍然是开放、透明、可预测和行业间中立。智利采取几乎统一的最惠国关税，并给予所有的外国投资者国民待遇，只有少数例外。自从上次即 2003 年的政策审议以来，智利为了便利贸易，采取措施将关税现代化，取消了一些进口关税和出口补助，并对竞争政策、政府采购和知识产权制度进行了重大改革。“区域贸易协议（RTAs）”在智利的自由化战略中已经起到中心作用。同时，智利坚定地致力于实现多边贸易制度的承诺，因为这是它积极参与的活动。

2. 开放的贸易政策和投资政策，以及全面有效的宏观经济管理，稳定地支持了智利经济的发展，也强化了它执行反循环措施的能力，该措施有利于应对当前的国际金融危机。然而，为了改革措施而对其进行重新检查，如对几种农产品征收非从价税、禁止某些二手商品的进口、对一些活动提出互惠要求等，将有益于经济发展。

一、经济环境

3. 智利的经济在 2003 年到 2008 年期间，年均增长率 4.8%，表明国内强烈的需求和一定程度的出口增长。然而，面对世界金融危机，从 2008 年中期开始，经济开始变冷，在 2009 年的上半年出现萎缩。长期持续的经济增长使智利成为拉丁美洲人均收入最高的国家，人均收入大约 10 000 美元。与此同时，智利实施内部政策来确保来自贸易的收入分配更为广泛。这一政策和持续的经济增长降低了生活在贫困线下的人口比例，从 2001 年的 21%下降到 2008 年的 14%。

4. 智利坚持采取浮动汇率制度。货币政策的目的是将年均通货膨胀率控制在 2%到 4%之间。财政政策的目的是实现结构化的财政盈余，这使智利面对世界金融危机有足够的行动空间。由此，智利从 2008 年以来就能够采取扩张的财政政策，当商品价格上升时，可以动用这些累积的公共财产。健全的宏观经济政策和开放的贸易使智利受益于经济专业化，同时还减少了它的脆弱性。

5. 在政策审议的大部分时间，智利的经常账户盈余。智利的出口品绝大部分是初级产品，在 2008 年比重达到大约 87%。智利的主要贸易伙伴国是欧盟和美国。智利的服务贸易账户一直是赤字，尤其是金融和保险账户。外国直接投资的流入在智利的经济中一直起着重要的作用，在 2008 年达到 GDP 的约 3%。获得投资的主要行业是采矿、电力和通讯行业。

二、贸易和投资政策框架

6. 从上次贸易政策审议以来，智利的贸易政策并没有进行根本的改变，当局的目的仍然是，在一个可预测的规则的框架内，以及在促进社会公平的政策下，智利与世界经济的进一步融合。

7. 智利积极参加 WTO 和多哈会议。它认为，多边贸易体制将会得到进一步加强，只有在多边协商的前提下，贸易进程上的某些问题才能得到解决，如取消对农业的补助问题。在政策审议期间，智利定期向 WTO 递交通告。它参与了数起贸易争端解决过程，有 4 次作为被告，3 次作为原告，11 次作为第三方。智利不是 WTO 任何多边协定的参与国。

8. 以《区域贸易协定（RTAs)》为中心是智利贸易政策体制最明显的特征之一。在 2009 年中期，智利与 57 个伙伴国的 21 个《区域贸易协定》生效，与 18 个伙伴国的 13 个协定在政策审议期间完成。由此，智利超过 92%的商品贸易发生在与优惠伙伴国之间。同其他 WTO 成员一样，《区域贸易协定》对智利经济整体的意义是复杂的。对智利来说，政府对多边贸易体制的强力支持缓解了人们对智利广泛的和扩展的《区域贸易协定》网络的忧虑。

9. 智利认为，外国投资是经济增长的重要引擎，是开放经济政策不可分割的一部分。它给予外国投资者国民待遇，只有少数行业是例外，如渔业、航空和航海运输以及视听服务。

三、商品的市场准入

10. 从上次政策审议以来，智利继续采取措施便利贸易活动、现代化关税体系，不可信的估价规则。上次单方面降低税率的结果是，从2003年以来，除个别产品例外，智利一直采用单一的6%的最惠国关税税率，使智利的关税结构更简单和中立。例外的产品包括：禽类产品是12.5%；一些农产品采取价格带制度；对几乎所有二手商品征收附加税。根据与美国订立的区域贸易协定，对禽类产品的最惠国关税税率上升到25%，但是后来逐步减少到6%。对一些资本商品的0税率降低了名义关税保护，但是增加了对最终产品的有效保护。

11. 由于采用价格带制度而使价格不同的小麦、面粉、糖适用最惠国关税，反映了近年来的高价格，这种制度的采用显然会导致关税低于6%。两个专家组发现，价格带制度与WTO的规则不一致。为了将该制度与WTO的要求协调一致，巴西正在重新考虑立法草案，修改方法就是引入一个复杂的复关税，这一改革将提高关税保护水平，使之高于近年来的实际水平。

12. 所有的税目都有限制，大部分的限制税率是25%。许多农产品的限制税率是31.5%。智利正在重新协商糖的限制税率，最终增加到98%，在2002年还引入关税配额。尽管事实上，智利的适用关税税率很稳定，对最惠国贸易商来说，降低限制税率将进一步提升税率的确定性。

13. 智利对某些进口业务还进行了其他的改革，一些以从价税为基础。进口品也像国内产品一样征收国内税，最显著的是19%的增值税（VAT）。某些商品，如酒精饮料、烟草产品、交通工具和珠宝还征收消费税。从2003年以来，智利取消了机场税和消费者急件税。

14. 智利不实行进口数量限制和进口许可证制度。然而，它禁止进口二手汽车、二手和翻新的轮胎（车轮上装置的除外）等。对二手汽车进口的禁止令最初引入的目的是支持国内汽车装配业，现在表面上看是为卫生和环境考虑。禁止进口二手和翻新的轮胎是公共卫生的目的。较少的约束措施或对二手汽车全部采取进口禁止令是否可能达成同样的目的是值得研究的。出于安全、卫生和环境考虑，智利对某些商品的进口采取行政管理手续。

15. 在2009年1月，智利只有一个反倾销措施有效。在政策审议期间，智利引入两个反倾销措施（关于小麦面粉）和三个安全措施（关于小麦面粉和某些乳制品）。其中一些措施在多边规则下受到挑战。另一方面，通过设置短期的申请阶段，智利的立法似乎不利于出于保护目的的应急措施的使用。而且，智利在采用应急措施时，支持更严格的多边规则，并同意在《自由贸易协定》下，这些措施不必申请是相互的。

16. 从2003年以来，智利对约束技术规则的采用和申请的法律和制度框架以及动植物检验检疫措施进行了较大的修改。这些框架的目的在于确保非歧视性和透明度，尽管对动植物检验检疫措施的详细阐述和通知还没有总的指导方针。在支持审议期间，智利提交了大量关于这两种措施的通告。

四、其他影响贸易的措施

17. 智利继续进行许多出口支持计划，这些计划为进口税和增值税的支付和退款提供行政便利。在政策审议期间，智利逐步取消这些计划的某些方面，那些方面以前被通知为出口提供补助。几个公共融资和担保计划也向出口商提供服务，尤其是对中小企业。智利并不征收出口税。

18. 智利还采取其他大量激励计划，但是大部分计划避开特殊行业，而作为平衡措施以中小企业、技术发明或地区发展为目标。激励措施通常包括财政优惠、投资和研究与发明融资，以及对开发企业家技能的支持。

19. 智利还对自己的竞争政策框架进行重要改革，最明显的是建立了一个竞争审判团来提高竞争体系的自治程度。为了强化竞争当局的调查权威，进行了进一步改革，特别是是在反托拉斯方面，该项改革在2009年的后期将会生效。

20. 智利不是WTO政府采购协定的签约国，但是它是WTO该项委员会的观察员。从2003年以来，智利为了提高政府采购的透明度和效率，已经进行了重大改革，特别是通过了新的法律和采用电子投标。改革已经带来对政府采购市场更大的参与。智利没有针对产品、服务和提供者的原产地的歧视政策。国营企业的政府采购和建筑工程采购由独立的法规规范。

21. 智利为了加强和适应自己对国际承诺，还对知识产权制度进行了改革。在某些情况下，智利的立法超出了它在《与贸易有关的知识产权TRIPs》中承担的责任，如在与著作权和工业产权保护相关的某些方面。智利已经将这些改革通知了 WTO。

五、行业政策

22. 在智利经济中，农业一直起着重要的作用，对出口的发展和多样化有贡献。总的来看，获得的补助较少，而这些补助主要由小农户获得，且没有以生产为基础的支持措施。然而，智利有应急措施，目的是保护小麦、小麦面粉和某些乳制品的生产者，因为当价格带制度应用于小麦、小麦面粉和糖，并导致关税保护，最终使这些产品价格多样化，且与世界价格反向变化。这与智利一般的经济政策不一致，且可能会影响资源在经济活动中的重新分配，而这些经济活动从长期来看有助于提高人们的生活水平。

23. 智利设法稳定了渔业的生产。水产养殖已经很重要，现在已经占鱼类出口的三分之二，但是该行业面临着严重的卫生问题。外国人投资渔业或水产养殖业必须满足居住和设立条件要求，即必须是智利人拥有大部分股份的公司或设立在那些与智利有互惠协定的国家的公司。

24. 采矿业一直稳定地创造着是智利主要的出口收入，该行业接受外国投资，并得益于从 2003 年以来大部分时间内矿产品的高价格。政府继续在该行业起着根本的作用，绝大部分是在铜业。在政策审议期间，智利的采矿业引入一个新税种。制度仍然规定，主要的采矿企业需要把一定数量的精炼铜售于国内制造企业，实际上，要求的数量仅占智利铜产量的一小部分。

25. 制造业的劳动生产率一直在提高，而且仍然是价值增长的创造者和就业岗位的提供者。这反映了智利发展战略部分地是建立在贸易自由和行业间中立的基础上。该行业大部分继续以加工自然资源为基础，这反映了智利的比较优势之所在。

26. 智利为了满足国内的消费，能源高度依赖于进口，近年来对天然气的进口限制政策已经成为智利经济发展的障碍。智利为了稳定一些燃油的价格，已经在干预国内能源市场，可能会花费庞大的财政支出。为了确保能源的长期供应，智利还对相关政策进行了调整。

27. 智利对服务贸易总协定（GATS）的 12 个行业中的 5 个做出了具体的承诺。它批准了《关于金融服务业的第五议定书》和《关于基本电信业的第四议定书》。但是智利没有对基本的国内电信做出承诺。总之，智利立法中的市场准入规定非常自由，远远超出服务贸易总协定（GATS）下的义务。

28. 从 2003 年以来，管理电信业的法律框架没有进行重大改变。提供公共电信服务的特许权只给予那些设立在智利的公司，而与其原始资本的来源地无关。然而，无线电广播的特许权却不得给予那些外国资本超出 10%的公司，除非资本的来源国给予智利公司同样的待遇。一般而言，价格由市场决定，除非该公司在行业中占据垄断地位，则仅受最高价格限制。法律还规定了电信业的对接费。

29. 智利的金融业表现出极大的多样化和国际化。在智利，外国银行和保险公司可以通过当地的联合公司或有独立资金的分支机构提供服务，这些公司在本国可以提供同样的服务。出于国家利益的原因，外国股份超过 10%必须经过批准。从 2007 年以来，外国公司在智利设立分支机构成为可能。从 2003 年以后，还允许跨国提供国际间的海运和空运保险、对运输中的货物提供保险，但是仅限于那些与智利在该方面订立协议的国家的公司。

30. 智利在互惠的基础上，奉行“开放的天空”的空运政策。它完成了 43 个开放度不同的双边航空运输协定。在海运方面，只有在智利登记的船只可以提供沿海运输，但存在例外。船只为了在智利登记，至少 50%的资本要来自智利公民或公司。出于互惠的考虑，在某些国际海上运输中，有货物的份额要求和征收一个特别税。对外国投资港口和机场的运营没有限制政策。

31. 在智利从事一些被调控的职业要求有效的执业资格证，这些职业包括法律、工程和会计。外国的执业资格证必须由智利大学重新鉴定有效，或者由根据智利国际相互认可协定认定。只有智利人或在智利完成法律学习的外国人可以出现在智利的法庭上。然而，外国法律顾问可以根据国际法或外国法提出建议。外国工程师在智利被雇佣从事工程工作，必须获得国际工程职业委员会的临时授权。外国会计师可以在智利设立咨询公司，但是若在智利从事会计工作，至少必须有一个具有有效的执业资格证的合伙人。

（侯迎春译　陈泰锋校）

第三篇　中国与 WTO

● 贸易争端与救济措施

中国参与争端解决案件情况

2009年，世贸组织（WTO）成员新发起的争端解决案件共计14起，其中，中国作为当事方的案件7起（起诉3起，被诉4起），占当年全部新发起案件的1/2。① 本文将就2009年中国参与的世贸组织争端解决案件做一简要介绍。

一、中国作为起诉方参与WTO争端解决案件新情况

（一）中国诉美国限制禽肉进口措施案（DS392）

1. 争端进程

2009年4月17日，中国政府通过常驻WTO代表团致函美方，就美限制中国禽肉进口的措施提起WTO争端解决项下的磋商请求。

根据WTO争端解决程序规则，中美双方于5月15日通过电视视频会议方式进行了磋商。但是，磋商未能达成双方满意的结果。

2009年6月23日，中国政府致函WTO争端解决机构主席，请求设立专家组。7月31日，WTO专家组正式设立。巴西、中国台北、欧盟、危地马拉、韩国和土耳其6个WTO成员作为第三方参加此案。

此后，根据WTO争端解决程序和此案专家组时间表，中美双方分别提交了书面陈述。2009年12月和2010年3月，专家组两次召开听证会审理此案。

目前，此案正处在专家组审理阶段。

2. 涉案措施

2009年3月，美总统奥巴马签署《2009年综合拨款法》。该法第727节（“727条款”）规定：“根据本法所提供的任何拨款，不得用于制定或执行任何允许美国进口中国禽肉产品的规则。”这一条款是2008年拨款法中的“733条款”的翻版和延续。中国认为，美上述规定具有明显的歧视性，背离了其在WTO下的义务。

在磋商请求中，中国指出：（1）“727条款”，包括任何与其密切相关措施、任何修订或替代措施或其他后续密切相关措施，实质上完全禁止中国禽肉产品输美，违反了《关税与贸易总协定》（GATT 1994）第11条规定的“普遍取消数量限制原则”；（2）“727条款”具有明显的歧视性，违反了GATT第1条“普遍最惠国待遇原则”；（3）“727条款”影响了中国禽肉产品向美国市场的市场准入，违反了《农业协定》第4条；（4）“727条款”并不存在科学依据，也没有经过适当的风险评估，违反了《实施卫生与植物卫生措施协定》（《SPS协定》）第2.1条至第2.3条、第3.1条、第3.3条、第5.1条至第5.7条以及第8条项下的义务。

（二）中国诉欧盟紧固件反倾销措施案（DS397）

1. 争端进程

2009年7月31日，中国政府通过常驻WTO代表团致函欧盟常驻WTO代表团，就欧盟对中国紧固件采取的反倾销措施提起WTO争端解决机制下的磋商请求，启动WTO争端解决程序。欧盟接

---

① 统计方法：依据WTO官方网站案件号统计。2009年，中国实际被诉事项为两项：危地马拉诉中国出口补贴案（DS390）；美国、欧盟、墨西哥诉中国原材料出口限制案（DS394/DS395/DS398）。

受了中国的磋商请求。此案是中国在WTO起诉欧盟的第一案。

根据WTO争端解决程序，中欧双方于2009年9月14日在日内瓦就此案进行了WTO争端解决机制项下的磋商。但是，磋商未能解决争议。

2009年10月12日，中国政府通过常驻WTO代表团致函WTO争端解决机构（DSB）主席，就欧盟对中国紧固件采取的反倾销措施提起设立专家组请求。10月23日，WTO争端解决机构正式设立专家组审理此案。巴西、加拿大、智利、哥伦比亚、日本、中国台北、挪威、泰国、土耳其和美国等WTO成员申明作为此案的第三方。12月9日，WTO总干事指定了此案专家组人员。

此后，根据WTO争端解决程序和此案专家组时间表，中欧双方分别提交了两次书面陈述。2010年3月和6月，专家组召开两次听证会。

目前，此案在专家组审理过程中。

2. 涉案措施

此案涉案措施如下：

（1）1995年12月22日欧盟理事会第384/96号《关于对从非欧盟成员国进口产品的反倾销法规》（下称欧盟《反倾销基本法》）第9条第5款及其修正案；

（2）2009年1月26日欧盟理事会《关于对原产于中华人民共和国某些钢铁紧固件最终征收反倾销税的第91/2009号法规》（下称"终裁措施"）。

中国认为，欧盟《反倾销基本法》第9条第5款及其修正案规定，在从包括中国在内的非市场经济国家进口的情况下，反倾销税应针对当事出口国而非每个单独出口商征收，只有在出口商证明其达到该条规定的标准时才对出口商单独征收反倾销税。此措施不符合欧盟在《反倾销协定》第6.10条、第9.2条、第9.3条、第9.4条和第18.4条，GATT 1994第1条和第10.3（a）条，以及《马拉喀什建立世界贸易组织协定》第16.4条下的义务。

中国认为，欧盟的终裁措施不符合《反倾销协定》第2条、第3条、第4条、第5条、第6条、第9条、第12条和GATT 1994第1条、第6条，以及《中国加入议定书》和《中国加入工作组报告书》相关条款的规定。

（三）中国诉美国轮胎特保措施案（DS399）

1. 争端进程

2009年9月14日，中国在WTO争端解决机制项下，就美国对中国输美载客车及轻型卡车轮胎产品采取的特定产品过渡性保障措施提出磋商请求。美国接受了中国的磋商请求。

2009年11月9日，中国与美国在日内瓦进行了磋商。磋商澄清了与上述措施有关的某些问题，但未能解决争端。

2009年12月9日，中国要求设立专家组。在2010年3月12日召开的会议上，WTO争端解决机构设立专家组。欧盟、日本、中国台北、土耳其、越南5个WTO成员申明作为此案的第三方。

2010年4月9日，中国向专家组提交了第一次书面陈述。目前，此案正处在专家组审理阶段。

2. 涉案措施

中国主要关注的是美国对中国出口的载客汽车和轻型卡车轮胎所施加的高额关税措施及其法律依据。这些限制措施和依据包括：

美国国际贸易委员会（ITC）2009年7月对中国输美载客车及轻型卡车轮胎产品采取特定产品过渡性保障措施的报告。

美国总统关于就中国输美轮胎产品采取特定产品过渡性保障措施的决定，包括2009年第28号美国总统决定以及2009年9月17日的第8414号公告。

美国1974年贸易法第421节。

中国认为，美国上述措施违反了GATT 1994第1.1条，并与美国在《中国加入议定书》第16.1、16.3、16.4、16.6条项下的义务不符。

二、中国作为被诉方参与WTO争端解决案件新情况

（一）美国诉中国出版物案（DS363）

1. 争端进程

2007年4月10日，美国在WTO争端解决机制项下，就我国对出版物、电影和有关视听产品的管理措施提出磋商请求。中国同意了美国的磋商请求。2007年4月25日，欧盟请求加入磋商，中国同意了欧盟的请求。

2007年7月10日，美国提出了补充磋商请求。2007年7月20日，欧盟提出加入该补充磋

商。中国同意了上述请求。

2007年6月5日、6日和2007年7月31日，中国与美国进行了磋商，但未完全解决争端。

2007年10月10日，美国要求设立专家组。在2007年11月27日的会议上，WTO争端解决机构设立了专家组。欧盟、日本、中国台北、澳大利亚、韩国5个WTO成员申明作为此案的第三方。

2008年3月27日，WTO总干事指定了专家组成员。2009年8月12日，专家组散发了专家组最终报告。2009年9月22日和10月5日，中美分别就专家组报告提出上诉。2009年12月21日，上诉机构散发了最终报告。

2010年1月19日，WTO争端解决机构通过了上诉机构报告及被其修改的专家组报告。

2. 专家组和上诉机构主要裁决内容

专家组和上诉机构就如下问题未支持美方观点：(1) 关于进口电影发行，裁定美未能证明涉案措施限定发行进口电影的企业的范围，驳回了此项诉求。(2) 关于网络音乐的内容审查制度，裁定美未能证明涉案措施违反国民待遇，驳回了此项诉求。(3) 关于限定发行范围图书的订户订阅，裁定美未能证明涉案措施未给予进口图书国民待遇，驳回了此项诉求。(4) 关于外商投资出版物和音像制品分销企业审批程序和审批条件，裁定不在其审理范围内，驳回了此项诉求。

此外，专家组和上诉机构裁决内容还包括：(1) 关于出版物和电影的贸易权，裁定有关涉案措施只允许经批准或指定的国有企业从事进口，不符合中国加入WTO时有关贸易权的承诺。(2) 关于出版物分销权，裁定有关涉案措施不符合中国加入WTO承诺和WTO规则，包括不允许外资从事进口出版物的分销、不允许外资控股、对进口报刊实施订户订阅制度等。(3) 关于网络音乐的外资准入，裁定有关涉案措施不允许外资从事网络音乐服务不符合中国加入WTO承诺和WTO规则。

(二) 美国、墨西哥、危地马拉诉中国出口补贴案 (DS387/DS388/DS390)

1. 争端进程

2008年12月19日，美国、墨西哥就中国中央和地方政府有关“中国世界名牌”和“中国出口品牌”措施向中国提出WTO争端解决机制项下的磋商请求。2009年1月19日，危地马拉就同一事项向中国提出磋商请求。欧盟、澳大利亚、加拿大、哥伦比亚、厄瓜多尔、新西兰和土耳其7个成员申请加入磋商。中国同意了上述成员方的请求。

2009年2月5日～6日，中国与美国、墨西哥、危地马拉三方在日内瓦举行了联合磋商。欧盟、澳大利亚、加拿大、哥伦比亚、厄瓜多尔、新西兰和土耳其参加了磋商。

2009年12月18日，中国常驻WTO代表团孙振宇大使与美国、墨西哥、危地马拉政府代表在日内瓦签署了有关解决此案的“双方满意的解决办法”(Mutually Agreed Solution)。

2. 涉案措施

美国、墨西哥、危地马拉在磋商请求中认为有关措施基于出口实绩要求向中国企业提供补助、贷款和其他激励手段，因此与中国在《补贴与反补贴措施协定》第3条、《农业协定》第3条、第9条和第10条、《1994年关税与贸易总协定》第3条第4款以及《中国加入议定书》第12.1段、纳入议定书第1.2段的《中国加入工作组报告书》第234段下的义务不符。

这些措施主要包括：

《关于开展中国世界名牌产品评价工作的通知》；

《中国名牌产品管理办法》；

《关于扶持出口名牌发展的指导意见》；

与“中国世界名牌”和“中国出口品牌”项目相关的地方政府措施。

3. 结案文件主要内容

2009年12月18日，中美、中墨、中危就此案签署“双方满意的解决办法”，值得注意的是，该结案文件未包含任何承诺内容。其主要内容如下：

中国已通过废止《关于扶持出口名牌发展的指导意见》及相关措施，终止了中国出口名牌项目。相关地方政府措施及条款亦已失效。

中国已通过废止《关于开展中国世界名牌产品评价工作的通知》以及其他修订措施、相关措施及实施措施，终止了中国世界名牌产品项目。相关地方政府措施及条款亦已失效。

中国已通过删除《中国名牌产品管理办法》所规定的以出口为条件的标准修改了中国名牌产品项

目，以取消该项目下的此类标准。相关地方政府措施及条款亦已失效。

最后，中国进一步澄清，中国的政策目标是鼓励品牌建设和知识产权保护，而非提供以出口为条件的利益。

（三）美国、欧盟、墨西哥诉中国原材料出口限制案（DS394/DS395/DS398）

1. 争端进程

2009年6月23日，美国、欧盟将中国原材料出口限制措施诉诸WTO争端解决机制，墨西哥于8月21日就同一事项提出磋商请求。起诉涉及9种产品：矾土、焦炭、氟石、镁、锰、碳化硅、金属硅、黄磷和锌。

2009年7月，中国与美国、欧盟在日内瓦举行了WTO争端解决机制项下的磋商。2009年9月，中国与美国、欧盟、墨西哥在日内瓦举行了WTO争端解决机制项下的磋商。但磋商未能解决起诉方关注。

2009年11月4日，美、欧、墨请求设立专家组。2009年12月21日，WTO争端解决机构决定就此案设立单一专家组。加拿大、阿根廷、巴西、智利、哥伦比亚、厄瓜多尔、印度、日本、韩国、中国台北、土耳其、沙特阿拉伯及挪威13个成员申明作为此案第三方。2010年3月29日，WTO总干事指定了此案专家组成员。

目前，此案处于专家组审理阶段。

2. 涉案措施

（1）出口配额

美国、欧盟、墨西哥认为，中国对矾土、焦炭、氟石、碳化硅和锌等产品采取的涉及出口配额的管理措施与中国在GATT 1994第11.1条以及纳入了《中国加入工作组报告书》第162段和第165段的《中国加入议定书》第1.2条下的义务不符。

（2）出口税

美国、欧盟、墨西哥认为，中国对矾土、焦炭、氟石、镁、锰、金属硅、黄磷和锌适用不同程度的出口税率。这些措施与中国在《中国加入议定书》第11.3条以及纳入了《中国加入工作组报告书》第342段的《中国加入议定书》第1.2条下的义务不符。

（3）其他出口限制

美国、欧盟、墨西哥认为，中国还对有关原材料出口施加了其他限制，包括限制出口经营权、配额招标有偿使用等。这些措施与GATT 1994第8.1（a）条和第8.4条、第10.1条和第10.3（a）条以及第11.1条，以及《中国加入议定书》第一部分第2（A）2条、第5.1条、第5.2条和第8.2条不符，也与中国在纳入了《中国加入工作组报告书》第83段、第84段、第162段和第165段的《中国加入议定书》第一部分第1.2条下的义务不符。

（商务部条约法律司）

中国反倾销措施情况

一、2009年我国遭遇反倾销调查的情况

2009年，由于全球金融危机的严重影响，国际贸易保护主义不断升温，我国遭遇贸易摩擦案件的数量和金额均创历史峰值。2009年，共有22个国家（地区）对我国发起116起贸易救济调查（反倾销、反补贴、保障措施、特别保障措施），总案值约127亿美元，案件数量和涉案金额同比分别增长22%和102%，占我国“入世”以来案件数量和涉案金额的18%和39%。

2009年我国共遭遇国外发起的反倾销调查76起，同比增长7%。国外反倾销调查呈现以下几个特点：一是从发起调查的国别看，案件集中在几个主要成员。2009年对我国发起反倾销调查数量较多的成员包括：阿根廷发起18起，美国发起12起，印度10起，欧盟7起，土耳其5起。上述5个成员共对我国发起反倾销调查52起，占总数的68%。二是从涉案产品看，主要集中于五矿、轻工等我国具有出口竞争力的产品。钢铁产品遭遇国外反倾销调查较为突出。2009年，美国连续对我国油井管、钢绞线、钢格栅板、无缝管、紧固件5种钢铁产品发起“双反”调查，即同时进行反倾销和反补贴调查；加拿大对我国石油管材，阿根廷对我国钢管，俄罗斯对我国含镍不锈钢发起反倾销调查。三是从规则层面看，部分成员滥用“非市场经济”条款等。任意选用替代国，滥用反倾销规则中模糊条款，如用损害威胁标准替代实质性损害标准、抽样标准不合理、降低立案标准等。

二、政府开展的一些工作

（一）积极推进有关国家承认中国市场经济地位。2009年3月，乌拉圭成为第79个承认中国市场经济地位的国家。我们编写并对外提供《中国市场经济最新进展》，作为推动市场经济地位工作的基础材料；充分利用双边对话机制推动美、欧承认中国市场经济地位工作。

（二）加强预警信息发布工作。2009年，为服务广大企业，应对不断增多的贸易摩擦案件，我们进一步加强了预警信息发布工作。在商务部网站开通“贸易摩擦应对”专栏，发布案件预警、立案、调查、裁决等信息千余条；编发12期《贸易摩擦动态》，分别发送商、协会并委托其通知广大会员企业。

（三）加强指导培训。在反倾销案件的应对过程中，开展对涉案企业的应诉指导，为企业提供咨询服务，多次举办贸易救济措施知识培训会、案例分析会，就反倾销应诉知识对企业进行培训。

为反对贸易保护主义，政府和企业一起，积极维护产业的正当权益，成功应对了一些反倾销案件，比如欧盟对华冷轧不锈钢薄板和镀锌板反倾销案，加拿大防水胶鞋案、俄罗斯彩涂板案等。

三、2009年我国运用反倾销措施的情况

为确保国内产业得到及时有效救济，调查机关本着依法、公正、合理的原则，稳妥运用贸易救济措施，保护国内产业安全。2009年，商务部共对外发起反倾销调查8起，涉及美国、欧盟、韩国等10个国家和地区（详见下页附表）；对10起反倾销案件做出裁决；终止1起反倾销原审调查；通过复审，全部或部分终止5种进口产品的反倾销措施。

目前，我国的反倾销法律制度日臻完善，反倾销调查公正透明，运用反倾销措施的能力不断提高。一直以来，我国运用反倾销救济措施的产业多集中在钢铁、化工等行业。近年来，反倾销涉及的产业领域逐步拓宽到高科技产品、医药产品。2009年新发起的反倾销调查共涉及化工、钢铁、轻工、农产品、机电和汽车六大产业领域。

通过反倾销等贸易救济措施，及时缓解了国外不公平贸易产品对国内产业的冲击，为企业发展营造了公平竞争的市场环境，保障了产业健康发展。

附表：

2009年我国对外发起反倾销调查情况

	案件名称	涉案国家（地区）	立案时间
1	对苯二甲酸	韩国、泰国	2009年2月12日
2	核苷酸类食品添加剂	印度尼西亚、泰国	2009年3月24日
3	锦纶6切片	美国、欧盟、俄罗斯、台湾地区	2009年4月29日
4	取向电工钢	美国、俄罗斯	2009年6月1日
5	甲醇	沙特阿拉伯、马来西亚、印度尼西亚、新西兰	2009年6月24日
6	白羽肉鸡产品	美国	2009年9月27日
7	X射线安全检查设备	欧盟	2009年10月23日
8	排气量在2.0升及2.0升以上小轿车和越野车	美国	2009年11月6日

（商务部进出口公平贸易局　周晓燕）

中国反补贴措施情况

一、2009年我国遭遇反补贴调查的情况

2009年，我国共遭遇国外发起的反补贴调查13起，同比增长18%。其中美国发起10起，加拿大、印度、澳大利亚各发起1起（详见下表）。

我国遭遇的反补贴调查出现如下几个动向：一是反补贴调查不断扩散，截至2009年底，我国共遭遇加拿大、美国、澳大利亚、南非和印度发起的反倾销反补贴合并调查37起，我国已连续多年成为首要目标国。二是美国等国家在不承认中国市场经济地位的情况下，使用替代国、外部基准和不利事实等不合理做法，裁定高额反倾销和反补贴税。三是补贴调查项目不断增多，不利影响不断扩大。

2009年11月，美对华紧固件“双反”案以无损害结案。此外，通过积极应对，我国在一定程度上澄清了国外对我国政策的误解，打掉了多项补贴指控。

二、2009年我国运用反补贴措施的情况

2009年，我国共对外发起反补贴调查3起，涉案国家均为美国。

2009年6月1日，商务部发布公告，对原产于美国的进口取向电工钢进行反倾销和反补贴立案调查，这是我国首次发起反倾销反补贴“双反”调查。2009年12月10日，商务部发布了对原产于美国的进口取向电工钢反倾销和反补贴调查的初步裁定，美国公司的倾销幅度为10.7%～25%，从价补贴率为11.7%～12.0%。

2009年9月27日，商务部发布公告，对原产于美国的进口白羽肉鸡产品进行反倾销和反补贴立案调查。该案是我国发起的第2起“双反”调查。

2009年11月6日，商务部发布公告，对原产于美国的排气量在2.0升及2.0升以上进口小轿车和越野车进行反倾销和反补贴立案调查。该案是我国发起的第3起“双反”调查。

目前，我国的贸易救济调查手段不断丰富。2002年以前，我国发起的贸易救济调查均为反倾销，手段较为单一。2002年我国对部分进口钢铁产品发起保障措施调查，丰富了贸易救济方式。2009年6月，我国首次启动对美国取向电工钢的“双反”调查，丰富和完善了我国贸易救济调查的实践，增强了维护产业安全的能力。

2009年我国遭遇国外反补贴调查情况

序号	立案国家/地区	被调查产品名称	产品大类	立案日期
1	美国	油井管	五金矿产	2009年4月29日
2		预应力混凝土用钢绞线	五金矿产	2009年6月16日
3		钢格栅板	五金矿产	2009年6月19日
4		金属丝网托盘	轻工	2009年6月26日
5		带织边窄幅织带	纺织	2009年7月31日
6		镁碳砖	五金矿产	2009年8月19日
7		无缝管	五金矿产	2009年10月6日
8		铜版纸	轻工	2009年10月15日
9		紧固件	五金矿产	2009年10月15日
10		磷酸盐	化工	2009年10月15日
11	加拿大	石油管材	五金矿产	2009年8月24日
12	印度	亚硝酸钠	化工	2009年1月14日
13	澳大利亚	铝挤压材	五金矿产	2009年6月24日

（商务部进出口公平贸易局　周晓燕）

全球及中国保障措施情况

一、2009年WTO成员保障措施实施情况

2009年，WTO成员共发起了22起保障措施调查，其中6起采取临时保障措施，3起采取最终保障措施，7起决定不采取措施，其余6起尚未做出裁决。在2008年立案的保障措施案件中，在2009年有5起采取了最终保障措施，2起决定不采取措施。2009年WTO成员还发起了9起保障措施日落复审调查，1起期中复审调查。具体情况见下表：

	发起成员	立案时间	产品名称	裁决情况
1	印度尼西亚	2008年5月14日	一水葡萄糖 (Dextrose Monohydrate)	2009年8月24日采取最终保障措施
2	菲律宾	2008年8月11日	钢角材 (Steel Angle Bars)	2009年1月采取临时保障措施，2009年8月采取最终保障措施
3	印度尼西亚	2008年11月5日	丝钉线 (Wire Nail and Wire)	2009年10月1日采取最终保障措施
4	约旦	2008年11月16日	白水泥 (White Cement)	2009年5月19日决定不采取保障措施
5	约旦	2008年11月23日	陶瓷地转 (Ceramic Tiles)	最终保障措施实施日不详
6	印度	2008年11月28日	邻苯二甲酸酐 (Phthalic Anhydride)	2009年1月29日采取临时保障措施，2009年6月3日采取最终保障措施
7	印度	2008年12月	线性烷基苯 (Linear Alkyl Benzene)	2009年1月做出肯定性初裁，2009年11月18日决定不采取保障措施
8	印度	2009年1月16日	羰基醇 (oxo alcohols)	尚未裁决
9	印度	2009年1月21日	乐果原药 (Dimethoate Technical)	2009年3月23日采取临时保障措施。2009年5月采取最终保障措施实施
10	吉尔吉斯斯坦	2009年2月17日	小麦面粉 (Wheat Four)	2009年6月11日采取临时保障措施
11	吉尔吉斯斯坦	2009年2月17日	白砂糖 (White Sugar)	尚未裁决
12	秘鲁	2009年3月13日	棉纱 (Cotton Yarn)	尚未裁决
13	乌克兰	2009年3月17日	液态氮 (Liquid Chlorine)	2009年12月16日决定不采取保障措施
14	以色列	2009年3月26日	钢筋 (Steel Rebars)	2009年6月3日采取临时保障措施
15	印度	2009年4月9日	丙烯酸纤维 (Acrylic Fibre)	临时保障措施实施日不详
16	印度	2009年4月9日	热轧钢卷/板/条 (Hot rolled Coils/Sheets/Strips)	2009年4月23日采取临时保障措施，2009年12月9日决定不采取保障措施
17	印度	2009年4月20日	铜版纸和纸板 (Coated Paper And Paper Board)	2009年4月24日做出肯定性保障措施初裁，2009年11月13日决定不采取保障措施
18	印度	2009年4月20日	未涂布纸和复写纸 (Uncoated Paper And Copy Paper)	2009年4月24日做出肯定性保障措施初裁，2009年11月5日决定不采取保障措施

续 表

	发起成员	立案时间	产品名称	裁决情况
19	印度	2009年4月22日	普通刨花板 (Plain Particle Board)	2009年5月采取临时保障措施，2009年11月3日决定不采取保障措施
20	土耳其	2009年5月2日	火柴 (Matches)	2009年5月采取临时保障措施，2009年12月6日，采取最终保障措施
21	多米尼加共和国	2009年5月14日	玻璃容器 (Glass Containers)	2009年9月决定不采取保障措施
22	印度	2009年5月22日	未锻轧铝、铝废碎料 (Unwrought Aluminium，Aluminium Waste and Aluminium Scraps)	2009年5月28日做出肯定性初裁，2009年11月6日终止保障措施调查
23	越南	2009年7月1日	浮法玻璃 (Float Glass)	尚未裁决
24	摩洛哥	2009年8月10日	聚氯乙烯 (PVC)	尚未裁决
25	印度	2009年8月20日	苛性钠 (Sodium Hydroxide)	2009年10月15日做出保障措施初裁
26	乌克兰	2009年8月27日	平板玻璃 (Sheet Glass)	2009年11月19日采取最终保障措施
27	克罗地亚	2009年8月28日	半硬质奶酪和奶酪替代品 (Semi-Hard Cheese and Cheese Substitutes)	2009年6月23日采取临时保障措施
28	智利	2009年9月4日	奶粉和高达奶酪 (Powdered Milk and Gouda Cheese)	2009年10月10日采取临时保障措施
29	多米尼加共和国	2009年10月9日	卫生纸 (Toilet Paper)	尚未裁决

备注：①该统计表所统计的保障措施情况仅限于WTO成员发起的保障措施，关于非WTO成员发起的保障措施可参考“中国贸易救济信息网”（http：//www.cacs.gov.cn）公布的信息。

②该统计表中所列时间以《世界贸易组织保障委员会报告（2009）》即REPORT（2009）THE COMMITTEE ON SAFEGUARDS TO THE COUNCIL FOR TRADE IN GOODS（以下简称“2009年报告”）中各成员国向委员会通知的时间为准。由于2009年报告中案件统计的期间为2008年10月29日至2009年10月19日，所以在2009年报告中没有统计的案件以“中国贸易救济信息网”（http：//www.cacs.gov.cn）公布的信息为准。

二、2009年WTO成员保障措施立法情况

截至2009年10月19日，共有94个WTO成员就其国内保障法律或者规章情况向WTO保障措施委员会做出通报。另外，有32个成员没有做任何此类通报。在2009年，共有9个成员向保障措施委员会通知了其国内立法情况（包括新制定及修改），包括巴林、挪威、中国台北、泰国、多米尼加共和国、洪都拉斯、巴拿马、以色列、沙特阿拉伯。与此相比，2008年向保障措施委员会做出通知的成员数量为8个。

通过与2008年的情况相比，WTO各成员在保障措施方面的立法情况比较稳定，修改立法的成员无论在数量还是发展阶段上都去年基本相同，去年为8个国家，并且也是以发展中国家为主。

三、与中国有关的保障措施情况

2009年，中国未发起保障措施调查，WTO成员共发起了6起针对中国产品的特别保障措施调查，其中美国1起，印度5起。具体案件情况如下表：

编号	国别	立案时间	涉案产品	案件进展
1	美国	2009 年 4 月 29 日	乘用车和轻型货车轮胎 (Passenger Vehicle and Light Truck Tires)	2009 年 9 月 11 日，美国政府宣布对中国输美轮胎产品采取特保措施，第一年将对从中国进口的轮胎加征 35%关税，第二年加征 30%，第三年加征 25%。
2	印度	2009 年 1 月 16 日	苏打灰（纯碱）(Soda Ash)	2009 年 10 月 6 日，印度财政部决定加征 20%的从价税，自 2009 年 4 月 20 日起为期 1 年。
3		2009 年 1 月 27 日	铝板和铝箔 (Aluminum Flat Rolled Products and Aluminum Foil)	2009 年 6 月 19 日，印度财政部决定征收为期 2 年的特保税。
4		2009 年 2 月 6 日	尼龙帘子布 (Nylon Tyre Cord Fabric)	2009 年 4 月 6 日终止调查。
5		2009 年 4 月 2 日	汽车前桥梁、转向节曲轴 (Front axle beams and steering knuckles)	2009 年 9 月 23 日做出终裁，无措施结案。
6		2009 年 5 月 18 日	客车轮胎 (Passenger Car Tyres)	2009 年 9 月 30 日，终止调查。

其中，美国对中国轮胎采取的特保措施对中国轮胎出口企业对美出口造成了重大负面影响。具体如下：根据美国口岸海关数据统计，2009 年第 4 季度中国对美国出口轮胎出现急速下降，数量同比下降 39.20%，减少数量 474 万个，金额同比下降达 42.67%，减少金额为 2.18 亿美元。2009 年第 4 季度美国自加拿大、韩国、东盟进口橡胶轮胎的份额有所增加，特保措施采取后，中国轮胎在美国市场的份额被加拿大、东盟及韩国挤占了一部分。

另外，2009 年印度对中国发起的 5 起特保案中，只有 2 起采取了措施。其中，印度对中国铝板和铝箔特保案中，自印度 2006 年 6 月 19 日对中国产品采取措施后，根据印度口岸海关数据统计，2009 年下半年，印度进口中国铝板和铝箔的数量和去年同期相比下降 35.89%，金额同比下降 44.87%。同样，印度对中国纯碱特保案也对中国纯碱对印度的出口产生了重大的影响。

四、趋势分析

2009 年，由于受金融危机影响，发达国家经济依旧低迷，新兴经济体和发展中国家也普遍受到影响，经济增长速度明显滑落。多哈谈判依然停滞不前，全球贸易自由化进程步履蹒跚。在这种形势下，全球贸易保护主义甚嚣尘上，贸易冲突不断升级，贸易救济措施比 2008 年大幅度增加。

就保障措施来看，2009 年无论是立案数量还是裁决数量都比 2008 年大为增长。对比 2008 年发起的 9 起保障措施调查，2009 年保障措施立案数量达到 22 起之多，增幅达到 144%。在 22 起案件中，9 起采取了临时保障措施或最终保障措施，也大大高于 2008 年 2 起的数量。相比于 2008 年，2009 年的保障措施调查案件主要集中在发展中国家，这可能也是由于发展中国家对金融危机冲击抵御能力较弱，所以在国内产业的压力下选择采取保障措施来保护本国产业，对抗经济衰退。在频频发起的保障措施调查中，最后终止调查的也不在少数。如 2009 年印度发起了 9 起保障措施调查，对其中 5 起决定终止调查。

2009 年中国取代德国成为第一大出口国，中国的贸易结构和产品比较优势依然存在，但是，全球经济复苏缓慢，贸易保护主义呼声依然喧嚣，2010 年中国出口贸易环境仍充满着机会和严峻的挑战。

（商务部产业损害调查局）

● 贸易政策审议

利用贸易政策审议机制，实现我义务与权利的平衡

一、金融危机与多边贸易体制

走过金融危机肆虐的2008年，全球经济在2009年迎来了复苏的曙光。在这一年里，为应对危机，各国积极采取措施刺激经济，以使世界经济尽快走出危机阴影。但与此同时，一些国家，特别是一些主要发达经济体国内贸易保护主义势力日渐抬头，滥用贸易救济、检验检疫和其他一些隐性非关税壁垒措施的行为层出不穷，给世界经济复苏的前景带来了消极影响。

尽管如此，人们也清楚地看到，与上世纪30年代美国大萧条后的情况不同，各国并没有全面走向保护主义。在世贸组织框架下，成员们更多依据规则开展多双边贸易，坚定地支持和多拥护边贸易体制，反对贸易保护主义，从而避免了世界范围内大规模贸易摩擦、冲突的发生。可以说，以世贸组织规则为基础的多边贸易体制在经济危机中仍旧发挥了中流砥柱的作用。

多边贸易体制也为中国提供了保护。2008年发生的金融危机对中国影响十分严重，外需大幅度下滑，经济增长回落至近十年来低点。中国政府为应对危机及时果断地采取了一系列政策措施，包括积极的财政政策和适当宽松的货币政策，以及一揽子刺激计划，使中国率先走出危机阴影。同时，一个公开、透明和有序的多边贸易体系也为中国经济提供了相对稳定和可预测的外部环境，为中国能够在2009年顺利完成“保八”的增长目标，起到了重要的保障作用。毋庸置疑，中国是多边贸易体制的一个重要受益者。

诚然，现行的多边贸易体制并不完美，仍有诸多不平衡之处，在有些方面并未充分体现发展中成员对当今国际经济贸易秩序的诉求。但经验表明，由非歧视原则、公平竞争原则和透明度原则构成的体系已经成为各成员间开展国际贸易时恪守的基本准绳。这其中，贸易政策审议机制发挥了重要的作用。

对于中国而言，贸易政策审议机制是我们履行义务和行使权力的平台。一方面，贸易政策审议机制给了我们一个全新的视角，审视自身出台的经贸政策与世贸规则的一致性，听取其他成员的意见和建议，确定中国与其他国家和地区间经贸摩擦的症结，提前消弭摩擦。同时，也使其他成员能够更好地理解中国的政策措施，以及中国自身经济发展所面临的困难。另一方面，贸易政策审议机制不仅使我们能够了解和学习其他成员贸易实践的经验，也给我们提供了对其他成员的经贸政策合规性进行研究、分析的机会，并可以利用这个多边场合提出我们的关注，敦促这些成员加以解决。

二、贸易政策审议机制2009年运作情况

2009年，世贸组织进行了18场审议，涉及21个成员的贸易政策。由于贸易政策审议机制旨在加强成员经贸政策透明度，并不对成员的措施是否与世贸组织规则相符做出判断，同时也可以起到避免走向世贸组织贸易争端解决的作用，因此，成员都愿意利用贸易政策审议这一平台畅所欲言。从2009年的情况看，这一宗旨在审议中得到了很好的贯彻，贸易政策审议机制继续为成员提供了一个坦诚相见的场所。同时，各场审议时间安排比较合理，给了每个被审议成员充分的准备时间。审议

中，讨论引导人发挥了重要作用，保证了成员间讨论的顺利进行。

2009年所有审议中，成员主要关注的共性问题包括：贸易政策制定和实施过程中的透明度、经济环境与贸易自由化、履行世贸组织协定、区域贸易协定和多边贸易体制的关系、关税、进出口限制和许可程序、海关通关程序、贸易救济措施、技术标准及检验检疫措施、与贸易有关知识产权立法和执法、政府采购、政府在国民经济中的参与程度、与贸易有关的投资和竞争政策、补贴政策、包括农业和服务业在内的行业政策、对发展中成员的特殊和差别待遇、技术援助和"促贸援助"等。

三、中国参与其他成员的贸易政策审议

2009年，中国参加了对绝大多数成员的审议，尤其在对日本、巴西和欧盟等主要经济体的审议中，中国以会前书面问题单、会上发言和评论等多种方式提出了双边经贸往来中存在的重点关注，取得了较好效果。

在对欧盟贸易政策审议中，中方共向欧方提出了82个问题，并在发言中就中方重点关注的关税结构、海关措施、技术法规、检验检疫措施、政府采购、补贴，尤其是农业补贴、部分欧盟成员国的投资壁垒7大类问题进行了评论，并敦促欧方尽快解决有关检验检疫和贸易救济措施等方面的重点问题。

在对日本贸易政策审议中，审议前中方先后向日本提交了约50个问题，内容涉及日本对经济危机影响的评估与应对、日本贸易法律体系、检验检疫措施、关税配额管理及服务贸易承诺履行等领域，并在发言中对日本关税配额体制、农业支持等领域重申了中方关注。

中国参加对其他成员的政策审议的策略是平衡的。我们并不一味"挑毛病"，而是传达这样一个信息，即中国希望通过学习借鉴和政策对话以及交流来加强与其他成员的合作，共同应对全球性问题，包括应对经济危机的不利影响，实现互利共赢。

四、世贸组织对中国第三次审议的准备情况

为准备于2010年进行的世贸组织对中国的第三次贸易政策审议，2009年，世贸组织秘书处官员于5月和11月两次访华，为起草其《秘书处报告》收集基础材料。

在商务部的牵头组织下，世贸组织秘书处官员先后与发展改革委、工业和信息化部、财政部、农业部、商务部、环境保护部等国务院21个部门进行了50多场会谈，就中国的财政政策、政府采购、税收政策、货币汇率政策、资本市场改革、银行及金融业改革、金融服务、贸易体制、立法框架、透明度、国有企业、竞争政策、能源政策、农业政策、环境政策、知识产权、就业政策、投资体制、产业政策等方面深入交换了意见。

在与中方的磋商中，秘书处官员非常关注中国经济2008年至2009年间发展的总体态势以及一些深层次问题，希望了解中国政府危机应对措施中哪些属于中长期措施，如何改善经济结构中存在的不平衡现象，以及如何在金融危机背景下解决出口依赖度较高的经济发展模式等问题。此外，秘书处官员根据从其他国际组织获得的数据判断，2009年中国GDP增长中出口、投资和消费的贡献比例并未发生根本性变化，同时，中国储蓄率仍然较高，显示消费意愿仍然不强，因此，希望了解当前经济企稳复苏的态势是否在很大程度上仍是得益于经济刺激方案下的投资拉动。秘书处官员关注的其他问题还包括中国出台的各种产业政策、人民币汇率、所谓的"国进民退"和服务贸易市场进一步开放等。

在与秘书处官员会谈和交流的过程中，中方各主管部门做出了积极努力，使秘书处官员加深了对中国贸易体制和政策的进一步了解。在许多领域，秘书处官员明确表示赞同中国政策目标，开始理解中国当前国情下采取的一系列政策措施的必要性，努力从积极视角认识中国应对危机一揽子计划的效果及长远影响。秘书处官员最终得出结论认为，中国完善社会主义市场经济体制的努力和改革开放步伐并未因金融危机的影响而停滞。当然，由于不同制度背景的影响，秘书处官员与中国主管部门在中国一些经济贸易政策的看法上仍存在着分歧，需要通过更多的交流和了解来逐步弥合。这将是一项长期的任务，我们必须要有充分的思想准备。

五、更好地利用贸易政策审议机制

随着世贸组织成员数量的不断增加，贸易政策审议机制所面临的压力也越来越大。从目前的情况看，贸易政策审议机制同样存在不足。例如，秘书处在为准备审议而起草秘书处报告的过程中获取相应资料和数据的途径非常有限，这在很大程度上会影响秘书处起草的报告的质量，从而影响贸易政策审议机制的顺利运作。因此，世贸组织成员在未来审议准备过程中，需要与秘书处进行更为广泛、密切的配合，以保证成员的经济贸易政策能够在秘书处起草的报告中得到充分和准确的反映，这也符合成员自身的利益。

同时，从长远看，我们还应进一步提高对贸易政策审议机制的作用和意义的认识。贸易政策审议机制已成为我国与世贸组织秘书处和世贸成员进行定期的、机制化的、全面深入交流的重要平台。通过贸易政策审议机制，成员已不再局限于对我国的贸易政策进行就事论事的讨论，而是要就我国的发展战略、政策及其影响提出关注。我们也需要利用这一机制更多地了解贸易伙伴的情况，表达我们的关注，努力为我国经济贸易的持续稳定发展营造良好的外部环境。因此，一方面，国内各个主管部门要将参与对其他成员的贸易政策审议作为本部门一项长期的任务来抓，另一方面，就那些在审议中成员对我们提出的关注，要进行分类处理。对于我国经贸政策措施中确有不足或成员普遍关注的问题，相关主管部门应该予以重视，进行深入的研究，力求各项政策措施与国际通行的规则保持一致，并在此基础上，推动中国产业提高竞争力，市场进一步开放和对外贸易可持续发展。对于个别成员对我国的贸易政策存在误解或加以不实指责的问题，我们也应更好利用贸易政策审议这个平台，向国际社会阐述我们的立场、释疑解惑，争取理解，谋求互信，更好地维护我国开放、负责、守信的大国形象。

（商务部世界贸易组织司　柴小林）

中国代表团在巴西贸易政策审议会议上的声明

2009 年 3 月 11 日

（以英文发言为准，中文译文仅供参考）

谢谢主席。

我们代表团对巴西代表团，特别是尊敬的 Azevedo 大使为答复中国和其他成员的问题中所做的努力表示感谢。今天提供的全面答复令人印象深刻。这些答复确实有助于我们在全球经济下滑的关键时期更深地了解巴西的贸易相关政策和措施。目前，我们代表团有以下后续问题。

第一，包括中国在内的许多成员都对提高实施关税表示了关注。确切地说，我们询问了此举的影响，但没有得到答复。如果巴西能阐明这点，特别是对于被提高关税的产品贸易的影响，我们将不胜感激。

第二，关于在反倾销措施裁决中的“国家利益”条款中的主要因素，巴西答复道，我引述如下，“此评估在个案基础上有所不同”。请问巴西能否列举一些实例来说明在过去各种各样的案件中考虑到了哪些因素？

第三，巴西答复书第 105 页中美国提出的问题和周一欧盟在其声明中提出的问题使我们注意到在巴西的很多程序中所包含的巴西当地含量的要求。关于这一点，我们注意到在 2008 年 4 月 23 日，技术部和对外贸易、工业与发展部联合发布了 101 号联合条例。在该条例中，尽管一直到 2009 年底百分之百的进口是被临时允许的，但存在许多当地含量的要求。它还规定了在 2008 年 9 月 30 日之前应进行重新评估。因此，我们有兴趣知道巴西如何解释这些要求与其在 TRIMS 条约下的义务的一致性？如果是，巴西能否与我们分享其结果呢？

第四，主席先生，昨天我们通过媒体了解到巴西的统计机构 IBGE 预测 2009 年增长为零。鉴于巴西在全球经济中的重要性，尤其是在当前背景下，这与过去几年强劲的经济态势之间的强烈对比可能对全球复苏埋下一些阴影。我们想听取巴西代表团对此的意见。

总而言之，主席先生，我们再次感谢巴西代表团为答复成员问题投入的巨大精力和资源。尽管我们注意到其中一些答复不完整，我们相信我们所有的问题，包括我刚才提到的问题，都会如尊敬的巴西代表所指出的那样，在大概一个月内得到好的处理。我们赞赏巴西政府尽全力抵制保护主义压力的做法。我们祝愿巴西在度过危机中一切顺利。

最后，我们再次感谢秘书处的辛勤工作。也祝贺您担任主席取得了一个好的开端。

谢谢主席。

中国官员张向晨在巴西贸易政策审议会议上的声明

2009年3月9日

（以英文发言为准，中文译文仅供参考）

谢谢主席。

首先，我对尊敬的Azevedo大使率领的巴西代表团表示欢迎并感谢他们的辛勤工作。我还要感谢讨论引导人Noor大使和秘书处，是他们的贡献为这次的贸易政策审议奠定了充分的基础。我们认识到在不断扩散与加深的全球金融危机的背景下召开的这次会议的特殊重要性。作为这一特殊背景下的目标之一，我们希望这次审议能够帮助成员更好地理解巴西应对危机的措施，并从中学习。

主席，巴西是中国最重要的贸易伙伴之一，近年来双边贸易和经济合作迅速发展。据我们统计，2008年，尽管有全球金融危机，双边贸易额仍达485亿美元，比上年增长63.2%，几乎是2004年的4倍。那一年，胡锦涛主席和卢拉总统进行了富有成果的互访。几周前，中国副主席习近平对巴西进行了另一次成果丰硕的成功访问，期间双方签署了若干合作项目。我们相信这些项目会为深化我们之间的贸易和经济合作提供新的动力并树立起我们共同努力应对金融危机的榜样。

中国相信为克服眼前困难，国际协调至关重要。我们赞赏巴西对于多边贸易体系和多哈回合的积极态度，这有助于打击保护主义的危险趋势。Azevedo大使和他在日内瓦的团队在谈判中起着主导作用。中国与巴西存在很多共同立场，并感谢巴西在多哈农业谈判20国集团中的领导作用。

主席先生，关于巴西的贸易相关政策和措施，中国已经提交了若干问题，主要集中于关税，反倾销措施，出口保障措施，技术性贸易壁垒相关事务等。从秘书处的报告中，我们的企业也注意到，巴西在提高其平均关税保护水平。我们希望我们的问题能够及时得到答复，我们的关注能得到适当的解释。中国理解巴西的难处并希望巴西能在多边贸易体系的框架内合理地应对危机，并与20国集团华盛顿峰会的精神保持一致。我们祝愿巴西的贸易政策审议成功。

最后，同样重要的是，热烈祝贺您当选为这个重要机构的主席。我们保证全力支持您的工作。

谢谢主席。

2009 年对斐济贸易政策审议中国代表发言

谢谢，主席先生。

首先，我要热烈欢迎由斐济贸易部长 Sayed-Khaiyum 先生和 Cavuilati 大使率领的斐济代表团参加此次审议，我要感谢 Sayed-Khaiyum 部长先生所做的全面的陈述发言。我们同样感谢讨论引导人布莱克大使方才所做的引导发言。无须赘言，秘书处报告和斐济政府声明又一次为此次审议的进行奠定了坚实的基础。

主席先生，斐济和中国互为重要贸易伙伴。两国在 1997 年就签订了政府间贸易协定。斐济是中国在太平洋岛国中的第四大贸易伙伴，而中国是斐济的第七大贸易伙伴。通过双方共同的努力，中斐双方经贸合作已由单纯的双边贸易扩展到包括投资、旅游、电信、基础设施建设及农、林、渔等领域。根据中国数据统计，2008 年，中斐双边贸易额超过 9 000 万美元，较 2007 年增长 36%。到 2008 年底，斐济在华实际投资项目共 28 个，达 543 万美元。同期，中国企业在斐济投资额为 2 200万美元。劳务、设计和咨询服务合同金额达 3 450亿美元，而全部服务产出为 2 340 亿美元。此外，作为发展中国家，中国也在自己力所能及的范围内向斐济提供了人员培训。

中国和斐济在双边交往的其他领域同样有着友好的合作关系。2006 年 4 月，中国总理温家宝正式访问斐济，并出席了“中国—太平洋岛国经济发展合作论坛”首届部长级会议的开幕式。此次访问过程中，两国宣布建立并发展“中斐重要合作伙伴”关系。中斐间各种文化交流活动频繁开展。2004 年 10 月，斐济成为中国居民对外旅游目的地。1984 年以来，中国还向斐济在华留学生提供了奖学金。

主席先生，我们从两份报告和 Sayed-Khaiyum 部长先生发言知道，作为弱小经济体，斐济经济极易受到外部不可预见的波动的影响。此次规模空前的全球经济和金融危机和今年 1 月的大洪水更让斐济面临着更大的挑战。在当前情况下，向斐济和类似国家提供充裕的外国市场，投资和对应的促贸援助是非常重要的。这不仅对于斐济政府，对于国际社会同样都是一项艰巨的任务。在此，我们注意到秘书处在其报告中提出，斐济的经济复苏可能相当缓慢，将依赖于国际经济恢复进程，特别是在当前金融危机后全球衰退的大背景下。但是，世贸组织成员可以向斐济施以援手，本着非歧视的精神向斐济进一步开放自己的市场，取消过度严格的非关税壁垒，包括阻碍了斐济出口的动植物检验检疫措施。中国认同秘书处在这此问题上的分析，并鼓励成员能够按照秘书处的建议行事。

最后，我们感谢斐济代表团就我们事前提交的问题单做出了答复。祝愿此次贸易政策顺利进行，并愿斐济代表团在日内瓦度过愉快的几天。感谢你，主席先生。

2009年4月莫桑比克贸易政策审议中国代表发言

感谢你，主席先生。

我代表中国代表团向由Antonio Fernando大使先生率领的莫桑比克代表团表示热烈的欢迎。我们感谢莫桑比克代表团为此次审议准备的政府声明以及Antonio Fernando大使先生方才所做的全面的陈述发言，这使我们对莫桑比克自其首次贸易政策审议以来的宏观经济环境和贸易发展情况有了更好的了解。我们同样感谢WTO秘书处短时间里就能为此次审议准备如此出色的报告。我们同样感谢讨论引导人德国大使Detlev Brauns先生刚才所做的具体而富有洞见的评论。

主席先生，中国和莫桑比克关系密切，双方高层互访频繁。2006年11月，Guebuza总统先生参加了中非合作论坛北京峰会，在那届峰会中，中国和非洲各国共宣布了加强中非经贸关系的8项措施。2007年2月，胡锦涛主席对莫桑比克进行了国事访问，期间，双方首脑就落实中非合作论坛北京峰会成果签署了一系列协议。

主席先生，中国和莫桑比克间贸易发展迅速。2008年，双边贸易额达4 230亿美元，较上年同比增长48.7%。中国主要出口产品为机电产品、金属、纺织品，主要进口产品为木材制品、矿产和芝麻。为进一步增加自最不发达国家（包括莫桑比克在内）的进口，中国已向这些国家的466种产品提供了免关税免配额的双免待遇。同时，我们正努力将这一双免待遇扩展到95%的产品。

截至2008年底，中国在莫桑比克直接投资额为346.4万美元。中国企业在莫签订的劳务合同总金额为11.3亿美元，其中合同实现收益产出达6 300亿美元。

1974年以来，中国向莫桑比克提供的经济和技术援助总额达24亿元人民币。在中非合作论坛框架下，中国免除了莫桑比克3 000万元人民币的债务。在胡锦涛主席2007年访莫期间，中国承诺向莫桑比克提供12亿元人民币的优惠贷款。目前，在此安排下，已有5个具体项目得以落实。中国注意到莫桑比克关于WTO成员应提供更多和无条件的促贸援助的观点，中国完全赞同这一观点。

主席先生，作为莫桑比克长久以来的朋友，中国高兴地看到，如讨论引导人在他发言中所说，过去几年中，莫桑比克不少经济指标都处于积极水平。过去5年中，莫桑比克平均经济增长速度为8%，而通胀水平大幅度降低。人均GDP取得大幅增长，从2001年的230美元增长到2008年的466美元。值得一提的是，尽管莫桑比克仍是一个最不发达国家，它已建立了一套国家可持续发展战略，将环境因素列入其经济政策和减贫计划中。这非常令人赞赏。

主席先生，尽管莫桑比克驻日内瓦代表团规模相对较小，莫桑比克一直尽可能积极参与到WTO事务中。尊敬的Frances Rodrigues大使先生在33国集团中扮演了重要角色，捍卫了发展中成员在农业谈判中关于特殊产品和特别保障机制问题中的权利。中国已准备好同莫桑比克和其他成员一起推动多哈回合造成达成一致，这在当前全球经济和金融危机的背景下显得尤为迫切。

最后，主席先生，我们感谢莫桑比克代表团对我们问题单的答复，尤其是关于金融和经济危机冲击的内容。我们祝愿莫桑比克贸易政策审议成功。

谢谢你，主席先生。

2009年4月对欧盟贸易政策审议中国代表发言

感谢你，主席先生。

主席先生，我想和先前发言的成员的大使们一道，祝愿尊敬的彼得·巴拉什先生和他的代表团未来两天审议愉快，我也要感谢秘书处为准备今天的会议所做的辛勤工作。尽管经济危机和惨淡的经济数据在过去几个月中一直如愁云般笼罩在每个人心头，我希望所有成员能够利用此次审议的机会来放松一下，积攒能量，这样才能更好地应对与这次前所未遇的全球性经济动荡。

主席先生，欧盟是这个机构最为重要的成员之一，我们赞赏欧盟为这个组织所做出的独特贡献。在过去几年中，我们都见证了欧盟对多边贸易体制的坚持，尤其是在多哈回合谈判的困难时期，欧盟在谈判诸多领域均扮演着引领、促进谈判的进程的角色。事实上，主席先生，欧盟自身的存在就已经证明了区域一体化是多边机制极为有益的补充。欧盟在政治和经济层面不断整合，这为欧盟强化它在世界经济中的领导作用并度过当前危机奠定了健康坚实的基础。回顾过去，仅仅在十年以前，不少人都对欧元区的想法嗤之以鼻，但是现在，欧元已经展现出在未来世界金融体系中扮演更为重要角色的潜力。同样，我相信欧盟也已做好准备和世界各国一道为稳定当前世界经济投入更多的力量。

主席先生，欣闻秘书处报告中提及在审议期中，欧盟的真实GDP增长仍保持强劲达3%，而这还是在受到全球经济动荡干扰下取得的成绩，欧盟2007年财政赤字降低了0.9%，2008年该数字预计将远低于2%的目标水平。在秘书处报告中，欧盟作为一个经济整体的重要性也得以体现，在审议期中，欧盟世界最大货物贸易出口经济体和第二大进口经济体，同时仍然保持着世界最大服务贸易经济体和最大的投资目的地和输出地的头衔。但是与此相对，秘书处报告却也同样提到欧盟就业不佳的状况。我本人也注意到，上周公布的欧盟区2月份失业率从1月份的8.2%增长到8.5%。中国非常想知道欧盟是否计划或是否已有一套刺激计划来解决目前经济增长放缓同时兼顾其人民的社会福利保障，如就业和医疗等问题。

主席先生，中国和欧盟有着良好的经济合作。中欧贸易是世界上最为重要的经贸关系之一。根据中方统计，中欧2007年双边贸易额达3 562亿美元，而在2008年，尽管在下半年爆发了金融危机，但中欧双边贸易额仍然增长至4 258.8亿美元，较上年增长19.5%。目前，欧盟是中国最大的贸易伙伴和出口市场，而在2009年，欧盟同样成为中国最大的进口来源国。不仅如此，欧盟自上次审议以来，欧盟就成为中国最为重要的科技进口来源地。同时，中国也是欧盟第二大出口市场，我相信，这也证明了中欧双边贸易关系有着良好健康的基础，双方均从这种关系中受益匪浅。

主席先生，中国认为互利共赢是发展中欧经贸关系的重要原则。在过去几年中，尽管双边经贸摩擦时常发生，但是，中欧经贸发展势头仍然良好健康。在审议期，中欧双方以各种形式的双边交流来解决各自关心的经贸问题。就在几周后，第二届中欧高层经贸对话就要开始。我希望这次对话能够结出丰硕果实，为中欧双边关系带来光明的前景。

主席先生，在此次审议前，为更好地了解欧盟制定的一些经贸政策和措施，并向欧盟提出一些我们的关注，中国向欧盟提交了书面问题单。中国主要的贸易关注体现在以下方面：（1）关税结构；（2）海关措施；（3）技术法规；（4）检验检疫措施；（5）政府采购；（6）补贴，尤其是农业补贴；（7）部分欧盟成员国的投资壁垒。中国高兴地看到欧盟对这些问题做了回答，我们会在会后对这些问题进行进一步研究。现在，我想主要提出两点关注。

第一，是技术性壁垒措施以及检验检疫措施。主席先生，我必须要说，欧盟的技术性壁垒和检验检疫措施严重阻碍了中国企业的出口，而欧盟几乎没有采取什么措施来解决这个问题。自从2002年中国首次参加欧盟贸易政策审议以来，中国就一直要求欧盟逐步取消那些给中国制造商和欧盟进口商造成不必要负担的技术法规或指令。但是，直到今日，据中国企业反映，情况似乎更为恶化。欧盟正不断出台一些不必要的、限制贸易的措施。例如，在食品安全立法方面，欧盟在制定风险管理制度和农残标准时，考据不仅时常缺乏科学分析，反而采信大量不确定和模糊的因素。欧盟对化学品实施的REACH法规同样是中国重点关注的问题。

第二，贸易救济措施。看起来，欧盟不仅是在多哈新一轮谈判和世贸组织的其他一些重要议题中起到了领导作用，同样，欧盟在使用包括反倾销在内的贸易救济措施的问题上也是这个组织的“带头人”。根据秘书处报告的统计，在审议期中，欧盟发起了36起反倾销调查，而截至2008年上半年，欧盟目前正实施着131项反倾销最终裁定措施，其中45项针对中国出口商品。毋庸置疑，中国又一次成为最大的受害者。同样，由于中国也是遭遇反倾销调查最多的成员，大家很容易就能想到这些措施对中欧双边贸易带来的负面影响。主席先生，在当前的困难时期，如我们的领袖们所承诺的，成员们应抵制贸易保护主义的诱惑。

但是，贸易救济措施有时也很容易被解读为是一种隐性的贸易保护主义措施，因此，中国在此敦促欧盟在未来减少使用贸易救济措施的频率，尤其是在当前世界经济复苏初现曙光之时。与该问题紧密联系的是中国的市场经济地位问题。我们坚信，欧盟未能正确评估中国市场经济体制的真实情况。我们对此问题非常关注，也期待欧盟尽早解决这一问题。

主席先生，如我们的温家宝总理所说：“信心比黄金和货币更为珍贵。”我相信包括欧盟在内的主要经济贸易体应该展现出信心和决心，不仅承担世界经济健康发展，而且——更为紧迫的是——保证世界经济企稳复苏的义务和责任。我们希望欧盟能够致力于进一步完善其贸易体制和措施，在多哈新一轮谈判中展现出开拓精神，为多边贸易体制做出更大贡献。最后，我祝愿欧盟第9次贸易政策审议圆满顺利。

谢谢你，主席先生。

中国大使孙振宇在 WTO 对新西兰贸易政策审议会议上的发言

感谢您，主席先生。

我对沃克大使率领的新西兰代表团表示热烈欢迎，并对新西兰代表团和秘书处的辛勤工作表示感谢。我还要感谢讨论引导人马丁·格拉斯先生的评论和问题为此次审议提供了极大的便利。此次审议在所有成员面对共同的全球金融和经济危机挑战的关键时刻举行。我们相信它将给新西兰提供一个与成员分享其应对挑战的经验的机会。

主席先生，中国高兴地注意到，新西兰仍然是世界上最开放的经济体之一。我们对新西兰继续支持和承诺加强多边贸易体制表示赞赏。中国也很高兴看到新西兰高度重视法律法规的透明并使其容易获得。此外，中国与新西兰一道，支持 WTO 和其他国际组织为抵制对贸易产生负面影响的保护主义措施做出的努力。

主席先生，中国充分了解新西兰对多哈回合谈判尽早结束的郑重承诺。新西兰在这一过程中的突出贡献尤其体现在前任大使即现任的格罗索部长、福克纳大使以及现任沃克大使作为这个最重要谈判组的主席所做的工作中。除了提供美洲杯帆船选手之外，新西兰无疑也是农业谈判主席的最好的外包提供者。我们期待着新西兰在未来继续发挥积极作用。

主席先生，中国和新西兰是重要的贸易伙伴，中国是新西兰第二大进口来源地和第四大出口市场。此次审议期见证了我们双边经贸关系的迅速、健康发展。中国和新西兰的自由贸易协定进一步加强了我们在多边贸易体系中的牢固互利关系。这是中国第一个涵盖货物贸易、服务贸易、投资和其他领域的全面自由贸易协定。它和在我们双边经贸关系中扮演稳定和基础性角色的多边贸易体制一道，成为贸易自由化的动力。我们的统计数据显示，尽管受金融危机影响，2008 年双边贸易额仍然达到 44 亿美元，同比增长 19%。在全球经济低迷的背景下仍有如此良好的贸易表现，证明我们的经济相互依存、相互补充，我们能从进一步开放中获益。

主席先生，在此次审议中我团已经提交了两份问题单。我感谢新西兰代表团对一些问题提供了答复，并期待得到对其他问题的答复。

最后，主席先生，我的同事也一定期待 2015 年的下一次贸易政策审议。届时，新西兰将“更上一层楼”。我祝这次贸易政策审议圆满成功。

谢谢。

2009年12月对格鲁吉亚贸易政策审议中国代表发言

主席先生，谢谢你。

首先，我想和其他成员一起，欢迎塔玛尔·卡夫奇丽泽女士（Tamar Kovziridze）率领格鲁吉亚代表团来参加WTO对格鲁吉亚的首次贸易政策审议。中国代表团感谢格鲁吉亚政府和WTO秘书处为此审议准备的出色报告，这些报告为我们未来几天的讨论奠定了坚实的基础。我们同样感谢讨论引导人克日齐斯托夫·扬努什克先生（Krzysztof Januszek）先生的引导性评论。

主席先生，中国代表团祝贺格鲁吉亚在此次审议期中在经济领域取得令人瞩目的表现。2003年至2008年，格鲁吉亚经济强劲增长，GPD年均增幅近10%；2008年人均年收入已达2 900美元，较2003年翻了两番；外国在格直接投资也由当年仅占GDP的8.4%增长至目前的17.2%，这显示出格商业环境得以持续改善。尽管通货膨胀水平仍保持在个位数的较低水平，但是，据秘书处报告所说，失业率却也不断攀升，而贫困人口仍然众多。我们很有兴趣知道格鲁吉亚政府如何看待以及计划如何解决这一问题。

中国代表团同样注意到，作为和中国一样的新加入成员，根据加入承诺的内容，格鲁吉亚关税水平非常低。格平均约束MFN税率为7.5%，而当前实施MFN税率仅为1.5%，远低于约束水平，这也可能是世界最低的实施税率了。在上周进行的第七次部长级会议中，部长们强调了新成员加入对于扩大和加强WTO这一国际组织的重要性。在这个问题上，我们都应记得发展中国家非正式小组曾在其散发的WT/GC/W/611号文件中建议对现行机制加以改善，以此使得新成员在加入过程中可以有机会将其对加入程序的看法公之于众。中国认为，成员应尽量减少向那些正寻求加入的发展中国家提出一些超出其发展水平或超出当前WTO规则范围的要求。

主席先生，中国政府高度重视与格鲁吉亚在经贸领域开展的合作。近年来，中格双边经贸关系平稳发展。2008年，中格双边贸易额达2 880万美元，较上年增长50%左右。双边贸易结构进一步优化，高科技产品所占比例显著提高。

在2009年，由于国际金融危机的影响，中格双边贸易往来势头明显放缓。1月至10月间，中格双边贸易额为1 660万美元，较去年同期下降37.5%。尽管如此，中格在能源、资源开采、木材加工、农业、运输和电信领域合作依然不断铺开。我们相信，在双方政府的强力支持和两国业界的积极参与下，中格双边经贸合作依然大有潜力可挖。

主席先生，此次审议是格鲁吉亚加入WTO以来首次接受贸易政策审议，这恰逢其时。WTO贸易政策审议机构年度监督报告认为，这场自1930年以来最严重的一次危机已逐步离我们远去。上周，各国贸易部长们四年来首次集体会面，为未来几年这个机构的发展方向提供了有益的指导。另外，贸易部长们重申了贸易和多哈回合谈判对于经济复苏和扶贫的重要性，也再次强调将在2010年前结束这轮谈判。中国已准备好同格鲁吉亚和其他成员一起全心全意地完成这一目标。

最后，中国代表团祝格鲁吉亚首次贸易政策审议成功。

谢谢，主席先生。

WTO对日本第九次贸易政策审议
中国常驻WTO代表团孙振宇大使的发言

2009年2月18日

感谢主席先生。

中国代表团很高兴参加WTO对日本的第九次贸易政策审议。首先请允许我对自东京远道而来参加第九次对日本贸易政策审议的日本代表Yokota大使和他的同事表示欢迎。此次对日本经济和贸易政策进行全面审议正值金融和经济危机对世界各国的影响不断加深的重要时候，因此尤其值得关注。WTO秘书处和日本政府为审议所做的准备工作非常出色，特别是危机影响的最新情况在其中得到了详细的反映。讨论引导人Gero大使刚才发言的内容对我们的讨论也非常有价值。日本代表的发言条理明晰，令人印象深刻。中国对他们的努力和贡献表示感谢。

主席先生，2007年和2008年，中日双边贸易继续得到可喜的发展。2007年，中日双边贸易额为2 360亿美元，同比增长14%；尽管在2008年受到金融动荡的不利影响，中日双边贸易仍然取得了13.0%的增长，达到了2 670亿美元。但是，随着危机对实体经济影响的日益显现，这样良好的势头能否继续保持，中方十分关切，因为2008年最后两个月的贸易数据显示出我们对日本的进出口均出现了较大幅度减速的迹象。

尽管如此，我们对于继续加强中日两国经贸关系的决心没有改变。中日两个重要经济体之间日趋紧密的经济联系使得我们可以通过加强政策对话、协调和合作，来努力降低危机带来的负面影响。这对于亚洲地区乃至世界应对经济的动荡都将具有十分重要的意义。

主席先生，对全球化和国际合作的鉴定支持是日本经济的重要特点。中国赞赏日本政府为加速监管机制改革所做的努力，以及在经济和金融危机冲击下日本对多边贸易体制和多哈发展议程谈判的不懈支持。值得一提的是，Kitajima大使和他在日内瓦的同事在多哈回合谈判中扮演着重要而积极的角色。

主席先生，在上周的TPR非正式会议上多数成员已经表示：成员在制定和实施应对危机的措施，如救助措施和经济刺激计划的同时，应当必须高度警惕，抵制贸易保护主义抬头。因为保护主义不仅无助于摆脱困境，反而会使各成员挽救经济的努力在相互猜疑中受到削弱。在这方面，秘书处在其报告中提到："很明显，自2008年9月全球金融危机爆发以来，日本并未实施新的措施保护其国内市场"。中方对日本在经济危机的关键时刻做出的贡献表示赞赏。

主席先生，发展中成员是此次危机最大的受害者。保障发展中成员能够得到足够的贸易融资、官方发展援助和促贸援助十分必要。作为提供援助的主要成员，日本在援助问题上所做的承诺令人欢迎。

此外，我们还希望日方能够结合其正在推进的体制改革，对现行贸易体制中尚不完善的地方做出改进的努力，如复杂的配额和关税配额体制，以及对农业部门的高度保护等。这些方面的努力将会给贸易伙伴们带来在当前形势下尤为重要的市场准入机会。

主席先生，本次审议中，我在首都的同事们就日本的贸易政策和做法还向日本代表团提出了一些具体的问题。我们感谢日本政府已经提供的首批答复，并期待受到日本对其他问题的回答。

主席先生，最后，我祝本次审议取得圆满成功。谢谢。

对日本第九次贸易政策审议中国代表团的发言

2009 年 2 月 20 日

主席先生：

中国代表团对 Yokota 大使刚才的答复表示赞赏，对讨论引导人 Gero 大使的评论表示感谢。中国基本赞同这些评论。在世界经济危机的关键时刻，我们通过交换意见，进一步澄清了日本政府对其贸易政策和措施的立场。中国代表团很高兴地看到：尽管日本经济在危机冲击下前景不容乐观，但从审议情况看，日本贸易政策总体仍将保持稳定。日本和其他成员在日本监管机制改革是否出现减速方面似乎存在分歧。但只要日本改革的具体步骤和措施，特别是针对成员长期关注的重要领域和问题的改革措施能够得以实施并向成员公开，目前的分歧并不重要。中国期待日本政府加快改革进程的努力。

主席先生，我方代表团不会在会上进一步口头提问，但我们刚刚从北京收到了一些后续问题。我们将很快以书面形式提交。我们希望日本能在未来几周内通过书面答复于我们交流对这些问题的看法。

最后主席先生，请允许我再次感谢尊敬的讨论引导人 Gero 大使，秘书处和日本代表团为此次审议所做的卓越工作。同样我希望向主席先生表示感谢。不仅是感谢您对最近两天审议会议的组织与协调，也是感谢您在过去一年里为贸易政策审议机构所做的工作。祝您在其他理事会担任主席期间一切顺利。

谢谢。

TBT/SPS 有关的内容

一、TBT 通报概述

（一）通报数量

在 2009 年，WTO 成员共提交了1 490项新的技术法规和合格评定程序的新通报（包含修订），是历年来 WTO 成员提交这类通报最多的一年（参见下图 1）。另有 401 项关于已提交通报的补遗和勘误。自 1995 年协议实施以来到 2009 年 12 月 31 日止，共有 110 个成员提交了11 564项通报和1 576项通报的补遗/勘误。

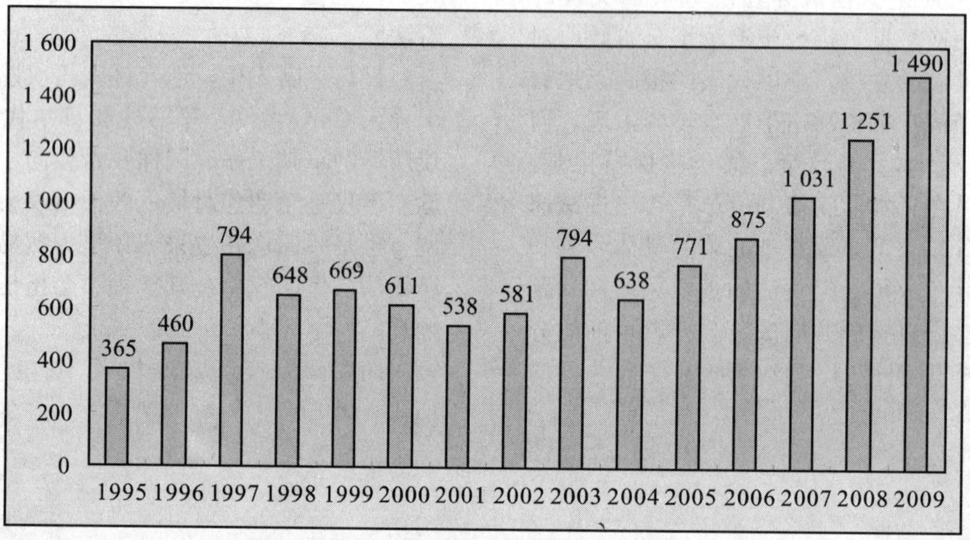

图 1　1995 年至 2009 年 TBT 通报数量

2009 年共有 77 个 WTO 成员提交了 TBT 通报。圣文森特和格林纳丁斯、前南斯拉夫马其顿王国和坦桑尼亚三成员首次提交了通报。

提交通报数量位列前 10 位的成员依次是中国、以色列、沙特阿拉伯、卡塔尔、巴林、美国、肯尼亚、欧盟、韩国和泰国。这 10 位成员的通报总数为 885 项，占全年 TBT 通报总量的 59.4%。

2009 年散发的1 490项 TBT 通报的文件中有1 402项为技术法规通报，25 项为紧急情况的技术法规，14 项为地方技术法规；126 项为合格评定程序，5 项为紧急情况通过的合格评定程序；另有 3 项没有说明依据的条款①。

在 TBT 协定中规定各成员可以在适当程度内采取必要措施，以保证其实现合法目标。这些合法目标包括：保护动物和植物的生命或健康以及保证质量、技术协调、便利贸易等。在 2009 年收到的1 490项通报中，由成员作为第一目标的合理目标和理由如下：保护人类健康或安全（1 032项通报）、防止欺诈行为和消费者保护（410 项通报）、质量要求（226 项通报）、保护环境（180 项通报）、减少或消除贸易壁垒（98 项通报）、采用新的国内法（86 项通报）、保护动物或植物健康（56 项通报）、协调（49 项通报）、向消费者提供信息和标签（42 项通报）、节省费用和提高生产力（34 项通报）、贸易便利（24 项通报）、国家安全要求（8 项通报）。有 702 项通报提及一个以上的目标，有 6 项通报没有说明任何合理目标。

委员会建议对技术法规和合格评定程序通报提交评议的时间通常为 60 天，然而也建议鼓励任何成员提供超过 60 天的期限，如 90 天。在 2009 年，

① 76 项通报指出了 1 个以上的条款。

成员允许的评议时间平均是 58.1 天。453 个通报没有说明规定的评议期、声明评议期不适用或评议期已过。图 2 表示的是 1995 年以来历年通报的平均评议期时间。

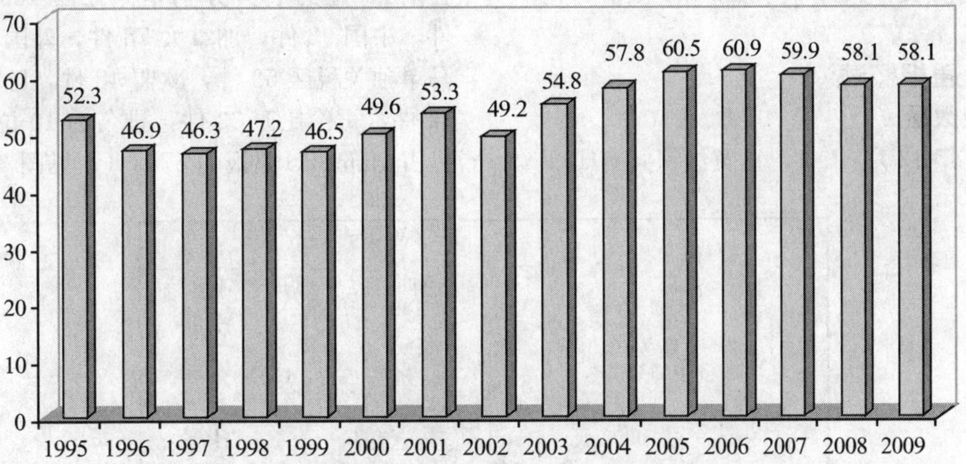

图 2　1995 年至 2009 年平均评议期的天数

（二）中国对外 TBT 通报

2009 年，中国通过 WTO 向各成员通报 TBT 措施 201 个，通报数量在所有 WTO 成员中列第 1 位。在通报 201 项 TBT 措施中，强制性国家标准 197 项，其余 4 项分别为国家烟草专卖局发布的 2 项强制性行业标准和国家质检总局及环境保护部发布的部门规章。此外另有 4 个补遗通报。截至 2009 年 12 月 31 日中国的 TBT 通报编号已至 713。

通报发出后，中国 TBT 国家通报咨询中心收到其他成员对 30 项中国通报提出的评议意见 33 件（次）。中国政府有关部门对相关评议意见进行了认真研究考虑。

关于 2009 年中国向 WTO 提交的 TBT 通报措施的标题、通报编号及其受到评议的具体信息，请向 tbt@aqsiq.gov.cn 索要，或登录 www.tbt-sps.gov.cn；www.aqsiq.gov.cn。

（三）中国对 WTO 其他成员 TBT 通报的评议

2009 年跟踪 WTO 其他成员 TBT 通报措施并开展评议的有 260 多项，涉及 WTO 成员 30 多个。集中关注和评议的重点领域是电器电子产品（包括 EUP，设备回收，有毒有害物质）、儿童用品、食品、化妆品、纺织品、计量器具、机动车辆、化学品、特种设备方面的国外通报法规。其中的计量器具、特种设备为新评议的专业领域。对其中 61 项特别重要的 TBT 通报法规提出了代表中国政府的意见，正式书面意见发出 61 次。涉及的 WTO 成员有 11 个，其中美 20 项、欧 18 项、韩 7 项、日本 5 项、加拿大 4 项、乌克兰 2 项、马来西亚 1 项、巴西 1 项、瑞士 1 项、阿根廷 1 项、南非 1 项。有 25 项当年的书面意见得到国外正式答复，其他成员陆续还在发来对其余意见的正式答复。评议和答复的互动过程，能达到技术交流和取长补短的效果。

2009 年中方评议意见被 WTO 其他成员采纳或部分采纳的有 4 项：欧共体 EEC254《委员会指令草案修订关于供人类食用的果汁和某些类似产品的理事会指令 2001/112/EC》；欧共体 EEC272《委员会指令草案，执行和修订关于电视机能效标签的理事会指令 92/75/EC》；韩国 KOR218《关于在商品进口商注册的输出国制造设备现场卫生检查拟议的规则和清单》；韩国 KOR219《关于在进口的原始设备制造商（OEM）食品生产/加工公司现场卫生检查的拟议的规则和清单》。其中一项意见被对方全部接受：即对欧共体 EEC272《委员会指令草案，执行和修订关于电视机能效标签的理事会指令 92/75/EC》的评议。欧方表示将重新起草该指令草案，并再向 WTO 通报。

2009 年中方就 15 项 TBT 通报提出了延长评议期的要求，有 5 项通报的延期申请得到对方同意，包括美国 3 项，南非 1 项，瑞士 1 项。

（四）中国答复 WTO 其他成员 TBT 咨询情况

接受来自其他成员的询问 98 次。询问大多是来自各国家、国际组织、知名企业，涉及的国家和地区包括美国、欧盟、加拿大、瑞士、澳大利亚、德国、巴西、智利、韩国、印度、越南、泰国、菲律宾、哥伦比亚、厄瓜多尔等。起草、处理往来信函274件，提供各类文件共计173项2 505页。

二、SPS通报概述

（一）通报数量

截至2009年12月31日，世贸组织共有153个正式成员，其中50个成员在2009年1月1日至12月31日提交了SPS通报1 016件。其中，通报量排在前10位的成员分别是：巴西135件，美国116件，中国92件，加拿大78件，韩国54件，台澎金马单独关税区53件，欧盟48件，巴林43件，智利34件，哥伦比亚33件，排名前10位的成员通报数量占全部SPS通报的67%（详见图3）。

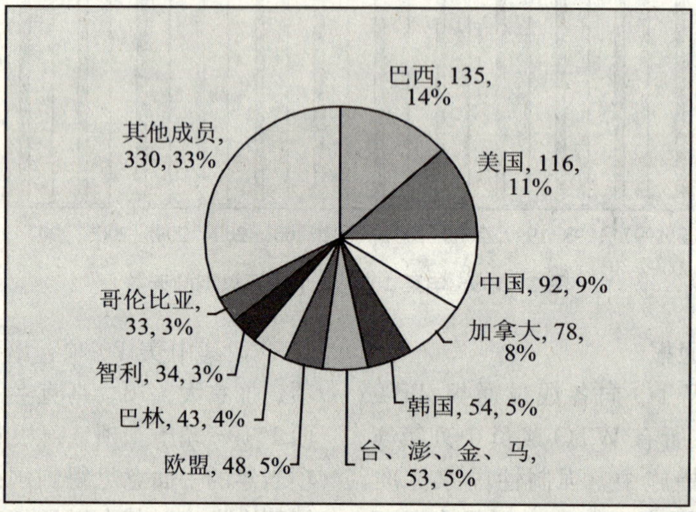

图3 各成员通报情况

与2008年相比，2009年SPS通报总量减少了250件，是自2005年以来SPS通报总量的首次下降（详见图4）。具体分析可以发现，发达成员和发展中成员通报数量都有所减少，但发达成员减幅较大，通报数量较去年减少204件，是2009年通报量减少的主要原因。

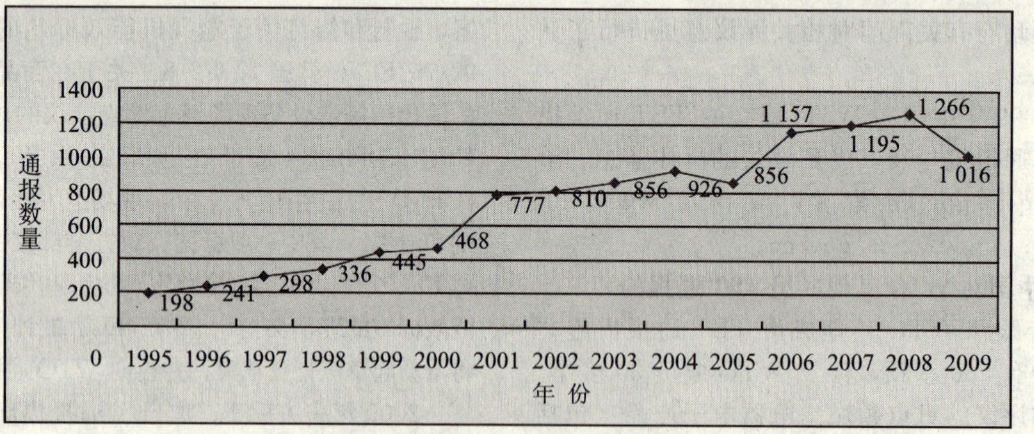

图4 历年SPS通报数量

（二）通报类型

2009年的1016件通报中，常规措施通报为668件，占通报总数的65.7%；紧急措施通报76件，占通报总数的7.5%；修订通报6件，占通报总数的0.6%；补遗通报253件，占通报总数的24.9%；勘误通报13件，占通报总数的1.3%（见图5）。

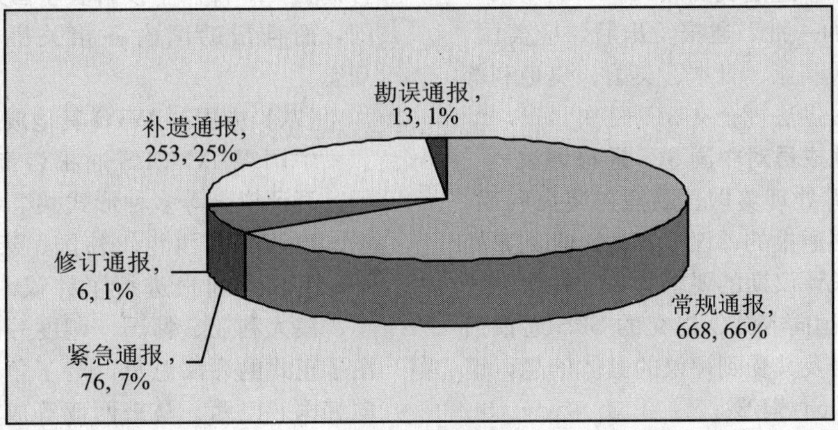

图5 通报类型

（三）通报领域

就通报措施在SPS几大领域的分布情况而言，通过对通报“目的和理由”栏的累计分析表明，2009年，涉及食品安全保护的通报数量最多，有671件；其次依次为保护人类免受动/植物有害生物的危害528件；植物保护250件；动物健康221件；保护国家免受有害生物的其他危害107件（见图6）。

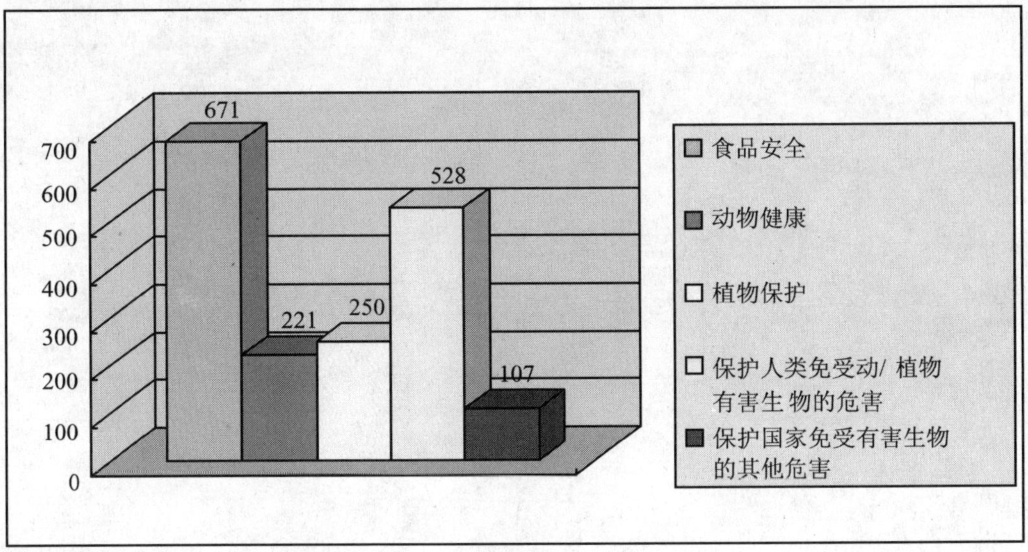

图6 通报领域

（四）针对中国的SPS通报

2009年所有SPS通报中，除表明影响所有贸易伙伴的措施外，有247件明确指明了受到影响的具体地区，占通报总数的24%。

其中，在常规通报中，针对中国的有6件，分别为澳大利亚对进口中国鲜苹果、巴西对绵羊和山羊肠衣、智利对甜橙繁殖材料、新西兰对鱼片和鲜洋葱、美国对木制手工艺品的相关要求。

在紧急措施通报中，指明中国为受影响国家的有11件。其中7件是阿尔巴尼亚针对中国爆发口蹄疫而对相关产品采取的限制措施，其他4件分别为阿尔巴尼亚针对我国发生的禽流感、韩国针对桔小实蝇、美国针对星天牛以及柑橘绿化病和柑橘斑病的防控措施。

（五）中国对外SPS通报概述

2009年，共向WTO发出92件SPS通报，其中常规通报90件，补遗通报2件。2009年SPS通报数量激增的主要原因是通报了卫生部制定的75

项食品安全国家标准，这是我国加入 WTO 以来一次性通报数量最大的一批。通报发出后，应美国、欧盟、加拿大、澳大利亚、日本、英国、奥地利等成员的要求，对外提供法规全文 315 件次。

（六）WTO 其他成员对中国 SPS 通报评议

2009 年共收到并处理美国、欧盟、澳大利亚、墨西哥等成员对我国通报的评议 274 件。收到并处理其他成员要求延长评议期的要求共 235 件次。

关于 2009 年中国向 WTO 提交的 SPS 通报措施的标题、通报编号及其受到评议的具体信息，请向 sps@aqsiq.gov.cn 索要，或登录 www.tbt-sps.gov.cn；www.aqsiq.gov.cn。

（七）中国答复 WTO 其他成员 SPS 咨询情况

中国 WTO/SPS 通报咨询中心接收并处理了咨询共 416 件。不仅解答了国外关于国内措施的疑问，而且帮助国内各相关机构了解了国外法规动态。

（八）中国对 WTO 其他成员 SPS 通报评议

中国 WTO/SPS 通报咨询中心采取网上、发函、开评议会等多种形式共组织对美国、欧盟、日本、巴西、新西兰、韩国、泰国等 WTO 成员的 196 件 SPS 通报进行了评议。对美国、欧盟、日本、澳大利亚、韩国、印度等成员的 44 个通报提出了正式的评议意见，为了争取足够的评议时间，向韩国、巴西、马来西亚等成员的 12 件通报提出了延长评议期的要求。评议发出后，接收并处理措施起草成员对我国评议意见的专门反馈 8 件。

（国家质量监督检验检疫总局标准法规中心）

第四篇　与 WTO 有关的政策及管理措施

● 贸易政策与管理措施

中国政府采购制度情况

2009年，我国政府采购改革不断深化，政府采购市场对外开放谈判稳步推进。

一、继续推进政府采购制度改革

2009年，财政部根据全国政府采购工作会的部署，围绕法制化和规范化，积极推进政府采购制度改革。

（一）政府采购法制建设取得新的进展

再次修改了《政府采购法实施条例（送审稿）》并报送国务院法制办。制定了《中央单位变更政府采购方式审批管理暂行办法》《财政部关于进一步加强中央单位集中采购工作有关问题的通知》，加强政府采购方式变更和集中采购的管理。起草了《政府采购代理机构资格认定办法》和《政府采购扶持中小企业管理办法》，并广泛征求了意见。

（二）政府采购政策功能不断完善

会同发展改革委、环保部扩大了环境标志产品、节能产品政府采购范围，对产品“清单”实行公示制度，建立了供应商承诺机制和退出机制。帮助中小企业解决融资难问题，并在北京、黑龙江开展政府采购领域引入信用担保试点。积极开展政府采购支持服务外包产业发展的政策研究，配合有关部门制定了《关于鼓励政府和企业发包促进我国服务外包产业发展的指导意见》。会同质检总局和认监委发布《关于调整信息安全产品强制性认证实施要求的公告》，规定从2010年5月1日起，在政府采购法规定范围内对信息安全产品实施强制认证。

（三）政府采购监督管理机制进一步强化

加强对集中采购工作的监管和指导，完善协议供货采购制度，对部分服务项目实行属地化采购管理，建立集中采购目录执行情况报告制度。利用电子化手段对中央单位政府采购计划、执行情况以及政府采购预算进行预警和审核，为实现对中央单位采购活动的有效监控和分析考核奠定了基础。进一步规范中央单位政府采购方式审批和进口产品审核工作，完善了政府采购代理机构申报和审批程序。加大对违规和不良行为的处罚力度，首次处罚了4名评审专家，并开出了首张供应商“罚单”，两家企业3年内被公开禁止参加政府采购活动。

（四）电子化政府采购业务系统建设步伐加快

在充分调研的基础上，初步形成了全国电子化政府采购管理交易系统建设的总体思路。成立电子化政府采购业务系统建设工作组，开展前期工作。规范中国政府采购网建设维护管理，下发了《关于加强中国政府采购网建设和维护工作的通知》，执行统一域名制度，加强政府采购信息发布考核，推动中国政府采购网在全国范围内互联互通。

二、积极开展政府采购国际谈判和交流

2009年，财政部会同有关部门根据谈判形势，积极开展加入GPA谈判及相关国际磋商和交流活动。

（一）向WTO提交了中国加入GPA路线图

我国2007年底提交初步出价以来，美国、欧盟等7个参加方向我国提出了初步要价，要求我国按照其要价尽快提交修改出价。我国在2009年首届中美战略与经济对话中承诺，将于2009年10月份政府采购委员会会议召开前提交修改出价路

线图。

2009 年 10 月，我国向 WTO 提交了《中国加入 WTO〈政府采购协议〉进展情况》（即中国加入 GPA 路线图），阐明了中国加入 GPA 的立场，介绍了中国政府为加入 GPA 所做的努力，指出中国实质性扩大出价面临的困难，承诺中国将本着互利共赢的对外开放原则，积极修改出价，并表示将逐步增加开放清单中所列的中央、地方和其他实体，扩大货物、服务和工程项目开放范围，采用体现中国国情且与国际分类可比的项目分类标准，逐步降低开放门槛价。参加方一致认为，我国修改出价路线图清晰描述了修改出价的目标和方向，是我国在加入 GPA 道路上迈出的重要一步。

（二）积极与 GPA 参加方开展谈判

一年来，财政部 4 次组团赴日内瓦与美国、欧盟、加拿大、日本、韩国、瑞士、挪威 7 个 GPA 参加方，开展了 15 场次双边谈判，还与欧盟和美国在深圳和华盛顿各开展了一次双边谈判。谈判期间，双方主要就中国加入 GPA 修改出价的时间、出价范围、国内有关法律调整等问题，进行了磋商。GPA 参加方对我国积极谈判给予了高度肯定，对我国加入 GPA 面临的困难表示理解，希望我国尽快按照其要价提交修改出价。

（三）开展双边和自贸区框架下政府采购问题磋商

2009 年，财政部在首届中美战略与经济对话中，就我国加入 GPA 及有关政府采购政策与美方开展深入磋商。最终双方达成共识，即按照政府采购法的规定，平等对待中资企业和外商投资企业在华生产的产品，同时美方确认在其采购规定下，在美国建立的企业，不论所有权性质，其在美当地生产的产品将视同于美国国内产品。参与了中美商贸联委会有关政府采购议题磋商，就美方关于中国提交修改出价和制定本国产品认定标准等议题表明立场。参加了中美投资协定谈判，就投资协定范围提出了建议。此外，财政部参与了与澳大利亚、韩国、新西兰等国家自贸区谈判中关于政府采购议题的磋商。

（四）深入开展国际交流活动

财政部与欧盟委员会内部市场与服务总司联合举办了中欧政府采购研讨会，请欧方专家重点介绍欧盟政府采购制度及加入 GPA 的影响。组织部分中央单位和地方财政厅局赴瑞士进行 GPA 培训，系统学习 GPA 规则。参与了联合国贸易法委员会政府采购工作组会议，参与国际采购规则制定。参加了 APEC 政府采购专家组会议，审议有关政府采购原则在 APEC 成员国家的执行情况。

（财政部国库司）

中国关税政策情况

一、商品归类及海关化验

（一）商品归类

1.2009年版《规范申报目录》《统计商品目录》自2009年1月1日起执行。进出口货物收发货人及其代理人在报关时应当严格按照2009年版《规范申报目录》《统计商品目录》规定的要求填制报关单并办理通关手续。详见《海关总署关于公布2009年版〈中华人民共和国海关进出口商品规范申报目录〉及〈中华人民共和国海关统计商品目录〉的公告》（公告〔2008〕92号）。

2.2009年商品归类决定（Ⅰ）自本公告发布之日起执行。详见《海关总署关于公布2009年商品归类决定（Ⅰ）的公告》（公告〔2009〕5号）。

3.2009年商品归类决定（II）自本公告发布之日起执行。详见《海关总署关于公布2009年商品归类决定（II）的公告》（公告〔2009〕32号）。

4.为规范进出口申报行为，确保申报行为的准确性和有效性，现就进出口货物价格、归类、原产地补充申报有关问题进行公告。本公告内容自2009年10月1日起实行。详见《海关总署关于进出口货物补充申报有关问题的公告》（公告〔2009〕49号）。

5.2009年商品归类决定（Ⅲ）自本公告发布之日起执行。详见《海关总署关于公布2009年商品归类决定（Ⅲ）的公告》（公告〔2009〕57号）。

6.2009年商品归类决定（Ⅳ）自本公告发布之日起执行。详见《海关总署关于公布2009年商品归类决定（Ⅳ）的公告》（公告〔2009〕83号）。

7.《部分本国子目注释》自本公告发布之日起执行。详见《海关总署关于公布部分本国子目注释的公告》（公告〔2009〕86号）。

8.由于2010年版《中华人民共和国进出口税则》（以下简称《税则》）的税目设置及其相应的税则号列与2009年版《税则》相比有所调整，因此，海关相应调整了部分进出口货物的商品编码。详见《海关总署关于调整实施反倾销措施进口货物商品编码的公告》（公告〔2009〕89号）。

（二）海关化验

根据《中华人民共和国海关行业标准管理办法（试行）》，海关总署批准《萘含量的测定气相色谱法》《酒花浸膏中α-酸和β-酸的测定方法　液相色谱—串联质谱法》《聚酯纤维中二氧化钛含量的测定法》和《甲苯二异氰酸酯中同分异构体含量的测定　气相色谱法》4项海关化验标准，现予以公布，自2009年4月1日起实施。详见《海关总署关于批准发布〈萘含量的测定　气相色谱法〉等4项海关化验标准的公告》（公告〔2009〕11号）。

二、海关估价

2009年1月22日，海关总署发布了《中华人民共和国海关计核违反海关监管规定案件货物、物品价值办法》（海关总署令第182号），自2009年6月1日起施行。制定本办法是为了准确计核违反海关监管规定案件的货物、物品价值。本办法规定，海关应当在确定违法货物、物品及其完税价格，计核进出口关税、进口环节海关代征税或者进口税的基础上，根据违法货物、物品的完税价格和相应税款计核货物、物品价值；海关计核违法货物、物品价值或者计核案件漏缴税款的，应当通过行政处罚告知书，将违法货物、物品价值或者漏缴税款数额告知当事人，等等。

三、反倾销、反补贴及保障措施

（一）对以下进口商品继续征收反倾销税

1.苯酚——详见《海关总署关于对原产于日本、韩国、美国和台湾地区的进口苯酚继续征收反倾销税的公告》（公告〔2009〕3号）、《海关总署关于调整原产于台湾地区长春人造树脂厂股份有限公司的进口苯酚反倾销税税率的公告》（公告〔2009〕77号）。

2.丙烯酸酯——详见《海关总署关于调整原产于韩国、马来西亚、新加坡和印度尼西亚的进口丙烯酸酯反倾销措施的公告》（公告〔2009〕17号）。

3.铜版纸——详见《海关总署关于对原产于

日本和韩国的进口铜版纸继续征收反倾销税的公告》（公告〔2009〕48号）。

4. 邻苯二酚——详见《海关总署关于对原产于欧盟的进口邻苯二酚继续征收反倾销税的公告》（公告〔2009〕53号）。

5. 邻苯二甲酸酐——详见《海关总署关于对原产于韩国、日本和印度的进口邻苯二甲酸酐继续征收反倾销税的公告》（公告〔2009〕55号）。

6. 丁苯橡胶——详见《海关总署关于对原产于俄罗斯、日本和韩国的进口丁苯橡胶继续征收反倾销税的公告》（公告〔2009〕60号）。

7. 聚氯乙烯——详见《海关总署关于对原产于美国、韩国、日本、俄罗斯和台湾地区的进口聚氯乙烯继续征收反倾销税的公告》（公告〔2009〕65号）。

8. 乙醇胺——详见《海关总署关于对原产于日本、美国、马来西亚和台湾地区的进口乙醇胺继续征收反倾销税的公告》（公告〔2009〕72号）。

9. 甲苯二异氰酸酯——详见《海关总署关于对原产于日本、韩国和美国的进口甲苯二异氰酸酯继续征收反倾销税的公告》（公告〔2009〕73号）。

10. 三氯甲烷——详见《海关总署关于对原产于欧盟、韩国和美国的进口三氯甲烷继续征收反倾销税的公告》（公告〔2009〕74号）。

11. 非色散位移单模光纤——详见《海关总署关于对原产于日本、韩国的进口非色散位移单模光纤继续征收反倾销税的公告》（公告〔2009〕90号）。

（二）对以下进口商品征收反倾销税

1. 二甲基环体硅氧烷——详见《海关总署关于对原产于韩国和泰国的进口初级形态二甲基环体硅氧烷征收反倾销税的公告》（公告〔2009〕26号）。

2. 邻苯二酚——详见《海关总署关于调整原产于美国的进口邻苯二酚反倾销税税率的公告》（公告〔2009〕42号）。

3. 聚酰胺-6，6切片——详见《海关总署关于对原产于美国、意大利、英国、法国和我国台湾地区的进口聚酰胺-6，6切片征收反倾销税的公告》（公告〔2009〕66号）。

4. 己二酸——详见《海关总署关于对原产于美国、韩国和欧盟的进口己二酸征收反倾销税的公告》（公告〔2009〕70号）。

5. 双酚A——详见《海关总署关于调整原产于韩国的进口双酚A反倾销税税率的公告》（公告〔2009〕80号）。

6. 1，4-丁二醇——详见《海关总署关于对原产于沙特阿拉伯和台湾地区的进口1，4-丁二醇征收反倾销税的公告》（公告〔2009〕84号）。

（三）对以下进口商品实施临时反倾销措施

1. 苯酚——详见《海关总署关于对进口台湾地区长春人造树脂厂股份有限公司生产的苯酚征收反倾销保证金的公告》（公告〔2009〕12号）。

2. 1，4-丁二醇——详见《海关总署关于对原产于沙特阿拉伯和台湾地区的进口1，4-丁二醇实施临时反倾销措施的公告》（公告〔2009〕23号）。

3. 聚酰胺-6，6切片——《海关总署关于对原产于美国、意大利、英国、法国和台湾地区的进口聚酰胺-6，6切片实施临时反倾销措施的公告》（公告〔2009〕34号）。

4. 己二酸——详见《海关总署关于对原产于韩国、欧盟和美国的进口己二酸实施临时反倾销措施的公告》（公告〔2009〕35号）。

5. 锦纶6切片——详见《海关总署关于对原产于美国、欧盟、俄罗斯和台湾地区的进口锦纶6切片实施临时反倾销措施的公告》（公告〔2009〕67号）。

6. 取向电工钢——即取向性硅电钢）（详见《海关总署关于对原产于美国和俄罗斯的进口取向电工钢实施临时贸易救济措施的公告》（公告〔2009〕79号）。

7. 碳钢紧固件——详见《海关总署关于对原产于欧盟的进口碳钢紧固件实施临时反倾销措施的公告》（公告〔2009〕87号）。

（四）对以下进口商品实施临时反补贴措施

取向电工钢（即取向性硅电钢）——详见《海关总署关于对原产于美国和俄罗斯的进口取向电工钢实施临时贸易救济措施的公告》（公告〔2009〕79号）。

（五）对以下进口商品实施特殊保障措施

1. 乳及奶油——详见《海关总署关于对进口原产于新西兰的部分未浓缩乳及奶油实施特殊保障措施的公告》（公告〔2009〕16号）。

2. 黄油及其他脂和油——详见《海关总署关

于对进口原产于新西兰的黄油及其他脂和油实施特殊保障措施的公告》（公告〔2009〕40号）。

3. 脂及奶油——详见《海关总署关于对进口原产于新西兰的固状和浓缩非固状脂及奶油实施特殊保障措施的公告》（公告〔2009〕52号）。

四、进出口税收优惠政策

（一）综合类

1. 2008年12月29日，海关总署发布了《中华人民共和国海关进出口货物减免税管理办法》（海关总署令第179号），自2009年2月1日起实施。本办法是根据《中华人民共和国海关法》和《中华人民共和国进出口关税条例》制定的关于进出口货物减免税管理的海关部门规章，明确了减免税申请人相关的权利和义务，并对海关减免税管理工作进一步规范。

2. 为配合实施增值税转型改革，经国务院批准，财政部、海关总署、税务总局联合发布2008年第43号公告，对部分进口税收优惠政策进行相应调整。为明确政策调整涉及的相关执行问题及海关执行事宜，2008年12月31日，海关总署发布了《海关总署关于明确增值税转型后进口税收优惠政策执行有关问题的公告》（公告〔2008〕103号），规定自2009年1月1日起，对按照或者比照《国务院关于调整进口设备税收政策的通知》（国发〔1997〕37号）规定享受进口税收优惠政策的下列项目和企业进口的自用设备以及按照合同随上述设备进口的技术及配套件、备件，恢复征收进口环节增值税，但继续免征关税。

3. 根据《中华人民共和国海关进出口货物减免税管理办法》（海关总署令第179号）的规定，现将该办法执行过程中涉及的法律文书及相关报表格式予以公告。本公告内容自2009年2月1日起执行。详见《海关总署关于公布〈中华人民共和国海关进出口货物减免税管理办法〉所涉及法律文书格式文本的公告》（公告〔2009〕8号）。

4. 经国务院批准，对实施对外贸易救济措施的进口产品停止执行进口减免税政策。自2009年5月1日起，申报进口的货物按照本规定执行。详见《海关总署关于对外贸易救济措施应税产品停止执行进口减免税政策的公告》（公告〔2009〕21号）。

5. 经国务院批准，自2009年7月1日至2011年6月30日，来料加工装配厂以外商提供的免税进口不作价设备出资设立外商投资法人企业的，对其在2008年12月31日及以前已经办理了加工贸易手册备案，并且在2009年6月30日及以前申报进口的尚处在海关监管年限内的不作价设备，免予补缴进口关税和进口环节增值税。详见《海关总署关于来料加工装配厂转型为法人企业进口税收问题的公告》（公告〔2009〕62号）。

（二）国务院批准增值税减免及其他减免

1. 经国务院批准，自2009年11月1日起，对进口粗铜中所含的黄金价值部分免征进口环节增值税，非黄金价值部分仍照章征收进口环节增值税。详见《海关总署关于进口粗铜中含金部分免征进口环节增值税有关问题的公告》（公告〔2009〕69号）。

2. 经国务院批准，财政部、海关总署、国家税务总局联合发布了《国有公益性收藏单位进口藏品免税暂行规定》，对国家有关部门和省、自治区、直辖市、计划单列市相关部门所属的国有公益性图书馆、博物馆、纪念馆及美术馆从事永久收藏、展示和研究等公益性活动，以接受境外捐赠、归还、追索和购买等方式进口的藏品，免征进口关税和进口环节增值税、消费税。本规定自公布之日起施行。详见（财政部　海关总署　国家税务总局公告2009第2号）。

（三）中西部大开发

经国务院批准，自2009年1月1日起，施行《中西部地区外商投资优势产业目录（2008年修订）》。详见《海关总署关于执行〈中西部地区外商投资优势产业目录（2008年修订）〉的公告》（公告〔2009〕4号）。

五、税费计征

（一）税率、汇率适用

1. 自2009年1月1日起，对进口原产于新西兰的羊毛、毛条在国别关税配额内实施《中华人民共和国政府和新西兰政府自由贸易协定》协定税率。详见《海关总署关于〈中华人民共和国政府和新西兰政府自由贸易协定〉项下进口羊毛、毛条实施国别关税配额管理有关问题的公告》（公告〔2008〕94号）。

2. 经国务院批准，自2009年1月1日起，对硫黄、石英等39种矿产品的进口环节增值税税率由13%提高到17%。详见《海关总署关于调整矿产品进口环节增值税税率的公告》（公告〔2008〕95号）。

3. 经国务院批准，《2009年关税实施方案》自2009年1月1日起实施。本方案主要包括进口关税调整、出口关税调整、税则税目调整等内容。详见《海关总署关于实施2009年关税实施方案的公告》（公告〔2008〕98号）。

4. 自2009年1月1日起，调整成品油等商品进口环节消费税税率。对无铅汽油、含铅汽油、石脑油、溶剂油、柴油、燃料油、蜡油、润滑油、润滑脂、润滑油基础油开征或调高进口环节消费税。详见《海关总署关于调整成品油等商品进口环节消费税税率的公告》（公告〔2008〕99号）。

5. 本公告规定了内地出口商向香港出口供港自用的非配额管理粮食时办理不征税手续的具体措施。自2009年1月12日起施行。详见《海关总署关于出口至香港的非配额管理原粮及其制粉不征税的具体措施》（公告〔2009〕2号）。

6. 经国务院批准，国家自2009年1月1日起调整成品油进口环节消费税征收政策。详见《海关总署关于明确成品油进口环节消费税征收问题的公告》（公告〔2009〕15号）。

7. 经国务院批准，自2009年6月1日起，调整雪茄、卷烟等部分烟制品的进口环节消费税。详见《海关总署关于调整部分烟制品进口环节消费税的公告》（公告〔2009〕27号）。

8. 经国务院批准，自2009年6月1日起，恢复征收硫黄（税号：25030000、28020000）的进口环节增值税，税率为17%。详见《海关总署关于恢复征收硫黄进口环节增值税的公告》（公告〔2009〕28号）。

9. 经国务院批准，自2009年7月1日起，对部分产品的出口关税（包括暂定关税和特别关税）进行调整。详见《海关总署关于调整部分产品出口关税的公告》（公告〔2009〕36号）。

10. 为明确4位税目3701、3702项下感光胶卷进口从量关税的计征标准和申报要求，根据《中华人民共和国海关进出口关税条例》和《中华人民共和国海关进出口货物征税管理办法》的有关规定，现就有关问题进行公告。本公告内容自2010年1月1日起实行。详见《海关总署关于进一步明确4位税目3701和3702项下感光胶卷从量关税计征标准的公告》（公告〔2009〕82号）。

11. 经国务院批准，《2010年关税实施方案》自2010年1月1日起实施。详见《海关总署关于实施2010年关税实施方案的公告》（公告〔2009〕88号）。

（二）退税、补税、缓税及税款担保

1. 根据《中华人民共和国海关进出口货物征税管理办法》（海关总署令第124号）第七十七条的规定，纳税义务人在海关尚未确定商品归类、完税价格、原产地等征税要件的情况下要求先放行货物的，海关应向其收取足额税款担保。有关征收担保的具体方式，现进行明确。详见《海关总署关于明确税款保证金征收方式相关事宜的公告》（公告〔2009〕44号）。

2. 根据海关总署公告2008年第3号、2009年第2号的有关规定，现对出口至香港、澳门地区自用的非配额管理粮食退税及退还税款保证金的相关事宜进行公告。详见《海关总署关于出口至港澳地区自用粮食退税及退还保证金相关事宜的公告》（公告〔2009〕54号）。

3. 根据海关总署公告2008年第3号、2009年第54号的有关规定，现对出口至澳门地区用于自用的非配额管理粮食退税及退还税款保证金的相关事宜进行公告。详见《海关总署关于出口至澳门的粮食及其制粉退税及退还保证金问题的公告》（公告〔2009〕76号）。

（三）其他税收征管

1. 2009年8月19日，海关总署发布了《中华人民共和国海关税收保全和强制措施暂行办法》（海关总署令第184号），自2009年9月1日起施行。制定本办法是为了规范海关实施税收保全和强制措施，保障国家税收，维护纳税义务人的合法权益。本办法规定，进出口货物的纳税义务人在规定的纳税期限内有明显的转移、藏匿其应税货物以及其他财产迹象的，海关应要求纳税义务人在海关规定的期限内提供海关认可的担保。纳税义务人不能在海关规定的期限内按照海关要求提供担保的，海关采取税收保全措施。税收保全措施包括通知纳税义务人开户银行或者其他金融机构暂停支付纳税义务人相当于应纳税款的存款、扣留纳税义务人价值相当于应纳税款的货物或者其他财产，纳税义务人的货物或者其他财产本身不可分割，又没有其他财产可以扣留的，被扣留货物或者其他财产的价值可以高于应纳税款。纳税义务人自海关填发税款缴款书之日起15日内未缴纳税款的，海关可以依次采取下列强制措施，包括采取书面通知金融机构从其存款中扣缴税款；将应税货物依法变卖，以变卖所得抵缴税款；扣留并依法变卖其价值相当于应纳税款的货物或者其他财产，以变卖所得抵缴税款。本办法同时对海关采取税收保全和强制措施的程序做出了规定。

2. 经国务院批准，调整加工贸易保税货物内销征收缓税利息适用利息率。本公告自发布之日起执行。详见《海关总署关于调整加工贸易商品内销征收缓税利息率有关问题的公告》（公告〔2009〕13号）。

3. 本公告就加工贸易保税货物内销缓税利息的征收和退还涉及的有关问题进行公告。本公告自发布之日起施行。详见《海关总署关于加工贸易保税货物内销缓税利息征收及退还有关问题的公告》（公告〔2009〕14号）。

六、构成整车特征的汽车零部件进口管理

（一）2009年8月28日，海关总署、国家发展和改革委员会、财政部和商务部公布了《中华人民共和国海关总署　中华人民共和国国家发展和改革委员会　中华人民共和国财政部　中华人民共和国商务部关于废止〈构成整车特征的汽车零部件进口管理办法〉的决定》（海关总署令第185号），自2009年9月1日起生效。发布本决定是为适应我国汽车产业调整和发展的需要，经国务院批准，决定废止2005年2月28日以海关总署、国家发展和改革委员会、财政部、商务部第125号令公布的《构成整车特征的汽车零部件进口管理办法》。

（二）为配合我国汽车产业政策的调整，经研究决定，自2009年9月1日起，《进口汽车零部件构成整车特征核定规则》（海关总署公告2005年第4号）予以废止。详见《海关总署关于废止2005年第4号公告的公告》（公告〔2009〕58号）。

（三）为配合我国汽车产业政策的调整，《构成整车特征的汽车零部件进口管理办法》（海关总署、国家发展和改革委员会、财政部、商务部联合令第125号）、海关总署公告2005年第4号已于2009年9月1日起停止执行。海关总署公告2006年第21号相应废止。详见《海关总署关于废止2006年第21号公告的公告》（公告〔2009〕61号）。

（四）为配合我国汽车产业政策的调整，《构成整车特征的汽车零部件进口管理办法》（海关总署、国家发展和改革委员会、财政部、商务部联合令第125号）已于2009年9月1日起停止执行，海关总署、国家发展和改革委员会、财政部、商务部联合公告2006年第38号相应废止。详见《海关总署　国家发展改革委　财政部　商务部关于废止2006年第38号公告的公告》（公告〔2009〕68号）。

（海关总署关税司）

中国原产地规则政策

一、综合类

1. 2009 年 1 月 8 日，海关总署颁布了《中华人民共和国海关进出口货物优惠原产地管理规定》(海关总署令第 181 号)，自 2009 年 3 月 1 日施行。本规定的颁布，是海关总署加强进出口货物优惠原产地管理法制建设的重要举措。此前我国的优惠原产地管理规定散见于各项优惠贸易安排协定中，缺乏一个统一的优惠原产地管理法律基础。本规定提取了各优惠贸易安排原产地协定中的共同内容，并对协定中未明确的若干具体实施问题做了统一规定。本规定对适用范围、原产货物、完全获得、非完全获得、累积规则、直接运输、签证工作监督检查、进出口申报环节的原产地单证验核、补充申报、保证金收取、货物原产地监管、原产地标记、原产地核查等各方面做出了明确规定。

2. 根据《中华人民共和国进出口货物原产地条例》规定，中国国际贸易促进委员会及其地方机构为我国出口货物原产地证书签发机构之一，出口货物发货人可以向中国国际贸易促进委员会及其地方机构申领优惠贸易协定项下我国出口货物原产地证书。本公告内容自 2009 年 8 月 1 日起施行。详见《海关总署关于优惠原产地证书事项的公告》(公告〔2009〕45 号)。

3. 自 2009 年 9 月 1 日起，海关一律不再受理印有错误地图图样的原产地证书补交手续。详见《海关总署关于不得接受印有错误背景地图的韩国原产地证书的公告》(公告〔2009〕50 号)。

二、亚太贸易协定

2008 年 11 月 3 日，海关总署颁布了《中华人民共和国海关〈亚太贸易协定〉项下进出口货物原产地管理办法》(海关总署令第 177 号)，自 2009 年 1 月 1 日起施行。制定本办法是为了正确确定《亚太贸易协定》项下进出口货物原产地，促进我国与《亚太贸易协定》其他成员国的经贸往来。符合本办法的我国与《亚太贸易协定》其他成员国之间的《亚太贸易协定》项下进出口货物，其原产地为该成员国，适用《中华人民共和国进出口税则》中的《亚太贸易协定》协定税率或者特惠税率。

三、中国—东盟自由贸易区协定(ASEAN)

1. 经国务院批准，自 2009 年 7 月 1 日起，对原产于菲律宾的部分税目商品实施 2007 年中国—东盟自由贸易协定税率，不再实施 2009 年中国—东盟自由贸易协定税率。详见《海关总署关于对申请享受中国—东盟协定税率的菲律宾原产货物实施中国—东盟自贸区 2007 年协定税率的公告》(公告〔2009〕37 号)。

2. 经国务院批准，自 2009 年 10 月 1 日起，对原产于菲律宾、老挝、柬埔寨的部分税目商品实施 2009 年中国—东盟自由贸易协定税率。本公告自 2009 年 10 月 1 日起执行。详见《海关总署关于对原产于菲律宾、老挝和柬埔寨的产品实施 2009 年中国—东盟自由贸易协定税率的公告》(公告〔2009〕64 号)。

四、内地与香港、澳门更紧密经贸关系安排(CEPA)

1. 自 2009 年 1 月 1 日起，执行《2009 年 1 月 1 日起新增香港享受零关税货物原产地标准表》和《2009 年 1 月 1 日起新增澳门享受零关税货物原产地标准表》。详见《海关总署关于公布 2009 年 1 月 1 日起新增香港澳门享受零关税货物原产地标准表及相关事宜的公告》(公告〔2008〕86 号)。

2. 海关总署制定了《2009 年 7 月 1 日起新增香港享受零关税货物原产地标准表》和《2009 年 7 月 1 日起新增澳门享受零关税货物原产地标准表》，并修改了部分享受货物贸易优惠措施香港货物的原产地标准。以上原产地标准自 2009 年 7 月 1 日起实施。详见《海关总署关于新增香港澳门享受零关税货物原产地标准的公告》(公告〔2009〕29 号)。

3. 海关总署制定了《2010 年 1 月 1 日起新增香港享受零关税货物原产地标准表》和《2010 年 1 月 1 日起新增澳门享受零关税货物原产地标准表》，修改了部分享受货物贸易优惠措施香港货物的原产地标准，并制定了《第四批香港自有品牌手表清单》。详见《海关总署关于公布2010年1月1日起新增香港澳门享受零关税货物原产地标准及相关事宜的公告》（公告〔2009〕75号）。

五、特别优惠关税待遇

经国务院批准，自2009年1月1日起，我国给予塞内加尔共和国第二批对华出口商品零关税待遇。详见《海关总署关于给予塞内加尔共和国第二批对华出口商品零关税待遇的公告》（公告〔2008〕93号）。

六、中国—新西兰自由贸易协定

1. 自2009年1月1日起，根据《中华人民共和国政府和新西兰政府自由贸易协定》（以下简称《中新自贸协定》），我国将对自新西兰进口有关农产品实施特殊保障管理措施，即当有关农产品进口数量超过规定的触发水平时，我国可通过附加关税的方式对该产品实施特殊保障措施。详见《海关总署关于〈中华人民共和国政府和新西兰政府自由贸易协定〉项下进口农产品特殊保障措施实施办法的公告》（公告〔2008〕91号）。

2.《中华人民共和国政府和新西兰政府自由贸易协定》已于2008年10月1日实施，现将原产地证书有关填制事宜进行公告。本公告内容自2009年7月1日实施。详见《海关总署关于〈中华人民共和国政府和新西兰政府自由贸易协定〉项下原产地证书填制事宜的公告》（公告〔2009〕38号）。

七、中国—新加坡自由贸易协定

1. 2008年12月26日，海关总署颁布了《中华人民共和国海关〈中华人民共和国政府和新加坡共和国政府自由贸易协定〉项下进出口货物原产地管理办法》（海关总署令第178号），自2009年1月1日起施行。制定本办法是为了正确确定《中华人民共和国政府和新加坡共和国政府自由贸易协定》项下进出口货物原产地，促进我国与新加坡的经贸往来。符合本办法的我国与新加坡之间的《中国—新加坡自贸协定》项下进出口货物，其原产国为新加坡，适用《中华人民共和国进出口税则》中的《中国—新加坡自贸协定》协定税率。

2. 自2009年1月1日起，实施《中新自贸协定原产地规则》及《中新自贸协定海关程序》。详见《海关总署、商务部、质检总局关于发布〈中华人民共和国政府和新加坡共和国政府自由贸易协定〉原产地规则及海关程序的公告》（公告〔2008〕100号）。

3.《中华人民共和国政府和新加坡共和国政府自由贸易协定》项下产品特定原产地规则，经中国与新加坡双方谈判达成一致，现予发布，自2009年6月1日起实施。详见《海关总署、商务部、质检总局关于发布〈中华人民共和国政府和新加坡共和国政府自由贸易协定〉项下产品特定原产地规则的公告》（公告〔2009〕30号）。

（海关总署关税司）

中国其他进出口税收制度

为了促进中国的经济（特别是进出口贸易）、资源与环境保护、教育、科技、文化、体育等事业的发展，2009 年，中国政府在其他进出口税收制度采取了一系列的积极措施。这里所说的其他进出口税收制度，主要包括进口环节征收的增值税、消费税，出口环节退还的增值税、消费税，以及与进出口有关的营业税。

一、综合性措施

2009 年 1 月 1 日，① 修订以后的《中华人民共和国增值税暂行条例》《中华人民共和国消费税暂行条例》开始施行。第一个条例修改的主要内容是：为了鼓励投资和减少重复征税，允许企业抵扣新购入设备的时候缴纳的增值税，同时取消外商投资企业进口设备免征增值税和购买国产设备退还增值税的有关规定。第二个条例修改的主要内容是：结合成品油价格和有关车辆收费制度改革，将汽油、石脑油、溶剂油、润滑油消费税税额标准从每升 0.2 元提高到每升 1 元，将柴油、燃料油、航空煤油消费税税额标准从每升 0.1 元提高到每升 0.8 元。上述货物的消费税在生产和进口环节征收，出口者免征消费税。

2 月 9 日，国务院印发《钢铁产业调整和振兴规划》。规划中提出：改善钢铁产品进出口环境，实施适度灵活的出口税收政策；落实提高部分钢铁产品出口退税率的措施，适时适当提高技术含量高、附加值高的钢材产品出口退税率；继续对生铁、铁合金、钢坯、钢锭和附加价值比较低的线材、螺纹钢征收 10%～25%的出口关税；落实好已经出台的取消 67 个税号钢铁产品出口关税的措施；加快出口退税进度，确保及时足额退税；研究国产钢材和进口钢材公平税负政策，制定具体措施，对于国内能够生产、质量能够满足下游加工企业需要的进口钢材逐步恢复征收关税和进口环节增值税；积极实施“走出去”战略，完善信贷、外汇、财税、人员出入境等政策措施。

① 本文中以下日期时间均为 2009 年。

3 月 14 日，国务院印发《装备制造业调整和振兴规划》。规划中提出：适当提高部分高技术、高附加价值装备产品的出口退税率；生产国家支持发展的重点技术装备和产品，确有必要进口的关键部件和原材料，免征关税和进口环节增值税。

3 月 25 日，国务院印发《有色金属产业调整和振兴规划》。规划中提出：完善出口税收政策，在继续控制“两高一资”产品（指高耗能、高污染产品和资源性产品）出口的同时，进一步调整有色金属产品出口退税率结构，研究适当提高技术含量高、高附加值产品的出口退税率；支持企业“走出去”，完善信贷、外汇、保险、财税、人员出入境等政策措施。

7 月 17 日，根据 2006 年 4 月 25 日国务院办公厅转发的财政部、国家税务总局等 10 个部门报送的《关于推动我国动漫产业发展的若干意见》，财政部、国家税务总局发出《关于扶持动漫产业发展有关税收政策问题的通知》，自同年 1 月 1 日起执行。通知中规定：动漫软件出口免征增值税。经过认定的动漫企业自主开发、生产动漫直接产品，确实需要进口的商品可以免征关税和进口环节增值税。

二、进口税收制度的调整

1 月 20 日，财政部、海关总署和国家税务总局公布《国有公益性收藏单位进口藏品免税暂行规定》，即日起施行。这个文件中规定：国有公益性收藏单位以从事永久收藏、展示和研究等公益性活动为目的，以接受境外捐赠、归还、追索和购买等方式进口的藏品，免征关税和进口环节增值税、消费税。

4 月 1 日，经国务院批准，财政部发出《关于 2009—2011 年鼓励科普事业发展的进口税收政策的通知》。通知中规定：自 2009 年至 2011 年，对公众开放的科技馆，自然博物馆，天文馆（站、台），气象台（站），地震台（站），高等学校和科研机构对外开放的科普基地，从中国境外购买自用科普影视作品播映权进口的拷贝、工作带，免征关税，不征进口环节增值税；上述科普单位以其他形式进口的自用科普影视作品，免征关税和进口环节增值税。

5月19日，经国务院批准，财政部发出《关于扶持新型显示器件产业发展有关进口税收优惠政策的通知》。通知中规定：自2009年至2011年，薄膜晶体管液晶显示器件、等离子显示面板和有机发光二极管显示面板的生产企业进口国内不能生产的净化室专用建筑材料、配套系统和国内不能生产的生产设备零配件，免征关税和进口环节增值税。

5月26日，经国务院批准，财政部、国家税务总局发出《关于调整烟产品消费税政策的通知》。通知中规定：自同年5月1日起，生产、进口环节甲类卷烟的消费税税率调整为56%，乙类卷烟的消费税税率调整为36%；雪茄烟的消费税税率调整为36%。

8月10日，经国务院批准，财政部、海关总署和国家税务总局发出《关于第16届亚洲运动会等三项国际综合运动会税收政策的通知》，其中就2010年广州第16届亚洲运动会、2011年深圳第26届世界大学生夏季运动会和2009年哈尔滨第24届世界大学生冬季运动会的有关进口物资做出了免征关税、增值税和消费税的规定，自2008年起执行。

8月20日，根据国务院关于装备制造业振兴规划和加快振兴装备制造业调整进口税收优惠政策的决定，财政部、国家税务总局六个部门发出《关于调整重大技术装备进口税收政策的通知》，自同年7月1日起执行。通知中规定：国内企业为生产国家支持发展的重大技术装备和产品确有必要进口的关键零部件和原材料，免征关税和进口环节增值税。同时，取消相应整机和成套设备的进口免税规定。国产装备尚不能完全满足需求，仍然需要进口的，作为过渡措施，经过严格审核，以逐步降低优惠幅度、缩小免税范围的方式，在一定期限以内继续给予进口优惠政策。国内企业为开发、制造重大技术装备进口部分关键零部件、原材料所缴纳关税和进口环节增值税先征后退的规定停止执行。

10月10日，经国务院批准，财政部、海关总署和国家税务总局发出《关于研发机构采购设备税收政策的通知》。通知中规定：自2009年7月1日至2010年12月31日，外资研发中心进口科技开发用品免征进口税收，内资、外资研发机构采购国产设备全额退还增值税。

11月16日，经国务院批准，财政部、海关总署和国家税务总局发出《关于外国政府贷款和国际金融组织贷款项目进口设备增值税政策的通知》。通知中规定：自同年1月1日起，外国政府和国际金融组织贷款项目进口的自用设备，除了《外商投资项目不予免税的进口商品目录》所列的商品以外，免征进口环节增值税。

三、出口税收制度的调整

2月5日，经国务院批准，财政部、国家税务总局发出《关于提高纺织品、服装出口退税率的通知》。通知中规定：自同年2月1日起，纺织品、服装出口退税率提高到15%。

3月5日，国务院总理温家宝在第十一届全国人民代表大会第二次会议上所做的《政府工作报告》中提出：运用国际通行的财税政策支持出口。同日，财政部部长谢旭人在上述会议上所做的关于财政问题的报告提出：继续执行2008年已经实施的调高部分产品出口退税率、取消和降低部分产品出口关税等减税政策。上述会议批准了以上两个报告。

3月14日，国务院印发《纺织工业调整和振兴规划》。规划中提出：将纺织品服装出口退税率从14%提高到15%，加快出口退税进度，确保及时足额退税。

3月27日，国务院印发《轻工业调整和振兴规划》和《石化产业调整和振兴规划》。上述第一个规划中提出：进一步提高部分不属于“两高一资”的轻工产品的出口退税率，尽快出口退税进度，确保及时足额退税。上述第二个规划中提出：科学制定石化产品出口退税政策和加工贸易政策，实行国产石化产品与加工贸易进口石化产品公平税负。

同日，经国务院批准，财政部、国家税务总局发出《关于提高轻纺、电子信息等商品出口退税率的通知》。通知中规定：自同年4月1日起，将CRT彩电、部分电视机零件、光缆、不间断供电电源、有衬背的精炼铜制印刷电路用覆铜板等货物的增值税出口退税率提高到17%，将纺织品、服装的增值税出口退税率提高到16%，将六氟铝酸钠等化工制品、香水等香化洗涤、聚氯乙烯等塑料、部分橡胶及其制品、毛皮衣服等皮革制品、信封等纸制品、日用陶瓷、显像管玻壳等玻璃制品、精密焊钢管等钢材、单晶硅片、直径大于等于30厘米的单晶硅棒、铝型材等有色金属材、部分凿岩工具、金属家具等货物的增值税出口退税率提高到13%，将甲醇、部分塑料及其制品、木制相框等木制品、车辆后视镜等玻璃制品等货物的增值税出口退税率提高到11%，将碳酸钠等化工制品、建筑陶瓷、卫生陶瓷、锁具等小五金、铜板带材、部分搪瓷制品、部分钢铁制品、仿真首饰等货物的增值税出口退税率提高到9%，将商品次氯酸钙及其他钙的次氯酸盐、硫酸锌的增值税出口退税率提高到5%。

同日，根据2008年10月12日国务院办公厅发出的《关于印发文化体制改革中经营性文化事业单位转制为企业和支持文化企业发展两个规定的通知》，财政部、海关总署和国家税务总局发出《关于支持文化企业发展若干税收政策问题的通知》。通知中规定：出口图书、报刊、音像制品、电子出版物、电影和电视完成片，按照规定办理增值税出口退税；文化企业在中国境外演出，从中国境外取得的收入免征营业税。

4月24日，经国务院批准，财政部、国家税务总局发出《关于技术先进型服务企业有关税收政策问题的通知》。通知中规定：自2009年至2013年，在规定的20个服务外包示范城市，企业的离岸服务外包业务收入免征营业税。

6月3日，经国务院批准，财政部、国家税务总局发出《关于进一步提高部分商品出口退税率的通知》。通知中规定：自同年6月1日起，电视用发送设备、缝纫机等商品的增值税出口退税率提高到17%；罐头、果汁和桑丝等农业深加工产品，电动齿轮泵、半挂车等机电产品，光学元件等仪器仪表，胰岛素制剂等药品，箱包，鞋帽，伞，毛发制品，玩具，家具等商品的增值税出口退税率提高到15%；部分塑料、陶瓷、玻璃制品，部分水产品，车削工具等商品的增值税出口退税率提高到13%；合金钢异性材等钢材、钢铁结构体等钢铁制品、剪刀等商品的增值税出口退税率提高到9%；玉米淀粉、酒精的增值税出口退税率提高到5%。

9月19日，国务院发布《关于进一步促进中小企业发展的若干意见》。意见中提出：进一步落实出口退税等支持政策，研究完善稳定外需、促进外贸发展的措施，稳定和开拓国际市场。

据财政部初步统计，2009年全国进口环节征收的增值税、消费税为7 729.2亿元，比2008年增长4.5%；出口环节退还的增值税、消费税为6 486.6亿元，比2008年增长10.6%。

（国家税务总局税收科学研究所　刘佐）

中国自由贸易区建设情况

一、我国自贸区建设新进展

2009年，国际金融危机持续蔓延，世界经济陷入衰退，全球贸易大幅下滑。我国经济也深受影响，稳定对外经济特别是出口成为最重要的任务。为此，我们认真贯彻中央经济工作会议和全国商务工作会议精神，围绕“保市场、保份额、稳出口”的主线，坚定实施党的十七大提出的自贸区战略，努力克服国内外挑战与困难，积极谈判，努力协调，自贸区建设工作取得了来之不易的进展，保持了难得的势头。

（一）签署中国—巴基斯坦自贸区服务贸易协定

2009年2月，在戴秉国国务委员和扎尔达里总统的见证下，中巴在武汉签署《中巴自贸区服务贸易协定》，并于2009年10月开始生效实施。巴方11个主要服务部门的102个分部门和我国6个主要服务部门的28个分部门相互做出进一步开放承诺。服务贸易协定的签署并实施标志着中巴两国已建成一个涵盖货物、服务和投资等全面内容的自贸区，为两国提升经贸合作水平，促进经济发展，深化全天候友谊奠定更坚实的基础。

（二）签署中国—秘鲁自贸协定

经过两年谈判，2009年4月，在习近平副主席和罗哈斯副总统的见证下，中秘两国在北京签署自贸协定，并于2010年3月1日开始实施。在货物贸易方面，中秘双方将对各自90%以上的产品分阶段实施零关税。在服务贸易方面，秘方90个服务分部门和我国16个分部门相互做出进一步开放承诺。在投资方面，双方将相互给予对方投资者及其投资以准入后国民待遇、最惠国待遇和公平公正待遇，鼓励双边投资并为其提供便利等。这是我国与拉美国家达成的第一个涵盖货物、服务、投资、知识产权、贸易救济等领域的一揽子自贸协定，为中秘战略伙伴关系增添了新的实质内容，成为两国关系发展史上新的里程碑。

（三）签署中国—东盟自贸区投资协议

2009年8月，在中国—东盟经贸部长会议期间，双方签署了自贸区投资协议，至此完成了中国—东盟自贸区所有协议的签订。2010年1月1日，中国—东盟自贸区如期全面建成。

（四）结束《亚太贸易协定》第四轮谈判

2009年11月，在我国积极主导下，中国、孟加拉、印度、韩国、老挝、斯里兰卡6个成员国就关税减让谈判以及服务贸易、投资和贸易便利化三个框架协议达成一致，基本结束了第四轮谈判。2009年12月，在《亚太贸易协定》第三届部长级理事会上，6个成员国签署了投资和贸易便利化两个框架协议。

（五）启动中国—瑞士自贸区联合可行性研究

根据2009年1月温家宝总理与瑞士联邦主席梅尔茨达成的共识，我国与瑞方共同成功举办了两次自贸区产业交流，并于11月正式宣布启动中瑞自贸区联合可行性研究，推动双边经贸关系迈上了一个新的台阶。

与此同时，我国正在推进与海湾合作委员会（包括沙特、阿曼、阿联酋、卡塔尔、科威特和巴林6国）、澳大利亚、冰岛和挪威的自贸区谈判以及与智利的自贸区投资谈判，开展与韩国的自贸区联合可行性研究以及中日韩自贸区官产学联合研究。

二、我国自贸区实施新成果

2009年，我们积极协调相关部门，履行我国协议承诺，通过双边自贸区委员会等机制，监督审议伙伴国的履约情况。各自贸区的实施，为双边贸易带来了积极效果，为我国“保市场、保份额”发挥了显著作用。2008年，我国对东盟、巴基斯坦、智利和新西兰等13个自贸伙伴（不含我国香港、澳门地区）的出口同比增长20.7%，高于17.2%的总体出口增速。在金融危机影响最为严重的2009年，全国外贸总额大幅下滑14%，而我国与上述自贸伙伴之间的贸易总额仍达到2 421亿美元，同比降幅仅为4.4%，且我国在自贸伙伴对外贸易中所占份额明显扩大。中国—东盟自贸区实施后，我国已从东盟第六大贸易伙伴上升为第三大贸易伙伴。

同时，我们制定了加强自贸协定实施工作方

案。根据方案，我们分别与上海市商务委、河北省商务厅共同举办了自贸协定宣讲会；利用广东省、山东省、山西省 WTO 工作会议，开展自贸宣讲；将加强自贸协定实施纳入商务部与浙江省、山东省的部省合作备忘录。通过宣讲，企业对自贸协定的认识大为加深，自贸协定的利用率也随之提高。2009 年全年，我国为出口企业共签发自贸协定优惠原产地证书 42.5 万份，签证金额 129 亿美元，签证份数和金额同比分别增长了 36%和 15.6%。

除集中宣讲外，我们还对“中国自由贸易区服务网”进行了全新改版和大幅更新，以使其更好地服务于社会各界用户。目前，服务网已成为相关政府部门和社会公众了解世界自贸区发展动态，查询我国自贸区谈判进展，掌握已实施自贸协定优惠政策的重要渠道。公众浏览量不断攀升，日点击量已达 4 万人次以上。

三、自贸区建设给我国企业带来的机遇

自贸区建成后，我国和自贸伙伴国之间的市场准入条件将进一步改善，贸易和投资环境也将更加规范、透明。特别需要指出的是，我国和自贸伙伴国将把 90%以上的产品关税逐步削减到零。作为进口方的我国企业，将有机会从自贸伙伴国找到价廉物美的货源；作为出口方的我国企业，将有机会把产品打入自贸伙伴国市场或扩大市场份额。同时，我国和自贸伙伴国还将相互进一步开放服务贸易市场，并在贸易投资便利化、投资保护、人员流动、知识产权、政策透明度等方面加强交流与合作，从而为双方企业和人员开展贸易投资、增进交往合作创造了更有利的条件。

当前，全球金融危机尚未完全结束，世界经济复苏的不平衡性和不稳定性突出，我国对外贸易形势依然十分严峻。自贸协定带来的优惠措施，对于当前处在微利、无利甚至亏损状态的众多企业来说，不仅可以降低进出口成本，增强出口竞争力，提高出口利润，而且可以获得新的出口商机。在此背景下，国内企业应当及时、充分利用自贸协定带来的优惠政策，从而更好地求生存、促发展。为此，建议国内企业做好以下工作：

第一，充分掌握自贸建设进展，积极加以研究利用。及时通过商务部网站和“中国自由贸易服务网”（网址为 http：//fta. mofcom. gov. cn）了解我国自贸区的建设进展以及自贸协定带来的优惠政策，认真查询相关产品在各自贸区中的“协定税率”、优惠幅度（与最惠国税率相比）和相应的原产地规则。

第二，及时申领自贸“身份证”，充分享受优惠关税。优惠原产地证书，是产品在进出口过程中享受自贸区优惠待遇的“身份证”。企业需要了解申请签发优惠原产地证书的规定和程序，主动申领证书。同时，我国企业还要留意自贸区建成后我国自贸伙伴国相关制度的改善，如海关、质检等。

第三，利用自贸区所提供机遇，大胆“走出去”。在自贸协定中，自贸伙伴国之间除了减少和消除货物贸易壁垒以外，还会减少和消除服务贸易和投资壁垒，比如提高我方投资企业在合资企业中的股比乃至控股，取消对方的地域限制和经营范围限制等。据此，国内企业可以更自由、更便利地到自贸伙伴国的市场去投资发展。

第四，积极向竞争对手学习，增强产品国际竞争力。自贸协定下的开放是相互的，一方面为我国企业出口和“走出去”创造了便利条件，另一方面也会带来一定竞争，自贸伙伴国的优势产品和服务也会进入我国市场。因此，我国企业需要扎实练好内功，及时通过结构调整、产品创新和技术升级来不断提高自身竞争力，充分把握机遇，积极应对挑战，实现企业的发展壮大。

（商务部国际经贸关系司）

中国服务贸易发展情况

一、2009年中国服务贸易基本情况

2009年，中国服务贸易（按国际收支口径统计，不含政府服务，下同）进出口额为2 868亿美元，比2008年下降6%。其中，出口1 286亿美元，同比下降12.2%；进口1 582亿美元，同比增长0.1%，出口和进口分别位居世界第五位和第四位。据世界贸易组织（WTO）3月26日发布的2009年世界贸易状况和2010年前景展望报告，2009年世界服务贸易进出口总额为64 250亿美元，比2008年下降12.5%。其中，出口33 100亿美元，同比下降13%；进口31 150亿美元，同比下降12%。2009年中国服务贸易降幅小于世界平均水平，其发展呈现以下几个主要特点：

（一）进出口规模缩减

受国际金融危机的影响，2009年我国服务贸易进出口额下降6%。此为2001年以来我国服务贸易进出口规模的首次缩减。进出口总额由上年同期增长21.3%转为下降6%，回落27.3个百分点。

（二）贸易逆差显著增加

2009年，我国服务贸易出口额大幅下降，而进口额与上年基本持平，由此导致服务贸易逆差显著增加。全年服务贸易逆差达296亿美元，比上年增长1.6倍。主要逆差行业为运输、专有权利使用费和特许费、保险服务和旅游，逆差额分别为230亿美元、106亿美元、97亿美元和40亿美元。

（三）运输、旅游行业占比进一步下降

运输是我国传统逆差行业。2009年，我国运输出口236亿美元，比上年下降38.6%；进口466亿美元，同比下降7.4%；逆差230亿美元，同比增长93.1%，继续成为我国最大的服务贸易逆差行业。旅游曾长期是我国服务贸易的顺差大项，但在2009年则出现较大规模逆差。2009年，我国旅游出口397亿美元，比上年同期下降2.8%；进口437亿美元，增长20.9%；贸易差额由上年的顺差46.9亿美元转为逆差40亿美元。2006年以来，运输和旅游这两个传统服务贸易行业在服务贸易进出口总额中的占比逐年下降，2009年这一比重下降至53.6%，低于2006年7.4个百分点。

（四）专有权利使用费和特许费逆差略有扩大

专有权利使用费和特许费出口4亿美元，比上年下降29.9%；进口111亿美元，同比增长7.6%；逆差107亿美元，比上年略有扩大，为我国仅次于运输服务的第二大服务贸易逆差行业。

（五）保险服务和金融服务出口大幅增长

2009年，我国保险服务进出口额为129亿美元，比上年下降8.7%。其中，出口16亿美元，同比增长15.7%；进口113亿美元，同比下降11.3%；逆差97亿美元，下降14.6%。金融服务进出口额为11亿美元，比上年增长25%，其中，出口4亿美元，同比增长27.1%；进口7亿美元，同比增长23.8%；逆差3亿美元，同比增长20%。

（六）部分高附加值行业服务贸易实现增长，且继续保持顺差

2009年，我国计算机和信息服务出口65亿美元，比上年同期增长4%，；进口32亿美元，同比增长1.1%；顺差33亿美元，比上年增加2.1亿美元。咨询进出口总额为320亿美元，比上年增长1%；出口186亿美元，同比增长2.5%；进口134亿美元，同比下降1%；顺差52亿美元，比上年同期增加5.9亿美元。

（七）其他商业服务成为顺差最大的行业

2009年，我国其他商业服务进出口额为435亿美元，比上年下降11.5%。其中，出口247亿美元，同比下降5%；进口188亿美元，同比下降18.7%；顺差59亿美元，比上年增加30.1亿元，同比增长104.2%，成为我国服务贸易顺差最大的行业。

二、2010年中国服务贸易发展前景展望

世界经济逐步复苏为服务贸易发展带来强劲动力。国际货币基金组织（IMF）预测，2010年世界经济增长将达4.1%。美国、欧盟和日本经济等发达经济体有望实现稳定复苏，世界银行、世界贸易组织（WTO）、IMF等国际组织对发展中国家走向相对强劲复苏均持乐观态度。据WTO最新预测，2010年全球货物贸易有望出现强劲反弹，增

幅将达 9.5%，其中发展中国家的增速将达 11%。随着世界经济逐步实现稳定增长，货物贸易将重新进入相对比较快的发展通道，服务贸易也有望迅速复苏。

国际经济贸易环境的改善将推动中国服务贸易回复到稳定快速的增长态势。自 2009 年年底以来，中国货物贸易进出口规模大幅增长，成为运输、保险、金融等生产性服务贸易的增长引擎。预计 2010 年中国服务贸易进出口总额有望增长 10%左右。中国航运业已进入复苏阶段，干散货运输、原油和成品油运输、集装箱运输贸易总量和价格均将保持小幅增长。据国家旅游局统计，入境旅游人数、过境旅游人数和入境旅游外汇收入从年初开始增长。上海世博会、广州亚运会将成为 2010 年旅游服务贸易增长的重要动力之一。具有比较优势的文化、技术等行业有望继续实现较快增长；金融服务和各类中介专业服务等其他服务贸易的增长潜力巨大，将重新成为服务贸易增长的主力。

附表：

2009 年中国服务贸易进出口分项目情况

单位：亿美元，%

项　　目	进出口	同比	出口	同比	进口	同比	贸易差额
总　　计	2 868	−5.8	1 286	−12.2	1 582	0.1	−296
运输	702	−20.9	236	−38.6	466	−7.4	−230
旅游	834	8.3	397	−2.8	437	20.9	−40
通讯服务	24	−22.1	12	−23.6	12	−20.5	0
建筑服务	154	4.8	95	−8.0	59	35.2	36
保险服务	129	−8.7	16	15.7	113	−11.3	−97
金融服务	11	25.0	4	27.1	7	23.8	−3
计算机和信息服务	97	3.0	65	4.0	32	1.1	33
专有权利使用费和特许费	115	5.6	4	−29.9	111	7.6	−107
咨询	320	1.0	186	2.5	134	−1.0	52
广告、宣传	43	3.8	23	4.4	20	3.1	3
电影、音像	4	−40.5	1	−76.1	3	17.8	−2
其他商业服务	435	−11.5	247	−5.0	188	−18.7	59

注：不含政府服务。

（商务部服务贸易司　胡景岩）

●投资政策与管理措施

中国利用外资政策

一、中国利用外资概况

2009年，受国际金融危机影响，中国吸收外资工作面临较大困难，但由于应对政策出台及时，措施得力，全国吸收外资总体上保持了稳定的态势，全年实际使用外资金额940.6亿美元，同比下降13.2%，远低于全球跨国直接投资的降幅（39%）。其中，非金融领域吸收外资自8月份以后即实现止跌回升，全年新批准设立外商投资企业23 435家，实际使用外资金额900.3亿美元，同比分别下降14.8%和2.6%（见附表一、二）；银行、保险、证券等金融领域全年实际使用外资40.3亿美元，同比下降74.7%，降幅较大主要与我国金融业履行世贸承诺的具体进度及相应投资周期有关。

（一）产业结构

2009年，农、林、牧、渔业全年新批准设立外商投资企业896家，同比下降2.3%，实际使用外资14.3亿美元，同比增长20%；制造业新批设立外商投资企业9 767家，实际使用外资467.7亿美元，同比分别下降15.6%和6.3%；服务业新批设立外商投资企业11 461家，实际使用外资378.7亿美元，同比分别下降14.9%和0.7%，如扣除房地产领域吸收外资下降因素，服务业实际使用外资同比增长率为8.1%。全年全国实际使用外资总量（非金融领域，下同）中，上述领域的占比分别为1.6%、52.0%和42.1%（见附表三）。

（二）投资来源地情况

2009年，亚洲十国/地区对华投资新设立企业18 321家，同比下降15%，实际投入外资金额731.5亿美元，同比增长1.7%，其中香港实际投资增长3.9%；欧盟27国对华投资新设立企业1 578家，实际投入外资金额59.5亿美元，同比分别下降23.2%和8.8%；美国对华投资新设立企业1 588家，实际投入外资金额35.8亿美元，同比分别下降14.7%和22%，在对华投资主要国别/地区中的排位降至第五位。

（三）区域情况

2009年，东部地区新设立外商投资企业19 700家，实际使用外资775.9亿美元，同比分别下降16.5%和1%；中部地区新设立外商投资企业2 625家，同比增长3.2%，实际使用外资53.4亿美元，同比下降28.3%；西部地区新设立外商投资企业1 110家，同比下降19.9%，实际使用外资71.1亿美元，同比增长7.4%。东、中、西部实际使用外资金额分别占全国总量的86.2%、5.9%和7.9%，西部地区实际使用外资占比首次超过中部地区，并高出2个百分点（见附表四）。

（四）外商投资企业运营情况

2009年，全国外商投资企业现价工业产值为152 673.6亿元人民币，同比增长3.9%，占全国现价工业产值的28.0%；缴纳税收13 615.2亿元（不含关税、土地税费），同比增长12.4%，占全国税收收入的21.6%；进出口额12 174.4亿美元，同比下降13.7%，占全国进出口总额的55.2%。其中，出口额6 722.3亿美元，同比下降15.0%，占全国出口总额的55.9%；进口额5 452.1亿美元，同比下降12.1%，占全国进口总额的54.2%，进出口同比降幅均低于全国平均水平。

二、出台的主要政策措施

2009年度，为应对国际金融危机，稳定和扩大吸收外资规模、转变外资发展方式，中国政府在进一步扩大对外开放、促进吸收外资形式和渠道的多样化、优化利用外资的产业和区域结构、推进外资管理体制机制改革、提升投资促进和服务水平、减轻企业负担、改善投资环境等方面做了大量的工作。相关主要政策措施如下：

（一）继续推进审批管理体制改革

2009 年度，为进一步转变政府职能、便利企业、改善投资环境，国家有关部门就下放审批权、减少审批事项、规范审批流程出台了多项政策：

1. 发布《商务部关于省级商务主管部门和国家级经济技术开发区审核管理部分服务业外商投资企业相关事项的通知》（商资函〔2009〕6 号），下放中外合资和合作医疗机构、拍卖企业、书报分销企业、外商投资非油气矿产勘查企业、非油气采矿企业等领域的审核权。

2. 下发《商务部关于进一步改进外商投资审批工作的通知》（商资函〔2009〕7 号），取消对外商投资企业进口设备提前解除监管的审批许可，对外商投资企业设立境内分公司改为备案管理；原在商务部审核权限内的鼓励类且不需要国家综合平衡的外商投资企业（含股份公司）设立、增资、合同/章程及其变更事项的审核权限下放地方；经商务部批准设立的外商投资企业，除由国家发展改革委核准的限额以上增资事项和控股权由中方向外方发生转移的股权转让事项外，其他变更事项均委托地方商务主管部门审核；扩大地方商务主管部门对于外国投资者和外商投资企业并购境内企业的审核权限。

3. 下发《商务部关于下放外商投资举办投资性公司审批权限的通知》（商资函〔2009〕8 号）、《商务部关于外商投资创业投资企业、创业投资管理企业审批事项的通知》（商资函〔2009〕9 号），扩大地方商务主管部门在相应领域的审核权限。

（二）出台外商投资研发中心免/退税过渡政策

为促进企业加强设备的更新改造、减少资金占压，中国政府于 2008 年年初全面实行了增值税转型改革，对企业增值税统一实行进项征收、销项抵扣。考虑到此前对外商投资研发中心采购科技开发用品一直实行免征进口税收（含关税、进口环节增值税、消费税）、采购国产设备全额退还增值税的管理模式，为顺利实现政策过渡，并继续体现鼓励外商在华投资设立研发中心、开展技术创新的政策导向，财政部、国家税收总局在《关于研发机构采购设备税收政策的通知》（财税〔2009〕115 号）中规定，2010 年年底前，外资研发中心如能在研发费用、专职研发人员数量、累计采购设备金额等方面达到相应标准，可按照《科技开发用品进口税收暂行规定》（财政部、海关总署、国家税务总局〔2007〕44 号令）中的相关条款，继续享受进口及采购国产科研开发用品、设备增值税免/退税待遇。此外，原有各类外资研发中心进口免征关税及消费税的政策仍继续延续。

（三）支持服务外包产业加快发展

鼓励外资投向高端制造业、高新技术产业、现代服务业、新能源和节能环保产业是中国外资产业导向政策的主要内容之一。其中，服务外包作为现代服务业的重要业态和当前中国外资的重要增长点，受到了中国政府的高度重视。2009 年年初，商务部转发了《国务院办公厅关于促进服务外包产业发展问题的复函》（商资函〔2009〕4 号，以下简称《复函》），将北京、天津、上海、重庆等 20 个城市确定为中国服务外包示范城市，示范城市实行以下政策措施：

1. 服务外包企业如经认定为技术先进型服务企业，可在一定期限和范围内享受相应的企业所得税、营业税减免和职工教育经费税前扣除等税收政策支持。

2. 由中央财政出资，对服务外包人才的培训和就业、服务外包示范城市和中西部地区国家级经济技术开发区内的基础设施建设运营、服务外包企业的知识产权保护和国际资质认证等项工作给予必要的支持。通过制订符合服务外包企业特点和需要的信贷产品和保险险种、支持服务外包企业境内外上市、鼓励创业投资投向服务外包企业等方式，拓宽服务外包企业融资渠道，增强其发展能力。

3. 针对服务外包产业的生产特点，研究制定商业信息数据保密条例和相关产业标准，并为企业提供业务承接、通信服务、通关监管、金融外汇管理等方面的便利。对符合条件且劳动用工管理规范的技术先进型服务外包企业，确因生产特点无法实行标准工时工作制的部分岗位，经批准可以实行特殊工时工作制。

围绕《复函》的落实工作，有关部门出台 11 项配套政策措施，初步形成了支持服务外包产业发展的政策体系。

（四）加强对产能过剩领域外商投资的引导

鉴于部分产业存在较为严重的产能过剩、重复建设问题，从相关企业的长远发展考虑，国务院于 2009 年度转发了《发展改革委等部门关于抑制部分行业产能过剩和重复建设　引导产业健康发展若干意见的通知》（国发〔2009〕38 号），以合理引导投资导向，巩固和发展经济企稳回升势头。

为配合此项工作，商务部发布了《商务部关于加强外商投资管理　引导产业健康发展的通知》（商资发〔2009〕573 号），要求各级商务主管部门坚持产业政策导向、积极推进外商投资结构调整，特别是对钢铁、水泥、平板玻璃、煤化工、多晶硅、风电设备等产能过剩行业，应严格执行相关环境监管、用地管理、金融政策和项目投资规定，并实行审核备案制度。

（五）促进国家级经济技术开发区又好又快发展

国家级经济技术开发区是中国对外开放的重要平台和相关外资产业、区域导向政策的重要着力点。为充分发挥其在应对国际金融危机、促进发展方式转变方面的积极作用，中国政府于 2009 年度采取了一系列措施促进国家级经济技术开发区的发展，除启动省级开发区的升级工作、开展生态园区建设外，还下发了《商务部关于 2009 年国家级经济技术开发区工作的指导意见》（商资发〔2009〕138 号），指导各开发区扩大内需、稳定进出口规模、促进就业、完善社会保障体系、促进外资外贸结构优化和区域经济协调发展。具体措施包括：集中财力实施一批基础设施和民生工程建设；进一步清理涉及外商投资企业的收费和检查事项，加强对重点企业的政策引导和信息服务力度；深入开展产业招商；积极承接服务外包；大力发展循环经济、提高土地利用节约集约化水平；开展职业技能培训等。

在上述政策措施的基础上，中国政府还结合进一步做好利用外资工作的长远需要，就稳定和扩大吸收外资的综合性政策及促进以新疆为重点的沿边地区开放等问题进行了深入研究，相关政策将在此后的一个时期内陆续出台。

附表一：利用外资年度对比表

单位：万美元

年　度	项目个数		实际使用外资金额	
	本年数	同比±%	本年数	同比±%
总　计	341 697		63 781 165	
2000	22 347	32.09	4 071 481	0.98
2001	26 140	16.97	4 687 759	15.14
2002	34 171	30.72	5 274 286	12.51
2003	41 081	20.22	5 350 467	1.44
2004	43 664	6.29	6 062 998	13.32
2005	44 001	0.77	6 032 469	−0.50
2006	41 473	−5.75	6 582 100	9.11
2007	37 871	−8.69	7 476 789	13.59
2008	27 514	−27.35	9 239 544	23.58
2009	23 435	−14.83	9 003 272	−2.56

附表二：2009 年度吸收外资分方式情况表

单位：亿美元

利用外资方式	项　目　数			实际使用外资金额		
	本年累计	去年同期	比去年%	本年累计	去年同期	比去年%
总　　计	23 435	27 514	−14.83	918.04	952.53	−3.62
一、外商直接投资	23 435	27 514	−14.83	900.33	923.95	−2.56
中外合资企业	4 283	4 612	−7.13	172.73	173.18	−0.26
中外合作企业	390	468	−16.67	20.34	19.03	6.85

续表

利用外资方式	项目数			实际使用外资金额		
	本年累计	去年同期	比去年%	本年累计	去年同期	比去年%
外资企业	18 741	22 396	−16.32	686.82	723.15	−5.02
外商投资股份制	21	38	−44.74	20.44	8.59	137.86
合作开发	0	0		0	0	
其他	0	0		0	0	
二、外商其他投资	0	0		17.71	28.58	−38.02
对外发行股票	0	0		1.62	0.77	110.27
国际租赁	0	0		2.3	1.44	59.72
补偿贸易	0	0		0.13	0.52	−75.01
加工装配	0	0		13.66	25.85	−47.14

附表三：2009年度吸收外资分领域情况表

单位：亿美元

行业领域	项目个数		实际使用外资金额	
	个数	比重%	金额	比重%
总　计	23 435	100	900.33	100
农业	896	3.82	14.29	1.59
制造业	9 767	41.68	467.71	51.95
服务业	11 461	48.91	378.66	42.06
其他	1 311	5.59	39.67	4.41

附表四：2009年度吸收外资分区域情况表

单位：万美元

地区名称	项目个数			实际使用外资金额		
	本年数	去年同期	同比±%	本年数	去年同期	同比±%
总　计	23 435	27 514	−14.83	9 003 272	9 239 544	−2.56
东部地区	19 700	23 584	−16.47	7 758 852	7 834 028	−0.96
中部地区	2 625	2 544	3.18	533 480	743 645	−28.26
西部地区	1 110	1 386	−19.91	710 940	661 871	7.41

（商务部外资司）

中国外汇管理制度进展

2009年，国际金融危机影响依然存在，中国国际收支交易活动总体放缓，货物贸易、服务贸易、直接投资等主要项目收支规模较2008年有所下降，经常项目、资本和金融项目继续呈现“双顺差”格局。截至2009年年末，国家外汇储备达到23 992亿美元，较上年末增加4 531亿美元。2009年，外汇管理部门按照党中央、国务院统一部署，围绕“保增长、调结构、促改革、惠民生”的工作思路，进一步加强制度建设，促进贸易投资便利化，加强跨境资本流动监管，提高行政透明度，各项工作取得了新成绩，为应对国际金融危机、促进经济平稳较快发展发挥了积极作用。

一、出台应对国际金融危机的多项措施，支持涉外经济稳步发展

进一步便利企业对外贸易活动，改进出口收结汇联网核查管理，简化手续，允许部分企业先结汇后核查，将预收货款收汇、结汇等比例提高至30%，缓解出口企业资金周转困难。鼓励银行开展贸易融资，将2009年度金融机构短期外债指标在2008年基础上提高12%，要求新增指标全部用于支持企业进出口融资。允许企业集团外汇资金不区分经常和资本项目进行集中管理，打包使用，提高外汇资金使用效率。积极防范国际金融危机冲击下资本大量外流风险，密切跟踪形势变化，制定异常跨境资金流出应急预案，维护国家经济金融安全。加强涉外资产风险评估与防范，完善金融机构外汇资产负债统计，全面监测金融机构的境外投资风险。

二、继续深化外汇管理体制改革，提升外汇管理服务经济功能

简化服务外包企业外汇收支审核手续，对符合条件的服务外包企业给予账户开立、资金汇兑等政策便利，并提供更多避险工具。大力支持“走出去”战略，将境外投资外汇资金来源审核和资金汇出核准调整为登记管理，在汇兑环节上对境外直接投资基本不再限制；允许符合条件的各类国内企业在一定限额内使用自有外汇或人民币购汇等多种方式进行境外放款，支持境内企业对外投资。完善合格境外机构投资者（QFII）和合格境内机构投资者（QDII）外汇管理。截至2009年年末，累计批准83家合格境外机构投资者，投资额度为165亿美元；累计批准65家商业银行、基金公司和保险公司等合格境内机构投资者，投资额度为633亿美元。开展世博会外汇服务工作，出台多项政策措施，建立高效、便捷、通畅的外汇兑换和支付环境，开通“绿色通道”，简化相关机构和个人办理外汇业务手续。

三、改进跨境资本流动统计和监管，防范“热钱”等异常跨境资本流动风险

完善跨境资金流动监测体系，完成新版国际收支申报系统推广，提高国际收支统计申报数据的及时性和准确性。规范境外机构境内开立、使用外汇账户行为，将其纳入统计监测。改进跨境资金流动管理，加强对异常跨境资金的监测分析，制定针对“热钱”流入的应对预案和打击方案。修订银行执行外汇管理规定情况考核办法，提高银行外汇业务合规性管理。完善个人结售汇管理，堵塞个人以分拆等方式规避管理的渠道，规范个人手持外币现钞结汇行为。严厉打击地下钱庄等外汇违法犯罪行为，与公安部门联合，2009年共破获10起地下钱庄案件、6起非法网络炒汇案件、11起非法买卖外汇案件，查获逾61个非法交易窝点，涉案金额总计35.4亿美元。推进外汇信用体系建设，加大对异常跨境资金检查力度。2009年共开展7个专项检查和调查，立案2 278起，结案2 206起，涉及违规金额39.3亿美元。

四、进一步培育和发展外汇市场，满足外汇兑换多层次需求

丰富市场交易主体，新批7家企业集团财务公司入市交易。允许3家货币经纪公司开办外汇经纪业务，提高外汇衍生产品市场流动性和成交效率。在银行间外汇市场推出询价交易净额清算业务，降

低市场运行风险。在北京、上海顺利开展本外币兑换特许业务试点的基础上，为提升我国个人兑换服务的整体水平，将个人本外币兑换特许业务试点扩大至13个省（直辖市、自治区）和4个计划单列市，进一步满足国际旅游中心、部分涉外经济发达地区的个人兑换需求。

五、推动信息和政务公开，提高外汇管理透明度

在国务院新闻办公室召开专题新闻发布会，就外汇形势和外汇储备经营等热点问题释疑解惑，引导社会舆论。通过国家外汇管理局政府网站等媒介加大宣传力度及与公众的沟通。公布110家外汇违法逃逸企业的相关信息，及时报道打击非法外汇交易成果。在境外机构境内外汇账户、境外投资外汇管理等重大政策出台前，公开征求社会意见。公开发布《外汇管理概览》，简明通俗地介绍外汇管理的目标、框架、各业务管理原则、政策要点等内容，便于社会各界更加清晰地了解外汇管理政策和业务要求。公开发布1985年至2009年间所有公开的外汇统计时间序列数据，便利社会各界分析使用，提高外汇统计数据的全面性、系统性和透明度。全面公布合格机构投资者投资额度审批情况，实行额度审批委员会制度，进一步提高行政许可的透明度。加大法规清理力度，2009年共清理外汇管理法规250件，减幅达三成；外汇管理行政许可项目从39大项减少为25大项，减少36%。

（国家外汇管理局）

中国国有企业改革情况

2009年是新世纪以来我国经济发展最为困难的一年，各级国资委和广大国有企业在党中央、国务院和各级党委、政府的正确领导下，认真贯彻落实党中央、国务院关于应对国际金融危机、保持经济平稳较快发展和全力保增长、保民生、保稳定的一系列战略部署，迎难而上，共克时艰，加强监管，确保发展，做了大量扎实有效的工作，国有经济总体上呈现平稳运行态势，主要生产经营指标稳步回升，为保持国民经济平稳较快发展做出了积极贡献。

一、国有企业改革进一步深入

（一）公司制股份制改革取得新进展

通过引进战略投资者、规范改制和融资上市等多种方式，加快公司制股份制改革步伐。2009年，有6家中央企业实现主营业务整体上市，11家中央企业控股上市公司在境内外首次公开发行上市。各地通过引进战略投资者、规范改制和重组上市等多种方式，加快公司制股份制改革步伐。山东稳步推进公司制改革，省属30户企业中按《公司法》注册的达25户。上海推动企业整体上市和核心业务资产上市，资本证券化率提高到25.4%。

（二）完善公司治理结构迈出新步伐

继续稳步推进建设规范董事会工作，形成了规范董事会运作的一系列制度文件，建立了一支结构合理、素质较高的外部董事队伍。中央企业建立规范董事会的企业已达24家。国资委逐步把出资人部分职权授予规范的董事会，初步建立了在国资委制度框架内和总体薪酬水平调控下，由试点中央企业董事会自主决定高管人员薪酬的基本制度体系。积极探索现代企业制度下党组织参与决策、带头执行、有效监督、发挥政治核心作用的途径方式，发挥职代会和职工民主监督的作用。各地积极推进规范的董事会建设，取得积极进展。上海发挥外部董事监事资格认定委员会的作用，建立外部董事监事候补人才库，按照外部董事占多数的原则，在出资企业委派了18名外部董事，开展了对董事会的任期业绩评价。

（三）企业内部改革取得新成效

进一步梳理管理流程，优化管理架构，压缩管理层级，缩短管理链条，取得了积极进展。许多中央企业对总部管理机构进行了全面调整和优化。宝钢大力推进管理变革，实施扁平化管理的大部制改革，总部职能部门从20个缩减到10个，职能从45项缩减到38项，管理岗位从60个缩减到33个。各地进一步推进企业内部改革，适应市场化要求的企业内部机制不断完善。福建、四川等地积极推行工资总额预算管理，改进完善工资总额调控。深圳积极推动三项制度改革全覆盖，二级企业全面开展三项制度改革，彻底转换职工身份，实行市场化、契约化管理。

二、推动企业调整优化上水平

（一）引导企业严控投资，确保现金流安全

中央企业集中发展核心业务，对已有投资项目和实施建设项目进行分析评估和清理调减，有效降低了投资风险。中国石油按照建设项目压减投资10%以上的要求，优化工程方案设计，重新核定投资标准，大力推行集约化采购，累计审减投资513亿元。招商局集团严控投资与债务风险，规定2009年度有息债务比例不得超过35%，利息保障倍数不能低于5。各地普遍加大了推动监管企业强化资金管理的力度，确保企业现金流稳定。江苏在大型监管企业推行以信息化建设平台为基础的资金集中管理，督促企业建立“收支两条线加备用金”的管理体系，严格资金预算管理，提高企业集团资金整体使用效率。

（二）推动企业调整优化结构

中央企业围绕突出主业和延伸产业链条，扎实推进兼并重组，着力调整产业、产品和企业组织结构，进一步优化资源配置，增强竞争实力。2009年共有18家中央企业进行合并重组，中央企业户数从年初的142家调整到131家。严格控制非主业投资，中央企业95%以上的投资都集中在主业，管理链条明显缩短，资源配置效率显著提高。各地围绕地方经济发展规划，积极制订方案，加快了企

业调整重组步伐。陕西积极推进监管企业并购重组，监管企业由国资委组建初的120户减少到目前的26户。山西认真做好地方煤矿调整重组工作，通过整合改变了粗放发展模式。山东积极实施大企业集团发展战略，推动山钢集团与日照钢铁集团重组。许多地方加强与中央企业合作，吸引中央企业参与当地调整重组，拓宽地方企业与央企合作的领域和范围，积极探索在全国范围内国有资本优化配置的新途径和新模式。

（三）引导企业加快创新升级

中央企业普遍加大研发投入，积极发挥科技创新引领作用，努力突破制约企业发展的关键技术，抢占市场竞争的制高点。国务院国资委将企业增加的科技投入和有利于长期发展的投资纳入考核指标调整范围，鼓励企业加大科技投入。积极组织企业承担国家重大科技攻关任务和申请“企业国家重点实验室”等科技基础平台的建设工作。积极推进“海外人才创新创业基地”建设，开通试运行中央企业技术创新信息平台，有效促进企业科技资源的共享和信息交流。中央企业创新能力得到提升，一大批科技成果获得国家奖励，一些行业和领域的关键技术和产品达到国际先进水平，有的行业技术标准被纳入国际标准。各地国资委加大推动企业重点项目建设力度，加快产业结构升级。北京加快发展电子信息、汽车、装备制造等战略性产业，为首都经济的企稳回升和长远发展奠定基础。广东推动省属企业积极落实省委、省政府出台的16条促进经济平稳较快发展和产业转型升级的政策措施，主动承担了一大批重点项目建设工程。

三、国有资产监管进一步加强完善

（一）国资监管制度和组织体系进一步完善

国务院国资委研究制定36项与《企业国有资产法》配套的规章，国有资产监管法规体系进一步完善。制定发布《关于进一步加强地方国有资产监管工作的若干意见》，进一步明确加强地方国有资产监管的总体思路、基本原则和具体要求。各地认真贯彻《企业国有资产法》，结合实际研究发布各项监管法规规范，完善国有资产法规体系建设。湖北代拟起草了《湖北国有资产监督管理条例（草案）》，列入省人大预备立法项目。江苏、安徽等地规范省属企业公司章程，组织省属企业修订公司章程，使公司章程与《企业国有资产法》《公司法》《企业国有资产监督管理暂行条例》等法律法规的有关规定相衔接。

（二）国有资产监管进一步加强

国务院国资委构建国有股东的信息公开机制、股份的市场化定价机制、股票停牌机制和责任追究机制，发布了全国统一的企业国有产权交易规则，上市公司国有股权监管制度体系和较为完整的国有产权转让制度体系初步形成。进一步完善当期监督，及时反映监督检查中发现的重大风险，及时报告涉及国有资本权益和国有资产安全的重大事项，监督的有效性和灵敏性进一步提高。按照中央统一部署开展巡视工作试点，积极探索巡视工作与财务监督、监事会工作的有效结合。各地进一步强化财务监督、产权管理、监事会监督，国有资产监管进一步加强。江苏改进企业年度财务决算报表审计监督办法，建立中介机构审计与外派监事会财务检查沟通协调机制。

（三）业绩考核与薪酬管理工作扎实推进

国务院国资委研究提出EVA考核工作思路及实施方案，进一步完善分类考核，扎实推进全员业绩考核，稳步推进董事会试点企业考核工作。认真总结中央企业负责人薪酬制度改革实践经验，继续做好工效挂钩审核工作。建立健全董事报酬管理制度，研究拟订专职外部董事薪酬管理办法，建立董事会管理高管薪酬的制度框架，推动董事会调控高管薪酬水平。规范国有控股上市公司股权激励试点工作，积极探索中长期激励机制。积极推进企业年金等工作，加快中央企业福利保障体系建设。各地不断完善国有资产保值增值责任体系。北京、天津、上海、安徽、深圳等地组织开展了经济增加值考核试点。上海突出对主业的考核，发挥了业绩考核对促进企业做强主业、增强实力的引导作用。

（四）国有资本经营预算制度初步建立

国务院国资委加快推进国有资本预算管理制度体系建设，基本建立了资本预算基础管理工作制度，对资本收益申报清算、资本决算、预算执行报告和执行监督等工作做出明确规定，逐步规范资本预算管理工作机制，确保资本收益使用科学合理。大部分地方建立了国有资本经营预算制度，积极推进国有资本经营预算工作。广东、浙江等地进一步完善了国有资本经营预算内部工作流程，稳步推进国有资本经营预算工作。黑龙江、安徽、陕西、大连等地积极组织完成国有资本收益上缴，合理安排支出。

四、国有企业运行质量和经济效益明显回暖

2009年，全国国资委系统监管企业实现营业收入20.7万亿元，同比增长5.8%；其中中央企业实现营业收入12.6万亿元，同比增长6.4%；地方监管企业实现营业收入8.1万亿元，同比增长4.8%。全国国资委系统监管企业实现利润总额12 561亿元，同比增长19%；其中中央企业实现利润总额8 151.2亿元，同比增长17.1%；地方监管企业实现利润总额4 410.2亿元，同比增长22.6%。全国国资委系统监管企业上缴税金总额17 265.2亿元，同比增长8.8%；其中中央企业上缴税金总额11 474.8亿元，同比增长10.1%；地方监管企业上缴税金总额5 790.5亿元，同比增长6.5%。截至2009年底，全国国资委系统监管企业资产总额达41.9万亿元，同比增长24.6%；其中中央企业资产总额21.1万亿元，同比增长19.5%；地方监管企业资产总额20.8万亿元，同比增长30.2%。

2003—2009年，中央企业资产总额由8.3万亿元增长到21万亿元，年均递增16.7%；营业收入由4.5万亿元增加到12.6万亿元，年均递增18.7%；实现利润由3 005.9亿元增加到8 151.2亿元，年均递增18.1%；实际上缴税金由3 563.1亿元增加到111 474.8亿元，年均递增21.5%。2009年《财富》杂志公布的世界500强企业中，中央企业进入24家，比2003年增加了17家。国有企业保持持续稳定快速发展，不仅有利于实现国有资产保值增值，有效发挥国有经济在国民经济中的主导作用，更重要的是坚定了全社会搞好国有企业的信心，探索出在多种经济成分共同发展格局下国有经济改革发展的新路子。

（国务院国有资产监督管理委员会研究局）

中国对外投资合作情况

随着我国对外开放程度的不断加深，特别是中央适时提出“走出去”战略后，我国对外资合作业务迎来快速增长时期，近年来更呈现出跨越式发展势头。在“互利共赢、和平发展”的指导原则下，通过实施“走出去”战略，各方面效益凸显。对外投资合作已与对外贸易、利用外资相互融合、相互促进，共同构成当前我国开放型经济的重要组成部分，对促进国家经济社会发展、营造平等和谐的对外关系做出了重要贡献。

2009年，为应对国际金融危机，深入贯彻落实党中央、国务院关于“保增长、扩内需、调结构”的战略部署，商务部会同有关部门加大工作力度，进一步完善管理体制、落实财税支持政策、健全服务保障体系，推动“走出去”健康快速发展。随着国内外形势和发展环境日趋好转，“走出去”企业积极实施全球化经营战略，我国对外投资合作实现了逆势上扬。

一、对外投资合作发展情况

（一）对外投资发展迅速

受世界经济和金融危机的持续影响，2009年全球外国直接投资较2008年下降了30%～40%。面对挑战和机遇并存的局面，中国企业审时度势、积极应对，2009年非金融类对外直接投资继续保持稳定增长的势头。

商务部快报显示，2009年我国境内投资者对全球122个国家和地区的2 283家境外企业进行了直接投资，累计实现非金融类对外直接投资（下同）433亿美元，同比增长6.5%。截至2009年年底，我国累计全行业对外直接投资已超过2 200亿美元。

从投资方式来看，以收购方式实现的直接投资175亿美元，占同期投资总额的40.4%，获取国外先进技术、营销网络和能源资源成为并购投资新的重点。主要跨国并购项目有中石化集团（通过香港公司）收购瑞士Addax公司100%股权72.4亿美元；中石油集团收购新加坡石油公司45%股权10.2亿美元；五矿集团收购澳大利亚OZ公司100%股权12.1亿美元；湖南华菱钢铁集团9.2亿美元购得澳大利亚FMG公司16.48%股份；中国航空工业西飞集团通过香港公司收购奥地利FACC公司2.55亿美元等。

（二）对外承包工程继续保持两位数增长

我国对外承包工程企业克服了金融危机带来的负面影响，在继2008年业务快速增长的基础上，2009年各项指标继续保持两位数增长。

从业务规模来看，对外承包工程完成营业额777亿美元，同比增长37.3%；新签合同额1 262亿美元，同比增长20.7%。截至2009年年底，对外承包工程累计完成营业额3 434亿美元，签订合同额5 650亿美元。

从业务档次和发展水平来看，合同金额在5 000万美元以上的项目440个，合计1 017亿美元，占新签合同总额的81%。其中上亿美元的项目有240个，较上年同期增加45个。中国铁路工程总公司承揽的委内瑞拉第纳科—阿纳科段铁路项目，合同总金额达75亿美元，是迄今为止我国在非洲以外地区承揽的最大承包工程项目。

从完成营业额地区分布情况来看，亚洲398.1亿美元，同比增长37.8%，占51.2%；非洲281亿美元，同比增长44.5%，占36.2%；拉丁美洲36.4亿美元，同比增长21.3%，占4.7%；欧洲占4.1%；大洋洲、北美洲分别占2.6%和1.2%。

从新签合同额的国家（地区）情况来看，我国对外承包工程海外市场位居前十位的国家是：伊朗、委内瑞拉、印度、沙特阿拉伯、利比亚、越南、苏丹、阿尔及利亚、尼日利亚、安哥拉。我国在上述地区承包工程累计新签合同额604.1亿美元，占47.9%。

从新签合同额的行业分布来看，我国对外承包工程新签合同额主要集中在房屋建筑248.6亿美元，占19.7%；交通运输业298.2亿美元，占23.6%；电力工业231.9亿美元，占18.4%；石油化工业172亿美元，占13.6%；电子通讯业92.6亿美元，占7.3%；制造及加工业91.3亿美元，占7.2%；供排水32.3亿美元，占2.6%；矿山建设14.7亿美元，占1.2%；其他行业80.4亿美元，占6.4%。

（三）对外劳务合作恢复增长

随着吸纳我国外派劳务主要市场经济形势的好转和对外来劳务需求的恢复性增长，2009年我国对外劳务合作发展稳步回升。

从业务规模来看，2009年我国对外劳务合作完成营业额89.1亿美元，同比增长10.6%；新签合同额74.7亿美元，同比下降1.2%。全年派出各类劳务人员39.5万人，同比下降7.5%；12月末在外各类劳务人员77.8万人，较上年同期增加3.8万人。截至2009年年底，我国对外劳务合作累计完成营业额648亿美元；合同额674亿美元；累计派出各类劳务人员502万人。

从外派劳务市场分布来看，我国对外劳务合作业务完成营业额主要来自日本、新加坡、韩国、澳门、香港、台湾等国家和地区。

二、支持企业“走出去”的政策措施

（一）继续完善管理制度

颁布实施了《境外投资管理办法》，大幅减少审批事项，不断下放审批权限。继续落实《对外承包工程管理条例》，出台新的《对外承包工程资格管理办法》。加快对外劳务合作管理体制改革步伐，开展清理整顿外派劳务市场秩序专项行动，妥善处理多起境外劳务纠纷。推动出台《境外机构和人员安全保护巡查工作制度》等综合性管理办法。

（二）健全服务促进体系

发布了涉及162个国家和地区的《对外投资合作国别（地区）指南》，编制了《国别投资经营障碍报告汇编（2008）》和第二期《对外承包工程国别产业导向目录》，建成了“对外投资合作信息服务系统”，加强对外企业跨国经营人才的培训，组织企业参加贸易投资促进团赴海外开拓商机，办好各类展会、论坛等投资合作平台。

（三）落实支持政策

加大财税、金融等方面政策支持力度，落实安排对外经济技术合作专项资金和对外承包工程保函风险专项资金，向东盟、上合组织、非洲国家提供优惠出口买方信贷等优惠性质贷款，充分发挥商业性和政策性贷款的作用，鼓励金融机构为合作项目提供信贷支持和金融服务。

（四）加强海外安全及权益保障

进一步加强政府间沟通和交流，充分利用多边、双边磋商机制，商签政府间投资合作协议和经贸合作领域中长期发展规划，营造有助于“走出去”的外部环境和发展空间；建设境外安全保障体系，做好风险预警和重大突发事件应对工作。

（商务部对外经济合作司）

中国行政管理体制改革情况

2009年，按照党中央、国务院的总体部署，行政管理体制改革急需深化推进。主要着眼于创新体制机制、服务科学发展，扎实推进地方政府机构改革，做好国务院机构改革后续工作，继续深化事业单位改革和乡镇机构改革。

一、2009年政府机构改革工作的进展情况和主要措施

（一）做好国务院机构改革后续工作

全面完成国务院部门“三定”规定的审核、报批工作。经过认真研究审核、充分征求意见、反复沟通协调，并按程序报请国务院常务会议审议，在第一批46个部门的基础上，完成了第二批16个部门的“三定”工作。这项工作完成后，国务院部门的“三定工作”基本结束。这次“三定”符合中央改革精神，符合各部门实际，体现了国务院机构改革的要求。

一是政府转变职能方面有明显进展。取消、下放、转移出微观管理、行政审批和评比表彰等政府不该管、管不好的事项，将可以由地方承担的事务交给地方政府，将一些技术性和具体事务交给事业单位或中介组织，加强了宏观调控、能源管理、环境保护以及食品安全、住房、社会保障等各项涉及群众切身利益、关系国计民生的社会管理和公共服务职责。

二是理顺部门职责关系方面取得突破。集中解决和理顺了在宏观调控领域、环境资源领域、工业等行业管理领域、涉外经贸领域、市场监管领域、文化卫生等社会管理领域的职责交叉和关系不顺问题。

三是部门责任得到进一步明确和强化。在配置部门职能时，按照权责一致、有权必有责的原则，明确和强化了各部门260多项责任，为推行行政问责制、加强责任追究提供了必要的依据。

四是机构编制得到有效控制。对职责调整较大或机构变动部门的内设机构随职责调整相应划转并进行优化整合，加强重点业务司局，加强社会管理和公共服务，国务院行政编制总数没有突破。

为促进各部门全面落实“三定”规定，正确履行职责，巩固国务院机构改革成果，2009年8月，中央编办开展了各部门“三定”规定执行情况的评估工作，重点评估“三定”规定的机构和人员编制是否严格执行，职能转变和部门责任的要求是否落实到位，并对发现的问题及时加以改进和完善。这次评估重在体制机制创新，评估工作以部门自查为主，选择部分单位进行调研评估，重点是2008年国务院机构改革新组建和调整变动较大的部门，同时兼顾部门类型、管理需要和部门自评的情况。根据部门自查和点上的评估情况，再进行总体评估，最后形成评估报告。

另外，还着眼于食品安全监管、安全生产监管、应急管理、金融监管、教育医疗卫生等社会热点问题和群众最关心、最直接、最现实的利益问题，从体制机制入手，提出了完善改革的意见和建议。对燃油税改革涉及的人员编制、原料奶收购环节监管部门职责分工等研究提出意见和建议。

（二）积极推进地方政府机构改革

省级政府机构改革从2008年9月开始启动，目前各省级政府机构改革方案已经全部批完，大部分省份方案已经实施到位。这次省级政府机构改革在以下几个方面取得了初步成效：

一是推动了政府职能转变。加快推进“四个分开”，从制度上更好地发挥市场在资源配置中的基础性作用，更好地发挥公民和社会组织在社会公共事务管理中的作用。加强社会管理和公共服务职能，强化执行和执法监管职责。进一步减少行政审批事项。

二是在探索职能有机统一的大部门体制方面迈出坚实步伐。与国务院机构改革相衔接，所有省、区、市都在工业与信息化、交通运输、住房与城乡建设、人力资源与社会保障、卫生与食品药品监管五个方面对机构进行了调整整合。一些地方按照改革精神，因地制宜对其他机构进行了整合。

三是部门职责关系进一步理顺，明确和强化了责任。各省、区、市对职责交叉和关系不顺的问题

逐一梳理，坚持一件事情由一个部门负责，确需多个部门管理的事项分清主办协办关系、明确牵头部门，建立健全了部门间协调配合机制。各省在理顺职责关系的基础上，坚持有权必有责、责权对等，注重明确和强化责任，建立健全了政府权力运行责任体系。

四是机构编制得到有效控制。各省、区、市对超限额自定行政机构、承担行政职能的事业单位和议事协调机构进行了全面清理和规范。改革后，各省、区、市政府副厅级以上机构得到不同程度的精简，中央规定的政府机构限额和行政编制总额没有突破。

各地在开展省级政府机构改革工作的同时加强了对市县政府机构改革工作的统筹推进。通过多种形式切实加强对市县政府机构改革的指导，认真做好备案审核工作。这次市县政府机构改革，既注意了与省级政府机构改革方案的衔接，又注意突出市县政府特点。一是着力解决制约地方经济社会发展的体制机制问题，进一步加强执行和执法监管职责，推动直接面向群众服务的“窗口”机构的改革。二是加大机构整合力度，在探索职能有机统一的大部门体制改革方面，迈出更大步子，为未来在更大范围、更深程度上推进这项改革积累了丰富的经验。深圳市作为改革试点，改革力度较大，机构只设置了30个左右，精简幅度达33%。三是严格控制机构编制，确保中央规定的政府机构限额和行政编制总额不突破。四是处理好与省级政府机构改革、乡镇机构改革、事业单位改革的关系，使各项改革环环相扣，层层推进。

（三）继续推进乡镇机构改革试点

按照国务院的要求，这项改革于2012年全面完成，目前全国已有近60%的乡镇开展了试点。2009年初，《关于深化乡镇机构改革工作的指导意见》正式印发。乡镇机构改革的组织实施由省级党委、政府负总责。乡镇机构改革的重点是转变乡镇政府职能，明确乡镇功能定位，改革乡镇事业站所管理体制，整合党政机构设置，更好地为“三农”服务。从目前情况看，有的省份已经基本完成，有的正在进行，总体进展不错。中央有关部门定期跟踪了解各地乡镇机构改革进展情况，及时给予指导，工作中注重了东中西部情况的差异，注重了与省市县三级机构改革的统筹，就经济发达镇行政管理体制进行专题调研，提出意见。加强与国务院农村综合改革办的联系，协助做好综合改革相关工作。

（四）深化事业单位分类改革试点

经国务院和中央编委批准，山西、上海、浙江、广东、重庆五省市的事业单位改革试点工作于2008年开始启动。一年来，各试点省市出台了改革试点实施方案，开展了事业单位模拟分类，推动部分生产经营性事业单位转企改制，并在创新事业单位管理体制和运行机制，实行管办分离、建立法人治理结构，研究解决养老保险制度改革难点问题等方面进行了积极探索。中央编办会同有关部门加强指导，积极推进事业单位改革。

一是加强对五省市改革试点工作的指导，帮助解决试点工作中遇到的问题。认真审核试点省市改革试点工作的总体安排和实施方案，并提出时间进度要求。

二是全面了解事业单位改革情况，集思广益，采取多种方式进行深入调查研究，直接听取各级党政领导、事业单位主管部门和事业单位负责人、事业单位服务对象1 200余人的意见、建议，其中省部级领导44人，并向中央编委领导提交了调研报告。

三是会同发展改革委、财政部、人力资源和社会保障部等部门，对事业单位改革涉及的分类、人事和收入分配、养老保险、财税政策等综合性问题进行集中研讨。同时在中央编办内成立了11个专题研究组，对改革涉及的重点难点问题进行专题研讨。

二、2010年改革工作的重点和主要措施

2010年，中央将继续把深化改革放在工作的重要位置，进一步增强改革意识，坚定改革信心，加强改革协调，统筹推进各项改革，为经济社会协调发展提供体制机制保障。这主要是考虑到，党的十七届二中全会明确提出到2020年行政管理体制改革的总体目标，时间紧、任务重，必须加快推进。同时，从全国改革发展稳定的全局出发，改革是解决诸多深层次矛盾和问题的根本出路，是促进科学发展的强大动力。在各项改革工作的摆布上，要把从总体上推进事业单位改革作为全年工作的重中之重，同时立足整体性系统性，继续深化政府机

构改革。

（一）立足新形势新任务，从总体上全面推进事业单位改革

党中央、国务院和中央编委高度重视这项改革，强调要把事业单位改革提到党和国家的重要议事日程，并作为全局性改革进行思考和规划，举全党全国之力，加快推进。从总体上推进事业单位改革，是贯彻落实科学发展观、构建社会主义和谐社会的必然要求，是转变政府职能、加强公共服务、促进经济社会全面发展与进步的客观需要，是创新事业单位体制机制，增强事业单位活力，促进公益事业发展的重要举措。同时，考虑到事业单位改革的艰巨性、复杂性和长期性，只有从总体上推进改革，研究制定统一的改革指导文件，对改革进行整体设计，全面规划，才能统筹各行业、各地方的改革进程、做好政策衔接，才能真正破除制约社会事业发展的体制机制障碍，促进经济社会协调发展和全面建设小康社会宏伟目标的实现。

（二）立足整体性系统性，继续深化政府机构改革

立足2020年行政管理体制改革的总体目标，通盘考虑2013年和2018年的两次集中改革及届中的适时调整，做到当前和长远相结合，加强对关键领域和环节的重点难点问题的研究，继续深化改革。

一是加快政府职能转变。进一步推进政企分开、政资分开、政事分开、政府与市场中介组织分开，从制度上更好地发挥市场在资源配置中的基础性作用，更好地发挥公民和社会组织在社会公共事务管理中的作用，更加有效地提供公共产品。继续深入研究加快政府职能转变的总体思路，以及不同层级政府职能转变的主要任务。一方面通过对“三定”规定执行情况进行评估，推动国务院已经确定的职能转变要求得到落实；另一方面通过统筹推进各项改革，加快政府职能转变的进程。

二是探索实行职能有机统一的大部门体制。按照“精简、统一、效能”的原则和决策权、执行权、监督权既相互制约又相互协调的要求，继续探索实行职能有机统一的大部门体制，优化政府组织结构，规范机构设置，理顺部门职责分工，健全部门间协调配合机制，确保权责一致。

三是做好地方政府机构改革的评估和督促检查工作。研究制定地方政府机构改革评估督查方案，做好对省级政府机构改革执行情况的评估和督促检查工作，做好对市县政府机构改革成效的跟踪了解和评估工作，重点检查职能转变和明确责任的要求是否落实到位，中央规定的机构限额和编制总额是否得到严格执行，同时指导地方及时发现和改进运转中的问题，以巩固地方机构改革成果，确保中央关于地方政府机构改革的精神和改革方案的要求真正落到实处。

四是继续做好乡镇机构改革有关工作。继续深入贯彻落实《关于深化乡镇机构改革的指导意见》。跟踪了解乡镇机构改革进展，指导各地不断深化改革，对还没有全面推开的省份，督促尽快全面启动。跟踪了解地方创新经济发达镇行政管理体制的进展，适时研究提出深化经济发达镇行政管理体制改革的指导意见。密切关注农村各项改革新情况，做好乡镇机构改革与地方整体改革的衔接。

（中央机构编制委员会办公室研究中心）

● 产业开放与管理措施

中国农业对外开放情况

一、2009 年世界农业总体情况

2009 年全球农产品市场继续保持近年向好的发展态势。根据联合国粮农组织（FAO）统计资料，2009/2010 年度全球谷物产量预计为 22.51 亿吨，比上年下降 1.3%，为历史第二高水平。从国家类型看，发展中国家谷物生产比上年下降 0.8%，发达国家下降 2%。尽管全球经济出现衰退，谷物需求仍出现 1.5%的增长，但需求量仍小于生产量，全球谷物储备增加到 5.32 亿吨，为近 8 年的最高值（见表 1）。

2009 年期间，国际市场大宗商品价格逐步向危机前水平收敛。能源、食品和农产品工业原料价格从 2008 年年底的谷底回升，化肥价格则从 2008 年年中的峰值继续回落，到第四季度趋于稳定。与 2008 年年底价格相比，能源上涨 55%，食品上涨 24%，农产品工业原料上涨 88%，化肥下跌 42%（见图 1）。

表 1　　近年世界谷物生产、使用、库存和贸易

单位：百万吨，%

年份		2007/2008	2008/2009	2009/2010	2009/2010 年同比增长	年份		2007/2008	2008/2009	2009/2010	2009/2010 年同比增长
生产	谷物	2 145	2 282	2 251	−1.3	库存	谷物	429	511	532	4.1
	小麦	625	684	682	−0.2		小麦	146	179	198	10.4
	大米	440	458	454	−0.9		大米	111	124	124	−0.5
	粗粮	1 080	1 140	1 115	−2.2		粗粮	172	208	211	1.3
使用	谷物	2 143	2 200	2 232	1.5	贸易	谷物	273	282	262	−7.2
	小麦	640	654	663	1.4		小麦	112	139	121	−13.4
	大米	436	445	454	2.1		大米	30	30	31	5.3
	粗粮	1 067	1 101	1 115	1.2		粗粮	131	113	110	−3.0

资料来源：FAO《作物展望和粮食形势》，2010 年 5 月

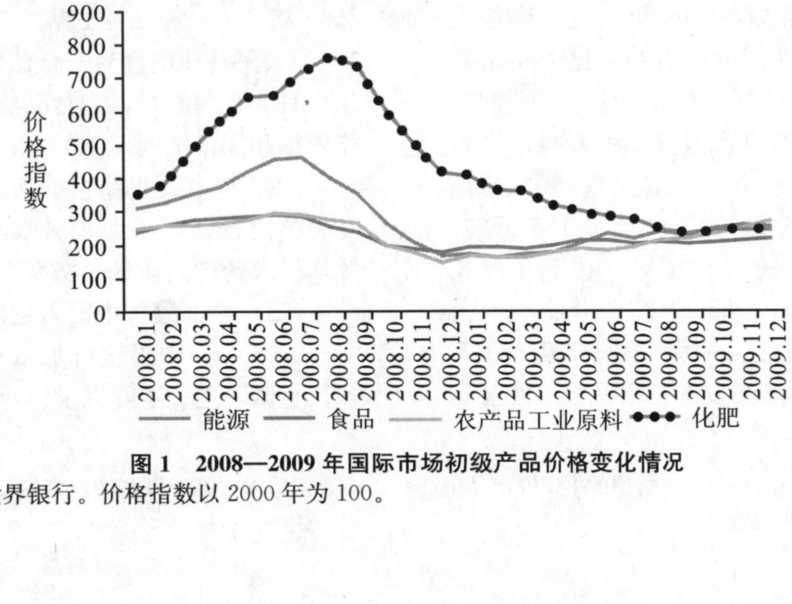

图 1　2008—2009 年国际市场初级产品价格变化情况

数据来源：世界银行。价格指数以 2000 年为 100。

二、2009年中国农业和农村经济发展

2009年，全球金融危机对中国农业和农村经济的负面影响逐步显现。日本、美国、欧洲等中国农产品[①]主要出口市场均出现程度不同的衰退，对中国农产品的需求随之萎缩，特别是深加工产品。各国在金融危机发生后采取的收紧信贷措施使一些进口企业出现支付问题，引起取消订单情况。2008年后半期国际市场农产品价格下跌传导到国内，形成价格下行压力，农业生产效益下滑。与此同时，金融危机对中国非农产品出口造成更大冲击，由于出口订单大幅减少，许多劳动密集型外向型企业出现倒闭、裁员，造成农民工就业减少和非农业收入下降。这种局面使农业发展和农民增收面临严重困难。

针对这种情况，中国政府进一步加大对农业和农村发展的支持力度，通过保就业、重民生、促增收来维护农民的生产积极性和农村稳定。2009年，中国政府大幅度提高了粮食最低收购价，对东北稻谷、玉米、大豆、南方中晚稻及油菜籽实行了临时收储政策，增大了对生猪和奶牛标准化规模养殖和养殖良种的补贴，全国新增千亿斤粮食生产能力建设规划也启动实施。根据财政部发布的数据，2009年，全年中央财政用于“三农”支出为7 253.1亿元，比上年增长21.8%；用于粮食直补、良种补贴、农机具购置补贴和农资综合补贴的支出1 274.5亿元，促进农村教育、卫生等社会事业发展支出2 723.2亿元，农产品储备费用和利息等支出576.2亿元。这些政策在促进农业生产发展和提高农民收入方面发挥了积极作用。

根据国家统计局数据，2009年农业生产稳定发展，粮食总产量达到53 082万吨，比上年增长0.4%，实现连续六年增产。棉花产量640万吨，比上年减少14.6%。油料产量3 154万吨，增长6.8%。糖料产量12 200万吨，减少9.1%。烤烟产量280万吨，增长6.7%。茶叶产量135万吨，增长7.1%。肉类总产量7642万吨，比上年增长5.0%。其中，猪肉产量4 889万吨，增长5.8%；牛肉产量636万吨，增长3.6%；羊肉产量389万吨，增长2.4%。2008年爆发的三聚氰胺事件对奶业发展造成严重冲击，鲜奶生产从过去持续多年的高速增长局面发生逆转，2009年总产量下降到3 518万吨，跌幅1.1%。禽蛋产量2 741万吨，增长1.4%。水产品产量5 120万吨，增长4.6%。农村居民人均纯收入继续保持近年快速增长的势头，剔除价格因素后增长8.5%，略高于上年的增幅。

三、2009年中国农业贸易政策环境

（一）根据市场形势变化调整农产品进出口干预措施

2008年后半年，国际市场农产品价格出现大幅下跌，国内市场也呈现供过于求的局面。面对市场形势的逆转，中国政府于2008年12月决定，在2008年12月到2009年全年期间，取消玉米、杂粮及其制粉的出口暂定关税，降低小麦、大米及其制粉等出口暂定关税。2009年中，中国政府决定提高罐头、果汁、蚕丝、玉米淀粉等深加工农产品的出口退税率，取消小麦、大米、大豆及其制粉的出口暂定关税，取消部分化肥及化肥原料的特别出口关税。年内纺织品的出口退税率也多次上调。

2009年，中国政府实施的提高主要粮食最低收购价格和部分粮油产品临时收储政策虽然有助于缓解粮油产品产区价格下行压力，但却导致加工企业更多地从国际市场获取原料，引起如大豆和油菜籽等一些农产品进口增加。

（二）加强农产品质量安全体系建设

2009年，中国政府进一步加强农产品质量安全体系建设。《中华人民共和国食品安全法》于2009年2月28日通过，并自6月1日起实施，《中华人民共和国食品安全法实施条例》也于2009年7月8日起施行，为食品质量安全管理提供了法律依据和操作细则。

2009年，农业部组织实施了农药市场监管年专项整治行动，加大了对农药市场秩序的清理整顿，使农药产品质量合格率得到明显提高。

（三）全面履行中国入世承诺的义务

2009年，中国履行加入世界贸易组织的关税减让承诺，进一步降低了鲜草莓等5种商品的进口

---

① 除特别注明外，正文和图表中引用的中国农产品生产和贸易数据均未包括香港、澳门特别行政区和台湾省，其中农产品进出口数据来自中国海关统计。

关税；继续对小麦、玉米、稻谷和大米、糖、羊毛、毛条、棉花7种农产品和尿素、复合肥、磷酸氢二铵3种化肥实施关税配额管理，其中，对关税配额外进口一定数量的棉花继续实施滑准税，税率维持不变；对尿素、复合肥、磷酸氢二铵继续实施1%的暂定配额税率；继续对冻鸡等55种商品实施从量税或复合税。调整后，中国农产品的平均税率为15.2%。

（四）按照双边和区域性自由贸易协议扩大农产品市场开放

2009年，中国依据与东盟、智利、巴基斯坦、新西兰、新加坡等达成的自由贸易协定以及《亚太贸易协定》，对原产于东盟十国、智利、巴基斯坦、新西兰、新加坡、韩国、印度、斯里兰卡、孟加拉等国家的部分进口商品实施更为优惠的协定税率。中国也继续对原产于老挝、苏丹、也门等共41个最不发达国家的部分商品实施特惠税率。

（五）中国努力利用WTO规则维护自身利益

面对贸易保护主义抬头的局面，中国政府积极利用WTO有关规则保护自身利益。针对美国众议院2009年2月25日通过的2009年综合拨款法案727条款通过限制政府经费用途的方式阻碍对中国禽肉产品进口的解禁工作，中国向WTO提交照会，指出美国的有关条款"严重违反WTO基本规则，影响中美禽肉正常贸易，损害中国家禽业界的利益。"4月17日中国政府提起磋商要求，6月23日通过常驻世界贸易组织（WTO）代表团致函WTO争端解决机构主席，要求WTO争端解决机构设立专家组，审查美国有关限制中国禽肉进口的措施。2009年9月，中国商务部根据国内白羽肉鸡企业的请求，决定对原产于美国的进口白羽肉鸡产品进行反倾销反补贴立案调查。

四、2009年中国农产品贸易发展

2009年，世界各国普遍陷入经济衰退和汇率波动是影响中国农产品贸易的最主要因素。

（一）农产品进出口规模和贸易收支平衡

2009年，全球经济衰退导致国际市场农产品价格普遍从2008年的高价位回落，进口需求呈现萎缩，特别是高附加值产品。另外，进口国购买力下降在一定程度上导致其将进口来源转向低价产品供给国。2009年，中国的贸易政策从抑制粮油等大宗产品出口转为鼓励出口。受这些因素综合影响，2009年中国的农产品出口额从上年度的405.3亿美元小幅下降到396.3亿美元。中国经济维持高速增长对农产品进口需求产生拉动作用，国际市场农产品价格下跌也使进口量增加，但进口额则由于国际市场价格暴跌而回落。2009年中国的农产品进口额为527亿美元，比上年降低10.4%。全年农产品贸易逆差为130.7亿美元，比上年减少近52亿美元。整体上看，2009年的农产品进口和出口均呈现量增额减的局面。

（二）产品结构

2009年，居中国农产品出口额前五位的产品依次为水产品、蔬菜、畜产品、水果坚果和饮品类。居进口额前五位的产品依次为油籽、植物油、畜产品、水产品和棉麻丝（图2）。

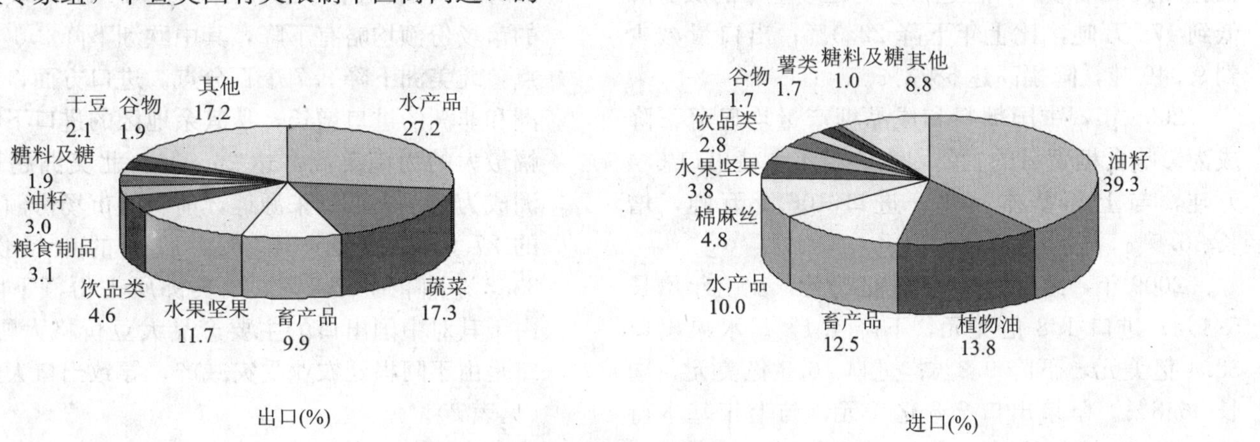

图2　2009年中国产品进出口结构

2009年，中国政府取消了限制谷物出口的政策，但由于农业支持政策使国内市场谷物价格保持坚挺，而国际市场谷物价格则从上年的高价位显著回落，使得谷物产品在海外市场上缺乏价格竞争优势，出口量下降，进口量增加，谷物贸易由2005年以来的净出口转为净进口。海关统计数据显示，2009年谷物出口137万吨，比上年下降26.4%；进口315.1万吨，比上年增加1倍多。从品种看，大米出口量下降19.8%，进口量增长12.3%；玉米出口量下降49.1%，进口增长70.1%；小麦出口量下降93.3%，进口量则由3.2万吨急剧增加到89.4万吨；大麦进口增长61.5%。总体看，中国的谷物贸易规模仍处于低水平。

2009年，食用油籽和植物油贸易面临的市场环境与谷物相类似。全年食用油籽出口109.5万吨，比上年下降8.2%；进口4 632.3万吨，增长18.8%。分品种看，大豆出口35.6万吨，下降26.5%；进口4254.6万吨，增长13.7%，再创历史最高水平。油菜籽进口328.4万吨，比上年增加1.5倍。食用植物油出口11.6万吨，比上年下降53.6%；进口950.3万吨，增长16.3%。尽管食用油籽和食用植物油价格下跌降低了进口成本，中国在这两类商品贸易上仍发生分别为195亿美元和65.1亿美元的高额赤字。

2009年，中国政府继续通过纺织品出口退税和进口棉花实行滑准税等措施扶持纺织业发展，但由于全球经济严重衰退，纺织品出口持续低迷，对棉花的需求进一步萎缩。在这一背景下，尽管中国棉花因灾大幅减产，但进口量仍延续上年的颓势降低到176万吨，比上年下降22.3%；出口量减少到9 949吨，降幅高达58.3%。

2009年，中国糖料和成品糖产量均显著下降成为影响食糖贸易的主要因素。当年食糖出口6.4万吨，与上年基本持平；进口106.4万吨，增长36.5%。

2009年，蔬菜出口68.8亿美元，比上年增长5.4%；进口1.8亿美元，下降4.1%。水果出口38.4亿美元，下降9.3%；进口16.5亿美元，增长36.8%。坚果出口7.8亿美元，与上年基本持平；进口3.4亿美元，增长29.9%。茶叶出口7.4亿美元，增长3.3%。

2009年，畜产品出口39.1亿美元，下降11.4%；进口66亿美元，下降14.6%。其中，家禽类产品出口10.2亿美元，增长3.6%，进口10.1亿美元，减少9.2%；生猪产品出口9亿美元，减少6.3%，进口52.7亿美元，减少52.2%。羊产品进口1.4亿美元，增长31.3%。值得注意的是，由于三聚氰胺事件严重损害了消费者对国产乳制品质量的信心，消费者趋于购买进口乳制品，导致乳制品进口显著增加。与此同时，中国的乳制品和含乳食品出口则受阻。全年进口乳制品10.3亿美元，增长19.5%；出口0.6亿美元，下降81.2%。

2009年，水产品出口108亿美元，增长1.2%，进口52.6亿美元，下降2.8%。其中，鲜冷冻鱼和对虾出口额增长较快，出口额分别为41亿美元和11.7亿美元，分别增长20.8%和增加1.1倍。鱿鱼进口额为2.8亿美元，下降约20.9%。

（三）进出口市场结构

2009年，中国农产品进出口市场结构变化的典型特征是，对多数发展中国家的出口保持增长，对发达国家的出口普遍显著萎缩；从发达国家的进口萎缩程度较小，而从发展中国家进口的萎缩程度较大。与非洲的贸易则是一个例外。

在出口方面，亚洲仍为最大市场，出口额235.3亿美元，比上年增长3.3%，所占份额由上年的56.2%提高到59.4%。对非洲的出口增长2.2%，份额由上年的3.8%上升到4%。其余各洲的市场份额均略有下降，其中欧洲下降2.1个百分点，北美洲下降0.7个百分点。进口方面，从北美洲和非洲的进口增长，从其余地区的进口下降，降幅最大的为南美洲，达26.9%。北美洲超过南美洲成为第一大进口来源地，前者的市场份额由上年的27.6%上升到31.7%，后者的市场份额由33.3%下降到27.1%。南美洲所占份额下降一是由于其对中国出口的主要产品大豆价格大幅下跌；二是由于阿根廷农业受灾减产，导致出口大幅减少（见表2）。

表 2　　2009 年中国农产品贸易区域分布

单位：亿美元，%

	贸易额				比上年增长		占比重	
	进出口	出口额	进口额	差额	出口	进口	出口	进口
合计	923.3	396.3	527.0	－130.7	－2.2	－10.4	100	100
亚洲	350.4	235.3	115.1	120.2	3.3	－9.3	59.4	21.9
非洲	28.0	15.9	12.1	3.8	2.2	22.5	4.0	2.3
欧洲	123.9	73.0	50.9	22.1	－12.4	－4.9	18.4	9.6
北美洲	221.2	54.0	167.2	－113.2	－6.7	3.1	13.6	31.7
大洋洲	45.8	7.1	38.7	－31.6	－6.6	－2.7	1.8	7.3
南美洲	154.0	11.0	143	－132.0	－16.6	－26.9	2.8	27.1

从国别和地区贸易看，中国前五大出口市场仍为日本、美国、中国香港、韩国和德国，合计占全部出口额的 51.8%。对日本的出口虽略有下降，但市场份额由上年的 19%提高到 19.4%；对中国香港的出口额增长 3.3%，市场份额提高 0.5 个百分点；对美国、韩国和德国的出口均出现接近 10%的下降，市场份额相应萎缩（见图 3）。

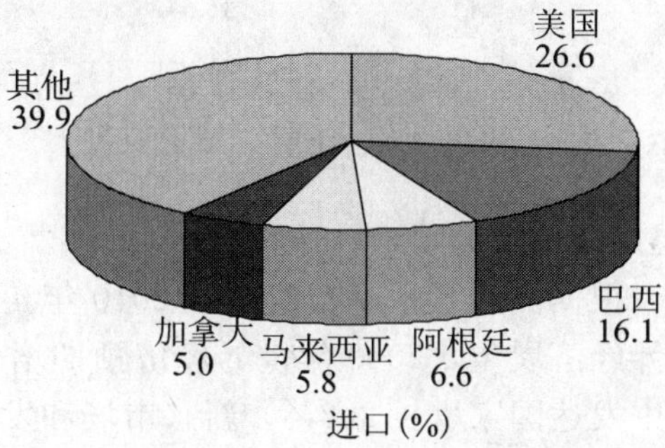

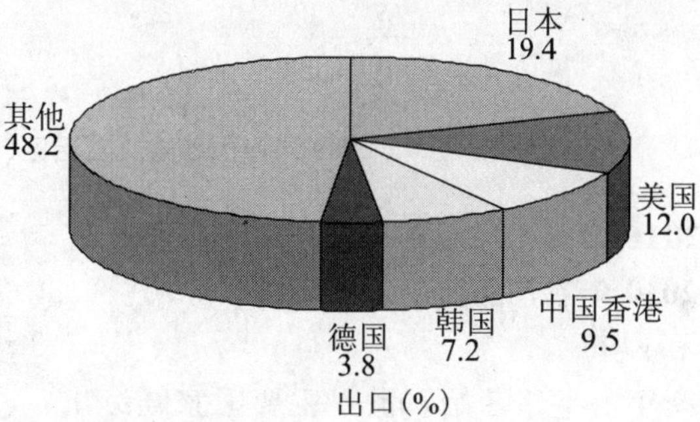

图 3　2009 年中国农产品出口市场和进口来源地结构

中国前五大进口来源地为美国、巴西、阿根廷、马来西亚和加拿大，其中加拿大从上年的第七名跃居第五名，取代了澳大利亚。在这五个国家中，从阿根廷的进口额由 84.1 亿美元急剧下跌到 34.9 亿美元，从马来西亚的进口额由 41.4 亿美元下跌到 30.7 亿美元，从加拿大的进口额则从 17.6 亿美元上升到 26.5 亿美元，从美国和巴西的进口额下降，但降幅较小。

中国—东盟双边农产品贸易实现了较好的发展，中国对东盟国家的出口呈现逆势增长，增幅高达 17%，成为 2009 年中国农产品出口的亮点；从东盟的进口虽然下降 5.4%，但低于中国农产品进口总额下降幅度。中国从新西兰的进口由 10.2 亿美元上升到 13.5 亿美元，增幅达 32.2%。从智利的进口由 6.1 亿美元上升到 8 亿美元，增幅达 31%。这些情况表明，自由贸易区建设对农产品贸易产生了较强的促进作用。

（四）贸易方式变化

根据海关统计数据，2009 年的农产品出口总额中，一般贸易出口额 306.7 亿美元，占农产品出口总额的 77.4%，与上年持平；进料加工贸易出口额 57.6 亿美元，占 14.5%，比上年下降 0.4 个百分点。农产品进口总额中，一般贸易进口额 412 亿美元，占农产品进口总额的 78.2%，比上年提高 0.9 个百分点；进料加工贸易进口额 44 亿美元，占 8.3%，比上年提高 0.7 个百分点。

（五）国内进出口地区结构变化

2009 年农产品出口额排前五位省份依次为山东、广东、福建、浙江和辽宁，其中福建由上年的第五位跃居第三位。五省合计占出口总额的

61.5%，比上年提高 1.2 个百分点。分区域看，中部地区出口逆势增长 2%，东部地区略降 0.3%，西部地区下降 2.8%，东北地区降幅最大为 12.37%。出口额实现增长的有河北、安徽、福建、江西、河南、湖北、湖南、广东、广西、贵州、云南、西藏、青海，其中青海和贵州均增长 30%以上，农产品出口对落后地区的农业经济发展起到一定拉动作用。

农产品进口额排前五位的省（直辖市）依次为广东、江苏、山东、上海和天津，合计占进口总额的 67.8%，略低于上年水平。东北地区和西部地区进口增长，增幅分别为 3.3%和 6.2%；东部地区和中部地区进口下降，降幅分别为 12.5%和 7.2%。进口额超过 1 亿美元的省（自治区）中吉林、安徽、湖南、广西、云南、陕西和新疆继续保持增长，其中吉林增长 75.6%，湖南增长 38.2%，云南增长 36.4%，安徽增长 24.4%。进口额超过 1 亿美元的省（直辖市）中北京、天津、河北、江苏、浙江、山东、河南、湖北和重庆下降幅度较大，降幅均超过 10%（见图 4）。

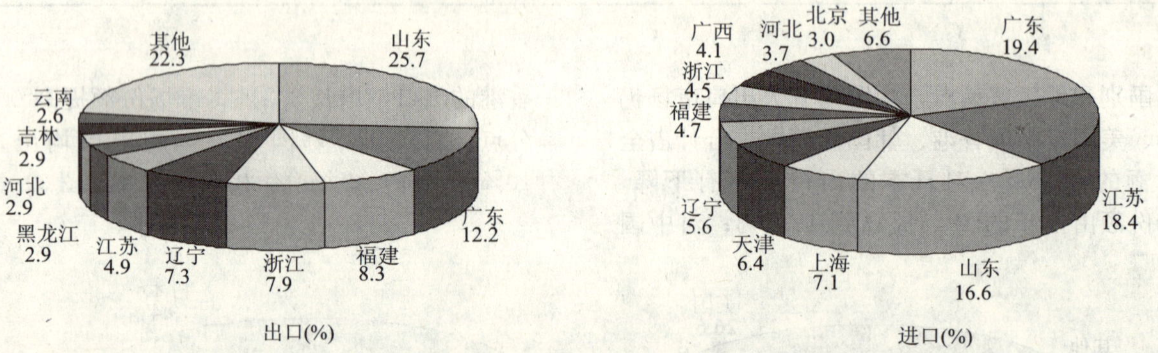

图 4　2009 年中国各省（自治区、直辖市）农产品进出口所占比重

五、2010 年农产品贸易发展前景展望

（一）2010 年农产品贸易发展环境

1. 国际环境

从 2009 年下半年开始，世界主要国家陆续出现经济复苏迹象，然而 2010 年的世界经济增长前景并不乐观。主要问题有，各国劳动就业市场仍十分低迷，失业率居高不下；发达国家利用扩张性财政政策刺激经济导致发生高额赤字，政府债务负担不断加大，致使如冰岛、希腊、爱尔兰、葡萄牙、西班牙及一些东欧国家的主权信用评级被下调，这一危机甚至有可能向其他欧洲国家扩散；同样深陷财政赤字的美国一方面继续在国际上大量借贷，另一方面则向市场提供更多流动性，导致通货膨胀压力加大，其主权信用评级也面临下调的风险；日本多年来一直借助于扩张性财政政策刺激经济，尽管公共债务负担不断增大，但却未能摆脱经济衰退和通货紧缩困境。这些情况表明，全球金融危机并没有结束。此外，尽管世界各国强力实施的反危机措施取得了成效，但对于导致此次金融危机的深层次问题及相应的改革对策并未达成共识，现行财政和货币措施均不具有可持续性，各国都面临何时实行“退出战略”的艰难选择。

根据国际货币基金组织于 2010 年 4 月发布的世界经济展望，2010 年世界经济预期增长 4.2%，其中发达国家增长 2.3%，新兴市场和发展中国家增长 6.3%；世界商品和服务贸易量增长 7%，其中发达国家进口和出口分别增长 5.4%和 6.6%，新兴市场和发展中国家进口和出口分别增长 9.7%和 8.3%。世界经济复苏将拉动初级产品国际市场价格回升，预期原油价格和非能源初级产品价格分别上升 29.5%和 13.9%。WTO 对今后的全球贸易前景也做出乐观的预期，认为 2010 年内全球贸易将恢复正常的发展轨道。在世界经济复苏、石油价格和汇率保持稳定的前提下，全球商品出口量可望增长 9.5%，其中发达国家出口增长 7.5%，其余国家增长 11%。WTO 也强调，预期的增长能否实现会受到多种偶然因素的影响。

与 2009 年相比，2010 年农产品贸易面临的潜在危机因素减少，影响力减弱。需要关注的主要风险：一是公共债务高昂的国家有可能发生主权债务危机，这会严重影响消费者和金融机构的信心，降低其融资能力，从而可能出现购买力急剧萎缩的情况。二是在部分失业现象严重的国家，政府可能迫于特殊利益集团的压力而采取贸易保护主义措施，对贸易活动造成干扰。三是主要国家从现行的扩张性财政政策和货币政策退出会改变其宏观经济均衡，可能出现利率上升、总需求增长受到抑制、物价水平发生较大变化等情况，汇率也有可能出现政策调整导致的波动。四是发生局部性经济或政治危机的可能性仍较高，欧元区国家的主权债务问题，东亚、东南亚和中亚地区的政治动荡需要特别受到关注。

2. 国内环境

2010年，中国政府将把保持经济平稳较快发展、加快转变经济发展方式作为主要工作任务，力争实现国内生产总值增长8%左右、居民消费价格涨幅3%左右的目标。将继续实施积极的财政政策和适度宽松的货币政策，提高政策应对新形势、新情况的针对性和灵活性，把握好政策实施的力度、节奏和重点，处理好保持经济平稳较快发展、调整经济结构和管理通胀预期的关系，大力推动经济进入创新驱动、内生增长的发展轨道。把积极扩大居民消费需求继续作为本年度的一项重要工作，把逐步提高居民收入在国民收入分配中的比重、提高劳动报酬在初次分配中的比重纳入政策改革议程。在对外贸易方面，中国政府将进一步落实和完善出口退税、出口信贷、出口信用保险等各项政策措施，继续改善海关、质检、外汇等方面的服务，改善外贸发展的环境。促进进出口平衡发展也已被确定为今后努力的方向。

2010年，中国政府继续把解决好“三农”问题作为全部工作的重中之重，进一步强化强农惠农政策，协调推进工业化、城镇化和农业农村现代化，巩固和发展农业农村好形势。中央财政将增大用于“三农”的财政支出，提高粮食直补、农资综合补贴、良种补贴、农机具购置补贴的力度，进一步提高主要粮食品种的最低收购价，继续实施重要农产品临时收储政策，让农民得到更多实惠。加强农业基础设施建设、大力发展农产品加工业、推进农业产业化经营、加快农业科技创新和推广、努力做到“两个千方百计”和“两个努力确保”① 等，均将作为2010年的重要工作任务。

（二）农产品贸易发展形势展望

1. 世界经济复苏将改善中国农产品出口环境

2010年，全球经济复苏预期将拉动农产品进口需求，使中国农产品出口环境得到改善。预期高附加值农产品出口出现较快增长；纺织品出口预期也会有所回升，进而影响到棉花需求和贸易。由于发达国家的经济复苏落后于发展中国家，并且基础不够稳固，发展中国家农产品出口形势可能会更乐观一些。需要注意的是，一些国家已经出现通货膨胀苗头，如2010年1月，土耳其和美国的生产价格指数同比增幅已经超过6%，印度的增幅超过8%，俄罗斯的增幅更超过16%。不同国家的通货膨胀差异会改变其在国际市场的竞争优势，进而影响到今后的贸易发展。

2. 国内政策产生拉动进口的效应

2010年，中国经济增长可望回复正常趋势，居民收入会随之提高。一方面，这一情况与政府实施扩大居民消费需求的政策结合在一起，将拉动国内市场农产品消费需求，农产品进口预期也将增加。另一方面，中国政府的农业政策继续将促进农产品供给增长和结构优化作为重要目标，在正常气候下，农产品供给可望保持增长，国内市场农产品供需平衡预期不会发生大的变化。需要注意的是，粮食最低收购价格政策和临时收储政策在保障农民收益的同时提高了加工企业的使用成本，在一定条件下可能导致企业更多使用进口原料，造成拉动进口的效应。国内游资充斥则会加剧价格的波动。

3. 扩大双边和多边贸易开放将加大竞争压力

2010年为中国履行入世降税承诺的最后一年。按照协议，中国将降低鲜草莓等六种农产品的进口关税。根据中国—东盟自由贸易协议，2010年中国和东盟最初六国将对除敏感产品外的全部商品实行零关税。中国还将按照自由贸易协议对新西兰、智利、秘鲁等重要农产品出口国实行双边关税减让。此外，中国还给予41个欠发达国家的商品优惠关税待遇。这些双边贸易开放措施预期会对进口产生促进作用，使国内生产者面临更大的竞争压力。另外，中国扩大对这些国家的农产品出口也有可能使进口方受到冲击，甚至引起贸易争端。就此

① “两个千方百计”和“两个努力确保”，即千方百计保持粮食产量稳定在1万亿斤以上，千方百计保持农民收入增长在6%以上；努力确保不发生区域性重大动物疫情，努力确保不发生重大农产品质量安全事件。

而言，中国出口企业应着眼于长远稳定发展，注意避免恶性价格竞争行为。

4. 人民币汇率继续面临调整压力

2010年内人民币汇率如何调整会继续受到广泛关注。目前美国国会和政府都在以不同方式加大对中国政府的压力，力图促使人民币升值，以缓解其面临的竞争压力。美国的做法在国际上引起不同反响。从2009年的贸易情况看，中国虽然仍有较大贸易顺差，但顺差规模显著下降。2010年，中国政府将进出口平衡发展作为贸易政策的内容之一，提出要稳定各项进口促进政策和便利化措施。落实这一方针可能使中国的外贸盈余下降，从而在一定程度上缓解升值压力。

5. 全球农产品价格预期趋稳

2009年全球农业生产形势良好，主要农产品供给得到保障，粮食库存回升到较高水平，这使平抑市场波动的杠杆得到加强。能源价格在2008年年底暴跌后逐步回升，从2009年年中开始基本稳定在每桶70～80美元的水平。化肥价格也回落到较低水平。此外，金融危机爆发后各国加强了对投机资金的管制，这有助于避免价格暴涨暴跌情况。若2010年没有出现新的严重冲击，国际市场农产品价格可望保持相对稳定。

6. 中国农产品贸易将出现进出口同时增长局面

根据上述分析，2010年中国农产品出口和进口均存在有力的拉动因素，预期进口和出口均出现增长局面，中国农产品贸易仍将为逆差状态。

（农业部农业贸易促进中心　左常升　秦天放）

中国纺织业对外开放情况

一、2009 年我国纺织工业发展概况

2009 年是我国纺织工业①努力克服金融危机影响、在逆境中寻求新发展的一年。在国家一系列宏观调控政策的支持下，在加快结构调整和产业升级的进程中，纺织行业经济运行较早实现了企稳回升，产业调整升级取得了显著成效，较好地落实了党中央、国务院“保增长、扩内需、调结构”的总体要求。

经济运行方面，受国际市场持续低迷影响，2009 年纺织行业出口总额②同比下降了 9.65%。但我国内需市场实现平稳较快增长为行业提供了发展动力，国家提高出口退税率、放松融资环境等政策也为行业发展提供了较为宽松的环境，自 3 月起，纺织行业产销增速从年初的谷底稳步回调，效益明显改善，发展信心得到恢复。2009 年，全国规模以上纺织企业③共实现工业总产值 37 979.89 亿元④，同比增长 10.3%，增速虽然仍略低于 2008 年水平，但比 2009 年 1～2 月已经提高 7.67 个百分点；1～11 月共实现利润总额 1 331.49 亿元，同比增长 25.39%，高于上年同期 27.16 个百分点。2009 年，纺织全行业累计完成 500 万元以上项目固定资产投资 3 102.04 亿元，同比增长 13.86%，高于上年 7.11 个百分点。

表 1　　2009 年纺织工业主要指标

指标名称	单位	2009 年累计	同比（%）	比 2008 年增减（百分点）
主要经济指标（规模以上企业）				
工业总产值（现价）	亿元	37 979.89	10.30	−3.43
工业销售产值（现价）	亿元	37 167.07	10.58	−3.33
主营业务收入（1～11 月）	亿元	32 961.50	10.54	−3.26
利润总额（1～11 月）	亿元	1 331.49	25.49	27.16
从业人数（1～11 月）	万人	1 084.24	−0.46	0.78
主要大类产品产量（规模以上企业）				
化学纤维	万吨	2 726.06	14.31	12.01
纱	万吨	2 405.62	12.71	4.61
布	亿米	567.44	5.27	−0.07
纺织品服装贸易指标（全口径）				
出口总额	亿美元	1713.32	−9.65	−17.63
进口总额	亿美元	169.24	−9.24	−17.63
贸易差额	亿美元	1544.08	−9.69	−18.68
主要运行指标（规模以上企业）				
劳动生产率（以工业总产值计）	万元/人·年	34.48	10.22	−5.55
产销率	%	97.86	0.25	—

数据来源：中国国家统计局、中国海关、中国纺织工业协会统计中心

① 本文中纺织工业、纺织行业是广义概念，涵盖化学纤维制造、纺纱、织造、非织造、染整、制成品及服装制造和纺织机械制造整条纺织产业链。本文中来源于国家统计局的纺织工业统计数据包括国家统计局标准分类中的纺织业、化学纤维制造业、服装鞋帽制造业中的服装业以及机械制造业中的纺织机械制造业。

② 本文中纺织品服装贸易统计数据包括中国海关商品分类第 50～63 章中的纺织纱线、织物、制成品、服装和第 94 章中的寝具。

③ 规模以上企业指年主营业务收入超过 500 万元的企业。

④ 资料来源于国家统计局的规模以上企业数据，除非特别说明为年报数据，均为快报数据。

结构调整方面，行业科技进步取得新成果，6项科技成果获得2009年度国家科学技术奖，其中高效短流程嵌入式复合纺纱技术获国家科技进步奖一等奖；产业用纺织品行业继续得到快速发展，产量超过700万吨，同比增长约17%，远高于纺织其他子行业的增长水平；产业转移步伐继续加快，中部地区实际完成固定资产总额同比增长30.1%，高于东部地区22.24个百分点；淘汰落后产能成效显著，化纤行业共淘汰落后产能120多万吨，常州等环太湖地区半数以上的落后印染设备被淘汰；优势企业得到快速发展，行业中1/3的企业利润率达到8.22%，高于行业平均水平4.18个百分点，其中3666户骨干企业利润率率达到15.68%。

二、2009年我国纺织行业对外贸易发展情况

（一）出口情况

自我国加入世贸组织以来，伴随着贸易环境的不断优化和我国纺织工业产业结构调整的加速推进，我国纺织服装产品的国际市场竞争力不断提高，出口持续稳定增长，国际市场份额稳步提升。但是，受金融危机引发国际市场需求持续低迷影响，2009年以来，我国纺织行业出口出现了近年来最大幅度的下降。根据中国海关数据，2009年，我国纺织品服装出口总额为1 713.32亿美元，同比下降9.65%，增速比2008年下降17.63个百分点。

2009年，我国纺织品服装出口贸易呈现以下特点：

1. 出口持续负增长，至年末略有恢复

进入2009年，我国纺织行业出口步入负增长区间。受春节订单周期影响，1～3月行业出口增速出现较大波动；4月以后，行业出口增速则基本稳定在－11%左右的低位，始终没有呈现出明显的好转迹象；直至11月，由于上年同期出口基数较低且国际市场开始呈现复苏迹象，出口降幅开始收窄，并于12月当月恢复正增长（见图1）。

2. 纺织品出口波动较大，服装出口恢复缓慢

从出口产品结构看，纺织纱线、织物和制成品出口波动幅度较大。由于上年同期出口增速较高，2009年上半年纺织品出口下降显著，1～6月出口额同比减少14.89%，比上年同期下降了39.15个百分点；但下半年，随着上年同期基数下降以及原料市场价格上扬，纺织品出口增速开始明显回升，并从11月起进入正增长区间。而服装出口全年则整体持续在低位徘徊，恢复较为缓慢（见图2）。

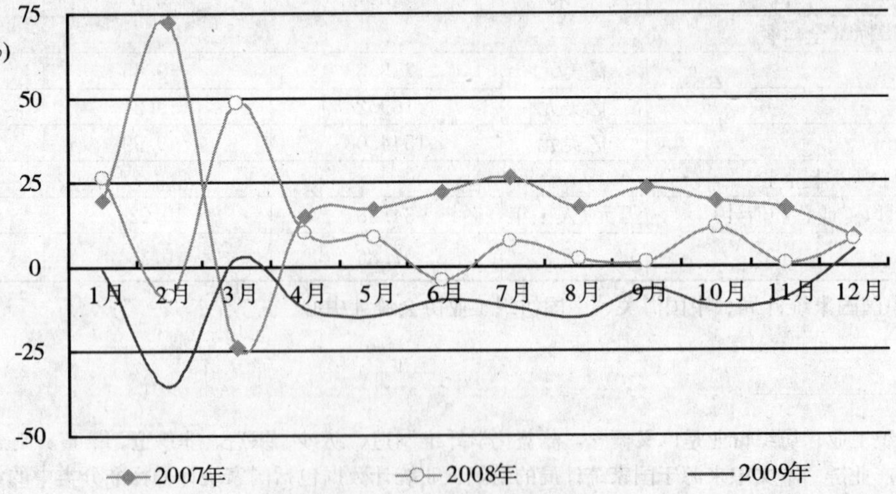

图1　我国纺织品服装出口总额当月同比增长情况

数据来源：中国海关、中国纺织工业协会统计中心

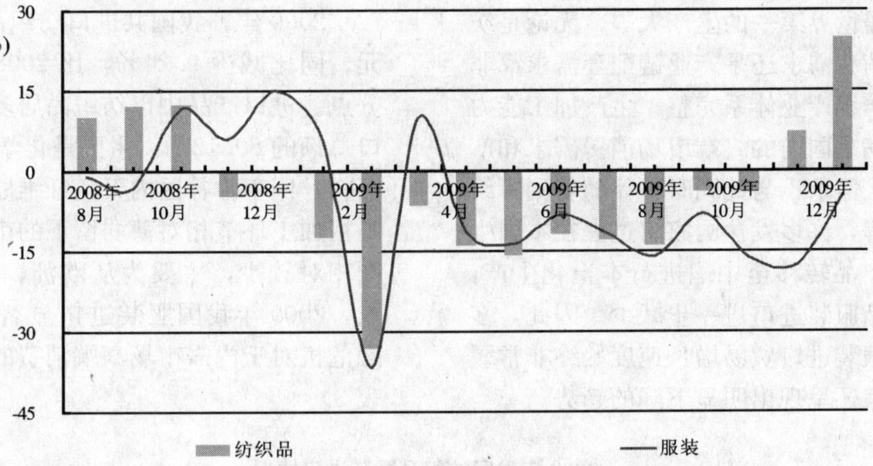

图 2 纺织品和服装出口额当月同比增长情况

数据来源：中国海关、中国纺织工业协会统计中心

3. 对发展中市场出口下降更为突出

分出口市场看，2009 年我国对美国、欧盟、日本、加拿大、澳大利亚等发达国家及香港地区出口纺织品服装的总金额同比下降 4.16%，增速比 2008 年降低 14.17 个百分点，拉动出口负增长 2.46 个百分点；对其他地区出口同比下降 17.59%，增速比 2008 年下降 22.75 个百分点，拉动出口负增长 7.19 个百分点，体现出广大新兴和发展中国家市场需求下滑更加突出（见表 2)。

表 2　　2009 年我国对主要市场出口纺织品服装情况

国家或地区	出口额（亿美元）	同比（%）	比 2008 年增减（百分点）
欧　盟	370.79	−7.13	−40.79
美　国	278.37	3.44	2.40
日　本	220.80	0.27	−7.97
香港地区	139.98	−12.88	−1.03
东　盟	110.06	−2.16	−5.13
韩　国	41.80	−24.80	−22.40
加拿大	33.03	−12.94	4.12
澳大利亚	31.73	−7.04	−23.33
土耳其	10.72	−18.08	36.3
墨西哥	9.09	−34.48	−15.79
台湾地区	7.37	−10.69	−30.81
澳门地区	3.82	−51.84	−37.44

数据来源：中国海关、中国纺织工业协会统计中心

4. 小企业出口受到较大冲击

从国内出口企业结构看，出口下滑主要集中在规模以下的小企业。根据相关统计数据，2009 年规模以上纺织企业出口交货值同比下降 3.23%，增速低于 2008 年 1.33 个百分点；而规模以下企业出口同比降幅达到 22.28%，增速低于 2008 年 13.24 个百分点。

5. 国际市场份额仍稳步提高

尽管出口下滑明显，但我国纺织行业的国际竞争力仍在继续增强，在国际市场上的份额继续上升。根据相关统计数据，2009 年我国出口的纺织品服装在美国进口总额中所占的份额达到 39%，比 2008 年提高了 4 个百分点；在日本进口总额中所占份额达到 79%，比 2008 年同期提高了 2 个百分点。

（二）进口情况

1. 纺织品服装进口情况

我国是拥有 13 亿人口的消费大国，同时也是

纤维加工能力位居世界第一的生产大国，无论是纺织品服装的终端消费需求还是产业链配套需求都非常庞大。但我国纺织产业体系完整，生产加工能力较强，基本能够满足国内的终端市场消费需求和产业链间的中间投入需求；与此同时，伴随着国际纺织产业的转移进程，许多发达国家将过去在本国生产、销往中国的产品转移至中国进行本土化生产，也带动我国纺织品服装进口进一步减少。因此，多年来我国纺织品服装进口贸易增长速度始终非常缓慢，金融危机以来还呈现出明显下降的趋势。

2009 年，我国共进口纺织品服装 169.24 亿美元，同比减少 9.24%，比 2008 年下降 8.75 个百分点。进口产品中以纺织品居多，占纺织品服装进口总额的 89.12%，主要是化学纤维、纱线和高档面料，用于弥补国内天然纤维原料供应不足以及印染精加工环节相对薄弱留下的市场缺口。服装进口则相对较少，主要为从欧洲、日本进口的高档成衣，2009 年我国服装进口显著下降，也体现出金融危机对于内需市场高端消费的冲击较为显著（见表 3）。

表 3　　2009 年我国纺织品服装进口情况

产品名称	进口量			进口额	
	单位	全年累计	同比（%）	全年累计（亿美元）	同比（%）
纺织纱线	万吨	163.09	16.60	43.42	9.91
纺织织物	亿米	28.11	−18.14	48.51	−17.39
纺织制成品	—	—	—	58.87	−10.10
服装及附件	—	—	—	18.44	−18.96
合计	—	—	—	169.24	−9.24

数据来源：中国海关、中国纺织工业协会统计中心

2. 相关产品进口情况

我国纺织行业相关进口主要集中在天然纤维原料、化纤单体、染化料和纺织专用装备领域。2009 年，我国纺织工业共进口棉麻毛丝天然纤维原料、人造纤维原料、合成纤维单体、染料和助剂、纺织机械共计 295.94 亿美元。这些相关产品的大量进口一方面体现出我国纺织工业多年来坚持利用国际、国内两个市场进行资源配置，在有效弥补了国内相关资源和技术缺口的同时，也通过引进先进技术装备加速推进了纺织行业产业升级的进程。另一方面，专用装备、化纤单体、染化料是影响一国纺织产业核心竞争力的重要环节，进口的大量存在说明我国纺织工业及相关产业的发展水平仍然不足，核心环节大量依靠进口对于产业的长期发展和竞争力提升会造成潜在的风险，因此仍是行业发展中需要着力解决的问题（见表 4）。

表 4　　2009 年我国纺织工业进口相关产品情况

产品名称	进口量		进口额	
	全年累计（万吨）	同比（%）	全年累计（亿美元）	同比（%）
天然纤维	253.48	−14.30	40.77	−28.45
其他纺用纤维	1 378.76	44.75	68.83	2.72
化纤单体	1 711.99	9.95	137.91	−17.69
染化料	71.86	0.08	22.30	−10.23
纺织机械	—	—	26.13	−32.18
合计	—	—	295.94	−16.61

注：天然纤维包括各种棉纤维、麻纤维、丝纤维和毛纤维；其他纺用纤维包括用于制造人造纤维的棉短绒、化学木浆等；染化料包括各种有机染料及助剂

数据来源：中国海关、中国纺织工业协会统计中心

三、2009 年我国纺织行业利用外资情况

我国纺织工业是高度市场化的行业，也是我国对外开放程度和利用外资水平较高的工业产业，港澳台和外商投资是我国纺织工业资本构成中的重要

组成部分。根据国家统计局年报数据，到2008年底，我国规模以上纺织企业的实收资本中，港澳台资本和外商资本合计为2 375.14亿元，与我国加入世贸组织之初相比较，累计增长了2.02倍，年均增速达到17.08%；港澳台和外商资本占全行业实收资本的比重为37.41%，比加入世贸组织之初提高了7.2个百分点（见表5、表6）。

表5　2008年我国纺织工业实收资本结构（规模以上企业）

单位：亿元，%

实收资本类别	实收资本额	占比
国家资本	246.36	3.88
集体资本	116.58	1.84
私营资本	3 611.18	56.87
港澳台资本	1 364.22	21.49
外商资本	1 010.92	15.92
合计	6 349.26	100

注：本表格中数据为年报数据

数据来源：中国国家统计局、中国纺织工业协会统计中心

表6　港澳台资本和外商资本占我国纺织工业实收资本的比重

单位：%

年份	2001	2002	2003	2004	2005	2006	2007	2008
港澳台资本	17.52	16.16	19.57	20.05	20.12	23.19	21.85	21.49
外商资本	12.70	14.77	14.07	14.7	15.79	14.72	15.39	15.92
合计	30.21	30.92	33.64	34.74	35.9	37.91	37.24	37.41

注：本表格中数据为年报数据

数据来源：中国国家统计局、中国纺织工业协会统计中心

表7　2009年港澳台及外商控股纺织企业主要指标

主要经济指标（规模以上企业，1～11月）

指标名称	单位	港澳台控股			外商控股		
		累计	同比（%）	占全行业比重（%）	累计	同比（%）	占全行业比重（%）
企业户数	户	5 849	—	11.04	4 410	—	8.33
工业总产值（现价）	亿元	4 355.47	5.34	12.71	2 898.36	6.21	8.46
主营业务收入	亿元	4 156.11	4.64	12.61	2 783.87	7.30	8.45
利润总额	亿元	155.82	21.28	11.70	100.67	31.10	7.56
应缴增值税	亿元	76.14	−1.66	10.18	58.11	12.35	7.77
从业人数	万人	189.58	−1.61	17.49	111.77	−3.68	10.31

纺织品服装贸易指标（全口径）（1～12月）

指标名称	单位	三资企业		
		累计	同比（%）	占全行业比重（%）
出口总额	亿美元	558.22	−9.58	32.58
进口总额	亿美元	119.69	−10.38	70.73
贸易差额	亿美元	438.52	−9.35	28.40

数据来源：中国国家统计局、中国海关、中国纺织工业协会统计中心

根据国家统计局数据，截至2009年11月底，在我国5.3万户规模以上纺织企业中，共有港澳台控股企业5 849户，外商控股企业4 410户，这些企业创造的工业总产值占全行业的21.17%。由于港澳台和外商控股企业以从事服装加工出口居多，因此整体利润水平相对较低，利润总额仅占全行业的19.26%（规模以上企业），但出口总额占全行业出口总额的比例高达32.58%（全口径数据），且由于服装制造属劳动密集型产业，因此从业人数占全行业的比例也达到27.8%（规模以上企业）。

近年来，伴随着我国国民经济和社会的发展，各项生产要素成本，特别是劳动力成本正在快速上升，过去以成本比较优势为基础的服装出口加工业发展明显减速，港澳台和外商资本在纺织行业中的投入也呈现下降趋势。2009年，在我国纺织工业新增的3 102.04亿元固定资产投资中，港澳台和外商控股企业投资额仅有417.1亿元，同比下降22.75%，低于全行业平均增速36.61个百分点；占全行业投资总额的比重为13.45%，比2008年下降了6.37个百分点。

四、2010年纺织行业发展趋势与重点

（一）2010年纺织行业发展趋势

2010年，我国纺织行业面临的国内外经济环境将较2009年明显改善。一方面，国家围绕扩内需、惠民生采取的一系列宏观调控措施将确保我国内需市场保持稳定较快增长，并继续对行业发挥显著拉动作用；另一方面，随着世界经济步入复苏轨道，国际市场环境也将较2009年有所好转，如国际贸易环境基本保持稳定，预计行业产销增速将稳步回升。但与此同时，主要发达经济体失业率均处于历史高位，失业状况仍需较长时间才能得到彻底改善，制约了个人消费的增长，因此国际市场需求的恢复速度整体上将是缓慢的。此外，生产要素价格上涨、贸易保护主义抬头等不确定性因素的存在也将增加2010年纺织行业运行的风险。

（二）2010年纺织行业的发展任务和重点

2010年是《纺织工业“十一五”发展纲要》实施的最后一年，也是《纺织工业调整和振兴规划》落实的第二年。在化解外部风险、实现行业继续稳步回升向好的同时，全面完成《“十一五”发展纲要》目标，进一步贯彻落实《调整和振兴规划》，加快结构调整步伐，转变生产经营方式，仍是纺织全行业在2010年面临的重要任务。

（1）加快科技进步步伐。加大高性能、功能性、差别化纤维的开发力度，扩大其在功能性纺织品、绿色环保生态纺织品、产业用纺织品等重点领域的应用，依靠科技贡献率提高产品附加值。

（2）推进节能减排、淘汰落后工作。以印染、化纤等主要行业为重点，大力推广行业节能减排新工艺、新技术、新设备，加快技术装备更新升级，全面完成《纺织工业调整和振兴规划》和《国务院关于进一步加强淘汰落后产能工作的通知》（国发〔2010〕7号）中确定的节能减排目标和淘汰落后任务。

（3）加大自主品牌建设力度。总结行业中优秀自主品牌在品牌营销、管理、供应链建设等方面的先进经验，面向全行业加以推广；加强行业公共服务，努力营造有利于品牌元素成长的良好公共环境。

（4）积极促进产业转移。鼓励中西部有条件的地区科学规划发展纺织产业，建立现代化的纺织产业园区和新型纺织产业集群；引导东部地区纺织企业结合中西部地区资源优势和特点，加快升级式产业转移。

（5）完善公共服务。围绕“一个平台、五大支柱”，建立和扩大集产品研发、质量检测、人才培训、信息化推广和现代物流于一体的纺织产业公共创新平台，并以此为基础建立和完善面向广大中小企业的公共服务体系。

（中国纺织工业协会产业部　赵明霞）

中国汽车业对外开放情况

一、2009年中国汽车产业发展概况

2009年，国际金融危机扩散蔓延，世界经济深度衰退，全球汽车产销大幅下挫。但这一年，对于中国的汽车工业，却具有里程碑意义，在国家4万亿元投资刺激下，整体国民经济保持了稳定并率先走向复苏，汽车工业在《汽车产业调整和振兴规划》（以下简称《规划》）的指导下，通过全行业的努力，我国汽车产销量双双突破千万辆大关，首次成为世界第一的汽车生产大国和世界第一大汽车消费市场。汽车消费结构趋于合理，产业集中度得到进一步加强，自主品牌乘用车市场份额稳步增加，汽车产业在国民经济中的重要地位继续提高。

（一）中国汽车市场成为世界第一大汽车市场

1. 2009年，中国政府从多方面应对金融危机，促进了汽车购买力集中释放，汽车产销在经过较短时间的低谷运行后，开始出现强劲的增长势头，月平均产销量超过100万辆。2009年我国全年汽车产销1 379.10万辆和1 364.48万辆，同比增长48.30%和46.15%。乘用车产销1 038.38万辆和1 033.13万辆，同比增长54.11%和52.93%；商用车产销340.72万辆和331.35万辆，同比增长33.02%和28.39%。中国汽车市场成为了世界第一大汽车市场，汽车工业成为国民经济的重要支柱产业。

2. 乘用车比重提高。2009年乘用车销售比重达到76%，比2008年提高4个百分点，《规划》涉及的购置税减半、汽车下乡和以旧换新等政策为2009年的汽车增长注入了强大的动力，低排量乘用车品种的市场份额提升很快，1.6升及以下排量的乘用车品种销售量达到719.55万辆，同比增长71.28%，占乘用车销售总量的69.65%，比上年增加了8个百分点，市场贡献度70%，增长率和市场占有率为历年新高。

3. 商用车市场增势良好。在本次金融危机中，相对乘用车市场，商用车市场受到的冲击更大，由于政策的延时作用，2008年下半年产销下滑并持续到2009年上半年，2009年下半年开始逐步恢复，呈现正增长态势，多数车型呈现较快增长。商用车产销分别完成340.72万辆和331.35万辆，同比分别增长33%和28%。其中，由于受铁路客运竞争等因素的影响，客车市场增幅最低，仅为7%。

（二）汽车工业产值和行业效益保持平稳较快增长

2009年汽车工业总产值31 947.9亿元，同比增长6.2%；销售总产值31 316.5亿元，同比增长25.5%，产品产销率为98%；新产品产值10 558.3亿元，同比增长32.8%，对汽车工业产值的拉动作用高于上年。

行业效益稳步提升，对国民经济贡献加大。2009年1～11月，全国13 947家规模以上汽车企业主要经济指标快报显示，主要经济指标均高于上年同期，企业累计实现主营业务收入28 054亿元，增长21%；累计实现利润总额1988亿元，增长52%；累计实现利税总额3 309亿元，增长45%。1～11月，行业内重点企业累计实现营业收入共计13 392.34亿元，同比增长23.25%，与上年同期相比，增速提高近10个百分点，占汽车全行业营业收入总额的47.74%。累计实现利润总额为1 065.43亿元，同比增长63.77%，占汽车全行业利润总额的53.59%。2009年全年营业收入突破3万亿元，利润总额超过2 000亿元。

有效拉动消费，保证了税收总体增长。根据国家统计局公布的数据，2009年全国汽车商品零售总额为11 537亿元，同比增长32.3%。同时，汽车的旺销给国家税收做出了很大的贡献，据国家税务总局公布的数据，2009年全国车辆购置税完成1 164亿元，在1.6升及以下排量乘用车购置税减半的情况下，同比增长17.6%。2010年1～2月，车辆购置税同比增长52.1%。

（三）汽车产业结构调整取得了很大成效

1. 汽车产业集中度提高。2009年销售量前十名的企业集团共销售汽车达到1 189.33万辆，占汽车销售总量的87%，比上年提高4个百分点。目前我国年销售量超过百万辆企业集团有五家，分别是上汽、一汽、东风、长安和北汽，五家企业集团2009

年销售汽车 966.05 万辆，占汽车销售总量的 71%，比上年提高 9 个百分点，集中度进一步提高。

2. 行业内兼并重组的步伐加快。广汽重组长丰，长安集团与中航汽车合并，是贯彻落实振兴规划迈出的重要一步，对于中国汽车产业调整重组，具有十分重要的示范作用和推动作用。与此同时，中国车企海外并购的消息也频频传出：如吉利汽车收购沃尔沃轿车公司和澳大利亚 DSI 变速器公司，北汽收购萨博相关知识产权，潍柴动力国际发展有限公司获得法国博杜安公司的相关资产。

3. 新能源汽车示范推广工程启动，技术法规进一步完善。24 家汽车生产企业，47 个型号的新能源汽车产品列入节能与新能源汽车示范推广应用工程推荐车型目录，并通过工业和信息化部《车辆生产企业及产品公告》发布。已制定和实施新能源汽车标准 39 项，基本形成新能源汽车技术标准体系框架和测试评价能力。纯电动乘用车技术条件等 23 项标准制定工作取得新进展，部分标准已经通过评审。

4. 自主品牌乘用车市场份额稳步提升。2009 年我国自主品牌乘用车共销售 457.70 万辆，占乘用车销售总量的 44%，比上年提高 4 个百分点；日系、德系、美系、韩系和法系分别销售 219.66 万辆、145.83 万辆、101.78 万辆、81.17 万辆和 27 万辆，占乘用车销售总量的 21%、14%、10%、8%和 3%。自主品牌轿车共销售 221.73 万辆，占轿车销售总量的 30%，比上年提高 4 个百分点；日系、德系、美系、韩系和法系轿车分别销售 185.74 万辆、143.82 万辆、97.26 万辆、71.76 万辆和 27 万辆，占轿车销售总量的 25%、19%、13%、10%、4%。在国内起步较晚的乘用车领域，自主品牌企业以出色的表现为中国汽车工业的发展做出了积极贡献。

5. 二、三线城市成为汽车增长的主要市场。受到汽车下乡等国家有关政策的影响，2009 年我国的二、三线城市潜在需求得到有效释放，超过一线城市，成为汽车市场增长的主要动力。1～9 月二、三线城市销售分别增长 41%和 51%，一线城市销售增长了 34%；从同期增长贡献度看，二、三线城市销售增长贡献度分别为 40%和 34%，一线城市销售增长贡献度为 26%。

（四）中外企业合资合作情况

据不完全统计，2009 年新签约成立的中外合资企业有 12 家（其中：汽车整车合资企业 7 家，汽车零部件合资企业 2 家，汽车能源、汽车电子实验室及汽贸城建设等领域的合资企业有 3 家）；签订的合资项目有 14 项（其中：汽车整车合资项目 3 项，汽车零部件合资项目 4 项，汽车能源、与高校合作、汽车维修及人才培训等领域合资项目 7 项）。

综观 2009 年中外企业的合资合作，在整车领域重视环保产品的开发、提升合作层次，通过合资合作方式拓展海外市场；在零部件领域注重提升高技术含量零部件生产能力，并围绕实现新能源汽车产业化进行合资合作；汽车企业与相关领域的合作更是丰富多彩，与政府部门、协会商会、能源领域及高等院校等都有合作，汽车产业的发展引起各行业的广泛关注及重视。

（五）汽车产品出口情况

根据我会统计的汽车整车企业出口情况看，2009 年汽车出口 33.24 万辆，比上年同期下降 46%，其中乘用车出口 14.96 万辆，比上年同期下降 57%，乘用车中轿车出口量最大，全年出口 10.81 万辆，比上年同期下降 59%；商用车出口 18.28 万辆，比上年同期下降 32%，其中货车出口量最大，全年出口 14.12 万辆，同比下降 27%。与国内市场快速增长的发展态势相比，国际汽车市场需求仍旧十分低迷，严重影响了我国汽车产品的出口。从分月出口情况看，下半年以来汽车出口形势有好转迹象，降幅逐渐收窄。

（六）汽车产品进口情况

2009 年，中国进口汽车整车（包括汽车底盘）420 821辆，同比增长 2.62%，进口挂车及半挂车 74 辆，同比增长负的 58.19%；进口发动机整机 638 931台，同比增长 12.77%；进口摩托车整车 1 854辆，同比增长 30.93%；零部件（包括汽车、摩托车和发动机零部件）进口金额共 1 695 997.9 万美元，同比增长 11.1%。

2009 年，进口整车产品中，居前三位的产品依次为四驱越野车、轿车和小客车（9 座及以下），三种车型合计占进口整车总数的 97.0%。出口整车产品中，居前三位的产品依次为载货车、轿车和客车（10 座及以上），三种车型合计占出口整车总数的 82.1%。

二、2009年的政策带动汽车市场发展

2009年的政策带动中国汽车产业的发展。《规划》指引汽车产业发展方向，"小排量车购置税减半"、"汽车下乡"和《关于促进我国汽车产品出口持续健康发展的意见》等政策，为汽车工业进一步的发展保驾护航，《成品油税费改革》《汽车以旧换新实施办法》等着力改善现有的消费环境，政府在私家车行将普及的节点上及时出台一系列措施，有力地促进了汽车市场的高速发展。

（一）《汽车产业调整和振兴规划》（国发〔2009〕5号）[①]

1. 指导思想。以科学发展观为指导，以结构调整为主线，以新能源汽车为突破。

2. 基本原则。坚持扩大内需，确保经济增长，完善消费政策。坚持结构调整，推动企业兼并重组，整合要素资源，提高产业集中度，实现汽车产业组织结构优化升级。坚持自主创新，加强技术改造，提高研发水平，加快产品升级换代和结构调整，着力培育自主品牌，积极发展节能环保的新能源汽车。坚持产业升级，拓展汽车金融业务和产品售后服务，实现汽车制造业和汽车服务业协调发展。

3. 《规划》目标。①汽车产销实现稳定增长。2009年汽车产销量力争超过1 000万辆，三年平均增长率达到10%。②汽车消费环境明显改善，为汽车市场稳定发展提供保障。③市场需求结构得到优化。1.5升以下排量乘用车市场份额达到40%以上，其中1.0升以下小排量车市场份额达到15%以上。重型货车占载货车的比例达到25%以上。④兼并重组取得重大进展。通过兼并重组，形成2～3家产销规模超过200万辆的大型汽车企业集团，4～5家产销规模超过100万辆的汽车企业集团，产销规模占市场份额90%以上的汽车企业集团数量由目前的14家减少到10家以内。⑤自主品牌汽车市场比例扩大。自主品牌乘用车国内市场份额超过40%，其中轿车超过30%。自主品牌汽车出口占产销量的比例接近10%。⑥电动汽车产销形成规模。形成50万辆纯电动、充电式混合动力和普通型混合动力等新能源汽车产能，新能源汽车销量占乘用车销售总量的5%左右。⑦整车研发水平大幅提高。⑧关键零部件技术实现自主化。

4. 《规划》的11条政策措施。①减征乘用车购置税。自2009年1月20日至12月31日，对1.6升及以下小排量乘用车减按5%征收车辆购置税。②开展"汽车下乡"。在新增中央投资中安排50亿元资金，自2009年3月1日至12月31日，对农民购买1.3升及以下排量的微型客车，以及将三轮汽车或低速货车报废换购轻型载货车的，给予一次性财政补贴。③加快老旧汽车报废更新。2009年老旧汽车报废更新补贴资金总额由2008年的6亿元增加到10亿元。④清理取消限购汽车的不合理规定。⑤促进和规范汽车消费信贷。修改和完善汽车消费信贷制度，抓紧制定汽车消费信贷管理条例。支持符合条件的国内骨干汽车生产企业建立汽车金融公司。⑥规范和促进二手车市场发展。建立二手车鉴定评估国家标准和临时产权登记制度，调整二手车交易的增值税征收方式。大力发展专业的二手车经销企业。取消二手车交易市场的不合理收费。严格经营主体市场准入，规范二手车交易行为。积极推广二手车交易合同示范文本。⑦加快城市道路交通体系建设。实施交通畅通工程，鼓励加快城市轨道交通设施建设。各城市人民政府要采取积极措施推动停车场建设，规范停车收费。交通换乘枢纽应建设大型停车场所。⑧完善汽车企业重组政策。制定支持汽车企业重组的政策措施。支持汽车生产企业通过兼并重组整合产品资源，开发新产品；鼓励汽车生产企业联合开发和制造汽车新产品和关键总成。新建汽车生产企业和异地设立分厂，必须在兼并现有汽车生产企业的基础上进行。⑨加大技术进步和技术改造投资力度。今后三年在新增中央投资中安排100亿元作为技术进步、技术改造专项资金。⑩推广使用节能和新能源汽车。启动国家节能和新能源汽车示范工程，由中央财政安排资金给予补贴。⑪落实和完善《汽车产业发展政策》。

（二）《关于减征1.6升及以下排量乘用车车辆购置税的通知》（财税〔2009〕12号）[②]

为扩大内需，促进汽车产业发展，经国务院批准，对2009年1月20日至12月31日购置1.6升

---

① 2009年3月20日，国务院办公厅颁布。

② 2009年1月16日财政部、国家税务总局颁布。

及以下排量乘用车，暂减按5%的税率征收车辆购置税。

本通知所称乘用车，是指在设计和技术特性上主要用于载运乘客及其随身行李和（或）临时物品、含驾驶员座位在内最多不超过9个座位的汽车。具体包括：

国产轿车："中华人民共和国机动车整车出厂合格证"中"车辆型号"项的车辆类型代号为"7"，"排量和功率（ml/kw）"项中排量不超过1600ml。

国产客车：合格证中"车辆型号"项的车辆类型代号为"6"，"排量和功率（ml/kw）"项中排量不超过1600ml，"额定载客（人）"项不超过9人。

国产越野汽车：合格证中"车辆型号"项的车辆类型代号为"2"，"排量和功率（ml/kw）"项中排量不超过1600ml，"额定载客（人）"项不超过9人，"额定载质量（kg）"项小于额定载客人数和65kg的乘积。

国产专用车：合格证中"车辆型号"项的车辆类型代号为"5"，"排量和功率（ml/kw）"项中排量不超过1600ml，"额定载客（人）"项不超过9人，"额定载质量（kg）"项小于额定载客人数和65kg的乘积。

进口乘用车：参照国产同类车型技术参数认定。乘用车购置日期按照《机动车销售统一发票》或《海关关税专用缴款书》等有效凭证的开具日期确定。

（三）《关于简化出口货物退（免）税单证备案管理制度的通知》（国税函〔2009〕104号）①

1. 自2009年4月1日起，出口企业申报出口货物退（免）税后，一律按照《国家税务总局关于出口货物退（免）税实行有关单证备案管理制度（暂行）的通知》第二条规定的第二种方式进行单证备案，即在《出口货物备案单证目录》的"备案单证存放处"栏内注明备案单证存放地点即可，不再按照第二条规定的第一种方式进行单证备案，不必将备案单证统一编号装订成册。

2. 国税发（2005）199号第四条自2009年4月1日起停止执行，税务机关在出口企业申报出口货物退（免）税时不再要求其提供备案单证。税务机关可在退税审核发现疑点以及退税评估、退税日常检查时，向出口企业调取备案单证进行检查。

2009年颁布的汽车行业有关的部分政策、法规目录

政策、法规名称	颁布日期	颁布单位
《关于调整汽车以旧换新补贴标准有关事项的通知》	2009.12.28	财政部、商务部
《关于调整〈车辆生产企业及产品公告〉技术要求有关事项的通知》	2009.12.26	工业和信息化部
《关于加强车辆购置税档案管理有关问题的通知》	2009.12.24	税务总局
《关于增设道路交通事故社会救助基金有关预算科目的通知》	2009.12.22	财政部、税务总局、中国人民银行
《关于进一步做好金融服务支持重点产业调整振兴和抑制部分行业产能过剩的指导意见》	2009.12.22	中国人民银行、银监会、证监会、保监会
《关于减征1.6升及以下排量乘用车车辆购置税的通知》	2009.12.22	财政部、税务总局
《关于2010年摩托车出口资质申报工作有关事项的通知》	2009.12.21	商务部机电和科技产业司
《关于加快国家高技术产业基地发展的指导意见》	2009.12.16	发改委
《关于公布品牌汽车销售企业名单的通知》	2009.12.10	工商总局
《2010年度符合申领汽车出口许可证企业名单》	2009.12.09	商务部、产业司
《关于修改〈机动车驾驶证申领和使用规定〉的决定》	2009.12.07	公安部交通管理局
《关于发布国家环境保护标准〈轻型汽车车载诊断（OBD）系统管理技术规范〉的公告》	2009.12.01	环保部科技标准司
《关于加强报废汽车监督管理有关工作的通知》	2009.11.26	商务部、公安部、环境保护部、交通运输部、工商总局
《外国企业或者个人在中国境内设立合伙企业管理办法》	2009.11.25	国务院

① 2009年3月6日，国家税务总局发布。

续　表

政策、法规名称	颁布日期	颁布单位
《关于印发全国公路网管理与应急处置平台建设指导意见的通知》	2009.11.23	交通运输部
《关于提高成品油价格的通知》	2009.11.09	发改委
《第十六批享受优惠政策的企业（集团）技术中心名单》	2009.11.06	发改委、科技部、财政部、海关总署、税务总局
《对原产于美国的排气量在2.0升及2.0升以上进口小轿车和越野车进行反补贴立案调查》	2009.11.06	商务部
《对原产于美国的排气量在2.0升及2.0升以上进口小轿车和越野车进行反倾销立案调查》	2009.11.06	商务部
《关于2010年度汽车出口资质申报工作有关事项的通知》	2009.11.02	商务部机电和科技产业司
《关于促进我国汽车产品出口持续健康发展的意见》	2009.10.23	商务部、发改委、工信部、财政部、海关总署、质检总局
《关于进一步规范二手车市场秩序促进二手车市场健康发展的意见》	2009.10.22	工商总局、商务部、财政部、公安部、工信部、税务总局、发改委
《机动车安全技术检验机构监督管理办法》	2009.10.13	质检总局
《关于降低成品油价格的通知》	2009.09.29	发改委
《关于开展全国治理车辆非法超限运输信息系统联网管理工作的通知》	2009.09.27	交通运输部
《关于进一步加强和规范治理车辆非法超限运输工作的通知》	2009.09.27	交通运输部
《关于抑制部分行业产能过剩和重复建设引导产业健康发展若干意见的通知》	2009.09.26	国务院
《关于印发第三批汽车摩托车下乡生产企业名单及产品目录的通知》	2009.09.25	财政部、工信部
《新增和调整2009年度符合申领摩托车出口许可证条件企业名单》	2009.09.17	商务部、工信部、海关总署、认监委
《关于启用汽车摩托车下乡财政补贴信息系统有关问题的通知》	2009.09.15	财政部
《关于调整汽车摩托车下乡产品目录的通知》	2009.09.15	财政部、工信部
《关于提高成品油价格的通知》	2009.09.01	发改委
《关于车辆购置税征缴管理有关问题的通知》	2009.08.28	税务总局、财政部、中国人民银行
《关于废止〈构成整车特征的汽车零部件进口管理办法〉的决定》	2009.08.28	海关总署、发改委、财政部、商务部
《2009年度符合申领摩托车出口许可证条件企业名单公示》	2009.08.21	商务部产业司
《关于上报各地汽车以旧换新工作进展情况的通知》	2009.08.20	商务部市场体系建设司
《关于防范车险理赔环节风险的通知》	2009.08.18	保监会
《关于公布品牌汽车销售企业名单的通知》	2009.08.17	工商总局市场规范管理司
《关于规范成品油价格和税费改革资金管理有关问题的通知》	2009.08.17	财政部、交通运输部
《工信部、发改委令第10号》	2009.08.15	工信部、发改委
《国家认监委2009年第39号公告》	2009.08.13	国家认监委
《关于领取〈报废汽车补贴资金发放通知单〉的通知》	2009.08.11	商务部市场体系建设司
《关于汽车产品强制性认证执行有关国家标准的公告》	2009.08.07	认监委
《关于印发〈汽车家电以旧换新部际联席会议制度〉的通知》	2009.08.04	商务部、财政部
《关于〈轻型汽车燃料消耗量标示管理规定〉的公告》	2009.07.31	工信部
《关于严格执行〈机动车交通事故责任强制保险费率浮动暂行办法〉的通知》	2009.07.30	保监会
《关于开展二手车交易市场升级改造示范工程试点的通知》	2009.07.28	商务部市场体系建设司
《关于开展报废汽车回收拆解企业升级改造示范工程试点的通知》	2009.07.28	商务部市场体系建设司
《关于降低成品油价格的通知》	2009.07.28	发改委
《关于报送各地商务主管部门、报废汽车回收拆解企业有关信息的通知》	2009.07.27	商务部市场体系建设司

续 表

政策、法规名称	颁布日期	颁布单位
《关于印发〈汽车以旧换新实施办法政策解读〉及有关工作要求的通知》	2009.07.24	商务部办公厅
《关于下达2009年交通标准化计划的通知》	2009.07.23	交通运输部
《关于调整2009年度符合申领摩托车出口许可证条件企业名单的通知》	2009.07.23	商务部机电和科技产业司
《关于启用新〈报废汽车回收证明〉有关事宜的通知》	2009.07.17	商务部办公厅
《关于印发〈汽车以旧换新实施办法〉的通知》	2009.07.13	财政部、商务部、中宣部、发改委、工信部、公安部、环保部、交通运输部、工商总局、质检总局
《关于提高成品油价格的通知》	2009.06.29	发改委
《关于开展汽车以旧换新政策吸引力问卷调查的通知》	2009.06.29	商务部市场体系建设司
《关于机动车交通事故责任强制保险业务情况的公告》	2009.06.29	保监会
《道路运输车辆燃料消耗量检测和监督管理办法》	2009.06.26	交通运输部
《关于办理〈道路机动车辆生产企业及产品公告〉车辆产品检测授权有关事项的通知》	2009.06.26	工信部
《中华人民共和国商务部公告2009年第46号》	2009.06.23	商务部
《新增及调整的2009年度符合申领汽车出口许可证条件企业名单》	2009.06.19	商务部、工信部、海关总署、认监委
《专用汽车和挂车生产企业及产品准入管理规则》	2009.06.18	工信部
《关于印发第二批汽车摩托车下乡生产企业及产品目录的通知》	2009.06.17	财政部、工信部
《新能源汽车生产企业及产品准入管理规则》	2009.06.17	工信部
《出口工业产品企业分类管理办法》	2009.06.14	质检总局
《关于修改〈中华人民共和国公路管理条例实施细则〉的决定》	2009.06.13	交通运输部
《关于调整国家第三阶段摩托车和轻便摩托车排放标准实施方案的公告》	2009.06.11	环保部
《关于印发〈汽车摩托车下乡操作细则〉的通知》	2009.06.04	财政部、发改委、工信部、公安部、商务部、工商总局、质检总局
《关于加大汽车下乡政策实施力度的通知》	2009.06.04	财政部、发改委、工信部、公安部、商务部、工商总局、质检总局
《促进扩大内需鼓励汽车家电以旧换新实施方案的通知》	2009.06.01	国务院办公厅
《关于报送汽车制造商基本信息的通知》	2009.05.31	质检总局缺陷产品管理中心
《关于提高成品油价格的通知》	2009.05.31	发改委
《关于公布品牌汽车销售企业名单的通知》	2009.05.17	工商总局
《关于企业所得税税收优惠管理问题的补充通知》	2009.05.15	税务总局
《工业和信息化部政府采购管理办法》	2009.05.11	工信部
《关于印发〈石油价格管理办法（试行）〉的通知》	2009.05.07	发改委
《关于印发〈大企业税务风险管理指引（试行）〉的通知》	2009.05.05	税务总局
《关于实施创业投资企业所得税优惠问题的通知》	2009.04.30	税务总局
《关于报送2008年老旧汽车报废更新补贴资金实施情况及2009年补贴资金申请的通知》	2009.04.24	商务部市场体系建设司
《关于印发第一批汽车摩托车下乡生产企业名单及产品目录的通知》	2009.04.15	财政部、工信部
《2009年老旧汽车报废更新补贴资金发放范围及标准》	2009.04.13	财政部、商务部
《关于进一步简化旧机电设备进口手续的通知》	2009.04.10	商务部、海关总署、质检总局
《关于规范强制性产品认证指定实验室名称的公告》	2009.04.10	认监委
《关于汽车摩托车下乡补贴审核有关事项的通知》	2009.04.08	财政部
《关于加强小排量汽车及汽车摩托车下乡产品认证监管工作的通知》	2009.04.07	认监委
《关于发布〈机动车保险数据交换规范〉行业标准的通知》	2009.04.03	保监会

续 表

政策、法规名称	颁布日期	颁布单位
《关于"汽车摩托车下乡"产品标识及使用规范等有关问题的通知》	2009.04.03	财政部、工信部
《关于开展公路和水运交通基础设施资产管理状况调查的通知》	2009.04.01	交通运输部
《关于签订汽车摩托车下乡生产企业协议的通知》	2009.04.01	财政部、工信部
《关于促进汽车消费的意见》	2009.03.30	商务部、工信部、公安部、财政部、税务总局、工商总局、银监会、保监会
《关于进一步完善摩托车准入管理事项的通知》	2009.03.25	工信部
《关于加强机动车交强险承保工作管理的通知》	2009.03.25	保监会
《关于提高成品油价格的通知》	2009.03.24	发改委
《汽车产业调整和振兴规划》	2009.03.20	国务院办公厅
《关于调整成品油进口环节消费税》	2009.03.19	海关总署
《关于发布第30批高级客车类型划分及等级评定表的通知》	2009.03.17	交通运输部
《境外投资管理办法》	2009.03.16	商务部
《关于加强汽车生产企业投资项目备案管理的通知》	2009.03.12	工信部
《关于对N类和O类车辆实施召回管理的公告》	2009.03.11	质检总局
《关于印发〈汽车摩托车下乡实施方案〉的通知》	2009.03.10	财政部、发改委、工信部，公安部、商务部、工商总局、质检总局
《关于进一步加快实施农机购置补贴政策的紧急通知》	2009.02.25	农业部
《关于废止8件交通规章的决定》	2009.02.19	交通运输部
《关于公布品牌汽车销售企业名单的通知》	2009.02.10	工商总局
《道路机动车辆产品检测工作监督管理规定》	2009.02.06	工信部
《关于开展节能与新能源汽车示范推广试点工作的通知》	2009.01.23	财政部、科技部
《关于全面清理涉及交通和车辆收费的通知》	2009.01.21	财政部、发改委、交通运输部、监察部、国务院纠风办、审计署
《关于落实车辆购置税减征政策的通知》	2009.01.19	工信部、商务部
《关于减征1.6升及以下排量乘用车车辆购置税的通知》	2009.01.16	财政部、税务总局
《关于出租汽车行业切实落实取消公路养路费等涉及交通和车辆收费项目的通知》	2009.01.16	交通运输部
《关于降低成品油价格的通知》	2009.01.14	发改委

三、2009年汽车行业国际贸易摩擦主要事件

（一）中国汽车工业协会代表企业提出对美国汽车"双反"调查

2009年9月，中国汽车工业协会应有关企业的要求，针对原产于美国的2.0升及以上进口小轿车和越野车对我国同类产品构成的损害和威胁，在进行深入调查后，从维护行业利益的角度出发，作为立案申请人正式向国家调查机关提出了对上述进口于美国的产品实施反倾销和反补贴调查的申请，现在整个案件已经进入实地核查阶段。

（二）欧洲车轮制造商协会提出对我国出口欧盟的汽车铝车轮进行反倾销调查

2009年6月29日，欧洲轮毂制造商协会代表欧盟6家铝合金轮毂生产商，向欧盟贸易委员会递交了对中国铝合金轮毂产品发起反倾销调查的申诉书。欧盟贸易委员会于8月3日照会中国政府。8月13日，欧盟贸易委员会发布公告，宣布正式对我国出口的铝合金轮毂进行反倾销立案调查。

（三）世界贸易组织（WTO）首次裁定中国违反贸易规则

2005年中国出台了《构成整车特征的汽车零部件进口管理办法》及相关配套措施，规定合资企业在中国生产的汽车，其进口零部件不能超过整车60%，否则按整车征税。而整车25%的税率比进口零部件税率多15个百分点；2006年，欧盟、美国及加拿先后向世贸组织起诉，认为《办法》是对进口汽车零部件的歧视，有违中国"开放市场"的

承诺。2009 年 2 月 13 日，世界贸易组织（WTO）首次裁定中国违反贸易规则，称中国《构成整车特征的汽车零部件进口管理办法》违背了中国 2001 年加入世贸组织的承诺。

（四）美国轮胎业对中国轮胎制造商提起特保申请

2009 年 4 月 20 日，美国联合钢铁工人工会（United Steelworkers）向美国国际贸易委员会（ITC）提出对中国输美商用轮胎的特殊保障措施案申请；4 月 29 日，ITC 正式启动对中国轮胎产品的特保调查；6 月 18 日，美对华轮胎特保案做出肯定性损害裁决；6 月 29 日，ITC 提出救济措施的初步建议，拟对中国输美轮胎产品连续 3 年分别加征 55%、45%和 35%的关税。根据相关调查程序，美国贸易代表办公室于 9 月 2 日前向总统提出建议，美国总统奥巴马于 9 月 17 日批准了该特殊保障措施案，决定对中国输美轮胎产品连续 3 年分别加征 35%、30%和 25%的关税。此为美国对中国采取的首例特保措施案。

（五）巴西对从中国进口汽车子午线轮胎征收反倾销税

2008 年 5 月 16 日，巴西贸易维护局受理全国轮胎工业协会的申请，对原产于中国的子午线轮胎进行反倾销调查，涉案产品海关编码为 40112090。2008 年 12 月 11 日，巴西外贸委员会对该案做出初裁，决定对涉案产品征收 1.33 美元/千克的反倾销税，有效期为 6 个月。2009 年 6 月巴西外贸委员会发布公告：从 2009 年 6 月 18 日开始对原产于中国的客运和货运汽车子午线轮胎征收 1.12～2.59 美元/千克的反倾销税，反倾销税将因不同生产企业而异，该措施有效期 5 年。

（六）秘鲁对中国汽车轮胎做出反倾销复审裁决

2009 年 1 月 12 日和 1 月 26 日，秘鲁国家竞争和知识产权保护署倾销和补贴调查委员会发布分别第 2009-4 号和第 2009-8 号决议，根据秘鲁 Lima Gaucho 轮胎公司的申请，对原产于中国的汽车轮胎进行情势变迁复审并做出裁决，裁定对涉案产品维持原税率 3 年，杭州中策橡胶有限公司（音译）、江苏韩泰轮胎有限公司（音译）和三角轮胎有限公司继续免征反倾销税。

（七）阿根廷要求对原产于中国的钢轮毂开展反倾销调查

2009 年 3 月 2 日，阿根廷生产部贸易管理及政策副国务秘书处发布通告，根据工贸及中小企业国务秘第 46 号决议，决定对原产于中国的钢轮毂产品开展反倾销调查。涉案产品南共市（南方共同市场）税号为 87087090 和 87169090。

2009 年 11 月 13 日，阿根廷工业及旅游部长签署第 30 号决议，对原产于中国的钢轮毂（直径在 444.5～622.3 毫米，宽度大于 152.4 毫米，用于客车、卡车和拖车的钢制轮圈）采取 FOB 离岸价格 3.14 美元/千克的临时最低限价措施，涉案产品的南共市（南方共同市场）税号为 87087090 和 87169090，该措施于 2009 年 11 月 20 日生效，有效期 4 个月。

（中国汽车工业协会　董扬 师建华 许海东 鑫焱）

中国银行业对外开放情况

2009年，是21世纪以来我国经济发展最为困难的一年，也是中国外资银行监管工作最为困难的一年。面对国际、国内经济金融形势的严峻考验，中国密切跟踪国际金融危机的发展变化，认真研判其对在华外资银行的影响，以抵御跨境风险传染为重点，以提高外资银行自身风险抵御能力为根本，以加强跨境监管合作为手段，仔细梳理和完善外资法人银行和外国银行分行监管方式与手段，建立健全外资银行跨境风险传染应对机制，有效地推进了外资银行监管的各项工作，确保了在华外资银行的稳健运行，维护了金融安全与稳定。

一、在华外资金融机构业务发展情况

目前，在华外资银行营业机构基本面健康，资本充足，资产质量良好，拨备充足，盈利情况较好，流动性充足，主要指标均高于监管要求。从机构数量与业务发展角度看，一是机构数量明显增加。截至2009年底，共有46个国家和地区的194家银行在华设立229家代表处，13个国家和地区的银行在华设立33家外商独资银行（下设分行199家）、2家合资银行（下设分行6家，附属机构1家）、外商独资财务公司2家，另有24个国家和地区的71家外国银行在华设立95家分行（见表1）。获准经营人民币业务的外国银行分行为49家、外资法人银行为32家，获准从事金融衍生产品交易业务的外资银行机构数量为54家。外资金融机构根据自身业务发展需要和中国区域发展战略，对其在华地域布局进行进一步深化和优化，外资银行营业性机构进入省份由23个上升到27个。

二是资产总量基本持平。截至2009年12月末，在华外资银行业金融机构资产总额13 492.29亿元（见表2），同比增长0.33%，占全国银行业金融机构资产总额的1.71%；负债合计11 818.46亿元，占全国银行业金融机构负债的1.59%；境内资产与境内负债之比为141.11%，同比上升1.82个百分点；实现利润64.46亿元。资本金（营运资金）总计1 435.10亿元，同比增长16.33%，占全国银行业金融机构实收资本的5.86%。整体资本充足率和核心资本充足率分别达到21.22%和20.76%。资产质量总体保持良好，不良贷款余额61.82亿元，不良贷款率保持在0.85%的低位。贷款损失准备水平稳步提高，拨备覆盖率为139.66%，贷款损失准备充足率为140.86%。整体流动性比例基本保持稳定，为58.53%，所有银行流动性比例均超过25%的监管要求，同业资金依存度继续降低，存贷比持续下降。

表1　　在华外资银行业机构情况（截至2009年底）

单位：家

	外国银行	独资银行	合资银行	独资财务公司	合计
法人机构总行		33	2	2	37
法人机构分行及附属机构		199	7		206
外国银行分行	95				95
支行	7	284			291
总计	102	516	9	2	629

表 2　　在华外资银行业营业机构数与资产情况（2003—2009 年）

单位：家，亿元，%

项目/年份	2004	2005	2006	2007	2008	2009
营业性机构数①	211	254	312	440	558	629
资产	5 823	7 155	9 279	12 525	13 448	13 492
占银行业金融机构总资产比	1.84	1.91	2.11	2.38	2.16	1.71

二、在华外资金融机构监管水平有了新提高

（一）迎难而上，抵御跨境风险传染能力明显提高

2009 年，我们密切跟踪国际金融危机最新进展，高度关注外资银行母行（总行）的经营状况和风险变化，认真研判境外风险传染对在华外资银行可能产生的各种影响，在总结近两年国际、国内危机应对经验教训的基础上，初步建立了一套以监测预警为先导、以应对预案为保障、以有效监管措施为主体、以管住大额资金异常流动为关键的外资银行跨境风险传染应对机制。

（二）沉着应对，处置危机的实战能力显著提高

2009 年，我们从容有效化解了多项危机，考验和提升了处置外资银行危机的实战能力，做到了监测及时、反应迅速，与外国监管部门及时有效沟通，制定多项应急预案，加强与国内有关部门的协调配合，成功实现了与境外监管当局重大监管措施协调行动，保证了风险处置工作平稳而高效，有效避免了境外金融风险向境内传递。

三、统筹兼顾，对外开放的质量显著提高

一是机构布局明显优化。我们实施鼓励外资银行到中西部设立机构开展业务，2009 年优先批准了四家外资银行到金融服务薄弱的山西、河北、内蒙古、贵州四省设立机构，从而填补了外资银行在此四省的机构空白，在推动外资银行在华合理布局方面取得成效。

二是法人改制有序推进。2009 年批准了 3 家外资银行的在华分行改制筹建法人银行，批准 5 家外资银行改制开业。

三是“CEPA 协议六”得到积极落实。认真落实内地与港澳“CEPA 补充协议六”关于银行业开放内容，就港澳银行在广东省设立异地支行进行调研并制定管理办法，目前 8 家港澳银行在广东省内的分行申请设立 9 家异地支行，其中 4 家已经开业，4 家正在筹建。我们还与香港金融管理局磋商，就加强和提高现有双边合作机制进行沟通，研究强化措施。

四是新批准 3 家台资银行设立代表处。银监会与台湾金管会签署谅解备忘录（MOU），批准了 3 家台资银行在苏州、东莞、上海设立代表处。

五是完成世贸审议相关工作。我们完成 2009 年 WTO 对华贸易政策审议银行部门问题的答复并就 WTO 报告进行审阅提出修改意见，确保审议报告如实反映我国银行开放现状。同时，积极参加商务部牵头的对外谈判工作，认真做好出、要价和外方质询问题的应对工作。

2010 年对于外资银行监管来讲是复杂的一年。目前，在华外资银行机构数量不断增加，规模不断扩大，地域分布越来越广，单家的规模也越来越大。因此，无论是从机构数量、资产规模还是地区分布等方面来看，外资银行对我国经济金融的影响都越来越大。尽管经受了国际金融危机的冲击，外资银行总体运行平稳，但从外资银行内部和外部来看，都存在一些不容忽视的问题和挑战，需要我们给予高度关注。对此，我们要总结应对危机经验，加强制度建设，将危机应对措施制度化、常态化；发挥监管的督促指导作用，提高外资银行风险抵御能力，使外资银行监管能力和监管绩效都跃上一个新的台阶。

（中国银行业监督管理委员会　杨丽平）

---

① 含法人机构总行、分行、支行和附属机构，外国银行分行和支行。Including the head office, branches, sub-branches and subsidiaries of locally incorporated foreign-funded banks and the branches and sub-branches of foreign banks.

中国保险业对外开放情况

入世以来，中国保险业主动顺应国家对外开放的时代潮流，始终坚持对外开放政策，认真履行入世承诺，积极稳妥地推动保险市场对外开放。从效果来看，中国保险业的对外开放有力地推动了保险业深化改革和创新发展，促进了中外资保险机构之间的有序竞争和良好互动，增强了中国保险业国际竞争力，为中国保险业科学、稳定、健康发展注入了强大的动力。

一、保险业对外开放基本情况

2004年年底，我国保险业入世过渡期平稳结束。除外资产险公司不得经营机动车第三者责任险、外资设立寿险公司必须合资且股比不超过50%等限制外，保险业基本实现了全面对外开放。同时，随着中国保险业的对外开放，保险监管机构主动参与国际保险监管交流，深入开展国际合作，积极借鉴国际经验，在有效防范国际金融危机风险跨境传递的同时，促进了自身监管体系的不断完善，为推动中国保险业对外开放奠定了坚实的制度基础。

（一）外资保险机构数量持续增加

截至2009年年底，共有15个国家或地区的53家外资保险公司（含2家筹建）在华设立了293家营业机构，其中产险公司20家（含2家筹建），寿险公司27家，再保险公司6家。公司数量相比开放前的27家增加了26家。

（二）外资保险机构业务发展迅速

截至2009年年底，我国保险业总资产达到4.1万亿元，其中外资保险公司总资产为2 052.39亿元，市场份额从入世前的1.95%增至2009年的5%。外资保险公司原保险保费收入458.02亿元，较入世前的33.29亿元增长了约12.75倍，复合年均增长率达38.77%，超过保险业年平均水平。外资产险公司和寿险公司原保险保费收入分别为31.75亿元和426.27亿元，市场占比分别为1.06%和5.23%，较入世前分别增长了0.33和3.28个百分点。

（三）外资保险机构充分享受国民待遇

入世以来，中国保险业坚持对外开放政策，严格遵守入世承诺，逐步取消对外资保险公司在经营地域、设立形式、业务范围等方面的限制。目前，外资保险公司经营地域范围已扩大至其所在省（直辖市）的全部地区，与中资保险公司无差别。除外资产险公司不得经营机动车第三者责任险、外资设立寿险公司必须合资且股比不超过50%等限制外，外资保险机构的待遇与中资保险机构基本一致。

（四）保险业改革不断深入

中国保险市场规模不断扩大，逐步从一个有潜力的新兴保险市场成长为全球最重要和最具吸引力的保险市场之一。通过机制改革的不断深入，我国国有保险公司在国有金融企业中率先完成股份制改革和海外上市，中国人民保险集团公司整体改制，中国太平洋保险集团在香港发行H股。截至2009年年底，中国保险业已有6家中资保险公司在海内外上市。

（五）保险监管逐步与国际接轨

随着保险行业的对外开放，中国保险监管机构抓住机遇，构建了保险监管国际合作体系，在国际保险监管活动中发挥了积极作用。借鉴和吸收国际保险监管经验，中国保险监管机构建立了以市场行为、偿付能力和公司治理为三支柱的现代保险监管体系。金融危机后，国际保险监管规则制定者——国际保险监督官协会（IAIS）启动了战略调整工作，推动建立全球统一的保险监管体系。中国保险监管机构作为IAIS重要成员，积极参与国际保险监管规则制定。中国保险业在国际保险监管领域的话语权不断增强。同时，中国保险监管机构发起建立了亚洲保险监管合作机制，与美国、欧盟等保险市场发达国家开展了深入合作。

二、保险业对外开放的积极成果

总体来看，中国保险业的对外开放开阔了保险业发展的视野，拓宽了保险业发展空间，促进了国内保险公司经营管理水平的提升，提高了市场效率。中国保险市场呈现出中外资合作共赢、优势互补、和谐发展的新局面。

（一）保险业持续稳定发展，市场体系不断完善

入世以来，中国保险业始终坚持对外开放政策，积极加快改革的步伐，行业的微观基础得到加强，宏观发展更加协调，市场运行更加平稳。2009年，全国保费收入首次突破1万亿元，达到11 137.3亿元，是入世当年2001年（保费收入为2 112.3亿元）的5.27倍，复合年均增长率达23.10%。截至2009年年底，全国保险公司总资产突破4万亿元，达到4.1万亿元，是2001年（总资产为4 591.1亿元）的8.93倍。保险市场共有保险公司（集团）128家，其中外资53家，接近市场主体数的一半。共有15个国家或地区的53家外资保险公司（含2家筹建）在华设立了293家营业机构。进入《财富》杂志世界500强的40多家外国保险公司中，有超过半数的公司都在我国设立了营业机构。通过不断提高保险业对外开放水平，保险市场体系不断完善，市场结构日趋合理。

（二）保险业行业竞争力不断提高

从行业发展全局来看，保险市场结构日益优化，业务结构更加合理。目前，绝大多数中资保险公司都采取了股份制形式；中国人保等3家最大的中资保险公司完成股份制改造，有6家保险公司在境内外上市，多家公司实现增资扩股，引入战略投资者，优化了股权结构，在完善公司治理结构、逐步转换经营机制、加强风险管控和引进先进技术等方面取得了积极成效，为保险业健康发展奠定了坚实的基础。保险公司逐步调整业务结构，优化业务质量，利差损风险得到有效控制，行业得到稳定发展。

对外开放促进了国内保险公司经营管理水平的提升，提高了市场效率。共有超过600亿元人民币的境外资金通过设立外资保险机构和参股中资保险公司进入我国保险业。一些国际知名的金融保险集团，以及在农业保险和养老保险等领域有专长的外资保险公司逐步进入国内市场，进一步完善了保险市场。与外国资本共同引进的还有先进的保险经营理念、营销管理经验和风险管理技术，推动了国内保险公司的改革创新，促进了国内保险公司经营管理水平的不断提高。

（三）保险业各项社会功能不断完善

中国保险监管机构积极借鉴国际保险监管的先进经验和成熟做法，不断完善防范和化解风险的长效机制，建立了以市场行为、偿付能力和公司治理结构为三支柱的现代保险监管体系和防范风险的五道防线。同时，在新的开放和竞争环境中，中国保险监管机构积极引导行业，不断提高服务水平，拓宽服务的广度和深度，保险业充分发挥风险管理、经济补偿和资金融通的作用，为我国整体经济改革提供了强有力的支持。

三、中国保险业应对金融危机情况

2009年，是新世纪以来中国经济发展最为困难的一年，也是中国保险业发展和监管面临严峻挑战的一年。面临国际金融危机带来的复杂形势，中国保险业不断加强和改进监管，不仅经受住了外部冲击的严峻考验，而且积累了应对经济周期波动、在复杂环境中推动行业稳定发展的宝贵经验。

（一）认真应对国际金融危机，全面提升风险防范能力

国际金融危机爆发后，保险业面临着风险跨境传递、业务增长乏力、资金运用困难、国际分保门槛提高的严峻形势，风险防范工作面临较大压力。中国保险业认真应对国际金融危机带来的挑战，从提升风险防范能力入手，化解金融危机带来的不利影响，维护中国保险市场稳定。继续推动分类监管，以风险为核心，改进法人机构分类监管指标，逐步完善分类评价指标体系。建立完善季度保险监管工作会议制度，健全风险排查、预警监测和应急机制。建立针对重点区域、重点公司、重点业务领域的风险跟踪报告制度。对保险业风险状况实施动态监测和压力测试，制定风险应急预案。开展保险集团公司风险排查。发挥应对金融危机小组的作用，建立金融危机跟踪研究制度。密切关注外资保险机构母公司的经营和风险状况，有效防范风险跨境传递。

（二）努力化危机为机遇，不断提高行业科学发展水平

中国保险业化危机为机遇，把金融危机带来的外部压力转变为促进行业科学发展的内在动力。通过监管促进结构调整，转变行业发展方式。通过监管促进内控制度建设，提升行业管理水平。通过监管促进改革，增强行业发展动力。通过监管提升服务能力，不断扩大保险覆盖面。这些工作取得了明

显成效。同时，中国保险业紧抓机遇，不断加大对保险业基础性、前瞻性问题的研究。深入研究保险业与宏观经济的关系，密切关注国际保险业发展和保险监管最新趋势，对国际监管规则、宏观审慎监管、逆周期监管等进行深入研究。

（三）立足发挥行业优势，提升服务经济社会发展的能力

中国保险业坚持服务“保增长、保民生、保稳定”。围绕“保增长”，大力发展出口信用保险，推动新型车贷保险、小额贷款保证保险和科技保险试点，为稳定外需和国家十大重点产业振兴规划提供服务。围绕“保民生”，大力发展农业保险，稳步扩大小额保险试点范围，配合国家医药卫生体制改革，为促进和改善民生提供服务。围绕“保稳定”，推动医疗、交通、教育以及环保等领域的责任保险发展，做好重大自然灾害理赔工作，服务和谐社会建设。

（四）不断增强监管的科学性、有效性和针对性

保险法制建设全面加强，新《保险法》全面实施，修订完成了一批重要的规章制度。中国保险监管机构突出了对法人机构的监管，强化出资人对公司经营行为的约束，建立对问题公司董事会、主要股东、独立董事及监事长的通报制度，强化保险集团公司监管。全面推行分类监管，开展了保险公司分支机构分类监管试点工作。整合监管资源，促进机构监管和功能监管相结合，稳步开展保险公司法人机构属地监管试点。强化监管执行，加大了对违法违规行为的处罚力度。

（五）不断完善保险监管国际合作体系，构建国际风险防火墙

金融危机的蔓延引发了各国保险监管机构的反思，也让各国保险监管机构重新审视加强保险监管国际合作的重要性。国际保险监管合作作为各监管机构信息交换、协调监管的平台，在辨识国际风险、有效化解国际风险跨境传递方面至关重要。中国保险监管机构积极参加IAIS年会和执行委员会会议，推动国际保险监管战略调整。成立保险监管规则工作组，参与国际保险监管规则制定。充分利用国际保险监督官协会平台，不断完善与各国家或地区监管机构建立合作机制，协调金融保险企业的跨境监管，促进相关监管信息交流，保护保险机构投资者利益，保护保险消费者利益。

（中国保险业监督管理委员会　霍洪强　姜波　刘智夫）

中国证券业对外开放情况

对外开放是促进中国资本市场发展的重要动力。中国证监会始终坚持循序渐进、互利共赢的开放原则，积极主动地推进对外开放。加入世界贸易组织后，中国不仅认真履行了证券业对外开放的承诺，而且主动采取了一系列开放证券市场的政策措施。总体而言，中国证券业的对外开放进程和水平与我国资本市场的发展阶段相适应。

一、加入世界贸易组织的证券业开放承诺

2001 年 12 月，中国正式成为世界贸易组织成员，对证券服务业的开放做了如下承诺：外国证券机构可以直接（不通过中国中介）从事 B 股交易；外国证券机构驻华办事处可成为所有中国证券交易所的特别会员；允许外国服务提供者设立合资公司，从事国内证券投资基金管理业务，中国加入 WTO 后 3 年内，外资可增加至 49%；允许外国证券公司设立合资公司，外资比例不超过 1/3，合资公司可以（不通过中方中介）从事 A 股的承销、外资股以及政府债和公司债券的承销和交易，以及发起设立基金。

二、我国证券业对外开放现状

（一）加入 WTO 后，我国认真履行证券业的开放承诺

2002 年起，我国制定和实施了《外资参股证券公司设立规则》《外资参股基金管理公司设立规则》等一系列法规和规定（见附表 1），按照我国加入 WTO 的证券业开放承诺，以法律形式对外资进入我国证券业的业务范围和持股比例做出了明确规定。2004 年 10 月开始实施的《证券投资基金管理公司管理办法》，继承了《外资参股基金管理公司设立规则》的有关规定。2007 年 12 月，我们对《外资参股证券公司设立规则》进行了修改，制定了《证券公司设立子公司试行规定》，放宽了参股证券公司的境外股东的资格条件，允许境外投资者可以持有上市证券公司股权最高不超过 25%。同时允许符合条件的合资公司扩大业务范围。

截至 2009 年年底，中国已经批准设立了 10 家中外合资证券公司（见附表 2）和 34 家中外合资基金管理公司（见附表 3），分别较 2008 年增加 2 家和 1 家，其中 16 家合资基金管理公司的外资股权已达到 49%；上海、深圳证券交易所各有 3 家特别会员，并各有 38 家和 22 家境外证券经营机构直接从事 B 股交易。

（二）主动实施的对外开放措施

1. 境内上市外资股（B 股）市场

B 股是指在中国境内注册的股份有限公司向境内外投资者发行、募集外币资金并在中国境内证券交易所上市交易的股票。20 世纪 90 年代初，在外汇短缺和外汇管制的背景下，为了吸引国际资本，中国于 1991 年年底推出 B 股试点，以人民币标明面值，以美元或港元认购和交易。2001 年前，B 股市场投资者仅限于境外投资者；2001 年后，境内个人投资者也可以投资 B 股。截至 2009 年年底，已有 108 家公司发行 B 股，发行总股本 107 亿股，筹额达 381 亿元。

2. 境内企业境外上市

境外上市是中国引进外资的一种重要方式，也是一项长期政策。中国证监会一向支持符合条件的境内企业根据国家发展战略及自身发展需要，在境内或境外上市，积极参与国际经济技术合作，不断提高竞争力，做优做强。1993 年起，中国境内企业开始试点在境外上市。截至 2009 年年底，已有 159 家境内股份有限公司发行境外上市外资股并到境外上市，累计募集资金 1 177.80 亿美元。

3. 实施合格境外机构投资者（QFII）制度

这是人民币在资本项目下未实现完全自由兑换情况下，中国有限度地引进外资、开放资本市场的过渡性措施。2006 年 8 月，中国证监会会同有关单位联合发布了《合格境外机构投资者境内证券投资管理暂行办法》，对 2002 年 11 月发布的有关规定进行修订和完善。新办法放宽了 QFII 资格条件和资金进出锁定期，增加了 QFII 开户、投资等方面的便利，完善了 QFII 投资监管体系特别是信息披露制度；同时，鼓励中长期投资，降低了对养老基金、保险基金、共同基金、慈善基金等长期资金管理机构的资格要求。目前，QFII 总投资额度已

增加至300亿美元。

截至2009年年底，已有94家境外机构（见附表5）获得QFII资格，较2008年增加19家。13家银行（见附表6）获准开展QFII托管业务，其中有5家为外资银行在华分行。

4. 允许外国投资者对上市公司进行战略投资

中国在2002年11月允许外资受让上市公司国有股权和法人股权，于2006年1月底又实施了《外国投资者对上市公司战略投资管理办法》，外国投资者可以对已经完成股权分置改革的上市公司进行战略性投资，但战略投资取得的上市公司A股股份3年内不得转让。

5. 允许外资企业在境内发行股票和债券，探索境外企业在境内上市的制度安排

根据2001年10月颁布并实施的《关于上市公司涉及外商投资有关问题的若干意见》，符合条件的外商投资股份有限公司可以在境内证券市场发行股票并上市。迄今已有多家外商投资企业的股票在境内发行上市。

此外，允许符合条件的境外公司通过发行股票或存托凭证形式在我国证券交易所上市是中美战略与经济对话、中英经济财经对话达成的成果。2009年4月29日，国务院发布《国务院关于推进上海加快发展现代服务业和先进制造业建设国际金融中心和国际航运中心的意见》，提出将适时启动符合条件的境外企业到境内上市。目前，中国证监会正在梳理有关法律法规，积极探索境外公司到境内发行证券及上市的制度安排，研究制定境外公司到境内上市的有关管理办法和配套规则。

6. 实施合格境内机构投资者（QDII）制度

这是在人民币在资本项目下未实现完全自由兑换的情况下，中国有条件地允许境内投资者进行境外投资的制度措施。根据2007年7月5日起施行的《合格境内机构投资者境外证券投资管理试行办法》，符合条件的境内基金管理公司和证券公司等证券经营机构经批准可以在境内募集资金，以资产组合方式进行境外证券投资。

截至2009年年底，共有31家基金管理公司和9家证券公司获得QDII资格。另外，中国证监会已批准了11家基金公司的11只QDII基金产品和1家证券公司的1只理财产品。其中，已成立的QDII资产管理计划的资产净值约738亿元人民币。

7. 允许国有企业从事境外期货套期保值交易

根据2001年5月发布的《国有企业境外期货套期保值业务管理办法》的规定，中国证监会对从事境外期货业务企业实行许可证制度。截至2009年年底，中国证监会会同国有资产管理委员会、商务部审核并报国务院批准，已允许31家国有大型企业从事境外期货套期保值交易。其他企业、单位和个人则不能参与境外期货交易。

8. 允许境外证券经营机构或境外证券交易所设立驻华代表机构

1999年起，我国允许符合条件的投资银行、证券公司、基金管理公司等证券经营机构设立驻华代表机构，从事咨询、联络、市场调查等非经营性活动。截至2009年年底，经中国证监会批准，境外证券类机构在中国境内设立了166家外资代表机构，较2008年增加6家。2003年，根据《内地与香港关于建立更紧密经贸关系的安排（CEPA）》，香港证券交易所获准设立北京代表处。此外，2007年7月1日《境外证券交易所驻华代表机构管理办法》开始实施。截至2009年年底，中国证监会已批准了纽约证券交易所、纳斯达克、东京证券交易所、德意志交易所等8家境外证券交易所设立北京代表处的申请（见附表7）。

9. 与港澳台证券市场的合作与联系

港澳证券市场。根据一国两制和中国内地对香港、澳门特别行政区的《内地与香港关于建立更紧密经贸关系的安排（CEPA）》及其历次补充协议，证券期货业方面的开放措施包括：

2004年1月1日起，香港、澳门特别行政区已获得当地从业资格的专业人员在内地申请证券、期货从业资格，只需通过内地法律法规培训和考试，无须通过专业知识考试。

2005年1月1日起，允许符合条件的港澳服务提供者参股内地期货经纪公司，外资的参股比例不得超过49%。

2006年1月1日起，允许符合条件的内地创新试点类证券公司根据相关要求在香港特别行政区设立分支机构；允许符合条件的内地期货公司到香港特别行政区经营期货业务，包括设立分支机构。

2008年1月1日起，允许符合条件的内地基金管理公司在香港特别行政区设立分支机构，经营有关业务。

2009 年 10 月 1 日起，允许符合条件的港澳证券公司与内地具备设立子公司条件的证券公司在广东省设立合资证券投资咨询公司。合资证券投资咨询公司作为内地证券公司的子公司，专门从事证券投资咨询业务，香港证券公司持股比例最高可达 1/3；可从事研究开发港股交易型开放式指数基金（ETF）工作。

截至 2009 年底，中国证监会已批准 3 家香港地区的服务提供者参股内地的期货公司（见附表 4）。

台湾证券市场。2009 年，在中国政府对台工作的统一部署下，中国证监会积极参与《海峡两岸金融合作协议》的商谈和签署工作。该协议于 2009 年 4 月 26 日在南京签署，标志着两岸金融合作进入新阶段。11 月 16 日，作为落实《海峡两岸金融合作协议》的具体举措之一，中国证监会主席尚福林与中国台湾方面金融监督管理机构代表陈冲签署了《海峡两岸证券及期货监督管理合作谅解备忘录》，同意在信息交换、机构设立、协助调查以及人员培训等方面进行合作，共同维护两岸证券期货市场稳定发展。

（三）支持符合条件的境内证券经营机构进入国际市场

实施"走出去"战略是新阶段我国经济发展的必然要求，加入 WTO 后，我们充分利用国际证券业相互开放的特点，支持符合条件的境内证券经营机构进入国际市场，学习国际经营管理理念、标准和惯例，引入先进技术和管理手段，加强风险管理和合规经营，逐步拓展业务范围，积累国际业务经验和培养专业人才。截至 2009 年底，已有 14 家内地证券公司、7 家内地基金公司、6 家内地期货公司获准在香港设立分支机构（见附表8～10）。

三、循序渐进地推动证券业对外开放

2008 年以来，由美国次贷危机引发的全球金融危机蔓延和深化，对国际金融体系和实体经济造成了巨大冲击。世界各国纷纷推出应对危机和刺激经济政策的方案，改革金融体系，推进国际监管政策协调，加强对系统性风险的监控和处置，来遏制危机恶化和再生。危机对世界金融体系、实体产业、发展模式、思维观念等带来的冲击，将深刻影响世界政治、经济、金融格局和发展态势。同时，在全球金融市场一体化趋势不断加强、国际资本跨境流动大量增加的背景下，我国证券市场的稳定运行面临着更多的不确定性。

证券业对外开放在引进外资和管理技术、促进竞争和创新、提高市场服务效率等方面具有积极作用。同时，在中国这样一个新兴加转轨的市场里，证券业对外开放又面临巨大的压力和挑战。国际经验反复证明，过度和过快开放可能导致潜在的金融风险，对证券市场和实体经济发展造成不利影响。我们将始终坚持循序渐进、互利共赢的原则，借鉴其他市场开放的经验和做法，不断完善对外开放的政策措施，在确保市场稳定运行和维护国家金融安全的前提下，积极主动、适时适度地扩大证券业对外开放，促进证券市场持续健康安全发展。

附录：中国证券业对外开放统计数据

附表 1　　中国证券业对外开放的相关法规

相关法规或管理办法名称	公布或生效日期
《外资参股证券公司设立规则》	2002/07/01 （2008/01/01 修改）
《证券公司设立子公司试行规定》	2007/12/28
《证券投资基金管理公司管理办法》	2004/10/01
《外资参股基金管理公司设立规则》	2002/07/01 （2004/10/01 已废止）
《合格境外机构投资者境内证券投资管理办法》	2006/08/24
《合格境内机构投资者境外证券投资管理试行办法》	2007/06/18
《上海证券交易所境外证券机构申请 B 股席位暂行办法》	2002/06/19
《深圳证券交易所境外机构 B 股席位管理规则》	2002/06/19
《上海证券交易所境外特别会员管理暂行规定》	2002/07/24
《深圳证券交易所境外特别会员管理规定》	2002/07/24

附表2 外资参股证券公司

序号	公司名称	主要境外股东
1	中国国际金融有限公司	摩根士丹利国际公司（Morgan Stanley International）
2	中银国际证券有限公司	中银国际控股有限公司（BOC International Holdings）
3	光大证券有限公司	中国光大控股有限公司（China Everbright Ltd）
4	财富里昂证券有限公司	法国里昂证券资本市场公司（CLSA ECM Ltd）
5	海际大和证券有限公司	日本大和证券公司（Daiwa Securities）
6	高盛高华证券有限公司	高盛集团（Goldman Sachs）
7	瑞银证券有限责任公司	瑞士银行有限公司（UBS AG）
8	瑞信方正证券有限责任公司	瑞士信贷（Credit Suisse）
9	中德证券有限责任公司	德意志银行（Deutsche Bank）

注：经证监会批准，长江巴黎百富勤证券有限公司外资方法国巴黎银行已于2006年12月8日将所持的33%股权全部转让给长江证券，长江巴黎百富勤证券有限公司从而成为长江证券的全资子公司。

附表3 外资参股基金管理公司

序号	公司名称	境外股东	外资比例（%）
1	招商基金管理公司	荷兰国际集团（ING）	33.3
*2	华宝兴业基金管理公司	法国兴业资产管理公司（SG Asset Management Ltd）	49
*3	国联安基金管理公司	德国安联集团（Allianz Group）	49
*4	海富通基金管理公司	欧洲富通基金管理公司（Fortis Investment Management）	49
*5	景顺长城基金管理公司	美国景顺资产管理公司（Invesco Asset Management）	49
6	富国基金管理公司	加拿大蒙特利尔银行（BMO）	27.775
*7	泰达荷银基金管理公司	荷兰银行（ABN-AMRO）	49
8	光大保德信基金管理公司	美国保德信投资管理有限公司（Pramerical Investment Management）	33
9	申万巴黎基金管理公司	法国巴黎资产管理有限公司（BNP Paribas Asset Management S. A. S）	33
*10	上投摩根基金管理有限公司	摩根富林明资产管理有限公司（J. P. Morgan Fleming Asset Management（U. K.）Limited）	49
11	中银基金管理公司	贝莱德投资管理（英国）有限公司（Blackrock Investment Management（UK）Ltd）	16.5
*12	国海富兰克林基金管理公司	美国坦伯顿国际股份有限公司（Templeton International Inc.）	49
*13	友邦华泰基金管理公司	友邦投资管理公司（AIG Global Investment Corp.）	49
*14	国投瑞银基金管理公司	瑞银集团（UBS）	49
15	嘉实基金管理有限公司	德意志资产管理（亚洲）公司（Deutsche Assets Management）	30
16	工银瑞信基金管理公司	瑞士信贷（Credit Suisse）	25
17	交银施罗德基金管理公司	施罗德投资管理公司（Schroder Investment Management Limited）	30
*18	信诚基金管理有限公司	英国保诚集团股份有限公司（Prudential Group）	49
19	建信基金管理有限公司	美国信安金融服务公司（Principal Financial Services，Inc.）	25
*20	汇丰晋信基金管理有限公司	汇丰环球投资管理（英国）有限公司（HSBC Global Asset Management）	49
21	信达澳银基金管理有限公司	康联首域集团有限公司（Colonial First State Group Ltd.）	46
*22	诺德基金管理有限公司	美国诺德·安博特公司（Lord Abbett & Co. LLC）	49
*23	中欧基金管理有限公司	意大利意联银行股份有限公司（Unione di Banche Italiane S. c. p. a.）	49
*24	金元比联基金管理有限公司	比利时联合资产管理公司（KBC Asset Management Group）	49
25	长盛基金管理公司	新加坡星展资产公司（DBS Asset Management）	33
*26	鹏华基金管理公司	意大利欧利盛资本资产管理股份有限公司（Eurizon Capital SGR S. p. A.）	49
27	融通基金管理公司	日兴资产管理公司（Nikko Asset Management Co.，Ltd.）	40
28	浦银安盛基金管理公司	法国安盛投资资产公司（AXA Investment Managers）	39
*29	兴业全球基金管理公司	荷兰全球人寿保险国际公司（AEGON International N. V.）	49

续 表

序号	公司名称	境外股东	外资比例（%）
30	农银汇理基金管理公司	东方汇理资产管理公司（Credit Agricole Asset Management）	33.33
31	摩根士丹利华鑫基金管理公司	摩根士丹利国际控股公司（Morgan Stanley International Holdings Inc.）	34
32	民生加银基金管理有限公司	加拿大皇家银行（Royal Bank of Canada）	30
33	中海基金管理有限公司	法国爱德蒙得洛希尔银行（Lacompagnie Financiere Edmond De Rothschild Banque）	15.385
34	国泰基金管理公司	意大利忠利集团（Assicurazioni Generali S. p. A.）	30

注：*表示外资股权为49%。

附表 4 外资参股期货公司

序号	境内期货公司	境外股东
1	银河期货经纪有限公司	苏皇金融期货亚洲有限公司
2	中信新际期货经纪有限公司	新际经纪香港有限公司
3	摩根大通期货有限公司	摩根大通经纪（香港）有限公司

附表 5 合格境外机构投资者

序号	合格境外机构投资者（QFII）名称	批准时间	注册地
1	瑞士银行（UBS AG）	2003.5.23	英国
2	野村证券株式会社（Nomura Securities Co., Ltd.）	2003.5.23	日本
3	花旗环球金融有限公司（Citigroup Global Markets Ltd.）	2003.6.5	英国
4	摩根士丹利国际股份有限公司（Morgan Stanley & Co. International Ltd.）	2003.6.5	英国
5	高盛公司（Goldman Sachs & Co.）	2003.7.4	美国
6	香港上海汇丰银行有限公司（Hongkong and Shanghai Banking Corporation Ltd.）	2003.8.4	中国香港
7	德意志银行（Deutsche Bank AG）	2003.7.30	德国
8	荷兰安智银行股份有限公司（ING Bank N. V.）	2003.9.10	荷兰
9	摩根大通银行（JPMorgan Chase Bank）	2003.9.30	美国
10	瑞士信贷（香港）有限公司（Credit Suisse（Hong Kong）Ltd.）	2003.10.24	中国香港
11	日兴资产管理有限公司（Nikko Asset Management Co., Ltd.）	2003.12.11	日本
12	渣打银行（香港）有限公司（Standard Chartered Bank（Hong Kong）Ltd.）	2003.12.11	中国香港
13	美林国际（Merrill Lynch International）	2004.4.30	英国
14	恒生银行有限公司（Hang Seng Bank）	2004.5.10	中国香港
15	大和证券 SMBC 株式会社（Daiwa Securities SMBC Co., Ltd.）	2004.5.10	日本
16	雷曼兄弟国际（欧洲）公司（Lehman Brothers International（Europe））	2004.7.6	美国
17	比尔及梅林达·盖茨基金会（Bill & Melinda Gates Foundation）	2004.7.19	美国
18	景顺资产管理有限公司（INVESCO Asset Management Ltd.）	2004.8.4	英国
19	荷兰银行有限公司（ABN AMRO Bank N. V.）	2004.9.2	荷兰
20	法国兴业银行（Société Générale）	2004.9.2	法国
21	巴克莱银行（Barclays Bank PLC）	2004.9.15	英国
22	德累斯登银行股份公司（Dresdner Bank Aktiengesellschaft）	2004.9.27	德国
23	富通银行（Fortis Bank SA/NV）	2004.9.29	比利时
24	法国巴黎银行（BNP Paribas）	2004.9.29	法国
25	加拿大鲍尔公司（Power Corporation of Canada）	2004.10.15	加拿大
26	东方汇理银行（CALYON S. A.）	2004.10.15	法国

续　表

序号	合格境外机构投资者（QFII）名称	批准时间	注册地
27	高盛国际资产管理公司（Goldman Sachs Asset Management International）	2005.5.9	英国
28	新加坡政府投资有限公司（Government of Singapore Investment Pte Ltd.）	2005.10.25	新加坡
29	马丁可利投资管理有限公司（Martin Currie Investment Management Ltd.）	2005.10.25	英国
30	美国国际集团环球投资公司（AIG Global Investment Corp.）	2005.11.14	美国
31	淡马锡富敦投资有限公司（Temasek Fullerton Alpha Investment Pte Ltd.）	2005.11.15	新加坡
32	JF资产管理有限公司（JF Asset Management Ltd.）	2005.12.28	中国香港
33	日本第一生命保险相互会社（The Dai-ichi Mutual Life Insurance Company）	2005.12.28	日本
34	新加坡星展银行（DBS Bank Ltd.）	2006.2.13	新加坡
35	安保资本投资有限公司（AMP Capital Investors Ltd.）	2006.4.10	澳大利亚
36	加拿大丰业银行（The Bank of Nova Scotia）	2006.4.10	加拿大
37	比联金融产品英国有限公司（KBC Financial Products UK Ltd.）	2006.4.10	英国
38	法国爱德蒙得洛希尔银行（La Compagnie Financière Edmond de Rothschild Banque）	2006.4.10	法国
39	耶鲁大学（Yale University）	2006.4.14	美国
40	英国保诚资产管理（香港）有限公司（Prudential Asset Management [Hong Kong] Ltd.）	2006.7.7	中国香港
41	摩根士丹利投资管理公司（Morgan Stanley Investment Management Inc.）	2006.7.7	美国
42	斯坦福大学（Stanford University）	2006.8.5	美国
43	通用电气资产管理公司（GE Asset Management Incorporated）	2006.8.5	美国
44	大华银行有限公司（United Overseas Bank Limited）	2006.8.5	新加坡
45	施罗德投资管理有限公司（Schroder Investment Management Ltd.）	2006.8.29	英国
46	汇丰环球投资管理（香港）有限公司（HSBC Global Asset Management [Hong Kong] Ltd.）	2006.9.5	中国香港
47	新光证券株式会社（Shinko Securities Co., Ltd.）	2006.9.5	日本
48	瑞银环球资产管理（新加坡）有限公司（UBS Global Asset Management [Singapore] Ltd.）	2006.9.25	新加坡
49	三井住友资产管理株式会社（Sumitomo Mitsui Asset Management, Ltd.）	2006.9.25	日本
50	挪威中央银行（Norges Bank）	2006.10.24	挪威
51	百达资产管理有限公司（Pictet Asset Management Limited）	2006.10.25	英国
52	哥伦比亚大学（The Trustees of Columbia University in the City of New York）	2008.3.12	美国
53	保德信资产运用株式会社（Prudential Asset Management Co., Ltd.）	2008.4.7	韩国
54	荷宝基金管理公司（Rebeco Institutional Asset Management B.V.）	2008.5.5	荷兰
55	道富环球投资管理亚洲有限公司（State Street Global Advisors Asia Ltd.）	2008.5.16	中国香港
56	铂金投资管理有限公司（Platinum Investment Company Limited）	2008.6.2	澳大利亚
57	比利时联合资产管理有限公司（KBC Asset Management N.V.）	2008.6.2	比利时
58	未来资产基金管理公司（Mirae Asset Global Investments Co., Ltd.）	2008.7.25	韩国
59	安达国际控股有限公司（ACE INA International Holdings, Ltd.）	2008.8.5	美国
60	魁北克储蓄投资集团（Caisse de dépôt et placement du Québec）	2008.8.22	加拿大
61	哈佛大学（President and Fellows of Harvard College）	2008.8.22	美国
62	三星投资信托运用株式会社（Samsung Investment Trust Management Co., Ltd.）	2008.8.25	韩国
63	联博有限公司（Alliance Bernstein Limited）	2008.8.28	英国
64	华侨银行有限公司（Oversea-Chinese Banking Corporation Limited）	2008.8.28	新加坡
65	首域投资管理（英国）有限公司（First State Investment Management [UK] Limited）	2008.9.11	英国
66	大和证券投资信托委托株式会社（DAIWA Asset Management Co.）	2008.9.11	日本
67	壳牌资产管理有限公司（Shell Asset Management Company B.V.）	2008.9.12	荷兰

续 表

序号	合格境外机构投资者（QFII）名称	批准时间	注册地
68	普信国际公司（T. Rowe Price International，Inc.）	2008.9.12	美国
69	法国兴业资产管理有限公司（Société Générale Asset Management S. A.）	2008.10.14	法国
70	瑞士信贷（Credit Suisse）	2008.10.14	瑞士
71	大华资产管理有限公司（UOB Asset Management LTD）	2008.11.28	新加坡
72	阿布达比投资局（ABU Dhabi Investment Authority）	2008.12.3	阿联酋
73	德盛安联资产管理卢森堡（Allianz Global Investors Luxembourg S. A.）	2008.12.16	卢森堡
74	资本国际公司（Capital International. Inc.）	2008.12.18	美国
75	三菱日联证券股份有限公司（Mitsubishi UFJ Securities Co.，Ltd.）	2008.12.29	日本
76	韩华投资信托管理株式会社（Hanwha Investment Trust Management Co.，Ltd.）	2009.2.5	韩国
77	新兴市场管理有限公司（Emerging Markets Management，L. L. C.）	2009.2.10	美国
78	DWS 投资管理公司（DWS Investment S. A.）	2009.2.24	卢森堡
79	韩国产业银行（The Korea Development Bank）	2009.4.23	韩国
80	韩国友利银行股份有限公司（Woori Bank Co.，Ltd.）	2009.5.4	韩国
81	马来西亚国家银行（Bank Negara Malaysia）	2009.5.19	马来西亚
82	罗祖儒投资管理（香港）有限公司（Lloyd George Management（Hong Kong）Limited）	2009.5.27	中国香港
83	邓普顿投资顾问有限公司（Templeton Investment Counsel，LLC）	2009.6.5	美国
84	东亚联丰投资管理有限公司（BEA Union Investment Management Limited）	2009.6.18	中国香港
85	日本住友信托银行股份有限公司（The Sumitomo Trust & Banking Co.，Ltd.）	2009.6.26	日本
86	韩国投资信托运用株式会社（Korea Investment Trust Management Co.，Ltd.）	2009.7.21	韩国
87	霸菱资产管理有限公司（Baring Asset Management Limited）	2009.8.6	英国
88	安石投资管理公司（Ashmore Investment Management Limited）	2009.9.14	英国
89	纽约银行梅隆资产管理国际有限公司（BNY Mellon Asset Management International Limited）	2009.11.6	英国
90	宏利资产管理（香港）有限公司（Manulife Asset Management（Hong Kong）Limited）	2009.11.20	中国香港
91	野村资产管理株式会社（Nomura Asset Management Co.，LTD）	2009.11.23	日本
92	东洋投资信托运用株式会社（Tongyang Investment Trust Management Co.，Ltd.）	2009.12.11	韩国
93	加拿大皇家银行（Royal Bank of Canada）	2009.12.23	加拿大
94	英杰华投资集团全球服务有限公司（Aviva Investors Global Services Limited）	2009.12.28	英国

附表 6

合格境外机构投资者托管行

序号	QFII 托管行中文名称	QFII 托管行英文名称
1	汇丰银行（中国）有限公司	HSBC（China）Company Limited
2	花旗银行（中国）有限公司	CitiBank（China）Co. Ltd
3	渣打银行（中国）有限公司	Standard Chartered Bank（China）Ltd
4	中国工商银行股份有限公司	Industrial & Commercial Bank of China
5	中国银行股份有限公司	Bank of China
6	中国农业银行股份有限公司	Agricultural Bank of China
7	交通银行股份有限公司	Bank of Communications
8	中国建设银行股份有限公司	China Construction Bank
9	中国光大银行股份有限公司	China Everbright Bank
10	中国招商银行股份有限公司	China Merchants Bank
11	德意志银行	Deutsche Bank
12	新加坡星展银行	DBS Bank
13	中国中信银行股份有限公司	China Citic Bank

附表 7　　设立驻华代表处的境外证券交易所

序号	境外交易所名称
1	香港交易及结算所
2	纽约证券交易所
3	纳斯达克股票市场
4	东京证券交易所
5	韩国交易所
6	新加坡交易所有限公司
7	伦敦证券交易所
8	德国德意志交易所股份有限公司

附表 8　　在香港特别行政区设立分支机构的内地证券公司

序号	公司名称	序号	公司名称
1	广发证券	8	中信证券
2	国泰君安	9	申银万国
3	国元证券	10	平安证券
4	海通证券	11	国信证券
5	华泰证券	12	国都证券
6	招商证券	13	安信证券
7	中金公司	14	东方证券

附表 9　　在香港特别行政区设立分支机构的内地基金管理公司

序号	公司名称
1	南方基金
2	易方达基金
3	嘉实基金
4	华夏基金
5	汇添富基金
6	大成基金
7	博时基金

附表 10　　在香港特别行政区设立分支机构的内地期货公司

序号	公司名称
1	格林期货
2	浙江永安
3	广发期货
4	中国国际期货
5	金瑞期货
6	南华期货

（中国证券监督管理委员会国际部　韩萍　周宏达）

中国运输业对外开放情况

一、中国国内运输行业发展概况

2009年交通运输在全球金融危机的形势下，虽然增幅同比往年有所回落，但仍实现了平稳有序运行。2009年，全社会货运量274.43亿吨，同比增长7.5%。全国铁路日均装车145 162车，完成货运量33.17亿吨，增长0.8%；公路货运量209.69亿吨，增长9.4%。水运货运量31.4亿吨，增长3%。

2009年，全社会客运量297.74亿人次，同比增长3.7%。全国铁路客运量15.2亿人次，增长4.4%。公路客运量278亿人次，增长3.6%。水运客运量2.22亿人次，增长2.9%。

(一) 铁路

2009年，我国铁路实现了跨越式发展：大规模铁路建设高效推进，一批重点项目相继建成投产，技术创新取得一批新的重大成果，高速铁路建设及国际合作取得重要进展，客货运输再创新高。

2009年是我国铁路历史上投资规模最大、建成投产最多的一年。全年完成基本建设投资6 000亿元，比上一年增加2 650亿元，增长79%，超过“九五”和“十五”铁路建设投资总和，为拉动内需、促进经济增长发挥了重要作用。

2009年，全国铁路共完成新线铺轨5 461公里、复线铺轨4 063公里；投产新线5 557公里，其中客运专线2 319公里；投产复线4 129公里、电气化铁路8 448公里。2009年底，铁路营业里程达到8.6万公里，跃居世界第二。武汉、长沙南等104座新客站投入使用，铁路现代化枢纽建设取得新成果。

按照目前的施工建设速度，到2012年，中国铁路营业里程将达到11万公里，电气化率、复线率将达到50%。以“四纵四横”高速铁路为骨架的高速铁路里程达到1.3万公里，各大城市将以北京为中心形成1～8小时交通圈。

(二) 公路

2009年年底，中国公路总里程已达到386.1万公里，其中高速公路达到6.5万公里。公路密度继续增加，路网密度达到40.22公里/百平方公里，通达水平进一步提高。全国通公路的乡（镇）占全国乡（镇）总数的99.60%，通公路的建制村占全国建制村总数的95.77%，分别比上年末提高0.36个和2.91个百分点。公路技术等级和路面状况进一步提升，全国等级公路里程305.63万公里，占公路总里程的79.2%，其中二级及以上高等级公路里程42.52万公里，占公路总里程的11.0%。

2009年年底，全国公路营运汽车突破1 000万辆，营运车辆总数达1 087.35万辆，比上年底增长16.8%。其中载客汽车180.79万辆、2 799.71万客位，比上年底分别增长6.6%和9.3%；载货汽车906.56万辆、4 655.23万吨位，比上年底分别增长19.1%和26.3%。

2009年中国公路建设投资也显著增长。全社会完成公路建设投资9 668.75亿元，其中公路重点项目完成投资4 321.35亿元，路网建设完成投资3 214.51亿元，农村公路建设完成投资2 132.88亿元。

(三) 水运

1. 水路运输

2009年，全国完成水路客运量2.23亿人、旅客周转量69.38亿人公里，比上年分别增长9.7%和17.2%，平均运距为31.09公里，比上年提高6.8%。全国完成水路货运量31.90亿吨、货物周转量57 556.67亿吨公里，比上年分别增长8.3%和14.5%，平均运距为1 804.31公里，比上年提高5.7%。

在全国水路货运中，远洋运输完成货运量5.17亿吨、货物周转量39 524.12亿吨公里，分别比上年增长22.2%和20.3%；沿海运输完成货运量11.04亿吨、货物周转量13 399.81亿吨公里，分别比上年减少6.0%和增长1.0%；内河运输完成货运量15.68亿吨、货物周转量4 632.73亿吨公里，分别比上年增长16.4%和11.6%。

大宗货物运输需求旺盛。2009年，我国铁矿石进口量高速增长，规模以上港口外贸金属矿石进口吞吐量达7.04亿吨，比上年增长35.7%；煤炭进口量达12 583.4万吨，比上年增长211.9%；原油进口量加速增长，规模以上港口外贸原油进口吞吐量为1.91亿吨，比上年增长19.4%。

至2009年年底，我国拥有运输船舶17.69万艘、1.46亿载重吨，载重吨比上年增长17.7%。其中，海运船队1.02亿载重吨，保持世界第四，占世界船队比重为8.3%。中国远洋运输（集团）总公司总运力达770艘、5 307万载重吨，船队总规模继续保持我国第一位。中国海运（集团）总公司和中国外运长航集团有限公司分列第二、第三位。民营航运企业进一步发展，福建国航远洋运输（集团）股份有限公司运力规模152万载重吨，比上年增长19.7%，排名第五。

2. 港口与航道建设

2009年年底，全国内河航道通航里程12.37万公里。其中等级航道6.15万公里，占总里程的49.8%；全国港口拥有生产用码头泊位31 429个，其中万吨级及以上泊位1 554个；完成货物吞吐量76.57亿吨，其中外贸货物吞吐量21.8亿吨，集装箱吞吐量1.22亿TEU。

2009年年底，全国港口拥有生产用码头泊位31 429个，其中万吨级及以上泊位1 554个，比上年底分别增加379个和138个。全国沿海港口拥有生产用码头泊位5 320个，其中万吨级及以上泊位1 261个；内河港口拥有生产用码头泊位26 109个，其中万吨级及以上泊位293个。港口码头泊位大型化、专业化程度进一步提升。

港口货物吞吐量继续保持增长。2009年，全国港口完成货物吞吐量76.57亿吨，比上年增长9.0%；完成外贸货物吞吐量21.80亿吨，增长9.8%，增速提高2.4个百分点。全国沿海港口完成货物吞吐量48.74亿吨，比上年增长8.6%；完成外贸货物吞吐量19.94亿吨，增长9.3%。全国内河港口完成货物吞吐量27.83亿吨，比上年增长9.9%；完成外贸货物吞吐量1.86亿吨，增长15.3%。

2009年，货物吞吐量超过亿吨的港口由上年的16个增加到20个。其中宁波—舟山港5.77亿吨、上海港4.95亿吨、天津港3.81亿吨、广州港3.64亿吨、青岛港3.15亿吨、大连港2.72亿吨位居前六位。

受金融危机影响，2009年我国集装箱吞吐量小幅下降，但内河港口完成的集装箱吞吐量小幅增长。2009年，全国港口集装箱吞吐量为1.22亿TEU，比上年减少4.6%。其中沿海港口完成1.10亿TEU，比上年减少5.6%，内河港口完成1 220万TEU，比上年增长5.4%。中国内地共有7个港口进入全球20大集装箱港口行列。

（四）民航

2009年，我国机场业务量各项指标全线飘红，其中旅客吞吐量达到4.86亿万人次，比上年增长19.79%；完成货邮吞吐量945.6万吨，比上年增长7.04%；飞机起降架次484.1万架次，比上年增长14.52%。对比2009年和2008年的民航机场生产统计数据，显示出2009年民航机场的各项运输业务量增幅比例明显大于2008年。

2009年，全国年旅客吞吐量超过1 000万人次的机场达到14个，比2008年多4个，其中武汉、长沙、厦门、南京机场的年旅客吞吐量首次超过1 000万人次。无论是旅客吞吐量，还是货运吞吐量，中小城市机场增幅都明显大于大中城市机场。

据中国民航局发布的2009年中国航空运输发展统计数据，2009年我国航空运输总周转量增长13.4%（其中境内航线增长27.6%），而全世界运量下降3.1%。这说明国家和行业所采取的保增长、扩内需的举措奏效，也说明经受国际金融危机冲击后，我国航空运输又将快速发展。

二、加入世贸组织承诺的履行情况及最新开放情况

根据《〈内地与香港关于建立更紧密经贸关系的安排〉补充协议五》和《〈内地与澳门关于建立更紧密经贸关系的安排〉补充协议五》中的承诺，允许香港、澳门服务提供者以合作形式从事开采石油和天然气业务，在广东省试点独资企业及其分支机构，为广东省至港澳线船舶经营人提供船舶代理业务。允许香港、澳门服务提供者在内地申请设立独资、合资或合作航空运输销售代理企业时，出具由内地的法人银行或中国航空运输协会推荐的担保公司提供的经济担保。委托广东省审批香港在广东投资的生产型企业从事货运方面的道路运输业务。委托广东省审批香港、澳门服务提供者在广东设立维修、驾培企业和客货运站场项目。补充规定于2009年1月1日起正式实施。

《〈内地与香港关于建立更紧密经贸关系的安

排〉补充协议六》2009 年 5 月 9 日在香港签署。该协议将于 10 月 1 日起正式实施。《〈内地与澳门关于建立更紧密经贸关系的安排〉补充协议六》2009 年 5 月 11 日签署。

根据《〈内地与香港关于建立更紧密经贸关系的安排〉补充协议六》，内地同意推出 29 项市场开放措施，涉及 20 个服务领域，涵盖了香港多个具发展优势的重要行业，包括旅游、银行、证券、会展、法律、运输、创意产业等，其中“研究和开发”“铁路运输”为两个新增领域，使《安排》涵盖的服务领域总数由 40 个增至 42 个。

为配合“循序渐进”的开放模式，《〈内地与香港关于建立更紧密经贸关系的安排〉补充协议六》中包括了 9 项以广东省为试点的开放措施，涵盖法律、会展、公用事业、电信、银行、证券、海运及铁路运输等领域。

根据《〈内地与澳门关于建立更紧密经贸关系的安排〉补充协议六》，允许澳门服务提供者在内地设立的独资、合资或合作国际船舶管理公司在申请外派海员类对外劳务合作经营资格时，无须申请外商投资职业介绍机构或人才中介机构资格。《〈内地与香港关于建立更紧密经贸关系的安排〉补充协议六》，允许香港服务提供者在内地设立独资船务公司，为该香港服务提供者租用的内地船舶经营香港至广东省二类港口之间的船舶运输，提供包括揽货、签发提单、结算运费、签订服务合同等日常业务服务。在内地设立独资、合资或合作航空运输销售代理企业时，出具内地的法人银行或中国航空运输协会推荐的担保公司提供的经济担保，也可由香港、澳门银行做担保，代申请获内地批准后，在规定时限内再补回内地的法人银行或中国航空运输协会推荐的担保公司提供的经济担保。《〈内地与香港关于建立更紧密经贸关系的安排〉补充协议六》还允许香港服务提供者在深圳市以独资形式建设、运营和管理深圳市轨道交通 4 号线工程项目。

2008 年 12 月 12 日，交通运输部发布《关于台湾海峡两岸间海上直航实施事项的公告》（2008 年第 38 号公告）和《台湾海峡两岸直航船舶监督管理暂行办法》，明确了两岸航运管理模式、公司及船舶的市场准入标准和申请程序。根据《公告》，在两岸注册的两岸资本且具有企业法人资格的航运公司，经许可后，可从事两岸间海上直接运输业务。交通运输部还于 2009 年 5 月 16 日发布了《促进两岸海上直航的九项政策措施》，其中包括允许两岸登记的非运输两岸间贸易货物的船舶，从两岸港口或第三地港口进入对方港口等惠及两岸航商的措施等。两岸海运直航于 2008 年 12 月 15 日正式首航，直航一年来，两岸共批准了 160 余艘船舶从事两岸海上直航运输，同时还批准了 1 400 多个单航次运输。两岸公布的 81 个直航港口（港区），已有 71 个港口（港区）开通了直航运输。海上直航促进了两岸经贸交流与合作，惠及了两岸人民。

在遭受全球金融危机影响，世界海运市场整体低迷的情况下，一年来两岸间航运不仅没有衰减，反而逆势增长，运送两岸贸易货物和中转货物共计 5 780 万吨，同比增长 2%。全年共运送集装箱 140 万 TEU，同比增长 11%。目前，共有 38 艘集装箱船在从事两岸间集装箱货物运输，开辟直航集装箱班轮航线 21 条。一年来，两岸间海上运输共运送旅客 140 万人次，同比增长 40%。两岸间首条定期客货班轮航线，于 2009 年 11 月 19 日正式开通，从厦门直达台湾本岛。海上直航既有利于两岸经济贸易的发展，又为港航企业克服金融危机带来的困难及长远发展带来了实实在在的好处。

今后一段时间，两岸在落实《台湾海峡两岸海运协议》方面还有许多工作要做，包括：两岸有关方面将继续密切合作，逐步建立并完善直航管理机制；尽快协商编制两岸直航船舶共同技术标准，推动两岸在海上安全等方面的交流和合作；鼓励和支持相互投资设立经营性机构；加强两岸海运市场经营秩序监管，维护两岸船公司的合法权益等。

交通运输部与 2009 年 12 月宣布大陆方面最新制定的进一步促进两岸海上直航政策措施。包括：允许从事国际集装箱班轮运输且在两岸登记的船舶，在两岸港口间承运空集装箱。经营者应提前向交通运输部备案，取得《台湾海峡两岸间空箱调运备案证明书》。允许经交通运输部批准从事两岸间集装箱直航运输的船舶，进行两岸贸易货物和中转货物的集装箱运输等。

三、相关政策法规

为了规范对外国航空运输企业经营外国地点和中华人民共和国地点间规定航线的管理，制定了《外国航空运输企业航线经营许可规定》，于 2008

年5月19日通过，7月11日施行。为维护中华人民共和国国家安全，便利国际航班及搭乘国际航班的人员入境、出境，制定《国际航班载运人员信息预报实施办法》，2008年2月13日通过，2008年5月1日起施行。为实现海峡两岸海上客货直接运输，达成《海峡两岸海运协议》和《海峡两岸空运协议》。为进一步规范国际海上运输活动，保护公平竞争，发布了《关于进一步加强国际海运市场监管的通告》。

《防治船舶污染海洋环境管理条例》（国务院第561号）已于2009年9月9发布，自2010年3月1日起施行。规定：船舶在中华人民共和国管辖海域向海洋排放的船舶垃圾、生活污水、含油污水、含有毒有害物质污水、废气等污染物以及压载水，应当符合法律、行政法规、中华人民共和国缔结或者参加的国际条约以及相关标准的要求。船舶处置污染物，应当在相应的记录簿内如实记录。船舶污染物接收单位从事船舶垃圾、残油、含油污水、含有毒有害物质污水接收作业，应当依法经海事管理机构批准等。

经过国务院批准，中资“方便旗”船特案免税政策的执行截止日期由2009年6月30日延长至2011年6月30日。根据实施方案在2011年6月30日前报关进口、办理船舶登记的中资船舶，符合原交通部《关于实施中资国际航运船舶特案免税登记政策的公告》（2007年第18号）规定要求的，经批准，免征关税和进口环节增值税，并按照有关规定办理船舶登记。船舶所有人可在2009年9月1日、2010年3月1日、2010年9月1日和2011年3月1日前分批次向交通运输部提出申请，程序及相关材料要求按原交通部2007年第18号公告的有关规定办理。此前经批准享受特案免税登记政策的船舶，但尚未办理报关进口的，原批准文件在2011年6月30日前继续有效，船舶所有人应抓紧办理报关进口及船舶登记手续。

四、运输服务贸易

受国际金融危机的影响，2009年我国服务贸易进出口额下降6%，为2001年以来我国服务贸易进出口规模的首次缩减。我国运输服务贸易也较2008年有较大幅度下降。2009年，中国运输服务进出口额为702亿美元，比2008年下降20.9%。运输服务贸易仍然是中国最大的服务贸易逆差行业，这一逆差在占中国运输服务贸易近七成的海运服务中体现得尤为明显。旅游和运输在我国服务贸易中继续占据前两位，但在服务贸易进出口总额中的占比继续下降，2009年这一比重下降至53.6%，低于2006年的7.4个百分点。

展望2010年中国服务贸易发展前景，随着全球经济企稳复苏，中国服务贸易有望领先货物贸易实现复苏，重新进入相对比较快的发展通道。2010年，中国本身货物进出口运输需求会迅速增加，同时作为重要的航运服务的出口国，为国际贸易提供的航运出口服务也会迅速增加。

2009年，中国认真履行WTO承诺，国际海运市场进一步开放。截至2009年年底，我国国际班轮运输企业约140家。无船承运人3 507家，新增325家。外商在华设立独资船务公司40家，比上年增加4家；独资船务公司设立分公司186家，比上年增37家。外商在华设立外商独资集装箱运输服务公司7家，分公司73家。外商在华注册登记具有无船承运人资格的公司近400家。外贸海运货物主要承运人有丹麦马士基、法国达飞、瑞士地中海航运、德国赫伯罗特、韩国现代商船、内地中远、香港东方海外、日本川崎汽船、台湾长荣、内地中海等大型国际公司。据调查，中国外贸海运货物的1/4由中国船公司承运，其中集装箱和散货约占25%，石油约占30%，杂货约占35%，约有3/4外贸海运出口货物由境外船公司承运。

（交通运输部规划研究院　高美真）

中国旅游业对外开放情况

一、中国旅游业对外开放新进展

（一）旅行社市场准入进一步放宽

2009年5月1日起施行的《旅行社条例》在外商投资旅行社注册资本最低限额、投资者条件的限制、设立分支机构等方面大大降低了准入门槛。除外商投资旅行社不得经营中国公民出境游业务外，已无针对外资旅行社的特殊限制。

（二）自由贸易区谈判顺利推进

中国—巴基斯坦、中国—秘鲁自由贸易区服务贸易协议顺利签署，双边旅游市场开放进一步扩大。中国—挪威、中国—海合会自由贸易区旅游服务贸易谈判稳步推进。中国—哥斯达黎加旅游服务贸易谈判取得实质性进展。

（三）国际旅游交流稳步加强

2009年，胡锦涛主席、温家宝总理先后4次出席我国与意大利、塞尔维亚、朝鲜、新西兰等国家旅游合作文件签署，中国公民出境旅游目的地国家和地区扩大至139个，已实施104个。较大规模组团参加了中日韩旅游部长会议和中美省州旅游局长合作发展对话会议，参加了世界旅游组织大会、东盟与中日韩旅游部长会议、中南太旅游组织部长理事会会议等重要国际活动，中国旅游业的国际地位和影响力进一步提高。

（四）两岸四地旅游交流不断扩大

大陆居民赴台旅游稳健推进，开放范围扩大到25个省区市，全年大陆居民赴台旅游人数达到60.6万人次，为促进海峡两岸和平发展发挥了独特作用。海峡两岸旅游交流协会台北办事处筹建工作积极推进。深化与港澳旅游合作，积极推动《CEPA补充协议六》有关旅游政策的落实，支持香港、澳门繁荣稳定。

二、中国外资旅行社发展新情况

2009年5月1日《旅行社条例》实施后，共新设立外商投资旅行社7家，其中中外合资旅行社2家，外商独资旅行社5家；设立地在北京的有4家，上海2家，浙江宁波1家。

《旅行社条例》施行后新设立的外商投资旅行社

序号	旅行社名称	英文名称	设立地	类型	注册资本
1	地中海邮轮旅行社（上海）有限公司	MSC Cruises Travel Agent (Shanghai) Co., Ltd.	上海市	中外合资经营旅行社	500万元人民币
2	北京美格兰旅行社有限责任公司	Grand American Travels (Beijing), Limited	北京市	外资旅行社	200万元人民币
3	京台旅（北京）旅行社有限公司	Beijing Taiwan Tours Co., Ltd.	北京市	外资旅行社	30万元人民币
4	励驰旅游（北京）有限公司	Ritz Tours (Beijing) Co., Ltd.	北京市	外资旅行社	15万美元
5	宁波万国国际旅行社有限公司	Ningbo Multinational International Travel Agency Co., Ltd.	浙江省宁波市	中外合资经营旅行社	100万美元
6	百事活（北京）旅行社有限公司	Pacific World (Beijing) Travel Agency Co., Ltd.	北京市	外资旅行社	100万元人民币
7	秀之旅（上海）国际旅行社有限公司	H. I. S. (SHANGHAI) INTERNATIONAL TRAVEL SERVICE CO., LTD.	上海市	外资旅行社	300万元人民币

三、旅游市场总体发展状况

2009年国内旅游人数达19.02亿人次，增长11.1%；国内旅游收入1.02万亿元，增长16.4%；入境旅游人数1.26亿人次，下降2.7%；入境过夜旅游人数5 088万人次，下降4.1%；旅游外汇收入397亿美元，下降2.9%；出境旅游人数4 766万人次，增长4.0%；旅游总收入1.29万亿元，增长11.3%。

2009年来华旅游入境人数

		合计 TOTAL（万人）(PERSON)	同比增长（%）GROWTH（%）
合　计	TOTAL	12 647.59	−2.73
香港同胞	HONGKONG	7 733.60	−1.29
澳门同胞	MACAU	2 271.84	−1.08
台湾同胞	TAIWAN	448.40	2.24
外国人	FOREIGNERS	2 193.75	−9.82
外国人按地区及国别分：			
亚洲小计	ASIA	1 377.93	−5.37
日本	JAPAN	331.75	−3.73
韩国	KOREA	319.75	−19.26
朝鲜	KOREA，D. P. REP.	10.39	2.02
蒙古	MONGOLIA	57.67	−18.23
菲律宾	PHILIPPINES	74.89	−5.82
泰国	THAILAND	54.18	−2.25
新加坡	SINGAPORE	88.95	1.57
印尼	INDONESIA	46.90	10.04
马来西亚	MALAYSIA	105.90	1.78
巴基斯坦	PAKISTAN	8.15	11.86
印度	INDIA	44.89	2.82
尼泊尔	NEPAL	2.33	7.12
斯里兰卡	SRI LANKA	2.36	−3.23
哈萨克斯坦	KAZAKHSTAN	27.99	−6.94
吉尔吉斯斯坦	KYRGYZSTAN	3.28	−24.62
其他	OTHERS	198.55	13.05
美洲小计	AMERICA	249.12	−3.51
美国	U. S. A.	170.98	−4.29
加拿大	CANADA	55.03	2.92
墨西哥	MEXICO	3.23	−33.98
其他	OTHERS	19.87	−6.18
欧洲小计	EUROPE	459.12	−24.89
英国	U. K.	52.88	−4.12
德国	GERMANY	51.85	−1.95
法国	FRANCE	42.48	−1.21
意大利	ITALY	19.14	−1.55
俄罗斯	RUSSIA	174.30	−44.20
瑞士	SWITZERLAND	6.26	−1.31
瑞典	SWEDEN	12.58	−8.65
荷兰	NETHERLANDS	16.69	−7.74
挪威	NORWAY	4.77	−3.63
奥地利	AUSTRIA	5.62	−0.09

续 表

		合计 TOTAL（万人）（PERSON）	同比增长（%）GROWTH（%）
比利时	BELGIUM	6.08	−1.02
西班牙	SPAIN	11.45	2.01
葡萄牙	PORTUGAL	4.36	−0.64
其他	OTHERS	50.68	−12.51
大洋洲小计	OCEANIA	67.24	−2.37
澳大利亚	AUSTRALIA	56.15	−1.75
新西兰	NEW ZEALAND	10.04	−4.51
其他	OTHERS	1.05	−12.94
非洲小计	AFRICA	40.12	6.01
其他国家	OTHERS	0.22	12.04

（国家旅游局政策法规司）

● 知识产权保护

中国专利保护情况

2009年，是中国专利保护制度发展史极具历史意义的一年。在这一年中，国家知识产权战略实施工作取得良好开局，知识产权战略推进以加强法治环境建设、提升行政管理能力、加强知识产权宣传教育和应对金融危机作为工作重点，明确了具体措施。专利法和专利法实施细则的修订工作圆满完成，2009年10月1日，修改后的《中华人民共和国专利法》开始施行；2009年12月30日，《中华人民共和国专利法实施细则》（草案）在国务院常务会议上获得原则通过，修改后的《中华人民共和国专利法实施细则》已于2010年2月1日起施行。2009年，国内专利申请量继续保持平稳较快增长；受金融危机影响，国外来华专利申请数量有明显下降。2009年，专利行政执法机关深入开展专利执法专项行动，提高了知识产权执法与维权工作成效，增强了权利人、创新主体和消费者的信心，对营造创新与发展的良好环境发挥了重要作用。此外，专利中介服务组织管理以及广泛深入开展国际交流与合作也成效显著。

一、国家知识产权战略实施工作取得良好开局

2009年，国家知识产权战略实施工作取得良好开局。在国务院领导下，战略推进以加强法治环境建设、提升行政管理能力、加强知识产权宣传教育和应对金融危机作为工作重点，明确了具体措施；国家知识产权战略实施工作部际联席会议成员单位各尽其责，协力配合，形成了实施知识产权战略工作的整体合力。

2009年3月19日，由国家知识产权战略实施工作部际联席会议28家成员单位共同制订的《2009年国家知识产权战略实施推进计划》（简称《推进计划》）颁布实施。《推进计划》结合中央部署和2009年经济形势，着重突出全年知识产权战略工作要点和总体要求，并紧密围绕《国家知识产权战略纲要》，从提升知识产权创造能力、加快知识产权法制建设、提高知识产权执法水平、扩大知识产权对外交流合作等9个方面，共提出240条具体措施，并明确了相关负责部门。

2009年，召开两次国家知识产权战略实施工作部际联席会议联络员全体会议，及时总结各部门、各地区工作进展情况，交流战略实施经验，研究部署后续工作。组织联席会议成员单位召开战略工作研讨培训班，加强了各部门间的业务交流。组织召开了知识产权战略及宏观管理工作研讨交流会，对相关人员开展战略培训。

二、专利法实施细则修订工作完成，启动专利代理条例和部门规章修订工作

（一）专利法实施细则的修订

全国人大常委会通过修改专利法的决定后，国家知识产权局及时起草了《专利法实施细则修订草案（送审稿）》及其说明，于2009年2月27日报送国务院。此后，国家知识产权局积极配合和协助国务院法制办公室做好各项审议前的准备工作。国务院法制办公室对送审稿进一步完善后，形成了《国务院关于修改〈中华人民共和国专利法实施细则〉的决定（草案）》，该草案在2009年12月30日国务院常务会议上获得原则通过。修改后的《中华人民共和国专利法实施细则》已于2010年2月1日起施行。本次修改专利法实施细则总共新增加

了9条规定、删除了5条规定，并且对47条规定进行了修改，修改内容主要包括：根据修改后的专利法，对专利申请文件的撰写做了相应补充和细化；完善了向国外申请专利保密审查制度；明确了遗传资源相关概念的含义，并规定了披露遗传资源来源信息的方式；扩大了专利申请的初步审查范围；细化了专利权评价报告制度；完善了强制许可制度；明确界定了假冒专利的行为；取消了专利申请维持费、中止程序请求费等收费项目；改进了职务发明奖励报酬制度，引入了约定优先的规定；调整了专利国际申请进入中国国家阶段的有关规定。本次专利法实施细则的修订是一次全面的修订，对完善我国专利制度具有重要意义。

（二）《专利代理条例》修订的准备工作

《专利代理条例》自1992年生效实施以来从未进行修改，已经不适应专利代理行业的健康发展。2009年上半年，国家知识产权局重新启动修改《专利代理条例》的准备工作，包括：组团赴美考察美国专利代理管理制度，借鉴有益经验和做法；通过中华全国代理人协会广泛征求专利代理机构的建议和意见，形成征求意见稿；2009年9月，国家知识产权局将《专利代理条例修订草案》（征求意见稿）发给各地知识产权局征求意见。

（三）修改完善部门规章的工作

为确保修改后的专利法和专利法实施细则的顺利实施，国家知识产权局经反复讨论并征求国内外企业、专利代理机构和局内相关部门的意见，起草了《施行修改后的专利法的过渡办法》，对实施修改后的专利法所涉及的衔接事项做了明确规定。该办法于2009年9月27日发布。

此外，为配合修订后的专利法和专利法实施细则的施行，2009年，国家知识产权局启动《专利审查指南》《专利权质押合同登记管理暂行办法》《专利实施许可合同备案管理办法》《专利行政执法办法》《专利实施强制许可办法》《涉及公共健康问题的专利实施强制许可办法》等部门规章的修订工作。

三、国内专利申请量继续保持平稳较快增长。受金融危机影响，国外来华专利申请数量有明显下降

（一）专利申请

2009年我国共受理专利申请976 686件，同比增长17.9%。其中，受理国内申请877 611件，同比增长22.4%；受理国外来华申请99 075件，同比下降10.9%。2009年，国内三种专利申请都呈显著增长。其中发明专利申请229 096件，同比增长17.7%；实用新型专利申请308 861件，同比增长37.9%；外观设计专利申请339 654件，同比增长13.7%。

截至2009年年底，我国累计受理专利申请5 822 529件，其中国内4 898 273件，国外924 256件，其中发明1 935 827件，占33.3%，实用新型2 005 520件，占34.4%，外观设计1 881 182件，占32.3%。

（二）专利权的授予

2009年，共授权专利581 992件，同比增长41.2%。其中国内授权501 786件，同比增长42.4%；国外授权80 206件，同比增长34.6%。在授权的国内专利中，发明专利65 391件，同比增长40.4%；实用新型专利202 113件，同比增长15.4%；外观设计专利234 282件，同比增长79.3%。在授权的国外专利中，发明专利63 098件，同比增长33.9%；实用新型专利1 689件，同比增长12.2%；外观设计专利15 419件，同比增长40.8%。

2009年，发明专利授权国内所占比重同比上升1.2个百分点，达到50.9%，首次超过国外所占比重。

截至2009年年底，累计授权专利3 083 534件；其中发明586 643件，占19.0%，实用新型1 368 634件，占44.4%，外观设计1 127 257件，占36.6%；其中国内2 643 852件，占85.8%，国外438 682件，占14.2%。

（三）PCT国际申请

2009年，共受理国际申请8 000件，同比增长31.6%。其中，以中文作为申请语言的国际申请7 225件，以英文为申请语言的国际申请775件。自1994年起累计受理国际申请32 881件。

2009年，收到进入中国国家阶段的国际申请53 633件，同比增长−6.8%，其中发明专利申请53 492件，实用新型专利申请141件。自1994年起收到进入中国国家阶段的国际申请累计为412 131件。

（四）复审与专利权无效宣告

2009年，受理复审请求9 195件，同比增长

111%。在2009年的复审请求中，涉及对驳回发明专利申请决定不服的复审请求为9 141件，占当年请求总量的99.4%；涉及对驳回实用新型专利申请决定不服的复审请求为45件，占当年请求总量的0.5%；涉及对驳回外观设计专利申请决定不服的复审请求为9件，占当年请求总量的0.1%。2009年复审请求结案共6697件，其中涉及发明专利申请6 599件，涉及实用新型专利申请84件，涉及外观设计专利申请为14件。自1985年以来，共受理复审请求31 587件。截至2009年底，复审请求结案25 109件。

2009年，受理无效宣告请求2 247件，同比增长10%。在2009年受理的无效宣告请求中，涉及发明专利权的无效宣告请求为444件，占当年总量的19.8%；涉及实用新型专利权的无效宣告请求为1 102件，占当年总量的49%；涉及外观设计专利权无效宣告请求为701件，占当年总量的31.2%。2009年全年无效宣告请求结案共2 310件，其中涉及发明专利456件，涉及实用新型专利1 078件，涉及外观设计专利为776件。自1985年以来，共受理无效宣告请求23 334件。截至2009年底，无效宣告请求结案21 718件。[①]

四、专利权的保护和运用

（一）专利权的保护

2009年，国家知识产权局对重点执法工作进行统一部署，深入开展“雷雨”、“天网”行动和各具地方特色的专利执法专项行动。这些行动大大遏制了群体侵权、反复侵权行为与专利诈骗行为的发生，提高了大型展会等环节知识产权执法与维权工作成效，震慑了违法分子，大大增强了权利人、创新主体和消费者的信心，对营造创新与发展的良好环境发挥了重要作用。

2009年，国家知识产权局推进知识产权维权援助与知识产权维权援助公益电话的建设和运用，“12330”知识产权维权援助公益服务电话于“4·26”期间顺利开通，运行良好。截至2009年年底，国家知识产权局共批复设立了61家维权援助中心。

2009年，国家知识产权局推动跨部门执法协作机制的完善，与公安、法院和有关行政部门的沟通协作进一步强化。在全国知识产权局系统初步建立起执法协作机制基础上，泛珠三角、长三角、环渤海、中部、西部、东北等地区执法协作机制不断深化。

2009年，全国各地方知识产权局共受理专利侵权纠纷案件937件，受理其他专利纠纷案件26件，查处假冒他人专利案件30件，查处冒充专利案件548件，共出动执法人员13 240人次，检查商业场所6 013次，检查商品132 2521件，向公安等部门移交案件9件，接受其他部门移交案件9件，跨部门执法协作533次，跨地区执法协作204次。

（二）专利运用与产业化

2009年，国家知识产权局新批建立2家国家专利产业化试点基地，目前总数已达到16家（含1家工业设计与创意产业基地）；新批设立4家国家专利技术展示交易中心，目前总数已达42家。组织基地和中心开展专业化、特色化的专利展示交易和信息综合利用等服务。建立国家专利技术展示交易中心工作进展情况报告制度，标准化、规范化管理基地与中心。此外，在全国范围内异地同时举办以“实施知识产权战略，应对国际金融危机，建设创新型国家”为主题的第三届中国专利周，活动以“服务我国中小企业，应对国际金融危机”为重心。

2009年，国家知识产权局会同国务院有关部门、各地方政府共同举办了一系列与专利（知识产权）主题相关的展会，成效显著。杨凌农高会、沈阳专洽会、第七届中国海峡项目成果交易会、第二届中国（顺德）国际工业设计创意博览会，以及在深圳高交会、北京科博会、成都软洽会等展会期间开展专利项目展览展示、知识产权宣传与保护等，对促进知识产权转移转化、支持我国国民经济的发展发挥了积极作用。

2009年，国家知识产权局配合财政部完成资助向国外申请专利专项资金申报和评审工作。2009年度共资助中小企业、事业单位以及科研机构提出的PCT申请1 146项，发放资助资金5 285万元。

① 资料来源：国家知识产权局官方网站，http：//www.sipo.gov.cn

五、专利中介服务组织的管理工作

2009年，国家知识产权局加强对专利中介服务组织的监督和管理，上半年，在全国范围内对专利代理机构的办事机构进行了重新核查，并将核查后的正确信息在国家知识产权局政府网站上及时发布，便于公众监督。进一步完善代理机构设立办事机构的审批程序，以保证我局和专利代理机构及其办事机构所在地知识产权局掌握的信息的一致。2009年，国家知识产权局共批准设立59家专利代理机构，不予批准和退回26件设立代理机构的申请，撤销8家专利代理机构，办理了涉及226家专利代理机构的变更手续，办理颁发、变更专利代理人执业备案1 182件。充分发挥年检制度的监督规范作用，2009年11月，国家知识产权局将首批通过2009年年检的621家专利机构予以公告。

2009年，国家知识产权局继续深化专利代理人资格考试制度改革。6月发布新的考试制度改革方案，允许考生在3年内分步通过各科考试，与此相应，考试成绩的年度合格分数线按照“法律知识”和“代理实务”两个部分分别确定。同时，2009年年初，国家知识产权局启动了全国专利代理人资格考试网上考务管理信息系统的建设工作。2009年12月，顺利完成了2009年全国专利代理人资格考试工作。2009年，已在广州、济南和沈阳考点顺利完成考试报名部分的系统测试工作。2009年全国专利代理人资格考试报名人数为11 805人，比上年增长35%；共有924人能够获得专利代理人资格。

六、积极开展广泛的国际交流与合作

2009年，国家知识产权局继续积极参与知识产权国际事务，深化了与世界知识产权组织（WIPO）等国际组织的合作。国际合作规模不断扩大，中美欧日韩五局合作与中日韩三边合作得到稳步推进。双边合作层次不断提高，形式更加丰富，内容更为深入和务实。继续加大对发展中国家的技术援助，进一步构建中非知识产权高层交流平台，拓展了合作区域，发展了合作伙伴，促进了我国知识产权领域国际合作的全面发展。

（国家知识产权局条法司）

中国商标保护情况

一、中国商标法律体系

（一）现行商标法律体系

中国商标立法主要由法律、行政法规、部门规章和地方性法规及规章组成。此外，最高人民法院、最高人民检察院关于适用商标法律的司法解释，也构成商标立法的渊源。

1. 法律

在法律层面，《商标法》是商标保护的基本法。该法分为八章、共 64 条。主要内容包括：总则、商标注册的申请、商标注册的审查和核准、注册商标的续展、转让和使用许可、注册商标争议的裁定、商标使用的管理、注册商标专用权的保护以及附则。

其他涉及商标保护的法律还包括《民法》《刑法》《反不正当竞争法》《消费者权益保护法》及《海关法》等。

2. 行政法规

在行政法规层面，有与《商标法》相配套的《商标法实施条例》，以及《特殊标志管理条例》《奥林匹克标志保护条例》《世界博览会标志保护条例》《知识产权海关保护条例》及《印刷业管理条例》等相关法规。

3. 部门规章

在部门规章层面，国家工商行政管理总局单独制定或者与其他有关部门共同制定了《驰名商标认定和保护规定》《集体商标、证明商标注册和管理办法》《马德里商标国际注册实施办法》《商标印制管理办法》《奥林匹克标志备案及管理办法》《展会知识产权保护办法》《商标代理管理办法》及《商标评审规则》等规章。

4. 地方性法规、规章等

全国 31 个省、自治区、直辖市均以地方性法规、政府规章、规范性文件等形式确立了对著名商标的认定和保护，其中有 6 个省份是由人大法规确立，18 个省份是由政府规章确立，7 个省份是由工商局规范性文件确立，从而为著名商标的认定与保护提供法律依据，以保证著名商标认定工作的规范化、制度化、程序化、法治化。

例如，安徽省以地方性法规形式规范著名商标认定和保护工作，制定了《安徽省著名商标认定和保护条例》（省第十一届人大常委会公告第 7 号）；宁夏回族自治区人民政府制定《宁夏回族自治区著名商标认定和保护办法》，并以宁夏回族自治区人民政府令第 15 号予以公布。

5. 司法解释

最高人民法院和最高人民检察院为了指导各级人民法院和人民检察院在司法审判和检察工作中正确适用《商标法》，发布了《关于办理知识产权刑事案件应用法律的解释》《关于审理商标民事纠纷案件适用法律若干问题的解释》《关于审理不正当竞争民事案件应用法律若干问题的解释》，以及《关于审理注册商标、企业名称与在先权利冲突的民事纠纷案件若干问题的规定》等司法解释。

同时，中国已经加入了主要的知识产权国际条约或协定，其中与商标保护存在密切关系的包括：《世界知识产权组织公约》《巴黎公约》《马德里协定》及《马德里议定书》《尼斯协定》以及《TRIPs 协议》等。需要强调的一点是，通常情况下，中国加入国际条约后，需要将条约内容转化为国内法，国际条约一般不具有直接适用的效果。

可以说，经过二十多年的商标法制建设，中国形成了以《商标法》为基础、适合本国国情、符合国际规则、内容比较完备、体系比较健全的现代商标法律体系。

（二）商标法修改

1. 修改《商标法》的必要性

1982 年制定、1993 年和 2001 年两次修改的《商标法》为创新、运用、保护、管理商标知识产权，促进经济社会发展发挥了重要作用。但随着我国市场经济的不断发展，有的内容已不能适应我国市场经济日益发展的需要。一是商标确权程序比较烦琐，导致商标确权时间过长；二是商标注册程序存在一些不完善的地方，不利于当事人方便、快捷地获得商标注册；三是恶意申请商标注册、恶意提出异议、恶意转让注册商标等情况还时有发生，严重影响了有关权利人的合法权益，需要进一步完善有关法律规定，打击恶意申请行为；四是现行《商标法》对行政执法程序还缺乏明确的规定，对侵权人的处罚力度还不够大，商标侵权假冒行为尤其是“傍名牌”行为还在一定范围内存在。因此，加快修订《商标法》，简化和完善商标确权程序，为中外商标申请人提供更好服务，显得十分迫切和必要。

2.《商标法》的修订目标

此次修法目标为：适应形势发展和实施商标战略需要、简化和完善商标确权程序，进一步加大商标专用权和地理标志保护力度，加强对商标代理机构行为的监管，为中外商标申请人提供更好服务，规范驰名商标认定与保护，努力使商标法达到国际水平。

3.《商标法》的修订过程

国家工商总局对《商标法》的修订工作高度重视。2003 年底，我局正式启动《商标法》修订工作，成立了商标法修改领导小组和工作小组。2004 年以来，我局开展了一系列调研活动，对商标方面的现行规定进行梳理，整理、分析报纸杂志上专家学者修改商标法的意见和建议，召开 10 余次大小会议进行集中讨论，8 次书面征求社会各界（包括全国工商行政管理系统、国内外相关知识产权主管部门、商标代理机构、有关中外企业、有关国际组织和专家学者等）的修改意见，先后起草《商标法草案征求意见稿》10 余稿。

2008 年 5 月，我局召开《商标法》修改专题研讨会，在修法原则和重点上统一了思想和认识。

2009 年 3 月底，针对修法出现的几个有争议的热点问题，如简化确权程序、规制恶意注册、加强保护驰名商标与地理标志、解决商标专用权与其他在先权利冲突等问题，我局邀请知识产权领域较有影响的专家学者进行专题论证，并撰写论证报告。

5 月份，我局组织了两场征求意见会，广泛征求商标代理机构、企业代表、有关地方工商局、法院系统以及有关专家、学者的意见和建议。在此基础上，我局经反复讨论研究，形成《商标法（修订稿）》（征求意见稿）。

6 月份～8 月份，我局将《商标法（修订稿）》（征求意见稿）发送有关部委、商标代理组织、专家学者、企业代表、有关国家商标主管机关和商会、协会等共 105 家征求修改意见。总局周伯华局长亲自给世界知识产权组织（WIPO）高锐总干事发函，向其征求意见。我局共征集到修改意见 50 余份，涉及征求意见稿 59 个条款，共 200 多项意见。我局对这些意见进行了归纳整理，经认真研究后充分吸收其中的合理意见，对征求意见稿再次进行修改，形成了《商标法（修订送审稿）》，经 11 月 10 日国家工商总局局务会议原则通过后，于 11 月 18 日报送国务院法制办。同时，《商标法实施条例》等配套法规规章的修改、起草制定工作也正在进行中。

二、注册商标专用权的保护

（一）《商标法》的基本原则

1. 注册原则

根据《商标法》第三条的规定，“经商标局核准注册的商标为注册商标……商标注册人享有商标专用权，受法律保护”。据此，在中国，商标专用权依注册而产生，未经商标局核准注册的商标不享有商标专用权，基本上不能获得《商标法》的实体保护。换言之，仅仅是对商标的实际使用并不产生商标专用权。

2. 自愿注册原则

自愿注册原则是指，法律并不强制要求所有的商标必须注册，是否申请商标注册取决于商标所有人的自愿。但是，自愿注册原则存在例外情况。《商标法》第六条规定：“国家规定必须使用注册商标的商品，必须申请商标注册，未经核准注册的，不得在市场销售。”根据其他相关法律法规的规定来看，只有烟草制品上的商标必须注册。

3. 申请在先原则

根据《商标法》第二十九条的规定，当不同主体先后申请注册的商标相互发生冲突的，申请在先的商标将被初步审定并公告，申请在后的商标将被驳回。因此，在特定情形下，申请时间的早晚对于申请商标是否被核准注册具有决定性的意义。

（二）注册商标专用权的法律保护

1. 注册商标专用权的范围

根据《商标法》第五十一条的规定，注册商标的专用权以核准注册的商标和核定使用的商品为限。也就是说，注册人应当按照核准注册的商标图样使用在核定使用的商品上，才能受到法律保护。

2. 侵犯商标专用权的行为

《商标法》第五十二条规定了侵犯商标专用权的行为，包括五种表现形式。其中，最为典型的行为是“未经商标注册人的许可，在同一种商品或者类似商品上使用与其注册商标相同或者近似的商标”。

同时，《商标法实施条例》第五十条补充规定了两种侵犯商标专用权的行为；《最高人民法院关于审理商标民事纠纷案件适用法律若干问题的解释》第一条补充规定了三种侵犯商标专用权的行为。因此，根据法律、法规及司法解释的规定，商标侵权共有十种行为表现方式。

3. 注册商标专用权受到侵害的救济途径

《商标法》第五十三条明确规定，对于商标侵权案件，当事人可以向人民法院起诉，也可以向工商行政管理机关请求处理。工商行政管理机关不仅可以应当事人的投诉去查处商标侵权案件，而且可以根据任何人的举报去查处商标侵权案件，或者可以依照职权主动查处商标侵权案件。

可以说，我们在商标保护体制方面建立了颇具中国特色的司法保护和行政保护“两条途径、协调运作”的“双轨制”。相对司法保护，商标专用权的行政保护具有网络健全、行动迅速、程序简便的特点。

4. 工商行政管理部门依法查处商标侵权案件时可以行使的职权

根据《商标法》第五十五条的规定，工商行政管理部门依法查处商标侵权案件时可以行使的职权包括询问、调查、查阅、复制有关资料、现场检查、查封或者扣押等。工商行政管理部门依法行使这些职权时，当事人应当予以协助、配合，不得拒绝、阻挠。

5. 2009年全国各级工商行政管理机关查处商标侵权违法案件基本情况

2009年，全国各级工商行政管理机关查处各类商标违法案件51 044件，其中查处一般违法案件7 448件，商标侵权假冒案件43 596件。在查处的各类商标违法案件中，查处涉外商标案件10 461件，共收缴和消除违法商标标识1 353.4万件，移送司法机关涉嫌商标犯罪案件92件，移送司法机关商标犯罪嫌疑人109人。

（三）驰名商标的认定与保护

1. 立法规定

《商标法》第十三条第一、二款分别规定了对未注册驰名商标和已注册驰名商标的保护。同时，《商标法实施条例》《驰名商标认定和保护规定》以及《最高人民法院关于审理商标民事纠纷案件适用法律若干问题的解释》进一步就驰名商标的认定与保护做出了具体规定。

2. 保护渠道

依据上述立法规定，国家工商行政管理总局商标局在异议案件的裁定和侵权案件的查处、商标评审委员会在评审案件的裁定、人民法院在商标确权及商标侵权纠纷案件的审理过程中，均可以根据当事人的请求和案件的具体情况，对涉案商标是否驰名依法做出认定，并给予扩大保护。

3. 驰名商标认定工作进一步制度化、规范化

在上述立法规定基础上，为促进驰名商标认定工作进一步制度化、规范化、程序化、法治化，切实提高驰名商标的认定质量，进一步完善和健全驰名商标认定和保护制度，国家工商总局制定并发布了《国家工商行政管理总局驰名商标认定工作细则》。商标局、商标评审委员会分别制定了《国家工商行政管理总局商标局审理驰名商标认定案件工作规范意见》和《国家工商行政管理总局商标评审委员会审理涉及驰名商标认定案件的工作规范意见》，进一步明确了审理要求，细化审理标准，规范审理程序，更加严格规范涉及驰名商标认定案件的审理工作。

4. 国家工商行政管理总局驰名商标认定和保护工作所取得的成果

2009年，国家工商总局依法认定390件驰名商标并对其扩大保护。其中370件商标为中国内地企业所有，1件为澳门特别行政区企业所有，19件为外国企业所有（日本8件、美国4件、德国2件、英国2件、法国1件、瑞士1件、爱尔兰1件）。截至2010年1月，我局共认定驰名商标2 014件。

加强驰名商标的认定和保护工作既是全面正确履行工商行政管理职能的必然要求，又是充分发挥商标知识产权重要作用的有效举措。正是由于工商总局在驰名商标认定和保护工作中充分发挥职能作用，在商标注册和管理工作中依法认定多件驰名商标并对其扩大保护，才使得驰名商标权利人的合法权利得到有效保护，使得驰名商标能够为促进地方经济发展、建设创新型国家发挥重要作用，从而有

力地保障了公平竞争、统一有序的市场经济秩序，树立了我国保护知识产权的良好国际形象。

(四) 地理标志的保护

1. 立法规定

《商标法》第十六条对地理标志的定义做出明确规定，《商标法实施条例》第六条规定："《商标法》第十六条规定的地理标志，可以依照商标法和本条例的规定，作为证明商标或者集体商标申请注册。"之后，国家工商行政管理总局依据《商标法》《商标法实施条例》修改了《集体商标、证明商标注册和管理办法》并于2003年6月1日实施。自此，在中国形成了由《商标法》《商标法实施条例》和《集体商标、证明商标注册和管理办法》组成的较为完善的地理标志商标保护法律体系。

2. 在商标制度下地理标志可以获得的保护

地理标志在中国作为证明商标或者集体商标注册后，可以得到注册商标享有的所有法律保护，包括：可以在商标注册程序中得到保护，可以通过商标国际注册马德里系统在其他国家得到保护，可以在遭到侵权时得到行政保护或者司法保护，可以在必要时得到驰名商标的保护等。

3. 加强地理标志商标的注册保护工作，运用以地理标志商标为核心的商标富农机制服务"三农"工作

国家工商总局商标局不断完善地理标志审查工作机制，加大地理标志工作政务公开、信息公开的工作力度，简化审查程序，缩短审查周期，提高了地理标志商标审查效率和注册速度，增强了服务意识，大大便利了地理标志商标申请人，地理标志的审查和注册数量显著增加。2009年全年共注册和初步审定地理标志商标240件。截至2009年底，累计核准注册和初步审定地理标志商标771件。中国注册地理标志主要涉及香梨、芦柑、蜜橘、柚、橙、茶叶、大米、活鸡、黄酒等农副产品，约占97%，以及瓷器、石雕等手工艺品和煤等矿产品，约占3%。外国注册地理标志主要涉及柑橘、土豆、咖啡、米、丝绸、刀具、葡萄酒、奶酪、火腿、龙舌兰酒等产品。

同时，商标局加大对各地地理标志商标和农产品商标注册申请、运用和保护工作的指导力度，宣传运用地理标志商标增加农民收入的成功典型，引导农业生产者、经营者运用地理标志商标增产增收。地方各级工商行政管理机关大力推广"公司＋商标（地理标志）＋农户"的新型农村经营模式，指导农民运用地理标志商标和农产品商标促进特色农业发展，取得显著成效。地理标志商标在服务"三农"、促进社会主义新农村建设方面做出了积极的贡献。从对81个种植类农产品地理标志商标调查样本看，2009年，地理标志农产品的从业人员达到当地总人口的24.16%，地理标志农产品的价格比注册保护前平均增长87.69%，最高增长达500%；种植地理标志农产品的农民年均收入占其总收入的38.78%，比地理标志注册保护前平均增长75.39%，最高增长达5倍。例如，新疆维吾尔自治区的吐鲁番葡萄注册地理标志商标后，该地理标志农产品的从业人员达到36万人，占当地总人口的90%，每年向越南、中国港澳、俄罗斯等出口产品达3 000吨，价值900万元。

4. 外国地理标志的注册

在对我国地理标志做好注册和保护工作的同时，商标局还积极履行《与贸易有关的知识产权协定》（简称TRIPs协定）等有关国际条约，认真做好外国地理标志在我国的注册和保护工作。截至2009年年底，已有33件外国地理标志在商标局获得注册，包括美国的"爱达华土豆"（IDAHO）、意大利的"帕尔玛火腿"（PARMA HAM）、英国的苏格兰威士忌（"SCOTCH WHISKY"）和斯蒂尔顿奶酪（"STILTON"）、德国的索林根刀具（"SOLINGEN"）、墨西哥的龙舌兰酒（"Tequila"）、泰国的泰国丝绸（"Thai Silk"）、牙买加的牙买加蓝山咖啡（"JIMAICA BLUE MOUNTAIN COFFEE"）等。这些地理标志通过商标法律制度得到有力保护，受到国外地理标志注册人的好评。

三、商标战略实施

(一) 国家工商总局认真贯彻落实《国家知识产权战略纲要》，大力推进商标战略实施

1. 国家工商总局深刻认识到商标战略的重要意义，高度重视商标战略实施工作

党中央、国务院高度重视知识产权工作，党的十七大报告提出要实施知识产权战略。2008年6月5日，国务院发布了《国家知识产权战略纲要》，把知识产权战略列为国家重要战略。胡锦涛总书记在2008年11月中央政治局常委集体学习时强调，

要实行科教兴国战略、人才强国战略和知识产权战略，将知识产权战略与科教兴国、人才强国这些根本战略并列。温家宝总理在2009年和2010年的政府工作报告中都指出，要继续实行知识产权战略。

商标作为知识产权的重要组成部分，是企业自主创新能力的重要载体。商标战略作为国家知识产权战略的重要内容，是知识产权战略中最有可能率先取得突破的方面。实施商标战略，大幅提升商标注册、运用、保护和管理能力，可以连接企业与农户，形成规模化经营，促进“三农”发展；可以促进企业“走出去”，参与国际竞争；可以形成区域特色经济，促进区域经济协调发展；可以促进企业创新发展，拉动经济增长，促进经济发展方式加快转变，从而为建设创新型国家和全面建设小康社会服务。在国务院发布《国家知识产权战略纲要》后，成立了由28个部委分管领导组成的实施知识产权战略部际联席会议，国家工商总局是其中重要成员。作为商标注册和管理主管机关，国家工商总局对贯彻落实知识产权战略高度重视，迅速组织，全面部署，推进商标战略实施。

2. 国家工商总局制定并发布了《关于贯彻落实〈国家知识产权战略纲要〉、大力推进商标战略实施的意见》及系列配套文件

2009年6月，国家工商总局在几经调研、反复论证的基础上，制定并发布《关于贯彻落实〈国家知识产权战略纲要〉、大力推进商标战略实施的意见》（以下简称《实施意见》）。10月，制定下发《关于开展国家商标战略实施示范城市（区）、示范企业工作的指导意见》和《关于开展2009年国家商标战略实施示范城市（区）、示范企业工作的通知》，正式启动商标战略示范城市、示范企业工作。11月25日，总局制定并发布《关于商标工作达到国际水平的规划（2008年至2012年）》，对“三年（2008年至2010年）解决商标注册审查和评审积压、五年（2008年至2012年）使商标工作达到国际水平”做出具体规划，提出了12项具体措施。

3. 大力加强商标战略实施宣传力度，不断提升全社会实施商标战略的意识

2009年，国家工商总局精心组织了“4·26知识产权宣传周”、“《国家知识产权战略纲要》颁布一周年暨《实施意见》颁布系列宣传活动”、“2009年商标注册申请审查突破百万新闻发布会”、“中国驰名商标展”、“中国加入马德里商标国际注册体系20周年座谈会”、“全国工商系统商标战略暨世博会标志保护培训班”、“亚太地区地理标志国际研讨会”等多个大型的全国性和国际性商标盛会。通过广泛开展商标战略宣传，商标意识深入人心，商标战略的重要作用得到政府和企业的高度重视。

（二）商标战略实施工作初见成效

1. 加强商标注册工作，我国商标总体规模不断扩大，商标注册工作取得重大突破

国家工商总局商标局采取有效措施，提高审查效率，缩短审查周期，使商标审查注册工作取得重大历史突破。2009年共审查商标注册申请141.47万件，同比增长88.69%，审查周期缩短到17个月；共裁定商标异议案件2.5万件，同比增长127.6%。办理变更商标注册事项10.6万件，办理转让注册商标6.68万件，办理续展注册商标5.87万件，注销、撤销注册商标6.83万件，办理商标使用许可合同备案1.77万件；审查马德里领土延伸申请4.64万件，审查马德里国际注册后续申请2.33万件。另外，在提高审查速度的同时保证审查质量。2009年组织了6次审查质量抽检，共抽检了15 468件商标审查件，抽检合格率为98.3%。

在国际金融危机影响的严峻形势下，在全球范围内商标注册申请量明显下滑的情况下，由于实施商标战略，商标注册审查速度加快、商标注册周期缩短，商标专用权得到有力保护，提升了商标注册申请人的信心，再加上我国经济回升向好，商标注册申请量不降反升，我国商标总体规模不断扩大。2009年商标注册申请量达83.05万件，同比增长18.96%，超过历史最高水平2006年（76.63万件）6.42万件。截至2009年年底，我国商标注册累计申请量为722.25万件，累计注册量为427.88万件，有效注册商标量为340.45万件，商标注册申请量、商标注册审查量、有效注册商标量均为世界第一。国外企业马德里商标国际注册申请为14.28万件（一标多类），连续5年位居世界第一；中国企业马德里商标国际注册申请为9 721件（一标多国多类），连续5年位列世界十强之一，在发展中国家排名第一。上述数据更进一步确定了我国为世界第一商标大国的地位，为我国实施商标战略，促进经济社会又好又快发展，建设创新型国家，由商标大国向商标强国迈进创造了有利条件，

打下了坚实的基础。

商标申请注册详细数据见附件三：中国商标战略年度发展报告（2009年）主要数据统计表。

2. 加强马德里商标国际注册工作，建立商标海外维权机制，大力指导企业实施商标“走出去”战略

一是加强马德里商标国际注册工作。2009年，受理商标国际注册领土延伸申请13 267件（一标多类），连续5年位居世界第一；国内申请人通过商标局提出的商标国际注册申请1 346件（一标多类），连续5年位列世界第八，在发展中国家排名第一。二是高度重视我国企业商标海外维权工作。针对我国企业名称和标识在国外被恶意抢注等情况，制订应对方案，加强商标海外维权，及时解决了大批中国知名企业商标在国外被抢注案件，为中国企业实施“走出去”战略提供了有力保证。

3. 健全商标注册工作制度，不断规范商标注册和管理工作

国家工商总局商标局以依法为商标申请人和权利人提供优质高效服务为宗旨，加强制度建设，确保商标工作运行良好有序。2009年制定并发布了《国家工商行政管理总局驰名商标认定工作细则》《注册商标专用权质权登记程序规定》《关于申请转让商标有关问题的规定》等一系列规定，对驰名商标认定工作、商标转让、商标专用权质押等问题进行规范，完善内部行政程序，进一步促进商标注册和管理工作的规范化与制度化。

4. 加大对各地实施商标战略工作的指导力度，助推地方经济平稳较快发展

国家工商总局商标局先后赴20多个省（区、市）参加了地方举办的商标工作会议、论坛、培训班，指导、督促地方工商局切实抓好商标战略实施各项工作任务的落实。全国各级地方工商机关认真贯彻《实施意见》，并紧密结合本地实际做出相应部署。各地方政府纷纷成立商标战略实施工作领导小组，制定并发布了有关实施商标战略的文件（地方商标战略或实施意见）。商标战略实施工作与各级政府、广大企事业单位的实际工作紧密结合，形成了“政府主导、企业主体、工商主力、部门主推”的商标工作新格局。商标战略成为地方拉动经济增长、促进经济发展方式加快转变的有效手段。

5. 创新管理体制机制，设立国家工商总局商标局驻中关村国家自主创新示范区办事处

为支持中关村国家自主创新示范区建设，设立国家工商总局商标局驻中关村国家自主创新示范区办事处（以下简称办事处）。办事处于2009年11月5日成立，中央政治局委员、北京市市委书记刘淇，市委副书记、市长郭金龙，国家工商总局党组书记、局长周伯华，党组副书记、副局长刘玉亭共同为办事处揭牌。

（三）2010年商标战略实施展望

2010年是商标战略第一阶段的终局之年，也是“十一五”规划的终局之年。按照战略规划安排，第一阶段在对各项任务进行分解、确定实施具体步骤的基础上，完成工作任务分工部署，确立各项战略实施体制机制，全面启动各项任务的落实。在2010年年底需要完成的战略重点任务有：一是继续推动《商标法》的修改工作，二是建立和完善各项商标战略实施工作体制机制，三是确保商标审查2010年解决积压任务的全面实现，四是建立完善的地理标志保护制度，五是进一步大力开展商标战略实施宣传，六是规范商标代理服务行业。商标战略实施在第一阶段要取得初步成效。

为迎接“十二五”的到来，制定好“十二五”规划是2010年工作的新要求。要按照《实施意见》以及《关于商标工作达到国际水平的规划（2008年至2012年）》的要求，在工作取得阶段性成果、总结前期经验的基础上，结合当前的经济形势，开展深入细致的调查研究，做好“十二五”规划编制工作，为第二阶段商标战略实施的顺利开展和我国由商标大国向商标强国迈进打下坚实的基础。

国家工商总局将继续认真贯彻落实《国家知识产权战略纲要》、大力推进商标战略实施，努力使我国由商标大国发展成为商标强国，为促进农村经济发展、加快经济发展方式转变、促进经济社会又好又快发展、建设创新型国家发挥更大的作用。

（国家工商行政管理总局商标局）

中国版权保护情况

2009 年，版权工作以邓小平理论、“三个代表”重要思想为指导，深入贯彻落实科学发展观，高举旗帜、围绕大局、服务人民、改革创新，按照“提高自主创新能力，建设创新型国家”的要求，以贯彻落实《国家知识产权战略纲要》为动力，以提高版权工作水平为目标，以推动版权工作六大体系建设为抓手，创新工作方式，突出工作重点，提高服务管理水平，紧紧围绕促进经济发展和文化繁荣，在新的历史起点上推动版权工作向纵深发展。版权工作推进制度创新，版权战略制定和法律体系建设有新进展；大力强化监管，版权监管执法水平有新提高；坚持服务大局，促进版权产业发展有新举措；密切联系实际，公共服务和社会参与体系有新突破；创新工作思路，版权社会影响有新扩展；维护国家利益，版权国际交流合作呈现新局面。

一、版权战略制定和法律体系建设有新进展

2009 年，国务院颁布了《广播电台电视台播放录音制品支付报酬暂行办法》，该办法兼顾了权利人与使用者等各方利益，解决了长期以来广播电视组织使用录音制品缺乏付酬标准依据的问题；启动了《著作权法》有关条文的修订工作。国家版权局制定颁布了《国家版权局关于贯彻国家知识产权战略纲要的实施意见》，对贯彻《国家知识产权战略纲要》和今后 10 年的版权工作进行了整体规划；修订颁发了《著作权行政处罚实施办法》；积极推动《教材法定许可付酬标准》《著作权质押合同登记办法》《著作权合同登记和备案管理办法》等行政规章和规范性文件的起草工作；颁布了《创建版权保护示范城市、示范园区、示范单位管理办法》。江苏、浙江、安徽等省（区市）颁布实施了著作权管理办法，地方性著作权立法工作取得新进展。

二、版权监管执法水平有新提高

2009 年，各级版权行政管理部门认真履行职责、创新工作思路，依法行政，严格监管，坚持日常监管与专项行动相结合，加大执法力度，在加强对图书、音像等传统领域的版权日常监管工作基础上，重点做好打击网络和软件领域侵权盗版专项治理。

在开展第五次全国范围的打击网络侵权盗版专项治理行动中，一是加强主动监管，各级版权管理部门通过约谈、网络实时监控、实地检查、签订责任书等多种形式，加强对在各地区有影响的互联网企业和网站的监管，有效规范网络版权秩序，监管网站达到 3 029 家，包括搜狐、淘宝网、百度、优酷等知名网站；二是充分发挥版权、公安、电信三部门网络专项治理协作机制的作用，坚决打击网络影视、网络文学、网络游戏等领域侵权盗版行为。各地共查办网络侵权案件 541 件，关闭非法网站 362 个，罚款 128 万余元，没收服务器 154 台，并向司法机关移送 24 起涉嫌构成刑事犯罪的重大案件。在专项行动中，各地重点打击了存在淫秽色情、非法违禁和侵权盗版内容的网站，查处 40 多个侵权内容与淫秽色情、非法违禁内容并存的非法网站，占到关闭网站总量的 12%。由版权行政管理部门立案查处并移送司法机关依法审判的全国第一起打击大规模网络软件盗版行为成功刑事案例“番茄花园软件盗版案”在国内外引起积极反响，对网络侵权盗版行为产生了巨大的震慑作用。

国家版权局联合全国“扫黄打非”办公室、文化部和教育部出台《关于加强图书馆著作权保护工作的通知》，切实加强图书馆著作权保护工作，提高了我国图书馆的版权管理和版权保护水平。北京、上海、陕西、吉林、广东、河北、江苏等地积极探索版权日常监管新机制，通过建立版权调解机制、检查出版合同、开展警示教育、倡导自律行为等多种形式，进一步强化了版权经营者的版权意识，规范了版权经营秩序。

扎实推进企业软件正版化工作。充分发挥部际联席会议制度作用，针对全球金融危机和国内外市场受冲击的实际，认真筹划，创新工作方式，积极稳妥地推进软件正版化工作。大型企业的正版软件使用率明显提高，目前已有两批共 10 399 家企业列入年度完成使用正版软件的阶段性目标，其中，

9 254 家企业完成自查自纠，受检企业均已基本完成使用正版软件工作目标。其中，国资委系统 129 家中央企业集团总部已经全部实现了正版化，100 家中央企业的二级企业也基本实现正版化。完成了第二批“全国软件正版化工作示范单位”评选工作，评选出 254 家示范单位，较第一批示范单位同比增加 52%。建立完善处理突发事件的应对机制，妥善处理了乌鲁木齐“3·06”网吧事件。企业使用正版软件工作取得阶段性成效。

三、版权公共服务和社会服务体系有新突破

2009 年，国家版权局加强基础建设，提高版权公共服务水平。积极支持中国版权保护中心完成“版权登记受理大厅”建设，建立起了硬件一流、技术先进、环境良好、程序规范、便捷高效的版权登记服务体系，极大地提高了版权登记备案工作效率。全国 32 家作品登记主体积极开展作品登记工作，作品著作权登记、合同备案数量稳步增长，版权质押融资取得新突破。特别是开展推进软件正版化工作以来，2009 年计算机软件登记实现较大增长，激发了国家软件生产企业的创新能力，推动了民族软件产业的健康发展。2009 年，全年各类申请软件登记总量 70 965 件，同比增长 49.75%，实现了软件销售收入从 2006 年的4 800亿元增长到 2009 年底的近9 000亿元；其中，软件著作权登记量为 67 912 件，同比增长 48.6%，占软件登记总量的 95.7%，相当于 2007 年和 2008 年登记量的总和；软件著作权转让和专有许可合同登记 182 件，同比增长 26.38%；变更或补充登记 2 752 件，同比增长 91.64%；计算机软件著作权质押合同登记 119 件，同比增长 9.17%。

颁布了《创建版权保护示范城市、示范园区、示范单位管理办法》，大力推进版权保护示范工作、发挥示范单位引导作用，促进版权产业发展。批准成都、青岛两个“创建全国版权示范城市”；授予广交会为“全国展会版权示范单位”；授予北京大学“国家数字版权研究基地”称号；授予北京国际版权交易中心，中国版权保护中心、中关村科技园区雍和园“国家版权贸易基地”称号。

进一步完善集体管理制度建设，促进版权作品的有序传播。批准成立了中国电影著作权协会，形成了包括音乐、音像、文字、摄影、电影等比较完备的著作权集体管理组织架构。广播电视使用录音制品支付报酬取得实质性进展，卡拉 OK 版权许可与报酬收取分配取得新进展，中国文字著作权协会在“谷歌版权门”事件中积极开展维权活动，受到国内外普遍关注。

四、版权宣传教育有新扩展

2009 年，国家版权局坚持以“4·26 知识产权宣传周”和重大节庆活动为平台，创新宣传手段和形式，提高宣传活动的层次和水平，取得了理想的效果。围绕“4·26 知识产权宣传周”，与中央电视台合作举办主题为“版权在我身边，版权创造财富”的大型文艺晚会，联合全国“扫黄打非”办公室、中央电视台共同启动了“绿书签行动 2009——拒绝盗版，从我做起”活动，举办“全国青少年版权保护读书活动暨版权保护知识竞赛”，提高青少年自觉抵制侵权盗版的法律意识，在社会公众中进一步扩大了版权工作的影响力。积极参与“建国 60 周年大型展览”、“中国知识产权保护状况新闻发布会”，开展版权宣传，先后在第十六届北京国际图书博览会（BIBF）和第六十一届法兰克福书展上设立了版权宣传服务站，并在 BIBF 和由国家版权局、贸促会、北京市共同举办的第二届国际版权贸易博览会上分别举办了“版权保护在中国”及“版权创造价值，版本见证历史”展览等，充分展示了新中国成立六十年来版权保护制度从无到有、逐步完善的历程，彰显我国版权保护的伟大成就，在国际上进一步树立我国保护知识产权的正面形象。首次编辑出版《中国版权年鉴》，系统介绍了我国现代版权制度的发展历程。

2009 年，国家版权局在党政领导干部、版权管理执法人员和企事业管理人员版权培训方面取得新突破。为贯彻落实《国家知识产权战略纲要》，提高城市版权工作主管领导对我国版权法律制度、行政管理体系、司法审判体制、国内外版权相关产业发展状况及版权保护示范城市、单位先进典型经验的了解，根据中组部安排，首次将版权培训专题列入中组部的培训抽调计划，与中组部联合举办了“国家版权工作专题研究班”，对来自全国各地主管版权工作的副市长和中央相关部委司局长共 42 人进行了培训。针对基层版权执法人员，在山东、江

西、内蒙古等地举办了三期全国基层版权执法培训班，增强了基层执法人员做好工作的信心和能力。为加强企业培训工作，增强企业推进软件正版化工作的自觉性和主动性，2009年6月、9月，企业使用正版软件部际联席会议办公室分别在北京、深圳与国资委联合举办中央企业软件正版化培训班，培训各企业软件正版化工作人员近800人。版权培训工作的广泛开展，为推进版权保护工作奠定了良好的基础。

五、版权国际交流合作呈现新局面

2009年，版权国际交流与合作工作紧紧围绕坚持对外开放、拓展对外经贸关系这一大局，发展对外关系，维护国家利益，取得了积极成效。一是妥善处理世界贸易组织（WTO）有关版权问题。配合有关部门认真做好WTO美诉我知识产权争端案的应对工作，并在内容审查制度、刑事责任门槛等实质性问题上有效维护了国家核心利益，圆满完成了WTO对我第8次过渡性审议工作以及两年一次的政策性审议的准备工作。二是积极拓展了与（WIPO）的合作领域，加强了双方的交流与合作关系，在WIPO有关民间文艺、发展与知识产权、版权与相关权等重大议题上，反映中国政府的有关立场；与WIPO合作完成的“中国版权相关产业的经济贡献”项目调研，不仅对中国版权相关产业经济贡献进行了调查并提供量化分析，更提升了社会对版权产业的认识，凸显了版权产业的重大潜力；与WIPO合作开展的版权保护优秀案例示范调研“南通家纺市场版权保护情况调研报告”的研究工作，突出说明了版权保护对于促进和保障智力劳动成果的创新和运用，带动产业链的形成和社会生产力的提高，推动地方经济的繁荣发展起到了重要的作用；与WIPO合作在华举办了新技术环境下著作权集体管理研讨会，促进合法使用作品的新途径。三是版权多双边合作取得新进展。积极应对亚太经合组织（APEC）框架下有关版权问题的挑战；积极参与中美战略与经济对话和中欧知识产权对话，妥善处理中美、中欧、中日等重要版权双边关系；积极参与中挪、中哥自由贸易区谈判和中巴、中俄经贸分委会知识产权工作组会议工作，加强与东盟国家在版权领域的合作。

（国家版权局版权管理司）

● 与 WTO 主要成员经贸关系

中国与加拿大的经济贸易关系

2009 年，中国和加拿大双边经贸合作总体上发展顺利。中加双边贸易受国际金融危机影响有所下降，双向投资不断扩大，发展合作进展良好。

一、双边贸易

据中国海关统计，2009 年，中加双边贸易额达 297 亿美元，同比下降 13.8%。其中，中国对加出口 176.8 亿美元，从加进口 120.3 亿美元，同比分别下降 18.9%和 5.1%。中国对加出口主要商品为纺织、服装及衣着附件（27.57 亿美元，下降 13.4%）、便携电脑（16.8 亿美元，下降 7%）、家具（13.7 亿美元，下降 14%）、钢材（8.4 亿美元，下降 37%）、鞋类（5.3 亿美元，下降 3.7%）等。中国从加进口主要商品为纸浆（15.4 亿美元，下降 8.1%）、油菜籽（13.6 亿美元，增长 83.8%）、铁矿砂（8.7 亿美元，增长 14.5%）、集成电路（6.9 亿美元，下降 8.2%）、锯材（4.2 亿美元、增长 62%）、乙二醇（3.6 亿美元，下降 62.9%）、铜矿砂（2.7 亿美元、增长 4.9%）、氯化钾（1.65 亿美元，下降 79.5%）等。

二、双向投资

2009 年，新批加在华投资项目 451 个，加方实际投入 8.6 亿美元。截至 2009 年年底，加方在华投资项目 11 342 个，实际投入 72.33 亿美元。

加拿大在华投资的地区分布广泛，既有在沿海发达地区、中部地区的投资项目，也有在西部地区的投资项目。投资的行业主要有：电信设备制造、轻工机械设备制造、工程设计、软件开发、种植业、服装制造、房地产、矿业、娱乐服务等。

2009 年，中国在加直接投资（非金融类）7.08 亿美元。截至 2009 年年底，在加直接投资 45.48 亿美元，涉及的行业主要有资源开发、工业生产、建筑承包、农牧渔业、餐饮业、科技文化交流、交通运输、咨询服务等。

三、发展合作

中国和加拿大发展合作始于 1982 年。20 多年来，双方进行的合作涉及农业、林业、能源、交通、教育、通讯、环保、人才开发、体制改革和扶贫等众多领域，项目总数 112 个，其中已完成 85 个，正在执行 27 个。加方对华援助资金总额约为 7.8 亿加元（约合 6 亿美元）。

在中加双方的共同努力下，发展合作项目进展顺利，取得了较好的经济和社会效益。

（商务部美大司）

中国与澳大利亚的经济贸易关系

2009年，中国与澳大利亚的双边经贸关系总体发展良好。两国在贸易、投资、经济技术合作等领域的交流与合作日益扩大。

一、双边贸易

据中国海关统计，2009年中澳双边贸易总额达600.8亿美元，比2008年增长0.7%。其中，中国对澳出口206.5亿美元，下降7.2%；从澳进口394.4亿美元，增长5.4%。澳大利亚为中国第八大贸易伙伴，中国为澳第一大贸易伙伴。

从进出口贸易的构成来看，机电产品为中国对澳出口的第一大类商品，其次为高新技术产品和纺织品服装。2009年中国对澳出口大项商品主要有：机电产品（111.4亿美元）、高新技术产品（48.9亿美元）、计算机（42.9亿美元）、电器及电子产品（39.3亿美元）、机械设备（39亿美元）和服装（22.7亿美元）等。2009年中国从澳进口的主要商品有：铁矿石（200.8亿美元，2.6亿吨）、煤（48.9亿美元，4 395万吨）、废金属（15.7亿美元，164万吨）、氧化铝（11.3亿美元，461万吨）、铜矿砂（10.7亿美元，70.4万吨）和羊毛（10.7亿美元，18.2万吨）等。

二、双向投资

中澳两国已互为重要的投资伙伴。2009年，澳在华新增投资项目312个，实际投入3.9亿美元。截至2009年年底，中国累计批准澳在华直接投资项目9 266个，实际投入62.1亿美元。投资行业分布在农业、建材、纺织、电子、服务业等领域。澳大利亚是中国吸收外资的主要来源地之一。

与此同时，中国在澳投资发展势头较快。截至2009年年底，中国在澳非金融类直接投资额为53.2亿美元。中国在澳投资以矿产和油气资源开发为主，如铁矿砂、有色金属和稀有金属等。

三、发展合作

自1981年10月中澳两国政府正式签署《中澳技术合作促进发展计划协定》以来，由于两国政府的重视及双方的共同努力，中澳技术合作进展顺利，成果显著。29年来，合作领域不断扩大，已涉及农业、林业、牧业、能源、矿产、交通、纺织、建材、教育、卫生、审计、城市改造等方面。迄今，中国利用澳援助完成合作项目127个，澳方投入4.7亿美元，正在执行项目9个。

（商务部美大司）

中国与新西兰的经济贸易关系

2009年，中国和新西兰两国经贸合作关系继续呈良好发展势头。两国在贸易、投资、发展援助合作等领域的交流与合作日益扩大。《中新自由贸易协定》的顺利实施为两国经贸关系发展提供了较大推动力。

一、双边贸易

据中国海关统计，2009年中新双边贸易额为45.6亿美元，同比增长3.6%。其中，对新出口20.9亿美元，同比下降16.9%，从新进口24.8亿美元，同比增长30.9%。根据新方统计，中国为新西兰第二大贸易伙伴。

从商品结构看，2009年中国对新西兰出口以机电、轻纺产品为主，主要包括：机电产品（9.1亿美元）、高新技术产品（4.1亿美元）、服装（3.4亿美元）、自动数据处理设备（1.5亿美元）、纺纱制品（1亿美元）和农产品（8 000万美元）等。

2009年中国从新西兰进口仍以原料性商品为主，主要包括：乳制品（5.85亿美元，24.4万吨）、原木（4.3亿美元，441万立方米）、羊毛（1.3亿美元，4.5万吨）、锯材（9 800万美元，41.8万立方米）和纸浆（9 000万美元，19.6万吨）等。

二、双向投资

截至2009年年底，新西兰累计在华投资项目1 466个，实际投入9亿美元。新在华投资主要分布在农林、轻工、纺织、冶金、食品加工、医药、计算机等领域。

截至2009年年底，中国累计对新非金融类直接投资额8 206万美元，主要涉及资源、运输、保险、贸易和房地产开发、通信等领域。

三、发展合作

中新发展合作始于1989年，主要以技术合作为主。1997年，在中新技术合作框架协议下，进一步明确了中新发展合作以扶贫、技术转让和政策交流为重点，每年近125万新元。截至2009年年底，新方已对华提供了2 270万新元（约1 600万美元）的发展援助。

（商务部美大司）

中国与拉美国家的经济贸易关系

2009年上半年，金融危机对拉美地区经济的消极影响仍在延续。下半年，拉美地区经济开始摆脱危机并实现恢复性增长。中国经济实现8.7%的增长并保持了对拉美大宗产品的需求，成为其实现恢复性增长的重要因素。2009年，中拉经贸合作呈现以下特点：

一、高层访问频繁，中拉经贸合作的重要性进一步突显，地区性和双边经贸交流机制运行顺畅

2009年2月，习近平副主席访问了墨西哥、牙买加、哥伦比亚、委内瑞拉和巴西5国，回良玉副总理访问了阿根廷、厄瓜多尔、巴哈马和巴巴多斯4国。9月，全国人大常委会委员长吴邦国同志访问了古巴和巴哈马。11月下旬，全国政协主席贾庆林同志访问了巴西、秘鲁和厄瓜多尔。

2009年3月乌拉圭总统巴斯克斯、4月委内瑞拉总统查韦斯、5月巴西总统卢拉、11月智利总统巴切莱特相继访华。

在双边高层互访期间，中国与有关国家就诸多经贸领域的合作进行了深入探讨，签署了多项政府间协议和企业合作协议，为双边经贸关系的进一步发展注入了新的活力。

此外，2009年召开了中国和巴西高委会框架下的经贸分委会、中国与阿根廷经贸混委会和中国与委内瑞拉经贸分委会。厦门“投洽会”期间，举办了“拉美加勒比国家商品交易会及投资项目洽谈会”，智利、牙买加、秘鲁、多米尼克等国参展，有8个国家举行了投资环境说明会，中国和古巴召开了政府经贸混委会第22次会议。

通过上述经贸交流机制，中国与有关国家就经贸合作中的一些重大问题进行了沟通，为中拉经贸关系的进一步发展创造了良好环境。

二、双边自由贸易区建设稳步推进

中国智利自贸协定实施顺利，2009年双方就投资部分进行了五轮谈判；中国和秘鲁在2009年4月正式签署了自贸区协定；中国与哥斯达黎加就自贸区协定进行了五轮谈判。

三、全年中拉贸易同比出现下降

据中国海关统计，2009年，中国与拉美地区贸易额为1 215.4亿美元，同比下降15.2%，其中中方出口570.96亿美元，进口644.44亿美元，同比分别下降20.4%和10.1%。进出口总额及出口降幅高于我整体外贸进出口及出口降幅，但进口降幅低于中国整体外贸进口降幅。

2009年，中国在拉美地区前十大贸易伙伴为巴西、智利、墨西哥、阿根廷、委内瑞拉、巴拿马、秘鲁、哥伦比亚、哥斯达黎加和厄瓜多尔，其中双边贸易额超过100亿美元的有3个国家：巴西（424亿美元）、智利（175.3亿美元）和墨西哥（161.81亿美元）；中国在拉美地区前五大出口市场为巴西、墨西哥、巴拿马、阿根廷、委内瑞拉；在拉美地区前五大进口来源国为巴西、智利、委内瑞拉、秘鲁和阿根廷。

中国对拉美地区出口中，机电产品占据半壁江山，高新技术产品和轻纺类产品也占有较大比重。中国从拉美进口以能源矿产品、农产品及其他基础原材料产品为主。

四、拉美地区来华投资减少，中国在拉美地区投资、承包工程业务增长迅速，劳务合作基本持平

根据商务部统计，2009年，拉美地区在华投资926个项目，合同外资金额124.78亿美元，实际投资146.84亿美元，同比分别下降30.74%、12.13%和12.99%。与此相反，中国在拉美地区的投资却快速上升，2009年，在拉美地区非金融类直接投资达89.39亿美元，同比增长191%。

2009年，中国在拉美地区新签承包工程合同484份，新签合同金额130.89亿美元，同比增长264%，完成营业额36.44亿美元，同比增长21.67%。同期，中国在拉美地区新签劳务合作合同82份，新签合同金额3 631万美元，同比增长1.28%，完成营业额3 754万美元，同比下

降 0.95%。

五、拉美各国频繁发起各类贸易救济调查，阻碍了中拉贸易健康发展

2009 年，拉美各国共对华发起贸易救济案件 33 起，其中反倾销调查 28 起，保障措施调查 4 起，特保调查 1 起，涉案金额 4.43 亿美元，年度案件和涉案总额均创历史新高。巴西、阿根廷在反倾销调查中仍未落实承认中国市场经济地位承诺；拉美一些国家还出台技术性贸易措施和进口限制措施，对中国企业进一步开拓拉美市场造成困难。

（商务部美大司）

中国与美国的经济贸易关系

2009年，中美经贸关系保持相对稳定的发展势头，并呈现以下特点：

一、中美高层会晤和对话频繁，为双边经贸合作创造有利环境

近年来，中美关系总体保持稳定并取得新的发展。两国高层和各级别交往密切，为两国经贸合作创造良好环境。2009年，中美两国元首先后在4月、9月举行的二十国集团伦敦金融峰会、匹兹堡金融峰会以及11月APEC领导人非正式会议、奥巴马访华期间会晤，并多次通话和通信，就共同努力建设21世纪积极合作全面的中美关系等达成多项重要共识。在两国元首的倡导下，首轮中美战略与经济对话于2009年7月在华盛顿成功举行，国务院副总理王岐山、国务委员戴秉国和美国国务卿克林顿、财长盖特纳分别作为两国元首特别代表主持对话，对话取得积极成果。中美两国元首会晤和高层对话有力地推动了中美经贸关系稳定、健康发展。

二、中美商贸联委会机制进一步加强，为扩大双边经贸合作提供有力保障

自2003年中美商贸联委会提升为副总理级以来，联委会机制在促进合作、增进互信、缓解矛盾方面发挥了不可替代的重要作用。2009年10月29日，第20届中美商贸联委会在杭州举行。中国国务院副总理王岐山与美国商务部部长骆家辉和贸易代表柯克共同主持会议，美国农业部部长维尔萨克参加。双方围绕“积极应对危机，妥善处理摩擦，拓展互利合作，共谋长远发展”的目标，就一系列双方关注议题开展深入交流，达成多项共识。

三、中美货物贸易保持较强韧性，中国在美主要贸易伙伴中的排名保持稳定

受金融危机影响，2009年中美贸易额大约为2 982.6亿美元，同比下降10.6%，降幅低于中国外贸整体降幅3.23个百分点。其中，中国自美进口774.4亿美元，同比下降4.8%，降幅低于中国外贸进口平均降幅6.34个百分点；出口2 208.2亿美元，同比下降12.5%，降幅低于中国外贸出口平均降幅3.39个百分点。

美国商务部统计数据显示，2009年美中货物贸易进、出口降幅远低于美国同期货物贸易进、出口总体降幅，中国保持美第二大贸易伙伴、第三大出口市场和第一大进口来源地的地位，同时在美货物贸易总额、出口市场及进口来源中的比重显著上升。

四、双边投资继续增长，投资合作成为实现双方经贸利益的重要手段

多年来，中美在投资领域开展了卓有成效合作。据中国商务部统计，2009年中国新批设立美资企业1 530家，合同金额73.75亿美元，实际投入金额25.55亿美元。截至2009年年底，美对华投资项目累计达58 140个，美方实际投入622.06亿美元，美是我外资最大的来源地之一。

同时，中国在美兴办的贸易型和非贸易型公司也呈增长趋势，截至2009年年底，中国企业在美直接投资超过30亿美元，投资范围涉及工业、科技、服装、农业、餐饮、食品加工、旅游、金融、保险、运输和工程承包等领域。

五、对美贸促活动卓有成效，两国企业间合作渠道不断拓展

2009年4月和9月，中国商务部和有关商协会两次组织大型“中国贸易投资合作促进团”访美，开展了多种形式的贸易投资促进活动，并广泛接触了美联邦和地方政府、议会和工商界人士，对中美经贸合作的稳定发展发挥有力的推动作用。

此外，为充分利用国内展览会资源，商务部会同相关部门和地方政府，利用中博会、广交会、厦洽会和高交会等主流展会平台，以设置美国展馆、展区等形式，吸引更多的美国企业参展，推销其产品，并邀请美有关州政府官员和商界代表团参加研讨会推介其投资环境，为拓展中美企业间合作渠道发挥积极作用。

六、双边贸易摩擦有所增加，公平贸易环境面临挑战

随着金融危机影响的蔓延，中美贸易摩擦增多。2009年，中国企业继续受到美反倾销、反补贴和337条款等贸易救济措施的困扰。2009年美对华发起反倾销、反补贴和特保调查23起，337调查8起，涉及中国年出口金额75.85亿美元，案件数量和金额比2008年增长53%和800%，分别占全球对华贸易救济调查总数和总额的25%和65%。其中许多调查涉及大宗贸易产品。例如，美国对进口额达32亿美元的中国油井管产品发动反倾销和反补贴调查，对进口额达22亿美元的中国轮胎产品发动特保调查。贸易救济措施的滥用给中美双边贸易造成很大的不确定性。对此，商务部积极应对，加大交涉力度，努力为出口企业创造公平竞争环境。

2010年，中美经贸合作挑战与机遇并存。美将面临中期选举，国内政治生态更加复杂，加之美经济复苏步伐缓慢，失业率居高不下，经贸问题政治化倾向明显，出现不少将美国内经济问题归咎于中国的言论，这给中美经贸关系带来更多不确定因素。但是，对话与合作仍将是中美经贸关系的主旋律。随着双边贸易和投资持续增长，两国间的利益纽带将更加牢固。2010年，两国将举行第二轮中美战略与经济对话和第21届中美商贸联委会。双方将进一步探讨促进中美经贸关系发展的途径，推动双边经贸关系再上新的台阶。中美经贸合作的前景十分广阔。

（商务部美大司）

中国与欧盟的经济贸易关系

近年来，中国与欧盟双边经贸关系保持稳定发展态势。欧盟已连续多年保持中国第一大贸易伙伴、第一大出口市场、第一大技术引进来源地和累计第四大实际外资来源地。中国成为欧盟第二大贸易伙伴和第三大出口市场。

2009年，受金融危机影响，中欧经济都经历了较为困难的时期，但在双方政府和企业的共同努力下，中欧经贸合作继续保持平稳发展，双边经贸关系进一步提升。

一、双边贸易

2009年，欧盟继续保持中国第一大贸易伙伴和第一大出口市场。据中方统计，2009年，中欧贸易额3 640.9亿美元，同比下降14.5%；其中中国出口2 362.8亿美元，下降19.4%，进口1 278.0亿美元，下降3.6%；中国顺差1 084.8亿美元，下降32.3%，中欧贸易平衡有所改善。德国、荷兰、英国、法国和意大利是中国在欧盟内的主要贸易伙伴，中国与这5个国家的贸易额超过中欧双边贸易总额的60%。

中国是欧盟第二大贸易伙伴（仅次于美国）、第一大进口来源地和第三大出口市场。据欧方统计，2009年，中欧贸易额2 963亿欧元，同比下降9.2%，其中，欧盟自中国进口2 147亿欧元，下降13.4%；欧盟对中国出口816亿欧元，增长4.1%，欧盟逆差1 331亿欧元，下降21.5%。

二、对华投资

欧盟继续保持中国累计第四大实际投资来源地。截至2009年年底，欧盟对华直接投资项目31 763个，实际投入677.0亿美元。其中，2009年欧盟对华直接投资项目1 578个，实际投入59.52亿美元，同比下降8.76%。

三、技术引进

欧盟继续保持中国累计最大技术引进来源地。截至2009年年底，中国自欧引进技术共32 401项，累计合同金额1 270.5亿美元。其中，2009年中国自欧盟技术引进2 772项，合同金额64.3亿美元，占当年中国引进技术总额的30%。

四、发展合作

1993年以来，中国共接受欧盟对华无偿援助约7亿欧元。2002至2006年，欧盟对华发展援助金额为1.83亿欧元。欧盟自1983年以来一直为中国培养高级翻译人员；由中欧双方政府出资创办的中欧国际工商学院（上海浦东）运转良好；中欧法学院也于2008年10月启动。

五、重要经贸往来

2009年1月，温家宝总理率团访问欧盟总部，会见了欧委会主席巴罗佐。

2009年5月，王岐山副总理与欧委会主席巴罗佐的个人代表、时任欧委会贸易委员阿什顿在布鲁塞尔共同主持召开了第二次中欧经贸高层对话。

2009年5月，温家宝总理与欧盟轮值主席国捷克总统克劳斯、欧委会主席巴罗佐在捷克首都举行第十一次中欧领导人会晤。

2009年9月，陈德铭部长会见来访的时任欧委会贸易委员阿什顿，就进一步推动中欧经贸关系发展交换了意见。

2009年11月，温家宝总理与来访的欧盟轮值主席国瑞典首相赖因费尔特、欧委会主席巴罗佐在江苏南京举行第十二次中欧领导人会晤。双方领导人就启动中欧地理标识双边合作协定谈判达成共识，并同意成立知识产权保护特设工作组，推进中欧知识产权保护合作。同期，商务部与欧委会和瑞典政府共同主办了第五届中欧工商峰会，温总理、赖因费尔特首相、巴罗佐主席等中欧领导人出席并发表演讲，近700人参会。

六、对话机制

中欧对话机制健全，交流渠道畅通。1979年中欧成立正部级经贸混委会，下设经贸、环保、能源和信息社会对话4个工作组及科技指导委员会，迄今已举行23次。近年来，双方又相继建立了贸易和投资政策、竞争政策、知识产权和纺织品贸易四个对话机制。2007 年 11 月第十次中欧领导人会晤期间，双方领导人达成共识，建立中欧经贸高层对话。该对话迄今已举行两次，双方达成了广泛共识。

七、完善 1985 年《中欧贸易与经济合作协定》

2007 年 6 月第 22 届中欧经贸混委会期间，双方启动了完善 1985 年《中欧贸易与经济合作协定》实质谈判。迄今，双方共举行了七轮司局级谈判，启动了全部 20 个章节的谈判，其中，近半数章节达成或基本达成一致。

八、中欧经贸关系中的主要问题

（一）中国完全市场经济地位

2003 年 6 月，中国正式向欧盟提出要求其承认中国完全市场经济地位。2004 年 6 月，欧委会向中方提交了就中国市场经济地位的初步评估报告，认为中国尚未满足其五条评估标准中的四条。2004 年 11 月，中欧双方成立了市场经济技术工作组。此后双方多次召开工作组会议，中方数次向欧方提交反映中国市场经济建设最新成就的材料，但欧方立场未见明显改善。

（二）中欧贸易不平衡

近年来，中欧贸易不平衡问题日益受到欧方关注。中方顺差 2007 年达 1342.3 亿美元，2008 年达 1601.8 亿美元，2009 年达 1084.4 亿美元。欧方要求通过扩大欧盟企业在华市场准入来解决该问题。

（三）欧盟对中国产品反倾销

欧盟是最早对中国产品发起贸易救济调查的地区，也是对华立案数量最多的地区。自 1979 年对中国发起贸易救济调查以来，截至 2009 年，欧盟共对华发起 149 起贸易救济调查，其中，反倾销调查 146 起、一般保障措施 2 起、特保措施 1 起。2009 年，欧盟共对华发起 7 起贸易救济调查，均为反倾销调查，涉案金额达 7.9 亿美元。受金融危机影响，欧盟内部经济不景气，贸易保护主义势力有进一步抬头的趋势。

（四）知识产权保护

欧盟在知识产权保护方面主要关注零售市场商标侵权、信息通讯技术专利付费、知识产权刑事处罚门槛以及地理标志保护等。

（商务部欧洲司）

中国与亚洲的经济贸易关系

近年来，中国与亚洲国家和地区各领域、各层次交往密切，经贸合作稳步推进。

在国际金融危机冲击下，2009年世界经济经历几十年来最严重衰退，亚洲经济受到严重影响，经济增长减缓，对外出口和外来投资下降，实体经济受挫，中国与亚洲经贸合作遭遇较大困难。但可喜的是，2009年三季度以来，随着世界经济逐渐企稳、回升，特别是包括中国和印度等亚洲国家在内的新兴经济体率先复苏，中国与亚洲各国和地区经贸合作呈现快速恢复发展势头。

一、2009年中国与亚洲经贸合作主要情况

（一）高层互访频繁，多双边机制不断完善，有力促进中国与亚洲经贸合作不断发展

2009年，胡锦涛、温家宝、贾庆林、李长春、习近平、贺国强、王岐山、戴秉国等党和国家领导人分别出访亚洲18个国家及出席在亚洲国家举办的有关多边和地区合作会议，亚洲19个国家领导人访华，有力地促进了中国与亚洲经贸合作的发展。

2009年，中国分别与新加坡、越南、日本、韩国、蒙古、老挝、菲律宾、土耳其、孟加拉和斯里兰卡等国举行经贸联委会或经贸磋商，务实解决合作中存在的问题，共同研究合作方向、确定合作领域、落实重点项目，推进各项合作；与东盟及日、韩分别举行10＋1、10＋3和中日韩经贸部长会议，与东盟签署中国—东盟自贸区投资协议、与巴基斯坦签署中巴自贸区《服务贸易协定》，成功举办第9次泛黄海经济技术会议等，着力加强中国与亚洲国家在地区（包括区域和次区域）和多边经贸事务中的合作，共谋发展。在上述多双边合作机制的推动下，2009年亚洲国家和地区政要及高级别经贸团组应邀参加了中部博览会、国际煤炭与能源新产业博览会、软件及信息服务交易会、东北亚博览会、厦门投资洽谈会、乌鲁木齐经贸洽谈会、昆明商品交易会，以及中国—东盟博览会、大湄公河次区域经济走廊论坛和泛北部湾经济合作论坛等展洽会和合作论坛，进一步拓宽了双方合作的渠道，成为近年来中国与亚洲经贸合作的亮点之一。

（二）中国与亚洲贸易前低后高，年末出现较强恢复势头

2009年中国与亚洲国家和地区进出口贸易大幅下滑，但降幅逐月收窄，并从11月起单月进出口转为正增长，12月增幅进一步扩大，恢复势头强劲。

据海关统计，2009年，中国与亚洲国家和地区进出口贸易额为11 720.5亿美元，同比下降14.2%，降幅与全国平均水平相仿，占同期全国外贸进出口总额的53.1%。其中，中国出口5 686.0亿美元、进口6 034.5亿美元，同比分别下降14.3%和14.1%，分别占同期全国外贸出口和进口总额的47.3%和60.0%；中方逆差348.5亿美元，同比减少11.5%。中国继续保持日本、韩国、印尼及其他多个国家最大贸易伙伴地位，并首次成为马来西亚最大贸易伙伴和日本最大出口市场。

表1　2009年中国与亚洲月度贸易统计

单位：亿美元

时间（月）	进出口		出口		进口		贸易差额	
	金额	增长（%）	金额	增长（%）	金额	增长（%）	当月	上年同期
1	686.77	－35.7	389.79	－22.3	296.98	－47.5	92.81	－64.02
2	681.54	－24.2	316.56	－22.2	364.98	－25.9	－48.42	－85.48
3	873.94	－22.7	438.44	－17.4	435.50	－27.4	2.93	－69.02
4	916.27	－23.7	444.03	－21.5	472.24	－25.6	－28.21	－69.10
5	867.50	－26.6	421.13	－25.2	446.37	－27.9	－25.24	－55.74
6	957.62	－19.3	449.45	－20.4	508.16	－18.2	－58.71	－56.56

续 表

时间（月）	进出口		出口		进口		贸易差额	
	金额	增长（%）	金额	增长（%）	金额	增长（%）	当月	上年同期
7	1 053.41	−20.9	490.19	−22.4	563.22	−19.5	−73.03	−68.01
8	1 000.52	−21.3	485.07	−21.4	515.45	−21.1	−30.37	−36.44
9	1 171.11	−9.5	548.24	−12.0	622.88	−7.3	−74.64	−49.16
10	1 039.02	−11.1	507.70	−12.3	531.31	−10.0	−23.61	−11.75
11	1 134.99	16.4	546.20	3.4	588.79	31.9	−42.58	81.90
12	1 333.18	39.6	652.10	25.1	681.08	56.9	−28.99	87.22
1−12	11 720.49	−14.2	5 685.97	−14.3	6 034.52	−14.1	−348.54	−393.62

资料来源：海关统计

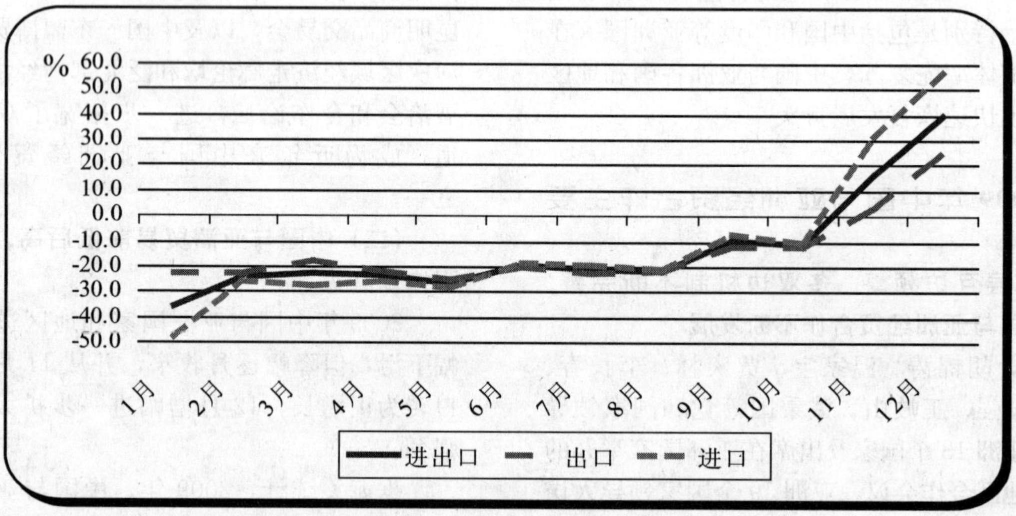

图 1　2009 年 1～12 月中国与亚洲月度贸易增长情况

资料来源：海关统计

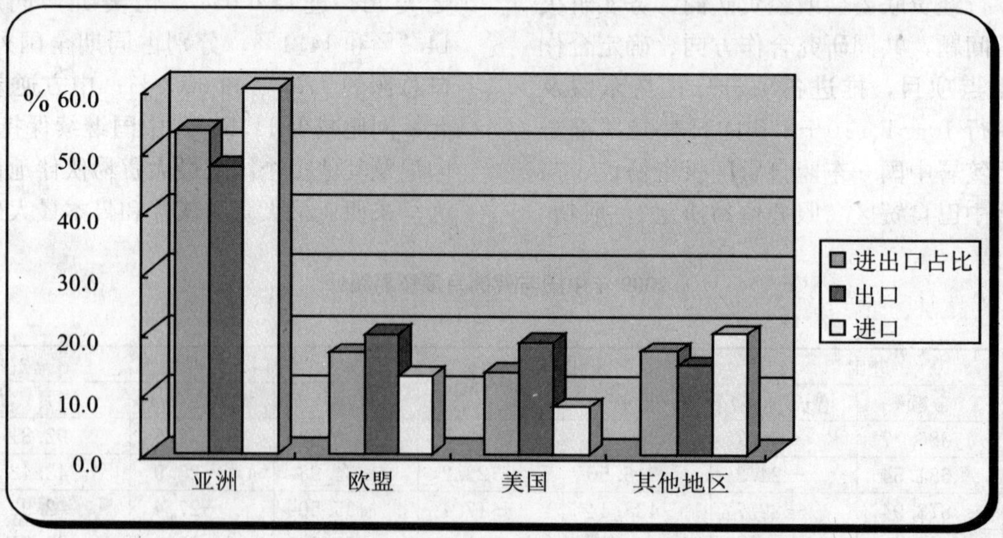

图 2　2009 年中国与亚洲贸易额占全国外贸总额比重

资料来源：海关统计

表 2　　2009 年中国与亚洲主要贸易伙伴进出口情况

单位：亿美元,%（同比）

国　别	进出口		出　口		进　口		贸易差额	
	金额	同比	金额	同比	金额	同比	当年	上年同期
日本	2 288.48	−14.2	979.11	−15.7	1 309.37	−13.1	−330.27	−345.17
东盟	2 130.11	−7.9	1 062.97	−7.0	1 067.14	−8.8	−4.17	−28.32
马来西亚	519.63	−3.0	196.32	−8.5	323.31	0.7	−126.99	−107.19
新加坡	478.63	−8.8	300.66	−6.9	177.97	−11.8	122.70	121.65
泰国	382.04	−7.5	133.07	−14.9	248.97	−3.0	−115.90	−100.42
印尼	283.34	−9.9	147.21	−14.4	136.64	−4.6	10.57	28.62
越南	210.48	8.2	163.01	7.8	474.67	9.5	115.54	107.79
菲律宾	205.31	−28.3	85.85	−6.0	119.47	−38.8	−33.62	−104.24
韩国	1 562.32	−16.0	536.80	−27.4	1 025.52	−8.5	−488.72	−382.11
印度	433.81	−16.3	296.67	−6.1	137.14	−32.3	159.52	112.19
土耳其	100.79	−19.8	83.34	−21.4	17.45	−11.1	65.88	86.18

资料来源：海关统计

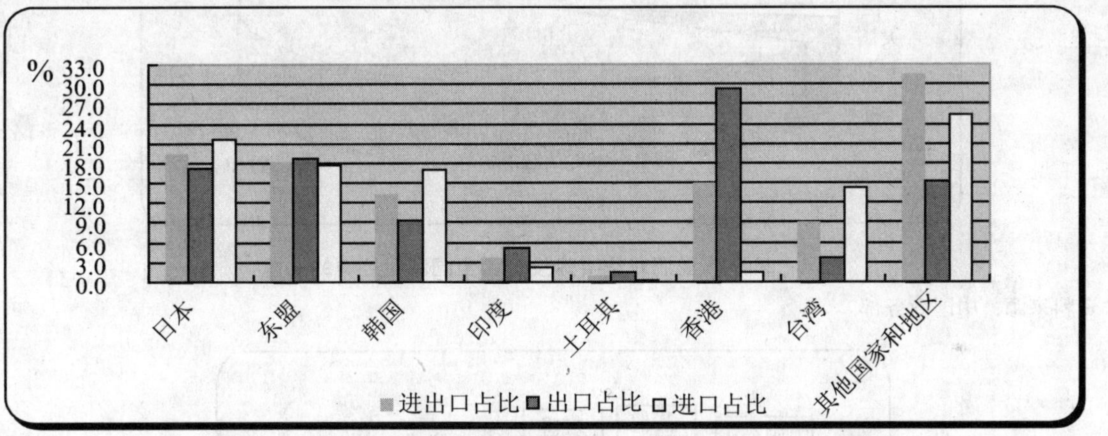

图 3　2009 年中国与亚洲主要伙伴贸易额占对亚洲贸易额的比重

资料来源：海关统计

（三）中国与亚洲双向投资及经济技术合作平稳发展，潜力巨大

据商务部统计，2009 年亚洲国家和地区对华直接投资项目17 950个，同比下降 14.7%，降幅略低于全国平均水平，占同期全国新批外商直接投资项目的 76.6%；实际投资 606.2 亿美元，逆势同比增长 7.6%，占同期全国实际利用外商直接投资总额的 67.3%。在 2009 年我国前 10 大实际利用外资来源地中，有 5 个来自亚洲，除我国的香港特区（第一）和台湾省（第九）外，还包括日本（第三）、新加坡（第四）、韩国（第五）。

表 3　　2009 年亚洲主要外资来源对华实际投资情况

单位：亿美元，个（项目）

国别（地区）	批准项目		实际外资	
	个数	同比（%）	金额	同比（%）
东盟	1 047	−20.9	46.78	−14.3
新加坡	640	−15.5	36.04	−18.7
马来西亚	195	−11.0	4.29	73.6
文莱	53	−70.6	3.48	2.3

续 表

国别（地区）	批准项目		实际外资	
	个数	同比（%）	金额	同比（%）
日本	1 275	−11.3	41.05	12.4
韩国	1 669	−25.0	27.00	−13.9
印度	77	−16.3	0.55	−37.3
香港特区	10 701	−16.8	460.75	12.3
台湾省	2 555	8.3	18.81	−1.0
澳门特区	294	−32.4	8.15	40.1
亚洲合计	17 950	−14.7	606.23	7.6
全国总计	23 435	−14.8	900.33	−2.6

资料来源：中国商务部

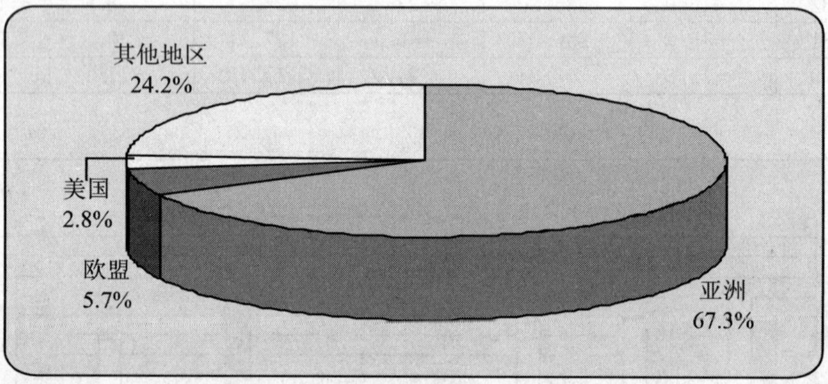

图 4　2009 年亚洲对华实际投资占全国利用外资的比重

资料来源：中国商务部

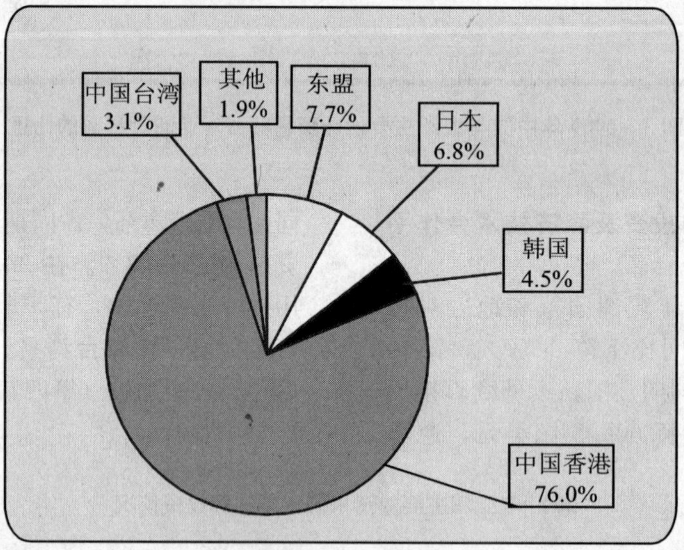

图 5　2009 年亚洲主要外资来源占亚洲对华投资比重

资料来源：中国商务部

近年来，中韩修订了双边投资保护协定，中日签署了促进中小企业合作以及就贸易投资相关法律制度开展交流研究的相关备忘录，同时，中日加大了在节能环保领域的合作力度。自 2008 年以来，中国与新加坡共同在天津建立生态城项目进入实施阶段。上述措施对中国与亚洲国家和地区的投资合作产生了积极的促进作用。

2009年，中国对亚洲投资受金融危机影响较大，但仍保持较大份额。据商务部统计，2009年我国对亚洲国家和地区非金融类直接投资207亿美元，同比下降16.1%，占同期我国企业对外非金融类直接投资总额的58.7%。其中我国对土耳其、日本、泰国、蒙古的投资逆势大幅增长，成为亮点。

表4　2009年中国对亚洲主要伙伴非金融类直接投资情况

国别/地区	金额（亿美元）	同比增长（%）
东盟	22.95	5.5
新加坡	12.20	−6.8
泰国	1.04	345.6
印度尼西亚	2.16	20.5
柬埔寨	1.71	23.6
老挝	1.83	2.3
缅甸	1.87	75.6
越南	1.49	−23.6
土耳其	2.96	5 466.3
日本	1.60	365.7
韩国	4 284万美元	−45.2
印度	3 353万美元	−31.7
亚洲合计	207.21	−16.1
全国总计	352.98	9.8

资料来源：中国商务部

2009年，中国对亚洲经济技术合作继续大幅增长，全年新签劳务和工程承包合作合同额653.5亿美元、完成营业额431.7亿美元，分别同比增长14.9%和32.8%。除中国香港外，2009年中国与伊朗、印度、越南、菲律宾、新加坡新签合同额均超过20亿美元。

二、中国与亚洲主要伙伴双边经贸合作情况

（一）中日合作

中日经贸合作是两国关系的重要组成部分，在彼此对外经贸关系中占有重要地位。2009年，中日双边贸易额为2 288.5亿美元，同比下降14.2%；其中对日出口979.1亿美元、自日进口1 309.4亿美元，同比分别下降15.7%和13.1%；中方逆差330.3亿美元，同比减少4.3%。日本对华实际投资41亿美元、中国对日非金融类直接投资1.6亿美元，分别同比增长12.4%和3.66倍。对日新签经济技术合作合同额16.3亿美元、完成营业额17.7亿美元，分别同比下降1.2%和增长7.3%。2009年，日本是我国第3大贸易伙伴、第5大出口市场和最大的进口来源，也是我国的第3大外资来源及重要的工程承包和劳务合作市场；我国则继续保持日本最大贸易伙伴和进口来源地位，并首次超过美国成为日本最大的出口市场。

在双方的共同努力下，2006年以来，中日关系重新走上正常发展的轨道，两国领导人就构筑中日战略互惠关系达成重要共识，确定了两国关系的基本方向。双方分别于2007年12月和2009年6月举行两次经济高层对话，就两国宏观经济政策、节能环保、贸易投资和地区及国际经济等问题充分交换了意见，并就加强能源、环保、技术、贸易、中小企业、东亚区域合作等达成广泛共识，取得了积极成果。中日经济高层对话成为双方在经济领域构筑战略互惠关系的重要举措。

（二）中韩合作

中韩两国互为重要经贸合作伙伴，2009年，中韩双边贸易额为1 562.3亿美元，同比下降16.1%；其中，中国对韩出口536.8亿美元、自韩进口1 025.5亿美元，同比分别下降27.4%和8.6%；中方逆差488.7亿美元，同比增长27.9%。韩国对华实际投资27亿美元、中国对韩非金融类直接投资4 284万美元，同比分别下降13.9%和45.2%；对韩新签经济技术合作合同额

2.4亿美元、完成营业额8.2亿美元，分别同比减少26.5%和增长52.1%。2009年，韩国是中国第6大贸易伙伴、第5大外资来源及重要的工程承包和劳务合作市场，也是仅次于中国台湾省的第2大贸易逆差来源；中国是韩国最大的贸易伙伴、出口市场和进口来源及重要的对外投资市场，韩国对华出口超过其对日、美出口之和。

在两国领导人的推动和双方经济界的共同努力下，中韩经贸合作近年来持续快速发展。2008年，胡锦涛主席和李明博总统实现互访，双方将两国关系提升为战略合作伙伴关系，并确立了2015年两国贸易额3 000亿美元的目标。2009年，两国政府签署修订后的《中韩经贸合作中长期发展规划报告》，中韩之间开通了经贸合作网站，启动了雇用许可制劳务合作，继续开展中韩自贸区官产学联合研究，两国在高新技术、服务贸易和物流等领域的交流合作更加紧密。

（三）中国与东盟合作

2009年，中国—东盟双边贸易额达到2 130.1亿美元，同比下降7.8%；其中中国对东盟出口1 063亿美元、自东盟进口1067.1亿美元，同比分别减少6.9%和8.8%；中方逆差4.2亿美元。东盟10国对华实际投资合计46.8亿美元，同比下降14.3%；中国对东盟10国非金融类直接投资23亿美元，同比增长5.5%；与东盟国家新签经济技术合作合同额173.8亿美元、完成营业额115.1亿美元，同比分别增长44.1%和26.4%。2009年，东盟是我国第4大贸易伙伴、第5大出口市场、第3大进口来源和第3大外资来源，我国是东盟第3大贸易伙伴、第3大出口市场和第2大进口来源。

2009年，双方签署自贸区《投资协议》，为2010年1月1日中国—东盟自贸区如期全面建成奠定坚实基础；中方宣布今后3～5年内将向东盟国家提供150亿美元信贷，并倡议设立总规模100亿美元的“中国—东盟投资合作基金”，支持区域基础设施建设，有利于双方合作的进一步深化发展。中国已与越南、菲律宾、泰国、缅甸签署《两国政府关于扩大和深化双边经贸合作的协定》，并与越南、菲律宾等国商签《经贸合作5年发展规划》，双方每年举行10＋1经贸部长会议、举办中国—东盟博览会，在东部增长区和泛北部湾经济合作框架内的各项合作深入推进。

（四）中国与南亚、西亚合作

近年来，中国与南亚、西亚国家高层互访频繁，政治互信不断增强，在许多国际和地区事务中彼此密切合作，经贸合作规模不断扩大。2009年，中国与印度双边进出口总额433.8亿美元，同比下降16.2%；其中中国出口296.7亿美元、进口137.1亿美元，同比分别下降5.8%和32.4%；中方顺差159.5亿美元。2009年，我国企业对印度非金融类直接投资3 353万美元，同比下降31.7%；与印度新签经济技术合作合同金额69.6亿美元、完成营业额57.9亿美元，同比分别减少46.0%和增长35.9%。2009年，印度是中国在南亚最大的经贸合作伙伴；我国则是印度最大的贸易伙伴、进口来源和第3大出口市场。

2009年，中国与土耳其双边贸易额100.8亿美元，同比下降19.8%；其中中方出口83.3亿美元、进口17.5亿美元，同比分别下降21.3%和11.6%，中方顺差65.9亿美元。我国企业对土耳其非金融类直接投资3亿美元，同比增长54.7倍。2009年，土耳其是中国在西亚重要的经贸合作伙伴，中国则是土耳其第3大贸易伙伴和进口来源。

在双边贸易快速发展的过程中，中国对南亚及部分西亚国家的贸易顺差问题相对较为突出。为缓解贸易不平衡问题，扩大中方进口，并为双方企业提供进一步合作的平台，商务部分别于2007年年底和2009年6月举办两届“南亚国家商品展”，得到南亚国家积极响应。南亚国家政府经贸部门派出高级别经贸代表团、共组织数百家企业来华参展，活动取得了积极成效。

（商务部亚洲司）

中国与非洲国家的经济贸易关系

2009年，为继续巩固和深化中非互利合作，共同应对国际金融危机挑战，中非双方高层互访频繁，合作机制不断加强，合作成果惠及双方。胡锦涛、温家宝、贺国强、周永康等党和国家领导人相继出访非洲，非洲15国领导人访华。中非合作论坛第四届部长级会议成功召开，中国与9个非洲国家召开了双边经贸联（混）委会。中非合作论坛北京峰会经贸举措全部落实，双方在贸易、投资、基础设施建设等领域的合作富有成效。

一、中非经贸合作

（一）双边贸易

2009年中非贸易910.7亿美元，同比下降15.1%；中国对非出口477.4亿美元，同比下降6.8%；中国从非进口433.3亿美元，同比下降22.6%，贸易顺差44.1亿美元。2009年，中国在非前五大贸易伙伴分别是安哥拉（170亿美元）、南非（160亿美元）、苏丹（64亿美元）、尼日利亚（63亿美元）和埃及（62亿美元）。

2009年，中国向非洲出口主要商品有：机电产品、纺织品、服装、钢材、农产品、鞋类等，上述7类商品出口金额总计382亿美元，占对非出口总额的88%以上。

中国从非洲进口以原油、矿产品、农产品等为主。

（二）双向投资

2009年中国对非直接投资13.6亿美元。中方在非投资项目涉及生产加工、资源开发、交通运输、农业及农产品综合开发等多个领域。目前已同31个非洲国家签订了双边促进和保护投资协定，与10个非洲国家签订了避免双重征税和防止偷漏税协定，与其他国家的协定商签工作也在不断推进。2009年，非洲对华投资13.1亿美元，涉及制造业、资源开发、服务业等领域。

（三）基础设施领域合作

众多实力雄厚的中国承包工程企业，凭借成熟的技术和管理经验，与非洲国家开展项目合作，上亿美元大项目不断增多，单个项目合同额屡创新高。2009年，中国在非新签承包劳务合同439.9亿美元，同比增长11.6%，占中国对外承包劳务新签合同总额的32.9%；完成营业额284.4亿美元，同比增长42.2%，占中国对外承包劳务完成营业总额的32.8%；年末在非经济合作人员达19万。

二、中非合作论坛第四届部长级会议

2009年11月，中非合作论坛第四届部长级会议在埃及沙姆沙伊赫举行。温家宝总理在宣布了加强对非务实合作的新8项举措，中非双方通过了《中非合作论坛沙姆沙伊赫行动计划（2010至2012年）》，对未来三年的中非合作进行了规划。新举措涉及农业和粮食生产，医疗卫生和重大疾病防治，教育、培训和学者交流，清洁能源和卫生用水，提供贷款，促进贸易，减免债务，扩大投资等内容。通过这些举措，一是深化中非各领域务实合作，携手应对金融危机和气候变化等挑战；二是帮助非洲国家改善基础设施，巩固经济和社会发展基础；三是支持非洲国家减贫努力，提高农业、教育和医疗水平，改善民生；四是加大人力资源开发合作力度，着力为非洲培训培养一批经济社会发展急需的技术和管理人才。相信新举措的落实将进一步带动中非经贸合作的发展，惠及双方人民。

（商务部西亚非洲司）

第五篇　中国地方 WTO 事务

抓应对 重平台 上海进出口公平贸易纵深发展

2009年，共有68起国外对华贸易摩擦案件涉及上海，其中反倾销案48起，反补贴案11起，保障措施案5起，特别保障措施案4起，涉案金额6.67亿美元。至此，入世后8年间，上海企业出口产品涉及的贸易摩擦案件累计已达353起（反倾销案274起，反补贴案33起，保障措施案30起，特别保障措施案16起）。

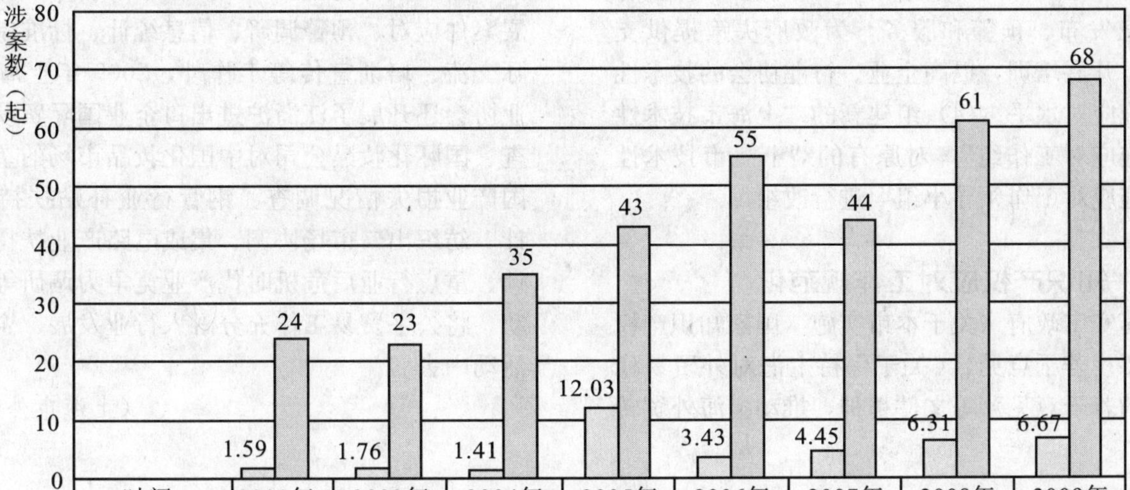

时间	2002年	2003年	2004年	2005年	2006年	2007年	2008年	2009年
金额(亿美元)	1.59	1.76	1.41	12.03	3.43	4.45	6.31	6.67
涉案数(起)	24	23	35	43	55	44	61	68

入世后各年度上海的涉案数和涉案金额

为妥善应对贸易摩擦，全面开展进出口公平贸易工作，上海充分发挥“四体联动”机制作用，着力应对出口贸易摩擦案件，积极参与进口救济调查，高度关注技术性贸易壁垒应对与知识产权海外维权，相关工作取得了一定成效。

一、出口贸易摩擦应对效果良好

2009年以来，上海市商务委员会与市外贸企业协会、相关行业协会合作，以“培训指导、组织协调与重点跟踪”三头并进的方式协调了美国油井管、印度SDH光传输设备、澳大利亚铝挤压材、美国钢格板、欧盟铝合金轮毂等20余起反倾销、反补贴案件。在各方的共同努力下，上海企业在已裁决的美国对华钢制螺杆反倾销、巴西对华一次性注射器反倾销、加拿大对华床垫用弹簧组件反倾销、欧盟对华铝箔反倾销、印度对华轮胎反倾销等多起案件中都赢得了低税率，保住了海外市场。

二、进口贸易救济调查运用得当

进口贸易救济调查是维护国家利益和产业利益的重要途径，也是金融危机形势下反击贸易保护主义的手段之一。2009年，上海企业申请、参与了紧固件、取向电工钢、甲醇、苯酚、聚氯乙烯等多起进口反倾销案件的立案、复审，有效抑制了进口低价产品对国内产业的冲击。此外，市商务委还具体承办了由商务部、工业和信息化部、上海市人民政府联合主办的第六届中国产业国际竞争力论坛。国务院有关部委、省市相关主管部门负责人，进出口商会、行业协会、中外企业界和研究机构等350余名代表参加了论坛。论坛旨在为产业界提供一个充分交流经验、相互了解的平台，促进经济增长方式转变和产业结构优化。

三、技术性贸易壁垒应对工作逐步深入

技术性贸易壁垒应对是稳定外贸出口的重要一

环。国际需求萎缩、贸易保护主义抬头形势下，全市多项技术性贸易壁垒应对工作得到推行。(1) 开展“国外技术性贸易措施影响及应对情况调查”，通过对 7 大类行业、1288 家企业发放调查问卷，掌握本市企业受技术性贸易措施影响的情况。(2) 创建“上海市技术性贸易措施信息服务平台”，以出口企业为主要服务对象，及时准确地提供贸易壁垒信息，建立技术性贸易措施信息沟通协调机制，加强政府和企业之间的信息沟通，实现技术性贸易措施信息发布、预警和服务，为政府决策提供支持。(3) 开展培训，提高企业、行业协会的技术性贸易措施应对水平。(4) 组建新的“上海市技术性贸易措施应对工作组”，对原有的“上海市技术性贸易措施应对工作领导小组”进行改组。

四、知识产权应对工作规范化

为落实市政府《关于本市实施〈国家知识产权战略纲要〉若干意见》《关于保持上海对外贸易稳定增长的若干意见》等文件精神，推动上海外贸转型和升级，市商务委草拟了《关于促进本市与贸易相关的知识产权工作的若干意见》，并召开“技术性贸易壁垒与知识产权应对工作意见咨询会”，听取机关、协会、企业、院校各领域专家意见。

五、行业协会工作平台不断拓展

行业协会等中介机构是进出口公平贸易工作的中坚力量。从最初的 9 家到现在的 15 家，上海进出口公平贸易行业工作站队伍不断壮大。除继续开展案件应对、预警调研、信息统计、标准制定、国际交流、培训宣传等工作外，2009 年上海相关行业协会还开展了江浙沪进出口企业国际贸易现状调查、国际化妆品公司对中国化妆品市场的垄断和中国产业损失情况调查、钢管行业补贴扶持政策统计、纺织出口市场协调、集成电路产业扶持政策统计、重点行业后危机时代产业竞争力调研等多项活动，将公平贸易工作充分融入行业发展、企业经营活动中去。

（上海市外经贸委）

厦门市 2009 年 WTO 工作总结

一、积极应对贸易争端

2009 年，涉及厦门市的“两反两保”案件共 13 起，同比增长 18.2%；其中反倾销案 8 起，反倾销反补贴案件 2 起，反补贴 1 起，美国 337 调查案件 1 起，特殊保障措施 1 起；涉案金额约为 5 699 万美元，同比增长 353%；涉案企业共 162 家，同比增长 168%。从涉案国别看，发达国家是主要发起国，占 84.6%；从涉案产品看，以轻工、金属和光电产品为主，其中，鞋类产品特别突出，有 3 起案件的涉案产品为鞋类；从涉案类型来看，各种形式的贸易摩擦全面爆发，反补贴成为新热点。2009 年，厦门市遭遇的贸易摩擦数量、金额大幅增长，主要是因为去年以来，全球金融危机的蔓延和加深，部分国家出于现实经济利益的考虑和短期刺激本国经济发展的需要，不断推动贸易保护主义升温。

厦门市按照“四体联动”的应对机制，加强与商务部、商协会和涉案企业的联系，创新工作形式，积极开展贸易摩擦应对工作，指导、帮助企业积极应诉，取得较好成效。

一是首次应对 WTO 争端解决机制案件（美、墨、危诉我品牌措施案件）。以案件应对为契机，全面清理了涉案相关补贴政策。

二是首次尝试委托中介协会对外代表厦门市涉案企业参诉应诉。在巴西鞋反倾销案中，我处创新形式，委托厦门市外经贸协会代表厦门市鞋企对外委托律师，动员 11 家鞋类出口企业积极参与全行业无损害抗辩。

三是首次应对“双反”案件并获得成功。在美国对华织边窄织带反倾销反补贴案件中，我处帮助厦门姚明织带有限公司委托律师事务所积极应诉，并根据市政府的指示积极协调厦门市 8 家单位配合商务部做好该案的反补贴调查政府问卷、补充问卷的答复工作。通过各方努力，在反补贴初裁中，姚明织带饰品有限公司成功获得极低的低补贴率，仅为 0.29%（微量），而中国普遍补贴率为 59.49%。

二、加强案件信息预警工作

组织、参加 6 场“两反两保”案件应诉协调会；发布“两反两保”信息共 775 条；编发《进出口公平贸易信息月报》14 期。

三、加强 WTO 知识培训和咨询

一是组织我市企业参加中国纺织品进出口商会、省外经贸厅等组织的美国贸易壁垒应对及风险防范研讨会等 6 场会议；二是为加强企业风险防范意识，引导企业运用法律手段及贸易救济措施维护自身权益，举办了“外贸业务风险防范系列讲座”，包括：“外贸代理业务风险防范专题讲座”和“外贸业务货运风险防范专题讲座”两期培训，参训人员近 400 余人次，受到企业的热烈欢迎；三是组织我市贸易救济法律事务中心的 2 名专家律师参加 2009 外经贸活动日，提供法律咨询；四是派员参加商务部组织的应对贸易摩擦培训班、反垄断法培训班、WTO 争端解决机制培训等；五是为政府部门和相关企业提供 WTO 政策咨询 15 次；六是接待商务部贸易救济研修班考察团一行 32 人在厦门的参观、考察活动。

四、开展两岸 ECFA 会谈的基础工作

整理中国入世及 CEPA 对法律、期货、医疗、会计、电子商务、教育等项服务贸易领域的开放承诺以及投资贸易便利化资料，并对两岸综合性经济合作协议（CECA）在服务贸易及投资贸易便利化领域提出厦门市的相关政策需求建议。

五、加强调研分析

分析我市鞋类产品出口遭遇贸易摩擦情况及对策，并完成调研报告；完成厦门市进出口公平贸易援助措施实施情况及调整方向调研报告；调研美国轮胎特保案对我市产业的影响。

六、妥善处理国际贸易纠纷

调查处理本地企业与阿联酋、德国、法国、美国、科威特客商之间的贸易纠纷等事务。

（厦门市贸易发展局）

2009年海南地区WTO事务及对外开放情况

一、2009年海南商务运行情况

城乡消费同步实现较快增长。2009年，全省累计实现社会消费品零售总额534.5亿元，同比增长19.2%，增幅比全国高3.7个百分点。

外贸形势总体好于全国平均水平。据海关统计，2009年，海南省外贸进出口89.6亿美元（含海南炼化），同比下降14.9%。其中出口19亿美元，同比增长2%；进口70.6亿美元，同比下降18.5%。进出口降幅比全国多1个百分点，出口增幅比全国多18个百分点，进口降幅高于全国7.3个百分点。

海南省对东盟的贸易保持增长。全年对东盟进出口10.94亿美元，同比增长48.7%，其中，出口5.16亿美元，增长97%。对越边贸0.93亿美元，同比增长9.8%。

利用外资形势较为严峻。全年海南省新批外商投资企业85家，同比减少29.2%；合同外资金额3.65亿美元，同比下降75.4%；实际利用外资9.38亿美元，同比下降26.9%。与全国相比，新批外商投资企业及实际利用外资降幅分别为14.4和24.3个百分点。

境外投资呈加速发展态势。2009年海南省新批境外投资企业22家，投资总额2.18亿美元，同比增长393.7%。

二、2009年海南地区WTO事务及对外开放工作

（一）积极参与应对贸易摩擦工作，帮助企业营造良好的出口环境

1. 海南省出口欧盟和俄罗斯的罗非鱼和对虾，遭遇贸易壁垒调查，为做好欧盟和俄罗斯检查团的迎检工作，海南省商务厅组织我省相关部门和企业，从源头到产品，认真做好水海产品卫生管理体系的整改工作，规范产品出口标准，积极应对贸易壁垒调查。

2. 2009年12月份，美对华铜版纸提起反补贴调查，海南省的金海浆纸公司是强制应诉企业的关联企业，根据商务部的要求，海南省商务厅组织本省有关政府部门，认真填写美方提出的政府问卷，妥善应对反补贴调查工作。

3. 加强应对贸易摩擦的能力建设。积极参加进出口公平贸易局组织的业务培训班，了解国际贸易摩擦的形势，提高地方应付贸易摩擦的能力和水平。

（二）关注产业安全，积极推进产业安全数据库工作的开展

1. 继续发挥协会和市县商务局的催报作用，保证产业安全数据库监测企业正常报送数据，为运用贸易救济措施，维护产业安全工作提供数据基础。

2. 加强与监测企业的沟通，及时掌握情况。组织3次座谈会，宣传商务部关于维护产业安全工作的精神，听取企业在产业发展方面的介绍、对数据库建设的意见和建议等。

3. 加强维护产业安全方面的能力建设。积极参加产业损害调查局组织的“运用贸易救济措施，维护产业安全”培训会，并组织海南省部分市县商务局业务人员参加。

4. 充分利用数据库信息优势，将数据库中关于产业安全的重要内容及时转发给监测企业，让样本企业分享数据库的建设成果。

5. 通过座谈会和深入工厂调查等方式，掌握海南省椰果产业的发展状况、进口情况和产业受损情况，并将有关情况和建议向省政府报告。

6. 依托研究机构，开展《海南省水海产品竞争力评估报告》。以罗非鱼和对虾为研究对象，运用定性分析和定量分析的方法，将海南与国际、国内水海产品生产地进行比较分析，阐述海南水海产品的竞争力现状和存在问题，提出海南在提高水海产品产业竞争力方面的对策和措施。

7. 编制2010年产业损害预警年度报告。在对2009年海南省产业运行特点、外贸发展情况和应对金融危机措施进行分析的基础上，指出海南省产业发展面临的问题和经济发展的前景。

（三）积极做好加入《国际政府采购协议》的地方应对工作

2009年6月，海南省成立WTO国际政府采

购协议研究小组，下设货物组、工程组和服务组，各小组已安排专人负责，开展调研，建立信息共享机制。

（四）积极组织我省企业参加商务部组织的国际采购活动，向进口用户宣传国际招标的相关政策

支持协助一汽海马公司赴德国采购1 028万美元的小排量发动机，支持海航集团采购民用飞机等设备，组织企业参加商务部组织的北欧采购团活动。目前，海南省国际招标进口机电产品主要为三类，一类是省医疗机构采购的医疗设备；二类为市政公共服务类设备，如城市垃圾焚烧处理设备等；三类为旅游设备，如观光游艇和潜艇等。

（五）扩大对外开放，促进交流与合作

2009年7月份，海南省组织政府代表团和经贸代表团，出访哈萨克斯坦、新加坡、越南开展经贸活动，大力推介海南的投资环境、投资项目和出口产品，得到出访国的高度重视，先后受到三国总统或总理及20多位部长的会见，签署了缔结友好城市及旅游、交通运输、贸易投资等31项合作协议。一汽海马与越南汽车工业公司签订在越汽车组装协议、中海化学有限公司计划在越南投资25亿～30亿建设煤化工项目。海南省企业已在东盟国家投资开发森林资源、矿产资源和农业基地建设。

（六）加强与东盟联系，加快海南省对越边贸发展

“把对越经贸作为扩大与东盟、环北部湾经济交流的切入点，争取开通至越南空中和海上航线，加快儋州、东方边贸城建设”是2009年对越边贸工作的重点。已落实以下工作目标：一是开通海南与越南中部港口的“国际航线船”和“非国际航线船”的直航航线；二是开通琼越空中航线；三是东方、儋州白马井边贸城建设进展顺利；四是与越南政府部门和有关省市建立密切联系和签署合作备忘录。

加强对东盟自贸区的研究，对东盟自由贸易区的协议和政策做了初步研究，并形成文件上报给省政府，拟请专业机构对东盟自贸区政策做进一步的研究，为省委、省政府的决策提供依据。

（海南省商务厅）

积极应对危机，有效开展 WTO 相关工作

——吉林省商务厅 2009 年 WTO 事务总结

2009 年，我们经历了席卷全球的经济危机，我国各省经济发展都受到了不同程度的阻滞。为了尽快实现地方经济企稳回升，我们全面分析了我国及吉林省 WTO 工作面临的形势和任务，从本省实际出发，开展了一些卓有成效的工作。

一、积极准备加入世贸组织《政府采购协定》谈判，为吉林省经济发展服务

随着我国加入世贸组织《政府采购协定》谈判的深入，地方政府也启动了加入《政府采购协定》谈判的准备和应对工作。2009 年 7 月，吉林省商务厅派员参加了商务部世贸司在杭州举办的工作会议，进行了《政府采购协议》的培训学习；积极配合省财政厅，牵头省服务组研究单位，就吉林省服务项目范围和实体进行重点研究界定；认真调研，听取企业和行业意见，主动向商务部反映本地区产业的要求和建议。

二、加强世贸规则的学习，为吉林省政府决策服务

2009 年，我国部分地方贸易政策受到世贸组织其他成员的质疑。为确保吉林省出台的政策措施与世贸组织规则和我国加入世贸组织承诺的一致性，吉林省商务厅进一步加强对世贸组织相关规则的深入分析和研究，与吉林省其他相关部门建立工作联系机制，加强培训，增加沟通，密切配合，重点对拟出台的地方经济贸易政策提供咨询和建议，加强合规性审查。同时还做到及时掌握我省已出台的经济贸易政策，协调吉林省相关部门定期梳理我省已公开发布的政策、规章和措施，调整与世贸组织规则或我国加入世贸组织承诺不符的内容。

三、积极组织应对新贸易保护主义，为吉林省涉案企业服务

2009 年我国面临的贸易摩擦形势空前严峻，吉林省的对外贸易环境也随之恶化，涉案企业增多，案值增大。在商务部的领导下，我们坚持原则，积极作为，妥善应对贸易摩擦。

（一）积极协调涉案方，有效应对贸易摩擦

1. 4 月，协助商务部就“印度巴勒特公司对我国出口到印度的汽车前桥、转向节和曲轴等产品提出的特保申请”开展了相关调查。

2. 9 月，美国总统奥巴马签字批准对中国输美轮胎产品采取特保措施。此案裁决后，我们立即对吉林省有关轮胎出口企业展开了调查，积极评估吉林省轮胎行业遭受影响情况，整理印发了《我省输美轮胎产品遭遇美国特别措施》简报，提出了相关建议。

3. 长春大成集团公司仍然受到某些国家有关专利方面的诉讼纠缠。大成公司是我省出口大户，同时也是最近几年吉林省遭遇贸易摩擦最频繁、涉案金额最大的出口企业，因此，我们始终将其列为吉林省商务厅的重点关注和联系企业，定期了解情况，及时帮助其协调解决问题。在经历两年多的诉讼后，2008 年获得美国 337 调查终裁胜诉保住美国市场后，2009 年公司面对的纠纷主要集中在欧洲，公司向欧洲的出口受到很大影响。了解到这些情况后，我们及时向商务部公平贸易局汇报，并陪同壁垒处领导到公司实地调研，共谋解决良策。

（二）继续做好农产品的国外贸易壁垒分析汇总，切实为企业服务

针对全球贸易保护主义加剧、我国成为国际贸易摩擦的主要对象的国际形势，为加强农产品贸易壁垒数据库完善和预警工作，吉林省商务厅牵头组织了“吉林省重点出口产品的国外贸易壁垒分析”课题研究，形成了 34 万多字的报告。该成果报告通过了吉林省科技厅的科技成果鉴定，其质量也得到了出版社的认可，已经由吉林省出版集团公司正式出版，并免费向省内政府机关、科研单位和出口企业发放。

（三）注重基础工作的完善与交流，积极搭建互动服务平台

1. 做好公平贸易数据库的信息添加维护。目

前，该“专项数据库”中已收集整理了7 000多万字的信息资料，一些已在吉林省商务厅法规处版面上登载。根据工作需要，我们还对数据库的结构做了一系列调整，不断充实新的内容。适时整理添加最新公平贸易信息，对于网络上的读者留言我们也及时予以回答。这种互动扩展了我们的工作范围同时也宣传了WTO工作。

2. 加强与外省交流，吸取先进经验。5月13日，吉林省商务厅接待了深圳市世贸组织事务中心考察交流团，组织召开了公平贸易、产业损害、世贸相关工作座谈会。对于双方政府在支持企业开展对外贸易、应对贸易摩擦方面的做法及成效展开了深入的交流，吉林省学到了发达省市的有益经验，收获很大。

（四）加强预警机制建设，维护国内产业安全

1. 启动省内行业预警，为企业经营提供参考。选取吉林省汽车和石化两个支柱产业，编制产业预警报告，对2009年重点监测企业的产销运行情况进行了分析，并对2010年的产业趋势做了预警报告。

2. 认真组织实施商务部产业安全数据库“扩容工程”，为国家决策提供依据。组织企业按时上报数据，完善报送审核工作。1至12月份，共向国家产业安全数据库审核报送了重点联系企业数据报表2 445张，年度报表140张。吉林省在全国33个省市自治区上报排名中，已由年初的第20位，晋升为第10位。

3. 持续开展“扩容工程”企业培训工作，提高企业参与度。按照每年举办两期培训的规划，8月，吉林省商务厅先后在长春和安图举办了培训班，对地方商务主管部门和企业人员进行“数据库扩容工程”数据上报审核培训，参训人员90多人，为下一步企业入库打下了基础。

4. 完成了吉林省产业安全子站建设工作。按照商务部的要求，我们提出了吉林省产业安全子站建设方案，经反复研究完善，子站已经开通，成为政府与企业沟通信息的桥梁。

（吉林省商务厅）

湖北省 2009 年 WTO 事务工作情况

2009 年，受国际金融危机不断曼延影响，国际经济贸易环境风云变幻。中国排在前三位的贸易伙伴欧盟、美国和日本经济同时陷入衰退，贸易保护主义抬头加剧，WTO 多边贸易体制受到严峻挑战，WTO 事务工作面临更严峻挑战。面对诸多不利条件和不稳定因素，按照商务部和湖北省委省政府有关指示要求，省商务厅积极采取措施，抢抓政策机遇，应对不利形势，扎实做好湖北省 WTO 地方事务工作，为促进湖北省对外经贸合作发展服务。

一、积极应对国际贸易摩擦成效显著

2009 年，湖北省企业受到来自加拿大、美国、印度、巴西、澳大利亚、欧盟、俄罗斯 7 个国家提起的 23 起国际贸易摩擦案件，占全国案件总数的五分之一。面对日益严重的国际贸易摩擦，在省委、省政府的高度重视和大力支持下，湖北省建立了“四体联运”的国际贸易摩擦应对机制，国际贸易摩擦应对工作取得实效。

（一）重大案件均已应诉

2009 年湖北省涉案金额较大的案件都已参加应诉，并在全国引起了广泛的关注。如印度同步数字传输设备反倾销案，印度汽车前桥梁、转向节和曲轴的反倾销和特别保障措施案，印度热轧钢卷、钢板和钢条的反倾销和一般保障措施案等，我省企业都是作为全国最大涉案企业单独应诉。其中印度同步数字传输设备反倾销案是我省首次应对外国对我国高科技出口产品的反倾销调查，也是国内首例高科技技术出口产品案件。

（二）首次成功应对反补贴调查

2009 年我省政府和企业首次成功应对了反补贴调查，我省反补贴联合应对机制初显成效。2009 年，湖北省企业积极应诉美国对我柠檬酸和柠檬酸盐的双反调查，最终获得低税率。2009 年 10 月美国对我无缝钢管双反调查，我省企业再次积极应诉。2009 年 5 月，针对美国对我发起的厨房置物架和挂物架反补贴案，我省 2 次配合商务部填写反补贴调查问卷，配合商务部到我省进行实地核查辅导工作，有效地应对了美国商务部的实地核查，商务部专门给湖北省人民政府发来感谢信，对我省在反补贴应对中所做的工作给予肯定和表扬。

（三）首次应对 WTO 国际贸易争端案件

2008 年 12 月，美国、墨西哥和危地马拉向世贸组织起诉我国对出口名牌进行补贴，2009 年 4 月和 5 月，湖北省配合商务部应对了这起 WTO 贸易争端，对我省的相关补贴政策进行了清理，废止了有关文件，并对网站相关内容进行了调整。由于应对得当，我省出口没有因此受到重大影响，有力地维护了出口环境。

（四）对外发起贸易救济调查成为对贸易保护主义的有力反制

2009 年湖北省对外发起 3 起反倾销调查和 2 起反补贴调查，是历年来对外发起贸易救济调查最多的一年。涉及的进口产品分别为甲醇、取向电工钢、排气量在 2.0 升及 2.0 升以上的小轿车和越野车。2009 年 6 月，湖北省对美国和俄罗斯的取向电工钢发起反倾销调查，同时对美国的取向电工钢发起反补贴调查，这是我国第一起对外反补贴调查和反倾销反补贴双反合并调查，目前商务部已经做出肯定性初裁。在当前贸易保护主义抬头的严峻形势下，实施贸易救济既能有效维护国内产业安全，同时也是对贸易保护主义的有力反制。

二、完善“湖北省 WTO/TBT 通报咨询与预警服务平台”

WTO/TBT 是帮助出口企业应对技术性贸易壁垒的重要服务平台。在国际金融危机的大背景下，各种“技术性贸易壁垒”层出不穷，已经成为我省企业扩大出口、保市场、保份额的主要障碍之一。为帮助企业解决出口经营中遇到的技术及标准等问题，湖北省商务厅与湖北省质监局、湖北省出入境检验检疫局召开联席工作会议，对新形势下 TBT 网站及功能完善和扩展进行了深入研究，做好 TBT 通报咨询与预警服务，全年出版“湖北标准化与 WTO/TBT 信息通报”4 期，为完善出口产品技术质量、减少可能的贸易摩擦提供了一个平台。

三、做好湖北省加入世贸组织《政府采购协定》谈判应对工作

根据“商务部关于请配合做好加入 WTO《政府采购协定》应对工作的通知”要求和湖北省政府采购协议谈判工作领导小组统一部署，2009 年，湖北省商务厅高度重视此项工作，加强领导、明确任务、协调配合、深入研究，积极做好加入 WTO《政府采购协议》的谈判应对工作，完成“加入政府采购协议（GPA）对湖北商务的影响及其对策研究”报告。

四、对湖北省企业进行培训指导

为培训提高相关人员了解、遵守、运用世界贸易组织规则的能力和水平，2009 年湖北省商务厅举办两期相关培训班。

（一）2009 年 7 月 14 日至 17 日，举办湖北省外贸企业进出口业务指导培训班，这是我省第七次针对新“开口”企业举办的外贸专题培训，来自全省 16 个市、州的 200 多家企业及市、县、区商务局的 220 余人参加了培训班。为学员们讲授了外贸实务中的国家政策法规、规程操作、风险防范、汇率和国际结算以及典型案例分析，并现场回答了企业关心的有关问题。通过这次培训，学员们对从事进出口业务的各个环节以及国家的有关政策法规有了一个全面的了解和掌握。

（二）2009 年 6 月 10 日至 12 日，在咸宁市开办了第五期产业安全数据库扩容样本企业培训班，来自有关单位的近 120 名学员参加了培训。本期培训班重点宣讲了产业安全数据库扩容工程的背景和意义，介绍了产业损害预警统计报表制度和数据报送系统的使用方法，并得到了国家商务部产业损害调查局的大力支持，专门委派了培训师到湖北指导培训。通过此次培训，大多数学员对维护产业安全工作有了清晰地认识，理解了数据库扩容工程的内容和意义，基本掌握了数据报送方法，对培训师的讲授比较满意，收到了预期效果。

从 2006 年产业安全数据库扩容工程启动至今，湖北省已累计培训产业安全数据库扩容工程的有关人员约 600 人次，其中样本企业近 520 人次，地方商务局近 80 人次，已基本完成全省地方和企业有关人员参与产业安全数据库扩容工程的培训目标，为推进湖北产业安全数据库扩容工程的全面、顺利开展奠定了基础。

2010 年是执行“十一五”规划最后一年，也是湖北经济和对外经贸合作的重要一年。在新的一年，湖北省商务厅将根据全国经济工作会议和商务部有关要求，继续做好 WTO 事务的各项工作，为我省对外经贸合作发展做贡献。

（湖北省商务厅）

完善机制　增强服务　河南省世贸工作再上新台阶

2009 年，河南省世贸工作在上级领导的指导下，不断完善机制，增强服务，使河南省的世贸工作再上新台阶。

一、进一步完善了制度建设和机构建设

（一）建立了省、市商务部门、中介组织和企业职责明确、分工协作、信息共享、相互协调，共同应对贸易摩擦和维护产业安全的工作机制。制定出台了《河南省进出口公平贸易和产业损害调查工作要点》，明确了工作机构、工作范围、工作程序、工作要求。

（二）建立了《河南省 WTO 事务联席办公会议制度》。由河南省商务厅牵头，省发改委、国资委、海关、农业厅、统计局等有关部门参加，研究协调解决相关问题。

（三）出台了《河南省产业损害预警机制实施方案》，确定了第一批进出口产品监测目录、指标体系、专家组。

（四）成立了河南省应对国际贸易争端联席办公会议制度，进一步完善了应对国际贸易争端工作机制。

二、构建了“四体联动”工作体系，指导企业应对国际贸易争端

（一）改进工作方法，及时了解信息，做好国外反倾销应对工作。2009 年，我们针对以往通过商协会等中介组织了解我省企业涉案情况不及时、不全面等问题，把被动等信息变为主动查信息，根据商务部网站公布的信息，通过厅统计查询系统，及时掌握我省企业涉案情况，为及时指导企业应对奠定了基础。目前，河南省企业应诉率基本达到了 50%，大企业应诉率达到 90%以上。

（二）做好美国 337 调查应对工作。我们在《河南商务》杂志上刊登了署名文章《美国 337 调查形势及应对》。

（三）做好反补贴应对工作。为应对美国向 WTO 诉我地方政府有关出口补贴政策案件，协助商务部条法司及时协调有关部门和省辖市清理了涉案文件。印发了《关于美国、加拿大对中国反补贴案调查项目的汇总通报》，做好反补贴应对宣传工作。

三、构建了产业损害监测预警体系，开展产业损害预警监测

（一）开展预警监测。我们结合本省实际，制定了产业损害预警监测实施方案，通过监测重点、敏感产业、产品的进出口数量、价格和重点出口市场，及时发现国外反倾销动向和省内产业受到损害的苗头，发布预警报告，促进企业健康发展。根据河南省产业情况，先后选择了铝、纺织、轮胎、大豆为监测预警行业和产品，研究确定了监测企业，组建了专家队伍。2005 年以来，分别向商务部和省政府提交了预警监测报告 16 份。自 2006 年开始对纺织、机电、农产品、高新技术产品出口进行监测，监测产品 5300 多种，七次发布变动异常产品 92 种。

（二）做好数据库扩容工作。一是推荐企业，对 18 个省辖市 414 家企业基础数据进行了核对，确定上报了 162 家企业作为国家数据库扩容第二批样本企业。二是做好入库企业数据填报人员培训工作。截至 2009 年，共开展了六期培训，300 多家样本企业和 18 个省辖市商务局主管人员参加了培训。三是创新管理模式。2008 年为省辖市配备了计算机、打印机、传真机等设备，将审核管理权延伸到省辖市，为产业安全数据及时准确报送奠定了基础。四是做好省辖市数据的催报、审核、上传督导工作。五是建立考核激励机制。2009 年初制定出台了《河南省维护产业安全工作绩效考核办法》，每季度对考核情况进行通报，全年根据考核情况进行表彰，给上报数据企业和省辖市发放通讯费补助。截至 2009 年底，河南省监测企业上报家数已由 2008 年的 70 家上升到近 180 家。

四、构建了政策、培训和信息服务体系

（一）在《河南商务》杂志编发了 2 万多字的《入世六年来重点行业分析报告》和《全球贸易摩

擦研究报告（2009）主要情况介绍》，在《大河报》等媒体刊发了宣传文章。

（二）构建了 4 条信息通道。一是通过厅“政务信息”平台，将有关世贸信息及时报送省领导。二是创办了“WTO 事务信息通报”，将信息及时通报省辖市、省直部门、行业协会和企业。三是在省厅网站开辟了“WTO 与河南”专栏，介绍最新动态、法律法规、开展预警预报及本省的有关应对工作，为各级商务主管部门、中介组织及企业提供交流和发布信息的平台。四是开通了中国产业安全指南河南子站。网站以维护产业安全、搞好信息服务为主线，开辟了信息服务、公共信息、知识普及和地市工作通报等版块。为了更好为企业服务，还开设了产业安全数据库企业专区，免费为入库企业提供展示平台。

五、紧紧围绕商务中心工作开展调查研究

（一）加强入世后过渡期应对工作研究。根据调研情况，结合河南省省情及世贸规则，向省政府建议高度重视并深入研究我国入世后过渡期的农业问题；建议国家加大中央财政对中部地区粮食主产区的支持力度，在政策上给予适当倾斜；对我省油菜籽进口、加工产业和种植业等相关情况进行了调查，提出了建议。

（二）与国家和省科研单位、大专院校联合开展调研，完成了多个调研课题。

（三）推动省辖市开展调研活动。为了推动省辖市更好地了解本地产业现状及发展趋势，每年选择调研课题，要求各市至少选择一个课题开展调研，以此推动本系统产业调研工作开展。

（河南省商务厅）

湖南省WTO事务

2009年，湖南省的世贸工作紧紧围绕金融危机下湖南省对外经贸工作面临的新形势、新挑战，始终坚持为全省经济建设和对外开放服务的指导思想，根据我省对外经贸工作的实际，积极主动地做好入世后过渡期综合性应对工作及进出口公平贸易工作。

一、组建湖南省入世后过渡期应对工作领导小组

（一）根据湘政办发〔2008〕31号文件精神，在广泛征求省直有关厅局意见的基础上，确定了领导小组成员名单，向省政府报送了《关于成立湖南省入世后过渡期应对工作领导小组有关事项的请示》，并得到成立批复。

（二）起草《湖南省入世后过渡期应对工作领导小组工作规则》（征求意见稿）印发各成员单位进行审议、修改，在经省政府同意后，《工作规则》以领导小组办公室文件的形式向各市州人民政府、领导小组各成员单位正式下发。

二、完成《WTO月讯》改版和“湖南省WTO公众信息网”开办

（一）对《WTO月讯》的栏目设置、内容编排、版式设计等进行了适当的调整，将《WTO月讯》扩大发送到省委省政府领导、各市州人民政府、领导小组各成员、领导小组办公室各组成单位和省内各国家级园区。

（二）开办了“湖南省WTO公众信息网”。“信息网”及时反映世贸工作的一些重大动态和重要信息，较好地发挥了在宣传、普及WTO知识方面的窗口作用。

三、组织开展金融危机形势下加快外贸发展的专题调研

（一）组织完成了与香港特区政府驻成都经贸办事处联合开展的《加快CEPA在湖南实施》专题调研，召开了调研成果新闻发布会，产生了较大的社会反响。

（二）撰写《关于积极开拓东盟市场、扩大我省与东盟进出口贸易的调研报告》，就进一步加快我省与东盟的经贸关系发展提出了积极的建议。

（三）起草《关于进一步加快CEPA实施、扩大我省与香港进出口贸易的情况报告》，通过《湖南商务》发送省委、省政府，为加快湘港两地合作献计献策。

四、启动湖南与香港CEPA合作机制

（一）与香港特区政府驻成都经贸办事处就如何加快湘港两地经贸合作进行了多次沟通和商谈，取得了积极的社会效果。

（二）为进一步加快CEPA在湖南的实施，根据商务部召开的落实CEPA措施工作会议精神，我们适时提出了建立湖南与香港CEPA合作机制的工作方案。

（三）专程派人会同厅相关处室赴香港考察，就2010年活动的开展进行了调研和考察。

五、举办了两期世贸知识专题培训班

（一）4月27～28日在长沙通程国际大酒店举办了服务贸易培训班。省商务厅厅长刘捷、商务部世界贸易组织司副司长鄂德峰出席培训班开班仪式并在开班仪式上致辞。商务部服务贸易司司长胡景岩、中欧项目办首席专家李仲周等同志专程来湘授课。

（二）9月27～28日举办了WTO业务知识培训班。商务部世界贸易组织司综合处处长傅星国、服务贸易处处长洪晓东、进出口公平贸易局综合处处长周大霖应邀来湘授课。

六、参与我省加入WTO《政府采购协议》谈判服务组牵头工作

（一）积极与有关部门沟通、协调，牵头成立了由省直相关厅局和厅内部分处室参加的服务行业调研组，并就如何开展专题调研工作进行了研究布置。

（二）选定长沙理工大学课题组负责调研数据

的搜集、归类、整理和调研报告的撰写，并与课题组签订了《湖南省服务组竞争力研究项目委托研究协议书》，委托的调研课题已在 2009 年年底拿出初稿。

七、做好经贸政策的审议、咨询工作

（一）下发了《关于收集 2009 年 WTO 贸易政策审议有关信息的通知》，要求各市州商务局和省内各重点进出口企业对今年 WTO 安排审议的 18 个国家和地区的有关情况进行认真的收集整理。

（二）按月定期向商务部《中国对外经济贸易文告》报送全省有关或影响货物贸易、服务贸易、与贸易有关的知识产权的地方性法规、单行条例、政府规章及规范性文件和其他措施的标准文本。

（三）对省内有关厅局制定出台的经贸政策措施及时提供政策咨询，确保各项经济贸易政策措施的透明度和与世界贸易组织规则的一致性。

八、积极做好进出口公平贸易工作

（一）加强进出口公平贸易救济调查案件应诉协调工作。截至 2009 年年底，我省遭遇国外贸易摩擦案件有 13 起，涉案企业 26 家。针对不同案件的性质和涉案金额，我们及时动员、组织企业积极应诉，采取发文通知和上门服务的方式，逐个企业进行动员，到涉案企业了解情况，指导应诉，帮助解决应诉中的困难和遇到的问题。

（二）组织开展自贸区知识培训。3 月份举办了贸易壁垒调查和自贸区知识培训班，各市州商务主管部门负责公平贸易和世贸工作的同志参加了培训。

（三）联合湖南商学院课题组组织开展了国外贸易壁垒对我省出口影响的调研工作，形成了较为科学翔实的《国外贸易壁垒对我省出口影响抽样调查研究报告》，为我省企业应对国外贸易壁垒和有关部门提供参考。

（四）进一步完善全省进出口公平贸易工作机制。

1. 认真落实《湖南省进出口公平贸易工作规范》，充分发挥市州商务局和企业地积极性、主动性，共同协作做好进出口公平贸易工作。

2. 充分利用厅公众信息网大力宣传公平贸易工作，及时发布贸易摩擦预警信息及贸易摩擦进展情况，广泛宣传公平贸易知识，为企业提供服务和指导。

3. 重点围绕我省应对国外反倾销、反补贴和 337 调查，继续开展贸易摩擦对策研究。

4. 认真做好湖南省进出口公平贸易重点联系企业的相关工作。

（湖南省商务厅）

宁夏回族自治区WTO事务

面对历史罕见的国际金融危机的严重冲击和极其严峻复杂的形势，宁夏商务系统坚持以科学发展观为统领，紧紧围绕全区经济工作，着力发展内陆开放型经济，全力以赴稳外需，加大公共信息服务，积极主动地做好入世后过渡期的应对工作及进出口公平贸易工作。

一、积极开展金融危机形势下力促外贸发展的调研

1. 加强了对重点企业、重点工作的调研，定期召开全区外贸进出口情况通报会，分析当前外贸所面临的形势，解答国家近期出台的相关政策。

2. 撰写了关于我区农产品出口现状及发展对策，就进一步加快宁夏农产品出口提出积极建议。

二、加强入世后贸易便利化研究

1. 开展了与阿拉伯国家经贸合作的研究，利用调研、培训、推介会等载体，对有关阿拉伯国家的贸易政策和市场准入进行宣讲，促进企业理解、把握和用好政策；设立清真食品认证中心并开展了认证培训，扩大与阿拉伯国家的进出口贸易。

2. 大力支持企业开拓中东、非洲、东盟等穆斯林市场，全力拓展国外销售网络的建设，发挥“宁夏产品境外销售中心”的作用，建立与终端用户的直接联系，扩大宁夏产品市场份额和覆盖率。

三、积极应对国际贸易争端，切实维护产业安全

1. 积极组织和指导企业参加了2起涉及宁夏出口商品的反倾销调查。

2. 针对国外技术壁垒，通过SPS机制，积极向商务部、国家质检总局反映，与外方展开交涉，争取依据SPS协定制定科学合理的农药最大残留限量标准。

四、实施产业损害预警机制建设，保障出口畅通

1. 高度重视产业损害预警机制建设。建立了监测企业体系，企业基本掌握了产业损害预警直报系统的报送程序和填报方法，并及时准确地报送监测指标数据，为维护产业安全，提供了必要的依据。

2. 积极与相关部门合作，建立了部门协调、行业主导、企业参与、科技支撑的技术性贸易壁垒预警系统，不断完善国外针对枸杞、牛羊肉、脱水蔬菜等的技术法规、检疫标准信息的收集和国外产品检出预警。

五、积极组织培训，提高基层商务部门维护产业安全的能力

1. 为提高西北地区商务部门对中华人民共和国反垄断法的认识，正确领会反垄断法的立法意图，制止非法垄断行为，充分发挥管理部门的职能作用，保护经营者和消费者的合法权益，维护公平竞争的市场秩序，2009年8月，宁夏商务厅积极承接了商务部反垄断局组织的“西北地区《反垄断法》宣传培训班”。来自陕西、甘肃、青海、新疆、山西、宁夏等省区商务厅和西安、兰州、太原、银川等地市的商务局、有关的律师事务所以及商务部相关部门的40位代表参加了培训班。

2. 为提高企业应对贸易摩擦的能力，组织市县区商务主管部门和相关企业参加了商务部进出口公平贸易局2009年5月在海南省海口市举办的“应对贸易摩擦业务培训班”。通过培训，进一步提高了各级政府、行业组织及企业运用国际通行规则应对贸易摩擦、维护产业安全的能力。

（宁夏回族自治区商务厅）

第六篇　中国 WTO 最新学术成果

●专　著

1. **李萍著．世界贸易组织（WTO）的制度演进分析．北京：中国科学出版社，2009**

〔作者简介〕：李萍（1973—），女，吉林长春人，吉林大学经济学博士，东北财经大学博士后，现为大连大学经济管理学院副教授。

〔内容提要〕：该书以马克思政治经济学为根本依据，在对哈耶克理论进行修正的基础上，以博弈均衡制度观构建起一个制度演进的一般理论框架，并用演化经济学方法对其进行补充和完善，然后运用这一框架对世界贸易组织的演进进行应用分析，因此，具有一定理论意义与实践意义。该书共分五章，内容包括：制度演进的一般逻辑、世界贸易组织（WTO）的制度内涵、世界贸易组织的内生变迁、世界贸易组织外生变迁、世界贸易组织中的发展中国家等。

2. **傅星国著．WTO决策机制的法律与实践．上海：上海人民出版社，2009**

〔作者简介〕：傅星国，商务部世界贸易组织司处长，日本九州大学法学博士，复旦大学经济学博士后。长期从事中国恢复关税与贸易总协定（GATT）缔约方地位和加入世界贸易组织（WTO）谈判工作，参与乌拉圭回合、多哈回合多边贸易谈判。曾任中国常驻联合国日内瓦代表团外交官。参与中国和澳大利亚自由贸易协定谈判并任法律综合组中方组长。参与撰写、翻译、主编的书籍包括《关税与贸易总协定手册》《乌拉圭回合商用指南》《世界贸易组织乌拉圭回合多边贸易谈判结果法律文本》《WTO的未来》及《入世与中国改革开放》等。

〔内容提要〕：WTO决策机制是WTO法律体系的重要组成部分，直接关系到国际贸易新规则的制定和多边贸易体制的发展。目前，WTO决策机制面临着诸多争议。如何解决“一成员一票”的主权平等理念与成员实力不对称的现实之间的矛盾，如何在效率与民主之间取得平衡，使决策结果有助于实现WTO的目标，已成为150多个WTO成员共同面对的挑战。

该书聚焦于WTO决策机制的法律与实践，从实证的角度，通过对协商一致原则、绿屋会议机制、谈判集团及一揽子承诺等核心问题的考察，系统分析WTO法律规定的正式决策机制（应然状态）、WTO法未规定但实际中运用的非正式决策机制（实然状态）以及两者之间的关系，研究WTO决策机制运行的基本特点及发展趋势，并在此基础上为中国有效参与该机制提出若干思路。

3. **程大为著．WTO体系的矛盾分析．北京：中国人民大学出版社，2009**

〔作者简介〕：程大为，博士，中国人民大学经济学院副教授，北京WTO事务中心首席专家。多年来从事与WTO有关的教学、科研和社会咨询等活动。曾作为福布莱特学者在美国斯坦福大学、蒙特雷国际问题研究院学习深造；作为DAAD访问学者在德国蒂宾根大学访问交流。参加了四届部长级会议。曾访问日内瓦WTO总部，此后多次参与WTO及相关会议。曾在欧盟贸易委员会、斯德哥尔摩国家贸易委员会做访问工作。多年来，还曾访问日本、澳大利亚、厄瓜多尔、新加坡、马来西亚、中国台湾等国家和地区，目睹了全球贸易体系之现状，走访了世界各地与WTO有关的官员、学者。已出版多部专著和发表学术论文数十篇。

〔内容提要〕：该书对WTO现有问题做了全面的、切身的观察，并把这种观察用历史的、唯物的哲学方法梳理出来，尝试把人们对于WTO的认识提高到哲学境界。首先概括出WTO体系的主要矛盾和基本矛盾，然后运用矛盾同一性和斗争性原理，揭示出WTO基本矛盾平衡规律，以及在这个规律的作用下，新的WTO体系的产生。该书最后着重分析了中国在构建新的WTO体系中的利益，诠释了中国和谐观影响世界的路径。

4. 曲延英著．WTO贸易政策审议机制研究．上海：上海三联书店，2009

〔作者简介〕：曲延英，女，1969年2月生，山东烟台人。1990年于山东大学信息学系毕业，获理学学士学位；1997年于华东师范大学信息学系毕业，获理学硕士学位，并于同年进入上海对外贸易学院金融管理学院任教至今；2002年考入华东师范大学商学院博士研究生，师从唐海燕教授，于2006年获经济学博士学位。现任上海对外贸易学院副教授，任教期间曾赴加拿大Douglas College、英国Durham University做访问学者。目前在核心期刊上发表论文10余篇，主要从事贸易政策、金融市场等方面研究。

〔内容提要〕：该书选取从经济学和国际政治经济学的独特视角来对贸易政策审议机制进行研究，围绕"贸易政策审议机制的贸易政策效应"问题展开讨论，剖析了贸易政策审议机制的产生原因、作用机理、贸易政策理论与现实效应等问题。这些都是对已有文献大多从法学视角进行研究的一个有意义的拓展与尝试。受国际政治谈判的"双层博弈"模型的启发，作者在书中建立了一个初步的分析框架，从贸易政策制定的国内过程与国际过程两个层面来分析贸易政策审议机制对成员贸易政策的效应问题，这是对贸易政策审议机制的贸易政策效应问题的一个富有价值的研究框架。

5. 张德修著．WTO：规则·运行·案例．北京：中国发展出版社，2009

〔作者简介〕：张德修，经济学博士，北京大学教授，博士生导师，享受国务院特殊津贴。1959年毕业于苏联莫斯科大学经济系，同年到北京大学经济系任教。历任北京大学国际经济系副主任，北京大学国际经济研究所所长，院、校学术委员会委员，校学术委员会学术职称评审组副组长，《经济科学》副主编。主要从事经济转轨国际比较、中国对外经贸政策、国际直接投资、WTO规则与运行机制等方面的教学与研究，迄今指导博士生硕士生100余名。发表学术论文100余篇。出版专著、译著近30部。应邀赴美国、日本、欧洲国家及我国香港、澳门和台湾访问、讲学、做学术报告。

〔内容提要〕：该书共分14个章节，主要对WTO的规则、WTO的运行作了介绍，具体内容包括WTO成立前原GATT的签署及其主要内容、WTO与国际经济合作格局及理论的变化、WTO与贸易有关的知识产权保护规则与例外规定、WTO的争端解决机制等。

6. 徐珊珊著．多边贸易体制下海关确定成交价格的法律问题．北京：法律出版社，2009

〔作者简介〕：徐珊珊，法学博士，上海海华永泰律师事务所高级合伙人。复旦大学国际经济法专业法学博士，美国波士顿大学公司法与证券法专业法学硕士，江西财经大学经济学学士、法学学士。中国法学会会员，上海法学会会员。2007年起被复旦大学管理学院中挪BI合作项目聘为讲师，为前来中国寻求商机的挪威学子开设《中国商法》。2009年起被上海交通大学聘为兼职硕士生导师。

〔内容提要〕：该书内容包括：海关估价方法的基本理论、成交价格法在东京回合的复兴及其隐含的困境之根源、WTO多边贸易体制下发展中国家实施成交价格法陷入困境、对通过界定实体概念以摆脱困境的研究、对通过设计执法制度以摆脱困境的研究、对通过重构司法审查标准以摆脱困境的研究。

7. 单一著．WTO框架下补贴与反补贴法律制度与实务．北京：法律出版社，2009

〔作者简介〕：单一，国际法博士，先后毕业于中国政法大学、英国埃克塞特大学、华东政法大学，一直攻读国际经济法专业。曾于美国乔治城大学作为访问学者，专门从事WTO问题研究。现任商务部进出口公平贸易局副处长，长期从事贸易救济调查工作，并参与WTO多哈规则等多边和双边贸易救济谈判和立法等。在《法律适用》《中国仲裁》和《中国律师》等刊物上发表文章数篇，参编若干法律实务及研究生教材等书籍。

〔内容提要〕：该书全面系统地论述了WTO补贴与反补贴规则的基本理论和重要法律问题，深刻剖析了WTO相关案例及各成员方国内法律实践，并结合全球反补贴最新动向，对成员方实施反补贴措施存在的问题进行了深入评述，对中国国际贸易法律的理论与实践具有重要意义。其内容包括补贴与反补贴措施的理论基础与法制演变、补贴认定标准的法律问题研究、禁止性补贴的法律研究、可诉补贴的法律研究、补贴的损害认定及因果关系研究、反补贴措施的有关问题等。

8. 吴玲琍编著．WTO体制下的绿色贸易壁垒法律问题研究．北京：中国政法大学出版社，2009

〔作者简介〕：吴玲琍，女，1963年出生，甘肃政法学院法学院副教授（院聘教授），经济法学科带头人，中国国际经济法学会理事。长期从事国际经济法、海商法的教学和理论研究工作，主要研究方向为国际贸易法以及世贸组织法。主编及参与编写了《国际经济法学》《国际经济法》《关税与贸易总协定手册》等，发表论文30余篇。

〔内容提要〕：引起绿色贸易壁垒的根本原因是国家对本国经济和市场的保护，它是通过国际贸易的管制手段来实现的。国际贸易管制是指国家或国际经济组织为了特定的经济和政治目的，通过国内立法或缔结国际条约，限制外国或非成员国产品进口或本国产品出口的法律制度。该书主要内容包括国际贸易管制、世界贸易组织的规则、世界贸易组织的基本原则、非关税壁垒协议、国际技术贸易法概述、绿色贸易壁垒法律制度。

9. 宋和平主编．WTO多边规则与反倾销立案研究．上海：同济大学出版社，2009

〔作者简介〕：宋和平，男，1954年4月生，辽宁省沈阳市人，吉林大学法学博士。曾任国家经贸委产业损害调查局副局长、商务部产业损害调查局副局长，现任产业损害调查局巡视员。

〔内容提要〕：该书是中国入世以来对反倾销立案规则研究的第一本专著。该书作者凭借对WTO规则的深入了解以及在应对各国反倾销中的丰富实践，既从申诉和应诉两个对立面，深入浅出地探讨了反倾销立案规则的双重性：即实体从简和程序从严；又从WTO规则的统一性和各国规则的多样性等不同层面，细致入微地展示出反倾销立案领域的大千世界。故无论是企业家、律师、官员还是学者，皆可从中获得裨益。

10. 王传丽著．WTO农业协定与农产品贸易规则．北京：北京大学出版社，2009

〔作者简介〕：王传丽，女，法学博士，中国政法大学国际经济法研究中心主任、教授、博士生导师。曾任中国政法大学国际法学院院长，兼任中国国际经济法学会副会长、中国法学会国际经济法学研究会副会长、中国法学会世界贸易组织法研究会副会长、北京国际法学会副会长、国家认证认可监督管理委员会认证认可专家咨询委员会成员、北京市政府专家顾问、中国国际经济贸易仲裁委员会仲裁员、北京仲裁委员会仲裁员等。主要研究方向为国际经济法、国际贸易法。

〔内容提要〕：该书在全面考察农产品贸易现状的基础上，对WTO《农业协定》和农产品贸易规则以及与之密切相关的国际协定对农产品贸易产生的影响和相关法律规定进行分析，指出目前国际上，特别是中国农产品贸易中存在的主要法律障碍。通过对主要发达国家和发展中国家农产品贸易政策和立法的比较分析，探讨农产品贸易规则发展的规律。并对WTO已处理的农产品贸易争端进行了较为全面深入的分析与研究，从中归纳出农产品贸易争端及解决的特点和发展趋势，剖析各成员处理农产品贸易争端的成功经验与教训，以期对我国处理相关贸易摩擦提供指导和借鉴。该书分为七章，内容包括WTO农业协定、新一轮农业谈判、WTO有关农产品贸易的相关协定、农业知识产权、主要国家农产品贸易政策与立法实践等。

11. 甘瑛著．WTO补贴与反补贴法律与实践研究．北京：法律出版社，2009

〔作者简介〕：甘瑛，女，华东政法大学国际法学院副教授，对外经济贸易大学法学学士、法学硕士，厦门大学法学博士，比利时根特大学法学院“欧盟法与比较法”硕士。曾作为访问教授赴美国南卡罗来纳大学法学院讲学。在多种刊物上发表中英文论文十多篇，并独立承担或参与多个上海市市级课题和国家级课题研究。同时，作者还参编多部教材。

〔内容提要〕：自WTO成立以来，补贴与反补贴领域的争端就层出不穷，成为涉案最多、问题最复杂的领域之一。这一领域近年来日新月异地快速发展，令人感叹掌握WTO补贴与反补贴法律与实践的不易。正是基于此点，笔者认为极有必要抓住最新进展，对之进行全面的逻辑梳理与论证，以助于中国政府和企业充分掌握和运用之对付2004年至今其他 WTO 成员掀起的对华反补贴强劲浪潮。

该书内容包括：WTO 补贴与反补贴法律框架总论、WTO 补贴法律规则与实践、WTO 反补贴多边救济法律规则与实践、WTO 反补贴多边救济法律规则与实践等。

12. 张汉林著．WTO 主要成员贸易政策体系与对策研究．北京：经济科学出版社，2009

〔作者简介〕：张汉林，经济学博士，对外经济贸易大学教授、博士生导师，全国人文社科重点研究基地——中国 WTO 研究院院长，中国国际经济贸易仲裁委员会仲裁员，国务院发展研究中心港澳研究所高级研究员，中共中央和国务院台办兼职研究员，中央党校、国家行政学院、国家法官学院兼职教授。长期从事世界经济贸易、WTO 的研究工作，多次获得省部级科研奖励。1998 年获全国第六届“霍英东青年教师教育基金奖”，1999 年入选“国家百千万人才工程”第一、二层次人才；2000 年，被评为全国高等院校“跨世纪优秀人才”。

〔内容提要〕：该书通过经济学、政治学、法学等多个视角，对 WTO 的主要成员以及中国的主要贸易伙伴的贸易政策体系进行研究，剖析 WTO 主要成员贸易政策体系的形成、运行及影响，更好地揭示贸易政策体系的本质，并将着眼点放在中国的对策上，对中国的贸易政策及相关对策的制定和执行具有重要的现实意义。

在此基础上，综合考虑各种因素，对新形势下中国贸易政策体系发展与完善的途径和模式进行深入探讨，建立了中国贸易政策体系绩效评估模型。同时借鉴 WTO 主要成员贸易摩擦预警与争端解决机制的经验，对中国对外贸易摩擦预警与争端解决机制的建立与完善提供了综合性的解决方案。

13. 张艳著．WTO 协议与中国民事司法制度的完善．北京：北京大学出版社，2009

〔作者简介〕：张艳，法学博士，2002—2004 年在中国人民大学经济学院博士后流动站工作，现为北京工商大学法学院副教授，北京市中青年骨干教师，加拿大阿尔伯塔大学访问学者。著有三部专著，参与编写教材、著作十余部，发表论文二十余篇。

〔内容提要〕：该书以 WTO 协议对成员方司法制度的要求为主线，落脚点在中国民事司法制度的完善问题。在探究 WTO 司法透明化立法原意的基础上，该书讨论了司法透明化在我国的实现问题，考察了 TRIPs 协议有关程序滥用的规定和两大法系国家的相关制度。该书还对专家组断案模式进行了历史分析与运行机制分析，然后通过对我国人民陪审员制运行机制的分析，对中国陪审制度的完善提出了构想。该书认为，在 WTO 协议的国内适用问题上，我国法院应仅在 WTO 协议与我国国内法相一致的范围内适用该协议。

14. 李仲周著．亲历世贸谈判．上海：上海人民出版社，2009

〔作者简介〕：李仲周，1965 年毕业于北京外贸学院，后进入中国对外贸易部，至今从事国际经贸工作 43 年，其间在联合国贸易和发展会议任职 13 年。1987 年，中国复关谈判开始，回国参加复关谈判代表团，任中国对外贸易经济合作部国际经贸关系司关贸处处长，专门负责复关和乌拉圭回合谈判。1992 年起升任外经贸部国际经贸关系司副司长、司长。1997 年被任命为常驻联合国日内瓦办事处及驻瑞士其他国际机构副代表。1999 年重返联合国贸发会议秘书处任贸易效率司副司长、代司长。着手创办《E-commerce and Development Report》（电子商务和发展年度报告）。2004 年受聘，任中欧世贸项目办首席世贸专家。

〔内容提要〕：该书从入世谈判者的角度，以翔实的第一手资料反映了我国加入 WTO 的整个过程，同时也从一个学者的角度，对经济全球化中中国融入国际社会的战略和策略做了认真的思考。该书分为九章，内容包括：中国复关谈判背景和凝聚多边贸易体系共识、中国力促多哈回合成功、中国为争取更公平合理的多边贸易体系而奋斗等。

15. 杨松主编．WTO 与中国经济法制度的发展．北京：法律出版社，2009

〔作者简介〕：杨松，法学博士，辽宁大学法学院教授、博士生导师，辽宁大学经济法博士点学科带头人，教育部 2006—2010 年法学学科教学指导委员会委员，中国国际经济贸易仲裁委员会仲裁员。发表论文多篇。

〔内容提要〕：该书以中国加入 WTO 七周年为切入点，通过分析 WTO 这一重要的国际条约给中国国内的经济法律制度带来的机遇和挑战，从经济法基础理论、宏观调控法、市场规制法、资源环境法、社会保障法等领域研究了中国当下经济法律的立法走向、实施效果及其社会功能。

16. **田玉红著.WTO框架下中国贸易政策与产业政策的协调.北京：人民出版社，2009**

〔**作者简介**〕：田玉红，作者任教于东北财经大学国际经济贸易学院，获法学硕士、经济学博士学位。一直从事国际经济贸易关系、中国及国际贸易政策发展和国际贸易法等领域的教学和研究工作，主要研究方向为有关WTO的经济贸易政策法规、WTO的争端解决、外国对华贸易摩擦。曾发表各类学术研究文章十余篇，并获得省市研究成果奖2项；曾主持省级课题3项。

〔**内容提要**〕：该书在WTO框架下将贸易政策与产业政策两个政策领域有机地结合起来，分析探讨了中国进行贸易政策与产业政策协调的理论基础、协调过程中存在的体制性问题和结构性问题，在部分重要产业领域中的协调障碍和问题以及贸易救济政策与产业安全保障政策之间的协调问题等。本文不仅在理论上探寻贸易政策与产业政策协调的必要性，同时结合贸易争端案例和产业特点分析贸易政策与产业政策在具体实践中的协调问题，最终提出在WTO框架下中国进行贸易政策与产业政策协调的路径选择。

该书共分8章，包括WTO框架下贸易政策与产业政策的协调及其作用机理、WTO框架下中国贸易政策与产业政策协调的体制性与结构性问题分析等内容。

17. **陈咏梅著.WTO贸易政策评审机制法律问题研究.北京：中国检察出版社，2009**

〔**作者简介**〕：陈咏梅，女，四川南充人，1969年2月出生，1990年毕业于西南政法学院经济法系，获得法学学士学位；1991年毕业于华东政法学院英语师资班，并于同年回西南政法学院任教；1995年在职攻读西南政法大学经济法专业涉外经济法方向硕士研究生，1999年取得硕士学位；2004年在职攻读西南政法大学国际法专业国际经济法方向博士研究生，2007年取得博士学位；2007—2008年赴澳大利亚邦德大学访问；现为西南政法大学副教授、硕士研究生导师。主要研究国际经济法、国际贸易法、国际投资法、WTO法。在《现代法学》《求索》《西北师大学报》等国内期刊上发表专业学术论文二十余篇，在国外期刊《Bond Law Review》上发表专业学术论文1篇；参编著作1部、教材2部、教辅3部、译著1部、工具书4部。公开发表学术成果约80余万字。

〔**内容提要**〕：该书首先理清了WTO的贸易政策及其评审机制的功能、价值，分析视野广泛，从经济学、哲学等多视角对论题进行论证，较为深入、系统地阐述了作者自己的见解，突出了对贸易政策评审机制功能的论证，反映了作者具有比较敏锐的学术观察力，进而又研究了贸易政策评审机制的地位、实体规范、程序规范和实践，综合运用了比较分析、实证分析、历史分析等研究方法，对贸易政策评审机制的相关法律问题做了比较精到的析解。最后作者就我国面临评审应采取的对策，阐发了有价值的建议。

该书共6章，内容包括WTO贸易政策及其评审机制、WTO贸易政策评审机制实体规范、WTO贸易政策评审实证剖析等。

18. **韩立余著.既往不咎：WTO争端解决机制研究.北京：北京大学出版社，2009**

〔**作者简介**〕：韩立余，法学博士，中国人民大学法学院副教授、国际法教研室主任，中国法学会世界贸易组织研究会副秘书长，中国国际经济法研究会理事。主要从事国际经济法的教学与研究工作。作为外贸法专家广泛、深入地参与了《中华人民共和国对外贸易法》的修改工作，承担国家社会科学基金项目“WTO争端解决机制研究”及多项科研项目的研究。已出版著作10余本（其中专著8本，合著1本，主编4本译著本），在各类学术刊物上发表论文30余篇。

〔**内容提要**〕：我国加入WTO以来的实践表明，随着国际形势的变化和对外贸易的发展，我国将更多地成为其他WTO成员的起诉对象。这种局面要求我国进一步加强对WTO争端解决机制的研究，更积极地通过争端解决机制来解决与其他成员的贸易争端。

目前我国对世界贸易组织争端解决制度的研究，尽管取得了一定的成果，但还需要深化，需要对制度层面的一些深层次问题，对该制度的最新发展，深入地持续地研究。该书正是在现有研究基础上的最新、最全面成果。

该书共分为四大部分：制度篇、程序篇、技术篇和展望篇。紧紧围绕组织特点、义务性质和救济手段这三大核心问题进行研究，并且对我国未来如何参与WTO争端解决机制提出了建议。另外，对世界贸易组织审结的争端进行汇总，作为附件，为读者了解、检索实际案件、为相关部门决策提供支持和便利。

19. **龚柏华主编．WTO争端解决与中国（第一卷）．上海：上海人民出版社**，2009

〔**作者简介**〕：毕业于复旦大学国际政治系，获法学学士学位，法律学系国际法专业获法学硕士学位；留学美国乔治敦大学法律中心，获法学硕士学位；密西根大学法学院、德国康斯坦茨大学访问学者；教授、硕士生导师；中国法学会WTO研究会理事，上海市法学会国际法研究会干事，兼上海市WTO事务咨询中心信息部主任。主要研究领域：国际法、世界贸易组织法、国际金融法。

〔**内容提要**〕：中国参与WTO争端解决机制实践述评；“中国——影响汽车零部件进口措施案”；“中国——影响知识产权保护和实施的措施案”；WTO争端解决上诉机构2008年度活动概述；有关WTO争端解决文献目录汇集。共五部分。

20. **姚文胜著．政府采购法律制度研究．北京：法律出版社**，2009

〔**作者简介**〕：姚文胜，广东汕头人，1994年毕业于深圳大学法律系，2001年毕业于厦门大学，获民商法学硕士学位，2008年毕业于武汉大学，获民商法学博士学位。现任职于深圳市党政机关，深圳大学法学院客座研究员，研究领域主要为政府采购、廉政建设及政府法治建设。曾主持深圳市“十五”规划社会科学重点课题研究，任课题组长（已结题）。2000年获深圳市第三届（1995—2000年）社会科学优秀成果优秀论文奖。1995年起先后在《中国法学》《中国纪检监察报》《法院报》《深圳大学学报（人文学科版）》和《深圳特区报（理论版）》等报刊上发表论文十几篇，其中多篇被中国人民大学报刊复印资料、中国社会科学文摘、新华网、人民网等权威刊物、权威网站全文转载或摘转。

〔**内容提要**〕：政府采购是指各级政府及其所属机构为了开展日常政务活动或为公众提供公共服务的需要，在财政的监督下，以法定的方式、方法和程序，对货物、工程或服务的购买。本文从民商法的视角，审视我国的政府采购法律制度，对亟待解决的两个论题进行研究：一是什么是政府采购制度，二是如何构建及完善我国的政府采购制度。该书共分为七章。

21. **刘凯旋著．反倾销：法理规则与会计证据．北京：中国经济出版社**，2009

〔**作者简介**〕：刘凯旋，男，湖南湘潭县人，中国注册会计师，曾在湖南南天股份有限公司、株洲天泰会计师事务所等单位从事会计和审计实务工作，现为中南林业科技大学商学院副教授。在《国家教育行政学院学报》《经济问题》《财会月刊》等专业刊物上发表学术论文近30篇，主编21世纪管理类核心课程规划教材3部，主持省厅、省部级科研项目各1项，参与国家社科基金项目1项。研究方向：会计本质、现代会计及审计理论与方法、现代企业成本管理。

〔**内容提要**〕：会计与经济从来就是联系在一起的，反倾销不是单纯的法律问题，而是体现在既定法律程序下的会计纷争，会计作为国际通用商业语言，其所提供的会计信息在反倾销中起着至关重要的作用。因此，如何从会计角度来应对和解决反倾销问题，为反倾销应诉提供会计信息支持，提高反倾销应诉中会计举证的作用，降低对我国出口企业的反倾销威胁，是会计界面临的重要课题和紧迫任务。

该书内容包括：倾销与反倾销概述、反倾销调查程序、反倾销主要措施、反倾销会计理论架构、反倾销应诉的会计举证、会计准则与反倾销的沟通等。

22. **廖秀健著．美国对华反倾销法经济学研究：以农产品的反倾销为例．长沙：湖南人民出版社**，2009

〔**作者简介**〕：廖秀健，男，四川什邡人，西南政法大学法律硕士，华中农业大学管理学博士，湖南农业大学农业科技服务与管理专业博士后；九三学社湖南省委委员；北京市赵湘宁律师事务所律师。主要研究领域为法经济学、行政法学、国际商法、农业政策与法规。出版多部专著和教材，在各类权威核心期刊发表论文30余篇，主持、参与国家、省部级课题研究6项。

〔内容提要〕：该书对美国对华反倾销问题及其对我国的经济、贸易救济政策影响作了全面的法经济学分析。内容包括：倾销与反倾销的法经济学分析、美国反倾销法律规划及其经济分析、美国反倾销立法对中国的影响、美国非市场经济地位政策对中国的影响等。

23. 朱庆华著．反倾销、贸易保护与公共利益．北京：中国财政经济出版社，2009

〔作者简介〕：朱庆华，男，山东博兴人。2004年7月自中国财政部财政科学研究所毕业，获得经济学博士学位。2007年10月在中国社会科学院财政与贸易经济研究所完成博士后研究。现任山东财政学院国际经贸学院副院长，教授，国际贸易学科学术带头人，硕士研究生导师，兼任山东科技大学博士生导师。研究方向为国际贸易政策、贸易与环境问题。近年来在专业核心期刊发表学术论文30余篇，主持和参与完成省部级以上科研课题10余项，对反倾销问题有较为深入的研究。

〔内容提要〕：该书作者以美国和欧盟（欧共体）反倾销法规与实践为重点，对反倾销制度、规则、实施过程与效果进行分析，说明反倾销已经背离维护公平竞争的初衷，实际成为进口国向国内进口竞争产业提供不合理保护的手段，是一种变相的贸易保护主义措施。滥用反倾销措施，不仅损害本国下游厂商和消费者的利益，而且损害出口国的正当贸易利益，恶化世界贸易环境，侵害世界贸易自由化的成果，必须予以反对与遏制。在此基础上，作者分析了中国反倾销措施的实施情况，强调关注反倾销措施对经济的负面影响，就落实反倾销公共利益原则构建规则框架。

24. 杨悦著．反倾销行为的价格效应及决策体系．北京：中国传媒大学出版社，2009

〔作者简介〕：杨悦，河北省秦皇岛市人。2008年6月毕业于北京理工大学，获管理学博士学位。现任职于中国传媒大学媒体管理学院工商管理系，讲师，为本科生开设管理学原理、人力资源管理、经营管理诊断等课程，为研究生开设现代管理理论研究课程。主要研究方向为市场竞争与产业政策、贸易救济。在国内核心期刊发表论文10余篇，在国际会议上发表论文4篇，其中3篇被EI检索。主持省部级课题3项，参与国家及省部级课题多项。

〔内容提要〕：该书主要从国内中间品生产企业在面临进口倾销时的决策入手，分析了不同条件下企业应采取的反倾销行为，并以国民经济中重要中间产品的提供者——钢压延加工业为例，研究了反倾销行为的价格直接效应和价格传递效应的规模和方向。

25. 沈国兵著．反倾销等贸易壁垒与中美双边贸易问题．北京：中国财政经济出版社，2009

〔作者简介〕：沈国兵，男，1972年生，经济学博士，理论经济学博士后，复旦大学经济学院副教授，复旦大学世界经济研究所研究员。研究方向为国际经济与贸易和国际金融。已发表论文10篇，出版学术专著2部，主编教材2部，参与编著3部。主持完成国家社会科学基金项目1项、上海市哲学社会科学规划项目1项、上海市政府决策咨询项目1项。在研国家社会科学基金项目1项、教育部人文社会科学重点研究基地重大项目1项。获得上海市哲学社会科学优秀成果奖、安子介国际贸易研究奖优秀论文奖等省部级奖励6项。2008—2009年度在英国诺丁汉大学SCCS做一年学术访问研究。

〔内容提要〕：该书围绕“反倾销等贸易壁垒与中美双边贸易问题”，选取反倾销贸易摩擦和知识产权保护作为研究切入点，运用理论模型、案例分析、比较分析及计量方法，重点探究了反倾销贸易摩擦及知识产权保护与中美双边贸易问题，并提出了科学的应对策略。在此基础上，主张将反倾销等贸易壁垒与中美双边贸易问题研究的目标最终落脚到实现中国外贸发展战略选择的转变之上。该书分为导论及主体部分，共十章。

26. 米家龙著．中国反倾销、反补贴和保障措施制度的完善研究．北京：中国经济科学出版社，2009

〔作者简介〕：米家龙，男，经济学硕士，讲师。现为湖南涉外经济学院国际贸易实务教研室主任，“国际贸易学”湖南省省级重点建设学科、“国际贸易实务”湖南省省级精品课程和“国际贸易实务教研室”湖南省省级优秀教研室的主要成员。先后主持和参与了省部级、厅级课题10多项；撰写学术专著2部，参与编写教材8本；在《国际经贸探索》《湖湘论坛》等学术期刊上公开发表论文20多篇。

〔内容提要〕：该书对WTO框架下中国反倾销、反补贴和保障措施制度进行了详细的分析和阐述，在剖析了中国现行反倾销、反补贴和保障措施制度存在问题的基础上，着重提出了完善中国反倾销、反补贴和保障措施制度的政策建议，以促进中国反倾销、反补贴与保障措施制度的发展，维护公平的国际贸易秩序和保护中国在WTO框架内的合法权益。全书分为上、中、下三篇。包括：WTO反倾销制度与中国反倾销制度之完善、WTO反补贴制度与中国反补贴制度之完善和WTO保障措施制度与中国保障措施制度之完善。

27. **马忠法著．美国对中国反倾销案例研究：轻工业含家电、电子及纺织品类产品案例．上海：复旦大学出版社，2009**

〔作者简介〕：马忠法，男，安徽滁州人，法学博士（国际法学专业），现任职于复旦大学法学院，副教授。主要研究领域：国际经济法。自1997年起先后发表学术论文约70篇，计70万字左右；出版专著1部，约49万字，该书于2008年10月获上海市第九届哲学社会科学优秀成果著作类三等奖；独译著作1部，合译著作2部。

〔内容提要〕：该书通过1999年以来美国对中国在轻工业（含家电、电子及纺织品等）类产品的反倾销案例研究，意在揭示美国反倾销立法和实践的一些特点和规律，为我国企业如何应对美国反倾销和政府部门的立法提供对策和建议。

28. **邓建志著．WTO框架下中国知识产权行政保护．北京：知识产权出版社，2009**

〔作者简介〕：邓建志，湖南桃江人，博士，湖南师范大学法学院副教授，研究方向为知识产权。独立主持国家知识产权局软科学研究项目等课题6项，应邀在上海、江苏等地主办的大型学术论坛作知识产权学术专题演讲4次，参编《知识产权法学》教材1部，在《中国软科学》《法学》《知识产权》《电子知识产权》《中国知识产权报》等公开发表论文近20篇，并有多篇获奖。

〔内容提要〕：该书论述了我国知识产权行政保护的基础理论、特色内容、现状与趋势以及创新机制，还对外国知识产权行政保护制度和WTO对知识产权行政保护的规定与基本态度作了介绍，并以2010年上海世博会为例对我国知识产权行政保护进行个案研究。

29. **卜海著．国际经济中的补贴与反补贴．北京：中国经济出版社，2009**

〔作者简介〕：卜海，男，江苏高邮人。南京师范大学商学院教授。长期从事西方经济学、国际贸易理论和政策研究。主要学术兼职有中国WTO专家委员会委员、中华外国经济学说研究会理事、中国世界经济学会理事、江苏省民营经济研究会顾问、江苏省企业发展与管理学会学术委员会主任、江苏省外国经济学说研究会副会长兼秘书长、江苏省世界经济学会常务理事等。著有专著、教材26部，发表学术论文180多篇。

〔内容提要〕：该书从概念和效应两个方面对补贴进行界定，从法律、程序和内容三个方面对反补贴进行介绍分析和规范，并以认定和测度两个关键性的问题进行深入研究；针对因补贴而引起的补救措施进行分析，并选取当代反补贴和“双反”调查的主要发起国及其他重要国家的反补贴法律进行比较分析。

30. **范涛著．反倾销的经济影响：对中国的分析．北京：人民出版社，2009**

〔作者简介〕：范涛，男，南开大学国际经济贸易系副教授、博士，系主任助理。两次获得安子介国际贸易研究奖优秀论文奖，三次获得中国国际贸易学会优秀论文奖；出版学术专著和教材数本，在国内外学术刊物发表论文多篇。

〔内容提要〕：该书从分析倾销和反倾销的基本理论问题入手，在介绍了反倾销的基本法律问题之后，重点分析了中国对外反倾销的经济影响和中国遭受反倾销与对外直接投资的关系。该书将法律问题与经济分析相结合，并在此基础上提出了对策建议。在研究过程中，我们采用理论分析与经验研究相结合、描述性统计分析与计量检验相结合的方法，力求做到准确和客观。全书共分六章，分别是：倾销和反倾销的基本理论问题与文献综述；反倾销程序、措施与确定构成倾销的标准；中国对外反倾销的经济影响（描述性统计分析）；中国对外反倾销的经济影响（计量检验）；中国遭受反倾销与对外直接投资的关系：对策建议。

31. **戴启秀著．欧盟反倾销法及其对中国实施类型：以1993—2002年案例为例．上海：同济大学出版社，2009**

〔**作者简介**〕：戴启秀，留德硕士，副研究员。硕士生导师，现任上海外国语大学国际关系与外交事务研究院副院长。上海欧洲学会、上海国际关系学会、中国欧洲学会德国研究会理事。主要从事德国研究和欧盟研究，开设课程：近代国际关系史、欧洲研究。独立承担国家和省部级项目共4项，参与项目2项。发表论文46篇，专著1部，参编专著2部。2006年荣获上海市社会科学界联合会授予的“2003至2005年度上海市社会科学学会优秀工作者”称号。

〔**内容提要**〕：该书由四部分组成：第一部分以阐述欧盟反倾销法的法律渊源和框架为主。分四个内容层次：第一和第二层次分别阐述欧盟反倾销法所具有的法源国际性和法源欧洲性：第三层次解读欧盟反倾销法的实体规则和程序规则。在此基础上，第四层次厘清欧盟对非欧盟成员国进行市场经济国家和非市场经济国家划分的法律原则。第二部分主要评析欧盟对中国实施反倾销措施的案例，并总结出了三种类型、三种不同的正常价值计算方式和三种不同的结果。将众多的案例归类分为三种常见类型，简化了对错综复杂案例的理解和解释。第三部分对案例进行了总体评估和原因分析，从宏观层面和微观案例层面归纳和分析了欧盟对华实施反倾销措施的主要原因、主要方法和案例中列举的主要理由，并相应提出了中国应对欧盟反倾销措施的16条对策和建议。第四部分展望和探析了中欧贸易发展面临的新挑战和发展趋势。

32. **钟根元著．优化反倾销税率研究——基于社会福利最大化．上海：上海交通大学出版社，2009**

〔**作者简介**〕：钟根元，国际金融专业硕士，国际贸易专业博士。现执教于上海交通大学安泰经济与管理学院国际经济与贸易课程组。

〔**内容提要**〕：该书建立考虑了各种因素影响的反倾销税率的优化模型，可以为我国政府部门确定合理的反倾销税率提供理论依据，以避免过低的税率不能有效防止国外的倾销及过高的税率导致的贸易摩擦。

● 学术论文

➤ 多边贸易体制

1. 战后多边贸易体制六十周年的反思与前瞻——以“全球公共物品”为视角．黄志雄．法学评论，2009/01

〔作者简介〕：武汉大学国际法研究所副教授，法学博士。

〔内容提要〕：过去60年中，多边贸易体制在推动全球经济增长、促进国际贸易法治、深化多边主义合作等方面体现了重要的全球公共物品色彩，同时也由于该体制内效率和公平价值的失衡、权力结构的改变、非政府组织的崛起以及“区域公共物品”的竞争等因素而面临种种挑战。在新的国际贸易环境下，多边贸易体制应当正视自身的使命和不足，更好地履行作为全球公共物品的职责。

2. 论经济全球化时代WTO对国际经济法的创新．郑玲丽．法学评论，2009/01

〔作者简介〕：南方师范大学法学院讲师，法学博士。

〔内容提要〕：经济全球化下诞生的世界经济三大支柱，带来了全球范围的法制变革，由此也就奠定了国际经贸法制体系构建的组织基础。WTO在经济全球化的大背景下，对国际经济法进行了若干变革和创新，而国际经济法的嬗变又为经济全球化提供了制度基础和法律保障。与此同时，经济全球化时代国际经济法也面临着严峻的挑战。WTO必须积极应对挑战，制定并有效实施一套能驾驭经济全球化的国际经贸制度安排。

3. WTO“新成员”法律地位论析．徐泉．法学评论，2009/02

〔作者简介〕：西南政法大学经济贸易法学院教授，法学博士。

〔内容提要〕：WTO体制中“新成员”问题的产生具有重大的理论与现实意义。中国提出“新成员”问题是缘于加入WTO过程中利益减让的现实考量。“新成员”法律地位问题的产生，从一个侧面表明在多边贸易体制中成员利益集团化趋势已向更深层面发展。就经贸外交战略而言，中国在以发展中国家成员定位的基础之上，增加了更加务实的作为“新成员”的策略选择，这种双重定位的经贸外交战略，是中国积极维护经济主权对主动参与多边贸易体制规则制定的有效回应。

4. 宪政式制衡还是多边化制度下的均衡？——基于结构与功能关系的WTO动态分析模型．钟付和．现代法学，2009/04

〔作者简介〕：华侨大学法学院副教授，厦门大学法学院国际法专业博士生。

〔内容提要〕：西方学者主张的宪政模式论将WTO治理结构与国家政体进行理论上的比拟，倾向于将其塑造成宪政体制。宪政模式论能否成立，关键在于对WTO立法体制及争端解决机制（DSM）性质的理解。WTO立法体制的核心功能是协调，现有实践表明它是一个多边体制；同时，其争端解决机制地位从属于立法，在实证层次，WTO治理结构并不支持DSM的司法性质，DSM不可能构成宪政体制应有的司法之维；因此，虽然WTO某些法律功能具有内国宪法的特征，但总体上其治理结构的性质还不足以构成一个自足的宪政体系，宪政论的制衡模式观点难以在WTO的实践中成立。

5. WTO特殊与差别待遇的法律效力辨析．穆忠和．国际贸易，2009/05

〔作者简介〕：商务部WTO司。

〔内容提要〕：该文从S&D条款的法律措辞入手，对其法律效力进行辨析，从而为发展中国家提供相关的法理支持。并对发展中国家参与多哈回合S&D议题谈判提出建议。

6. **金融危机中 WTO 多边贸易体制的价值．陈泰锋．国际经济合作，2009/05**

〔作者简介〕：清华大学国情研究中心博士后，对外经济贸易大学博士。

〔内容提要〕：作者总结了 WTO 应对金融危机所起到的六种价值：通过多咱途径和渠道呼吁反对贸易保护主义、通过政策审议对贸易保护主义措施实施监督、通过“促贸援助”增强发展中国空的贸易自由化能力、通过呼吁贸易融资为全球贸易自由化提供资金保证、通过争端解决机制对贸易保护主义国家实施制裁、通过推动多哈回合谈判提振各国对世界经济复苏的信心。

7. **WTO 反补贴规则与国民待遇原则的适用关系．佟占军．经济经纬，2009/05**

〔作者简介〕：清华大学法学院。

〔内容提要〕：反补贴规则和国民待遇原则是 WTO 的重要组成部分。二者在要件、能否被用作贸易保护工具、客体、功能等方面存在差异。因此，反补贴规则与 GATT、TRIMS、GATS、GPA 和《中国入世议定书》项下的国民待遇的适用关系各有特点。有时反补贴措施和国民待遇原则可以同时适用；有时反补贴措施和国民待遇原则可以指向同一种行为，但二者的适用却是非此即彼的关系。

8. **WTO 如何遏止和反对贸易保护主义．薛荣久．国际贸易，2009/06**

〔作者简介〕：对外经贸大学教授、博士生导师，中国世界贸易组织研究会副会长，享受国务院特殊津贴的有突出贡献的专家，主要从事国际贸易、WTO 研究。

〔内容提要〕：WTO 自建立以来，成员通过自律和诚信享受权利履行义务，约束违规贸易保护行为；通过争端解决机制、政策审议机制以及对成员行为的监控，以抑制贸易保护行为；推动多哈谈判将反对贸易保护主义推向纵深。

9. **WTO 公力救济权之重构．胡加祥．法学，2009/07**

〔作者简介〕：上海交通大学法学院。

〔内容提要〕：公力救济权是 WTO 成员在别的成员滥用私力救济权后向争端解决机构援引救济的权利。而争端解决机构赋予的救济方法都无法有效地保护受损一方的利益。因此，重视成员私力救济权的同时，亦不能忽略与之相对应的公力救济权的构建与完善，唯有如此。WTO 贸易救济权才能真正发挥维护多边贸易体制健康发展的作用。

10. **贸易保护主义的挑战与 WTO 体系的完善．毛燕琼．世界经济研究，2009/09**

〔作者简介〕：上海社会科学院世界经济研究所。

〔内容提要〕：当前金融危机下贸易保护主义盛行，其对 WTO 贸易保护规则、争端解决机制、贸易政策评审机制产生了诸多挑战。WTO 需要修改完善上述制度，以在遏制贸易保护主义层面发挥其作为全球最重要的国际经济组织所应有的作用。

11. **WTO 内“潜在利益”的保护：一种新的贸易干涉工具．宋杰．国际贸易问题，2009/11**

〔作者简介〕：浙江工商大学法学院。

〔内容提要〕：在美国投诉欧共体“香蕉贸易体制案”中，专家组和上诉机构均支持了美国基于“潜在利益”所享有的“投诉资格”。联合国秘书长将此案作为 WTO 援引国家责任条款草案第 42 条和第 48 条的例证。在此背景下，考虑国家基于某些 WTO 协议所承担的义务具有“对一切”的性质，以及 WTO 内既存“非违法之诉”的事实，“潜在利益”有被用作贸易干涉工具的可能性。作为贸易干涉工具的“潜在利益”，既有利于促进国家更好地履行 WTO 义务，也可能被贸易强国用作扩张自身利益的工具。

➤ 争端解决

1. **WTO 争端解决机制裁决执行的“第一步”——通报执行裁决的意向．傅星国．国际经济合作，2009/01**

〔作者简介〕：商务部世界贸易组织司。

〔内容提要〕：通报执行裁决的意向是 WTO 裁决执行程序中的第一个环节。按照 WTO 的规定，有关成员必须在争端解决机构通过裁决的 30 天内通报其执行裁决的意向。该项义务在法律上检验了成员执行 WTO 裁决的立场和态度，在程序上则承上启下，实现从诉讼裁决阶段向裁决执行阶段的转换，启动整个裁决执行机制。实践表明，成员在通报裁决意向问题上的态度十分关键，不仅为所有其他成员所关注，对执行方自身也有一定的政治影响和法律后果。

2.“非WTO协议”在WTO争端解决中的适用．陈儒丹．法学，2009/02

〔作者简介〕：北京大学法学院。

〔内容提要〕：2008年7月29日，多哈回合谈判的最终失败使WTO制定法的发展进入停滞期。观察“非WTO协议”在WTO争端解决中的作用，可预测WTO争端解决机构“司法造法”的未来发展趋向。根据“非WTO协议”与WTO协议之间关系的亲疏远近，可将“非WTO协议”分为三类：WTO协议中援引的国际组织制定的标准、决议和指南；被WTO宗旨所涵盖的非WTO协议；基于WTO协议在成员国间签署的双边或多边非WTO协议。具体分析这三类非WTO协议可以发现：到目前为止，DSB在WTO争端解决中的“司法造法”活动中极尽克制，这也意味着DSB在多哈回合谈判破裂之后不可能粉墨登场。

3. WTO健康和安全争端中的审查标准．叶波．法学评论，2009/02

〔作者简介〕：武汉大学国际法研究所博士研究生。

〔内容提要〕：《反倾销协定》的第17条第6款和DSU第11条分别规定了反倾销和其他问题的审查标准。在争端解决中，上诉机构认为这两个条款的含义相同。DSU第11条中的“客观评估”审查标准不是完全尊重主管机关的调查结果，也不是对事实和法律问题的重新审查，确切含义是主管机关对事实问题的调查结果必须符合其中一种允许的解释，同时重新审查法律问题，欧共体荷尔蒙案和欧共体石棉案等健康和安全争端都说明了这一点。

4. 基于上下游垄断市场结构反倾销税率的博弈分析．王珂珂，钟根元．国际经贸探索，2009/02

〔作者简介〕：王珂珂，上海交通大学安泰经济与管理学院硕士研究生；钟根元，上海交通大学安泰经济与管理学院博士生。

〔内容提要〕：文章运用经济学原理和博弈论中的逆向归纳法，通过建立一个基于垂直市场结构的国内外上下游垄断的产业模型，在假定企业和政府均处于完全信息静态博弈下，推导出国内社会福利最大化下的最优反倾销税率，发现一国最优反倾销税率与本国市场容量正相关，与出口国企业的生产成本负相关。文章建议我国企业努力优化出口产品结构，加大自主知识产权产品的出口份额，我国政府应通过国际谈判等争取我国企业在国际贸易中更加公平公正待遇。

5. WTO争端解决中的法律解释．王毅．法学研究，2009/05

〔作者简介〕：山西大学法学院。

〔内容提要〕：在长达六十余年的GATT/WTO争端解决实践中，大量的案例报告书对多边贸易协定进行了内容丰富的法律解释，其中的专家组/上诉机构的法律解释具有准司法解释的性质，解释的宗旨是维持成员方之间在协议基础上的权利义务平衡。这些法律解释形成了自己的适用规则和特点。了解这些规则和特点对于中国参与WTO争端解决具有重要的实际意义。

6. 论WTO反倾销价格承诺规则．吕瑞洁．国际贸易，2009/06

〔作者简介〕：商务部公平贸易局。

〔内容提要〕：WTO反倾销协议规定，出口商可用提高出口价格或停止以倾销价格出口为条件与进口国达成价格承诺协议。协议一经生效，调查程序即告中止，被控倾销的出口商品免征反倾销税。本文在分析价格承诺的相关规定及应用特点基础上，提出相关应用建议，这对我国在WTO框架下合理应用各种规则、维护本国产业利益具有重要的指导意义。

7. 赢多输少还是输多赢少？——WTO争端解决机制申诉方败诉案件解析．朱榄叶．现代法学，2009/06

〔作者简介〕：华东政法大学国际法学院教授。

〔内容提要〕：利用WTO争端解决机制处理的国际贸易纠纷中申诉方完全败诉的案件占专家组处理案件的10%，主要原因是申诉方未能完成举证义务，申诉方没有正确提出诉请，被申诉方政府的声明使得专家组不支持诉请。

8. 评美国向WTO诉中国“影响知识产权保护和实施的措施案”．余敏友，廖丽．国际贸易，2009/09

〔作者简介〕：武汉大学国际法研究所。

〔内容提要〕：对美国向WTO诉中国“影响知

识产权保护和实施的措施案”进行分析，提出了对于我国知识产权保护体制的警示意义。

9. **WTO 成员并未承担防止和避免“倾销”的条约义务．刘勇．国际贸易问题，2009/09**

〔作者简介〕：浙江财经学院法学院。

〔内容提要〕：文章从权利与义务的相对性、倾销与反倾销的争议性以及反倾销在 WTO 法律体制内的地位三个方面进行了论证，认为 WTO 成员并未承担防止和避免倾销的义务。中国应合理规范当前的出口贸易秩序。

10. **积极利用 WTO 争端解决机制维护合法权益．杨益．国际贸易，2009/10**

〔作者简介〕：商务部产业损害调查局。

〔内容提要〕：文章通过总结 WTO 争端案件的概况及特点，分析中国利用争端解决机制的情况，得到一些启示，并给出建议应积极运用 WTO 争端解决机制。

11. **WTO 反倾销体制的无效性原因分析．郑甘澍，周燕．国际贸易问题，2009/12**

〔作者简介〕：厦门大学国际经济与贸易系。

〔内容提要〕：文章把传统的倾销模型拓展到一个倾销商和进口国政府的动态博弈模型中进行分析，发现：在任何情况下倾销都是垄断出口厂商的占优策略；征收反倾销税比起自由贸易更有利于进口国福利。这对倾销现象有增无减、价格承诺比重很少、反倾销措施数量居高不下的现状提供了一个有益的理论解释，同时也揭示了现行反倾销措施对于遏制倾销的无效性。文章认为，相对于反倾销，反进口垄断更能够改善现行世贸组织体制的效率，并增进进口国福利。

➢ 知识产权

1. **从“美国赌博和博彩服务案”看 WTO 框架下的知识产权跨协定报复授权．刘瑛．法学，2009/11**

〔作者简介〕：武汉大学 WTO 学院。

〔内容提要〕：WTO 争端解决机构迄今做出的两项有关知识产权跨协定报复授权，都发生在弱小的发展中国家成员寻求报复发达国家成员的情况下，争端解决机构采用宽松和灵活的审查标准和解释方法，使知识产权跨协定报复成为了一种现实的可能。这一报复方式能在构成对违反 WTO 协定的发达国家成员的有力威慑的同时，减少对发展中国家成员的损害。该方法也可以兼顾对 WTO 报复机制的不同观点，虽然也有潜在的负面因素，但只要执行得当，是能够发挥积极作用的。可以预见，争端解决机构未来仍可能会谨慎地授权知识产权跨协定报复。中国作为潜在的报复对象，应考虑应对之策。

2. **WTO 知识产权争端解决实践十三年：回顾与评述．李晓玲．国际经贸探索，2009/11**

〔作者简介〕：北京大学博士后，北京大学 WTO 法律研究中心，法学博士。

〔内容提要〕：WTO 成立后，其争端解决机制获得普遍赞扬，也因此掩盖了一些内在问题。对 WTO 知识产权争端的实证研究表明，至少在本领域，“权力导向”仍在起作用。作为乌拉圭回合产生的新协定，《TRIPS 协议》并不完备，在“非违反之诉”的适用、WTO 与 WIPO 的合作与协调等体制性问题上，仍有很大的不确定性。知识产权问题本身的敏感性和复杂性，也彰显了 WTO 争端解决机制中普遍存在的参与问题。

3. **企业参与度：影响 WTO 外交应对 TBT 效用的要素．张彬，汪贵顺．财贸经济，2009/11**

〔作者简介〕：张彬，武汉大学美国加拿大经济研究所执行所长，武汉大学经济管理学院教授、博士生导师；汪贵顺，湖北第二师范学院经济管理学院副教授，武汉大学经济管理学院博士生。

〔内容提要〕：WTO 外交对技术性贸易壁垒具有多重纠错功能，是非法 TBT 的主要对策之一。在运用 WTO 外交应对 TBT 的准备工作中，企业相对于政府机构、科研院所和高等学校而言，拥有人员优势、时间优势以及不可替代的认识角度，能够与其他主体形成很强的互补性。因此，企业参与度是影响 WTO 外交应对 TBT 效用的重要因素。为了提高 WTO 外交应对 TBT 的效用，政府机构应当努力为企业参与 WTO 外交协助创造便利条件，而企业应当积极承担相关工作任务以充分维护自身利益。

➢ 区域与多边

1. **论 FTA 对 WTO 多边贸易体制的影响．吴**

兴光，梁旋．国际贸易，2009/01

〔作者简介〕：吴兴光，广东外语外贸大学法学院，国际经济贸易研究中心。

〔内容提要〕：WTO 成立以来，在国际贸易领域，提出了各成员贸易政策的最低或基本标准。在此基础上出现的各种双边自由贸易协定、区域贸易协定以及各国国内法，不过是国家间就继续进行国际合作的不同表现形式，但其内容有些单一，有些复杂，但宗旨一致。因此是互补和相互促进的关系。

2. 协调 WTO 与 RTAs 争端解决机制管辖权冲突的方法探析．徐运良．法学杂志，2009/05

〔作者简介〕：厦门大学国际法博士研究生，福建广播电视大学副教授。

〔内容提要〕：本文对如何协调 WTO 与 RTAs 争端解决机制之间管辖权冲突的各种方法进行了具体分析，这些协调方法包括：排他管辖、排除管辖、先受理争端解决机构管辖、专属管辖、协议管辖等。

3. 自由贸易区与多边贸易体制的冲突和协调——基于优惠原产地规则的经验分析．成新轩，王英．世界经济与政治，2009/07

〔作者简介〕：成新轩，河北大学管理学院欧洲研究所所长、教授，博士生导师；王英，河北北方学院副院长、教授。

〔内容提要〕：多哈谈判的失败使区域一体化组织成为许多成员国选择的发展战略。由此，自由贸易区原产地规则的职能也发生了一定变化，但仍具有与 WTO 协调的基础。作者认为，中国—东盟自由贸易区原产地规则需要进一步调整，须完善区域服务贸易原产地原则，并采用渐进性和累积性原则逐渐消除对成员国产生的非对称性影响。

➢ 多哈谈判与新议题

1. 金融危机背景下多哈回合谈判的未来．陈泰锋．国际经济合作，2009/01

〔作者简介〕：清华大学国情研究中心博士后，对外经济贸易大学博士。

〔内容提要〕：由于 WTO 成员无法弥合在农业和非农产品市场准入领域的严重分歧，WTO 总干事拉米被迫放弃在 2008 年年底前举行部长级会议的计划。在很大程度上，多哈回合举步维艰与 WTO 多边贸易体制的“体制内先天缺陷”有着不可分割的内在关系。在金融危机背景下，多哈回合谈判的失败，使人们对重新恢复世界经济的信心遭受重挫，将无疑进一步加剧金融危机转化为全面性经济危机，乃至经济大萧条的风险。从短期来看，多哈回合谈判重新启动的期限再次搁置，谈判再次被迫进入“休眠期”。从长期来看，推动多边贸易自由化谈判仍是 WTO 成员各方共同的现实选择。当然，受制于全球金融危机的影响，推动多哈回合谈判尽快完成并最终达成互利共赢的一揽子协议并非易事。因此，无论发达成员，还是发展中成员都要在共同努力中求妥协，在利益平衡中求共同发展，在共同发展中求公平贸易。

2. WTO 框架下我国贸易与环境问题的法律对策．李超．财贸研究，2009/03

〔作者简介〕：安徽财经大学教务处。

〔内容提要〕：随着国际贸易的发展，贸易与环境的关系问题越来越成为国际社会关注的焦点。我国作为发展中国家，在现存的国际环境关系和多边贸易体制中，应当采取怎样的对策，才能既积极参与贸易全球化和自由化进程，同时又注意保护环境，作者对这一问题做出了回答。

3. 美国国会关于货币立法违反 WTO 规则．高永富．世界经济研究，2009/04

〔作者简介〕：上海外贸学院国际经济贸易研究所。

〔内容提要〕：人民币汇率问题，已成为当前中美贸易中的一个非常突出的问题。近几年来，美国国会内的一些人多次以中国操纵货币、中国汇率制度违反 1974 年美国贸易法 301 条款为由，向美国贸易代表提出调查申请，遭到拒绝，后又在国会内一次次提出有关货币的立法提案，在 2007 年就出现了多个较为正式的提案。本文以 WTO 规则和国际货币基金协定为依据，分析美国国会有关货币的立法提案的背景、性质、地位和作用，结合中美贸易的实践，特别是近几年来有关人民币汇率争端，指出美国国会有关货币的立法提案的实质，提出相应的一些观点和建议。

4. WTO 反倾销规则改革述评——以多哈发展议程反倾销规则谈判为中心．余菲．法商研究，

2009/04

〔作者简介〕：上海财经大学法学院讲师、经济学博士。

〔内容提要〕：多哈发展议程反倾销规则谈判对于改革WTO反倾销规则、控制反倾销措施的滥用具有重要的意义。尽管WTO成员试图通过多边谈判修改WTO反倾销规则以严肃反倾销纪律，但无论是从谈判进展来看，还是就其前景分析，多哈发展议程反倾销规则谈判对WTO反倾销规则的改革离他们的期待目标还很远，也很难实现反倾销的贸易救济而非贸易保护的政策目标。我国作为反倾销的“最大受害国”，不应仅仅是期待借助新一轮谈判的成果减少遭遇反倾销的可能，更应当以“利益攸关者”的身份积极参与多哈发展议程反倾销规则谈判，实现作为WTO成员的重要权利。

5. WTO非违反之诉与竞争政策．左晓东．财经问题研究，2009/05

〔作者简介〕：中国人民大学法学院博士研究生，研究方向民商法、WTO方向。

〔内容提要〕：竞争政策与贸易自由化政策存在相互促进和补充的关系，对竞争政策进行国际协调有助于WTO贸易自由化政策的推进。在WTO尚未明确是否将竞争政策纳入其多边贸易框架之前，不宜以非违反之诉的方式使WTO对竞争政策进行事实上的全面规范。

6. 从多哈困境看WTO金融服务贸易体制的内在缺陷．杨沁，薛伟贤．国际经济合作，2009/08

〔作者简介〕：西安理工大学工商管理学院。

〔内容提要〕：多哈回合中金融服务领域谈判陷入困境，从表面上看，主要是因为受制于其他议题的进展以及成员国在诸多议题上分歧严重，但事实是此次谈判受到不同成员之间利益博弈的制约，进一步凸显了WTO金融服务贸易体制的内在缺陷。

7. 多哈回合谈判农业最新草案对中国农产品市场准入的潜在影响．徐圆．世界经济研究，2009/08

〔作者简介〕：南京大学商学院。

〔内容提要〕：本文按照多哈回合谈判农业最新草案中的关税—削减公式，对中国33章共711种HS6位码农产品的约束关税和实际关税进行模拟削减。结果显示，无论是贸易额加权后的约束关税还是实际关税都要下降37%左右，分别从16.18%、15.95%降到10.20%、10.11%。但如果中国政府充分利用WTO对发展中国家的“灵活性”政策定义某些敏感和特殊产品，那么削减幅度都会大幅减少，只有5%和3%左右，分别降到15.63%和15.42%。同时中国农产品面临的世界实际平均关税值也大幅下降，市场准入和出口的贸易空间将被扩展。

8. 多哈回合农业谈判2008年“12月草案”对中国影响的评估．吴朝阳．当代财经，2009/09

〔作者简介〕：江西财经大学国际经贸学院副教授、博士。

〔内容提要〕：多哈回合农业谈判主席克劳福德．法尔科内2008年12月发布的模式草案（“12月草案”）代表了各主要利益方的最新立场。相比“哈宾森方案”、“7月方案”及“雄心方案”而言，在“12月草案”中，中国农产品关税的削减幅度最高，农产品贸易平衡的改善程度最小，总体福利和消费者剩余损失最少，生产者剩余增加也最少，但政府收益减少幅度较大；相比“12月草案（不考虑敏感产品）”而言，“12月草案”对我国生产者、政府收益和总体福利更为有利；中国劳动密集型农产品、加工农产品和具有地域特色的水果在“12月草案”中受益明显，稻米、小麦、精糖由于被列为敏感产品收益也较明显，而其他热带水果、香蕉、大麦、高粱，温带油籽、植物油、活动物、橡胶和初糖等受冲击较大。

➤ WTO与中国

1. 论中国在建立国际经济新秩序中的战略定位——兼评“新自由主义经济秩序”论、“WTO宪政秩序”论、“经济民族主义扰乱全球化秩序”论．陈安．现代法学，2009/02

〔作者简介〕：厦门大学法学院教授、博士生导师。

〔内容提要〕：建立国际经济新秩序（NIEO）乃是1950年代以来全球弱势群体数十亿人口争取国际经济平权地位的共同奋斗目标，当代中国人应当全面、完整、准确地加深理解邓小平的“韬光养晦、有所作为”方针，将中国在建立NIEO历史进程中的战略坐标和基本角色，定位为旗帜鲜明、言行一致的积极推动者。中国理应进一步发扬传统的具有独特内涵的中华民族爱国主义，通过BRICSM类型的“南南联合”群体，成为建立NIEO的积极推手和中流砥柱之一。总之，中国人务必保持清醒，谨防落入上述各种“时髦”理论的陷阱。

2. WTO多哈回合谈判破裂对中国农业的影响．林学贵．国际贸易，2009/02

〔作者简介〕：商务部国际贸易经济合作研究院副研究员。

〔内容提要〕：该文通过对多哈农业谈判在国内支持、市场准入、出口补贴以及特殊保障措施等方面取得进展的分析，指出多哈回合谈判破裂对中国农业可能带来的影响。

3. WTO制度、贸易不对称与国外对华反倾销——部分国家和地区对华反倾销调查的实证分析．杨艳红．数量经济技术经济研究，2009/02

〔作者简介〕：中南财经政法大学经济学院。

〔内容提要〕：本文利用计数模型，从WTO制度和贸易不对称角度分析了1994～2006年间美国、欧盟、澳大利亚、土耳其、墨西哥、阿根廷和印度对华反倾销调查的共同影响因素，结果发现，WTO制度和中外贸易不对称关系严重影响着国外对中国的反倾销政策。中国加入WTO显著地增加了国外对中国反倾销调查的数量；中国双边贸易不对称度上升和中外双边贸易量的增加，引起国外对中国反倾销数量增加；中国对外反倾销调查数量增加会显著抑制国外对华反倾销调查行动。

4. 人民币汇率补贴论：基于WTO补贴构成条件的审视．韩龙．中外法学，2009/03

〔作者简介〕：苏州大学法学院教授。

〔内容提要〕：作者经过分析指出无论使用何种方法美国指责人民币汇率构成WTO法上的补贴都会遭遇无法克服的法律障碍，胜算不大。而中国依然要做好相应准备，以便主动、可控和渐进地对人民币汇率进行改革。

5. 我国提升产业国际竞争力的政策运作——基于多边贸易体制因素的思考．石士钧．产业经济研究，2009/04

〔作者简介〕：上海对外贸易学院教授。

〔内容提要〕：政府政策是提升产业国际竞争力的一个重要因素。但是，不能忽略这类政策运作受到了国际经贸规范的众多约束。从WTO的相关规定来看，产业政策运作必须统一实施，不能充当贸易工具、行业垄断的扶植手段和过度行政干预的驱动力。而入世承诺文件又对我国产业政策运作有着众多约束，如补贴做法等。因此，我国至少应当建立四方面的分析思路来妥善处置产业政策运作这个重大课题。

6. WTO框架下我国农业政策调整策略选择．李勤昌．财经问题研究，2009/04

〔作者简介〕：东北财经大学区域经济一体化与上海合作组织研究中心/国际贸易学院研究员、副教授。

〔内容提要〕：全球经济衰退背景下，更需要防止贸易保护主义抬头。被搁置的多哈回合农业贸易谈判有望在世人治理经济衰退中重启。本文在对全球农产品贸易保护主义产生根源的理论分析基础上，对欧美在WTO框架下农产品政策调整中的实用主义政策进行了剖析，提出了我国在农业政策调整中，对“黄箱”、“绿箱”和“蓝箱”政策调整对策建议，为未来“多哈回合”农业谈判打下基础。

7. WTO规则下中国应对反倾销的深层思考．张小峰．财经问题研究，2009/04

〔作者简介〕：浙江师范大学非洲研究院经济学博士。

〔内容提要〕：中国轮胎业是遭受反倾销次数最多、频率最高的行业之一。本文结合南非对华轮胎反倾销具体案例，探究了该行业遭受反倾销的主要原因，并通过该案例总结应对国外反倾销的经验和教训，最后从企业、行业协会和政府的视角出发，提出了反倾销的措施。

8. WTO框架下影响五省市贸易水平升级问题研究．马淑琴．国际经济合作，2009/08

〔作者简介〕：浙江工商大学。

〔内容提要〕：本文从制度因素、贸易盈利能力和贸易抗风险能力三个层面设计影响地区贸易水平升级的相关因子，采用2002—2008年间出口产品分类HS2002四位码j＝1239和对188个贸易对象的原始数据，整理计算了七个指标数据集。统计分析发现，在WTO框架下，贸易盈利能力低下是阻碍五省市贸易水平升级的第一要素，贸易抗风险能力较弱是第二要素。解决问题的基本思路为采取有的放矢的引资方式创新和多元立体的市场格局创新。

9. **加入WTO后外商投资行业分布变动的检验分析．耿修林．经济理论与经济管理，**2009/09

〔**作者简介**〕：南京大学商学院副教授、经济学博士。

〔**内容提要**〕：该文运用严格的统计检验方法，对加入WTO前后外商直接投资行业分布的变化进行了比较，在我国固定资产投资行业分布能体现产业结构宏观调控目的的假定条件下，对外商直接投资的行业结构与我国固定资产投资的行业构成进行了耦合性检验。

10. **对中国加入WTO八年后关系战略调适的思考．薛荣久．国际贸易，**2009/12

〔**作者简介**〕：对外经贸大学教授、博士生导师，中国世界贸易组织研究会副会长，享受国务院特殊津贴的有突出贡献的专家，主要从事国际贸易、WTO研究。

〔**内容提要**〕：中国加入WTO以后，从整体、法律、体制、文化和研究等方面进行了调适，做到充分利用机遇，应对挑战，并把挑战转化为机遇，获得骄人的成果。为了深化改革开放，加大在多边贸易体制上的作为，中国需要进一步从与其整体关系、法律、体制、文化、研究五个方面调适与WTO关系的战略。

第七篇　与 WTO 有关的法规及政策(2009 年)

海关进出口货物减免税管理办法

第一章 总 则

第一条 为了规范海关进出口货物减免税管理工作，保障行政相对人合法权益，根据《中华人民共和国海关法》（以下简称《海关法》）、《中华人民共和国进出口关税条例》（以下简称《关税条例》）及有关法律和行政法规的规定，制定本办法。

第二条 进出口货物减征或者免征关税、进口环节海关代征税（以下简称减免税）事务，除法律、行政法规另有规定外，海关依照本办法实施管理。

第三条 进出口货物减免税申请人（以下简称减免税申请人）应当向其所在地海关申请办理减免税备案、审批手续，特殊情况除外。

投资项目所在地海关与减免税申请人所在地海关不是同一海关的，减免税申请人应当向投资项目所在地海关申请办理减免税备案、审批手续。

投资项目所在地涉及多个海关的，减免税申请人可以向其所在地海关或者有关海关的共同上级海关申请办理减免税备案、审批手续。有关海关的共同上级海关可以指定相关海关办理减免税备案、审批手续。

投资项目由投资项目单位所属非法人分支机构具体实施的，在获得投资项目单位的授权并经投资项目所在地海关审核同意后，该非法人分支机构可以向投资项目所在地海关申请办理减免税备案、审批手续。

第四条 减免税申请人可以自行向海关申请办理减免税备案、审批、税款担保和后续管理业务等相关手续，也可以委托他人办理前述手续。

委托他人办理的，应当由被委托人持减免税申请人出具的《减免税手续办理委托书》及其他相关材料向海关申请，海关审核同意后可准予被委托人办理相关手续。

第五条 已经在海关办理注册登记并取得报关注册登记证书的报关企业或者进出口货物收发货人可以接受减免税申请人委托，代为办理减免税相关事宜。

第二章 减免税备案

第六条 减免税申请人按照有关进出口税收优惠政策的规定申请减免税进出口相关货物，海关需要事先对减免税申请人的资格或者投资项目等情况进行确认的，减免税申请人应当在申请办理减免税审批手续前，向主管海关申请办理减免税备案手续，并同时提交下列材料：

（一）《进出口货物减免税备案申请表》；

（二）企业营业执照或者事业单位法人证书、国家机关设立文件、社团登记证书、民办非企业单位登记证书、基金会登记证书等证明材料；

（三）相关政策规定的享受进出口税收优惠政策资格的证明材料；

（四）海关认为需要提供的其他材料。

减免税申请人按照本条规定提交证明材料的，应当交验原件，同时提交加盖减免税申请人有效印章的复印件。

第七条 海关收到减免税申请人的减免税备案申请后，应当审查确认所提交的申请材料是否齐全、有效，填报是否规范。

减免税申请人的申请材料符合规定的，海关应当予以受理，海关收到申请材料之日为受理之日；减免税申请人的申请材料不齐全或者不符合规定的，海关应当一次性告知减免税申请人需要补正的有关材料，海关收到全部补正的申请材料之日为受理之日。

不能按照规定向海关提交齐全、有效材料的，海关不予受理。

第八条 海关受理减免税申请人的备案申请后，应当对其主体资格、投资项目等情况进行审核。

经审核符合有关进出口税收优惠政策规定的，应当准予备案；经审核不予备案的，应当书面通知减免税申请人。

第九条 海关应当自受理之日起 10 个工作日内做出是否准予备案的决定。

因政策规定不明确或者涉及其他部门管理职责需与相关部门进一步协商、核实有关情况等原因在 10 个工作日内不能做出决定的，海关应当书面向减免税申请人说明理由。

有本条第二款规定情形的，海关应当自情形消除之日起 15 个工作日内做出是否准予备案的决定。

第十条 减免税申请人要求变更或者撤销减免税备案的，应当向主管海关递交申请。经审核符合相关规定的，海关应当予以办理。

变更或者撤销减免税备案应当由项目审批部门出具意见的，减免税申请人应当在申请变更或者撤销时一并提供。

第三章 减免税审批

第十一条 减免税申请人应当在货物申报进出口前，向主管海关申请办理进出口货物减免税审批手续，并同时提交下列材料：

（一）《进出口货物征免税申请表》；

（二）企业营业执照或者事业单位法人证书、国家机关设立文件、社团登记证书、民办非企业单位登记证书、基金会登记证书等证明材料；

（三）进出口合同、发票以及相关货物的产品情况资料；

（四）相关政策规定的享受进出口税收优惠政策资格的证明材料；

（五）海关认为需要提供的其他材料。

减免税申请人按照本条规定提交证明材料的，应当交验原件，同时提交加盖减免税申请人有效印章的复印件。

第十二条 海关收到减免税申请人的减免税审批申请后，应当审核确认所提交的申请材料是否齐全、有效，填报是否规范。对应当进行减免税备案的，还应当审核是否已经按照规定办理备案手续。

减免税申请人的申请材料符合规定的，海关应当予以受理，海关收到申请材料之日为受理之日；减免税申请人提交的申请材料不齐全或者不符合规定的，海关应当一次性告知减免税申请人需要补正的有关材料，海关收到全部补正的申请材料之日为受理之日。

不能按照规定向海关提交齐全、有效材料，或者未按照规定办理减免税备案手续的，海关不予受理。

第十三条 海关受理减免税申请人的减免税审批申请后，应当对进出口货物相关情况是否符合有关进出口税收优惠政策规定、进出口货物的金额、数量等是否在减免税额度内等情况进行审核。对应当进行减免税备案的，还需要对减免税申请人、进出口货物等是否符合备案情况进行审核。

经审核符合相关规定的，应当做出进出口货物征税、减税或者免税的决定，并签发《中华人民共和国海关进出口货物征免税证明》（以下简称《征免税证明》）。

第十四条 海关应当自受理减免税审批申请之日起 10 个工作日内做出是否准予减免税的决定。

有下列情形之一，不能在受理减免税审批申请之日起 10 个工作日内做出决定的，海关应当书面向减免税申请人说明理由：

（一）政策规定不明确或者涉及其他部门管理职责需要与相关部门进一步协商、核实有关情况的；

（二）需要对货物进行化验、鉴定以确定是否符合减免税政策规定的；

（三）因其他合理原因不能在本条第一款规定期限内做出决定的。

有本条第二款规定情形的，海关应当自情形消除之日起 15 个工作日内做出是否准予减免税的决定。

第十五条 减免税申请人申请变更或者撤销已签发的《征免税证明》的，应当在《征免税证明》有效期内向主管海关提出申请，说明理由，并提交相关材料。

经审核符合规定的，海关准予变更或者撤销。准予变更的，海关应当在变更完成后签发新的《征免税证明》，并收回原《征免税证明》。准予撤销的，海关应当收回原《征免税证明》。

第十六条　减免税申请人应当在《征免税证明》有效期内办理有关进出口货物通关手续。不能在有效期内办理，需要延期的，应当在《征免税证明》有效期内向海关提出延期申请。经海关审核同意，准予办理延长《征免税证明》有效期手续。

《征免税证明》可以延期一次，延期时间自有效期届满之日起算，延长期限不得超过6个月。海关总署批准的特殊情况除外。

《征免税证明》有效期限届满仍未使用的，该《征免税证明》效力终止。减免税申请人需要减免税进出口该《征免税证明》所列货物的，应当重新向海关申请办理。

第十七条　减免税申请人遗失《征免税证明》需要补办的，应当在《征免税证明》有效期内向主管海关提出申请。

经核实原《征免税证明》尚未使用的，主管海关应当重新签发《征免税证明》，原《征免税证明》同时作废。

原《征免税证明》已经使用的，不予补办。

第十八条　除国家政策调整等原因并经海关总署批准外，货物征税放行后，减免税申请人申请补办减免税审批手续的，海关不予受理。

第四章　减免税货物税款担保

第十九条　有下列情形之一的，减免税申请人可以向海关申请凭税款担保先予办理货物放行手续：

（一）主管海关按照规定已经受理减免税备案或者审批申请，尚未办理完毕的；

（二）有关进出口税收优惠政策已经国务院批准，具体实施措施尚未明确，海关总署已确认减免税申请人属于享受该政策范围的；

（三）其他经海关总署核准的情况。

第二十条　减免税申请人需要办理税款担保手续的，应当在货物申报进出口前向主管海关提出申请，并按照有关进出口税收优惠政策的规定向海关提交相关材料。

主管海关应当在受理申请之日起7个工作日内，做出是否准予担保的决定。准予担保的，应当出具《中华人民共和国海关准予办理减免税货物税款担保证明》（以下简称《准予担保证明》）；不准予担保的，应当出具《中华人民共和国海关不准予办理减免税货物税款担保决定》。

第二十一条　进出口地海关凭主管海关出具的《准予担保证明》，办理货物的税款担保和验放手续。

国家对进出口货物有限制性规定，应当提供许可证件而不能提供的，以及法律、行政法规规定不得担保的其他情形，进出口地海关不得办理减免税货物凭税款担保放行手续。

第二十二条　税款担保期限不超过6个月，经直属海关关长或者其授权人批准可以予以延期，延期时间自税款担保期限届满之日起算，延长期限不超过6个月。

特殊情况仍需要延期的，应当经海关总署批准。

第二十三条　海关依照本办法规定延长减免税备案、审批手续办理时限的，减免税货物税款担保时限可以相应延长，主管海关应当及时通知减免税申请人向海关申请办理减免税货物税款担保延期的手续。

第二十四条　减免税申请人在减免税货物税款担保期限届满前未取得《征免税证明》，申请延长税款担保期限的，应当在《准予担保证明》规定期限届满的10个工作日以前向主管海关提出申请。主管海关应当在受理申请后7个工作日内，做出是否准予延长担保期限的决定。准予延长的，应当出具《中华人民共和国海关准予办理减免税货物税款担保延期证明》（以下简称《准予延期证明》）；不准予延长的，应当出具《中华人民共和国海关不准予办理减免税货物税款担保延期决定》。

减免税申请人按照海关要求申请延长减免税货物税款担保期限的，比照本条第一款规定办理。

进出口地海关凭《准予延期证明》办理减免税货物税款担保延期手续。

第二十五条　减免税申请人在减免税货物税款担保期限届满前取得《征免税证明》的，海关应当解除税款担保，办理征免税进出口手续。担保期限届满，减免税申请人未按照规定申请办理减免税货物税款担保延期手续的，海关应当要求担保人履行相应的担保责任或者将税款保证金转为税款。

第五章 减免税货物的处置

第二十六条 在进口减免税货物的海关监管年限内，未经海关许可，减免税申请人不得擅自将减免税货物转让、抵押、质押、移作他用或者进行其他处置。

第二十七条 按照国家有关规定在进口时免予提交许可证件的进口减免税货物，减免税申请人向海关申请进行转让、抵押、质押、移作他用或者其他处置时，按照规定需要补办许可证件的，应当补办有关许可证件。

第二十八条 在海关监管年限内，减免税申请人将进口减免税货物转让给进口同一货物享受同等减免税优惠待遇的其他单位的，应当按照下列规定办理减免税货物结转手续：

（一）减免税货物的转出申请人持有关单证向转出地主管海关提出申请，转出地主管海关审核同意后，通知转入地主管海关。

（二）减免税货物的转入申请人向转入地主管海关申请办理减免税审批手续。转入地主管海关审核无误后签发《征免税证明》。

（三）转出、转入减免税货物的申请人应当分别向各自的主管海关申请办理减免税货物的出口、进口报关手续。转出地主管海关办理转出减免税货物的解除监管手续。结转减免税货物的监管年限应当连续计算。转入地主管海关在剩余监管年限内对结转减免税货物继续实施后续监管。

转入地海关和转出地海关为同一海关的，按照本条第一款规定办理。

第二十九条 在海关监管年限内，减免税申请人将进口减免税货物转让给不享受进口税收优惠政策或者进口同一货物不享受同等减免税优惠待遇的其他单位的，应当事先向减免税申请人主管海关申请办理减免税货物补缴税款和解除监管手续。

第三十条 在海关监管年限内，减免税申请人需要将减免税货物移作他用的，应当事先向主管海关提出申请。经海关批准，减免税申请人可以按照海关批准的使用地区、用途、企业将减免税货物移作他用。

本条第一款所称移作他用包括以下情形：

（一）将减免税货物交给减免税申请人以外的其他单位使用；

（二）未按照原定用途、地区使用减免税货物；

（三）未按照特定地区、特定企业或者特定用途使用减免税货物的其他情形。

除海关总署另有规定外，按照本条第一款规定将减免税货物移作他用的，减免税申请人还应当按照移作他用的时间补缴相应税款；移作他用时间不能确定的，应当提交相应的税款担保，税款担保不得低于剩余监管年限应补缴税款总额。

第三十一条 在海关监管年限内，减免税申请人要求以减免税货物向金融机构办理贷款抵押的，应当向主管海关提出书面申请。经审核符合有关规定的，主管海关可以批准其办理贷款抵押手续。

减免税申请人不得以减免税货物向金融机构以外的公民、法人或者其他组织办理贷款抵押。

第三十二条 减免税申请人以减免税货物向境内金融机构办理贷款抵押的，应当向海关提供下列形式的担保：

（一）与货物应缴税款等值的保证金；

（二）境内金融机构提供的相当于货物应缴税款的保函；

（三）减免税申请人、境内金融机构共同向海关提交《进口减免税货物贷款抵押承诺保证书》，书面承诺当减免税申请人抵押贷款无法清偿需要以抵押物抵偿时，抵押人或者抵押权人先补缴海关税款，或者从抵押物的折（变）价款中优先偿付海关税款。

减免税申请人以减免税货物向境外金融机构办理贷款抵押的，应当向海关提交本条第一款第（一）项或者第（二）项规定形式的担保。

第三十三条 海关在收到贷款抵押申请材料后，应当审核申请材料是否齐全、有效，必要时可以实地核查减免税货物情况，了解减免税申请人经营状况。

经审核同意的，主管海关应当出具《中华人民共和国海关准予进口减免税货物贷款抵押通知》。

第三十四条　海关同意以进口减免税货物办理贷款抵押的，减免税申请人应当于正式签订抵押合同、贷款合同之日起30日内将抵押合同、贷款合同正本或者复印件交海关备案。提交复印件备案的，减免税申请人应当在复印件上标注“与正本核实一致”，并予以签章。

抵押合同、贷款合同的签订日期不是同一日的，按照后签订的日期计算本条第一款规定的备案时限。

第三十五条　贷款抵押需要延期的，减免税申请人应当在贷款期限届满前20日内向主管海关申请办理贷款抵押的延期手续。

经审核同意的，主管海关签发准予延期通知，并出具《中华人民共和国海关准予办理进口减免税货物贷款抵押延期通知》。

第六章　减免税货物的管理

第三十六条　除海关总署另有规定外，在海关监管年限内，减免税申请人应当按照海关规定保管、使用进口减免税货物，并依法接受海关监管。

进口减免税货物的监管年限为：

（一）船舶、飞机：8年；

（二）机动车辆：6年；

（三）其他货物：5年。

监管年限自货物进口放行之日起计算。

第三十七条　在海关监管年限内，减免税申请人应当自进口减免税货物放行之日起，在每年的第1季度向主管海关递交《减免税货物使用状况报告书》，报告减免税货物使用状况。

减免税申请人未按照本条第一款规定向海关报告其减免税货物状况，向海关申请办理减免税备案、审批手续的，海关不予受理。

第三十八条　在海关监管年限内，减免税货物应当在主管海关核准的地点使用。需要变更使用地点的，减免税申请人应当向主管海关提出申请，说明理由，经海关批准后方可变更使用地点。

减免税货物需要移出主管海关管辖地使用的，减免税申请人应当事先持有关单证以及需要异地使用的说明材料向主管海关申请办理异地监管手续，经主管海关审核同意并通知转入地海关后，减免税申请人可以将减免税货物运至转入地海关管辖地，转入地海关确认减免税货物情况后进行异地监管。

减免税货物在异地使用结束后，减免税申请人应当及时向转入地海关申请办结异地监管手续，经转入地海关审核同意并通知主管海关后，减免税申请人应当将减免税货物运回主管海关管辖地。

第三十九条　在海关监管年限内，减免税申请人发生分立、合并、股东变更、改制等变更情形的，权利义务承受人（以下简称承受人）应当自营业执照颁发之日起30日内，向原减免税申请人的主管海关报告主体变更情况及原减免税申请人进口减免税货物的情况。

经海关审核，需要补征税款的，承受人应当向原减免税申请人主管海关办理补税手续；可以继续享受减免税待遇的，承受人应当按照规定申请办理减免税备案变更或者减免税货物结转手续。

第四十条　在海关监管年限内，因破产、改制或者其他情形导致减免税申请人终止，没有承受人的，原减免税申请人或者其他依法应当承担关税及进口环节海关代征税缴纳义务的主体应当自资产清算之日起30日内向主管海关申请办理减免税货物的补缴税款和解除监管手续。

第四十一条　在海关监管年限内，减免税申请人要求将进口减免税货物退运出境或者出口的，应当报主管海关核准。

减免税货物退运出境或者出口后，减免税申请人应当持出口报关单向主管海关办理原进口减免税货物的解除监管手续。

减免税货物退运出境或者出口的，海关不再对退运出境或者出口的减免税货物补征相关税款。

第四十二条　减免税货物海关监管年限届满的，自动解除监管。

在海关监管年限内的进口减免税货物，减免税申请人书面申请提前解除监管的，应当向主管海关申请办理补缴税款和解除监管手续。按照国家有关规定在进口时免予提交许可证件的进口减免税货物，减免税申请人还应当补交有关许可证件。

减免税申请人需要海关出具解除监管证明的，可以自办结补缴税款和解除监管等相关手续之日或者自海关监管年限届满之日起1年内，向主管海关申请领取解除监管证明。海关审核同意后出具《中华人民共和国海关进口减免税货物解除监管证明》。

第四十三条 在海关监管年限及其后3年内，海关依照《海关法》和《中华人民共和国海关稽查条例》有关规定对减免税申请人进口和使用减免税货物情况实施稽查。

第四十四条 减免税货物转让给进口同一货物享受同等减免税优惠待遇的其他单位的，不予恢复减免税货物转出申请人的减免税额度，减免税货物转入申请人的减免税额度按照海关审定的货物结转时的价格、数量或者应缴税款予以扣减。

减免税货物因品质或者规格原因原状退运出境，减免税申请人以无代价抵偿方式进口同一类型货物的，不予恢复其减免税额度；未以无代价抵偿方式进口同一类型货物的，减免税申请人在原减免税货物退运出境之日起3个月内向海关提出申请，经海关批准，可以恢复其减免税额度。

对于其他提前解除监管的情形，不予恢复减免税额度。

第四十五条 减免税货物因转让或者其他原因需要补征税款的，补税的完税价格以海关审定的货物原进口时的价格为基础，按照减免税货物已进口时间与监管年限的比例进行折旧，其计算公式如下：

$$\text{补税的完税价格}=\text{海关审定的货物原进口时的价}\times\left[1-\frac{\text{减免税货物已进口时间}}{\text{监管年限}\times 12}\right]$$

减免税货物已进口时间自减免税货物的放行之日起按月计算。不足1个月但超过15日的按1个月计算；不超过15日的，不予计算。

第四十六条 按照本办法第四十五条规定计算减免税货物补征税款的，已进口时间的截止日期按以下规定确定：

（一）转让减免税货物的，应当以海关接受减免税申请人申请办理补税手续之日作为计算其已进口时间的截止之日；

（二）减免税申请人未经海关批准，擅自转让减免税货物的，应当以货物实际转让之日作为计算其已进口时间的截止之日；转让之日不能确定的，应当以海关发现之日作为截止之日；

（三）在海关监管年限内，减免税申请人发生破产、撤销、解散或者其他依法终止经营情形的，已进口时间的截止日期应当为减免税申请人破产清算之日或者被依法认定终止生产经营活动的日期。

第四十七条 减免税申请人将减免税货物移作他用，应当补缴税款的，税款的计算公式为：

$$\text{补缴税款}=\text{海关审定的货物原进口时的价格}\times\text{税率}\times\left(\frac{\text{需补缴税款的时间}}{\text{监管年限}\times 12\times 30}\right)$$

上述计算公式中的税率，应当按照《关税条例》的有关规定，采用相应的适用税率；需补缴税款的时间是指减免税货物移作他用的实际时间，按日计算，每日实际生产不满8小时或者超过8小时的均按1日计算。

第四十八条 海关在办理减免税货物异地监管、结转、主体变更、退运出口、解除监管、贷款抵押等后续管理事务时，应当自受理申请之日起10个工作日内做出是否同意的决定。

因特殊情形不能在10个工作日内做出决定的，海关应当书面向申请人说明理由。

第四十九条 海关总署对重大减免税事项实施备案管理。

第七章　附　　则

第五十条 违反本办法，构成走私行为、违反海关监管规定行为或者其他违反海关法行为的，由海关依照《海关法》和《中华人民共和国海关行政处罚实施条例》有关规定予以处理；构成犯罪的，依法追究刑事责任。

第五十一条 本办法下列用语的含义：

进出口货物减免税申请人，是指根据有关进出口税收优惠政策和有关法律法规的规定，可以享受进出口税收优惠，并依照本办法向海关申请办理减免税相关手续的具有独立法人资格的企事业单位、社会团体、国家机关；符合本办法第三条第四款规定的非法人分支机构；经海关总署审查确认的其他组织。

减免税申请人所在地海关，当减免税申请人为企业法人时，所在地海关是指其办理企业法人登记地的海关；当减免税申请人为国家机关、事业单位、社会团体等非企业法人组织时，所在地海关是指其住所地海关；当减免税申请人为符合本办法第三条第四款规定的非法人分支机构时，所在地海关是指该分支机构办理工商注册登记地的海关。

情形消除之日，是指因政策规定不明确等原因，海关总署或者直属海关发文明确之日。

减免税额度，是指根据有关进出口税收优惠政策规定确定的减免税申请人可以减税或者免税进出口货物的金额、数量，或者可以减征、免征的进出口关税及进口环节海关代征税的税款。

第五十二条　本办法所列文书格式由海关总署另行制定并公告。

第五十三条　本办法由海关总署负责解释。

第五十四条　本办法自2009年2月1日起施行。

进出口货物优惠原产地管理规定

第一条 为了正确确定优惠贸易协定项下进出口货物的原产地，规范海关对优惠贸易协定项下进出口货物原产地管理，根据《中华人民共和国海关法》(以下简称《海关法》)《中华人民共和国进出口关税条例》《中华人民共和国进出口货物原产地条例》，制定本规定。

第二条 本规定适用于海关对优惠贸易协定项下进出口货物原产地管理。

第三条 从优惠贸易协定成员国或者地区（以下简称成员国或者地区）直接运输进口的货物，符合下列情形之一的，其原产地为该成员国或者地区，适用《中华人民共和国进出口税则》中相应优惠贸易协定对应的协定税率或者特惠税率（以下简称协定税率或者特惠税率）：

（一）完全在该成员国或者地区获得或者生产的；

（二）非完全在该成员国或者地区获得或者生产，但符合本规定第五条、第六条规定的。

第四条 本规定第三条第（一）项所称的“完全在该成员国或者地区获得或者生产”的货物是指：

（一）在该成员国或者地区境内收获、采摘或者采集的植物产品；

（二）在该成员国或者地区境内出生并饲养的活动物；

（三）在该成员国或者地区领土或者领海开采、提取的矿产品；

（四）其他符合相应优惠贸易协定项下完全获得标准的货物。

第五条 本规定第三条第（二）项中，“非完全在该成员国或者地区获得或者生产”的货物，按照相应优惠贸易协定规定的税则归类改变标准、区域价值成分标准、制造加工工序标准或者其他标准确定其原产地。

（一）税则归类改变标准，是指原产于非成员国或者地区的材料在出口成员国或者地区境内进行制造、加工后，所得货物在《商品名称及编码协调制度》中税则归类发生了变化。

（二）区域价值成分标准，是指出口货物船上交货价格（FOB）扣除该货物生产过程中该成员国或者地区非原产材料价格后，所余价款在出口货物船上交货价格（FOB）中所占的百分比。

（三）制造加工工序标准，是指赋予加工后所得货物基本特征的主要工序。

（四）其他标准，是指除上述标准之外，成员国或者地区一致同意采用的确定货物原产地的其他标准。

第六条 原产于优惠贸易协定某一成员国或者地区的货物或者材料在同一优惠贸易协定另一成员国或者地区境内用于生产另一货物，并构成另一货物组成部分的，该货物或者材料应当视为原产于另一成员国或者地区境内。

第七条 为便于装载、运输、储存、销售进行的加工、包装、展示等微小加工或者处理，不影响货物原产地确定。

第八条 运输期间用于保护货物的包装材料及容器不影响货物原产地确定。

第九条 在货物生产过程中使用，本身不构成货物物质成分，也不成为货物组成部件的材料或者物品，其原产地不影响货物原产地确定。

第十条 本规定第三条所称的“直接运输”是指优惠贸易协定项下进口货物从该协定成员国或者地区直接运输至中国境内，途中未经过该协定成员国或者地区以外的其他国家或者地区（以下简称其他国家或者地区）。

原产于优惠贸易协定成员国或者地区的货物，经过其他国家或者地区运输至中国境内，不论在运输途中是否转换运输工具或者作临时储存，同时符合下列条件的，应当视为“直接运输”：

（一）该货物在经过其他国家或者地区时，未做除使货物保持良好状态所必须处理以外的其他处理；

（二）该货物在其他国家或者地区停留的时间未超过相应优惠贸易协定规定的期限；

（三）该货物在其他国家或者地区作临时储存时，处于该国家或者地区海关监管之下。

第十一条　法律、行政法规规定的有权签发出口货物原产地证书的机构（以下简称签证机构）可以签发优惠贸易协定项下出口货物原产地证书。

第十二条　签证机构应依据本规定以及相应优惠贸易协定项下所确定的原产地规则签发出口货物原产地证书。

第十三条　海关总署应当对签证机构是否依照本规定第十二条规定签发优惠贸易协定项下出口货物原产地证书进行监督和检查。

签证机构应当定期向海关总署报送依据本规定第十二条规定签发优惠贸易协定项下出口货物原产地证书的有关情况。

第十四条　货物申报进口时，进口货物收货人或者其代理人应当按照海关的申报规定填制《中华人民共和国海关进口货物报关单》，申明适用协定税率或者特惠税率，并同时提交下列单证：

（一）货物的有效原产地证书正本，或者相关优惠贸易协定规定的原产地声明文件；

（二）货物的商业发票正本、运输单证等其他商业单证。

货物经过其他国家或者地区运输至中国境内，应当提交证明符合本规定第十条第二款规定的联运提单等证明文件；在其他国家或者地区临时储存的，还应当提交该国家或者地区海关出具的证明符合本规定第十条第二款规定的其他文件。

第十五条　进口货物收货人或者其代理人向海关提交的原产地证书应当同时符合下列要求：

（一）符合相应优惠贸易协定关于证书格式、填制内容、签章、提交期限等规定；

（二）与商业发票、报关单等单证的内容相符。

第十六条　原产地申报为优惠贸易协定成员国或者地区的货物，进口货物收货人及其代理人未依照本规定第十四条规定提交原产地证书、原产地声明的，应当在申报进口时就进口货物是否具备相应优惠贸易协定成员国或者地区原产资格向海关进行补充申报。

第十七条　进口货物收货人或者其代理人依照本规定第十六条规定进行补充申报的，海关可以根据进口货物收货人或者其代理人的申请，按照协定税率或者特惠税率收取等值保证金后放行货物，并按照规定办理进口手续、进行海关统计。

海关认为需要对进口货物收货人或者其代理人提交的原产地证书的真实性、货物是否原产于优惠贸易协定成员国或者地区进行核查的，应当按照该货物适用的最惠国税率、普通税率或者其他税率收取相当于应缴税款的等值保证金后放行货物，并按照规定办理进口手续、进行海关统计。

第十八条　出口货物申报时，出口货物发货人应当按照海关的申报规定填制《中华人民共和国海关出口货物报关单》，并向海关提交原产地证书电子数据或者原产地证书正本的复印件。

第十九条　为确定货物原产地是否与进出口货物收发货人提交的原产地证书及其他申报单证相符，海关可以对进出口货物进行查验，具体程序按照《中华人民共和国海关进出口货物查验管理办法》有关规定办理。

第二十条　优惠贸易协定项下进出口货物及其包装上标有原产地标记的，其原产地标记所标明的原产地应当与依照本规定确定的货物原产地一致。

第二十一条　有下列情形之一的，进口货物不适用协定税率或者特惠税率：

（一）进口货物收货人或者其代理人在货物申报进口时没有提交符合规定的原产地证书、原产地声明，也未就进口货物是否具备原产资格进行补充申报的；

（二）进口货物收货人或者其代理人未提供商业发票、运输单证等其他商业单证，也未提交其他证明符合本规定第十四条规定的文件的；

（三）经查验或者核查，确认货物原产地与申报内容不符，或者无法确定货物真实原产地的；

（四）其他不符合本规定及相应优惠贸易协定规定的情形。

第二十二条　海关认为必要时，可以请求出口成员国或者地区主管机构对优惠贸易协定项下进口货物原产地进行核查。

海关也可以依据相应优惠贸易协定的规定就货物原产地开展核查访问。

第二十三条　海关认为必要时，可以对优惠贸易协定项下出口货物原产地进行核查，以确定其原产地。

应优惠贸易协定成员国或者地区要求，海关可以对出口货物原产地证书或者原产地进行核查，并应当在相应优惠贸易协定规定的期限内反馈核查结果。

第二十四条 进出口货物收发货人可以依照《中华人民共和国海关行政裁定管理暂行办法》有关规定，向海关申请原产地行政裁定。

第二十五条 海关总署可以依据有关法律、行政法规、海关规章的规定，对进出口货物做出具有普遍约束力的原产地决定。

第二十六条 海关对依照本规定获得的商业秘密依法负有保密义务。未经进出口货物收发货人同意，海关不得泄露或者用于其他用途，但是法律、行政法规及相关司法解释另有规定的除外。

第二十七条 违反本规定，构成走私行为、违反海关监管规定行为或者其他违反《海关法》行为的，由海关依照《海关法》《中华人民共和国海关行政处罚实施条例》的有关规定予以处罚；构成犯罪的，依法追究刑事责任。

第二十八条 本规定下列用语的含义：

"生产"，是指获得货物的方法，包括货物的种植、饲养、开采、收获、捕捞、耕种、诱捕、狩猎、捕获、采集、收集、养殖、提取、制造、加工或者装配；

"非原产材料"，是指用于货物生产中的非优惠贸易协定成员国或者地区原产的材料，以及不明原产地的材料。

第二十九条 海关保税监管转内销货物享受协定税率或者特惠税率的具体实施办法由海关总署另行规定。

第三十条 本规定由海关总署负责解释。

第三十一条 本规定自 2009 年 3 月 1 日起施行。

关于《中华人民共和国知识产权海关保护条例》的实施办法

第一章 总 则

第一条 为了有效实施《中华人民共和国知识产权海关保护条例》（以下简称《条例》），根据《中华人民共和国海关法》以及其他法律、行政法规，制定本办法。

第二条 知识产权权利人请求海关采取知识产权保护措施或者向海关总署办理知识产权海关保护备案的，境内知识产权权利人可以直接或者委托境内代理人提出申请，境外知识产权权利人应当由其在境内设立的办事机构或者委托境内代理人提出申请。

知识产权权利人按照前款规定委托境内代理人提出申请的，应当出具规定格式的授权委托书。

第三条 知识产权权利人及其代理人（以下统称知识产权权利人）请求海关扣留即将进出口的侵权嫌疑货物的，应当根据本办法的有关规定向海关提出扣留侵权嫌疑货物的申请。

第四条 进出口货物的收发货人或者其代理人（以下统称收发货人）应当在合理的范围内了解其进出口货物的知识产权状况。海关要求申报进出口货物知识产权状况的，收发货人应当在海关规定的期限内向海关如实申报并提交有关证明文件。

第五条 知识产权权利人或者收发货人向海关提交的有关文件或者证据涉及商业秘密的，知识产权权利人或者收发货人应当向海关书面说明。

海关实施知识产权保护，应当保守有关当事人的商业秘密，但海关应当依法公开的信息除外。

第二章 知识产权备案

第六条 知识产权权利人向海关总署申请知识产权海关保护备案的，应当向海关总署提交申请书。申请书应当包括以下内容：

（一）知识产权权利人的名称或者姓名、注册地或者国籍、通信地址、联系人姓名、电话和传真号码、电子邮箱地址等。

（二）注册商标的名称、核定使用商品的类别和商品名称、商标图形、注册有效期、注册商标的转让、变更、续展情况等；作品的名称、创作完成的时间、作品的类别、作品图片、作品转让、变更情况等；专利权的名称、类型、申请日期、专利权转让、变更情况等。

（三）被许可人的名称、许可使用商品、许可期限等。

（四）知识产权权利人合法行使知识产权的货物的名称、产地、进出境地海关、进出口商、主要特征、价格等。

（五）已知的侵犯知识产权货物的制造商、进出口商、进出境地海关、主要特征、价格等。

知识产权权利人应当就其申请备案的每一项知识产权单独提交一份申请书。知识产权权利人申请国际注册商标备案的，应当就其申请的每一类商品单独提交一份申请书。

第七条 知识产权权利人向海关总署提交备案申请书，应当随附以下文件、证据：

（一）知识产权权利人个人身份证件的复印件、工商营业执照的复印件或者其他注册登记文件的复印件。

（二）国务院工商行政管理部门商标局签发的《商标注册证》的复印件。申请人经核准变更商标注册事项、续展商标注册、转让注册商标或者申请国际注册商标备案的，还应当提交国务院工商行政管理部门商标局出具的有关商标注册的证明；著作权登记部门签发的著作权自愿登记证明的复印件和经著作权登记部门认证的作品照片。申请人未进行著作权自愿登记的，提交可以证明申请人为著作权人的作品样品以及其他有关著作权的证据；国务院专利行政部门签发的专利证书的复印件。专利授权自公告之日起超过1年的，还应当提交国务院专利行政部门在申请人提出备案申请前6个月内出具的专利登记簿副本；申请实用新型专利或者外观设计专利备案的，还应当提交由国务院专利行政部门做出的专利权评价报告。

（三）知识产权权利人许可他人使用注册商标、作品或者实施专利，签订许可合同的，提供许可合同的复印件；未签订许可合同的，提交有关被许可人、许可范围和许可期间等情况的书面说明。

（四）知识产权权利人合法行使知识产权的货物及其包装的照片。

（五）已知的侵权货物进出口的证据。知识产权权利人与他人之间的侵权纠纷已经人民法院或者知识产权主管部门处理的，还应当提交有关法律文书的复印件。

（六）海关总署认为需要提交的其他文件或者证据。

知识产权权利人根据前款规定向海关总署提交的文件和证据应当齐全、真实和有效。有关文件和证据为外文的，应当另附中文译本。海关总署认为必要时，可以要求知识产权权利人提交有关文件或者证据的公证、认证文书。

第八条 知识产权权利人向海关总署申请办理知识产权海关保护备案或者在备案失效后重新向海关总署申请备案的，应当缴纳备案费。知识产权权利人应当将备案费通过银行汇至海关总署指定账号。海关总署收取备案费的，应当出具收据。备案费的收取标准由海关总署会同国家有关部门另行制定并予以公布。

知识产权权利人申请备案续展或者变更的，无需再缴纳备案费。

知识产权权利人在海关总署核准前撤回备案申请或者其备案申请被驳回的，海关总署应当退还备案费。已经海关总署核准的备案被海关总署注销、撤销或者因其他原因失效的，已缴纳的备案费不予退还。

第九条 知识产权海关保护备案自海关总署核准备案之日起生效，有效期为10年。自备案生效之日起知识产权的有效期不足10年的，备案的有效期以知识产权的有效期为准。

《条例》施行前经海关总署核准的备案或者核准续展的备案的有效期仍按原有效期计算。

第十条 在知识产权海关保护备案有效期届满前6个月内，知识产权权利人可以向海关总署提出续展备案的书面申请并随附有关文件。海关总署应当自收到全部续展申请文件之日起10个工作日内做出是否准予续展的决定，并书面通知知识产权权利人；不予续展的，应当说明理由。

续展备案的有效期自上一届备案有效期满次日起算，有效期为10年。知识产权的有效期自上一届备案有效期满次日起不足10年的，续展备案的有效期以知识产权的有效期为准。

第十一条 知识产权海关保护备案经海关总署核准后，按照本办法第六条向海关提交的申请书内容发生改变的，知识产权权利人应当自发生改变之日起30个工作日内向海关总署提出变更备案的申请并随附有关文件。

第十二条 知识产权在备案有效期届满前不再受法律、行政法规保护或者备案的知识产权发生转让的，原知识产权权利人应当自备案的知识产权不再受法律、行政法规保护或者转让生效之日起30个工作日内向海关总署提出注销知识产权海关保护备案的申请并随附有关文件。知识产权权利人在备案有效期内放弃备案的，可以向海关总署申请注销备案。

未依据本办法第十一条和本条前款规定向海关总署申请变更或者注销备案，给他人合法进出口造成严重影响的，海关总署可以主动或者根据有关利害关系人的申请注销有关知识产权的备案。

海关总署注销备案，应当书面通知有关知识产权权利人，知识产权海关保护备案自海关总署注销之日起失效。

第十三条 海关总署根据《条例》第九条的规定撤销知识产权海关保护备案的，应当书面通知知识产权权利人。

海关总署撤销备案的，知识产权权利人自备案被撤销之日起1年内就被撤销备案的知识产权再次申请备案的，海关总署可以不予受理。

第三章　依申请扣留

第十四条　知识产权权利人发现侵权嫌疑货物即将进出口并要求海关予以扣留的，应当根据《条例》第十三条的规定向货物进出境地海关提交申请书。有关知识产权未在海关总署备案的，知识产权权利人还应当随附本办法第七条第一款第（一）、（二）项规定的文件、证据。

知识产权权利人请求海关扣留侵权嫌疑货物，还应当向海关提交足以证明侵权事实明显存在的证据。知识产权权利人提交的证据，应当能够证明以下事实：

（一）请求海关扣留的货物即将进出口；

（二）在货物上未经许可使用了侵犯其商标专用权的商标标识、作品或者实施了其专利。

第十五条　知识产权权利人请求海关扣留侵权嫌疑货物，应当在海关规定的期限内向海关提供相当于货物价值的担保。

第十六条　知识产权权利人提出的申请不符合本办法第十四条的规定或者未按照本办法第十五条的规定提供担保的，海关应当驳回其申请并书面通知知识产权权利人。

第十七条　海关扣留侵权嫌疑货物的，应当将货物的名称、数量、价值、收发货人名称、申报进出口日期、海关扣留日期等情况书面通知知识产权权利人。

经海关同意，知识产权权利人可以查看海关扣留的货物。

第十八条　海关自扣留侵权嫌疑货物之日起20个工作日内，收到人民法院协助扣押有关货物书面通知的，应当予以协助；未收到人民法院协助扣押通知或者知识产权权利人要求海关放行有关货物的，海关应当放行货物。

第十九条　海关扣留侵权嫌疑货物的，应当将扣留侵权嫌疑货物的扣留凭单送达收发货人。

经海关同意，收发货人可以查看海关扣留的货物。

第二十条　收发货人根据《条例》第十九条的规定请求放行其被海关扣留的涉嫌侵犯专利权货物的，应当向海关提出书面申请并提供与货物等值的担保金。

收发货人请求海关放行涉嫌侵犯专利权货物，符合前款规定的，海关应当放行货物并书面通知知识产权权利人。

知识产权权利人就有关专利侵权纠纷向人民法院起诉的，应当在前款规定的海关书面通知送达之日起30个工作日内向海关提交人民法院受理案件通知书的复印件。

第四章　依职权调查处理

第二十一条　海关对进出口货物实施监管，发现进出口货物涉及在海关总署备案的知识产权且进出口商或者制造商使用有关知识产权的情况未在海关总署备案的，可以要求收发货人在规定期限内申报货物的知识产权状况和提交相关证明文件。

收发货人未按照前款规定申报货物知识产权状况、提交相关证明文件或者海关有理由认为货物涉嫌侵犯在海关总署备案的知识产权的，海关应当中止放行货物并书面通知知识产权权利人。

第二十二条　知识产权权利人应当在本办法第二十一条规定的海关书面通知送达之日起3个工作日内按照下列规定予以回复：

（一）认为有关货物侵犯其在海关总署备案的知识产权并要求海关予以扣留的，向海关提出扣留侵权嫌疑货物的书面申请并按照本办法第二十三条或者第二十四条的规定提供担保；

（二）认为有关货物未侵犯其在海关总署备案的知识产权或者不要求海关扣留侵权嫌疑货物的，向海关书面说明理由。

经海关同意，知识产权权利人可以查看有关货物。

第二十三条　知识产权权利人根据本办法第二十二条第一款第（一）项的规定请求海关扣留侵权嫌疑货物的，应当按照以下规定向海关提供担保：

（一）货物价值不足人民币2万元的，提供相当于货物价值的担保；

（二）货物价值为人民币 2 万至 20 万元的，提供相当于货物价值 50% 的担保，但担保金额不得少于人民币 2 万元；

（三）货物价值超过人民币 20 万元的，提供人民币 10 万元的担保。

知识产权权利人根据本办法第二十二条第一款第（一）项的规定请求海关扣留涉嫌侵犯商标专用权货物的，可以依据本办法第二十四条的规定向海关总署提供总担保。

第二十四条 在海关总署备案的商标专用权的知识产权权利人，经海关总署核准可以向海关总署提交银行或者非银行金融机构出具的保函，为其向海关申请商标专用权海关保护措施提供总担保。

总担保的担保金额应当相当于知识产权权利人上一年度向海关申请扣留侵权嫌疑货物后发生的仓储、保管和处置等费用之和；知识产权权利人上一年度未向海关申请扣留侵权嫌疑货物或者仓储、保管和处置等费用不足人民币 20 万元的，总担保的担保金额为人民币 20 万元。

自海关总署核准其使用总担保之日至当年 12 月 31 日，知识产权权利人根据《条例》第十六条的规定请求海关扣留涉嫌侵犯其已在海关总署备案的商标专用权的进出口货物的，无需另行提供担保，但知识产权权利人未按照《条例》第二十五条的规定支付有关费用或者未按照《条例》第二十九条的规定承担赔偿责任，海关总署向担保人发出履行担保责任通知的除外。

第二十五条 知识产权权利人根据本办法第二十二条第一款第（一）项的规定提出申请并根据本办法第二十三条、第二十四条的规定提供担保的，海关应当扣留侵权嫌疑货物并书面通知知识产权权利人；知识产权权利人未提出申请或者未提供担保的，海关应当放行货物。

第二十六条 海关扣留侵权嫌疑货物的，应当将扣留侵权嫌疑货物的扣留凭单送达收发货人。

经海关同意，收发货人可以查看海关扣留的货物。

第二十七条 海关扣留侵权嫌疑货物后，应当依法对侵权嫌疑货物以及其他有关情况进行调查。收发货人和知识产权权利人应当对海关调查予以配合，如实提供有关情况和证据。

海关对侵权嫌疑货物进行调查，可以请求有关知识产权主管部门提供咨询意见。

知识产权权利人与收发货人就海关扣留的侵权嫌疑货物达成协议，向海关提出书面申请并随附相关协议，要求海关解除扣留侵权嫌疑货物的，海关除认为涉嫌构成犯罪外，可以终止调查。

第二十八条 海关对扣留的侵权嫌疑货物进行调查，不能认定货物是否侵犯有关知识产权的，应当自扣留侵权嫌疑货物之日起 30 个工作日内书面通知知识产权权利人和收发货人。

海关不能认定货物是否侵犯有关专利权的，收发货人向海关提供相当于货物价值的担保后，可以请求海关放行货物。海关同意放行货物的，按照本办法第二十条第二款和第三款的规定办理。

第二十九条 对海关不能认定有关货物是否侵犯其知识产权的，知识产权权利人可以根据《条例》第二十三条的规定向人民法院申请采取责令停止侵权行为或者财产保全的措施。

海关自扣留侵权嫌疑货物之日起 50 个工作日内收到人民法院协助扣押有关货物书面通知的，应当予以协助；未收到人民法院协助扣押通知或者知识产权权利人要求海关放行有关货物的，海关应当放行货物。

第三十条 海关做出没收侵权货物决定的，应当将下列已知的情况书面通知知识产权权利人：

（一）侵权货物的名称和数量；

（二）收发货人名称；

（三）侵权货物申报进出口日期、海关扣留日期和处罚决定生效日期；

（四）侵权货物的启运地和指运地；

（五）海关可以提供的其他与侵权货物有关的情况。

人民法院或者知识产权主管部门处理有关当事人之间的侵权纠纷，需要海关协助调取与进出口货物有关的证据的，海关应当予以协助。

第三十一条 海关发现个人携带或者邮寄进出境的物品，涉嫌侵犯《条例》第二条规定的知识产权并超出自用、合理数量的，应当予以扣留，但旅客或者收寄件人向海关声明放弃并经海关同意的除外。

海关对侵权物品进行调查，知识产权权利人应当予以协助。进出境旅客或者进出境邮件的收寄件人认为海关扣留的物品未侵犯有关知识产权或者属于自用的，可以向海关书面说明有关情况并提供相关证据。

第三十二条 进出口货物或者进出境物品经海关调查认定侵犯知识产权，根据《条例》第二十七条第一款和第二十八条的规定应当由海关予以没收，但当事人无法查清的，自海关制发有关公告之日起满3个月后可由海关予以收缴。

进出口侵权行为有犯罪嫌疑的，海关应当依法移送公安机关。

第五章 货物处置和费用

第三十三条 对没收的侵权货物，海关应当按照下列规定处置：

（一）有关货物可以直接用于社会公益事业或者知识产权权利人有收购意愿的，将货物转交给有关公益机构用于社会公益事业或者有偿转让给知识产权权利人；

（二）有关货物不能按照第（一）项的规定处置且侵权特征能够消除的，在消除侵权特征后依法拍卖。拍卖货物所得款项上交国库；

（三）有关货物不能按照第（一）、（二）项规定处置的，应当予以销毁。

海关拍卖侵权货物，应当事先征求有关知识产权权利人的意见。海关销毁侵权货物，知识产权权利人应当提供必要的协助。有关公益机构将海关没收的侵权货物用于社会公益事业以及知识产权权利人接受海关委托销毁侵权货物的，海关应当进行必要的监督。

第三十四条 海关协助人民法院扣押侵权嫌疑货物或者放行被扣留货物的，知识产权权利人应当支付货物在海关扣留期间的仓储、保管和处置等费用。

海关没收侵权货物的，知识产权权利人应当按照货物在海关扣留后的实际存储时间支付仓储、保管和处置等费用。但海关自没收侵权货物的决定送达收发货人之日起3个月内不能完成货物处置，且非因收发货人申请行政复议、提起行政诉讼或者货物处置方面的其他特殊原因导致的，知识产权权利人不需支付3个月后的有关费用。

海关按照本办法第三十三条第一款第（二）项的规定拍卖侵权货物的，拍卖费用的支出按照有关规定办理。

第三十五条 知识产权权利人未按照本办法第三十四条的规定支付有关费用的，海关可以从知识产权权利人提交的担保金中扣除有关费用或者要求担保人履行担保义务。

海关没收侵权货物的，应当在货物处置完毕并结清有关费用后向知识产权权利人退还担保金或者解除担保人的担保责任。

海关协助人民法院扣押侵权嫌疑货物或者根据《条例》第二十四条第（一）、（二）、（四）项的规定放行被扣留货物的，收发货人可以就知识产权权利人提供的担保向人民法院申请财产保全。海关自协助人民法院扣押侵权嫌疑货物或者放行货物之日起20个工作日内，未收到人民法院就知识产权权利人提供的担保采取财产保全措施的协助执行通知的，海关应当向知识产权权利人退还担保金或者解除担保人的担保责任；收到人民法院协助执行通知的，海关应当协助执行。

第三十六条 海关根据《条例》第十九条的规定放行被扣留的涉嫌侵犯专利权的货物后，知识产权权利人按照本办法第二十条第三款的规定向海关提交人民法院受理案件通知书复印件的，海关应当根据人民法院的判决结果处理收发货人提交的担保金；知识产权权利人未提交人民法院受理案件通知书复印件的，海关应当退还收发货人提交的担保金。对知识产权权利人向海关提供的担保，收发货人可以向人民法院申请财产保全，海关未收到人民法院对知识产权权利人提供的担保采取财产保全措施的协助执行通知的，应当自处理收发货人提交的担保金之日起20个工作日后，向知识产权权利人退还担保金或者解除担保人的担保责任；收到人民法院协助执行通知的，海关应当协助执行。

第六章 附 则

第三十七条 海关参照本办法对奥林匹克标志和世界博览会标志实施保护。

第三十八条 在本办法中，“担保”指担保金、银行或者非银行金融机构保函。

第三十九条 本办法中货物的价值由海关以该货物的成交价格为基础审查确定。成交价格不能确定的，货物价值由海关依法估定。

第四十条 本办法第十七条、二十一条、二十八条规定的海关书面通知可以采取直接、邮寄、传真或者其他方式送达。

第四十一条 本办法第二十条第三款和第二十二条第一款规定的期限自海关书面通知送达之日的次日起计算。期限的截止按照以下规定确定：

（一）知识产权权利人通过邮局或者银行向海关提交文件或者提供担保的，以期限到期日 24 时止；

（二）知识产权权利人当面向海关提交文件或者提供担保的，以期限到期日海关正常工作时间结束止。

第四十二条 知识产权权利人和收发货人根据本办法向海关提交有关文件复印件的，应当将复印件与文件原件进行核对。经核对无误后，应当在复印件上加注“与原件核对无误”字样并予以签章确认。

第四十三条 本办法自 2009 年 7 月 1 日起施行。2004 年 5 月 25 日海关总署令第 114 号公布的《中华人民共和国海关关于〈中华人民共和国知识产权海关保护条例〉的实施办法》同时废止。

电信业务经营许可管理办法

第一章 总 则

第一条 为加强电信业务经营许可管理，根据《中华人民共和国电信条例》及其他法律、行政法规的规定，制定本办法。

第二条 在中华人民共和国境内申请、审批和管理电信业务经营许可证（以下简称经营许可证），适用本办法。

第三条 中华人民共和国工业和信息化部（以下称工业和信息化部）和省、自治区、直辖市通信管理局（以下统称电信管理机构）是经营许可证的审批管理机构。

电信管理机构在经营许可证审批管理中应当遵循便民、高效、公开、公平、公正的原则。

第四条 经营电信业务，应当依法取得电信管理机构颁发的经营许可证。

电信业务经营者在电信业务经营活动中，应当遵守经营许可证的规定，接受、配合电信管理机构的监督管理。

电信业务经营者按照经营许可证的规定经营电信业务受国家法律保护。

第二章 经营许可证的申请

第五条 申请经营基础电信业务的，应当符合下列条件：

（一）经营者为依法设立的专门从事基础电信业务的公司，并且公司的国有股权或者股份不少于51%。

（二）有业务发展研究报告和组网技术方案。

（三）有与从事经营活动相适应的资金和专业人员。

（四）有从事经营活动的场地、设施及相应的资源。

（五）有为用户提供长期服务的信誉或者能力。

（六）在省、自治区、直辖市范围内经营的，注册资本最低限额为1亿元人民币；在全国或者跨省、自治区、直辖市范围经营的，注册资本最低限额为10亿元人民币。

（七）公司及其主要出资者和主要经营管理人员三年内无违反电信监督管理制度的违法记录。

（八）国家规定的其他条件。

第六条 申请经营增值电信业务的，应当符合下列条件：

（一）经营者为依法设立的公司。

（二）有与开展经营活动相适应的资金和专业人员。

（三）有为用户提供长期服务的信誉或者能力。

（四）在省、自治区、直辖市范围内经营的，注册资本最低限额为100万元人民币；在全国或者跨省、自治区、直辖市范围经营的，注册资本最低限额为1000万元人民币。

（五）有必要的场地、设施及技术方案。

（六）公司及其主要出资者和主要经营管理人员三年内无违反电信监督管理制度的违法记录。

（七）国家规定的其他条件。

第七条 申请办理基础电信业务经营许可证的，应当向工业和信息化部提交下列申请材料：

（一）公司法定代表人签署的经营基础电信业务的书面申请。内容包括：申请经营电信业务的种类、业务覆盖范围、公司名称、公司通信地址、邮政编码、联系人、联系电话、电子信箱地址等。

（二）公司的企业法人营业执照副本及复印件。

（三）公司概况。包括公司基本情况，拟从事电信业务的机构设置和管理情况、技术力量和经营管理人员情况，与从事经营活动相适应的场地、设施等情况。

（四）公司最近经会计师事务所审计的企业法人年度财务会计报告或者验资报告及工业和信息化部规定的其他相关会计资料。

（五）公司章程、公司股权结构及股东的有关情况。

（六）业务发展研究报告。包括：申请经营电信业务的业务发展和实施计划、服务项目、业务覆盖范围、收费方案、预期服务质量、效益分析等。

（七）组网技术方案。包括：网络结构、网络规模、网络建设计划、网络互联方案、技术标准、电信设备的配置、电信资源使用方案等。

（八）为用户提供长期服务和质量保障的措施。

（九）网络与信息安全保障措施。

（十）证明公司信誉的有关材料。

（十一）公司法定代表人签署的公司依法经营电信业务的承诺书。

尚未获得企业法人营业执照的申请人，应当提交公司的企业名称预先核准通知书，不需提交前款第（二）项、第（十）项规定的材料。对于前款第（一）项规定的书面申请和第（十一）项规定的承诺书，拟成立有限责任公司的，应当由全体股东签署；拟成立股份有限公司的，应当由全体发起人签署。

第八条 申请办理增值电信业务经营许可证的，应当向电信管理机构提交下列申请材料：

（一）公司法定代表人签署的经营增值电信业务的书面申请。内容包括：申请经营电信业务的种类、业务覆盖范围、公司名称、公司通信地址、邮政编码、联系人、联系电话、电子信箱地址等。

（二）公司的企业法人营业执照副本及复印件。

（三）公司概况。包括：公司基本情况，拟从事增值电信业务的人员、场地和设施等情况。

（四）公司最近经会计师事务所审计的企业法人年度财务会计报告或者验资报告及电信管理机构规定的其他相关会计资料。

（五）公司章程、公司股权结构及股东的有关情况。

（六）申请经营电信业务的业务发展、实施计划和技术方案。

（七）为用户提供长期服务和质量保障的措施。

（八）信息安全保障措施。

（九）证明公司信誉的有关材料。

（十）公司法定代表人签署的公司依法经营电信业务的承诺书。

申请经营的电信业务依照法律、行政法规及国家有关规定须经有关主管部门事先审核同意的，应当提交有关主管部门审核同意的文件。

尚未获得企业法人营业执照的申请人，应当提交公司的企业名称预先核准通知书，不需提交前款第（二）项、第（九）项规定的材料。对于前款第（一）项规定的书面申请和第（十）项规定的承诺书，拟成立有限责任公司的，应当由全体股东签署；拟成立股份有限公司的，应当由全体发起人签署。

第三章　经营许可证的审批

第九条 经营许可证分为《基础电信业务经营许可证》和《增值电信业务经营许可证》两类。其中，《增值电信业务经营许可证》分为《跨地区增值电信业务经营许可证》和省、自治区、直辖市范围内的《增值电信业务经营许可证》。

《基础电信业务经营许可证》和《跨地区增值电信业务经营许可证》由工业和信息化部审批。省、自治区、直辖市范围内的《增值电信业务经营许可证》由省、自治区、直辖市通信管理局审批。

外商投资电信企业的电信业务经营许可证，由工业和信息化部根据《外商投资电信企业管理规定》审批。

第十条 工业和信息化部应当对申请经营基础电信业务的申请材料进行审查。申请材料齐全、符合法定形式的，应当向申请人出具受理申请通知书。申请材料不齐全或者不符合法定形式的，应当当场或者在五日内一次告知申请人需要补正的全部内容。

工业和信息化部受理申请之后，应当组织专家对第七条第一款第（六）项、第（七）项申请材料进行评审，形成评审意见。

工业和信息化部应当自受理申请之日起 180 日内完成审查工作。予以批准的，颁发《基础电信业务经营许可证》。不予批准的，应当书面通知申请人并说明理由。

第十一条 电信管理机构应当对申请经营增值

电信业务的申请材料进行审查。申请材料齐全、符合法定形式的，应当向申请人出具受理申请通知书。申请材料不齐全或者不符合法定形式的，应当当场或者在五日内一次告知申请人需要补正的全部内容。

电信管理机构应当自收到申请之日起60日内完成审查工作，做出予以批准或者不予批准的决定。予以批准的，颁发《跨地区增值电信业务经营许可证》或者省、自治区、直辖市范围内的《增值电信业务经营许可证》。不予批准的，应当书面通知申请人并说明理由。

第十二条　经营许可证由发证机关的批准文件和许可证书组成。

发证机关的批准文件包括经营许可证使用规定、经营者的权利和义务、特别规定事项、年检和违法记录表等文件。原发证机关根据管理需要可以按照工业和信息化部的规定增加相应内容。

许可证书应当载明公司名称、法定代表人、业务种类、业务覆盖范围、有效期限、发证机关和发证日期、签发人、经营许可证编号等内容。

经营许可证的具体内容由工业和信息化部依法另行制定。工业和信息化部可以根据实际情况，依法调整电信业务经营许可证的内容，重新公布。

第十三条　《基础电信业务经营许可证》的有效期，根据电信业务种类分为5年、10年。

《跨地区增值电信业务经营许可证》和省、自治区、直辖市范围内的《增值电信业务经营许可证》的有效期为5年。

第十四条　《基础电信业务经营许可证》《跨地区增值电信业务经营许可证》以及外商投资电信企业的电信业务经营许可证由工业和信息化部部长签发。

省、自治区、直辖市范围内的《增值电信业务经营许可证》由省、自治区、直辖市通信管理局局长签发。

第十五条　经营许可证由公司法定代表人领取，或者由其委托代理人凭委托书领取。

第四章　经营许可证的使用

第十六条　获准经营电信业务的公司，应当按照经营许可证所载明的电信业务种类，在规定的业务覆盖范围和期限内，按照经营许可证的规定经营电信业务。

第十七条　获准经营电信业务的公司持经营许可证到工商行政管理机关办理公司变更登记手续。

获准经营无线电通信业务的，持经营许可证到无线电管理机构申请办理无线电频率使用手续。

第十八条　获准跨地区经营电信业务的公司，应当按照经营许可证的要求，在相应的省、自治区、直辖市设立分公司或子公司等相应机构经营电信业务。

基础电信业务经营者的子公司中，国有股权或者股份的比例应当符合国家有关电信的法律、行政法规的规定。

第十九条　获准经营电信业务的公司经发证机关批准，可以授权其持有股份不少于51%并符合经营电信业务条件的子公司经营其获准经营的电信业务。该子公司的名称、法定代表人、业务种类、业务覆盖范围等内容，由发证机关在获准经营电信业务的公司的经营许可证许可证书附页中载明。在一个地区不能授权两家或者两家以上子公司经营同一项电信业务。

第二十条　获准经营基础电信业务或者跨地区经营增值电信业务的公司，应当凭经营许可证到相关省、自治区、直辖市通信管理局办理备案手续，并提交下列备案材料：

（一）负责当地业务经营、客户服务等事务的相应机构情况。内容包括：公司负责备案地业务经营、客户服务等事务的相应机构的名称、通信地址、邮政编码、联系人、联系电话、电子信箱地址等。

（二）经营许可证复印件。

（三）公司负责当地业务经营、客户服务等事务的相应机构的营业执照复印件、章程等有关材料。

（四）在当地开展业务的方案。

省、自治区、直辖市通信管理局收到前款规定的备案材料后，对材料齐全的，应当在15日内出具备案确认书，并报工业和信息化部。对材料不齐全的，应当在5日内书面一次告知需要补正的全部内容。

未办理备案手续的，不得在当地经营电信业务。负责当地业务经营、客户服务等事务的机构可以是获准经营电信业务的公司本身或者其在备案地之外的相关省、自治区、直辖市设立的机构，但应当符合经营许可证的要求。

第一款所列材料发生变化的，负责当地业务经营、客户服务等事务的相应机构应当在20日内，向当地的省、自治区、直辖市通信管理局及发证机关报告。

第二十一条 除经营许可证中有特别规定外，电信业务经营者取得经营许可证后，应当在1年内按照经营许可证规定的业务种类和业务覆盖范围提供电信服务。不能在1年内提供电信服务的，应当在申请经营许可证时提出并说明理由，报电信管理机构批准，并在经营许可证中做出特别规定。

第二十二条 任何单位和个人不得伪造、涂改、冒用和以任何方式转让经营许可证。

第五章 经营行为的规范

第二十三条 基础电信业务经营者应当按照公开、平等的原则为取得经营许可证的公司提供经营相关电信业务所需的电信服务和电信资源，不得为无经营许可证或者未办理备案手续的单位或个人提供用于经营电信业务的电信资源或者提供网络接入、业务接入服务。

第二十四条 电信业务经营者不得以任何方式实施不正当竞争。

第二十五条 为增值电信业务经营者提供网络接入、代理收费和业务合作的基础电信业务经营者，应当对相应增值电信业务的内容、资费与收费、合作行为等进行规范、管理，并建立相应的发现、监督和处置制度和措施。

第二十六条 基础电信业务经营者调整与增值电信业务经营者之间的合作条件、协议等的，应当事先告知相关增值电信业务经营者并充分听取其意见。

有关意见征求情况及记录应当留存，并在电信管理机构监督检查时予以提供。

第二十七条 提供网站接入服务的增值电信业务经营者应当遵守下列规定：

（一）应当租用获得相应经营许可证的基础电信业务经营者提供的网络接入等电信资源从事业务经营活动，不得向其他从事网站接入服务的增值电信业务经营者转租所获得的网络接入等电信资源。

（二）不得为未经许可或未备案的网站提供接入或代收费等服务。

（三）按照电信管理机构的规定，建立相应的网站经营许可管理和备案管理的业务管理系统，实现对代报备网站用户信息的动态维护和更新，并定期向电信管理机构报送网站管理所需有关信息。

（四）对所接入网站传播违法信息的行为进行监督，发现传播明显属于《中华人民共和国电信条例》第五十七条规定的信息的，应当立即停止接入和代收费等服务，保存有关记录，并向国家有关机关报告。

（五）按照电信管理机构的要求终止或者暂停对违法网站的接入服务。

第二十八条 电信管理机构应当建立电信业务经营者的违法行为记录和公示制度，对有违法行为记录的电信业务经营者实施重点监管。

基础电信业务经营者向增值电信业务经营者提供网络接入、代收费和业务合作时，应当考虑电信管理机构公示的有关违法行为记录。

第二十九条 电信管理机构建立电信业务市场监测制度。相关电信业务经营者应当按照规定向电信管理机构报送相应的监测信息。

第六章 经营许可证的变更和注销

第三十条 经营许可证有效期届满需要继续经营的，应当提前90日向原发证机关提出续办经营许可证的申请；不再继续经营的，应当提前90日向原发证机关报告，并做好善后工作。

第三十一条　取得电信业务经营许可证的公司或者其授权经营电信业务的子公司，遇有合并或者分立、有限责任公司股东变化、业务经营权转移等涉及经营主体需要变更的情形，或者业务范围需要变化的，应当自公司做出决定之日起30日内向原发证机关提出申请，经批准后方可实施。

其中，涉及有限责任公司股东变化、业务经营权转移的，应当符合下列条件：

（一）变更后的公司应当符合本办法第五条、第六条规定的条件。

（二）提出申请时，公司的业务已开通并且没有违反电信监督管理制度的行为。

第三十二条　在经营许可证的有效期内，变更公司名称、法定代表人的，应当在完成公司的工商变更登记手续后30日内向原发证机关申请办理电信业务经营许可证变更手续。

第三十三条　在经营许可证的有效期内，电信业务经营者需要终止经营的，应当符合下列条件：

（一）终止经营基础电信业务的，应当符合电信管理机构确定的电信行业管理总体布局。

（二）有可行的用户妥善处理方案并已妥善处理用户善后问题。

第三十四条　在经营许可证的有效期内，电信业务经营者需要终止经营的，应当向原发证机关提交下列申请材料：

（一）公司法定代表人签署并加盖公章的终止经营电信业务书面申请。内容包括：公司名称、联系方式、经营许可证编号、申请终止经营的电信业务种类、业务覆盖范围等。

（二）公司股东会关于同意终止经营电信业务的决定。

（三）公司法定代表人签署的做好用户善后处理工作的承诺书。

（四）公司关于解决用户善后问题的情况说明。内容包括：用户处理方案、社会公示情况说明、用户意见汇总、实施计划等。

（五）公司的电信业务经营许可证原件，企业法人营业执照复印件。

原发证机关收到终止经营电信业务的申请后应当向社会公示，公示期为30日。自公示期结束60日内，原发证机关应当完成审查工作，做出予以批准或者不予批准的决定。对于符合退出电信业务市场条件的，原发证机关应当予以批准，收回并注销电信业务经营许可证、或者注销相应的电信业务种类或者电信业务覆盖范围；对于不符合退出电信业务市场条件的，原发证机关应当不予批准，书面通知申请人并说明理由。

对申请终止经营基础电信业务或者跨地区增值电信业务的，工业和信息化部应当将予以批准或者不予批准的决定抄送相关省、自治区、直辖市通信管理局，相关省、自治区、直辖市通信管理局应当依法注销相应的电信业务经营许可备案。

第三十五条　电信业务经营者被有关机关依法处罚，不能继续经营电信业务的，原发证机关应当将其经营许可证收回注销。

第三十六条　发证机关吊销或者注销电信业务经营者的经营许可证后，应当通知相应的工商行政管理机关，并向社会公布。

发证机关吊销、撤销或者注销电信业务经营者的经营许可证，涉及用户善后问题的，可以通过招标方式指定业务承接单位。

被吊销或者注销经营许可证的公司，应当及时到相应工商行政管理机关办理相关手续。

第七章　经营许可的监督检查

第三十七条　发证机关对经营许可证实行年检制度。电信业务经营者应当在报告年的次年第一季度向原发证机关报送下列年检材料：

（一）本年度的电信业务经营情况；网络建设、业务发展、人员及机构变动情况；服务质量情况；执行国家和电信管理机构有关规定的情况等。

（二）公司的企业法人营业执照复印件。

（三）发证机关要求报送的其他材料。

第三十八条　省、自治区、直辖市通信管理局应当对跨地区电信业务经营者在当地开展电信业务的有关情况进行监督检查，并向工业和信息化部报告有关检查结果。

第三十九条 发证机关进行经营许可证年检时，应当对电信业务经营者报送的材料进行全面审核，并对其经营主体、经营行为、电信设施建设、电信资费和服务质量、执行国家和电信管理机构有关规定的情况等进行检查。

按时参加年检并且年检事项符合规定的，为年检合格。未按规定参加年检或者年检事项不符合规定的，电信管理机构应当责令改正，并依法给予相应的行政处罚；按时改正的，为经整改年检合格；拒不改正的，为年检不合格。

年检结果和处罚情况应当在经营许可证附件《年检和违法记录》中记录，向社会公布并通报工商行政管理机关。

第四十条 电信管理机构对经营许可证实行年检等监督检查，不得妨碍电信业务经营者正常的生产经营活动，不得收取任何费用。

电信管理机构对经营许可证实行年检等监督检查时，应当记录监督检查的情况和处理结果，由监督检查人员签字后归档。公众有权查阅监督检查记录。

电信业务经营者应当按照国家规定的服务标准、资费政策和电信管理机构的规定，向用户提供安全、方便、稳定的服务，并履行普遍服务的义务；未经发证机关批准，不得停业、歇业。电信业务经营者不履行上述义务的，电信管理机构应当责令限期改正，或者依法采取有效措施督促其履行义务。

第八章　罚　则

第四十一条 隐瞒有关情况或者提供虚假材料申请电信业务经营许可的，电信管理机构不予受理或者不予行政许可，并给予警告，申请人在一年内不得再次申请该行政许可。

以欺骗、贿赂等不正当手段取得电信业务经营许可的，电信管理机构撤销该行政许可，给予警告，并视情节轻重处5000元以上3万元以下的罚款，申请人在三年内不得再次申请该行政许可；构成犯罪的，依法追究刑事责任。

第四十二条 违反本办法第十六条、第三十一条规定的，依照《中华人民共和国电信条例》第七十条规定予以处罚。

第四十三条 违反本办法第二十二条规定的，依照《中华人民共和国电信条例》第六十九条规定予以处罚。

第四十四条 违反本法第二十四条规定的，依照《中华人民共和国电信条例》第七十二条规定予以处罚。

第四十五条 违反本办法第四条第二款、第十八条、第十九条、第二十条第三款、第四款、第二十一条、第二十三条、第二十五条、第二十六条、第二十七条、第三十条、第三十二条、第三十四条和第三十七条规定的，由电信管理机构责令改正，给予警告，并处5000元以上3万元以下的罚款。

第四十六条 当事人对电信管理机构做出的行政许可和行政处罚决定不服的，可以依法申请行政复议或者提起行政诉讼。

当事人逾期不申请行政复议也不提起行政诉讼，又不履行行政处罚决定的，由做出行政处罚决定的电信管理机构申请人民法院强制执行。

第四十七条 电信管理机构的工作人员在经营许可证管理工作中，玩忽职守、滥用职权、徇私舞弊，构成犯罪的，移交司法机关依法追究刑事责任；尚不构成犯罪的，由所在单位或者上级主管部门给予行政处分。

第九章　附　则

第四十八条 经营许可证由工业和信息化部统一印制。

第四十九条 本办法自2009年4月10日起施行。2001年12月26日公布的《电信业务经营许可证管理办法》（中华人民共和国信息产业部令第19号）同时废止。

外国机构在中国境内提供金融信息服务管理规定

第一章　总　　则

第一条　为便于外国机构在中国境内依法提供金融信息服务，满足国内用户对金融信息的需求，促进金融信息服务业健康、有序发展，根据《国务院关于修改〈国务院对确需保留的行政审批项目设定行政许可的决定〉的决定》（国务院第548号令），制定本规定。

第二条　外国机构在中国境内提供金融信息服务，适用本规定。

本规定所称外国机构，是指外国金融信息服务提供者。

本规定所称金融信息服务，是指向从事金融分析、金融交易、金融决策或者其他金融活动的用户提供可能影响金融市场的信息和/或者金融数据的服务。该服务不同于通讯社服务。

第三条　中国依法保障外国机构在中国境内提供金融信息服务的合法权益，为其依法提供金融信息服务提供便利。

外国机构在中国境内提供金融信息服务，应当遵守中国法律、法规和规章。

第二章　审　　批

第四条　国务院新闻办公室为外国机构在中国境内提供金融信息服务的监督管理机关。外国机构在中国境内提供金融信息服务，必须经国务院新闻办公室批准。

未经国务院新闻办公室批准的外国机构，不得在中国境内提供金融信息服务。

第五条　外国机构申请在中国境内提供金融信息服务，应当具备以下条件：

（一）在所在国家（地区）有相应的合法资质；

（二）在金融信息服务领域有良好信誉；

（三）有确定的金融信息服务业务；

（四）有良好的传播手段和技术服务；

（五）中国法律、法规规定的其他条件。

第六条　外国机构在中国境内提供金融信息服务，需向国务院新闻办公室申请，提交下列材料：

（一）该机构主要负责人签署的书面申请；

（二）该机构情况介绍；

（三）该机构在所在国家（地区）设立的证明文本副本；

（四）拟提供金融信息服务的产品、栏目、说明、信息来源和样品的概述；

（五）传播手段及技术服务说明材料。

第七条　国务院新闻办公室应当自受理申请之日起20个工作日内做出批准或者不批准决定。予以批准的，发给批准文件；不予批准的，书面通知申请人并说明理由。

第八条　外国机构在中国境内提供金融信息服务，应当与用户签订书面合同。

外国机构应当在首次收到本规定第七条所述批准文件后30日内，就获得批准文件前与国内用户签订的任何合同，向国务院新闻办公室备案。获得批准的外国机构与国内用户签订、终止任何合同，应当在该合同签订、终止后30日内，向国务院新闻办公室备案。备案内容包括：合同所涉信息产品、提供方式、用户相关身份信息、合同期限等。已备案内容发生变更的，外国机构应当在变更后30日内向国务院新闻办公室变更备案。

第九条　外国机构在中国境内提供金融信息服务，拟变更机构名称、产品种类或者传播手段的，应当至少提前30日向国务院新闻办公室办理变更手续。

第十条　外国机构拟终止在中国境内提供金融信息服务的，应当在终止业务前书面告知国务院新闻办公室，并自终止业务之日起7日内到国务院新闻办公室办理注销手续。

第十一条　外国机构在中国境内提供金融信息

服务批准文件有效期为 2 年。批准文件到期并拟继续提供服务的，应当在批准文件到期前至少 30 日，持原批准文件和本规定第六条所述材料向国务院新闻办公室申请更新批准文件。国务院新闻办公室将依照本规定第七条的规定办理。

第十二条 国务院新闻办公室依法保护外国机构依照本规定提交材料中包含的具有商业价值的信息，上述信息将仅用于监管。

第三章 投资设立企业

第十三条 外国机构在中国境内投资设立金融信息服务企业，应当依照中国有关法律向国务院商务主管部门提出申请，并提交下列材料：

（一）国务院新闻办公室的批准文件；

（二）该机构主要负责人签署的在中国境内投资设立金融信息服务企业的书面申请；

（三）由各方投资者法定代表人或者其授权的代表签署的金融信息服务企业的合同、章程；

（四）拟投资设立金融信息服务企业的董事会成员名单及证明文件；

（五）工商行政管理部门出具的企业名称预先核准通知书；

（六）中国法律、法规规定的其他文件。

第十四条 国务院商务主管部门应当自受理申请之日起 30 个工作日内做出批准或者不批准决定。予以批准的，发给《外商投资企业批准证书》；不予批准的，书面通知申请人并说明理由。

第十五条 获得批准投资设立金融信息服务企业的外国机构应当自收到《外商投资企业批准证书》之日起 30 日内，依法向工商行政管理部门申请设立登记。

外商投资的金融信息服务企业变更登记事项或者终止的，应当依法办理变更登记或者注销登记。

第四章 监督管理

第十六条 外国机构应当严格按照批准的经营范围提供金融信息服务。国务院新闻办公室对外国机构提供金融信息服务进行监督检查，外国机构应当予以配合。

第十七条 外国机构在中国境内向用户提供的金融信息，不得含有下列内容：

（一）违反中华人民共和国宪法基本原则的；

（二）破坏中国国家统一、主权和领土完整的；

（三）危害中国国家安全和损害国家利益的；

（四）违反中国的民族、宗教政策，破坏民族团结，宣扬邪教的；

（五）散布虚假金融信息，扰乱经济秩序，破坏经济、金融、资本市场和社会稳定的；

（六）宣扬淫秽、色情、暴力、恐怖或者教唆犯罪的；

（七）侮辱或者诽谤他人，侵害他人合法权益的；

（八）中国法律、法规和规章禁止的其他内容。

第十八条 国务院新闻办公室对外国机构在中国境内提供的金融信息进行同步审视，发现含有本规定第十七条所列内容的，予以调查、处理。外国机构应当向国务院新闻办公室无偿提供同步审视其所提供金融信息的必要条件。

第十九条 在中国境内设立的外商投资金融信息服务企业应当严格按照登记注册的经营范围从事业务活动，不得开展新闻采集业务，不得从事通讯社业务。

第二十条 国内金融信息用户发现外国机构提供的金融信息中含有本规定第十七条所列内容的，应当向国务院新闻办公室举报，并不得使用和传播。

第五章 法律责任

第二十一条 外国机构在中国境内提供金融信息服务违反本规定的，由国务院新闻办公室和有关部门责令改正，给予警告，并处罚款。违反其他法律法规的，由相关行政、司法机关依法处理。

第二十二条　国内金融信息用户向社会传播外国机构提供的金融信息中含有本规定第十七条所列内容的，由国务院新闻办公室和有关部门依法处罚。

第二十三条　国务院新闻办公室工作人员，因玩忽职守、滥用职权、徇私舞弊或者收受贿赂，造成严重后果并构成犯罪的，依法追究刑事责任；尚不构成犯罪的，依法给予处分。

第六章　附　则

第二十四条　香港特别行政区、澳门特别行政区、台湾地区有关机构，在内地提供金融信息服务，参照适用本规定。

第二十五条　本规定自2009年6月1日起施行。本规定发布前，有关部门发布的关于金融信息服务的规定与本规定不一致的，以本规定为准。

本规定施行前已获得批准在中国境内提供金融信息服务的外国机构，拟继续在中国境内提供金融信息服务的，应当在本规定施行之日起30日内持本规定第六条所述材料向国务院新闻办公室提出申请。在国务院新闻办公室根据本规定第七条做出决定之日前，允许其继续提供该服务。

关于外国投资者并购境内企业的规定

第一章 总 则

第一条 为了促进和规范外国投资者来华投资，引进国外的先进技术和管理经验，提高利用外资的水平，实现资源的合理配置，保证就业、维护公平竞争和国家经济安全，依据外商投资企业的法律、行政法规及《公司法》和其他相关法律、行政法规，制定本规定。

第二条 本规定所称外国投资者并购境内企业，系指外国投资者购买境内非外商投资企业（以下称“境内公司”）股东的股权或认购境内公司增资，使该境内公司变更设立为外商投资企业（以下称“股权并购”）；或者，外国投资者设立外商投资企业，并通过该企业协议购买境内企业资产且运营该资产，或，外国投资者协议购买境内企业资产，并以该资产投资设立外商投资企业运营该资产（以下称“资产并购”）。

第三条 外国投资者并购境内企业应遵守中国的法律、行政法规和规章，遵循公平合理、等价有偿、诚实信用的原则，不得造成过度集中、排除或限制竞争，不得扰乱社会经济秩序和损害社会公共利益，不得导致国有资产流失。

第四条 外国投资者并购境内企业，应符合中国法律、行政法规和规章对投资者资格的要求及产业、土地、环保等政策。

依照《外商投资产业指导目录》不允许外国投资者独资经营的产业，并购不得导致外国投资者持有企业的全部股权；需由中方控股或相对控股的产业，该产业的企业被并购后，仍应由中方在企业中占控股或相对控股地位；禁止外国投资者经营的产业，外国投资者不得并购从事该产业的企业。

被并购境内企业原有所投资企业的经营范围应符合有关外商投资产业政策的要求；不符合要求的，应进行调整。

第五条 外国投资者并购境内企业涉及企业国有产权转让和上市公司国有股权管理事宜的，应当遵守国有资产管理的相关规定。

第六条 外国投资者并购境内企业设立外商投资企业，应依照本规定经审批机关批准，向登记管理机关办理变更登记或设立登记。

如果被并购企业为境内上市公司，还应根据《外国投资者对上市公司战略投资管理办法》，向国务院证券监督管理机构办理相关手续。

第七条 外国投资者并购境内企业所涉及的各方当事人应当按照中国税法规定纳税，接受税务机关的监督。

第八条 外国投资者并购境内企业所涉及的各方当事人应遵守中国有关外汇管理的法律和行政法规，及时向外汇管理机关办理各项外汇核准、登记、备案及变更手续。

第二章 基本制度

第九条 外国投资者在并购后所设外商投资企业注册资本中的出资比例高于25%的，该企业享受外商投资企业待遇。

外国投资者在并购后所设外商投资企业注册资本中的出资比例低于25%的，除法律和行政法规另有规定外，该企业不享受外商投资企业待遇，其举借外债按照境内非外商投资企业举借外债的有关规定办理。审批机关向其颁发加注“外资比例低于25%”字样的外商投资企业批准证书（以下称“批准证书”）。登记管理机关、外汇管理机关分别向其颁发加注“外资比例低于25%”字样的外商投资企业营业执照和外汇登记证。

境内公司、企业或自然人以其在境外合法设立或控制的公司名义并购与其有关联关系的境内公司，所设立的外商投资企业不享受外商投资企业待遇，但该境外公司认购境内公司增资，或者该境外公司向并购后所设企业增资，增资额占所设企业注册资本比例达到25%以上的除外。根据该款所述方式设立的外商投资企业，其实际控制人以外的外国投资者在企业注册资本中的出资比例高于25%的，享受外商投资企业待遇。

外国投资者并购境内上市公司后所设外商投资企业的待遇，按照国家有关规定办理。

第十条　本规定所称的审批机关为中华人民共和国商务部或省级商务主管部门（以下称“省级审批机关”），登记管理机关为中华人民共和国国家工商行政管理总局或其授权的地方工商行政管理局，外汇管理机关为中华人民共和国国家外汇管理局或其分支机构。

并购后所设外商投资企业，根据法律、行政法规和规章的规定，属于应由商务部审批的特定类型或行业的外商投资企业的，省级审批机关应将申请文件转报商务部审批，商务部依法决定批准或不批准。

第十一条　境内公司、企业或自然人以其在境外合法设立或控制的公司名义并购与其有关联关系的境内的公司，应报商务部审批。

当事人不得以外商投资企业境内投资或其他方式规避前述要求。

第十二条　外国投资者并购境内企业并取得实际控制权，涉及重点行业、存在影响或可能影响国家经济安全因素或者导致拥有驰名商标或中华老字号的境内企业实际控制权转移的，当事人应就此向商务部进行申报。

当事人未予申报，但其并购行为对国家经济安全造成或可能造成重大影响的，商务部可以会同相关部门要求当事人终止交易或采取转让相关股权、资产或其他有效措施，以消除并购行为对国家经济安全的影响。

第十三条　外国投资者股权并购的，并购后所设外商投资企业承继被并购境内公司的债权和债务。

外国投资者资产并购的，出售资产的境内企业承担其原有的债权和债务。

外国投资者、被并购境内企业、债权人及其他当事人可以对被并购境内企业的债权债务的处置另行达成协议，但是该协议不得损害第三人利益和社会公共利益。债权债务的处置协议应报送审批机关。

出售资产的境内企业应当在投资者向审批机关报送申请文件之前至少15日，向债权人发出通知书，并在全国发行的省级以上报纸上发布公告。

第十四条　并购当事人应以资产评估机构对拟转让的股权价值或拟出售资产的评估结果作为确定交易价格的依据。并购当事人可以约定在中国境内依法设立的资产评估机构。资产评估应采用国际通行的评估方法。禁止以明显低于评估结果的价格转让股权或出售资产，变相向境外转移资本。

外国投资者并购境内企业，导致以国有资产投资形成的股权变更或国有资产产权转移时，应当符合国有资产管理的有关规定。

第十五条　并购当事人应对并购各方是否存在关联关系进行说明，如果有两方属于同一个实际控制人，则当事人应向审批机关披露其实际控制人，并就并购目的和评估结果是否符合市场公允价值进行解释。当事人不得以信托、代持或其他方式规避前述要求。

第十六条　外国投资者并购境内企业设立外商投资企业，外国投资者应自外商投资企业营业执照颁发之日起3个月内向转让股权的股东，或出售资产的境内企业支付全部对价。对特殊情况需要延长者，经审批机关批准后，应自外商投资企业营业执照颁发之日起6个月内支付全部对价的60%以上，1年内付清全部对价，并按实际缴付的出资比例分配收益。

外国投资者认购境内公司增资，有限责任公司和以发起方式设立的境内股份有限公司的股东应当在公司申请外商投资企业营业执照时缴付不低于20%的新增注册资本，其余部分的出资时间应符合《公司法》、有关外商投资的法律和《公司登记管理条例》的规定。其他法律和行政法规另有规定的，从其规定。股份有限公司为增加注册资本发行新股时，股东认购新股，依照设立股份有限公司缴纳股款的有关规定执行。

外国投资者资产并购的，投资者应在拟设立的外商投资企业合同、章程中规定出资期限。设立外商投资企业，并通过该企业协议购买境内企业资产且运营该资产的，对与资产对价等额部分的出资，投资者应在本条第一款规定的对价支付期限内缴付；其余部分的出资应符合设立外商投资企业出资的相关规定。

外国投资者并购境内企业设立外商投资企业，如果外国投资者出资比例低于企业注册资本25%，投资者以现金出资的，应自外商投资企业营业执照颁发之日起3个月内缴清；投资者以实物、工业产权等出资的，应自外商投资企业营业执照颁发之日起6个月内缴清。

第十七条 作为并购对价的支付手段，应符合国家有关法律和行政法规的规定。外国投资者以其合法拥有的人民币资产作为支付手段的，应经外汇管理机关核准。外国投资者以其拥有处置权的股权作为支付手段的，按照本规定第四章办理。

第十八条 外国投资者协议购买境内公司股东的股权，境内公司变更设立为外商投资企业后，该外商投资企业的注册资本为原境内公司注册资本，外国投资者的出资比例为其所购买股权在原注册资本中所占比例。

外国投资者认购境内有限责任公司增资的，并购后所设外商投资企业的注册资本为原境内公司注册资本与增资额之和。外国投资者与被并购境内公司原其他股东，在境内公司资产评估的基础上，确定各自在外商投资企业注册资本中的出资比例。

外国投资者认购境内股份有限公司增资的，按照《公司法》有关规定确定注册资本。

第十九条 外国投资者股权并购的，除国家另有规定外，对并购后所设外商投资企业应按照以下比例确定投资总额的上限：

（一）注册资本在210万美元以下的，投资总额不得超过注册资本的10/7；

（二）注册资本在210万美元以上至500万美元的，投资总额不得超过注册资本的2倍；

（三）注册资本在500万美元以上至1200万美元的，投资总额不得超过注册资本的2.5倍；

（四）注册资本在1200万美元以上的，投资总额不得超过注册资本的3倍。

第二十条 外国投资者资产并购的，应根据购买资产的交易价格和实际生产经营规模确定拟设立的外商投资企业的投资总额。拟设立的外商投资企业的注册资本与投资总额的比例应符合有关规定。

第三章 审批与登记

第二十一条 外国投资者股权并购的，投资者应根据并购后所设外商投资企业的投资总额、企业类型及所从事的行业，依照设立外商投资企业的法律、行政法规和规章的规定，向具有相应审批权限的审批机关报送下列文件：

（一）被并购境内有限责任公司股东一致同意外国投资者股权并购的决议，或被并购境内股份有限公司同意外国投资者股权并购的股东大会决议；

（二）被并购境内公司依法变更设立为外商投资企业的申请书；

（三）并购后所设外商投资企业的合同、章程；

（四）外国投资者购买境内公司股东股权或认购境内公司增资的协议；

（五）被并购境内公司上一财务年度的财务审计报告；

（六）经公证和依法认证的投资者的身份证明文件或注册登记证明及资信证明文件；

（七）被并购境内公司所投资企业的情况说明；

（八）被并购境内公司及其所投资企业的营业执照（副本）；

（九）被并购境内公司职工安置计划；

（十）本规定第十三条、第十四条、第十五条要求报送的文件。

并购后所设外商投资企业的经营范围、规模、土地使用权的取得等，涉及其他相关政府部门许可的，有关的许可文件应一并报送。

第二十二条 股权购买协议、境内公司增资协议应适用中国法律，并包括以下主要内容：

（一）协议各方的状况，包括名称（姓名），住所，法定代表人姓名、职务、国籍等；

（二）购买股权或认购增资的份额和价款；

（三）协议的履行期限、履行方式；

（四）协议各方的权利、义务；

（五）违约责任、争议解决；

（六）协议签署的时间、地点。

第二十三条 外国投资者资产并购的，投资者应根据拟设立的外商投资企业的投资总额、企业类型及所从事的行业，依照设立外商投资企业的法律、行政法规和规章的规定，向具有相应审批权限的审批机关报送下列文件：

（一）境内企业产权持有人或权力机构同意出售资产的决议；

（二）外商投资企业设立申请书；

（三）拟设立的外商投资企业的合同、章程；

（四）拟设立的外商投资企业与境内企业签署的资产购买协议，或外国投资者与境内企业签署的资产购买协议；

（五）被并购境内企业的章程、营业执照（副本）；

（六）被并购境内企业通知、公告债权人的证明以及债权人是否提出异议的说明；

（七）经公证和依法认证的投资者的身份证明文件或开业证明、有关资信证明文件；

（八）被并购境内企业职工安置计划；

（九）本规定第十三条、第十四条、第十五条要求报送的文件。

依照前款的规定购买并运营境内企业的资产，涉及其他相关政府部门许可的，有关的许可文件应一并报送。

外国投资者协议购买境内企业资产并以该资产投资设立外商投资企业的，在外商投资企业成立之前，不得以该资产开展经营活动。

第二十四条　资产购买协议应适用中国法律，并包括以下主要内容：

（一）协议各方的状况，包括名称（姓名），住所，法定代表人姓名、职务、国籍等；

（二）拟购买资产的清单、价格；

（三）协议的履行期限、履行方式；

（四）协议各方的权利、义务；

（五）违约责任、争议解决；

（六）协议签署的时间、地点。

第二十五条　外国投资者并购境内企业设立外商投资企业，除本规定另有规定外，审批机关应自收到规定报送的全部文件之日起30日内，依法决定批准或不批准。决定批准的，由审批机关颁发批准证书。

外国投资者协议购买境内公司股东股权，审批机关决定批准的，应同时将有关批准文件分别抄送股权转让方、境内公司所在地外汇管理机关。股权转让方所在地外汇管理机关为其办理转股收汇外资外汇登记并出具相关证明，转股收汇外资外汇登记证明是证明外方已缴付的股权收购对价已到位的有效文件。

第二十六条　外国投资者资产并购的，投资者应自收到批准证书之日起30日内，向登记管理机关申请办理设立登记，领取外商投资企业营业执照。

外国投资者股权并购的，被并购境内公司应依照本规定向原登记管理机关申请变更登记，领取外商投资企业营业执照。原登记管理机关没有登记管辖权的，应自收到申请文件之日起10日内转送有管辖权的登记管理机关办理，同时附送该境内公司的登记档案。被并购境内公司在申请变更登记时，应提交以下文件，并对其真实性和有效性负责：

（一）变更登记申请书；

（二）外国投资者购买境内公司股东股权或认购境内公司增资的协议；

（三）修改后的公司章程或原章程的修正案和依法需要提交的外商投资企业合同；

（四）外商投资企业批准证书；

（五）外国投资者的主体资格证明或者自然人身份证明；

（六）修改后的董事会名单，记载新增董事姓名、住所的文件和新增董事的任职文件；

（七）国家工商行政管理总局规定的其他有关文件和证件。

投资者自收到外商投资企业营业执照之日起30日内，到税务、海关、土地管理和外汇管理等有关部门办理登记手续。

第四章　外国投资者以股权作为支付手段并购境内公司

第一节　以股权并购的条件

第二十七条　本章所称外国投资者以股权作为支付手段并购境内公司，系指境外公司的股东以其持有的境外公司股权，或者境外公司以其增发的股份，作为支付手段，购买境内公司股东的股权或者境内公司增发股份的行为。

第二十八条 本章所称的境外公司应合法设立并且其注册地具有完善的公司法律制度，且公司及其管理层最近3年未受到监管机构的处罚；除本章第三节所规定的特殊目的公司外，境外公司应为上市公司，其上市所在地应具有完善的证券交易制度。

第二十九条 外国投资者以股权并购境内公司所涉及的境内外公司的股权，应符合以下条件：

（一）股东合法持有并依法可以转让；

（二）无所有权争议且没有设定质押及任何其他权利限制；

（三）境外公司的股权应在境外公开合法证券交易市场（柜台交易市场除外）挂牌交易；

（四）境外公司的股权最近1年交易价格稳定。

前款第（三）、（四）项不适用于本章第三节所规定的特殊目的公司。

第三十条 外国投资者以股权并购境内公司，境内公司或其股东应当聘请在中国注册登记的中介机构担任顾问（以下称“并购顾问”）。并购顾问应就并购申请文件的真实性、境外公司的财务状况以及并购是否符合本规定第十四条、第二十八条和第二十九条的要求做尽职调查，并出具并购顾问报告，就前述内容逐项发表明确的专业意见。

第三十一条 并购顾问应符合以下条件：

（一）信誉良好且有相关从业经验；

（二）无重大违法违规记录；

（三）应有调查并分析境外公司注册地和上市所在地法律制度与境外公司财务状况的能力。

第二节 申报文件与程序

第三十二条 外国投资者以股权并购境内公司应报送商务部审批，境内公司除报送本规定第三章所要求的文件外，另须报送以下文件：

（一）境内公司最近1年股权变动和重大资产变动情况的说明；

（二）并购顾问报告；

（三）所涉及的境内外公司及其股东的开业证明或身份证明文件；

（四）境外公司的股东持股情况说明和持有境外公司5%以上股权的股东名录；

（五）境外公司的章程和对外担保的情况说明；

（六）境外公司最近年度经审计的财务报告和最近半年的股票交易情况报告。

第三十三条 商务部自收到规定报送的全部文件之日起30日内对并购申请进行审核，符合条件的，颁发批准证书，并在批准证书上加注“外国投资者以股权并购境内公司，自营业执照颁发之日起6个月内有效”。

第三十四条 境内公司应自收到加注的批准证书之日起30日内，向登记管理机关、外汇管理机关办理变更登记，由登记管理机关、外汇管理机关分别向其颁发加注“自颁发之日起8个月内有效”字样的外商投资企业营业执照和外汇登记证。

境内公司向登记管理机关办理变更登记时，应当预先提交旨在恢复股权结构的境内公司法定代表人签署的股权变更申请书、公司章程修正案、股权转让协议等文件。

第三十五条 自营业执照颁发之日起6个月内，境内公司或其股东应就其持有境外公司股权事项，向商务部、外汇管理机关申请办理境外投资开办企业核准、登记手续。

当事人除向商务部报送《关于境外投资开办企业核准事项的规定》所要求的文件外，另须报送加注的外商投资企业批准证书和加注的外商投资企业营业执照。商务部在核准境内公司或其股东持有境外公司的股权后，颁发中国企业境外投资批准证书，并换发无加注的外商投资企业批准证书。

境内公司取得无加注的外商投资企业批准证书后，应在30日内向登记管理机关、外汇管理机关申请换发无加注的外商投资企业营业执照、外汇登记证。

第三十六条 自营业执照颁发之日起6个月内，如果境内外公司没有完成其股权变更手续，则加注的批准证书和中国企业境外投资批准证书自动失效。登记管理机关根据境内公司预先提交的股权变更登记申请文件核准变更登记，使境内公司股权结构恢复到股权并购之前的状态。

并购境内公司增发股份而未实现的，在登记管理机关根据前款予以核准变更登记之前，境内公司还应当按照《公司法》的规定，减少相应的注册资本并在报纸上公告。

境内公司未按照前款规定办理相应的登记手续的，由登记管理机关按照《公司登记管理条例》的有关规定处理。

第三十七条 境内公司取得无加注的外商投资企业批准证书、外汇登记证之前，不得向股东分配利润或向有关联关系的公司提供担保，不得对外支付转股、减资、清算等资本项目款项。

第三十八条 境内公司或其股东凭商务部和登记管理机关颁发的无加注批准证书和营业执照，到税务机关办理税务变更登记。

第三节 对于特殊目的公司的特别规定

第三十九条 特殊目的公司系指中国境内公司或自然人为实现以其实际拥有的境内公司权益在境外上市而直接或间接控制的境外公司。

特殊目的公司为实现在境外上市，其股东以其所持公司股权，或者特殊目的公司以其增发的股份，作为支付手段，购买境内公司股东的股权或者境内公司增发的股份的，适用本节规定。

当事人以持有特殊目的公司权益的境外公司作为境外上市主体的，该境外公司应符合本节对于特殊目的公司的相关要求。

第四十条 特殊目的公司境外上市交易，应经国务院证券监督管理机构批准。

特殊目的公司境外上市所在国家或者地区应有完善的法律和监管制度，其证券监管机构已与国务院证券监督管理机构签订监管合作谅解备忘录，并保持着有效的监管合作关系。

第四十一条 本节所述的权益在境外上市的境内公司应符合下列条件：

（一）产权明晰，不存在产权争议或潜在产权争议；

（二）有完整的业务体系和良好的持续经营能力；

（三）有健全的公司治理结构和内部管理制度；

（四）公司及其主要股东近3年无重大违法违规记录。

第四十二条 境内公司在境外设立特殊目的公司，应向商务部申请办理核准手续。办理核准手续时，境内公司除向商务部报送《关于境外投资开办企业核准事项的规定》要求的文件外，另须报送以下文件：

（一）特殊目的公司实际控制人的身份证明文件；

（二）特殊目的公司境外上市商业计划书；

（三）并购顾问就特殊目的公司未来境外上市的股票发行价格所做的评估报告。

获得中国企业境外投资批准证书后，设立人或控制人应向所在地外汇管理机关申请办理相应的境外投资外汇登记手续。

第四十三条 特殊目的公司境外上市的股票发行价总值，不得低于其所对应的经中国有关资产评估机构评估的被并购境内公司股权的价值。

第四十四条 特殊目的公司以股权并购境内公司的，境内公司除向商务部报送本规定第三十二条所要求的文件外，另须报送以下文件：

（一）设立特殊目的公司时的境外投资开办企业批准文件和证书；

（二）特殊目的公司境外投资外汇登记表；

（三）特殊目的公司实际控制人的身份证明文件或开业证明、章程；

（四）特殊目的公司境外上市商业计划书；

（五）并购顾问就特殊目的公司未来境外上市的股票发行价格所作的评估报告。

如果以持有特殊目的公司权益的境外公司作为境外上市主体，境内公司还须报送以下文件：

（一）该境外公司的开业证明和章程；

（二）特殊目的公司与该境外公司之间就被并购的境内公司股权所作的交易安排和折价方法的详细说明。

第四十五条 商务部对本规定第四十四条所规定的文件初审同意的，出具原则批复函，境内公司凭该批复函向国务院证券监督管理机构报送申请上市的文件。国务院证券监督管理机构于20个工作日内决定是否核准。

境内公司获得核准后，向商务部申领批准证书。商务部向其颁发加注“境外特殊目的公司持股，自营业执照颁发之日起1年内有效”字样的批准证书。

并购导致特殊目的公司股权等事项变更的，持有特殊目的公司股权的境内公司或自然人，凭加注的外商投资企业批准证书，向商务部就特殊目的公司相关事项办理境外投资开办企业变更核准手续，并向所在地外汇管理机关申请办理境外投资外汇登记变更。

第四十六条 境内公司应自收到加注的批准证书之日起 30 日内，向登记管理机关、外汇管理机关办理变更登记，由登记管理机关、外汇管理机关分别向其颁发加注“自颁发之日起 14 个月内有效”字样的外商投资企业营业执照和外汇登记证。

境内公司向登记管理机关办理变更登记时，应当预先提交旨在恢复股权结构的境内公司法定代表人签署的股权变更申请书、公司章程修正案、股权转让协议等文件。

第四十七条 境内公司应自特殊目的公司或与特殊目的公司有关联关系的境外公司完成境外上市之日起 30 日内，向商务部报告境外上市情况和融资收入调回计划，并申请换发无加注的外商投资企业批准证书。同时，境内公司应自完成境外上市之日起 30 日内，向国务院证券监督管理机构报告境外上市情况并提供相关的备案文件。境内公司还应向外汇管理机关报送融资收入调回计划，由外汇管理机关监督实施。境内公司取得无加注的批准证书后，应在 30 日内向登记管理机关、外汇管理机关申请换发无加注的外商投资企业营业执照、外汇登记证。

如果境内公司在前述期限内未向商务部报告，境内公司加注的批准证书自动失效，境内公司股权结构恢复到股权并购之前的状态，并应按本规定第三十六条办理变更登记手续。

第四十八条 特殊目的公司的境外上市融资收入，应按照报送外汇管理机关备案的调回计划，根据现行外汇管理规定调回境内使用。融资收入可采取以下方式调回境内：

（一）向境内公司提供商业贷款；

（二）在境内新设外商投资企业；

（三）并购境内企业。

在上述情形下调回特殊目的公司境外融资收入，应遵守中国有关外商投资及外债管理的法律和行政法规。如果调回特殊目的公司境外融资收入，导致境内公司和自然人增持特殊目的公司权益或特殊目的公司净资产增加，当事人应如实披露并报批，在完成审批手续后办理相应的外资外汇登记和境外投资登记变更。

境内公司及自然人从特殊目的公司获得的利润、红利及资本变动所得外汇收入，应自获得之日起 6 个月内调回境内。利润或红利可以进入经常项目外汇账户或者结汇。资本变动外汇收入经外汇管理机关核准，可以开立资本项目专用账户保留，也可经外汇管理机关核准后结汇。

第四十九条 自营业执照颁发之日起 1 年内，如果境内公司不能取得无加注批准证书，则加注的批准证书自动失效，并应按本规定第三十六条办理变更登记手续。

第五十条 特殊目的公司完成境外上市且境内公司取得无加注的批准证书和营业执照后，当事人继续以该公司股份作为支付手段并购境内公司的，适用本章第一节和第二节的规定。

第五章 附 则

第五十一条 依据《反垄断法》的规定，外国投资者并购境内企业达到《国务院关于经营者集中申报标准的规定》规定的申报标准的，应当事先向商务部申报，未申报不得实施交易。

第五十二条 外国投资者在中国境内依法设立的投资性公司并购境内企业，适用本规定。

外国投资者购买境内外商投资企业股东的股权或认购境内外商投资企业增资的，适用现行外商投资企业法律、行政法规和外商投资企业投资者股权变更的相关规定，其中没有规定的，参照本规定办理。

外国投资者通过其在中国设立的外商投资企业合并或收购境内企业的，适用关于外商投资企业合并与分立的相关规定和关于外商投资企业境内投资的相关规定，其中没有规定的，参照本规定办理。

外国投资者并购境内有限责任公司并将其改制为股份有限公司的，或者境内公司为股份有限公司的，适用关于设立外商投资股份有限公司的相关规定，其中没有规定的，适用本规定。

第五十三条　申请人或申报人报送文件，应依照本规定对文件进行分类，并附文件目录。规定报送的全部文件应用中文表述。

第五十四条　被股权并购境内公司的中国自然人股东，经批准，可继续作为变更后所设外商投资企业的中方投资者。

第五十五条　境内公司的自然人股东变更国籍的，不改变该公司的企业性质。

第五十六条　相关政府机构工作人员必须忠于职守、依法履行职责，不得利用职务之便牟取不正当利益，并对知悉的商业秘密负有保密义务。

第五十七条　香港特别行政区、澳门特别行政区和台湾地区的投资者并购境内其他地区的企业，参照本规定办理。

第五十八条　本规定自2009年6月22日起施行。

跨境贸易人民币结算试点管理办法

第一条 为促进贸易便利化，保障跨境贸易人民币结算试点工作的顺利进行，规范试点企业和商业银行的行为，防范相关业务风险，根据《中华人民共和国中国人民银行法》等法律、行政法规，制定本办法。

第二条 国家允许指定的、有条件的企业在自愿的基础上以人民币进行跨境贸易的结算，支持商业银行为企业提供跨境贸易人民币结算服务。

第三条 国务院批准试点地区的跨境贸易人民币结算，适用本办法。

第四条 试点地区的省级人民政府负责协调当地有关部门推荐跨境贸易人民币结算的试点企业，由中国人民银行会同财政部、商务部、海关总署、税务总局、银监会等有关部门进行审核，最终确定试点企业名单。在推荐试点企业时，要核实试点企业及其法定代表人的真实身份，确保试点企业登记注册实名制，并遵守跨境贸易人民币结算的各项规定。试点企业违反国家有关规定的，依法处罚，取消其试点资格。

第五条 中国人民银行可根据宏观调控、防范系统性风险的需要，对跨境贸易人民币结算试点进行总量调控。

第六条 试点企业与境外企业以人民币结算的进出口贸易，可以通过香港、澳门地区人民币业务清算行进行人民币资金的跨境结算和清算，也可以通过境内商业银行代理境外商业银行进行人民币资金的跨境结算和清算。

第七条 经中国人民银行和香港金融管理局、澳门金融管理局认可，已加入中国人民银行大额支付系统并进行港澳人民币清算业务的商业银行，可以作为港澳人民币清算行，提供跨境贸易人民币结算和清算服务。

第八条 试点地区内具备国际结算业务能力的商业银行（以下简称境内结算银行），遵守跨境贸易人民币结算的有关规定，可以为试点企业提供跨境贸易人民币结算服务。

第九条 试点地区内具备国际结算业务能力的商业银行（以下简称境内代理银行），可以与跨境贸易人民币结算境外参加银行（以下简称境外参加银行）签订人民币代理结算协议，为其开立人民币同业往来账户，代理境外参加银行进行跨境贸易人民币支付。境内代理银行应当按照规定将人民币代理结算协议和人民币同业往来账户报中国人民银行当地分支机构备案。

第十条 境内代理银行可以对境外参加银行开立的账户设定铺底资金要求，并可以为境外参加银行提供铺底资金兑换服务。

第十一条 境内代理银行可以依境外参加银行的要求在限额内购售人民币，购售限额由中国人民银行确定。

第十二条 境内代理银行可以为在其开有人民币同业往来账户的境外参加银行提供人民币账户融资，用于满足账户头寸临时性需求，融资额度与期限由中国人民银行确定。

第十三条 港澳人民币清算行可以按照中国人民银行的有关规定从境内银行间外汇市场、银行间同业拆借市场兑换人民币和拆借资金，兑换人民币和拆借限额、期限等由中国人民银行确定。

第十四条 境内结算银行可以按照有关规定逐步提供人民币贸易融资服务。

第十五条 人民币跨境收支应当具有真实、合法的交易基础。境内结算银行应当按照中国人民银行的规定，对交易单证的真实性及其与人民币收支的一致性进行合理审查。

第十六条 境内结算银行和境内代理银行应当按照反洗钱和反恐融资的有关规定，采取有效措施，了解客户及其交易目的和交易性质，了解实际控制客户的自然人和交易的实际受益人，妥善保存客户身份资料和交易记录，确保能足以重现每项交易的具体情况。

第十七条 使用人民币结算的出口贸易，按照有关规定享受出口货物退（免）税政策。具体出口货物退（免）税管理办法由国务院税务主管部门制定。

第十八条 试点企业的跨境贸易人民币结算不纳入外汇核销管理，办理报关和出口货物退（免）

税时不需要提供外汇核销单。境内结算银行和境内代理银行应当按照税务部门的要求，依法向税务部门提供试点企业有关跨境贸易人民币结算的数据、资料。

第十九条 试点企业应当确保跨境贸易人民币结算的贸易真实性，应当建立跨境贸易人民币结算台账，准确记录进出口报关信息和人民币资金收付信息。

第二十条 对于跨境贸易人民币结算项下涉及的国际收支交易，试点企业和境内结算银行应当按照有关规定办理国际收支统计申报。境内代理银行办理购售人民币业务，应当按照规定进行购售人民币统计。

第二十一条 跨境贸易项下涉及的居民对非居民的人民币负债，暂按外债统计监测的有关规定办理登记。

第二十二条 中国人民银行建立人民币跨境收付信息管理系统，逐笔收集并长期保存试点企业与人民币跨境贸易结算有关的各类信息，按日总量匹配核对，对人民币跨境收付情况进行统计、分析、监测。境内结算银行和境内代理银行应当按中国人民银行的相关要求接入人民币跨境收付信息管理系统并报送人民币跨境收付信息。

第二十三条 至货物出口后210天时，试点企业仍未将人民币货款收回境内的，应当在5个工作日内通过其境内结算银行向人民币跨境收付信息管理系统报送该笔货物的未收回货款的金额及对应的出口报关单号，并向其境内结算银行提供相关资料。

试点企业拟将出口人民币收入存放境外的，应通过其境内结算银行向中国人民银行当地分支机构备案，并向人民币跨境收付信息管理系统报送存放境外的人民币资金金额、开户银行、账号、用途及对应的出口报关单号等信息。

试点企业应当选择一家境内结算银行作为其跨境贸易人民币结算的主报告银行。试点企业的主报告银行负责提示该试点企业履行上述信息报送和备案义务。

第二十四条 中国人民银行对境内结算银行、境内代理银行、试点企业开展跨境贸易人民币结算业务的情况进行检查监督。发现境内结算银行、境内代理银行、试点企业违反有关规定的，依法进行处罚。

试点企业有关跨境贸易人民币结算的违法违规信息，应当准确、完整、及时地录入中国人民银行企业信用信息基础数据库，并与海关、税务等部门共享。

第二十五条 中国人民银行与港澳人民币清算行协商修改《关于人民币业务的清算协议》，明确港澳人民币清算行提供跨境贸易人民币结算和清算服务的有关内容。

中国人民银行可以与香港金融管理局、澳门金融管理局签订合作备忘录，在各自职责范围内对港澳人民币清算行办理跨境贸易人民币结算和清算业务进行监管。

第二十六条 中国人民银行与财政部、商务部、海关总署、税务总局、银监会、外汇局等相关部门建立必要的信息共享和管理机制，加大事后检查力度，以形成对跨境贸易人民币结算试点工作的有效监管。

第二十七条 本办法自2009年7月1日起施行。

对外承包工程资格管理办法

第一章 总 则

第一条 为规范和加强对外承包工程管理，促进对外承包工程健康发展，根据《中华人民共和国对外贸易法》和《对外承包工程管理条例》，制定本办法。

第二条 本办法所称对外承包工程，是指中国的企业或者其他单位（以下统称单位）承包境外建设工程项目，包括咨询、勘察、设计、监理、招标、造价、采购、施工、安装、调试、运营、管理等活动。

第三条 对外承包工程的单位依据本办法取得对外承包工程资格，领取《中华人民共和国对外承包工程资格证书》（以下简称《资格证书》）后，方可在许可范围内从事对外承包工程。

第二章 资格条件

第四条 对外承包工程的单位分为工程建设类和非工程建设类。

其中，工程建设类单位指从事国内工程勘察、设计、咨询、监理、施工、安装等活动，且取得住房和城乡建设主管部门或其他有关部门颁发的相关资质的单位。

第五条 对外承包工程的单位应当具备下列条件：

（一）有法人资格；工程建设类单位应具有与其资质要求相适应的注册资本（本办法所称注册资本包括开办资金）；非工程建设类单位的注册资本不低于2000万元人民币。

（二）具有相应的资质或者业绩：

工程建设类单位应当依法取得住房和城乡建设主管部门或其他有关部门颁发的特级或者一级（甲级）资质证书；国家对于有关专业的资质不分等级的，应取得该资质证书；

非工程建设类单位上一年度机电产品出口额达到5000万美元，或自行设计、生产（含组织生产）、出口的成套设备或大型单机设备出口额达到1000万美元，或对外承包工程营业额达到1000万美元且近3年中成功实施过3个单项合同额在500万美元以上的项目。

（三）有与开展对外承包工程相适应的专业技术人员，管理人员中至少2人具有2年以上从事对外承包工程的经历。

（四）有与开展对外承包工程相适应的安全防范能力，成立由本单位主要负责人负责的境外安全防范领导小组，常设人员不得少于2人，有相应的境外安全防范机制和应急处理预案。

（五）有保障工程质量和安全生产的管理体系，最近2年内没有发生重大工程质量问题和较大事故以上的生产安全事故，建筑施工企业还需取得住房和城乡建设主管部门颁发的安全生产许可证。

（六）有良好的商业信誉，最近3年内没有重大违约行为和重大违法经营记录。为外商投资企业的，最近3年应连续通过外商投资企业联合年检。

第六条 对外承包工程的单位应承包与其实力、规模、业绩相适应的项目。

第三章 资格申请

第七条 申请对外承包工程资格，中央企业和中央管理的其他单位（以下简称中央单位）应当向商务部提出申请，中央单位以外的单位应当向注册所在地省级商务主管部门提出申请。

第八条 申请对外承包工程资格，需提交如下书面申请材料一式两份：

（一）对外承包工程资格申请书；

（二）中华人民共和国组织机构代码证（复印件）；

（三）企业法人营业执照或事业单位法人证书（复印件），外商投资企业应提交外商投资企业批准证书；

（四）工程建设类单位需提供住房和城乡建设主管部门或者其他有关部门颁发的资质证书（复印件），建筑施工企业还需提供住房和城乡建设主管部门颁发的安全生产许可证（复印件）；非工程建设类单位需提供海关出具的出口额证明或商务部出具的相应业务统计证明；

（五）与对外承包工程相关的专业技术人员和管理人员的情况说明及相关证明材料；

（六）申请单位境外安全防范领导小组及常设人员状况的说明及境外安全防范机制和应急处理预案；

（七）申请单位工程质量和安全生产的管理体系文件；

（八）商务主管部门要求提交的证明符合第五条规定条件的其他材料。

第九条 申请对外承包工程资格，材料齐全、符合法定形式，且属于本部门职权范围的，商务主管部门应当受理。

申请材料不齐全或者不符合法定形式的，收到材料的商务主管部门应当在5个工作日内一次告知申请人需要补正的全部内容；逾期不告知的，自收到申请材料之日起即为受理。

第十条 工程建设类单位申请对外承包工程资格的，商务主管部门自受理之日起5个工作日内，将申请材料转同级住房和城乡建设主管部门；住房和城乡建设主管部门自收到申请材料之日起15个工作日内提出审查意见并转交商务主管部门；商务主管部门自收到住房和城乡建设主管部门审查意见之日起10个工作日内做出批准或者不予批准的决定。

非工程建设类单位申请对外承包工程资格的，商务主管部门自受理之日起30个工作日内进行审查，做出批准或者不予批准的决定。

商务主管部门应当将审批结果及其他相关统计信息告知同级住房和城乡建设主管部门。

第十一条 批准对外承包工程资格申请的，对外承包工程的单位到注册所在地省级商务主管部门领取《资格证书》，并缴纳劳务合作备用金。省级商务主管部门应同时通过对外承包工程资格网上管理系统将其颁发《资格证书》的情况报商务部备案。

不予批准对外承包工程资格申请的，由受理申请的商务主管部门书面通知申请单位并说明理由。

第十二条 具有对外承包工程资格的单位与其他单位合并，原具有对外承包工程资格的单位终止的，合并后的单位符合本办法规定的相应条件的，可以依照第七条的规定向有关商务主管部门申请换领《资格证书》。商务主管部门应在受理申请之日起15个工作日内做出决定。

具有对外承包工程资格的单位分立的，分立后的单位符合相应条件的，可按照本办法重新申请对外承包工程资格。

第四章 《资格证书》管理

第十三条 《资格证书》须妥善保管，不得涂改、倒卖、出租、出借或者以其他形式非法转让。

《资格证书》遗失的，应及时向原审批的商务主管部门报告，并在全国性商业报纸或杂志上声明作废后方可向原审批的商务主管部门申请补发。

第十四条 对外承包工程的单位名称、地址、法定代表人、单位类型、注册资本等发生变更时，应在变更之日起30个工作日内向原审批的商务主管部门办理《资格证书》变更手续并换领新的《资格证书》。

对外承包工程的单位依法终止的，原审批的商务主管部门应当注销其对外承包工程资格及其《资格证书》。

第五章 监督管理

第十五条 商务部和省级商务主管部门负责对外承包工程资格的监督检查，并会同同级住房和城乡建设主管部门对工程建设类单位的对外承包工程资格进行监督检查。

商务部和省级商务主管部门在监督检查中，发现对外承包工程的单位不再具备本办法规定条件的，应当责令其限期整改；逾期仍达不到的，吊销其《资格证书》，并书面告知住房和城乡建设主管部门。

第十六条 商务部负责建立和维护对外承包工程资格网上管理系统，加强对全国对外承包工程资格的监督管理。

第十七条 商务部可视对外承包工程管理和协调工作的需要，根据对外承包工程单位对外承包工程的业绩、守法经营情况和有关组织资信评级等，对对外承包工程的单位实行分级分类管理。

第十八条 有关对外承包工程的协会、商会应依法发挥行业自律作用，根据对外承包工程资格的监督管理情况，依据行业规范提出行业意见和建议。

第六章 法律责任

第十九条 未取得对外承包工程资格，擅自开展对外承包工程的，由商务主管部门责令改正，处50万元以上100万元以下的罚款；有违法所得的，没收违法所得；对其主要负责人处5万元以上10万元以下的罚款。

第二十条 涂改、倒卖、出租、出借《资格证书》或者以其他形式非法转让对外承包工程资格的，由原审批的商务主管部门给予警告，并处3万元以下罚款；构成犯罪的，依法追究刑事责任。

第二十一条 申请对外承包工程资格的单位隐瞒有关情况或者提供虚假材料的，商务主管部门不予受理或者不予许可，并给予警告。

申请对外承包工程资格的单位以欺骗、贿赂等不正当手段取得《资格证书》的，由原审批的商务主管部门撤销《资格证书》，并给予警告，处10万元以下罚款；构成犯罪的，依法追究刑事责任。

第二十二条 商务主管部门、住房和城乡建设主管部门或者其他有关主管部门可以依据《对外承包工程管理条例》第二十五条、第二十六条的规定处罚。

第二十三条 商务主管部门和住房和城乡建设主管部门的工作人员在对外承包工程资格许可和管理工作中滥用职权、玩忽职守、徇私舞弊的，依法给予处分；构成犯罪的，依法追究刑事责任。

第七章 附则

第二十四条 本办法实施前已获得对外承包工程资格的单位，可自本办法施行之日起6个月内按照本办法关于资格申请的规定向商务主管部门申请换领《资格证书》。

前款所称单位在申请时达不到本办法规定的相应条件的，商务主管部门应责令其在本办法施行之日起3年内整改，并在其《资格证书》上注明有效期为3年。

商务主管部门应当将《资格证书》换证和变更信息告知同级住房和城乡建设主管部门。

第二十五条 本办法调整范围不包括机电产品及大型机械和成套设备出口。

第二十六条 本办法由商务部会同住房和城乡建设部负责解释。

第二十七条 本办法自2009年11月1日起施行。

经营者集中审查办法

第一条　为规范经营者集中反垄断审查工作，明确经营者集中反垄断审查程序，根据《中华人民共和国反垄断法》（以下简称《反垄断法》），制定本办法。

第二条　商务部是经营者集中反垄断审查执法机构，承担受理和审查经营者集中申报的具体执法工作。

第三条　在商务部立案之后、做出审查决定之前，申报人要求撤回经营者集中申报的，应当提交书面申请并说明理由。除放弃集中交易的情形外，申报的撤回应当经商务部同意。

撤回经营者集中申报的，审查程序终止。商务部同意撤回申报不视为对集中的批准。

第四条　在审查过程中，商务部鼓励申报人尽早主动提供有助于对经营者集中进行审查和做出决定的有关文件、资料。

第五条　在审查过程中，参与集中的经营者可以通过信函、传真等方式向商务部就有关申报事项进行书面陈述、申辩，商务部应当听取当事人的陈述和申辩。

第六条　在审查过程中，商务部可以根据需要征求有关政府部门、行业协会、经营者、消费者等单位或个人的意见。

第七条　在审查过程中，商务部可以主动或应有关方面的请求决定召开听证会，调查取证，听取有关各方的意见。商务部召开听证会，应当提前书面通知听证会参加方。听证会参加方提出书面意见的，应当在听证会举办前向商务部提交。

商务部举行听证会，可以通知参与集中的经营者及其竞争者、上下游企业及其他相关企业的代表参加，并可以酌情邀请有关专家、行业协会代表、有关政府部门的代表以及消费者代表参加。

听证会参加方应当按时出席听证会，遵守听证会程序，服从听证会主持人安排。

听证会参加方出于商业秘密等保密因素考虑，希望单独陈述的，可以安排单独听证；安排单独听证的，听证内容应当按有关保密规定处理。

第八条　听证会按照以下程序进行：

（一）听证会主持人宣布听证会开始，宣读听证会纪律；

（二）核对听证会参加方；

（三）参加方就听证内容进行陈述；

（四）听证会主持人就听证内容询问有关参加方；

（五）听证会主持人宣布听证会结束。

第九条　在初步审查阶段，商务部应当在《反垄断法》第二十五条规定的期限内做出是否实施进一步审查的决定。商务部做出不实施进一步审查决定的，应当书面通知申报人；认为有必要实施进一步审查的，应当做出实施进一步审查的决定，并书面通知申报人。

商务部做出不实施进一步审查的决定或者逾期未做出决定的，参与集中的经营者可以实施集中。

第十条　在进一步审查阶段，商务部认为经营者集中具有或者可能具有排除、限制竞争效果的，应当将其反对意见告知参与集中的经营者，并设定一个允许参与集中的经营者提交书面抗辩意见的合理期限。

参与集中的经营者的书面抗辩意见应当包括相关的事实和理由，并提供相应的证据。参与集中的经营者逾期未提交书面抗辩意见的，视为对反对意见无异议。

第十一条　在审查过程中，为消除或减少经营者集中具有或者可能具有的排除、限制竞争的效果，参与集中的经营者可以提出对集中交易方案进行调整的限制性条件。

根据经营者集中交易具体情况，限制性条件可以包括如下种类：

（一）剥离参与集中的经营者的部分资产或业务等结构性条件；

（二）参与集中的经营者开放其网络或平台等基础设施、许可关键技术（包括专利、专有技术或其他知识产权）、终止排他性协议等行为性条件；

（三）结构性条件和行为性条件相结合的综合性条件。

第十二条　参与集中的经营者提出的限制性条

件应当能够消除或减少经营者集中具有或者可能具有的排除、限制竞争效果，并具有现实的可操作性。限制性条件的书面文本应当清晰明确，以便于能够充分评价其有效性和可行性。

第十三条 在审查过程中，为消除或减少经营者集中具有或者可能具有的排除、限制竞争效果，商务部和参与集中的经营者均可以提出对限制性条件进行修改的意见和建议。

第十四条 商务部应当在《反垄断法》第二十六条规定的期限内做出禁止或不予禁止经营者集中的决定，并书面通知申报人。对不予禁止的经营者集中，商务部可以决定附加减少集中对竞争产生不利影响的限制性条件。商务部做出进一步审查决定前，参与集中的经营者不得实施集中。

商务部做出对经营者集中不予禁止的决定或逾期未做出决定的，参与集中的经营者可以实施集中。

第十五条 对于附加限制性条件批准的经营者集中，商务部应当对参与集中的经营者履行限制性条件的行为进行监督检查，参与集中的经营者应当按指定期限向商务部报告限制性条件的执行情况。

参与集中的经营者未依限制性条件履行规定义务的，商务部可以责令其限期改正；参与集中的经营者在规定期限内未改正的，商务部可以依照《反垄断法》相关规定予以处理。

第十六条 商务部、申报人以及其他单位和个人对于在经营者集中审查中知悉的商业秘密和其他需要保密的信息承担保密义务。

第十七条 本办法自 2010 年 1 月 1 日起施行。

经营者集中申报办法

第一条　为规范经营者集中申报和反垄断执法机构受理申报，根据《中华人民共和国反垄断法》（以下简称《反垄断法》）和《国务院关于经营者集中申报标准的规定》（以下简称《规定》），制定本办法。

第二条　商务部是经营者集中反垄断审查执法机构，承担受理和审查经营者集中申报的具体执法工作。

第三条　本办法所称经营者集中，系指《反垄断法》第二十条所规定的下列情形：

（一）经营者合并；

（二）经营者通过取得股权或者资产的方式取得对其他经营者的控制权；

（三）经营者通过合同等方式取得对其他经营者的控制权或者能够对其他经营者施加决定性影响。

第四条　营业额包括相关经营者上一会计年度内销售产品和提供服务所获得的收入，扣除相关税金及其附加。

《规定》第三条所称"在中国境内"是指经营者提供产品或服务的买方所在地在中国境内。

第五条　参与集中的单个经营者的营业额应当为下述经营者的营业额总和：

（一）该单个经营者；

（二）第（一）项所指经营者直接或间接控制的其他经营者；

（三）直接或间接控制第（一）项所指经营者的其他经营者；

（四）第（三）项所指经营者直接或间接控制的其他经营者；

（五）第（一）至（四）项所指经营者中两个或两个以上经营者共同控制的其他经营者。

参与集中的单个经营者的营业额不包括上述（一）至（五）项所列经营者之间发生的营业额。

如果参与集中的单个经营者之间或者参与集中的单个经营者和未参与集中的经营者之间有共同控制的其他经营者，参与集中的单个经营者的营业额应当包括被共同控制的经营者与第三方经营者之间的营业额，且此营业额只计算一次。

第六条　如果参与集中的单个经营者之间有共同控制的其他经营者，则参与集中的所有经营者的合计营业额不应包括被共同控制的经营者与任何一个共同控制他的参与集中的经营者，或与后者有控制关系的经营者之间发生的营业额。

第七条　在一项经营者集中包括收购一个或多个经营者的一部分时：

（一）对于卖方而言，只计算集中涉及部分的营业额；

（二）相同经营者之间在两年内多次实施的未达到《规定》第三条规定的申报标准的经营者集中，应当视为一次集中交易，集中发生时间从最后一次交易算起，该经营者集中的营业额应当将多次交易合并计算。经营者通过与其有控制关系的其他经营者实施的上述行为，依照本项规定处理。

前款第（二）项所称"两年内"是指从第一次集中交易完成之日起至最后一次集中交易签订协议之日止的期间。

第八条　在正式申报前，参与集中的经营者可以就集中申报的相关问题向商务部申请商谈。商谈申请应当以书面方式提出。

第九条　通过合并方式实施的经营者集中，由参与合并的各方经营者申报；其他方式的经营者集中，由取得控制权或能够施加决定性影响的经营者申报，其他经营者予以配合。

申报义务人未进行集中申报的，其他参与集中的经营者可以提出申报。

申报义务人可以自行申报，也可以依法委托他人代理申报。

第十条　申报文件、材料应当包括如下内容：

（一）申报书。申报书应当载明参与集中的经营者的名称、住所、经营范围、预定实施集中的日期。申报人的身份证明或注册登记证明，境外申报人还须提交当地公证机关的公证文件和相关的认证文件。委托代理人申报的，应当提交经申报人签字的授权委托书。

（二）集中对相关市场竞争状况影响的说明。

具体包括：集中交易概况；相关市场界定；参与集中的经营者在相关市场的市场份额及其对市场的控制力；主要竞争者及其市场份额；市场集中度；市场进入；行业发展现状；集中对市场竞争结构、行业发展、技术进步、国民经济发展、消费者以及其他经营者的影响；集中对相关市场竞争影响的效果评估及依据。

（三）集中协议及相关文件。具体包括：各种形式的集中协议文件，如协议书、合同以及相应的补充文件等。

（四）参与集中的经营者经会计师事务所审计的上一会计年度财务会计报告。

（五）商务部要求提交的其他文件、资料。

第十一条 除本规定第十条要求提供的文件、资料外，申报人可以自愿提供有助于商务部对该集中进行审查和做出决定的其他文件、资料，如地方人民政府和主管部门等有关方面的意见，支持集中协议的各类报告等。

第十二条 申报人提交纸质申报文件、资料的同时，应当提交内容相同的光盘电子文档。申报文件、资料应当合理编排以方便查阅。

申报人应当提交中文撰写的文件、资料。文件、资料的原件是外文书写的，应当提交中文翻译件并附外文原件。文件、资料为副本、复印件或传真件的，应当根据商务部的要求出示原件供验证。

申报人应当同时提交申报文件、资料的公开版本和保密版本。申报人应当对申报文件、资料中的商业秘密和其他需要保密的信息进行标注。

第十三条 申报人应当提交完备的文件、资料，商务部应对申报人提交的文件、资料进行核查。商务部发现申报的文件、资料不完备的，可以要求申报人在规定期限内补交。申报人逾期未补交的，视为未申报。

第十四条 商务部经核查认为申报文件、资料符合法定要求的，应当自收到完备的申报文件、资料之日予以立案并书面通知申报人。

第十五条 申报人故意隐瞒重要情况或者提供虚假信息的，商务部不予立案。

第十六条 经营者集中未达到《规定》第三条规定的申报标准，参与集中的经营者自愿提出经营者集中申报，商务部收到申报文件、资料后经审查认为有必要立案的，应当按照《反垄断法》的规定进行立案审查并做出决定。

在前款所述申报和立案审查期间，参与集中的经营者可以自行决定是否暂停实施其集中交易，并承担相应的后果。

第十七条 商务部和申报人对在经营者集中申报前商谈和申报审查工作中知悉的商业秘密和其他需要保密的信息承担保密义务。

第十八条 本办法自 2010 年 1 月 1 日起施行。

商务部关于加快流通领域电子商务发展的意见

各省、自治区、直辖市、计划单列市及新疆生产建设兵团商务主管部门：

为贯彻落实《国务院办公厅关于搞活流通扩大消费的意见》（国办发〔2008〕134号）和《国务院办公厅关于加快电子商务发展的若干意见》（国办发〔2005〕2号），现就当前经济形势下进一步加快流通领域电子商务发展提出以下意见：

一、充分认识加快流通领域电子商务发展的重要意义

电子商务是基于信息技术和互联网的现代流通方式。由于我国流通领域电子商务发展起步较晚、基础薄弱，流通企业和社会公众对电子商务的参与度还有待提高，网上交易的配套服务体系还不健全。当前，在党中央、国务院扩大内需拉动经济增长的战略部署下，加快流通领域电子商务发展，既可以扩大网上消费群体，培育新型消费模式和消费领域，又有助于降低流通成本，加快商品和服务价值的最终实现。因此，加快流通领域电子商务发展是当前我国应对金融危机，扩大居民消费、保持经济增长动力的有效手段，是提高商品流通效率、转变经济发展方式的必然要求。

二、明确加快流通领域电子商务发展的主要目标

加快流通领域电子商务发展的主要目标是，以市场为导向，以企业为主体，以信息化带动流通现代化为主要手段，加快流通领域电子商务应用推广进程。扶持传统流通企业应用电子商务开拓网上市场，培育一批管理运营规范、市场前景广阔的专业网络购物企业，扶持一批影响力和凝聚力较强的网上批发交易企业。提高社会公众对电子商务的认知度和参与度，开拓适宜网上交易的居民消费领域，培育和扩大网上消费群体，到“十二五”期末，力争网络购物交易额占我国社会消费品零售总额的比重提高到5%以上。

三、推动传统流通企业开拓网上市场

鼓励重点培育的大型流通企业整合资源，建设一体化的电子商务平台，提高规模经济效益和综合竞争实力。不断推进大型流通企业电子商务应用向纵深发展，形成技术改进、体系升级、价值创造和资本吸引的良性循环。扶持中小流通企业通过第三方技术服务平台进行网上销售相关技术改造与管理升级，降低商品陈设和人员、库存、资金占用等运营成本，选择灵活适宜的经营模式，满足不同消费层次和消费偏好的顾客需求。

四、促进商品批发环节应用推广网上交易

鼓励流通企业应用电子商务进行商品批发交易，提高流通效率，扩大中间需求，带动最终需求。充分发挥大型骨干流通企业和大宗商品市场的作用，开展农产品、日用工业品和生产资料的网上批发交易。以产业集群为依托，支持面向行业的电子商务企业发展，整合产业链和供应链，为生产企业和分销企业间、批发企业和零售企业间网上交易提供第三方服务。

五、加快发展面向消费者的专业网络购物企业

培育一批知名度高、实力强、运作规范的专业网络购物企业，建设交易商品丰富、服务内容多样的新型商业网站，大力发展服装、家电、家居装潢、图书音像等适宜网上交易的商品销售，深度挖掘各类网民群体的消费需求潜力。加快发展面向消费者的第三方电子商务平台，鼓励中小企业和个人借助电子商务平台开展网上交易，促进交易双方供需衔接和交流互动，推动企业协同运作、集约化发展，形成竞争力和灵活性俱强的企业集群。鼓励社区电子商务平台建设，推动整合社区内各类商业服务资源，为社区居民提供方便、快捷的服务。

六、推动实体市场交易与网上市场交易有机结合

鼓励流通企业以网上销售带动门店销售，以门店销售支撑网上销售，不断探索“线上市场”与“线下市场”互动促销的经营方式。利用流通企业已有的品牌优势、实体网点资源和物流配送体系，为网上销售提供丰富的商品、良好的信誉和优质的服务。以网上低成本、全天候的商品展示和交易渠道，有效促进实体店铺扩大销售。鼓励各类流通企业发展移动电子商务，进行相关设施改造和管理升级。

七、完善流通领域电子商务发展扶持政策

积极利用中央服务业发展资金和中小商贸企业发展资金，推动流通领域电子商务发展薄弱环节的改进，健全流通领域电子商务政策促进体系，推动各级商务主管部门出台配套政策措施，进一步完善扶持内容，加大扶持力度。

八、开展流通领域电子商务示范引导工作

推广先进地区流通领域电子商务发展的先进经验，选择应用电子商务规范化水平高和代表性强的流通企业，研究推广成熟运作模式和优秀解决方案，带动流通企业特别是中小企业围绕电子商务提高管理水平、规范经营行为，推动整个行业的持续健康发展。

九、健全流通领域电子商务发展环境

按照保护市场活力和规范交易行为并重的原则，认真贯彻实施《电子商务模式规范》（SB/T10518－2009）、《网络交易服务规范》（SB/T10519－2009）等国内贸易行业标准，开展相关培训交流活动。积极引导流通领域电子商务企业建立健全信用管理制度，提高服务诚信度，增强消费者信心。

十、有效防范网上交易市场风险

针对现代信息技术与传统流通方式相结合的新特点、新问题，有效维护网上交易市场秩序，防范和化解互联网虚拟性带来的各类交易风险。加强部门监管协作与信息共享，完善和延伸现实市场监管体系，避免网上市场监管执法缺位。积极协同有关部门，依法及时取缔和曝光网上交易出现的不法行为，并从企业注册、网站备案、信息发布、资金流转、商品寄递等各环节防止违法行为的复制和扩张。

十一、建立流通领域电子商务促进工作体系

地方各级商务主管部门要建立加快流通领域电子商务发展的组织保障体系和工作机制，明确职责分工，落实目标任务。发挥电子商务行业组织的作用，做好信息服务和政策引导，为企业解决实际经营困难。整合流通企业资源，结合节庆活动进行网上展销推介，组织开展电子商务进企业、进家庭等多种形式的推广普及活动，提高居民参与热情和实际操作能力。

商务部

二〇〇九年十一月三十日

外国企业或者个人在中国境内设立合伙企业管理办法

第一条　为了规范外国企业或者个人在中国境内设立合伙企业的行为，便于外国企业或者个人以设立合伙企业的方式在中国境内投资，扩大对外经济合作和技术交流，根据《中华人民共和国合伙企业法》（以下称《合伙企业法》），制定本办法。

第二条　本办法所称外国企业或者个人在中国境内设立合伙企业，是指2个以上外国企业或者个人在中国境内设立合伙企业，以及外国企业或者个人与中国的自然人、法人和其他组织在中国境内设立合伙企业。

第三条　外国企业或者个人在中国境内设立合伙企业，应当遵守《合伙企业法》以及其他有关法律、行政法规、规章的规定，符合有关外商投资的产业政策。

外国企业或者个人在中国境内设立合伙企业，其合法权益受法律保护。

国家鼓励具有先进技术和管理经验的外国企业或者个人在中国境内设立合伙企业，促进现代服务业等产业的发展。

第四条　外国企业或者个人用于出资的货币应当是可自由兑换的外币，也可以是依法获得的人民币。

第五条　外国企业或者个人在中国境内设立合伙企业，应当由全体合伙人指定的代表或者共同委托的代理人向国务院工商行政管理部门授权的地方工商行政管理部门（以下称企业登记机关）申请设立登记。

申请设立登记，应当向企业登记机关提交《中华人民共和国合伙企业登记管理办法》规定的文件以及符合外商投资产业政策的说明。

企业登记机关予以登记的，应当同时将有关登记信息向同级商务主管部门通报。

第六条　外国企业或者个人在中国境内设立的合伙企业（以下称外商投资合伙企业）的登记事项发生变更的，应当依法向企业登记机关申请变更登记。

第七条　外商投资合伙企业解散的，应当依照《合伙企业法》的规定进行清算。清算人应当自清算结束之日起15日内，依法向企业登记机关办理注销登记。

第八条　外商投资合伙企业的外国合伙人全部退伙，该合伙企业继续存续的，应当依法向企业登记机关申请变更登记。

第九条　外商投资合伙企业变更登记或者注销登记的，企业登记机关应当同时将有关变更登记或者注销登记的信息向同级商务主管部门通报。

第十条　外商投资合伙企业的登记管理事宜，本办法未做规定的，依照《中华人民共和国合伙企业登记管理办法》和国家有关规定执行。

第十一条　外国企业或者个人在中国境内设立合伙企业涉及的财务会计、税务、外汇以及海关、人员出入境等事宜，依照有关法律、行政法规和国家有关规定办理。

第十二条　中国的自然人、法人和其他组织在中国境内设立的合伙企业，外国企业或者个人入伙的，应当符合本办法的有关规定，并依法向企业登记机关申请变更登记。

第十三条　外国企业或者个人在中国境内设立合伙企业涉及须经政府核准的投资项目的，依照国家有关规定办理投资项目核准手续。

第十四条　国家对外国企业或者个人在中国境内设立以投资为主要业务的合伙企业另有规定的，依照其规定。

第十五条　香港特别行政区、澳门特别行政区和台湾地区的企业或者个人在内地设立合伙企业，参照本办法的规定执行。

第十六条　本办法自2010年3月1日起施行。

第八篇　贸易统计数据

● 世界贸易统计

表 1:

世界货物进出口、产量和 GDP（1950—2008 年）

（指数，2000 年＝100）

	总额				数量								
	出口				进口				产量				世界 GDP
年份	合计 a	农产品	燃料和矿产品	制成品	总计 a	农产品	燃料和矿产品	制成品	合计	农业	采掘业	制造业	
1950	1.0	5.1	1.1	0.5	4.6	17.4	12.0	2.3	14.2	29.5	24.7	9.7	14.6
1951	1.3	6.7	1.5	0.7	5.1	18.2	12.5	2.8	15.5	30.0	27.3	10.8	15.8
1952	1.3	5.7	1.7	0.7	5.3	18.2	14.6	2.8	15.9	31.0	28.0	11.2	16.2
1953	1.3	5.7	1.7	0.8	5.7	18.6	15.6	3.1	17.1	32.0	28.6	12.3	17.3
1954	1.4	5.8	1.8	0.8	6.2	18.6	16.7	3.4	17.1	32.5	28.6	12.3	17.7
1955	1.5	6.0	2.0	0.9	6.8	20.7	18.2	3.7	18.8	33.5	31.9	14.2	18.9
1956	1.7	6.3	2.3	1.0	7.3	21.1	19.3	4.0	19.7	35.1	33.8	14.9	19.6
1957	1.8	6.9	2.4	1.1	7.9	23.2	20.8	4.4	20.1	35.1	34.5	15.3	20.4
1958	1.7	6.6	2.3	1.1	7.7	23.6	19.8	4.4	20.1	37.6	33.8	14.9	20.4
1959	1.9	7.0	2.4	1.2	8.6	26.5	21.4	4.8	21.7	38.6	35.1	16.8	21.6
1960	2.1	7.2	2.5	1.3	9.7	28.2	26.1	5.4	23.4	39.6	38.4	18.2	22.7
1961	2.1	7.4	2.7	1.4	10.1	29.8	27.1	5.7	24.3	40.1	41.0	19.4	23.9
1962	2.3	7.4	2.8	1.5	10.8	29.8	28.1	6.2	26.3	41.7	43.6	21.2	25.4
1963	2.5	8.1	3.1	1.7	12.1	30.7	29.7	6.9	27.6	42.7	45.5	22.3	26.6
1964	2.8	8.7	3.4	2.0	13.4	32.3	32.3	7.9	30.1	44.7	49.5	24.6	28.5
1965	3.0	9.1	3.7	2.2	14.3	34.0	33.3	8.5	31.8	44.7	51.4	26.8	29.6
1966	3.3	9.4	4.0	2.4	15.4	35.2	35.4	9.4	33.9	46.2	54.0	29.0	31.6
1967	3.4	9.4	4.2	2.6	16.3	36.0	39.1	9.8	35.5	47.8	55.3	30.5	32.7
1968	3.8	9.8	4.8	3.0	18.0	38.1	43.8	11.6	37.6	49.3	59.2	32.8	34.6
1969	4.4	10.5	5.3	3.5	20.2	40.2	46.4	13.5	39.7	49.3	60.5	35.4	37.0
1970	5.0	11.6	6.0	4.0	22.0	41.4	52.1	14.7	41.8	50.8	65.1	37.2	38.8
1971	5.6	12.4	6.7	4.6	23.5	42.3	52.6	16.0	43.9	52.3	67.7	39.1	40.6
1972	6.6	15.0	7.6	5.5	25.5	45.2	56.3	17.6	46.0	52.3	69.6	41.7	42.9
1973	9.1	21.8	11.2	7.3	28.6	45.6	62.0	20.1	49.8	54.9	74.2	45.8	45.8
1974	13.2	26.5	25.1	9.6	30.1	43.5	61.0	21.9	51.0	55.9	75.5	47.3	46.8
1975	13.8	26.8	24.1	10.5	27.9	43.9	53.7	21.0	50.2	57.9	70.9	45.4	47.4
1976	15.6	29.6	28.0	11.8	31.2	47.2	57.3	23.6	53.5	58.4	76.8	49.2	49.9
1977	17.8	33.6	30.9	13.5	32.5	48.9	58.9	24.8	55.6	60.0	79.4	51.4	51.9
1978	20.6	38.0	32.1	16.5	34.1	52.2	62.0	26.3	58.1	62.0	80.0	54.0	54.3
1979	26.2	47.3	47.2	20.0	35.8	54.7	65.7	27.6	60.2	62.5	87.2	56.2	56.5
1980	32.1	53.9	66.9	23.2	36.9	58.4	61.5	29.2	59.8	63.0	85.0	56.6	58.1
1981	31.7	52.9	64.8	23.0	36.6	61.3	55.4	30.4	59.9	65.3	78.2	56.7	59.3
1982	29.6	48.9	57.9	22.2	35.8	60.1	52.2	29.7	59.2	67.4	72.8	55.9	59.8
1983	29.1	48.2	53.3	22.3	36.8	60.3	51.7	31.3	60.5	67.5	72.1	57.7	61.5
1984	30.8	50.8	52.8	24.1	39.9	62.0	54.2	34.6	64.5	71.1	74.8	61.8	64.4
1985	30.7	47.9	51.1	25.0	41.0	61.2	53.6	36.3	66.3	72.8	74.0	63.9	66.6
1986	33.6	53.2	38.9	30.1	42.6	60.2	58.5	37.8	68.2	74.1	76.2	65.9	68.9
1987	39.4	61.2	43.2	36.0	45.0	63.5	59.5	40.2	70.6	74.8	77.2	68.8	71.5
1988	44.8	69.2	43.5	41.8	48.8	65.3	62.8	44.0	74.0	76.1	81.3	72.7	74.7
1989	48.3	72.2	50.3	44.7	51.9	67.3	65.5	47.4	76.6	78.7	85.0	75.2	77.5
1990	54.6	75.6	58.1	51.2	53.7	67.7	67.9	50.0	77.6	80.6	85.8	76.0	79.5

续 表

	总额				数量								
	出口				进口				产量				世界 GDP
年份	合计 a	农产品	燃料和矿产品	制成品	总计 a	农产品	燃料和矿产品	制成品	合计	农业	采掘业	制造业	
1991	55.4	76.3	54.5	52.9	55.7	70.0	70.2	51.8	77.3	81.0	85.4	75.5	80.1
1992	59.1	81.7	54.0	57.1	58.4	74.2	73.2	54.2	77.4	82.8	86.1	75.1	81.1
1993	59.0	78.3	52.1	57.1	60.8	74.9	75.9	56.4	77.3	83.3	87.8	74.7	81.8
1994	67.0	90.6	54.7	66.0	66.4	81.4	81.1	62.7	79.4	85.7	89.2	76.9	83.6
1995	79.9	106.3	63.2	79.2	71.3	85.0	84.4	68.4	83.1	87.5	91.1	81.1	85.6
1996	83.6	109.5	71.8	82.0	74.9	88.7	87.3	72.0	86.0	91.3	93.6	83.9	88.4
1997	86.4	108.0	73.8	85.8	82.4	93.8	93.7	79.9	90.3	93.5	96.7	88.7	91.4
1998	85.3	103.0	58.7	87.8	86.4	95.3	96.5	83.8	92.2	95.0	97.7	90.8	93.3
1999	88.7	99.2	67.8	90.7	90.3	96.3	95.9	88.0	95.0	98.1	96.4	94.1	96.0
2000	100.0	100.0	100.0	100.0	100.0	100.0	100.0	100.0	100.0	100.0	100.0	100.0	100.0
2001	95.9	100.1	90.5	96.2	99.6	101.6	99.4	99.0	99.3	101.6	99.9	98.7	101.5
2002	100.5	106.3	90.1	101.5	103.1	105.3	99.8	102.8	100.7	102.8	100.0	100.4	103.3
2003	117.5	123.7	111.7	117.5	108.7	109.0	105.9	108.6	104.8	105.6	103.6	104.8	106.0
2004	142.9	142.3	150.4	141.4	119.2	113.2	112.5	120.7	110.2	110.9	108.1	110.5	110.1
2005	162.6	154.0	206.9	155.4	126.9	120.0	116.1	129.6	113.8	112.8	109.8	114.9	113.7
2006	187.8	171.0	262.9	175.8	137.3	127.1	119.8	142.5	117.0	113.9	110.6	119.0	117.8
2007	217.1	203.9	309.1	202.3	146.2	132.8	126.2	153.9	120.9	118.0	111.1	123.6	122.0
2008	250.5	243.1	411.1	222.6	149.1	136.5	126.5	158.7	119.6	121.3	112.3	120.7	124.3

a 含未分类产品。

表 2：

世界货物贸易流向分布（2006—2008 年）

单位：十亿美元

目的国		世界 a	北美洲		中、南美洲	欧洲			独联体	
原产国/地区	年份		总计	美国		总计	欧盟（25）	欧洲其他地区	总计	俄罗斯
世界	2006	11 812.00	2 365.19	1 816.55	362.78	5 137.32	4 727.53	409.79	293.93	163.22
	2007	13 656.00	2 517.69	1 922.82	447.93	5 971.19	5 475.37	495.82	401.73	227.90
	2008	15 717.00	2 708.31	2 058.99	582.70	6 735.57	6 160.04	575.53	516.72	287.44
北美洲	2006	1 664.08	902.39	528.41	106.22	276.20	249.52	26.68	8.26	5.52
	2007	1 840.30	951.60	555.06	129.52	325.28	291.01	34.26	12.17	8.51
	2008	2 035.68	1 014.49	587.86	164.88	369.06	323.26	45.81	16.03	10.86
美国	2006	1 025.97	364.92	—	87.25	235.84	212.72	23.11	7.06	4.70
	2007	1 148.20	385.42	—	105.35	272.46	244.17	28.30	10.50	7.28
	2008	1 287.44	413.15	—	134.98	311.08	271.81	39.27	13.82	9.33
中、南美洲	2006	435.28	145.63	126.94	101.48	89.25	81.99	7.25	6.17	5.55
	2007	497.60	149.71	130.80	122.87	105.70	96.51	9.19	6.56	5.79
	2008	599.66	169.19	149.35	158.62	121.30	109.43	11.87	8.98	7.49
欧洲	2006	4 975.97	430.25	363.75	66.03	3 667.21	3 394.48	272.74	143.18	96.35
	2007	5 791.34	458.10	384.60	80.04	4 262.83	3 939.39	323.43	190.29	129.67
	2008	6 446.55	475.35	394.64	96.44	4 695.03	4 331.41	363.62	239.96	164.58
欧盟（25）	2006	4 591.18	393.03	334.37	61.48	3 394.36	3 135.56	258.80	131.66	89.90
	2007	5 338.69	419.30	354.29	74.17	3 942.90	3 638.02	304.89	174.47	120.83

续　表

目的国		世界 a	北美洲		中、南美洲	欧洲			独联体	
原产国/地区	年份		总计	美国		总计	欧盟（25）	欧洲其他地区	总计	俄罗斯
	2008	5 898.44	434.71	362.67	88.99	4 313.51	3 973.53	339.99	218.34	153.16
欧洲其他地区	2006	384.48	37.22	29.38	4.55	272.85	258.91	13.94	11.51	6.45
	2007	452.65	38.79	30.31	5.87	319.92	301.37	18.55	15.81	8.84
	2008	548.11	40.64	31.97	7.45	381.52	357.89	23.63	21.62	11.43
独联体	2006	430.91	23.86	21.20	5.74	257.40	215.65	41.74	79.42	21.48
	2007	519.28	27.61	24.98	6.43	295.90	240.86	55.04	103.00	29.02
	2008	702.76	36.12	32.78	10.05	405.55	338.41	67.14	134.67	35.52
俄罗斯	2006	303.55	20.54	18.66	4.28	193.73	164.53	29.20	43.38	—
	2007	354.40	19.86	18.20	4.25	220.53	184.77	35.76	53.83	—
	2008	471.60	26.91	25.14	5.26	297.79	254.92	42.87	71.15	—
非洲	2006	369.66	83.31	75.69	10.02	155.71	143.06	12.65	0.65	0.50
	2007	434.60	98.00	87.83	12.83	167.54	155.78	11.77	0.95	0.67
	2008	557.81	121.65	105.31	18.50	218.11	202.22	15.89	1.47	0.91
中东	2006	661.32	74.60	71.43	3.84	91.15	79.40	11.74	6.45	1.31
	2007	769.18	79.96	76.21	4.00	98.86	84.83	14.03	8.95	1.48
	2008	1 021.22	116.49	111.42	6.88	125.50	106.98	18.52	7.20	1.74
亚洲	2006	3 275.11	705.15	629.13	69.46	600.40	563.42	36.98	49.81	32.51
	2007	3 803.58	752.71	663.35	92.25	715.08	666.98	48.10	79.82	52.76
	2008	4 353.04	775.02	677.62	127.33	801.01	748.33	52.68	108.41	66.33
日本	2006	646.73	164.72	145.47	12.00	100.69	94.00	6.69	8.30	7.05
	2007	714.33	164.47	143.66	15.00	112.67	105.44	7.23	12.51	10.76
	2008	782.05	158.14	137.39	19.22	119.35	110.24	9.10	19.27	16.49
中国	2006	968.98	284.20	254.97	26.64	244.26	231.36	12.90	28.00	15.83
	2007	1 218.62	326.21	289.36	39.32	317.69	299.17	18.52	48.00	28.47
	2008	1 428.33	349.93	308.18	56.62	371.47	351.71	19.76	64.55	33.01
澳大利亚和新西兰	2006	145.85	13.08	10.54	1.76	19.63	18.79	0.84	0.73	0.60
	2007	168.29	14.28	11.41	2.04	22.05	19.89	2.16	0.83	0.66
	2008	217.84	15.86	13.32	3.27	25.11	23.55	1.56	1.51	1.10
亚洲其他地区	2006	1 513.56	243.15	218.14	29.07	235.82	219.26	16.55	12.79	9.03
	2007	1 702.34	247.76	218.93	35.88	262.67	242.49	20.19	18.48	12.87
	2008	1 924.83	251.10	218.74	48.23	285.08	262.83	22.25	23.07	15.73

表 2（续）：

单位：十亿美元

非洲			中东总计	亚洲						目的国	
总计	南非	非洲其他地区		总计	日本	澳大利亚/新西兰	亚洲其他地区				原产国
							总计	中国	其他		
294.08	68.56	225.52	396.87	2 833.94	542.54	147.79	2 143.62	624.84	1 518.78	2006	世界
363.99	78.83	285.16	490.94	3 294.22	613.61	171.47	2 509.14	746.06	1 763.08	2007	
457.73	89.92	367.82	618.11	3 903.39	708.55	205.54	2 989.29	879.29	2 111.78	2008	
21.53	5.20	16.33	40.08	308.34	68.36	22.78	217.20	62.22	154.98	2006	北美洲
27.65	6.40	21.25	48.87	343.55	71.68	24.49	247.38	73.68	173.71	2007	
33.62	7.55	26.06	60.18	375.51	77.66	27.93	269.92	81.55	188.37	2008	

续 表

非洲			中东	亚洲							目的国	
总计	南非	非洲其他地区	总计	总计	日本	澳大利亚/新西兰	亚洲其他地区 总计	中国	其他		原产国	
18.82	4.46	14.36	37.19	274.21	58.46	20.35	195.40	53.65	141.75	2006	美国
24.05	5.52	18.53	45.12	304.40	61.16	21.89	221.35	62.91	158.45	2007	
28.77	6.49	22.28	55.00	329.41	65.14	24.75	239.51	69.71	169.80	2008	
11.30	2.67	8.63	7.89	60.60	12.84	1.00	46.76	23.50	23.26	2006	中、南美洲
13.72	3.16	10.56	9.12	79.82	15.86	1.43	62.53	33.99	28.54	2007	
16.75	3.06	13.70	11.85	100.56	17.14	2.43	80.99	44.21	36.78	2008	
121.02	25.93	95.09	129.37	368.74	62.25	31.83	274.66	84.91	189.75	2006	欧洲
148.11	29.20	118.92	153.01	433.72	65.93	37.05	330.74	104.59	226.15	2007	
185.51	31.12	154.39	188.59	486.46	69.12	43.60	373.74	122.90	250.84	2008	
113.33	24.59	88.74	113.16	337.62	55.22	29.81	252.58	79.14	173.43	2006	欧盟（25）
138.45	27.65	110.80	132.29	395.93	58.45	34.52	302.96	97.31	205.65	2007	
171.85	28.94	142.91	156.12	440.55	60.36	40.68	339.50	113.67	225.82	2008	
7.69	1.33	6.35	16.21	31.13	7.02	2.02	22.09	5.77	16.32	2006	欧洲其他地区
9.66	1.54	8.12	20.72	37.79	7.48	2.53	27.77	7.28	20.50	2007	
13.66	2.18	11.48	32.47	45.91	8.75	2.92	34.24	9.22	25.02	2008	
5.00	0.04	4.96	13.09	44.92	6.47	0.08	38.36	20.92	17.45	2006	独联体
7.43	0.05	7.39	16.61	59.83	12.42	0.09	47.32	24.72	22.60	2007	
10.49	0.18	10.31	24.99	76.75	13.35	0.20	63.20	31.19	32.01	2008	
2.35	0.02	2.33	4.05	35.13	5.99	0.03	29.11	15.80	13.31	2006	俄罗斯
4.12	0.01	4.11	7.02	44.39	9.51	0.05	34.82	17.72	17.10	2007	
5.33	0.04	5.29	8.62	54.90	11.99	0.09	42.83	21.43	21.40	2008	
34.20	7.45	26.75	9.15	68.78	11.82	1.81	55.14	25.45	29.69	2006	非洲
41.78	9.22	32.56	10.21	82.39	12.51	1.55	68.33	32.13	36.20	2007	
53.44	11.65	41.79	14.00	113.86	17.28	2.44	94.14	47.91	46.23	2008	
29.28	6.95	22.33	85.98	343.43	110.39	3.20	229.85	36.61	193.23	2006	中东
31.84	7.54	24.30	102.57	408.70	144.13	4.04	260.53	42.57	217.96	2007	
36.60	11.28	25.32	122.10	568.86	172.14	5.46	391.25	75.05	316.20	2008	
71.75	20.32	51.43	111.31	1 639.13	270.41	87.09	1 281.63	371.22	910.42	2006	亚洲
93.45	23.26	70.19	150.54	1 886.20	291.09	102.80	1 492.31	434.38	1 057.93	2007	
121.32	25.07	96.25	196.40	2 181.40	341.87	123.47	1 716.06	474.71	1 241.35	2008	
8.68	4.06	4.62	19.17	322.16	—	14.58	307.57	111.52	196.05	2006	日本
10.55	4.61	5.94	26.23	360.99	—	16.72	344.27	129.67	214.61	2007	
12.52	4.63	7.89	34.02	406.24	—	19.83	386.41	144.39	242.03	2008	
26.19	5.77	20.43	29.56	329.45	112.03	18.78	198.64	—	198.64	2006	中国
36.52	7.43	29.09	43.98	405.32	124.80	24.68	255.84	—	255.84	2007	
50.16	8.59	41.56	58.36	476.15	138.50	29.88	307.77	—	307.77	2008	
3.66	1.86	1.81	5.38	99.32	26.72	11.33	61.27	16.61	44.66	2006	澳大利亚和新西兰
4.16	2.26	1.90	6.63	115.24	29.06	13.76	72.42	21.99	50.44	2007	
4.77	2.24	2.53	8.80	155.24	45.14	15.03	95.07	29.15	65.91	2008	
33.22	8.64	24.58	57.21	888.20	131.67	42.39	714.15	243.09	471.06	2006	亚洲其他地区
42.23	8.97	33.26	73.71	1 004.65	137.23	47.64	819.78	282.73	537.05	2007	
53.87	9.61	44.27	95.21	1 143.76	158.23	58.73	926.80	301.17	625.64	2008	

a 含未指明的目的地。

表 3:

区域一体化协定的货物贸易（2000—2008 年）

单位：十亿美元

年　份	2000	2001	2002	2003	2004	2005	2006	2007	2008
欧盟（27）									
总出口	2 453	2 469	2 638	3 149	3 762	4 065	4 591	5 339	5 898
内部出口	1 668	1 677	1 794	2 166	2 577	2 756	3 136	3 638	3 974
外部出口	785	792	843	983	1 185	1 310	1 456	1 701	1 925
总进口	2 580	2 549	2 672	3 214	3 855	4 222	4 830	5 603	6 256
内部进口	1 663	1 673	1 786	2 156	2 576	2 754	3 133	3 638	3 974
外部进口	917	877	886	1 058	1 278	1 468	1 697	1 965	2 282
北美自由贸易区									
总出口	1 225	1 148	1 106	1 163	1 320	1 476	1 664	1 840	2 036
对内出口	680	633	621	650	739	824	901	950	1 013
对外出口	544	515	486	513	581	651	763	890	1 022
总进口 a	1 687	1 583	1 604	1 727	2 012	2 287	2 545	2 706	2 911
内部进口	671	629	620	642	718	793	867	918	968
外部进口	1 016	954	984	1 085	1 294	1 494	1 678	1 788	1 943
东盟									
总出口	432	388	407	475	569	656	770	864	990
内部出口	99	87	92	117	142	165	192	218	252
外部出口	333	301	315	358	427	491	578	645	738
总进口	381	347	367	412	514	603	688	775	937
内部进口	86	77	84	101	125	151	174	194	229
外部进口	294	270	282	310	387	452	514	582	708
南方共同市场									
总出口	85	88	89	106	136	164	190	224	278
内部出口	18	15	10	13	17	21	26	32	42
外部出口	67	73	79	93	119	143	164	191	237
总进口	90	84	62	69	95	114	141	184	259
内部进口	18	16	11	13	18	22	26	34	45
外部进口	72	68	52	56	77	91	114	150	214
安第斯共同体									
总出口	26	25	26	30	39	51	65	77	94
内部出口	2	2	3	3	3	5	5	6	7
外部出口	24	23	23	27	36	47	60	71	87
总进口	25	27	28	31	37	46	56	71	93
内部进口	2	3	3	3	4	5	6	7	9
外部进口	22	25	25	27	33	41	50	64	85

表 4:

区域集团的货物贸易（1998—2008 年）

单位：十亿美元

地区 \ 年份	1998	1999	2000	2001	2002	2003	2004	2005	2006	2007	2008
出口											
世界	5 501.4	5 712.2	6 456.4	6 191.2	6 492.7	7 585.8	9 218.5	10 489.4	12 112.2	13 987.2	16 070.0
北美洲和欧洲											
欧洲自由贸易联盟	121.2	127.8	142.5	143.4	153.6	175.5	208.2	237.8	273.5	313.2	378.2
欧盟（25）	—	2 357.0	2 452.6	2 469.5	2 637.6	3 148.9	3 762.4	4 065.3	4 591.2	5 338.7	5 898.4
北美洲自由贸易区	1 013.9	1 070.6	1 224.9	1 147.5	1 106.2	1 162.9	1 319.6	1 475.8	1 664.0	1 840.3	2 035.6
中、南美洲											
安第斯共同体	21.9	23.2	26.2	25.3	26.0	30.0	38.9	51.4	64.8	76.7	94.1
中美洲共同市场	14.0	14.8	15.5	14.4	16.7	18.0	19.9	21.7	24.2	27.0	29.3
加勒比共同体和共同市场	5.8	6.4	8.1	7.8	7.3	9.0	11.0	14.9	20.2	20.0	24.8
南方共同市场	81.4	74.3	84.6	87.8	88.8	106.1	135.8	164.0	190.2	223.7	278.3
非洲											
非洲经济与货币共同体	5.8	6.7	8.4	8.4	8.9	11.6	16.6	23.0	26.9	30.0	43.2
东南非共同市场	21.9	22.6	30.8	28.0	28.6	37.5	49.2	66.1	81.8	98.4	126.1
中部非洲国家经济共同体	10.9	12.7	17.2	16.0	18.5	22.5	32.0	49.4	61.3	77.3	114.6
西非国际经济共同体	20.4	24.4	30.3	27.6	29.5	37.0	53.7	67.1	78.1	86.1	105.5
南部非洲发展共同体	42.4	44.0	50.5	48.5	51.5	61.7	79.4	97.5	115.9	143.3	179.6
西非经济和货币同盟	7.6	7.7	6.7	7.0	8.7	9.8	11.6	12.7	14.2	14.7	17.6
中东和亚洲											
东盟	331.1	362.1	432.0	387.6	407.4	474.8	568.9	656.0	769.6	863.7	990.2
海湾(阿拉伯国家)合作委员会	96.0	118.2	176.0	160.2	167.9	212.7	285.2	397.6	480.7	558.9	751.8
南亚自由贸易区	52.6	55.0	64.2	64.4	70.8	84.0	105.2	132.6	158.1	186.9	223.5
备忘：											
非洲，加勒比和太平洋地区国家集团	88.0	95.2	113.1	107.3	112.2	136.6	181.5	226.8	269.7	314.7	394.3
最不发达国家	25.6	28.8	36.3	36.1	40.4	46.1	61.3	83.4	103.9	128.7	173.5
WTO 成员（153）	5 356.3	5 550.1	6 218.2	5 971.5	6 267.2	7 306.4	8 840.4	9 979.8	11 465.8	13 218.8	15 038.3
进口											
世界 a	5 682.7	5 921.2	6 727.3	6 485.4	6 744.7	7 864.5	9 570.9	10 857.1	12 430.1	14 273.4	16 422.5
北美洲和欧洲											
欧洲自由贸易联盟	120.1	116.5	119.5	119.3	124.3	143.1	168.0	187.0	211.8	248.2	278.7
欧盟（25）	—	2 419.1	2 579.9	2 549.4	2 672.1	3 214.2	3 854.5	4 221.7	4 830.4	5 602.6	6 255.8
北美自由贸易区	1 281.4	1 425.7	1 686.8	1 582.7	1 604.3	1 726.6	2 011.7	2 287.4	2 544.9	2 705.5	2 910.9
中、南美洲											
安第斯共同体	30.4	22.3	24.5	27.2	28.4	30.6	36.9	46.3	56.4	70.7	93.3
中美洲共同市场	19.6	20.2	21.9	23.1	26.2	28.2	32.1	36.2	41.5	47.4	54.4
加勒比共同体和共同市场	12.5	12.4	14.1	14.0	14.1	15.1	17.0	20.2	22.9	26.0	31.8
南方共同市场	99.2	82.7	89.9	84.2	62.3	69.1	95.1	113.9	140.7	184.1	259.0
非洲											
非洲经济与货币共同体	4.1	3.9	3.8	5.1	5.9	6.0	6.9	7.9	10.4	13.0	15.2
东南非共同市场	40.5	37.1	35.5	36.5	35.6	39.8	51.2	64.7	75.3	94.6	119.9

续 表

年份 地区	1998	1999	2000	2001	2002	2003	2004	2005	2006	2007	2008
中部非洲国家经济共同体	7.7	7.9	7.9	9.6	11.2	13.5	15.2	19.3	23.0	31.1	42.1
西非国际经济共同体	21.1	21.8	20.9	23.6	19.7	25.9	32.7	43.1	46.9	59.8	79.2
南部非洲发展共同体	47.7	45.4	48.2	46.9	48.9	65.5	84.8	98.6	118.7	139.6	167.4
西非经济和货币同盟	7.8	8.1	7.4	7.4	7.9	10.2	12.4	14.8	15.7	19.0	23.1
中东和亚洲											
东盟	287.3	309.8	380.7	347.1	366.8	411.8	513.8	602.9	688.0	775.5	936.7
海湾（阿拉伯国家）合作委员会	84.0	78.3	85.4	90.4	99.3	117.3	154.3	188.3	225.1	292.6	368.0
南亚自由贸易区	67.4	73.5	80.6	77.6	84.5	105.2	140.7	194.4	232.8	283.8	379.1
备忘：											
非洲、加勒比和太平洋地区国家集团	110.2	108.1	113.7	117.0	115.3	141.0	175.8	215.4	253.9	301.4	370.5
最不发达国家	39.8	42.0	43.9	47.7	50.2	59.8	71.5	87.4	100.7	124.3	158.4
WTO 成员（153）	5 532.4	5 793.7	6 581.5	6 319.7	6 566.6	7 652.7	9 285.2	10 513.7	12 025.1	13 756.1	15 753.0

表 5：

区域集团的服务贸易（1998—2008 年）

单位：十亿美元

年份 地区	1998	1999	2000	2001	2002	2003	2004	2005	2006	2007	2008
出口											
世界	1 340.8	1 394.8	1 481.3	1 484.4	1 596.4	1 832.4	2 220.7	2 480.3	2 816.9	3 372.4	3 777.9
北美和欧洲											
欧洲自由贸易联盟	42.1	45.6	47.9	47.0	50.0	57.2	69.1	80.1	88.8	107.5	122.9
欧盟（25）	611.7	629.6	643.3	667.1	735.5	879.5	1 061.0	1 165.6	1 313.3	1 586.6	1 753.9
北美洲自由贸易区	283.1	305.9	330.9	317.1	325.2	339.8	393.2	432.7	484.0	553.9	604.6
中、南美洲											
安第斯共同体	4.4	4.3	4.4	4.5	4.2	4.6	5.4	6.2	7.2	8.3	9.2
中美洲共同市场	3.0	3.5	4.0	4.2	4.4	4.6	5.1	5.9	6.7	7.7	8.6
加勒比共同体和共同市场	6.5	7.1	7.3	6.8	7.1	7.6	8.5	9.1	9.6	10.2	10.7
南方共同市场	13.7	13.2	15.6	14.8	13.5	15.3	18.5	23.3	27.9	35.5	43.8
非洲											
非洲经济与货币共同体	0.8	0.9	0.9	1.2	1.2	1.0	1.2	1.0	1.0	1.0	1.2
东南非共同市场	11.5	13.4	13.8	13.0	13.5	15.6	20.1	21.6	23.8	29.7	36.3
中部非洲国家经济共同体	1.1	1.1	1.3	1.5	1.6	1.4	1.8	1.6	1.7	1.8	2.1
西非国际经济共同体	2.8	2.9	3.7	3.8	4.8	6.1	6.4I	6.6	7.9	11.1	—
南部非洲发展共同体	8.9	8.9	8.8	8.8	9.0	12.7	15.0	17.0	18.3	21.5	21.4
西非经济和货币同盟	1.2	1.2	1.1	1.3	1.4	1.6	2.0	2.1	2.2	2.9	—
中东和亚洲											
东盟	57.4	62.8	68.0	67.3	74.0	78.5	104.1	116.0	135.4	169.6	180.1
海湾（阿拉伯国家）合作委员会	9.1	9.9	9.9	10.6	11.0	12.8	16.0	21.3	29.2	33.6	—
南亚自由贸易区	14.3	17.3	19.3	20.4	22.7	27.6	42.5	56.9	76.2	93.2	109.1

续 表

年份 地区	1998	1999	2000	2001	2002	2003	2004	2005	2006	2007	2008
备忘:											
非洲，加勒比和太平洋地区国家集团	26.2	28.0	29.2	29.0	30.4	37.1	42.4	49.8	54.3	64.1	67.9
最不发达国家	5.6	5.9	6.1	6.3	6.7	7.3	8.9	9.7	11.3	14.3	—
WTO成员（153）	1 311.8	1 369.1	1 453.6	1 453.7	1 558.7	1 784.8	2 164.4	2 415.5	2 741.5	3 279.9	3 660.8
进口											
世界	1 312.5	1 365.0	1 454.2	1 473.2	1 560.4	1 781.3	2 119.4	2 352.3	2 627.6	3 113.9	3 489.2
北美洲和欧洲											
欧洲自由贸易联盟	30.6	31.0	30.5	32.0	35.0	40.3	49.3	58.5	61.9	75.1	83.0
欧盟（25）	586.8	605.2	619.5	640.9	694.0	827.2	965.2	1 050.6	1 153.5	1 371.6	1 512.6
北美自由贸易区	216.4	237.6	268.2	264.2	270.9	291.7	335.9	365.9	408.7	446.7	479.3
中、南美洲											
安第斯共同体	7.3	6.8	7.1	7.6	7.5	7.9	9.0	10.4	11.8	13.7	16.4
中美洲共同市场	3.3	3.6	4.0	4.0	4.3	4.5	5.0	5.5	6.3	7.1	7.8
加勒比共同体和共同市场	4.0	4.1	4.5	4.5	4.6	4.7	5.2	5.7	6.2	6.8	7.2
南方共同市场	26.2	23.2	25.8	25.2	19.2	20.7	23.5	31.0	36.7	46.8	58.9
非洲											
非洲经济与货币共同体	3.3	3.2	3.4	4.1	4.2	4.5	5.9	6.7	7.7	9.5	11.0
东南非共同市场	12.0	11.6	13.3	12.8	13.2	13.4	16.5	20.8	23.4	28.6	34.1
中部非洲国家经济共同体	6.4	5.8	6.1	7.7	7.5	7.8	10.9	14.0	15.9	22.5	25.6
西非国际经济共同体	8.0	7.3	6.6	8.2	8.7	10.6	11.7	12.5	15.6	22.5	—
南部非洲发展共同体	13.1	12.5	12.6	13.0	13.0	15.6	20.5	25.1	28.1	36.7	40.1
西非经济和货币同盟	2.8	2.8	2.5	2.6	2.9	3.6	4.2	4.5	4.9	5.9	—
中东和亚洲											
东盟	66.5	74.9	86.6	88.6	93.5	103.6	124.5	137.9	155.8	181.9	202.6
海湾（阿拉伯国家）合作委员会	24.5	24.3	26.7	24.2	25.8	29.7	38.0	49.1	63.7	88.4	—
南亚自由贸易区	19.1	22.0	24.5	25.5	26.1	31.5	44.7	59.1	71.6	85.5	100.5
备忘:											
非洲、加勒比和太平洋国家集团	34.7	32.9	33.5	35.9	36.8	42.1	51.1	60.1	70.0	89.9	99.6
最不发达国家	12.9	12.4	13.1	15.2	15.1	16.6	21.0	26.2	29.9	39.6	—
WTO成员（153）	1 278.7	1 333.8	1 417.4	1 430.3	1 507.8	1 717.4	2 040.4	2 260.1	2 521.3	2 980.3	3 325.7

表 6:

世界货物出口（按地区和国家，1998—2008 年）

单位：百万美元

地区 \ 年份	1998	1999	2000	2001	2002	2003	2004	2005	2006	2007	2008
世界 a	5 501 000	5 712 000	6 456 000	6 191 000	6 493 000	7 586 000	9 219 000	10 489 000	12 112 000	13 987 000	16 070 000
北美洲	1 013 975	1 070 690	1 224 975	1 147 545	1 106 240	1 162 965	1 319 700	1 475 825	1 664 075	1 840 300	2 035 675
加拿大	214 327	238 446	276 635	259 858	252 394	272 739	316 762	360 475	388 091	420 235	456 464
墨西哥	117 460	136 391	166 367	158 547	160 682	165 396	187 980	214 207	249 961	271 821	291 729
美国	682 138	695 797	781 918	729 100	693 103	724 771	814 875	901 082	1 025 967	1 148 199	1 287 442
中、南美洲	165 800	166 000	197 800	190 700	193 100	221 500	287 900	359 500	435 300	497 600	599 700
安提瓜和巴布达	36	38	52	41	39	45	57	83	74	76	80
阿根廷	26 441	23 333	26 341	26 543	25 650	29 566	34 576	40 351	46 546	55 779	70 023
巴哈马	300	462	576	423	446	425	477	549	694	802	989
巴巴多斯	252	264	272	259	242	250	278	359	441	474	395
伯利兹	172	186	218	169	169	205	213	208	274	267	310
委内瑞拉	17 707	20 963	33 529	26 667	26 781	27 230	39 668	55 716	65 210	69 165	93 542
玻利维亚	1 104	1 051	1 230	1 285	1 299	1 598	2 146	2 791	3 875	4 458	6 448
巴西	51 140	48 011	55 086	58 223	60 362	73 084	96 678	118 529	137 807	160 649	197 942
智利	16 323	17 162	19 210	18 272	18 180	21 664	32 520	41 267	58 680	67 666	66 456
哥伦比亚	10 852	11 576	13 040	12 290	11 911	13 080	16 224	21 190	24 391	29 991	37 626
哥斯达黎加	5 511	6 577	5 865	5 021	5 264	6 102	6 301	7 026	8 200	9 337	9 504
古巴	1 512	1 496	1 676	1 661	1 421	1 688	2 332	2 319	3 159	3 998	3 500
多米尼克	63	54	53	44	43	40	42	42	41	37	40
多米尼加共和国	4 989	5 137	5 737	5 276	5 165	5 471	5 936	6 145	6 610	7 160	6 949
厄瓜多尔	4 203	4 451	4 927	4 678	5 042	6 223	7 753	10 100	12 728	14 321	18 511
萨尔瓦多	2 452	2 510	2 941	2 864	2 996	3 128	3 305	3 418	3 706	3 984	4 549
格林纳达	35	36	48	43	38	42	32	28	25	33	31
危地马拉	2 582	2 398	2 696	2 466	4 162	4 459	5 036	5 381	6 013	6 898	7 738
圭亚那	484	523	498	478	487	513	593	553	588	698	799
海地	320	334	318	274	280	347	391	470	509	522	490
洪都拉斯	2 929	2 777	3 343	3 423	3 745	3 754	4 534	5 048	5 277	5 594	6 046
牙买加	1 312	1 240	1 304	1 220	1 114	1 180	1 402	1 532	1 983	2 169	2 703
荷属安的列斯	1 169	1 451	2 009	2 398	1 609	1 161	521	608	695	676	1 140
尼加拉瓜	573	545	645	589	561	605	756	866	1 050	1 225	1 489
巴拿马	784	822	859	911	846	864	944	1 018	1 093	1 164	1 180
巴拉圭	1 014	741	869	990	951	1 242	1 627	1 688	1 906	2 785	4 434
秘鲁	5 757	6 113	7 028	7 013	7 714	9 091	12 809	17 368	23 830	27 882	31 529
圣基茨和尼维斯	28	28	33	31	39	41	40	34	40	39	38
圣卢西亚	62	56	43	44	44	62	80	64	94	108	164
圣文森特和格林纳丁斯	50	49	47	41	38	38	37	40	38	48	52
苏里南	436	342	399	403	469	638	874	997	1 260	1 359	1 743
特立尼达和多巴哥	2 258	2 804	4 274	4 280	3 880	5 178	6 517	9 942	14 151	13 396	16 929
乌拉圭	2 771	2 237	2 295	2 060	1 861	2 206	2 931	3 422	3 989	4 514	5 949
欧洲	2 513 200	2 521 770	2 633 985	2 655 665	2 839 425	3 386 535	4 051 100	4 397 005	4 975 965	5 791 340	6 446 555
阿尔巴尼亚	208	351	258	307	340	448	605	658	798	1 078	1 355
奥地利	64 085	66 061	67 710	70 751	78 673	97 146	118 376	125 182	136 751	163 620	180 966
比利时	—	179 152	188 371	190 349	216 127	255 617	306 866	334 400	366 935	432 087	475 550
比利时—卢森堡	—	—	—	—	—	—	—	—	—	—	—
波斯尼亚和黑塞哥维那	605	751	1 069	1 032	1 005	1 340	1 793	2 400	3 323	4 166	5 064
保加利亚	4 300	3 979	4 852	5 118	5 733	7 543	9 932	11 739	15 064	18 518	22 470
克罗地亚	4 517	4 303	4 432	4 666	4 904	6 187	8 024	8 773	10 377	12 364	14 112
塞浦路斯	1 061	997	951	976	843	923	948	1 465	1 333	1 394	1 599
捷克	25 855	26 556	29 094	33 324	38 492	48 702	68 986	78 110	94 929	122 498	146 321
丹麦	49 013	50 296	51 292	51 705	57 495	66 512	77 079	85 121	92 558	102 654	116 759
爱沙尼亚	3 245	3 017	3 830	4 015	4 336	5 622	5 932	7 716	9 692	11 010	12 451
芬兰	43 752	42 243	46 102	43 237	45 145	53 171	61 520	65 498	77 206	90 025	96 455
法国	320 631	325 526	327 611	323 379	331 719	392 039	452 106	463 428	495 868	551 882	605 403

续 表

年份 地区	1998	1999	2000	2001	2002	2003	2004	2005	2006	2007	2008
马其顿	1 311	1 191	1 323	1 158	1 116	1 367	1 676	2 041	2 401	3 356	3 978
德国	543 752	543 539	551 810	571 645	615 831	751 560	909 887	970 914	1 108 107	1 321 214	1 461 853
希腊	10 867	11 070	11 751	11 352	10 414	13 382	15 308	17 278	20 749	23 580	25 242
匈牙利	23 005	25 032	28 192	30 436	34 517	43 094	55 567	62 936	75 255	95 400	107 709
冰岛	1 931	2 004	1 901	2 019	2 229	2 381	2 839	3 091	3 453	4 772	5 382
爱尔兰	64 330	71 239	77 413	82 835	88 265	92 755	104 788	109 657	108 726	121 543	124 101
意大利	245 801	235 564	240 518	244 490	254 427	299 333	353 782	373 135	416 875	499 882	538 028
拉脱维亚	1 810	1 723	1 868	2 001	2 285	2 893	4 009	5 161	6 155	8 308	10 112
立陶宛	3 710	3 004	3 810	4 583	5 475	7 162	9 302	11 807	14 142	17 144	23 632
卢森堡	—	8 203	8 378	9 759	10 214	13 297	16 250	18 797	22 903	22 415	25 385
马耳他	1 834	1 978	2 453	1 822	2 028	2 252	2 517	2 399	2 796	3 078	2 797
黑山	—	—	—	—	—	—	—	—	813	905	784
荷兰	213 977	218 579	233 130	230 855	244 058	296 012	357 417	406 372	463 629	550 755	633 006
挪威	40 402	45 479	60 058	59 191	59 662	68 321	82 527	103 759	122 208	136 357	172 517
波兰	28 230	27 359	31 747	35 998	41 133	53 762	75 047	89 437	110 780	140 146	168 042
葡萄牙	24 793	24 541	24 363	24 108	25 908	31 757	35 787	38 150	43 332	51 515	55 833
罗马尼亚	8 300	8 518	10 412	11 394	13 877	17 662	23 553	27 688	32 458	40 488	49 393
塞尔维亚	—	—	—	—	—	—	—	—	6 428	8 825	10 972
塞尔维亚和黑山	2 858	1 498	1 723	1 903	2 275	2 650	3 979	5 065	—	—	—
斯洛伐克	10 724	10 211	11 832	12 595	14 405	21 837	27 745	31 889	41 851	58 171	70 962
斯洛文尼亚	9 048	8 560	8 770	9 267	10 366	12 766	16 361	19 248	23 230	30 102	34 105
西班牙	111 973	104 433	115 251	116 660	125 687	156 147	182 623	192 644	213 717	253 297	268 339
瑞典	84 767	84 889	87 132	75 645	81 499	102 104	123 267	130 962	147 793	168 870	183 356
瑞士	78 856	80 300	80 500	82 144	91 699	104 822	122 844	130 930	147 856	172 078	200 334
土耳其	26 974	26 588	27 775	31 334	36 059	47 253	63 167	73 476	85 535	107 272	132 002
英国	273 949	272 167	285 425	272 715	280 195	305 627	347 493	384 477	448 653	439 091	458 572
欧盟（25）b	—	2 356 999	2 452 621	2 469 464	2 637 595	3 148 935	3 762 448	4 065 347	4 591 173	5 338 688	5 898 440
欧盟（25）对外出口	—	728 029	784 819	792 343	843 379	983 280	1 185 380	1 309 688	1 455 610	1 700 670	1 924 912
欧盟（15）	2 233 600	2 237 500	2 316 260	2 319 485	2 465 660	2 926 460	—	—	—	—	—
欧盟（15）对外出口	822 240	810 215	870 070	882 840	943 035	1 108 095	—	—	—	—	—
独联体	106 800	106 460	145 725	144 315	153 200	194 595	265 495	343 705	430 915	519 285	702 760
亚美尼亚	221	232	294	343	505	686	723	974	985	1 152	1 069
阿塞拜疆	605	929	1 745	2 314	2 167	2 592	3 615	7 649	13 015	21 269	30 586
白俄罗斯	7 070	5 909	7 326	7 451	8 021	9 946	13 774	15 979	19 734	24 275	32 902
格鲁吉亚	191	238	323	318	346	461	647	865	993	1 240	1 498
哈萨克斯坦	5 334	5 872	8 812	8 639	9 670	12 927	20 093	27 849	38 250	47 755	71 172
吉尔吉斯共和国	514	454	505	476	486	582	719	672	794	1 135	1 642
摩尔多瓦	630	465	472	568	644	790	985	1 091	1 052	1 342	1 591
俄罗斯	74 884	75 665	105 565	101 884	107 301	135 929	183 207	243 798	303 551	354 403	471 603
塔吉克斯坦	595	690	785	650	738	797	915	909	1 399	1 468	1 406
土库曼斯坦	590	1 187	2 506	2 700	2 850	3 632	3 870	4 944	7 155	7 920	11 920
乌克兰	12 637	11 582	14 573	16 265	17 957	23 067	32 666	34 228	38 368	49 296	67 003
乌兹别克斯坦	3 530	3 235	2 817	2 708	2 513	3 189	4 280	4 749	5 617	8 029	10 369
非洲	106 100	116 700	148 600	138 800	144 800	179 400	239 700	311 200	369 700	434 600	557 800
阿尔及利亚	10 209	12 525	22 031	19 133	18 799	23 163	31 304	46 002	54 613	60 163	79 298
安哥拉	3 543	5 157	7 921	6 534	8 328	9 508	13 475	24 109	31 862	44 396	67 100
贝宁	407	422	392	374	448	541	569	578	735	875	1 050
博茨瓦纳	2 058	2 644	2 675	2 510	2 425	2 810	3 513	4 425	4 509	5 161	4 875
布基纳法索	319	255	209	223	247	321	479	468	588	623	550
布隆迪	65	54	50	39	30	38	47	58	58	53	57
喀麦隆	1 671	1 601	1 833	1 749	1 802	2 283	2 477	2 861	3 576	3 604	4 350
佛得角	10	11	11	10	11	13	15	18	21	19	32
中非共和国	151	146	161	142	147	128	134	135	157	178	195
乍得	262	243	183	189	185	601	2 191	3 081	3 408	3 662	4 650
科摩罗	6	9	14	17	19	27	19	12	10	13	13
刚果	1 365	1 560	2 489	2 055	2 280	2 677	3 433	4 745	6 066	5 735	9 050
刚果（金）	1 422	809	824	901	1 132	1 374	1 850	2 190	2 320	2 650	3 950
科特迪瓦	4 606	4 661	3 888	3 946	5 275	5 788	6 919	7 697	8 477	8 476	10 100
吉布提	28	28	32	32	36	37	38	40	55	58	69

续 表

地区＼年份	1998	1999	2000	2001	2002	2003	2004	2005	2006	2007	2008
埃及	3 130	3 559	5 276	4 825	5 546	7 408	9 661	12 912	16 728	19 224	23 995
赤道几内亚	439	709	1 097	1 735	2 117	2 801	4 599	7 064	8 207	10 210	16 300
厄立特里亚	28	21	37	19	52	7	11	11	11	15	17
埃塞俄比亚	561	467	486	455	480	496	678	903	1 040	1 285	1 602
加蓬	1 916	2 394	2 598	2 524	2 409	3 062	3 728	5 065	5 450	6 600	8 700
冈比亚	21	12	15	10	12	8	10	8	11	13	14
加纳	1 795	1 720	1 671	1 716	1 850	2 324	2 450	2 802	3 727	4 195	5 275
几内亚	693	636	666	731	709	609	744	853	1 074	1 145	1 360
几内亚比绍	27	51	62	63	54	65	76	89	74	85	98
肯尼亚	2 008	1 747	1 734	1 944	2 116	2 411	2 684	3 420	3 502	4 081	4 972
莱索托	194	172	220	280	358	476	708	651	695	805	900
利比里亚	425	469	329	128	176	109	104	131	158	200	242
利比亚	6 659	7 947	13 380	11 014	9 803	14 647	20 410	31 358	39 246	46 970	63 050
马达加斯加	538	584	824	928	486	856	992	855	985	1 237	1 340
马拉维	431	453	379	449	407	525	483	509	543	710	770
马里	556	571	545	725	874	928	976	1 101	1 550	1 524	1 650
毛里塔尼亚	387	358	355	355	332	318	440	625	1 367	1 430	1 750
毛里求斯	1 645	1 554	1 557	1 628	1 801	1 898	1 993	2 143	2 329	2 238	2 399
摩洛哥	7 153	7 367	7 432	7 144	7 849	8 778	9 925	11 190	12 744	15 340	20 145
莫桑比克	230	263	364	703	810	1 045	1 504	1 783	2 381	2 412	2 653
纳米比亚	1 232	1 234	1 320	1 179	1 072	1 262	1 827	2 070	2 647	2 922	2 804
尼日尔	334	287	283	272	279	352	437	489	523	710	880
尼日利亚	9 855	13 856	20 975	18 045	17 975	24 031	38 631	50 467	58 726	65 600	80 750
卢旺达	60	60	52	86	65	63	98	125	147	177	250
圣多美和普林西比	5	2	3	3	5	7	5	7	8	7	11
塞内加尔	968	1 027	920	1 003	1 067	1 257	1 509	1 578	1 594	1 671	2 350
塞舌尔	122	145	194	216	228	274	291	340	380	360	390
塞拉利昂	7	6	13	29	49	92	139	158	231	245	220
索马里	197	191	193	285	297	223	300	300	290	290	290
南非 c	26 362	26 707	29 983	29 258	29 723	36 482	46 146	51 626	58 175	69 784	80 782
苏丹	596	780	1 807	1 699	1 949	2 542	3 778	4 824	5 657	8 879	12 050
斯威士兰	973	937	910	1 054	1 029	1 638	1 949	1 770	1 790	1 880	1 790
坦桑尼亚	589	543	734	851	980	1 216	1 479	1 679	1 918	2 227	3 037
多哥	420	391	363	357	427	598	601	660	650	700	900
突尼斯	5 738	5 872	5 850	6 631	6 874	8 027	9 685	10 494	11 694	15 163	19 319
乌干达	501	519	460	456	481	563	759	1 017	1 188	1 686	2 180
赞比亚	1 032	1 063	892	985	930	981	1 576	1 810	3 770	4 619	5 089
津巴布韦	2 111	1 887	1 925	1 207	2 012	1 670	1 887	1 850	2 000	2 300	2 150
中东	144 500	182 300	268 000	239 800	248 200	302 500	401 400	542 000	661 300	769 200	1 021 200
巴林	3 270	4 363	6 195	5 577	5 794	6 632	7 558	10 242	12 200	13 634	18 150
伊朗	13 118	17 128	28 739	25 689	24 440	33 750	41 697	56 252	77 012	88 733	113 401
伊拉克	5 500	12 800	20 603	12 872	12 219	9 711	17 810	23 697	30 529	39 590	59 700
以色列	22 993	25 794	31 404	29 048	29 347	31 784	38 618	42 770	46 789	54 092	60 825
约旦	1 802	1 832	1 899	2 293	2 770	3 082	3 883	4 302	5 204	5 725	7 785
科威特	9 554	12 164	19 436	16 203	15 369	20 678	28 599	44 869	56 010	62 672	87 090
黎巴嫩	662	677	715	1 093	1 238	1 813	2 199	2 337	2 814	3 574	4 454
阿曼	5 508	7 238	11 319	11 074	11 172	11 669	13 342	18 692	21 585	24 692	37 719
卡塔尔	5 030	7 214	11 594	10 871	10 978	13 382	18 684	25 762	34 051	42 020	63 830
沙特阿拉伯	38 822	50 761	77 583	68 064	72 453	93 245	125 997	180 711	211 306	234 951	313 440
叙利亚	2 890	3 464	4 634	5 248	6 536	5 731	7 378	8 708	10 919	11 546	14 300
阿联酋	33 837	36 474	49 835	48 414	52 163	67 135	90 997	117 287	145 587	180 897	231 550
也门	1 496	2 440	4 079	3 374	3 684	3 924	4 676	6 413	7 316	7 050	8 977
亚洲 a	1 451 100	1 548 300	1 837 300	1 674 400	1 807 700	2 138 300	2 653 200	3 060 100	3 575 000	4 134 900	4 706 300
阿富汗	159	166	137	68	100	144	305	384	408	497	610
澳大利亚	55 893	56 080	63 870	63 387	65 033	70 377	86 565	106 097	123 437	141 358	187 259
孟加拉国	5 121	5 497	6 389	6 080	6 149	6 990	8 305	9 297	11 802	12 453	15 357
不丹	108	116	103	106	113	133	183	258	414	674	521
文莱达鲁萨兰	2 058	2 579	3 903	3 640	3 702	4 421	5 057	6 249	7 636	7 668	11 100
柬埔寨	800	1 129	1 389	1 500	1 923	2 118	2 798	3 092	3 514	4 089	4 300

续 表

年份 地区	1998	1999	2000	2001	2002	2003	2004	2005	2006	2007	2008
中国	183 712	194 931	249 203	266 098	325 596	438 228	593 326	761 953	968 978	1 218 623	1 428 332
斐济	512	609	585	537	515	668	693	701	679	755	923
中国香港	174 864	174 403	202 683	191 066	201 928	228 708	265 543	292 119	322 669	349 386	370 242
国内出口	24 588	22 381	23 536	20 273	18 328	19 591	19 978	20 050	22 765	18 110	16 958
转口	150 276	152 022	179 147	170 793	183 600	209 117	245 565	272 069	299 904	331 276	353 284
印度	33 437	35 667	42 379	43 361	49 250	58 963	76 649	99 616	120 968	147 034	177 499
印度尼西亚	50 370	51 243	65 403	57 361	59 166	64 108	70 767	86 996	103 527	118 014	139 278
日本	387 927	417 610	479 249	403 496	416 726	471 817	565 675	594 941	646 725	714 327	782 047
基里巴斯	6	9	4	5	3	3	2	4	6	10	15
韩国	132 313	143 686	172 267	150 439	162 471	193 817	253 845	284 419	325 465	371 489	422 007
老挝	370	311	330	320	301	335	363	553	882	923	1 095
中国澳门	2 141	2 200	2 539	2 300	2 356	2 581	2 812	2 476	2 557	2 543	1 997
马来西亚	73 305	84 455	98 229	88 005	94 058	104 705	126 511	140 980	160 676	176 211	199 516
马尔代夫	96	91	109	110	132	152	181	162	225	228	331
蒙古	462	454	536	521	524	616	870	1 065	1 543	1 889	2 539
缅甸	1 077	1 136	1 646	2 381	3 046	2 483	2 380	3 813	4 589	6 338	6 937
尼泊尔	474	602	804	737	568	662	772	863	838	888	1 050
新喀里多尼亚	378	468	604	443	492	785	1 033	1 093	1 352	2 104	1 361
新西兰	12 070	12 455	13 272	13 730	14 383	16 527	20 344	21 730	22 409	26 931	30 578
北马里亚纳群岛	1 085	1 062	1 038	959	825	838	826	691	509	329	115
巴基斯坦	8 514	8 424	9 028	9 238	9 913	11 930	13 379	16 051	16 930	17 838	20 323
帕劳	11	7	12	17	20	8	6	13	14	11	7
巴布亚新几内亚	1 772	1 875	2 096	1 805	1 641	2 207	2 552	3 273	4 166	4 681	5 721
菲律宾	29 414	36 576	39 783	32 664	35 208	36 231	39 681	41 255	47 410	50 466	49 025
萨摩亚	15	20	14	15	14	15	11	12	11	15	11
新加坡	109 895	114 680	137 804	121 751	125 177	159 902	198 637	229 649	271 807	299 298	338 176
国内出口	63 381	68 682	78 703	66 172	66 836	86 419	106 663	124 546	143 176	156 028	175 702
转口	46 514	45 998	59 101	55 579	58 341	73 483	91 974	105 103	128 631	143 270	162 474
所罗门群岛	118	126	69	47	58	74	97	103	121	168	190
斯里兰卡	4 809	4 594	5 430	4 816	4 699	5 125	5 757	6 347	6 886	7 740	8 450
中国台湾	112 467	123 626	151 357	125 900	135 080	150 298	182 432	198 432	224 017	246 677	255 629
泰国	54 456	58 440	69 057	64 968	68 108	80 324	96 248	110 936	129 722	152 098	177 844
汤加	8	13	9	7	15	18	15	10	10	8	10
图瓦卢	0	0	0	0	0	0	0	0	0	0	0
瓦努阿图	34	26	26	20	20	27	37	38	37	30	42
越南	9 361	11 541	14 483	15 029	16 706	20 149	26 485	32 442	39 826	48 576	62 906
备忘项:											
不含世界 a											
欧盟（27）对内出口	—	4 083 000	4 789 000	4 514 000	4 698 000	5 420 000	6 641 000	7 734 000	8 977 000	1 034 9000	1 209 6000
欧盟（15）对内出口	4 090 000	4 285 000	5 010 000	4 755 000	4 970 000	5 767 000	—	—	—	—	—
不含欧洲											
欧盟（27）对内出口	—	892 800	966 180	978 550	1 045 210	1 220 880	1 474 030	1 641 350	1 840 400	2 153 320	2 473 030
欧盟（15）对内出口	1 101 840	1 094 480	1 187 800	1 219 030	1 316 800	1 568 170	—	—	—	—	—

a 含重要转口。

b 由于欧洲统计局对塞浦路斯，爱沙尼亚和立陶宛使用不同的统计方法，2004 年前，欧盟（27）总体数据并不是由单个成员国加总而来。

c 自 1998 年，统计数据均来自南非，而不再是南部非洲关税同盟。

注：统计总额无连续性的国家和地区集团标示为‘I’。主要在于货物贸易统计数据收集和报告的方法不同。

注意世界和亚洲数据含重复计算的因素，源于其使用一般货物贸易统计体系，该方法含转口贸易。

一些国家和地区近几年的数据由秘书处统计。

表 7：

世界货物进口（按地区和国家，1998—2008 年）

单位：百万美元

地区＼年份	1998	1999	2000	2001	2002	2003	2004	2005	2006	2007	2008
世界 a	5 683 000	5 921 000	6 727 000	6 485 000	6 745 000	7 865 000	9 571 000	10 857 000	12 430 000	14 273 000	16 422 000
北美洲	1 282 060	1 426 495	1 687 580	1 583 440	1 605 140	1 727 465	2 012 740	2 288 415	2 546 090	2 706 770	2 912 185
加拿大	206 066	220 183	244 786	227 291	227 499	245 021	279 931	322 411	358 755	389 911	418 311
墨西哥	130 948	146 084	182 702	176 185	176 607	178 503	206 060	232 245	268 093	295 201	323 151
美国	944 353	1 059 440	1 259 300	1 179 180	1 200 230	1 303 050	1 525 680	1 732 706	1 918 077	2 020 403	2 169 487
中、南美洲	216 300	186 800	207 400	205 400	181 000	191 400	243 500	300 100	365 400	457 900	595 600
安提瓜和巴布达	385	414	407	386	400	422	454	506	624	728	770
阿根廷	31 404	25 508	25 154	20 320	8 990	13 834	22 445	28 689	34 152	44 707	57 423
巴哈马	1 873	1 757	2 074	1 912	1 728	1 762	1 905	2 312	2 727	2 956	3 123
巴巴多斯	1 010	1 108	1 156	1 087	1 039	1 195	1 413	1 604	1 629	1 710	1 892
伯利兹	295	370	524	517	525	552	520	593	660	684	837
委内瑞拉	15 817	14 064	16 213	18 323	12 963	9 256	16 679	24 027	33 616	46 097	49 640
玻利维亚	1 983	1 755	1 830	1 708	1 770	1 616	1 844	2 341	2 814	3 457	4 987
巴西	61 135	51 909	59 053	58 640	49 716	50 859	66 433	77 628	95 836	126 564	182 408
智利	19 880	15 988	18 507	17 429	17 091	19 322	24 794	32 735	38 406	47 164	61 903
哥伦比亚	14 635	10 659	11 539	12 834	12 711	13 889	16 746	21 204	26 162	32 897	39 669
哥斯达黎加	6 230	6 320	6 372	6 569	7 188	7 663	8 268	9 824	11 547	12 963	15 372
古巴	4 197	4 365	4 843	4 839	4 176	4 673	5 615	8 084	10 258	10 890	14 500
多米尼克	136	141	148	131	116	128	144	165	167	196	225
多米尼加共和国	7 597	8 041	9 479	8 779	8 838	7 627	7 888	9 869	12 174	13 597	16 095
厄瓜多尔	5 576	3 017	3 721	5 363	6 431	6 703	8 226	10 287	12 114	13 893	18 686
萨尔瓦多	3 962	4 095	4 947	5 027	5 184	5 754	6 329	6 690	7 663	8 712	9 755
格林纳达	200	202	239	212	199	254	233	328	299	365	363
危地马拉	4 651	4 382	4 791	5 607	7 659	8 127	9 475	10 499	11 915	13 576	14 549
圭亚那	540	480	573	584	563	576	651	788	889	1 059	1 300
海地	797	1 025	1 036	1 013	1 130	1 188	1 306	1 454	1 642	1 852	2 148
洪都拉斯	3 233	3 530	3 988	4 152	4 382	4 774	5 827	6 545	7 303	8 556	10 389
牙买加	3 035	2 899	3 326	3 360	3 533	3 639	3 940	4 739	5 650	6 459	8 549
荷属安的列斯	2 062	1 745	2 862	2 826	2 268	2 606	1 723	1 950	2 209	2 543	3 130
尼加拉瓜	1 492	1 862	1 805	1 775	1 754	1 879	2 212	2 623	3 026	3 598	4 338
巴拿马	3 398	3 516	3 379	2 964	2 982	3 086	3 594	4 180	4 831	6 872	9 050
巴拉圭	2 897	1 906	2 193	2 182	1 672	2 228	3 097	3 715	5 879	7 200	10 200
秘鲁	8 220	6 823	7 415	7 316	7 493	8 414	10 101	12 502	15 312	20 494	29 981
圣基茨和尼维斯	149	153	196	189	201	199	183	210	250	272	285
圣卢西亚	328	355	355	355	309	403	422	486	592	614	656
圣文森特和格林纳丁斯	193	201	163	186	174	201	226	240	271	327	373
苏里南	552	486	526	461	492	704	742	1 050	1 009	1 044	1 304
特立尼达和多巴哥	2 999	2 741	3 308	3 569	3 643	3 892	4 858	5 694	6 484	7 663	9 973
乌拉圭	3 811	3 357	3 466	3 061	1 964	2 190	3 114	3 879	4 806	5 628	8 933
欧洲	2 559 180	2 596 490	2 774 855	2 733 570	2 875 295	3 461 510	4 161 265	4 573 175	5 238 515	6 089 795	6 819 995
阿尔巴尼亚	842	1 154	1 090	1 327	1 504	1 864	2 309	2 618	3 058	4 188	5 251
奥地利	69 504	71 321	72 394	74 633	78 299	99 532	119 905	127 327	137 212	163 037	183 441
比利时	—	164 810	177 511	178 664	198 311	234 945	285 621	318 700	351 979	413 109	469 486
比利时—卢森堡	—	—	—	—	—	—	—	—	—	—	—
波斯尼亚和黑塞哥维那	2 910	3 305	3 107	3 354	3 872	4 801	5 915	7 070	7 345	9 772	12 282
保加利亚	4 949	5 478	6 544	7 279	7 954	10 871	14 453	18 163	23 270	29 961	37 261
克罗地亚	8 276	7 799	7 887	9 147	10 722	14 209	16 589	18 560	21 502	25 839	30 728
塞浦路斯	3 685	3 618	3 846	3 923	4 086	4 466	5 502	6 316	6 928	8 615	10 616
捷克	28 340	28 463	31 974	36 297	40 656	51 728	69 967	76 512	93 191	118 169	141 493
丹麦	46 873	45 753	45 557	45 322	50 320	57 429	68 157	75 581	85 507	98 558	110 827
爱沙尼亚	4 787	4 109	5 052	5 230	5 863	7 967	8 336	10 238	13 449	15 678	16 028
芬兰	32 960	32 114	34 443	32 639	34 218	42 513	51 443	58 766	69 375	81 704	91 781
法国	307 771	315 748	338 940	328 608	329 262	398 840	470 945	504 124	541 919	619 475	705 577

续 表

地区＼年份	1998	1999	2000	2001	2002	2003	2004	2005	2006	2007	2008
马其顿	1 915	1 776	2 094	1 694	1 995	2 306	2 932	3 228	3 763	5 228	6 852
德国	471 474	474 047	497 197	486 119	490 283	604 612	715 742	777 073	906 684	1 054 983	1 203 787
希腊	30 293	30 529	33 480	32 011	31 570	44 852	52 760	54 436	63 619	76 247	79 049
匈牙利	25 705	28 015	32 172	33 617	37 755	47 808	60 538	66 552	78 262	95 565	107 910
冰岛	2 482	2 516	2 589	2 269	2 275	2 827	3 643	4 979	6 137	6 704	6 205
爱尔兰	43 191	46 769	51 041	50 556	52 399	53 886	61 814	68 565	73 118	83 822	83 177
意大利	218 465	220 637	238 757	236 220	247 015	297 519	355 301	384 790	442 555	511 662	554 909
拉脱维亚	3 190	2 954	3 202	3 506	4 046	5 234	7 096	8 697	11 541	15 322	16 090
立陶宛	5 795	4 835	5 457	6 353	7 709	9 803	12 387	15 548	19 373	24 412	30 923
卢森堡	—	11 218	11 278	12 331	12 651	16 165	20 046	21 893	26 572	27 528	31 592
马耳他	2 668	2 843	3 413	2 531	2 646	3 227	3 641	3 681	4 307	4 760	4 587
黑山	—	—	—	—	—	—	—	—	1 879	2 774	2 918
荷兰	195 639	206 162	218 267	208 638	219 265	264 704	319 669	363 822	416 832	492 616	573 188
挪威	37 478	34 173	34 392	32 955	34 873	40 055	48 534	55 488	64 261	80 298	89 293
波兰	47 055	45 883	49 029	50 184	55 299	68 272	89 696	101 639	126 989	165 710	204 279
葡萄牙	38 435	39 974	39 952	39 490	40 156	47 200	54 948	61 184	66 673	78 195	89 975
罗马尼亚	11 821	10 417	13 148	15 568	17 854	23 983	32 691	40 518	51 160	70 314	82 725
塞尔维亚	—	—	—	—	—	—	—	—	13 172	18 554	22 999
塞尔维亚和黑山	4 849	3 296	3 711	4 837	6 320	7 952	11 752	11 635	—	—	—
斯洛伐克	13 078	11 318	12 760	14 760	16 564	22 523	29 862	34 649	44 823	60 218	73 389
斯洛文尼亚	10 110	10 102	10 147	10 160	10 944	13 845	17 759	20 337	24 141	31 559	36 970
西班牙	136 662	135 346	156 143	154 650	165 105	208 602	258 331	288 786	328 696	389 301	401 384
瑞典	68 403	68 580	72 880	63 200	66 955	83 540	100 433	111 697	127 547	152 583	167 152
瑞士	80 094	79 857	82 521	84 102	87 189	100 239	115 799	126 574	141 400	161 180	183 192
土耳其	45 921	40 671	54 503	41 399	51 554	69 340	97 540	116 774	139 576	170 063	201 961
英国	321 231	324 899	348 058	343 786	364 075	399 401	470 633	513 673	601 424	622 897	632 017
欧盟（25）b	—	2 419 075	2 579 869	2 549 434	2 672 086	3 214 192	3 854 541	4 221 746	4 830 438	5 602 648	6 255 767
欧盟（25）对外出口	—	792 206	916 856	876 922	886 001	1 057 950	1 278 135	1 467 501	1 697 232	1 964 630	2 282 239
欧盟（15）	2 212 010	2 262 540	2 404 840	2 361 815	2 462 350	2 946 525	—	—	—	—	—
欧盟（15）对外出口	796 575	831 135	954 480	921 030	935 335	1 122 915	—	—	—	—	—
独联体	95 260	70 570	81 555	94 440	103 960	132 275	172 975	215 610	279 560	377 115	497 800
亚美尼亚	902	800	882	874	987	1 280	1 351	1 802	2 192	3 268	4 412
阿塞拜疆	1 076	1 036	1 172	1 431	1 666	2 626	3 516	4 350	5 269	6 045	7 575
白俄罗斯	8 549	6 674	8 646	8 286	9 092	11 558	16 491	16 708	22 351	28 693	39 483
格鲁吉亚	887	585	709	753	796	1141	1 846	2 490	3 678	5 217	6 058
哈萨克斯坦	4 314	3 655	5 040	6 446	6 584	8 409	12 781	17 353	23 677	32 756	37 889
吉尔吉斯共和国	842	600	554	467	587	717	941	1 102	1 718	2 417	4 072
摩尔多瓦	1 018	585	777	892	1 038	1 399	1 769	2 292	2 693	3 690	4 899
俄罗斯	58 015	39 537	44 659	53 764	60 966	76 070	97 382	125 434	164 281	223 486	291 861
塔吉克斯坦	710	663	675	688	721	881	1 191	1 330	1 723	2 455	3 270
土库曼斯坦	980	1 478	1 786	2 250	2 120	2 512	3 320	2 947	2 560	3 620	5 670
乌克兰	14 676	11 846	13 956	15 775	16 977	23 020	28 997	36 136	45 039	60 618	85 534
乌兹别克斯坦	3 290	3 110	2 697	2 814	2 425	2 662	3 392	3 666	4 380	4 848	7 076
非洲	132 900	128 300	130 100	135 000	136 000	165 000	212 300	255 600	297 100	368 300	465 600
阿尔及利亚	9 400	9 162	9 171	9 940	11 969	12 380	18 169	20 357	21 456	27 631	39 479
安哥拉	2 079	3 109	3 040	3 179	3 760	5 480	5 832	8 353	8 778	13 661	21 100
贝宁	736	749	613	623	725	892	894	1 018	1 228	1 600	1 990
博茨瓦纳	2 251	2 198	2 081	1 809	1 845	2 448	3 231	3 161	3 057	4 049	5 165
布基纳法索	732	678	611	656	739	925	1 270	1 260	1 319	1 620	1 800
布隆迪	158	118	148	139	129	157	176	269	431	319	403
喀麦隆	1 495	1 318	1 489	1 852	1 866	2 163	2 406	2 735	3 150	3 680	4 360
佛得角	228	246	230	234	276	351	431	438	542	750	825
中非共和国	146	131	117	107	120	118	151	169	202	249	310
乍得	356	316	317	679	1 646	790	953	950	1 350	1 500	1 830
科摩罗	54	55	43	51	53	70	86	99	115	140	180
刚果	680	821	465	682	675	831	969	1 304	2 000	2 860	2 990
刚果（金）	1 102	568	697	807	1 081	1 594	1 986	2 270	2 740	3 300	4 100

续　表

地区＼年份	1998	1999	2000	2001	2002	2003	2004	2005	2006	2007	2008
科特迪瓦	2 991	3 252	2 785	2 418	2 456	3 231	4 291	5 251	5 368	6 160	7 150
吉布提	196	194	207	196	197	238	261	277	336	473	580
埃及	16 166	16 022	14 578	13 376	12 770	12 950	15 950	22 449	27 300	37 100	47 540
赤道几内亚	317	425	451	813	507	908	1 092	1 310	2 020	2 760	3 270
厄立特里亚	508	510	471	423	538	433	480	490	495	510	530
埃塞俄比亚	1 517	1 538	1 262	1 815	1 622	2 119	3 087	4 127	4 805	5 749	7 700
加蓬	1 103	841	950	1 002	1 135	1 206	1 347	1 471	1 725	2 000	2 450
冈比亚	228	192	187	134	161	156	229	260	259	321	329
加纳	2 563	3 480	2 973	3 154	2 720	3 210	4 074	5 347	6 754	8 074	10 261
几内亚	537	556	612	601	667	640	780	820	950	1 200	1 600
几内亚比绍	63	51	59	62	59	65	83	106	127	136	160
肯尼亚	3 197	2 832	3 105	3 192	3 245	3 725	4 553	5 846	7 233	8 989	11 074
莱索托	941	866	809	743	815	1 121	1 440	1 410	1 500	1 738	2 040
利比里亚	470	520	668	229	178	170	337	310	467	499	813
利比亚	5 466	4 158	3 732	4 397	4 396	4 330	6 326	6 079	6 040	7 750	11 500
马达加斯加	693	742	1 097	1 118	627	1 304	1 680	1 706	1 804	2 636	4 040
马拉维	515	673	532	563	695	786	933	1 165	1 207	1 378	1 650
马里	761	824	806	990	928	1 271	1 364	1 544	1 820	2 185	2 550
毛里塔尼亚	399	385	454	465	431	542	923	1 428	1 167	1 520	1 750
毛里求斯	2 073	2 247	2 093	1 987	2 159	2 363	2 771	3 157	3 627	3 895	4 666
摩洛哥	10 290	9 925	11 534	11 038	11 864	14 250	17 822	20 790	23 980	32 010	41 752
莫桑比克	790	1 139	1 158	1 063	1 543	1 753	2 035	2 408	2 869	3 050	3 804
纳米比亚	1 648	1 610	1 550	1 547	1 470	1 980	2 396	2 577	2 884	3 520	4 020
尼日尔	471	410	395	412	468	622	750	943	949	1 060	1 400
尼日利亚	9 211	8 588	8 721	11 586	7 547	10 853	14 164	20 754	21 809	29 500	41 700
卢旺达	285	253	211	281	248	259	284	430	548	737	1 139
圣多美和普林西比	17	38	30	28	31	41	41	50	71	79	114
塞内加尔	1 455	1 564	1 519	1 730	1 958	2 391	2 839	3 498	3 671	4 871	6 528
塞舌尔	384	434	342	476	420	412	497	675	757	859	912
塞拉利昂	95	81	149	182	264	303	286	345	389	445	560
索马里	280	340	343	449	454	517	610	610	660	680	790
南非 c	29 242	26 696	29 695	28 248	29 267	39 748	53 466	62 304	78 715	88 450	99 480
苏丹	1 925	1 415	1 553	1 958	2 446	2 882	4 075	6 757	8 074	8 775	9 150
斯威士兰	1 083	1 068	1 046	1 129	955	1 519	1 925	1 900	1 920	2 020	2 200
坦桑尼亚	1 453	1 556	1 524	1 712	1 660	2 125	2 726	3 287	4 246	5 337	7 081
多哥	588	597	562	553	591	775	880	1 200	1 250	1 400	1 540
突尼斯	8 350	8 474	8 567	9 529	9 526	10 910	12 818	13 177	15 043	19 101	24 622
乌干达	1 416	1 342	1 536	1 594	1 053	1 375	1 726	2 054	2 557	3 493	4 526
赞比亚	1 100	822	993	1 307	1 253	1 574	2 152	2 558	3 074	3 971	5 106
津巴布韦	2 701	2 126	1 863	1 715	1 751	1 710	2 204	2 350	2 250	2 550	2 950
中东	149 000	147 500	167 400	175 100	184 300	210 200	280 600	335 400	375 800	467 200	586 200
巴林	3 566	3 698	4 633	4 306	5 013	5 657	7 385	9 393	10 515	11 488	12 500
伊朗	14 323	13 324	13 898	16 709	20 617	24 798	31 976	40 041	40 772	44 942	57 411
伊拉克	4 400	6 900	13 384	13 120	9 817	9 934	21 302	23 532	20 892	21 516	31 200
以色列	29 342	33 166	37 686	35 449	35 517	36 303	42 864	47 142	50 334	59 039	67 656
约旦	3 828	3 717	4 597	4 871	5 076	5 743	8 179	10 498	11 548	13 681	16 942
科威特	8 619	7 617	7 157	7 869	9 001	10 987	12 631	15 801	17 233	20 366	24 874
黎巴嫩	7 070	6 207	6 230	7 380	6 560	7 315	9 609	9 633	9 647	12 251	16 754
阿曼	5 826	4 801	5 131	5 933	6 296	6 801	8 796	8 971	11 039	16 025	22 990
卡塔尔	3 409	2 500	3 252	3 758	4 052	4 897	6 005	10 061	16 440	22 005	26 850
沙特阿拉伯	30 013	28 011	30 238	31 223	32 293	36 915	47 376	59 459	69 800	90 215	115 147
叙利亚	3 895	3 832	3 815	4 752	4 488	5 111	8 411	10 862	11 488	14 655	18 320
阿联酋	32 588	31 721	35 009	37 293	42 652	52 074	72 082	84 654	100 057	132 494	165 620
也门	2 167	2 008	2 324	2 466	2 921	3 675	3 986	5 378	6 074	8 514	9 960
亚洲 a	1 248 000	1 365 200	1 678 400	1 558 400	1 659 100	1 976 700	2 487 600	2 888 800	3 327 600	3 806 300	4 545 200
阿富汗	462	1 012	1 176	1 696	2 452	2 101	2 177	2 471	2 582	2 819	3 350
澳大利亚	64 630	69 158	71 529	63 888	72 690	89 084	109 384	125 281	139 253	165 336	200 338
孟加拉国	7 495	8 331	8 883	9 018	8 592	10 434	12 036	13 889	16 034	18 596	23 838
不丹	134	182	175	191	197	249	411	386	420	526	543

续 表

地区 \ 年份	1998	1999	2000	2001	2002	2003	2004	2005	2006	2007	2008
文莱达鲁萨兰	1 552	1 342	1 107	1 159	1 556	1 327	1 422	1 491	1 676	2 101	2 300
柬埔寨	1 166	1 591	1 939	2 094	2 318	2 560	3 193	3 927	4 749	5 424	6 600
中国	140 237	165 699	225 094	243 553	295 170	412 760	561 229	659 953	791 461	956 139	1 132 488
斐济	722	903	830	886	901	1 205	1 446	1 607	1 804	1 800	2 266
中国香港	186 759	180 711	214 042	202 008	207 969	233 249	272 893	300 160	335 754	370 132	392 962
留用进口	62 833	58 464	71 863	65 251	59 352	61 018	70 044	75 269	86 097	93 791	97 649
印度	42 980	46 979	51 523	50 392	56 517	72 558	99 775	142 870	172 797	216 760	293 374
印度尼西亚	35 280	33 321	43 595	37 534	38 340	42 196	54 877	75 533	80 346	92 778	126 160
日本	280 484	309 995	379 511	349 089	337 194	382 930	454 542	515 866	579 064	622 243	762 589
基里巴斯	33	41	40	41	50	52	59	74	63	70	55
韩国	93 282	119 752	160 481	141 098	152 126	178 827	224 463	261 238	309 383	356 846	435 275
老挝	553	525	535	510	447	462	713	882	1 060	1 065	1 302
中国澳门	1 955	2 040	2 255	2 386	2 530	2 755	3 478	3 913	4 565	5 366	5 365
马来西亚	58 319	64 966	81 963	73 866	79 869	83 300	105 283	114 625	131 152	146 982	156 896
马尔代夫	354	402	389	393	392	471	642	745	927	1 096	1 388
蒙古	503	513	615	638	691	801	1 021	1 184	1 486	2 117	3 616
缅甸	2 695	2 323	2 401	2 877	2 348	2 091	2 196	1 927	2 564	3 312	4 288
尼泊尔	1 246	1 422	1 573	1 473	1 419	1 754	1 938	2 283	2 492	2 904	3 600
新喀里多尼亚	929	1 006	924	931	1 008	1 541	1 636	1 774	2 117	2 809	3 233
新西兰	12 495	14 299	13 906	13 308	15 047	18 559	23 195	26 219	26 424	30 890	34 367
北马里亚纳群岛	526	523	607	554	646	660	664	591	489	300	160
巴基斯坦	9 330	10 207	10 864	10 191	11 233	13 038	17 949	25 357	29 825	32 590	42 326
帕劳	63	104	124	100	97	88	107	105	115	110	130
巴布亚新几内亚	1 240	1 188	1 151	1 071	1 137	1 367	1 680	1 729	2 260	2 990	3 480
菲律宾	31 496	32 568	37 027	34 921	41 092	42 576	46 102	49 487	54 078	57 996	60 290
萨摩亚	97	115	106	130	135	137	163	187	219	227	249
新加坡	101 732	111 060	134 545	116 000	116 441	136 218	173 599	200 047	238 710	263 155	319 780
留用进口	55 218	65 062	75 444	60 421	58 100	62 735	81 625	94 944	110 079	119 885	157 306
所罗门群岛	128	110	92	90	67	94	121	185	217	286	295
斯里兰卡	5 905	5 961	7 177	5 973	6 105	6 672	7 973	8 834	10 258	11 301	14 008
中国台湾	105 442	111 449	140 642	107 944	113 331	128 130	169 250	182 614	202 698	219 252	240 448
泰国	42 971	50 342	61 924	61 962	64 645	75 824	94 410	118 178	128 773	139 966	178 655
汤加	69	73	70	73	89	94	105	121	116	143	170
图瓦卢	10	8	5	4	11	8	11	13	13	16	26
瓦努阿图	93	98	87	90	90	105	128	149	160	202	287
越南	11 500	11 742	15 638	16 218	19 746	25 256	31 969	36 761	44 891	62 678	80 416
备忘项：											
不含世界 a											
欧盟（27）从内进口	—	4 294 000	5 064 000	4 813 000	4 959 000	5 708 000	6 995 000	8 103 000	9 297 000	10 635 000	12 449 000
欧盟（15）从内进口	4 267 000	4 490 000	5 277 000	5 045 000	5 218 000	6 041 000	—	—	—	—	—
不含欧洲											
欧盟（27）从内进口	—	969 620	1 111 840	1 061 060	1 089 210	1 305 270	1 584 860	1 818 930	2 105 310	2 451 780	2 846 470
欧盟（15）从内进口	1 143 750	1 165 080	1 324 500	1 292 780	1 348 280	1 637 900	—	—	—	—	—

a 含为转口的重要进口。

b 进口以 f. o. b. 计价。

c 自 1998 年，进口以 f. o. b. 计价。

d 自 1998 年，统计数据均来自南非，而不再是南部非洲关税同盟。

注：统计总额无连续性的国家和地区集团标示为 'I'。主要在于货物贸易统计数据收集和报告的方法不同。

注意世界和亚洲数据含重复计算的因素，源于其使用一般货物贸易统计体系，该方法含转口贸易。

表 8：

世界商业服务出口（按地区和国家，1998—2008 年）

单位：百万美元

地区 \ 年份	1998	1999	2000	2001	2002	2003	2004	2005	2006	2007	2008
世界	1 340 800	1 394 800	1 481 300	1 484 400	1 596 400	1 832 400	2 220 700	2 480 300	2 816 900	3 372 400	3 777 900
北美洲	283 100	305 900	330 900	317 100	325 200	339 800	393 200	432 700	484 000	553 900	6046 00
加拿大	33 040	35 228	39 271	37 862	39 567	43 131	49 058	54 418	59 015	63 648	64 795
墨西哥	11 534	11 606	13 567	12 550	12 474	12 477	13 973	16 098	16 372	17 598	18 474
美国	238 517	259 059	278 090	266 661	273 209	284 173	330 185	362 134	408 663	472 680	521 378
中、南美洲	41 500	42 700	46 700	45 700	44 600	49 500	57 400	70 000	79 600	94 000	108 300
安提瓜和巴布达	424	427	406	393	389	413	470	454	465	485	509
阿根廷	4 702	4 557	4 775	4 469	3 428	4 419	5 202	6 519	7 871	10 211	11 870
阿鲁巴	877	906	991	975	983	1 033	1 232	1 287	1 304	1 473	1 658
巴哈马	1 517	1 778	1 946	1 776	2 035	2 028	2 211	2 460	2 403	2 566	2 503
巴巴多斯	995	997	1 055	1 032	1 003	1 124	1 181	1 411	1 541	1 729	—
伯利兹	122	130	135	143	161	196	223	284	339	369	358
委内瑞拉	1 286	1 207	1 057	1 242	913	791	1 024	1 247	1 469	1 552	1 708
玻利维亚	235	243	207	221	242	348	401	473	462	484	482
巴西	7 083	6 873	8 961	8 718	8 790	9 570	11 615	14 856	17 946	22 615	28 822
智利	3 859	3 780	3 995	4 071	4 315	4 990	5 949	7 040	7 726	8 841	10 645
哥伦比亚	1 892	1 876	1 984	2 122	1 799	1 852	2 188	2 594	3 301	3 559	3 967
哥斯达黎加	1 329	1 643	1 911	1 899	1 841	1 990	2 207	2 585	2 940	3 598	4 164
古巴	2 155	2 628	2 643	2 416	2 350	2 845	3 634	7 075	7 201	8 588	9 129
多米尼克	84	97	87	75	78	76	86	85	99	98	101
多米尼加共和国	2 421	2 767	3 143	3 024	2 982	3 401	3 435	3 865	4 496	4 740	4 883
厄瓜多尔	631	681	793	799	820	812	940	940	959	1 087	1 288
萨尔瓦多	576	620	673	680	750	907	1 039	1 098	1 388	1 454	1 482
格林纳达	116	141	146	129	128	132	156	115	129	146	145
危地马拉	581	653	702	948	1 053	954	1 015	1 222	1 410	1 619	1 649
圭亚那	142	147	169	172	172	157	161	148	148	173	—
海地	163	173	158	123	125	114	110	93	149	152	193
洪都拉斯	332	427	487	488	525	573	635	684	671	732	902
牙买加	1 743	1 949	1 988	1 867	1 881	2 103	2 262	2 296	2 613	2 665	2 735
荷属安的列斯	1 495	1 506	1 593	1 605	1 575	1 648	1 753	1 791	1 936	2 048	2 028
尼加拉瓜	152	181	187	188	191	222	250	271	305	333	357
巴拿马	1 757	1 747	1 961	1 958	2 241	2 503	2 758	3 193	3 895	4 854	5 794
巴拉圭	606	554	573	525	531	550	597	610	726	887	999
秘鲁	1 674	1 518	1 445	1 326	1 342	1 600	1 872	2 164	2 519	3 209	3 502
圣基茨和尼维斯	98	98	95	94	86	104	131	158	168	155	160
圣卢西亚	318	307	323	272	248	317	366	409	332	345	362
圣文森特和格林纳丁斯	106	126	126	131	135	131	143	156	169	179	178
苏里南	67	73	85	56	35	52	129	183	211	210	233
特立尼达和多巴哥	574	592	543	563	598	672	838	883	800	910	—
乌拉圭	1 309	1 235	1 249	1 099	745	746	1 086	1 285	1 361	1 781	2 131
欧洲	682 600	696 600	716 400	736 100	807 300	966 200	1 166 200	1 286 600	1 443 900	1 743 300	1 936 900
阿尔巴尼亚	83	253	429	495	552	695	997	1 154	1 481	1 924	2 419
奥地利	22 918	23 184	22 865	23 734	25 566	32 090	37 572	42 201	45 675	54 968	61 673
比利时	—	—	—	—	36 285	43 352	50 621	54 092	57 209	74 031	86 139
比利时—卢森堡	36 688	44 073	48 556	48 970	—	—	—	—	—	—	—
波斯尼亚和黑塞哥维那	457	461	448	495	522	719	861	987	1 137	1 455	1 658
保加利亚	1 766	1 760	2 129	2 120	2 162	2 921	3 984	4 389	5 287	6 498	8 000
克罗地亚	3 948	3 708	4 056	4 883	5 581	8 568	9 372	9 920	10 801	12 485	15 164
塞浦路斯	3 297	3 655	3 798	4 067	4 236	5 009	5 877	6 177	6 772	8 303	10 218
捷克	7 518	6 928	6 751	7 034	7 024	7 754	9 607	11 730	13 906	17 144	22 179
丹麦	15 212	19 982	23 721	25 134	26 667	31 672	36 304	43 372	51 961	61 608	71 960
爱沙尼亚	1 476	1 486	1 458	1 576	1 672	2 189	2 806	3 139	3 466	4 336	5 048
法罗群岛	51	56	54	57	71	77	86	132	174	—	—

续 表

地区 \ 年份	1998	1999	2000	2001	2002	2003	2004	2005	2006	2007	2008
芬兰	6 632	6 457	7 669	9 148	10 350	11 383	15 064	16 898	17 414	23 066	24 229
法国	84 164	80 994	79 901	79 597	85 326	98 020	113 772	121 351	125 395	144 680	160 464
马其顿	148	249	290	198	220	360	429	489	581	799	992
德国	79 967	80 173	79 659	84 270	96 785	116 216	138 256	157 342	184 574	216 958	241 590
希腊	10 068	16 464	19 181	19 384	20 044	24 202	32 986	33 806	35 671	42 984	50 377
匈牙利	5 361	5 171	5 836	6 949	7 336	9 131	10 704	12 732	13 283	16 981	19 958
冰岛	847	826	936	1 003	1 034	1 281	1 527	1 955	1 773	2 207	2 134
爱尔兰	16 504	15 526	18 326	23 266	29 666	41 785	52 213	59 402	68 659	88 994	99 235
意大利	66 621	58 018	55 998	57 098	59 562	70 602	83 302	88 094	97 554	110 468	121 890
拉脱维亚	1 103	1 020	1 131	1 161	1 221	1 487	1 751	2 134	2 613	3 633	4 508
立陶宛	1 096	1 083	1 052	1 147	1 451	1 864	2 431	3 074	3 583	3 980	4 710
卢森堡	—	—	—	—	20 291	25 237	33 638	40 510	50 578	65 523	68 909
马耳他	1 159	1 198	1 081	1 108	1 220	1 421	1 669	1 977	2 635	3 377	3 714
黑山	—	—	—	—	—	—	—	—	524	923	1 104
荷兰	48 570	50 835	48 361	50 121	54 700	61 317	71 782	78 182	82 698	94 212	101 613
挪威	15 379	16 118	17 528	18 152	19 228	21 357	24 964	29 620	33 114	40 357	45 595
波兰	10 810	8 331	10 395	9 745	10 030	11 170	13 437	16 212	20 530	28 694	35 309
葡萄牙	8 735	9 144	8 896	9 251	10 219	12 188	14 507	15 028	18 235	23 097	26 135
罗马尼亚	1 201	1 340	1 720	2 007	2 326	3 000	3 590	5 056	7 005	9 455	12 819
塞尔维亚	—	—	—	—	—	—	—	—	2 089	3 140	4 005
塞尔维亚和黑山	914	471	624	740	829	1 130	1 678	1 909	—	—	—
斯洛伐克	2 275	1 886	2 218	2 454	2 787	3 270	3 713	4 380	5 403	7 022	8 469
斯洛文尼亚	2 023	1 873	1 883	1 958	2 311	2 786	3 449	3 970	4 337	5 643	7 624
西班牙	48 124	51 982	52 112	55 292	59 599	73 679	85 303	93 853	105 869	127 085	142 612
瑞典	17 675	19 691	20 014	21 758	23 757	30 337	38 624	42 474	49 342	63 324	71 592
瑞士	25 893	28 628	29 443	27 888	29 747	34 529	42 608	48 513	53 929	64 947	75 194
土耳其	23 204	16 230	19 267	15 084	13 979	17 909	22 706	26 328	24 998	28 253	34 492
英国	110 721	117 357	118 567	118 786	132 937	155 455	194 026	204 062	233 615	280 565	282 961
欧盟（25）	611 700	629 600	643 300	667 100	735 500	879 500	1 061 000	1 165 600	1 313 300	1 586 600	1 753 900
欧盟（25）对外出口 a	—	—	—	—	—	—	438 500	486 400	548 400	668 300	743 200
欧盟（15）	572 600	593 900	603 800	625 800	691 800	827 500	998 000	1 090 700	1 224 500	1 471 600	1 611 400
欧盟（15）对外出口 a	263 400	268 600	274 000	283 100	308 500	369 900	451 000	505 700	—	—	—
独联体	19 700	16 100	17 100	19 300	23 200	26 900	34 800	41 900	51 600	65 700	84 200
亚美尼亚	118	129	130	179	176	199	324	403	475	571	636
阿塞拜疆	320	236	234	256	321	392	453	625	841	1 172	1 454
白俄罗斯	919	745	989	1 124	1 317	1 477	1 726	2 055	2 380	3 256	4 224
格鲁吉亚	354	217	206	299	370	418	508	648	801	976	1 159
哈萨克斯坦	904	933	905	1 093	1 363	1 528	1 817	1 999	2 584	3 242	3 936
吉尔吉斯共和国	58	60	57	76	120	137	193	234	351	654	884
摩尔多瓦	148	126	155	160	206	231	320	384	471	631	831
俄罗斯	12 372	9 067	9 565	11 215	13 450	16 088	20 469	24 741	30 866	39 119	50 694
塔吉克斯坦	60	52	63	62	60	66	81	103	110	116	—
乌克兰	3 922	3 869	3 800	3 897	4 583	5 013	7 460	8 913	10 822	13 651	17 302
非洲	28 100	30 500	31 500	32 200	34 400	42 600	51 600	56 400	63 600	77 900	87 800
阿尔及利亚	973	1 010	927	884	1 191	1 287	1 591	1 825	2 248	2 474	3 101
安哥拉	122	153	267	203	207	201	323	177	—	311	—
贝宁	127	155	126	133	141	163	204	179	196	281	—
博茨瓦纳	240	305	306	326	439	626	774	842	771	922	992
布隆迪	2	2	2	2	4	2	4	7	6	7	3
喀麦隆	508	414	575	844	921	593	829	573	556	476	552
佛得角	74	95	101	120	144	190	220	253	361	468	528
中非共和国	9	13	9	9	6	11	18	19	22	26	29
刚果（金）	112	139	130	137	158	185	183	206	251	303	364
科特迪瓦	533	507	415	509	513	560	641	697	706	775	845
吉布提	61	65	69	74	79	87	87	95	97	92	115
埃及	7 832	9 276	9 687	8 815	9 127	10 837	14 046	14 449	15 834	19 660	24 674
厄立特里亚	77	44	54	113	118	—	—	—	—	—	—

续 表

地区 \ 年份	1998	1999	2000	2001	2002	2003	2004	2005	2006	2007	2008
埃塞俄比亚	308	392	387	391	450	588	800	789	890	1 183	1 770
加蓬	194	249	171	143	74	167	136	120	113	128	149
冈比亚	83	78	62	61	61	84	73	80	92	114	—
加纳	427	454	490	515	539	612	684	1 083	1 256	1 614	1 579
几内亚	66	36	27	72	43	55	31	32	34	44	—
肯尼亚	631	720	727	824	773	876	1 227	1 523	1 979	2 409	2 520
莱索托	46	37	36	35	30	43	64	44	51	68	—
利比亚	31	50	119	134	275	329	351	419	385	—	—
马达加斯加	264	290	314	273	279	253	358	420	512	796	874
马拉维	32	49	34	44	49	40	41	43	80	—	—
马里	71	94	92	140	150	208	227	253	291	359	—
毛里塔尼亚	24	25	30	36	46	44	52	80	87	—	—
毛里求斯	911	1 030	1 066	1 218	1 146	1 274	1 449	1 604	1 663	2 194	2 530
摩洛哥	2 558	2 803	2 854	3 787	4 098	5 126	6 304	7 570	9 269	11 490	12 374
莫桑比克	286	295	325	249	336	300	246	316	355	404	488
纳米比亚	315	311	212	285	265	399	456	391	505	580	528
尼日利亚	884	980	1 833	1 653	2 524	3 473	3 336	2 887	3 729	5 788	—
卢旺达	32	36	41	45	48	48	65	83	74	126	—
塞内加尔	366	351	330	345	389	488	604	690	716	1097	—
塞舌尔	237	261	273	280	297	311	308	347	409	446	458
塞拉利昂	13	18	39	47	38	66	61	78	43	42	—
南非	5 213	5 041	4 888	4 728	4 863	8 120	9 444	10 898	11 712	13 242	12 159
苏丹	14	82	24	14	130	31	35	101	220	342	457
斯威士兰	87	51	271	112	90	200	235	273	274	447	—
坦桑尼亚	534	576	575	854	860	900	1 079	1 215	1 467	1 675	1 935
多哥	65	54	46	53	72	72	122	145	159	197	242
突尼斯	2 607	2 769	2 680	2 829	2 603	2 842	3 520	3 901	4 162	4 757	5 572
乌干达	176	188	205	208	216	255	358	494	475	528	554
赞比亚	102	107	114	143	114	142	161	207	228	279	—
津巴布韦	609	633	326	240	208	—	—	—	—	—	—
中东	27 400	30 300	33 800	32 900	34 800	43 800	51 400	60 200	71 800	81 600	97 400
巴林	725	859	933	950	1 068	1 260	2 676	3 048	3 322	3 524	3 740
伊朗	1 380	977	1 429	2 257	3 740	4 369	4 859	5 167	5 665	6 138	6 763
以色列	10 019	12 213	15 319	12 811	12 159	13 622	16 005	17 406	19 210	21 091	23 763
约旦	1 810	1 689	1 602	1 396	1 743	1 717	2 052	2 239	2 850	3 299	4 291
科威特	1 500	1 299	1 571	1 401	1 373	1 763	2 516	3 840	7 495	9 104	10 301
阿曼	388	413	452	606	606	655	736	939	1 311	1 631	1 974
卡塔尔	—	209	337	649	606	1 011	1 633	2 557	3 489	—	
沙特阿拉伯	4 723	5 373	4 779	5 008	5 177	5 713	5 852	6 677	7 297	7 901	—
叙利亚	1 422	1 415	1 480	1 566	1 347	1 181	2 343	2 560	2 649	3 563	—
阿联酋	—	1 767	1 843	2 014	2 191	2 350	2 560	4 277	6 259	7 434	8 958
也门	133	141	174	130	129	244	292	285	—	578	593
亚洲	258 300	272 700	304 900	301 200	326 800	363 700	466 200	532 400	622 400	755 900	858 700
澳大利亚	16 822	18 550	19 413	17 689	19 161	23 227	27 841	30 378	32 438	39 728	45 601
孟加拉国	252	266	283	243	305	398	420	474	603	685	891
不丹	15	18	20	24	23	20	28	42	52	60	53
柬埔寨	173	289	423	517	596	541	788	1 064	1 244	1 510	1 606
中国	23 879	26 165	30 146	32 901	39 381	46 375	62 056	73 909	91 421	121 654	146 446
斐济	472	505	397	387	478	585	668	790	740	733	—
中国香港	33 790	35 568	40 362	41 056	44 546	46 500	55 103	63 651	72 674	84 643	92 318
印度	11 067	14 006	16 030	16 799	19 125	23 633	37 931	52 199	70 926	87 516	102 648
印度尼西亚	4 340	4 452	5 061	5 361	6 519	5 143	—	—	—	—	—
日本 b	63 053	61 447	69 430	64 769	66 054	71 784	89 668	102 071	115 140	127 060	146 440
韩国	24 828	25 766	29 746	28 103	27 345	31 753	40 505	43 711	48 382	61 729	74 107
老挝	116	101	150	141	159	126	168	200	194	299	—
中国澳门	2 845	2 710	3 280	3 768	4 758	5 605	8 063	8 612	10 538	14 411	18 081
马来西亚	11 400	11 800	13 812	14 331	14 753	13 459	16 999	19 463	21 722	28 184	29 336
马尔代夫	329	340	345	351	360	429	505	317	549	622	671
蒙古	75	73	74	109	179	203	329	409	483	571	—

续 表

地区＼年份	1998	1999	2000	2001	2002	2003	2004	2005	2006	2007	2008
缅甸	618	496	459	387	403	228	232	237	256	—	—
尼泊尔	433	454	410	303	192	302	356	271	252	340	494
新西兰	3 688	4 280	4 355	4 388	5 338	6 788	8 046	8 500	8 011	9 161	8 842
巴基斯坦	1 303	1 264	1 284	1 302	1 496	1 476	1 719	2 043	2 245	2 221	2 314
巴布亚新几内亚	318	248	243	285	162	219	181	285	298	340	342
菲律宾	—	3 468	3 377	3 072	3 428	3 389	4 043	4 525	6 444	9 766	10 194
萨摩亚	58	47	—	—	—	—	94	113	133	138	—
新加坡	22 457	24 845	28 075	27 307	29 428	36 243	46 732	53 151	63 977	80 490	82 934
所罗门群岛	52	51	45	47	15	24	26	37	51	66	63
斯里兰卡	892	940	915	1 334	1 247	1 389	1 506	1 519	1 604	1 755	1 982
中国台湾	16 660	17 037	19 890	19 760	21 501	23 028	25 545	25 574	28 860	31 015	33 569
泰国	13 074	14 542	13 785	12 932	15 304	15 694	18 932	20 011	24 636	30 124	33 393
汤加	23	19	14	18	18	22	21	30	22	26	—
瓦努阿图	108	106	118	112	90	108	118	135	140	177	212
越南	2 616	2 493	2 702	2 810	2 948	3 272	3 867	4 176	5 100	6 030	6 300
备忘项：											
不含世界											
欧盟（27）对内出口 a	—	—	—	—	—	—	1 598 200	1 801 000	2 052 000	2 454 100	2 767 100
欧盟（15）对内出口 a	1 031 600	1 069 500	1 151 500	1 141 700	1 213 100	1 374 700	1 673 700	1 895 300	—	—	—
不含欧洲											
欧盟（27）对内出口 a	—	—	—	—	—	—	543 700	607 400	679 000	825 000	926 200
欧盟（15）对内出口 a	373 500	371 300	386 500	393 400	424 100	508 500	619 300	701 700	—	—	—

a 欧盟内外部贸易统计参阅技术注释。

b 秘书处 1995—2005 出口统计以日本银行采用的新方法为基础。参阅技术注释。

注：由于服务贸易数据的频繁修正，致使大量国家和地区的数据缺少连续性。参阅技术注释。

表 9：

世界商业服务进口（按地区和国家，1998—2008 年）

单位：百万美元

地区＼年份	1998	1999	2000	2001	2002	2003	2004	2005	2006	2007	2008
世界	1 312 500	1 365 000	1 454 200	1 473 200	1 560 400	1 781 300	2 119 400	2 352 300	2 627 600	3 113 900	3 489 200
北美洲	216 400	237 600	268 200	264 200	270 900	291 700	335 900	365 900	408 700	446 700	479 300
加拿大	37 671	40 060	43 597	43 236	44 455	51 771	58 023	64 906	71 919	81 758	86 644
墨西哥	12 569	14 061	16 718	16 521	17 031	17 571	19 250	20 915	22 329	23 228	24 701
美国	166 145	183 484	207 881	204 479	209 397	222 347	258 674	280 091	314 442	341 673	367 911
中、南美洲	53 500	50 600	54 900	55 100	48 800	51 200	58 600	71 300	81 300	98 200	117 500
安提瓜和巴布达	166	170	147	159	163	174	182	218	249	284	296
阿根廷	9 079	8 599	8 960	8 262	4 775	5 462	6 374	7 364	8 250	10 535	12 579
阿鲁巴	528	633	621	590	575	691	762	889	968	907	1 076
巴哈马	939	884	969	896	929	1 009	1 169	1 209	1 510	1 502	1 254
巴巴多斯	409	433	460	471	466	492	520	636	679	755	—
伯利兹	94	99	116	111	121	127	139	147	143	159	161
委内瑞拉	3 842	3 982	4 236	4 509	3 837	3 251	4 265	5 183	5 797	7 243	7 821
玻利维亚	423	436	450	382	417	534	590	664	808	883	1 018
巴西	15 743	13 357	15 574	15 825	13 496	14 350	16 111	22 409	27 149	34 700	44 396
智利	4 260	4 474	4 664	4 848	4 953	5 555	6 653	7 572	8 250	9 711	11 143
哥伦比亚	3 354	3 082	3 242	3 535	3 234	3 298	3 873	4 704	5 428	6 170	7 108
哥斯达黎加	1 099	1 185	1 261	1 167	1 170	1 231	1 370	1 502	1 612	1 799	1 966
古巴	891	964	821	689	585	655	770	1 018	1 263	1 330	—
多米尼克	48	54	48	47	50	41	45	48	50	57	62

续　表

年份 地区	1998	1999	2000	2001	2002	2003	2004	2005	2006	2007	2008
多米尼加共和国	1 300	1 224	1 340	1 249	1 271	1 179	1 168	1 431	1 511	1 692	1 775
厄瓜多尔	1 208	1 140	1 225	1 395	1 559	1 575	1 889	2 079	2 265	2 481	2 888
萨尔瓦多	723	800	912	938	1 007	1 040	1 130	1 193	1 479	1 706	1 958
格林纳达	64	78	85	79	86	77	79	88	94	104	109
危地马拉	759	760	786	891	1 018	1 085	1 324	1 428	1 756	2 017	2 125
圭亚那	174	178	193	192	196	172	208	201	245	273	—
海地	203	222	270	252	251	247	307	296	365	476	558
洪都拉斯	437	491	688	705	726	746	840	923	972	1 027	1 203
牙买加	1 258	1 286	1 391	1 480	1 552	1 538	1 677	1 676	1 969	2 205	2 341
荷属安的列斯	611	662	728	787	788	801	787	805	749	794	869
尼加拉瓜	253	319	334	346	336	353	385	424	451	524	572
巴拿马	1 211	1 102	1 096	1 053	1 256	1 253	1 412	1 759	1 673	2 050	2 532
巴拉圭	549	463	390	362	321	318	287	329	365	439	563
秘鲁	2 299	2 105	2 165	2 274	2 325	2 493	2 603	2 996	3 297	4 133	5 425
圣基茨和尼维斯	58	66	72	71	73	75	76	90	97	109	118
圣卢西亚	121	137	126	125	124	141	143	169	165	173	181
圣文森特和格林纳丁斯	74	59	52	54	54	61	69	72	81	91	95
苏里南	174	136	177	164	152	188	251	339	250	292	367
特立尼达和多巴哥	235	253	363	339	340	335	314	471	311	320	—
乌拉圭	831	760	842	773	593	602	748	901	937	1 083	1 373
欧洲	629 700	647 700	660 700	681 800	738 700	879 600	1 030 500	1 126 600	1 234 500	1 472 000	1 625 500
阿尔巴尼亚	119	152	413	422	561	734	991	1 318	1 552	1 893	2 361
奥地利	17 941	17 144	16 383	17 491	18 645	23 645	27 897	30 625	33 407	39 112	42 578
比利时	—	—	—	—	35 288	42 163	48 260	50 408	52 387	70 142	81 942
比利时—卢森堡	34 095	38 815	41 444	42 856	—	—	—	—	—	—	—
波斯尼亚和黑塞哥维那	262	277	256	262	298	375	422	425	459	590	632
保加利亚	1 398	1 473	1 660	1 894	1 740	2 424	3 213	3 382	4 097	5 473	6 696
克罗地亚	1 850	2 055	1 782	1 918	2 378	2 950	3 523	3 349	3 491	3 858	4 513
塞浦路斯	1 476	1 537	1 563	1 592	1 635	2 089	2 552	2 614	2 850	3 635	4 572
捷克	5 690	5 772	5 364	5 487	6 372	7 240	8 932	10 110	11 809	14 308	17 256
丹麦	15 779	18 402	21 063	22 121	24 305	28 254	33 401	37 002	45 123	53 889	62 269
爱沙尼亚	814	829	870	949	1 081	1 370	1 716	2 125	2 407	3 022	3 352
法罗群岛	90	95	97	105	131	146	161	224	267	—	—
芬兰	7 643	7 491	8 323	7 994	9 763	12 020	14 422	17 591	18 618	22 094	23 119
法国	66 432	62 102	59 581	61 439	68 177	81 809	97 238	104 711	112 688	129 464	139 359
马其顿	202	226	260	253	267	370	485	527	545	745	970
德国	131 244	139 388	135 812	140 593	143 769	171 136	194 125	206 894	221 030	256 020	283 028
希腊	4 976	8 831	10 918	11 189	9 447	10 730	13 560	14 292	15 899	19 783	24 392
匈牙利	4 139	4 283	4 708	5 470	6 749	9 022	10 043	11 275	11 606	15 432	18 469
冰岛	948	1 012	1 149	1 058	1 105	1 481	1 818	2 538	2 542	2 942	2 498
爱尔兰	29 459	26 474	31 212	35 281	42 765	54 520	65 328	71 386	78 460	94 472	106 189
意大利	62 887	56 240	54 632	56 087	61 110	73 107	81 673	88 364	98 107	118 261	131 748
拉脱维亚	717	628	680	662	692	917	1 164	1 541	1 962	2 678	3 169
立陶宛	816	747	655	669	878	1 215	1 578	1 989	2 462	3 282	4 114
卢森堡	—	—	—	—	12 388	15 511	20 912	24 564	30 188	38 135	40 664
马耳他	686	722	735	735	769	861	1 034	1 186	1 750	2 253	2 252
黑山	—	—	—	—	—	—	—	—	277	320	514
荷兰	46 252	48 121	49 941	52 166	56 492	62 954	68 565	72 413	74 676	83 769	90 833
挪威	14 662	15 214	14 832	15 667	17 834	20 415	23 871	28 709	31 227	38 941	43 928
波兰	6 479	6 837	8 862	8 853	9 165	10 810	13 213	15 310	19 438	23 696	29 925
葡萄牙	6 631	7 064	6 810	6 644	6 992	8 118	9 572	10 291	11 879	14 119	16 497
塞尔维亚	1 796	1 759	1 948	2 113	2 304	2 913	3 829	5 425	6 901	8 757	11 520
罗马尼亚	—	—	—	—	—	—	—	—	2 114	3 456	4 231
塞尔维亚和黑山	421	243	293	323	537	795	1192	1478	—	—	—
斯洛伐克	2 272	1 812	1 779	1 971	2 321	3 012	3 415	4 015	4 605	6 449	9 089
斯洛文尼亚	1 510	1 506	1 423	1 443	1 715	2 163	2 579	2 889	3 222	4 186	4 902
西班牙	28 242	31 544	32 837	34 903	38 445	47 607	58 822	66 739	78 175	95 886	104 262

续 表

地区＼年份	1998	1999	2000	2001	2002	2003	2004	2005	2006	2007	2008
瑞典	21 620	22 511	23 367	22 920	23 856	28 647	32 990	35 141	39 432	47 870	54 280
瑞士	14 952	14 760	14 533	15 256	16 023	18 393	23 610	27 251	28 159	33 209	36 623
土耳其	9 439	8 449	7 624	5 633	5 528	6 690	9 188	10 182	10 447	14 160	16 234
英国	85 797	93 170	96 893	97 352	107 177	122 948	145 172	158 325	170 273	195 402	196 167
欧盟（25）	586 800	605 200	619 500	640 900	694 000	827 200	965 200	1 050 600	1 153 500	1 371 600	1 512 600
欧盟（25）从外进口 a	—	—	—	—	—	—	386 000	419 900	459 100	548 000	620 700
欧盟（15）	559 000	577 300	589 200	609 000	658 600	783 200	911 900	988 700	1 080 300	1 278 400	1 397 300
欧盟（15）从外进口 a	252 600	259 800	266 800	273 600	286 000	338 000	401 600	440 000	—	—	—
独联体	23 200	19 500	23 500	28 800	33 900	39 500	50 300	59 800	69 800	91 000	114 200
亚美尼亚	190	183	177	192	217	264	419	517	600	772	952
阿塞拜疆	692	476	475	650	1 283	2 027	2 702	2 625	2 784	3 324	3 826
白俄罗斯	438	431	524	782	826	820	943	1 057	1 638	2 009	2 583
格鲁吉亚	335	224	216	231	323	355	440	584	687	872	1 152
哈萨克斯坦	1 154	1 104	1 831	2 609	3 506	3 712	5 058	7 375	8 621	11 370	10 794
吉尔吉斯共和国	173	152	144	121	145	157	219	287	456	577	988
摩尔多瓦	190	168	190	195	243	268	331	390	455	593	779
俄罗斯	16 456	13 351	16 230	19 819	22 852	26 487	32 216	37 795	43 679	57 684	74 572
塔吉克斯坦	40	43	57	70	103	120	205	250	393	590	—
乌克兰	2 545	2 292	2 590	3 167	3 143	3 979	6 162	6 962	8 582	11 055	15 104
非洲	37 400	35 800	37 600	40 200	41 400	47 100	58 700	69 900	80 400	104 700	120 900
阿尔及利亚	1 069	989	1 411	1 413	1 511	1 510	2 493	2 997	3 132	4 540	7 194
安哥拉	2 395	2 194	2 271	3 176	2 766	2 774	4 285	6 191	6 860	11 610	—
贝宁	191	213	186	186	203	244	273	267	342	491	—
博茨瓦纳	517	515	538	512	508	652	784	840	834	970	1 076
布隆迪	34	18	36	31	34	38	75	125	193	168	173
喀麦隆	807	699	934	1 056	1 198	1 177	1 442	1 429	1 416	1 413	1 708
佛得角	85	112	97	113	138	183	194	201	242	285	333
中非共和国	136	107	113	96	90	88	106	105	120	145	175
刚果（金）	853	854	728	842	917	866	1 012	1 413	2 422	3 523	3 767
科特迪瓦	1 408	1 358	1 142	1 188	1 447	1 657	1 896	1 982	2 087	2 263	2 444
吉布提	74	60	65	60	55	60	70	76	81	99	137
埃及	5 886	5 959	7 161	6 356	6 013	6 038	7 470	9 507	10 288	13 088	16 322
厄立特里亚	179	101	24	28	25	—	—	—	—	—	—
埃塞俄比亚	442	463	479	516	556	689	932	1 178	1 154	1 737	2 371
加蓬	980	854	846	695	741	821	921	1 020	1 051	1 241	1 467
冈比亚	63	62	61	55	54	36	46	45	94	77	—
加纳	533	555	514	538	548	730	881	1 140	1 442	1 808	1 977
几内亚	274	258	183	220	156	188	195	194	221	248	—
肯尼亚	632	505	665	712	588	575	803	955	1 235	1 479	1 663
莱索托	50	47	41	38	45	69	86	88	75	88	—
利比亚	650	887	815	964	1 343	1 528	1 753	2 128	2 324	2 438	—
马达加斯加	326	336	395	424	561	479	474	462	432	748	1 159
马拉维	162	185	167	171	222	189	211	222	222	—	—
马里	332	351	324	414	380	478	528	583	672	774	—
毛里塔尼亚	130	152	168	194	220	187	260	379	406	—	—
毛里求斯	706	719	748	799	775	875	1 005	1 193	1 312	1 562	1 910
摩洛哥	1 482	1 537	1 520	1 705	1 903	2 350	2 805	3 103	3 562	4 527	5 482
莫桑比克	396	392	439	607	559	553	511	627	729	819	901
纳米比亚	449	431	320	265	224	269	411	359	421	505	592
尼日利亚	4 054	3 311	3 144	4 420	4 688	5 715	5 973	6 203	8 389	13 902	—
卢旺达	99	106	113	113	124	104	123	176	214	259	—
塞内加尔	432	419	396	403	457	567	684	777	808	1 205	—
塞舌尔	127	152	186	212	209	213	211	231	265	299	361
塞拉利昂	33	79	82	93	76	89	87	86	78	86	—
南非	5 465	5 580	5 657	5 109	5 376	7 847	10 063	11 863	13 949	16 208	16 505
苏丹	200	270	632	638	784	805	1 023	1 801	2 728	2 873	2 552
斯威士兰	262	161	300	192	202	342	363	396	365	494	—
坦桑尼亚	885	723	620	635	611	685	923	1 131	1 212	1 424	1 631
多哥	149	130	116	129	147	204	237	249	261	303	389
突尼斯	1 121	1 106	1 119	1 332	1 353	1 510	1 869	2 075	2 338	2 662	3 001

续表

地区＼年份	1998	1999	2000	2001	2002	2003	2004	2005	2006	2007	2008
乌干达	728	419	459	506	550	488	513	618	759	961	1 177
赞比亚	282	298	322	353	361	388	418	446	560	886	—
津巴布韦	622	647	494	439	447	—	—	—	—	—	—
中东	42 800	43 800	48 800	46 900	51 100	60 500	75 000	89 500	108 600	141 400	167 900
巴林	652	716	757	766	945	907	1 248	1 416	1 605	1 701	2 030
伊朗	2 571	1 905	2 161	2 451	5 381	6 432	7 081	7 697	9 406	10 676	12 011
以色列	9 056	10 047	11 703	11 644	10 701	10 978	12 611	13 498	14 636	17 587	19 600
约旦	1 588	1 485	1 463	1 520	1 627	1 690	1 972	2 465	2 854	3 327	3 913
科威特	4 247	3 867	4 115	4 520	4 881	5 534	6 202	7 444	8 805	10 494	12 149
阿曼	1 891	1 714	1 759	1 899	1 880	2 573	3 152	3 145	3 898	4 876	6 122
卡塔尔	—	823	870	966	1 050	1 283	1 667	3 640	5 680	—	—
沙特阿拉伯	8 648	9 426	10 928	7 155	7 152	7 936	11 057	14 520	19 390	30 798	—
叙利亚	1 299	1 416	1 468	1 494	1 675	1 697	2 071	2 274	2 437	2 964	—
阿联酋	—	7 757	8 275	8 893	9 934	11 440	14 655	18 891	24 322	33 372	42 773
也门	649	672	757	794	883	947	1 004	1 183	1 800	1 811	2 128
亚洲	309 500	329 900	360 500	356 200	375 600	411 800	510 300	569 400	644 300	759 900	864 000
澳大利亚	17 605	18 385	18 555	17 020	18 023	21 476	27 377	29 909	31 600	38 614	45 491
孟加拉国	1 164	1 318	1 523	1 423	1 318	1 595	1 835	2 011	2 111	2 673	3 684
不丹	37	34	46	42	60	108	103	128	108	107	108
柬埔寨	214	285	321	340	368	425	502	632	760	889	958
中国	26 467	30 967	35 858	39 032	46 080	54 852	71 602	83 173	100 327	129 254	158 004
斐济	331	364	321	285	272	382	463	503	514	497	—
中国香港	24 962	23 759	24 588	24 797	25 833	25 994	30 983	33 838	36 905	42 450	45 849
印度	14 192	17 045	18 896	19 792	20 776	24 679	35 293	47 025	58 190	70 736	83 599
印度尼西亚	11 871	12 139	15 381	15 596	16 770	17 171	—	—	—	—	—
日本	101 070	103 151	105 230	98 762	97 865	99 906	119 925	122 369	133 900	148 685	167 443
韩国	24 112	26 773	32 957	32 473	36 132	39 928	49 373	58 055	68 023	82 108	91 768
老挝	92	91	87	87	97	108	132	155	183	229	—
中国澳门	612	703	812	876	1 046	1 147	1 334	1 537	1 836	2 675	3 253
马来西亚	12 973	14 622	16 603	16 539	16 248	17 323	18 967	21 750	23 493	27 784	29 081
马尔代夫	98	107	108	108	110	119	155	209	225	264	342
蒙古	142	140	158	198	260	249	496	468	514	631	—
缅甸	353	277	310	345	296	403	444	486	547	—	—
尼泊尔	189	202	193	205	231	258	376	424	488	716	840
新西兰	4 377	4 482	4 429	4 265	4 715	5 667	7 121	8 121	7 696	8 940	9 473
巴基斯坦	2 044	1 894	2 109	2 216	2 095	3 102	5 101	7 206	8 094	8 395	8 985
巴布亚新几内亚	794	728	772	662	678	862	968	1 151	1 458	1 799	1 714
菲律宾	—	5 013	5 175	5 298	5 386	5 322	5 764	5 797	6 211	7 391	8 547
萨摩亚	29	19	—	—	—	—	41	55	56	55	—
新加坡	19 897	25 119	29 379	31 650	33 314	39 867	49 550	54 902	64 472	74 687	78 868
所罗门群岛	54	86	70	80	49	62	42	57	83	123	148
斯里兰卡	1 328	1 388	1 592	1 735	1 553	1 646	1 872	2 051	2 359	2 568	2 967
中国台湾	23 246	23 285	25 507	23 435	23 852	24 803	29 859	31 420	31 752	34 265	33 627
泰国	11 874	13 464	15 329	14 475	16 572	17 999	22 909	26 881	32 841	38 173	46 314
汤加	30	30	18	24	28	40	45	44	50	44	—
瓦努阿图	53	65	62	67	47	56	61	69	66	70	89
越南	3 146	3 040	3 252	3 382	3 698	4 050	4 739	4 472	5 108	6 924	8 615
备忘项：											
不含世界											
欧盟（27）从内进口a	—	—	—	—	—	—	1 540 200	1 721 500	1 933 300	2 290 300	2 597 300
欧盟（15）从内进口a	1 006 100	1 047 500	1 131 800	1 137 800	1 187 800	1 336 100	1 609 000	1 803 500	—	—	—
不含欧洲											
欧盟（27）从内进口a	—	—	—	—	—	—	451 300	495 800	540 200	648 400	733 600
欧盟（15）从内进口a	323 300	330 200	338 300	346 400	366 100	434 400	520 100	577 800	—	—	—

a 欧盟内外部贸易统计参阅技术注释。

注：由于服务贸易数据的频繁修正，致使大量国家和地区的数据缺少连续性。参阅技术注释。

表 10：

世界货物贸易出口和产量增长（2000—2008 年）

（年度变化百分比）

年份	2000—2008	2006	2007	2008
世界货物出口	5.0	8.5	6.0	1.5
农产品	4.0	6.0	5.0	2.5
燃料和矿产品	3.0	4.0	3.5	0.5
制成品	6.0	10.5	7.5	2.0
世界货物产量	2.5	4.0	1.5	−0.5
农业	2.5	1.5	2.5	3.0
采掘业	1.5	1.0	0.0	1.0
制造业	2.5	5.5	1.5	−1.5
世界 GDP	3.0	3.5	3.5	1.5

表 11：

世界货物贸易量增长（按地区分布，2000—2008 年）

（年度变化百分比）

出口			年份	进口		
2000—2008	2007	2008	地区	2000—2008	2007	2008
5.0	6.0	1.5	全球	5.0	6.0	1.5
2.5	5.0	1.5	北美洲	3.0	2.0	−2.5
0.0	2.0	−6.0	中、南美洲	3.5	5.0	0.5
2.0	1.5	−5.0	欧洲	3.0	4.0	0.5
3.5	6.5	6.0	欧盟（25）	3.0	1.0	−3.5
5.5	3.5	0.5	独联体	8.5	17.5	13.5
3.5	4.0	0.0	亚洲	3.0	4.0	−1.5
3.5	3.5	−0.5	日本	3.0	3.5	−1.5
1.0	1.5	0.0	六个东亚贸易国	5.0	9.5	2.0
3.5	7.0	1.5	全球	2.0	5.0	2.5
7.5	7.5	2.5	北美洲	17.0	20.0	16.5
10.0	11.5	5.5	中、南美洲	8.0	8.0	4.5
2.5	2.5	5.5	欧洲	9.0	11.0	10.0
20.5	19.5	8.5	欧盟（25）	16.0	14.0	4.0
−4.0	−20.5	−11.0	独联体	3.0	7.0	−2.0
12.5	13.0	7.5	亚洲	13.5	16.0	14.0
6.0	9.5	2.0	日本	2.5	1.5	−2.0
8.0	8.5	4.5	六个东亚贸易国	5.5	5.0	4.0

表 12：

世界货物和服务贸易额增长（按地区分布，2008 年）

（年度变化百分比）

出口			年份	进口		
2000—2008	2007	2008	地区	2000—2008	2007	2008
			货物贸易			
12	16	15	全球	12	15	15
7	11	11	北美洲	7	6	8
6	12	12	美国	7	5	7
6	8	9	加拿大	7	9	7

续 表

出口			年份/地区	进口		
2000—2008	2007	2008		2000—2008	2007	2008
15	14	21	中、南美洲	14	25	30
17	17	23	巴西	15	32	44
17	15	−2	智利	16	23	31
12	16	11	欧洲	12	16	12
12	16	10	欧盟（27）	12	16	12
12	16	16	瑞士	10	14	14
22	21	35	独联体	25	35	32
21	17	33	俄罗斯	26	36	31
21	28	36	乌克兰	25	35	41
18	18	28	非洲	17	24	26
13	20	16	南非	16	12	12
18	12	23	尼日利亚	22	35	41
18	16	33	中东	17	24	25
19	11	33	沙特阿拉伯	18	29	28
21	24	28	阿联酋	21	32	25
13	16	14	亚洲	14	15	20
24	26	17	中国	22	21	18
6	10	9	日本	9	7	23
			服务贸易			
12	20	12	全球	12	19	12
8	14	9	北美洲	8	9	7
8	16	10	美国	7	9	8
6	8	2	加拿大	9	14	6
11	18	15	中、南美洲	10	21	20
16	26	27	巴西	14	28	28
12	30	16	阿根廷	4	28	19
13	21	11	欧洲	12	19	10
13	21	11	欧盟（27）	12	19	10
12	20	16	瑞士	12	18	10
22	27	28	独联体	22	30	25
23	27	30	俄罗斯	21	32	29
21	26	27	乌克兰	25	29	37
—	23	13	非洲	—	30	15
12	24	26	埃及	11	27	25
…	13	−8	南非	—	16	2
14	14	19	中东	17	30	19
6	10	13	以色列	7	20	11
8	8	—	沙特阿拉伯	15	59	—
14	21	14	亚洲	12	18	14
10	10	15	日本	6	11	13
22	33	20	中国	20	29	22

a 秘书处预测。

表 13：

世界货物贸易出口（按产品类别，2008 年）

单位：十亿美元，百分比

	农产品	燃料和矿产品		制成品							
		总额	燃料	总额	钢铁	化工产品	办公和通信设备	汽车产品	纺织品	服装
总额	1 342	3 530	2 862	10 458	587	1 705	1 561	1 234	250	362
占世界货物贸易比重	8.5	22.5	18.2	66.5	3.7	10.9	9.9	7.8	1.6	2.3
年度变化百分比										
1980—1985	−2	−5	−5	2	−2	1	9	5	−1	4
1985—1990	9	3	0	15	9	14	18	14	15	18
1990—1995	7	2	1	9	8	10	15	8	8	8
1995—2000	−1	10	12	5	−2	4	10	5	0	5
2000—2008	12	19	20	11	19	14	6	10	6	8
2006	11	28	23	13	18	13	14	11	8	12
2007	20	15	13	15	27	19	4	18	9	12
2008	19	33	41	10	23	15	3	3	4	5

表 14：

世界货物出口（按地区和产品类别，2008 年）

单位：十亿美元，百分比

	农产品	燃料和矿产品		制成品						
		总额	燃料	总额	钢铁	化工产品	办公和通信设备	汽车产品	纺织品	服装
世界	1 341.6	3 530.2	2 861.9	10 458.1	587.2	1 705.4	1 561.4	1 233.5	250.2	361.9
占所有出口比重	8.5	22.5	18.2	66.5	3.7	10.9	9.9	7.8	1.6	2.3
年度变化百分比										
2000—2008	12	19	20	11	19	14	6	10	6	8
2007	20	15	13	15	27	19	4	18	9	12
2008	19	33	41	10	23	15	3	3	4	5
北美	212.1	345.9	253.4	1 389.2	35.5	228.9	208.1	209.4	16.5	10.7
占所有出口比重	10.4	17.0	12.4	68.2	1.7	11.2	10.2	10.3	0.8	0.5
年度变化百分比										
2000—2008	8	18	18	5	15	11	0	4	1	−7
2007	18	17	14	8	16	15	3	8	−2	−15
2008	19	34	47	5	32	15	2	−5	−3	−3
中、南美洲	156.9	255.8	163.3	172.6	21.8	36.9	6.0	23.1	3.8	12.4
占所有出口比重	26.2	42.7	27.2	28.8	3.6	6.2	1.0	3.9	0.6	2.1
年度变化百分比										
2000—2008	15	18	17	11	16	16	4	15	8	1

续 表

	农产品	燃料和矿产品		制成品						
		总额	燃料	总额	钢铁	化工产品	办公和通信设备	汽车产品	纺织品	服装
2007	23	12	6	14	18	16	−14	10	22	1
2008	25	25	39	12	13	22	1	11	13	−2
欧洲	602.6	767.9	552.0	4 953.6	263.8	992.7	414.6	676.9	92.1	130.5
占所有出口比重	9.3	11.9	8.6	76.8	4.1	15.4	6.4	10.5	1.4	2.0
年度变化百分比										
2000—2008	12	18	19	11	18	14	5	11	5	9
2007	19	13	9	17	28	19	−6	20	11	15
2008	16	26	40	9	15	13	1	2	−1	6
独联体	47.7	470.0	416.9	174.8	66.8	41.3	1.9	8.1	2.4	2.0
占所有出口比重	6.8	66.9	59.3	24.9	9.5	5.9	0.3	1.2	0.3	0.3
年度变化百分比										
2000—2008	17	24	27	19	22	20	17	19	8	6
2007	34	18	18	25	25	25	34	36	12	8
2008	20	39	44	32	40	46	27	9	11	9
非洲	37.9	393.9	349.7	99.9	12.1	20.8	2.6	7.6	2.3	12.0
占所有出口比重	6.8	70.6	62.7	17.9	2.2	3.7	0.5	1.4	0.4	2.2
年度变化百分比										
2000—2008	10	21	21	13	18	19	12	21	6	7
2007	13	18	17	17	23	24	2	6	9	20
2008	17	31	33	23	19	55	6	42	0	4
中东	24.2	756.5	740.6	220.3	6.3	59.3	18.5	18.4	9.3	6.0
占所有出口比重	2.4	74.1	72.5	21.6	0.6	5.8	1.8	1.8	0.9	0.6
年度变化百分比										
2000—2008	16	18	18	17	27	22	9	27	7	11
2007	18	13	13	24	7	19	6	69	17	5
2008	35	38	38	24	28	51	30	−8	10	3
亚洲	260.0	540.2	386.1	3 447.8	180.9	325.5	909.8	289.9	123.9	188.3
占所有出口比重	6.0	12.4	8.9	79.2	4.2	7.5	20.9	6.7	2.8	4.3
年度变化百分比										
2000—2008	13	21	21	12	22	16	9	12	8	10
2007	20	18	16	16	32	21	10	18	8	13
2008	22	36	51	11	29	13	3	9	9	5

表 15：

世界商业服务出口增长（按地区和类别，1990—2008 年）

（年度变化百分比）

		世界	北美	中、南美洲	欧洲	独联体	非洲	中东	亚洲
商业服务									
	1990—1995	8	8	9	—	—	—	—	—
	1995—2000	5	7	6	—	—	—	—	4
	2000—2008	12	8	11	13	22	—	14	14
	2006	14	12	14	12	23	13	19	17
	2007	20	14	18	21	27	23	14	21
	2008	12	9	15	11	28	13	19	14
运输服务									
	1990—1995	6	4	7	—	—	—	—	11
	1995—2000	3	3	1	3	—	—	—	3
	2000—2008	13	7	12	13	18	—	15	13
	2006	11	10	10	10	17	17	18	12
	2007	20	12	15	21	20	31	13	23
	2008	16	16	19	16	26	16	15	15
旅游服务									
	1990—1995	9	7	10	—	—	9	—	—
	1995—2000	3	6	7	2	—	6	—	2
	2000—2008	9	4	8	10	21	13	12	12
	2006	10	5	11	8	24	12	14	15
	2007	15	10	13	14	28	17	16	19
	2008	10	11	9	8	23	5	20	12
其他商业服务									
	1990—1995	10	12	10	—	—	—	—	16
	1995—2000	7	11	9	—	—	—	—	6
	2000—2008	14	10	15	15	29	—	16	15
	2006	17	17	20	15	31	9	24	21
	2007	22	17	27	24	36	25	12	22
	2008	11	6	20	10	34	25	21	13

表 16：

世界商业服务贸易（按类别，2008 年）

单位：十亿美元，百分比

	金额	份额				
年份	2008	2000	2005	2006	2007	2008
出口						
所有服务	3 780	100.0	100.0	100.0	100.0	100.0
运输服务	890	23.5	23.2	22.7	22.8	23.6
旅游服务	950	32.0	27.6	26.7	25.6	25.2
其他服务	1 935	44.6	49.2	50.6	51.6	51.2
进口						
所有服务	3 490	100.0	100.0	100.0	100.0	100.0
运输服务	1 045	28.7	29.0	29.0	29.0	29.9
旅游服务	850	29.6	26.9	25.9	25.1	24.4
其他服务	1 595	41.7	44.1	45.1	45.9	45.7

表 17：

世界货物出口、产量和 GDP（1950—2007 年）

（年度变化百分比）

年份	总额				数量								世界GDP
	出口				进口				产量				
	合计 a	农产品	燃料和矿产品	制成品	总计 a	农产品	燃料和矿产品	制成品	合计	农业	采掘业	制造业	
1950—1963	7.4	3.7	8.5	10.1	7.7	4.5	7.2	8.6	5.2	2.9	4.8	6.6	4.7
1964	11.8	6.9	11.8	15.0	10.9	5.4	8.8	14.9	9.1	4.8	8.6	10.0	7.2
1965	8.3	4.3	7.1	10.9	6.6	5.1	3.2	7.4	5.6	0.0	3.9	9.1	4.1
1966	9.2	4.1	9.8	10.8	7.7	3.7	6.2	10.3	6.6	3.4	5.1	8.3	6.5
1967	5.2	−0.2	5.7	7.7	5.7	2.4	10.3	4.7	4.9	3.3	2.4	5.1	3.7
1968	11.0	4.1	14.2	14.9	10.8	5.7	12.0	17.9	5.9	3.2	7.1	7.3	5.9
1969	14.2	6.9	9.2	16.5	12.2	5.4	6.0	16.5	5.6	0.0	2.2	8.0	6.7
1970	14.6	10.6	13.6	15.4	8.7	3.1	12.4	8.7	5.3	3.1	7.5	5.3	5.1
1971	11.7	7.4	11.3	13.7	7.0	2.0	1.0	9.0	5.0	3.0	4.0	5.0	4.4
1972	18.3	20.3	14.1	19.4	8.4	6.9	6.9	10.1	4.8	0.0	2.9	6.7	5.6
1973	38.4	45.5	47.4	34.1	12.1	0.9	10.2	14.2	8.2	4.9	6.5	9.8	6.9
1974	44.9	21.7	122.9	31.3	5.4	−4.5	−1.7	8.8	2.5	1.9	1.8	3.3	2.1
1975	4.3	1.0	−4.0	8.8	−7.3	1.0	−12.0	−4.0	−1.6	3.6	−6.0	−3.9	1.4
1976	13.1	10.5	16.3	12.8	11.8	7.5	6.8	12.6	6.7	0.9	8.3	8.2	5.1
1977	13.7	13.5	10.6	14.7	4.2	3.5	2.7	5.0	3.9	2.6	3.4	4.5	4.2
1978	15.8	13.3	3.7	21.6	4.7	6.8	5.3	5.9	4.5	3.4	0.8	5.1	4.6
1979	27.0	24.4	47.0	21.3	5.2	4.8	5.9	5.0	3.6	0.8	8.9	4.1	4.0
1980	22.4	13.8	41.8	15.9	2.3	6.8	−6.3	5.9	−0.7	0.9	−2.6	0.7	2.9
1981	−1.2	−1.9	−3.2	−0.7	−0.6	5.0	−9.9	4.0	0.1	3.6	−7.9	0.2	2.0
1982	−6.4	−7.5	−10.6	−3.6	−2.2	−2.0	−5.8	−2.1	−1.0	3.2	−6.9	−1.4	0.8
1983	−2.0	−1.4	−8.0	0.5	2.6	0.2	−0.9	5.1	2.2	0.1	−0.9	3.1	2.9
1984	5.9	5.3	−0.9	8.1	8.4	2.8	4.8	10.8	6.5	5.3	3.8	7.2	4.6
1985	−0.3	−5.7	−3.2	3.8	2.6	−1.2	−1.2	4.8	2.8	2.4	−1.1	3.4	3.5
1986	9.4	11.1	−23.8	20.3	4.0	−1.7	9.1	4.1	2.8	1.8	3.0	3.1	3.4
1987	17.4	14.9	11.0	19.7	5.5	5.6	1.7	6.3	3.5	1.0	1.3	4.4	3.7
1988	13.7	13.1	0.9	16.1	8.5	2.7	5.6	9.5	4.9	1.7	5.3	5.7	4.5
1989	7.8	4.3	15.5	6.9	6.4	3.1	4.4	7.8	3.5	3.4	4.5	3.4	3.8
1990	12.9	4.7	16.2	14.4	3.9	0.7	5.7	5.5	1.3	2.5	1.0	1.0	2.5
1991	1.5	0.8	−6.2	3.3	3.7	3.3	3.3	3.6	−0.4	0.4	−0.5	−0.6	0.8
1992	6.7	7.1	−0.9	8.0	4.8	6.0	4.3	4.7	0.1	2.3	0.8	−0.5	1.1
1993	0.0	−4.1	−3.5	0.0	4.4	1.0	3.5	4.1	−0.1	0.6	2.0	−0.6	0.9
1994	13.6	15.8	5.1	15.6	9.3	8.7	6.7	11.1	2.8	2.9	1.6	2.9	2.2
1995	19.4	17.7	15.2	20.0	7.4	4.6	3.6	9.0	4.6	2.1	2.2	5.5	2.3
1996	4.6	2.5	14.2	3.5	5.1	3.9	3.9	5.3	3.5	4.3	2.7	3.5	3.3
1997	3.4	−1.3	2.7	4.6	10.1	5.9	7.1	11.0	4.9	2.4	3.3	5.7	3.4
1998	−1.5	−4.6	−20.6	2.3	4.6	1.5	2.5	4.8	2.2	1.6	1.1	2.4	2.1
1999	3.9	−3.7	15.6	3.3	4.6	1.0	−0.7	5.1	3.1	3.3	−1.3	3.6	2.9
2000	12.9	1.0	46.4	10.3	10.8	4.0	3.5	13.6	5.2	1.9	3.7	6.2	4.2
2001	−4.1	0.3	−9.8	−3.7	−0.2	1.7	−0.9	−0.4	−1.1	1.6	−0.1	−1.9	1.5
2002	4.8	5.8	1.2	5.3	3.5	3.3	2.1	3.8	1.3	1.6	0.1	1.5	1.9
2003	16.9	16.5	23.3	15.8	5.6	3.6	5.3	5.9	3.6	2.7	3.6	3.8	2.6
2004	21.7	14.9	34.4	20.5	9.7	3.8	6.0	11.5	5.6	5.0	4.4	6.0	3.9
2005	13.9	8.2	38.6	9.8	6.5	5.8	3.8	7.3	3.6	2.0	1.7	4.3	3.3
2006	15.6	11.2	28.0	13.1	8.3	6.2	3.8	10.3	4.1	1.5	1.0	5.3	3.7
2007	15.6	19.8	15.1	15.3	6.2	5.0	3.4	7.6	1.6	2.5	0.1	1.7	3.5
2008	15.1	18.9	33.0	9.9	1.7	2.5	0.7	2.2	−0.4	2.8	1.1	−1.3	1.7

表 18：

世界货物出口（按地区和国家，1948—2008 年）

单位：十亿美元，百分比

地区＼年份	1948	1953	1963	1973	1983	1993	2003	2008
	总额							
世界	59	84	157	579	1 838	3 675	7 375	13 619
	份额							
世界	100.0	100.0	100.0	100.0	100.0	100.0	100.0	100.0
北美洲	28.1	24.8	19.9	17.3	16.8	18.0	15.8	13.0
美国	21.7	18.8	14.9	12.3	11.2	12.6	9.8	8.2
加拿大	5.5	5.2	4.3	4.6	4.2	4.0	3.7	2.9
墨西哥	0.9	0.7	0.6	0.4	1.4	1.4	2.2	1.9
中、南美洲	11.3	9.7	6.4	4.3	4.4	3.0	3.0	3.8
巴西	2.0	1.8	0.9	1.1	1.2	1.0	1.0	1.3
阿根廷	2.8	1.3	0.9	0.6	0.4	0.4	0.4	0.4
欧洲	35.1	39.4	47.8	50.9	43.5	45.4	45.9	41.0
德国	1.4	5.3	9.3	11.6	9.2	10.3	10.2	9.3
法国	3.4	4.8	5.2	6.3	5.2	6.0	5.3	3.9
英国	11.3	9.0	7.8	5.1	4.0	4.6	4.1	3.4
意大利	1.8	1.8	3.2	3.8	5.0	4.9	4.1	2.9
独联体	—	—	—	—	—	—	2.6	4.5
非洲	7.3	6.5	5.7	4.8	4.5	2.5	2.4	3.5
南非	2.0	1.6	1.5	1.0	1.0	0.7	0.5	0.5
中东	2.0	2.7	3.2	4.1	6.8	3.5	4.1	6.5
亚洲	14.0	13.4	12.5	14.9	19.1	26.1	26.2	27.7
中国	0.9	1.2	1.3	1.0	1.2	2.5	5.9	9.1
日本	0.4	1.5	3.5	6.4	8.0	9.9	6.4	5.0
印度	2.2	1.3	1.0	0.5	0.5	0.6	0.8	1.1
澳大利亚和新西兰	3.7	3.2	2.4	2.1	1.4	1.4	1.2	1.4
六个东亚贸易国	3.4	3.0	2.4	3.4	5.8	9.7	9.6	9.0
备忘项：								
欧盟	—	—	27.5	38.6	31.3	37.4	42.4	37.5
前苏联	2.2	3.5	4.6	3.7	5.0	—	—	—
GATT/WTO 成员	62.8	69.6	75.0	84.1	77.0	89.4	94.3	93.4

表 19：

世界货物进口（按地区和国家，1948—2008 年）

单位：十亿美元，百分比

地区 \ 年份	1948	1953	1963	1973	1983	1993	2003	2008
				总额				
世界	62	85	164	595	1 882	3 787	7 692	16 127
				份额				
世界	100.0	100.0	100.0	100.0	100.0	100.0	100.0	100.0
北美洲	18.5	20.5	16.1	17.2	18.5	21.4	22.5	18.1
美国	13.0	13.9	11.4	12.3	14.3	15.9	16.9	13.5
加拿大	4.4	5.5	3.9	4.2	3.4	3.7	3.2	2.6
墨西哥	1.0	0.9	0.8	0.6	0.7	1.8	2.3	2.0
中、南美洲	10.4	8.3	6.0	4.4	3.8	3.3	2.5	3.7
巴西	1.8	1.6	0.9	1.2	0.9	0.7	0.7	1.1
阿根廷	2.5	0.9	0.6	0.4	0.2	0.4	0.2	0.4
欧洲	45.3	43.7	52.0	53.3	44.2	44.6	45.0	42.3
德国	2.2	4.5	8.0	9.2	8.1	9.0	7.9	7.5
英国	13.4	11.0	8.5	6.5	5.6	5.7	5.2	4.4
法国	5.5	4.9	5.3	6.3	5.3	5.5	5.2	3.9
意大利	2.5	2.8	4.6	4.7	4.2	3.9	3.9	3.4
独联体	—	—	—	—	—	—	1.7	3.1
非洲	8.1	7.0	5.2	3.9	4.6	2.6	2.1	2.9
南非	2.5	1.5	1.1	0.9	0.8	0.5	0.5	0.6
中东	1.8	2.1	2.3	2.7	6.2	3.3	2.7	3.6
亚洲	13.9	15.1	14.1	14.9	18.5	23.6	23.5	26.4
中国	0.6	1.6	0.9	0.9	1.1	2.7	5.4	7.0
日本	1.1	2.8	4.1	6.5	6.7	6.4	5.0	4.7
印度	2.3	1.4	1.5	0.5	0.7	0.6	0.9	1.8
澳大利亚和新西兰	2.9	2.3	2.2	1.6	1.4	1.5	1.4	1.5
六个东亚贸易国	3.5	3.7	3.1	3.7	6.1	10.3	8.6	8.9
备忘项：								
欧盟	—	—	29.0	39.2	31.4	36.1	41.8	38.8
前苏联	1.9	3.3	4.3	3.5	4.3	—	—	—
GATT/WTO 成员	52.9	66.0	74.2	89.1	79.8	89.5	96.1	95.8

表 20：

美国的货物贸易（按地区和国家，1998—2008 年）

单位：十亿美元

地区 \ 年份	1998	1999	2000	2001	2002	2003	2004	2005	2006	2007	2008
出口											
世界	680.4	692.8	781.9	729.1	693.1	724.8	814.9	901.1	1 026.0	1 148.2	1 287.4
北美洲	233.5	251.3	289.0	265.0	258.7	267.7	301.0	332.6	364.9	385.4	413.2
加拿大	154.1	163.9	176.4	163.3	160.8	169.5	189.1	211.4	230.2	248.4	260.9
墨西哥	79.0	87.0	112.0	101.3	97.5	97.6	110.7	120.2	133.7	135.9	151.2
中、南美洲	62.7	54.6	58.8	57.6	50.9	51.5	60.7	71.5	87.2	105.4	135.0
巴西	15.2	13.2	15.4	15.9	12.4	11.2	13.9	15.4	18.9	24.2	32.3
其他中、南美洲国家	47.5	41.3	43.4	41.7	38.5	40.2	46.8	56.1	68.4	81.2	102.7
欧洲	166.2	168.9	184.8	177.7	160.1	168.9	187.0	204.0	235.8	272.5	311.1
欧盟（27）	152.7	155.0	168.8	162.6	147.3	155.2	171.9	186.0	212.7	244.2	271.8
欧洲其他地区	13.4	13.9	16.0	15.1	12.8	13.8	15.0	17.9	23.1	28.3	39.3
独联体	4.6	2.8	3.3	3.8	3.8	3.7	4.8	5.9	7.1	10.5	13.8
俄罗斯	3.6	1.8	2.3	2.7	2.4	2.4	3.0	4.0	4.7	7.3	9.3
其他独联体国家	1.0	1.0	1.0	1.1	1.4	1.3	1.8	1.9	2.4	3.2	4.5
非洲其他地区	11.2	9.9	11.0	12.3	10.7	10.7	13.4	15.5	18.8	24.1	28.8
南非	3.1	3.7	3.1	3.0	2.5	2.8	3.2	3.9	4.5	5.5	6.5
非洲其他地区	8.1	6.2	7.9	9.4	8.1	7.9	10.2	11.6	14.4	18.5	22.3
中东	23.6	20.9	19.1	19.2	18.9	19.4	23.5	31.5	37.2	45.1	55.0
亚洲	178.2	184.0	215.6	193.1	189.7	202.7	224.1	239.5	274.2	304.4	329.4
中国	14.3	13.1	16.3	19.2	22.1	28.4	34.4	41.2	53.7	62.9	69.7
日本	57.9	57.5	65.3	57.5	51.4	52.1	53.6	54.7	58.5	61.2	65.1
六个东亚贸易国	77.5	85.0	102.5	87.3	85.0	88.6	100.2	103.7	116.8	125.8	131.0
亚洲其他地区	28.6	28.4	31.5	29.0	31.2	33.6	35.9	40.0	45.3	54.6	63.6
进口											
世界	944.4	1 059.2	1 259.3	1 179.2	1 200.2	1 303.1	1 525.7	1 732.7	1 918.1	2 020.4	2 169.5
北美洲	274.0	312.5	370.7	352.6	349.2	366.5	417.7	464.6	507.9	531.6	559.0
加拿大	177.9	201.4	232.7	219.9	213.5	227.6	259.7	291.9	307.7	317.5	339.1
墨西哥	96.1	111.1	137.6	132.7	135.9	139.5	157.9	172.5	200.4	213.3	218.6
中、南美洲	53.8	61.8	77.5	71.7	73.7	83.8	105.2	129.9	140.4	141.8	167.4
巴西	10.6	11.9	14.6	15.2	16.7	18.9	22.7	26.2	28.0	27.2	32.1
其他中、南美洲国家	43.1	49.9	62.9	56.4	57.0	64.9	82.5	103.7	112.4	114.6	135.2
欧洲	202.5	224.5	255.5	252.8	259.7	282.0	317.5	346.8	369.9	393.5	409.6
欧盟（27）	186.4	206.1	235.0	233.6	239.5	260.8	292.4	319.7	341.2	364.9	377.9
欧洲其他地区	16.1	18.4	20.6	19.3	20.2	21.2	25.1	27.1	28.7	28.6	31.7
独联体	7.1	7.2	9.8	8.1	8.4	10.4	14.9	19.8	25.3	26.5	38.5
俄罗斯	6.0	6.0	8.0	6.5	7.1	9.1	12.6	16.2	20.7	20.2	27.9
其他独联体国家	1.1	1.1	1.8	1.5	1.2	1.3	2.3	3.6	4.6	6.3	10.5
非洲其他地区	17.0	18.0	29.1	26.8	23.3	33.9	48.3	67.9	83.8	95.2	117.3
南非	3.7	2.8	4.4	4.6	4.2	4.8	6.2	6.1	7.7	9.3	10.1
非洲其他地区	13.3	15.2	24.7	22.2	19.1	29.1	42.2	61.8	76.1	85.9	107.1
中东	20.3	26.8	40.9	38.7	35.8	43.9	54.2	65.7	74.7	80.3	115.3
亚洲	369.6	408.5	475.7	428.6	450.2	482.6	567.7	638.0	716.0	751.4	762.4
中国	75.1	87.8	107.6	109.4	133.4	163.2	210.5	259.8	305.7	340.3	356.6
日本	125.1	134.9	150.7	129.6	124.5	121.1	133.4	142.0	152.2	149.6	143.6
六个东亚贸易国	122.2	136.0	159.4	135.2	135.5	138.3	157.1	162.3	174.9	173.0	167.0
亚洲其他地区	47.2	49.8	58.0	54.4	56.8	60.0	66.7	73.9	83.2	88.5	95.3

表 21：

欧盟的货物贸易（按地区和国家，2004—2008 年）

单位：十亿美元

年份 地区	总额					年度变化百分比				
	2004	2005	2006	2007	2008	2000—2008	2005	2006	2007	2008
出口										
世界	3 762.5	4 065.3	4 591.2	5 338.7	5 898.4	12	8	13	16	10
北美洲	337.1	362.5	393.0	419.3	434.7	7	8	8	7	4
加拿大	290.3	311.0	334.4	354.3	362.7	7	7	8	6	2
墨西哥	46.8	51.4	58.7	65.0	72.0	10	10	14	11	11
中、南美洲	46.7	53.5	61.5	74.2	89.0	10	15	15	21	20
巴西	17.4	19.7	21.9	28.5	37.6	12	13	11	30	32
其他中、南美洲国家	29.3	33.8	39.6	45.7	51.4	8	15	17	15	12
欧洲	2 787.8	2 987.9	3 394.4	3 942.9	4 313.5	12	7	14	16	9
欧盟（27）	2 577.1	2 755.6	3 135.6	3 638.0	3 973.5	11	7	14	16	9
欧洲其他地区	210.8	232.3	258.8	304.9	340.0	12	10	11	18	12
独联体	82.0	100.8	131.7	174.5	218.3	28	23	31	33	25
俄罗斯	56.6	70.1	89.9	120.8	153.2	29	24	28	34	27
其他独联体国家	25.5	30.8	41.8	53.6	65.2	26	21	36	28	22
非洲其他地区	92.7	105.9	113.3	138.5	171.8	14	14	7	22	24
南非	19.4	22.3	24.6	27.7	28.9	13	15	10	12	5
非洲其他地区	73.4	83.7	88.7	110.8	142.9	15	14	6	25	29
中东	93.7	108.4	113.2	132.3	156.1	14	16	4	17	18
亚洲	285.0	305.5	337.6	395.9	440.5	11	7	11	17	11
中国	59.4	63.7	79.1	97.3	113.7	22	7	24	23	17
日本	52.9	53.4	55.2	58.5	60.4	5	1	3	6	3
六个东亚贸易国	100.7	108.6	117.7	133.5	145.6	9	8	8	13	9
亚洲其他地区	71.9	79.8	85.6	106.7	120.9	13	11	7	25	13
进口										
世界	3 854.5	4 222.3	4 830.4	5 602.6	6 255.8	12	10	14	16	12
北美洲	227.4	238.1	257.3	296.4	323.7	5	5	8	15	9
加拿大	197.1	203.3	219.0	248.0	268.3	5	3	8	13	8
墨西哥	30.3	34.7	38.3	48.4	55.5	11	15	10	26	15
中、南美洲	68.9	76.6	93.7	109.4	128.6	14	11	22	17	17
巴西	27.0	29.9	34.1	44.8	52.1	15	11	14	31	16
其他中、南美洲国家	41.9	46.7	59.7	64.6	76.5	14	11	28	8	18
欧洲	2 769.2	2 969.6	3 377.6	3 919.9	4 298.9	12	7	14	16	10
欧盟（27）	2 576.4	2 754.2	3 133.2	3 638.0	3 973.5	12	7	14	16	9
欧洲其他地区	192.8	215.4	244.4	281.8	325.4	13	12	13	15	15
独联体	132.4	176.8	224.6	252.4	329.5	21	34	27	12	31
俄罗斯	105.3	142.7	178.5	197.9	254.0	20	36	25	11	28
其他独联体国家	27.1	34.1	46.1	54.5	75.6	26	26	35	18	39
非洲其他地区	103.1	128.9	146.5	164.3	214.2	14	25	14	12	30
南非	19.5	20.7	23.0	28.4	32.3	12	7	11	23	14
非洲其他地区	83.6	108.2	123.5	135.9	181.8	15	29	14	10	34
中东	59.9	82.9	87.0	93.0	111.0	11	38	5	7	19
亚洲	468.9	520.0	602.3	717.0	784.5	12	11	16	19	9
中国	160.0	199.2	244.4	317.5	363.7	23	25	23	30	15
日本	92.8	92.1	96.9	107.3	109.9	3	−1	5	11	2
六个东亚贸易国	137.0	145.4	165.1	179.7	184.9	8	6	14	9	3
亚洲其他地区	79.0	83.3	96.0	112.6	125.9	11	5	15	17	12

表22：

日本的货物贸易（按地区和国家，1998—2008年）

单位：十亿美元

地区 \ 年份	1998	1999	2000	2001	2002	2003	2004	2005	2006	2007	2008
出口											
世界	388.1	417.6	479.2	403.5	416.7	471.8	565.7	594.9	646.7	714.3	782.0
北美洲	130.4	141.1	156.9	133.4	131.5	128.6	142.5	151.7	164.7	164.5	158.1
加拿大	118.4	119.8	144.0	122.6	120.4	117.5	128.7	135.9	145.5	143.7	137.4
墨西哥	12.0	21.3	12.9	10.9	11.1	11.1	13.8	15.8	19.3	20.8	20.7
中、南美洲	15.3	13.5	8.0	7.6	6.7	6.5	8.1	9.4	12.0	15.0	19.2
巴西	2.6	2.0	2.5	2.5	1.8	1.9	2.3	2.7	3.0	4.0	5.9
其他中、南美洲国家	12.7	11.4	5.5	5.1	4.9	4.6	5.8	6.6	9.0	11.0	13.3
欧洲	78.7	81.2	85.4	70.2	67.2	80.0	94.8	93.5	100.7	112.7	119.3
欧盟（27）	73.3	76.5	80.6	66.7	64.0	75.7	89.3	87.8	94.0	105.4	110.2
欧洲其他地区	5.4	4.7	4.8	3.5	3.2	4.3	5.5	5.7	6.7	7.2	9.1
独联体	1.2	0.8	0.8	1.0	1.2	2.2	3.8	5.2	8.3	12.5	19.3
俄罗斯	1.0	0.5	0.6	0.7	0.9	1.8	3.1	4.5	7.1	10.8	16.5
其他独联体国家	0.2	0.3	0.2	0.2	0.2	0.4	0.7	0.7	1.2	1.7	2.8
非洲其他地区	5.7	5.3	4.2	3.7	3.9	4.8	6.6	7.0	8.7	10.5	12.5
南非	1.6	2.1	1.9	1.5	1.6	2.0	2.9	3.3	4.1	4.6	4.6
非洲其他地区	4.1	3.2	2.3	2.2	2.4	2.8	3.7	3.7	4.6	5.9	7.9
中东	12.4	9.8	9.7	10.5	11.4	12.9	14.5	16.5	19.2	26.2	34.0
亚洲	144.1	165.9	207.3	171.7	189.5	231.2	288.7	303.5	322.2	361.0	406.2
中国	...	...	42.5	42.3	52.5	72.9	92.9	98.4	111.5	129.7	146.2
六个东亚贸易国	...	...	130.0	99.1	105.9	122.6	153.6	161.2	167.0	179.8	196.9
亚洲其他地区	27.0	30.2	34.8	30.3	31.1	35.7	42.3	43.8	43.6	51.5	63.2
进口											
世界	280.6	310.0	379.5	349.1	337.2	382.9	454.5	516.7	579.1	622.2	762.6
北美洲	76.4	77.1	83.6	73.5	67.7	69.2	74.2	77.0	80.4	84.1	94.3
加拿大	76.0	67.5	72.5	63.7	58.7	59.9	63.6	65.5	68.0	70.9	77.7
墨西哥	0.4	9.6	11.1	9.8	9.0	9.3	10.6	11.5	12.4	13.1	16.6
中、南美洲	7.7	7.6	8.2	7.1	6.8	7.7	10.4	12.1	16.2	19.6	22.2
巴西	2.9	2.7	3.0	2.5	2.7	2.9	3.7	4.4	5.1	6.0	8.7
其他中、南美洲国家	4.8	5.0	5.2	4.6	4.2	4.8	6.8	7.7	11.1	13.6	13.5
欧洲	44.2	48.5	52.6	50.3	49.6	55.7	64.5	65.7	66.8	72.5	79.6
欧盟（27）	39.6	43.3	47.7	45.6	44.8	50.1	58.0	58.9	59.8	64.9	70.3
欧洲其他地区	4.5	5.2	4.9	4.7	4.8	5.6	6.5	6.8	7.0	7.6	9.3
独联体	3.1	4.0	4.9	4.2	3.6	4.6	6.2	6.8	7.4	11.5	14.8
俄罗斯	2.9	3.8	4.6	3.9	3.3	4.2	5.7	6.2	6.7	10.6	13.3
其他独联体国家	0.3	0.3	0.3	0.3	0.3	0.4	0.5	0.6	0.7	1.0	1.5
非洲其他地区	3.9	4.0	4.9	4.5	5.7	6.4	8.7	9.9	13.5	15.3	21.4
南非	2.7	3.6	3.0	2.8	2.9	3.6	4.6	5.5	6.6	7.7	9.0
非洲其他地区	1.2	0.5	1.9	1.7	2.8	2.9	4.1	4.3	6.9	7.6	12.4
中东	25.5	30.3	49.2	44.3	40.7	51.2	62.7	87.5	109.1	114.0	166.7
亚洲	119.7	138.3	176.0	165.2	163.1	188.1	227.8	257.6	283.3	303.2	361.1
中国	37.1	42.9	55.1	57.9	61.8	75.4	94.3	108.6	118.0	127.5	143.3
六个东亚贸易国	45.6	55.8	71.5	61.4	57.1	63.3	74.6	81.4	88.9	91.2	104.6
亚洲其他地区	37.0	39.6	49.4	45.9	44.3	49.3	59.0	67.6	76.3	84.5	113.2

表 23：

区域间和区域内货物贸易（2008 年）

单位：十亿美元，百分比

原产地	目的地							世界
	北美洲	中、南美洲	欧洲	独联体	非洲	中东	亚洲	
总额								
北美洲	2 708	583	6 736	517	458	618	3 903	15 717
中、南美洲	1 014.5	164.9	369.1	16.0	33.6	60.2	375.5	2 035.7
欧洲	169.2	158.6	121.3	9.0	16.8	11.9	100.6	599.7
独联体	475.4	96.4	4 695.0	240.0	185.5	188.6	486.5	6 446.6
非洲	36.1	10.1	405.6	134.7	10.5	25.0	76.8	702.8
中东	121.6	18.5	218.1	1.5	53.4	14.0	113.9	557.8
亚洲	116.5	6.9	125.5	7.2	36.6	122.1	568.9	1 021.2
世界	775.0	127.3	801.0	108.4	121.3	196.4	2 181.4	4 353.0
区域内贸易占各自区域总货物出口份额								
北美洲	17.2	3.7	42.9	3.3	2.9	3.9	24.8	100.0
中、南美洲	49.8	8.1	18.1	0.8	1.7	3.0	18.4	100.0
欧洲	28.2	26.5	20.2	1.5	2.8	2.0	16.8	100.0
独联体	7.4	1.5	72.8	3.7	2.9	2.9	7.5	100.0
非洲	5.1	1.4	57.7	19.2	1.5	3.6	10.9	100.0
中东	21.8	3.3	39.1	0.3	9.6	2.5	20.4	100.0
亚洲	11.4	0.7	12.3	0.7	3.6	12.0	55.7	100.0
世界	17.8	2.9	18.4	2.5	2.8	4.5	50.1	100.0
区域间贸易占世界货物出口份额								
北美洲	17.2	3.7	42.9	3.3	2.9	3.9	24.8	100.0
中、南美洲	6.5	1.0	2.3	0.1	0.2	0.4	2.4	13.0
欧洲	1.1	1.0	0.8	0.1	0.1	0.1	0.6	3.8
独联体	3.0	0.6	29.9	1.5	1.2	1.2	3.1	41.0
非洲	0.2	0.1	2.6	0.9	0.1	0.2	0.5	4.5
中东	0.8	0.1	1.4	0.0	0.3	0.1	0.7	3.5
中东	0.7	0.0	0.8	0.0	0.2	0.8	3.6	6.5
亚洲	4.9	0.8	5.1	0.7	0.8	1.2	13.9	27.7

表 24：

农产品出口（按地区，2008 年）

单位：十亿美元，百分比

地区　年份	总额	份额				年度变化百分比		
		地区出口		世界出口				
	2008	2000	2008	2000	2008	2000—2008	2007	2008
世界	1 341.6	100.0	100.0	100.0	100.0	12	20	19
欧洲								
世界	602.6	100.0	100.0	44.3	44.9	12	19	16
欧洲	485.0	79.0	80.5	35.0	36.2	12	20	15
亚洲	31.2	6.1	5.2	2.7	2.3	10	14	16
北美洲	23.7	5.4	3.9	2.4	1.8	8	7	−1

续 表

地区 \ 年份	总额	份额				年度变化百分比		
		地区出口		世界出口				
	2008	2000	2008	2000	2008	2000—2008	2007	2008
非洲	21.0	2.0	3.5	0.9	1.6	20	26	27
独联体	20.6	3.3	3.4	1.4	1.5	13	24	35
中东	14.2	2.5	2.3	1.1	1.1	11	15	29
中、南美洲	5.6	1.2	0.9	0.6	0.4	8	17	22
亚洲								
世界	260.0	100.0	100.0	18.3	19.4	13	20	22
亚洲	142.5	60.8	54.8	11.2	10.6	11	18	19
欧洲	40.6	15.2	15.6	2.8	3.0	13	20	19
北美洲	32.7	13.8	12.6	2.5	2.4	11	12	15
中东	18.4	4.5	7.1	0.8	1.4	19	30	54
非洲	13.6	2.7	5.2	0.5	1.0	22	38	40
独联体	6.5	1.1	2.5	0.2	0.5	25	33	33
中、南美洲	4.3	1.0	1.7	0.2	0.3	20	35	38
北美洲								
世界	212.1	100.0	100.0	20.9	15.8	8	18	19
北美洲	83.9	42.6	39.6	8.9	6.3	7	9	12
亚洲	70.0	31.6	33.0	6.6	5.2	9	21	26
欧洲	22.8	13.7	10.7	2.9	1.7	5	17	10
中、南美洲	16.4	5.4	7.7	1.1	1.2	13	32	37
非洲	8.8	2.8	4.1	0.6	0.7	13	61	24
中东	7.0	2.7	3.3	0.6	0.5	11	46	40
独联体	3.1	0.9	1.4	0.2	0.2	14	50	43
中、南美洲								
世界	156.9	100.0	100.0	9.6	11.7	15	23	25
欧洲	49.2	33.9	31.4	3.2	3.7	13	27	21
亚洲	33.0	15.8	21.0	1.5	2.5	19	31	31
北美洲	27.2	18.6	17.3	1.8	2.0	14	34	38
中、南美洲	21.5	22.0	13.7	2.1	1.6	8	8	6
非洲	9.5	3.0	6.0	0.3	0.7	25	23	31
独联体	8.1	3.9	5.2	0.4	0.6	19	23	27
中东	7.6	2.2	4.9	0.2	0.6	26	4	33
非洲								
世界	47.7	100.0	100.0	2.4	3.6	17	34	20
欧洲	15.3	27.9	32.0	0.7	1.1	20	33	25
非洲	13.9	32.1	29.0	0.8	1.0	16	31	29
亚洲	10.7	29.2	22.4	0.7	0.8	14	21	7
北美洲	3.7	2.2	7.7	0.1	0.3	37	49	47
中东	2.7	1.7	5.7	0.0	0.2	37	135	−6
独联体	0.7	3.2	1.4	0.1	0.1	6	7	−14
中、南美洲	0.1	0.3	0.3	0.0	0.0	14	−33	269
独联体								
世界	37.9	100.0	100.0	3.2	2.8	10	13	17
独联体	18.1	50.1	47.7	1.6	1.3	9	11	14
欧洲	7.9	18.5	20.7	0.6	0.6	12	17	24

续　表

地区 \ 年份	总额	份额				年度变化百分比		
		地区出口		世界出口				
	2008	2000	2008	2000	2008	2000—2008	2007	2008
亚洲	6.1	17.9	16.1	0.6	0.5	9	5	15
中东	2.1	5.3	5.5	0.2	0.2	11	9	36
非洲	2.0	5.3	5.4	0.2	0.2	10	−2	24
北美洲	0.8	1.0	2.1	0.0	0.1	21	28	39
中、南美洲	0.3	0.9	0.7	0.0	0.0	6	73	9
中东								
世界	24.2	100.0	100.0	1.3	1.8	16	18	35
中东	15.6	57.1	64.3	0.7	1.2	18	20	43
欧洲	2.6	21.3	10.7	0.3	0.2	7	22	0
亚洲	1.8	3.5	7.6	0.0	0.1	28	29	28
非洲	1.8	8.4	7.3	0.1	0.1	14	−12	17
独联体	1.0	4.1	4.0	0.1	0.1	16	35	20
北美洲	0.5	2.7	2.1	0.0	0.0	13	28	17
中、南美洲	0.1	0.6	0.6	0.0	0.0	18	53	47

表 25：

主要国家和地区的农产品出口（1990—2008 年）

单位：百万美元，百分比

地区 \ 年份	总额					占各国总货物进口份额	
	1990	2000	2006	2007	2008	2000	2008a
世界	414 723	551 827	942 353	1 128 734	1 341 564	8.8	8.5
阿根廷	7 482	11 954	21 351	28 806	37 502	45.4	53.1
澳大利亚	11 875	16 446	22 178	22 399	26 143	25.7	13.9
白俄罗斯	—	761	1 844	2 231	2 637	10.4	8.0
巴西	9 779	15 464	39 528	48 287	61 400	28.1	31.0
喀麦隆	695	438	1 011	1 099	1 142	23.9	26.2
加拿大	22 339	34 789	44 208	48 726	54 075	12.6	11.8
智利	2 779	6 399	11 490	13 632	15 605	33.3	23.5
中国	10 060	16 384	32 542	38 858	42 291	6.6	3.0
哥伦比亚	2 514	3 106	4 922	5 858	6 693	23.8	17.8
哥斯达黎加	927	1 812	2 372	2 878	3 353	30.9	34.7
科特迪瓦	2 374	2 308	3 508	3 898	4 785	59.4	47.4
克罗地亚	…	595	1 520	1 732	1 848	13.4	13.1
厄瓜多尔	1 236	1 948	3 945	4 245	5 232	39.5	28.3
埃及	669	613	1 105	1 528	2 929	13.1	11.5
埃塞俄比亚	260	406	908	1 034	1 370	83.5	85.5
欧盟（27）	—	230 390	411 024	490 867	566 324	9.4	9.6
欧盟（27）对内出口	—	174 774	316 888	381 984	438 693	10.5	11.0
欧盟（27）对外出口	—	55 616	94 136	108 883	127 631	7.1	6.6
加纳	…	621	1 760	2 159	2 602	37.2	49.3
危地马拉	849	1 618	2 229	2 843	3 233	60.0	41.8
洪都拉斯	680	782	1 133	1 300	1 607	23.4	26.6
中国香港	4 556	5 693	4 688	5 481	6 743	2.8	1.8

续 表

地区 \ 年份	总额					占各国总货物进口份额	
	1990	2000	2006	2007	2008	2000	2008a
国内出口	821	454	576	652	704	1.9	4.1
转口	3 735	5 240	4 113	4 826	6 039	2.9	1.7
冰岛	1 274	1 257	1 857	2 083	2 079	66.1	38.6
印度	3 506	5 931	12 499	16 523	21 372	14.0	12.0
印度尼西亚	4 154	7 764	17 907	23 805	32 857	11.9	23.6
伊朗	601	932	2 911	3 512	3 577	3.2	3.2
以色列	1 327	1 182	1 799	2 253	2 114	3.8	3.5
日本	3 298	4 395	6 482	7 565	8 351	0.9	1.1
肯尼亚	559	1 062	1 898	2 231	2 776	61.3	55.8
韩国	2 985	4 298	5 346	6 319	7 636	2.5	1.8
马拉维	382	342	454	617	680	90.2	88.3
马来西亚	7 500	8 015	15 573	20 515	27 797	8.2	13.9
墨西哥	3 466	9 100	14 468	15 589	17 558	5.5	6.0
摩洛哥	1 228	1 746	2 629	3 009	3 279	23.5	16.3
新西兰	5 966	7 642	13 235	16 045	17 902	57.6	58.5
尼加拉瓜	295	547	843	976	1 207	84.8	81.1
挪威	3 077	4 244	6 604	7 508	8 876	7.1	5.1
巴基斯坦	1 081	1 234	2 210	2 327	3 901	13.7	19.2
巴拿马	263	580	862	937	959	67.5	81.3
巴拉圭	863	699	1 582	2 376	4 012	80.4	90.5
秘鲁	789	1 911	3 812	4 184	5 265	27.2	16.9
菲律宾	1 683	2 026	2 830	3 237	3 961	5.1	8.1
俄罗斯	—	7 527	17 192	23 565	25 021	7.1	5.3
塞尔维亚	…	…	1 372	1 822	2 100	…	19.1
塞尔维亚和黑山	…	389	…	…	…	22.6	20.1
新加坡	4 095	3 723	5 088	5 981	7 181	2.7	2.1
国内出口	1 183	1 202	2 359	2 416	3 149	1.5	1.8
转口	2 912	2 521	2 730	3 565	4 031	4.3	2.5
南非	1 691	3 227	5 022	5 573	7 037	10.8	8.7
斯里兰卡	758	1 093	1 695	2 049	2 345	20.1	27.7
瑞士	2 244	2 521	4 693	5 993	7 634	3.1	3.8
叙利亚	767	621	2 133	2 542	1 499	13.4	10.5
中国台湾	3 732	3 509	4 360	4 557	4 985	2.4	1.9
坦桑尼亚	…	432	744	889	943	65.9	31.1
泰国	7 786	12 220	21 552	24 960	31 662	17.7	17.8
突尼斯	418	548	1 456	1 516	1 807	9.4	9.4
土耳其	3 300	3 828	8 364	9 488	11 204	13.8	8.5
乌干达	…	292	598	825	1 006	63.4	46.1
乌克兰	—	1 585	5 132	6 828	11 334	10.9	16.9
阿联酋	501	2 818	4 786	5 502	7 788	5.7	3.4
美国	59 404	71 408	92 644	113 697	139 967	9.1	10.9
乌拉圭	1 025	1 278	2 566	2 864	4 129	55.7	69.4
越南	…	3 954	9 304	11 331	13 922	27.3	22.1

表 26：

主要国家和地区的农产品进口（1990—2008 年）

单位：百万美元，百分比

地区＼年份	份额					占各国总货物进口份额	
	1990	2000	2006	2007	2008	2000	2008a
阿尔及利亚	2 766	2 815	4 506	6 103	9 098	30.7	23.0
阿根廷	326	1 644	1 396	2 225	3 242	6.5	5.6
澳大利亚	2 735	4 234	7 268	8 919	10 436	5.9	5.4
孟加拉国	835	1 716	3 720	5 322	6 822	19.3	28.6
白俄罗斯	—	1 227	2 244	2 487	3 419	14.2	8.7
委内瑞拉	986	1 970	3 277	4 487	7 956	13.5	16.0
波斯尼亚和黑塞哥维那	...	...	1 378	1 659	2 083	...	17.0
巴西	2 690	4 762	5 487	7 266	9 690	8.5	5.6
加拿大	9 009	15 272	24 562	28 080	31 243	6.4	7.7
智利	461	1 421	2 653	3 442	4 554	7.7	7.4
中国	7 855	19 544	51 653	65 368	86 830	8.7	7.7
哥伦比亚	593	1 736	2 704	3 470	4 542	15.0	11.5
科特迪瓦	...	453	1 038	1 202	1 597	16.3	22.3
克罗地亚	...	777	2 023	2 342	2 820	9.9	9.2
古巴	...	826	1 556	...	...	17.1	16.4
多美尼加	413	964	1 336	1 697	2 052	10.2	12.7
厄瓜多尔	206	423	985	1 289	1 682	11.4	9.0
埃及	4 793	4 208	4 733	6 242	9 520	30.0	19.7
萨尔瓦多	158	692	983	1 377	1 603	14.0	16.4
欧盟（27）	—	253 703	441 170	532 091	611 746	9.8	9.8
欧盟（27）从外进口	—	78 952	124 310	150 107	173 053	8.6	7.6
危地马拉	196	673	1 379	1 689	2 008	14.1	13.8
中国香港	8 325	11 728	11 904	13 429	16 502	5.5	4.2
留用进口	4 591	6 488	7 792	8 603	10 463	18.6	22.1
印度	1 721	3 953	7 761	9 730	11 789	7.7	4.0
印度尼西亚	2 126	5 727	7 487	10 473	13 312	13.1	10.6
伊朗	3 830	2 943	4 270	5 196	7 846	21.2	13.7
以色列	1 565	2 288	3 253	4 018	5 059	6.1	7.5
日本	50 762	62 185	65 594	68 817	80 627	16.4	10.6
约旦	709	942	1 671	2 200	3 043	20.5	18.0
哈萨克斯坦	—	506	1 849	2 522	3 174	10.0	8.4
韩国	9 531	12 837	18 579	21 943	26 355	8.0	6.1
科威特	589	1 312	2 373	2 906	4 135	18.3	16.6
黎巴嫩	...	1 210	1 607	2 050	2 307	19.4	13.8
马来西亚	2 404	4 610	8 505	10 612	13 355	5.6	8.5
墨西哥	5 374	10 989	18 462	21 901	25 920	6.3	8.4
摩洛哥	1 096	1 941	2 832	4 691	5 782	16.8	13.8
新西兰	756	1 204	2 329	2 841	3 396	8.7	9.9
尼日利亚	658	1 212	4 265	6 773	10 516	13.9	25.2
挪威	2 090	2 956	5 241	6 770	8 353	8.6	9.4
阿曼	506	1 158	1 230	1 644	2 614	22.6	11.4
巴基斯坦	1 568	1 882	4 131	4 518	7 103	17.3	16.8

续 表

地区＼年份	份额 1990	2000	2006	2007	2008	占各国总货物进口份额 2000	2008a
秘鲁	668	998	1 795	2 466	3 608	13.5	12.0
菲律宾	1 665	3 104	4 073	4 671	6 948	8.4	11.5
俄罗斯	—	9 262	23 377	26 884	34 266	20.7	11.7
沙特阿拉伯	3 487	5 663	9 851	12 445	15 861	18.7	13.8
塞内加尔	372	394	917	1 292	1 778	25.9	31.2
新加坡	4 702	4 890	6 985	8 370	10 020	3.6	3.1
留用进口	1 789	2 369	4 255	4 805	5 989	3.1	3.8
南非	1 219	1 650	3 687	4 832	5 364	6.2	6.1
斯里兰卡	549	934	1 333	1 509	2 022	13.0	14.4
苏丹	…	376	1 090	545	1 261	24.2	13.8
瑞士	5 920	5 693	8 854	10 387	12 325	6.9	6.7
叙利亚	791	850	1 810	2 176	3 468	22.3	18.9
中国台湾	6 203	7 899	9 659	10 847	12 554	5.6	5.2
泰国	3 230	4 484	7 347	8 446	11 668	7.2	6.5
突尼斯	819	968	1 574	2 298	2 985	11.3	12.1
土耳其	2 806	4 133	7 286	9 812	13 037	7.6	6.5
乌克兰	—	1 092	3 574	4 584	6 995	7.8	8.2
阿联酋	1 726	3 857	8 811	11 295	14 643	11.0	8.8
美国	39 966	69 115	103 648	109 572	115 908	5.5	5.3
越南	236	1 269	4 411	5 870	7 714	8.1	9.6
也门	…	…	1 549	2 183	2 473	…	24.8

表 27：

制成品的出口（按地区，2008 年）

单位：十亿美元，百分比

地区＼年份	总额	份额 占本地出口		占世界出口		变化年度百分比		
	2008	2000	2008	2000	2008	2000—2008	2007	2008
世界	10 458.1	100.0	100.0	100.0	100.0	11	15	10
欧洲								
世界	4 953.6	100.0	100.0	45.2	47.4	11	17	9
欧洲	3 530.7	72.1	71.3	32.6	33.8	11	17	7
北美洲	418.5	8.2	8.4	3.7	4.0	12	17	12
亚洲	382.8	11.2	7.7	5.1	3.7	6	6	2
中东	209.1	1.3	4.2	0.6	2.0	29	34	25
独联体	160.9	2.4	3.2	1.1	1.5	16	19	22
非洲	140.1	2.3	2.8	1.1	1.3	14	21	20
中、南美洲	85.5	1.9	1.7	0.9	0.8	10	22	22
亚洲								
世界	3 447.8	100.0	100.0	29.7	33.0	12	16	11
亚洲	1 551.6	45.5	45.0	13.5	14.8	12	14	10
北美洲	713.0	29.1	20.7	8.6	6.8	7	6	3
欧洲	702.5	18.7	20.4	5.5	6.7	13	20	10
中东	158.5	2.5	4.6	0.7	1.5	21	37	28

续 表

地区＼年份	总额	份额				年度变化百分比		
		占本地出口		占世界出口				
	2008	2000	2008	2000	2008	2000—2008	2007	2008
中、南美洲	102.9	1.8	3.0	0.5	1.0	19	31	33
非洲	99.4	0.4	2.9	0.1	1.0	42	64	36
独联体	93.4	1.3	2.7	0.4	0.9	23	32	27
北美洲								
世界	1 389.2	100.0	100.0	20.5	13.3	5	8	5
北美洲	669.7	55.5	48.2	11.4	6.4	3	3	0
亚洲	265.2	17.4	19.1	3.6	2.5	6	15	8
欧洲	255.4	18.8	18.4	3.8	2.4	4	8	4
中、南美洲	117.5	5.7	8.5	1.2	1.1	10	20	24
中东	48.0	1.6	3.5	0.3	0.5	15	20	21
非洲	20.3	0.8	1.5	0.2	0.2	13	20	15
独联体	12.3	0.2	0.9	0.0	0.1	24	47	28
中东								
世界	220.3	100.0	100.0	1.3	2.1	17	24	24
中东	85.2	26.2	38.7	0.3	0.8	23	36	12
欧洲	47.7	19.2	21.7	0.2	0.5	19	22	68
亚洲	32.3	18.9	14.7	0.2	0.3	14	17	38
北美洲	24.8	23.1	11.3	0.3	0.2	7	3	20
非洲	17.7	5.9	8.1	0.1	0.2	22	21	−4
独联体	5.8	2.3	2.6	0.0	0.1	19	36	−24
中、南美洲	2.2	1.1	1.0	0.0	0.0	16	1	87
中、南美洲								
世界	174.8	100.0	100.0	0.9	1.7	19	25	32
北美洲	62.6	30.9	35.8	0.3	0.6	21	32	22
中、南美洲	60.8	30.7	34.8	0.3	0.6	21	27	32
欧洲	20.1	19.2	11.5	0.2	0.2	12	7	54
亚洲	9.5	4.3	5.5	0.0	0.1	23	52	21
非洲	9.1	8.3	5.2	0.1	0.1	12	−14	45
中东	6.3	2.4	3.6	0.0	0.1	25	44	60
独联体	5.0	3.1	2.8	0.0	0.0	18	10	41
独联体								
世界	172.6	100.0	100.0	1.6	1.6	11	14	12
独联体	72.5	33.9	42.0	0.5	0.7	14	24	19
欧洲	53.6	46.0	31.0	0.7	0.5	6	−2	5
亚洲	23.9	13.6	13.9	0.2	0.2	12	26	4
中东	14.1	4.9	8.2	0.1	0.1	19	22	24
北美洲	4.9	1.1	2.8	0.0	0.0	25	22	13
非洲	2.2	0.4	1.3	0.0	0.0	27	2	23
中、南美洲	0.8	0.0	0.5	0.0	0.0	49	31	38
非洲								
世界	99.9	100.0	100.0	0.8	1.0	13	17	23
欧洲	46.5	58.8	46.6	0.5	0.4	10	14	13
非洲	21.9	15.9	21.9	0.1	0.2	18	22	39
亚洲	12.9	10.3	13.0	0.1	0.1	17	10	38
北美洲	9.7	9.0	9.7	0.1	0.1	14	10	26
中东	4.8	3.3	4.8	0.0	0.0	19	20	46
中、南美洲	2.4	1.3	2.4	0.0	0.0	22	22	58
独联体	0.3	0.2	0.3	0.0	0.0	20	33	47

表28：

主要国家和地区的制成品出口（1990—2008年）

单位：十亿美元，百分比

地区＼年份	总额					占各国总货物出口份额	
	1990	2000	2006	2007	2008	2000	2008a
世界	2 391.15	4 698.18	8 259.69	9 520.23	10 458.11	74.8	66.5
阿根廷	3.57	8.53	14.78	17.25	21.58	32.4	30.6
澳大利亚	7.10	15.16	22.20	26.09	29.00	23.7	15.5
孟加拉国	1.21	5.88	10.68	10.91	13.46	92.0	87.6
白俄罗斯	—	4.88	9.92	12.91	17.20	66.6	52.3
巴西	16.14	31.65	68.41	74.90	86.41	57.5	43.7
柬埔寨	...	1.33	3.43	3.89	4.06	95.7	94.4
加拿大	73.31	175.64	215.38	224.49	213.57	63.5	46.8
智利	0.83	2.79	6.00	6.69	8.10	14.5	12.2
中国	44.31	219.86	895.39	1 134.73	1 329.64	88.2	93.1
哥伦比亚	1.70	4.24	8.68	11.75	11.85	32.5	31.5
哥斯达黎加	0.39	3.98	5.18	5.58	6.10	67.8	63.0
克罗地亚	...	3.21	6.80	8.42	9.80	72.5	69.4
多美尼加	1.51	5.03	5.64	6.11	5.65	87.7	81.4
埃及	1.47	1.92	7.68	8.84	8.74	40.9	34.3
萨尔瓦多	0.33	2.25	2.90	2.99	3.36	76.5	73.9
欧盟（27）	—	2 012.01	3 663.01	4 256.81	4 614.31	82.0	78.2
欧盟（27）对内出口	—	1 345.41	2 457.53	2 850.88	3 047.57	80.7	76.7
欧盟（27）对外出口	—	666.61	1 205.48	1 405.93	1 566.74	84.9	81.4
危地马拉	0.28	0.87	3.32	3.42	3.63	32.1	46.9
中国香港	75.64	192.50	304.75	331.16	348.03	95.0	94.0
国内出口	27.41	22.14	15.76	12.26	9.65	94.1	56.9
转口	48.23	170.35	288.99	318.89	338.38	95.1	95.8
印度	12.52	32.76	79.84	93.86	112.19	77.3	63.2
印度尼西亚	9.04	36.94	44.73	48.24	52.70	56.5	37.8
伊朗	0.69	1.98	6.07	7.44	11.23	6.9	9.9
以色列	10.43	29.55	44.30	50.67	56.37	94.1	92.7
日本	275.15	449.69	586.52	640.87	693.24	93.8	88.6
约旦	0.59	0.95	3.60	4.49	5.92	50.2	76.0
哈萨克斯坦	—	1.45	4.23	6.32	9.79	16.4	13.8
韩国	60.60	154.90	290.13	330.41	365.01	89.9	86.5
马来西亚	15.82	78.93	117.91	125.01	129.87	80.4	65.1
墨西哥	25.26	138.65	189.13	204.22	212.25	83.3	72.8
摩洛哥	2.21	4.76	8.24	9.52	11.86	64.1	58.9
新西兰	2.39	3.99	6.72	7.47	7.74	30.0	25.3
挪威	11.13	13.32	19.53	24.54	30.74	22.2	17.8
巴基斯坦	4.39	7.64	13.77	14.29	14.88	84.7	73.2
菲律宾	5.59	34.77	40.84	42.84	40.54	87.4	82.7
俄罗斯	—	24.81	59.56	71.19	94.20	23.5	20.0
沙特阿拉伯	3.66	5.96	20.14	24.84	26.85	7.7	8.6
塞尔维亚	...	...	4.05	5.79	7.42	...	67.6
塞尔维亚和黑山	...	1.05	...	...	...	60.9	57.2

续　表

地区＼年份	总额					占各国总货物出口份额	
	1990	2000	2006	2007	2008	2000	2008a
新加坡	37.49	117.68	214.09	227.10	236.85	85.4	70.0
国内出口	23.20	63.28	100.73	104.38	102.59	80.4	58.4
转口	14.28	54.40	113.36	122.72	134.27	92.0	82.6
南非	8.32	20.23	32.17	38.14	44.00	67.5	54.5
斯里兰卡	1.02	4.14	4.78	5.28	5.74	76.3	68.0
瑞士	59.59	72.43	133.81	155.49	178.88	90.0	89.3
中国台湾	62.03	141.04	202.37	220.50	222.30	95.1	87.0
泰国	14.58	51.66	98.32	116.46	127.16	74.8	71.5
特立尼达和多巴哥	0.56	1.23	2.93	3.82	4.68	28.8	27.7
突尼斯	2.42	4.50	8.39	10.58	13.82	77.0	71.6
土耳其	8.78	22.31	68.99	86.65	103.77	80.3	78.6
乌克兰	—	9.77	27.60	36.23	46.66	67.1	69.6
阿联酋	2.86	13.46	60.91	85.11	89.98	27.0	38.9
美国	290.49	648.91	818.78	897.20	962.82	83.0	74.8
越南	...	6.18	20.38	26.44	32.73	42.6	52.0

表 29：

主要国家和地区制成品的进口（1990—2008 年）

单位：十亿美元，百分比

地区＼年份	总额					占各国总货物出口份额	
	1990	2000	2006	2007	2008	2000	2008a
阿尔及利亚	6.66	6.10	16.16	20.70	29.21	66.5	74.0
阿根廷	3.10	21.91	29.56	38.07	47.58	87.1	82.9
澳大利亚	32.40	59.08	101.02	118.06	136.90	83.0	71.5
孟加拉国	1.92	5.14	9.43	9.56	12.26	57.9	51.4
白俄罗斯	—	4.24	10.73	13.87	19.23	49.0	48.7
委内瑞拉	5.05	11.81	26.57	36.53	35.62	81.0	71.8
巴西	12.62	41.01	64.12	77.12	122.00	73.4	70.5
加拿大	92.90	200.75	280.39	301.32	308.36	83.6	75.5
智利	5.29	11.86	22.48	26.38	34.08	64.1	55.0
中国	42.39	169.88	579.50	677.50	733.44	75.5	64.8
哥伦比亚	4.28	9.19	21.53	27.01	31.80	79.6	80.2
哥斯达黎加	1.50	5.28	8.66	9.48	11.27	82.8	73.3
科特迪瓦	...	1.15	2.41	2.85	3.32	41.1	46.5
克罗地亚	...	5.78	15.48	18.86	21.65	73.3	70.4
多米尼加	2.07	7.01	8.00	8.79	9.58	73.9	59.5
厄瓜多尔	1.51	2.63	8.40	9.12	12.27	70.8	65.7
欧盟（27）	—	1 953.94	3 471.62	4 045.24	4 335.02	75.7	69.3
欧盟（27）从外进口	—	615.86	1 015.63	1 194.36	1 287.45	67.2	56.4
危地马拉	1.14	3.43	8.47	9.19	9.47	71.7	65.1
中国香港	70.53	192.66	304.53	333.62	348.93	90.0	88.8
留用进口	22.30	22.31	15.54	14.73	10.55	63.9	37.9
印度	12.17	22.44	77.45	99.98	127.13	43.6	43.3
印度尼西亚	16.64	30.48	52.80	57.10	76.86	69.9	60.9
伊朗	15.49	9.96	27.81	33.36	40.48	71.6	70.5

续 表

地区 \ 年份	总额					占各国总货物出口份额	
	1990	2000	2006	2007	2008	2000	2008a
伊拉克	...	2.09	5.27	5.98	8.26	15.8	26.5
以色列	11.68	29.04	35.71	42.00	45.40	77.1	67.1
日本	100.28	212.67	298.18	314.45	342.12	56.0	44.9
约旦	1.34	2.65	6.53	7.75	9.31	57.5	55.1
哈萨克斯坦	—	3.69	18.41	25.91	27.83	73.2	73.4
肯尼亚	1.40	1.72	4.54	5.58	6.40	55.3	57.7
韩国	44.11	98.16	177.61	206.19	231.84	61.2	53.3
科威特	2.61	5.55	13.13	16.78	18.96	77.5	76.2
黎巴嫩	...	3.48	5.38	7.16	11.61	55.8	69.3
马来西亚	22.87	68.13	101.00	110.68	114.20	83.1	72.8
墨西哥	32.49	149.80	211.56	227.88	239.34	85.9	77.5
摩洛哥	4.22	7.25	14.59	19.42	23.65	62.9	56.6
新西兰	7.56	10.81	19.25	22.53	23.37	77.7	68.0
尼日利亚	4.92	4.36	16.46	21.32	28.57	50.0	68.5
挪威	21.40	27.48	50.25	61.54	68.62	79.9	76.8
阿曼	1.81	3.46	8.54	12.92	18.21	67.5	79.2
巴基斯坦	3.99	5.09	16.59	17.85	19.83	46.8	46.9
秘鲁	1.61	5.21	10.39	13.39	19.59	70.3	65.3
菲律宾	8.96	28.83	40.18	41.73	39.03	77.9	64.7
卡塔尔	1.32	2.75	13.65	19.98	24.05	84.4	89.6
俄罗斯	—	31.17	132.71	185.62	241.84	69.8	82.9
沙特阿拉伯	18.23	22.05	55.57	72.27	87.85	72.9	76.3
塞尔维亚	...	...	8.57	12.89	15.32	...	66.6
塞尔维亚和黑山	...	2.35	...	...	...	63.3	64.8
新加坡	44.35	109.78	174.91	188.03	204.84	81.6	64.1
留用进口	30.07	55.39	61.55	65.32	70.57	73.4	44.9
南非	13.43	19.21	49.03	56.28	59.04	71.7	67.4
斯里兰卡	1.71	4.90	6.46	6.86	8.10	68.2	57.9
瑞士	58.01	67.65	111.98	132.23	145.76	82.0	79.6
叙利亚	1.48	2.47	5.98	6.97	8.24	64.7	45.0
中国台湾	36.77	110.41	137.70	143.55	143.27	78.9	59.6
泰国	24.83	46.95	85.94	97.90	114.39	75.8	64.0
特立尼达和多巴哥	0.64	1.86	3.34	3.85	4.83	56.1	48.4
突尼斯	3.91	6.46	10.55	13.51	15.91	75.4	64.6
土耳其	13.63	38.16	88.88	107.03	117.91	70.0	58.4
乌克兰	—	5.74	26.82	37.37	50.65	41.1	59.2
阿联酋	8.63	29.47	79.17	104.74	126.19	84.2	76.2
美国	375.65	968.21	1 350.21	1 409.46	1 416.73	76.9	65.3
越南	2.18	11.38	29.84	43.95	52.50	72.8	65.3

表 30：

主要地区的纺织品出口（2008 年）

单位：十亿美元，百分比

地区 \ 年份	总额	份额				年度变化百分比		
		占本地出口		占世界出口				
	2008	2000	2008	2000	2008	2000—2008	2007	2008
世界	250.2	100.0	100.0	100.0	100.0	6	9	4
亚洲								
世界	123.9	100.0	100.0	43.9	49.5	8	8	9
亚洲	54.7	57.0	44.1	25.0	21.9	4	3	6
欧洲	22.3	14.2	18.0	6.2	8.9	11	16	5
北美洲	17.7	13.2	14.3	5.8	7.1	9	0	2
中东	8.8	4.0	7.1	1.8	3.5	16	19	20
非洲	8.7	6.3	7.0	2.8	3.5	9	9	18
中、南美洲	6.6	4.5	5.3	2.0	2.6	10	28	14
独联体	5.0	0.8	4.0	0.3	2.0	32	35	54
中国								
世界	65.3	100.0	100.0	10.3	26.1	19	15	17
亚洲	24.0	54.8	36.8	5.6	9.6	13	11	12
北美洲	12.1	15.6	18.5	1.6	4.8	22	21	15
欧洲	10.5	15.0	16.1	1.5	4.2	20	6	6
非洲	6.1	5.3	9.3	0.5	2.4	28	21	27
中东	4.4	1.3	6.8	0.1	1.8	47	36	59
中、南美洲	4.2	4.1	6.4	0.4	1.7	26	12	20
独联体	4.0	3.9	6.1	0.4	1.6	26	37	26
亚洲其他经济体								
世界	58.7	100.0	100.0	33.6	23.4	1	2	1
亚洲	30.7	57.6	52.3	19.4	12.3	0	−1	2
欧洲	10.2	13.7	17.4	4.6	4.1	4	11	−4
北美洲	7.2	12.6	12.3	4.2	2.9	1	−6	−4
中东	4.5	7.0	7.6	2.4	1.8	2	6	16
非洲	2.8	3.6	4.7	1.2	1.1	5	14	5
中、南美洲	2.6	4.7	4.5	1.6	1.1	1	18	0
独联体	0.6	0.6	0.9	0.2	0.2	7	28	21
欧洲								
世界	92.1	100.0	100.0	39.6	36.8	5	11	−1
欧洲	68.9	77.3	74.8	30.6	27.5	5	12	−3
亚洲	5.7	5.4	6.2	2.1	2.3	7	18	9
北美洲	5.6	5.8	6.1	2.3	2.2	6	8	0
非洲	4.3	1.8	4.7	0.7	1.7	18	20	12
独联体	4.2	6.3	4.5	2.5	1.7	1	1	−11
中东	2.1	1.9	2.2	0.8	0.8	7	10	21
中、南美洲	0.8	1.0	0.9	0.4	0.3	3	20	7
北美洲								
世界	16.5	100.0	100.0	10.0	6.6	1	−2	−3
北美洲	9.2	69.0	55.7	6.9	3.7	−2	−5	−8
中、南美洲	3.5	10.2	21.4	1.0	1.4	10	5	3
亚洲	1.9	9.3	11.7	0.9	0.8	4	0	7
欧洲	1.5	9.9	9.1	1.0	0.6	0	4	1
中东	0.2	1.0	1.1	0.1	0.1	2	2	20
非洲	0.1	0.5	0.7	0.0	0.0	6	0	50
独联体	0.1	0.2	0.4	0.0	0.0	10	−5	0

表 31：

主要国家和地区的纺织品出口（1990—2008 年）

单位：百万美元，百分比

年份 地区	总额					占各国总货物出口份额	
	1990	2000	2006	2007	2008	2000	2008a
世界	104 354	157 295	220 367	240 364	250 198	2.5	1.6
阿根廷	158	258	219	233	274	1.0	0.4
澳大利亚	153	347	312	340	319	0.5	0.2
孟加拉国	343	393	1 494	884	1 090	6.2	7.1
白俄罗斯	—	410	504	567	588	5.6	1.8
巴西	769	895	1 365	1 436	1 361	1.6	0.7
加拿大	687	2 204	2 369	2 316	1 988	0.8	0.4
智利	33	114	112	129	110	0.6	0.2
中国	7 219	16 135	48 678	55 961	65 256	6.5	4.6
哥伦比亚	133	268	383	628	858	2.1	2.3
克罗地亚	...	87	113	132	141	2.0	1.0
埃及	554	412	650	726	762	8.8	3.0
萨尔瓦多	38	79	80	98	122	2.7	2.7
欧盟（27）	—	56 737	73 846	81 846	80 207	2.3	1.4
欧盟（27）对内出口	—	41 170	52 310	58 095	56 035	2.5	1.4
欧盟（27）对外出口	—	15 567	21 536	23 751	24 172	2.0	1.3
危地马拉	34	53	183	202	248	2.0	3.2
中国香港	8 213	13 441	13 910	13 417	12 256	6.6	3.3
国内出口	2 171	1 176	530	462	396	5.0	2.3
转口	6 042	12 265	13 380	12 955	11 860	6.8	3.4
印度	2 180	5 570	8 909	9 667	10 267	13.1	5.8
印度尼西亚	1 241	3 505	3 614	3 829	3 675	5.4	2.6
伊朗	510	766	766	676	498	2.7	0.4
以色列	270	490	744	764	651	1.6	1.1
日本	5 871	7 023	6 934	7 108	7 340	1.5	0.9
韩国	6 076	12 710	10 110	10 373	10 371	7.4	2.5
中国澳门	136	272	242	197	107	10.7	5.4
马来西亚	343	1 270	1 437	1 470	1 549	1.3	0.8
毛里求斯	35	81	78	88	80	5.2	3.4
墨西哥	713	2 571	2 192	2 215	1 993	1.5	0.7
摩洛哥	203	123	242	326	324	1.7	1.6
尼泊尔	82	182	157	170	185	22.7	17.6
新西兰	135	142	262	304	280	1.1	0.9
挪威	163	173	233	258	266	0.3	0.2
巴基斯坦	2 663	4 532	7 469	7 371	7 186	50.2	35.4
秘鲁	221	128	199	250	313	1.8	1.0
菲律宾	132	297	239	205	194	0.7	0.4
俄罗斯	—	430	537	550	554	0.4	0.1
沙特阿拉伯	31	114	315	324	419	0.1	0.1
新加坡	903	907	911	969	885	0.7	0.3
国内出口	141	293	285	320	274	0.4	0.2
转口	762	614	626	649	611	1.0	0.4

续　表

年份/地区	总额					占各国总货物出口份额	
	1990	2000	2006	2007	2008	2000	2008a
南非	167	240	306	332	301	0.8	0.4
斯里兰卡	25	244	154	176	188	4.5	2.2
瑞士	2 557	1 503	1 593	1 761	1 802	1.9	0.9
叙利亚	555	158	820	1 045	1 016	3.4	7.1
中国台湾	6 128	11 891	9 780	9 732	9 220	8.0	3.6
坦桑尼亚	…	11	39	56	44	1.7	1.4
泰国	928	1 958	2 873	3 114	3 211	2.8	1.8
突尼斯	112	154	349	495	478	2.6	2.5
土耳其	1 440	3 672	7 585	8 942	9 399	13.2	7.1
乌克兰	—	127	244	290	289	0.9	0.4
阿联酋	6	3 137	4 567	5 761	5 751	6.3	2.5
美国	5 039	10 952	12 680	12 426	12 496	1.4	1.0
越南	…	299	1 058	1 321	1 639	2.1	2.6

表 32：

主要国家和地区的纺织品进口（1990—2008 年）

单位：百万美元，百分比

年份/地区	总额					占各国总货物进口份额	
	1990	2000	2006	2007	2008	2000	2008
阿根廷	53	653	820	1 000	1 147	2.6	2.0
澳大利亚	1 445	1 632	1 837	2 051	2 210	2.3	1.2
孟加拉国	452	1 350	1 538	1 206	1 546	15.2	6.5
白俄罗斯	—	256	427	487	591	3.0	1.5
委内瑞拉	112	286	644	1 079	1 427	2.0	2.9
波黑	…	…	241	294	329	…	2.7
巴西	252	1 045	1 599	2 183	2 947	1.9	1.7
柬埔寨	…	432	1 202	1 350	…	22.3	24.9
加拿大	2 325	4 126	4 472	4 544	4 431	1.7	1.1
智利	203	431	522	563	642	2.3	1.0
中国	5 292	12 832	16 358	16 645	16 228	5.7	1.4
哥伦比亚	75	558	864	988	999	4.8	2.5
哥斯达黎加	83	184	232	232	290	2.9	1.9
克罗地亚	…	249	484	566	598	3.2	1.9
多美尼加	…	1 173	941	838	774	12.4	4.8
埃及	211	526	1 094	1 279	1 628	3.8	3.4
萨尔瓦多	111	325	672	694	693	6.6	7.1
欧盟（27）	—	57 422	76 329	85 480	83 962	2.2	1.3
欧盟（27）从外进口	—	16 222	23 927	27 385	27 927	1.8	1.2
马其顿	…	27	339	425	464	1.3	6.8
危地马拉	38	59	1 144	1 043	990	1.2	6.8
洪都拉斯	26	501	1 239	1 413	1 559	12.6	15.0
中国香港	10 182	13 716	13 975	13 559	12 313	6.4	3.1
留用进口	4 140	1 451	595	604	454	4.2	1.6
印度	240	578	1 972	2 123	2 322	1.1	0.8

续 表

年份 地区	总额					占各国总货物进口份额	
	1990	2000	2006	2007	2008	2000	2008
印度尼西亚	785	1 251	730	785	3 262	2.9	2.6
伊朗	…	298	412	375	428	2.1	0.7
以色列	474	759	718	763	801	2.0	1.2
日本	4 133	4 935	6 176	6 297	6 947	1.3	0.9
约旦	107	172	725	670	651	3.7	3.9
肯尼亚	17	47	249	250	258	1.5	2.3
韩国	1 947	3 359	3 909	4 140	4 112	2.1	0.9
科威特	168	212	343	325	341	3.0	1.4
中国澳门	619	902	618	485	310	40.0	5.8
马达加斯加	20	200	314	417	536	18.2	13.3
马来西亚	951	1 114	1 063	1 184	1 121	1.4	0.7
毛里求斯	336	411	266	290	264	19.6	5.7
墨西哥	992	5 822	5 951	5 661	5 366	3.3	1.7
摩洛哥	361	1 364	1 915	2 306	2 296	11.8	5.5
新西兰	396	369	506	564	537	2.7	1.6
挪威	554	509	772	927	1 020	1.5	1.1
巴基斯坦	126	130	551	579	589	1.2	1.4
秘鲁	17	165	358	472	691	2.2	2.3
菲律宾	910	1 250	1 244	1 189	873	3.4	1.4
俄罗斯	—	1 316	3 613	4 408	5 512	2.9	1.9
沙特阿拉伯	1 312	986	1 204	1 296	1 655	3.3	1.4
新加坡	1 778	1 275	1 101	1 174	1 193	0.9	0.4
留用进口	1 016	661	475	525	582	0.9	0.4
南非	561	570	975	1015	1 019	2.1	1.2
斯里兰卡	412	1 483	1540	1 609	1 694	20.7	12.1
瑞士	1 849	1 326	1800	2032	2177	1.6	1.2
叙利亚	168	399	353	292	358	10.5	2.0
中国台湾	1 013	1 460	1 141	1 188	1 175	1.0	0.5
泰国	898	1 630	2 059	2 160	2 444	2.6	1.4
突尼斯	790	1 207	1 594	1 997	2 088	14.1	8.5
土耳其	567	2 124	4 686	6 009	5 646	3.9	2.8
乌克兰	—	450	916	984	1 118	3.2	1.3
阿联酋	983	2 055	3 567	4 100	4 771	5.9	2.9
美国	6 730	15 985	23 498	24 089	23 128	1.3	1.1
越南	…	1 379	3 988	5 139	6 048	8.8	7.5

表 33：

主要地区的服装出口（2008 年）

单位：十亿美元，百分比

年份 地区	总额	份额				年度变化百分比		
		占本地出口		占世界出口				
	2008	2000	2008	2000	2008	2000—2008	2007	2008
世界	361.9	100.0	100.0	100.0	100.0	8	12	5
亚洲								
世界	188.3	100.0	100.0	46.1	52.0	10	13	5
亚洲	59.7	23.7	31.7	10.9	16.5	14	0	17

续　表

地区＼年份	总额	份额				年度变化百分比		
		占本地出口		占世界出口				
	2008	2000	2008	2000	2008	2000—2008	2007	2008
欧洲	56.9	39.3	30.2	18.1	15.7	6	7	−3
北美洲	39.7	29.4	21.1	13.6	11.0	5	10	2
中东	16.1	1.9	8.6	0.9	4.5	32	95	14
非洲	7.3	2.8	3.9	1.3	2.0	14	61	4
中、南美洲	4.8	1.7	2.6	0.8	1.3	15	42	2
独联体	3.7	1.2	1.9	0.5	1.0	17	47	−25
中国								
世界	120.0	100.0	100.0	18.2	33.2	16	21	4
亚洲	35.3	16.8	29.4	3.1	9.7	25	−2	24
北美洲	32.3	51.8	26.9	9.5	8.9	7	13	1
欧洲	24.5	20.7	20.4	3.8	6.8	16	20	−10
非洲	15.7	3.4	13.1	0.6	4.3	37	99	14
中东	5.2	2.6	4.3	0.5	1.4	24	87	−3
中、南美洲	4.1	3.1	3.4	0.6	1.1	18	48	−1
独联体	2.9	1.6	2.4	0.3	0.8	23	54	−30
亚洲其他经济体								
世界	68.3	100.0	100.0	27.8	18.9	3	1	6
亚洲	32.4	51.5	47.5	14.3	9.0	2	−1	3
欧洲	24.4	28.3	35.7	7.9	6.7	6	3	8
北美洲	7.4	14.7	10.8	4.1	2.0	−1	−4	4
中东	2.1	2.8	3.1	0.8	0.6	4	13	26
非洲	0.7	0.9	1.1	0.2	0.2	5	16	7
中、南美洲	0.7	0.8	1.1	0.2	0.2	7	12	27
独联体	0.4	0.9	0.7	0.2	0.1	−1	15	15
欧洲								
世界	130.5	100.0	100.0	32.6	36.1	9	15	6
欧洲	108.0	82.7	82.7	27.0	29.8	9	15	5
亚洲	7.2	1.8	5.5	0.6	2.0	25	36	20
北美洲	5.4	4.4	4.1	1.4	1.5	8	14	10
非洲	4.6	7.1	3.5	2.3	1.3	0	2	−6
独联体	2.9	1.7	2.2	0.5	0.8	13	24	25
中东	1.5	1.7	1.2	0.6	0.4	4	2	12
中、南美洲	0.4	0.5	0.3	0.2	0.1	3	30	14
北美洲								
世界	12.4	100.0	100.0	5.9	3.4	1	1	−2
北美洲	10.1	92.9	81.4	5.5	2.8	−1	−7	−5
中、南美洲	1.9	5.2	15.2	0.3	0.5	15	87	13
亚洲	0.3	1.6	2.5	0.1	0.1	7	22	−6
欧洲	0.0	0.1	0.4	0.0	0.0	18	39	−1
中东	0.0	0.0	0.2	0.0	0.0	44	26	70
非洲	0.0	0.1	0.1	0.0	0.0	8	13	21
独联体	0.0	0.0	0.0	0.0	0.0	16	−1	−14

表 34：

主要国家和地区的服装出口（1990—2008 年）

单位：百万美元，百分比

地区＼年份	总额					占各国总货物出口份额	
	1990	2000	2006	2007	2008	2000	2008
世界	108 129	197 722	309 142	345 830	361 888	3.1	2.3
阿尔巴尼亚	...	97	225	289	351	37.6	26.0
孟加拉国	643	5 067	8 318	8 855	10 920	79.3	71.1
白俄罗斯	—	262	350	400	449	3.6	1.4
波黑	...	...	152	177	208	...	4.1
博茨瓦纳	...	30	141	340	260	1.1	5.3
柬埔寨	...	970	2 513	3 491	3 645	69.8	84.8
加拿大	328	2 077	1 798	1 585	1 308	0.8	0.3
中国	9 669	36 071	95 379	115 233	119 978	14.5	8.4
哥伦比亚	460	520	962	1351	1 222	4.0	3.2
哥斯达黎加	54	660	235	212	266	11.2	2.7
克罗地亚	...	469	538	585	604	10.6	4.3
多米尼加	782	2 555	1 734	1 367	1 080	44.5	15.5
埃及	144	710	1 138	1 330	1 551	15.1	6.1
萨尔瓦多	184	1 673	1 814	1 830	1 956	56.9	43.0
欧盟（27）	—	56 240	91 437	105 104	112 375	2.3	1.9
欧盟（27）向内出口	—	43 286	70 538	80 340	84 658	2.6	2.1
欧盟（27）对外出口	—	12 954	20 899	24 764	27 717	1.7	1.4
马其顿	...	318	509	635	823	24.0	20.7
危地马拉	24	49	1 557	1 390	1 230	1.8	15.9
海地	63	245	432	459	421	76.9	86.0
洪都拉斯	64	2 275	2 613	2 842	2 940	68.0	48.6
中国香港	15 406	24 214	28 391	28 765	27 908	11.9	7.5
国内出口	9 266	9 935	6 724	4 985	2 867	42.2	16.9
转口	6 140	14 279	21 666	23 780	25 041	8.0	7.1
印度	2 530	5 960	9 499	9 786	10 854	14.1	6.1
印度尼西亚	1 646	4 734	5 760	5 870	6 285	7.2	4.5
日本	568	534	485	523	591	0.1	0.1
约旦	11	115	1 257	1 218	1 041	6.1	13.4
肯尼亚	9	9	230	241	256	0.5	5.2
韩国	7 879	5 027	2 183	1 914	1 741	2.9	0.4
莱索托	...	161	478	557	...	73.1	69.2
中国澳门	1 111	1 849	1 610	1 491	1 053	72.8	52.7
马达加斯加	11	309	252	394	571	37.4	42.6
马来西亚	1 315	2 257	2 842	3 159	3 624	2.3	1.8
毛里求斯	607	948	772	887	845	60.9	36.0
墨西哥	587	8 631	6 323	5 150	4 911	5.2	1.7
摩尔多瓦	—	76	200	238	267	16.0	16.7
摩洛哥	722	2 401	3 238	3 517	3 334	32.3	16.6
缅甸	12	800	386	412	371	48.6	5.3
巴基斯坦	1 014	2 144	3 907	3 806	3 906	23.8	19.2
秘鲁	120	504	1 204	1 406	1 635	7.2	5.2

续　表

地区＼年份	总额					占各国总货物出口份额	
	1990	2000	2006	2007	2008	2000	2008
菲律宾	1 733	2 536	2 624	2 294	1 979	6.4	4.0
塞尔维亚	...	...	319	445	552	...	5.0
塞尔维亚和黑山	...	130	...	...	...	7.6	4.9
新加坡	1 588	1 825	1 985	1 779	1 557	1.3	0.5
国内出口	995	504	238	223	227	0.6	0.1
转口	593	1 321	1 747	1 556	1 330	2.2	0.8
斯里兰卡	638	2 812	3 046	3 283	3 460	51.8	40.9
斯威士兰	...	124	152	47	44	13.6	2.4
瑞士	686	607	1 620	1 771	1 922	0.8	1.0
叙利亚	330	129	864	975	962	2.8	6.7
中国台湾	3 987	3 015	1 410	1 274	1 190	2.0	0.5
泰国	2 817	3 759	4 247	4 073	4 241	5.4	2.4
突尼斯	1 126	2 227	3 018	3 571	3 766	38.1	19.5
土耳其	3 331	6 533	12 052	13 886	13 591	23.5	10.3
乌克兰	—	417	682	718	719	2.9	1.1
阿联酋	146	971	2 400	2 705	2 631	1.9	1.1
美国	2 565	8 629	4 885	4 320	4 449	1.1	0.3
越南	...	1 821	5 579	7 400	8 971	12.6	14.3

表 35：

主要国家和地区服装进口（1990—2008 年）

单位：百万美元，百分比

地区＼年份	总额					占各国总货物进口份额	
	1990	2000	2006	2007	2008	2000	2008
阿尔巴尼亚	...	68	173	232	246	6.3	4.7
阿根廷	6	333	192	271	417	1.3	0.7
澳大利亚	711	1 858	3 279	3 703	4 280	2.6	2.2
孟加拉国	14	174	168	197	252	2.0	1.1
委内瑞拉	101	390	736	1 443	1 593	2.7	3.2
波斯尼亚和黑塞哥维那	...	...	162	189	220	...	1.8
巴西	59	173	442	614	883	0.3	0.5
加拿大	2 388	3 690	6 987	7 796	8 452	1.5	2.1
智利	52	501	1 003	1 169	1 348	2.7	2.2
中国	48	1 192	1 724	1 976	2 282	0.5	0.2
哥伦比亚	19	80	159	258	335	0.7	0.8
哥斯达黎加	17	592	214	236	272	9.3	1.8
克罗地亚	...	278	518	691	762	3.5	2.5
厄瓜多尔	1	23	154	185	214	0.6	1.1
埃及	9	404	411	817	622	2.9	1.3
萨尔瓦多	171	713	217	187	117	14.4	1.2
欧盟（27）	—	83 181	144 448	164 993	177 741	3.2	2.8
欧盟（27）从外进口	—	40 148	74 370	84 653	93 083	4.4	4.1
危地马拉	5	33	190	208	183	0.7	1.3
洪都拉斯	25	1 304	423	333	186	32.7	1.8
中国香港	6 913	16 008	18 852	19 149	18 546	7	5

续 表

地区＼年份	总额					占各国总货物进口份额	
	1990	2000	2006	2007	2008	2000	2008
留用进口	…	…	…	…	…	…	…
冰岛	75	88	156	184	169	3.4	2.7
以色列	61	471	788	949	1 123	1.2	1.7
日本	8 765	19 709	23 831	23 997	25 866	5.2	3.4
约旦	28	61	247	296	326	1.3	1.9
韩国	151	1 307	3 744	4 318	4 223	0.8	1.0
科威特	206	317	567	699	698	4.4	2.8
中国澳门	26	214	1 056	1 105	872	9.5	16.3
马来西亚	76	148	359	410	492	0.2	0.3
墨西哥	573	3 602	2 517	2 474	2 544	2.1	0.8
摩洛哥	8	232	274	321	337	2.0	0.8
新西兰	149	401	740	877	914	2.9	2.7
挪威	1 231	1 287	1 977	2 286	2 729	3.7	3.1
秘鲁	1	59	134	184	268	0.8	0.9
卡塔尔	29	54	211	264	302	1.7	1.1
俄罗斯	—	2 688	8 103	14 505	21 427	6.0	7.3
沙特阿拉伯	833	813	1 649	1 939	2 018	2.7	1.8
塞尔维亚	…	…	222	362	492	…	2.1
塞尔维亚和黑山	…	46	…	…	…	1.2	1.3
新加坡	920	1 881	2 497	2 428	2 224	1.4	0.7
留用进口	328	560	750	872	893	0.7	0.6
南非	108	223	1 123	994	993	0.8	1.1
瑞士	3 437	3 160	4 654	5 184	5 804	3.8	3.2
中国台湾	290	978	1 223	1 118	1171	0.7	0.5
泰国	29	131	276	331	392	0.2	0.2
突尼斯	191	438	550	644	635	5.1	2.6
土耳其	16	264	1 098	1 566	2 216	0.5	1.1
乌克兰	—	60	342	375	877	0.4	1.0
阿联酋	514	832	3 055	5 010	5 503	2.4	3.3
美国	26 977	67 115	82 969	84 851	82 464	5.3	3.8
越南	…	450	271	270	446	2.9	0.6

表 36：

主要地区的汽车产品出口（2008 年）

单位：十亿美元，百分比

地区＼年份	总额	份额				年度变化百分比		
		占本地出口		占世界出口				
	2008	2000	2008	2000	2008	2000—2008	2007	2008
世界	1 233.5	100.0	100.0	100.0	100.0	10	18	3
欧洲								
世界	676.9	100.0	100.0	50.3	54.9	11	20	2
亚洲	517.4	80.0	76.4	40.2	41.9	11	21	−1
北美洲	50.1	10.3	7.4	5.2	4.1	7	2	−7
亚洲	34.7	4.3	5.1	2.2	2.8	14	24	11
独联体	32.4	0.7	4.8	0.3	2.6	42	61	40

续 表

地区 \ 年份	总额	份额				年度变化百分比		
		占本地出口		占世界出口				
	2008	2000	2008	2000	2008	2000—2008	2007	2008
非洲	16.6	1.9	2.4	0.9	1.3	15	13	13
中东	15.6	1.5	2.3	0.8	1.3	17	19	46
中、南美洲	8.5	1.3	1.3	0.6	0.7	11	31	19
亚洲								
世界	289.9	100.0	100.0	19.8	23.5	12	18	9
北美洲	82.7	49.5	28.5	9.8	6.7	5	2	−6
亚洲	69.1	19.1	23.8	3.8	5.6	15	21	19
欧洲	47.0	18.5	16.2	3.7	3.8	10	16	−3
中东	32.9	6.0	11.3	1.2	2.7	22	40	33
独联体	25.8	0.4	8.9	0.1	2.1	68	78	42
非洲	15.9	3.9	5.5	0.8	1.3	17	45	16
中、南美洲	15.8	2.5	5.5	0.5	1.3	24	31	22
日本								
世界	171.1	100.0	100.0	15.3	13.9	9	14	8
北美洲	59.4	54.5	34.7	8.3	4.8	3	1	−8
亚洲	35.6	17.1	20.8	2.6	2.9	11	19	18
北美洲	27.4	17.4	16.0	2.6	2.2	8	19	0
中东	19.0	5.1	11.1	0.8	1.5	20	42	40
独联体	14.6	0.2	8.5	0.0	1.2	71	53	57
中、南美洲	7.4	2.1	4.3	0.3	0.6	19	25	20
非洲	7.3	3.5	4.2	0.5	0.6	11	30	10
亚洲其他地区								
世界	118.8	100.0	100.0	4.6	9.6	21	25	12
亚洲	33.5	25.8	28.2	1.2	2.7	22	22	19
北美洲	23.3	32.9	19.6	1.5	1.9	13	6	2
欧洲	19.6	22.4	16.5	1.0	1.6	16	12	−6
中东	13.9	8.7	11.7	0.4	1.1	25	37	25
独联体	11.2	0.8	9.4	0.0	0.9	65	114	26
中、南美洲	8.7	5.4	7.3	0.2	0.7	25	63	22
非洲	8.4	3.7	7.1	0.2	0.7	31	37	25
北美洲								
世界	209.4	100.0	100.0	27.5	17.0	4	8	−5
北美洲	151.2	88.6	72.2	24.3	12.3	1	2	−12
欧洲	23.3	4.9	11.1	1.3	1.9	15	33	12
亚洲	9.7	3.6	4.7	1.0	0.8	7	21	5
中、南美洲	9.7	0.9	4.6	0.3	0.8	26	19	54
中东	9.1	1.7	4.4	0.5	0.7	16	33	13
非洲	3.6	0.3	1.7	0.1	0.3	31	64	33
独联体	2.5	0.0	1.2	0.0	0.2	56	78	41

表 37：

主要国家和地区的汽车产品出口（1990—2008 年）

单位：百万美元，百分比

年份／地区	总额					占各国总货物出口份额	
	1990	2000	2006	2007	2008	2000	2008a
世界	318 959	577 153	1 022 506	1 202 669	1 233 545	9.2	7.8
阿根廷	200	2 108	4 178	5 479	6 654	8.0	9.4
澳大利亚	726	2 151	3 267	3 697	4 366	3.4	2.3
白俄罗斯	—	740	1 466	2 003	2 192	10.1	6.7
委内瑞拉	73	223	456	293	79	0.7	0.1
巴西	2 034	4 683	13 038	13 134	14 750	8.5	7.5
加拿大	28 442	60 656	66 339	65 831	51 666	21.9	11.3
智利	18	203	184	346	326	1.1	0.5
中国	258	1 581	14 410	23 028	28 666	0.6	2.0
哥伦比亚	6	226	744	1 130	533	1.7	1.4
科特迪瓦	...	11	174	185	37	0.3	0.4
克罗地亚	...	45	146	209	248	1.0	1.8
厄瓜多尔	1	60	345	243	404	1.2	2.2
欧盟（27）	—	287 180	538 388	644 882	655 386	11.7	11.1
欧盟（27）向内出口	—	216 416	394 352	475 693	468 178	13.0	11.8
欧盟（27）对外出口	—	70 764	144 036	169 189	187 208	9.0	9.7
中国香港	354	764	1 290	1 459	1 760	0.4	0.5
国内出口	27	23	14	24	15	0.1	0.1
转口	328	741	1 276	1 435	1 745	0.4	0.5
印度	198	581	3 003	3 471	4 869	1.4	2.7
印度尼西亚	22	369	1 590	2 150	2 783	0.6	2.0
伊朗	...	61	229	687	803	0.2	0.7
以色列	31	31	125	319	152	0.1	0.2
日本	66 195	88 082	139 161	158 762	171 012	18.4	21.9
约旦	19	62	114	142	260	3.3	3.3
韩国	2 301	15 194	43 059	49 484	48 842	8.8	11.6
马来西亚	121	307	920	1 122	1 154	0.3	0.6
墨西哥	4 383	30 655	42 630	45 256	46 139	18.4	15.8
摩洛哥	28	24	115	166	206	0.3	1.0
挪威	305	459	762	907	983	0.8	0.6
菲律宾	23	583	1 543	1 782	2 196	1.5	4.5
卡塔尔	32	32	121	197	431	0.3	0.7
俄罗斯	—	959	2 917	3 638	3 863	0.9	0.8
沙特阿拉伯	229	59	1 032	1 288	291	0.1	0.1
新加坡	348	678	2 396	2 864	3 399	0.5	1.0
国内出口	82	90	28	47	56	0.1	0.0
转口	266	588	2 368	2 817	3 343	1.0	2.1
南非	249	1 708	4 970	5 369	7 737	5.7	9.6
瑞士	591	772	1 623	2 001	2 017	1.0	1.0
中国台湾	829	2 221	3 885	4 138	4 195	1.5	1.6
泰国	108	2 417	9 891	12 669	16 227	3.5	9.1
突尼斯	30	63	335	352	350	1.1	1.8
土耳其	153	1 517	11 689	15 582	17 873	5.5	13.5
乌克兰	—	145	548	933	1 134	1.0	1.7
阿联酋	1	1 144	10 006	17 477	15 272	2.3	6.6
美国	32 547	67 195	95 264	109 050	111 529	8.6	8.7
越南	...	8	303	424	578	0.1	0.9

表 38：

主要国家和地区的汽车产品进口（1990—2008 年）

单位：百万美元，百分比

地区＼年份	总额					占各国总货物出口份额	
	1990	2000	2006	2007	2008	2000	2008a
阿尔及利亚	658	615	2 315	3 453	4 664	6.7	11.8
阿根廷	183	2 805	5 511	7 160	9 560	11.2	16.7
澳大利亚	3 794	8 550	15 690	19 563	21 675	12.0	11.3
巴林	152	214	623	896	975	4.6	7.8
孟加拉国	77	191	287	331	424	2.2	1.8
白俄罗斯	—	297	911	1 339	2 082	3.4	5.3
委内瑞拉	426	1 451	4 666	7 238	2 884	9.9	5.8
巴西	532	4 154	6 007	8 345	13 189	7.4	7.6
加拿大	24 640	46 276	64 496	68 462	62 638	19.3	15.3
智利	579	1 507	3 354	4 122	5 057	8.1	8.2
中国	1 796	3 798	18 580	24 029	29 051	1.7	2.6
哥伦比亚	416	590	2 879	3 868	3 515	5.1	8.9
克罗地亚	…	831	1 877	2 279	2 508	10.5	8.2
厄瓜多尔	157	184	1 347	1 302	1 782	4.9	9.5
埃及	416	514	924	1 089	2 665	3.7	5.5
埃塞俄比亚	114	141	701	593	530	11.2	6.9
欧盟（27）	—	245 244	459 006	552 888	546 346	9.5	8.7
欧盟（27）从外进口	—	32 091	64 986	77 195	78 168	3.5	3.4
加纳	…	331	780	1 104	1 256	11.1	12.2
危地马拉	117	481	874	925	855	10.0	5.9
中国香港	994	2 195	2 394	2 796	3 406	1.0	0.9
留用进口	666	1 455	1 118	1 361	1 661	4.2	3.5
印度	260	431	1 457	2 190	3 586	0.8	1.2
印度尼西亚	1 523	1 870	2 481	2 597	6 000	4.3	4.8
伊朗	…	770	3 036	4 329	6 158	5.5	10.7
以色列	871	2 298	2 563	3 339	4 018	6.1	5.9
日本	7 327	9 957	13 892	15 354	15 855	2.6	2.1
约旦	108	519	1 001	977	1 173	11.3	6.9
哈萨克斯坦	—	435	2 537	4 230	2 361	8.6	6.2
肯尼亚	255	156	575	726	798	5.0	7.2
韩国	929	1 773	5 210	6 684	7 250	1.1	1.7
科威特	453	1 141	2 576	3 200	3 934	15.9	15.8
黎巴嫩	…	535	944	2 015	2 260	8.6	13.5
马来西亚	1 312	1 833	3 221	3 223	4 002	2.2	2.6
墨西哥	933	20 003	28 386	30 094	30 551	11.5	9.9
摩洛哥	317	471	1 415	2 102	2 849	4.1	6.8
新西兰	1 012	1 480	2 787	3 431	3 156	10.6	9.2
挪威	1 419	2 597	5 951	7 413	7 577	7.6	8.5
阿曼	429	1 109	2 723	3 781	5 669	21.6	24.7
巴基斯坦	390	324	1 544	1 214	1 026	3.0	2.4
巴拿马	111	332	516	773	870	9.8	9.6
秘鲁	176	510	937	1 432	2 095	6.9	7.0

续 表

地区＼年份	总额					占各国总货物出口份额	
	1990	2000	2006	2007	2008	2000	2008a
菲律宾	537	974	1 142	1 461	1 729	2.6	2.9
卡塔尔	202	409	1 027	2 616	3 281	12.6	12.2
俄罗斯	—	2 381	20 012	32 934	47 368	5.3	16.2
沙特阿拉伯	2 839	3 815	10 437	12 024	15 854	12.6	13.8
新加坡	1 418	2 417	3 698	4 025	4 978	1.8	1.6
留用进口	1 152	1 829	1 330	1 207	1 943	2.4	1.2
南非	…	2 401	10 616	12 245	11 280	9.0	12.9
苏丹	…	155	1 189	993	906	10.0	9.9
瑞士	6 048	6 222	8 664	9 969	11 521	7.5	6.3
叙利亚	75	184	1 018	1 001	1 265	4.8	6.9
中国台湾	2 565	2 676	3 058	2 904	2 450	1.9	1.0
泰国	2 651	2 084	4 231	4 793	5 965	3.4	3.3
突尼斯	306	595	1 015	1 243	1 478	6.9	6.0
土耳其	1 177	5 831	12 917	14 684	15 155	10.7	7.5
乌克兰	—	446	4 996	8 006	11 443	3.2	13.4
阿联酋	964	2 384	7 825	8 688	12 576	6.8	7.6
美国	79 320	170 195	220 221	220 770	199 229	13.5	9.2
越南	…	294	837	1578	…	1.9	2.5

表39：

世界运输服务贸易（按地区，2008年）

单位：十亿美元，百分比

地区＼年份	总额	份额		年度变化百分比			
	2008	2000	2008	2000—2008	2006	2007	2008
出口							
世界	890	100.0	100.0	13	11	20	16
北美洲	105	17.1	11.7	7	10	12	16
中、南美洲	25	2.9	2.8	12	10	15	19
欧洲	443	47.9	49.7	13	10	21	16
欧盟（27）	403	42.6	45.2	13	11	21	15
独联体	31	2.4	3.5	18	17	20	26
非洲	26	2.2	2.9	…	17	31	16
中东	22	2.1	2.4	15	18	13	15
亚洲	240	25.4	26.9	13	12	23	15
进口							
世界	1045	100.0	100.0	12	12	19	16
北美洲	129	18.5	12.3	7	6	5	10
中、南美洲	45	4.8	4.3	11	15	21	21
欧洲	398	38.9	38.2	12	11	19	13
欧盟（27）	364	35.6	34.8	12	11	18	12
独联体	26	0.9	2.5	27	37	32	38
非洲	53	3.4	5.1	…	15	29	18
中东	66	4.5	6.4	17	13	36	24
亚洲	326	29.0	31.2	13	13	19	18

表 40：

主要运输服务进出口国家和地区（2008 年）

单位：十亿美元，百分比

地区 \ 年份	总额	份额		年度变化百分比			
	2008	2000	2008	2000—2008	2006	2007	2008
出口国							
欧盟（27）	402.7	42.6	45.2	13	11	21	15
欧盟（27）对外出口	195.4	...	21.9	...	8	19	19
美国	90.6	14.5	10.2	8	10	13	17
日本	46.8	7.4	5.3	8	5	12	11
韩国	43.5	3.9	4.9	16	8	30	30
中国	38.4	1.1	4.3	34	36	49	23
新加坡	28.8	3.4	3.2	12	18	26	2
中国香港	28.5	3.7	3.2	11	10	14	11
挪威	21.6	2.8	2.4	11	−1	19	13
俄罗斯	15.0	1.0	1.7	20	11	17	27
加拿大	11.9	2.2	1.3	6	8	6	7
印度	11.1	0.6	1.2	24	32	18	23
澳大利亚	8.9	1.2	1.0	9	3	14	23
埃及	8.2	0.8	0.9	15	16	27	17
土耳其	7.8	0.9	0.9	13	−2	32	26
乌克兰	7.6	0.8	0.9	13	19	14	25
以上 15 个合计	770.0	86.7	86.5	—	—	—	—
进口国							
欧盟（27）	363.6	35.6	34.8	12	11	18	12
欧盟（27）从外进口	162.1	...	15.5	...	12	15	16
美国	104.7	15.7	10.0	6	5	3	10
日本	54.0	8.0	5.2	6	6	14	10
中国	50.3	2.5	4.8	22	21	26	16
印度	41.4	2.1	4.0	22	20	24	34
韩国	37.2	2.6	3.6	16	15	26	28
新加坡	29.8	3.0	2.9	11	17	23	2
阿联酋	25.5	1.1	2.4	24	23	42	33
泰国	23.0	1.6	2.2	17	13	11	26
加拿大	20.3	2.2	1.9	10	13	14	9
澳大利亚	15.1	1.5	1.5	12	5	15	16
中国香港	14.9	1.5	1.4	12	11	20	7
挪威	14.5	1.2	1.4	14	2	33	10
马来西亚	13.8	1.0	1.3	17	10	16	45
俄罗斯	13.0	0.6	1.2	24	31	39	39
以上 15 个合计	820.0	80.2	78.7	—	—	—	—

a 秘书处估计。

表 41：

世界旅游服务贸易（按地区，2008 年）

单位：十亿美元，百分比

地区 \ 年份	总额	份额		年度变化百分比			
	2008	2000	2008	2000—2008	2006	2007	2008
出口							
世界	950	100.0	100.0	9	10	15	10
北美洲	164	24.7	17.2	4	5	10	11
中、南美洲	42	4.9	4.5	8	11	13	9
欧洲	451	46.0	47.4	10	8	14	8
欧盟（25）	393	41.8	41.3	9	9	14	7
独联体	21	1.0	2.2	21	24	28	23
非洲	40	3.1	4.2	13	12	17	5
中东	32	2.8	3.3	12	14	16	20
亚洲	202	17.5	21.2	12	15	19	12
进口							
世界	850	100.0	100.0	9	8	15	9
北美洲	121	19.8	14.2	5	7	8	6
中、南美洲	28	3.5	3.2	8	13	26	16
欧洲	427	47.7	50.1	10	5	16	10
欧盟（25）	391	44.6	45.9	9	5	15	10
独联体	33	2.4	3.8	15	5	22	13
非洲	21	1.9	2.5	...	17	26	12
中东	48	3.5	5.7	16	29	20	13
亚洲	175	21.3	20.5	8	8	13	7

表 42：

主要旅游服务进出口国家和地区（2008 年）

单位：十亿美元，百分比

地区 \ 年份	总额	份额		年度变化百分比			
	2008	2000	2008	2000—2008	2006	2007	2008
出口国							
欧盟（27）	393.2	41.8	41.3	9	9	14	7
欧盟（27）对外出口	108.2	...	11.4	...	12	14	4
美国	135.2	20.7	14.2	4	5	12	13
中国	40.8	3.4	4.3	12	16	10	10
澳大利亚	25.2	2.0	2.6	13	6	25	12
土耳其	21.9	1.6	2.3	14	−7	10	19
泰国	17.6	1.6	1.9	11	40	24	6
中国澳门	17.4	0.6	1.8	25	23	38	28
加拿大	15.3	2.3	1.6	4	7	5	−1
中国香港	15.2	1.2	1.6	13	13	18	10
瑞士	14.4	1.4	1.5	10	8	13	18
马来西亚	14.0	1.1	1.5	14	18	24	8
瑞士	13.3	1.8	1.4	6	3	6	3
俄罗斯	11.9	0.7	1.3	17	30	26	24

续　表

地区＼年份	总额	份额		年度变化百分比			
	2008	2000	2008	2000—2008	2006	2007	2008
印度	11.8	0.7	1.2	17	15	24	10
克罗地亚	11.3	0.6	1.2	19	8	16	22
以上 15 个合计	760.0	81.5	79.7	—	—	—	—
进口国							
欧盟（27）	390.9	44.6	45.9	9	5	15	10
欧盟（27）从外进口	140.8	...	16.5	...	5	17	9
美国	85.4	15.6	10.0	3	5	5	4
中国	36.2	3.0	4.2	14	12	22	21
日本	27.9	5.4	3.3	2	−2	−1	5
加拿大	27.3	2.9	3.2	10	14	20	10
俄罗斯	24.9	2.1	2.9	14	5	22	12
韩国	17.1	1.7	2.0	12	22	17	−22
挪威	15.9	1.1	1.9	17	15	21	13
澳大利亚	15.9	1.5	1.9	12	4	22	12
中国香港	15.9	2.9	1.9	3	6	7	6
新加坡	14.2	1.1	1.7	15	10	12	14
阿联酋	13.3	0.7	1.6	20	43	28	18
巴西	11.0	0.9	1.3	14	22	42	34
瑞士	10.9	1.3	1.3	9	5	11	6
印度	9.6	0.6	1.1	17	11	20	17
以上 15 个合计	715.0	85.2	84.0	—	—	—	—

a 秘书处估计。

表 43：

世界其他商业服务贸易（按地区，2008 年）

单位：十亿美元，百分比

地区＼年份	总额	份额		年度变化百分比			
	2008	2000	2008	2000—2008	2006	2007	2008
出口							
世界	1 935	100.0	100.0	14	17	22	11
北美洲	336	23.4	17.4	10	17	17	6
中、南美洲	41	2.0	2.1	15	20	27	20
欧洲	1 043	50.3	53.9	15	15	24	10
欧盟（27）	958	45.0	49.5	16	15	24	10
独联体	32	0.6	1.6	29	31	36	34
非洲	22	1.4	1.1	...	9	25	25
中东	44	2.0	2.3	16	24	12	21
亚洲	417	20.3	21.5	15	21	22	13
进口							
世界	1 595	100.0	100.0	13	14	20	12
北美洲	230	17.5	14.4	10	18	13	7
中、南美洲	45	3.2	2.8	11	14	17	20
欧洲	801	48.3	50.2	13	11	21	10
欧盟（27）	758	46.0	47.6	13	12	21	10
独联体	56	1.5	3.5	26	19	36	29
非洲	47	2.6	2.9	...	14	34	15
中东	53	2.5	3.3	17	24	34	18
亚洲	363	24.4	22.8	12	16	19	14

表 44：

其他商业服务主要进出口国家和地区（2008 年）

单位：十亿美元，百分比

地区 \ 年份	总额	份额		年度变化百分比			
	2008	2000	2008	2000—2008	2006	2007	2008
出口国							
欧盟（27）	958.1	45.0	49.5	16	15	24	10
欧盟（27）对外出口	439.6	...	22.7	...	15	26	10
美国	295.6	19.6	15.3	11	18	18	7
日本	88.8	6.0	4.6	11	16	10	17
印度	79.7	...	4.1	...	40	24	18
中国	67.2	1.6	3.5	27	25	46	27
瑞士	54.3	2.8	2.8	15	13	23	15
中国香港	48.7	3.3	2.5	11	17	17	7
新加坡	43.5	1.7	2.2	18	22	27	1
加拿大	37.6	3.2	1.9	8	9	10	2
俄罗斯	23.7	0.4	1.2	32	35	34	34
韩国	21.5	1.4	1.1	11	20	31	−3
中国台湾	21.3	1.8	1.1	7	19	9	12
挪威	19.3	0.9	1.0	16	34	27	13
巴西	17.6	0.9	0.9	15	30	33	30
以色列	14.8	1.3	0.8	7	17	6	10
以上 15 个合计	1 790.0	91.4	92.6	—	—	—	—
进口国							
欧盟（27）	758.2	46.0	47.6	13	12	21	10
欧盟（27）从外进口	317.8	...	19.9	...	10	23	14
美国	177.8	12.4	11.2	11	22	14	8
日本	85.6	8.0	5.4	7	17	14	17
中国	71.5	2.0	4.5	25	26	35	27
加拿大	39.0	3.6	2.4	8	8	10	1
韩国	37.5	2.4	2.4	12	16	19	21
俄罗斯	36.7	0.8	2.3	28	23	39	40
新加坡	34.9	2.0	2.2	14	21	12	5
印度	32.6	...	2.0	...	32	20	3
巴西	23.0	1.2	1.4	15	18	21	28
沙特阿拉伯	19.5	...	1.2	...	...	...	...
泰国	18.1	1.0	1.1	15	38	24	22
瑞士	17.5	0.6	1.1	21	−1	24	10
中国香港	15.1	1.0	0.9	13	12	20	12
澳大利亚	14.5	1.0	0.9	12	9	32	28
以上 15 个合计	1 380.0	84.5	86.7	—	—	—	—

a 秘书处估计。

表 45:

世界通信服务贸易（按地区，2008 年）

单位：十亿美元，百分比

地区＼年份	总额	份额		年度变化百分比			
	2007	2000	2007	2000—2007	2005	2006	2007
出口							
世界	80	…	100.0	…	…	…	16
北美洲	11	…	13.8	…	…	…	10
南美和中美洲	3	…	3.7	6	12	1	11
欧洲	45	…	55.2	15	15	15	17
欧盟（27）	42	…	51.6	…	16	17	17
独联体	2	…	2.6	17	34	20	38
亚洲	11	…	13.3	8	16	12	11

表 46:

通信服务主要进出口国（2008 年）

单位：百万美元，百分比

排序	出口国	总额	占 15 个国家比重	年度变化百分比	排序	进口国	总额	占 15 个国家比重	年度变化百分比
1	欧盟（27）	4 1915	60.7	17	1	欧盟（27）	41 436	66.6	14
	欧盟（27）对外出口	13 654	19.8	29		欧盟（27）从外进口	14 071	22.6	20
2	美国	8 606	12.5	13	2	美国	7 897	12.7	13
3	科威特	4 667	6.8	37	3	加拿大	1 908	3.1	19
4	印度	2 288	3.3	10	4	新加坡	1 317	2.1	27
5	加拿大	2 231	3.2	5	5	俄罗斯	1 298	2.1	42
6	印度尼西亚	1 343	1.9	22	6	中国香港	1 082	1.7	42
7	俄罗斯	1 272	1.8	58	7	中国香港	1 080	1.7	1
8	中国	1 175	1.7	59	8	日本	1 029	1.7	41
9	瑞士	1 068	1.5	—3	9	韩国	913	1.5	—10
10	新加坡	964	1.4	30	10	马来西亚	846	1.4	30
11	中国香港	866	1.3	4	11	瑞士	801	1.3	0
12	埃及	757	1.1	53	12	澳大利亚	758	1.2	18
13	巴林	666	1.0	5	13	印度	714	1.1	22
14	马来西亚	599	0.9	—7	14	印度尼西亚	641	1.0	12
15	澳大利亚	598	0.9	—7	15	埃及	471	0.8	53
—	以上 15 个合计	6 9015	100.0		—	以上 15 个合计	62 190	100.0	

a 秘书处估计。

表 47:

世界建筑服务出口（按地区，2007 年）

单位：十亿美元，百分比

地区＼年份	总额	份额		年度变化百分比			
	2007	2000	2007	2000—2007	2005	2006	2007
出口							
世界	70	100.0	100.0	14	20	17	23
北美洲	1	…	2.1	…	…	…	62
中、南美洲	0	1.4	0.3	—9	11	21	—1
欧洲	41	62.6	58.1	12	23	13	19
欧盟（27）	38	…	54.3	…	26	12	19
独联体	4	1.0	5.6	45	37	37	11
亚洲	21	29.1	29.5	14	12	22	31

表 48：

建筑服务主要进出口国（2007 年）

单位：百万美元，百分比

排序	出口国	总额	占 15 个国家比重	年度变化百分比	排序	进口国	总额	占 15 个国家比重	年度变化百分比
1	欧盟（27）	38 430	58.4	19	1	欧盟（27）	26 042	41.2	29
	欧盟（27）对外出口	21 649	32.9	28		欧盟（27）从外进口	10 519	16.6	22
2	日本	10 322	15.7	15	2	日本	7 938	12.6	28
3	中国	5 377	8.2	95	3	俄罗斯	6 454	10.2	40
4	俄罗斯	3 450	5.2	13	4	沙特阿拉伯	6 318	10.0	…
5	马来西亚	1 378	2.1	32	5	哈萨克斯坦	43 52	6.9	34
6	美国	1 170	1.8	76	6	中国台北	2 910	4.6	42
7	埃及	984	1.5	129	7	安哥拉	2 634	4.2	78
8	土耳其	856	1.3	−9	8	马来西亚	1 699	2.7	29
9	印度	845	1.3	…	9	阿塞拜疆	1 471	2.3	13
10	新加坡	698	1.1	26	10	印度尼西亚	740	1.2	−25
11	以色列	665	1.0	31	11	印度	691	1.1	…
12	泰国	518	0.8	54	12	泰国	640	1.0	10
13	印度尼西亚	459	0.7	1	13	美国	612	1.0	4
14	中国香港	346	0.5	29	14	中国台北	371	0.6	26
15	挪威	342	0.5	4	15	新喀里多尼亚	322	0.5	172
—	以上 15 个合计	65 840	100.0		—	以上 15 个合计	63 195	100.0	

a 秘书处估计。

表 49：

世界保险服务出口（按地区，2007 年）

单位：十亿美元，百分比

地区 \ 年份	总额	份额		年度变化百分比			
	2007	2000	2007	2000—2007	2005	2006	2007
出口							
世界	75	100.0	100.0	17	−13	28	21
北美洲	16	28.8	21.3	12	8	19	9
中、南美洲	2	4.0	3.0	12	35	8	47
欧洲	46	51.2	60.9	20	−25	36	27
欧盟（27）	40	…	53.1	…	−27	40	27
独联体	1	0.2	0.8	39	31	31	7
亚洲	8	11.8	11.0	16	4	26	13

表 50：

保险服务主要进出口国（2007 年）

单位：百万美元，百分比

排序	出口国	总额	占 15 个国家比重	年度变化百分比	排序	进口国	总额	占 15 个国家比重	年度变化百分比
1	欧盟（27）	40 189	57.4	27	1	美国	42 761	35.4	14
	欧盟（27）对外出口	20 257	28.9	41	2	欧盟（27）	31 482	26.1	14
2	美国	10 287	14.7	2		欧盟(27)从外进口	10 778	8.9	16
3	瑞士	4 857	6.9	30	3	墨西哥	10 936	9.1	18
4	加拿大	3 788	5.4	12	4	中国	10 664	8.8	21
5	墨西哥	1 999	2.9	58	5	加拿大	6 123	5.1	12

续　表

排序	出口国	总额	占15个国家比重	年度变化百分比	排序	进口国	总额	占15个国家比重	年度变化百分比
6	新加坡	1 697	2.4	7	6	日本	4118	3.4	—10
7	印度	1 504	2.1	35	7	印度	3 203	2.7	19
8	日本	1 343	1.9	—15	8	新加坡	2 445	2.0	17
9	中国	904	1.3	65	9	泰国	1 916	1.6	7
10	巴林	819	1.2	12	10	土耳其	1 542	1.3	35
11	土耳其	645	0.9	24	11	巴西	1 308	1.1	73
12	澳大利亚	599	0.9	13	12	埃及	1 282	1.1	31
13	巴西	543	0.8	67	13	韩国	1 000	0.8	17
14	中国香港	468	0.7	12	14	沙特阿拉伯	991	0.8	68
15	韩国	415	0.6	52	15	中国台北	973	0.8	—3
	以上15个合计	70 055	100.0	—		以上15个合计	120 745	100.0	—

a. 秘书处估计。

表51：

世界金融服务出口（按地区，2007年）

单位：十亿美元，百分比

地区＼年份	总额	份额		年度变化百分比			
	2007	2000	2007	2000—2007	2005	2006	2007
出口							
世界	290	100.0	100.0	17	18	24	32
北美洲	61	23.2	21.2	15	11	20	23
中、南美洲	2	0.9	0.8	13	26	19	36
欧洲	182	61.5	62.7	17	19	25	35
欧盟（27）	160	...	55.1	...	19	26	36
独联体	2	0.2	0.6	40	41	50	118
亚洲	37	12.0	12.8	18	32	31	35

表52：

金融服务主要进出口国（2007年）

单位：百万美元，百分比

排序	出口国	总额	占15个国家比重	年度变化百分比	排序	进口国	总额	占15个国家比重	年度变化百分比
1	欧盟（27）	160 187	56.9	36	1	欧盟（27）	71 061	62.5	26
	欧盟（27）对外出口	70 270	25.0	35		欧盟(27)从外进口	27 996	24.6	29
2	美国	58 266	20.7	23	2	美国	18 928	16.7	33
3	瑞士	20 517	7.3	27	3	加拿大	4 072	3.6	10
4	中国香港	12 425	4.4	34	4	日本	3 610	3.2	21
5	新加坡	6 547	2.3	52	5	印度	3 262	2.9	175
6	日本	6 207	2.2	1	6	中国香港	2 807	2.5	39
7	韩国	4 001	1.4	57	7	瑞士	1 790	1.6	40
8	印度	3 886	1.4	121	8	新加坡	1 754	1.5	60
9	加拿大	3 234	1.1	25	9	俄罗斯	1 472	1.3	63
10	中国台北	1 302	0.5	6	10	挪威	1 122	1.0	28
11	俄罗斯	1 174	0.4	99	11	乌克兰	887	0.8	118

续 表

排序	出口国	总额	占15个国家比重	年度变化百分比	排序	进口国	总额	占15个国家比重	年度变化百分比
12	巴西	1 090	0.4	48	12	巴西	807	0.7	－6
13	挪威	1 021	0.4	24	13	中国台北	782	0.7	－44
14	南非	876	0.3	24	14	韩国	696	0.6	27
15	澳大利亚	856	0.3	13	15	土耳其	623	0.5	19
	以上15个合计	281 590	100.0	—		以上15个合计	113 675	100.0	—

● 中国商务统计

表 1:

2009 年全国进出口简要情况表

单位：亿美元

项 目	12 月份		1 月至 12 月累计	
	绝对值	同比（%）	绝对值	同比（%）
进出口总值	2 430.2	32.7	22 072.7	－13.9
出口总值	1 307.2	17.7	12 016.6	－16.0
进口总值	1 122.9	55.9	10 056.0	－11.2
进出口差额	184.3	－52.8	1 960.6	－34.2

表 2:

2009 年进出口主要国别（地区）总值

单位：亿美元，%

出口最终目的国（地）	当月		1 月至 12 月累计	
	金额	同比	金额	同比
总值	1 307.2	17.7	12 016.6	－16.0
其中：				
美国	222.1	16.0	2 208.2	－12.5
中国香港	198.2	33.3	1 662.3	－12.8
日本	104.9	5.3	979.1	－15.7
韩国	57.5	17.0	536.8	－27.4
德国	50.4	11.3	499.2	－15.7
荷兰	36.4	5.8	366.8	－20.1
英国	31.2	13.2	312.8	－13.3
新加坡	38.1	62.6	300.7	－6.9
印度	32.9	39.6	296.7	－6.1
法国	24.0	24.5	214.6	－7.9
进口原产国（地）	当月		1 月至 12 月累计	
	金额	同比	金额	同比
总值	1 122.9	55.9	10 055.6	－11.2
其中：				
日本	150.5	42.8	1 309.4	－13.1
韩国	109.2	67.6	1 025.5	－8.5
中国	93.1	32.3	864.1	－6.5
中国台湾	95.0	81.2	857.2	－17.0
美国	95.3	41.3	774.4	－4.8
德国	57.1	27.9	557.6	－0.0
澳大利亚	44.4	103.6	394.4	5.4
马来西亚	40.5	104.3	323.3	0.7
巴西	21.6	44.7	282.8	－5.3
泰国	28.9	70.0	249.0	－3.0

表 3:

2009 年进口重点商品量值

单位：亿美元

商品名称	计量单位	1 月至当月累计		同比（%）	
		数量	金额	数量	金额
＊机电产品	—	—	4 914. 2	—	−8. 7
＊高新技术产品	—	—	3 098. 4	—	−9. 4
集成电路	亿个	1 462. 3	1 199. 0	8. 1	−7. 2
原油＃	万吨	20 378. 6	892. 6	13. 9	−31. 0
农产品	—	—	521. 7	—	−10. 5
铁矿砂及其精矿	亿吨	6 277. 8	501. 4	41. 6	−17. 4
液晶显示板	亿个	18. 4	349. 8	−5. 0	−20. 7
初级形状的塑料	万吨	2 381. 1	347. 9	34. 5	2. 2
自动数据处理设备及其部件	亿台	6. 0	237. 7	9. 8	−6. 4
未锻造的铜及铜材	万吨	429. 0	226. 3	62. 8	18. 1
粮食	万吨	5 223. 2	207. 1	26. 5	−10. 4
钢材	万吨	1 763. 2	194. 8	14. 3	−16. 9
成品油	万吨	3 696. 0	169. 8	−5. 4	−43. 7
通断保护电路装置及零件	—	—	158. 1	—	−9. 9
汽车（包括整套散件）	万辆	41. 9	153. 6	2. 8	1. 4
计量检测分析自控仪器及器具	—	—	151. 6	—	−6. 8
纺织纱线、织物及制品	—	—	149. 7	—	−8. 2
废金属	万吨	2 034. 7	139. 8	79. 2	26. 4
自动数据处理设备的零件	万吨	15. 0	131. 2	−17. 1	−12. 4
汽车零件	—	—	128. 2	—	12. 2
二极管及类似半导体器件	亿个	2 549. 5	112. 9	−6. 8	−8. 6
煤	万吨	12 583. 4	105. 7	211. 9	201. 3

＊“机电产品”和“高新技术产品”包括本表中已列名的有关商品

表 4:

2009 年出口重点商品量值

单位：亿美元

商品名称	计量单位	1 月至 12 月累计		同比（%）	
		数量	金额	数量	金额
＊机电产品	—	—	7 131.1	—	−13.4
＊高新技术产品	—	—	3 769.1	—	−9.3
自动数据处理设备及其部件	亿台	13.1	1 223.6	−8.5	−9.4
服装及衣着附件	—	—	1 070.5	—	−11.0
纺织纱线、织物及制品	—	—	599.7	—	−8.4
电话机	亿台	7.1	415.4	1.7	0.1
＊农产品	—	—	391.7	—	−2.5
鞋类	—	—	280.2	—	−5.7
船舶	万艘	177.5	270.9	−18.4	41.7
自动数据处理设备的零件	万吨	93.2	257.3	−20.9	−18.0
家具及其零件	—	—	253.3	—	−6.0
集成电路	亿个	566.1	233.0	16.8	−4.2
钢材	万吨	2 459.6	222.7	−58.5	−64.9
液晶显示板	亿个	19.2	192.1	−5.1	−14.1
塑料制品	万吨	655.9	144.0	−12.0	−10.1
二极管及类似半导体器件	亿个	2 317.8	143.3	−8.6	−8.8
汽车零件	—	—	129.6	—	−20.9
箱包及类似容器	—	—	127.9	—	−9.2

续 表

商品名称	计量单位	1月至12月累计		同比（%）	
		数量	金额	数量	金额
成品油＃＃	万吨	2 503.8	125.5	46.3	−8.5
录、放像机	亿台	2.0	108.7	9.0	3.3
电视机（包括整套散件）	万台	5 563.8	107.6	8.3	1.7
打印机（包括多功能一体机）	万台	6 300.1	104.7	−16.9	−15.0
通断保护电路装置及零件	—	—	104.3	—	−12.2
电视、收音机及无线电讯设备的零附件	万吨	66.3	95.7	−16.2	−22.0

＊“机电产品”和“高新技术产品”包括本表中已列名的有关商品

表 5：

2009 年全国进出口企业性质总值

单位：亿美元，%

出口	12月份		1月至12月累计	
	金额	同比	金额	同比
总值	1 307.2	17.7	12 016.6	−16.0
其中：				
国有企业	207.8	6.6	1 909.9	−25.8
外商投资企业	716.8	23.0	6 722.3	−15.0
其他性质企业	382.6	15.0	3 384.4	−11.6
进口	12月份		1月至12月累计	
	金额	同比	金额	同比
总值	1 122.9	55.9	10 055.6	−11.2
其中：				
国有企业	325.0	61.4	2 884.7	−18.5
外商投资企业	596.2	46.8	5 452.1	−12.0
其他性质企业	201.8	78.5	1 718.8	7.9

表 6：

2009 年全国进出口贸易方式总值

单位：亿美元，%

出口	12月份		1月至12月累计	
	金额	同比	金额	同比
总值	1 307.2	17.7	12 016.6	−16.0
其中：				
加工贸易	633.3	30.6	5 869.8	−13.1
一般贸易	575.8	7.3	5 298.3	−20.1
保税仓库进出境货物	33.6	27.8	267.9	−5.9
保税区仓储转口货物	24.5	40.0	214.8	−10.4
进口	12月份		1月至12月累计	
	金额	同比	金额	同比
总 值	1 122.9	55.9	10 055.6	−11.2
其中：				
一般贸易	592.7	65.5	5 338.7	−6.7
加工贸易	357.4	50.9	3 223.4	−14.8
保税区仓储转口货物	82.4	69.7	642.6	−12.9
保税仓库进出境货物	59.5	46.4	543.9	−5.2
外商投资企业作为投资进口的设备、物品	10.7	−50.1	151.8	−45.0
边境小额贸易	10.2	163.7	72.0	−19.9
租赁贸易	2.8	−53.7	34.5	−50.0

表 7:

2009 年全国月度进口和出口统计

单位：亿美元,%

出口	当月		1月至当月累计	
	金额	同比	金额	同比
2009.01	904.9	−17.6	904.9	−17.6
2009.02	648.7	−25.8	1 553.5	−21.2
2009.03	902.2	−17.2	2 455.7	−19.8
2009.04	919.2	−22.8	3 374.9	−20.6
2009.05	887.0	−26.5	4 261.9	−21.9
2009.06	954.6	−21.3	5 216.5	−21.8
2009.07	1 054.0	−23.0	6 270.5	−22.0
2009.08	1 036.8	−23.4	7 307.3	−22.2
2009.09	1 158.7	−15.3	8 466.0	−21.3
2009.10	1 107.2	−13.9	9 573.2	−20.5
2009.11	1 136.2	−1.2	10 709.4	−18.8
2009.12	1 307.2	17.7	12 016.6	−16.0
进口	当月		1月至当月累计	
	金额	同比	金额	同比
2009.01	513.8	−43.1	513.8	−43.1
2009.02	601.2	−24.0	1 115.0	−34.2
2009.03	718.9	−25.0	1 833.9	−30.9
2009.04	789.7	−22.9	2 623.6	−28.6
2009.05	756.7	−24.9	3 380.3	−27.8
2009.06	875.2	−12.9	4 255.5	−25.2
2009.07	950.7	−14.7	5 206.2	−23.5
2009.08	881.5	−16.8	6 087.7	−22.6
2009.09	1 030.9	−3.5	7 118.6	−20.3
2009.10	868.1	−6.4	7 986.7	−19.0
2009.11	945.9	26.7	8 932.6	−15.8
2009.12	1 122.9	55.9	10 055.6	−11.2

表 8:

2009 年月度进出口总值统计

单位：亿美元,%

月份	当月		1月至当月累计	
	进出口	同比	进出口	同比
2009.01	1 418.6	−29.1	1 418.6	−29.1
2009.02	1 249.9	−24.9	2 668.5	−27.2
2009.03	1 621.1	−20.9	4 289.6	−24.9
2009.04	1 709.0	−22.8	5 998.5	−24.3
2009.05	1 643.7	−25.8	7 642.2	−24.7
2009.06	1 829.8	−17.5	9 472.0	−23.4
2009.07	2 004.7	−19.2	11 476.7	−22.7
2009.08	1 918.3	−20.5	13 395.0	−22.4
2009.09	2 189.6	−10.1	15 584.6	−20.9
2009.10	1 975.3	−10.7	17 559.9	−19.8
2009.11	2 082.1	9.8	19 642.0	−17.5
2009.12	2 430.2	32.7	22 072.2	−13.9

表 9:

2009 年全国关税配额商品进口量值

单位：万美元

商品名称	计量单位	1月至12月累计		同比（%）	
		数量	金额	数量	金额
小麦	吨	904 125	21 116.8	1 999.7	1 327.0
玉米	吨	84 480	2 134.1	68.9	63.6
稻谷和大米	吨	356 810	21 557.8	8.2	3.4
食糖	吨	1 064 482	37 839.9	36.5	18.8
羊毛	吨	307 886	146 590.1	7.9	−13.7
毛条	吨	18 640	7 457.8	−4.4	−28.2
棉花	吨	1 526 370	211 463.6	−27.7	−39.5
化肥	吨	1 781 859	70 261.7	140.6	32.9
其中：					
尿素	吨	38 798	770.4	57 494.1	7 840.0
氮、磷、钾复合肥	吨	1 310 191	52 687.0	103.2	30.9
磷酸氢二胺	吨	432 870	16 804.4	351.2	33.3

表 10:

1981 年以来全国进出口总值

单位：亿美元，%

年度	进出口	出口	进口	同比		
				进出口	出口	进口
1981	440.2	220.1	220.2	—	—	—
1982	416.1	223.2	192.9	−5.5	1.4	−12.4
1983	436.2	222.3	213.9	4.8	−0.4	10.9
1984	535.5	261.4	274.1	22.8	17.6	28.1
1985	696.0	273.5	422.5	30.0	4.6	54.1
1986	738.5	309.4	429.0	6.1	13.1	1.5
1987	826.5	394.4	432.2	11.9	27.5	0.7
1988	1 027.8	475.2	552.7	24.4	20.5	27.9
1989	1 116.8	525.4	591.4	8.7	10.6	7.0
1990	1 154.4	620.9	533.5	3.4	18.2	−9.8
1991	1 357.0	719.1	637.9	17.6	15.8	19.6
1992	1 655.3	849.4	805.9	22.0	18.1	26.3
1993	1 957.0	917.4	1 039.6	18.2	8.0	29.0
1994	2 366.2	1 210.1	1 156.2	20.9	31.9	11.2
1995	2 808.6	1 487.8	1 320.8	18.7	23.0	14.2
1996	2 898.8	1 510.5	1 388.3	3.2	1.5	5.1
1997	3 251.6	1 827.9	1 423.7	12.2	21.0	2.5
1998	3 239.5	1 837.1	1 402.4	−0.4	0.5	−1.5
1999	3 606.3	1 949.3	1 657.0	11.3	6.1	18.2
2000	4 743.0	2 492.0	2 250.9	31.5	27.8	35.8
2001	5 096.5	2 661.0	2 435.5	7.5	6.8	8.2
2002	6 207.7	3 256.0	2 951.7	21.8	22.4	21.2
2003	8 509.9	4 382.3	4 127.6	37.1	34.6	39.8
2004	11 545.5	5 933.3	5 612.3	35.7	35.4	36.0
2005	14 219.1	7 619.5	6 599.5	23.2	28.4	17.6
2006	17 604.4	9 689.8	7 914.6	23.8	27.2	19.9
2007	21 765.7	12 204.6	9 561.2	23.6	26.0	20.8
2008	25 632.6	14 306.9	11 325.7	17.8	17.3	18.5
2009	22 072.7	12 016.6	10 056	−13.9	−16	−11.2

表 11：

2009 年全国外商投资企业进出口情况表

单位：亿美元

	全国		外商投资企业					
	金额	比去年（%）	金额		占全国比重（%）		比重＋/－（百分点）	比去年（%）
进出口总值	22 072.66	－13.88	12 174.37		55.16		0.12	－13.69
出口总值	12 016.63	－16.00	6 722.30		55.94		0.67	－14.97
进口总值	10 056.03	－11.20	5 452.07		54.22		－0.53	－12.06
			投资进口设备	151.76	占三资企业进口比重	2.78	－1.68	－45.17

注：1～12 月份贸易顺差值为 1 270.23 亿美元，扣除投资项下进口设备、物料，贸易净顺差值为 1 421.99 亿美元。

表 12：

2009 年全国利用外资统计简表

单位：亿美元

利用外资方式	本年批准外资情况 项目数			本年实际使用外资		
	本年累计	去年同期	比去年（%）	本年累计	去年同期	比去年（%）
总　　计	23 435	27 514	－14.83	918.04	952.53	－3.62
一、外商直接投资	23 435	27 514	－14.83	900.33	923.95	－2.56
中外合资企业	4 283	4 612	－7.13	172.73	173.18	－0.26
中外合作企业	390	468	－16.67	20.34	19.03	6.85
外资企业	18 741	22 396	－16.32	686.82	723.15	－5.02
外商投资股份制	21	38	－44.74	20.44	8.59	137.86
合作开发	0	0		0	0	
其他	0	0		0	0	
二、外商其他投资	0	0		17.71	28.58	－38.02
对外发行股票	0	0		1.62	0.77	110.27
国际租赁	0	0		2.3	1.44	59.72
补偿贸易	0	0		0.13	0.52	－75.01
加工装配	0	0		13.66	25.85	－47.14

注：此表数据未包括：银行、保险、证券领域吸收外商投资数据。

表 13：

2009 年中国内地非金融类对外直接投资分省市区排名

单位：万美元

序号	省市名称	中方实际投资额
	合计	945 082
1	湖南省	101 628
2	上海市	98 752
3	山东省	90 934
	其中：青岛市	11 003
4	辽宁省	88 076
	其中：大连市	42 753

续 表

序号	省市名称	中方实际投资额
5	浙江省	78 207
	其中：宁波市	29 016
6	广东省	77 388
	其中：深圳市	36 220
7	江苏省	69 778
8	吉林省	33 841
9	山西省	32 576
10	福建省	31 080
	其中：厦门市	12 160
11	北京市	30 581
12	云南省	27 001
13	四川省	26 093
14	天津市	18 798
15	内蒙古自治区	18 525
16	河南省	17 832
17	新疆维吾尔自治区	15 234
18	河北省	15 152
19	陕西省	13 230
20	黑龙江省	12 936
21	湖北省	10 947
22	海南省	7 454
23	广西壮族自治区	6 463
24	安徽省	5 720
25	重庆市	5 194
26	江西省	4 038
27	新疆生产建设兵团	4 003
28	甘肃省	1 637
29	宁夏回族自治区	1 254
30	贵州省	522
31	青海省	208

表 14:

2009 年对外承包工程营业额排序表（分省市）

单位：万美元

序号	省、直辖市、自治区	完成营业额	新签合同额
	合计	5 935 353	7 590 104
1	广东省	758 799	814 859
	其中：深圳市	714 828	738 884
2	上海市	665 664	1 193 790
3	江苏省	435 771	449 596
4	山东省	425 362	850 734
	其中：青岛市	89 740	134 019
5	四川省	335 622	350 679
6	河北省	287 157	266 678
7	湖北省	275 913	679 481

续 表

序号	省、直辖市、自治区	完成营业额	新签合同额
8	浙江省	222 269	230 557
	其中：宁波市	84 925	41 426
9	天津市	208 566	166 199
10	北京市	184 997	296 851
11	河南省	159 823	160 070
12	辽宁省	157 858	255 818
	其中：大连市	90 583	146 629
13	安徽省	149 363	98 077
14	山西省	114 297	48 936
15	黑龙江省	78 633	26 305
16	云南省	73 755	92 403
17	江西省	71 143	108 293
18	陕西省	62 543	32 661
19	湖南省	54 785	63 326
20	新疆维吾尔自治区	44 621	141 835
21	广西壮族自治区	43 495	47 845
22	甘肃省	28 332	28 877
23	贵州省	28 287	16 461
24	新疆兵团	24 028	16 927
25	吉林省	23 469	17 078
26	重庆市	17 576	54 378
27	福建省	17 478	14 476
	其中：厦门市	345	76
28	海南省	2 173	3 365
29	内蒙古自治区	1 692	734
30	宁夏回族自治区	1 461	1 781

表 15:

2009 年对外劳务派出人数排序表（省市）

单位：人

序号	省、自治区、直辖市	派出人数
	合计	347 161
1	山东省	46 098
	其中：青岛市	7 730
2	江苏省	35 500
3	河南省	23 019
4	辽宁省	20 123
	其中：大连市	12 677
5	福建省	17 945
	其中：厦门市	5 199
6	湖北省	15 911
7	吉林省	15 707
8	安徽省	14 620
9	上海市	14 028
10	广东省	13 307

续 表

序号	省、自治区、直辖市	派出人数
	其中：深圳市	0
11	北京市	10 496
12	河北省	10 295
13	湖南省	10 190
14	四川省	10 076
15	天津市	9 941
16	浙江省	8 851
	其中：宁波市	1 800
17	云南省	8 013
18	黑龙江省	7 489
19	江西省	6 307
20	新疆维吾尔自治区	5 336
21	广西壮族自治区	4 660
22	新疆生产建设兵团	3 126
23	陕西省	2 335
24	山西省	2 022
25	重庆市	1 639
26	贵州省	1 350
27	内蒙古自治区	522
28	甘肃省	494
29	宁夏回族自治区	347
30	海南省	8

表 16：

台商投资祖国大陆统计表（2000—2009 年）

单位：亿美元

年份	项目数			实际使用台资金额		
	个数	同比（%）	占当年总额比重（%）	金额	同比（%）	占当年总额比重（%）
2000	3 108	24.4	13.9	23.0	−11.7	5.6
2001	4 214	35.6	16.1	29.8	29.8	6.4
2002	4 853	15.2	14.2	39.7	33.3	7.5
2003	4 495	−7.4	10.9	33.8	−14.9	6.3
2004	4 002	−11.0	9.2	31.2	−7.7	5.1
2005	3 907	−2.4	8.8	21.6	−31.0	3.6
2006	3 752	−4.0	9.1	21.4	−0.7	3.4
2007	3 299	−12.1	8.7	17.7	−20.4	2.4
2008	2 360	−28.5	8.6	19.0	7.0	2.1
2009	2 555	8.3	10.9	18.8	−1.0	2.1

资料来源：商务部

表 17：

两岸贸易统计表（2000—2009 年）

单位：亿美元

年份	贸易总额		大陆对台出口额		大陆自台进口额		贸易差额
	金额	同比（%）	金额	同比（%）	金额	同比（%）	
2000	305.3	30.1	50.4	27.6	254.9	30.6	−204.5
2001	323.4	5.9	50.0	−0.8	273.4	7.2	−223.4
2002	446.7	38.1	65.9	31.7	380.8	39.3	−314.9
2003	583.6	30.7	90.0	36.7	493.6	29.7	−403.6
2004	783.2	34.2	135.5	50.4	647.8	31.2	−512.3
2005	912.3	16.5	165.5	22.2	746.8	15.3	−581.3
2006	1 078.4	18.2	207.4	25.3	871.1	16.6	−663.7
2007	1 244.8	15.4	234.6	13.1	1 010.2	16.0	−775.6
2008	1 292.2	3.8	258.8	10.3	1 033.4	2.3	−774.6
2009	1 062.3	−17.8	205.1	−20.8	857.2	17.0	−652.1

表 18：

香港对内地投资统计表（2000—2009 年）

单位：亿美元

年份	项目数			实际使用港资金额		
	个数	同比（%）	占比（%）	金额	同比（%）	占比（%）
2000	7 199	22	32.21	155	−6.3	38.07
2001	8 008	11.2	30.64	167.1	7.8	35.66
2002	10 845	35.4	31.74	178.6	6.88	33.86
2003	13 633	25.7	33.19	177.0	−0.9	33.08
2004	14 719	7.97	33.71	189.9	7.29	31.08
2005	14 831	0.76	33.71	179.5	5.48	24.72
2006	15 496	4.5	37.36	202.3	12.7	32.11
2007	16 208	4.6	42.8	277.0	30.0	37.1
2008	12 857	−20.7	45.7	410.4	48.1	44.4
2009	10 701	−16.8	45.7	460.8	12.3	51.2

表 19：

内地与香港贸易统计表（2000—2009 年）

单位：亿美元

年份	进出口		出口		进口	
	总额	增长率（%）	总额	增长率（%）	总额	增长率（%）
2000	539.5	23.3	445.2	20.8	94.3	36.8
2001	559.7	3.7	465.5	4.6	94.2	−0.1
2002	629.1	23.7	584.7	25.6	107.4	14
2003	847.1	26.3	762.9	30.5	111.2	3.7
2004	1 126.8	28.9	1 008.8	32.2	118	6.1
2005	1 367.1	21.3	1 244.8	23.4	122.3	3.6
2006	1 661.7	21.6	1 553.9	24.8	107.9	−11.8
2007	1 972.5	18.7	1 844.3	18.7	128.2	18.8
2008	2 036.7	3.3	1 907.4	3.4	129.2	0.9
2009	1 749.5	−14.1	1 662.3	−12.8	87.1	−32.6

资料来源：海关总署

表 20：

1998—2009 年内地对香港承包工程情况

单位：亿美元

年份	项目数		新签合同额		完成营业额		年末在港人数	
	份数	同比（%）	金额	同比（%）	金额	同比（%）	人数	同比（%）
1998	116	−36.30	18.30	−7.60	19.00	24.20	497	−21.40
1999	156	34.00	27.70	51.40	19.60	3.10	924	85.90
2000	162	3.80	25.50	−8.00	20.20	3.10	1 037	12.20
2001	235	45.06	23.64	−7.25	16.99	−16.18	958	−7.62
2002	187	20.43	22.03	−6.79	21.38	25.76	907	−5.32
2003	284	51.87	23.34	5.94	26.37	23.38	850	−6.28
2004	649	128.52	17.74	−23.99	25.43	−3.58	839	−1.29
2005	209	67.80	14.46	−18.51	17.83	−29.89	991	18.12
2006	258	23.44	18.28	26.42	17.55	−18.11	1 037	4.64
2007	263	1.94	16.27	−11.00	19.94	13.62	767	−26.04
2008	95	−63.88	16.1	−1.04	16.9	−15.25	375	−51.11
2009	94	−1.05	29.3	81.99	18.0	6.51	449	19.73

表 21：

2009 年中国对亚洲国家（地区）贸易统计

单位：亿美元

	进出口		出口		进口		贸易差额	
	金额	同比（%）	金额	同比（%）	金额	同比（%）	当年	上年同期
总值	22 072.19	−13.8	12 016.63	−15.9	10 055.55	−11.3	1 961.08	2 954.59
亚洲地区	11 720.49	−14.2	5 685.97	−14.3	6 034.52	−14.1	−348.54	−393.62
亚洲司主管国别	6 927.47	−13.0	3 201.73	−13.7	3 725.75	−12.4	−524.02	−540.04
占总值比（%）	31.4	0.3	26.6	0.7	37.1	−0.5		
东北亚	3 901.57	−14.8	1 545.37	−19.9	2 356.21	−11.1	−810.84	−720.81
日本	2 288.48	−14.2	979.11	−15.7	1 309.38	−13.1	−330.27	−345.17
韩国	1 562.32	−16.1	536.80	−27.4	1 025.52	−8.6	−488.72	−382.11
朝鲜	26.81	−4.0	18.88	−7.1	7.93	4.3	10.95	12.72
蒙古	23.97	−1.7	10.58	16.7	13.39	−12.6	−2.81	−6.25
东盟	2 130.11	−7.8	1 062.97	−6.9	1 067.14	−8.8	−4.17	−28.32
文莱	4.23	93.5	1.40	8.4	2.82	217.5	−1.42	0.41
缅甸	29.07	10.7	22.61	14.3	6.46	−0.2	16.15	13.31
柬埔寨	9.44	−16.7	9.07	−17.1	0.37	−5.2	8.70	10.56
印度尼西亚	283.84	−10.0	147.21	−14.4	136.64	−4.6	10.57	28.62
老挝	7.44	79.0	3.77	40.5	3.67	149.2	0.09	1.21
马来西亚	519.63	−2.8	196.32	−8.2	323.31	0.7	−126.99	−107.19
菲律宾	205.31	−28.2	85.85	−5.4	119.47	−38.7	−33.62	−104.24
新加坡	478.63	−8.7	300.66	−6.9	177.97	−11.6	122.70	121.65
泰国	382.04	−7.4	133.07	−14.7	248.97	−2.9	−115.90	−100.42
越南	210.48	8.1	163.01	7.8	47.47	9.3	115.54	107.79
东帝汶	0.2 328	151.7	0.2 326	154.4	0.0 002	−78.3	0.2 324	0.0 904
南亚、西亚	895.56	−16.3	593.16	−7.3	302.40	−29.8	290.76	209.00

续 表

	进出口		出 口		进 口		贸易差额	
	金 额	同比（%）	金 额	同比（%）	金 额	同比（%）	当 年	上年同期
印 度	433.81	−16.2	296.67	−5.8	137.14	−32.4	159.52	112.19
巴基斯坦	67.75	−2.9	55.15	−7.7	12.60	25.3	42.55	49.69
孟加拉国	45.82	−2.1	44.41	−2.4	1.41	7.0	43.00	44.17
斯里兰卡	16.40	−2.6	15.69	−3.3	0.70	18.0	14.99	15.64
尼泊尔	4.14	8.7	4.09	9.0	0.05	−11.6	4.04	3.69
马尔代夫	0.408	25.4	0.407	30.8	0.001	−91.0	0.405	0.297
不 丹	0.042	−50.8	0.041	−51.4	0.001	∞	0.04	0.08
阿富汗	2.15	39.0	2.13	40.6	0.01	−48.9	2.12	1.49
伊 朗	212.05	−23.3	79.19	−1.6	132.87	−32.2	−53.68	−115.56
土耳其	100.79	−19.8	83.34	−21.3	17.45	−11.6	65.88	86.18
塞浦路斯	12.20	7.6	12.05	7.2	0.15	45.8	11.89	11.13
中国香港	1 749.45	−14.1	1 662.33	−12.8	87.12	−32.6	1 575.22	1 778.20
中国澳门	20.98	−27.9	18.52	−28.8	2.46	−19.6	16.05	22.96
中国台湾	1 062.28	−17.8	205.05	−20.8	857.23	−17.0	−652.18	−774.62
亚洲其他	1 960.30	−16.2	598.34	−18.0	1 361.96	−15.4	−763.62	−880.12
欧 盟	3 640.42	9.1	2 362.84	−6.3	1 277.58	56.9	1 085.27	1 708.57
美 国	2 982.59	−29.9	2 208.16	−24.6	774.43	−41.6	1 433.72	1 601.79

注：占总值比中的“同比”为同比增减点数；亚洲司主管国别 26 个。

表 22：

2009 年日本对中国出口主要商品构成（章）

单位：百万美元

HS 编码	商品类别	2009 年 1～12 月	上年同期	同比（%）	占比（%）
章	总值	109 612	124 952	−12.3	100.0
85	电机、电气、音像设备及其零附件	25 658	30 039	−14.6	23.4
84	核反应堆、锅炉、机械器具及零件	19 342	23 438	−17.5	17.7
87	车辆及其零附件，但铁道车辆除外	9 903	9 020	9.8	9.0
72	钢铁	7 584	8 699	−12.8	6.9
90	光学、照相、医疗等设备及零附件	6 424	6 813	−5.7	5.9
39	塑料及其制品	6 068	6 113	−0.7	5.5
29	有机化学品	5 963	5 668	5.2	5.4
74	铜及其制品	2 996	3 415	−12.3	2.7
27	矿物燃料、矿物油及其产品；沥青等	1 917	4 682	−59.1	1.8
73	钢铁制品	1 882	2 354	−20.1	1.7
38	杂项化学产品	1 371	1 527	−10.2	1.3
40	橡胶及其制品	1 064	1 076	−1.1	1.0
70	玻璃及其制品	874	849	2.8	0.8
54	化学纤维长丝	753	869	−13.3	0.7
32	鞣料；着色料；涂料；油灰；墨水等	740	766	−3.4	0.7
76	铝及其制品	734	882	−16.8	0.7
28	无机化学品；贵金属等的化合物	682	1 166	−41.5	0.6
47	木浆等纤维状纤维素浆；废纸及纸板	634	667	−4.8	0.6
37	照相及电影用品	508	506	0.3	0.5
48	纸及纸板；纸浆、纸或纸板制品	501	569	−12.0	0.5
82	贱金属器具、利口器、餐具及零件	491	567	−13.5	0.5

续 表

HS编码	商品类别	2009年1～12月	上年同期	同比（%）	占比（%）
55	化学纤维短纤	460	489	−5.9	0.4
34	洗涤剂、润滑剂、人造蜡、塑型膏等	425	406	4.8	0.4
60	针织物及钩编织物	406	445	−8.9	0.4
49	印刷品；手稿、打字稿及设计图纸	395	351	12.5	0.4
71	珠宝、贵金属及制品；仿首饰；硬币	388	577	−32.8	0.4
52	棉花	381	484	−21.2	0.4
94	家具；寝具等；灯具；活动房	319	270	18.3	0.3
59	浸、包或层压织物；工业用纺织制品	299	333	−10.2	0.3
68	矿物材料的制品	271	323	−16.2	0.3
	以上合计	99 432	113 363	−12.3	90.7

表23：

2009年日本自中国进口主要商品构成（章）

单位：百万美元

HS编码	商品类别	2009年1～12月	上年同期	同比（%）	占比（%）
章	总值	122 483	143 657	−14.7	100.0
85	电机、电气、音像设备及其零附件	26 012	29 366	−11.4	21.2
84	核反应堆、锅炉、机械器具及零件	20 068	24 116	−16.8	16.4
61	针织或钩编的服装及衣着附件	10 499	10 408	0.9	8.6
62	非针织或非钩编的服装及衣着附件	9 729	10 055	−3.3	7.9
95	玩具、游戏或运动用品及其零附件	4 941	5 264	−6.1	4.0
39	塑料及其制品	3 414	3 750	−8.9	2.8
64	鞋靴、护腿和类似品及其零件	3 228	3 232	−0.1	2.6
94	家具；寝具等；灯具；活动房	3 197	3 549	−9.9	2.6
90	光学、照相、医疗等设备及零附件	3 074	3 917	−21.5	2.5
63	其他纺织制品；成套物品；旧纺织品	2 959	2 327	27.2	2.4
73	钢铁制品	2 894	3 277	−11.7	2.4
42	皮革制品；旅行箱包；动物肠线制品	2 862	3 016	−5.1	2.3
87	车辆及其零附件，但铁道车辆除外	2 201	2 794	−21.2	1.8
16	肉、鱼及其他水生无脊椎动物的制品	2 094	2 078	0.7	1.7
29	有机化学品	1 883	2 221	−15.2	1.5
27	矿物燃料、矿物油及其产品；沥青等	1 374	4 357	−68.5	1.1
44	木及木制品；木炭	1 344	1 550	−13.3	1.1
28	无机化学品；贵金属等的化合物	1 272	3 078	−58.7	1.0
20	蔬菜、水果等或植物其他部分的制品	1 081	1 146	−5.6	0.9
48	纸及纸板；纸浆、纸或纸板制品	1 040	839	24.0	0.9
03	鱼及其他水生无脊椎动物	977	1 147	−14.8	0.8
07	食用蔬菜、根及块茎	943	924	2.1	0.8
68	矿物材料的制品	828	909	−9.0	0.7
38	杂项化学产品	788	1 133	−30.4	0.6
76	铝及其制品	767	1 329	−42.3	0.6
96	杂项制品	647	675	−4.1	0.5
72	钢铁	643	2 576	−75.0	0.5
23	食品工业的残渣及废料；配制的饲料	619	446	38.7	0.5
91	钟表及其零件	558	628	−11.2	0.5
69	陶瓷产品	520	580	−10.2	0.4
	以上合计	112 458	130 687	−13.9	91.9

表 24：

2009 年日本对中国出口主要商品构成（类）

单位：百万美元

海关分类	HS 编码	商品类别	2009 年 1～12 月	上年同期	同比（%）	占比（%）
类	章	总值	109 612	124 952	－12.3	100.0
第 16 类	84-85	机电产品	44 999	53 477	－15.9	41.1
第 15 类	72-83	贱金属及制品	14 447	16 666	－13.3	13.2
第 6 类	28-38	化工产品	10 294	10 544	－2.4	9.4
第 17 类	86-89	运输设备	10 167	9 239	10.0	9.3
第 7 类	39-40	塑料、橡胶	7 132	7 188	－0.8	6.5
第 18 类	90-92	光学、钟表、医疗设备	6 561	6 975	－5.9	6.0
第 11 类	50-63	纺织品及原料	2 966	3 362	－11.8	2.7
第 5 类	25-27	矿产品	2 050	5 015	－59.1	1.9
第 10 类	47-49	纤维素浆；纸张	1 530	1 587	－3.6	1.4
第 13 类	68-70	陶瓷；玻璃	1 212	1 271	－4.7	1.1
第 20 类	94-96	家具、玩具、杂项制品	800	1 148	－30.3	0.7
第 14 类	71	贵金属及制品	388	577	－32.8	0.4
第 1 类	01-05	活动物；动物产品	247	204	21.2	0.2
第 4 类	16-24	食品、饮料、烟草	142	120	17.6	0.1
第 8 类	41-43	皮革制品；箱包	78	82	－4.9	0.1
		其他	6 601	7 496	－11.9	6.0

表 25：

2009 年日本自中国进口主要商品构成（类）

单位：百万美元

海关分类	HS 编码	商品类别	2009 年 1～12 月	上年同期	同比（%）	占比（%）
类	章	总值	122 483	143 657	－14.7	100.0
第 16 类	84-85	机电产品	46 081	53 482	－13.8	37.6
第 11 类	50-63	纺织品及原料	24 521	24 412	0.4	20.0
第 20 类	94-96	家具、玩具、杂项制品	8 785	9 488	－7.4	7.2
第 15 类	72-83	贱金属及制品	5 744	9 686	－40.7	4.7
第 6 类	28-38	化工产品	4 983	7 597	－34.4	4.1
第 4 类	16-24	食品、饮料、烟草	4 319	4 169	3.6	3.5
第 12 类	64-67	鞋靴、伞等轻工产品	3 957	3 969	－0.3	3.2
第 7 类	39-40	塑料、橡胶	3 855	4 301	－10.4	3.2
第 18 类	90-92	光学、钟表、医疗设备	3 761	4 682	－19.7	3.1
第 8 类	41-43	皮革制品；箱包	2 983	3 140	－5.0	2.4
第 17 类	86-89	运输设备	2 340	2 922	－19.9	1.9
第 5 类	25-27	矿产品	1 868	5 333	－65.0	1.5
第 2 类	06-14	植物产品	1 826	1 901	－4.0	1.5
第 13 类	68-70	陶瓷；玻璃	1 808	2 178	－17.0	1.5
第 9 类	44-46	木及制品	1 599	1 816	－12.0	1.3
		其他	4 053	4 581	－11.5	3.3

表 26：

2009 年欧盟（27）对中国出口主要商品构成（章）

单位：百万美元

HS 编码	商品类别	2009 年	上年同期	同比（%）	占比（%）
章	总值	113 132	114 828	−1.5	100.0
84	核反应堆、锅炉、机械器具及零件	33 234	34 586	−3.9	29.4
85	电机、电气、音像设备及其零附件	15 568	16 571	−6.1	13.8
87	车辆及其零附件，但铁道车辆除外	12 046	10 733	12.2	10.7
90	光学、照相、医疗等设备及零附件	5 352	5 262	1.7	4.7
88	航空器、航天器及其零件	4 899	6 311	−22.4	4.3
39	塑料及其制品	4 602	4 213	9.2	4.1
74	铜及其制品	4 268	3 864	10.5	3.8
29	有机化学品	3 350	3 070	9.1	3.0
30	药品	2 882	2 398	20.2	2.6
72	钢铁	2 630	2 535	3.7	2.3
73	钢铁制品	2 599	3 226	−19.4	2.3
47	木浆等纤维状纤维素浆；废纸及纸板	1 505	1 729	−13.0	1.3
71	珠宝、贵金属及制品；仿首饰；硬币	1 326	1 777	−25.4	1.2
38	杂项化学产品	1 214	1 328	−8.6	1.1
76	铝及其制品	1 051	989	6.2	0.9
40	橡胶及其制品	1 018	902	12.9	0.9
28	无机化学品；贵金属等的化合物	934	1 093	−14.6	0.8
48	纸及纸板；纸浆、纸或纸板制品	873	842	3.7	0.8
86	铁道车辆；轨道装置；信号设备	814	616	32.2	0.7
41	生皮（毛皮除外）及皮革	689	674	2.2	0.6
22	饮料、酒及醋	647	590	9.6	0.6
26	矿砂、矿渣及矿灰	614	248	147.3	0.5
32	鞣料；着色料；涂料；油灰；墨水等	609	623	−2.3	0.5
94	家具；寝具等；灯具；活动房	585	615	−4.9	0.5
34	洗涤剂、润滑剂、人造蜡、塑型膏等	475	428	11.1	0.4
82	贱金属器具、利口器、餐具及零件	438	405	8.2	0.4
83	贱金属杂项制品	411	379	8.4	0.4
70	玻璃及其制品	392	377	3.9	0.4
33	精油及香膏；香料制品及化妆盥洗品	389	436	−10.7	0.3
25	盐；硫黄；土及石料；石灰及水泥等	332	347	−4.4	0.3
	以上合计	105 744	107 167	−1.3	93.5

表 27：

2009 年欧盟（27）自中国进口主要商品构成（章）

单位：百万美元

HS 编码	商品类别	2009 年	上年同期	同比（%）	占比（%）
章	总值	299 434	361 880	−17.3	100.0
85	电机、电气、音像设备及其零附件	74 860	87 733	−14.7	25.0
84	核反应堆、锅炉、机械器具及零件	60 182	71 852	−16.2	20.1
62	非针织或非钩编的服装及衣着附件	19 613	20 965	−6.5	6.6
95	玩具、游戏或运动用品及其零附件	17 398	21 025	−17.3	5.8

续 表

HS 编码	商品类别	2009 年	上年同期	同比（%）	占比（%）
61	针织或钩编的服装及衣着附件	16 056	16 080	−0.2	5.4
94	家具；寝具等；灯具；活动房	12 551	14 926	−15.9	4.2
64	鞋靴、护腿和类似品及其零件	8 339	8 732	−4.5	2.8
73	钢铁制品	7 106	11 338	−37.3	2.4
42	皮革制品；旅行箱包；动物肠线制品	6 671	7 925	−15.8	2.2
39	塑料及其制品	6 104	7 515	−18.8	2.0
29	有机化学品	5 500	6 432	−14.5	1.8
90	光学、照相、医疗等设备及零附件	5 391	5 976	−9.8	1.8
89	船舶及浮动结构体	4 491	3 651	23.0	1.5
87	车辆及其零附件，但铁道车辆除外	4 436	5 680	−21.9	1.5
63	其他纺织制品；成套物品；旧纺织品	3 432	3 702	−7.3	1.2
71	珠宝、贵金属及制品；仿首饰；硬币	2 563	3 204	−20.0	0.9
83	贱金属杂项制品	2 464	3 161	−22.1	0.8
44	木及木制品；木炭	2 281	3 228	−29.3	0.8
82	贱金属器具、利口器、餐具及零件	2 255	2 949	−23.5	0.8
69	陶瓷产品	2 047	2 537	−19.3	0.7
40	橡胶及其制品	1 983	2 342	−15.4	0.7
70	玻璃及其制品	1 944	2 493	−22.0	0.7
96	杂项制品	1 830	2 083	−12.2	0.6
48	纸及纸板；纸浆、纸或纸板制品	1 664	1 770	−6.0	0.6
03	鱼及其他水生无脊椎动物	1 618	1 668	−3.0	0.5
72	钢铁	1 545	8 885	−82.6	0.5
91	钟表及其零件	1 363	1 643	−17.0	0.5
76	铝及其制品	1 337	1 856	−28.0	0.5
49	印刷品；手稿、打字稿及设计图纸	1 156	1 208	−4.3	0.4
68	矿物材料的制品	1 140	1 525	−25.3	0.4
	以上合计	279 319	334 082	−16.4	93.3

表 28：

2009 年欧盟（27）对中国出口主要商品构成（类）

单位：百万美元

海关分类	HS 编码	商品类别	2009 年	上年同期	同比（%）	占比（%）
类	章	总值	113 132	114 828	−1.5	100.0
第 16 类	84-85	机电产品	48 802	51 158	−4.6	43.1
第 17 类	86-89	运输设备	18 005	17 701	1.7	15.9
第 15 类	72-83	贱金属及制品	11 951	12 137	−1.5	10.6
第 6 类	28-38	化工产品	10 285	10 067	2.2	9.1
第 7 类	39-40	塑料、橡胶	5 619	5 115	9.9	5.0
第 18 类	90-92	光学、钟表、医疗设备	5 448	5 354	1.8	4.8
第 10 类	47-49	纤维素浆；纸张	2 546	2 691	−5.4	2.3
第 11 类	50-63	纺织品及原料	1 684	1 767	−4.7	1.5
第 14 类	71	贵金属及制品	1 326	1 777	−25.4	1.2
第 4 类	16-24	食品、饮料、烟草	1 318	1 045	26.2	1.2
第 5 类	25-27	矿产品	1 206	874	38.0	1.1
第 8 类	41-43	皮革制品；箱包	978	986	−0.8	0.9
第 1 类	01-05	活动物；动物产品	909	918	−1.1	0.8
第 13 类	68-70	陶瓷；玻璃	803	797	0.8	0.7
第 20 类	94-96	家具、玩具、杂项制品	741	797	−6.9	0.7
		其他	1 510	1 646	−8.2	1.3

表29：

2009年欧盟（27）自中国进口主要商品构成（类）

单位：百万美元

海关分类	HS编码	商品类别	2009年	上年同期	同比（%）	占比（%）
类	章	总值	299 434	361 880	－17.3	100.0
第16类	84-85	机电产品	135 042	159 585	－15.4	45.1
第11类	50-63	纺织品及原料	42 832	45 642	－6.2	14.3
第20类	94-96	家具、玩具、杂项制品	31 779	38 034	－16.5	10.6
第15类	72-83	贱金属及制品	16 052	31 039	－48.3	5.4
第6类	28-38	化工产品	10 451	12 885	－18.9	3.5
第12类	64-67	鞋靴、伞等轻工产品	10 364	11 020	－6.0	3.5
第17类	86-89	运输设备	9 446	9 756	－3.2	3.2
第7类	39-40	塑料、橡胶	8 086	9 857	－18.0	2.7
第18类	90-92	光学、钟表、医疗设备	7 264	8 187	－11.3	2.4
第8类	41-43	皮革制品；箱包	7 006	8 385	－16.5	2.3
第13类	68-70	陶瓷；玻璃	5 130	6 554	－21.7	1.7
第10类	47-49	纤维素浆；纸张	2 846	3 016	－5.6	1.0
第9类	44-46	木及制品	2 681	3 745	－28.4	0.9
第14类	71	贵金属及制品	2 563	3 204	－20.0	0.9
第1类	01-05	活动物；动物产品	2 393	2 494	－4.1	0.8
		其他	5 498	8 476	－35.1	1.8

表30：

美国对中国出口主要商品构成（章）

单位：百万美元

HS编码	商品类别	2009年1～12月	上年同期	同比（%）	占比（%）
章	总值	69 576	69 733	－0.2	100.0
85	电机、电气、音像设备及其零附件	9 477	11 366	－16.6	13.6
12	油籽；子仁；工业或药用植物；饲料	9 313	7 322	27.2	13.4
84	核反应堆、锅炉、机械器具及零件	8 401	9 385	－10.5	12.1
88	航空器、航天器及其零件	5 337	3 910	36.5	7.7
39	塑料及其制品	4 378	3 836	14.1	6.3
90	光学、照相、医疗等设备及零附件	3 966	3 715	6.8	5.7
72	钢铁	2 850	2 443	16.6	4.1
47	木浆等纤维状纤维素浆；废纸及纸板	2 498	2 234	11.8	3.6
29	有机化学品	2 398	2 083	15.1	3.5
87	车辆及其零附件，但铁道车辆除外	1 921	1 877	2.3	2.8
74	铜及其制品	1 760	2 059	－14.5	2.5
76	铝及其制品	1 561	2 109	－26.0	2.2
38	杂项化学产品	1 013	1 083	－6.5	1.5
28	无机化学品；贵金属等的化合物	956	967	－1.1	1.4
52	棉花	839	1 619	－48.2	1.2
02	肉及食用杂碎	752	990	－24.1	1.1
41	生皮（毛皮除外）及皮革	713	911	－21.7	1.0
26	矿砂、矿渣及矿灰	682	720	－5.3	1.0
73	钢铁制品	674	852	－20.9	1.0
40	橡胶及其制品	666	667	－0.1	1.0

续 表

HS编码	商品类别	2009年1～12月	上年同期	同比（%）	占比（%）
03	鱼及其他水生无脊椎动物	587	547	7.2	0.8
44	木及木制品；木炭	550	525	4.9	0.8
48	纸及纸板；纸浆、纸或纸板制品	539	574	−6.0	0.8
27	矿物燃料、矿物油及其产品；沥青等	529	446	18.6	0.8
30	药品	478	392	21.9	0.7
55	化学纤维短纤	402	358	12.1	0.6
71	珠宝、贵金属及制品；仿首饰；硬币	348	402	−13.5	0.5
37	照相及电影用品	341	221	54.3	0.5
32	鞣料；着色料；涂料；油灰；墨水等	327	332	−1.5	0.5
34	洗涤剂、润滑剂、人造蜡、塑型膏等	294	320	−8.2	0.4
	以上合计	64 549	64 266	0.4	92.8

表31：

2009年美国自中国进口主要商品构成（章）

单位：百万美元

HS编码	商品类别	2009年1～12月	上年同期	同比（%）	占比（%）
章	总值	296 402	337 773	−12.3	100.0
85	电机、电气、音像设备及其零附件	72 945	80 346	−9.2	24.6
84	核反应堆、锅炉、机械器具及零件	62 424	65 150	−4.2	21.1
95	玩具、游戏或运动用品及其零附件	23 200	27 181	−14.7	7.8
94	家具；寝具等；灯具；活动房	16 024	19 406	−17.4	5.4
64	鞋靴、护腿和类似品及其零件	13 337	14 480	−7.9	4.5
62	非针织或非钩编的服装及衣着附件	12 903	13 316	−3.1	4.4
61	针织或钩编的服装及衣着附件	11 458	10 684	7.3	3.9
39	塑料及其制品	8 032	8 942	−10.2	2.7
73	钢铁制品	7 496	12 039	−37.7	2.5
42	皮革制品；旅行箱包；动物肠线制品	5 993	7 386	−18.9	2.0
90	光学、照相、医疗等设备及零附件	5 582	6 156	−9.3	1.9
87	车辆及其零附件，但铁道车辆除外	4 993	6 384	−21.8	1.7
63	其他纺织制品；成套物品；旧纺织品	4 713	5 168	−8.8	1.6
29	有机化学品	3 898	4 974	−21.6	1.3
40	橡胶及其制品	2 816	3 348	−15.9	1.0
83	贱金属杂项制品	2 756	3 350	−17.7	0.9
44	木及木制品；木炭	2 326	2 881	−19.3	0.8
71	珠宝、贵金属及制品；仿首饰；硬币	2 273	2 705	−16.0	0.8
82	贱金属器具、利口器、餐具及零件	2 097	2 516	−16.7	0.7
48	纸及纸板；纸浆、纸或纸板制品	2 062	2 330	−11.5	0.7
96	杂项制品	1 692	1 871	−9.5	0.6
49	印刷品；手稿、打字稿及设计图纸	1 612	1 817	−11.3	0.5
03	鱼及其他水生无脊椎动物	1 565	1 704	−8.1	0.5
76	铝及其制品	1 561	1 701	−8.3	0.5
69	陶瓷产品	1 427	1 681	−15.1	0.5
70	玻璃及其制品	1 207	1 436	−15.9	0.4
67	加工羽毛及制品；人造花；人发制品	1 069	1 240	−13.8	0.4
20	蔬菜、水果等或植物其他部分的制品	914	1 278	−28.5	0.3
65	头饰	901	1 030	−12.5	0.3
68	矿物材料的制品	901	1 149	−21.6	0.3
	以上合计	280 177	313 650	−10.7	94.6

表 32：

2009 年美国对中国出口主要商品构成（类）

单位：百万美元

海关分类	HS 编码	商品类别	2009 年 1～12 月	上年同期	同比（%）	占比（%）
类	章	总值	69 576	69 733	−0.2	100.0
第 16 类	84-85	机电产品	17 878	20 751	−13.9	25.7
第 2 类	06-14	植物产品	9 781	7 562	29.4	14.1
第 15 类	72-83	贱金属及制品	7 485	8 364	−10.5	10.8
第 17 类	86-89	运输设备	7 477	6 026	24.1	10.8
第 6 类	28-38	化工产品	6 308	5 902	6.9	9.1
第 7 类	39-40	塑料、橡胶	5 044	4 503	12.0	7.3
第 18 类	90-92	光学、钟表、医疗设备	3 983	3 737	6.6	5.7
第 10 类	47-49	纤维素浆；纸张	3 139	2 949	6.4	4.5
第 11 类	50-63	纺织品及原料	1 633	2 505	−34.8	2.4
第 1 类	01-05	活动物；动物产品	1 572	1 823	−13.7	2.3
第 5 类	25-27	矿产品	1 370	1 378	−0.6	2.0
第 8 类	41-43	皮革制品；箱包	835	1 057	−21.0	1.2
第 4 类	16-24	食品、饮料、烟草	738	546	35.3	1.1
第 9 类	44-46	木及制品	555	529	4.9	0.8
第 13 类	68-70	陶瓷；玻璃	396	445	−11.1	0.6
		其他	1 381	1 655	−16.6	2.0

表 33：

2009 年美国自中国进口主要商品构成（类）

单位：百万美元

海关分类	HS 编码	商品类别	2009 年 1～12 月	上年同期	同比（%）	占比（%）
类	章	总值	296 402	337 773	−12.3	100.0
第 16 类	84-85	机电产品	135 368	145 496	−7.0	45.7
第 20 类	94-96	家具、玩具、杂项制品	40 916	48 458	−15.6	13.8
第 11 类	50-63	纺织品及原料	30 896	31 489	−1.9	10.4
第 12 类	64-67	鞋靴、伞等轻工产品	15 664	17 153	−8.7	5.3
第 15 类	72-83	贱金属及制品	15 374	24 092	−36.2	5.2
第 7 类	39-40	塑料、橡胶	10 848	12 290	−11.7	3.7
第 6 类	28-38	化工产品	7 607	9 662	−21.3	2.6
第 18 类	90-92	光学、钟表、医疗设备	6 617	7 411	−10.7	2.2
第 8 类	41-43	皮革制品；箱包	6 076	7 500	−19.0	2.1
第 17 类	86-89	运输设备	5 523	7 042	−21.6	1.9
第 10 类	47-49	纤维素浆；纸张	3 679	4 160	−11.6	1.2
第 13 类	68-70	陶瓷；玻璃	3 535	4 266	−17.1	1.2
第 9 类	44-46	木及制品	2 592	3 207	−19.2	0.9
第 14 类	71	贵金属及制品	2 273	2 705	−16.0	0.8
第 4 类	16-24	食品、饮料、烟草	2 017	2 438	−17.3	0.7
		其他	7 418	10 403	−28.7	2.5

附　录

附录一 中国 WTO 事务综述（2009 年）

2009 年，国际金融危机冲击全球经济，贸易保护主义抬头，形势严峻。中国政府以负责任的态度，采取一系列合理有效的措施，积极应对金融危机，在新形势、新问题面前，继续全面积极参与 WTO 多边机制，抵制贸易保护主义，推动多哈回合谈判，在构建新的国际经济治理结构过程中，为维护和增强多边贸易体制做出了重要贡献。

一、推动 WTO 多哈回合谈判在困境中重启

2008 年底，WTO 总干事拉米放弃年内召开部长会议的计划，多哈谈判再次陷入停顿。2009 年初，美国总统换届、印度大选等成员国内因素增加了谈判的不确定性。在此背景下，我国在积极配合高访、推动谈判重启、主动参与各层次磋商等方面做了大量工作，取得了实效。

（一）领导人对多哈回合谈判提供政治推动力

2009 年，为联手应对危机，国家间高层会晤频繁，无论是 20 国集团领导人金融峰会（G20 峰会），还是达沃斯论坛、APEC 领导人会议等高层会晤都将支持多哈谈判作为重要议题，反对保护主义、维护多边自由贸易体系成为全球治理的重要组成部分。出席 G20 峰会的领导人发表联合声明，明确支持 2010 年结束多哈谈判，为谈判注入政治推动力。

2009 年 4 月，温总理在博鳌论坛年会期间会见来访的 WTO 总干事拉米，表达对多哈回合谈判的重视和支持。

（二）积极参与部级会议，维护我国核心利益

为将领导人的政治承诺转变为现实的谈判成果，2009 年，商务部陈德铭部长、易小准副部长和仇鸿部长助理在多个场合宣传中方立场，维护我国核心利益，及时提出“尊重授权、锁定成果、以 2008 年 12 月主席案文为基础逐一解决遗留问题；坚持以多边谈判为主、双边交换信息为补充；优先解决农业和非农，随后解决服务、规则以及其他议题”等谈判原则。该原则主张经过中方在达沃斯小型部长会、印度小型部长会、印尼凯恩斯集团部长会的宣传，得到越来越多的认可和支持，并体现在 G20、G8＋5、APEC 领导人宣言中。

2009 年底，陈德铭部长率团出席 WTO 第七届部长级会议，充分肯定了多边贸易体制在抵御金融危机中发挥的中流砥柱作用，呼吁加强并完善 WTO 多边贸易体制，推动多哈回合谈判、改善全球治理结构等观点引起广大成员的积极反响。

（三）高官及工作层加紧努力，创造谈判突破条件

在高层推动下，2009 年下半年，多哈谈判节奏加快，高官磋商密集展开，各议题谈判也陆续重启。为积极参与谈判，切实维护中方利益，我国准备了大量中英文技术性材料。在谈判中，中方还联合相关发展中成员，维护共同利益，抵制少数成员就重要原则问题重开谈判的要求。

二、认真细致完成 WTO 通报审议工作

通报与审议是实践 WTO 透明度原则的重要工作。2009 年，在全球金融危机的大背景下，通报审议工作努力体现了我国政府主动应对危机、反对保护主义的良好形象，并为此做了大量细致的工作，取得了积极成效。

（一）切实履行通报义务，维护负责任大国形象

2009 年，中国不折不扣地履行在 WTO 中的通报义务，一方面高质量完成例行通报义务；另一方面，对重点难点及特殊问题进行了专题处理，对国有贸易通报、服务贸易通报做了专题工作，表明了中国在金融危机时继续履行 WTO 透明度义务的决心。

2009 年，我国还高效完成了 WTO 金融危机监督机制下的贸易政策措施通报工作，对于澄清危机以来我国的各项政策措施，回应国际社会对我国的不利评论，维护我国负责任大国的形象有重要意义。迄今为止，在 WTO 各份监督报告中，涉及我国情况时，都客观、实事求是地反映了我国的政策措施，反映了我国在危机应对中的良好形象。

（二）认真准备审议，做好增信释疑工作

2009 年，重点围绕 WTO 将于 2010 年对我国

进行的第三次贸易政策审议，接待WTO秘书处官员两次访华，向他们详细介绍了金融危机对我国的影响，以及我国出台的各项应对措施，进一步加深了WTO秘书处对我国政策初衷和实际国情的理解。此外，我国积极利用过渡性审议，宣传中国在危机中继续坚持改革开放的基本政策方向，得到了其他发展中成员认同。

三、对技术性贸易措施加大交涉力度

2009年，我国密切跟踪国外技术性贸易措施，利用WTO多边平台加大交涉力度，努力为国内产业发展和对外贸易创造良好外部环境；并就成员对我国技术性贸易措施的关注，积极做好解释澄清工作，维护稳定的多双边贸易环境。

（一）对于我国不利的国外措施加大交涉取得明显成效

2009年，我国先后就美国、巴西、阿根廷、印度等国玩具进口措施，日本肯定列表制度、美国《2010财年农业拨款法案》中限制进口我国禽肉的相关条款，欧盟REACH法规，欧盟危险化学物质分类等对我国对外贸易有较大影响的国外技术性贸易措施加大交涉力度。我国还首次以向WTO/TBT委员会提交正式文件的方式，提出印度限制进口我国玩具的贸易保护主义做法。

（二）加强对内协调，有理有据地回应其他成员对我国技术性贸易措施的关注

2009年，就其他WTO成员关注的我国“绿坝”过滤软件、手机WAPI标准要求、信息安全产品强制认证、因甲型H1N1流感限制进口猪肉、我国禁止使用莱克多巴胺、《蒸馏酒及其配制酒卫生标准》、葡萄酒二氧化硫标准等措施，我国对相关国家进行了解释澄清，致力于防止贸易摩擦激化、维护稳定多双边经贸关系，以巩固我国开放负责的形象。

四、扎实推进WTO相关技术援助和地方WTO工作

2009年，我国继续积极开展与WTO相关的技术援助。“中欧世贸项目”、“中瑞可持续发展项目”、“中德贸易可持续发展与企业行为规范项目”等双边援助项目帮助中央和地方政府增强在海关进出口、农业、质量与标准、服务贸易、政策透明度等领域的能力建设，并就林业、棉花、电子等重点行业加强调研和研讨。

我国还接待了越南“学习中国入世经验代表团”，介绍了我国在履行入世承诺、贸易政策审议、WTO多哈回合谈判等方面的经验。

地方WTO工作继续扎实推进。各地方WTO机构结合本地特点，从理论研究和实践经验等方面继续开展相关工作。2009年7月，全国WTO工作会议在浙江杭州召开，加强了与地方商务部门在WTO谈判工作上的沟通与交流。我国还就《政府采购协定》召开全国研讨会，认真落实加入WTO《政府采购协定》的各项工作。

附录二 WTO年度大事记（2009年）

◇ **2009年1月**

14日

美国提议WTO上诉机构应进行改革

美国贸易代表办公室（USTR）苏珊·施瓦布（Susan C. Schwab）表示，美国已正式向WTO提交了一份议案，要求对WTO的上诉机构进行改革。改革的目的是“确保WTO的上诉机构能够吸引高素质的成员参与其中，并且应当为上诉机构的成员提供更多的支持与资源，以协助他们解决贸易争端”。

19日

美国向WTO提起申诉要求终止中国品牌产品促销政策

美国向WTO提起申诉，要求终止中国为促销其知名品牌所采取的措施，称这些措施属于贸易保护主义行为。美国贸易代表办公室在一份新闻稿中表示，对这些中国品牌产品所采取的促销行为似乎采用了出口补贴，违反了WTO的贸易规则，并可能是行业贸易保护政策的一部分。

20日

WTO同意调查美国对中国钢管征收关税一事

WTO同意就美国向中国产钢管、越野轮胎和复合编织袋征收关税一事进行调查，以确定美国方面是否违反WTO的相关规定。此案涉及美国针对两种钢管、非公路用轮胎和复合编织袋实施的反倾销税和反补贴税。

22日

中国要求WTO设专家组调查美反补贴和反倾销措施

中国要求WTO设立专家组，就美国对中国标准钢管、矩形钢管、复合编织袋和非公路用轮胎采取的反补贴和反倾销措施的合法性进行调查。这是中国第二次把美国的反补贴和反倾销措施诉诸WTO。2008年9月，中国曾把美国针对中国铜版纸采取的反补贴和反倾销措施诉诸WTO。

◇ **2009年2月**

9日

各国构筑新贸易壁垒WTO召开紧急磋商会议

WTO召集各成员举行特别会议，以图遏制不断上涨的贸易保护主义浪潮。商讨如何处理贸易保护主义政策对全球经济的负面影响，但是分析家和专家认为，WTO的紧急会议不会再取得明显的进展。WTO发言人洛克威尔说，会议是为了让WTO各成员清楚了解，在眼下发生经济危机之际各国所采取的贸易措施，并不会采取新的限制性政策。

9日

拉米：WTO将加强监控贸易保护主义

拉米在当天举行的WTO会议上说，自国际金融市场形势去年下半年恶化以来，全球范围内出现新贸易壁垒的情况还不多见，但由于现在仍处于“全球实施经济衰退应对政策的早期阶段”，WTO应该对今后的形势“保持警觉”。

23日

美国立法者称WTO有关美国“归零法”的裁决不恰当

美国两名高级立法者表示，WTO上诉机构有关美国用于计算反倾销税的“归零法”违反WTO规则的裁决，超越了其职权范围。美国众议院筹款委员会主席查尔斯·兰格尔和贸易委员会主席桑德·莱文在一份联合声明中表示，“WTO上诉机构错误地主张其有权解决成员方无法通过协商解决的争端。”

25日

拉米再次呼吁G20应恪守反贸易保护主义承诺

拉米表示，20国集团在2008年11月达成的反对贸易保护主义以及努力推进多哈回合谈判的承诺依然有效。他相信来自20个发达国家和发展中国家的领导人会恪守承诺，在4月份的G20峰会上继续坚持去年达成的反贸易保护主义立场。

27日

中国驻WTO代表：中国充分支持“促贸援助”

中国常驻WTO代表孙振宇大使敦促WTO保持“促贸援助”计划的发展势头，以帮助贫穷国家在经济严峻形势下重树信心，不断提高参与国际贸易的能力，并表示中国将给予充分支持。

◇ **2009年3月**

4日

拉米呼吁美国新政府不要让贸易自由化出现“倒退”

WTO总干事拉米表示，如果美国奥巴马政府因经济危机而在贸易自由化方面实行“倒退”的政策，那么全球贸易谈判可能将停滞不前。拉米在堪培拉举行的一个农业会议上表示，在多哈回合贸易自由化谈判已经陷入僵局的情况下，美国的新政府仍然没有阐明其立场。

4日

伊拉克谋求加入WTO提振经济

伊拉克贸易部长阿卜杜勒·法拉赫·苏丹尼在首都巴格达与美国官员会晤后说，伊拉克“拥有满足加入WTO的所有条件”。伊拉克贸易部一名发言人说，期望能在未来两年内解决伊拉克入世进程中的所有障碍。“伊拉克不能被拒之门外。世界如今是个小村落。”伊拉克于2004年申请加入WTO，其入世谈判工作组最近一次召开会议则是在2008年4月。

12日

瓦努阿图重启入世谈判

瓦努阿图宣布，瓦政府将重启入世谈判。为重启入世谈判，瓦政府已相继制定并实行了一系列经济发展政策，以应对贸易全球化所带来的挑战，努力促进本地区及全球经济贸易一体化，提高瓦贸易在国际市场的竞争力，加强投资政策的制定和执行。瓦努阿图的贸易工业部也积极向政府、私营企业以及国民积极宣传瓦努阿图加入WTO的优势以及入世后所带来的巨大利益。

12日

WTO下半年料将召开部长级会议

WTO总理事会主席、智利大使Mario Matus称，WTO很可能在今年下半年召开拖延已久的部长级会议。他表示，WTO部长级会议并不是特别作为多哈回合谈判召开的，但会评估多哈谈判的地位；还将审视WTO在全球金融危机中的作用。

20日

WTO审议通过了中美知识产权争端案专家小组报告

WTO争端解决机构会议审议通过了中美知识产权WTO争端案专家组报告。商务部新闻发言人姚坚就此发表谈话表示，专家组报告驳回了美方的绝大部分主张，广泛地肯定了中国的知识产权制度。

24日

WTO货物贸易理事会批准美国三法案的豁免申请

WTO召开货物贸易理事会召开会议，批准了美国长期以来对以下优惠方案的豁免申请：《非洲增长和机会法案》（AGOA）、《加勒比海盆地经济复兴法案》（CBERA）和《安第斯贸易优惠法案》（ATPA）。

◇ **2009年4月**

18日

拉米：加强贸易融资 保持贸易开放

在“博鳌论坛分论坛——多哈回合：危机中的展望”中，WTO总干事拉米指出，在国际贸易的融资方面，中国表现得非常活跃，如果其他国家愿意付出和中国一样的努力，就有希望通过贸易融资化解国际金融危机。与此同时，还应保持贸易开放，依靠自由贸易走出金融危机。

27日

WTO就巴拿马与哥伦比亚限制进口措施案发布专家组报告

WTO就“哥伦比亚实施海关指导价和进口限

制措施”争端案（DS366）发布专家小组报告。专家小组通过审议，对巴拿马的大部分主张予以了肯定。专家小组认为，哥伦比亚实施海关指导价违反了《海关估价协议》第1、2、3、5、6条以及第7.2（b）、7.2（c）条的相关规定，同时，哥伦比亚采取的进口限制措施违反了GATT1994第1.1、5.2、5.6条以及第11.1条的相关规定。最终，专家小组根据《关于争端解决规则与程序的谅解》第19.1条的相关规定建议，哥伦比亚应使其相关措施符合《海关估价协议》以及GATT1994的相关规定。

29日

今后WTO将加强四方面工作

WTO总干事拉米在提交给总理事会关于其下一任期的愿景报告中，指出今后WTO会加强并改善四方面的工作，并表示在当前全球面临经济危机的形势下，各国加强多边贸易体制，特别是完成多哈回合谈判的协议框架，将成为促进经济复苏以及解决经济问题的“明灯”。一是谈判，尽快结束多哈回合谈判仍是WTO最为优先考虑的问题。二是加强现有协定的执行情况。可以利用技术援助、重点关注成员履行义务的能力、实施贸易政策审查、充分遵守争端解决机制，以及建立“预警”系统等措施加以改善。三是加强一致性原则，即确保内部与外部的一致性。四是加强宣传与推广。今后要关注以及改进小的以及非驻地代表团的工作，将审查培训资源适当向这些成员倾斜。此外，加强与非成员的沟通，支持并积极帮助他们解决在入世进程中遇到的困难，尤其给予一些最不发达国家更多的关注。

◇ **2009年5月**

12日

WTO货物贸易理事会批准延长最不发达成员相关义务的豁免期限

WTO货物贸易理事会在召开的会议中，批准了将发展中国家对来自最不发达国家（LDCs）地区的产品所享有的关税豁免待遇期延长10年，WTO的其他成员则没有同样的关税待遇。

14日

上诉机构就美欧“归零法”争端发布执行报告

WTO上诉机构就“欧盟诉美国计算倾销幅度的法规和方法”（“归零法”）争端案（DS294）发布执行报告。上诉机构裁定，（1）专家小组在其报告第8.17和9.1（a）段就专家小组的组成是否适当做出的裁定并无不当。（2）关于专家小组的职权范围，上诉机构支持了专家小组报告第8.80段、第8.126（i）和（v）段的裁定，推翻了专家小组报告第8.119段的裁定，且上诉机构认为，专家小组在处理欧盟选择性“密切关系”主张而未首先处理其“不作为”的主张方面并未违反DSU第11条的规定，且专家小组无需就欧盟的其他主张做出额外裁定。（3）关于美国的执行情况，上诉机构裁定，基于对反倾销税的机械评估的审查所采取的措施致使美国并未执行DSB的建议和裁决，据此，上诉机构推翻了专家小组报告第8.1999段的裁定；另外，上诉机构支持了专家小组报告第8.200段和第9.1（b）（iii）段的裁定，即欧盟并未证明美国在合理期限结束后根据合理期限结束前发布的行政复审中确定的“归零法”对反倾销税的清算不符合DSB的建议和裁决。

24日

拉米要求印度和美国尽快取消分歧

WTO总干事拉米在阿曼表示，美国和印度应尽快放弃贸易保护主义方面的分歧，重启贸易谈判，同时呼吁阿拉伯国家开放国际贸易。拉米表示，美国和印度在农业贸易保护主义方面存在争执，目前两国的选举均已结束，希望新政府就重启谈判。

27日

WTO确定第七届部长级会议于11月底举行

WTO在27日结束的一次总理事会会议上确定，第七届部长级会议将于11月30日至12月2日在日内瓦举行，会议的主题为“WTO、多边贸易体系和当前全球经济环境”。智利籍的总理事会主席马里奥·马图什说，WTO应本着精简和节约的精神来举办第七届部长级会议，这是全体WTO成员的共识。另外，经与WTO成员磋商，他建议这次部长级会议应遵循三个指导原则，即充分参与、包容和透明。

◇ **2009年6月**

8日

拉米呼吁完成多哈回合谈判 促进渔业可持续发展

WTO总干事拉米当天在一份声明中呼吁各成员通过多哈回合谈判的达成来促进全球渔业的可持续发展。拉米在声明中称，过度捕捞已导致海洋鱼类中很多物种已经或是濒临灭绝。这不仅给地球生态带来了严重破坏，也威胁到全球约4 350万渔民的生计。拉米表示，正因如此，各国政府每年为本国渔业所提供的补贴累计高达160亿美元，但这种补贴政策使得渔船数量持续增加，而海洋鱼类大幅减少。拉米指出，WTO成员目前所进行的多哈回合贸易谈判其目标之一就是改革这些渔业补贴政策，促进渔业的可持续发展，造福于子孙后代。

12日

拉米：世界贸易前景不容乐观

拉米在参加法国金融与经济记者协会主办的论坛时指出，世界贸易状况已大幅恶化，预计今年的世界贸易总额会萎缩9%，为第二次世界大战以来的最大降幅。他表示，目前还看不到世界贸易状况改善的积极信号，经济危机造成的社会后果依然摆在人们面前，尤其是那些没有社会“缓冲”机制的发展中国家。

◇ **2009年7月**

9日

WTO报告显示：多项贸易技术措施指向中国

据WTO日前最新发布的第三份全球贸易监督报告显示，其共列举的89个国家（地区）在3月1日至6月19日期间共采取了245项新贸易措施。其中G8+5成员措施达90项，占措施总数的37%。从国别看，印度、中国、美国、俄罗斯措施较多，分别达16、15、12和11项；英国、加拿大分别为7项；法国、德国、巴西分别为5项；日本、墨西哥分别为3项，南非1项。从措施类别看，贸易便利和促进措施15项，绝大多数为发展中国家所采取，其中印度5项，中国4项，俄罗斯3项，巴西、墨西哥、加拿大各1项；贸易救济措施19项，其中11项针对中国；经济刺激计划和行业扶持项目33项，多为发达国家实施，其中英国7项、法国和德国各5项、加拿大4项、日本3项。

24日

WTO总干事拉米提出秋季谈判的路线图计划

WTO总干事拉米在递交给贸易谈判委员会的报告中，就多哈回合贸易谈判的重启以及顺利进行描绘了在未来几个月的“路线图”计划。拉米表示，在近期频繁召开的二十国集团首脑峰会、八国集团同发展中国家对话会议以及亚太经合组织贸易部长会议上，与会各方均表示将采取真正的强有力的措施履行承诺，重启多哈回合谈判，力争谈判在2010年年底之前完成。

28日

WTO开通TBT信息管理系统

WTO公布开通了TBT信息关系系统（TBT Information Management System）。TBT信息管理系统是一个综合的数据库，收集了各成员通报到WTO的所有与技术法规、技术标准和合格评定程序相关的措施，用户可以在线查询。同时，也收集了其他透明度要求下的各成员政府的咨询点和标准化机构的信息。TBT信息管理系统的查询地址是：http：//tbtims. wto. org。

◇ **2009年8月**

26日

WTO裁定美国反倾销关税算法不妥

WTO上诉庭维持一项不利于美国的裁定。这项裁定认为，美国对它认为价格不公平的进口商品征收的紧急进口关税的计算方式存在问题。这是日本提起的一桩旷日持久的申诉出现的最新进展。

◇ **2009年9月**

3日

WTO小型部长级会议召开

为期三天的WTO（WTO）小型部长级会议在印度首都新德里召开。本次小型部长会议由印度提议召开并主办，是WTO各谈判方的部长们自2008年7月日内瓦小型部长会受挫以来的首次聚会。此次会议大约有30个主要经济体的代表参加。其中包括欧盟、美国、印度、中国和巴西等WTO主要成员的代表。

7日

WTO批准巴西向美国实施每年2.95亿美元的制裁

WTO裁定，由于美国未能取消其对棉花生产者提供的非法补贴，因此批准巴西对美国实施每年2.95亿美元的贸易制裁，每年将有大量的美国产品受到影响。

14日

WTO报告：贸易限制措施阻碍全球经济复苏

WTO发布报告说，一些国家继续采取各种各样的贸易限制措施，这些措施会阻碍全球经济复苏。这份由WTO、经济合作与发展组织和联合国贸发会议共同起草的报告评估了20国集团成员自2009年4月伦敦金融峰会以来采取的贸易和投资措施以及各方信守抵制贸易保护主义承诺的情况。报告将提交给本月晚些时候举行的20国集团匹兹堡金融峰会审阅。

18日

拉米对美限制中国轮胎措施表示担忧

WTO总干事拉米表示，美国总统奥巴马上周宣布对进口中国轮胎加征高额关税，他对这种贸易限制措施感到担忧。拉米在当天的一次午餐会上表示，美国政府对中国输美轮胎采取的特保措施“当然是一件令人担忧的事情，因为美中两国都是20国集团成员，而20国集团曾承诺在当前经济危机的形势下不采取贸易限制措施”。

◇ 2009年10月

14日

希拉里表示美国支持俄罗斯加入WTO

正在俄罗斯访问的美国国务卿希拉里·克林顿在莫斯科说，美国支持俄罗斯加入WTO。俄罗斯是至今尚未加入WTO的最大经济体。俄罗斯于1993年6月申请加入WTO，1994年开始相关谈判，但进展十分缓慢。

23日

WTO成立中国拉链反倾销争端解决小组

WTO决定成立有关中国拉链中欧贸易纠纷问题的争端解决小组。中方在23日的争端解决机构会议上正式要求成立争端解决小组，欧盟方面接受。

27日

非洲国家拟统一WTO谈判立场

在非洲贸易部长会议上，非洲国家正在协调各自立场，以便在11月30日WTO部长级会议召开前达成统一谈判立场。毛里求斯代表S.B. Naresh Servansing称，非洲国家希望本轮谈判能尽早达成一个照顾各方利益的结论，希望谈判的主要参与方能重新回到谈判桌前，这次不是非洲拖延了谈判进程。

◇ 2009年11月

4日

美国驻WTO大使提名人承诺不会签署不利于美国的贸易协定

奥巴马提名的美国驻WTO大使庞克（Michael Punke）承诺，在确保多哈贸易协定有利于美国利益前，不会签署协定。庞克称，“没有协议要好于有一个糟糕协议。我相信公平的贸易协议是可以达成的，但我们不会为达成协议而不惜任何代价。”

5日

美欧墨向WTO申诉中国限制重要原材料出口

美国、欧盟和墨西哥要求WTO成立争端解决机制下的专家小组，就中国对重要原材料出口征收高额关税一事进行审理和裁决。美国、欧盟和墨西哥指责中国对用于钢铁、铝和化工产品生产的原材料进行出口限制，从而推高了国际市场原材料价格，并使中国相关企业获得了不公平的竞争优势。中国商务部此前表示，相关政策符合WTO规则。

19日

中国拒绝WTO调查中国原材料出口

在WTO争端解决机构召开的会议上，中国拒绝了美国、欧盟和墨西哥提出的就所谓中国限制原材料出口问题设立专家组的要求，并重申中国的相关出口管理措施符合WTO规则。中国代表团在一项声明中说，中国方面对美欧墨三方在此次会议上提出设立专家组要求感到失望。与三方的指控相反，中国一直尊重和遵守WTO规则以及自身承诺，中国的相关出口政策符合 WTO 的原则和规则。

30 日

WTO 举行部长级会议

WTO 第七届部长级会议在日内瓦举行，本次会议为期三天，会议将重点审议 WTO 工作，但不会就多哈回合展开谈判。WTO 总干事拉米说，本次会议旨在为各成员提供一个回顾、审议 WTO 工作的平台，包括回顾、审议多哈回合的进展情况，但与往届部长级会议不同的是，这不是一次贸易谈判。这次会议的主题被选定为“WTO、多边贸易体系和当前全球经济形势”。这是继 2005 年香港会议之后，WTO153 个成员的最高贸易官员 4 年来的首次部长级会议。

◇ 2009 年 12 月

1 日

WTO 正式使用“欧盟”名称取代“欧共体”

随着《里斯本条约》12 月 1 日生效，WTO 当天正式开始使用“欧洲联盟（欧盟）”这个名称来取代先前一直使用的“欧洲共同体（欧共体）”。WTO 在一项声明中说，自 2009 年 12 月 1 日开始，WTO 正式开始使用“欧洲联盟”这一名称。此前由于法律方面的原因，WTO 一直使用“欧洲共同体”。不过，在 WTO 的一些早期文件中，“欧共体”这一名称将继续存在。

2 日

WTO 部长级会议闭幕

WTO 第七次部长级会议在日内瓦闭幕，为期三天的会议未能在推动多哈回合谈判方面取得明显进展。但会议向世界发出了明确的信号：必须尽快结束多哈回合全球贸易谈判，使所有成员尤其是最不发达成员从全球化进程中受益，使 WTO 在应对金融危机和推动经济复苏中发挥更大作用。此外，各方承诺要在明年结束多哈谈判是各成员的共同立场。

21 日

中国限制美国文化产品案：WTO 维持美国胜诉原判

WTO 上诉机构维持了早先针对中国限制进口美国电影及音乐的裁决，驳回了中国方面的主张，即这些限制对于保护公共道德是必要的。这一最终裁决还为美国及其他外国企业在中国通过互联网销售手机铃声和音乐打开了大门。这一快速增长的市场已经达 5 亿美元/年的规模，但目前不对中国以外的企业开放。

21 日

WTO 设专家组调查中国限制原材料出口指控

WTO 决定设立一个专家组，调查美国、欧盟和墨西哥三方指控中国限制原材料出口一案。在 WTO 争端解决机构当天召开的会议上，中国代表团指出，中方已就相关原材料出口管理措施做出明确解释，并愿意继续通过对话来解决问题，然而美欧墨三方却执意要求就此案设立专家组，中方对此感到失望。但既然专家组的成立已成必然，中方期待着在专家组面前捍卫自身的权利和利益。

附录三 《世界贸易报告（2009年）》内容摘要

A 引言

自然资源在世界贸易中占据相当且不断增长的份额，如果管理得当，自然资源贸易可以提供更多样的产品，并显著提高人类生活的质量。但是，自然资源贸易也向政策制定者提出了特别的挑战。

自然资源的开采和利用必须兼顾现在与未来的不同需求。自然资源的管理方式，对环境和可持续性具有重大意义。自然资源国别分布不均以及价格频繁波动，有可能引起国际关系紧张。此外，金融危机和全球经济衰退过后，随着世界生产增长的恢复，自然资源价格上涨几乎已成定局。

自然资源特有的种种特征影响其贸易方式和适用其贸易的规则的性质。自然资源贸易固有的国际利益和代际利益冲突，使得透明、可预测、设计得当和公平的贸易规则尤显可贵。不恰当或有争议的规则有可能为自然资源民族主义火上浇油，不同国家的实力差别和以邻为壑的心态可能主导贸易政策。在一个稀缺的自然资源禀赋需要精心培育和管理的世界，非合作性的贸易政策可能会损害全球的福利。

本报告将审视这些问题，重点考察国家之间贸易的资源，例如渔产品、林产品、燃料和矿产品。分析范围不包括农产品，因为农产品是种植而得，而非从自然环境中开采而出。对其他非贸易资源只是稍加探讨。例如，本报告不将水本身视为一种贸易产品，而是作为其他商品的含水成分。空气或生物多样性等自然资源不做讨论，除非它们受到贸易的影响。

B 自然资源：定义，贸易方式和贸易全球化

自然资源的定义和主要特征

自然资源是：大量存在于自然环境中，无需加工或经过最小程度的加工后，在生产和消费中具有稀缺和经济用途的物质。自然资源具有若干鲜明的特性，包括地理分布的不均衡性、可耗竭性、外部效应（市场失灵在生产和消费过程中导致的巨大影响）、一些经济体对自然资源的高度依赖性和市场价格的波动性。

自然资源分布不平衡

由于世界上最重要的一些自然资源供应掌控在几个少数国家手中，所以这些国家能够拥有市场势力。尽管，贸易可以将资源从相对丰富地区转移到相对匮乏地区，从而具有提高效率、增进福利的潜能，但是贸易摩擦仍无法避免。

可耗竭性

自然资源既不是可再生资源（如：化石燃料和金属矿石）也不是可再生资源（如：鱼类、森林和淡水），但即使是可再生资源，如果管理不善也会耗尽。这就是为什么资源管理如此重要。在一些情况下，贸易可能会加速资源的消耗，成为资源耗竭的促进因素。

外部性

自然资源的生产、贸易和消费会通过相关经济政策，对市场以外的其他消费者产生负面影响。贸易可以通过增加消费率或者提升资源使用效率，从而恶化或者改善这些外部性。

在国民经济中的主导地位

自然资源在国家的贸易和/或GDP中占有巨大份额，部分归因于资源开采产业。尤其是燃料，其次是矿石和其他矿产品。资源丰富国家的出口倾向于高度集中的少数产品，同时贸易会促进资源开采的过度专门化。贸易还通过进入国外市场促进了多

元化。

波动性

某些自然资源，尤其是燃料和矿产品，易受剧烈市场价格波动的影响。这种不确定性将对投资和生产的决策产生不利影响。通过确保资源供应的多元化，贸易能够减少市场价格的波动。

自然资源贸易流和相关指标

近些年，自然资源在世界贸易中的份额大幅增加，部分扭转了第二次世界大战以来工业制成品贸易持续增长的趋势，但各地区的情况各不相同。

最近的增长主要归因于商品价格的上涨，尤其是石油。燃料在自然资源贸易中所占比重已超过3/4。

2008年，非洲、中东和独联体（CIS）资源在其出口总量中所占比重都超过70%。与此同时，北美洲、欧洲和亚洲，资源只占其出口总量的20%或更少。中、南美洲在二者之间，占其出口总量的47%。

次工业化地区的地区内自然资源贸易量很少，然而，工业发达地区趋于在其地区内交易资源。

2008年，WTO各发达工业地区自然资源出口在地区内贸易所占份额如下：欧洲82%，亚洲78%和北美洲62%。相比之下，资源主导地区独联体、非洲和中东的所占比重非常低，分别为：12%，5%和2%。拉美地区仍然处在两极之间，占地区内贸易量的22%。

自然资源贸易模式

自然资源贸易与工业制成品贸易在一些方面有显著不同。由于在本质上或多或少是相同的，所以自然资源易于集中交易，进而使交易更为便利，促使形成同一价格。

有组织的交易市场的出现，大幅降低了自然资源贸易的交易成本。虽然大部分期货交易仍然发生在发达国家，但一些发展中国家已经在某些商品契约交易方面成为市场的领导者。

集中交易促进“价格发现”——或者市场价格的决定因素——然后，通过鼓励竞争，消费者可以获得较低的交易价格。商品交易同时会增加流动性，也允许供应破裂后，一个生产者可以通过选择其他供应得到补偿。同时，能抵御不合理的价格波动，发挥金融中介和清算所的作用，从而管理与交易相关的风险，保证市场的健全。

特定的贸易模式，例如政府间的长期合同和纵向一体化，也是应自然资源的特殊属性，尤其是资源的地理不均衡分布而产生的。

直到20世纪70年代前期，各种商品贸易主要是以长期合同的形式，发生在生产国和消费国之间，大部分是通过国有企业或跨国公司进行。这种安排源于诸多因素，包括战略考虑、非竞争生产机构、高沉入成本投资和供应安全。随着时间的推移，这些双边长期供应合同被不断完善，甚至被有组织的交易所替代。但是，双边供应合同在资源丰富国家政府和国外私人投资者或公司间依然存在。

就多数能源和矿产商品来说，与其签订这种长期的合同，不如在一个企业内部生产过程中的各个阶段实行纵向一体化，而这种贸易模式正在全球生产链中变得日益重要。这归因于供应链中不同阶段的利润波动、资源获取的不确定性、地点或特定场地的投资相关的高沉入成本和消费者对质量和安全的要求。

自然资源：全球化和学术辩论

自然资源贸易的全球化是由多种因素驱动的，包括：人口增长、工业化的扩散和发展中经济体的崛起。然而，两种趋势更具意义——始于19世纪中叶的运输技术革命和始于20世纪80年代逐渐开放的商品市场。

运输和通讯技术的进步改变了贸易，使低价值货物的远途运输变得更便宜。在1870年至2000年，自然资源的运输成本下降了90%以上。因此，极大地扩大了原材料的贸易量，缩短了距离，也促进了商品贸易。

20世纪80年代后，这一时期全球商品市场持续（虽然不是普遍）转向开放。在连续几个多边贸易协商后，关税壁垒逐渐减少。

一场关于经济增长对地球有限自然资源的影响的学术辩论从未间断。

一方认为，经济和人口的持续增长将不可避免地导致自然资源的枯竭和环境的恶化。

另一方则相信，经济的增长和技术的进步有助于稀缺资源的管理并发展替代资源。

争论焦点之一：目前的市场体系，是否具备应对这些压力的能力。涉及与需要政府政策管理溢出性或者外部性相关的市场生存力。气候改变以及其他环境恶化的迹象，证实了当前市场体系应对资源耗竭和环境破坏的局限性。

多年以来，关于资源对经济发展究竟是一种“恩赐”还是“诅咒”一直存在不同看法。许多经济学家认为，自然资源对国家比较优势而言是一种重要的禀赋，并在经济发展中起关键作用，而另外一些经济学家则认为，对自然资源出口的过度依赖，会使国家落入一种欠发达的陷阱。

与资源的价格下跌和产量日益增加使一些经济学家充满乐观情绪的同时，其他经济学家则发现世界市场商品价格的下跌和贸易条件的恶化（出口价格相比进口价格下跌）是导致发展中国家收入增长和经济发展停滞不前的原因。

为了摆脱困境，发展中国家积极推进经济多元化和发展本国制造业——包括实施有选择性保护和进口替代政策。过度依赖进口替代，致使一些国家侧重于出口导向型增长，也同时认为开放市场是经济增长和发展的最有效保证。

近年来，这场争论已经成熟，认识到了发展过程中的多面性和内在的复杂性。这种观点既承认了市场开放的优势，又肯定了政府在促进经济发展中的责任。

C 贸易理论和自然资源

贸易和资源分布

自然资源的地理分布平衡在解释自然资源贸易收益方面起着重要作用。

在建立在相对优势理论基础上的标准贸易模型中，固定和稀有的自然资源禀赋构成了一种贸易收益。贸易促进了更有效的资源配置，促进了世界社会福利增长。贸易对自然资源的可竭尽性的这些静态影响需要参照其动态影响。

近期的实证文献为传统经济理论提供了支持。然而，文章同时指出，只有当相对优势的其他决定性因素——基础设施、学校和教育制度质量都具备时，资源丰富国家才能通过与资本和熟练劳动力相对丰富的其他国家交换资源、进口资本密集型商品而收获全部贸易利益。

贸易理论和资源的可耗尽性：有限供应的挑战

贸易在有限资源方面对社会福利既有静态影响也有动态影响。与此同时，传统理论预计贸易的静态影响是积极的，而动态影响则更难预测。

有限资源的一个显著特征是：资源当前的使用会影响后代资源消费的潜力。这就对自然资源的长期有效管理提出了一个问题。

几项研究结果显示：在一个资源有限的世界，假设在没有市场和政府失灵的情况下，传统经济理论的预测是成立的。虽然这是一项有用的研究成果，重要的是要记住市场和政府失灵在自然资源部门是无处不在的。例如：不完全竞争、环境对市场无法估价的影响（外部性）和低效的管理。

一些自然资源市场的不完全竞争，引起了有关资源开采效率和最优开采率的问题。不完全竞争可能会影响那个贸易模式，尽管经济学文献对在这种情况下，资源管理对贸易的影响的研究还不是很充分。

自然资源市场具有高度集中和垄断势力强大的特征。在供应方面，自然资源地理上不平衡分布、稀缺和固定的高开采成本限制了市场的参与者，有利于产生卡特尔。在需求方面，自然资源固定的高提炼成本和运输成本，有利于生产集中在少数地区。

经济理论的一个研究结果认为，与完全竞争市场相比，不完全竞争市场将会减缓资源的耗尽。就贸易而言，在全部资源由卡特尔控制并出口到世界各地的情况下，与完全竞争相比，不完全竞争的观念，将会催生更保守的开采计划。更普遍的是，经济学家难以确定贸易对在不完全竞争情况下资源耗竭的影响。这是因为，在自然资源市场建立不完全竞争模型分析的复杂性，这是由在一个跨时间框架中，各种战略因素相互作用造成的，导致福利分析和归纳的困难。

如果资源开采被一个国际卡特尔所控制，贸易模式可能违反比较优势理论。不完全竞争本身可能也是贸易的一个决定因素。国内和国外两个市场中的垄断者，可能会在价格上不同，从而，产生同一种货物的双向贸易——这种现象被称为相互倾销。

技术变更和资本积累可以部分抵消不可再生资源的耗尽性影响。贸易可以促进这一进程。

当前不可再生自然资源的使用，根据其定义，将会减少未来的消费。然而，经济学家指出这一现实情况，并不能表明当前的经济增长率不能持续到未来。

通过使用人为的生产因素（资本）替代自然资源，可以抵消自然资源的限制。从某种程度上，这可以促进技术的扩散从而抵消自然资源的耗竭影响，国际贸易可以帮助支持经济的持续增长。

贸易理论和资源的可耗竭性：开放性准入的问题

开放性准入可能会逆转传统贸易理论的一些预测。

产权保护的欠缺意味着自然资源的开放。例如：湖中的鱼类资源不能得到控制。过多的渔民，会导致过度捕鱼。每个渔民减少所有其他渔民的生产率。然而，每个渔民并不考虑因为自己的加入，而带给其他渔民生产率的负面影响。最后，结果是耗费很大力气，捕到很少的鱼。

根据传统贸易理论，爱好、禀赋和技术完全相同的国家之间不会进行贸易。但是，假如一个自然资源部门具有开放的特征，各国产权保护力度的不同给贸易创造了基础，尽管各国在其他方面完全相同。这意味着，产权管理体制可以充当比较优势的实际基础，并会改变贸易模式。例如，如果自然贫瘠国的产权管理体制比较弱，那么该国很可能停止向资源更丰富的国家出口货物。

开放性准入也可能减少贸易收益

资源进口国的福利通过贸易提高的同时，资源出口国的福利下降了。这是因为自由贸易加速了自然资源的开采，储量比自给自足的情况下减少了。由于自然资源的储量影响劳动生产率，所以储量减少意味着，在贸易更加开放的情况下，国家自然资源的收益就会减少。

假如对某种开放性准入的自然资源需求旺盛或者贸易加强产权管理体系，那么贸易悲观主义可能被高估了。

假如对某一种自然资源的需求旺盛，产权保护较弱的国家会最终进口而不是出口这种自然资源。对这种资源旺盛的需求和产权模糊的界定，综合这两点因素，即使该国完全不买卖也会导致储量的快速耗竭。

产权管理制度的权威取决于多个因素，包括政府监管供应和发现违法行为的能力、技术对收获和管理的天性和盗采资源所带来的经济利益。贸易从不同方面对这些因素的影响造成了自然资源价格的上涨。这可能会引起监管力度的加强或者对盗采资源更严厉的惩罚，两者都会加强产权管理体系。贸易所催生的技术变革的效果是不确定的，取决于变革的天性。

环境的外部性和贸易

开采和在生产和消费活动中使用可耗竭资源会对环境造成负面影响。

资源的开采和使用给环境带来的负面影响，包括二氧化碳的排放、海洋的酸化或者森林的砍伐，可能不会被市场考虑。因而造成的外部性导致对资源超过社会最佳开采率的过度开采。

在污染性资源有限的情况下，例如：石化燃料，理论文献得出的一般结论认为，推迟开采资源对环境而言是最理想的。贸易对由于开采有限资源而产生的污染外部效应的影响是不确定的。

不可再生资源的价格会随着时间的推移、储量的减少而有望上涨。毫无疑问，这将部分抵消因开采这些资源而给造成的环境破坏。另外，市场会对不断上涨的资源价格做出反应，通过发展替代能源技术以应对气候变化问题。在开采工业存在垄断势力的情况下，资源的开采率会比更具竞争性的市场条件下慢。

在存在市场失灵时，例如，市场中参与者对资源可供应量信息掌握的不同和产权界定的模糊不清，贸易可能加速资源消费超过社会最优消费率，并且加剧与开采和使用有限资源相关的环境的外部性。相比之下，因贸易而产生的技术创新对环境破坏的影响将会是正面的，也可能是负面的，取决于技术创新是否能够降低开采成本，或者减少开采和消费活动中的排放。对煤炭、石油和天然气等资源，贸易有助于缓和一些环境的外部性，通过促进使用替代能源从而减少污染能源的使用。

在使用可再生资源的情况下，保护生物的多样性是一个非常重要的问题。在开放的背景下，贸易给自然栖息地带来破坏，从而对生物多样性产生负面影响。在开放性准入的环境下，贸易对物种影响的问题，取决于物种之间的生物学关系。

例如，破坏森林或者草原的栖息地是经济活动扩张的一个直接后果，分别是木材和粮食生产扩张的结果。在某种程度上，这个后果归因于贸易，基于这种考虑，从贸易中获得的福利是打了折扣的。假如各国的物种是各国特有的，贸易专业化将会对全球生物多样化产生消极影响。然而，假如在贸易开放之前，同样的物种存在于所有国家，贸易还是可能使生物多样化总体上增加。

贸易对各种动植物的影响，取决于各物种之间的关系是否是共生的——或者是有益的。例如，在没有贸易的世界中，有两种鱼类可以捕猎，如果这个物种间的关系是有益的（即两种鱼类资源是相互有利的），将会缓解一种自然资源公共准入的问题。而如果这种关系是有害的，则该问题将会恶化。就两国之间的贸易而言，会走向捕猎单一物种的专业化，如果物种间的关系是有害的（或有益的）将会导致捕猎不足（或过度捕猎）。随着开拓和交易各自物种的国家增多，无论是过度捕猎还是捕猎不足，将不仅取决于物种间的生物外部性，还将取决于一系列的因素，例如：参与贸易的国家总数、价格影响和各国消费者的不同偏好。

自然资源的诅咒

一种自然资源在一个经济体中占主导地位，可能会影响经济的表现。这种现象通常被称为资源诅咒假说。资源诅咒的传播途径包括“荷兰病”、对发展中其他决定因素的逆影响及文明冲突。

荷兰病是指由于自然资源收入增加，使本国货币升值，进而削弱制造业部门的竞争力，导致一国家经济逆工业化。这种逆工业化可以是直接的或者间接的。当生产要素从制造业转向自然资源部门时，是直接逆工业化；而当自然资源收入增加，导致消费增加，造成真实汇率的进一步升值，是间接逆工业化。如果制造业部门因从干中学或其他因素，从正外部性中获利，那么因荷兰病引起的制造业产出收缩可能会减缓经济增长率，并对收入水平造成永久性影响。

资源优势可能会通过制度框架间接影响经济增长。其要么在不健全的现行体制下束缚经济增加，比如：产权界定不清、司法体系不健全和法律权威缺失，要么致使制度恶化。

新兴的叛乱集团可以通过初级产品筹集行动经费，所以自然资源增加了爆发内战的可能性。此外，由于征地赔偿不足或环境破坏等因素，开采资源会引发当地居民的不满。领土内和少数民族地区自然资源分布不均衡的国家，尤其易于爆发国内冲突。证据表明，“点源”自然资源——例如，石油和矿产等通常分布集中的资源——更易引发冲突。在冲突期间，诸如宝石等商品，经常与走私和抢劫联系在一起。

在一个经济体内，贸易可能加强或者削弱自然资源优势。

在其他条件相同的情况下，开放贸易将会造成自然资源价格上涨，并会增强资源优势。可是，贸易也可能为生产基地提供多元化的机会，进而削弱资源优势。后者的影响将主要取决于政府是否实行支持多元化的相关政策。

目前为止，经验主义文献就自然资源诅咒尚未达成共识。

早先的文献确定增长和资源依赖性之间的关系是负的，即使还有很多其他可能减缓经济增长的因素，例如，贸易条件的改变、投资活动和制度质量。后续的研究指出制度质量是决定自然资源是诅咒还是祝福的最重要因素，认为资源禀赋对经济增长的间接影响，是通过它对制度的负面影响实现的。

最新的经验主义文章批评了自然资源禀赋是一种诅咒的观点，评估包含了与资源禀赋相关的附加变量和取样周期期间资源开采的因素，认为自然资源优势如果管理得当，对经济增长会产生零，甚至正面影响。

自然资源和价格波动

从历史上看，自然资源具有周期性价格高度波动的特征。在最近的商品繁荣和萧条周期——历史上规模最大，持续时间最长的之一，包含了范围广泛的商品——2006 年以来，某些商品价格的快速上涨，可能受到投机活动的影响。

非传统投资者在引起价格波动中角色已经越来

越重要，例如：指数基金、对冲基金和与商品交易无关的其他基金。2004 年至 2008 年，金融交易商在原油期货市场中所占的份额持续增加（从 33% 增加至 50%），同时传统贸易商的参与正在减少，例如原油生产商、炼油商和批发商（从 31%下降至 15%），这被一些人称为“羊群”效应，可以导致投机泡沫。

然而，在最近的物价波动中，投机者是否起了重要作用还存在疑问。投机交易在现货市场可以抬高物价，现货市场是即时安排发货，只有当价格上涨才促使参与者在市场外建立仓库并囤积商品。以上所谈论的各种商品库存量数据，在一个时期内显示库存量保持不变甚至下降，从而打破各种“囤积”的可能。

一些证据表明，非传统交易商的商品投资会延迟或缓和，而不是加剧或恶化了价格波动。在非传统投资者参与较少的一些商品市场，出现了高度价格波动。之前的周期表明，基础经济因素的特殊混合体导致了物价的大幅波动。

造成价格波动的市场力量原因包括：新兴经济体的快速增加、短期的产能限制和资源替代产品的相对价格。

与 20 世纪 80 和 90 年代相比，2002 年至 2007 年这段时间，主要商品的全球消费每年都在大幅增长，主要归因于经济的快速增加、几个新兴经济体的工业化和城市化。但是在 2008 年中期的经济衰退中，这一趋势被世界需求的萎缩所替代。

在短期内，增加供应能力存在一些限制。在商品价格高涨期间，产能限制日益明显，这是由于 20 世纪 80 和 90 年代物价很低，投资不足的结果。另一方面，在此次经济衰退之前，高涨的商品价格很有可能刺激了产能方面的投资，进而在未来将缓解供应方的产能不足。

在近期的价格波动中，不同商品市场之间的连锁关系也发挥了重要作用。例如：更高的油价影响了其他商品的价格，用煤炭替代石油发电的情况就是这样。

对于严重依赖商品出口的国家，自然资源的价格波动一直是个问题。

造成这个问题的一个原因是，消费者不愿承担风险，把收入花费在防止资源价格波动的风险的措施方面。另一个原因是，如果出口国凭着高额的出口收入借款，为增加的进口和消费提供资金，当自然资源价格下跌，他们可能会面临严重债务负担。

实验证据证实价格波动妨碍经济发展。如果某国遭受资源诅咒，价格波动会使情况恶化。甚至在一些资源优势对经济增长发挥正效应的国家，其正效应也会被价格波动的负面影响逆转。

对严重依赖资源进口的国家而言，自然资源价格波动也应引起重视。这对石油来说尤其如此，各个部门的生产都离不开这种重要的原料。

石油价格波动通过三个途径影响石油进口国——供应、需求和货币政策。石油价格上涨，引起使用石油作为中间投入商品的生产成本的增加。石油进口国减少对商品和服务的消费和投资的支出，以应对不曾预料到的能源价格上涨。石油价格上涨引起的通货膨胀压力可能会导致紧缩货币政策。经验主义文献表明，需求的变化实际上受石油价格变化影响最大。本文中有关石油的论述可以应用于任何自然资源，不过可能程度会轻一些。

D 贸易政策和自然资源

应用于自然资源部门的贸易和其他政策工具的信息

与其他货物一样，传统贸易政策工具同样适用于自然资源。包括出口税、关税、数量限制、其他非关税措施和补贴，本报告将讨论所有这些措施。然而，由于自然资源市场的特性，贸易政策的动机和效果可能会不同。

虽然不同国家只具有部分可比性，WTO 贸易政策审议（TPR）记录的出口税和数量限制信息表明，各国对自然资源使用的措施相对频繁。

依据不同年份有选择性的、通常高度整合的信息，与自然资源相关的政策约占所有部门的 24%，整个自然资源部门在贸易政策审议的统计中，约占全部出口税的 1/3。渔业和林业部门的出口税使用频率高于燃料和采矿业。

证据表明目前存在的出口数量限制措施，通常是出于保护可耗竭性自然资源的目的。已提交到世界贸易组织的其他形式的出口限制，也大多与自然资源有关。

自然资源部门的关税通常较低，尽管存在关税升级，也存在一些非关税措施。

自然资源部门的关税税率通常低于商品贸易的总体税率。只有渔业例外，在发展中国家渔业的进口关税高于其他商品。燃料和矿产品的税率最低。自然资源的约束税率通常高于适用税率，在发展中国家两者之间的“水分”更大。

关税升级存在于一些自然资源货物中，例如林业和采矿业，但在其他资源中并不存在，例如燃料。但是，如果仅就发达国家市场来说，关税升级的程度更高，并且也涉及燃料业。

应用于自然资源部门最常见的非关税措施是：(i) 技术法规（产品特性要求、标识要求、测试、检查和检疫要求，等等）；(ii) 非自动许可证（许可证结合或者被特殊进口许可证替代、敏感产品目类的预先审核，等等）；(iii) 禁止进口。渔业的非关税措施适用的频率高于林业或燃料业。

自然资源的国内和贸易政策，就它们的经济作用而言，通常是可以替换的。

因为自然资源的地理集中，经济措施在影响国内生产或者消费的同时，会对出口或者进口产生巨大影响。例如，一国的石油全部进口并征收消费税可以达到征收一种贸易关税的效果。然而，从法律上区分这两种干预手段十分重要，因为 WTO 和其他国际协定通常覆盖了关税，但没有包含消费税。

关税以外的措施和其他贸易（非关税）措施的税率，因国家和自然资源产品种类的不同，存在显著差异。

例如，与燃料关税相比，国内税率趋向更高而且几个数量级更大。渔业补助的绝对值很大，同时也在总产量中占很大比率。

贸易政策、资源分布和可耗竭性

对于可耗竭的有限自然资源，贸易政策的作用不仅取决于干预的程度，还取决于政策长期的演化。只有少数几项研究关注了自然资源贸易政策的动态效果。

关于贸易政策这个层面的现有文献专门关注了进口关税和消费税。这些研究的一个主要成果是，如果政府可以设立一项固定关税，自然资源的价格和开采方式将不会受到影响。贸易政策也可能面临持续性的问题。例如，当市场动态展开后，最初的政策立场可能会面临压力。

对资源红利（经济租金）的追求是对不可再生资源部门使用贸易措施的一个解释。

关税不能将产品从一个地区移动到另一个地区，如果自然资源产于特定地区并不能移动，造成租金转移——资源进口国试图从资源出口国索取租金——一个使用此类措施的动机。更为普遍的是，稀有自然资源存在大规模租金，极大地刺激了寻租行为。

当进口关税将租金从出口国转移到进口国，出口关税将租金从开采公司转移到政府，同时出口配额将未来的租金转移到现在。

即使进口国因一种关税影响，导致国内价格立刻上涨，刚性供应意味着关税的负担仍将最终落在出口国肩上。出口价格将会下降到进口国剔除关税后的价格点上，而剔除关税后的价格等于推行关税前的价格。

当所有开采的资源都出口时，对一种不可再生资源的征收的出口税，实现了租金从生产者到政府转移。

配额将会造成自然资源的价格上涨，但是这会导致未来资源更高的开采率和更低的价格。如果所有产品用于出口，那么出口（产品）配额将租金从未来转移到现在。

在一个大供应商对可耗竭自然资源征收出口税的情况下，可能会存在贸易条件的争论，由此出口价格上涨会影响进口价格。但是，这个争论有一些限定条件。

当资源也用于国内消费时，出口税相当于国内消费补贴——或者双重定价制——从价格和数量的角度来看影响。因此，应考虑与资源生产部门相关的出口税对整体福利的影响。

当一个国家大得足以通过征收自然资源出口税影响世界价格时，以损害进口国利益的方式改善贸易条件的行为，将导致全世界福利下降。这就是以改善贸易条件为动机的贸易措施被称为以邻为壑政策的原因。

从长远来看，税收导致更高出口价格可能会为发展替代产品、新节能技术或者开发新能源提供动力。进口国也可能通过对其他进口产品征税进行报复。短期国家贸易条件收益需要与更高的需求不确定性造成的长期损失相比较。

通过调整出口税和其他贸易政策也可以解决其他各种政策目标，包括与自然资源价格波动和在一个国内经济环境中的优势度的问题。

对一种自然资源征收出口税未必能降低国内商品价格。这有助于减缓快速上涨的世界价格带给国内市场的压力，从而保护本地消费者。很多自然资源经济学家可能认为这是应对收入不稳定的问题的第二选择，只有在最佳选择——发展有效证券交易和金融市场不能实现的情况下使用。

出口税还可以避免限制工业化（也称荷兰病）以及提升幼稚工业或者多元化。由于自然资源是很多高附加值工业的原料，出口税降低了资源原料的价格，对制造业相当于一项间接补贴。第二选择措施的合理性取决于市场不完善，包括在此情况一个干中学的论点。

补贴会有租金转移和以邻为壑的效果，但补贴也可以用于实现合理的政策目标。

经济学理论通常支持在市场失灵的情况下使用补贴。一个众所周知的例子是“绿色”补贴。例如，当决定投资多少发展一项减少排放的技术时，一家公司将比较新技术产生的私人成本和收益。由于一个公司不会完全考虑社会的环境收益，该公司会投资不足。政府干预通过补贴的形式克服市场失灵。

另外一个有趣的例子是勘探补贴，不可再生资源的一个重要特点是供应的不确定性。公司投资于勘探以发现新的矿藏。在市场可能失灵的情况下也可能需要政府干预。市场失灵的实例包括地质信息的溢出，以及因勘探的沉入成本引起的维持问题。

贸易政策和资源的可耗竭性：公开性准入的问题

加强产权管理制度是解决公开性准入问题的最佳方法。如果这个选择无法实现或者花费巨大，政府可以考虑直接影响生产或者贸易的措施。

对一种自然资源征收生产税也可以作为一种最优政策工具，如果设定税率的水平导致生产者之间对生产率相互作用内在化。一个相似的论点也完全适用于收获自然资源的生产配额。

尽管出口税不能弥补产权的缺失，但可以限制对自然资源的过度开采。然而，使用出口税会产生以邻为壑的效果，因为出口国的福利增加是以其贸易伙伴的福利减少为代价的。进口国将遭受贸易条件下降。

出口税可以降低国内自然资源价格，也会助长国内对资源的不可持续消费。通过采取确保在一个可持续的水平上开采资源的措施，可以避免出现这样的结果。

自然资源行业的补贴，例如渔业，将加剧原已遭受公开性准入而造成资源过度开采的情况。但是，补贴对收获和贸易的影响并不确定。由于当前过度开采的情况严重，如果一味要求增加产量，补贴可能会实际上造成产量减少。

自然资源的外部性和环境政策

认清环境外部性和资源开发之间的关系是有效贯彻环境政策的关键。

经济学文献论证，随时变化的从价税可以延迟消耗并且减缓资源开采对环境造成的不利影响。

当久而久之环境破坏日益严重，随时变化的最佳税率将取决于不同因素的相互影响，例如自然衰变率、初期积累的环境破坏和消费者对当前行为对未来影响的忽视程度（折现率）。

资源的开采和使用，例如化石燃料，不仅对开采和使用此类资源的国家而且对全球环境都会造成负面影响。在这种情况下，有必要通过一个跨国界、统一增加税收的多国协定以决定最佳税率水平，设置一个长期高效的资源分配。

为了使一个环境政策行之有效，该政策应该在颁布后即刻执行。这是为了避免在政策执行前，出现加速开采资源和加剧相关环境破坏的情况。

当生物多样化损失成为一种资源总存量减少的结果时，一种关税对于收益的效果取决于造成资源总存量减少的主要原因，因此取决于栖息地的破坏。

栖息地毁坏是过度捕获的一个直接后果，或者它可能是因替代经济活动的扩张与栖息地转化妥协而产生的结果。在第一种情况下，一个贸易政策例如关税可能是最佳，因为关税可以降低资源开采率和减少栖息地损失。但在第二种情况下关税的效果是不明确的，因为关税通过减少资源开采和扩展其他经济活动都会影响栖息地的保护。

如果资源转换到其他用途对栖息地产生不利影

响，环境标准和生态标签体系可以有效应对。

环境标准设立了每个生产者强制性遵守的质量条件，同时生态标签是一个认证体系，为消费者提供信息并帮助消费者识别绿色产品。只有消费者偏爱美好环境，环境生态标签才能达到它的目标。在那种环境下，生态标签体系可能实现与环境标准相似的环境目标。此外，在政府不能对外国公司强加一个环境标准的情况下，一个生态标签体系是最行之有效的政策。

自然资源部门的政治经济学贸易政策

当贸易和环境保护政策在特殊利益集团的影响下，很难达到社会最佳资源开采率。

众多研究表明一种可能性：因为管理不善或者游说活动，资源利用率可能大于社会最佳开采率。在对政府行为缺乏制衡和缺乏体制监督的国家，情况尤其如此。

贸易开放既影响游说政府的积极性，又影响政策决策者所管理的制度质量。然而贸易开放度对游说的作用是不明确的，最近研究强调：贸易对制度质量有积极影响，从而对资源的有效利用也有积极影响。

在游说活动面前，国际转移是应对与过度开采资源有关的跨国负效应的最合适的政策。

政府通过劝说出口以将增加资源储备，国际转移例如债务——自然环境转换改进一种资源管理的最优政策，这种资源的开采引发了被市场忽略（外部性）的跨国负效应。因为会伤害政治上有组织的资源部门的利益，一项贸易制裁可能产生相反的效果。

国家资源禀赋和区域一体化

自然资源和区域一体化之间存在一种相互关系。区域一体化对资源丰富和资源贫瘠的国家有不同影响。这些影响，转而又决定这些国家参与区域一体化的积极性。

资源丰富、对自然资源实行低关税、低关税壁垒，同时具有相似产业结构、有限制造能力的两个国家的一体化，可能造成有限的贸易创造，并潜在着巨大的贸易分歧影响。在另一方面，区域一体化可能使一个资源丰富的国家通过放宽发展制造业部门面临的限制，实现生产和出口结构的多元化。

区域一体化可能会缓解关于自然资源过度开采和国际贸易对环境造成的其他负面结果的担忧，因为自然资源的管理有时会被作为条款列入区域和双边自由贸易协定。

E 自然资源、国际合作和贸易条例

自然资源贸易和 WTO 规则

世界贸易组织没有专门管理自然资源贸易的协定，但是很多 WTO 规则涵盖了与自然资源相关的货物和服务贸易。本报告确认分析了自然资源市场的五个特征。

全球的不均衡分布

《关贸总协定》（GATT）第二条约束世界贸易组织成员不得将关税提高到减让表中约束水平之上。《服务贸易总协定》（GATS）也制定了市场开放具体承诺表。《关贸总协定》的第一条、第三条和《服务贸易总协定》第二条都设立了非歧视性规则。第十一条规定除关税、税收或者其他收费以外对任何进出口产品以及外销产品没有禁止和限制。规定允许设立出于国家政策需要的限制，第十七条要求这些措施是非歧视性。第十七条试图确保国营贸易企业在商业考虑的基础上，以非歧视性态度进行经济活动。

可耗竭性

《补贴和反补贴措施协定》禁止出口补贴以及设立对其他世界贸易组织成员造成不利影响的补贴。一些自然资源是农产品，属于《农业协定》管理的范畴，例如某些原材料和林业产品，也包括在补贴规定之内。作为多哈回合贸易谈判的一部分，WTO 成员目前正在就渔业补贴的具体规定进行协商。

《关贸总协定》第二十条规定例外的一些国家政策，尤其与资源可耗竭性有关。（g）款允许采取保护可耗竭性自然资源的措施。（j）款允许 WTO 成员对必需品或者一般分配产品或者当地紧缺产品采取措施。但是，任何措施必须与所有成员对此类产品享有同等国际供应份额的原则一致。

外部性

生态标签可以用于管理经济活动对环境造成的无法估量的负面影响。《技术性贸易壁垒协定》以规定产品特点、相关工艺和生产方法的文件形式定义了技术规则。非强制性标准的定义，也使用了相似语言。两个定义的第二句指的都是标签要求"因为它们可以应用于一个产品、工艺或者生产方法。"

《实施动植物卫生检疫协议》承认 WTO 成员有权为保护人类、动物或者植物生命或健康采取动植物卫生检疫措施。第二条（b）款也允许采取为保护人类、动物或者植物的生命或者健康所必需的措施。第二条（d）款允许为保证与 GATT 协定规定不相抵触的遵守法律或者法规所必需的措施。当使用许可证的情况下，这些规则可能会与《进口许可证程序协定》有关，例如：控制进口由合法砍伐木材制成的林业产品。

《政府采购协定》对中央及其下属政府的采购强加了条件，作为外部性最小化的方法。例如：某些行为对环境造成的负面后果。

第十一条（2）（a）款规定了一项禁止出口限制的例外，允许 WTO 成员临时对"为阻止或者缓解食品严重短缺或者其他出口缔约方必需的产品"采取措施。《农业协定》也包含出口限制的条款。

主导性

双重定价制——设立不同的国内价格和出口价格——一些政府以此作为国内生产结构多元化的方法。该机制包括：出口税和出口限制、国家垄断专营和自然资源国内价格最大化。一些人认为，双重定价行为构成可诉补贴，但是关于这一点，还没有协定或者权威部门的法定解释。

第二十条（i）款允许与 WTO 协定不符而为保证国内加工企业所必需的原材料数量所设置的国内原材料出口限制措施。

波动性

价格稳定是国际商品协定的一个主要目标。《关贸总协定》第二十条（h）款为该协定下例外的措施做了详细规定。该条款的现实意义有限，至少对本报告中涉及的自然资源部门是这样。

与自然资源相关的国际法原则

世界贸易组织是更广阔的国际合作框架的一部分，而且自然资源的很多方面，也受其他国际法约束。

世界贸易组织不涉及管理自然资源的所有权。大量的惯例法和条约涉及领土、大陆块、水域和海底的主权。这些法律与国家间自然资源产权的分配有关。在 20 世纪 60 和 70 年代，发展中国家通过了几个国际契约，试图将国外投资者持有的自然资源收归国有。

《国际商品协议》建立了稳定自然资源价格的机制，同时该机制也被视为调整发展中国家出口方贸易条件下降的工具。在本报告中涉及的唯一与货物相关的国际商品协定中，现在只有《国际热带木材协定》还在发挥作用，而且该协定已扩展了其目标。《国际锡协定》和《国际天然橡胶协定》已经终止。当今，生产国之间的协定更加紧密。OPEC 是这类协定中最著名的。

一些贸易协定包含的与自然资源有关的要求超过了 WTO 规定的义务。例如，某些双边和地区协定禁止新设立或者完全废除出口税。《能源宪章条约》对运输的约束超过了《关贸总协定》第五条的规定。

很多国际协定为应对国际外部性的国家间合作建立了机制。许多协定与环境保护有关。腐败是国家间合作的另一个议题。

双边投资条约试图解决所谓的"锁定问题"——契约的双方担心一方事先投资后，另外一方获得事后议价权的一种情况——尤其在涉及矿产和能源资源的契约中起重要作用。

近几年，世界贸易组织协定与一般国际法之间的关系成为了议论的主题，尚未达成一致结论。

世界贸易组织协定为其成员提供了和解 WTO 义务与其他国际协定冲突的途径。从更广泛程度上，《联合国国际法委员会》确立了几项原则，在与不同国际法之间寻求谅解时可能会有帮助。

WTO 和多边环境协定之间的关系是最引人注目的议题之一。

1994 年 WTO《关于环境与贸易的决定》规定："在环境保护与维护一个开放的非歧视性的和平等的多边贸易体系的政策上不应该、也不需要存在任何冲突。”

《关于环境与发展的里约宣言》中反映了一个类似的要求：环境措施和多边贸易体系连贯性。到目前为止，根据多边环境协定，争端解决小组或者上诉机构没有发现一项不符合 WTO 义务的贸易措施。

调节自然资源贸易：挑战和政策意义

国际合作面临一些挑战。这个目录既不完整，而选择的这些议题也没有任何意义，它们必须在 WTO 协商，乃至它们都应列入约定的 WTO 管辖权限范围内。

出口政策

与出口政策相关的第一个挑战是出口税和规则。WTO 规则的一个关键经济原则是：鼓励贸易参与者在会受单边行为伤害的领域合作。一个大国可以通过设立出口限制和提高经济租金，以损害其贸易伙伴的利益为代价，改善本国贸易条件。供给的减少将会推高世界价格并挑起与国内价格的矛盾。例如关税，两个大国限制向对方的出口，最终双方的财富都会减少。由于在进口国出口税经常与关税升级有关，出口国要么通过这些措施在出口商之间交换出口税承诺，要么通过进口税的减让交换出口税的承诺。当然可能还有更多的妥协方法。

这里应该得到两点结论。首先，围绕出口政策的问题不是只有自然资源才有的。这些问题有更普遍的应用。其次，无论是否改变世界价格，出于贸易条件和租金转移的原因，政府会采取出口税政策。采取出口税的目的可能是为了提高税收、稳定收入、国内和出口经济结构的多元化、应对产业链内贸易伙伴的关税升级和达到环境目标。本报告中对出口税（有时对数量管制）的理论分析，也指出这些政策选择的潜在局限性。

自然资源的可持续利用

尽管现行 WTO 规则提供了适应自然资源可持续利用的弹性，在某些领域应该扩大这种弹性。例如，某些补贴可以作为政府管理自然资源的一项重要国内政策工具，或者解决因使用该补贴引起的相关环境影响。《补贴和反补贴措施协定》的第 8 条规定认为，环境补贴是不可诉补贴——即不受 WTO 反对或者采取反补贴措施——在 1999 年末终止，并且 WTO 成员没有同意延期。现在还不清楚是否可以援引第 20 条中的一般例外解释环境保护补贴。

不同的政策导致相似的结果

某些国内和贸易措施从属于不同纪律（制度），即使它们的经济效果相似，这种情况下产生了另一个挑战。当一些国家国内不生产一种自然资源而依赖进口，并且出口国国内对这种资源的需求很少时，国内与贸易措施可以近似替代。对自然资源而言，一项生产配额通常等于一项出口配额，而双重定价制通常会有类似出口税的效果。这相应地产生了消费补贴相同的效果。在这种情况下，仅仅通过调节一种平衡措施，通常不足以维护自然资源贸易的平衡。

以长期成本管理短期需要

因为自然资源是有限的可耗竭的，现行政策和未来结果之间有重要关系。在 WTO 框架下，协商达成的国际规则可以提供一个支柱，帮助政府忽略短期而追求可持续政策。一项措施，出于政治经济的原因可能在短期内是有利的，但是它不符合国家长期的利益，一个例子是开放性准入问题引起的资源开采补贴。WTO 渔业补贴谈判，正是为了应对此类问题。石化燃料对环境有不利影响，最近 G20 出于相似的目的命令复查该类燃料的消费补贴。

自然资源的过境和贸易

尽管本报告中涉及的大部分自然资源的运输相对畅通，还是出现了一些关于已经交易的自然资源通过管辖区域的争议。能源产品尤其容易引发争议。《关贸总协定》第 5 条：过境自由，在促进货物世界范围内的流动中发挥了重要作用。然而，关于第 5 条的范围，在通过固定设施输送的情况下，产生了管理的不确定性，例如管道。这种不确定性会带来经济成本。

改善国际协定间的法律的透明度和连贯性

这里一个争议与 GATT 和 GATS 之间关于围绕自然资源开发利用的活动本质上界定模糊有关。这减低了多边规则的可预见性。更为重要的是，争议涉及WTO和其他国际协定的关系。自然资源的很多方面是受WTO之外的国际规则管理，而且一些挑战只能通过更好的全球治理得到有效解决。关于面对自然资源的国际争议的很多讨论，必须在几个多边层面进行，同时政策的连贯性尤为重要。

F 总结

本报告分析强调应加强合作。自然资源在人类活动的各方面的重要性和资源产品的特性，使得政府一同寻找共同点和恰当的妥协办法变得极为重要。此类合作应旨在保证健全的资源管理、公平和共赢。

贸易合作的领域是本报告关注的重点，而合作的落脚点是建立有效的多边贸易规则。精心设计的贸易规则不仅仅为了保证贸易的正常收益，也是各个合作领域的关键组成部分，例如，管理稀有资源环境保护和国内政策。

附录四　中美货物贸易统计差异研究报告

一、概述

(一) 研究背景

1994年，第八届中美商贸联委曾设立统计小组，对双边货物贸易统计差异问题进行核对研究，以解释和量化两国官方统计数据之间存在的差异。该项研究的初衷，源于两国公布的统计数据之间存在超乎寻常的巨大差异。自20世纪90年代以来，中美双边贸易显著增长，贸易统计差异也随之扩大。据中方统计，1993—2006年间，两国贸易额从277亿美元增至2 627亿美元，对美顺差从63亿美元增至1 443亿美元；据美方统计，同期两国贸易额从403亿美元增至3 430亿美元，对华逆差从228亿美元增至2 326亿美元。

为深入了解近期形势变化下双边贸易统计差异的成因，在2004年4月举行的第十五届中美商贸联委会上，双方商定再次成立贸易统计工作小组，作为联委会下一个合作磋商机制，对贸易统计差异问题共同进行核对研究并互换意见。中方成员单位包括中国商务部和海关总署，美方成员单位包括美国商务部和贸易代表办公室。

(二) 研究范围

该项研究的目的，旨在找出两国官方数据产生统计差异的原因，促进数据使用者对双边贸易统计差异成因达成共识。这些差异可能来自数据收集和处理过程中的概念性和方法论差异。工作小组研究的重点是识别并量化双边统计差异的主要成因。数据核对工作中所进行的调整，既不意味着任何一方的贸易统计制度有误，也不表示要对任何一方公布的官方数据进行修订或更正。

研究核对内容为2000年、2004年和2006年中美官方公布的货物贸易统计数据，具体包括：商品协调制度编码、起运地/运抵地、运输方式和其他信息。

(三) 研究方法

尽管中美两国都遵循联合国货物贸易统计制度，但并不意味着相互的进口和出口数据能够吻合，计价方式、伙伴国属性等因素均会导致双边统计差异。比如：国际运费和保险费计入中国的进口统计，但不计入美国的出口统计。

转口贸易，特别是途经香港的转运，对双边数据的比对影响可以量化。中美两国均将原产地作为进口统计依据，把出口所知目的地作为出口统计依据。在中美之间途经香港的贸易中，出口时所知目的地通常被报作香港，然而当货物最终进口至中国或美国时，进口国会根据原产地规则进行统计，这时统计的“出口方”有可能不是香港。

即使剔除已知的和可量化的概念性与方法论差异，统计差异依然存在。与西向贸易相比，东向贸易的统计差异尤为显著，故工作小组将其作为研究重点。工作小组将东向贸易分为两部分以研究相关统计差异：（1）直接贸易，是指从中国起运的货物，未经停其他国家（地区）进行商业交易而直接出口至美国；（2）间接贸易，是指从中国起运的货物，在中转国（地区）进行商业交易后再转运至美国。详见下文。

二、东向贸易

中美官方贸易统计的最大差异来自东向贸易。研究年度内，中国出口数据与美国进口数据间的差额在持续扩大，但差异率（双方统计差异与美国自华进口额的比率）已有所下降。2000年、2004年及2006年，东向贸易统计差异分别为480亿美元、718亿美元及843亿美元，分别占相应年份整体统计差异的88.7%、87.8%和95.5%。

如表1所示，尽管差异率从2000年的47.9%下降至2006年的29.3%，显示统计差异可能在缩减，但由于双边贸易量的增长，2006年843亿美元的统计差异仍较往年高出许多。

表1:　　东向贸易统计差异情况

单位：亿美元

年份	中国出口	美国进口	双边差额	差异率（%）
2000	521.0	1 000.6	479.6	47.9
2004	1 249.5	1 967.0	717.5	36.5
2006	2 034.7	2 877.7	843.0	29.3

注：东向差异率＝双边差额/美国进口额

（一）统计方法及概念定义性差异（已知及可量化部分）

1. 统计辖区差异

美国将波多黎各和美属维尔京群岛视为美国海关关境区域，中国将其视为单独行政区域。因此，中国在出口统计中将其单独列出，未包含在与美国的贸易统计之中。根据美方统计，2000 年、2004 年和 2006 年，以上两地自中国进口额分别为 2 亿美元、4 亿美元和 7 亿美元。

2. 运输时滞差异

运输时滞差异是指因商品跨年度运输而对双方统计造成的差异，往往由长途海运造成。以美国进口统计中的出口和进口日期为依据，工作小组测算：2000 年、2004 年和 2006 年，运输时滞导致的统计差异分别为 9 亿美元、20 亿美元和 27 亿美元。

3. 中国再出口差异

中国出口统计中包括非原产于中国但经中国再出口至美国的货物。美国将这些货物统计为自原产地而非中国的进口。据中方统计，2000 年、2004 年和 2006 年，中国再出口货值分别为 10 亿美元、24 亿美元和 30 亿美元。

4. 其他差异

除以上差异外，东向贸易中还存在其他可能的统计差异，比如美国对中国商品的再出口（见附录 2）。由于此部分差异的信息不全，工作小组没有尝试对其进行估算调整，但这并不排除其造成东向贸易统计差异的可能性。

（二）直接贸易差异

自 20 世纪 90 年代双方进行首次核对研究以来，中美之间的直接贸易显著增长。据中方统计，研究年度内，直接贸易方式在中国对美出口总值中的比重，由 2000 年的 71% 上升至 2004 年的 84.5%、2006 年的 88.7%；美方统计的比重，则由 2000 年的 56%上升至 2004 年的 73.5%、2006 年的 76.7%。

研究年度内，大约 50%的东向贸易统计差异由直接贸易造成。加工贸易商品在直接贸易中占比较高（据中方统计，2006 年占 60%），这些商品通常因中间商加价行为导致美方的进口报关价格高于中方的出口报关价格。通常的做法是：中国企业从境外（也包括美国）进口原辅材料、零配件、包装物料等，经加工或装配后，再将产品出口至美国。中国加工企业通常通过中间商接收订单并将加工后的商品转卖给美国买家。因此，中国加工企业的出口报关价格往往是中间商的较低买进价格，而美国买家的进口报关价格则是经中间商加价后的较高卖出价格。除此之外，可能还会有其他原因导致直接贸易统计差异，但工作小组此次没有进行探究。

中美双方都没有足够的信息来识别被中间商购买和转卖的直接贸易交易商品。工作小组曾将中方直接贸易出口信息与对应的美方进口信息进行抽样比对，但主要由于两组信息不能一一对应，无法从中得出关于直接贸易统计差异成因的结论。然而，两国的非官方信息均支持以下推论：在涉及加工贸易商品的交易中，直接贸易的运输有可能通过中间商来安排并进行。

经工作小组估算（具体方法见附录 3），加工贸易商品在直接贸易过程中经中间商转卖造成的统计差异分别为：2000 年 132 亿美元，2004 年 194 亿美元，2006 年 210 亿美元。

（三）间接贸易差异

从中国出口的货物，可直接运抵美国，亦可经中间国（地区）进行商业交易后转运至美国。尽管中美两国均遵循联合国的伙伴国属地原则，转口贸易还是导致了统计差异，并成为双边贸易统计差异成因中的一个重要因素。主要包括以下情形：（1）货物经第三方转口期间，被重新加工或包装，形成新的增加值；（2）部分货物在出口报关时不知其最终目的地，因此被记作对中转地的出口。以上情形均会导致美国的进口统计大于中国的出口统计。

虽然转口贸易是造成中美统计差异的一个重要原因，但其贸易规模自 20 世纪 90 年代以来持续下降。2000—2006 年间，据中方统计，间接贸易在东向贸易中的比重从 28.9%下降到 11.3%，美方统计的比重则从 44%下降到 23.3%。然而，间接贸易导致的统计差异仍占东向整体统计差异的一半左右。因此，间接贸易仍被认为是造成东向贸易统计差异的一个重要因素。

工作小组同时发现，在东向贸易统计差异中，香港转口因素导致的差异比重正不断缩小，经由其他地区的转口贸易规模及其统计差异在逐年扩大。据统计，经香港转口导致的差异占东向整体差异的比重已由 2000 年的 49.7%降至 2006 年的 25.8%；

经其他地区转口导致的差异比重则从2000年的10.6%升至2004年的17.6%、2006年的26.5%。

1. 经香港的转口差异

如前所述，中国商品在经香港转口到美国时，除非商品性质在香港发生了实质性改变，否则美国将此批货物连同增加值一同记作“自中国的进口”。此外，还有部分货物在中国出口报关时报作“对香港的出口”，实际上最后出口到了美国。以上两种情形均需做出调整。

经测算（具体方法见附4），2000年、2004年和2006年，经香港转口导致的统计差异分别为239亿美元、201亿美元和217亿美元。

2. 经其他国家（地区）的转口差异

此部分差异也包括两种情形：（1）中国商品在出口美国时，经其他国家（地区）转口过程中产生了增加值；（2）部分商品从中国出口时将中转地报作最终目的地，但最终进入了美国。

2000年、2004年和2006年，按美方统计，经香港以外地区进口的中国商品分别为55亿美元、130亿美元和228亿美元；按中方统计，以上相应年份，经香港以外地区转口到美国的商品分别为5亿美元、4亿美元和5亿美元。据此测算，经其他地区转口导致的统计差异大致为50亿美元、126亿美元和223亿美元。

（四）东向贸易统计差异调整结果

综合以上研究结果，工作小组将双边东向贸易统计差异调整如下（见表2）：

表2：东向贸易统计差异调整情况

单位：亿美元

年份	2000		2004		2006	
	中国出口	美国进口	中国出口	美国进口	中国出口	美国进口
官方公布数据	521.04	1 000.63	1 249.48	1 966.99	2 034.72	2 877.73
统计差异调整：						
中国再出口	−10.44		−23.74		−29.71	
辖区范围		−2.19		−4.13		−6.48
直接贸易		−131.86		−194.46		−210.35
间接贸易						
一香港转口		−238.61		−201.09		−217.33
一其他地区转口		−50.67		−126.30		−223.25
运输时滞		8.79		19.91		27.01
调整后数据	510.60	586.09	1 225.74	1 460.92	2 005.01	2 247.33
留存差异（率）	−75.49（−8%）		−235.18（−12%）		−242.32（−8%）	

注：①波多黎各和美属维尔京群岛不计入中国对美国出口统计

②直接贸易调整（加工贸易部分）详见附录3

③间接贸易调整（转口增加值部分）详见附录4

④留存差异指调整后的中国出口与美国进口之间的差额；留存差异率指留存差异与美国自中国进口额之间的比率

三、西向贸易

就规模而言，西向贸易较东向贸易小很多，差异情况也大致如此。研究年度内，西向平均差异低于70亿美元，东向平均差异则较其大10倍，几近700亿美元。尽管西向统计差异数值较小，但占西向贸易的比重一直很大，近年来才有所降低。2000年和2004年，西向差异率（双方统计差异占中国自美进口额的比率）约为25%左右，2006年下降至7%（见表3）。

表3：西向贸易统计差异情况

单位：亿美元

年份	美国出口	中国进口	双边差额	差异率（%）
2000	162.5	223.6	61.1	27.3
2004	347.2	446.6	99.4	22.3
2006	552.2	592.1	39.9	6.7

注：西向差异率＝双边差额/中国进口额

（一）统计方法及概念定义性差异（已知和可量化部分）

1. 统计辖区差异

美国将波多黎各和美属维尔京群岛视为美国海关关境区域，中国将其视为单独行政区域，调整时应从美国出口额中剔除。研究年度内的三年数值都很小。据美方统计，2000年、2004年和2006年，以上两地对华出口额分别为0.15亿美元、0.74亿美元和1.03亿美元。

2. 航运费用差异

中国进口统计采用到岸价格（CIF）计价，其中包括保险费和运输费；美国出口统计采用舷边交货价（FAS）计价，不包括以上两项费用。为解决两国因对国际航运费用进行不同处理而产生的统计差异，工作小组对中国进口数据进行了调整。

鉴于美国、中国的西向贸易统计均未对航运费用进行直接计算，工作小组采用了估算方法。美国在东向贸易进口统计中有关于“货物航运费”的单独记录，因此可用“航运费与FAS进口额之比”来估算西向贸易的运输费用。该比值比较稳定，研究年度内均在7%左右。

由此推算，2000年、2004年和2006年，双方由于计价方式不同而产生的统计差异分别为12亿美元、24亿美元和39亿美元。

3. 美国再出口差异

美国出口统计中包含非原产于美国、但经美国再出口到中国的货物；中国的进口统计将其记作自原产地而非美国的进口。既然此部分货物不是“美国商品”，应将其从美国出口数据中剔除。

据美方统计，研究年度内，西向再出口货值占美国出口总额的比重一直在6%左右。2000年、2004年和2006年，美国再出口货值分别为9亿美元、21亿美元和36亿美元。

4. 修理费用差异

美国把修理货物的费用计入其出口额，但中国没把此类贸易统计在其进口项下，因此应将修理费用从美国出口数据中剔除。

据美方统计，2000年、2004年和2006年，对华出口的“货物修理费用”分别为0.76亿美元、1.03亿美元和1.46亿美元。

5. 其他差异

鉴于西向贸易统计差异占整体统计差异的比重较小，且缺乏运输时滞以及区分间接贸易和直接贸易的数据，工作小组未对这些因素做尝试量化调整。然而，这并不排除其造成西向贸易统计差异的可能性。

（二）西向贸易统计差异调整结果

西向贸易研究结果只解释了西向统计差异的一小部分（见表4），其原因是在研究年度内，对美国出口数据中的“再出口”调整几乎与中国进口数据中的“航运费”调整相抵消。另外，由于西向统计差异相对较小且逐渐下降，加之量化调整所需数据难以获取，一些概念和定义性差异以及转口贸易差异只是被特别点明，而未做量化调整。调整后的留存差异率在7%～27%之间。

四、结论

通过对中美贸易统计数据及相关信息的比对研究，工作小组找到了双边贸易统计差异的主要特征及其成因，并尽可能对可量化的统计差异进行了调整。有关结论如下：

表4： **西向贸易统计差异调整情况**

单位：亿美元

年份	2000		2004		2006	
	中国进口	美国出口	中国进口	美国出口	中国进口	美国出口
官方公布数据	223.63	162.53	446.57	347.21	592.09	552.24
统计差异调整：						
美国再出口		−9.18		−21.15		−36.00
辖区范围		−0.15		−0.74		−1.03
航运费用	−11.88		−24.30		−38.66	
修理费用		−0.76		−1.03		−1.46
调整后数据	211.75	152.44	422.26	324.29	553.43	513.75
留存差异（率）	−59.31（−27%）		−97.97（−22%）		−39.68（−7%）	

注： 1. 波多黎各和美属维京群岛不计入中方自美国进口统计；

2. 留存差异指调整后的美国出口与中国进口之间的差额；留存差异率指留存差异与中国自美国进口额之间的比率。

第一，虽然中美贸易规模在逐年扩大，但东向及西向贸易的差异率均在不断下降。2000年、2004年及2006年，东向贸易的差异率由47.9%下降至36.5%、29.3%，西向贸易的差异率由27.3%下降至22.2%、6.7%。这说明若不考虑贸易规模增长的影响，双边的统计差异实际上在逐步缩减。

第二，中美贸易统计的最大差异来自东向贸易。研究年度内，东向统计差异约占整体统计差异的80%～90%。也就是说，美方统计的自华进口额远大于中方统计的对美出口额，而对应的美国对华出口额与中国自美进口额则比较接近。随着双边贸易规模的不断扩大，东向贸易统计差异亦不断增多。因此，工作小组重点对东向贸易统计差异进行了核对研究。

第三，工作小组分析了东向贸易统计差异的成因，主要发现包括：

（1）东向直接贸易（从中国起运的货物，未在其他国家或地区进行商业交易而直接运抵美国）导致的统计差异占东向整体统计差异的近一半。究其原因，主要是由于加工贸易商品在其中占很高的比重（按中方统计，2006年为60%），并因中间商加价行为导致美方的进口报关价格高于中方的出口报关价格。2000至2006年，随着东向直接贸易比重的不断增大，其导致的统计差异也随之增多。

（2）转口贸易及其增加值也是造成双边统计差异的重要原因。近年来，虽然转口贸易在双边贸易中的比重大幅下降，但其导致的统计差异仍然占整体统计差异的近一半。其中，经香港转口的差异影响最大，但近年来已逐渐减弱。

（3）双方统计差异还来自于数据加工处理过程中的统计方法和概念定义的不同，主要包括统计辖区差异、运输时滞差异、中国再出口差异等。由于这些因素相互抵消，它们对双边统计差异的净影响不大。

第四，鉴于西向贸易统计差异占整体统计差异的比重较小，而且缺乏转口运输及运输时滞等数据，工作小组仅从统计方法及概念定义性差异方面，对西向贸易中已确定和可量化的统计差异进行了研究。结果表明：两国计价方式不同（中国进口采用CIF计价，美国出口采用FAS计价）产生的差异是西向贸易中的最大差异，但与“美国再出口”导致的差异相抵后，对整体差异的影响很小。

附1：中美货物贸易统计概念及定义比较

	中国	美国
贸易制	总贸易制	总贸易制
计价方式 出口 进口	离岸价（FOB） 到岸价（CIF）	船边交货价（FAS） 船边交货价（FAS）和到岸价（CIF）
伙伴国 出口 进口	最终目的国/运抵国（地） 原产国/起运国（地）	最终目的国（地） 原产国/出口国（地）
商品分类制	协调制度 HS-10（6+4）	协调制度 HS-10（6+4）
数据来源	出口/进口报关单	（同）
统计时间	从货物清关时开始记录	（同）
关境范围	中华人民共和国境内（香港、澳门、台湾单独关税区除外）	包括美国本土、波多黎各和美属维尔京群岛
小额贸易界限 出口 进口	未做具体规定 5 000元人民币	2 500美元 1 250美元或250美元
无形交易	未做具体规定	尽可能加以估价统计
非商业性交易	包括交易价值	（同）
无偿援助和捐赠	包括交易价值	（同）
再出口	部分包含，未单独记录	包含，并单独记录
再进口	包含	部分包含

附 2：关于美国对华商品再出口的说明

美国可能会作为中转国，将原产于中国的商品再出口至其他国家或地区，如加拿大或墨西哥。在这种情况下，尽管双方均遵循联合国的伙伴国属地原则，但仍会产生统计差异。由于美国按原产地（中国）统计进口，中国按最终目的国（比如加拿大或墨西哥）统计出口，因此美国的进口数字可能高于中国的出口数字。

美国不统计再出口到墨西哥或其他国家（地区）的货物原产地信息。但根据美国和加拿大签订的数据交换协议，可获知美国再出口到加拿大且原产于中国的商品信息：2000 年、2004 年及 2006 年，分别为 10 亿美元、24 亿美元和 30 亿美元。

鉴于美国对华商品再出口的信息不完整，工作小组没有尝试进行估算调整。

附 3：直接贸易中加工贸易商品增加值测算方法

对于中国直接出口到美国的加工贸易商品，美国统计的进口价值可能会高于中国统计的出口价值。这是由于这些货物在出口后可能被中间商购买，随后以更高的价格转卖给美国买家，以上加价没有被计入中方出口统计，但被计入了美方进口统计。这是导致中美贸易统计差异的一个重要因素。

这些商品的增值率，是指美国进口值与经价格调整后的中国出口值之间的比率。计算直接贸易中加工贸易商品增加值的方法，参照的是香港转口增加值的测算方法（见附 4）。公式如下：

出口调整值＝中国加工贸易商品出口单价×美国进口数量

加工贸易出口调整值＝出口调整值×加工贸易比重

增值率＝∑加工贸易出口调整值/∑美国进口值
＝(这些商品单价×商品数量）之和/美国进口值

根据计算得出的增值率，可推导出直接贸易中加工贸易商品的增加值：

增加值＝（增值率－1）×货物进口值

以上增值率的计算依据及数据来源，主要包括：

（1）使用中方统计的对美直接贸易出口中、加工贸易占比 50％以上的 HS6 位码商品数据，以及对应的美方统计的 6 位码进口数据。由于美国统计中不能区分出加工贸易方式，因此工作小组使用了 50％这一阀值来估选对应的美国进口统计中的加工贸易商品。

（2）对直接贸易中加工贸易商品调整值的计算，基于中方货物的单价及美方的进口值。

（3）测算范围包括报关单价可获且调整值低于美方进口值的 HS6 位码商品。工作小组认为 HS6 位码商品报关价格造成的差异调整值不应大于相应的美国进口值，所以在实际计算中剔除了一些不合理的商品编码。

附 4：香港转口增加值测算方法

经香港转运至美国的中国货物，其价值通常高于香港自中国内地进口时的价值。这是因为货物在香港被进一步加工后产生了增加值，或转运商为逐利而抬价。这部分增加值或抬价没被计入中国的出口统计，但被计入了美国的进口统计。这是导致中美贸易统计差异的一个重要因素。

此处所指的转口增值率，是指“经香港转运的中国内地货物的价值”与“香港从中国内地进口时的价值”相较后的增长率。即：香港转口值中所包含的香港增加值的比率。其计算公式如下：

$$\text{增值率}=\frac{\text{香港转口到美国的中国货物的价值}}{\text{这些转口货物自中国内地进口时的价值}}=\frac{\sum\text{（转口单价×转口数量）}}{\sum\text{（进口单价×转口数量）}}$$

根据计算得出的转口增值率，可按如下公式计算经由香港转口的增加值：

增加值＝（增值率－1）×转口货物的进口值

关于转口增值率的计算依据及数据来源，主要包括：（1）使用香港统计的商品进口及转口数据；（2）比较香港自中国内地的进口单价与转口中国内地货物到美国的单价变化情况；（3）计算可获得单价信息的 HS6 位码商品。

附录五 WTO成员一览表

WTO正式成员一览表

（截至2010年9月）

序号	中文名称（简称）	英文名称（简称）	加入时间
1	阿尔巴尼亚	Albania	2000年9月8日
2	安哥拉	Angola	1996年11月23日
3	安提瓜和巴布达	Antigua and Barbuda	1995年1月1日
4	阿根廷	Argentina	1995年1月1日
5	亚美尼亚	Armenia	2003年2月5日
6	澳大利亚	Australia	1995年1月1日
7	奥地利	Austria	1995年1月1日
8	巴林	Bahrain	1995年1月1日
9	孟加拉国	Bangladesh	1995年1月1日
10	巴巴多斯	Barbados	1995年1月1日
11	比利时	Belgium	1995年1月1日
12	伯利兹	Belize	1995年1月1日
13	贝宁	Benin	1996年2月22日
14	玻利维亚	Bolivia	1995年9月12日
15	博茨瓦纳	Botswana	1995年5月31日
16	巴西	Brazil	1995年1月1日
17	文莱	Brunei Darussalam	1995年1月1日
18	保加利亚	Bulgaria	1996年12月1日
19	布基纳法索	Burkina Faso	1995年6月3日
20	布隆迪	Burundi	1995年7月23日
21	柬埔寨	Cambodia	2004年10月13日
22	喀麦隆	Cameroon	1995年12月13日
23	加拿大	Canada	1995年1月1日
24	佛得角	Cape Verde	2008年7月23日
25	中非	Central African Republic	1995年5月31日
26	乍得	Chad	1996年10月19日
27	智利	Chile	1995年1月1日
28	中国	China	2001年12月11日
29	中国台北	Chinese Taipei	2002年1月1日
30	哥伦比亚	Colombia	1995年4月30日
31	刚果（布）	Congo	1997年3月27日
32	哥斯达黎加	Costa Rica	1995年1月1日
33	科特迪瓦	Côte d'Ivoire	1995年1月1日
34	克罗地亚	Croatia	2000年11月30日
35	古巴	Cuba	1995年4月20日
36	塞浦路斯	Cyprus	1995年7月30日
37	捷克	Czech Republic	1995年1月1日
38	刚果（金）	Democratic Republic of the Congo	1997年1月1日

续 表

序号	中文名称（简称）	英文名称（简称）	加入时间
39	丹麦	Denmark	1995 年 1 月 1 日
40	吉布提	Djibouti	1995 年 5 月 31 日
41	多米尼克	Dominica	1995 年 1 月 1 日
42	多米尼加共和国	Dominican Republic	1995 年 3 月 9 日
43	厄瓜多尔	Ecuador	1996 年 1 月 21 日
44	埃及	Egypt	1995 年 6 月 30 日
45	萨尔瓦多	El Salvador	1995 年 5 月 7 日
46	爱沙尼亚	Estonia	1999 年 11 月 13 日
47	欧洲共同体	European Community	1995 年 1 月 1 日
48	斐济	Fiji	1996 年 1 月 14 日
49	芬兰	Finland	1995 年 1 月 1 日
50	马其顿	Former Yugoslav Republic of Macedonia	2003 年 4 月 4 日
51	法国	France	1995 年 1 月 1 日
52	加蓬	Gabon	1995 年 1 月 1 日
53	冈比亚	Gambia	1996 年 10 月 23 日
54	格鲁吉亚	Georgia	2000 年 6 月 14 日
55	德国	Germany	1995 年 1 月 1 日
56	加纳	Ghana	1995 年 1 月 1 日
57	希腊	Greece	1995 年 1 月 1 日
58	格林纳达	Grenada	1996 年 2 月 22 日
59	危地马拉	Guatemala	1995 年 7 月 21 日
60	几内亚	Guinea	1995 年 10 月 25 日
61	几内亚比绍	Guinea－bissau	1995 年 5 月 31 日
62	圭亚那	Guyana	1995 年 1 月 1 日
63	海地	Haiti	1996 年 1 月 30 日
64	洪都拉斯	Honduras	1995 年 1 月 1 日
65	中国香港	Hong Kong，China	1995 年 1 月 1 日
66	匈牙利	Hungary	1995 年 1 月 1 日
67	冰岛	Iceland	1995 年 1 月 1 日
68	印度	India	1995 年 1 月 1 日
69	印度尼西亚	Indonesia	1995 年 1 月 1 日
70	爱尔兰	Ireland	1995 年 1 月 1 日
71	以色列	Israel	1995 年 4 月 21 日
72	意大利	Italy	1995 年 1 月 1 日
73	牙买加	Jamaica	1995 年 3 月 9 日
74	日本	Japan	1995 年 1 月 1 日
75	约旦	Jordan	2000 年 4 月 11 日
76	肯尼亚	Kenya	1995 年 1 月 1 日
77	韩国	Korea，Republic of	1995 年 1 月 1 日
78	科威特	Kuwait	1995 年 1 月 1 日
79	吉尔吉斯斯坦	The Kyrgyzstan Republic	1998 年 12 月 20 日
80	拉脱维亚	Latvia	1999 年 2 月 10 日
81	莱索托	Lesotho	1995 年 5 月 31 日
82	列支敦士登	Liechtenstein	1995 年 9 月 1 日
83	立陶宛	Liechtenstein	2001 年 5 月 31 日
84	卢森堡	Luxembourg	1995 年 1 月 1 日

续 表

序号	中文名称（简称）	英文名称（简称）	加入时间
85	中国澳门	Macau，China	1995年1月1日
86	马达加斯加	Madagascar	1995年11月17日
87	马拉维	Malawi	1995年5月31日
88	马来西亚	Malaysia	1995年1月1日
89	马尔代夫	Maldives	1995年5月31日
90	马里	Mali	1995年5月31日
91	马耳他	Malta	1995年1月1日
92	毛里塔尼亚	Mauritania	1995年5月31日
93	毛里求斯	Mauritius	1995年1月1日
94	墨西哥	Mexico	1995年1月1日
95	摩尔多瓦	Moldova	2001年7月26日
96	蒙古	Mongolia	1997年1月29日
97	摩洛哥	Morocco	1995年1月1日
98	莫桑比克	Mozambique	1995年8月26日
99	缅甸	Myanmar	1995年1月1日
100	纳米比亚	Namibia	1995年1月1日
101	尼泊尔	Nepal	2004年4月23日
102	荷兰	Netherlands	1995年1月1日
103	新西兰	New Zealand	1995年1月1日
104	尼加拉瓜	Nicaragua	1995年9月3日
105	尼日尔	Niger	1996年12月13日
106	尼日利亚	Nigeria	1995年1月1日
107	挪威	Norway	1995年1月1日
108	阿曼	Oman，Sultanate of	2000年11月9日
109	巴基斯坦	Pakistan	1995年1月1日
110	巴拿马	Panama	1997年9月6日
111	巴布亚新几内亚	Papua New Guinea	1996年6月9日
112	巴拉圭	Paraguay	1995年1月1日
113	秘鲁	Peru	1995年1月1日
114	菲律宾	Philippines	1995年1月1日
115	波兰	Poland	1995年7月1日
116	葡萄牙	Portugal	1995年1月1日
117	卡塔尔	Qatar	1996年1月13日
118	罗马尼亚	Romania	1995年1月1日
119	卢旺达	Rwanda	1996年5月22日
120	圣基茨和尼维斯	Saint Kitts and Nevis	1996年2月21日
121	圣卢西亚	Saint Lucia	1995年1月1日
122	圣文森特和格林纳丁斯	Saint Vincent and the Grenadines	1995年1月1日
123	沙特	Saudi Arabia	2005年12月11日
124	塞内加尔	Senegal	1995年1月1日
125	塞拉利昂	Sierra Leon	1995年7月23日
126	新加坡	Singapore	1995年1月1日
127	斯洛伐克	Slovakia Republic	1995年1月1日
128	斯洛文尼亚	Slovenia	1995年7月30日
129	所罗门群岛	Solomon Islands	1996年7月26日
130	南非	South Africa	1995年1月1日

续 表

序号	中文名称（简称）	英文名称（简称）	加入时间
131	西班牙	Spain	1995 年 1 月 1 日
132	斯里兰卡	Sri Lanka	1995 年 1 月 1 日
133	苏里南	Suriname	1995 年 1 月 1 日
134	斯威士兰	Swaziland	1995 年 1 月 1 日
135	瑞典	Sweden	1995 年 1 月 1 日
136	瑞士	Switzerland	1995 年 7 月 1 日
137	坦桑尼亚	Tanzania	1995 年 1 月 1 日
138	泰国	Thailand	1995 年 1 月 1 日
139	多哥	Togo	1995 年 5 月 31 日
140	汤加	Tango	2007 年 7 月 27 日
141	特立尼达和多巴哥	Trinidad and Tobago	1995 年 3 月 1 日
142	突尼斯	Tunisia	1995 年 3 月 29 日
143	土耳其	Turkey	1995 年 3 月 26 日
144	乌干达	Uganda	1995 年 1 月 1 日
145	乌克兰	Ukraine	2008 年 5 月 16 日
146	阿联酋	United Arab Emirates	1996 年 4 月 10 日
147	英国	United Kingdom	1995 年 1 月 1 日
148	美国	United States	1995 年 1 月 1 日
149	乌拉圭	Uruguay	1995 年 1 月 1 日
150	委内瑞拉	Venezuela	1995 年 1 月 1 日
151	越南	Viet Nam	2007 年 1 月 11 日
152	赞比亚	Zambia	1995 年 1 月 1 日
153	津巴布韦	Zimbabwe	1995 年 3 月 5 日

WTO 观察员一览表
（截至 2010 年 9 月）

序号	中文名称	英文名称
1	阿富汗	Afghanistan
2	阿尔及利亚	Algeria
3	安道尔	Andorra
4	阿塞拜疆	Azerbaijan
5	巴哈马群岛	Bahamas
6	白俄罗斯	Belarus
7	不丹	Bhutan
8	波斯尼亚和黑塞哥维那	Bosnia and Herzegovina
9	科摩罗	Comoros
10	赤道几内亚	Equatorial Guinea
11	埃塞俄比亚	Ethiopia
12	梵蒂冈	Holy See (Vatican)
13	伊朗	Iran
14	伊拉克	Iraq

续 表

序号	中文名称	英文名称
15	哈萨克斯坦	Kazakhstan
16	老挝	Lao People's Democratic Republic
17	黎巴嫩	Lebanon
18	利比里亚	Liberia，Republic of
19	利比亚	Libya
20	黑山共和国	Montenegro
21	俄罗斯联邦	Russian Federation
22	萨摩亚	Samoa
23	圣多美和普林西比	Sao Tone and Principe
24	塞尔维亚	Serbia
25	塞舌尔	Seychelles
26	苏丹	Sudan
27	叙利亚	Syrian Arab Republic
28	塔吉克斯坦	Tajikistan
29	乌兹别克斯坦	Uzbekistan
30	瓦努阿图	Vanuatu
31	也门	Yemen

注：除了梵蒂冈例外，其他所有观察员必须在其成为观察员后五年内开始其加入 WTO 谈判

附录六　国内WTO相关机构名录

一、政府机构

分类	名　称	电　话	传　真	网　站
中央政府	商务部办公厅	010－65198318	010－65198315	bgt. mofcom. gov. cn
	商务部条约法律司	010－65198723	010－65198905	tfs. mofcom. gov. cn
	商务部世界贸易组织司	010－65197313	010－65197310	sms. mofcom. gov. cn
	商务部进出口公平贸易局	010－65198167	010－65198172	gpj. mofcom. gov. cn
	商务部产业损害调查局	010－65198085	010－65198075	dcj. mofcom. gov. cn
	商务部国际贸易谈判代表办公室	010－65197188	010－65197188	tpb. mofcom. gov. cn
	国家保护知识产权工作组办公室	010－85226816	010－85226821	ipr. mofcom. gov. cn
	中国常驻世界贸易组织代表团	010－65121919	010－87519093	wto. mofcom. gov. cn
	中国WTO/TBT国家通报咨询中心	010－82260618	010－82262448	www. tbt-sps. gov. cn
	国家质检总局国际合作司WTO处	010－82260552	010－82260552	gjhzs. aqsiq. gov. cn
地方政府	北京市商务局法制与公平贸易处（世贸组织事务处）	010－85163082	010－65252002	gpmyc. beijing. mofcom. gov. cn
	北京WTO事务中心	010－58260961	010－58260962	www. bjwto. gov. cn
	天津市商务委员会法规处（进出口公平贸易处）	022－58665707	022－58665712	www. tjcoc. gov. cn
	天津市商务委员会世贸组织工作处	022－58665763	022－58665767	www. tjcoc. gov. cn
	河北省商务厅世界贸易组织处	0311－87909505	0311－87909533	www. hecom. gov. cn
	河北省商务厅进出口公平贸易和产业损害调查局	0311－87909385	0311－87909932	www. hbcom. gov. cn
	山西省商务厅世贸处	0351－4068029	0351－4068029	www. docsx. gov. cn
	山西省商务厅产业损害调查处	0351－4083528	0351－4078570	www. docsx. gov. cn
	山西省商务厅进出口公平贸易处	0351－4078120		www. docsx. gov. cn
	内蒙古自治区商务厅世贸处	0471－6944264	0471－6610893	www. nmgswt. gov. cn
	辽宁省对外贸易经济合作厅公平贸易和产业损害调查处	024－86892785		www. china-liaoning. gov. cn
	吉林省商务厅政策法规处（公平贸易处）	0431－85627011	0431－85622167	www. jldofcom. gov. cn
	黑龙江省商务厅进出口公平贸易处	0451－82627631	0451－82622637	www. hl-doftec. gov. cn
	黑龙江省商务厅贸易发展促进处	0451－82626951	0451－82623585	www. hl-doftec. gov. cn
	上海市商务委员会	021－52881032	021－62704708	www. smert. gov. cn
	上海WTO事务咨询中心	021－52301760	021－52305319	www. sccwto. net
	江苏省对外贸易经济合作厅进出口公平贸易局	025－57710219	025－57712072	www. jsdoftec. gov. cn
	江苏省经贸委产业损害调查处	025－83392995	025－83398247	www. jsetc. gov. cn
	浙江省经贸委产业损害调查局	0571－87058120		www. zjjmw. gov. cn
	浙江省商务厅公平贸易局	0571－87050853		www. zftec. gov. cn
	安徽省商务厅进出口公平贸易局	0551－3540115	0551－3540120	www. ahbofcom. gov. cn/gpmy. asp
	福建省外经贸厅进出口公平贸易处	0591－87270129		fgc. fujian. mofcom. gov. cn
	福建省WTO事务协调办公室	0591－87270311	0591－87270313	wtobgs. fujian. mofcom. gov. cn
	江西省商务厅政策法规处	0791－6246237		www. jxdoftec. gov. cn
	江西省省商务厅进出口公平贸易和产业损害调查处	0791－6246377		www. jxdoftec. gov. cn

续表

分类	名 称	电 话	传 真	网 站
地方政府	江西省经贸委对外经济贸易处	0791－6219241		www. jxetc. gov. cn
	山东省经济和信息化委员会产业损害调查处	0531－86918273		www. sdetn. gov. cn
	山东省对外贸易经济合作厅世贸处（公平贸易处）	0531－89013659	0531－89013546	www. shandongbusiness. gov. cn
	河南省商务厅世贸组织与公平贸易处	0371－63576312		www. hncom. gov. cn
	湖北省商务厅进出口公平贸易处	027－85728991	027－85720637	www. hbdofcom. gov. cn/index. trade
	湖北省商务厅世贸事务协调办公室	027－85732103		www. hbdofcom. gov. cn
	湖南省商务厅产业损害调查处	0731－2287052		cyc. hunancom. gov. cn
	湖南省商务厅世贸组织处（进出口公平贸易处）	0731－2287069		smc. hunancom. gov. cn
	广东省对外贸易经济合作厅政策法规处（进出口公平贸易局）	020－38802373	020－38802373	www. gddoftec. gov. cn
	广东省 WTO 事务咨询服务中心	020－87337769	020－87337595	www. gdwto. org. cn
	广西壮族自治区商务厅政策法规处	0771－2109140	0771－2109584	zfc. guangxi. mofcom. gov. cn
	海南省商务厅政策法规处	0898－65313962	0898－65338762	www. dofcom. gov. cn
	重庆 WTO 事务咨询中心	023－67723451	023－67726419	www. cqwto. com
	重庆市经济委员会外经外事处	023－63899442		www. cqec. gov. cn
	重庆市对外经济贸易委员会外贸处	023－89018570	023－89018018	www. ft. cq. cn
	四川省商务厅进出口公平贸易处	028－83224789	028－83224920	www. sccom. gov. cn
	四川省商务厅政策法规处	028－83223259	028－86939516	www. sccom. gov. cn
	贵州商务厅进出口公平贸易处	0851－8555606	0851－8555607	www. gzcom. gov. cn/sjmyc/
	贵州省 WTO 研究咨询服务中心	0851－6826084	0851－6826084	www. gzwto. org
	云南省商务厅政策法规处	0871－3139241	0871－3210067	www. bofcom. gov. cn
	西藏自治区商务厅政策法规处	0891－6831362	0891－6831362	tibet. mofcom. gov. cn
	陕西省商务厅世贸工作和公平贸易处	029－87290767		www. sxdofcom. gov. cn
	甘肃省商务厅政策法规处	0931－8618790		www. gsdofcom. gov. cn
	青海省商务厅公平贸易处	0971－6321782	0971－6321712	www. qhcom. gov. cn
	宁夏回族自治区商务厅对外贸易与产业损害调查处	0951－5048967	0951－5043032	www. nxdofcom. gov. cn
	新疆维吾尔自治区经贸委外经处	0991－4523025		www. xjftec. gov. cn
	新疆生产建设兵团商务局政策法规信息处	0991－2896420	0991－2896320	bingtuan. mofcom. gov. cn
	WTO/TBT 云南咨询点	0871－4326037	0871－4326037	www. ynbz. net
	深圳市贸易工业局政策法规处	0755－82108823	0755－82107062	www. szbti. gov. cn
	深圳市 WTO 事务中心	0755－82105516	0755－82002090	www. szwto. gov. cn
	大连市对外经济贸易合作局公平贸易处	0411－83686065		wjw. china-dalian. com
	宁波市对外经济贸易合作局公平贸易处	0574－87327290	0574－87328288	www. nbfet. gov. cn
	宁波 WTO 咨询服务中心	0574－87178035	0574－87178160	www. nbwto. com
	无锡市 WTO 事务咨询中心	0510－82763137	0510－82763137	
	武汉市 WTO 研究咨询服务中心	027－82750140	027－82750140	
	厦门市贸易发展局 WTO 事务咨询联络处	0592－5202701		www. xmtdc. gov. cn
	厦门市经济发展局综合与法规处	0592－5114158		www. xmjfw. gov. cn
	厦门反倾销咨询服务中心	0592－5049231	0592－5054289	xiamen. acs. gov. cn
	湛江市 WTO 事务咨询服务中心	0759－3337498	0759－3337601	wjmj. zhanjiang. gov. cn

二、学术研究机构

分类	名 称	电 话	传 真	网 站
高等院校	北京大学中国经济与WTO研究所	010－62767993	010－62767993	wto. gsm. pku. edu. cn
	对外经济贸易大学中国WTO研究院	010－64495778	010－64495779	www. uibe. edu. cn
	广东外语外贸大学WTO研究中心	020－36207057		www1. gdufs. edu. cn
	南开大学WTO研究中心	022－23504093	022－23504093	wto. nankai. edu. cn
	山东师范大学WTO研究中心	0531－6180350		
	上海对外贸易学院入世研创学会	021－67703045	021－67703111	www. shift. edu. cn
	上海交通大学WTO与经济全球化研究中心	021－52301227		www. asom. sjtu. edu. cn
	武汉大学WTO学院	027－68753875	027－68753865	www. whuwto. com
	广东海洋大学WTO研究中心	0759－2362470	0759－2362471	www. gdou. edu. cn/wto
	中南财经政法大学WTO与湖北发展研究中心	027－88325489		www. wto-znufe. com. cn
科研机构	广州市社会科学院WTO咨询研究中心	020－86464355		www. gzass. gd. cn
	湖北省企业与WTO研究会	027－50653042	027－50653047	www. hbwto. com
	青岛市技术标准科学研究所	0532－3875176	0532－3875176	www. qdsi. gov. cn
	上海WTO研究中心	021－52067210	021－52067210	
	云南省标准化研究院	0871－4326079		www. ynbz. net
	中国（海南）改革发展研究院	0898－66180000	0898－66258777	www. cird. org. cn
	中国社会科学院WTO研究中心	010－68033728	010－68033679	www. caesedu. com
	中国世界贸易组织研究会	010－84255121	010－84255122	www. chinawto. org. cn

三、行业协会

分类	名 称	电 话	传 真	网 站
	中国自行车协会	021－62866248	021－62866249	www. china-bicycle. com
	中国缝制机械协会	010－87732223	010－87766609	www. csma. org. cn
	中国钟表协会	029－85222474	029－85261685	www. chinawatch-clock. com
	中国家用电器协会	010－51696622	010－51696621	www. cheaa. org
	中国电器工业协会	010－68163165	010－68273696	www. ceeia. com
	中国陶瓷工业协会	010－65124684	010－65124672	www. ccianet. cn
	中国搪瓷工业协会	010－65122138	010－65135041	www. eia-china. com
	中国日用玻璃协会	010－65267876	010－65248399	www. cnagi. org. cn
	中国眼镜协会	010－83559070	010－83559075	www. chinaoptics. com
	中国照明电器协会	010－65135873	010－65135872	www. chineselighting. org
	中国日用化工协会	010－65231638	010－65231638	www. cdc. clii. com. cn
	中国洗涤用品工业协会	010－65262961	010－65121880	www. cassdi. org
	中国香料香精化妆品工业协会	010－67663110	010－67626799	www. caffci. org
	中国口腔护理用品协会	010－68396621	010－68396664	www. cocia. org
	中国电池工业协会	010－65289819	010－65131879	www. chinabattery. org
	中国塑料加工工业协会	010－65122056	010－65278590	www. cppia. com. cn
	中国文教体育用品协会	010－64478556	010－64478556	www. csg. org. cn
	中国制笔协会	010－68396224	010－68396362	www. china-writing. com
	中国乐器协会	010－67665718	010－67666220	www. cmia. com. cn

续表

分类	名 称	电 话	传 真	网 站
	中国文房四宝协会	010－65279109	010－65279109	
	中国皮革工业协会	010－65230302	010－85117752	www. china-leather. com
	中国少数民族用品协会	010－68396114	010－68396650	
	中国羽绒工业协会	010－65237296	010－65273201	www. cfd. com. cn
	中国日用小商品协会	010－59829010	010－59829010	www. ryxsp. com
	中国造纸协会	010－68396644	010－68396653	www. chinappi. org
	中国糖业协会	010－68396508	010－68396568	www. csa. gov. cn
	中国酿酒工业协会	010－68193011	010－68193015	www. cada. cc
	中国饮料工业协会	010－84464668	010－84464236	www. chinabeverage. org
	中国罐头工业协会	010－68396582	010－68396665	www. topcanchina. org
	中国乳制品工业协会	010－68396520	010－68396665	www. cdia. org. cn
	中国发酵工业协会	010－68396507	010－68396507	www. cfia. org. cn
	中国食品添加剂和配料协会	010－59795833	010－59071335	www. cfaa. cn
	中国焙烤食品糖制品工业协会	010－68396530	010－68396567	www. china-bakery. com. cn
	中国室内装饰协会	010－88312032	010－88312089	www. cida. org. cn
	中国家具协会	010－87766795	010－87766675	www. cnfa. com. cn
	中国五金制品协会	010－87732912	010－87732936	www. chinahardware. org. cn
	中国轻工机械协会	010－66039347	010－66031224	www. clima. org. cn
	中国衡器协会	010－62115995	010－62115741	www. weighment. com
	中国轻工模具协会	010－65225812	010－65126492	
	中国玩具协会	010－66039661	010－66033964	www. toy-cta. org
	中国工艺美术协会	010－85698710	010－66079646	www. cnaca. net. cn
	中国包装联合会	010－65838791	010－65839060	www. cpta. org. cn
	中国盐业协会	010－63273366	010－63324356	www. cnsalt. cn
	中国轻工业勘察设计协会	010－68396535	010－68396488	
	中国轻工业企业管理协会	010－65593681	010－65122604	
	中国轻工企业投资发展协会	010－82281275	010－82281279	www. cnli. org. cn
	中国物流与采购联合会	010－58566588	010－58566588	www. chinawuliu. com. cn
	中国物流行业协会	010－51668336	010－63275161	www. cla. org. cn
	中国农业机械流通协会	010－68596265	010－68526910	www. camda. org. cn
	中国汽车流通协会	010－87980198	010－68392509	www. china-cada. org. cn
	中国木材流通协会	010－68391871	010－68391872	www. chinatimber. org
	中国菱镁行业协会	010－68391482	010－68391482	www. zglm. org. cn
	中国燃料流通协会	010－68064717	010－68067699	www. cfcaorg. com
	中国建筑材料流通协会	010－68391548	010－68391617	www. cbmta. org
	中国机电产品流通协会	010－68391506	010－68391507	www. cmepca. org. cn
	中国轮胎翻修与循环利用协会	010－68392955	010－68392956	www. ctra. org. cn
	中国化工轻工物资流通协会	010－68454033	010－63951599	
	中国金属材料流通协会	010－63317296	010－63317297	www. cumetal. org. cn
	中国拆船协会	010－68391732	010－68521716	www. cnsa. com. cn
	中国医药物资协会	010－62253315	010－62242843	
	中国水利电力物资流通协会	010－63414429	010－63547208	
	中国机械工业供销协会	010－63319656	010－63317065	www. cmssa. org. cn
	中国民用爆破器材流通协会	010－68392754	010－68391544	
	中国散装水泥推广发展协会	010－68573314	010－68578113	www. chinabca. com
	中国机械设备成套工程协会	010－63480490	010－63480482	

续 表

分类	名 称	电 话	传 真	网 站
	中国基建物资承包协会	010—68392936	010—68392935	
	中国铁道物资流通协会	010—63223271	010—63223257	www. crmpin. com
	中国物资再生协会	010—68392876	010—68573884	www. crra. com. cn
	中国物资储运协会	010—83673344	010—83673191	
	中国物资流通技术开发协会	010—68392275	010—68392275	
	中国煤炭工业协会	010—64200177	010—64463614	www. chinacoal. gov. cn
	中国煤炭运销协会	010—64463698	010—64277576	www. cctd. com. cn
	中国煤炭建设协会	010—64463722	010—64463945	www. cncca. org. cn
	中国煤炭加工利用协会	010—64463157	010—64463614	
	中国煤炭机械工业协会	010—87429364	010—82415835	www. coalmachine. net
	中国文化办公设备制造行业协会	010—68596576	010—68538552	www. ccoea. org. cn
	中国机械通用零部件工业协会	010—68594837	010—68572092	www. chinamachineparts. com
	中国模具工业协会	010—88356462	010—88356461	www. cdmia. com. cn
	中国轴承工业协会	010—63317634	010—63317638	www. cbia. com. cn
	中国液压气动密封件工业协会	010—68594911	010—68595197	www. chpsa. org. cn
	中国通用机械工业协会	010—88393520	010—88393529	www. cgmia. org. cn
	中国制冷空调工业协会	010—83510099	010—83560060	www. chinacraa. org
	中国石油和石油化工设备工业协会	010—68596414	010—68532101	www. cpeia. org. cn
	中国食品和包装机械工业协会	010—68596475	010—68533077	www. chinafpma. org
	中国塑料机械工业协会	010—68595061	010—68595853	www. cppmia. org. cn
	中国印刷及设备器材工业协会	010—63184767	010—63184767	www. chinaprint. org. cn
	中国重型机械工业协会	010—68296155	010—68296074	www. chmia. org
	中国农业机械工业协会	010—68534358	010—68534358	www. caamm. org. cn
	中国内燃机工业协会	010—68596570	010—68532003	www. ciceia. org. c
	中国工程机械工业协会	010—68532689	010—68589824	www. cncma. org
	中国建设机械协会	010—68347620	010—68394025	
	中国汽车工业协会	010—68595432	010—68595432	www. caam. org. cn
	中国环保机械行业协会	010—68594947	010—68594947	www. bjcamie. org. cn
	中国机械工业勘察设计协会	010—63326376	010—63192649	
	中国机电一体化技术应用协会	010—62043106	010—62017873	www. cameta. org. cn
	中国铸造协会	010—68418899	010—68458356	www. foundrynet. com. cn
	中国锻压协会	010—68465045	010—68465044	www. chinaforge. org. cn
	中国热处理行业协会	010—64939450	010—64937312	www. chta. org. cn
	中国表面工程协会	027—83638998	027—83617083	
	中国机械工业质量管理协会	010—68594950	010—68594992	www. cmqma. org. cn
	中国机械工业安全卫生协会	010—68594984		
	中国机械工业标准化技术协会	010—88301736		
	中国机械工业企业管理协会	010—63262816	010—63262676	www. chinajx. com. cn
	中国机械电子工业价格研究会	010—68596314	010—68517264	www. cpime. org. cn
	中国机械工业金属切削刀具技术协会	028—83242104	028—83242104	www. ccta. net. cn
	中国机械制造工艺协会	010—68595027	010—68517418	www. cammt. org. cn
	中国机械工业审计学会	010—68595274	010—68594871	www. casmi. gov. cn
	中国钢铁工业协会	010—65131959	010—65131959	www. chinaisa. org. cn
	中国碳素行业协会	010—65131966	010—65131966	www. chinacarbon. org. cn
	中国炼焦行业协会	010—65260403	010—65265081	www. cnljxh. com
	中国钢结构协会	010—62275342	010—82227105	www. cncscs. org

续表

分类	名称	电话	传真	网站
	中国耐火材料行业协会	010－65280622	010－65282090	www. china-refract. org
	中国耐火材料工业协会	010－83109018		
	中国铁合金工业协会	010－65271757	010－65271739	www. thj. mysteel. com. cn
	中国模板协会	010－82227180	010－82228521	www. cnffww. com
	中国特钢企业协会	010－64034324	010－64043595	www. ssea. org. cn
	中国冶金建设协会	010－82227790	010－82227790	www. zgyj. org. cn
	中国废钢铁应用协会	010－82228502	010－62150481	www. chinascrap. org. cn
	中国冶金矿山企业协会	010－87767391	010－87767393	www. mmac. org. cn
石化	中国化学试剂工业协会	010－67713678	010－67713678	
	中国膜工业协会	010－64433465	010－64433466	www. membranes. com. cn
	中国化工节能技术协会	010－82037382	010－82032189	www. energymarket. cn
	中国化工安全卫生技术协会	010－82036940	010－82032199	
	中国腐植酸工业协会	010－82781798	010－82784970	www. chinaha. org
	中国磁记录材料工业协会	0312－3232324	0312－3232324	
	中国监控化学品协会	010－82032955	010－82032550	
	中国化学矿业协会	010－82032852	010－82032852	www. chemmin. org
	中国化工装备协会	010－82032358	010－82032213	www. cciea. com
	中国纯碱工业协会	010－84885188	010－84885188	www. chinasoda. com. cn
	中国氯碱工业协会	022－27467088	022－27428220	www. ccaia. org. cn
	中国化工防腐蚀技术协会	010－82032181	010－82032373	
	中国胶粘剂工业协会	010－87663014	010－87663015	www. cnaia. org
	中国电石工业协会	010－84885830	010－84885830	www. cciac. org. cn
	中国化工供销协会	010－84250872		
	中国工业气体工业协会	010－67716099	010－67704633	www. china-gases. com
	中国氮肥工业协会	010－62379887	010－82032742	www. cnfia. com
	中国磷肥工业协会	010－82038416	010－62020002	www. china-npk. com
	中国硫酸工业协会	010－82039427	010－62020002	www. china-npk. com
	中国农药工业协会	010－84885001	010－84885001	www. ccpia. org. cn
	中国橡胶工业协会	010－84925418	010－84928101	www. cria. org. cn
	中国氟硅有机材料工业协会	010－64443598	010－64436103	www. sif. org. cn
	中国染料工业协会	010－64400105	010－64400107	www. dyechina. com
	中国合成橡胶工业协会	010－63434811	010－63391290	
	中国化工施工企业协会	010－82032513	010－82032180	
	中国石油和化工勘察设计协会	010－64820646	010－64820656	www. ccesda. com
	中国化工情报信息协会	010－64444071	010－64412141	
	中国涂料工业协会	010－62255712	010－62256110	www. chinacoatingnet. com
	中国化工环保协会	010－84885718	010－84885227	www. cciepa. org. cn
	中国聚氨酯工业协会	0379－61695136	0379－62303285	www. pu. org. cn
	中国造纸化学品工业协会	0571－88315409	0571－88315409	www. paperchemicals. org
	中国石油化工信息学会	010－64449100	010－64449005	
	中国石油工程建设协会	010－62047578	010－62047578	www. zyjx. org. cn
	中国石油企业协会	010－62095112		www. zgsyqx. com
	中国石油和化工自动化应用协会	010－64281705	010－64270215	www. cnpci. org. cn
	中国化工机械动力技术协会	010－64266995	010－64262500	www. ccimp. org
	中国石油和石化工程研究会	010－64212605	010－64212605	www. cppei. org. cn
	中国石油和化学工业协会	010－84885415	010－84885143	www. cpcia. org. cn

续表

分类	名称	电话	传真	网站
纺织	中国针织工业协会	010－85229417	010－85229265	www. cnknit. org
	中国化学纤维工业学会	010－85229438	010－85229470	www. ccfa. com. cn
	中国丝绸协会	010－66180636	010－66117363	www. silk-e. org
	中国产业用纺织品行业协会	010－85229421	010－85229425	www. cnita. org. cn
	中国纺织机械器材工业协会	010－58221177	010－58221076	www. cntma. com
	中国毛纺织行业协会	010－85229423	010－85229493	www. cwta. org. cn
	中国家用纺织行业协会	010－85229430	010－85229458	
	中国色织行业协会	010－85229410	010－85229415	
	中国麻纺行业协会	010－85229472	010－85229426	www. cblfta. com
	中国印染行业协会	010－85229329	010－85229365	www. cdpa. org. cn
	中国棉纺织行业协会	010－85229479	010－85229415	www. ccta. org. cn
	中国服装设计师协会	010－81432020	010－85861132	www. fashion. org. cn
	中国服装协会	010－85229435	010－85229435	www. cnga. org. cn
	中国纺织勘察设计协会	010－85229514	010－85229514	
	中国纺织规划研究会	010－85229526	010－85229552	
	中国纺织工业协会	010－85229207	010－65129545	www. ctei. gov. cn
建材	中国加气混凝土协会	010－68309319	010－68309319	
	中国石材工业协会	010－88376463	010－68340348	www. chinastone. cn
	中国玻璃纤维工业协会	010－68350953	010－88385895	www. cnbxfc. net
	中国砖瓦工业协会	010－68303484	010－88386484	www. cbtia. com
	中国建筑玻璃与工业玻璃协会	010－68354267	010－68349127	www. glass. org. cn
	中国非金属矿工业协会	010－88376505	010－68318908	www. cnmia. cn
	中国建筑防水材料工业协会	010－68324403	010－68366596	www. cnwb. net
	中国砂石协会	010－88364633	010－88364633	www. zgss. org. cn
	中国建筑卫生陶瓷协会	010－88372302	010－88372302	www. ceramicschina. com
	中国绝热节能材料协会	010－88376339		
	中国建材工程建设协会	010－62267848	010－62217474	www. chinaceb. org. cn
	中国建材机械工业协会	010－68311353	010－68311353	
	中国摩擦密封材料协会	010－68314523	010－68347233	www. cfsma. org. cn
	中国建材市场协会	010－68365267	010－68363059	www. cbmmarket. com
	中国建筑砌块协会	010－68332191	010－88364764	www. chinacb. cn
	中国建筑装饰装修材料协会	010－88421894	010－88421894	www. cadbm. com. cn
	中国水泥协会	010－68332654	010－68332654	www. cncement. com. cn
	中国石灰协会	010－88385698	010－88385698	www. zgshxh. com
	中国建筑材料工业协会	010－68394706	010－68332658	
	中国复合材料工业协会	010－88385905	010－88372401	www. china-frp. com. cn
有色	中国钨业协会	010－63971503	010－63980726	www. ctia. com. cn
	中国有色金属加工工业协会	010－63971918	010－63972919	www. ysjg. cn
	中国工程爆破协会	010－68333366		www. cseb. org. cn
	中国有色金属工业协会	010－63971884	010－63971859	www. chinania. org. cn
联合会	中国工业经济联合会	010－62386843	010－62047053	www. cfie. org. cn
	中国轻工业联合会	010－68396114	010－68396800	www. clii. com. cn
	中国机械工业联合会	010－68594710	010－68533673	www. mei. gov. cn
	中国矿业联合会	010－66557663	010－66557666	www. chinamining. com. cn
	上海市工业经济联合会	021－63292897	021－63290203	www. sfie. sh. cn
	深圳市工业经济联合会	0755－83688772	0755－83688744	www. sfie. org. cn

续表

分类	名　称	电　话	传　真	网　站
联合会	陕西省工业经济联合会	029－87339456	029－87339455	www. snfie. org
	河北省工业经济联合会	0311－85231697	0311－85231681	www. hebgy. gov. cn
	广州市工业经济联合会	020－83507262	020－83592257	
	宁波市工业经济联合会	0574－87320525	0574－87320525	
	苏州市工业经济联合会	0512－65217480	0512－65217983	
	昆山市工业经济联合会	0512－57330699		
	太原市工业经济联合会	0351－4081399	0351－4081399	www. tyfie. com
	中国包装联合会	010－65838786	010－65838780	www. cpta. org. cn
其他	中国化学制药工业协会	010－82080749	010－82080788	www. cpia. org. cn
	中国医疗器械行业协会	010－62018883	010－82022255	www. camdi. org
	中国医药包装协会	010－62267215	010－62267098	www. cnppa. org
	全国医药技术市场协会	010－68311506	010－68330359	www. zgyp. com. cn
	中国非处方药物协会	010－82050626	010－82059450	www. cnma. org. cn
	中国淀粉工业协会	0311－6058304	0311－6058304	www. cn-mds. org
	中国制药装备行业协会	010－87584931	010－87583590	www. phmacn. com
	中国医药设备工程协会	010－88360880	010－68330485	www. cpape. org. cn
	中国食品工业协会	010－63366411	010－63360889	www. cfiin. com
	中国电力规划设计协会	010－62367153	010－62367153	www. ceppea. org
	中国资源综合利用协会	010－82298604	010－82298548	www. carcu. org
	中国黄金协会	010－84117162	010－84123780	www. cngold. org. cn
	中国半导体行业协会	010－68208591	010－68208587	www. csia. net. cn
	中国电子元件行业协会	010－68871587	010－88706046	www. ic-ceca. org. cn
	中国计算机行业协会	010－68208764	010－68208764	www. chinaccia. org. cn

附录七　汪尧田与中国加入 WTO 之路

汪尧田 1918 年出生在安徽省全椒县的一个书香门第。其祖上多为诗书传家的饱学之士，祖父汪文鼎，民国时期出任地方财政局长；大伯父汪开栋留学日本，与董必武同学，回国后任芜湖县长，新中国成立后担任过安徽省政协委员、省文史馆馆员。

也因为这个缘故，安徽滁州市政协派人几次赴上海采访汪尧田先生。汪老对当年的事情还记得很清楚，三叔祖父汪文绶家大门前挂有“进士及第”字样的大红灯笼，还有面积颇大的“南园”，那里常有诗人墨客相聚唱和。汪尧田启蒙时，已家道中落，无力供养教书先生了。1935 年，陶行知推行教育救国活动，汪尧田被分配到一所乡村学校任校长兼教师。抗日战争转变了汪尧田的命运，1937 年日军侵华，很快攻陷南京，汪尧田携家人到重庆躲避战乱。

1946 年汪尧田在亲人们的祝福声中登上了赴美的邮轮。

不久，汪尧田以优异的成绩，取得了华盛顿大学商学院的硕士学位，他的学术论文，被美国国会图书馆保存。1947 年，他又考入了哥伦比亚大学经济研究生院，攻读世界经济学博士。在这期间，正值国际贸易组织筹委会第二次会议在日内瓦举行，有包括中国在内的 23 个“关税与贸易总协定”缔约国签订了《关税与贸易总协定》。他的指导教授是当时的参会人员，正在研究世界经济的汪尧田也就从此时开始，深入研究起了关税、贸易与最惠国待遇问题，并与之结缘一生。

1949 年上海解放，汪尧田接到了张志让教授的来信，信中告诉他，新中国急需外贸人才，他希望汪尧田立即回国。汪尧田得此信后立即启程。

1949 年 10 月 21 日，中华人民共和国中央人民政府贸易部（对外经济贸易部的前身）正式成立，汪尧田作为在国外学有所成的优秀人才，被选调到贸易部国外贸易司工作，并很快被任命为贸易管理处副处长。

1950 年贸易部党组决定，以国外贸易司为主，制定新中国第一部带有全局性的《对外贸易管理暂行条例》。汪尧田是起草小组的执笔人之一。当时由林海云司长主持领导这一工作，汪尧田等提出的“吸收资本主义国家有关法规中的有益成分，为我所用”的建议受到了充分的肯定。近一年后，先后经过三次大的修改，《对外贸易管理暂行条例》于 1950 年 12 月由政务院公布实施，奠定了我国对外贸易法规的基础。从此时开始，我国外贸实行了统一管理制度和中央政府的集中领导，结束了新中国成立初期对外贸易分区立法和分散管理状态。

1955 年，周总理率中国代表团出席了万隆会议。在会议期间，印尼总统苏加诺提出，要与新中国政府订立有最惠国条款的贸易协定。由于近代以来，中国被迫与各帝国主义签订过许多不平等的“最惠国”条约，因而中国代表团对这一提议心存疑虑，不知是否应该和印尼签订这一协定，于是便急电国内询问，要求了解“最惠国待遇”的实质，以便定夺。这一问题由当时外贸部副部长转到了汪尧田这里。从 1948 年在哥伦比亚大学就开始研究关贸总协定的汪尧田立即将国际遵循的惯例及其他情况，赶写出了 10 万字的报告。在报告中，他引证了世界各国的最惠国待遇以及它的来历和平等内涵，并分析了清政府如何导致当年不平等条约的产生。他认为，现在中国废除了一切不平等条约，在平等的地位上，完全可以与任何一个主权国家签订含最惠国待遇的平等条约，这样有利于扩大出口，降低关税。

时过不久，传来了我国在万隆会议上与苏联等国签订了具有最惠国条款的双边贸易协定的消息。此后我国陆陆续续与世界上一百多个国家签订了含最惠国待遇的双边贸易协定。从今天看来，可以说汪尧田那 10 万字的报告，揭开了中国与世界各国建立平等贸易伙伴关系新的一页。

在这份报告的基础上，汪尧田 1958 年又编著了《国际贸易条约和协定》一书，书中他就涉及关贸总协定的最惠国待遇问题进行了独创性的研究。他写道：最惠国待遇是产生于古代的一种体现平等待遇的要求，但清朝政府由于腐败无知，把它变成了“不平等条约”。美国在 1844 年与清朝政府签订的《望厦条约》中，规定的“机会均等”也就是最惠国待遇。但这里面有两个真正意义上的不平等。第一，最惠国待遇本来是贸易待遇，美国人却把它变成了一切问题上的待遇；第二，只是清政府给美国优惠，美国却不给清政府优惠，所以成为了不平等条约。他在书中引用的实例和论述，具有很强的说服力，并由此开启了中国研究关贸总协定的大门……

世界贸易组织（英文简称WTO，中文简称世贸组织）正式诞生于1995年1月1日，它的前身是关税与贸易总协定（英文简称GATT，中文简称关贸总协定）。实际上，1947年10月30日，中国政府就签署了联合国贸易与就业大会的最后文件，这次大会创建了关贸总协定。1948年4月，中国政府签署了《关贸总协定临时适用议定书》，并从1948年5月21日正式成为关贸总协定缔约方。1949年中华人民共和国成立，台湾当局非法退出了关贸总协定。长期以来，由于以前苏联为首的东欧等一些国家对关贸总协定持批评和否定的态度，对中国产生了很大的影响。加之新中国实行的是社会主义计划经济制度，与资本主义的市场经济制度大相径庭，加之20世纪50年代以来，以美国为首的反华势力对我国的对外贸易进行禁运和封锁，使新中国与国际经贸组织的联系中断，也使新中国对关贸总协定缺乏应有的分析和了解。因此我国政府在较长时间里，对恢复关贸总协定缔约方席位问题未做出明确的表态。

中共十一届三中全会后，随着中国经济体制改革的初见成效，中国成为了世界贸易的主要大国之一，当时出口占到了第9位，进口居第11位。此时世界格局也在发生着巨大变化，中国需要关贸总协定，关贸总协定也需要中国。很显然，没有占世界人口四分之一的中国参加，这一组织毕竟是不完整的。为此，1986年7月10日，中国驻日内瓦的钱嘉东大使代表中国政府，向关贸总协定递交申请，正式要求恢复中国的缔约方地位。

对于中国申请“复关”的决定，国内和海外有许多不同的声音。国内有人担心“复关”将会导致一些国有企业破产造成失业，为此中央召开了三次正式的会议，邀请中外专家进行研究和论证。汪尧田三次均被邀请出席会议。

在会上，汪尧田从理论和实践两方面明确地提出了“复关”会给我国的改革开放带来的好处：第一，发展商品经济需要提高产品质量，需要引进竞争机制。国外产品进入中国市场参加竞争，可以给我国的企业带来压力和活力，使产品升级换代，登上新台阶。第二，国内市场要与国外市场接轨，生产要走国际化道路，打破内销外销的界限，走出国门搞跨国企业、跨国经营。第三，要淘汰落后的产品和企业，对落后的东西不能保护，越保护越落后。要和世界上先进的东西去比，去提高我们的产品质量。第四，要适当扩大出口自主权，不能像过去那样搞阵地战，要四处出击，像香港、台湾地区那样把出口搞上去。因此他认为，世界上有一百多个国家和地区加入关贸总协定，到目前为止，还没有哪个国家或地区是因为加入GATT导致经济垮台的。只有走“复关”之路，中国经济才会有振兴的契机。

也是在1986年，我国的外经贸部等政府部门决定，对GATT进行广泛而深入的研究。国务院经济发展研究中心常务干事季崇威，原外贸部副部长、中国“复关”首位代表团团长沈觉人等专程到上海与汪尧田进行了座谈。此后不久，上海市创建了中国第一家关税与贸易总协定上海研究中心（1995年更名为世界贸易组织上海研究中心，简称WTO上海研究中心）。从此，汪尧田这个名字便和中国“复关”、“入世”更紧密地联系在了一起，并开始逐渐为世人所知。

在他主持下，WTO上海研究中心召开了十余次大型国际研讨会，世贸组织总干事鲁杰罗，中国历任“复关”、“入世”谈判首席代表沈觉人、佟志广、谷永江、龙永图及政府有关部门的官员，企业界、金融界、新闻界和学术界数千人次参加，这些研讨会的召开，影响深远。在宏观上为政府提供了决策依据和参考建议，在微观上对企业应采取的经营策略提供了咨询。在当时的国际国内大背景下，对帮助我国各界了解世贸组织的规则，坚定“入世”信心，做好“入世”准备，起到了良好的作用。

接受经贸部的委托，1995年汪尧田主持翻译了《关贸总协定乌拉圭回合谈判最后文本》，为国家和整个华语社会填补了空白。此书为政府官员和学者、专家尽快掌握并深入研究有关问题起到了很大的作用。李岚清同志在上海的一次报告中说：

“研究中心的工作做得很好今后要继续加强”，又说，“我希望大家读汪尧田关贸总协定的书，才可以了解关贸总协定是怎么一回事”。同年，汪尧田又主编了《世界贸易组织总论》，当时吴仪同志欣然为之作序。

从1989年6月到1992年2月，由于各种原因，中国的“复关”谈判陷入了低谷，汪尧田仍坚持不懈地为“复关”做着普及和宣传工作，直到1992年中国“复关”重开谈判，为“复关”而转动的整个系统又有条不紊地运转起来了。

2001年11月10日，在卡塔尔首都多哈召开的世界贸易组织第四届部长会议，审议通过了中国加入世界贸易组织的决定。12月11日，中国正式成为了世界贸易组织的第143个成员。这一天，中国很平静、很坦然。然而对国家、行业和个人而言，很多深刻的变化就会从这一天开始了。中国的改革开放将走上国际规则的轨道，融入国际法制，接受世界各国检阅，这平静和坦然反映出改革开放的中国，已经成为了一个成熟的大国，它会对世界与人类做出自己更大的贡献。

这一天，汪尧田得知这个消息，从容地说：“我为此由衷地感到高兴。”

（滁州市政协港澳台侨委员会副主任　卜平）

武汉大学WTO学院

简介

武汉大学WTO学院是武汉大学直属学院之一，是按照国际国内开放办学的模式和高效管理机制运行的新型学院。学院旨在以实现学生的国际就业为目标，提供高质量的教学计划和培养方案，使学生在学习的基础上，树立敢于面向国际职业市场的观念，提高就业竞争能力。

学院与多个国家的多所名校建立了联合培养机制，为高中毕业生开创了更新更好的就读机会，学生因此改变了自己的人生轨迹，拥有更好的学习机会、更大的发展空间、更高的就业层次。学院教学以严谨著称，学生管理以严格闻名，教学成效异常显著，学院因此获得了国外高校的高度肯定，吸引了多所世界名校前来我院寻求合作。

国内第二学位教育项目

武汉大学WTO双学位实验班至今已成功举办7届，是面向武汉地区十八所普通高校在校大学生开发的双学位教育（学生在大一时申请）。WTO双学位班将“培养具有国际交流能力的法律、经济、管理学的综合性人才”作为武汉大学特色人才培养目标之一；强调学生在继续学习原本科专业的同时，不转学籍参加本班学习，学生可以用原专业的学位或武大授予的学位进行就业、深造和申请出国，真正使学生获得综合优势。

网　　址：www.whuwto.com

地　　址：武汉大学桂园WTO学院

电　　话：027－68753872

　　　　　027－68754413

传　　真：027－68754690

China Society for World Trade Organization Studies(CWTO) is the sole nation-wide non-governmental organization of studying WTO and relevant economic and trade issues affiliated to the Ministry of Commerce of the People's Republic of China(MOFCOM).

Formed voluntarily by government officials, experts and scholars, and institutions all over the country engaged in WTO-related affairs,CWTO is one of the authoritative institutions in the country carrying out research, consulting, training,compilation, publication, and international exchange and cooperation activities in connection with WTO.

中共中央政治局委员薄熙来在中国世界贸易组织研究会二届二次理事会上与谷永江会长亲切交谈。

俞晓松、谷永江、张志刚、吴家煌（左起）在广交会调研。

Primary functions

- Study WTO-related theories and practical issues;
- Organize exchanges of academic fruits, experience, and information between China and other economies;
- Provide relevant training, consultancy and legal services to China's government agencies, industries and enterprises;
- Collect and edit information from Chinese and foreign sources, compile and publish books, newspapers and audiovisual materials, and publicize and disseminate WTO knowledge;
- Promote free and fair trade and economic and technological cooperation between China and all other WTO members, including a vast number of developing countries;
- Encourage Chinese enterprises to participate in all-round international competition;
- Promote and develop regional economic cooperation between China and other countries, regions and free trade zones; and
- Assist, through a non-governmental channel, the Chinese government to play an active and constructive role in improving the world trading system.

Prof. Xu Kuangdi is honorary chairman.

Gu Yongjiang currently serves as chairman of CWTO . Vice chairmen include Yu Xiaosong, Zhang Zhigang, Xu Bingjin, Zheng Zhihai, Huo Jianguo, Wu Jiahuang, Wang Qinhua, and Xue Rongjiu.

商务部副部长易小准与龙永图、佟志广、沈觉人、谷永江、俞晓松、吴家煌、张向晨、郑志海（左起）合影。

Address: Suite 2212, 28 Donghouxiang, Anwai, Dongcheng District
Tel: 8610-84255121
Fax: 8610-8425 5122
Email: info@chinawto.org.cn
Web: http://cwto.mofcom.gov.cn

北京市古代建築設計研究所

北京市古代建筑设计研究所是全国率先成立的古建筑专业研究设计单位，具有文物古建筑保护修缮设计甲级资质和建筑设计乙级资质，拥有国内一流的古建专家，技术实力雄厚。

本所自成立以来已完成设计项目700余项，代表作有：中共中央党校汇名园、中国紫檀博物馆、北京钓鱼台国宾馆养源斋、中央电视台无锡外景基地、北京万佛华侨陵园、山东龙口南山寺、天津大悲院扩建、辽阳广佑寺复建、北京一六一中学改扩建、北京历代帝王庙修缮，以及华盛顿中国城牌楼、莫斯科北京饭店室内装修、扎伊尔金沙萨恩塞莱总统庄园中国园林、英国曼彻斯特中国餐馆等境外工程。

由本所专家编写的专业学术技术著作《中国古建筑木作营造技术》、《中国古建筑瓦石营法》、《中国清代官式建筑彩画技术》、《中国建筑彩画选》、《北京四合院建筑要素图》和行业标准《古建筑修建工程质量检验评定标准》等，对我国古建园林设计、施工、教学研究发挥着重要作用。由本所主办的《古建园林技术》杂志是古建园林工作者的必读刊物。

北京大学国际发展研究院

甘肃天水麦积山艺术博物馆

山西太原迎泽公园大门

北京和谐大厦

北京御海王朝四合院酒店

山东渔台孝贤阁

内蒙赤峰市巴林旗辽代风格地标建筑

北京官园市场改造工程

内蒙通辽达尔罕王府复建

四川道源圣城三清殿

武汉归元禅寺水明楼

山东济南宏济堂生产基地办公楼

马来西亚柔佛峇株吧辖市紫英阁新址

张家界天门山寺观音阁

北京国际数学研究中心

北京八宝山殡仪馆吊唁大厅

（与北京市建筑设计研究院合作）

所　长：马炳坚　010-84128208

副所长：张　越　010-84120155

徐新伟　010-87126388

主任工程师：张丽鲜　010-84126508

地址：北京东城区安德里北街甲20号紫萱园写字楼三层　邮编：100011

传真：010-84126698　邮箱：gj_cad@163.com

网址：www.ctad-bj.com

朔黄铁路公司

朔黄铁路西起山西省神池县，东至河北省黄骅市，横跨晋冀两省二十余市县，与大秦、北同蒲、京广、京九等铁路干线相联通，是我国西煤东运第二大通道的重要组成部分。正线总长 594 公里的双线电气化重载铁路，为国家Ⅰ级干线。它对加快我国中西部开发，促进沿线地区经济发展，保证华东、东南能源供应，扩大煤炭出口能力，具有极其重要的战略意义。

2005 年 4 月 30 日，全国劳动模范和先进工作者表彰大会在北京人民大会堂隆重举行。朔黄铁路公司董事长、总经理薛继连荣获“全国劳动模范”称号，中央政治局常委、国家副主席曾庆红亲自为薛总经理颁发了荣誉证书。（左图）

2006 年 6 月 9 日，朔黄铁路公司荣获首届“国家环境友好工程”大奖，公司董事长、总经理薛继连在颁奖大会领奖。（右图）

朔黄铁路公司

朔黄铁路自 2000 年 5 月 18 日部分开通运煤， 至 2009 年 12 月 31 日已累计运煤 8.09 亿吨， 实现运输收入 518.91 亿元， 上缴国家税收 88.40 亿元， 连续安全运输生产 3515 天。 公司先后荣获 “全国五一劳动奖状” “全国精神文明建设工作先进单位” “中国环境保护示范单位” “国家技能人才培育先进单位” “首都十大突出成就功勋企业奖”， 连续七年荣获全国 “安康杯” 竞赛优胜企业称号， 经济效益和社会效益非常显著。 在国家税务总局公布的 “2007 年度中国企业所得税纳税百强排行榜” 和 “2007 年中国独立企业属地纳税五百强排行榜（总排名）” 中， 朔黄铁路公司分别位列第 41 位和第 115 位。 朔黄铁路工程荣获首届 “国家环境友好工程” 称号； 朔黄重载铁路建设与运营技术先后荣获北京市科学技术一等奖、 国家科学技术进步二等奖，并获 1 项中央企业青年创新优秀奖， 9 项国家实用新型专利， 6 项国家软件著作权， “首都十大突出成就功勋企业奖”， 1 项创新项目、 3 项创新纪录分别被列为第十二批中国企业新纪录重大创新项目和中国企业新纪录 （核实数据），3 人次分获 “全国劳模” “全国五一劳动奖章” 和 “全国优秀创业企业家” 荣誉称号。

朔黄铁路公司荣获 “全国精神文明建设工作先进单位” 荣誉称号。

办公楼

2005 年 8 月 19 日 荣获国家优质工程银奖的黄骅港特大桥

朔黄铁路公司

朔黄铁路公司的战略目标是：打造“绿色、高效、数字化”区域铁路网，形成以煤炭运输为主，多向多品种的运输经营新格局，构建国内领先、世界一流的现代物流企业。

齐头并进

朔黄铁路降噪示范工程——古月车站声屏障。

劳动者之歌

朔黄铁路公司

名誉奖项

第三届
詹天佑土木工程大奖

证　书
朔黄铁路神池至西柏坡段综合工程
荣获第三届詹天佑土木工程大奖
特颁此证
获奖单位：朔黄铁路有限责任公司
铁道第三勘察设计院
中铁十六局集团有限公司
中铁一局集团有限公司
中铁十四局集团有限公司
2003年11月1日

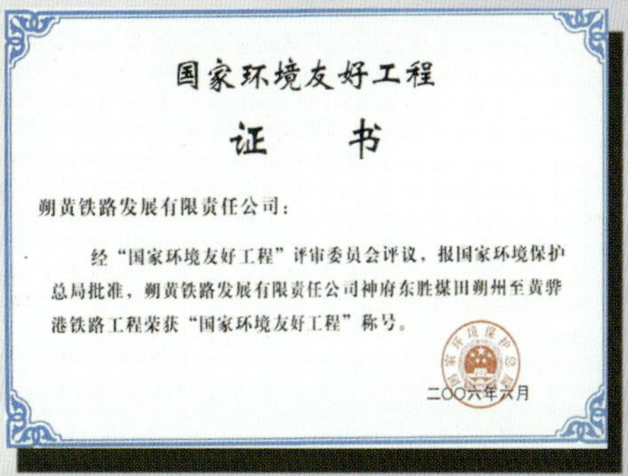
国家环境友好工程
证　书
朔黄铁路发展有限责任公司：
经"国家环境友好工程"评审委员会评议，报国家环境保护总局批准，朔黄铁路发展有限责任公司神府东胜煤田朔州至黄骅港铁路工程荣获"国家环境友好工程"称号。
二〇〇六年六月

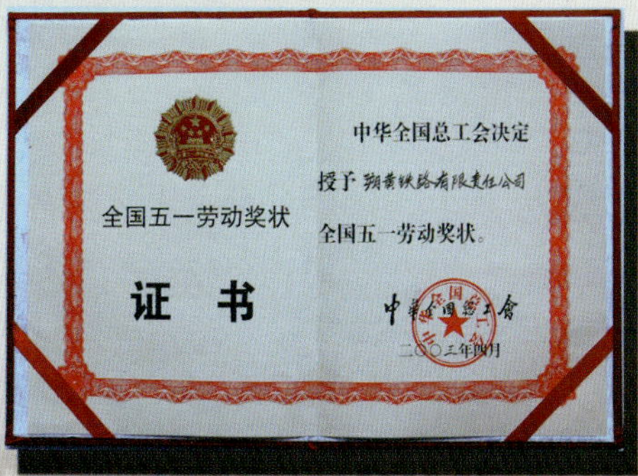
全国五一劳动奖状
证　书
中华全国总工会决定
授予朔黄铁路有限责任公司
全国五一劳动奖状。
中华全国总工会
二〇〇三年四月

国家技能人才培育
突出贡献奖
中华人民共和国劳动和社会保障部
二〇〇六年

朔黄铁路发展有限责任公司
纳税信用A级企业
GRADE A OF TAX CREDIT RATING
证书编号：062005078
ID NUMBER:062005078
有效期至：2007年9月30日
EXPIRATION: September 30,2007
北京市地方税务局

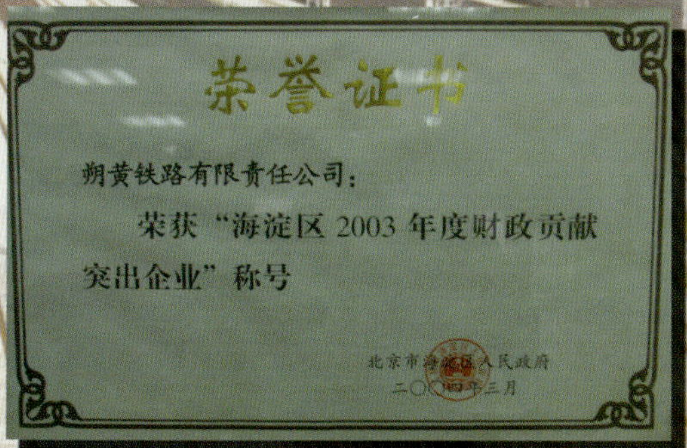
荣誉证书
朔黄铁路有限责任公司：
荣获"海淀区2003年度财政贡献突出企业"称号
北京市海淀区人民政府

荣誉证书
朔黄铁路发展有限责任公司：
为表彰你们在培养技术工人工作中取得的突出成绩，特颁发国家技能人才培育突出贡献奖。望继续发扬成绩，为高技能人才的成长做出新的贡献。
中华人民共和国劳动和社会保障部

朔黄铁路肃宁至黄骅港段增建二线工程
中国土木工程詹天佑奖
（第七届）
中国土木工程学会
詹天佑土木工程科技发展基金会
二〇〇七年十一月

全国"安康杯"竞赛
优胜企业
二〇〇五年一月

梅花锁业集团公司

浦江梅花锁业产品展示

中国服装名城—
虎门位于东莞市南部，珠江口东岸，地处穗、深、珠和省、港、澳经济走廊的交汇点，海、陆、空交通非常发达。昔日林则徐“虎门硝烟”显赫于世，今日“虎门服装”名扬中外。虎门已经发展为“中国服装名城”和“中国女装名镇”。
虎门服装产业具有规模大、产量高、质地优、款式新、出货快、市场大的特点。每年虎门销售的服装约占广东省的30%，约占全国的20%。虎门已经成为以服装产业为龙头，商贸流通业为主体，相关行业配套齐全的纺织服装生产、销售产业集群基地。
至2009年底，全镇拥有上规模服装制衣企业1250家，年产服装2.5亿件（套），销售额150亿元，出口创汇4亿美元。全镇65万常住人口中从事服装产业的约有25万人。
时尚
让生活更美好
中国（虎门）国际服装交易会组织委员会
东莞市虎门服装服饰行业协会
东莞市虎门服装设计师协会
虎门服装协会纺织面辅料分会
电话：0769-85505391
传真：0769-85509289
网址：http://www.humen.com
http：//www.fumin.com

—广东虎门

虎门现有大型专业服装批发商场23个，商铺10 000多家，经营面积达到30 0000 多平方米，这些大型商场主要集中在富民时装城周围一平方公里的商业集聚“中心区”范围内。此外，虎门服装企业在国内外设有专卖店、连锁店15 000余间，销售网络已经覆盖全国，延伸海外40多个国家和地区。

虎门拥有织布、定型、漂染、拉链、绣花、纽扣、配件等服装产业配套行业147家；各类面料辅料批发市场10个，形成一平方公里的辅料销售集聚区。近两年来，随着裕隆小商品批发市场和虎门国际服装机械城的开业，虎门服装产业链已经全部完善。虎门还拥有各类服装咨询、培训、推广机构40多家，专业物流、仓储、配送、货运公司50多家，每天有6000多班次中巴以上客车进出虎门。虎门服装市场形成了设计、生产、销售一体化的完善的服装产业结构网络。

从服装风格上看，虎门服装作为“南派服装”的代表，服装设计以天空、大地、海洋为灵感，用料偏重轻盈、薄透，色彩着力表现南国的蓝天、碧水、绿树的明快色调，造型和款式紧跟香港、韩国、日本以及欧洲的流行时尚，同时非常注重突出岭南风格和南粤水乡韵味，自然形成一派风格，凸显时尚休闲魅力。从产品结构上看，主要是时尚女装和休闲服装。全镇服装企业60％生产休闲服，女装占虎门服装市场60％；产品主要是时尚女装、T恤、线衫、外套。

经过20多年的发展，虎门服装走出了一条“无牌—贴牌—创牌—名牌”的发展道路。虎门服装生产企业在国内外注册商标有5000多个。从1996年第一届国际服装交易会推出虎门服装七大品牌开始，服装交易会陆续培育了以纯、松鹰、依米奴等80多个有一定区域影响力的服装品牌。虎门服装品牌战略工作也取得了一定成效，一个“金字塔”形的品牌创建结构逐步形成，“区域品牌—广东名牌—国家名牌”这三级的品牌梯队已将虎门定位为区域品牌集聚中心。